함생목회론을 말한다

목회자의 최고표준 예수 그리스도

Jesus Christ, The Paradigm For Pastors
함생목회론을 말한다

"함생은 생명을 최우선 가치로 삼고, 함께 살고, 서로 살리며, 영원히 살고, 생명을 증진시켜 나아간다는 뜻이다. 생명 그 자체이시며 생명의 창조주이신 성삼위 하나님과 인간을 대표로 하는 피조물이 함께 생명가치를 향상시키는 것을 수직적 함생, 사람과 사람, 피조물과 피조물이 함께 생명을 증진시키는 것은 수평적 함생이다. 이 수직과 수평이 합하여 십자가에서 죽으시고 다시 살아나신 예수 그리스도에게서 온전한 함생을 이룬다."

함생목회론을 말한다

목회자의 최고표준

예수 그리스도

이 정 근

북앤미

차례

2부 예수님처럼 목회하기 -함생목회의 원리-

추천의 말씀

글로벌 시대에 인류문제들을 해결할 수 있는 신학적 작업이다. 특히 복음주의 신학자로서 모든 진보적 신학을 수용하는 기틀을 마련했다는 점에서 큰 감동을 받았다. 수직적 구원론과 수평적 구원론에 찬사를 보낸다.

(류기종 · 미주감리교신학대 총장 역임. '함생주의 신학' 발제 논평자)

지식인은 많지만 사상가가 많지 않은 시대에, 저자는 삶, 목회, 학문의 지경을 겸손으로 걸으며 독창적인 사상의 얼개를 마련한 보기 드문 목회자이다. 함생주의 사상은 일상생활과 목회에서 뿐만 아니라 신론, 인간론, 구원론과 교회론 등의 각 신학적 영역을 새롭게 조망하게 만드는 시각을 제공한다. 함생주의 사상은 이제 맹아기를 거쳐서 윤리학의 패러다임으로도 견실하게 발전될 것을 확신한다.

(민종기 · 충현선교교회 담임목사. '함생주의 신학' 발제 논평자)

영원한 스승 예수 그리스도를 아주 많이 닮으신 우리의 스승님! 드디어 제대로 된 우리말과 글로 우리 얼을 드러낸 신학 저술을 일구게 되었군요. 우리를 살리려 독생자를 보내신(요일 4:9) 그 사랑의 이야기로 나만 살려하는 오늘날 읽는 이들 모두에게, 함께 살고, 두루 살리고, 같이 살며, 다(咸) 사는(生) 길을 널리 펼쳐 주실 것을 기대하며 추천합니다.

(박순영 · 장충단교회 담임 목사)

함생의 롤 모델은 예수 그리스도이시다. 이 땅에 천국복음을 선포하신 선지자 목회, 우리의 죄와 허물을 체휼하신 제사장 목회, 자신의 피와 살로 영생을 주신 생명목회, 메시아 곧 왕이시면서 종의 모습으로 사신 섬김 목회를 아우르며, 저자가 지난 30년간 어떻게 걸어왔는가를 보여 주는 진솔한 고백이요 신선한 권면이다. 지성과 영성의 앙상블을 이룬 저자의 투명한 목소리는 참 목회의 길을 비추는 통찰이요 잠언이다. (박종구 · 월간목회 발행인)

'함생목회'(咸生牧會, combiosism). 생소한 표현이지만 기독교 신앙의 핵심을 생동감 있게 전해 준다. '함생', 즉 '함께 사는 것'이라는 생명경외의 신앙을 수직적 함생과 수평적 함생으로 전개한 저자의 신학적인 통찰과 목회적인 적용에 '아하!'의 감탄을 터뜨리고 말았다. 저자의 역작은 함생주의자이신 예수님의 제자로서 그 일생을 헌신적으로 살아 온 삶의 결정이기에 더욱 감동 깊게 마음에 와 닿는다. (송기성 · 정동제일교회 담임목사)

30년 전 유학시절에 만난 이정근 목사님은 이미 '스마트' 시대를 아는 스마트한 목사님이셨다. 영원한 구원이 생명이며, 신학의 주제가 생명이며, 목회가 생명인 것을 알고 계셨다. 생명은 사람을 만드신 하나님의 도구였고, 우리가 전하는 복음의 핵심이다. '함생목회'는 생명이 있는 목회이며 생명을 공급하는 목회일 것이다. '한 생명을 구한 자는 머지않아 세상을 구한다'는 말이 있다. 이 한 권의 책이 목회자에게 생기를 더해주고, 모든 독자에게 생명을 불어넣을 것이다. (이성희 · 연동교회 담임목사, 대한예수교장로회(통합) 부총회장)

함생목회는 저자의 평생 목회를 아우르는 말이다. 목회와 신학을 병행하면서도 목회의 본질에 관한 추구를 통해 드러난 바가 바로 함생목회인 것이다. 이것은 경쟁과 투쟁이 지속적으로 이루어지는 현대 사회에서 교회와 목회자가 추구해야 할 본질적이며 새로운 지평이 무엇인지를 보여준다 할 수 있겠다. 또한 하나님께서 원하시는 참된 목회를 추구할 때 내 곁에 가까이 놓고 도움을 받을 수 있는 목회의 지침이기도 하다. 위기에 처해있는 목회자와 교회를 위한 지침이요 모델로서 큰 발자국으로 남길 바란다.

(안용식 · 김해제일교회 담임목사)

꼭 30년 전 유학생으로 와서 첫 번 사역지가 유니온교회였다. 그 때 이 목사님 곁에서 창의적이고 적극적인 지도력을 배웠다. 모든 사람을 배려하면서도 어려운 일들을 부드럽게 풀어나가시는 성숙한 사역이 바로 "예수 그리스도 중심의 함생 목회론"에 그 뿌리를 두고 있었다. (윤종훈 · 뉴욕한빛교회 담임목사)

함생주의 신학은 교회는 물론 장래의 글로벌 문명에도 큰 변혁을 일으킬 기독교사상이라는 강한 느낌을 받았다. 문명충돌과 전쟁 방지, 인간생명의 가치 증진, 생태계 보호, 종교간의 화해 성취, 진정한 세계평화 실현 등에 적극 공헌할 것을 확신한다.

(김기성 · 노르웨이 오슬로 국제감리교회 담임목사)

은퇴(Retire)는 사역의 현장에서 물러나는 것도 아니고, 떠나는 것도 아니라는 사실은 영어를 풀어보면 확실해진다. Retire는 분명히 타이어를 다시 끼우는 것이라고 봐야하는데, 이정근 목사님이야말로, 타이어를 다시 끼우고 계신다. 전임목회 기간에는 분주한 목회 사역으로, 많은 생각과 신학을 정리할 수 없더니, 이제는 전임으로, 온 힘을 다해서, 함생신학을 정리하셨다. 이 목사님의 함생목회를 향한 신학적 열정에 경의를 표한다. 모든 목회자들의 목회 현장에서 함생신학과 함생목회가 이루어지기를 기대해본다.

(이영운 · 횃불트리니신학대학원대학교 교수)

머리말

사람은 평생토록 배운다. 그리고 배워야 한다. 사람이 태어날 때부터 숨을 쉬고 숨을 쉬는 동안만 살아 있는 것처럼 배우는 일도 마찬가지이다. 배우기를 그친다면 그는 죽은 사람이나 다름없다. 실로 사람의 사람 되기는 바로 배우는 데 있다.

배운다는 것이 얼마나 무서운 일인지는 동물원에 가보면 가장 확실하게 안다. 인간은 코끼리 같이 덩치 큰 동물은 물론 사자나 호랑이 같은 맹수까지 끌어다가 가둘 줄 안다. '인간은 가장 연약한 갈대'라지만(파스칼) 생각하는 힘 곧 배움의 힘이 그처럼 사람을 위대하게 만든다.

왜 이 책을 썼느냐고 물으면 '배우기 위하여'라는 것이 첫 번째 답이다. 이제 나이가 황혼기를 걸어가는 단계이지만 지금부터 제대로 배워야 하겠다는 결단으로 이 책을 썼다. 특히 책이 급속도로 인기가 없어지는 시대이지만 그렇기 때문에 더욱 책을 쓰고 싶었다. 교회목회 일선에서 은퇴하고 5년을 보내며 이 책을 쓰고 나니 이제야 비로소 목회란 해볼 만하다는 생각이 든다. 그만큼 값진 것을 배웠다.

배운다는 것은 곧 가르치는 일이다. 무엇보다 자기 자신을 가르친다. 자기 자신을 가르치는 것이 곧 큰 배움이 된다. 그것을 깨달으면서 항상 내 머리에서 떠나지 않는 교훈이 하나 있다. '자기에게 제일 나쁜 스승도 자기 자신이고 반대로 가장 위대한 스승도 곧 자기 자신이다.' 바로 그것이다. 그런데 내가 '예수 안에 있는 때'에만 나는 나에게 가장 위대한 스승이 된다.

창조주 하나님은 이 '터럭만도 못한 놈'에게 가르치는 일을 분에 넘치게 맡겨 주셨다. 초등학교 2학년 때부터 같은 반 아이들이 구구단을 잘 외우도록 가르친 이래 시골교회 반사, 가정교사, 군사훈련의 하사관 교관, 고등학교 국어교사, 개척교회부터 30여 년간의 목회활동, 한국과 미국의 여러 대학에서의 교수활동, 대중집회 강사, 목회자 세미나 주제발표자, 매스미디어에 글쓰기와 말하기, 신학교육행정, 교단행정과 교회일치운동 참여 등의 직분을 맡겨주셨다. 정말 짧은 일생이지만 배우는 일과 가르치는 일, 가르치기 위하여 배우고, 배우기 위하여 자신을 가르치는 일에 집중하며 삶의 길을 걸어왔다.

소년 시절, 예배당에 첫 발을 들여놓은 뒤 얼마 지나지 않은 때부터 나는 예수님의 품에 안겨 살았다. 예수님께서 내 안에 계셨고 나는 예수님의 품안에 안겨 살았다. 서울대학교를 다닐 때 국어교육과 친구들은 나를 '기독학생과' 소속이라고 불러주었다. 하나님을 말할 때에도 예수님의 아버지로서의 하나님이었고 성령님을 말할 때에도 예수님의 영으로서의 성령님을 말했다. 심방할 때에도 그분을 모시고 다녔고, 담임목회를 할 때에도 그분을 유니온교회 담임목회자로 생각했다. 설교, 강의, 집회인도, 글쓰기를 할 때에도 언제나 나 자신이 '예수 그리스도의 대변인'이라는 의식을 가졌다. 예수님이라는 새 술(행 2:13)에 취해 살아 왔으며 사도행전도 예수행전으로 읽었다. 예수님 문하에서 배웠고 그분만이 나의 영원한 스승이셨다.

예수 그리스도를 기독교 교육에서는 교과사람(the textperson)이라 부른다. 교과서(textbook)와 관련지어 하는 말이다. 혹은 교육의 패러다임(paradigm, 문법틀)이라고도 한다. 그러나 이 책에서 나는 그분을 바로 '담임목회자의 최고 표준'으로 모셨다. '보이지 않는 교회' (the invisible church) 곧 '하나님 나라'의 담임목회자이시면서도, '보이는 교회' (the visible church) 혹은 개체교회(local church) 목회자들의 최고 표준이시다.

그러나 예수님을 네가 얼마나 아느냐고 물으면 정작 대답할 말이 없다. 만약 신학자들이 이 책의 몇 쪽이라도 읽는다면 당장 '무식하기 짝이 없다'고 비판할 것이다. 하지만 목회자들에게 항상 권고하는 말이 있다.

"수많은 이론들을 연구한 뒤에는 상식으로 목회하라."

이런 생각도 예수님에게서 배운 것이다.

예수님은 여러 이름을 가지셨다. 이 책은 그런 여러 이름 가운데 하나를 더 붙여 드리는 효과가 있다. '함생의 목자 예수' 바로 그것이다. 목회가 무엇이냐고 물으면 나는 주저하지 않고 대답한다.

"삼위일체 하나님께서 우리들 피조물 특히 사람들을 향하여 하신 일과 맡기신 일을 우선순위에 따라, 창의적 지혜를 가지고, 삶의 현장에서, 최선을 다하여, 그분과 함께 실천해 가는 과정이 바로 목회의 본질이다."

목회는 삼위일체 하나님 가운데 성자 예수 그리스도께서 주도해 나가신다. 그분만이 육체를 가지시고 사람들과 함께 사셨기 때문이다.(요일 1:1-3) 특히 "나는 선한 목자라. 선한 목자는 양들을 위하여 목숨을 버리느니라." (요 10:11)는 목회 대헌장을 주시고 그대로 실천하신 분이 예수 그리스도 바로 그분이시기 때문이다.

이 책을 통해 예수 그리스도의 생명구원 목회가 더욱 거침없이 온 지구에 확산되어가기를 기도한다. 그 일에 '자기를 부인하고 날마다 자기 십자가를 지는' (눅 9:23) 사람들이 늘어가기를 간곡히 기도한다. 함생목회론으로 인하여 살인사건 하나라도 줄고, 자살을 포기하는 사람이 하나라도 더 생기고, 지옥행 길손 한 사람이라도 '하늘가는 밝은 길'로 돌아서게 된다면 이 책은 그 값을 넉넉히 해내는 셈이다.

함생주의(咸生主義, combiosism), 함생목회론, 함생사상, 함생문명 등은 새로 만들어낸 용어라 낯설고 설익은 언어이다. 그럼에도 풀러신학대학원(FTS) 한국어목회학박사연구원이 주최하는 세미나에서 “건강한 목회자, 건강한 교회”(Healthy Pastors, Healthy Church)를 주제로 하여 함생목회론을 발표할 수 있었다. 그 원고가 이 책 마지막으로 편입된 것은 여러 모로 뜻 깊은 일이다. 그보다 앞서 클레어몬트신학대학원에서 열렸던 과정신학연구소 주최 세미나에서 존 캅(John Cobb, Jr.) 박사님의 논문 패널리스트로서 과정목회론을 제시했을 때 “매우 뜻 깊은 시각”(very meaningful perspective)이라는 코멘트를 논문발표자로부터 들은 것과 함께 기록해 두고 싶은 대목의 하나이다.

감사의 말씀을 드린다. 성경이 말하는 모든 고난은 ‘출산의 고통’이라고 목자 예수님께서 가르쳐 주셨다.(요 16:21) 이 책이 출산되도록 직접 간접으로 도와주신 많은 분들에게 감사를 드린다. 유니온교회 가족들, 나의 가족들, 참고문헌을 제공한 저술가와 학자들, 목회 동지들, 인생의 갈림길에서 방향을 잡아주신 김석목 교수님, 장리욱 박사님, 조종남 박사님, 정진경 박사님, 여러 집필기회를 제공한 월간목회, 조각글과 신학논평 혹은 시론 등을 게재했던 여러 미주기독언론들, 미주의 한국일보와 중앙일보, 성결교단의 활천과 한국성결신문 등에 감사드린다. 세심하게 읽고 조언해 준 이영운 박사님과 북앤미 출판사 여러분의 도움에도 감사를 표한다. 특히 한국과 미국의 교육계에서 종사하면서 목회자의 아내로서 함사함생의 길을 걸어온 아내 박부강 권사의 평생동지적 헌신을 잊지 못한다.

바쁘게 돌아가는 목회생활 속에서 금쪽같은 시간을 내어 이 책을 읽는 모든 분들에게 큰 감사를 드린다. 오직 이 책을 통하여 목회자의 최고표준이신 예수 그리스도 그분께 더욱 충성스럽고 지혜로운 머슴(마 24:45)이 되기를 기도할 뿐이다.

일러두기

- 이 책은 예수 그리스도께서 유니온교회 담임목사이시라면 어떤 목회를 하셨을까에 대한 답을 정리한 책이다. 예수님께서 교회를 설립하셨느냐, 예수님께서 교회를 설립하시려는 의도가 있으셨느냐, 그런 논쟁은 별로 중요시하지 않았다. 교회는 당연히 예수 그리스도께서 개척하셨고(마 16:18-19), 그분이 머리가 되시는 그 분의 몸(골 1:18)이라는 확고한 신념 위에서 저술되었다. "말씀이 육신이 되어 우리 가운데 거하시매 우리가 그의 영광을 보니 아버지의 독생자의 영광이요 은혜와 진리가 충만하더라."(요 1:14)는 성육신(成肉身, incarnation)의 원리를 담임목회자의 시각에서 읽어내는 일의 계속적 작업이요 그 작은 열매가 바로 이 책이다.
- 따라서 이 책은 종래에 교회를 흔히 '공동체'(community)라고 이해했던 관행을 버리고 '교회는 함생체'(combiosity)라는 이해에 기초했다. 공동체에는 생명체라는 점이 별로 드러나지 않고 있다. 교회는 하나님의 가족 혹은 백성, 교회는 그리스도의 몸 혹은 신부, 교회는 성령의 집이라는 성경적이며 삼위일체 신론적 이해를 기본으로 했다.
- 이 책은 '신학이 있는 목회, 목회가 있는 신학'을 해보겠다는 결단 아래 신학교육과 목회활동에 인생의 가장 중요한 부분을 불살랐던 사람으로서 그 '체험한 이론'들을 '함생목회론'이라는 이름 아래 정리한 내용이다.
- 함생목회론이란 함생신학에 근거하여 실천했던 실험적 목회를 정리한 내용이다. 함생신학은 성삼위 하나님의 생명성을 강조하고, 피조물 특히 인간의 생명을 최우선 가치로 삼고, 함께 살고, 서로 살리며, 생명을 증진시킨다는 것을 기독교 가르침의 기축(cardinal doctrine)으로 삼은 신학체계이다. 생명 그 자체이시며 생명의 창조주이신 성삼위 하나님과 인간을 대표로 하는 피조물이 함께 생명가치를 향상시키는 것을 수직적 함생, 성부 성자 성령 삼위 하나님의 일체적 관계, 사람과 사람, 피조물과 피조물이 함께 생명을 증진시키는 것을 수평적 함생이라고 정의한다. 이 수직과 수평이 합하여 십자가에서 죽으시고 다시 살아나신 예수 그리스도에게서 온전한 함생을 이룬다.
- 목회활동을 했던 주요무대는 유니온교회이다. 유니온교회는 미국 로스앤젤레스에 소재한 성결교단 소속 교회로서 1980년에 개척되었다. 저자는 30년간 사역한 뒤 2010년에 은퇴했다. 교회의 규모는 '생산능력이 있는 자립교회'로서 15개 교회를 지교회로 개척하고 미자립교회를 후원했으며 선교사도 파송하여 여러 교회를 설립하게 했다. 영혼

구원과 사회구원, 보수신앙과 진보적 목회, 영성과 지성과 도덕성이 균형을 이룬 목회를 지향했다.

- 필자의 첫째 소명은 신학공부를 통한 글 목회였고 교회목회는 두 번째 소명이었던 관계로 '목양일념'에 전심전력을 기울이지 못했다. 목회현장을 떠나려는 몸부림이 몇 번 있기도 했다. 여러 형태의 목회자 세미나와 신학교육에 참여하면서 함생목회론과 함생주의신학과 관련된 〈조각글〉을 수천 편 써왔다.
- 이 책에는 〈월간목회〉(발행인 박종구)에 2년 간 게재되었던 목회칼럼, 유니온교회 30년사에 게재된 '유니온교회 행전,' 〈활천〉에 게재되었던 목회론과 논설, 〈크리스천 위클리〉에 발표되었던 신학논평, 여러 신문 방송을 통하여 발표된 조각글들이 포함되어 있다. 내용을 보완한 것들도 있으나 원문 그대로 게재한 것들이 대부분이다. 그런 까닭으로 내용이 중복된 부분들도 있고, 여기에서는 이 소리 저기에서는 저 소리를 한 것들도 있다. 독자들의 양해를 바라며, 다만 그것들이 함생하여 선한 것을 생산해 내기를 기대한다.
- 각 단위 글 끝에 출처나 관계문헌을 극히 중요한 것만 밝혔다. 원문대로 게재된 것도 있고 수정 보완한 것도 있고 그냥 참조한 문헌도 있다. 인용문헌은 되도록 원문을 밝혔으나 출처확인이 충족되지 않은 점도 있을 것 같다. 적어도 의도적으로 남의 것을 표절하려고 한 것은 없다.
- 한국어 성경은 개정개역판을 기본으로 사용했다. 글쓴이도 번역에 일부 참여했던 번역본이다. 다른 번역이면 부기했으며 저자 자신이 풀어쓴 대목도 있다. 영어성경은 NIV를 주로 사용했다. 신학에 비전문적인 보통 독자들을 위하여 특별한 경우를 제외하고는 성경고전어 곧 히브리말, 헬라말은 한글로, 라틴말, 독일말 등은 영어 알파벳으로 적었다. 한문글자가 필요하다고 생각되는 경우에는 부기했다.
- 성경해석은 복음주의적 입장을 취했다. 역사적 예수론과 믿음의 그리스도론의 논쟁에서는 믿음의 그리스도론을 더 선호했다. 그러나 역사적 예수론도 참고했다.
- 목회자 특히 담임목회자들이나 담임목회 지원자들을 위하여 도움이 되도록 목회현장에서 사용한 여러 자료들을 상당부분 포함시켰다. 당회 운영지침, 재정관리 지침, 이상적 기독교 가정의 표준, 나의 이상적 설교 표준, 예배인도 지침서, 설교 듣기 지침서 그런 것들이 그 일부이다.
- 유니온교회 행전을 '함생목회 모형'이라는 시각에서 정리했다. '함생목회'라는 말은 사역을 마감할 무렵 하나님으로부터 받은 귀한 선물이지만 함생목회 자체는 유니온교회가 처음 문을 열 때부터 시작되었다. 아니, 첫 교회인 아담과 하와 부부함생체 때부터이다.
- 성경을 되도록 많이 인용하고 싶었다. 그러나 지면의 제한으로 주제와 관련되는 모든 성구를 다 사용하지 못하고 대표적인 것만 제시했다. 성경을 자기주장 증명에 끼워 맞추는

방식(proof text)이라는 비판을 받지 않도록 유의했다. 성경의 핵심 가르침을 가진 성구들이 얼마든지 있다는 것에 착안했다. 대체로 비판적으로 성구를 사용하지 않았으며 상식적이고 보편적 이해를 따랐다.

- 필자는 성결교회에서 안수 받은 목사로 웨슬리언 입장을 선호하지만 목회 현장은 루터, 칼빈, 웨슬리, 스펄전, 빌리그래함, 오순절 신앙, 심지어 로마 가톨릭교회, 정교회, 무교회주의자까지도 모두 다 함께 만나는 자리라는 점으로 이해했다. 필자 자신도 감리교회에서 신앙생활을 시작하여 장로교회에서 청년시절을 보냈고, 성결교회 목사가 되었으며, 침례교회 신학대학원에서도 공부를 했고, 순복음교회에서 설교하고 세미나 강사로도 섬겼고, 루터교회 시설을 임대하여 목회를 했기에 교단에 소속은 되어 있으나 이 책은 교파주의자의 입장을 되도록 극소화했다.
- 이 책은 성서신학, 이론신학, 역사신학, 실천신학의 여러 이론들이나 현대적 동향을 참고하기는 했으나 그것들을 중요한 자원으로 사용하지 않았다. 필자는 평신도에서 시작하여 장로로 교회를 섬겼고, 교회개척 전도사로부터 목사와 교단 총회장까지, 교회학교 교사부터 중고등학교 교사와 대학 교수, 대학원장과 총장을 역임했고, 언론인으로서 기자부터 편집국장과 주필을 역임했다. 이러한 경험을 토대로 신앙과 신학에 관한 글과 기독교교육학과 신학에 관한 책을 20권 넘게 저술했다. 이론적 연구보다는 실사구시(實事求是) 곧 현장경험과 통찰에 의하여 배운 것을 정리했다.
- 제1부는 서론으로 함생목회론의 이론적 기초, 제2부, 3부에서는 본론으로 예수 그리스도의 담임목회론을 기초로 하여 개체교회 담임목회론을 전개했다. 또 유니온교회 30년 목회를 사도행전적 방식으로 정리했다. 특히 이 책 부록으로 게재한 '목회금언 모음'은 매우 유익했다는 평을 많은 목회자들로부터 들었다. 한국교회의 자산이 될 만하다는 의견도 있었지만 반론도 있었다.
- 이 책은 앞으로 함생주의 신학, 함생주의 문명론을 담은 여러 형태의 저술로 이어 갈 첫걸음이다. '다 이루었다'(요 19:30, 테텔레스타이)는 예수 그리스도의 목숨을 거신 선언이다. 그것이 곧 나의 것이 되기를 소망한다.
- 기도를 드린다. 이 책이 성삼위 하나님께서 지극히 기뻐하시는 바른 목회를 세우는 일에 도움이 되게 하소서, 목회의 효율성을 높이게 하소서, 예수 그리스도를 담임목회자로 모시고 머슴목회를 하게 하소서, 최후의 심판이 무서워 벌벌 떨며 목회하게 하소서, 끝까지 십자가 지고 가게 하소서, 그리하여 한 생명, 한 영혼이라도 더 구원하게 하소서, 모든 목회자들이 한 생명을 대상으로 목회하면서도 그것을 통하여 우주적인 목회를 하게 하소서….

1

목회 있는 신학
신학 있는 목회

함생목회론의 기초

예수님은 직업이 목수이셨다. 단순한 목수가 아니라 건축가(텍톤)이셨다. 그래서 집 짓는 이야기로 하늘의 진리를 가르치셨다. 건물을 지으려면 반석 위에 지어야 한다는 말씀이다. 지혜로운 건축가는 당연히 반석(페트라,혹은 바위요새라는 뜻) 위에 집을 짓는다. 그러나 어리석은 사람은 기초를 무시한다. 그래서 모래(와디) 위에 짓는다. (마 7:24-27, 눅 6:47-49). "너는 베드로라, 내가 이 반석 위에 내 교회를 세우리니 음부의 권세가 이기지 못하리라"(마 16:18)고 예수 그리스도께서는 단호하게 선언하셨다. 그래서 제1부는 이 책의 기초적인 문제들을 다루었다.

1

함생신학의 기본이해

목회자의 최고 표준 예수 그리스도

함생주의 사상과 삶의 기본 이해
Basic Understanding on Combiosism in its Thought and Life

인류 문명사를 관찰해 보면 종종 어떤 사상을 압축된 언어로 그 전체를 명징하게 표현해 놓은 문서들을 발견한다. 그것들이 특히 역사적 대전환점을 만드는 문서들인 경우가 많다. 마그나 카르타(1215), 미국독립선언문 (1776), 기미독립선언서(1919), 인권과 시민에 관한 권리 선언(1789), 공산당 선언 (1847) 등이 그 대표적인 예이다. '함생주의 사상과 삶의 기본 이해'가 비록 그 같은 역사적 문서의 근처에 갈 수 없겠으나 우선 필자 자신에게는 그것들보다 더 의미가 큰 사상체계로 이해한다.

해설

나는 세계 제2차 대전 절정기에 한국의 조그만 마을에서 태어났다. 모태에 잉태될 때부터 자신의 생존을 위한 투쟁을 해야 했던 것이다. 그 이후에 계속되는 한국의 남북전쟁의 참상을 소년시절의 밝은 눈 그러나 겁먹은 눈으로 지켜보면서 연속된 죽음의 위협과 공포 속에서 살아남았다. 그 때부터 공산주의와 자유민주주의라는 이념의 격렬한 대결 현장 한 복판을 걸어 다녔다.

전쟁이 끝나면서 기독교에 입문하게 되었고 성경 특히 예수 그리스도의 안목을 갖고 삶의 길을 새롭게 터득해 나갔다. 대학에 입학하면서 다시금 4월 학생혁명 현장에서 삶과 죽음의 갈림길과 맞닥뜨렸다. 베트남 전쟁 시기에 한국에서의 군인생활은 생존투쟁의 연속이었다. 결혼과 자녀 양육, 미국유학과 이민생활이 내 인생의 또 다른 전환점이 되었다.

여러 형태의 교육활동과 언론활동을 통하여 줄곧 사람학과 사회과학에 관심을 가져 왔다. 그러나 목사로 부르심을 받으면서 하나님학을 체계적으로 연구하게 되었다. 40년 넘는 기독교교육 이론 개발과 학습현장 경험, 미주 한인들을 대상으로 30년 넘는 교회 목회현장에서 사투를 벌이면서 인간생명의 절대적 중요성, 그 생명을 증진시키기 위하여 나 자신의 사람학과 하나님학을 비판적으로 형성해 갔다. 나에게 또 다른 동족의 나라인 북조선으로부터 '온 가족 살해 협박'을 받았고, 공산정권들의 몰락을 목격했다.

'함생주의'(咸生主義, combiosism)는 70년을 생명 전쟁터에서 살아남은 나에게 주신 하나님의 선물이다. 한국말과 영어의 용어 자체도 아직 사전에 없다. 그러나 무엇보다 굴절되고 오염된 기독교 자체를 예수 그리스도의 삶과 가르치심에 기초하여 원형화시켜야 한다는 사명이 함생주의를 광야에서 외치는 소리가 되게 했다. 그것은 '올소리'(정언과 동시에 예언)이었고, "돌들이 소리 지르리라"(눅 19:40)의 '돌소리'였다. 온 인류와 우주의 생명들을 단숨에 죽일 수 있는 살해문명의 흐름을 어서 속히 뒤바꾸어 놓아야 할 삶과 사상의 지표가 되게 했다. 원수사랑운동의 전개도 그것의 한 표현이었다.

함생주의는 세 가지 기둥으로 세워진 집이다. 첫째로 생명이요, 둘째로 창조주요, 셋째로 피조물 특히 인간이다. 인간은 실존적 개인이며 동시에 사회문화적 존재로 통합된 인간이다. 함생주의적 삶과 정신이 확산되어 작게는 보잘 것 없는 한 생명이 우주보다도 더 귀중한 대접을 받게 되고, 더 나아가서 폭력적 문명이 생명 경외의 문명으로 바뀌게 되며, 크게는 이리와 어린 양이 함께 살아가는 평화로운 지구마을, 그리고 궁극적으로는 모든 피조물이 창조주 하나님과 사랑으로 함생하는 '하나님의 나라'가 반드시 이루어지기를 간곡히 희망한다.

기본적 이해

1. **창조주** 우리는 우주 만물의 창조주는 그 본체가 성부 하나님, 성자 하나님, 성령 하나님의 삼위일체 곧 본질적 생명을 공유하고 있는 함생체 하나님이심을 믿는다. 따라서 삼위일체 하나님은 모든 피조물이 함생하도록 지으셨으며 모든 인류는 특히 피조물 최고의 함생체로 지으셨음을 확인한다.

2. **예수 그리스도** 우리는 예수 그리스도는 하나님의 말씀과 육신이 신비하게 연합되신 분으로 온전하신 하나님과 온전하신 인간의 함생체이심을 믿는다. 그 안에 성부 하나님

과 성령 하나님이 함께 계시며 또한 모든 피조물 특히 모든 인간들도 그리스도 예수 안에 살아야 하고, 예수 그리스도도 모든 피조물 안에 사시는 것이 바로 정상적인 창조질서라고 이해한다. 이 사실은 십자가가 수직적 함생과 수평적 함생을 상징하는 것 등으로 넉넉히 확인한다.

3. **성령** 우리는 삼위일체 하나님은 본질에 있어서나 사역에 있어서 성령적 함생체임을 믿는다. 성령 하나님은 특히 모든 피조물에게 생명을 부여하며, 되살려내며, 계속 유지하도록 하며, 생명을 파괴하는 악령을 제어하고, 특히 인간을 범죄에서 해방시켜 삼위일체 하나님의 함생적 사역인 생명의 길로 안내하는 사역을 본질적 사명으로 함을 확인한다.

4. **성경** 우리는 하나님의 뜻이 직접적으로는 기독교가 공인해온 신구약 성경에 가장 확실하게 기록되어 있음을 믿는다. 또한 성경은 성삼위 하나님의 주도와 수많은 사람들과 피조물의 협력 곧 함생작용으로 이루어진 기록된 하나님의 말씀임을 확인한다. 개인의 체험, 인류의 보편적 양심, 인류의 역사, 자연은 성경에 나타난 하나님의 뜻을 보완하는 창조주의 다양한 흔적이 있음을 확인한다.

5. **사람** 우리는 사람이 삼위일체 하나님의 형상대로 창조되었음을 믿는다. 따라서 사람은 창조주와 피조물의 함생체요 성삼위 하나님에게는 자신을 희생하여 구원할만한 가치가 있는 존재요, 자기 자신에게는 절대적 가치이며, 다른 사람과는 사회적 개인이며, 다른 피조물과 관련해서는 자연적 개체임을 확인한다.

6. **죄** 우리는 하나님과 함생체 되기를 거부하고 다른 생명을 파괴하는 것을 죄악의 핵심으로 이해한다. 그것의 연속으로 인류와 심지어 다른 모든 피조물과의 함생하기를 거부하는 것이 죄악의 확장이며 악한 세력들의 의도임을 확인한다.

7. **구원** 우리는 삼위일체 하나님과의 함생관계를 회복하는 것이 구원의 길임을 믿는다. 이는 하나님의 은혜와 사람의 믿음이 함생작용을 통하여 성취되며 그 작용과정은 매우 다양한 것으로 확인한다. 이 같은 함생적 구원은 사람과 피조물과의 함생으로 연장되어야 함을 확인한다. 또한 구원의 완성단계를 향한 도정 곧 성결화의 과정은 성령 하나님과 사람과의 함생의 관계가 더욱 완벽해 가는 것으로 이해한다.

8. **생명과 죽음** 우리는 살아 있어 성장, 확장, 변화, 번식, 행동, 환경 적응하는 특징을 가진 내적 실체를 생명으로 이해하며, 반대로 이런 특징을 갖추지 못한 사물을 죽음으로 이해한다. 그러나 보이지 않는 생명이 있으니 곧 창조주와 사랑의 함생체가 된 생명임을 확인한다.

9. **교회** 우리는 삼위일체 하나님과 그분의 형상이 회복된 사람들로 구성된 거룩한 사랑의 함생체가 교회임을 믿는다. 교회는 곧 하나님 나라의 형상이 회복되어져가는 함생체

요, 온 우주에 하나님 나라를 회복시키는 책임적 함생체여야 함을 확인한다. 교회는 그 맡겨진 사명인 예배, 성례전, 전도와 선교, 교육, 친교, 봉사와 헌신, 은혜의 도구들을 통하여 삼위일체 하나님과의 함생관계가 튼튼해지며 이것이 피조물과의 함생관계 강화로 확장되도록 책임 있게 활용하여 하나님 나라를 이루어 가는 것이 교회와 그 회원의 중차대한 사명임을 확인한다.

10. **윤리** 우리는 삼위일체 하나님과 함생체 된 행복을 먼저 체험한 까닭에 솔선수범하여 다른 사람과 피조물에게 그 같은 혜택이 가도록 생명을 나누어 주는 것이 최고의 윤리표준임을 믿는다. 따라서 모든 인간은 함생체로부터의 자유를 확장하도록 힘써야 하면서도 함생체를 위하여 그 자유를 사용하는 책임이 있음을 확인한다. 국가를 포함한 모든 사회적 조직은 함생성의 증진을 위한 바른 도구로 사용되어야 하며 개인과 사회의 이상적 관계는 예수 그리스도께서 가르치신 것처럼 원수까지 사랑하는 윤리에서 그 모범적 실현을 확인한다.

11. **문명, 문화, 종교** 우리는 온 인류의 문명과 문화 특히 국가제도와 세계 기구들이 함생문명 건설을 위하여 매진해 나가야 할 것을 촉구한다. 지구 마을은 온 인류와 생명을 회복 불가능할 정도로 손쉽게 파괴할 수 있는 무기와 요건들로 가득 차 있는 것을 자각하고 생명파괴 문명을 생명 건설문명으로 바꾸는 일에 앞장서야 할 일꾼의 사명이 있음을 확인한다. 우리는 종교가 다르다는 이유로 수많은 생명을 멸절시키고 학대해온 인류역사와 기독교 문명에 대하여 심각한 수치를 느끼며 회개한다. 비록 그들이 하나님과의 반함생적(anti-combiosism) 삶을 살고 기독교 신자들의 생명을 죽이고 위협할 경우라도 우리는 그들의 원수로서 보복하기보다는 그들의 친구로서 협력하고 깨우치는 것이 더 큰 사명이라는 예수 그리스도의 가르치심과 삶임을 확인하고 전심력을 기울여 이를 실행하도록 확인한다. 전쟁과 경쟁이 삶 속에서 불가피한 경우가 될 수 있겠으나 결코 악용되지 말아야 하며, 가능한 한 극소화 되어야 하며, 평화와 협력의 큰 틀 안에서 그것을 더 크게 살리기 위한 도구로서만 허용되어야 한다.

12. **역사의 방향과 종말** 우리는 하나님의 대속적 사랑을 기축으로 하는 하나님의 나라 곧 온전한 함생의 나라가 완성될 것을 믿는다. 우리는 인류의 역사가 함생적 작용과 반함생적 작용의 끊임없는 갈등과 격렬한 투쟁으로 계속되어 가는 과정에서 함생하고 있음을 확인한다. 온전하게 이루어진 하나님의 나라는 창조주 삼위일체 하나님이 주도하시는 함생의 나라로 이해하지만 그것은 동시에 피조물과의 사랑적 함생을 통하여 완성될 것을 확신한다.

'함생주의'용어의 탄생과 형성 과정

'함생주의'용어는 함생과정을 통하여 탄생했다. 필자의 평생의 체험과 학식, 믿음과 생활, 설교와 신학, 단편적 생각과 체계적 사상을 종합할 용어의 출산을 위하여 산고를 느끼며 기도하던 중 이 말이 신비하게 머리를 스쳐가는 혜성이 되었다. 성삼위 하나님과 필자의 함생작품이 되었다.

신비하게 받은 이름

'신학 있는 목회, 목회 있는 신학'을 다짐하며 목회현장과 신학대학 사이를 시계추처럼 분주히 오고 간 것이 30년을 훌쩍 넘었다. 신학교육 현장에서 신학도로서 오랜 세월을 보냈고, 교수생활과 행정직도 계속 수행했다. 서울신학대학교에서 출발하여 월드미션대학교, 아주사퍼시픽대학교 (해리 안스테드 서울대 초대총장이 이 학교 교수를 역임했다), 미주성결대학교, 풀러신학대학원 등에서 전담 혹은 반담으로 강의를 해왔다. 교수과목들도 다양했다. 교양국어, 대학한문, 신학영어, 신약헬라어, 기독교교육학, 교육과정론, 목회학, 실천신학개론, 설교학, 조직신학, 로마서연구, 성결교회 교의신학, 목회현장론, 영성목회 분야 박사논문 지도교수 등이었다. 특정화된 전공분야에 집중하지 못했다는 취약점이 있으나 여러 기초학문을 섭렵한 장점이 있다.

평신도 생활을 중학교 2학년 때부터 시작했다. "(그의) 알곡은 모아 곳간에 들이고 쭉정이는 꺼지지 않는 불에 태우시리라"(마 3:12)는 말씀 앞에서 거듭났다. 그런 다음 평신도의 여러 직분 특히 장로의 직분까지 거쳐 목사로 부르심을 받았다. 목사로 부르심 받을 때에는 하나님께서 직접 내 이름을 부르시고 "내가 너를 목사로 불렀다"는 우레 같은 음성을 들었다. 그로 인하여 국어교육과 교수로 진출할 수 있는 기회를 버리고 목사의 길로 들어섰다.

여러 학교에서 공부했다. 모교에서는 국어교육학으로 학사와 석사학위를 취득했으며, 신학은 서울신학대학교, 미국 애즈베리신학교, 남침례회신학교, 죠지팍스신학대학원, 풀러신학대학원, 그리고 클레어몬트신학대학원에서 여러 해 동안 신학이론들과 씨름했다.

목회는 남캘리포니아에서 전도사로서 코비나성결교회를 개척함으로 시작했다. 이어서 두 번째로 유니온교회를 개척했다. "예수님처럼, 꼭 예수님처럼"이라는 표어 형식으로 사명선언을 삼았고 좀 더 구체화된 목표로는 "생산능력이 있는 자립교회"를 내세웠다. 그로부터 1세대 곧 30년을 담임목회 한 뒤에 은퇴했다. 처음에 독일계 루터교회당 한 구석에서 시작하여 자체 성전을 마련했고 두 번째 성전은 4천 평 대지 위에 1천명이 사용할 수 있는 시설을 확보했다.

이런 속에서 신학 이론과 목회 실천을 아우를 수 있는 만통열쇠(master key)가 될 용어를 찾지 못하고 헤매었다. 모색 기간이 너무 길었다. 그런데 2009년 8월 31일 새벽기도회 인도 후, 강대상 뒤에 엎드려 개인기도시간을 가졌다. 베드로에게 주셨던 '하늘나라 열쇠들'을 내게도 주시도록 간곡히 기도했다. 그 순간 "함생주의"(咸生主義)라는 말이 갑자기 섬광처럼 내 머리 속을 스쳐갔다. 기독교뿐만 아니라 온 인류 문명을 새롭게 이끌어 갈 실천과 이론의 만통열쇠를 선물로 받았다. 너무도 기뻤다. 새벽기도 마치는 대로 목양실로 돌아와 평소의 습관대로 카드에 '함생주의'라 제목을 쓰고 그에 대한 생각을 정리해 나갔다. 언어에는 생각을 명료화시키는 기능이 있다.

생명의 절대적 가치가 단서

사범대학 입학 때부터 인간생명의 중요성을 뼈 속에 깊이 새겨야만 했다. 자격증이라는 것이 본래 '인간 생명'을 다루는 사람들에게 주어진다는 것, 그 대표적인 것이 교사, 의사, 변호사, 운전사 등이라는 의식을 철저화 했다. 특히 삶과 죽음의 경계선을 끊임없이 넘나들어야 하는 해방과 한국전쟁, 4.19 데모에서도 죽음의 공포에 가득 찬 극적 체험들을 거쳤고, 군대생활에서는 '사람 죽이는 기술 연마'에 매진하기도 했다. 나의 세대가 살아온 시대에는 한반도 전체가 마치 죽음의 수용소 같았다.

목회전선에 뛰어들면서 생명 관리에 더욱 몰입했다. 생물학적 생명과 함께 영적 생명을 목양해야 하는 소명에 충실해야만 했다. 특히 〈베를린한인교회 연합집회〉를 슈바이처 기념교회당에서 인도한 것이 계기가 되어 그의 '생명 경외 사상'에 나 자신이 흡수되어 갔다. 슈바이처야 말로 몸병 고치는 의사이면서 영혼과 의사였고, 특히 문명의 질병을 고치는 의사였다.

소박하게 말해서 온 인류의 최대 관심사는 '살아남음'(survival)이라고 정리했다. 개인적 차원, 영적 차원, 그리고 집합적 차원에서도 그렇다. 그래서 한동안 '살아남음의 신학'이라는 용어를 사용했다. 그런데 어쩐 일인지 동력이 생기지 않았다. 이 용어 자체가 죄악의 핵심인 이기주의를 부추기는 측면이 있어 십자가의 신학을 담기에는 부족한 그릇이었다. 다일주의(multiunism)라는 용어도 실험했다. 별로였다. 공생주의(symbiosism)에는 공산주의 악몽이 서려 있는 것 같았다. 그 symbiosis를 상생(相生)이라 번역하여 상생신학을 주장하는 이들도 있다. 상생은 누이 좋고 매부 좋은 점은 있으나 그것이 전체를 죽이는 야합일 수도 있다는 점에 한계가 있다. 예수님 처형 때에도 여러 이해단체들이 상생 야합했다. 그래서 combiosism이란 용어를 창출해 냈다. 함생(咸生)도 국어사전이나 중국어 사전에 없는 용어이듯이 그것도 영어사전에도 없다. 그리고 symbiosis가 헬라말로만 합성된 것과는 대조적으로 combios는 라틴말 cum(함께)과 희랍말 bios(생명)의

융합이어서 함생의 핵심을 더 잘 드러내는 면이 있다. 마치 함생이 '함께 사는 것'이라는 순수한 한국말이지만 한문글자로도 咸生인 것과 같다.

함생사상은 글자 그대로 함께 살아남는 것을 핵심으로 삼는다. 그것을 조금 더 풀면 네 가지로 요약된다. 1) 생명 특히 사람의 생명을 보존하는 것과 증진시키는 것을 최우선 가치로 삼는다. 2) 인간은 철저히 개인인 동시에 철저히 사회적 존재로서 사회적 개인(social individual)이요 개인적 사회인으로 이해한다. 소설 〈삼총사〉의 한 구절인 One for all, all for one이 동시적으로 이루어져야 한다. 3) 기독교의 삼위일체 혹은 일체삼위 신관은 그 절대자가 본질적으로 함생적 존재임을 계시한다. 4) 인간과 만물은 창조주 하나님과 함께 살아야만 하는 수직적 함생의 대상이며 또한 이웃이나 원수와도 함께 사랑해야 하는 수평적 함생의 사명을 부여받았다. 그것이 바로 '하나님의 형상'(imago Dei,창 1:26)의 핵심적 내용이다.

그런 기본적 명제들을 결정한 뒤에 쓴 논설문이 바로 "기독교 신앙과 함생주의 문명 건설"이었다. 2010년 3월에 서울대 사범대 기독학생동문회가 발간한 〈반석〉에 게재되었다. 그리고 그 책 출판기념회에서 간략하게 요약발표하고 회원들과 함께 토론하기도 했다.

한국적 신학과 보편적 가치

그후 로스앤젤레스 소재 미주성결대학교가 개최한 〈성결 포럼〉에서 "함생주의 신학을 말한다"는 논문을 발제했다. 〈반석〉에 게재된 것이 인류문명사의 시각에서 정리한 논설문이라면 포럼에서 발제한 것은 신학의 방법론에 따라서 정리한 내용이었다. 계시론, 신론, 기독론, 성령론, 인간론, 죄론, 구원론, 교회론, 종말론으로 된 이론신학의 체계를 따라서 함생신학을 풀어 나갔다. 이에 대하여 논평자였던 류기종 박사는, "한국적 신학의 훌륭한 가치가 있다"고 했으며 민종기 박사는 "보편신학이 될 수 있는 인자를 잘 갖추었다"고 평가했다. 기독교 언론들과 일반언론들도 적극적으로 보도했다. 이어서 필자가 소속된 성결교단의 기관지 〈활천〉에 "함생주의 신학 이해"(2010년 4월호) "교회는 거룩한 함생체입니다"(11월호)를 각각 논설과 설교 형태로 발표했다.

함생신학은 목회현장에서 생성된 신학사상이었다. 실사구시(實事求是)였다. 영혼 구원 특별히 생명구원을 제일의 과제로 삼은 것이 목회였고, 그것을 혼자 하는 것이 아니라 삼위일체 하나님과 함께, 그리고 성도들과 함께 해내어야 하는 협생적(協生的) 작업이었다. 한 가지 더 있다. 믿지 않는 사람들과 심지어 기독교의 적대자들과도 함께 이루어 가야 하는 것이 목회라는 점이다. 무신론이나 타종교와의 관계 정립도 고민스러운 문제의 하나였지만 큰 틀에서 풀어갔다. 그래서 쓴 글이 "삼위일체 신론과 함생목회론"이라는 논설문으로 〈월간 목회〉에 게재했다. (2013년 12월호) 삼위일체 신론은 전통적으로는 경세적으로 접근해 왔으나 근래에는 '페리코레시스'라는 헬라말 용어를 사용하여 내재적으로 설명하고 있는데 기초하여 목회현장을 새롭게 형성해 나가야 한다는 것이 요지였다. (이종성. 삼위일체론 참조)

함생주의는 곧 예수주의

삼위일체 하나님을 이해함에 있어서 나는 어쩔 수 없이 예수 그리스도 곧 성자 하나님에게 사로잡혀 있는 사람이 되었다. 6 · 25 동란이 일어났던 그 다음 해 그러니까 초등학교 4학년 때 나는 사회생활 과목에서 세계 4대 성인의 하나로 '예수'라는 이름을 처음 들었다. 시험에도 잘 나오는 대목이라 공자, 석가무니, 예수, 소크라테스를 꼭 기억했다. 그래 그런지 나는 지금도 삼위일체 하나님 가운데 가장 친근하고 반가운 분은 성자 예수님이시다. '하나님의 사람'(딤전 6:11)이 된다는 것은 성부의 사람이나 성령의 사람보다는 예수의 사람이 되는 것으로 이해했다. 그분만이 사람의 몸을 입고 나와 같은 모습으로 이 땅 위에 사셨기 때문이다. 그래서 신앙칼럼집을 출판할 때 첫 권의 제목이 바로 〈예수주의라야 한다〉였다. 삼위일체론이 복잡하고 심원하지만 그 말에 '일체'는 '한 몸'인데 몸이 되신 분은 성부 하나님이나 성령 하나님이 아니고 성자 예수님뿐이라는 점에서도 그랬다. 여기에서 '예수님처럼, 꼭 예수님처럼'이라는 사명선언의 표어가 바로 '함생의 사람 예수 그리스도'를 초점으로 하게 되었다. 성경에 기록된 예수 그리스도의 생애와 교훈이 성경 전체의 해석 기준이 되지만 그 가운데 십자가의 죽으심과 부활 사건을 성경해석의 만통열쇠(master key)로 삼았다. 역사적 예수와 믿음의 그리스도를 통합한 개념이다. 그런 이해에 기초하여 유니온교회 담임목회를 하면서 항상 되풀이하고 되새김질했던 것이 바로 '예수님께서 유니온교회 담임목회자라면 어떻게 하실까'였다. 예수님과의 함생이었다. 그것 때문에 찬송가의 일절인, "구주와 함께 나 죽었으니, 구주와 함께 나 살았도다"를 자주 흥얼거리며 유다성을 버리고 예수성을 증진시켜 나아갔다.

함생신학을 말한다

함생주의 신학은 2010년 3월 22일에 처음으로 공론화되었다. 그날 오전 10시 미주성결대학교가 주최한 제22회 성결포럼이었다. 장소는 예배센터였다. 여기 게재한 글은 그때 발제했던 초고를 그대로 게재했다. 논문의 역사성을 보존하려는 뜻에서다. 필자의 이력과 관계되는 사항 등 내용들이 다른 부분과 중복되는 것을 양해하여 주기 바란다. 그리고 이 논문이 발표된 뒤 이 책이 출판되기까지 5년 여 지나면서 함생주의 신학도 여러 모로 보완되었다는 점도 유의하면 좋겠다. 마지막의 '함생주의 신학의 특징들'은 발제 후에 독자들을 위하여 추가 정리했다.

함생주의 신학이 2010년 〈성결포럼〉을 통하여 처음 발표되었을 때의 크리스천 뉴스위크의 보도.

간증으로 시작하면

필자는 1966년부터 성결교회에서 신앙생활을 시작해 왔고 1968년부터 10년 동안 서울신학대학교를 섬겨 왔다. 미주에서는 미주성결대학교 초대 총장으로 6년간 시무했고, 그 기간에 교수로서 신약성경 헬라어, 교육목회론, 실천신학과목, 그리고 2003년도 봄학기에는 '성결교회 교의신학'을 강의했다. 또한 아주사퍼시픽대학교 신학대학원에서 '현장목회론'으로 목회 후보생들을 지도해 오고 있으며 풀러신학대학원에서는 목회학박사학위 논문지도교수로도 섬기고 있다. 전공은 기독교교육신학에 강조점을 둔 실천신학이다.

한편 미주에서 교회를 개척하여 32년 간 담임목회를 해오고 있으며, "생산능력이 있는 모범적 자립교회"를 사역하겠다는 당초 목표를 이루었다. 미주성결교단의 총무와 총회장으로서도 사역했다.

그동안 목회현장과 신학연구실을 오고 가면서 고민과 갈등이 없는 것은 아니었으나 이것이 오히려 합력하여 선을 이루게 되었다. 그것은 "신학 있는 목회, 목회 있는 신학"으로 요약되는 지혜를 터득해가는 과정이었기 때문이다. 흔히, '이론 없는 실천은 맹목적이고, 실천 없는 이론은 공허하다'고 말한다. 이 말을 바꾸어 "신학 있는 목회는 갈 길이 명확하고, 목회 있는 신학은 열매가 충실하다"는 것을 확인하게 되었다.

이 같은 작업을 통하여 12개 항목으로 기본교리를 요약한 "기독교미주성결교회 교리적 선언"을 비롯하여 교단의 교리문답, 예식서와 미주한인교회가 사용하는 이단판별지침, 목회자윤리강령, 남북통일선언문 등의 문서를 초안하는 열매를 맺게 되었다. 그리고 무엇보다도 성결교회의 고백적 교리와 신학을 "기독교 개신교 웨슬리안사중복음주의"로 요약하게 되었다.

함생주의 신학은 기본적으로 성경계시를 함생주의라는 시각에서 해석하는 신학적 작업이다. 그래서 성경에 기초한 여러 신학사상들도 함생주의 시각에서 재해석하게 된다. 그 신학사상 가운데 중요한 참고사항 몇이 있다. 요한 웨슬리의 구원중심 신학이 그 중의 하나이다. 그가 제시한 중생, 성결, 기독자 완전의 구원과정은 성삼위 하나님과 함께 사는 수직적 함생으로 풀 때 그 진면목이 더욱 잘 드러나고 목회현장에서 효력을 발휘하게 된다.

그리고 과정신학도 그 가운데 하나이다. 저자는 목회현장에서 신학과 씨름하면서 수많은 조류의 신학과 역사적 교리들이 안고 있는 걸림돌과 디딤돌들에 주목하게 되었다. 특히 2009년 6월 초 과정신학 세미나에서 이 분야에서 대표 신학자인 죤 캅(John Cobb, Jr.) 박사의 발제를 목회자 입장에서 논평하는 일에 참여했던 경험이 함생주의 신학형성에 큰 자극제가 되었다. 과정신학(process theology)이 목회현장에서 적실성을 발휘하려면 복음주의적 과정신학으로 재편성되어야 한다고 생각했다. 함생주의 신학이 과정신학의 한 부분은 결코 아니다. 출발점부터 다르고 귀착점도 다르다. 그러나 생명을 중시한다는 점이나 신학의 영역을 하나님, 인간, 교회만이 아니라 정치, 경제, 문화, 생태계와 전 우주로 확대한다는 점에서 시사하는 바가 크다.

함생주의 신학은 아직 모색단계의 실험신학적 성격을 가지고 있다. 하지만 확실한 것은 앞으로 함생주의 신학은 우리 성결교회의 신학적 사고의 외연을 넓히고, 그 미래지향적 신학을 더욱 풍성하게 만들며, 동시에 신학 일반의 패러다임도 새롭게 형성할 것으로 전망한다.

삼위일체 신론과 함생주의 신학

함생주의(咸生主義, combiosism)란 “모두 사는 것, 함께 사는 것, 끝까지 사는 것, 온전히 사는 것, 그리고 남을 살리는 것”을 핵심내용으로 하는 사상체계이다. 함생의 ‘함’은 ‘다 함’으로 ‘모두 다’를 뜻한다. 영어의 com은 ‘함께’라는 뜻이고 bios는 희랍말의 ‘생명, 재산, 목숨’이라는 뜻이다. 영어의 biology(생물학)의 뿌리가 되는 말이다.

신론(神論)은 신학의 본질적 영역이다. 신학이나 교리는 하나님의 이해에서 출발하고 있고 또 출발해야 한다. 따라서 기독교 신학은 곧 삼위일체 신론에서 출발되어야만 한다. 한국말로는 ‘삼위일체’라는 용어가 매우 익숙해져 있지만 니케야 신조 등을 따르면 삼위일체와 ‘일체삼위’를 동시에 사용해야 한다. ‘아래로부터의 신론’과 ‘위로부터의 신론’을 뜻한다.

그런데 삼위일체 하나님 곧 일체삼위 하나님은 ‘함생하시는 하나님’으로 이해된다. 최근의 신학자들이 삼위일체 신론을 ‘community of God' (하나님의 공동체)이라는 표현을 사용하기도 하지만 하나님은 아버지, 아들, 성령이 삼위일체적으로, 그리고 일체삼위적으로 존재하시고 사역하시는 것을 뜻하는 말이다. 따라서 아버지, 아들, 성령이 함께 계시고 함께 일하신다는 ‘페리코레시스 삼위일체론’(이종성은 페리코레시스를 通在로 번역했다)인데 이것이 바로 함생주의 신학의 기초가 된다.

이 같은 함생체적 하나님 이해로부터 우리는 성경을 새롭게 해석하게 된다. 몇 개의 실례를 들어 보자. 하나님은 구약성경에서 “내가 너와 함께 하리라”는 언약을 해 주셨다. 그리고 하나님의 백성들을 이집트와 바벨론 등에서 이방인과 함께 살게 하셨다. 예수님은 십계명을 ‘하나님 사랑과 이웃 사랑”으로 요약하심으로 인간과 하나님의 함생, 인간과 인간의 함생을 선언하셨다. 또한, “우리와 같이 그들도 하나가 되게 하옵소서”(요 17:11)하신 예수님의 기도는 바로 삼위일체/일체삼위 하나님이 함생체이신 것처럼 인간들도 함생체가 되라는 뜻으로 풀이된다. 그리고, 하나님의 형상(창 1:26-28)이나 말씀이 육신이 되신 예수 그리스도의 성육신은 바로 그 분이 하나님과 인간의 함생체이심을 뜻하는 것 아닌가.

함생주의적 구원론

성경의 핵심적 기본사상은 바로 "삼위일체 하나님은 구원하신다"라는 데 기독교 전체의 합의가 이루어져 있다. 그러면서도 구원의 내용, 대상, 과정 등에는 심한 이견이 있어 왔다. 그리고 로마 가톨릭과 개혁자들 사이에는 구원의 내용과 방법의 차이 때문에 사람의 생명까지 마구 죽이는 전쟁까지 벌어졌었다. 구원은 살리는 것을 목표로 삼고 있는데 그 구원에 대한 이해의 차이가 사람을 죽이게 하였다. 여기에서도 함생주의 구원론의 절실한 필요성이 제기된다.

그런데 모든 구원론은 함생주의로 수렴되고 또 되어야 한다. 구원을 회개, 회심, 속죄, 칭의, 중생, 성화, 그리스도인의 온전 등으로 주장하는 것은 수직적 함생주의를 말한다. 수직적 함생주의란 사람이 성삼위 하나님과 함께 함생체를 이루는 것을 뜻하며 '임마누엘'이라는 한 마디 말이 바로 수직적 함생주의를 효과적으로 대표한다.

이와는 대조적으로 구원을 정치 · 경제적 해방이나 평등, 인간화, 화해, 윤리적 삶 곧 사랑이나 선행 등으로 이해하는 신학적 주장들이 있다. 이것들은 수평적 함생주의를 강조하는 입장들이다. 자유주의, 신자유주의, 해방의 신학 (흑인신학, 여성신학, 민중신학을 포함), 과정신학, 포스트모더니즘적 신학 등이 여기에 속한다. 사람과 사람이 함생하면 그것이 바로 하나님의 나라라는 주장이다.

여기에서 성결교회 신학과 사역의 미래가 보인다. 성결교회는 수직적 함생주의를 강조한 점에서는 매우 모범적이다. 그러나 수평적 함생주의에는 상대적으로 부정적이거나 무관심해 왔다. 그러므로 앞으로 성결교회는 수평적 함생주의 곧 우리와 신학적 입장을 달리하거나 심지어 종교적 입장을 달리하는 사람들과도 함께 돕고 협력하는 일에 적극 나서야 한다. 미래신학에 관심을 가진 학자들은 기독교 구원론이 앞으로 복음주의적 개신교회의 '이신득의론'과 로마 가톨릭교회의 '이행득의론'이 통합된 '사랑구원론'의 형태로 발전할 것이라 예측하고 있다. 성경 요한문서들이 강조하는 사랑구원론을 뜻한다.

구원론에 있어서 함생주의 신학의 특징은 생태신학(ecological theology)이 제기하는 문제들까지도 포괄하고 있다는 점에서 그 유용성이 발견된다. 노아의 방주 곧 구원의 방주에는 사람뿐만 아니라 각종 짐승들도 함께 있었다는 점, 예수님께서 시험받으실 때에, "들짐승과 함께 계셨다"(막 1:13)는 점, "너희는 온 천하에 다니며 만민에게 복음을 전파하라"(막 16:15)는 말씀에서 '만민에게'는 바로 '모든 피조물' 혹은 '온 창조세계'를 뜻하고 있기 때문이다. 그런 점에서 앨버트 슈바이처의 생명경외(reverence for life) 사상도 함생주의 신학의 한 부분이 된다.

함생체로서의 교회

복음주의 신학은 16세기 유럽의 종교개혁운동(Reformation)으로부터 시작된다. 그런데 흔히 종교개혁이라는 말을 아무런 성찰 없이 사용하는데 사실 그것은 '교회개혁운동'이라고 해야 한다. 그 때는 종교라면 기독교를 뜻했지만 그렇더라도 그 때 개혁을 시도한 것은 기독교를 대상 삼은 것이 아니라 교회를 대상 삼은 것이었다.

그런데 개신교회는 로마 가톨릭교회에 대항하여 이 같은 교회개혁운동을 일으키면서 몇 가지 부작용도 감수해야 했다. 최대 부작용은 바로 교회론의 약화였다. 그로 말미암아 교회의 거룩성이 심한 손상을 입게 되었고 그래서 나타난 대표적 질병이 바로 교회들의 추악한 갈등과 분열이었다. 그로 인하여 교회의 공신력이 크게 떨어졌으며 전도의 문을 막고 말았다.

뜻있는 교회지도자들은 이것을 철저히 반성하여 뒤늦게나마 두 가지 처방전을 마련하게 되었다. 에큐메니컬 운동 곧 교회일치운동이 그 한 축이요 교회성장운동이 다른 한 축이다. 그런데 이 두 가지 운동은 모두 함생주의 신학을 바탕으로 삼고 있다.

교회와 하나님 나라의 관계에 대한 해석은 여러 가지가 있다. 그럼에도 불구하고 교회를 하나님 나라와 아무 연관이 없다는 주장은 찾아보기 어렵다. 이는 교회는 어느 모로나 하나님의 나라를 기본요소로 삼고 있음을 뜻한다. 따라서 교회가 하고 있는 사역들, 곧 예배, 성례전, 교육, 선교, 봉사, 친교 등 모든 일들은 계시록에서 확인할 수 있는 것처럼 바로 삼위일체/일체삼위 하나님과 온 인류 그리고 모든 피조물들이 함생하는 나라임을 명확히 보여주고 있다.

살아남기 위하여

어떤 사상이 신학의 기초가 되려면 적어도 계시론, 신론, 인간론, 구원론, 교회론, 종말론들과 깊이 연관되어야 한다. 따라서 위의 설명으로 함생주의 사상은 신학의 주제가 되기에 넉넉하다는 것이 입증되었다. 혹자는 상생신학(相生神學, theology of symbiosis)을 주장하기도 하나 그것은 빌라도와 헤롯, 바리새파와 사두개파가 평소에는 적대관계이나 예수님 살해하는 일에는 야합했던 부정적 상생도 있어 신학의 틀로는 적절하지 않다고 본다. 특히 상생은 외적 함생을 뜻할 뿐 삼위일체 하나님의 내적 함생을 함유하지는 못한다.

신학이 되려면 또 하나의 기초 곧 장황(場況, context)과 연관되어야 한다. 현재 당면하고 있는 인류와 우주의 문제들을 해결할 수 있는 지혜를 제공하는 신학이어야 한다. 삶의 현장에 적실성(relevance)이 있어야 한다는 뜻이다.

그런 시각에서 볼 때 인류의 가장 큰 문제는 개인적으로나 집단적으로나 바로 죽음이라 할 수 있다. 개인적 죽음은 하나님과 함생함으로 영원한 생명을 얻는데서 해결된다. 이것이 바로 기독교가 전하는 복음의 내용이다.

그러나 집단적 죽음의 문제는 간단하지 않다. 지난 20세기 두 세계대전에서 인류의 생명은 엄청나게 파괴되었으면서도 아직도 인류는 그 해결의 길을 마련하는데 실패하고 있다. 특히 공산주의 혁명과정에서 1억 명 이상의 생명이 죽었으면서도 함생의 길을 찾는 일이 지지부진한 편이다. 게다가 이제는 새뮤엘 헌팅턴의 주장처럼 '문명충돌' 곧 종교문명의 충돌로 온 인류의 생명이 심히 위협받고 있다.

여기에서 기독교는 함생주의 신학을 앞세워 확산시켜 나가야 한다. 핵전쟁으로부터 살아남기 위하여, 생태계 파괴로부터 살아남기 위하여, 기독교와 이슬람교와의 싸움에서 양쪽 모두 살아남기 위하여, 민족주의의 갈등에서 살아남기 위하여 함생주의 깃발 아래로 모여야 한다. 그래야만 모두가 전멸하는 '함사주의'(咸死主義) 비극에서 벗어나, 모두 살고, 함께 살고, 온전히 살고, 끝까지 살고, 자기를 죽여 남을 살리는 함생주의 문명의 건설이 이 지구 위에 시작된다.

함생주의 신학의 특징들

1. 함생주의 신학은 성경말씀과 역사와 자연 전체에 나타난 하나님의 최고의 뜻은 생명을 살리는 것에 가장 큰 초점이 있다. 생명을 살리되, 모두 살리고, 끝까지 살리고, 함께 살리고, 온전히 살리는 것을 사명으로 하는 신학이다.
2. 온전한 구원의 신학이다. 개인구원만 강조하는 보수신학과 사회구원을 강조하는 진보신학, 그리고 환경구원을 강조하는 생태신학을 종합할 수 있는 신학이다.
3. 삼위일체 하나님을 성부, 성자, 성령의 함생체로 강조하고, 예수 그리스도를 하나님과 사람의 함생체로 이해하며, 교회를 하나님과 함생하는 형제자매의 함생체로서 교회 밖에 있는 사람들과 자연과도 함생하려는 것을 최고 사명으로 가진 함생체로 이해한다.
4. 회개, 칭의, 중생, 성화와 성결, 영화의 전통적이며 개인적 구원을 하나님과의 함생(수직적 함생)이라는 시각에서 재조명하며 특히 이것으로 영성의 기초를 삼는다.
5. 전도와 선교의 전략에 일대 변혁을 일으킬 기초가 된다. 전도와 선교는 바로 수평적 함생이기 때문이다.
6. 기독교 에큐메니즘과 종교적 에큐메니즘의 기초가 된다.
7. 의사소통성(communicability) 곧 교육성이 높은 신학이다.
8. 신학의 외연(外延, extension)을 기독교에 국한하지 않고 온 우주, 전 역사까지로

확대한다. 따라서 텍스트와 컨텍스트를 모두 아우르는 신학이 된다.
9. 미래형 신학이다. 인류는 하나님과의 함생, 이웃과의 함생, 우주자연과의 함생을 시급히 이룩해 내지 못하면 멸망의 신 붉은 용에게 삼켜질 위험성이 너무 높다. 인류가 살아남기 위하여서는 기독교가 그 기반을 제공하는 함생주의 신앙을 시작으로 함생주의 윤리, 함생주의 사상을 삶의 패러다임으로 삼아야 한다.
10. 인류문명의 패러다임(paradigm)을 바꿀 수 있는 머릿돌 사상이다. 곧 함생정치, 함생경제, 함생사회, 함생문화, 함생역사관 등으로 인류문명을 재구성하는 사상적 기반을 제공한다. 한반도에 있어서는 함생통일론이 남북통일의 사상적 기반이 된다.
11. 상생신학(theology of symbiosism)이 이왕에 있어왔지만 그 제한성을 함생주의 신학이 보완한다. 상생은 야합이 될 수도 있으며 이 용어 자체가 유무상생(有無相生)처럼 도덕경의 용어이다.
12. 전쟁, 갈등(conflict), 약육강식의 경쟁(competition), 협력(cooperation), 자유와 평등을 위한 투쟁 등은 인간 삶의 당연한 모습으로 이해되어 왔으나 함생을 대전제로 할 때 생명의 손상을 극소화할 수 있다.
13. 개인과 사회의 우선순위가 늘 논쟁의 불씨였으나 함생주의 사상에서는 "개사주의"(個社主義 social individualism)로 종합하게 된다. 하나님의 존재가 복수적 단수 혹은 단수적 복수이고 하나님의 형상은 개인 속에만 있는 것이 아니고 사회적 형상(social image of God)도 있기 때문이다.

(출처: 2010년 3월 24일자 크리스천 뉴스위크, 2010년 4월호 활천)

기독교 신앙과 함생주의 문명 건설

Christian Faith and Civilization of Combiosism

이 지구 위에서 살인사건이 없는 날이 하루라도 있을까. 자살하는 사람이 하나도 없는 날이 있을까. 교통사고 등으로 다치거나 죽는 사람이 하나도 없는 날이 있을까. 모든 인류가 서로 서로에게 '생명싸개'(삼상 25:29) 역할을 해 주는 '타인을 위한 존재'(man for others)가 되어 주는 함생의 삶이 실현될 수는 없을까.

살아남아야 한다

인류 전체에게 그리고 한 사람 한 사람에게 가장 근본적이며 가장 절실한 문제가 있다면 그것이 무엇일까? 길게 논의할 것도 없이 '살아남아야 한다'는 일이다.

이것은 사람이 이 세상에 태어나면서부터 지금까지 있어 왔고 앞으로도 있게 될 가장 근본적인 과제가 되어 있다. 그것이 아니고 다른 것들이 가장 절실한 과제라는 주장이 있을 수는 있다. 그러나 그 꺼풀을 벗기고 또 벗겨 내면 그것은 바로 살아남는 일이 가장 궁극적 과제(the ultimate task)라는 결론에 도달하게 된다.

질병이 왜 무서운가? 사람의 생존을 위협하기 때문이다. 식량 부족이 왜 문제인가? 굶어 죽게 되기 때문이다. 전쟁을 왜 하는가? 혹은 하지 말아야만 하는가? 자신들이 살아남기 위하여서는 자신의 생존을 위협하는 적들과 싸워 이겨야 하기 때문이다. 혹은 전쟁으로 인하여 오히려 생존이 끝장나기 때문이다. 생태계 파괴가 왜 문제인가? 그것은 결국 인류의 자살행위에 해당되기 때문이다. 핵무기를 왜 완전히 폐기시키려 하는가? 더 대답할 필요가 있겠는가?

이것은 모든 사회제도에 있어서도 마찬가지이다. 사회제도가 생겨난 근본을 따져 묻는다면 그 모든 것은 바로 인류가 살아남아야 한다는 근본적 과제에서 비롯된다. 가령 혈연을 기초로 한 가족제도는 그 목적이 무엇인가? 살아남기 위함이다. 이것은 참혹한 전쟁을 겪고 피난살이를 했던 사람들이 가장 절실하게 체험하지 않았는가?

학교라는 제도는 왜 생겨났는가? 학부모들이 왜 자녀 교육에 그처럼 많은 돈과 에너지를 쏟아 부으면서도 조금도 불평하지 않고 갈수록 극성을 부리는가? 교육은 근본적으로 살아남기 위한 도구로 시작되었다. 가령 정글 속에 살고 있는 원시인들이 자녀들에게 활을 만들고, 돌을 던지고, 짐승을 사냥하는 기술을 가르치는 이유가 무엇일까? 살아남기 위함이다.

국가의 기원은 무엇일까? 국가의 목적이 국민의 생명을 안전하게 지키며, 재산을 보호하며, 국리민복을 도모한다는 등의 여럿이 있지만 그것은 한 마디로 인류가 살아남기 위한 몸부림일 뿐이다. 가령 중국 삼국지나 헬라 문명에 나오는 성곽도시들을 생각할 때 이것은 너무나도 명백하게 증명된다. 성곽을 쌓는 이유는 곧 중국의 만리장성에서 웅변적으로 밝혀지고 있는 것처럼 외적의 침입을 효과적으로 막자는 것이 근본 목적이다.

발견이나 발명은 또 어떤가? 비행기가 발명된 원인은 사람이 새처럼 날개를 가지면 더욱 생존하는 일에 유익하기 때문 아닐까? 전화와 같은 통신수단은 또 어떤가? 로버트나 컴퓨터의 발명을 생각해 보라. 그리고 인쇄술의 발명, 라디오나 텔레비전의 출현 역시 인류를 보다 더 살아남게 하려는 것이 그 확연한 목적 아닌가?

학문에는 목적이 없다는 사람들도 있다. 굳이 목적이 있다면 학문 그 자체일 뿐이라고 한다. 이것은 예술에 있어서도 마찬가지이다. 순수예술은 다른 것의 목적이나 수단이 될 수 없다고 주장한다. 과연 그런가? 설혹 목적은 아니라 해도 그런 것들이 인류의 삶의 의미를 높이는 결과를 가져온다는 것은 부인할 수 없다. 게다가 인류가 모두 멸망하고 나면 미술작품이나 음악작품들이 무슨 소용이 있을까?

경제제도나 금융제도는 또 어떨까? 경제제도는 그것이 무엇이든지 인류의 생존을 보장하기 위한 것임이 더욱 명백하다. 자유 시장 경제냐 아니면 국가통제경제냐의 문제도 어느 것이 인류의 경제문제를 더 잘 해결해서 먹고, 입고, 살아가게 하겠느냐는 데 핵심목적이 있다. 그리고 물물교환 경제에서 화폐경제로 발전하게 되는 이유도 마찬가지이다.

정치제도에도 여러 가지가 있다. 왕정체제도 있고, 집단지도체제도 있다. 민주주의 대의 정치도 있고 직접 민주주의도 있다. 일당독재도 있고 복수정당에 의한 정치도 있다. 어느 것이 더 좋은 것이냐를 판단하는 기준이 무엇일까? 말할 것도 없다. 어떻게 하면 국민 모두가 살아남아야 하고 더 행복하게 살아가게 할 수 있겠느냐는 데 있다.

함께 살아남아야 한다

인류가 살아남아야 한다는 궁극적 과제는 개인적 차원에서 가장 분명하게 나타난다. 가령 정당방위에 의한 살인은 처벌을 받지 아니한다. 왜 그런가? 내 생명을 보호하기 위하여 어쩔 수 없이 다른 사람을 죽여야만 했다면 그것은 '살아남아야 하는 최우선 법칙'에 부합하기 때문이다. 그래서 정당방위는 인류 보편적으로 인정받는 인권적 원칙이 되었다.

그러나 이러한 정당방위 사례에 있어서도 "내가 살기 위하여 너는 죽어야 한다"는 것보다는 "나도 살고 너도 사는 길"이 있다면 그것을 찾아내어야 한다. 그것은 상대편의 생명도 내 생명과 똑같이 중요하기 때문이다. 그뿐만 아니라 상대편은 내가 살아가는 데 있어서 큰 도움이 되는 존재이기 때문이다. 특히 시대가 갈수록 혼자만 살려고 아등바등 하면 모두가 죽게 되고 함께 살려고 하면 개인도 살아남게 되는 시대로 바뀌어 가고 있다.

"한 사람이면 패하겠거니와 두 사람이면 맞설 수 있나니 삼겹줄은 쉽게 끊어지지 아니하느니라."
(전 4:12)

이 성경말씀은 한 사람일 경우보다는 두 사람이 함께 사는 경우가, 그리고 그것보다는 세 사람이 함께 사는 경우가 생존하기에 훨씬 유리하다는 것을 가르쳐 주고 있다. 그러므로 살아남아야 하되 온 인류가 살아남아야 한다. 어떤 사람을 살리기 위하여 다른 생명을 죽여야만 하는 경우가 없지는 않으리라. 그러나 되도록 너도 살고 나도 살아야 하고 특별히 '우리 모두'가 살아남는 문명을 건설해야 한다.

거듭 말한다. 사람은 살아남아야 한다. 모두가 살아남아야 한다. 그리고 끝까지 살아남아야 한다. 이것이 우리 인간들에게 주어진 가장 중차대한 과업이다.

살려야 할 문명이 죽이는데 쓰였다

우리는 노벨상의 내력을 대체로 알고 있다. 알프레드 노벨(Alfred Bernhard Nobel, 1833-1896)은 스웨덴의 과학자였다. 그는 1866년에 다이나마이트를 발명함으로 많은 재산을 소유하게 되었다. 하지만 자신의 발명품이 인간의 생명을 죽이는 곳에 사용될 수도 있다는 것이 그의 큰 번민이었다. 그래서 그의 모든 재산을 노벨상 재단에 기부함으로써 노벨상이 탄생되었다. 대부분의 지성인들이 알고 있는 역사적 사실이다.

그래서 노벨상은 6개 부문 곧 물리학, 화학, 의학, 경제학, 문학, 그리고 세계평화 분야에 뛰어나게 공헌한 사람들을 찾아 노벨상을 수여하게 되었다. 특히 그들의 업적이 인류의 생명을 살리고 증진시키는 일에 사용되어야 한다는 것이 바로 노벨상의 기본정신이다. 그래서 다른 다섯 개 부문에서의 노벨상도 큰 값을 쳐 주거니와 그 가운데서도 평화상을 가장 영예롭게 평가하는 이유가 바로 여기에 있다.

노벨의 경우에서 보는 것처럼 인류문명의 발전은 거꾸로 인류의 생명을 대량학살하는 일에 사용되어 왔다. 가령 같은 전쟁이라도 칼과 활을 주요 무기로 쓰던 시절에는 죽는 자가 그리 많지 않았다.

그러나 총이 생겨나게 되니 더 많은 생명이 손실되었고 다이나마이트 같은 폭탄이 생겨나면서 생명을 파괴하는 일이 점점 더 대량화되어 갔다. 폭탄은 수류탄에서 원자탄이 되고 수소탄이 되더니 이제는 핵폭탄이 되었다. 총만 해도 소총에서 대포가 되고 대포에서 대륙간 유도탄으로 개발되었다. 운송수단만 해도 수레에서 마차로, 마차에서 자동차로, 자동차에서 비행기로, 이제는 비행기에서 우주선으로 발전했지만 이것들이 언제 어떻게 온 인류의 생명을 궤멸시킬는지 불안하기 짝이 없는 시대에 우리는 살고 있다.

가령 세계 제1차 대전(1914~1918)에는 5년 동안의 전투에서 사망자 수가 약 1천만 명이었지만 세계 제2차 대전(1939~1945)에는 7년 전투에서 5천5백만 명이라는 엄청나게 많은 생명이 완전히 파괴되었다.

인류문명의 발전이 인간생명을 대량으로 그것도 참혹하게 파괴시키는 일은 사상의 발전에서도 볼 수 있다. 세계 제2차 대전은 물론 독일, 이탈리아, 일본의 소위 주축국들이 일으킨 전쟁이지만 그 가운데서도 최대 원흉은 말할 것도 없이 히틀러(Adolf Hitler, 1889~1945)이다.

히틀러는 역사를 '인종 간의 생존투쟁사'로 보았다. 그리하여 게르만 민족의 우월성을 주창하게 되었고 다른 쓸모없다고 생각되는 인종들은 이 지구 위에서 말끔하게 청소해 버리려 했다. 말하자면 인종 청소(racial cleansing)였다. 그리하여 유태인을 6백만 명이나 잔인하게 죽여 없앴고 그 밖에 집시들과 동성애자들도 모두 쓸어버리려 했다. 한 사람의 잘못된 역사관이 얼마나 처참한 생명파괴사건을 일으키게 되는가를 확실하게 가르쳐 주는 사례라 하겠다.

그것보다 더한 것이 공산주의 혁명이다. 잘 아는 바처럼 과학적 사회주의라는 이름으로 19세기에 나타난 것이 칼 마르크스(Karl Marx, 1818-1883)와 엥겔스

(Friedrich Engels, 1820~1895)의 유물론 사상이다. 이 두 사람이 공산당 선언(The Communist Manifesto, 1848)을 발표하면서 시작된 공산주의 혁명은 그것이 피압박 인민의 생명을 증진시킨다는 명분을 앞세웠다. 그러나 그런 표면적 명분과는 정반대로 혁명과정에서 1억 명에 가까운 인간생명을 파괴하였다는 통계이다.

우리 코리언의 역사를 분석해 보더라도 공산주의 혁명 과정에서 죽은 코리언들의 규모가 가장 큰 살인사건이었다는 점을 잊어서는 안 된다. 한국전쟁(1950~1953) 기간에만도 부상자나 이산가족, 또 재산피해는 그만두고 죽은 사람만 2백만 명이 넘고 이북에서 공산주의 하다가 굶어죽은 사람들을 합하면 능히 4백만 명이 넘는다는 통계가 있다.

이 같은 역사를 생각하면 인류의 문명이 발전된다는 것이 결국은'자살할 꾀'를 짜내는 일에 불과하다고 보아야 한다. 그것도 혼자 죽는 것이 아니라 동반 자살 곧 함께 죽으려는 꾀일 뿐이다. 그래서 20세기 대표적 철학자로 불리는 러셀(Bertrand A. W. Russell, 1872~1970)은 "과연 인류에게 장래가 있을까?" 하는 질문을 던졌다. 특히 컴퓨터가 크게 발전된 오늘이고 보면 누구 하나가 컴퓨터 조작을 통하여 핵무기를 폭발시킬 수도 있는 것 아닐까 하는 걱정이 단순한 기우만은 아니게 되었다.

생태계의 파괴도 마찬가지이다. 인류의 복지를 위하여 경제개발을 하는 것은 좋은 일이나 이런 일로 인하여 자연이 파괴되었고 이제는 그것이 결국 부메랑 효과를 불러와 인류 전체가 죽음에 직면하게 되었다. 과학적 지식이 부족하여 자세한 내용은 잘 모르나 흔히 말하는 오존층 파괴, 공기오염, 물 오염, 온도의 상승, 동식물과 삼림의 파괴 등 이런 것들이 인류 전체를 괴멸시킬 위협 요인으로 꼽히고 있지 않은가?

자본주의만 해도 경제발전을 위한 장점이 없는 것은 아니다. 자유시장경제를 핵심으로 하는 이 자본주의가 본래는 기독교 특히 청교도 신앙과 밀접한 관련을 가지고 있다. 그러나 이제 자본주의와 기독교 신앙이 분리되자 자본주의는 인간의 생명을 학대하는 폭력으로 전락해 가고 있다.

그렇다면 종교문제는 어떤가? 종교는 어느 것이든지 인류의 구원을 목적으로 삼고 있다. 그런데 21세기에 접어들면서 이제는 종교가 온 인류의 목숨을 전멸시킬 수도 있다는 공포심이 지구 전체를 휩쓸고 있다. 특히 2001년 9월 11일 미국에서 발생한 비행기 테러 이후 모든 인류는 종교전쟁으로 인하여 온 인류의 멸망이 갑작스럽게 나타날 수도 있다는 인식을 하게 되었다. 그것을 미리 예견한 것이 헌팅턴(Samuel P. Huntington)의 문명충돌론(The Clash of Civilizations and the Remaking of World Order, 1996)이다. 이 세계 마지막 전쟁은 결국 종교권(기독교, 이슬람, 유교, 힌두교) 사이에서 벌어질 것이라는 예견이다.

이 같은 종교권의 충돌은 이제 연구실에서만 갇혀 있는 이론이 아니다. 우리 눈앞에 곧 나타날 현재적 상황이 되어가고 있다. 우선 이슬람권에서는 한국을 제1선교지로 결정하고 막강한 에너지를 쏟아 붓고 있다는 소식이다. 석유 팔아 번 돈을 타고 이슬람교가 물밀듯 밀려오고 있다.

한국인들은 원래 종교성이 강한 민족이다. 그래서 종교적으로 말한다면 불교가 들어 왔고, 도교가 들어 왔고, 유교가 들어 왔고, 기독교가 들어 왔다. 그냥 들어만 온 것이 아니다. 사뭇 국교 수준이다. 기독교도 일세기 만에 그 영향력에 있어서 국교 수준에 도달했다.

이런 추세라면 종교학적으로 예견할 때 이슬람교도 들불처럼 번져 나갈 가능성이 없지 않다. 그런데 문제는 이슬람교는 다른 종교에 대하여 전투적 성격이 매우 강하다는 데 있다. 그들의 목표는 신정국가 건설이다. 이슬람의 최종 목표는 국가권력을 점령하는 데 있다. 이것은 이슬람 근본주의자들만 그런 것이 결코 아니다. 시아파건 수니파건 모두 이슬람법에 의하여 국가를 통치하려는 목표를 가지고 있다.

그런 까닭에 21세기가 다 가기 전에 한반도에서 종교 전쟁으로 한강물이 피로 변할는지도 모른다. 다른 종교 예를 들면 불교도 그렇고, 천주교와 개신교도 순교적 믿음을 자랑하고 있기 때문에 이슬람 앞에서 쉽게 물러서지 않을 것이 불을 보듯 뻔한 일이다.

그런데 다시 생각하거니와 사람의 생명을 살리고 사랑하자는 것이 종교의 기본정신이고 근본정신인데 종교 때문에 인류가 모두 시체로 변한대서야 이런 어리석은 일이 또 있을까?

함생주의 사상을 말한다

그러므로 이제부터는 인류문명을 통째로 바꾸는 작업을 해야 한다. 문명혁명을 일으켜야 한다는 뜻이다. 포스트모더니즘(postmodernism)에서 주장하는 것처럼 문명의 패러다임(paradigm)을 바꾸어야 한다.'함께 죽는 문명'에서'함께 사는 문명'곧 함생주의 문명으로 바꾸어야 한다.

함생주의(咸生主義, combiosism)란 필자가 새로 창안해 낸 용어이며 사상이다. 쉽게는'함께 살자는 주의'라는 뜻이다. 공생주의(共生主義)라고 할 수 있으나 이 말이 공산주의와 발음이 비슷한 점에도 유의하여 선택하지 않았다. 특히 '함'은 함께라는 순수 한국말이기도 하고 중국한자의 '다' 혹은 '골고루'라는 뜻을 가진 함(咸)의 뜻이기도 하다. 한국말에서 '함고(咸告)하다'는 말이 있는데 '모두 낱낱이 보고한다'는 뜻이다. 게다가 끝까지 살아남는다는 뜻을 함유하고 있다.

컴바이어시즘(combiosism)도 새로 창안해 낸 말이다. 영어사전에는 악어와 악어새처럼 서로 도우며 사는 공생관계를 말할 때 심비오시스(symbiosis)라는 명사와 심비오트(symbiote)라는 낱말이 있다. 'sym'은 심포지엄이라는 말에서 보듯 '함께'라는 뜻이고

'bios'는 희랍말로 생명이라는 뜻이다. 지금 영어에 'bio'로 남아 있어 생물학(biology), 생화학(biochemistry) 같은 말의 접두어로 쓰인다. 따라서 공생주의(symbiosism)이라는 말도 생각하여 보았으나 지금은 '함께'라는 뜻이라면 컴(com-)을 많이 사용하므로 함생주의 곧 컴바이오시즘(combiosism)이라고 이름 짓게 되었다. 특히 '컴'은 라틴말 '쿰'(cum)이 그 뿌리이기 때문에 combios는 라틴말과 헬라말의 결합 곧 언어의 함생이 된다는 점도 고려했다.

그 동안 상생(相生 symbiosis)이란 용어가 보편화되었고 상생신학(theology of symbiosis) 이론을 전개하는 학자들도 있어왔다. 그러나 상생은 예수 죽일 때에 바리새파와 사두개파, 빌라도 총독과 헤롯왕이 '야합'하여 상생한 사례에서 보듯이 제한적인 면이 있다. 특히 '하나님과 사람이 상생한다'고 하면 신인평등론처럼 오해될 소지가 크다. 신학이나 사상을 말하는 도구로서는 너무 협소하다는 뜻이다. 성부 하나님께서 성자 하나님 그리고 성령 하나님과 상생하신다고 할 수 있을까. 그래서 훨씬 더 포괄적이고 종합적인 언어로 '함생'을 고안했다. 따라서 '하나님께서 사람과 함생하신다'거나 혹은, '성부 하나님, 성자 하나님, 성령 하나님께서 함생하신다'고 말할 수 있게 되었다.

'비오스'(bios)는 성경에 나오는 헬라말로 몸, 생명, 재산을 뜻한다. 몸을 뜻하는 헬라말에는 이것 말고도 더 있다. '사르크스'도 있고 '소마'라는 말도 있다. 그것들은 각각 기본 의미는 같으면서도 정서적 의미가 다르다. 그 가운데 '비오스'는 '살다'는 뜻이 매우 강하다. 살기 위하여 필요한 도구가 곧 재산이라는 말로 풀린다. '비오스'의 동사형 '비오오'는 '살아간다'는 뜻을 가졌다.

그리고 이 '비오스'라는 말이 재산이란 뜻으로 쓰인 경우는 '탕자의 비유'에 나오는 재산(눅 15:12,13), 그리고 과부는 "생활비 전부를 넣었느니라"(눅 21:4)라는 말씀에서 생활비가 바로 그것들이다. 그러니까 탕자였던 둘째 아들은 아버지의 생명을 내놓으라고 협박했다는 뜻이고, 과부는 생명 전체를 헌금함에 넣었다는 뜻이다.

함생주의는 상생주의와 같으면서도 다른 차원을 가지고 있다. 상생(相生)은 두 사람이나 두 생물 사이에 서로 서로 도우며 산다는 뜻을 가지고 있다. 그런데 '나와 너'는 상생할 수 있지만 바로 '나와 너'가 야합함으로써 '그와 그들'을 죽일 수도 있다는 점에 이 용어의 한계가 있다.

함생주의 문명의 건설

이제 인류의 문명은 그 패러다임을 완전히 바꾸어야 한다. 함께 사는 문명이 되도록 해야 한다. 함생주의 문명 건설의 움직임은 이미 오래 전부터 있어 왔다. 가족제도에서 족장제도로, 족장 제도에서 부족국가로, 부족국가에서 왕정체제로, 그리고 민족국가로, 거기에서 다시 다인종국가가 되고, 이제는 세계정부 건설 운동으로 나아가고 있는 것은 일종의 함생주의 문명 건설의 과정이다.

특히 세계 제1차대전을 통하여 인류 공멸의 위기를 느낀 선각적 지도자들이 국제연맹을 조직했던 것이나 세계 제2차대전이 끝나고 국제연합(The United Nations)을 조직하여 지금에 이른 것은 함생주의 문명 건설의 좋은 시도들이다.

국가라는 것이 실상 민족의 생명을 보존하기 위한 함생정신에서 생겨난 것이지만 오히려 국가지상주의가 '너도 죽고 나도 죽자'의 함사주의(咸死主義, conthanatism) 문명으로 전락하고 말았다. 그런 비극을 극복하기 위하여 국제기구를 조직했으나 아직도 이것이 인류문명 전체를 함생주의에 기초한 것으로 건설하기에는 턱없이 부족하다.

특히 현대에 살고 있는 인류를 한꺼번에 죽일 수 있는 요소가 늘어 가면 늘어갔지 전혀 줄어들 기미를 보이지 않고 있다. 가령 인류의 전멸을 가져올 수 있는 요인들이 무엇들인가 생각해 보자. 1)전쟁, 2)지진, 화산, 해일, 홍수, 가뭄 같은 자연재해, 3)전염병, 4)기후 변화, 5)생태계 오염, 6)공기 오염, 7)물 요염이나 물 부족, 8)인종청소 전쟁, 9)종교간의 전쟁, 10)핵무기. 이것 말고도 몇 가지가 더 있을 것이다.

그러므로 최근 온 인류가 몰사 당할 수 있는 이 같은 함사주의 문명의 패러다임을 어서 어서 바꾸어야 한다. 그래서 함생주의 문명을 건설해 나아가는 일이 너무도 긴박하고 너무도 중차대하다. 지금 모든 인류는 언제 폭발할지 모를 핵무기를 베개 삼아 태평하게 잠을 자고 있는 형국은 아닐까?

그래도 이 같은 국제기구를 통하여 무기와 군대를 축소시키는 운동도 일어나고 또 환경보존을 위한 협약도 체결하게 되었으니 느리기는 하지만 매우 좋은 시작이라고 생각한다. 긴급하기 때문에 거듭 말한다. 이제 온 인류는 문명의 모든 양상에 있어서 이 같은 함생주의 정신을 가지고 살아남을 수 있는 문명을 건설하는 일에 목숨을 걸고 큰 결단을 하고 이런 결단을 실천에 옮길 지혜와 힘을 더욱 모아야 하겠다.

함생주의 신앙이라야 한다

앞서도 제기했지만 함생주의 사상은 종교 특히 그 가운데서도 기독교가 그 튼튼한 터전을 제공하고 있다. 기독교를 구성하는 다섯 가지 큰 요소가 있는데 그것들을 살펴보면 기독교가 얼마나 함생주의 정신에 철저한가를 확인할 수 있게 된다.

기독교를 구성하는 핵심요인 다섯 가지는 이것들이다. 첫째는 하나님이시다. 어느 종교이건 최고 숭배의 신이 있게 마련이다. 그 가운데 기독교는 삼위일체 하나님 혹은 일체삼위의 하나님을 예배한다. 하나님 아버지는 하늘에 계시고, 성자 하나님 곧 예수 그리스도께서는 우리처럼 같은 몸을 입으시고 이 땅 위에 사셨다. 그리고 성령 하나님은 피조물 가운데서도 활동하시지만 특히 우리 몸 안에서 사역하신다. 이처럼 기독교의 하나님은 온 우주를 만드셨고 소유하고 계시고 특히 관리하고 계신다.

특히 기독교의 하나님은 모든 살아 있는 것과 생명이 없는 것의 창조주이시다. 그런 중에도 하나님은 살아계신 분이시므로 생명의 하나님이시다. 따라서 하나님은 생명을 살리시는 것을 그 분의 사역으로 삼으신다. "영생의 말씀이 주께 있사오니 우리가 누구에게로 가오리까?" 하는 말씀대로이다.(요 6:68) 잃은 양 한 마리를 찾으셨을 때에 무척이나 기뻐하시는 하나님이시다.

그런데 삼위일체 하나님을 함생체 하나님(Community of God)으로 이해한다. 하나님의 존재양식을 페리코레시스(perichoresis, 헬라말)로 이해한다. 성부 하나님, 성자 하나님, 성령 하나님께서 한 위격이 계신 곳에는 다른 위격도 함께 계신다는 해석이다. 성령 하나님이 계신 곳에는 동시에 성부 하나님, 성자 하나님이 함께 계신데 이는 삼위 하나님께서 서로 연결되어(interconnected) 있으시기 때문이다.

특히 예수 그리스도는 다른 차원에서 함생체이시다. 이는 예수 그리스도는 "온전하신 하나님이시며 동시에 온전하신 사람"(verus Deus, verus homo)이라고 전통적으로 신앙고백을 해 왔다. 그 뜻이 무엇인가? 한 사람 예수 그리스도 안에 예수와 그리스도 곧 온전하신 인간으로서의 예수와 온전하신 하나님으로서의 그리스도가 함생하고 있다는 뜻이다. 그걸 임마누엘(마 1:23)로 풀었다. 임마누엘은 '하나님이 우리와 함께' 계시다는 뜻이다.

기독교의 큰 요소 둘째는 사람이다. 사람은 모든 피조물 가운데 하나님의 형상을 가진 특별한 존재이다. 어떤 종교는 인간이나 동물 혹은 식물이 모두 똑같은 생명체라고 생각하지만 기독교에서는 생명의 우선순위를 명백하게 제시하고 있다. 즉, 사람이 하나님의 형상을 가졌다고는 하지만 하나님보다는 못하고 동식물이 생명을 가졌다고 하나 그 우선순위가 사람만은 못하다는 것을 믿는다. 그런데 하나님만 있고 사람이 없다면 기독교의 체계는 존재할 수가 없다. 그래서 사람이 중요하다. 개인으로도 중요하고 집합적으로도 중요하다.

사람의 궁극적 목적이 살아남는 것이라는 점을 이미 앞에서 설명했다. 특히 사람은 영원히 살고 싶은 것을 가장 궁극적 과제로 삼고 있다. 다시 말하면 죽음을 극복하려는 것이 모든 사람의 최대 과제란 뜻이다. 심지어 자살을 선택하는 사람도 실상은 살고 싶다는 절박한 부르짖음일 뿐이다.

그래서 사람들은 기독교가 전파하는 내용을 복음 곧 기쁜 소식으로 받아들인다. 어떻게든 살아남기를 원하기 때문이다. 육신을 살리기 위하여 무슨 일이라도 해내듯이 영혼을 살리는 길이 있다면 그걸 마다할 이유가 없다. 이것이 인간의 숨김없는 모습이다.

그런데 인간에게는 개인적 차원과 함께 사회적 차원이 있다. 인간은 홀로 서지만 동시에 함께 서야만 한다. 그래서 사회적(혹은 정치적) 동물이라 했다. '나'만 존재하는 것이 아니라 '나'도 있고 '너'도 있어야 한다. 그런데도 사람들은 '내가 살기 위하여 너는 죽어야 한다'고 외친다. 기독교를 구성하고 있는 큰 요소의 세 번째는 하나님과 인간의 관계이다. 그것을 전통적 믿음에서는 '구원'(salvation)으로 표현해 왔다.

"주 예수를 믿으라, 그리하면 너와 네 집이 구원을 받으리라."(행 16:31)

물론 구원이라는 말은 매우 포괄적 언어이다. 그 말 안에는 여러 가지가 포함되어 있다. 해방, 속죄, 사죄, 관계회복, 중생(거듭남), 칭의, 성화(성결화), 화해, 사랑, 양자됨 그리고 무엇보다도 구원은 바로 '죽음을 이기고 영원한 생명을 얻는 것'을 뜻한다.

큰 요소의 네 번째는 성경이다. 성경에는 죽음의 이야기도 많다. 이집트 왕 바로는 이스라엘 여자가 아기를 낳으면 나일 강에 던져 죽이라고 명령했고 그래서 많은 아기들이 물고기 밥이 되었다. 이에 대응하여 하나님은 이집트 왕과 모든 가문의 첫 아들을 일제히 죽여 버리셨다. 그리고 여리고 성을 점령하여 모든 사람을 다 죽이라는 것이 하나님의 명령이었다. 서로 전쟁해서 죽이는 경우가 많았고 하나님의 명령으로 죽이는 경우도 여러 번이었다.

구약성경에 기록된 이 같은 대량 살육 행위를 어떻게 해석해야 할는지 많이 고민해야 한다. 그러나 이 문제는 신약성경 특히 복음서에 와서 풀린다. 그것은 예수 그리스도께서 많은 사람을 살리시기 위하여 십자가의 죽음을 선택하셨기 때문이다.

예수님께서 십자가 대속의 죽음을 선택하신 것은 실로 기독교가 함생주의 신앙을 핵심으로 하고 있는 것을 만천하에 선언하는 결정적 행동이었다. 지나간 세대와 오고 오는 세대의 온 인류의 생명을 구원하시려고 스스로의 생명을 십자가 제단의 제물로 바치신 것은 정말 찬송가 가사처럼 '그 크신 하나님의 사랑'이요 '한량없는 하나님의 은혜'일 뿐이다.

그러므로 성경은 함생주의를 핵심 교훈으로 삼는다. 이것을 예수님은 섬기는 지도력(servant leadership)으로도 가르치셨다.

"인자가 온 것은 섬김을 받으려 함이 아니라 도리어 섬기려 하고 자기 목숨을 많은 사람을 위한 대속물로 주려 함이니라."(막 11:45)

예수님은 지도자를 두 가지로 나누셨다. 하나는 지배하는 지도자(dominating leader)이고 다른 하나는 섬기는 지도자(serving leader)이다. 이방인들이나 이 세상 임금들은 지배하는 지도자로 백성이나 추종자들을 관리하지만 예수님은 섬기는 지도자로 오셔서 모범을 보여 주셨다. 따라서 지배하는 지도자는 자기가 살기 위하여 추종자들을 학대하고 경우에 따라서는 언제든 죽일 수도 있는 지도자들이다. 하지만 섬기는 지도자들은 추종자들을 살리기 위하여 헌신하되 경우에 따라서는 자기 스스로를 속량의 제물로 삼기도 한다. 즉 다른 생명을 살리기 위하여 자신의 생명을 십자가에 희생시킨다는 뜻이다.

기독교를 구성하는 큰 요소로서 마지막 다섯 번째의 것은 교회이다. 교회가 무엇이냐고 물으면 대체로 세 가지로 대답할 수 있다. 특히 삼위일체 하나님과 대응이 되는 대답들이다. 성부 하나님과 관련해서는 교회는 하나님의 가족(Family of God), 하나님의 자녀(Children of God), 혹은 하나님의 백성(People of God)라 한다. 성자 하나님 곧 예수 그리스도와 관련해서는 그리스도의 몸(Body of Christ), 혹은 그리스도의 신부(The Bride of Christ)이다. 교회의 머리는 그리스도이시고 교회는 그러므로 그리스도의 몸이 된다. 신부는 신랑과 한 몸이므로 교회는 또한 그리스도의 신부가 되기도 한다. (엡 5:20~30, 골 1:18) 성령 하나님과 관련해서는 교회는 성령의 집(Temple of the Spirit)이라고 할 수 있다.(고전 3:16)

앞서 이미 여러 번 언급한 것과 같이 하나님은 살리시기를 기뻐하신다. 성경 전체의 주제가 무엇이냐에 주장이 여러 가지가 있을 수 있다. 그러나 일반적으로는 "하나님은 구원하신다"는 것에 합의하고 있다. 누구를 구원하시느냐 혹은 우선적으로 구원하시느냐에는 여러 의견이 있다. 그러나 인간을 구원하시려는 것이 하나님의 우선적인 계획으로 합의하고 있다. 예수님께서 그리스도이심을 믿는 것을 유일한 조건으로 삼아서.

그러므로 교회 곧 하나님의 백성, 그리스도의 몸, 성령의 집인 교회에 주어진 궁극적 사명은 무엇인가? 그것 역시 생명을 구원하는 일이다. 교회에 주어진 5대 사명으로, 1)예배하는 일, 2)교육하는 일, 3)전도/선교하는 일, 4)봉사하는 일, 5)친교하는 일로 합의하고 있다. 그러나 이 같은 사명의 궁극적 목적은 함생주의에 있다. 하나님과 인간들이 함생하고 인간과 인간이 함생한다. 그리고 용서받은 죄인과 용서받지 못한 죄인이 서로 사랑하고 서로 살려 주는 관계가 된다.

함생주의 사상은 20세기에는 교회일치운동으로도 나타나 있다. "우리와 같이 그들도 하나가 되게 하시옵소서"(요 17:11) 하고 간절히 기도하셨던 예수 그리스도 곧 교회의 머리의 뜻을 이루어 드리려는 것이 곧 에큐메니컬 운동이다. 그래서 이 운동은 곧 함생주의 운동으로 이해된다.

그렇다면 사탄들이 하려는 일은 무엇인가? 사탄은 헬라말로는 아볼루온이라 하고 히브리 말로는 아바돈이라 한다. "그들에게 왕이 있으니 무저갱의 사자라. 히브리어로는 그 이름이 아바돈이요 헬라어로는 그 이름이 아볼루온이더라."(계 9:11) 사탄이 하는 일은 생명을 파괴하는 일이다. 아바돈과 아볼루온은 둘 다 '파괴자'란 뜻이다. 예수님을 십자가에 못 박아 죽인 것처럼 그리고 가룟 유다를 목매어 자살하게 한 것처럼 생명의 파괴자가 바로 사탄의 정체다.

참 살 길 여기 있다

이제 기독교는 21세기 이후에 더욱 더 힘차게 펴나가야 하는 운동이 있다. "아버지의 뜻이 하늘에서 이룬 것처럼 이 땅 위에서도 이루어지이다"(마 6:10)라고 주님께서 기도를 가르쳐 주셨는데 이는 바로 모든 생명을 살리라고 하는 거룩한 사명이다.

기독교가 중세 이후 이단들을 처형한다는 명분으로 사람의 생명을 적지 않게 죽이는 일에 방관했거나 주도한 경우가 있었다. 이제 생각해 보면 하나님의 이름을 붙여 인간이 자행한 범죄행위들이다.

이제부터 기독교는 살리는 종교가 되어야 한다. 첫 사람 아담은 산 영이 되었다 했으나 마지막 아담 곧 예수 그리스도는 살리는 영이 되셨다고 성경은 말씀했다.(고전 15:45) 기독교는 온 인류가 살아남도록 하는 일을 주도해야 한다. 살리는 것을 위하여 예수 그리스도께서 죽으셨기 때문이다.

구약성경에 나오는 위대한 인물들은 실상 예수님의 모습을 미리 드러내 준다. 하지만 부분적으로 드러낼 뿐이다. 아담, 노아, 아브라함, 모세, 다윗, 엘리야가 그런 사람들이다. 그러나 구약성경의 위대한 인물들과 예수님과는 차원이 다른 면이 있다. 그것은 바로 구약의 영웅들은 사람을 많이 죽이는데 직접 혹은 간접으로 관련된다.

가령, 아브라함도 군사를 사용하여 적들과 싸웠고 모세는 이집트 사람을 죽여 모래 속에 묻었다. 여호수아는 가나안 정복과정에서 얼마나 많은 사람을 죽였는가? 다윗도 많은 사람을 죽였기에 피를 많이 흘렸고, 엘리야도 바알신/아세라신 제사장들을 850명이나 학살했다.

그런데 예수님은 과연 누구를 죽였는가? 아니, 어디 한 사람이라도 죽일 생각을 하셨던가? 예수님이 죽이신다면 그 대상은 헤롯대왕, 배신자 유다, 빌라도, 제사장, 로마군병들이 되었을 것이다.

그러나 그 분은 아무도 죽이지 않으셨다. 아니 오히려 살리셨다. 병든 자를 살리셨고, 죽은 자를 살리셨고, 가난한 자를 살리셨고, 간음하다 현장에서 잡힌 여자를 살리셨고, 민족의 배신자요 세무서장인 삭개오를 살리셨다. 그리고 원수들까지 살리실 계획으로 그들의 죄가 용서받도록 기도하셨다.

그런데 기독교가 예수 그리스도가 누구이신지 잘못 이해함으로 많은 사람들을 죽였다. 이단들과 마녀로 추정된 여자들과 이슬람교도들과 그리고 히틀러가 수많은 유태인을 학살할 때 아무 말도 하지 않았다.

기독교는 정말 참 살 길이 되어야 하는데 오히려 참 죽을 길로 뒤바뀐 일들이 있었다. 그러므로 이제는 기독교가 제 자리로 돌아가야 한다. 모든 것을 살려야 한다. 끝까지 살려야 한다.

그러므로 다른 종교와의 관계를 어떻게 할 것이냐는 문제도 이제는 대답이 나와 있다. 원수까지 사랑해야 한다는 말씀에 해답이 있다. 비록 다른 종교들에게 구원이 없다 할지라도 예수님께서는 불교인, 힌두교인, 이슬람인들을 위하여서도 그 값진 생명을 십자가 위에서 희생시키셨다는 점을 놓치지 말아야 한다.

그리고 특히 다른 종교를 믿는 사람들이 영원한 생명을 얻느냐 못 얻느냐는 문제는 하나님의 손에 달려 있을 뿐이라는 것에도 유의해야 한다. 다른 종교들도 기독교를 간접적으로 증거하고 있다는 점, 예수님은 다른 종교인들의 구원을 위하여서도 십자가 위에서 생살을 찢고 뜨거운 피를 흘리셨다는 점에도 생각을 보내야 한다.

그러나 참 살 길은 오직 기독교에만 있다는 것을 확실히 선포해야 한다. 우리들이 전파하는 것은 바로 "참 살 길 여기 있다"라고 만천하에 강력하게 외치는 일이다. 그렇게 함으로 살려야 한다. 모두를 살려야 한다. 끝까지 살려야 한다.

(2010년 3월 15일에 서울대학교 사범대학 기독학생동문회가 발행한 〈반석〉에 게재된 것으로 함생사상에 대한 첫 인쇄된 논문의 수정 보완판).

함생문명의 사상을 말한다

다음은 위의 글을 쓴 이후 5년이 지나서 함생사상과 문명론에 관하여 보완한 글이다. 내용이 일부 중복되기는 하지만 참고가 될 것 같아 부록으로 게재한다. 서울대기독총동문회에서 발행하는 회지 〈서광〉에 기고했다.

함생주의 사상과 삶의 기본 이해

사상을 표현하는 데는 여러 가지 방법이 있다. 소크라테스나 파스칼처럼 단편적 금언으로도 위대한 사상을 드러낼 수 있다. 그러나 일반적으로는 체계적이고 논리적으로 전개해야 한다. 그래서 2014년 2월 28일에 〈함생주의 사상과 삶의 기본 이해〉(Basic Understanding On Combiosism:In Its Thought And Life)라는 문서를 정리했다. 여기에서는 그 핵심만 소개한다.

1. 우주 만물과 인간의 창조주이신 삼위일체 하나님을 본질적 생명을 공유하고 있는 함생체 하나님으로 이해한다. 따라서 삼위일체 하나님은 모든 피조물이 함생하도록 지으셨으며 함생체적 통치를 행하신다.

2. 예수 그리스도는 하나님의 말씀과 육신이 신비하게 연합되신 분으로 온전하신 하나님과 온전하신 인간의 함생체이심을 믿는다. 그 안에 성부 하나님과 성령 하나님이 함께 계시며 또한 모든 피조물 특히 모든 인간들도 그리스도 예수 안에 살아야 하고, 예수 그

리스도도 모든 피조물 안에 사시는 것이 바로 정상적인 창조질서라고 이해한다. 이 진리는 수직적 함생과 수평적 함생의 상징인 십자가로 넉넉히 확인된다.

3. 성령 하나님은 특히 모든 피조물에게 생명을 부여하며, 되살려내며, 계속 유지하도록 하며, 생명을 파괴하는 악령을 제어하고, 특히 인간을 범죄에서 해방시켜 삼위일체 하나님의 함생적 사역을 적극 수행하고 계심을 확인한다.

4. 하나님의 뜻이 직접적으로는 기독교가 공인해온 신구약 성경에 가장 확실하게 기록되어 있음을 믿는다. 또한 성경은 성삼위 하나님의 주도와 수많은 사람들과 피조물의 협력으로 이루어진 기록된 하나님의 말씀임을 확인한다.

5. 사람은 삼위일체 하나님의 형상대로 창조되었음을 믿는다. 따라서 사람은 창조주와 피조물의 함생체요 성삼위 하나님에게는 자신을 희생하여 구원할만한 가치가 있는 존재요, 자기 자신에게는 절대적 가치이며, 다른 사람과는 사회적 개인이며, 다른 피조물과 관련해서는 자연적 개체임을 확인한다.

6. 우리는 하나님과 함생체 되기를 거부하고 다른 생명을 파괴하는 것을 죄악의 핵심으로 이해한다.

7. 우리는 삼위일체 하나님과의 함생관계를 회복하는 것이 구원의 길임을 믿는다. 이는 하나님의 은혜와 사람의 믿음이 함생작용을 통하여 성취되며 그 작용과정은 매우 다양한 것으로 확인한다.

8. 생명은 살아 있어 성장, 확장, 변화, 번식, 행동, 환경 적응하는 특징을 가진 내적 실체를 보이는 것으로 이해하며, 반대로 이런 특징을 갖추지 못한 사물을 죽음으로 이해한다. 그러나 보이지 않는 생명이 있으니 곧 창조주와 사랑의 함생체가 된 생명임을 확인한다.

9. 우리는 삼위일체 하나님과 그분의 형상이 회복된 사람들로 구성된 거룩한 사랑의 함생체가 교회임을 믿는다. 교회는 곧 하나님 나라의 형상이 회복되어져가는 함생체요, 온 우주에 하나님 나라를 회복시키는 책임적 함생체여야 함을 확인한다.

10. 우리는 삼위일체 하나님과 함생체 된 행복을 먼저 체험한 까닭에 솔선수범하여 다른 사람과 피조물에게 그 같은 혜택이 가도록 생명을 나누어 주는 것이 최고의 윤리표준임을 믿는다. 따라서 모든 인간은 함생체로부터의 자유를 확장하도록 힘써야 하면서도 함생체를 위하여 그 자유를 사용하는 책임이 있음을 확인한다.

인류문명을 함생 패러다임으로 바꿔야

마지막 두 항목은 기독교의 울타리를 넘어 인류 문명 전체를 살려야 한다는 사명과 방향을 담았다. 곧 함생문명론의 요약이라 할 수 있다. 특히 요한계시록에 집중적으로 표현된 종말론은 교회나 기독교 신자 개인들의 관심사만은 아니다. 온 인류의 역사의 방향, 그리고 온 우주의 최후에 대하여 기록하고 있다.

11. 온 인류의 문명과 문화 특히 국가제도와 세계 기구들이 함생문명 건설을 위하여 매진해 나가야 할 것을 촉구한다. 지구 마을은 온 인류와 생명을 회복 불가능할 정도로 손쉽게 파괴할 수 있는 무기와 요건들로 가득 차 있는 것을 자각하고 생명파괴 문명을 생명건설문명으로 바꾸는 일에 앞장 서야할 일꾼의 사명이 있음을 확인한다. 우리는 종교가 다르다는 이유로 수많은 생명을 멸절시키고 학대해온 인류역사와 기독교 문명에 대하여 심원한 수치를 느끼며 회개한다. 비록 그들이 하나님과의 반 함생적 삶을 살고 기독교 신자들의 생명을 죽이고 위협할 경우라도 우리는 그들의 원수로서 보복하기보다는 그들의 친구로서 협력하고 깨우치는 것이 더 큰 사명이라는 예수 그리스도의 가르치심과 삶임을 확인하고 전심력을 기울여 이를 실행하도록 확인한다. 전쟁과 경쟁이 삶의 불가피한 경우가 없는 것은 아니나 결코 악용되지 말아야 하며, 가능한 한 극소화되어야 하며, 평화와 협력의 큰 틀 안에서 생명을 더 많이 살리기 위한 도구로서만 허용되어야 한다.

12. 하나님의 대속적 사랑을 기축으로 하는 하나님의 나라 곧 온전한 함생의 나라가 완성될 것을 믿는다. 우리는 인류의 역사가 함생적 작용과 반함생적 작용의 끊임없는 갈등과 격렬한 투쟁으로 계속되어가는 과정에서 함생하고 있음을 확인한다. 함생이 온전하게 이루어진 하나님의 나라는 창조주 삼위일체 하나님이 주도하시는 것으로 이해하지만 그것 또한 피조물과의 사랑적 함생을 통하여 완성될 것을 확신한다.

이처럼 함생적 생각은 목회현장에서 시작된 것이어서 함생목회론에서 그 실마리(clue)를 발견했다. 그러나 이것이 기독교의 이론적 체계로는 함생신학으로 정리해 가고 있다. 그리고 인류 전체의 현재와 장래 문명을 생명을 살리고 증진시키는 패러다임으로 바꾸어 놓으려는 목적으로 함생문명론을 말하게 된다. 그 같은 문명건설을 위한 기초적 이론의 체계적 구축을 위하여 함생사상론을 전개하여 가고 있다.

함생문명론을 조금 더 전개한다면 이것을 인류 문명의 모든 분야와 연결지을 수 있다. 함생 국가론, 함생 정치론, 함생 경제론, 함생 교육론, 함생 가정론, 함생 통일론, 함생 회사경영론, 함생 지도자론, 함생 부부론, 함생 군사론, 함생 예술론, 함생 스포츠론, 함생 종교론, 기독교 안에서도 물론 함생 예배론, 함생 전도/선교론, 함생 기도론, 함생 설교론, 함생교육론, 함생친교론 등등 이루 헤아릴 수 없이 많은 과업이 눈앞에 전개된다. 우선 함생통일론만 해도 남한과 북조선 간에 새로운 접근을 시도할 수 있지 않을까. 남북의 국민/인민은 물론 기득권층들도 서로 상생하는 통일정책을 펴나가고 이것은 온 지구국가에도 유익을 줄 수 있는 함생이 되어야 한다는 원칙에서 통일을 성취하여 나가야 한다.

그러나 우선 이 지구 전체에서 인간의 생명을 마구잡이로 죽여 대는 일들이 얼마나 많을까. 반함생적 문명 말이다. 아니, 함사주의(咸死主義, conthanatism) 문명이다. 전쟁과, 지진, 화산, 해일, 홍수, 가뭄 같은 자연재해, 전염병, 기후 변화, 생태계 오염, 공기 오염, 물 요염이나 물 부족, 인종청소, 종교 간의 충돌, 가공할 핵무기. 공산주의 같은 이데올로기는 1억 명의 생명을 몰살시켰다는 통계이다. 더 있다. 민족우월주의, 자살과 교통사고, 악한 독재자들, 자본주의 폭력, 인간의 증오심 이런 것들이 얼마나 인간의 생명을 학대하고 죽이는가. 이런 점에서는 종교는 한 술 더 뜬다. 종교를 배경으로 하는 증오심은 인간의 씨를 송두리째 말리게 할 수도 있는 수준이다. 기독교도 그 책임을 면할 길이 없다. 따라서 기독교가 '원수까지도 사랑하는 큰 믿음'을 어서 속히 회복해야 한다. 그 십자가 가르침으로 인류의 문명을 함께 죽는 체제에서 함께 살리는 체제로 바꾸어 가도록 선도해야 하지 않을까.

함생목회론이 앞으로 제2의 종교개혁을 가져와야 한다. 행위구원에서 믿음구원으로의 중심추 이동이 제일의 개혁이라면 이 두 가지를 창의적으로 종합하여 한 차원 더 승화시킨 '사랑구원론'이 그 다음이 된다. 이 사랑구원론은 현대와 미래의 세계가 우리 기독교에게 세차게 강요하고 있는 것을 더 이상 외면할 수가 없다. 아니, 온 인류를 구원하시려는 삼위일체 하나님의 '목회대명'으로 읽어야 한다. 루터와 칼뱅 등의 기독교의 개혁이 문명의 패러다임을 통째로 바꾼 사건인 것처럼 사랑 구원론 곧 함생적 구원론이 또 한 번 인류문명의 방향의 새로운 전환점을 마련하게 되기를 기도한다.

축구 구경 함께 가실래요?

독자들께서 여기까지 읽느라고 참 수고 많으셨다. 추상적, 논리적, 명제적, 그리고 절제된 언어가 진리를 명쾌하게 설명하는 측면은 있지만 모두에게 그런 것은 아니다. 가슴은 여전히 허전하고 또 행동으로 실천되는 동력도 떨어진다.

아무튼 그래서 복잡한 머리도 식힐 겸 축구 구경이나 함께 가자고 권고한다. 특히 누구나 경기가 열리기도 전에 흥분하는 한일국가대표전 축구구경 말이다. 왜 흥분할까. 적개심 때문이다. 삶은 곧 전쟁이기 때문이다. 목숨을 걸고 싸우는 전쟁이다. 용호상박 정말 용과 호랑이의 싸움이다. 그래서 어느 나라들인가 축구전쟁이 국가전쟁으로 확대되기도 했다. 한국과 일본도 그럴 개연성이 충분하다.

그러나 축구는 싸움만 있는 것은 아니다. 협력도 있다. 축구경기에 협력이라니 무슨 소리냐고 꾸중할지 모른다. 두 팀이 담합한다면 그건 사기축구 아닌가. 그러니까 그런 뜻은 아니다. 만약 한 팀은 호랑이 급인데 다른 팀은 고양이 수준이라면 구경꾼이 얼마나 될까. 아니, 상대 팀이 존재하지 않는다면 아무리 축구를 잘하는 팀이 있다 한들 무슨 소용이 있을까. 외팀만 가지고 경기가 성립될까. 그런 점에서 축구팀은 숙적일수록 작은 틀에서는 죽기살기로 싸워야 하지만 큰 틀에서는 서로 협력체제인 셈 아닌가. 협력(cooperation)의 큰 틀 안에서 경쟁(competition)을 하는 패러다임으로 인류 문명이 바뀌어야 한다.

축구는 사람들이 선수도 되고 구경꾼도 된다. 그래서 경기 중에 상대편 선수에게 폭행을 하거나 죽여 버리면 절대로 안 된다. 그런 사고가 종종 있는 것은 정말 불행한 일이다. 그래서 그런 범죄자에게는 엄격하게 징계한다. 이 팀이나 저 팀이나 공통적인 것은 결국 생명을 살리려고 축구를 할 뿐이다.

한 가지 더 있다. 축구는 공이 있어야 경기를 할 수 있다. 그 공은 90분 혹은 120분 동안 이 놈 저 놈에게 발길질 당하고 내내 두드려 맞는다. 하지만 경기가 끝난 뒤에 공에게 무슨 보상이 돌아갔다는 소식을 들은 적이 있는가. 감사하다는 인사말을 하는 이도 없다. 그 공이 낡아서 못쓰게 되었다고 공동묘지에 안장시키지도 않으며 아무런 의식 없이 쓰레기통에 던져 버릴 뿐이다.

그런데 그 공이 바로 예수님, 십자가에 목숨을 바친 희생양 예수님은 아니실까. 그 시각에서 축구 전체를 다시 재구성한다면 어떨까. 그 시각에서 인류의 역사와 문명을 다시 본다면 어떨까. 그리고 무엇보다도, 우리 그리스도인들이 먼저 그 같은 축구공의 인생을 자원할 수 있을까. 숙적간의 전쟁을 함생구조로 확 바꾸는 그 공의 사명 말이다. (서울대 총기독동문회 회지 〈서광〉).

선행구원론, 믿음구원론, 사랑구원론
미래신학을 위하여

"구원은 믿음으로만 얻는 것이다."

이 명제는 개신교회가 로마 가톨릭교회에서 분리되어 나온 가장 중요한 근거였다. 교황을 수장으로 하는 로마 가톨릭교회는 지금까지도 '선행 구원론'을 주창하고 나서기 때문이다.

'선행 구원론'이 듣기에는 그럴 듯해 보인다. 착한 행실을 하면 영원한 생명을 얻게 되고 그래서 하나님의 자녀가 된다는 것이기 때문이다. 그런 점에서는 선행 구원론은 누구에게나 설명하기 쉽고 또 설득할 수 있는 힘이 매우 강하다.

하지만 이 교리의 나쁜 부작용이 너무도 컸다. 로마에 베드로 성전을 짓는다는 명목이었지만 헌금을 많이 하면 누구나 구원을 받을 수 있다는 것으로 그 강조점이 옮겨 가게 되었다. 헌금하는 그 사람뿐만 아니라 이미 구원받지 못하고 죽은 가족이나 조상의 이름으로도 헌금하면 그들까지도 구원받게 된다고 악용했다. 교황청이 직접 '면죄부'라는 것을 대량으로 팔았던 것이 역사적 사실이다. 그래서 면죄부를 '천국 입장권'이라고도 했다. 그러니까 영원한 생명을 돈을 주고 살 수 있게 되었다.

마르틴 루터 등이 교회개혁의 횃불을 들어 올릴 때에 가장 중요하고 가장 새로운 교리가 바로 '구원은 믿음으로만 얻는다'는 선언이었다. 이신득의(以信得義) 곧 믿음으로만 의롭게 된다는 것으로 로마 가톨릭교회의 이행득의(以行得義)에 대하여 정면으로 반기를 들었다.

그로 인하여 한국에 처음 전도하던 미국 선교사들도 거리에 나가, "믿기만 하오, 믿기만 하오"라고 반복하여 외쳤다. 지금도 교회에 다니는 사람들은 교회생활보다는 신앙생활, 믿음생활, 혹은 은혜생활이라는 말을 더 자주 사용한다.

인간의 생명을 죽이는 가장 큰 독약은 바로 죄인데 예수님은 십자가에서 죽으심으로 우리를 그 독약 같은 죄에서 해방시키셨다. '속죄'해 주신 것이다. 죄인들에게 아무런 보상 없이 속죄하여 주신 까닭에 우리는 그 사실을 믿기만 하면 영원한 생명을 자동적으로 얻게 된다는 것이 개신교회 구원론의 핵심이 되었다. (롬 1:17, 3:21-26)

선행 구원론이 구원의 근거를 겉에 나타난 행동으로 파악한데 반하여 믿음 구원론은 인간 속에 있는 깊은 마음에 그 근거를 두고 있다. 다른 말로 하면 행동의 결과보다는 동기에서 구원의 길을 찾아낸 것이 개신교회 구원론의 본질이다.

그러나 로마 가톨릭교회라고 성경에 있는 믿음 구원론을 외면하는 것은 아니다. 다만 믿음도 행위의 한 부분으로 이해할 뿐이다. 그리고 믿음보다는 선행을 구원의 우선적 조건으로 삼았다. 이 같은 신학적 근거를 더 확장한 것이 '익명 크리스찬론'이다. 예수님이 구원주이심을 믿지 않는 사람이라 하더라도 예수님의 선행을 실천에 옮긴 사람은 구원받은 크리스찬이라는 주장이다. 그래서 다른 종교를 믿는 사람도 구원에 이를 수 있다고 문을 넓게 열어 놓았다. 그것이 선교의 접촉점을 마련하는 데는 상당히 유효한 논리적 기초가 되고 있다.

실상은 개신교회도 선행을 매우 중요하게 생각한다. 그러나 선행은 구원의 결과이지 원인은 아니라고 이해할 뿐이다. 그래서 선행과 윤리는 칭의론(稱義論, justification)에서 취급하지 않고 성화론(聖化論, sanctification)에서 논의하는 것이 일반적 추세이다.

그런데 이신득의론과 이행득의론이 대립되어 온 것이 이제 5백 년 가까이 되어 온다. 개인적으로 말한다면 필자도 이 문제를 안고 씨름한 것이 오십 년을 넘겼다. 특히 지난 30여 년간 설교자나 부흥사로서 사역해 왔는데 그럴 때마다 이신득의론만 고집하기에는 고민이 많았다.

-행위가 없는 믿음은 그 자체가 죽은 것이라.(약 2:17) -그들의 열매로 그들을 알리라.(마 7:20) -나더러 주여 주여 하는 자마다 다 천국에 들어갈 것이 아니요 다만 하늘에 계신 내 아버지의 뜻대로 행하는 자라야 들어가리라.(마 7:21) -누구든지 나의 이 말을 듣고 행하는 자는 그 집을 반석 위에

지은 지혜로운 사람 같으리라.(마 7:24) -네 대답이 옳도다. 이를(율법을) 행하라, 그러면 살리라.(눅 10:28)

이런 성경말씀들이 믿음 구원론에서 전혀 풀어낼 수 없는 교훈은 물론 아니다. 물론 그럴 듯하게 꿰어 맞출 수는 있다. 그렇더라도 그것이 과연 예수님의 말씀을 전체적으로 보고 해석하는 것인가에 대한 일말의 의혹이 늘 마음속에 남아 있어 왔다. 그러던 차에 얼마 전 루터교회, 감리교회, 로마 가톨릭교회가 교회일치운동을 위한 협의를 하면서 '사랑구원론'을 제시한 적이 있었다. 개신교회와 로마 가톨릭교회가 화해와 일치를 지향하려면 제일 먼저 충돌을 일으키는 것이 바로 믿음 구원론과 선행 구원론인데 바로 그 접점(contact point)을 사랑 구원론에서 찾겠다는 것이다.

그런 소식을 듣고 나니 인간이 참 어리석다는 생각을 다시 한 번 하게 되었다. 성경에 '사랑 구원론'이 얼마나 많이 강조되어 있는데도 지난 2천 년 동안 믿음 구원론과 선행 구원론이라는 주장이 팽팽히 맞서서 교회가 갈라지고 여러 전쟁의 원인이 되어 수많은 생명을 죽이기까지 해왔으니 말이다.

다른 말로 하면 "믿음, 소망, 사랑 이 세 가지는 항상 있을 것인데 그 중의 제일은 (더 큰 것은) 사랑이라"(고전 13:13)는 말씀을 구원론 시각에서 풀 생각을 하는데 2천 년이 흘렀다는 뜻이다. 믿음 구원론이 있어 왔고 지난 50 여 년 동안 몰트만 신학의 총화인 '희망 구원론'도 있어 왔다. 그런데 사랑 구원론을 말하는 사람이 그토록 없었다니 얼마나 어리석은 일일까?

-너희가 서로 사랑하면 이로써 모든 사람들이 너희가 내 제자인 줄 알리라.(요 13:35) -우리는 형제를 사랑함으로 사망에서 생명으로 옮겨 간 줄을 알거니와 사랑하지 아니하는 자는 사망에 머물러 있느니라. 그 형제를 미워하는 자마다 살인하는 자니.(요일 3:14,15상) -사랑하는 자들아, 우리가 서로 사랑하자. 사랑은 하나님께 속한 것이니 사랑하는 자마다 하나님으로부터 나서 하나님을 알고. (요일 4:7)

이런 말씀들이 모두 사랑 구원론을 웅변으로 말해 주고 있다. 특히 믿음 구원론의 대표적 근거가 되는 성경말씀, "너희는 그 은혜에 의하여 믿음으로 말미암아 구원을 받았으니 이것은 너희에게서 난 것이 아니요 하나님의 선물이라. 행위에서 난 것이 아니니 이는 누구든지 자랑하지 못하게 함이라. 우리는 그가 만드신 바라. 예수 그리스도 안에서 선한 일을 위하여 지으심을 받은 바라."(엡 2:8-10)를 다시 새로운 눈으로 해석해 보아야 한다. 그래야 이 말씀이 바로 사랑구원론을 가르치고 있음을 깨닫게 된다. 하나님은 우리에게 예수 그리스도의 대속의 죽음을 통하여 그리고 성령의 역사를 통하여 사랑을 베풀어 주셨다. 은혜 곧 값없이 주시는 선물이다. 그러나 그 선물은 사람이 받아야 한다. 예수 그리스도께서 대속의 죽음으로 나를 구원하셨다는 그 사실 곧 그 큰 사랑을 인정하여 예수 그리스도를 거룩한 구원주로 모셔들어야 한다. 이 같은 '주고받음'이 바로 사랑의 관계이다. 사랑은 그것이 어떤 형태이든지, 아가페, 필리아, 스토르게, 에로스 모두가 '주고 받는 관계'에서 성립되는 것 아닌가. 은혜와 믿음이 합작하여 사랑을 이룬다는 뜻이다.

따라서, "나더러 주여 주여 하는 자마다 다 천국에 들어갈 것이 아니요 다만 하늘에 계신 내 아버지의 뜻대로 행하는 자라야 들어가리라."(마 7:20)는 예수 그리스도의 선언 곧 이행득의와, "사람이 마음으로 믿어 의에 이르고 입으로 시인하여 구원에 이르느니라."(롬 10:10)는 이신득의가 사랑구원론에서 모순 없이 통합되지 않는가. 이 같은 사랑구원론은 타종교권에 대한 선교에서도 위력을 발휘할 수 있는 구원론이 될 것을 확신한다. 사랑이라면 기독교의 사랑이 가장 뛰어난 설득력을 가졌기 때문이다.

'이제 어떻게 하여야 영원한 생명을 얻겠습니까?' 하고 물으면 다음과 같이 여러 가지로 대답할 수 있게 되었다.

"믿음으로 얻습니다."

"선행으로 얻습니다."

"주님 다시 오시는 것을 간절히 기다리는 희망으로 얻습니다."

"그러나 무엇보다도 사랑으로 얻습니다. 하나님을 사랑하고 이웃을 사랑함으로."

물론 이 같은 사랑 구원론이 보편적 동의를 얻으려면 더 많은 연구와 불꽃 튀는 논쟁을 거쳐야 할 것이다. 그러나 해볼 만한 논쟁이요 또 반드시 해야 하는 논쟁이다. 그것은 믿음 구원론과 선행 구원론을 통합하는 상승 단계이기도 하고 무엇보다도 성경적 근거가 확실하기 때문이다.

(설명: 조각글 형식으로 기독교 언론에 발표한 것을 수정 보완한 것임. 사랑구원론은 확정된 교리로 말하는 것이 아니고 한 번 더 생각해 보고 토론해 보자는 '시론'의 수준이며 미래신학과 교리를 위한 제언 수준임).

2

현장에서 활용되는 함생목회론

신학과 목회의 함생론

1970년대 한국의 남서 해안 섬들에는 교회는 있는데 목사들이 거의 없었다. 그래서 집사들이 예배 인도를 하고 설교를 했다. 교단에서는 신학대학에 의뢰하여 이들을 농한기 어한기에 특별교육 프로그램을 마련하여 '전도인'이라는 이름을 붙여 담임목회를 맡겼다. 대학교육을 받기에는 학력이 모자라는 이들이었다. 하지만 교단에서는 이들에게 단기특별교육을 시키고 일정한 절차를 거친 후 목사로 안수했다. 이들은 소명도 뜨겁고 영적 지도력도 상당히 훌륭해 목회의 성과가 예상을 뛰어넘었다. 여기서 얻은 교훈이 있다. 현지 지도자를 훈련시키는 것이 중요하다는 것, 목회지도력에는 학력이 필수과정은 아니라는 것, 목회 실천을 먼저 해 본 뒤에 이론을 공부하는 것도 지도자 육성의 효과적인 방법이라는 것들이다. 예수님께서 일찍이 보여주신 목회자 육성전략 아닐까.

목회실천과 하나님학

이 세상의 모든 분야에는 이론이 있고 실제가 있다. 정치가 있고 정치학이 있으며 외교가 있고 외교학이 있다. 경제활동이 있고 경제학이 있으며 문예작품 곧 시, 소설, 수필, 희곡들이 있고 그것을 연구하는 문학이론이 있다. 의학이 있게 된 것은 질병의 치료나 몸의 건강이 요구되기 때문이고, 역사학이 있는 것은 역사적 사건들이 있기 때문이다. 종교 활동이 있고 종교학이 있으며 언어가 있기에 언어학이 있게 된다.

기독교도 마찬가지이다. 기독교라는 실체가 있고 그에 대한 이론적 연구인 신학이 있다. 하나님과 하나님 말씀에 따라 사는 행동이 있었고 그것을 대상으로 연구해 낸 신학 혹은 '하나님학'이 있게 되었다. 하나님이 존재하느냐 존재하지 않느냐, 혹은 존재한다고 해도 연구의 대상이 될 수 있는 것이냐 아니냐의 논쟁도 있다. 그런 논쟁 자체도 기독교라는 현상에 대한 이론적 연구인 신학의 한 부분이다. 말하자면 현상(現象, phenomenon)이 있고 이런 것을 연구하는 현상학(現象學, phenomenology)이 있다고 하면 이해가 쉽다.

신학을 흔히 '이해를 추구하는 믿음'(faith seeking understanding, fide quarens intelligam)이라고 말한다. 신학(神學, theology)이라는 용어는 신(神, 데오스, god)과 말씀(로고스, word)의 결합이다. 따라서 글자 그대로 풀면 '하나님 이야기'(god-talk)이다. '하나님의 말씀'일 수도 있고, '하나님에 관한 인간의 말'일 수도 있다. 신학이라고 할 때에는 주로 뒤의 뜻이다.

그러나 그것은 아무렇게나 하는 하나님 이야기가 아니라 어떤 논리와 방법과 체계에 따라 전개하는 이야기이다. 흔히 연역법, 귀납법, 역설적 논리, 변증법 등을 적용하여 믿음에 관한 이해를 진술한다. 그래서 그 표현 도구도 명제적/논리적 언어(propositional/logical language)를 사용한다. 하나님에 대한 이해를 추상적 언어와 수학적 언어로 정리한 것이 신학 특히 좁은 의미의 신학이다. 넓은 의미의 신학은 기독교의 주제를 표현한 문학, 미술, 음악 작품들까지 포함한다. 아무튼 그런 좁은 의미의 신학은 전통적으로, 1)성서신학, 2)조직신학, 3)역사신학, 4)실천신학의 네 분야로 나눈다. 조직신학은 이론신학이라고도 부르지만 조직신학만 이론신학에 해당되는 것은 아니다. 그 모두가, 심지어 실천신학도 실천 그 자체가 아니라 실천에 관한 또 하나의 이론일 뿐이다.

그런데 이론에 대립되는 것이 실천(Praxis)이다. 프락시스라는 말은 사도행전의 책 제목 (프락세이스 아포스톨론)의 '프락세이스'이다. 언어보다는 행동과 생활이 주축이 되는 신앙행위를 말한다. 언어가 없을 수는 없지만 추상적 논리적 언어이기보다는 '시적 혹은 그림 같은 언어'(poetical/pictorial language)가 더 우세하다. (사실언어 fact language/opinion language)

기독교에 있어서 신학은 이론적인 측면이다. 반면에 목회는 실천적인 측면이다. 신학은 논리적이며 명제적인 언어를 도구로 사용하여 일정한 방법론에 의하여 체계적으로 진술한다. 그러나 목회는 행동과 생활 그리고 정서적 행동적 언어(emotional/behavioral language) 혹은 예술적 언어로 표현된 기독교의 또 다른 측면이다.

흔히 이론과 실제의 관계를 말해서, '이론 없는 실제는 맹목적이고 실제 없는 이론은 공허하다'고 말한다. 그것은 어느 분야보다도 기독교 신학과 사역에 적용되는 말이다. 신학이 없는 사역은 맹목적이어서 그 방향을 잃어버린다. 동시에 사역이 없는 신학은 탁상이론이 되어 공허하기 짝이 없다. 그래서 모든 신학은 언제나 실천적 이론(practical theory)으로 이해된다. 특히 칼 바르트는 그것을 '신학은 설교를 위하여 있다'고 갈파했다. (The Westminster Handbook to Karl Barth, 207) 그뿐만 아니라 모든 신학과 교리는 사역의 실제적인 국면에서 생성된 것들이라고 이해하여도 된다.

1970년대 해방의 신학에 줄을 댄 '도시산업선교회'라는 단체가 있었다. 공장이나 회사 노동자들을 단결시켜 노동쟁의를 선동하는 것을 사역의 중요한 활동으로 삼았다. 그래서 생긴 말이 '도산이 개입하면 기업이 도산한다'는 말이 있다. 앞의 '도산'(都産)은 도시산업선교회의 준 말이고 뒤의 도산(倒産)은 사업이 망한다는 뜻이다. 그 운동이 노동자의 권익을 옹호하는 일에 공헌을 했던 점이 있다. 그러나 기독교 전체적으로는 손해를 크게 보았다고 평가된다. 설익은 '해방의 신학' 곧 마르크스의 유물론적 사상에 기초한 독소가 남아 있는 오염된 신학 때문이었다. 그것에 비하면 평신도들이 중심이 된 '직장선교회' 운동이 훨씬 더 그리스도 예수님의 사역에 가깝다고 생각된다.

신학 우위론적 이해

한국판 남북전쟁 때 군인들 사이에, '펜대 잡은 놈이 총대 잡은 놈보다 훨씬 더 힘이 있다'는 말이 유행했다. 그래서 아들을 군문에 보낸 부모들은 총대 잡는 일선 군인이 되지 말고 펜대 잡은 후방 군인이 되게 해달라고 기도했고 여러 가지로 손을 쓰기도 했다. 그래서 직접 전쟁업무를 수행하는 작전과보다는 그 작전을 후원하는 인사과, 정보과, 군수과가 더 힘 있는 부서였다. 이처럼 펜대가 총대보다 더 우월한 대접을 받게 되는 것은 이론이 실천보다 우위라는 생각을 입증한다.

신학대학원에서 공부하는 학생들도 마찬가지 성향이 있다. 일선 목회자가 되기보다는 신학교육기관에서 가르치는 교수가 되기를 더 열망한다. 만약 박사학위를 마치고 교수로 임용되면 본인도 목회자가 된 동창들에 대하여 아무리 겸손하려고 애를 쓴다 해도 의식 깊은 곳에 있는 우월감을 숨기기가 어렵다. 그리고 목회하는 동창들은 그 앞에서 열등의식을 지우지 못한다. 목회자로만 남아 있지 않고 열심히 공부해서 신학대학원의 강의 한 과목 맡으려고 기를 쓰기도 한다.

"아는 것이 힘이다"라는 것은 누구나 체험한다. 그래서 심지어 정치도 '철학자가 해야 한다'고 플라톤은 주장했다. 어디 그것뿐인가. 무슨 무슨 고시에 합격하려고 사력을 다한다. 고급관리들의 등용문인 과거제도가 그걸 웅변으로 말한다. 특히 유교문화권에서는 손발이나 몸으로 해야 하는 직업인보다는 머리, 말, 글을 도구로 사용하는 이론의 전문가가 뚜렷하게 우대를 받아 왔다.

기독교 역사에서도 마찬가지이다. 유명한 인물들은 대체로 신학자들이고 그들의 이론과 주장이 교회사의 핵심을 구성하고 있다. 가령 사도 바울은, "네 많은 학문이 너를 미치게 한다"(행 26:24)는 평가를 받을 정도로 이론 우위의 사람이었다. 실로 바울 사도가 3년 동안이나 예수님의 직제자로서 훈련받은 베드로 사도와 쌍벽의 인물이 된 것은 그의 해박한 지식의 역할이 결정적 요인이라는 것을 누가 부정하겠는가. 그런 점에서는, "모세가 애굽 사람의 모든 지혜(학술)를 다 배워 그의 말과 하는 일들이 능하더라"(행 7:22)는 기록이 주목을 끌기에 넉넉하다. 애굽의 총리가 되어 칠풍칠흉 사건을 너끈히 해결했던 요셉도 "너와 같이 명철하고 지혜 있는 자가 없도다"(창 41:39) 하는 평가를 받았으며 이스라엘 민족이 큰 수난을 이겨낼 수 있도록 이끌었던 영적 지도자 에스라도 "율법에 완전한 학사 겸 제사장"이었다.(스 7:12)

교회사적으로도 이는 마찬가지이다. 어거스틴은 회심하기 전에 대학 교수였으며, 교회개혁의 큰 인물들인 후스, 루터, 칼뱅, 쯔윙글리, 웨슬리 이런 위대한 인물들이 대학 교수였거나 고도의 이론으로 무장한 지성인들이었다.

역사신학에서는 신학사 혹은 기독교사상사가 매우 중요한 학과목이지만 목회사 혹은 목회실천사가 별도 과목으로 개설되는 경우는 매우 드물다. 신학대학원의 졸업생들이 대부분 목회 현장으로 나갈 후보생들인데도 목회의 역사 같은 것은 전혀 인기 있는 분야가 아니다.

신학대학원에서 '실천신학'에 관하여 배운다. 우선 실천신학 개론을 비롯하여 목회학, 예배학, 설교학, 기독교교육학, 선교학, 전도학, 목회상담학, 교회행정학, 교회성장학 등을 이수하게 된다. 그러나 그것들조차도 목회실천을 체험하는 것이 아니라 실천에 관한 또 다른 이론을 배우는 일이 중점사항이다. 목회실습이나 현장목회론이라는 과정이 있지만 효율성에 있어서 여전히 크게 뒤진다.

'알지 못하면 바르게 믿을 수가 없다'는 논리도 이론 우위를 뒷받침한다. "듣지도 못한 이를 어찌 믿으리요"(행 10:14)의 말씀도 듣고 알아야 믿게 된다는 뜻이다. 교부들의 신학 논쟁 곧 '알기 위하여 믿는다' (credo ut intelligam)는 것이 반드시 이론 우위론에 해당되는 것이 아니라는 해석도 가능하지만 그러나 아는 것이 목적이고 믿는다는 것은 수단이라는 점에서는 역시 이론 그리고 이성 우위론에 해당된다. 그래서 신학자들은 예수 그리스도를 머리에 가두고, 논리에 가두고, 이성적 이해로 제한한다는 지적을 받는다.

이런 점에 대하여 예수 그리스도께서는 어떤 견해를 가지고 계실까. "너희가 이것을 알고 행하면 복이 있으리라."(요 13:17) 아는 것이 먼저이고 실행하는 것은 나중이다. 아니, 그것보다는 아는 것은 반드시 실천하는 것으로 연장되어야 한다는 뜻 아닐까.

목회 우위론적 이해

실천이 이론보다 앞서 있다는 주장들이 점점 강력해 가고 있다. 실사구시(實事求是) 곧 실제에서 진리를 찾는다는 학풍이 그래서 생겨났다. 사상적 용어로 말한다면 실용주의(pragmatism)인데 그것은 곧 작동하는 것이 본질이라는 뜻이 된다.

실천이 먼저 있었고 그 다음에 이론이 따라왔다는 실천우선주의는 모든 학문분야에서 발견할 수 있는 원리이다. 정치라는 실제가 먼저 있었고 그 다음에 정치학이 생겨났다. 경제활동이 먼저 있었고 경제이론이 그 다음에 생겨났다. 언어활동이 먼저 있고 언어학이 뒤따른다. 신앙생활이 먼저 있었고 그 다음에 신앙학이 뒤따른다.

예수님께서는 "열매로 그 나무를 안다"(마 7:16, 마 12:33)고 매우 강조하셨다. 열매가 없는 무화과나무를 저주하신 것은 실천이 얼마나 중요한가를 명확하게 깨우쳐 주신다.

제자들의 발을 씻기신 일도 먼저 행함으로 모범을 보이신 뒤에 이론으로 정리하여 주셨다. 곧 "내가 주와 또는 선생이 되어 너희 발을 씻었으니 너희도 서로 발을 씻어 주는 것이 옳으니라. 내가 너희에게 행한 것 같이 너희도 행하게 하려 하여 본을 보였노라."(요 13:14-15) "너희는 말씀을 행하는 자가 되고 듣기만 하여 자신을 속이는 자가 되지 말라"(약 1:22) "이와 같이 행함이 없는 믿음은 그 자체가 죽은 것이라."(약 2:17) 배고픈 형제에게 밥도 주지 않으면서 배부르게 하라, 헐벗은 자매에게 옷도 주지 않으면서 덥게 하라는 말이 얼마나 공허한가를 낱낱이 지적하고 있다. 야고보에게 주신 하나님의 말씀이다.

바울 사도는 하나님의 백성이라는 이스라엘 사람들이 "율법의 교훈을 받아 하나님의 뜻을 알고, 지극히 선한 것을 분간하며 … 도둑질하지 말라 선포하는 제가 도둑질하느냐"고 질타했다.(롬 2:18~24) "하나님 앞에서는 율법을 듣는 자가 의인이 아니요 오직 율법을 행하는 자라야 의롭다 하심을 얻으리라"(롬 2:13)고 선포했다.

특히 20세기를 풍미했던 실존주의(existentialism, 實存主義) 시각에서는 강조점이 본질에서 실존으로 옮겨갔다. '실존이 본질을 앞선다'는 선언이다. 이것은 물론 인간에 대한 해석이 그 초점이다. 하지만 이 생각을 더 확대하면 현상이 먼저이고 본질이 그 다음이라는 뜻이다. 이 사상을 목회와 신학 관계에 대입하면 '목회는 신학에 앞선다'는 뜻도 된다. 목회나 사역을 더 중시해야 한다는 주장이다.

그러나 역시 지적해 두어야 할 점이 있다. 실천 우위론은 예수 그리스도와 삶의 현장을 걸어 다니고, 함께 울고 함께 웃고, 함께 아파하지만 예수님을 객관적으로 파악하는 일에는 아무래도 등한시하게 된다. 그리고 우주적 혹은 인류문명 전체의 시각에서 예수 그리스도를 이해하는 일에도 제한이 따른다.

목회와 신학의 함생론

이론과 실제, 실제와 이론은 동전의 안팎으로 이해해야 한다. 실천 없는 이론은 공허하고 이론 없는 실천은 맹목적일 수 있다. 가령 그림을 잘 그리는 것은 천부적인 재질에 속한다. 성악이나 기악 혹은 작곡을 잘하는 것도 마찬가지이다. 그런 그림을 잘 연구하여 미술론이나 더 나아가서는 미학이라는 체계적인 이론을 이끌어낸다. 미술론이나 미학이 있기 전에 미술작품이 있었다. 그런데 그런 미술론이나 미학을 알고 나면 더 좋은 예술작품을 창작해낼 수 있는데 그것은 특히 미술교육론이 그런 실제작품과 이론을 기초로 하여 성립되고 효율적인 학습이 이루어지기 때문이다. 음악에서도 음악이론이 더 좋은 성악, 기악, 작곡을 해 낼 수 있는 음악교육의 기초가 되고, 그런 것들이 합력하여 예술 작품을 평가하는 기준이 작성된다. 결국 실제와 이론, 이론과 실제는 서로 뗄 수 없는 관계 곧 동전의 안팎과 같지만 이것이 함생할 때에는 더욱 큰 상승효과를 생산해내게 된다.

신학과 목회, 목회와 신학의 관계를 말하기 위하여 다시 성경으로 돌아가자. 성경은 주된 성격으로 보아 실천을 기록한 책, 이론을 정리한 책, 실천과 이론이 혼재되어 있는 책, 문예작품의 성격을 가진 책 등으로 나눌 수 있다. 실천을 기록한 책으로는 창세기, 출애굽기, 민수기, 여호수아, 사사기, 룻기, 사무엘, 열왕기, 역대기, 에스더 … 사도행전, 요한계시록 등이다. 이론을 주된 흐름으로 한 책들은 레위기, 신명기, 욥기, 잠언, 전도서, 이사야, 예레미야, 로마서, 고린도 전후서, 갈라디아서, 에베소서 등 편지글들, 히브리서 등이다. 어느 책이나 이론과 실천이 혼재되어 있기는 하나 특히 대표적인 것은 에스라, 다니엘서이다. 문예작품성이 매우 강한 대표적인 것은 물론 시편이다. 복음서의 경우에는 예수 그리스도의 사역 실천을 기록한 것이 대부분이지만 이론적 전개도 상당히 많은 부분을 차지하고 있다. 특히 요한복음의 경우에는 더욱 더 그렇다.

실천을 적은 것들을 'narrative'라고 하여 근래에는 이야기 신학(narrative theology)을 주장하는 이들이 늘어가고 있다. 설교에서도 '이야기 설교'가 더 강세의 흐름을 보이고 있는데 이는 예수 그리스도의 설교모범을 따른 것이기도 하다. 비유(parable)가 요담의 이야기처럼(삿 9:7-21) 구약성경에도 나오지만 그것을 교육의 도구, 계시의 도구로 가장 중요하게 사용한 경우는 바로 예수 그리스도이시고 그것이 복음서에 상세히 기록되어 있다. 특히 공관복음서에는 비유나 사건이 많이 나오고 요한복음서에는 이론으로 정리된 내용이 상대적으로 더 많은 분량을 차지한다.

그렇다고 하여 예수께서 이야기 형태로만 말씀을 가르치셨거나 혹은 기적과 같은 사건을 일으키신 것은 아니다. 그런 것 앞, 뒤, 중간에는 대체로 이론화된 전제나 결론이 포함되어 있다. 다음은 그 몇 가지 사례이다.

-달란트 비유의 결론 : 무릇 있는 자는 받아 풍족하게 되고 없는 자는 그 있는 것까지 빼앗기리라.(마

25:29) -안식일에 제자들이 밀 이삭을 잘라 먹은 사건 뒤에 : 안식일이 사람을 위하여 있는 것이요 … 인자는 안식일의 주인이니라.(막 2:27-28) -자신의 이웃이 누구인지 묻는 율법교사에게 '선한 사마리아 사람의 비유를 말씀하신 뒤에 : 네 생각에는 이 세 사람 중에 누가 강도 만난 자의 이웃이 되겠느냐? (질문형으로 결론 도출. 눅 10:37) -예수께서 죄인을 영접하고 음식을 같이 먹는데 대하여 바리새인과 서기관들의 비난을 받으신 뒤에 그 대답으로 : 너희 중에 어떤 사람이 양 백 마리가 있는데 … 어떤 여자가 열 드라크마가 있는데 … 어떤 사람에게 두 아들이 있는데 ….(눅 15장) -요한복음 9장에 기록된 '나면서부터 눈 먼 자'를 고치시기 전에 하신 말씀 : 나는 세상의 빛이니 나를 따르는 자는 어둠에 다니지 아니하고 생명의 빛을 얻으리라.(요 8:12)

이야기 신학은 이처럼 예수님이 모범을 보여주신 신학방법론이다. 그냥 이야기만 흥미진진하게 한다고 되는 것이 아니라 언어의 파워(power)를 활용하여야 한다. 따라서 형용사, 부사, 감탄사, 형용사구, 부사구, 감탄사구 등의 수식적 언어가 동원되고 은유, 직유, 의인법, 대유법, 도치법, 질문법, 점층법, 나열법 등의 수사법들이 적극 활용된다. 이야기로만 끝나지 않고 이야기의 논리적 교훈성, 총괄적 의미를 매우 절제된 언어, 곧 동사와 명사로 된 짧은 문장이나 한두 문단으로 명료하게 정리해야 한다. 설교 전체는 '그림 같은 언어, 시적 언어, 감성적 언어'를 폭포처럼 활용하지만 결론이나 주제는 되도록 논리적 언어, 명제적 언어, 추상적 언어, 명사와 동사만으로 된 언어 등으로 정리되어야 한다. 귀납법, 연역법, 그리고 변증법 등의 논리도 있지만 기독교 신학의 경우에는 '역설적 신학'(theology of paradox)에서 보듯이 역설적 논리도 많이 활용된다. 그것은 성경의 진리가 역설의 논리로 설명되는 것이 매우 빈번하기 때문이다. 삼위의 하나님과 일체의 하나님, 그리스도는 완벽하신 하나님 완벽하신 사람, 인간은 100% 용서받았으면서도 동시에 죄인, 종말론은 이미 이루어졌지만 아직은 미완성인 것 등의 기독교 진리가 서로 대립되는 개념이면서도 여전히 함께 진리성을 가진 것이 바로 역설의 논리이다. 성경에는 이런 역설의 진리가 빈번하게 발견된다.

-누구든지 자기를 높이는 자는 낮아지고 누구든지 자기를 낮추는 자는 높아지리라.(마 23:12)
-누구든지 제 목숨을 구원하고자 하면 잃을 것이요.(눅 9:24) -죄가 더한 곳에 은혜가 더욱 넘쳤나니.(롬 5:20)

그런 점에서 '경험적으로 입증될 수 있는 것만이 진리'라는 실증주의자(positivist)들의 주장은 부분적으로만 옳다. 우리는 입증되지 않은 진리의 영역이 훨씬 더 넓고 크다는 반실증주의의 목소리도 함께 들어야 한다. 그것을 예수님은 구약성경을 인용하여 비유로 말씀하시는 이유를 이렇게 설명하셨다.

-이사야의 예언이 그들에게 이루어졌으니, 너희가 듣기는 들어도 깨닫지 못할 것이요 보기는 보아도 알지 못하리라.(마 13:14)

아무튼 실천과 이론, 이론과 실천은 성경에서 통합되고 있으며 특히 예수 그리스도의 사역 기록인 네 복음서 안에서 확실하게 함생하고 있다. (박봉랑. 교의학 방법론 (I). 294-327)

실험목회론

예수 그리스도를 담임목사로 모셨다고 해서 그분의 말씀과 행동을 기계적으로 적용할 수는 없다. 가령 성찬예식만 해도 예수 그리스도께서는 그 때 생활문화에 따라 '비스듬히 누워서' 실천하셨지만 그런 원형을 살려 쓰는 교회는 찾아보기 어렵다. 그것은 시대, 장소, 문화, 인간이해가 각각 다르기 때문이다. 그래서 지금은 성찬을 받는 회중들이 앉거나, 무릎 꿇거나, 서 있거나, 걸어가면서 받는 여러 형태를 활용하게 된다.

이런 목회상황의 요구는 필연적으로 '실험 목회'(experimental pastoring)를 요구한다. 마치 실험실에서 과학자들이 수많은 실험을 거쳐 새로운 발명품이나 새로운 의약품을 만들어 내듯이 목회도 수많은 실험을 거치면서 선작용을 확대하고 악작용을 제거하게 된다. 이런 과정에서 교육학에서 학습의 원리로 말하는 자극-반응론, 시행착오론, 인지론, 통찰론 등이 적용된다.

가령, 설교를 사례로 들어 보자. 요즈음에는 강해설교가 유행하고 있지만 예수 그리스도께서 반드시 강해설교만 하신 것이 전혀 아니라는 점에서는 설교 방법론은 다양하게 개발되어야 한다. 그런데 설교학을 신학교육과정에서 배웠다고 해서 그 이론들이 목회현장에 직수입되어 사용되는 것은 전혀 아니라는 걸 목회자들은 누구나 다 안다. 예배 시간을 엄격히 지켜야 한다는 설교를 하는 경우가 빈번하다. 그런데 그 설교자가 그 설교를 길게 했다. 그래서 예배 시작 시간은 지켰지만 끝내는 시간을 지키지 않았다. 따라서 예배 시간을 엄격히 지키자는 설교의 효과는 회중들에게서 50%도 이루어지지 않는다. 그리고 그 설교목사는 '설행일치'가 안 되는 목사, 더 심하면 위선자 목사로 비판받는다.

설교만 해도 다양한 방식을 활용하면서 성도들이 어떻게 예수 그리스도의 성숙한 제자로 변화되어 가는지를 분석하면서 목회자가 자기 성장을 열심히 도모해야 한다. 교리적 설교, 인물 설교, 요절 설교, 성경 66권 책별 설교, 한 책의 장별 설교, 주제별 설교, 짧은 설교와 긴 설교, 예화 설교, 간증 설교, 대화설교, 구어체 설교, 문어체 설교… 그런 형태들을 늘 실험설교로 실천해 보면서 수많은 시행착오 학습과정(random trial and error learning process)을 거쳐서 한 사람의 좋은 설교가로 성장하게 된다.

설교만이 아니다. 심방, 상담, 행정, 기도, 예배 프로그램, 찬양, 장례식, 결혼식, 세례식, 성찬식 집례 등이 실험목회 과정을 거쳐야 하고, 다른 목회자들의 사례도 유의 깊게 살펴보아야 한다. 이론과 실천, 실천과 이론 과정을 연결시켜 바르고도 효과적인 사역을 완성해 내려면 반드시 실험과정을 즐겨 활용해야 한다.

그런데 실험목회를 하려면 항상 자신의 목회를 점검하고 평가 받도록 노력해야 한다. 평가 방법에는 여러 가지가 있으며 이 책 여러 군데에서 언급하고 있다. 가령 여론조사를 통하여 회중들에게 익명으로 제출하는 질문서를 내고 거기에 '더 좋은 담임목사를 만들기 위한 아낌없는 조언'을 적도록 하는 것도 여러 방법 가운데 하나이다. 필자는 매년 말에 한 번씩 그런 질문이 포함된 여론조사를 해서 자신을 그 여론조사 거울에 비추어 보고 많은 것을 개선해 갔다. 포 속에서 살아남았다. 그 때부터 공산주의와 자유민주주의라는 이념의 격렬한 대결 현장 한복판을 걸어 다녔다.

성경은 함생목회의 최고 표준서

필자는 서울대학교와 대학원에서 국어교육학을 전공했다. 고등학교 국어교사를 지낸데 이어 대학에서 교양국어 등을 가르쳤다. 따라서 성경번역과 기독교 용어 개정에 많은 관심을 가지고 논문을 쓰기도 했다. 그런 논문들이 한국말 성경, 찬송가 가사, 사도신경 번역 등에 반영되었다. 유월절을 아직도 '뛰넘절'로 사용하자는 제안은 채택되지 않고 있지만 사도신경에 '거룩한 공회'를 '거룩한 공교회'로 바꾼 것에는 늘 큰 기쁨을 가지고 있다. (논문집 II. "제2편 한국말 성경번역에 관한 논문들" 129-212)

성경은 믿음과 생활에만 유일무이한 표준 혹은 최고의 표준이 되는 것만이 아니다. 성경은 목회, 선교, 신학에 있어서도 최고표준이 된다.

> "우리는 신구약 성경 66권 전체가 하나님의 영감된 말씀으로서 믿음과 생활, 신학과 선교의 최고표준이 됨을 믿으며" (미주성결교회 교리적 선언 제5항)

여기에서 '선교'라 함은 넓은 뜻으로서 목회 전반 그리고 사역 전반을 포함한다. 따라서 예수 그리스도의 사역 원리를 이해하려면 우선 성경을 표준 삼아야 한다. 모든 목회자들의 최고표준이시며, 영원한 목자장(벧전 5:4)이시고, 양들의 큰 목자(히 13:20)이신 예수 그리스도의 생애, 사역활동, 교훈은 주로 네 복음서에 기록되어 있기 때문이다.

그뿐만 아니라 목회자는 무엇보다도 성경의 전문가가 되어야 한다. 그것이 목회준비에 있어서 얼마나 중요한가에 대하여는 요한 웨슬리가'한 책의 사람'(homo unius libri)이라는 간단한 용어로 표현했다.

그런데 성경은 필연적으로 해석과정을 거친다. 흔히 성경말씀에 대하여는 '아무 것도 가감하지 말라'고 한다. 그러나 그건 그냥 하는 말일 뿐이고 누구든지 성경은 해석하여 읽는다. 그래서 성경해석학이라는 학문이 있게 되었다. 따라서 성경은 해석하여야 하느냐 마느냐의 문제가 아니고 '어떻게 해석하느냐'의 문제가 남아 있을 뿐이다.

예수 그리스도의 성경해석

예수 그리스도의 성경해석은 주로 구약성경 39권을 뜻한다. 외경을 인용한 경우가 없는 것은 아니지만 대체로는 정경에 초점을 두고 있다. 그리고 70인헬라어역본(Septuagint, LXX)이 주로 신약성경에 인용되고 있다.

예수 그리스도의 성경해석을 이해할 수 있는 근거로 복음서에 나타난 것들은 대체로 다음과 같다.

1. 예수 그리스도는 자주'성경에 무엇이라 하였느냐'고 물으심으로 구약성경을 하나님의 말씀이요 모든 것의 최고 표준이 됨을 밝히셨다.

-너희가 성경에 … 함을 읽어 본 일이 없느냐?(마 21:42) -너희가 성경도 하나님의 능력도 알지 못하는 고로 오해하였도다.(마 22:29) -나를 믿는 자는 성경에 이름과 같이 그 배에서 생수의 강이 흘러나오리라.(요 7:38)

2. 우선 구약성경을 문자 그대로 해석해야 한다고 교훈하셨다.

-내가 율법이나 선지자를 폐하러 온 줄로 생각하지 말라. 폐하러 온 것이 아니요 완전하게 하려 함이라. 진실로 너희에게 이르노니 천지가 없어지기 전에는 율법의 일점일획도 결코 없어지지 아니하고 다 이루리라.(마 5:17-18)

3. 성경은 예수 그리스도 중심으로 해석되어야 함을 말씀하셨다.

-너희가 성경에서 영생을 얻는 줄 생각하고 성경을 연구하거니와 이 성경이 곧 내게 대하여 증언하는 것이니라.(요 5:39) -이에 모세와 모든 선지자의 글로 시작하여 모든 성경에 쓴바 자기에 관한 것을 자세히 설명하시니라.(눅 24:27) -내가 너희와 함께 있을 때에 너희에게 말한바 곧 모세의 율법과 선지자의 글과 시편에 나를 가리켜 기록된 모든 것이 이루어져야 하리라 한 말이 이것이라.(눅 24:44. 참조:고후 3:14-18)

여기에서 율법, 선지자의 글, 시편은 곧 구약성경 전체를 뜻한다.

4. 구약성경 가운데서도 율법이 그 핵심임을 제시하셨다.

-이것이 율법이요 선지자니라.(마 7:12) -이 두 계명이 온 율법과 선지자의 강령이니라.(마 22:40)

그렇다고 하여 율법만을 말씀하신 것은 아니다. 율법사는 "선생님, 율법 중에서 어느 계명이 크니이까?" 하고 물었지만 예수님은 '온 율법과 선지자의 강령'이라고 대답하셨다.

5. 그러나 구약성경 전체를 '하나님 사랑, 이웃 사랑'이라는 함생신앙 곧 수직적 함생과 수평적 함생으로 해석하셨다. 곧 신명기 6:4-9에 있는 '쉐마'를 다음과 같이 새롭게 해석하셨다.

-네 마음을 다하고 목숨을 다하고 뜻을 다하여 주 너의 하나님을 사랑하라 하셨으니 이것이 크게 첫째 되는 계명이요, 둘째도 그와 같으니 네 이웃을 네 자신 같이 사랑하라 하셨으니 이 두 계명이 온 율법

과 선지자의 강령이니라.(마 22:37-40)

6. 구약성경을 유추론(analogy)과 예형론(typology)으로도 해석하셨다.

-요나가 밤낮 사흘 동안 큰 물고기 뱃속에 있었던 것 같이 인자도 밤낮 사흘 동안 땅 속에 있으리라.(마 12:40) -모세가 광야에서 뱀을 든 것 같이 인자도 들려야 하리니 이는 그를 믿는 자마다 영생을 얻게 하려 하심이니라.(요 3:14-15)

7. 예수님은 구약성경의 사물이나 사건을 자신이 완성하신다는 시각에서 해석하셨다.

-주의 성령이 내게 임하셨으니 이는 가난한 자에게 복음을 전하게 하시려고 내게 기름을 부으시고 나를 보내사 포로 된 자에게 자유를, 눈 먼 자에게 다시 보게 함을 전파하며 눌린 자를 자유롭게 하고 주의 은혜의 해를 전파하게 하려 하심이라.(눅 4:18-19. 사 61:1-2의 완성) -내가 곧 생명의 떡이니라. 너희 조상들은 광야에서 만나를 먹었어도 죽었거니와.(요 6:48-49)

8. 예수님은 성경을 배우는 자들의 마음을 열어 말씀을 바로 깨닫게 하신다.

-이에 그들의 마음을 열어 성경을 깨닫게 하시고(눅 24:45)

함생사역의 표준지침서

성경은 신앙과 행위의 최고표준이다. 좀 더 자세히 풀면 성경은 신앙과 신학과 목회사역과 선교와 온 인류의 삶의 최고표준이다. 따라서 함생신학과 함생목회의 최고표준도 역시 성경이다. 개신교회는 그런 확고한 신앙고백 위에 서 있다. 교회개혁자들의 확고한 선언처럼'오직 성경' (sola Scriptura)이다. 이런 사실은 교회의 머리이시고 구원주이신 예수 그리스도께서 확고하게 가르치셨고 삶으로 보여 주셨다. 따라서 미주성결교회 교리적 선언에도 이 점을 명확하게 밝히고 있다.

"우리는 신구약 성경 66권 전체가 하나님의 영감된 말씀으로서 믿음과 생활, 신학과 선교의 최고 표준임 됨을 믿으며." (제8항)

함생목회론이나 함생신학사상은 근본적으로 성경에 기본 토대를 두고 있다. 그것을 다음과 같이 정리해 보았다.

성경은 성삼위 하나님이 시퍼렇게 살아계심을 선언한다.

성경은 하나님이 생명의 창조주이시며 유지자이심을 선언한다.

성경은 절대적 생명이신 하나님께서는 인간의 생명은 하나님의 형상을 지닌 까닭에 상대적이면서도 절대적 가치를 가진 생명이며, 동식물은 인간의 생명을 위한 도구로 사용될 수 있는 상대적 생명임을 선언한다.

성경은 하나님의 사역이 삼위일체적임을 선언한다.

성경은 인간이 개인인 동시에 함생체적 존재임을 선언한다.

성경은 하나님의 최대 사역 목표는 온 인류와 모든 피조물의 생명을 구원하고, 보존하고, 증진시키는 일임을 선언한다.
성경은 교회가 수직적 함생과 수평적 함생이 총합된 하나님 나라의 형상임을 선언한다.

이 책에서의 성경해석 원칙

이 책에서의 성경해석 원칙은 다음과 같다. 연구자가 소속한 성결교단의 신학적 기초를 연구자는 '기독교 개신교회 웨슬리언 사중복음주의'라는 용어로 요약했다. 따라서 기본적으로는 복음주의(evangelicalism)에 기초한 성경해석원리이고 그 위에 웨슬리언 시각이 가미되었으며 연구자의 독특한 견해도 포함되었다.

1. 성경은 전체적으로나 부분적으로나 하나님의 영감으로 기록된 하나님의 말씀으로 해석해야 한다.
2. 성경은 인간의 언어로 기록되었으므로 언어의 원리를 따라 해석한다.
3. 성경은 문자 그대로 해석해야 할 부분과 상징적으로 해석해야 할 부분을 구별해야 한다.
4. 성경은 그 내용이 발생할 당시와 기록할 당시의 문화와 역사적 상황에서 기록되었으므로 그것을 참고하여 해석한다.
5. 성경은 전체의 주제가 '하나님은 만물을 구원하신다'인 것에 연관시켜 부분을 해석하고 부분을 모아 전체를 다시 해석한다.
6. 성경은 성령의 조명 아래(under the illumination of the Holy Spirit) 해석한다.
7. 성경은 예수 그리스도께서 명확하게 말씀하신 그대로 예수 그리스도와 그의 사역이 중심축이라는 전제에서 해석해야 한다. (논문집 III. 468-477)

일체 목회와 삼위 목회

기독교는 삼위일체 하나님을 믿는다. 사도신경에 하나님 아버지, 그의 외아들 예수 그리스도, 그리고 성령을 믿는다고 고백하고 있다. 니케아 신조에는 이것이 더욱 강조되어 있다. 그리고 아다나시우스 신조에는 하나님의 삼위일체성이 한 단계 더 철저히 강조되고 있다. 정통신앙이란 곧 "삼위로서 일체이시고 일체 가운데 삼위이신 유일하신 하나님을 믿는 것"이라고 천명한다.

기독교가 절대적 진리로 확정한 것이 신학자나 교단 전통에 따라 차이가 있다. 그러나 공통적으로 선포한 절대적 진리는 대체로 다섯 가지이다. 첫째 삼위일체 하나님을 믿는다. 둘째, 성경을 성삼위 하나님의 말씀으로서 신앙과 생활의 최고표준으로 믿는다. 셋째, 인간은 누구나 하나님 앞에서 죄인이다. 넷째, 예수 그리스도를 믿음으로만 구원받는다. 다섯째 인간 개인이나 혹은 역사 전체에는 반드시 종말이 있고 심판을 받게 된다. 이 다섯 가지 믿음 가운데 어느 하나라도 포기하면 그것은 바른 신앙의 길이 결코 아니다.

목회에 대한 기본 이해

목회나 사역이 무엇이냐고 물으면 삼위일체 하나님께서 하신 일, 그리고 꼭 해야 한다고 하신 일을 우선순위에 따라 최선을 다하여 수행하는 것이라고 정의한다. 허나, 이 말이 생각보다 단순하지 않다. 하나님은 삼위일체이신데 삼위 하나님과 일체 하나님께서 하신 일이 얼마나 많은가. 여기에서는 그런 질문에 대하여 성경말씀으로 풀어 보려 한다. 그런 삼위일체 하나님의 사역을 성부, 성자, 성령 하나님의 각각 사역 곧 삼위사역이라는 시각에서도 고찰하고 또 삼위께서 일체가 되셔서 사역하신 것도 분석해 보는 것이 바른 목회를 위하여 도움이 될 것으로 생각한다. 실상 우리는 '삼위일체'라는 용어에 익숙해 있지만 '일체삼위'라는 개념역시 성경적이라는 것에도 착안해야 한다. 아다나시우스 신조에도,"삼위로서의 일체와, 일체로서의 삼위가 예배를 받으시는 것입니다."라고 풀어 놓았다.

그러면 목회란 무엇일까. '하나님의 선교'(missio Dei)라는 용어가 근래에 자주 인용된다. 이 말은 하나님께서 선교를 주도하신다는 것을 강조하는 말이다. 좋은 믿음이다. 그러나 한편 하나님은 우주 전체의 하나님이시기 때문에 그 선교도 반드시 기독교 정통파들이 주장하는 '예수를 그리스도로 믿어' 구원을 얻는데 한정되는 것이 아니고 다른 종교에도 구원이 있다는 뜻으로 사용되기도 한다.

목회란 그 바른 뜻으로 본다면 삼위일체 하나님께서 하시는 일을 우리도 행하는 것을 뜻한다. 하나님께서 만나로 먹여주셨으니 우리들도 굶주린 사람들에게 먹이는 것이 목회이다. 하나님께서 자기 백성을 삼으시는 것처럼 우리들도 사탄의 자식들을 하나님의 자녀가 되도록 전도하는 것이 목회이다. 물론 더 많이 제시할 수 있다.

기독교 사역이 무엇이냐에 대하여 여러 가지 견해가 있다. 우선 용어에 있어서 목회(牧會, pastoral care)를 선호하기도 하고 혹은 교역(敎役)이나 사역(使役, ministry)이라는 용어를 사용하기도 한다. 목회라 할 때에는 그 하는 일이 '영혼 돌보기'(Seelesorge)에 초점을 둔다. 이에 대하여 투르나이젠은 이렇게 말한다.

"목회는 인간의 영혼을 돌보아 주는 일이다. 그런데 목회가 관심의 대상으로 삼는 인간의 영혼은 인간 속에 있는 영적인 것뿐만 아니라 성서가 말하는 대로 하나님의 다스림을 받게 마련인 몸과 영혼과 정신이 하나가 된 인격적인 전인으로서의 영혼인 것이다."(투르나이젠, 목회학원론, 44)

다시 말하여 목회는 인간의 영혼을 돌보는 일인데 그 영혼은 좁은 뜻에서보다는 넓은 뜻에서의 전인을 말한다는 해석이다. 이것은 목회자의 기능으로 본 목회의 이해에서도 확인된다. 목회자(pastor)의 기능이 무엇이냐에 대하여 다음과 같은 견해가 있다.

1.위로자(comforter), 2.치료자(healer), 3.예배자(worshiper), 4.글쓰는 사람(writer), 5.화해자(reconciler), 6.행정가(administrator), 7.감독자(overseer), 8.교사(teachers), 9.친구(friend).

(Turnbull. 291ff).

이 밖에도 기능이 겹치기는 하지만, 상담자(counselor), 설교자(preacher), 협력기도자(prayer intercessor), 전도자(evangelist), 모범자(exampler), 지도자(leader), 방향인도자(director) 등을 덧보태야 한다.

이렇게 되면 목회는 넓은 뜻에서는 사역과 동의어가 된다. 그렇다면 교역이나 사역은 어떤 뜻일까? 이는 말의 뿌리 곧 미니스트리(ministry)라는 말을 캐어 보면 '섬김'을 뜻한다. 하나님을 섬기는 모든 일을 사역이라 할 수 있고 특히 그것이 교회와의 관계에서 파악하면 교역이 된다.

이 책에서는 목회나 사역을 같은 의미에서 사용하고 있다. 우리가 말하는 사역은 곧 기독교 사역이다. 다른 말로 하면 성삼위 하나님께서 하신 일과 맡기신 일을 우선순위에 따라 대행하는 것이 바로 기독교 사역이다. 인간은 하나님의 형상대로 창조되었기 때문이다.(창 1:26-28)

성부 하나님의 창조사역

성부 하나님의 사역은 구약성경에 주로 기록되어 있다. 구약성경에도 성자 예수 그리스도의 사역이나 성령의 사역이 기록되어 있지만 그렇게 또렷하지는 않다. 우리가 세대주의(dispensationalism)를 따르는 것이 아닐지라도 구약성경 시대에는 사역에 관한 한 성부 하나님이 무대 전면에서 활동하신 것에는 거리낌 없이 동의한다. 이렇게 볼 때 성부 하나님의 사역의 중요한 것은 창조와 섭리가 된다.

구약성경의 여호와(야훼) 하나님은 반드시 성부 하나님만을 뜻하는 것은 아니다. 본체 하나님(Godhead)으로 보아야 한다. 그렇더라도 동시에 성자 예수 그리스도의 아버지 아니신가. 그 하나님 아버지께서는 목회자이셨다. 다윗 왕을 통하여 우리에게 명백하게 선언하셨으니 시편 23편 전체의 말씀 그대로이다.

-여호와는 나의 목자시니 내게 부족함이 없으리로다. 그가 나를 푸른 풀밭에 누이시며 쉴 만한 물 가

로 인도하시는도다. 내 영혼을 소생시키시고 자기 이름을 위하여 의의 길로 인도하시도다.(시 23:1-3) -여호와의 말씀이니라. 내 목장의 양 떼를 멸하며 흩어지게 하는 목자에게 화 있으리라.(렘 23:1) -이스라엘은 흩어진 양이라.(렘 50:17)

이처럼 성부 하나님은 이스라엘 자기 백성을 양떼로 생각하시는 목자이셨다. 그분은 선한 목자가 되셨다.

그렇다면 삼위로서의 성부 하나님의 주된 사역은 무엇일까. 창조의 사역이 가장 중요하다.

-태초에 하나님이 천지를 창조하시니라.(창 1:1) -사람을 지으신 이가 본래 그들을 남자와 여자로 지으시고(마 19:5) -우리는 그가 만드신 바라.(엡 2:10)

"전능하사 천지를 만드신 하나님 아버지를 내가 믿사오며"(사도신경) "저는 … 천지와 모든 보이는 것과 보이지 않는 것을 창조하신 하나님 아버지를 믿사오며"(니케아 신조)

이 같은 창조주 하나님께서는 그 창조를 일차적으로는'없는 것 가운데서 있게'하셨다. (creatio ex nihilo). 그러나 있는 것 가운데서 더욱 완전하게 하시는 것도 창조사역에 속한다. 따라서 힐트너(Hiltner)가 제시한 목회의 세 가지 내용 곧 치유, 지탱, 안내 가운데 특히 치유는 창조사역에 속한다. (Preface To Pastoral Theology. Part III)

이런 창조사역은 목회현장에서는 여러 가지 교훈을 제공한다. 하나님은 무에서 유를 창조하시지만 사람은 있음에서 더 있음을 만들 수 있다. 지역교회를 개척하는 것도 하나님의 형상을 가진 그 자녀의 창조사역일 수 있다. 전도를 통하여 새 생명을 얻게 하는 것도 창조의 사역을 본받는 일이다. 설교에서도 상상력이나 창의적 생각이 매우 중요하게 된다. 가령 '예수님께서 이 땅 위에 오시지 않으셨다면' 같은 가정법도 이런 창조사역의 한 부분이 된다.

하나님 아버지의 사역은 또 섭리(providence)라는 용어로 표현되어 왔다. 이는 하나님께서 최초의 사람을 만드신 뒤에 주신 사역이 바로 그것이었다.

-여호와 하나님이 그 사람을 이끌어 에덴동산에 두어 그것을 경작하며 지키게 하시고(창 2:15)

-내가 너를 굳세게 하리라. 참으로 너를 도와 주리라. 참으로 나의 의로운 오른 손으로 너를 붙들리라.(사 41:10)

피조물들이 생명을 유지하고 건강하게 하며 지탱하게(sustaining) 하는 사역이 바로 섭리사역이다. 신구약 성경에는 하나님께서 섭리하시는 사역에 대한 이야기로 가득 차 있다. 만나와 메추라기로 먹여주시는 일, 일용할 양식을 주시는 일, 위험으로부터 지켜주시는 일, 홍해를 갈라 안전하게 가나안 복지로 들어오게 하시는 일 이런 모든 것이 다 섭리의 목회 아닌가.

성부 하나님의 섭리 목회는 행복한 복지를 제공하시는 것도 있고, 악한 일을 미리 막아

주시는 것도 있다. 그리고 고통스러운 일을 통하여 더 좋은 복지를 마련해 주시기도 한다.

피조물들의 범죄를 미리 방지하기 위한 섭리 목회의 중요한 목록이 바로 율법을 주신 일이다. 그러므로 성부 하나님은 모세를 통하여 율법을 주신 분(law-giver)이시다. 십계명을 주실 때의 첫 말씀이 무엇인가.

-하나님이 이 모든 말씀으로 말씀하여 이르시되 나는 … 네 하나님 여호와니라.(출 20:1) -너는 산에 올라 내게로 와서 거기 있으라. 네가 그들을 가르치도록 내가 율법과 계명을 친히 기록한 돌판을 네게 주리라.(출 24:12)

이처럼 하나님의 계명은 범죄를 막기 위한 하나님의 섭리였다. 따라서 율법을 어기면 하나님은 심판주가 되셨다. 그래도 하나님은 제사제도를 창설하사 용서받을 수 있는 길도 여러 놓으셨다. 이런 모든 것이 행위언약(covenant of works)이었다. (참조: 설교"하나님은 교육의 창조주" 논문집 III. 478-484)

성자 하나님의 대속 사역

이 책은 예수 그리스도를 표준 담임목자로 삼고 그분의 사역에 따라서 목회를 해야 한다는 점이 전편에 강조되고 또 초점이 되어 있다. 그래서 목회가 무엇이냐고 물으면 '목회는 예수 그리스도께서 하신 일과 우리에게 하라고 명령 혹은 권고하신 일을 우선순위에 따라서 실천하는 일'이라고 정의했다. 그분이야말로 우리들 목회자의 최고 표준이 되시기 때문이다.

그렇다면 왜 성부 하나님이나 성령 하나님이 아니고 성자 하나님 곧 예수 그리스도뿐일까. 그 이유는 간단하다. 그분께서만 육신을 입으시고 사람의 모양으로 나타나셨고 심지어 십자가 위에서 죽으셨기 때문이다.(빌 2:5-11) 따라서 예수님은 하나님의 형상(고후 4:4, 갈 4:19)이 되어 우리 가운데 거주하신다. 그래서 우리가 감히 그분을 본받아 그 자취를 따라갈 수 있게 되었다.(벧전 2:21) 그러므로 그 분은 우리들의 목자장이 되신다.(벧전 5:4)

-나를 믿는 자는 내가 하는 일을 그도 할 것이요, 또한 그보다 큰일도 하리니.(요 14:12)

그렇다면 예수 그리스도께서 하신 일이 무엇인가? 너무 많아서 그것을 어찌 다 할 수 있을까? 예수 그리스도의 사역에 대하여서는 앞으로 체계적인 정리가 더 있게 된다.

일체 삼위와 삼위 일체 되시는 하나님과 목회에 대하여 전개하는 이 장에서는 다만 성자 하나님의 사역으로는 전통적으로 대속의 사역(ministry of redeeming)이라는 것에 대체로 합의되어 있다는 점만 제시해 둔다. 즉 개인의 영혼 하나하나를 구원하시는 성삼위 하나님의 소중한 구원계획과 우주 전체를 구원하시려는 원대한 구원계획의 한 대목으로서 대속의 사역을 하신 분이다.

–그가 찔림은 우리의 허물 때문이요, 그가 상함은 우리의 죄악 때문이라, 그가 징계를 받음으로 우리가 평화를 누리고, 그가 채찍에 맞으므로 우리는 나음을 받았도다. 우리는 다 양 같아서 그릇 행하여 각기 제 길로 갔거늘 여호와께서는 우리 모두의 죄악을 그에게 담당시키셨도다.(사 53:5–6)

성부 하나님께서 율법을 주신 것에 대하여 성자 하나님은 은혜와 진리를 백성들에게 주셨다.

–율법은 모세로 말미암아 주어진 것이요 은혜와 진리는 예수 그리스도로 말미암아 온 것이라.(요 1:17) –그러나 우리는 그들이 우리와 동일하게 주 예수의 은혜로 구원 받는 줄을 믿노라.(행 15:11)

할례라는 행위가 아니고 새 언약 곧 은혜 언약이신 예수 그리스도로 말미암아 구원을 얻게 하셨다. 그것이 예수 그리스도 성자 하나님의 총체적 사역의 핵심이다.

성령 하나님의 구원 실현 사역

성령 하나님의 사역은 매우 다양하여 그 전모를 체계적으로 정리하기가 어렵다. 그래도 구원사역과 관련해서는 사도행전 이하 요한계시록에까지 여러 형태로 계시되었다. 영성 사역에 관한 강좌에서 더 자세히 풀게 되므로 역시 여기에서는 핵심적 요지만 정리해 보겠다.

우선 성경 전체와 관련해 성령사역을 연구해 보면 예수 그리스도 사역이 이 땅 위에서 일단 종료되면서 성령 사역이 시작된다. 그것이 바로 오순절 성령강림 사건이다.

–그가 또 다른 보혜사를 너희에게 주사 영원토록 너희와 함께 있게 하리니 그는 진리의 영이라.(요 14:16–17)

–이 말씀을 하시고 그들을 향하사 숨을 내쉬며 이르시되 성령을 받으라.(요 20:22)

–그들이 다 성령의 충만함을 받고 성령이 말하게 하심을 따라 다른 언어들로 말하기를 시작하니라.(행 2:4)

구원사역의 첫 단계인 거듭남에 관한 진리를 말씀하실 때에 "물과 성령으로 나지 아니하면 하나님 나라에 들어갈 수 없다."(요 3:5)고 예수님께서는 잘라서 말씀하셨다. 이런 점에서 성령 하나님의 사역은 개인적으로는 구원의 실현자(fulfiller/performer)라고 할 수 있다. 성령 하나님께서는 지금도 우리들 곧 교회 안에 임재하시고 동시에 개인 안에 내주(indwelling)하고 계신다. 성령 하나님은 우리의 구원을 보증하시고 우리 영혼을 거룩하게 하심으로 성화(sanctification)의 사역을 계속 이루어 가신다.

–또 성령으로 아니하고는 누구든지 예수를 주시라 할 수 없느니라.(고전 12:3)

–그가 또한 우리에게 인치시고 보증으로 우리 마음에 성령을 주셨느니라.(고후 1:22)

–성령이 친히 우리의 영과 더불어 우리가 하나님의 자녀인 것을 증언하시나니.(롬 8:16)

우리의 구원은 성령의 사역으로 말미암아 실현되며 완성되어 간다.

일체 하나님의 구원사역

삼위일체적 하나님의 이해는 쉬운 일이 아니다. 사람이 하나님을 이해하는 것은 언제나 부분적이기 때문이다. 그 본질의 핵심을 이해한다고는 믿지만 그러나 하나님의 전모를 파악할 수는 없다. 또 앞으로 하나님의 하나님 되심을 더 계시하여 주실 수도 있을 것이다.

그런데 삼위의 하나님 곧 성부 하나님, 성자 하나님, 성령 하나님께서 일체가 되신다는 것은 성경말씀을 기초로 이해하는 것은 어려운 일이 아니다. 이미 신학적 상식이 되었지만 예수 그리스도께서는 선교대명을 말씀하실 때, "아버지와 아들과 성령의 이름으로 세례를 베풀라."(마28:19)고 명령하셨다. 이것은 예수님의 말씀이 아니고, 후일 교회의 필요에 따라 첨가된 것이라는 '역사적 예수' 연구가들의 의견이 있지만 대수로운 것은 아니다.

그것과 함께 목회현장에서는 다음과 같은 말씀들이 훨씬 더 쉽게 하나님의 일체성을 이해하도록 확증해 주고 있다.

-하나님은 영이시니 예배하는 자가 영과 진리로 예배할지니라.(요 4:24) -성령이 아시아에서 말씀을 전하지 못하게 하시거늘… 예수의 영이 허락하지 아니하는지라.(행 16:6-7) -그에게 잉태된 자는 성령으로 된 것이라. 아들을 낳으리니 이름을 예수라 하라.(마 1:20-21)

이런 말씀들은 하나님도 영, 예수님도 영, 성령님도 영이라는 점에서 삼위와 일체를 간명하게 가르쳐 주고 있다.

구원사역에 있어서 성삼위 하나님께서 역할 분담하시며 자신을 계시하시는 경세적 삼위일체론(economic Trinity)을 강조한다. 그러나 근래의 성경 연구가들은 삼위 하나님의 본질적 교류에도 주목하고 있다. 헬라말로'페리코레시스'곧 통재적(通在的) 삼위일체론으로 이해한다. 가령 예수 그리스도 성자 하나님께서 해골언덕에서 십자가 고통을 당하실 때 성부 하나님과 성령 하나님도 함께 그 고통을 당하셨다는 이해이다. 성부 하나님도 영이시고 성자 하나님도 육신을 입으신 영이시고, 성령 하나님도 성부와 성자의 영이시기 때문에 골고다 언덕 위에서 함께 고난 당하셨다는 것이 훨씬 더 이해가 쉽게 된다.

흔히 삼위일체론보다는 단일신론(unitarianism)이나 이위일체론(binitarianism)을 주장하는 이들이 일찍부터 있어 왔다. 이위일체론은 본체 하나님(Godhead)은 성부와 성자만 혹은 성부와 성령만이라는 주장이다. "나와 아버지는 하나이니라."(요 10:30)가 대표적 증거이다. 따라서 예수 그리스도나 혹은 성령의 신성을 부정해 왔다. 그것은 성경말씀의 한 부분을 절대화한 오류에서 나온 왜곡된 주장이다. 그러나 사역 현장에서 보면 꼭 삼위일체가 분리시킬 수 없이 함께 사역하신다고만 우길 필요는 없다. 우리 제한된 인간의 이해와 체험으로 하면 삼위일체 가운데 두 분만 합작하여 사역하실 수도 있고 단독으로 사역 일선에 나서실 수도 있겠다. 그런 자유로운 선택이 절대 주권자이신 하나님에게 있지 않을까. 그 주창자들은 삼위일체 신론을 부정하기 위하여 그런 주장을 펴 왔지만 개신교회 정통적 신관에서는 단일신론이나 이위일체론을 삼위일체론 안에서 수용하는 것이 지혜로울 것 같다는 생각이 든다. 어떻든 이런 배경에서 삼위일체 사역에 관하여 논의해 보자.

이런 점에서는 삼위일체 하나님의 사역도 마찬가지로 이해된다. 하나님은 삼위가 일체가 되어 사역하실 수도 있고 또 그렇게 해 오셨다. 가령 창조사역은 성부 하나님께서 주도하셨지만 성자 하나님과 성령 하나님도 함께 참여하셨다.

–만물이 그로 말미암아 지은 바 되었으니 지은 것이 하나도 그가 없이는 된 것이 없느니라.(요 1:3)

–하나님의 영은 수면 위에 운행하시니라.(창 1:2)

요한복음서에서는 성자 하나님께서도 창조 사역에 적극 참여하셨음을 밝혀주고 있고, 창세기에서는 성령 하나님께서도 창조사역에 어떤 역할을 하셨음을 증거하고 있다.

여기에서 우리는 함생목회의 최고 표준과 모형을 발견하게 된다. 살아계신 삼위일체 하나님께서 함생하여 목회하시고, 그 목회는 모든 생명을 되도록 살려내는 것을 목표로 한다. 그러면서도 삼위 하나님께서 각각 주도하시는 목회영역이 따로 있으며 이것이 합력하여 우주 만물의 구원사역, 유지사역, 그리고 완성해 가시는 사역을 역동적으로 계속 이루어 가신다. 이것이 함생사역의 최고 표준이 된다.

함생의 사람 예수 그리스도

예수 그리스도의 이력서

한국에서도 재림 예수를 참칭하는 사람들이 있었다. 박태선, 문선명이 대표적이다. 그런 '짝퉁 예수'들은 언제나 어디에나 있다. 예수님 자신이 이렇게 선언하셨다. "보라, 그리스도가 여기 있다 혹은 저기 있다 하여도 믿지 말라. 거짓 그리스도와 거짓 선지자들이 일어나 큰 표적과 기사를 보여 할 수만 있으면 택하신 자들도 미혹하리라."(마 24:23-24) 중국에서도 홍수전이라는 사람이 예수의 아우라고 공식 선언하고 큰 난리를 피웠다. 자살파티를 벌였던 미국의 인민사원 짐 존스도 그런 사람이다. 예수님도 가짜 여호수아가 아니더냐는 논쟁도 있다. 예수 그리스도를 사칭하는 사람들은 초대교회 때에도 있었다. 바예수 곧 예수의 아들이라는 이름을 가진 마술사였다.(행 13:6) 그런데 분명한 것 한 가지가 있다. 예수님을 사칭하는 사람 치고 십자가를 진 사람은 아무도 없었다.

논쟁이 많은 그의 이력서

예수님의 생애 가운데 어떤 것들이 큰 사건인지를 선정한다는 것에는 각각 다른 견해가 있을 수 있다. 이 책에서는 네 복음서가 강조하는 생애를 중심으로 정리하여 보겠다. 네 복음서는 예수 그리스도의 가르치심과 행하심을 기록하고 있다.

–데오빌로여, 내가 먼저 쓴 글에는 무릇 예수께서 행하시며 가르치시기를 시작하심부터 그가 택하신 사도들에게 성령으로 명하시고 승천하신 날까지의 일을 기록하였노라.(행 1:1–2)

하지만 예수님의 이 땅에서의 생애와 교훈을 모두 기록한다면 그 분량이 상당히 많을 것으로 예상된다.

–예수께서 행하신 일이 이 외에도 많으니 만일 낱낱이 기록된다면 이 세상이라도 이 기록된 책을 두기에 부족할 줄 아노라.(요 21:25)

과장법을 사용했다고 볼 수도 있다. 그러나 예수 그리스도의 하신 일과 하신 말씀은 기록되지 않은 것 곧 잃어버린 것이 그토록 많을지라도 남은 것만으로도 지구 아니 온 우주가 감당하기 어려울 만큼 무게가 있다. 목회 현장에서는 그분의 가르치심과 행하심 모두가 녹음이나 영상으로 세세하게 기록되었다면 우리들에게 정말 큰 은혜가 될 것으로 예측된다. 하지만 교회는 지금 기록되어 전해진 말씀만으로도 구원을 받는 일에 충분하다고 믿는다.

물론 예수님의 생애에 대하여는 예수님은 조작된 인물일 뿐 실재 인물이 전혀 아니라는 극단의 주장도 있고, 실존인물이기는 하지만 오늘날 성경에 기록된 것은 신화화된 것이라는 주장들도 있다. 그리고 '역사적 예수'(historical Jesus)라는 용어를 사용하여 성경에 기록된 것은 '믿음의 그리스도'(Christ of faith)라며 예수님의 사실성을 부인하던 일이 한 시대를 풍미했다. 그분이 단순히 우리와 같은 사람으로 태어났으나 하나님의 아들로 인정되었을 뿐이라는 주장 (참조: 롬 1:4, 개역)도 있고, 예수는 그리스도이지만 그리스도는 예수만이 아니라 불교의 부처나 힌두교의 아트만도 될 수 있다는 종교다원주의자들의 주장도 점점 거세게 들려온다(Hick, Metaphor of God Incarnate). 그 밖에도 예수님에 관한 연구에는 위로부터, 아래로부터, 바닥으로부터, 과거로부터, 현재로부터, 미래로부터, 영원으로부터, 시간으로부터, 중심으로부터, 변두리로부터 등 여러 방법론과 시각이 있기도 하다. (윤철원. 예수 그리스도 상, 서론)

그러나 지금은 위에서부터 아래로 연구하는 '믿음의 그리스도'와 아래로부터 위로 연구하는 '역사적 예수'가 상호 보완적 관계를 이룩해 가고 있다. 따라서 성경기록의 가치를 부인하는 일은 무모한 도전에 불과하다.

그런데 목회현장에서 그 같은 학자들의 주장은 별 효험이 없다. 마치 천국과 지옥이 없다는 목사들에게는 죽음의 침대에 있는 환자들이 기도를 요청하지 않는 것처럼 예수 그리스도께서는 칼케돈 공회의 결정처럼, "온전하신 하나님, 온전한 사람"(verus Deus, verus homo)이라고 믿지 않으면 목회는 근본적으로 되지 않는 것과 같다. 그러므로 그분의 생애와 교훈을 말한다면 무슨 공교한 말로 꾸며댈 것이 아니라 성경에 기록된 단순한 말로 풀어야 한다. 그리고 그것이 담임목회자들의 확실한 신앙고백이 되어야 한다.

이것은 그리스도론을 둘러싸고 교리사상 있어 왔던 여러 논쟁과 주장들, 곧, 아리우스주의, 네스토리안주의, 유두고주의, 아폴로나리우스주의, 유니테리안주의 등에도 일일이 대답할 필요를 느끼지 않는다.

따라서 성경의 기록을 기초로 하여 예수님의 생애를 구별하면 다음과 같이 일곱 가지 사건으로 요약된다. 그것을 다음과 같은 신앙고백의 형태로 표현해 보았다.

하나님의 본체로서 하늘에 계셨다

예수 그리스도께서는 영원 전부터 살아 존재하셨다. 이에 대하여 성경은 다음과 같이 몇 군데서 증언하고 있다.

-그의 이름은 기묘자라, 모사라, 전능하신 하나님이라, 영존하시는 아버지라, 평강의 왕이라 할 것임이라.(예수님 탄생 예언, 사 9:6) -태초에 말씀이 계시니라. 이 말씀이 하나님과 함께 계셨으니 이 말씀은 곧 하나님이시니라.(요 1:1, 참조: 요 1:2, 15) -하늘에서 내려온 자 곧 인자 외에는 하늘에 올라간 자가 없느니라.(요 3:13) -아브라함이 나기 전부터 내가 있느니라.(예수님 말씀, 요 8:58) -아버지여, 창세전에 내가 아버지와 함께 가졌던 영화로써 지금도 아버지와 함께 나를 영화롭게 하옵소서.(예수님의 기도, 요 17:5) -그는 근본 하나님의 본체시나 하나님과 동등 됨을 취할 것으로 여기지 아니하시고.(빌 2:6) -또한 그가 만물보다 먼저 계시고 만물이 그 안에 함께 섰느니라.(골 1:17) -이 아들을 만유의 상속자로 세우시고, 또 그로 말미암아 모든 세계를 지으셨느니라.(히 1:2) -태초부터 있는 생명의 말씀에 관하여는 우리가 들은 바요, 눈으로 본 바요, 자세히 보고 우리의 손으로 만진 바라.(요일 1:1)

이 같은 말씀들은 예수님이 영원 전부터 계셨던 것을 확인해 주고 있다. 교리사에서는 하나님과 본체(本體, 모르페)라는 말의 뜻과, "너는 내 아들이라, 오늘날 내가 너를 낳았도다"(시 2:7)에서 아들이 낳아진 존재라면 낳기 전에는 그 존재가 없었던 것이 아니냐는 등의 이론이 있으나 목회현장에서는 참고사항은 되지만 채택할 것은 못 된다.

이 같은 근거에서 우리는 사도신경에 포함된 것처럼, "그 외아들 우리 주 예수 그리스도를" 있는 그대로 고백한다. 또한 니케야 신조에서, "유일하신 주 예수 그리스도를 믿으며, 그분은 하나님의 독생자이시며, 온 우주에 앞서 나셨고 … 하나님에게서 나셨고, 창조함을 받지 않으신 분"으로 선언한 것을 그대로 믿는다.

말씀이 육신이 되어 이 땅에 탄생하셨다

이런 고백도 자유주의 신학이 대두되면서 전면 부정되어 왔으나 지금은 자유주의 신학이 오히려 자멸하여 가는 것을 보게 되므로 큰 논쟁이 별로 없다. 특히 그들은 '동정녀 탄생론'

을 목표물로 설정하고 그 기적을 부인하느라고 심혈을 기울여 왔으나 물거품으로 돌아가고 말았다.

우리는 예수 그리스도는 '말씀이 육신이 되어 동정녀 마리아의 몸에 탄생하셨음'을 아무런 의심 없이 믿는다. 그것은 성경말씀이 우리에게 확실히 가르치고 있기 때문이다.

-마리아에게서 그리스도라 칭하는 예수가 나시니라.(마 1:16, 마 1:1-16에 적혀 있는 족보에는 남자에게서 자손이 낳아진 것으로 되었으나 마지막에는 마리아에게서 나신 것으로 기록했음) -다윗의 자손 요셉아, 네 아내 마리아 데려오기를 무서워하지 말라. 그에게 잉태된 자는 성령으로 된 것이라.(마 1:20) -보라 처녀가 잉태하여 아들을 낳을 것이요 그의 이름은 임마누엘이라 하리라.(마 1:23, 사 7:14) -아들을 낳기까지 동침하지 아니하더니 낳으매 이름을 예수라 하니라.(마 1:25) -내가 너로 여자와 원수가 되게 하고, 네 후손도 여자의 후손과 원수가 되게 하리니, 여자의 후손은 네 머리를 상하게 할 것이요, 너는 그의 발꿈치를 상하게 할 것이니라.(창 3:15, '원복음'이라는 이름이 붙은 이 말씀에 예수 그리스도를 여자의 후손으로 적시하고 있다) -마리아가 천사에게 말하되 나는 남자를 알지 못하니 어찌 이 일이 있으리이까? 천사가 대답하여 이르되 성령이 네게 임하시고 지극히 높으신 이의 능력이 너를 덮으시리니 이러므로 나실 바 거룩한 이는 하나님의 아들이라 일컬어지리라.(눅 1:34-35) -때가 차매 하나님이 그 아들을 보내사 여자에게서 나게 하시고(갈 4:4)

이 같은 말씀들은 예수님의 동정녀 탄생을 의심 없게 설득하고 있다. 특히 누가복음 1장에 기록된 천사와 동정녀 마리아의 대화에는 남편 요셉이 예수님 출생에 개입할 여지가 전혀 없음을 밝히고 있다.

그런데도 예수님의 동정녀 탄생을 의심하는 사람들이 적지 않다. 정면으로 부인하는 데 열을 올리는 사람도 있고 그냥 그런가 보다 하는 사람들도 있다. 하지만 이 동정녀 탄생이 목회사역에 중요한 것은 그것이 교리체계 전체와 목회사역 전체의 기초가 되기 때문이다.

예수께서 하나님이시면서 인간의 육신(사르크스)을 입고 이 땅 위에 오신 '성육신의 진리'는 신비하고도 오묘하지만 목회 현장에서는 엄청나게 중요하다. 그분은 온전하신 하나님이시면서도 육체를 가진 사람이시다. 그분은 창조주이시면서도 피조물이시다. 그분은 예배를 받으시는 분이시면서도 예배를 드리는 분이시다. 그분은 기도를 이루어주시는 분이면서도 가장 기도를 많이 하신 '기도의 사람'이시다. 그래서 그 분은 하나님과 인간 사이의 중보자(mediator)가 되신다.(딤전 2:5)

인간의 몸을 입으신다 해도 아담처럼 완제품으로 이 세상에 오신 것이 아니라 인간 탄생 과정을 낱낱이 밟으셨다는 뜻이 있다. 그러므로 동정녀 탄생을 하나님께서 예언하시고 선택하신 것은 죄악으로 염색된 육신을 입으시되 죄 없는 육신을 동시에 입으신다는 계획이 있다고 본다.

동정녀 탄생은 목회현장에서는 다른 이해와 은혜가 발견되기도 한다. 성찬예식을 통하여 예수 그리스도의 피가 우리 육신 안에 들어가게 된다는 것의 기초도 되고, 우리가 예수 그리스도를 구원주로 영접하여 예수님을 잉태하여 품고 있었던 마리아처럼 그분을 품고 사는 것이 구원받은 상태라는 구원론의 기초도 된다. 심지어 예수님의 몸과 피를 받는 것은 그분의 건강을 선물로 받게 되는 것이라는 신유의 뜻도 발견된다.

그보다 더 큰 뜻이 있다. 동정녀 탄생을 부인하는 사람들은 그것이 과학적 생물학적으로 있을 수 없기 때문이라는 것이 가장 중요한 근거이다. 그러나 동정녀 탄생을 믿지 못한다면 이는 하나님의 전능성을 포기한다는 뜻이다. 동정녀 탄생에 관하여는 마리아조차도 무서워 겁에 질렸고 또 인류 역사에 전무후무한 일이어서 쉽게 믿을 수가 없었다. 하지만 천사의 설득에 귀를 기울이고 마침내 "주의 여종"이 되기로 결단했다.

-마리아가 이르되 주의 여종이오니 말씀대로 내게 이루어지이다.(눅 1:38)

-그의 여종의 비천함을 돌보셨음이라.(눅 1:48, 마리아의 찬가)

그런데 마리아가 천사의 무슨 말에 설복 당했는지를 살펴볼 필요가 있다. 그것은 바로 다음의 말씀이었다.

-대저 하나님의 모든 말씀은 능하지 못하심이 없느니라.(눅 1:37)

천사 가브리엘은 마리아의 친족 엘리사벳이 나이 늙어도 아브라함의 아내 사라처럼 아기를 잉태할 수 있었던 것을 증거로 들어 하나님의 전능성을 깨우쳤다. 이것은 목회현장에서 볼 때에도 마찬가지이다. 목회현장은 기적의 현장이 되어야 하고 또 그것이 사실이므로 동정녀가 아기를 잉태한다는 것은 하나님의 전능성을 성경말씀 그대로 믿을 뿐이다.

-주 하나님이 이르시되, 나는 알파와 오메가라, 이제도 있고, 전에도 있었고, 장차 올 자요, 전능한 자라 하시더라.(계 1:8)

그러므로 하나님을 전능자로 믿고 따라서 예수 그리스도의 동정녀 탄생을 믿든지, 아니면, 하나님의 무능성을 믿고 동정녀 탄생을 부인하든지 둘 가운데 하나를 선택해야 한다. 물론 필자는 동정녀 탄생을 글자 그대로 믿는다.

"그는 성령으로 잉태되어 동정녀 마리아에게서 나셨다."(사도신경) "성령으로써 동정녀 마리아에게서 인간으로 나셨고"(니케아 신조) "하나님의 아들이 처녀 마리아에게서 나시고"(아우그스부르크 신앙고백 제3조) "성령으로 잉태하사 동정녀에게서 출생하시고"(미주성결교회 교리적 선언)

이 밖에도 수많은 역사적 신앙고백이 바로 예수 그리스도의 동정녀 탄생을 불변의 진리로 고백하고 있다.

이 땅 위에서 하나님 나라를 선포하셨다

예수님은 어머니 태 속에서 모든 어린이들이 자라는 과정을 거쳐 베들레헴 마구간에서 탄생하셨고 강보에 싸여 구유에 눕혀지셨다. 그리고 이름을 예수 곧 여호수아라고 지었다.

구약성경에 예언된 대로였고 천사가 지시한 그대로였다.(마 1:21) 그분은 동정녀에게서 탄생하셨을 뿐만 아니라 인간의 정상적 과정을 밟아 성장하셨다. 나신 지 8일 만에 구약성경말씀과 유태인 규례를 따라 정결례, 헌아례, 그리고 할례를 받으셨다.(레 12:1-8, 눅 2:1-7, 눅 2:21-24)

예수님의 성장은 보통의 어린이들과 같으면서도 특이한 면이 동시에 있었다. 모유를 먹고, 기어 다니고, 화장실에 드나들고, 걷기 시작하고 … 그렇게 자랐다. 예수님 성장과정에 대하여는 기록된 자료가 별로 없어 자세히 알 수는 없으나 특별한 기록이 없다는 것은 일반적 성장의 과정을 밟은 것으로 유추할 수 있다. 그러면서도 다음과 같은 성경기록들이 보인다.

-아기가 자라며 강하여지고 지혜가 충만하며 하나님의 은혜가 그의 위에 있더라.(눅 2:40)

-예수는 지혜와 키가 자라가며 하나님과 사람에게 더욱 사랑스러워 가시더라.(눅 2:52)

예수님의 이런 성장모습은 사무엘과 세례 요한의 성장모습의 연속이면서도 그 정도가 더욱 높아지고, 깊어지고, 넓어졌다는 점에 주목해야 한다.

- 사무엘은 여호와 앞에서 자라니라.(삼상 2:21) -아이 사무엘이 점점 자라매 여호와와 사람들에게 은총을 더욱 받더라.(삼상 2:26) -아이(세례자 요한)가 자라며, 심령이 강하여지며, 이스라엘에게 나타나는 날까지 빈들에 있으니라.(눅 1:80)

이 같은 말씀들에 비추어 보면 예수님이 키가 자라고, 강하여지고, 지혜가 충만했다는 모습 등은 다른 아이들과 정도의 차이는 있어도 예수님만의 독점적 성장 모습이라 할 수는 없다. 사람들에게 사랑을 받는 것도 마찬가지이다. 그러나 모태에 있을 때부터 지혜가 충만했고, 하나님의 은혜가 그 위에 있더라는 말씀은 예수님 성장과정에서 발견되는 특이한 점이다. 다른 전설에는 예수님이 흙으로 새를 만드니 그 새가 살아서 날아갔다는 등의 이야기도 있다.

그러나 예수님의 성장과정은 대체로 균형이 있고 정상적으로 성장했음을 보여준다. 육신의 성장, 지적 성장, 정서적 성장, 사회적 성장, 그리고 영적 성장이 균형 있게 이루어졌음을 보게 된다.

예수님은 30세가 되실 때까지 하나님 나라 사역을 위한 준비를 하셨다.(눅 3:23) 이 기간 동안 예수님께서 가정에서 유태적 교육을 받으시고, 나사렛 회당에서 예배에 참여하시고, 교육을 받으신 것으로 예측된다.

-아버지, 내 영혼을 아버지 손에 부탁하나이다.(눅 23:46)

이것은 예수님께서 십자가 위에서 운명하실 때 마지막 남기신 기도로 기록되었다. 그런데 성경 연구가들에 따르면 이 기도는 매일 잠들기 전에 유태인 어머니가 자녀에게 가르치는 기도이다. 잠이 드는 것은 영혼을 하나님의 손에 맡기는 일 곧 죽음의 연습이고, 아침에 잠이 깨는 것은 영혼이 다시 돌아와 부활을 체험하는 기회라는 가르침이다.

또 특별한 절기에는 예루살렘을 순례하신 것이 성경에 기록되었다.

-그의 부모가 해마다 유월절이 되면 예루살렘으로 가더니, 예수께서 열두 살 되었을 때에 그들이 이 절기의 관례를 따라 올라갔다가.(눅 2:41, 42)

뛰넘절(유월절)에 예수님께서 부모와 함께 예루살렘 성전에 가셨던 기록이다. 구약성경에는 뛰넘절만 아니라 오순절과 초막절 곧 3대 절기에 남자 아이들을 데리고 부모가 예루살렘 성전에서 하나님께 제사 드리도록 규례를 정하고 있다.(출 23:14-17, 신 16:1-17) 그 가운데 뛰넘절 출석률이 제일 높았다. 특히 12살 되는 해에는 '율법의 아들'(a son of the law)이 되는 성년 의식이 있었다.

예수님은 부모를 따라 바로 나사렛으로 돌아가지 않으시고 성전에 남아 계셨다. 부모는 하루길을 가서 저녁이 되어서야 소년 예수를 잃어버린 것을 알고 허겁지겁 찾아 나섰다. 예루살렘 성전으로 들어가니 거기서 랍비들 사이에 앉아 그들에게 듣기도 하고 묻기도 했다. 그런데 듣는 자들이 다 소년 예수의 지혜와 대답을 놀랍게 여겼다. 그걸 본 부모도 놀랐다.(눅 2:43-48)

-아이야, 어찌하여 우리에게 이렇게 하였느냐? 보라, 네 아버지와 내가 근심하여 너를 찾았노라.(눅 2:48) -어찌하여 나를 찾으셨나이까? 내가 내 아버지 집에 있어야 될 줄을 알지 못하셨나이까? (눅 2:49)

그것이 어머니와의 대화였다. 열두 살의 소년으로서는 쉬운 대답이 아니었다. 너무도 잘 정리된 대답 곧 자신이 하나님의 아들이라는 것과 하나님이 자신의 친아버지라는 것, 그리고 이제부터 율법의 아들이 되었으니 자신은 하나님의 집에 있어야 한다는 것을 명백히 선언하고 있다.

그러나 부모는 그 말의 영적 깊은 뜻을 깨닫지 못했다. 이어 그는 나사렛으로 가서 부모와 함께 살며 육신의 부모도 모범적으로 순종하여 받드셨다.(눅 2:50-51)

이때부터 서른 살 되기까지의 기록은 남아 있지 않다. 그 사이에 티베트까지 가서 불교를 접촉하여 '이수'라는 이름으로 공부했다는 주장이 있으나 증명할 길은 없다. 예수께서 설혹 불교를 공부하셨다 해도 문제될 것은 전혀 없다. 목자의 일이나 목수의 일도 철저히 배우셔서 하늘의 진리를 담는 그릇으로 삼으신 분이기 때문이다.

이제 30세 쯤 되어서 세례자 요한의 외침을 듣게 되었다. 그리고 그에게 세례를 받았다. 물에서 올라오실 때에, "하늘이 열리고 하나님의 성령이 비둘기 같이 내려 자기 위에 임하심을 보셨다." 그리고 그 때 "하늘로부터 소리가 있어 말씀하시되, 이는 내 사랑하는 아들이요, 내 기뻐하는 자라"는 음성이 들렸다.(마 3:13-17)

이것이 예수님의 사역의 출발점이었다. 이때부터 그는 세 뛰넘절을 지내시면서 하나님 아버지께서 맡겨주신 사역에 성령님과 함께 헌신하셨다. 그 사역에 대하여는 앞으로 각 장에서 자세히 풀 것이기 때문에 여기에서는 간략하게 정리한다.

예수님의 사역의 핵심은 개인적으로는 온전한 구원(full salvation)이요 집합적으로는 거룩한 생활(holy life)을 하는 함생체 곧 하나님의 나라(kingdom of God) 선포였다. 말하자면 모든 것을 살려 내려는 함생의 사역이었다. 몸을 살리고, 가정을 살리고, 성전 곧 교회를 살리고, 영혼을 살리고, 나라를 살리고, 이방인을 살리고, 동물을 살리고(막 1:13), 모든 피조물을 살리고(막 16:15, '만민에게'는 '온 창조세계에'라는 뜻임), 그래서 성 삼위 하나님께서도 삶의 보람을 만끽하시게 하시는 사역이었다.

이를 위하여 말씀을 가르치시고, 천국복음을 전파하시며, 병약자를 고치셨다.(마 4:23, 마 9:35) 이를 흔히 예수님의 3대사역이라 일컫는다.

우리의 죄악을 대신 지시고 십자가에서 죽으셨다

예수님은 구약성경에서부터 고난 받는 종으로 예언되어 왔다.(사 53장) 성경은 특히, "그는 멸시를 받아 사람들에게 버림받았으며, 간고를 많이 겪었으며, 질고를 아는 자라"(사 53:3)고 적시했다. 이 같은 예언은 신약성경에도 여러 모양으로 기록되었다. 예루살렘에서 의롭고 경건하게 살며 메시야의 출현을 기다리는 시므온이 마리아가 아기 예수님을 안고 성전에 오는 것을 보고 다음과 같이 예언했다.

-보라, 이는 이스라엘 중 많은 사람을 패하거나 흥하게 하며, 비방을 받는 표적이 되기 위하여 세움을 받았고, 또 칼이 네 마음을 찌르듯 하리니, 이는 여러 사람의 마음의 생각을 드러내려 함이니라.(눅 2:34-35)

예수님 자신도 그 자신이 십자가에 처형될 것을 미리 알고 계셨다. 그래서 여러 번 예고하셨다.

-이때로부터 예수 그리스도께서 자기가 예루살렘에 올라가 장로들과 대제사장들과 서기관들에게 많은 고난을 받고 죽임을 당하고 제삼일에 살아나야 할 것을 제자들에게 비로소 나타내시니.(마16:21) -인자도 이와 같이 그들에게 고난을 받으리라.(마 17:12) -보라, 우리가 예루살렘으로 올라가노니 인자가 대제사장들과 서기관들에게 넘겨지매 그들이 죽이기로 결의하고 이방인들에게 넘겨주어 그를 조롱하며 채찍질하며 십자가에 못 박게 할 것이나 제 삼일에 살아나리라.(마 20:18-19) -너희가 아는 바와 같이 이틀이 지나면 유월절이라 인자가 십자가에 못 박히기 위하여 팔리리라.(마 26:2) -이와 같이 그리스도가 고난을 받고 제3일에 죽은 자 가운데서 살아날 것과(눅 24:46)

이것은 마태복음에 기록된 십자가 처형에 대한 예수님의 말씀이다. 처음 두 말씀에는 고난을 받고 죽임을 당할 것으로 말씀하시더니 나중 두 번에는 그것이 곧 '십자가 위에서의 처형'임을 밝히 말씀하셨다.

예수님의 생애를 십자가 위에서 죽으심을 중심으로 정리하는 신학적 입장을 마르틴 루터의 주장을 따라 십자가의 신학(theologie cruci)이라 하고 부활에 초점을 맞춘 것을 영광의 신학(theologie gloria)이라고 한다.

어떻든 그리스도 예수님의 십자가 수난은 모든 사역의 가장 중요한 기초가 된다. 십자가는 모든 것의 완성이요 특히 온전한 구원이 이루어지는 사건이기 때문이다. 예수님께서, "다 이루었다"(요 19:30)고 선언하신 것이 이를 웅변으로 증명한다.

이를 사도신경에는, "본디오 빌라도에게 고난을 받으사 십자가에 못박혀 죽으시고, 땅에 묻히시고"라고 고백했고, 니케아 신조에는, "우리를 위하여, 본디오 빌라도에게 십자가에 달려 죽으셨습니다. 그는 고난을 받으시고, 장사함을 받으셨으나"라고 고백하고 있다.

다시 살아나시고 우리에게 큰 사명을 주셨다

예수님은 십자가에서 온전히 죽으신 뒤에 무덤에 묻히셨다. 확실하게 죽으시고 무덤에 묻히신 것을 본 증인들이 매우 여럿이다. 처형을 집행한 로마군인과 백부장, 보고받은 빌라도, 아리마대 사람 요셉, 공회의원 니고데모, 막달라 마리아 등 여러 여자들, 복음서를 기록한 마태, 요한 등. 그러나 예수님은 사흘 만에 다시 살아나셨다.

–어찌하여 살아 있는 자를 죽은 자 가운데서 찾느냐? 여기 계시지 않고 살아나셨느니라.(눅 24:5-6) –내가 받은 것을 먼저 너희에게 전하였노니, 이는 성경대로 그리스도께서 우리 죄를 위하여 죽으시고, 장사 지낸 바 되셨다가, 성경대로 사흘 만에 다시 살아나사, 게바에게 보이시고, 후에 열두 제자에게와, 그 후에 오백여 형제에게 일시에 보이셨나니, 그 중에 지금까지 대다수는 살아 있고, 어떤 사람은 잠들었으며, 그 후에 야고보에게 보이셨으며, 그 후에 모든 사도에게와, 맨 나중에 만삭되지 못하여 난 자 같은 내게도 보이셨느니라.(고전 15:3-8)

고린도 전서에 기록된 예수님 부활에 관한 사실은 사도 바울의 서신의 일부분이다. 바울은 당대 뛰어난 학자여서 지성적 정직성과 성실성을 가진 인물이었다. 그래서 예수님 부활의 증인들의 이름까지 부르며 부활의 확실함을 기록해 놓았다.

예수님의 죽으심과 부활의 증인들은 바로 오늘의 교회이다. 예수님의 죽으심과 부활이 거짓이라면 지난 2천 년 동안 그토록 수많은 사람들이 예수를 그리스도로 속아가며 믿는 셈 아닌가? 미국 링컨 대통령의 말대로 몇 사람을 오래 속일 수는 있고 수많은 사람을 얼마 동안 속일 수는 있다. 그러나 많은 사람을 오래도록 속일 수는 없다. 오늘날 부활을 증거하는 사람들이 전 인류의 삼분의 일이 넘고 있는데 그 가운데 우리들이 포함되어 있다. 그러므로 우리 모두가 예수님 부활의 산 증인일 분이다.

그러므로 교리사상 나타난 거의 모든 신앙고백에는 예수님 부활 사실이 당연히 포함되어 있다.

"죽은 자 가운데서 다시 살아나시며"(사도신경) "제삼일째 되는 날, 성경에 기록된 말씀에 따라 다시 살아나셨고"(니케아 신조) "다시 사심으로 모든 믿는 자들의 유일한 구원주가 되시며"(미주성결교회 교리적 선언)

하늘에 오르시고 우리를 다스리신다

예수님께서 하늘에 올라가셨다는 말씀은 신약성경 여러 군데 기록되어 있다.

–주 예수께서 말씀을 마치신 후에 하늘로 올려지사 하나님 우편에 앉으시니라.(막 16:19) –축복하실 때에 그들을 떠나 하늘로 올려지시니(눅 24:51)

복음서에 있는 승천기록은 후대 사본에만 있다고 하여 그 권위를 인정하지 않는 사람들도 있다. 그러나 사도행전에는 원본에서부터 다음과 같이 명확하게 그리고 상세하게 기록되어 있다.

–이 말씀을 마치시고 그들이 보는데 올려져 가시니 구름이 그를 가리어 보이지 않게 하더라. 올라가실 때에 제자들이 자세히 하늘을 쳐다보고 있는데 흰 옷 입은 두 사람이 그들 곁에 서서 이르되, 갈릴리 사람들아, 어찌하여 서서 하늘을 쳐다보느냐? 너희 가운데서 하늘로 올려지신 이 예수는 하늘로 가심을 본 그대로 오시리라 하였느니라.(행 1:9–11) –스데반이 성령 충만하여 하늘을 우러러 주목하여 하나님의 영광과 및 예수께서 하나님 우편에 서신 것을 보고 말하되, 보라, 하늘이 열리고 인자가 하나님 우편에 서신 것을 보조라 한 대(행 8:55–56)

사도행전은 누가복음과 똑 같이 의사 누가가 기록했다. 그런데 누가는, "이 모든 일을 근원부터 자세히 미루어 살핀" 뒤에 정리했다고 밝히고 있다.

예수님이 하늘에 오르시고 하나님 보좌 우편에 앉으신 것은 바울서신에는, "이러므로 하나님이 그를 지극히 높여, 모든 이름 위에 뛰어난 이름을 주사" (빌 2:9)라고 말했다.

이에 따라 신앙고백서들도 예수님의 승천 사실을 한결같이 반복 기록해 놓았다.

"하늘에 오르사, 전능하신 하나님 우편에 앉아 계시다가"(사도신경) "하늘에 올라가시사, 성부의 오른편에 앉으셨으며"(니케야 신조) "사람의 본성에 속하는 모든 것을 구비한 신체를 다시 취하셔서 하늘에 오르시고"(요한 웨슬리 25개조) "전에 가지셨던 몸에 완전한 인성을 가지시고 승천하셨느니라. (성결교회 신앙개조)

예수 그리스도의 승천은 지금도 감람산 정상에 "승천교회"가 있어 교회가 이를 의심 없이 믿어왔다는 산 증거가 되고 있다.

다시 오셔서 하나님 나라를 완성하신다

우리 주님이 이 땅 위에 사신 삼십여 년의 생애는 승천으로 일단 마감된다. 그러나 주님께서 다시 오신다는 재림신앙은 성결교회가 특히 강조하는 부분이지만 모든 교회들이 이의 없이 받아들이는 신앙강령이다. 성경에는 예수 그리스도 재림에 관하여 수많은 증언이 있으며 경건한 성도들이 다시 오시는 주님을 간절히 기다려 오고 있다. 특히 주님이 이 땅 위에 다시 오신다는 사실은 예수님께서 직접 그리고 여러 번 말씀해 주셨고 바울이 기록한 말씀과 요한계시록에도 여러 번 기록되어 있다. 몇 가지만 들어 보겠다.

-번개가 동편에서 나서 서편까지 번쩍임 같이 인자의 임함도 그러하리라.(마 24:27) -이와 같이 너희도 이 모든 일을 보거든 인자가 가까이 곧 문 앞에 이른 줄 알라.(마 24:33) -이러므로 너희도 준비하고 있으라. 생각하지 않은 때에 인자가 오리라.(마 24:44) -가서 너희를 위하여 거처를 예비하면 내가 다시 와서 너희를 내게로 영접하여 나 있는 곳에 너희도 있게 하리라.(요 14:3) -갈릴리 사람들아, 어찌하여 서서 하늘을 쳐다보느냐? 너희 가운데서 하늘로 올려지신 이 예수는 하늘로 가심을 본 그대로 오시리라.(행 1:11) -주께서 호령과 천사장의 소리와 하나님의 나팔 소리로 친히 하늘로부터 강림하시리니.(살전 4:16) -그 날에 그가 강림하사 그의 성도들에게서 영광을 받으시고. (살후 1:10) -주 하나님이 이르시되, 나는 알파와 오메가라. 이제도 있고, 전에도 있었고, 장차 올 자요, 전능한 자라 하시더라.(계 1:8) -이것들을 증언하신 이가 이르시되, 내가 진실로 속히 오리라 하시거늘, 아멘, 주 예수여, 오시옵소서.(계 22:20)

예수님 재림에 관하여는 암시적인 말씀들까지 총합하면 훨씬 많은 근거들이 있다. 따라서 여러 신앙고백서들이 재림 조항을 포함시킨 것은 당연한 귀결이다.

"저리로부터 산 자와 죽은 자를 심판하러 오시리라."(사도신경) "산자와 죽은 자를 심판하러 영광 가운데 다시 오실 것인데"(니케야 신조) "우리는 또한 우리 주예수 그리스도가 산 사람과 죽은 사람을 심판하시기 위하여 마지막 날에 오셔서"(아우그스부르크 신앙고백 제17조)

"세상 마지막 날에 사람과 천사를 심판하러 다시 오실 것이다."(웨스트민스터 신앙고백 제8장 4절) "마지막 날에 모든 사람을 심판하기 위하여 다시 오실 때까지 거기에 앉아 계실 것이다."(웨슬리 25개조의 제3조) "신약성서는 여러 군데서 예수가 지구로 볼 수 있게 직접 되돌아오실 것을 가르친다." (침례교회 신조 제17조 주의 재림) "주께서 육신을 가지시고 친히 천년시대 전에 재림하실 일이 절박함을 우리가 믿나니."(16개조의 제15조) "우리는 예수 그리스도께서 재림하사 부활한 성도들과 함께 천년왕국을 세우시고"(교리적 선언)

예수 그리스도께서는 하나님의 때가 찬 시기에 다시 오실 것이다. 다시 오셔서 '새 하늘과 새 땅'으로 표현된 하나님의 나라를 완성하실 것이다. 그러나 지금도 하나님의 나라가 완성되도록 사역하고 계신다. 하나님 나라의 완성은 그 분의 미래적 목회이실 뿐만 아니라 동시에 현재진행형이기도 하다는 뜻이다.

예수 그리스도의 생애는 직접적으로 개인의 삶과 죽음을 기축으로 삼고 있다. 순간순간마다 삶과 죽음이 걸려 있다. 그런데 그의 삶과 죽음은 온 인류의 영원한 삶을 위한 것이요 온 우주의 속죄를 위함이다. 그리고 여기에서는 의도적으로 제시하지 않았으나 그의 삶의 대목 대목은 모두 성부 하나님, 성령 하나님과 엮여진 성자 하나님의 삶과 죽음의 모습으로 이해된다.

함생의 사람 예수

예수님은 온전하신 함생의 사람이시다. 동시에 그분은 온전하신 함생체인 삼위일체 하나님의 한 위격이시다. 따라서 예수 그리스도는 함생신학의 핵심적 원리인 1)성삼위 하나님의 본체가 생명임을 강조한다, 2)인간 개인의 생명은 절대적 가치를 가진다, 3)구원은 창조주와 피조물의 함생이다, 4)성삼위 하나님과 피조물의 함생을 수직적 함생으로 이해한다, 5)삼위 하나님의 일체 되심과 일체 하나님의 삼위 되심, 그리고 피조물끼리 하나 됨은 수평적 함생으로 이해한다는 다섯 가지 원리가 예수 그리스도의 실체의 특징을 완벽하게 포함한다. 그것이 바로 십자가로 형상화되었다. 예수 그리스도의 이력서는 현미경으로 보나 망원경으로 보나 한 대목 한 대목 그리고 그 전체가 '함생의 사람 예수 그리스도'로 해석되고 이해된다.

예수 그리스도의 목회적 인간관

인간을 어떻게 보느냐는 사람마다 혹은 연구 분야마다 다를 수 있다. 심리학자의 인간이해와 예술가들의 인간이해가 다르다. 의사들이 보는 인간과 군인들이 보는 인간이 다르다. 그것도 사람마다 인간을 달리 본다. 철학교수들의 인간관과 신학교수들의 인간관이 물론 다르다. 그러면서도 공통부분이 또 많다. 그렇다면 예수 그리스도께서는 목회자 입장에서 인간을 어떻게 이해하셨을까.

어떻게 아셨나요?

목회사역은 삼위일체 하나님과의 관계에서 수행되어야 한다. 그리고 목회의 대상은 모든 피조물들이다. 그러나 그 피조물들 가운데 단연 사람을 일차적이고 우선적인 대상으로 한다. 환경파괴가 심각한 시대여서 생태신학이 발전을 하지만 생태보존도 따지고 보면 인류의 생명복지를 위함일 뿐이다. 그렇다면 목회자는 우선 인간이 어떤 존재인지를 파악해야 한다. 사람을 모르고 어찌 목회를 할 수 있으랴. 양들을 모르면 어찌 목자의 임무를 제대로 수행할 수 있겠는가. 그래서 목회인간학을 말해야 한다. 나다나엘이 예수님께 물었던 질문, "어떻게 나를 아시나이까?"(요 1:48)에 대한 예수님의 답변이 질문자에게 어떤 결과를 가져 왔는가. "당신은 하나님의 아들이시요 이스라엘의 임금이로소이다."(요 1:49)

였다. 신앙고백의 핵심 아닌가.

그렇다면 우리의 영원한 목자이신 예수 그리스도께서는 인간이 어떤 존재인지 잘 파악을 하셨을 것을 짐작하기 어렵지 않다. 과연 성경에는 이런 말씀이 있다. "예수는 그의 몸을 그들에게 의탁하지 아니하셨으니 이는 친히 모든 사람을 아심이요, 또 사람에 대하여 누구의 증언도 받으실 필요가 없었으니 이는 그가 친히 사람의 속에 있는 것을 아셨음이다." (요 2:24-25) 예수님께서는 사람의 속을 아셨다는 것이 여러 번 기록되었다.(마 9:4, 12:25, 눅6:8) 삭개오를 만나신 적도 전혀 없는데 "삭개오야, 속히 내려오라. 내가 오늘 네 집에 유하여야 하겠다."고 하셨다.(눅 19:5)

온전하신 하나님이시며 온전하신 사람이신 그분께서 사람이 무엇인지를 잘 아신다는 것은 당연한 일이다. 그래서 양들을 온전히 알고 계시다는 말씀을 이렇게 정리해 놓으셨다. "나는 선한 목자라. 나는 내 양을 알고 양도 나를 아는 것이 아버지께서 나를 아시고 내가 아버지를 아는 것 같으니 나는 양을 위하여 목숨을 버리노라."(요 10:14-15)

그러나 목회의 전제가 되는 인간이해 곧 예수 그리스도의 목회인간학이 무엇일까. 인간의 여러 가지 이해 가운데 어떤 점이 우선적으로 강조되어 있을까? 그런 것들을 복음서를 중심으로 정리하여 보자. 그리고 성경 전체에서 보완하여 보기로 하자.

복음서에 나타난 인간관

1. 사람의 생명은 절대적 가치를 가진 것으로 이해하셨다. "누구든지 나를 믿는 이 작은 자 중 하나를 실족하게 하면 차라리 연자맷돌이 그 목에 달려서 깊은 바다에 빠뜨려지는 것이 나으니라."(마 18:6) "사람이 만일 온 천하를 얻고도 제 목숨을 잃으면 무엇이 유익하리요. 사람이 무엇을 주고 제 목숨과 바꾸겠느냐."(마 16:26) 예수님께서 인간을 얼마나 귀중하게 여기셨는지는 그분 자신이 인간의 생명을 구원하시기 위하여 자신의 생명을 희생시키셨다는 점에서 가장 명확하다.

2. 사람을 목회의 일차적 대상으로 삼으셨다. 예수님의 구원사역의 대상은 우주만물 곧 모든 피조물이지만(막 16:15) 그 가운데 가장 중요한 대상은 물론 사람이다. 이미 앞서 말했던 것처럼 양들을 위하여 목숨을 버리시겠다는 결단을 가지셨다. 이때에 양이란 가축을 뜻하기보다는 사람을 뜻한다. 이를 위하여 그 자신도 사람처럼 되셨다. "말씀이 육신이 되어 우리 가운데 거하셨다."(요 1:14)에서 육신은 '사르크스'(헬)인 바 이는 죄악으로 염색된 몸을 뜻한다. 그는 친히 인간을 구원하시기 위하여 육신을 입으시고 우리와 똑같은 모양이 되셨고 그 때부터 온갖 고통을 당하시고 죽음을 체험하셨다.

3. 사람은 창조주 하나님의 피조물로 이해하셨다. "사람을 지으신 이가 본래 그들을 남자와 여자로 지으시고."(마 19:4) "어리석은 자들아 겉을 만드신 이가 속도 만들지 아니

하셨느냐."(눅 11:40)

4. 영혼을 가진 존재로 이해하셨다. 겉사람은 육신이요 속사람은 영혼(프슈케, 생명, 마음으로도 번역)로 말씀하셨다."몸은 죽여도 영혼은 능히 죽이지 못하는 자들을 두려워하지 말고 오직 몸과 영혼을 능히 지옥에 멸하실 수 있는 이를 두려워하라."(마 10:28) "아버지여, 내 영혼을 아버지 손에 부탁하나이다."(눅 23:46) 이 땅 위에 사는 동안에는 영혼과 육신을 합하여 가진 존재를 사람이라고 보셔서 일원론(monism)의 여지를 남겨 놓았지만 그러나 전체적으로는 육신적 존재와 영적 존재의 이원론으로 파악하셨다. 그리고 영, 혼, 몸의 삼원론은 강조한 흔적은 별로 없어 보인다.

5. 사람을 자신의 친구(필로스)라고 하셨다. 나사로가 죽었을 때, "우리 친구 나사로가 잠들었도다."(요 11:11)고 하셨고, 자신을 적대자들에게 넘겨주려고 왔던 유다를 향하여서도 '친구'라고 부르셨다.(마 26:50) 심지어 연약한 자들을 자신의 친구로 대우하시는 일에 적극적이셨고(마 25:40), 죄인들의 친구라는 바리새파 등의 비판을 들을 정도였다. (눅 7:34) 또 어린이들과 자기 자신을 동일시하셨다.(마 18:5)

–사람이 친구를 위하여 자기 목숨을 버리면 이보다 더 큰 사랑이 없나니 너희는 내가 명하는 대로 행하면 곧 나의 친구라. 이제부터는 … 너희를 친구라 하였노니.(요 15:13-15)

이런 인간관은 원수를 사랑하는 것까지 확대되었다. 배신자 유다는 당연히 자신의 적대자였지만 그를 위하여서도 십자가 위에서 기도하신 분 아닌가.

6. 사람을 목적론적 존재로 보셨다. 그가 누구든지 창조주 하나님으로부터 받은 사명이 있고 인생의 목적이 있는 것을 강조하셨다. 결코 아무런 목적 없이 태어난 것이 아니라 또렷한 목적이 주어졌다는 가르침이 복음서에 강조되어 있다. 그 사명이 무엇이냐 함에는 여러 가지 표현으로 되어 있어 강조점에 따라 다르다. "하나님만 경배하라"(마 4:10), "하늘에 계신 너희 아버지께 영광을 돌리게 하라"(마 5:16) 같은 예배의 사명, "모든 민족으로 제자를 삼으라"(마28:19-20), "마음을 다하고 만민에게 복음을 전파하라."(막 16:15)와 같은 교육, 전도, 선교의 사명도 있고, 가난하고 병약한 사람들에게 복지혜택을 베푸는 것(마 19:21, 25:31-46)도 있고, 하나님의 뜻대로 사는 함생체를 이룩해 나가는 것이 그 사명이기도 하다.(마12:50). 그 외에도 더 많은 목적들을 말씀 가르치심과 삶의 모범을 통하여 제시하셨다. 그 반대로 아무런 목적 없이 빈둥거리거나 사명을 게을리 하는 인간을 경계하셨고(마 25:26), 잘못된 목적을 가진 자들을 엄중하게 경책하셨다.(막 14:21) '죄'의 헬라말이 '화살이 과녁을 비켜가다'라는 뜻인 것과 부합되는 일이다.

7. 인간을 죄와 죽음과 고통에서 구원하는 일을 목회의 일차적 사명으로 이해하셨다. "아들을 낳으리니 이름을 예수라 하라. 이는 그가 자기 백성을 그들의 죄에서 구원할 자

이심이라."(마 1:21) "하나님이 그 아들을 세상에 보내신 것은 세상을 심판하려 하심이 아니요 그로 말미암아 세상이 구원을 받게 하려 하심이라."(요 3:17) '가난한 자에게 기쁜 소식을, 포로된 자에게 자유를, 눈먼 자에게 보게 함을, 눌린 자에게 자유함을'베풀기 위하여 하나님께서 자신을 보내셨다고 명백하게 선언하셨다.(눅 4:18-19) 앞에서 인간을 사역의 일차적 대상으로 삼으셨다고 하는 말씀의 구체적 이해이다. 영혼구원이 먼저이냐 육신구원이 먼저이냐에 대한 논쟁이 있지만 단연 영혼구원이 우선적이다. 그러나 그 시작은 육신구원일 수 있다. '구원'이 해방, 자유하게 함, 속죄, 하나님의 자녀 되기, 하나님 나라의 백성 되기, 의롭게 됨, 하나님의 사람, 그분의 형제자매 되기 등의 여러 가지 용어로 표현되기는 했어도 그분 사역의 대표적 목적으로 구원을 사용하는 것이 보편화되어 있다.

다시 한 번 강조하거니와 예수님은 온 인류를 구원의 최우선 대상으로 삼으셨다. 그것을 달성하시기 위하여 '만민을 위한 속죄양'이 되어 십자가 제단 위에서 죽으셨다. 그만큼 사람을 사랑의 대상으로 보셨다. 원수까지도 사랑하신 것이 그 사랑의 정도를 가늠하게 한다.

8. 이것은 그분이 인간은 누구나 죄인이라는 견해를 가졌다는 사실을 전제로 한다. 수직적으로는 하나님과의 관계가 단절되었거나 우그러졌고, 수평적으로는 다른 사람과의 관계가 단절되었거나 우그러졌다는 뜻이다. 동시에 개인의 육신도 영혼도 비정상 상태 곧 정상적 삶(authentic life)이 아니라는 뜻이다. 하나님께서 주신 사명을 거부하고, 이기주의 혹은 '나만주의'에 사로잡힌 상태를 죄로 이해하셨다. 그렇기 때문에 인간은 누구나 '하나님의 나라와 하나님의 표준에 부합하는 그 의로움을 구해야 한다'(마 6:33)고 선언하셨다. 세례 요한은 예수님을 가리켜, "보라, 세상 죄를 지고 가는 하나님의 어린 양이로다"고 했다.(요 1:29) "너희 중에 죄 없는 자가 먼저 돌로 치라."(요 8:7)고 요구하실 수 있었고, 아무도 돌로 치는 자가 없었다. "의인은 없나니 하나도 없다"(롬 3:10)는 말씀 그대로다. 어린이의 경우 죄가 없다는 것이 아니라 죄책을 물을 수 없다는 뜻이다.(마 18:3) 첫 조상 아담과 하와가 창조되었을 때에는 하나님의 형상을 가졌으므로 성선설에 해당되지만 범죄 이후에는 모든 사람이 죄인이라는 점에서 성악설에 해당된다. 그리고 죄는 독약과 같아서 인간의 육신도 죽이고 영혼도 죽이게 되므로 이 문제가 인간이 해결해야 할 가장 중요한 문제로 파악하셨다. 그래서 손이나 발이나 눈이 범죄하게 하거든 잘라버리고 빼어버리라고까지 경고하셨다.(막 9:43-47)

9. 사람은 누구나 변화되고 성숙될 수 있는 존재라는 인간관을 가지셨다. 가소성(可塑性, plasticity)적 인간관이다. 플라스틱은 녹여서 여러 가지 물체를 만들 수 있는 것과 같다. 사람도 변화될 가능성이 매우 높다는 것을 뜻한다. 무생물은 가소성이 거의 없

다. 식물은 가소성이 약간 있다. 동물 특히 짐승들은 가소성이 상당하다. 그러나 인간은 그런 것들과는 차원을 달리할 정도로 가소성이 엄청나다. 그래서 교육이 가능하고, 변화가 가능하다.

예수님 자신이 잉태되어 출생하시고, "아기가 자라며 강하여지고 지혜가 충만하며 하나님의 은혜가 그의 위에 있더라."(눅 2:40. 참조 눅 2:52)는 기록이 그분도 가소성을 지니고 태어나셨다는 뜻 아닌가. 회개하라(마 4:17), 믿으라(막 1:15), 배우라(마 11:29), 사랑하라(눅 11:41), 섬기라(막 10:43), 거듭나라(요 3:7), 다시는 범죄하지 말라(요 5:14), 전도하라(막 16:15), 경배하라(눅 4:8), 영광을 돌리라(눅 17:18), 제자를 삼으라(마 28:19), 새 포도주는 새 부대에 담으라(막 2:22), 나를 따르라(요 21:19), 내 양을 먹이라(요 21:17) 등과 같이 예수님께서 친히 명령하신 것은 말할 것도 없이 인간은 변화와 성장될 수 있는 폭이 매우 큰 존재라는 것을 전제로 한다.

물론 성령께서 도우심으로 이루어질 수 있다는 뜻도 있지만 인간의 의지적 결단으로도 변화될 수 있다는 뜻이 더 강하다. 그분께서 갈릴리를 중심으로 별로 뛰어나지 못한 청년들을 선택하여 열한 제자로 삼으시고 그들을 3년 동안 조련하여 '온 천하에 다니며 만민에게 복음을 전파하게 하신 것'(막 16:15)은 인간은 하나님의 도우심을 받아 엄청나게 변화되고 성장될 수 있는 존재라는 것을 뜻한다. 동시에 이것은 인간이 타락할 수도 있는 존재라는 뜻도 된다.

10. 예수님께서는 사람을 성령이나 혹은 악령이 머무실 수 있는 '그릇'으로 이해하셨다. 여러 번 사람 속에서 활동하고 있는 사탄과 악령을 쫓아내셨다. "귀신이 네 딸에게서 나갔느니라.(막 7:29)"고도 하셨고, "열여덟 해 동안 사탄에게 매인 바 된 이 아브라함의 딸"(눅 13:16)이라고도 하셨다. 또한 사람은 성령께서 내주(內住, indwelling)하시는 존재로 가르치셨다. "예수께서 성령의 충만함을 입어."(눅 4:1) "그들을 향하사 숨을 내쉬며 이르시되 성령을 받으라."(요 20:22) 성령은 자주 '주의 영'(행 8:39) 혹은 '예수의 영'(행 16:7)으로도 이해되었다. 예수님께서, "내가 문밖에서 두드리노니 누구든지 내 음성을 듣고 문을 열면 내가 그에게로 들어가 그와 더불어 먹고 그는 나와 더불어 먹으리라."(계 3:20)는 말씀은 곧 예수님의 영이 인간 안에 거주하실 수 있음을 확증해 준다.

11. 인간을 개인이면서 동시에 사회적 존재로 파악하셨다. 실존주의는 개인을 우선하고 공산주의 혹은 사회주의는 사회적 존재를 우선시한다. 그리고 그 논쟁은 지금도 끝나지 않고 계속된다. 하지만 예수님은 인간을 사회적 개인(social individual)이요 동시에 개인적 사회인(individualistic social being)으로 이해하셨다. '하나는 모두를 위하여, 모두는 하나를 위하여'가 어느 것의 우선 없이 역동적으로 적용되는 유기체적 개인(organic individual) 곧 함생체적 개인이다. 그분께서 인간을 말씀하실 때에는 항

상 성삼위 하나님이나 신적 존재인 천사와 마귀와 관련된 존재를 전제로 한다. 동시에 가족이나 이웃 혹은 원수, 그리고 성전/회당 함생체와 관계된 존재를 전제로 하셨다. 그분은 구원사역에 있어서 베드로, 바울, 니고데모 같은 실존적 개인 하나하나가 철저히 중요하다는 것을 전제로 하셨다. 개인 개인이 하나님의 자녀이면서도 동시에 하나님 나라 곧 하나님의 통치를 받는 백성이라는 시각이다. 그래서 개인적으로는 하나님의 형상을 가지고 있고, 함생체로서는 하나님 나라의 형상을 지니게 된다. 가령 가족을 무척 중요하게 말씀하셨는 바 이는 집합적 하나님의 형상이 있기 때문이다. 그리스도의 몸인 교회도 마찬가지이다. '개인은 교회를 위하여, 교회는 개인을 위하여'의 인간관을 제시하셨다. 개인 개인의 질병이 고침 받는 과정에서 제사장에게 그 몸을 보이라 하시거나(눅 17:14),병이 나은 뒤에는 제사장에게 네 몸을 보이라.(눅 5:14; 17:14) 하시거나, 혹은 가정으로 돌아가 증거하라(막 5:18-20)고 하셨다. 질병의 치료가 개인적인 축복일 뿐만 아니라 함생체적 복음이라는 것을 명백하게 하셨다. "두세 사람이 내 이름으로 모인 곳에는 나도 그들 중에 있느니라."(마 18:20)는 말씀의 다른 표현이다. 예수님의 함생적 인간관은 요한복음 17장에 기록된 기도에 가장 절실하게 나타나 있다. 제자들로부터 시작되는 앞으로 있을 모든 그리스도인들이 "우리와 같이 그들도 하나가 되게 하옵소서"(요 17:11)라고 간곡하게 네 번씩이나 기도하셨다. (요 17:21-23)

그러면서도 개인의 중요성은 개성 혹은 은사의 다름을 인정하신 점에도 나타난다. 열두 제자들은 각각 성격이 또렷했다. 여성 제자라 할 수 있는 마르다와 마리아, 그리고 막달라 마리아의 개성도 또렷한 편이었다. 달란트의 비유도 각각 받은 달란트가 다섯, 둘, 하나였다는 점에서도 이것을 암시한다.

12. 인간은 누구나 어렸을 때에는 타율성이 대부분을 차지하지만 자랄수록 자율성이 증가하게 된다. 그런 점에서 예수님께서 12세 되던 해 뛰넘절(유월절) 행사에서 보여주신 일은 그분의 자율성이 일찍이 형성되었음이 확인된다. "선생들 중에 앉으사 그들에게 듣기도 하시며 묻기도 하시니 … 어찌하여 나를 찾으셨나이까. 내가 내 아버지 집에 있어야 될 줄을 알지 못하셨나이까"(눅 2:41-52에서)라는 언행이 그가 타율성에서 자율성으로 큰 폭 옮겨가고 있음을 입증한다. 예수께서는 신성을 가지신 분(verus Deus)이시므로 하나님께서 "나는 스스로 있는자"(출 3:14) 곧 여호와 혹은 야훼라고 밝히셨음과 관련시켜 보면 온전하신 자율성이 당연한 것이지만 동시에 온전하신 인간(verus homo)이시라는 점에서 모든 사람들과 똑같은 성정을 보여주시는 면이 있다고 보아야 한다. 따라서 예수님은 자율적 인간을 이상적으로 하셨지만 타율성측면이 사람에 따라 차이가 있는 상대적 자율성의 한계에서 벗어날 수 없음도 인정하셨다. 모든 제자들이 예수님을 다 버려도 "나는 그리하지 않겠나이다."(막 14:29) 하고 맹약할 때에 예수님은,

"오늘 이 밤 닭이 두 번 울기 전에 네가 세 번 나를 부인하리라."(막 14:29-30)고 예고하신 것도 인간이 가진 자율성의 한계 곧 타율성이 강력하다는 것을 뜻한다. 특히 겟세마네 동산에서 기도하실 때에 그 베드로와 제자들에게, "마음에는 원이로되 육신이 약하도다."라고 하셨다.(막 14:38)

13. 종교심리학에서는 신앙적 형태를 합리적 신앙, 감성적 신앙, 의지적 신앙, 신비적 신앙으로 나누는 경우가 보편화되어 있다. 논리적 이성에 기초한 신앙을 합리적 신앙이라 한다. 예수님께서도 많은 경우에 논리적으로 설명하신 것은 인간이 이성적 존재(reasonal being)라는 것을 이해하신 까닭이다. "그런즉 가이사의 것은 가이사에게, 하나님의 것은 하나님께 바치라."(눅 20:25)는 말씀은 논쟁의 결론이었다. 부활이 없다는 사두개인들과의 논쟁에서도, "하나님은 죽은 자의 하나님이 아니요 살아 있는 자의 하나님이시라. 하나님에게는 모든 사람이 살았느니라."(눅 20:38)는 말씀도 논리적 귀결이다. 그런 점에서 사람을 생각하는 존재로 보셨다. 호모 사피엔스(homo sapiens)이다.

그러나 예수님께서 서기관들과 바리새인들을 향하여 거침없이 '화 있을진저'하고 일곱 번이나 경고하신 것은 (마 23:13 등) 인간이 감성적 존재임을 익히 알고 계셨기 때문이다. 특히, "뱀들아, 독사의 새끼들아, 너희가 어떻게 지옥의 판결을 피하겠느냐."(마 23:33), 그리고, "예루살렘아, 예루살렘아, 너도 오늘 평화에 관한 일을 알았더라면 좋을 뻔하였거니와 지금 네 눈에 숨겼도다."하시며 우신 것은 예수님도 감성적이신 분이시고 또 모든 인간들을 감성적 존재로 이해하신 까닭이다.(마 23:37, 눅 19:41-42)

예수님은 인간이 의지적인 존재라는 걸 매우 강조하셨다. 의지적 결단을 촉구하신 일이 매우 자주 있었기 때문이다. "다시는 죄를 범하지 말라."(요 5:14; 8:11)는 결단을 촉구하셨다. "가서 너도 이와같이 하라."(눅 10:37), "나를 따라오너라. 내가 너희를 사람을 낚는 어부가 되게 하리라"(마 4:19)는 명령도 인간이 의지적 존재임을 확인해 준다.

그것만이 아니다. 예수님은 기적 혹은 표적을 많이 베푸셨다. 그리고 우리가 이성적, 감성적, 의지적으로 할 수 없는 일들을 신비적으로 행하셨다. 신비한 것이라야 믿는 성향이 인간에게 있다는 것을 아신 까닭이다. 기적, 이적, 표적이 "악하고 음란한 세대"가 요구하는 것이지만, 그래서 요나의 표적밖에는 보여줄 것이 없다고 하심으로 모든 기적은 십자가의 죽으심과 부활에 귀결된다고 교훈하셨지만 예수님은 많은 표적을 행하셨다. 그리고 그런 '이사야적 기적'이 그분을 메시아이심을 확증하는 역할을 했다.

14. 남자 됨과 여자 됨, 결혼과 성생활 같은 것들의 중요성을 충분히 알고 계셨다. 우선 남자와 여자로 태어나게 된 것은 창세기에 기록된 것처럼,"사람을 지으신 이가 본래 그들을 남자와 여자로 지으셨다."(마 19:4)고 확인해 주셨다. 남성성과 여성성이 하나님

의 창조의 한 부분이라는 뜻이다. 신성하고 중요하다는 암시가 충분하다. 그리고 결혼이나 색성(sex)은 결코 말할 만한 주제가 아니라고 외면하시지 않고 매우 자세히 그 의미와 윤리를 말씀해 주신 것에 주목해야 한다. 남녀는 평등하지만 성적 역할(gender role)이 다를 뿐임을 명시하셨다. 예수님의 열두 제자 가운데 여성이 포함되지 않아서 여성 차별을 말하는 이들이 있지만 합숙훈련을 해야 하는 그 때의 정황(context)을 생각하면 이해되는 부분이다. 성경의 기록을 자세히 살펴보면 '여성제자단'이 있었다고 보아야 한다. (눅 8:1-3)

15. 예수님은 모든 인류를 평등하게 생각하셨을까? 인종, 피부색, 언어, 성별, 사회적 지위, 소유규모, 출생신분, 종교 등에도 불구하시고 인간의 기본인권인 평등권을 강조하셨을까? 표면적으로는 그리 간단해 보이지 않는다. 우선 자신이 유대인에 속하여 있는 관계로 유대인 혹은 이스라엘 편향의 모습이 적지 않게 보인다. "나는 이스라엘 집의 잃은 양 외에는 다른 데로 보내심을 받지 아니하였노라."(마 15:24) 이방인인 가나안 여자에게 하신 말씀이다. 이스라엘 민족은 주인이고 이방인은 개라는 표현도 하셨다. 열두 제자를 전도파송하실 때에도, "이방인의 길로도 가지 말고 사마리아인의 고을에도 들어가지 말고 오히려 이스라엘 집의 잃어버린 양에게로 가라."(마 10:5-6)고 지침을 주셨다.

그런 말씀으로 보면 그분이 이스라엘 민족 우월주의자인 것처럼 보인다. 그러나 그분 자신은 실제로는 유대인들의 천대를 받는 사마리아 사람에게 전도하시고(요 4:1-42), '착한 사마리아 사람'의 비유를 말씀하셨다.(눅 10:25-37) 심지어, 유대인들은 예수님에게,"우리가 너를 사마리아 사람이라 또는 귀신이 들렸다 하는 말이 옳지 아니하냐."(요 8:48)고 대들었다. 예수님께서는 "구원이 유대인에게서"먼저 시작되었기 때문에(요 4:22) 전도 전략상 이방인들보다 우선하여 말씀하셨다. 그러나 실제로는 이방인인 백부장의 믿음을 칭찬하셨고(마 8:10), 그들이 그 하인을 고쳐주셨다. 그리고 확고하게 유대인은 물론 사마리아 사람과 이방인들 모두를 포함하여 "만민을 구원하는" 사명을 명시하셨다.(마 28:19-20, 막 11:17, 16:15, 행 1:8)

16. 예수님은 인간을 '일해야 하는 존재'로 이해하셨다. 제자들을 선택하실 때에 한 결같이 직업에 충실한 사람들을 우선으로 했다. 어부들이 대표적이었다.(마 4:18-22) 비유와 교훈은 자주 직업과 관련시켜 말씀하셨다. 농업, 상업, 과수원, 어업, 은행업, 목축업들이다. 핀둥핀둥 놀고 있는 사람들을 기뻐하지 않으셨다.(마 20:6) "악하고 게으른 종아, 나는 심지 않은 데서 거두고 헤치지 않은 데서 모으는 줄로 네가 알았느냐."(마 25:26)고 한 달란트 받은 자를 엄중히 문책하셨다. 무엇보다도 예수님 자신이 목수(텍톤)로서 쟁기와 멍에 같은 어려운 농기구를 만드셨을 뿐만 아니라(마 11:29-30), 집을 건축한 체험도 하셨던 것을 보면(마 7:24-27) 인간을 노동하는 존재, 노동해야

하는 존재로 파악하셨음을 확인할 수 있다. 이것은 하나님께서 첫 사람 아담을 만드시고, "그 사람을 이끌어 에덴동산에 두어 그것을 경작하며 지키게 하신"사실(창 2:15)과 합치된다. 심지어 아담과 하와가 범죄한 뒤에 하나님께서 하와에게는 출산고통형, 아담에게는 땀흘려 밭을 갈아야 하는 노동형에 처하신 것조차도 오히려 일하는 축복으로 인정하신 셈이다.(창 3:16-19) 임신과 출산은 여성으로서 피할 수 없는 노동에 속하는데 예수께서는 모든 고통을 출산의 고통으로 해석하셨다.(요 16:21) 노동이 힘겨운 것이라 해도 그 열매는 오히려 기쁨이라는 것을 확인하셨다.(요 16:20-22) 이것은 더 나아가면 성삼위 하나님 곧 창조주 하나님께서는 항상 일하시는 분이시라는 사실로 연장된다. "내 아버지께서 이제까지 일하시니 나도 일한다."(요 5:17) 예수님의 선언이다. 그 하나님께서 우리에게 사명 곧 '일감'을 주셨고 그래서 사람을 목적론적으로 이해하셨다.

17. 인간은 말하는 존재라는 사실을 아실뿐만 아니라 매우 중요하게 여기셨다. 예수님께서 '말씀'(로고스)이셨다는 것은 우리들의 일상적인 말과는 전혀 다른 차원이 있는 것이지만(요 1:1), 그러나 인간의 이성(reason)과 언어를 포함하고 있는 것으로 이해된다. 따라서 그분은 '하늘의 언어'와 '땅의 언어'를 모두 가지신 분이시다. 인간의 언어도 하나님의 계시를 실어 나르는 운반도구라는 가장 중요한 도구가 되기 때문이다. 여기에서 언어는 음성언어와 글자언어를 포함한다.

우선 예수님께서는 끊임없이 말로 제자들을 가르치셨다. 제자들이 때때로 알아듣지 못하는 말도 있었다.(요 16:18) 그러나 다시금 자세히 설명하여 알아듣게 하셨다.(요 16:30) 언어를 통한 의사소통에 매우 깊은 주의력을 기울이셨다. 예수님께서 글자언어는 별로 많이 사용하시지 않았지만 글을 읽으실 수 있었고 (눅4:17, 요 7:15), 글자를 쓰실 수 있었다.(요 8:6-8) 그리고 성경에 그런 기록이 없지만 자신이 말로 가르치신 것을 글자로 기록하도록 제자들에게 임무를 맡기셨을 가능성은 충분하다.(요 20:30-31) 이는 하나님께서 그 손가락으로 십계명을 돌비에 새겨 기록하신 일(출 34:28), 모세에게 "이것을 책에 기록하여 기념하게 하고 여호수아의 귀에 외워 들리라."(출 17:14) 하셨고 또, "너는 이 말들을 기록하라."(출 34:27) 하신 모범을 따르셨을 것으로 추정된다.

사람의 말도 얼마나 중요한가에 대하여는 이런 말씀을 남기셨다. "사람이 무슨 무익한 말을 하든지 심판 날에 이에 대하여 심문을 받으리니 네 말로 의롭다 함을 받고 네 말로 정죄함을 받으리라."(마 12:36-37) "입으로 시인하여 구원에 이른다."는 성경말씀(롬 10:10)과 상응한다. 죄의 고백이나 신앙고백도 일차적으로는 언어로 행하기 때문이다. 또 언어의 중요성에 대하여는, "너희가 골방에서 귀에 대고 말한 것이 지붕 위에서 전파되리라."(눅 12:3)고 하셨다. 하지만 언어는 실천의 열매가 있어야 더욱 큰 힘이 있다는 것도 강조하셨다. "나더러 주여, 주여 하는 자마다 천국에 들어갈 것이 아니니다."(마 7:21)고 잘라 말씀하셨다. "누구든지 나의 이 말을 듣고 행하는 자는 그 집을 반석 위에 지은 지혜로운 사람 같다."(마 7:24)고 하셨다. 말만 하고 실행함이 없는 자는 모래 위에 집을 짓는 어리석은 사람이라는 말씀이다. 예수님은 자신의 말씀을 자신과 동일시하시기도 했다. "너희가 내 안에 거하고 내 말이 너희 안에 거하면 무엇이든지 원하는 대로 구하라. 그리하면 이루리라."(요 15:7)는 말씀에서 '내 말이 너희 안에 거하면'은 바로 예수님 자신이 우리들 안에 그리고 믿는 자 내면에 영적으로 거하신다는 뜻이 아닌가.

18. 인간은 어쩔 수 없는 제한성과 편견을 가진 존재로 이해하셨다. "너희 중에 누가 염려함으로 그 키를 한 자라도 더 할 수 있겠느냐"(마 6:27)고 하셨다. 열두 살 되던 해에는 부모가 가진 편견을 고쳐 주셨다. 자신은 요셉과 마리아의 아들이지만 동시에 하나님 아버지의 자녀라는 바른 이해를 제시하셨다. 안식일이 사람의 복지를 위하여 있는 것인데 하나님의 이름을 핑계로 인간을 옥죄는 율법이 된 것을 여러 번 고치셨다.(막 2:27) 자신이 안식일의 주인이신 까닭에 (마 12:8) 목숨을 걸고 하신 일이었다.(마 12:14) 사두개인들을 향하여서는 직설적으로 말씀하셨다. "너희가 성경도 하나님의 능력도 알지 못하는 고로 오해하였도다."(마 22:29) 그래서 고쳐주셨다. 고향 나사렛 사람들은 그가 별 볼 일 없는 '목수 요셉의 아들'이라는 전이해(preunderstanding)에 사로잡혀 있었다. 그 편견을 고쳐주시려다가 낭떠러지로 떨어져 죽을 뻔한 일도 있으셨다.(눅 4:22-30) 그와 같은 인간의 제한성과 편견을 고치는 것이 예수님 사역의 매우 중요한 부분이었다. 특히 구약성경에 대한 오해와 편견이었다. 산상수훈에 여러 번 나오는 "…을 너희가 들었으나, 나는 너희에게 이르노니,"(마 5:21-22 등)의 말씀들도 사람의 제한성으로 인한 오해를 고쳐 주는 사역에 속한다.

19. 사람은 누구나 필요한 것들(needs)을 가지고 있다는 인간관을 가지셨다. 그리고 예수님은 그런 것에 기초하여 목회하신다는 원리도 잘 아셨으며 또 지혜롭게 실천하셨다. 우선 먹을 것이 있어야 하고, 마실 것이 있어야 하고, 입을 옷이 있어야 한다는 필요성을 잘 아셨기에 그런 일에 염려하지 않도록 깨우치셨다.(마 6:25) 기적을 통하여 수많은 사람들을 먹이셨다. 잠을 자고 가정생활을 할 수 있는 주택이 있어야 한다.(마 8:20) 그래서 "내 아버지 집에 거할 곳이 많다"(요 14:2)고 하시며 근심하지 말도록 가르치셨다. 색성적 욕구(sexual need)가 있는 것도 인정하셨다. 그래서 자신은 독신생활을 하시면서도 가나의 결혼식에 참석하여 축복하셨다.(요 2:1-11)

생명의 보존을 위한 안전한 환경이 절실하다는 것도 익히 아셨다. 그래서,"세상에서는 너희가 환난을 당하나 담대하라. 내가 세상을 이기었노라."(요 16:33)고 선언하셨다. 사람들은 사랑받기를 원하는 욕구가 있다. 그래서 하나님의 사랑을 나타내셨고, 이웃은 물론, 연약한 자들과 심지어 원수까지 사랑하도록 하셨다. 사람은 누구나 인정받고 싶은 욕구(self-esteem need)가 있다. 그래서, "잘하였도다. 착하고 충성된 종아"하고 칭찬하시면서 더 많은 것을 맡기겠다고 약속하셨다.(마 25:21) 사람들은 누구나 자기실현욕구(need of self-realization)도 있다. 그래서 어부들에게는 사람 낚는 어부가 되도록 하겠다고 약속하셨다.(마 4:19) (이상은 심리학자 Abraham Maslow의 need system에 따른 것임). 그러나 무엇보다도 인간에게는 누구나 영원히 살고 싶은 욕구가 가장 중요하다. 그래서 예수님은 영원히 사는 길이 되셨다.(요 14:1)

20. 예수님은 그 제자들이 자신을 닮아갈 수 있기를 강력하게 희망하셨다. "내가 주와 선생이 되어 너희 발을 씻었으니 너희도 서로 발을 씻어주는 것이 옳으니라. 내가 너희에게 행한 것 같이 너희도 행하게 하려 하여 본을 보였노라."(요 13:14-15) 그 당시에는 제자가 스승의 발을 씻기는 것이 당연시 되는 문화였다. 그러나 예수님은 이것을 뒤집어 엎으셨다. 그리고는 제자들에게 자신처럼 행하라고 말씀하셨다. 이런 가르침은 여러 형태로 나타났다. 베드로에게 "내 양을 먹이라."(요 21:15-17) 하신 것도 자신이 선한 목자이심을 전제로 자신을 닮으라는 말씀이다.(요 10:11) "사람이 나를 섬기려면 나를 따르라."는 말씀도 있고, "나는 세상의 빛이니 나를 따르는 자는 어둠에 다니지 아니하고 생명의 빛을 얻으리라."(요 8:12)는 말씀도 있다. "너희는 세상의 빛이라."(마 5:14) 말씀과 연결시켜 보면 그리스도인들은 누구나 참 빛이신 예수님을 닮아서 "착한 행실로" 그 빛을 다른 사람에게 비추어야 한다.(마 5:16)

이러한 말씀들은 인간을'가소성'을 가진 존재, 교육될 수 있는 잠재능력을 가진 존재, 의지적 결단이 있는 존재로 보신다는 점을 앞서 적시했다. 동시에 예수님께서 '하나님의 형상'(imago Dei)이시라는 것을 참조한다면(고후 4:4, 갈 4:19, 골 1:15) 그분을 자기 속에 거룩한 주로 모시고 닮아가는 것이 바로 범죄로 말미암아 파괴되었던 인간 안에 있는 하나님의 형상(창 1:26-28, 약 3:9)을 회복시키는 일이 된다. 하나님의 모양(촬렘)이나 형상(데뭇)은 필자는 같은 내용으로 보는데 그 내용이 무엇이냐에는 학자마다 여러 가지가 있어왔다. 이성, 양심과 도덕성, 다스리는 능력(정치적 형상), 성령, 예수 그리스도, 사랑의 관계 등이 있다. 어찌 보면 이 모든 것이 합하여 하나님의 형상의 내용이 될 것 아닐까. 그런데 여기에서 깊이 생각할 주제는 '예수님께서는 과연 하나님의 형상 내용이 무엇이라고 보셨을까'하는 질문이다. 밝히 말씀한 것이 없기에 한두 가지로 단정하기는 어렵다. 그러나 예수 그리스도 자신이 하나님의 형상이심을 성경이 밝히 말하고 있지 않은가. 그런데 성령은 '예수님의 영'(행 16:7)이므로 사람을 만드실 때 창조주께서 불어 넣으신 숨 곧 성령으로도 이해된다.(창 2:7) 따라서 예수 그리스도를 인간 내면에 영접하여 거룩한 주인으로 높이는 것이 바로 하나님의 형상이 회복되고, 타락 이전의 원의(original righteousness)의 인간으로 재조성되는 것으로 이해된다.

예수님 인간관의 함생목회적 의미

전통적인 신앙고백처럼 예수님은 온전하신 하나님이신 동시에 온전하신 사람이시다. 그래서 하나님과 죄인들 사이에 유일한 중보자가 되신다.(딤전 2:5) 곧 함생 메이커(maker)이시다. 그런 까닭에 감히 죄인들인 우리가 하나님과 함께 살 수 있게 되었다. 그리고 목회가 가능하게 되었다. 목회는 기본적으로 하나님과 사람을 연합시키는 일로 이해할 수 있다. 어떤 국면에서는 하나님보다 사람을 더 잘 알아야 할 것이 요구된다. 이런 측면에서 예수님의 인간관이 철저히 함생적이라는 것이 사역의 정석으로 가는 길이다.

예수 그리스도와 목회

신학대학 다닐 때에 공부보다는 데모로 세월을 보낸 청년이 조그만 교회의 부목사로 청빙되어 교회학교를 맡았다. 그런데 부임한 지 얼마 안 되어 담임목사와 다투고 교회를 떠났다. 신자들에게는 껌뻑 죽는 그 담임목사는 부교역자들은 실습이라는 명분 아래 잔혹할 정도로 부려먹었다. 마침 어떤 교회에서 싸우고 나온 그룹과 교회를 개척했다. 그런데 개척을 주도하는 장로와 또 싸웠다. 자신은 '대쪽 같은 목사'가 되어야 한다며 정치인, 기업인, 교수 등 저명인사들을 무차별로 두들겨 패는 설교에 열을 올렸다. 그래서 신자들이 붙어 있지 않고 떠나게 된 것이 발단이었다. 어쩔 수 없이 혼자 개척을 했다. 하지만 오는 사람이 별로 없고 또 한 주일만 오고 발을 끊었다. 그러니 생활도 어렵고 장래 희망도 없게 되어 아내는 자주 통곡을 하며 기도했다.

어느 날 아내가 기도응답을 받았다며 이렇게 말했다. "여보, 하나님은 대나무만 만드신 것이 아니잖아요. 다른 나무를 휘휘 감싸주는 칡넝쿨도 만드셨지요. 세례 요한처럼 정의의 도끼를 휘두르는 것도 중요하겠지요. 그러나 목자이신 예수님은 정의보다는 사랑을 앞세우신 것 아닌가요. 당신이 목회 좌우명으로 삼는 '너희는 먼저 그의 나라와 그의 의를 구하라.'(마 6:33)는 말씀도 '나라'는 하나님의 나라 곧 사랑 나라가 아니던가요. 정의의 목회로 시작했으니 이제 한 단계 업그레이드 해서 사랑의 목회를 펼쳤으면 해요."

남편 목사는 너무 놀랐다. 신학대학에서 가르쳐 주시던 고명한 교수들에게서 전혀 못 들어 보던 성경해석이었다. 게다가 자신의 목회를 새롭게 리모델링하도록 결단을 일으키는 힘이 있었다.

그리스도교인가, 성령교인가

기독교는 그리스도교를 한자말로 번역하여 쓴 표현이다. 한국의 교단들이나 미국에 있는 한인교단들도 〈기독교 미주성결교회〉나 〈대한예수교장로회〉라고 이름 하는데 이것으로 보면 개체교회들도 그리스도교회이거나 예수교회가 된다. 교회라는 말 자체가 '주님의 것'(퀴리아코스)이라는 뜻이니 이것은 당연한 일이다.

그러나 하나님의 삼위일체성과 관련하여 로마 가톨릭교회는 천주교회라는 이름을 쓴다. 성부 하나님 중심의 교회라는 뜻이 강하다. 이단으로 정죄된 교단 가운데는 천부교라는 이름도 있다. 아예 성부 하나님을 중심으로 한다는 뜻이다.

지금도 성령운동이 한창이지만 그런 교회들이 성령교로 바꿀 만한데도 그냥 기독교 혹은 예수교라는 이름을 쓰고 있다. 아무리 성령 하나님을 강조한다 해도 여전히 예수 그리스도의 교회라는 뜻이다.

이런 점에서 예수 그리스도는 우리의 믿음과 삶의 주인이시고, 신학과 선교의 최고 표준이시다. 이 점은 성경에서도 다음과 같이 분명하게 밝히고 있다.

> "옛적에 선지자들을 통하여 여러 부분과 여러 모양으로 우리 조상들에게 말씀하신 하나님이 이 모든 날 마지막에는 아들을 통하여 우리에게 말씀하셨으니 이 아들을 만유의 상속자로 세우시고 또 그로 말미암아 모든 세계를 지으셨느니라."(히 1:1-2)

'아들' 예수님께서 마지막 계시라는 뜻이다. 마지막이라 함은 최종 결론이란 뜻도 있기 때문에 '예수 그리스도는 계시의 완성'이라고 이해된다. 이것은 신학자와 성경 연구가들이 큰 이의 없이 주장하고 합의한 내용이다. 그리고 특히 교리선언, 신앙고백서, 교리문답에 대체로 포함되어 있다.

신학자 칼 바르트도 인간이 하나님을 알 수 있는 것은 하나님의 계시로 인함임을 밝혔다. 그리고 그 계시는 다음과 같은 세 가지로 정리했다. 그 가운데서 첫 번째가 가장 중요한 계시라고 설명하고 있다.

1. 사람 몸을 입은 말씀인 예수 그리스도, 2. 글로 쓰인 말씀인 성경, 3. 인간의 말로 선포된 말씀인 설교 (Westminster Handbook to Karl Barth. 224)

따라서 〈미주성결교회 교리적 선언〉에서도, "우리는 신구약 성경 66권 전체가 하나님의 영감된 말씀으로서 믿음과 생활, 신학과 선교의 최고 표준이 됨을 믿으며"라고 했다. 이는 바로 예수 그리스도의 사역이 성경이 가르치는 모든 사역과 온 세계 모든 교회들의 사역의 최고 표준이 됨을 뜻한다. 또 이것은 예수 그리스도가 그리스도교 전체의 최고 표준이란 뜻도 된다. 이미 그 이름의 용례도 그렇거니와 성경의 주인도 예수 그리스도이시기 때문이다.(요 5:39)

그러나 오늘날 사역 현장에서도 정말 그리스도 예수께서 최고 표준으로 모셔지고 있는가? 아니다. 단연 아니다. 예수 그리스도의 최고표준성은 특히 사역에서 크게 도전받고 있다. 그러므로 우리는 예수 그리스도의 최고 표준성을 빨리 회복시키기 위하여 결사적으로 투쟁해야 한다.

히틀러 권력에 저항하다가 처형된 기독교 지도자 본회퍼 목사가 십자가 없는 은혜는 "값싼 은혜"(cheap grace)일 뿐이라고 경고했다. 예수 그리스도의 십자가가 없는 사역은 실상 "값싼 사역"이라는 말을 붙이기조차 겁난다. 가짜 사역, 속임수 사역, 사탄을 돕는 사역일 뿐이다.

그래서 우리 사역자들은 목회자의 최고 표준 되시는 예수 그리스도의 사역을 회복시켜 우리가 처한 시대 상황에 창조적으로 적용하고 실행하는 일에 십자가를 져야 한다. 그래서 예수님께서 중요하게 말씀하시고 행하신 것은 교회와 목회자들도 중요하게 실천되어야 한다.

예수 그리스도의 이름

예수님이 누구이시냐는 질문은 예수님 당시부터 지금까지 여러 가지 방식으로 심각하게 제기된 물음이었다. 세례자 요한도 감옥에서 자신의 제자를 예수께 보내어 물었다. "오실 그이가 당신이오니까."(마 11:3) 같은 동네 나사렛 사람들도 물었다. "이 사람이 요셉의 아들이 아니냐."(눅 4:22) 뛰넘절(유월절)에 예루살렘에 모인 사람들도 소동하며 물었다. "이는 누구냐."(마 21:10) 대제사장도 살아계신 하나님께 맹세하고 대답하라며 물었다. "네가 하나님의 아들 그리스도인지 우리에게 말하라."(마 26:63) 빌라도 총독이 물었다. "네가 유대인의 왕이냐."(마 27:11) 사울이라는 청년도 물었다. "주여, 누구십니까." (행 9:5) 그러나 누구보다도 예수님 자신이 제자들에게 물으셨다. "사람들이 인자를 누구라 하느냐… 너희는 나를 누구라 하느냐."(마 16:13-16) 이런 질문은 훨씬 더 많이 있다.

그 분이 누구이신지는 우선 그분에게 붙여진 이름들이 그 대답이다. 구약성경에 예언된 이름도 있고, 세상 사람들이 붙여준 이름도 있고, 예수님 스스로 나타내신 이름도 있고, 성경 기록자들이 제시한 이름들도 있다. 그리고 그분께서 승천하신 이후에 예수쟁이들이 붙인 이름도 수없이 많다. 그분의 존재를 드러내는 이름, 사역을 특징짓는 이름, 신성과 관련된 이름, 인성과 관련된 이름, 관계성을 드러내는 이름, 조롱하고 모욕하는 이름…. 그분의 이름을 하나하나 설교제목으로 삼는다 해도 수많은 설교가 생산될 수 있을 정도이다. 그런 모든 이름들이 예수님의 본질과 실존을 드러내는 것들이다.

그렇다고 그 이름들을 여기에서 다 제시할 수는 없다. 그건 이 책의 직접적 목적이 아니기 때문이다. 다만 성경연구가들과 신학자들이 중요도를 표준으로 정리한 것 그 가운데 특히 교회사역에 연관된 것들을 중심하여 여기에 정리한다.

예수(야훼는 구원하신다), 메시야 곧 그리스도 (기름사람), 주, 사람의 아들, 하나님의 아들, 구원주, 말씀(로고스), 하나님의 종, 선한 목자, 양의 문, 랍비 (선생님, 교육가), 다윗의 자손, 유대인의 왕, 하나님, 선지자(예언자, 대언자), 대제사장, 생명의 빵, 생명의 물, 신랑(교회가 신부라는 점에서), 세상의 참 빛, 길, 진리, 생명, 생명의 길, 부활, 심판자, 어린 양, 중보자, 하나님의 형상, 알파와 오메가, 평화의 왕, 장차 오실 분, 임마누엘(하나님이 우리와 함께), 의사, 상담자 혹은 변호사, 기적을 행하는 자, 참 친구, 참 포도나무. 머릿돌, 마지막 아담, 대속주/대속물, 하늘로부터 보냄 받은 선교사, 씨뿌리는 자. (윤철호, 이종성, 조종남, Barclay, Henry Gariepy.)

이런 이름들은 한결같이 하나님과 사람의 관계인 수직적 함생, 그리고 사람과 사람의 관계인 수평적 함생의 면모를 보여 준다. 목회가 모든 국면에서 수직적 함생 수평적 함생의 교차에 기초하고 있음을 생각할 때 이런 이름들은 개체교회 담임목사로서의 예수 그리스도의 사역 원리를 이해하는 튼튼한 기초를 제공하여 준다.

예수 그리스도의 사역

예수 그리스도께서 이 땅 위에 계신 동안 그리고 지금도 주도하시는 사역들이 무엇일까? 이미 위에서 예수 그리스도의 생애를 논의하면서 상당부분 암시적으로 제시되었다. 그러나 큰 그릇을 작은 그릇에 담을 수 없듯이 그 전체를 헤아리기는 어렵다. 놀라운 것은 목회 현장이 시대와 문화정황에 따라 복잡다기해가고 있고 따라서 새로운 목회실천을 요구하게 되는데 그런 것에 대처할 수 있는 원리와 근거가 이미 예수 그리스도의 사역에 충분히 마련되어 있다는 점이다.

여기에서는 성경 전체와 특히 네 복음서가 제시하고 있는 중점적인 것들을 정리했다. 예수 그리스도의 사역은 직접적으로는 네 복음서에 기록되어 있다.

-데오빌로여, 내가 먼저 쓴 글에는 무릇 예수께서 행하시며 가르치시기를 시작하심부터 그가 택하신 사도들에게 성령으로 명하시고 승천하신 날까지의 일을 기록하였노라.(행 1:1-2)

예수님은 이 땅 위의 삶 이전부터 사역을 하셨고, 승천하신 뒤에 지금도 사역에 헌신하고 계시다. 순교당하는 스데반을 응원하신 사역, 사울을 회심하도록 인도하셔서 사도 바울이 되게 하신 사역, 사도 요한을 통하여 아시아의 일곱 교회에 설교하신 사역….

그러나 여기에서는 사도행전의 첫 구절처럼 네 복음서를 중심으로 이 땅 위에서 직접 사역하신 것들을 정리했다. 일차적으로 그분의 사역 가운데 제일 중요한 것 세 가지, 그래서 3대 사역이라고 하는 가르치심(teaching), 말씀 전파(preaching), 고치심(healing)이라는 것은 복음서가 명확하게 증언하고 있다.

-예수께서 모든 도시와 마을에 두루 다니사 그들의 회당에서 가르치시며 천국복음을 전파하시며 모든 병과 모든 약한 것을 고치시니라.(마 9:35)

이 3대 사역 외에도 중요한 것들을 더 정리했다. 그러나 우선순위는 아니다. 여기에서는 간략하게 설명했다. 분류의 기준도 하나는 아니고 복합적이다. 어떤 것은 사역의 목적과 관련되어 있고, 전략과 관련된 것, 대상과 관련된 것, 재료와 관련된 것들도 있다. 복음서적 시각에서 이끌어낸 것도 있고 목회 정황적 요구에 따라 제시한 것도 있다. 그리고 각 항목의 영역이 명확하게 그어진 것도 아니며 서로 중첩된 부분이 많다. 이는 목회 자체가 논리적 명절성에만 기초하여 효율적으로 수행되는 것이 아니라는 사실의 암시이기도 하다.

1. 함께 하심의 사역(presence)

예수님께서 우리 죄인들 혹은 용서받은 죄인들과 함께 하시는 것 자체가 그분의 중요한 사역이다. 그래서 임마누엘 곧 '우리와 함께 계신 하나님'이 되셨다. 이는 구약성경에 하나님께서 여러 번 함께 계시겠다고 약속하신 것의 연장선상에 있는 사역이다. 하나님은 아비멜렉을 통하여 아브라함에게 "네가 무슨 일을 하든지 하나님이 너와 함께 계시도다"(창 21:22)라고 말씀하셨다. 야곱에게도 하나님은 "내가 너와 함께 있어 네가 어디로 가든지 너를 지키겠다"(창 28:15)고 하셨고 모세에게도 "내가 정녕 너와 함께 있으리라"고 굳게 약속하셨다.(출 3:12)

예수 그리스도께서도 이와 같은 약속을 반복하여 확인해 주셨다.

-두 세사람이 내 이름으로 모인 곳에는 나도 그들 중에 있느니라.(마 18:20) -볼지어다. 내가 세상 끝날까지 너희와 항상 함께 있으리라.(마 28:20) -말씀이 육신이 되어 우리 가운데 거하시매 우리가 그의 영광을 보니 아버지의 독생자의 영광이요 은혜와 진리가 충만하더라.(요 1:14) -내가 다시 와서 너희를 내게로 영접하여 나 있는 곳에 너희도 있게 하리라.(요 14:3)

주님은 우리와 함께 하시는 것 자체가 사역의 중요한 부분이라는 뜻이다. 사랑은 하나되는 것, 그리고 함께 사는 것이므로 이는 사랑의 사역 그 한 부분을 뜻하기도 한다. 현존(existence)의 사역이라 하겠다.

2. 나타내시며 행하시는 일 (revealing and acting)

예수 그리스도께서는 수많은 일을 행하신 것은 앞서 인용한 요한복음 21장 25절 말씀과 같다. 이 모든 일들은 예수님께서 하나님의 하시는 일을 나타내고자 하심이다. 따라서 예수 그리스도께서는 계시(啓示, revelation) 곧 하나님 그 자체 그리고 그 분의 사역을 나타내셨다.

-제자들이 나가 두루 전파할 새 주께서 함께 역사하사 그 따르는 표적으로 말씀을 확실히 증언하시니라.(막 16:20) -말씀이 육신이 되어 우리 가운데 거하시매.(요 1:14) -그에게서 하나님의 하시는 일을 나타내고자 함이라.(요 9:3) -내 아버지께서 이제까지 일하시니 나도 일한다.(요 5:17) -아버지께서 아들을 사랑하사 자기가 행하시는 것을 다 아들에게 보이시고 또 그보다 더 큰 일을 보이사 너희로 놀랍게 여기게 하시리라.(요 5:20)

예수 그리스도께서 하신 말씀은 물론 행하신 일을 통하여서도 하나님을 나타내셨다. 예수 그리스도 자신이 핵심적 계시이거니와 그분이 하신 일들 특히 일상적인 행동과 함께 기적, 표적, 기사, 이적 등이 모두 하나님을 나타내시는 사역이었다. 특히 그분은 철저히 말과 행동이 일치되는 인격 사역의 최고표준이심을 온전하게 드러내셨다.

3. 예배, 기도, 찬양

교회 사역에서 기도와 찬송은 예배순서 가운데 한 부분이다. 그러나 때때로 기도와 찬송은 예배의 대치어가 되기도 한다. '공동기도서'(The Book of Common Prayer)는 실상 예배에 관한 책이다.

그런데 예수 그리스도께서는 실상 예배를 받으셔야 마땅할 분이다. 성경에도 그런 기록이 많다. '예배하다'는 신약성경 원어에는 '프로스퀴네오'가 대표적인 말인데 그것은 곧 '무릎을 꿇다' 혹은 '절하다'는 뜻이다. -(박사들이) 엎드려 아기께 경배하고(마 2:11) -찬송하리로다, 주의 이름으로 오시는 이여(마 21:9) -네가 찬송받으실 이의 아들 그리스도냐? 예수께서 이르시되 내가 그니라.(막 14:61-62)

그런데도 불구하고 예수께서는 예배와 기도와 찬송의 모범을 보이셨다.

-무릎을 꿇고 기도하여 이르시되 아버지여.(눅 22:41-42) -이때에 예수께서 기도하시러 산으로 가사 밤이 새도록 하나님께 기도하시고.(눅 6:12) -이에 그들이 찬미하고 감람산으로 가니라.(막 14:26)

특히 예루살렘 성전과 각 지역에 있는 회당(시나고그)에서는 하나님을 예배하고 성경을 가르치는 것이 중요한 활동이다. 그런데 예수께서는 예루살렘 성전에 들어가 하나님을 예배하실 뿐만 아니라 그 성전이 사람의 탐욕을 채우도록 악용되는 것을 내버려 두지 않으셨다. 그리고 회당예배에 참여하시는 일에도 성실하셨다.

-내 집은 만민이 기도하는 집이라 칭함을 받으리라고 하지 아니하였느냐. 너희는 강도의 소굴을 만들었도다.(막 11:17) -예수께서 그 자라나신 곳 나사렛에 이르사 안식일에 늘 하시던 대로 회당에 들어가사 성경을 읽으려고 서시매.(눅 4:16)

예수님의 이런 생활모습은 예배사역의 한 부분이다. 그 분이야말로 예배 받으실 분이시지만 예배하셨고, 그분의 이름으로 기도하라고 하신 분이시지만 수많은 성경인물 가운데 어느 누구보다도 기도생활에 철저하셨으며, 영원토록 찬양받으실 분이시지만 하나님을 찬양하셨다. 예배 사역의 모범을 충분하게 보여 주시고 있다.

4. 가르치심 (teaching)

-예수께서 온 갈릴리에 두루 다니사 그들의 회당에서 가르치시며(마 4:23, 9:35) -입을 열어 가르쳐 이르시되.(마 5:2) -내가 너희에게 분부한 모든 것(마 28:20) -갈릴리의 가버나움 동네에 내려오사 안식일에 가르치시매 그들이 그 가르치심에 놀라니 이는 그 말씀이 권위가 있음이러라.(눅

4:31,32) -내가 주와 또는 선생이 되어 너희 발을 씻었으니 너희도 서로 발을 씻어 주는 것이 옳으니라. 내가 너희에게 행한 것 같이 너희도 행하게 하려 하여 본을 보였노라.(요 13:14,15)

예수 그리스도의 사역 가운데 가르치는 사역(teaching ministry)이 핵심부분이라는 것은 길게 말하지 않아도 된다. 그분은 기도도 가르쳐 주셨고 (마 6:9-13, 눅 11:1-4), 성찬예식도 가르침의 한 방식이었다. 그리고 그분의 호칭이 여럿이지만 그 가운데 선생과 랍비가 압도적으로 많다. 그리고 무엇보다도 예수 그리스도 자신이 스승이라는 자아의식을 철저히 가지고 계셨다.

5. 사탄과의 전쟁 (spiritual warfare)

사탄과의 싸움은 예수 그리스도께서 행하시고 가르치신 사역인 것을 숨길 수가 없다. 그분은 이 땅 위에 오신 때부터 하늘나라로 올라가시기 전까지 줄곧 사탄과 여러 형태로 전쟁을 벌이셨다. 아니 그 전쟁은 요한계시록 말씀처럼 이 세상 끝날까지 지속될 것이다. 이 세상에 태어나신 때에 사탄은 헤롯왕을 통하여 예수 그리스도의 생명을 죽이려 했다. 세례 요한에게 요단강에서 세례 받으시고, 하늘로부터 "이는 내 사랑하는 아들이요 내 기뻐하는 자"라는 선언(마 3:17)을 들으신 뒤에 다시 사탄의 시험을 받으셨다.

-그 때에 예수께서 성령에게 이끌리어 마귀에게 시험을 받으러 광야로 가사.(마4:1)

심지어 사탄은 베드로를 통하여서도 도전을 해왔다. -예수께서 돌이키시며 베드로에게 이르시되, 사탄아, 내 뒤로 물러가라. 너는 나를 넘어지게 하는 자로다. 네가 하나님의 일을 생각하지 아니하고 도리어 사람의 일을 생각하는도다. (마 16:23)

급기야는 제자 가룟 유다의 입을 사용하여 또 예수님에게 도전해 왔다.

-열둘 중의 하나인 가룟인이라 부르는 유다에게 사탄이 들어가니.(눅 22:3) -시몬아, 시몬아, 보라. 사탄이 너희를 밀 까부르듯 하려고 요구하였으나, 그러나 내가 너를 위하여 네 믿음이 떨어지지 않기를 기도하였노니.(눅 22:31) -마귀가 벌써 시몬의 아들 가룟 유다의 마음에 예수를 팔려는 생각을 넣었더라.(요 13:2) -조각을 받은 후 곧 사탄이 그 속에 들어간지라.(요 13:27)

-하나님의 아들이 나타나신 것은 마귀의 일을 멸하려 하심이라.(요일 3:8)

마귀와 싸우시는 예수 그리스도의 사역은 겟세마네 동산을 거쳐 십자가 위에서 그 절정을 이룬다. 그러나 마귀와의 투쟁은 예수 그리스도 사역의 궁극적 목적이 아니고 과정적 목적이라는 것을 기억해야 한다.

6. 온전한 구원 (the full salvation)

예수 그리스도의 사역의 가장 중요한 핵심은 곧 구원사역이라는 것이 기독교 2천년 역사에서 합의한 내용이다. 구원이라는 말을 화해, 회복, 해방 등 다른 용어로 표현하는 일은 있으나 그런 것이 큰 문제가 되는 것은 아니다. 우선 예수님은 자신의 사역이 영혼구원이라는 것을 명확하게 그리고 주저하지 않고 말씀했다.

-아들을 낳으리니 이름을 예수라 하라. 이는 그가 자기 백성을 그들의 죄에서 구원할 자이심이라. (마 1:21) -나는 의인을 부르러 온 것이 아니요 죄인을 부르러 왔노라.(마 9:13) -나는 이스라엘 집의 잃어버린 양 외에는 다른 데로 보내심을 받지 아니하였노라.(마 15:24) -이와 같이 이 작은 자 중의 하나라도 잃는 것은 하늘에 계신 너희 아버지의 뜻이 아니니라.(마 18:14) -인자가 온 것은 잃어버린 자를 찾아 구원하려 함이니라.(눅 19:10) -내가 온 것은 양으로 생명을 얻게 하고 더 풍성히 얻게 하려는 것이라. 나는 선한 목자라. 선한 목자는 양들을 위하여 목숨을 버리느니라.(요 10:10-11) -보라, 세상 죄를 지고 가는 하나님의 어린 양이로다.(요 1:29)

실상 예수 그리스도께서 하신 사역은 "온전한 구원"이라는 말로 통합된다. 과거적 구원(칭의와 중생), 현재적 구원(성화), 미래적 구원(영화)의 통합이 온전한 구원이고, 몸의 구원, 영혼의 구원이 전인적 구원이고, 개인구원, 사회구원, 자연구원이 온전한 구원 안에 통합되어 있는 것으로 이해한다. 그리스도인의 신앙성숙과 하나님 나라 도래를 위한 노력인 전도와 선교도 모두 온전한 구원 안에 자리 잡게 된다. 다음의 말씀에 비추어 보면 구원의 또 다른 표현인 "하나님의 형상 회복"도 온전한 구원 안에 포함되고, 거룩한 생활도 마찬가지이다.

-그러므로 하늘에 계신 너희 아버지의 온전하심과 같이 너희도 온전하라.(마 5:48)

그러나 이 구원사역은 전도(evangelism)와 선교(mission)에서 시작된다. 그러므로 예수님께서 전도하시는 일에 다음과 같이 힘쓰시었다.

-천국복음을 전파하시며.(마 4:23; 9:35) -예수께서 열두 제자에게 명하기를 마치시고 이에 그들의 여러 동네에서 가르치시며 전도하시려고 거기를 떠나가시니라.(마 11:1) -갈릴리 여러 회당에서 전도하시더라.(눅 4:44) -우리가 다른 가까운 마을들로 가자. 거기서도 전도하리니 내가 이를 위하여 왔노라 하시고, 이에 온 갈릴리에 다니시며 그들의 여러 회당에서 전도하시고 또 귀신들을 내쫓으시더라. (막 1:38-39)

7. 고침의 사역 (healing ministry)

병고침의 사역은 예수 그리스도의 매우 중요하고 많은 부분을 차지하는 목회였다. 그러나 이 사역은 예수님께서 시작하신 것은 아니고 인간이 타락한 뒤에 줄곧 여러 형태로 있어왔던 하나님의 사역이었다.

-나는 너희를 치료하는 여호와임이라.(출 15:26) -그가 채찍에 맞으므로 우리는 나음을 받았도다.(사 53:5) -여호와께서 우리를 찢으셨으나 도로 낫게 하실 것이요, 우리를 치셨으나 싸매어 주실 것임이라.(호 6:1) -내 이름을 경외하는 너희에게는 공의로운 해가 떠올라서 치료하는 광선을 비추리니.(말 4:2) -백성 중의 모든 병과 모든 약한 것을 고치시니 그의 소문이 온 수리아에 퍼진지라 사람들이 모든 앓는 자 곧 각종 병에 걸려서 고통당하는 자, 귀신 들린 자, 간질하는 자, 중풍병자들을 데려오니 그들을 고치시더라.(마 4:23-24) -예수께서 들으시고 이르시되 건강한 자에게는 의사가 쓸

데 없고 병든 자에게라야 쓸 데 있느니라.(마 9:12) -예수께서 이르시되 딸아 네 믿음이 너를 구원하였으니 평안히 가라. 네 병에서 놓여 건강할지어다.(막 5:34) -다시는 사망이 없고 애통하는 것이나 곡하는 것이나 아픈 것이 다시 있지 아니하리니 처음 것들이 다 지나갔음이러라.(계 21:4)

고침사역은 여기에서는 일차적으로 육신의 질병을 고치는 일이다. 그러나 영혼을 고치고, 가정을 고치고, 사회와 문명을 고치고, 심지어 자연을 고치는 것조차 이 고침 사역에 속한다. 그리고 이를 회복사역(ministry of restoration)이라고 할 수 있으며 축복의 사역(ministry of blessing)으로도 확장된다.

병고침의 사역은 특히 성결교회의 사대신앙강령 가운데 하나여서 유니온교회도 이를 매우 중요하게 강조했다. 그런 결과 신유(神癒, divine healing) 사역의 역사가 현저했다. 이는 성경적 복음은 전인적 구원사역을 뜻한다는 것을 명백하게 선포한다. 특히 생명회복 사역이었다. 따라서 미주성결교단은 다음과 같이 밝히고 있다.

"우리는 하나님이 육신, 영혼, 가정, 사회, 자연 환경을 온전하게 치료하시고, 자녀와 생업을 도와주시는 신유의 축복을 믿으며."(미주성결교회 교리적 선언 제8항)

8. 제자육성(discipling)

예수 그리스도의 사역 가운데서 또 하나의 핵심부분은 제자를 육성하는 일이었다. 그분은 사역 초기부터 제자 될 만한 사람들을 찾아다니셨고, 그들을 부르셨고, 그들과 함생생활을 하셨고, 그들을 훈련시키셨고, 그들을 파송하시었다.

-말씀하시되, 나를 따라 오너라.내가 너희를 사람을 낚는 어부가 되게 하리라 하시니 그들이 곧 그물을 버려두고 예수를 따르니라.(마 4:19-20) -그들이 곧 배와 아버지를 버려두고 예수를 따르니라.(마 4:22) -예수께서 그의 열두 제자를 부르사 더러운 귀신을 쫓아내며, 모든 병과 모든 약한 것을 고치는 권능을 주시니라.(마 10:1) -이때에 예수께서 기도하시러 산으로 가사 밤이 새도록 하나님께 기도하시고, 밝으매 그 제자들을 부르사, 그 중에서 열둘을 택하여 사도라 칭하셨으니,(눅 6:12-13) -너희가 나를 택한 것이 아니요, 내가 너희를 택하여 세웠나니, 이는 너희로 가서 열매를 맺게 하고.(요 15:16)

제자(弟子, 마테테스)는 원래 배우는 자(learner) 곧 학생(學生)이라는 뜻이다. 그러나 예수께서는 특별한 뜻을 부여하여 열둘(도데카)로 정하셨으니 이는 구약성경의 열두 지파와 상응하는 숫자이다. 구약성경의 열두 지파와 신약성경의 열두 제자가 합하여 하나님을 모시는 스물 네 장로(계 4:4)를 구성하고 있다.

예수님의 제자들을 보면 베드로, 야고보, 요한의 세 제자, 열두 제자, 70제자 (눅 10:1), 일백 이십 제자(행 1:15), 오백 제자(고전 15:6), 허다한 무리 (눅 7:11)들이 있는데 물표면 위의 파동처럼 조직되어 있는 것도 눈에 들어온다.

그러나 예수님은 열두 제자에 특별한 관심을 기울이셨고 그래서 그 이름이 다소 다르기는 하지만 성경에 몇 차례 기록되어 있다. 이 가운데 열한 제자(헨데카)가 된 것은 물론 가룟 사람 유다를 제명한 까닭이었고 그 자리에 맛디아를 선임했다.(행 1:26) 그러나 예수님은 사울이라는 청년을 제자로 만들어 유다를 대신하게 한 것으로도 풀 수 있다.

어떻든 제자와 사도(使徒, 아포스톨로스)는 엄밀하게는 다른 범주이지만 대체로는 같은 범주에 속한다. 예수님은 부활하신 뒤에 제자들을 이 세상으로 파송하셨는데 이 파송받은 사람들이 바로 사도 곧 '보냄 받은' 사람들이 되었다.

-너희에게 평강이 있을지어다. 아버지께서 나를 보내신 것 같이 나도 너희를 보내노라.(요 20:21)

특히 주목할 것이 있다. 예수님은 부활하신 뒤에 새로운 제자를 삼으시기보다는 열두 제자와 칠십 제자 육성에 전심하셨다는 점이다. 그만큼 제자육성이 예수님의 역점 사역이라는 뜻이다. 사도들은 예수님 하늘에 오르신 뒤에 사도단으로 조직되어(행 1:26) 교회를 세우는 일과 돌보는 일에 평생을 헌신했다. 따라서 예수님의 사역은 제자들을 육성하는 것에 큰 힘을 기울이셨다.

9. 거룩한 생활(the holy life)

예수님의 사역이 거룩한 생활과는 별로 관계가 없는 것처럼 보일 때도 있다. 예수님은 스스로 세리와 죄인의 친구라는 비판을 받으셨다.(눅 7:34) 또 구약성경이 강조하는 정결 예법을 의도적으로 파괴하신다는 오해도 있었다.(마 15:1-2) 그러나 제자들의 발을 씻으신 사역(요 13:1-20)을 생각할 때 예수님도 위생적 성결에 대하여 깊은 관심을 가지셨음이 확인된다. 물론 여기에는 영적 성결이 더 중요한 가르침이다.

예수님은 도덕적 거룩함에 대하여서도 힘써 가르치셨고 보여 주셨다. 육신적 정결함보다 더 중요한 것이 마음의 성결임을 강조하셨다. 그리고 예수님 자신이 이런 성결함을 생활과 행동으로 보여 주셨다.

-입에서 나오는 것들은 마음에서 나오나니 이것이야말로 사람을 더럽게 하느니라. 마음에서 나오는 것은 악한 생각과 살인과 간음과 음란과 도둑질과 거짓 증언과 비방이니 이런 것들이 사람을 더럽게 하는 것이요, 씻지 않은 손으로 먹은 것은 사람을 더럽게 하지 못하느니라.(마 15:18-20)

예수님은 '더러운 귀신'을 쫓아내심으로 영혼을 거룩하게 하시는 사역에 힘쓰셨다. 또, "다시는 죄를 짓지 말라"는 말씀도 하셨다. 베데스다 연못가의 38년 된 병자에게(요 5:14), 그리고 간음하다 현장에서 체포된 여자에게 (요 8:11) 잘라서 말씀하셨다.

'거룩한 생활'은 곧 거룩한 사랑 생활(life of holy love)이라고 웨슬리 신학에서는 풀어내고 있다. 그리스도인의 완전이란 무슨 뜻이냐는 질문에 요한 웨슬리는 "마음을 다하고, 뜻을 다하고, 영혼을 다하고, 힘을 다하여 하나님을 사랑하는 것" 곧 깨끗한 사랑(pure love)이라고 했다.(그리스도인의 완전 제19장). 이것은 "모든 계명 가운데 첫째 되는 것이 무엇입니까" 하고 물었던 성경학자에게 예수님께서 다음과 같이 대답 하신 말씀 그대로이다.

-첫째는 이것이니… 네 마음을 다하고 목숨을 다하고 뜻을 다하고 힘을 다하여 주 너의 하나님을 사랑하라 하신 것이요, 둘째는 이것이니 네 이웃을 네 자신과 같이 사랑하라 하신 것이라. 이보다 더 큰 계명이 없느니라.(막 12:28-31)

흔히 산상수훈(마 5-7장)을 하늘나라의 윤리 혹은 삶을 보여준 것이라고 해석한다. 그렇다면 원수까지 사랑하는 것이 가장 거룩한 생활임을 다시 한 번 확인할 수 있다.

10. 영성 사역 (ministry of spirituality)

예수님은 보혜사 성령님을 우리에게 보내셔서 충만하게 하시고 내주하게 하시는 사역에 힘쓰셨다. 특히 예수님의 지상 사역이 마지막에 가까울수록 성령 사역에 역점을 두셨다. 이것은 사도행전 2장에 기록된 오순절 성령강림으로 절정을 이루고 있으며 오늘날도 계속되고 있다.

성자 하나님 예수 그리스도와 성령 하나님의 관계에 관하여는 서방교회와 동방교회가 1054년에 서로 분열의 빌미가 될 만큼 이해를 달리하고 있다. 서방교회는 성령의 발출을 아버지와 또한 아들(Filioque)에서 나온 영으로 고백했고 동방교회는 아들을 통하여(through) 주신 아버지의 영으로 고백함으로써 교리적 충돌을 보게 되었다. 이 문제는 성부, 성자, 성령 하나님께서 함생하심(combiosing)으로 풀면 통합이 가능하다고 본다. 어디에서 나왔느냐가 중요한 것이 아니고 지금도 함께 살아 존재하시고 일하신다는 점에 초점을 맞추어야 하겠다. 그 성령께서 바로 우리와 함께 그리고 우리 안에, 그것도 특히 각 사람 안에 살고계심(indwelling)으로 이해하여야 한다.

-보혜사 곧 아버지께서 내 이름으로 보내실 성령 그가 너희에게 모든 것을 가르치고 내가 너희에게 말한 모든 것을 생각나게 하리라.(요 14:26) -이 말씀을 하시고 그들을 향하사 숨을 내쉬며 이르시되 성령을 받으라.(요 20:22) -요한은 물로 세례를 베풀었으나 너희는 몇 날이 못되어 성령으로 세례를 받으리라.(행 1:5) -오직 성령이 너희에게 임하시면 너희가 권능을 받고.(행 1:8)

성령은 곧 그리스도의 영이기도 해서, "누구든지 그리스도의 영이 없으면 그리스도의 사람이 아니라"(롬 8:9)고도 성경은 선언하고 있다.

11. 교회 설립

예수 그리스도의 사역은 교회를 설립하심으로 하나님 나라의 모형을 이 세상에 남겨 주셨다. 교회를 설립하는 것이 예수님의 뜻이었느냐 아니냐에 대한 논란이 없지 않으나 우리는 예수님께서 그의 몸된 교회를 세우셨음을 성경말씀대로 확고히 믿는다.

-또 내가 네게 이르노니 너는 베드로라. 내가 이 반석 위에 내 교회를 세우리니 음부의 권세가 이기지 못하리라.(마 16:18) -그 가운데 여러분을 감독자로 삼고 하나님이(혹은 주께서) 자기 피로 사신 교회를 보살피게 하셨느니라. (행 20:28). -교회는 그의 몸이니.(엡 1:23) -그는 몸인 교회의 머리시라.(골1:18)

"우리는 거룩한 교회가 하나님 나라의 모형이요, 하나님의 연합된 백성이요, 그리스도의 몸이요, 성령의 집이며, 다시 오시는 예수 그리스도를 대망하는 정결한 신부임을 믿으며."(교리적 선언 제9조)

예수님께서는 앞서 언급한 것처럼 제자들을 육성하셨는데 그 가운데 예수님을 주왕(主王)으로 삼은 열두 제자가 바로 교회의 원형이라고 보아야 한다. 이는 구약성경 시대에도 여러 예표(type)가 있었으니 에덴동산, 노아의 방주, 아브라함과 그 후손, 이집트에 살던 선택된 백성이나 바벨론에 포로 된 백성, 모세 때 십계명 돌판을 받고 언약을 체결한 백성, 여호와의 이름을 둔 예루살렘 성전 … 이런 것들이다.

12. 절기사역과 성례식 제정

예수님의 사역은 유대인들의 절기와 밀접하게 연결되어 있다. 유월절(뛰넘절) 그리고 이의 한 부분인 무교절이 아주 중요한 절기이다.

-그의 부모가 해마다 유월절이 되면 예루살렘으로 가더니.(눅 2:41) -제자들이… 예수께서 하시던 말씀대로 만나 유월절 음식을 준비하니라.(막 14:16) -유대인의 유월절이 가까운지라 예수께서 예루살렘으로 올라가셨더니.(요 2:13) -이틀이 지나면 유월절과 무교절이라.(막 14:1) -예루살렘에 수전절이 이르니 때는 겨울이라, 예수께서 성전 안 솔로몬 행각에서 거니시니 (요 10:22-23)

이러한 절기 사역은 물론 옛 언약 곧 모세의 율법에 명령된 것들이다. 특히 3대 절기인 유월절/무교절, 칠칠절, 수장절, 그리고 안식일을 지키라는 명령이다. 예수님께서는 그 언약대로 준수하셨다. 그러나 그 형식이나 절차보다 특히 그 정신을 다시 살려 놓으셨다. 이것이 성찬예식, 세례예식, 세족예식으로 나타난다. 성찬예식을 제정하실 때에 뛰넘절 식사를 하시고 그에 이어 "이는 내 피로 세우는 새 언약"이라고 선언하셨다. (눅 22:20) 그 뜻이 실로 심대하다.

13. 십자가 사역

예수 그리스도의 사역은 십자가 죽음과 부활로 정점을 이룬다. 이것은 첫 사람 아담 부부가 범죄한 직후에 선언하신 하나님의 언약의 핵심이다.

-여자의 후손은 네 머리를 상할 것이요 너는 그의 발꿈치를 상하게 할 것이라.(창 3:15)

십자가 사역은 그 이후 구약성경의 여러 국면에서 그 모습을 볼 수 있다. 이삭을 제물로 드리는 사건, 할례제도, 특히 제사제도 곧 비둘기, 양, 소 등의 희생 제물을 드리는 일 등이다. 그러나 이것은 예수 그리스도의 십자가의 죽으심과 부활로 완성된다. 사도신경에 "본디오 빌라도에게 고난을 받으사 십자가에 못 박혀 죽으시고, 장사한 지 사흘 만에 죽은 자 가운데서 다시 살아나시며"에 간결하게 표현되어 있다.

예수 그리스도의 '땅위 생애'는 처음부터 십자가 수난으로 점철되었다. 아기 예수를 죽이려는 헤롯왕이 베들레헴 일대의 동년배들을 살해한 것도 '대신 죽은 사건'이다. 직접목회 활동 3년 동안 내내 고난의 연속이다. 그러다가 마침내 골고다 언덕에서 잔인하게 처형

된다.

네 복음서가 모두 십자가 위에서의 죽으심을 예수 그리스도의 생애의 절정으로 이해하는 것은 우연이 아니다. 그분 사역의 핵심이 바로 십자가와 부활사건임을 웅변으로 증언한다. 그래서 성경에는 그 아픔의 길(via dolorosa)의 일주일간이 매우 상세하게 그리고 집중적으로 기록되었다. 그리고 이것은 사도행전 이하에서 예수 그리스도를 말할 때에나 혹은 '복음'을 전파할 때 자주 핵심사항으로 등장한다.

-너희가 십자가에 못박은 이 예수를 하나님이 주와 그리스도가 되게 하셨느니라.(행 2:36) -너희가 십자가에 못 박고 하나님이 죽은 자 가운데서 살리신 나사렛 예수 그리스도의 이름으로 이 사람이 건강하게 되어 너희 앞에 섰느니라.(행 4:10) -죽으실 뿐 아니라 다시 살아나신 이는 그리스도 예수시니.(롬 8:34)

무엇보다도 십자가의 죽으심과 부활이 예수 그리스도 사역의 핵심사건인 것은 예수님 자신이 십자가 죽음을 통하여 사역하실 것과 하나님께서 다시 살리실 것을 목회생애 처음부터 확신했다는 점이 그 증거이다. 예수님의 가르치심과 행동하심을 분석하면 이것은 매우 쉽게 확인된다.

-아무든지 나를 따라오려거든 자기를 부인하고 날마다 제 십자가를 지고 나를 따를 것이니라.(눅 9:23) -이 말을 너희 귀에 담아두라. 인자가 장차 사람들의 손에 넘겨지리라.(눅 9:44) -나는 받을 세례가 있으니 그것이 이루어지기까지 나의 답답함이 어떠하겠느냐.(눅 12:50) -이 때로부터 예수 그리스도께서 자기가 예루살렘에 올라가 장로들과 대제사장들과 서기관들에게 많은 고난을 받고 죽임을 당하고 제3일에 살아나야 할 것을 제자들에게 비로소 나타내시니.(마 16:21)

예수님께서 고난당하시고 죽으실 것을 위의 말씀 외에도 더 많은 부분에서 직접 간접으로 말씀하셨다. 예수님의 의식 밑바닥에는 항상 '고통스러운 죽음'에 대한 예견이 도도히 흐르고 있는 것을 확인할 수 있다. 물론 이것은 특히 이사야서에 적시된 고난 받는 종 곧 "도수장으로 끌려가는 어린 양"(사 53:7)이 바로 자기 자신이라는 자아의식의 발로로 볼 수 있다.

14. 하나님 나라 완성(consummation of the kingdom of God)

-이때부터 예수께서 비로소 전파하여 이르시되 회개하라, 천국이 가까이 왔느니라 하시더라.(마 4:17) -천국은 좋은 씨를 제 밭에 뿌린 사람과 같으니.(마 13:24) -그러나 내가 하나님의 성령을 힘입어 귀신을 쫓아내는 것이면 하나님의 나라가 이미 너희에게 임하였느니라.(마 12:28) -내가 다른 동네들에서도 하나님의 나라 복음을 전하여야 하리니.(막 4:43)

-하나님의 나라는 너희 안에 있느니라.(눅 17:21) -하나님의 나라를 전파하며, 주 예수 그리스도에 관한 모든 것을 담대하게 거침없이 가르치더라.(행 28:31) -보라. 하나님의 장막이 사람들과 함께 있으매, 하나님이 그들과 함께 계시리니, 그들은 하나님의 백성이 되고 하나님은 친히 그들과 함께 계

셔서 모든 눈물을 그 눈에서 닦아 주시니.(계 21:3-4)

"우리는 예수 그리스도께서 재림하사, 부활한 성도들과 함께 천년왕국을 세우시고, 최후의 심판주가 되사, 하나님의 자녀는 영원한 생명을 누리되, 사탄의 추종자는 영원히 저주받게 하심으로 하나님의 나라가 완성될 것을 믿습니다."(교리적 선언 제12조)

예수님의 사역은 하나님 나라를 선포하시고, 가르치시고, 보여 주시고, 확장시키시는 것으로 종합될 수도 있다. 마태복음에는 천국(天國), 다른 복음서나 성경에는 "하나님 나라"라는 용어를 사용하고 있지만 그 실체는 같을 뿐이다.

하나님의 나라라고 할 때 '나라'는 통치를 뜻한다는 것이 학자들에 의하여 밝혀졌다. 그리고 하나님의 나라는 과거적이며, 현재적이며, 미래적인 그래서 〈이미, 지금, 아직〉이라는 틀에서 이해되어야 한다는 것도 지적되었다. 그리고 하나님의 나라는 성삼위 하나님께서 직접 통치하시는 모습으로 최후에 완성될 것도 확신한다.

함생목회자 예수 그리스도

예수 그리스도의 사역의 개요를 여러 가지로 분류했지만 그것을 총괄하는 사역은 무엇보다도 함생사역이라는 말로 종합되고 요약된다. 성부, 성자, 성령 삼위일체 하나님의 함생사역이시고, 창조주와 피조물의 함생사역이고, 피조물과 피조물의 함생사역이다. 그리고 역설적이지만 하나님의 백성과 사탄의 자녀들과의 함생사역이다.

그 뜻은 첫째로, 예수 그리스도의 사역은 생명의 구원과 회복을 핵심사항으로 하고 있다는 점이다. 그 생명은 사람의 것이 우선적이다. 그러나 사람의 생명에 한정된 것만은 아니다. 우주 안에 있는 모든 생명이다. 심지어 무생물들도 생명을 생명되게 하는 도구로서 중요하게 여기셨다. 성경에 나오는 인물 가운데서는 물론 온 인류 역사에서 예수 그리스도 그분처럼 생명을 귀중하게 여긴 인물이나 사상은 발견되지 않는다. 실로 그분은 생명사역의 최고표준이시다. 그분 자신이 생명이라고 선언하셨다.(요 14:6) 생명을 구원하시려고 자신의 생명을 제물로 드리심으로 생명사역의 최고 표준이 되셨다.

그래서 목회의 기본적 목표는 '완전한 구원'이라고 할 수 있다. 한 개인에게 하나님의 형상이 완전히 회복되는 완전한 구원을 이루도록 해야 한다. 모든 피조물이 다 구원을 얻게 되는 완전한 구원이 되도록 해야 한다. 하나님의 형상이 온 인류에게 완전히 회복되어 하나님의 나라가 확장되고 완성되도록 하는 것이 성삼위 하나님의 목회 목표요 예수 그리스도의 목회 목표이다.

둘째로, 이런 생명 살리기 사역은 성부 하나님, 성령 하나님과 삼위일체가 되셔서 수행하셨다.

-내가 아버지 안에 거하고 아버지께서 내 안에 계심을 믿으라. 그렇지 못하겠거든 행하는 그 일로 말

미암아 나를 믿으라.(요 14:11) -내가 아버지께로부터 너희에게 보낼 보혜사 곧 아버지께로부터 나오시는 진리의 성령이 오실 때에 그가 나를 증언하실 것이요.(요 15:26)

예수 그리스도께서는 이처럼 본질적 삼위일체 안에서 함생하시면서 삼위일체적 사역을 함께 수행하신다. 신적 차원의 수평적 함생사역이다.

마지막으로, 예수 그리스도의 사역은 사람과 함께 이루어 가신다. 수직적 함생사역이다. 그것을 위하여 열두 제자단, 칠십 제자단을 조직하셨고, 그것이 교회의 모체가 되었고, 자신은 그 머리가 되셨다. 예수 그리스도께서는 고통스러운 속죄의 죽음 없이도 초월적 능력으로 구원사역을 이루실 수 있으신 데도 굳이 사람을 하나하나 불러 모으시고 그들을 돌보시고 가르치셔서 제자단을 구성하시면서 사역을 펴나가셨다. 그 분은 혼자 해내실 수 있는 사역들도 '함께' 수행하여 나가셨다. 그것이 담임목사의 영원한 표상이신 예수 그리스도께서 모든 하나님의 백성들 특히 그 가운데 담임목회자들에게 그 길(The Way)이 되신 까닭 아닌가.

-떡 다섯 개와 물고기 두 마리를 가지사 하늘을 우러러 축사하시고 떡을 떼어 제자들에게 주시매 제자들이 무리에게 주니 다 배불리 먹고.(마 14:19-20) -예수께서 열두 제자를 불러 모으사 모든 귀신을 제어하며 병을 고치는 능력과 권위를 주시고 하나님의 나라를 전파하며 앓는 자를 고치게 하려고 내보내시며.(눅 9:1-2) -일어나라. 함께 가자.(막 14:42) -아버지께서 나를 보내신 것 같이 나도 너희를 보내노라.(요 20:21)

그래서 초대교회 목회자들은 단연 예수 그리스도를 목회의 최고표준으로 설정했으며 그 분의 사역을 다음과 같이 간결하게 요약하고 있다.

-믿음의 주요 또 온전하게 하시는 이인 예수를 바라보자.(히 12:2)

그 분은 함생목회자의 표준

예수께서 이르시되 네 대답이 옳도다. 이를 행하라. 그러면 살리라.(눅 10:28)

예수 믿으면 '내가 만난 예수님' 혹은 '내가 만난 하나님'이라는 간증을 누구든지 꼭 말해야 한다. 누구든지 사도 바울처럼 혹은 베드로처럼 그리고 열두 해 하혈병 고친 여자처럼 예수님을 만난 생생한 체험을 가지고 있기 때문이다.

그러나 그가 만난 예수님이 예수님의 전부는 아니다. 큰 그릇은 작은 그릇 전부를 담을 수 있기에 큰 그릇 예수님은 나를 통째로 알고 계신다. 하지만 작은 그릇은 큰 그릇의 지극히 한 부분만 접촉할 수 있다. 그래서 우리는 지금 예수님을 부분적으로만 알고 있다. (참조: 고전 13:9)

예수 그리스도는 누구이실까? 과연 그분을 누구라고 사람들에게 소개할 수 있을까? 그렇게 소개했을 때 예수님께서 "잘하였도다. 충성되고 지혜 있는 종아"(마 24:45)라고 칭찬하실까.

예수님이 누구시냐고 물으면 그 대답이 일 천 가지도 넘을 것 같다. 아니, 모든 믿는 사람들이 '그 분은 나의 구원주이십니다'라고 같은 대답을 하지만 그 내용은 조금씩 혹은 상당히 다르다. 그래서 나도 예수님은 누구이신가 하고 여러 가지 대답을 만들었다. 성경이나 남이 이미 말한 것 말고도 나의 독특한 대답들도 몇 있다. 예수님은 팽이, 예수님은 그네, 예수님은 배터리, 예수님은 자동차 휘발유, 예수님은 널뛰시는 분, 예수님은 축구공….

그런 것들이다. 예수님의 생애를 '내려오시고' (비하, humiliation) '올라가셨다'(승귀, exaltation)로 풀면 그건 바로 그네가 된다. 많이 떨어져야 많이 올라가는 그네 말이다. 예수님은 90분 내내 발길질 당하시고도 돈 한 푼, 칭찬 한 마디 듣지 못하는 축구공과 같다. 그래도 공이 없으면 아무도 재미있는 게임을 즐기지 못하고 선수들도 돈을 못 벌게 된다.

그런 가운데 예수님께서 "나는 함생주의자이니라" 그런 대답을 내게 주셨다. 그래서 다음과 같은 설교를 여러 번 했다. 그리고 그 분과 함께 함생하기로 결심했다. 그 분이 목숨을 걸으셨던 십자가를 지고, "내가 너희에게 행한 것 같이 너희도 행하게 하려 하여 본을 보였노라."(요 13:15)는 말씀대로 살려고 힘썼다.

살리려고 오셨다

예수님은 살리러 오셨습니다. 죽은 나사로를 살리셨습니다. 열두 살 난 소녀를 살리셨습니다. 나인 동네 홀모 아들을 살려 내셨습니다. 그뿐 아니라 죽어가는 많은 사람들 곧 치명적인 질병과 싸우는 사람들을 건져 내셨습니다. 열두 해 동안 피를 아래로 쏟던 여자, 침상에 실려 왔던 중풍병자, 문둥병자 열 명, 풍랑에 죽어가는 제자들을 살려 내셨습니다. 간음하다 현장에서 붙잡혀 온 여자까지 살려 내셨습니다.

그래서 예수님은 자신이 이 세상에 오신 목적을 여러 번 밝히셨습니다.

-인자가 온 것은 잃어버린 자를 찾아 구원하려 함이니라.(눅 19:10) -죽은 자들이 하나님의 아들의 음성을 들을 때가 오나니 곧 이 때라. 듣는 자는 살아나리라.(요 5:25) -너희가 성경에서 영생을 얻는 줄 생각하고 성경을 연구하거니와 이 성경이 곧 내게 대하여 증언하는 것이니라.(요 5:39) -아버지께서 죽은 자들을 일으켜 살리심 같이 아들도 자기가 원하는 자들을 살리느니라.(요 5:21) -첫 사람 아담은 생령이 되었다 함과 같이 마지막 아담은 살려주는 영이 되었나니.(고전 15:45) -내가 너희에게 묻노니 안식일에 선을 행하는 것과 악을 행하는 것, 생명을 구하는 것과 죽이는 것, 어느 것이 옳으냐?(눅 6:9, 막 3:4)

특히 마지막 말씀은 좀 더 분석해 보면 그 진리가 확연히 드러납니다. 이 말씀은 안식일에 손 마른 사람의 손을 고치시면서 안식일의 참뜻을 선포하신 중에 가르쳐 주신 교훈입니다. 그런데 예수님은 이 말씀에서 '생명을 구하는 것은 선을 행하는 것이고, 죽이는 것은 악을 행하는 것'임을 밝혀 말씀하셨습니다.

어떤 율법교사가 예수님을 시험하기 위하여 이렇게 물었습니다. "내가 무엇을 하여야 영생을 얻겠습니까?"(눅 10:25) 비록 예수님을 걸려 넘어지게 하려는 의도였지만 그에게는 가장 중요한 것이 영원한 생명을 얻는 일임을 확인해 주고 있습니다. 문답법과 비유법을 통하여 그 율법교사와 온 인류에게 영원히 사는 길을 제시하셨습니다. 그것이 곧 '사랑대명'입니다. '하나님 사랑과 이웃 사랑'으로 요약됩니다. 이웃 사랑에는 물론 원수 사랑까지 포함됩니다. 예수님은 그 율법교사에게 단호하게 말씀하셨습니다: 이를 행하라. 그리하면 살리라. 이어서 예수님은 그 유명한 비유 '선한 사마리아 사람'을 말씀하셨습니다.(눅 10:30-35) 그리고 마지막에는 또 그 율법교사의 결단을 촉구하셨습니다. "가서 너도 이와 같이 하라."(눅 10:37)

그러므로 이제 선과 악의 표준이 분명해졌습니다. 악이 무엇입니까? 생명파괴입니다. 그런 점에서 보면 유태인들을 싹 쓸어 죽이려 했던 히틀러는 극악무도한 사람입니다. 공산주의자들이 왜 흉악한 사람들로 정죄되어야 합니까? 혁명과정에서 1억 이상의 인간생명을 죽였기 때문입니다.

반대로, 선이 무엇입니까? 사람의 생명을 살리는 것이 지고선(至高善)입니다. 그래서 의술은 인술이라고 합니다. 안식일에 땔감으로 나무를 줍다가 사형 처분된 사람이 있습니다.(민 15:32-36) 그러나 예수님은 안식일을 죽이는 날에서 살리는 날로 바꾸셨습니다.

예수님께서는 무엇 하나 죽이라고 하신 일을 찾기 어렵습니다. "저 원수들을 이리로 끌어다가 내 앞에서 죽이라"(눅 19:27)는 말씀을 그 비유에 포함시키셨지만 예수님의 목표는 여전히 살리는 것이지 결코 죽이는 데 있지 않습니다. 반함생주의자 혹은 그릇된 함생주의자인 가룟 유다까지도 구원하시려는 여러 고심의 흔적이 있습니다. 십자가 위의 간절한 기도가 바로 그 증거입니다.

-아버지, 저들을 사하여 주옵소서. 자기들이 하는 것을 알지 못함이니이다.(눅 23:34)

살리는 일에 우선순위가 있었다

예수님께서 살리시려는 것은 사람만이 아닙니다. 자연과 식물 그리고 동물까지 포함됩니다. 그리고 사람을 살리시는 일에도 육신만 아니라 영혼을 살리셨습니다. 게다가 하나님의 나라를 말씀하심으로 소수의 생명보다 다수의 생명, 할 수 있으시다면 모든 생명을 살리시려는 사명으로 이 땅 위에 오셨습니다. 그래서 그 분을 함생주의자(咸生主義者,

combiosist)라고 부릅니다.

조금 상세히 말씀드립니다. 함생주의자 예수님은 안식일에 양을 구덩이에서 꺼내 살리는 것도 마땅한 일로 말씀하셨습니다.(마 12:11) 들짐승과 함께 지내시기도 하셨습니다.(막 1:13), "너희는 온 천하에 다니며 만민에게 복음을 전파하라"(막 16:15)는 말씀에서 "만민에게"는 본래 "온 창조세계에"라는 뜻입니다. 사람과 피조물 전체의 구원을 사역목표로 삼으신 것입니다.

그래서 로마서에는 이런 말씀이 기록되어 있습니다. 곧, "그 바라는 것은 피조물도 썩어짐의 종 노릇한데서 해방되어 하나님의 자녀들의 영광의 자유에 이르는 것이니라. 피조물이 다 이제까지 함께 탄식하며 함께 고통을 겪고 있는 것을 우리가 아느니라."(롬 8:21-22)

그러나 예수님의 구원대상에는 우선순위가 있습니다. 다른 모든 피조물보다는 사람이 먼저입니다. 다른 피조물들은 짐승이라 할지라도 자의로 범죄한 존재가 아니기 때문에 예수님의 피로 속량할 대상이 아닙니다. 게다가 하나님의 형상을 가진 존재는 사람뿐입니다.(창 1:26-28, 고후 4:4)

그러므로 예수 그리스도께서는 사람을 살리는 일에 그 사역을 집중하셨습니다. 전도의 1차 대상으로 삼은 것이 사람입니다. 그러나 사람 가운데서 영혼을 구원하시는 일이 몸을 구원하시는 일보다 더 우선이었습니다.

-몸은 죽여도 영혼은 능히 죽이지 못하는 자들을 두려워하지 말고 오직 몸과 영혼을 능히 지옥에 멸하실 수 있는 이를 두려워하라.(마 10:28) -아들을 낳으리니 이름을 예수라 하라. 이는 그가 자기 백성을 그들의 죄에서 구원할 자이심이라.(마 1:21) -하나님은 이르시되, 어리석은 자여, 오늘 밤에 네 영혼을 도로 찾으리니 그러면 네 준비한 것이 누구의 것이 되겠느냐?(눅 12:20)

이 같은 사실은 예수님께서 특히 십자가 위에서 하신 일들을 보면 명백히 밝혀집니다. 회개한 강도를 구원하실 때 몸을 구원하시지는 않으셨으나, "오늘 네가 나와 함께 낙원에 있으리라"고 하심으로 영혼을 구원하셨습니다.(눅 23:43) 그리고 최후의 말씀 곧 최후의 기도를 드리실 때, "아버지, 내 영혼을 아버지 손에 부탁하나이다"라고 하셨습니다. 자신에게 있어서도 육신의 구원이 아니라 영혼의 구원이 훨씬 더 우선순위임을 확실히 증거하셨습니다.

그 분은 함생체이시다

예수님은 하나가 되도록 간절히 기도하셨습니다. 아니, 지금도 기도하고 계십니다. '대제사장 이신 예수님의 기도'로 알려지고 있는 요한복음 17장에는 이런 기도가 포함되어 있습니다.

-거룩하신 아버지여, 내게 주신 아버지의 이름으로 그들을 보전하사 우리와 같이 그들도 하나가 되게 하옵소서.(요 17:11) -아버지여, 아버지께서 내 안에, 내가 아버지 안에 있는 것같이 그들도 다 하나가 되어 우리 안에 있게 하사 … (요 17:21) -이는 우리가 하나된 것 같이 그들도 하나가 되게 하려 함이니이다.(요 17:22)

예수님이 누구냐고 물으면 우리는 단호하게 그 분은 온전하신 하나님(verus Deus), 온전하신 사람(verus homo)이라고 대답합니다. 칼케돈 신조(451)에 따른 것입니다. 그래서 예수 그리스도를 그 신성과 인성이 신비하게 하나로 결합되신 분으로 이해합니다.

예수 그리스도 안에는 성부 하나님, 성자 하나님, 성령 하나님이 항상 함께 계시다는 뜻입니다. 그러므로 예수님은, "우리 삼위 하나님이 일체로 하나된 것처럼 제자들 그리고 참다운 교회도 하나되게 하도록" 간절히 기도하신 것입니다.

물론 이 같은 그리스도론에는 여러 가지 복잡한 해석들이 있습니다. 하지만 단순화한다면 결국 예수님은 성삼위 하나님과 사람이 결합된 함생체(body of bios. '비오스'는 신약성경 헬라말에서 '생명' 혹은 '재산'이라는 뜻)입니다. 그리고 교회도 예수 그리스도를 따르는 사람이 두세사람 이상 모인 생체로 이해할 때 또 다른 함생체가 됩니다. 그래서 교회를 여러 지체를 가진 그리스도의 몸이라고 풀이합니다.

-두세 사람이 내 이름으로 모인 곳에는 나도 그들 중에 있느니라.(마 18:20) -너희는 그리스도의 몸이요 지체의 각 부분이라.(고전 12:27) -그는 몸인 교회의 머리시라 … 아버지께서는 모든 충만으로 예수 안에 거하게 하시고…(골 1:18-19)

그러므로 예수님은 함생주의자(combiosist)이십니다. 구약성경에는 이스라엘 민족을 죽이려는 세력이 얼마나 많이 있고 또 이스라엘 민족이 살아남기 위하여 수많은 사람의 목숨을 죽였습니다. 하지만 앞에서 말씀드린 것처럼 예수님은 어느 누구의 생명도 죽이시기는커녕 살리려 하셨습니다. 살리시기 위하여 오히려 자신을 죽이셨습니다. '나만주의자'들을 살리시기 위하여 '너만주의자'가 되셨고, '우리만주의자'들을 살리시기 위하여 '당신들만주의자'가 되셨습니다. 그것이 바로 "너희 원수를 사랑하라"는 말씀에서 선명하게 나타납니다.

수직적 함생, 수평적 함생

그러나 오해하지 마십시오. 예수님은 만민이 구원받기 위하여 십자가 위에서 죽으셨고 그것을 위하여 지금도 기도하시지만 그렇다고 만인이 자동적으로 구원받게 만드시는 분은 결코 아닙니다. 행여 자연의 구원과 사람 몸의 구원에는 그런 혜택이 주어질지 모르나 사람의 영혼은 반드시 수직적 함생이 이루어져야 영원한 생명을 얻게 됩니다. 사람에게 선행을 베푸는 수평적 함생만으로는 영혼의 구원을 얻는 길이 없습니다.

수직적 함생이란 사람과 하나님이 함께 사는 것을 뜻합니다. 예수님께서 육신을 입고 이 땅 위에 계실 때에도 항상 아버지 안에 계신다고 말씀하셨습니다. 그것이 바로 수직적 함생의 기초요 근거입니다. 긴 설명 할 것 없이 다음의 말씀이 웅변으로 증명합니다.

–아버지여, 아버지께서 내 안에, 내가 아버지 안에 있는 것 같이 그들도 다 하나가 되어 우리 안에 있게 하사 세상으로 아버지께서 나를 보내신 것을 믿게 하옵소서.(요 17:21)

그러므로 성령세례와 성령충만으로 표현하는 성결이 바로 수직적 함생입니다. 그래서 믿음, 은혜, 영성, 경건, 이 모든 것들은 수직적 함생으로 쉽게 이해됩니다.

–보라, 처녀가 잉태하여 아들을 낳을 것이요 그의 이름은 임마누엘이라 하리라 하셨으니 이를 번역한즉 하나님이 우리와 함께 계시다 함이라.(마 1:23) –그 날에는 내가 아버지 안에, 너희가 내 안에, 내가 너희 안에 있는 것을 너희가 알리라.(요 14:20) –보혜사 곧 아버지께서 내 이름으로 보내실 성령 그가 너희에게 모든 것을 가르치고, 내가 너희에게 말한 모든 것을 생각나게 하리라.(요 14:26) –볼지어다, 내가 세상 끝날까지 너희와 항상 함께 있으리라.(마 28:20) –볼지어다, 내가 문밖에 서서 두드리노니 누구든지 내 음성을 듣고 문을 열면 내가 그에게로 들어가 그와 더불어 먹고 그는 나와 더불어 먹으리라.(계 3:20)

이와 같이 모든 구원은 바로 하나님과의 수직적 함생입니다. 따라서 수직적 함생 없이 수평적 함생만으로는 구원받을 수 없다는 것을 성경은 거듭 거듭 명확히 선언하고 있습니다.

그렇다고 수평적 함생은 무시해도 좋다는 뜻은 결코 아닙니다. 수직적 함생은 반드시 수평적 함생으로 연장되어야 그 완성단계로 들어갑니다. 이것을 예수님과 성경은 다음과 같이 강조하였습니다.

–나더러 주여 주여 하는 자마다 다 천국에 들어갈 것이 아니요 다만 하늘에 계신 내 아버지의 뜻대로 행하는 자라야 들어가리라.(마 7:21) –예수께서 이르시되 네 대답이 옳도다. 이를 행하라. 그러면 살리라.(눅 10:28) –이와 같이 행함이 없는 믿음은 그 자체가 죽은 것이라.(약 2:17)

수평적 함생이란 다른 사람이나 다른 피조물과 함께 살겠다는 것으로 이것도 선행임에 틀림없습니다. 그러나 이런 선행만으로는 부족합니다. 예수님에게 있어서 선행이란 바로 생명을 살리는 것이라고 위의 본문에서 말씀하시기 때문입니다. 육신구원을 돕는 일에 앞서 혹은 돕는 일을 통하여 영혼구원에 이르러야 온전한 선행이 됩니다.

–너희가 여기 내 형제 중에 지극히 작은 자 하나에게 한 것이 곧 내게 한 것이니라.(마 25:40)

이 말씀은 교회 안에서는 물론 교회 밖에서도 명언으로 인용됩니다. 가난하고, 헐벗고, 굶주리고, 병들고, 갇혀 있는 사람들에게 사랑을 베풀어야 한다는 말씀이기 때문입니다. 그러나 많은 사람들이 그 말씀에서, “여기 내 형제 중에”라는 부분에 주목하지 않습니다. 예수님을 따르는 형제가 되는 것이 함생의 우선적 대상이라는 뜻입니다.

이제 거듭 말합니다. 예수님은 함생주의자이십니다. 모든 피조물을 살리시려 합니다.

모든 사람의 몸을 건강하게 보존하려 하십니다. 모든 영혼을 살리시기를 기도하고 시도하십니다. 영원히 살리시고, 거룩하게 살도록 하시려는 것이 그분의 핵심사역입니다. 그것이 교회를 세우시는 뜻입니다. 그것이 전도하게 하시는 뜻입니다. 그것이 하나님 나라를 선포하신 뜻입니다.

그러므로 예수님을 따르는 우리들도 함생주의자가 되어야 합니다. 성삼위 하나님과 함께 살고, 사람과 사람이 함께 살고, 모두를 살리고, 끝까지 살리고, 거룩하게 살게 하는 것을 인생의 사명으로 삼아야 합니다. 그것이 바로 함생주의자이신 예수 그리스도를 따르는 길입니다. 그 분을 본받아 우리도 함생을 최고의 사명으로 삼는 함생주의자가 되어야만 감히 하나님의 자녀, 그리스도인, 예수쟁이라는 이름을 붙일 수 있습니다.

(참조: 이정근. 시론. "생명은 천하보다도 귀한 것인데" 한국일보 2012년 6월 5일)

담임목자이신 예수 그리스도

기독교는 교회로 대표된다. 기독교 안에 교회만 있는 것은 물론 아니다. 고아원이나 양로원처럼 사회봉사기관도 있고, 대학생전도회, 산업전도회 같은 전도기관도 있다. 교육기관, 평신도단체, 언론미디어, 문화예술단체도 있고 총회같은 교단조직도 있다. 그러나 말할 것도 없이 기독교에는 '교회'가 주축을 이룬다. 아니, 기독교 단체(parachurch)들도 실상은 교회이다.

교회는 평신도와 사역자 혹은 목회자로 구성된다. 교역자들도 원론적으로는 평신도 곧 하나님의 백성의 한 사람일 뿐이지만 실제적으로는 엄격하게 구별되고 있다. 우선 기능적으로 말한다면 사역자는 '가르치는 계급'이고 평신도는 '배우는 계급'이다.

그런데 교회사역자 가운데는 담임목사가 제일 핵심요소다. 하나님 앞에서는 만인이 제사장이고, 만인이 선교사이고, 만인이 목회자이다. 그래서 만인제사장론이 개신교회 교리의 근본이다. 하지만 현실교회에서는 담임목회자가 가장 많은 권한을 갖는다. 교회성장론에서 교회성패의 90%는 담임목사에게 달렸다고 할 정도다. 좀 과장된 표현이다. 하지만 담임목사가 개체교회의 성공과 실패를 결정하는 최대요인이라는 데는 누구나 동의한다. 교회가 "든든히 세워져 나가느냐"(행 9:31) 아니면 바벨탑처럼 와르르 무너지느냐(창 11장)의 칭찬과 심판은 거의 담임목사의 몫이다.

그분이 과연 담임목회자일까

그렇다면 어떤 담임목사가 되어야 할까. 그 표준은 무엇일까. 아니, 표준 가운데도 담임목회자의 최고의 표준은 과연 누구일까. 길게 논의할 것도 없다. 바로 예수 그리스도가 정답이다. 그렇다. 예수 그리스도는 담임목회의 최고표준 혹은 유일무이한 표준이시다. 표준보다는 기본틀(패러다임)이라는 주장도 있다. 교육현장에서는 교과서(教科書, textbook)가 매우 중요하다. 교본(教本)이라고도 한다. 그런데 예수 그리스도는 교과인(教科人) 혹은 교본사람(textperson)이라고도 지칭한다. 그러나 교과서의 비중이 점점 낮아지고 또 복수교과서가 있는 때이기 때문에 그 말로도 부족하다. 예수 그리스도는 모든 목회의 최고 표준 혹은 유일무이한 표준이시다.

그러나 이 말을 들으면 반대하는 이들도 여럿이다. 예수님은 실제 인물이 아니라고 주장하는 사람들, 실존인물이라 해도 그 분은 '보이는 교회'를 세우실 뜻이 전혀 없었던 분이라고 턱을 댄다. 설혹 교회를 세우셨더라도 담임목회를 하신 적이 전혀 없다는 논리로도 강변한다. 그래서 반교회주의자들도 많고, 무교회주의 운동도 여전히 활발하다. 특히 한 시대를 풍미했던 무신론적 공산주의와 피부적 향락에 폭 빠진 속물주의자들이 대표적 부류이다.

어떤 사람들은 첫 번 교회는 에덴동산인데 어찌 그 때에는 태어나지도 않은 분이 담임목사라고 하겠느냐고 주장한다. 비록 교회라는 이름을 붙인 건 아니지만 '합심하여 기도하는 두 사람'과 '예수 그리스도의 이름으로 모인 두 세 사람' (마18:19-20)이 교회구성의 최소단위라면 에덴동산교회, 노아방주교회는 예수 그리스도가 담임목사는 아니라는 논리이다.

바벨론 포로기에 생겨난 회당이 지역교회의 출발이라는 주장도 있다. 그렇다 해도 예수님은 회당에서 가르치시기는 했지만 회당장을 맡지는 않으셨으니 어찌 담임목회자라 할 수 있을까. 또 예루살렘 성전을 교회의 기원으로 해석한다 해도 예수님은 그 성전이 돌 위에 돌 하나도 남지 않고 무너질 것이라 하셨으니(마 24:1-2), 어찌 그 예루살렘성전의 담임목회자가 되시겠는가.

설혹 첫 교회를 120여명으로 구성된 예루살렘교회라고 인정한다 해도 예수께서 담임목사는 아니셨다는 의견도 있다. 게다가 초대교회에는 담임목사 제도가 보편화된 것도 아니었다. 베드로, 바울, 그리고 다른 사도들의 사역을 추적해 보면 '순회 전도자'였으며 이것이 주류였다고 보기 때문이다. 예수 그리스도께서도 끊임없이 다니시면서 전도하셨지 교회당에서 모이는 교회회중을 돌보신 것은 아니라고 한다.

담임목회자의 최고 표준

그러나 예수 그리스도는 "이 반석 위에 내 교회를 세우리라"(마16:18)고 명백하게 선언하셨다. 그리고 그 분은 태초부터 계시면서 성부 하나님, 성령 하나님과 함께 우주 만물을 창조하시는 사역에 참여하시었다. 물론 그 만물 가운데 교회가 포함되어 있을 뿐만 아니라 "교회는 그의 몸이니 만물 안에서 만물을 충만하게 하시는 이의 충만"이다.(엡 1:23)

예수 그리스도께서 담임목회자이시라는 것은 그분께서 '교회의 머리'시라는 점에서 더욱 확연하게 밝혀진다. "그를 만물 위에 교회의 머리로 삼으셨느니라."(엡 1:22) "그는 몸인 교회의 머리시라."(골 1:18) 그뿐만 아니라 그분은 신부인 교회의 신랑이시고 남편이시다. "이는 남편이 아내의 머리됨이 그리스도께서 교회의 머리됨과 같음이니."(엡 5:23) 남편이나 신랑이 신부나 아내의 머리로 이해되던 시대의 표현이다.

따라서 예수 그리스도는 모든 교회의 창립자이실 뿐만 아니라 '태초부터' 그 모든 교회의 담임목회자가 되신다. 에덴동산교회, 노아방주교회, 아브라함 가정교회, 이스라엘민족교회, 예루살렘성전교회, 이집트와 바벨론의 포로교회, 회당교회의 담임목회자는 바로 예수 그리스도이셨다. 특히 열두제자교회는 예수 그리스도를 선한 담임목자로 모셨다. 따라서 열두제자교회는 모든 교회의 원형(prototype)이다. 그분은 장차 완성될 하나님의 나라에서도 영원히 담임목회를 하신다. "이는 보좌 가운데 계신 어린 양이 그들의 목자가 되사 생명수 샘으로 인도하시고, 하나님께서 그들의 눈에서 모든 눈물을 씻어주실 것임이라."(계 7:17)는 말씀 그대로다.

성경에는 양떼를 먹이는 목자 이야기가 상당히 많다. 우선 이스라엘 민족의 지도자들이 목자출신들이다. 아벨, 아브라함, 이삭, 야곱, 야곱의 아들들, 모세, 다윗이 목자들이었다. 비록 예수님께서는 사역 시작 이전에는 목자의 일을 직접 하시지는 않았다. 그는 가업인 목수업에 종사하셨다. 그런데도 예수 그리스도께서는 자신을 '선한 목자' 곧 모범 목자라고 선언하셨다. 그리고 성경에는, "양들의 큰 목자이신 우리 주 예수"(히 13:20), "그리하면 목자장이 나타나실 때에"(벧전 5:4)라는 말씀에서 그 분을 '큰 목자,' '목자장'이라고 적시하였다. 제사장, 왕, 대언자(선지자)의 경우와도 일치된다. 예수 그리스도께서 만왕의 왕, 큰 대제사장, 마지막 대언자이신 것처럼(마 21:11; 히 1:1 이하) 그분은 최고 표준의 목자장이시다.

교회는 하나님 나라의 형상

이런 사실은 하나님의 나라를 바르게 이해할 때 훨씬 더 명확하여진다. 하나님의 나라는 바로 성삼위 하나님께서 다스리시는 나라이다. 따라서 성부 성자 성령께서 만왕의 왕이시기에 (딤전 6:15) 모든 담임목사의 으뜸 담임목사가 되신다. "여호와는 나의 목자시라"(시 23:1)는 말씀 그대로다. 성삼위 하나님께서는 보이는 교회와 보이지 않는 교회를 다스리시는 담임목자이시다. 하지만 삼위일체 하나님 가운데 특히 예수 그리스도께서 담임목사의 최고 표준이시다. 그것은 그분만이 '육신을 입으신 말씀'(요 1:14)이셨고, 따라서 성도들이 친히 눈으로 주목하여 보았고, 그 음성을 귀로 직접 들었고, 그분의 몸을 직접 만져볼 수 있었고, 함께 식사하셨고, 함께 기뻐하시고, 함께 우셨기 때문이다.(요일 1:1) 그리고 무엇보다도 그 육신이 십자가에 못 박혀 죽으시기까지 우리를 사랑하셨기 때문이다.

이것은 '하나님의 형상론'으로도 입증된다. 하나님께서는 모든 피조물 가운데 사람만 하나님의 '모양과 형상'을 따라 창조하셨다.(창 1:26-28) 그런데 "그리스도는 하나님의 형상이니라"(고후 4:4)고 성경은 선언한다. 따라서 교회가 무엇이냐고 물으면 '구원받은 성도가 하나님의 형상인 것처럼 참된 교회는 바로 하나님 나라의 형상이다'라는 대답이다. 이런 점에서도 하나님 나라를 목숨 걸고 세워 가시는 예수 그리스도께서는 모든 개체교회의 담임목회자가 되신다. 성경의 주인은 예수 그리스도라는 선언은 개체교회 대표 담임목회자가 예수 그리스도라는 말씀으로 이해되어야 한다. "이 성경이 곧 나에 대하여 증언하는 것이니라."(요 5:39, 눅 24:27, 44 참조). 따라서 초대교회부터 사용된 수많은 신앙고백서나 신조에는 성경을 가리켜 '신앙과 행위의 유일무이한 표준' 혹은 최고표준이라고 명시했다. 하지만 근래에는 '신앙과 행위'를 더 풀어서 '신앙과 신학, 생활과 사역의 최고 표준'이라고 고백한 신조들이 늘어간다. 따라서 성경은 유일무이한 혹은 최고표준인 목회의 텍스트라는 선언이다. 그러므로 그 성경적 교회의 목회는 예수 그리스도만이 주도하신다.

간혹 지금은 성령의 시대라면서 성령님을 목회의 주도자로 앞장세우는 교회들이 없지 않다. 성부 중심 목회, 성자중심 목회, 성령중심 목회는 선택사항이므로 어느 것이 더 옳고 그른 것은 아니다. 허지만 성령님은 사람의 몸을 입으신 적이 없다는 점이 성령 목회의 한계이다. 그런 점에서 목회현장에서는 성령님은 '예수의 영'이 되신다.(행 16:7)

무엇이라고 평가하실까

그렇다면 어떻게 하여야 할까. 교회의 머리목자이신 그 분은 모든 담임목사들에게 무어라고 하실까. 우선 '새로워져야 한다'고 말씀하신다. 양떼들에게 새로워지라고 설교하기 전에 너 자신이 "양무리의 본이 되라"(벧전 5:4)는 말씀이다. 그런데 성경은 새로워지려면 반드시 '그리스도 안에 있어야 한다' (고후 5:17)고 가르친다. 곧 예수 그리스도를 담임목회자의 최고 표준으로 삼아야 한다는 뜻이다. 목회의 모든 국면에서 "나 예수 그리스도의 뜻을 파악해서 실천하라"고 하신다. 그러므로 모든 담임목회자들은 먼저, "예수 그리스도께서 나 자신의 입장에 서시면 어떻게 사역하실까"라는 질문을 반복하여 자신에게 던져야 한다. 그리고 그 대답을 바르게 들어야 한다. 그 예수 그리스도는 '삼위일체적 예수 그리스도'를 뜻한다.

실로 지금 가장 긴급한 것은 목회현장에서 '잃어버린 예수 그리스도'를 다시 찾아내는 일이다. '아버지 집에 계신 그분'을 반드시 발견해내야 한다.(눅 2:41-50) 그리고 그분이 하시는 말씀을 낱낱이 듣고 깊이깊이 새겨야 한다. 그러나 그건 시작이다. 예수 그리스도를 담임목사로 모셨다고 크게 선전하면서 실상은 '양의 가죽을 쓴 이리'처럼 오히려 양들을 잡아먹는 담임목자들은 성경시대부터 극성을 부려왔다. "너희가 살진 양을 잡아 그 기름을 먹으며 그 털을 입되 양 떼는 먹이지 아니하는도다."(겔 34:3) 따라서 모든 목회자들은 예수 그리스도를 담임목회자의 표준으로 모시고, "예수님처럼, 꼭 예수님처럼" 삶으로 실천하겠다는 확고한 결단이 있어야 한다.

예수 그리스도 사역의 기초적이며 궁극적 목적은 '구원'이란 말로 대표된다. 구원사역은 예수 그리스도의 모든 사역을 총괄하는 넓은 개념이다. 육신적 구원, 인권적 구원, 정치 경제적 구원, 사회적 구원, 문화 문명적 구원… 그러나 그 가운데서 가장 핵심적인 것은 '영혼의 구원'이다. 따라서 담임목사의 사역은 일차적으로 영혼 구원에 초점을 맞추어야 한다. "인자가 온 것은 잃어버린 자를 찾아 구원하려 함이니라"(눅 19:10)는 말씀이 많이 희미해졌다. '예수'라는 이름의 뜻이 더렵혀진 셈이다. 실로 전도사역이 전도사업이 되고, 선교사역이 선교사업이 되고, 교회목회가 '교회사업'으로 전락한 것은 통탄할 아닌가. 구원사역이라는 최고의 거룩한 사명이 이익을 추구하는 상업적인 것으로 변질되었기 때문이다.

사역현장에서 '십자가 믿음'을 회복시켜야 한다. 현대 목회의 큰 장애는 바로 담임목사들이 '십자가 없는 목회'를 즐긴다는 점에 있다. 이것은 교회의 머리 예수 그리스도에 대한 명백한 반역행위이다. '땅에 떨어져 죽겠다는 한 알의 밀'이 되기를 철저히 거부하는 것 아닌가. 죽어야만 많은 열매를 맺게 되는데 죽을 생각을 안 하니까 열매가 없거나 악한 열매일 뿐이다.(요 12:24) 이것이 쉬운 일은 아니다. '아버지, 저를 십자가에 산 채로 매달아 처형하는 방법 아니면 구원사역을 전혀 하실 수 없나요? 전능하신 아버지이신데요.' 예수님도 그런 내적 저항 때문에 울부짖으셨다. 그만큼 십자가 사역은 감당하기 어려운 고통이다. 그래도 예수 그리스도께서는 결론을 내셨다. "그러나 나의 원대로 마옵시고, 아버지의 원대로 하옵소서."(마 26:39) 목회의 성공하는 길이 꼭 하나 있다면 그건 바로 '십자가의 길' (via dolorosa)뿐이다.

목자장이신 그분은 담임목회자들의 사역을 순간순간 평가하시는 분이심을 잠시라도 잊어서는 안 된다. 따라서 우리는 그 심판주 앞에서 벌벌 떨며 목회해야 한다. 아시아의 일곱 교회에 격려, 칭찬과 함께 신비한 상급도 보내시는 분, 그러나 강권, 꾸중, 심판, 징계로 엄중한 책임을 물으시는 목자장이심을 어찌 한 순간이라도 잊겠는가. 촛대를 옮기겠다고 협박하시지 않던가.

지금도 한국과 미국은 물론 전 세계의 재벌교회 담임목사들 가운데 별별 더러운 짓 다하고 있는 것들이 계속 폭로되고 있다. 아니, 폭로된 것보다 숨겨진 것들이 훨씬 많으리라. 자기를 부인하기는커녕 자기의 향락적 이익만을 위하여 사역을 악용했고, 십자가 없이 목회하라고 유혹하는 사탄의 사람들인 것이 백일하에 드러나고 있다. 담임목자의 최고 표준이신 예수 그리스도의 용서받기 어려운 배신자들이다. 그게 바로 자기 자신의 모습인 것을 모든 목회자들이 밝히 보아야 한다. (크리스천 위클리. 2014년 1월 16일자 게재 신학논평의 수정 보완본)

예수님의 시대와 우리들의 시대

상황은 인간성과 삶에 상당한 영향을 미친다. 인간됨을 결정한다는 두 기둥이 '유전과 환경'이라는 교육적 원리에서도 이 사실이 증명된다. 따라서 시대와 상황은 목회사역에도 결코 무시할 수 없는 영향을 끼친다. 그런 점에서 예수 그리스도의 시대와 우리가 살고 있는 현대를 비교와 대조를 통하여 이해하여야 한다.

그런데 인간의 시대가 바뀜에 따라 모든 것이 변화된다는 주장을 앞세우면 진보주의자가 된다. 그래서 예수님도 '새 포도주는 새 부대에 넣어야 둘 다 보존된다'(마 9:17)는 말씀을 하셨다. 반면에, 시대가 어떻게 변화되건 인간이나 진리는 전혀 변화되지 않는다는 주장을 앞세우면 보수주의자가 된다. '예수 그리스도는 어제나 오늘이나 영원토록 동일하시니라'(히 13:8)는 성경말씀을 강조하는 이들이다. 필자는 60%는 그대로 있고 40%는 변화된다는 신념을 가지고 있다. 계속과 변화의 비율을 수치로 표시한다는 것이 무리한 짓일 수도 있다. 그러나 여기에서 강조하는 점은 바로 변화되는 것보다는 변화되지 않는 것의 비중이 훨씬 크다는 뜻이다.

이 같은 시대상황을 자세히 꿰뚫어 본 사람이 성경학자 죤 스타트(John Stott)이다. 그는, 설교는 '두 개의 세계를 연결하는 일'이라고 간파했다. 텍스트(text)와 컨텍스트(context) 곧 성경과 상황을 뜻한다. 그런데 텍스트와 컨텍스트의 차이는 시간적이면서도 공간적이다. 시간적으로는 2천년의 차이이고, 공간적으로는 예수님께서 사역하시던 혹은 성경에 기록된 사건들이 일어났던 때의 무대와 그것과는 엄청나게 다른 글로벌적 현대 문명으로 꾸며진 무대이다. 이런 차이들을 상세하게 풀어 적기는 어렵지만 함생목회론과 관련된 중요한 것들만 정리해 보겠다.

예수 그리스도 당시의 상황

1. 정치적 상황

정치는 언제나 인간 생명에 대하여 대단한 영향력을 발휘한다. 아기 예수의 생명이 헤롯왕의 명령 하나로 폭풍 앞의 촛불처럼 위급하게 된 것이 이를 증명한다.(마 2:13-18) 그런데 예수께서 탄생하시고, 성장하시고, 사역하셨던 시대에는 유대 땅이 황제가 통치하던 로마의 식민지였다. 사역을 시작하실 때에는 디베료 황제의 치하였다.(눅3:1) 유대와 갈릴리의 정치권력 구조는 황제 아래 분봉왕 헤롯, 황제가 파송한 빌라도 총독, 그리고 종교문제는 대제사장을 대표로 하는 공회의 삼각 체제였다. 헤롯왕은 로마의 분봉왕인데 로마황제의 승인을 받아 한 지역을 통치하는 왕을 뜻한다. 예수님의 비유 가운데, "어떤 귀인이 왕위를 받아가지고 오려고 먼 나라로 갈 때에,"라는 표현도 있다.(눅 19:12,15) 예수 탄생 때의 '헤롯대왕'은 순수한 유대혈통이 아닌 까닭에 유대인들의 신임을 얻기 위하여 대규모 예루살렘 성전 건축 사업에 큰 힘을 기울였다고 한다.(요 2:20) 하지만 권력유지에 혈안이 되어 아내와 아들들까지 죽였다는 연구가 있다. 아무튼 왕이라는 용어에 대한 부정적 의미와 긍정적 의미가 모두 있지만 예수님자신이 '유대인의 왕'임을 드러내 놓고 선언하셨다.(요 18:37) 이것이 다시 '만왕의 왕' (계 16:19) 이신 것으로 확인된다. 그런데 예수님 당시에는 반로마 증오심과 식민지에서 벗어나려는 독립운동이 강한 편이었다.

2. 경제적 상황

경제적으로는 매우 가난한 상태였다. 예수님께서 사역하시는 동안 가난한 사람들 이야기가 많이 나오는 것이 우연한 일이 아니다. 무엇을 먹을까, 무엇을 마실까, 무엇을 입을까 염려하는 사람들이 많았고(마 6:25), '우리에게 날마다 일용할 양식을 주옵소서' 하는 기도가 절실할 정도였다.(마 6:11, 눅 11:3) 특히 예수님의 사역의 큰 축의 하나가 '가난한 자들에게 복음을 전파하는 것'임을 절실하게 의식하고 계셨다.(마 11:5, 눅 4:18). 예수님께서 배고픈 자들에게 기적을 베풀어 음식을 제공하셨고(막 6:30-44, 마 15:32-39), 가난한 자들을 먹이고 입히는 일에 신경을 많이 쓰셨다.(마 25:35-36) 생산체제는 가내공업과 수공업 시대였으며, 생산직 근로자들이 천대되던 시대였다. 직종별로는 어업, 농업, 목축업, 과수원업 등이 주종이었다. 그러나 일자리가 없어서 빈둥거리는 실직자가 많았다.(마 20:1-16) 가정맹어호(苛政猛於虎) 곧 세금이 맹수보다 무섭다 할 정도로 고율이었고 강제 집행되었다. 그로 인하여 로마정부에 세금을 거두어 바치는 세리들이 일반 대중들의 증오의 대상이었다. 이런 여러 가지 이유로 빈부의 차이가 심했다. 아무튼 가룟 사람 유다가 은 삼십을 받고 스승의 처형에 동조한 것이 당시 경제상황을 말해주는 증표라고도 할 수 있다.(마 26:15) 예수님 자신조차도, "여우도 굴이 있고 공중의 새도 거처가 있으되 인자는 머리 둘 곳이 없다."(마 8:20)고 하신 것도 당시의 주거와 경제상황을 말해 준다.

3. 교육적 상황

교육에 대한 가치는 유대/이스라엘 문화에서 퍽 높은 편이다. 교육은 주로 구약성경과 유대교에 관한 것이었다. 그리고 교육기관은 예루살렘성전, 마을 회당, 그리고 가정의 부모였다. 그러나 평균 교육수준이 낮았다. 예수님께서 받으신 교육수준에 대하여서도

회의적이었다. “유대인들이 놀랍게 여겨 이르되 이 사람은 배우지 아니하였거늘 어떻게 글을 아느냐.”(요 7:15)고 할 정도였다. 그리고 교과과정은 종교교육이 그 핵심이다. 교육방법은 암송, 문답 등이 주종을 이루었다. 책 생산량이 매우 낮아서 독서의 범위가 비교적으로 좁았다. 여성과 빈곤 하층계급에게는 교육기회가 적었다. 그러나 교사에 대한 존경심이 매우 높았다.

4. 문화/문명적 상황

문화와 문명의 구별이 명확한 것은 아니다. 사람에 따라 문화를 더 상위개념으로 쓰기도 하고 문명을 더 상위개념으로 사용하기도 한다. 어떻든 문화나 문명이나 자연을 활용하여 인간이 고안해 낸 모든 것들을 뜻한다. 위에서 정치, 경제, 교육을 언급했지만 그것들도 넓은 뜻에서는 문화요 문명의 한 부분으로 이해된다. 그렇다면 예수님 시대의 문화와 문명의 특징을 현대적 관점에서 본다면 어떤 특징을 가졌을까. 그 방대한 것을 다 말하기는 어렵다. 역시 넓은 뜻의 기독교 목회적 관점에서 몇 가지 분석해 보자.

우선 언어에 있어서 예수님은 히브리말의 한 가지인 아람어를 일상어로 사용하셨다. 그리고 헬라말과 라틴말을 이해하셨을 것으로 추정된다. 십자가에 붙여진 죄패가,“히브리와 로마와 헬라 말로 기록되었더라.”(요 19:20)고 했다. 세 가지 언어가 사용되었다는 것은 그 언어로 표현된 문화와 사상이 유입되어 있다는 것을 뜻한다. 교통수단은 걷는 것이 일반화되었고, 말, 낙타, 나귀, 선박 등을 타고 다녔다. 통신수단은 편지가 중요한 것이었고, 건축술은 비교적 발달되었다. 무역도 활발한 편이었다. 시를 포함한 문학, 음악의 발전이 뚜렷했으나 구약종교와 밀착된 것들이었다. 희랍의 철학과 문학, 로마의 정치와 법률, 예루살렘 종교가 문화의 큰 산맥을 형성하고 있었다.

5.일상생활

가정이 삶을 규정짓는 매우 중요한 무대였다. 예수님의 목공소도 집에 자리 잡고 있어 가정이 곧 직장이었다. 어업도 베드로/안드레, 야고보/요한의 사례처럼 가족 비즈니스였다. 이스라엘의 경우 ‘열두 지파’로 상징되는 혈연관계가 매우 강한 삶이었다. 결혼식과 장례식 등이 매우 중요한 행사로서 마을공동체적 사건이었다. 근친결혼도 매우 흔한 일이었으며 가족 공동묘지가 일반화되었다. 예수님의 제자 가운데 예수님과 친인척이거나 혹은 형제가 함께 포함된 것은 아무런 이상한 일이 아니었다. 교회도 ‘그들이 유하는 다락방’(행 1:13)이나 ‘그 집에 있는 교회’(고전 16:19)처럼 가정무대에서 시작된 것도 마찬가지이다.

6. 종교적 상황

예수님은 유태교적 사회 환경에서 태어나셨고 자라나셨고 목회하셨다. 가정과 회당에서의 교육을 통하여 ‘모세의 율법과 선지자의 글과 시편’(눅 24:44)을 배우셨다. 로마황제

숭배는 팔레스타인 땅에서는 크게 강요된 것은 아니었다. 그래도 종교적 갈등은 뿌리 깊고 매우 심했다. 사마리아 종교, 바리새파 종교, 사두개파 종교, 에세네파 종교들 사이의 갈등인데 이는 모두 구약적 종교들이었다. 뿌리가 같지만 해석의 차이에 따른 갈등이었다. 메시아 대망의 열기가 높은 것과 관련하여 거짓 선지자와 거짓 그리스도의 출현도 있었고 독립운동 방법론의 차이에서 오는 갈등도 있었다. 예루살렘 성전을 중심으로 한 종교활동이 여전히 강세를 이루었고, 뛰넘절(유월절), 오순절, 수전절 등의 절기에는 원근 각처에서 인파가 몰려들어 종교행사에 참여했다. "그의 부모가 해마다 유월절이 되면 예루살렘으로 가더니."(눅 2:41)라는 말씀과, "유월절에 예수께서 예루살렘에 계시니 많은 사람이 그의 행하시는 표적을 보고 그의 이름을 믿었으나."(요 3:23)라는 성경구절이 그걸 말한다.

7. 인간생명 상황

예수님 시대에는 인권이 크게 발전되지 않았다. 생존권, 자유권, 행복추구권, 평등권 등을 내용으로 하는 인권이 매우 열악했다. 현대 인권의 날 표어인, '사람 위에 사람 없고, 사람 밑에 사람 없다'와는 정 반대로 '사람 위에 사람 있고, 사람 밑에 사람 있다'였다. 아니, 사람 위에 무서운 놈이 있었고, 사람 밑에 죽을까 봐 벌벌 떠는 사람이 있었다. 인간의 생명을 너무 쉽게 죽이는 문명이었다. 세례자 요한의 모가지가 헤롯왕의 즉흥적 명령 하나로 싹둑 잘려질 수 있는 정도로 인간의 생명은 파리 목숨과 같았다.(마14:1-12) 로마는 상당한 법치국가인데도 그랬다. 이런 때에 예수님께서는, "사람이 만일 온 천하를 얻고도 제 목숨을 잃으면 무엇이 유익하리요. 사람이 무엇을 주고 제 목숨과 바꾸겠느냐."는 선언 곧 '생명 최고가치론'을 선언하셨다.(마 16:26) 함생목회론의 노른자위 같은 말씀이다.

평균 수명이 짧았다. 예수님께서 30대 초반이실 때에 그분의 정적들인 유대인들이, "네가 아직 오십 세도 못 되었는데 아브라함을 보았느냐?"고 했다. 예수께서 그만큼 늙어 보였다는 뜻이 숨어 있다. 병고에 고생하는 사람들이 많았다. 예수님께서 가시는 곳에는 병자들이 몰려 들었다. "저물어 해 질 때에 모든 병자와 귀신 들린 자를 예수께 데려오니 온 동네가 그 문 앞에 모였더라."(막 1:32-33)고 했다. 전염병이나 문둥병 같은 불치병에는 속수무책이었다. 물론 유아사망률도 높았을 것이다.

현대적 상황

1. 정치적 상황

제왕 중심의 정치권력제도가 민주주의적 선거를 통한 대통령 혹은 수상제도의 대의정치로 급속하게 바뀌어 가고 있는 중이다. '주권재왕'시대가 무섭게 지나가고 '주권재민'의 시대가 급속히 다가오고 있다. 왕정이나 황제정치라 해도 점차 삼권분립에 의하여 통치권이 제한을 받고 있다. 또한 유엔과 같은 국제기구에 의하여 생명을 학대하는 정권이 축출되기도 한다. 그리고 국가의 절대권이 점차 제약되고 있으며 글로벌 네트워크에 의하여 민주주의를 향한 민중의 열망이 드높아지고 있다. 신분제도가 무너져가고 있으며 따라서 누구나 통치자가 될 수 있게 되었다. 교회도 이제는 담임목회자 중심의 통치제도(polity)가 급속히 대의제도나 혹은 회중중심제로 바뀌고 있는 중이다.

2. 경제적 상황

세계는 지금 공동생산체제의 공산주의 혹은 기획경제 정권이 무너진 후이다. 따라서 자본주의 자유시장 경제체제 그리고 대량생산 시대가 되었다. 그런 한 편 자본주의의 폭력성에 경종을 울려야 하는 시대가 되었다. 중농주의 시대에서 중상주의 시대로 전환했다. 민주주의 정치제도 아래서 세금의 폭거는 상당부분 사라져 가고 있다. 빈부의 차이가 너무 커서 1%의 인구가 전 세계 부의 60% 넘게 차지하고 있어 경제민주화를 외치는 비명이 드높아지고 있다. 국가별로도 저개발국가, 개발도상국가, 그리고 개발성취국가로 분류된다. 그러나 전체적으로는 복지국가 제도를 향하여 역사는 빠르게 질주해 가고 있다. 그리고 온 지구마을이 단일경제집단으로 형성된 것도 현대의 특징이다.

3. 교육적 상황

교육의 기회는 온 국민에게 열려진 시대가 되었다. 국민교육의무제가 시행되고 있다. 따라서 교육기관인 학교가 무척 많아졌으며 또 다양해졌다. 모든 사람이 평생교육을 받을 수 있는 시대가 되었다. 국가나 지방자치단체에 의한 공교육도 보편화되어 있고 개인별로 교육을 받는 사교육의 기회도 매우 흔하다. 현장교육이 크게 발전되고 있으며 전체 교육에서 종교의 교육적 영향은 일부 국가나 사회를 제외하고 대폭 감소 경향을 보여주고 있다. 교사에 대한 존경심도 현저히 감소한 편이다. 모국어 외에 외국어 교육이 필수화하고 있으며 외국 유학인구가 폭발하고 있다. 책의 출판이 쉽고 비용도 적게 들며, 도서관이 많으며, 특히 전자책이 발전되어 누구나 책을 손쉽게 읽을 수 있다. 교육의 도구가 크게 발달되었으며 방송과 온라인(online)으로도 교육받을 수 있게 되었다.

4. 문명적 상황

복수언어시대에 살고 있다. 그리고 영어가 국제어로서 자리를 잡았다. 컴퓨터, 인터넷 등의 발달로 인하여 온 지구가 통신 그물망으로 연결되어 있다. 매스미디어가 문자, 언어, 전파,영상 등과 그것이 합쳐진 매체들의 발명으로 엄청난 위력을 발휘하고 있으며 지구 위의 온 인구를 하나로 묶어가고 있다. 문명의 발전 속도가 엄청나게 빨라지고 있으며 육상, 해상, 공중의 교통수단과 통신수단의 개발에서 더욱 뚜렷하다. “많은 사람이 빨리 왕래하며 지식이 더 하리라."(단 12:4)는 말씀 그대로다. 지식의 축적은 그 규모를 측량하기 어려울 정도다. 건축의 발전으로 건축물들이 지상은 물론 지하와 수상으로까지 확산되고 있다. 인간의 활동무대가 지구를 벗어나 달과 다른 위성으로 확장되고 있으며 지식과 정보가 빠르게 그리고 대량으로 생산 전달되고 있다. 과학기술의 발전으로 생활이 편리해졌으나 인류를 전멸시킬 도구들도 발명되어 상상을 초월할 위기에 직면하고 있다. 문명 발전으로 인한 환경오염도 그 한 가지이다. 국경이 무너져가고 있으며 지구마을(global village)의 형성이 급속도로 진전되고 있다. 의약의 발전으로 인간수명이 현저히 연장되고 있다.

5. 일상생활

가정의 규모가 축소되고 빠른 속도로 해체되어 간다. 핵가족 시대를 넘어서 독신가정이 종교적 신념과 관계없이 보편화되고 있으며, 아기 낳기를 거부하는 '초 미니' 가족으로 변모해 간다. 혈연관계의 농도가 엷어짐에 따라 민족국가도 다인종 국가로 바뀌고 있으며 가정구성원도 다인종화 되어가고 있다. 출산에 소극적이어서 자녀의 수가 많지 않다. 그러나 특정종교의 가르침에 따라 가족계획을 반대하는 기류도 강하다. 가정과 직장이 분리되어 있으나 최근 인터넷 발전으로 재택근무가 늘어가고 있다. 사생활의 보호가 매우 강하게 요구되고 있으며 도시화 현상으로 인하여 '이웃 관계'는 소원해져 가고 있다. 획일적 가정에서 개성적으로 다양한 가정사회로 변모되고 있다. 스포츠, 예술, 여가, 여행 등이 일상생활의 상당히 중요한 부분이 되어가고 있다. 사회소통망의 발전으로 지역성과 혈연성을 넘어선 소집단 활동들에서 삶의 의미를 발견하기도 한다.

6. 종교적 상황

현대에는 종교적 상황이 크게 변했다. 우선 기독교는 가장 세력이 크기는 하나 유일한 종교에서 '여러 종교의 하나'로 그 위상이 상대적으로 낮아졌다. 매스미디어를 통하여 다른 종교에 대한 정보가 대량으로 쏟아져 들어오고 있어 기독교는 이슬람교, 힌두교, 유교, 불교 등 종교의 하나가 되었다. 영향력 면에서는 오히려 다른 종교에 추월당할 수도 있게 되었다. '기독교는 종교가 아니다'라며 차별화하려는 시도가 기독교 안에 있지만 다른 종교인들이나 무종교인들에게는 설득력이 떨어진다. 과학이 발전할수록 종교는 없어질 것이라는 예언이 빗나가고 있다. 종교 사이의 갈등이 너무 심하여 종교들로 인하여 온 인류가 자멸할 수도 있다는 우려도 제기된다. 종교적 문명충돌론이 그런 주장의 대표이다. 아무튼 현대에는 격렬한 경쟁이 있는 종교적 복합시대에 우리는 살고 있다. 오랜 역사를 가진 체제종교들뿐만 아니라 앞으로 새롭게 등장하는 소종파 신흥종교(sect religion)들이 더 극성을 떨 것이라는 예견도 있다. 한편에서는 관용(tolerance) 있는 종교로 기성종교들이 변모해 가면서도 한 편에서는 엄격한 율법종교가 사람들을 끌어 모으는 상반된 현상도 예견된다. 그러는 가운데 종교일치운동 (religious ecumenism)도 활발해지고 있다.

7. 인간생명 상황

아직도 지구마을에는 인간생명을 쓰레기처럼 천대하는 문명권이 없지 않다. 인종청소를 해 대는 전쟁도 그치지 않는다. 그러나 예수님 당시와 비교하면 인간생명존중 사상은 괄목할 정도로 개선되었다. 인권존중사상이 확산되어 가고 있고, 생존권, 자유권, 평등권, 행복추구권이 보장되어 가고 있다. 여러 형태의 차별 (인종, 빈부, 성, 학력, 사회계급 등으로 인한)이 법률상으로 금지되어 가고 있다. 인공유산의 엄격한 제한 등의 생명경외사상도 크게 확산되어 가고 있다.

의학과 건강학 등의 발전으로 인간수명이 현저하게 늘어가고 있으며, 신체적 약자들에 대한 보호도 국가적 과업이 되어가고 있다. 복지국가 건설 정책도 인명존중사상을 향상시키고 있으며 매스미디어들의 적극 보도로 인하여 인권유린 사례도 줄어들고 있다. 세계보건기구, 국제재판소, 유네스코 등 유엔기구의 적극 활동으로 생명가치가 현저히 향상되어 가고 있다. 그러나 아직도 핵무기 같은 대량파괴 무기들의 개발, 자연의 파괴와 오염, 식량부족사태 등으로 인하여 인류가 멸망할 수도 있다는 큰 우려를 낳고 있다.

함생목회적 의미

변화되는 상황을 강조하고 그에 따라 적응해야 한다는 주장을 진보주의라고 한다. 변화하는 것 같으나 변화하지 않는다는 것을 강조하는 주장을 보수주의라 한다. 지난 2000년 동안 몇 가지 분야에서 달라진 상황들을 살펴보니 인류문명이 끊임없이 변화되는 것을 부정할 수 없다. 그러나 변하지 않는 것들이 더 기본적이다. 인간은 누구나 남녀의 색성관계를 통하여 태어난다는 것, 인간은 누구나 먹고, 마시고, 잠자고, 배우고, 함께 살아야 하는 존재라는 것, 인간은 누구나 죽는다는 것만 해도 어제나, 오늘이나, 내일이나 항상 똑같은 것 아닌가. 맨발로 걷다가, 신발 신고 걷게 되고, 조금 더 발전하여 말이나 나귀를 타고 다니게 되며, 마차를 타고, 자전거, 자동차, 비행기를 타고 다닌다는 것이 문명의 변화와 발전과정이다. 그러나 맨발로 걷는 사람과 비행기 탄 사람이 무슨 큰 차이가 있을까.

여기에서 예수 그리스도의 목회원리를 발견하게 된다. 목회의 목표 그것도 궁극적 목표는 항상 일정한 것이다. 그런 목표가 성삼위 하나님과 사람의 관계에서 이루어진다는 기본구조도 일정불변하다. 그러나 그 방법과 전략은 상황이 바뀜에 따라 지혜롭게 대처해야 한다. 피조물의 생명을 구원하고, 하나님의 나라를 오게 하며, 하나님을 영화롭게 해 드린다는 목회의 궁극적 목표는 항상 똑같고 불변이다. 그러나 예배의 형태나 사용되는 도구는 얼마든지 시대와 정황에 따라 바뀔 수 있고 바뀌어야 한다. 예배에서 악기를 쓰든지 안 쓰는 것은 선택의 문제이다. 새로 생겨난 악기를 사용할 것인가 아닌가도 시대와 정황에 따른 선택의 문제이다. 궁극적 목적을 달성하는 일에 도움이 되든지 아니면 부작용이 없는 한 그건 성도들의 신앙 교육적 효과에 따를 뿐이다.

3

함생체 교회론

목회자의 최고 표준 예수 그리스도

성경적 교회 이해

미국 신학대학원에서 공부할 때 설교학 교수 한 분이 계셨다. 그분에게서 "결코, 결코 교회를 개집으로 만들지 말라"는 경고를 들었다. 미국의 전형적 교회당에서 십자가를 떼고 축소시키면 꼭 개집처럼 보인다는 뜻이다. 게다가 God(하나님)를 거꾸로 읽으면 개(dog)가 된다고도 했다. 이 말에 필자는 가장 큰 충격을 받았다. 그래서 다시 생각해 보니 십자가가 교회당에 달린 것이 아니라 교회가 십자가에 달려 있음을 깨닫게 되었다.

삼위일체 하나님론과 교회론

예수 그리스도께서 이 땅 위에 오셔서 하신 사역 가운데 교회 설립이 포함되어 있음을 앞에서 설명했다. 그리고 그 분이 설립한 교회의 원형은 바로 예수 그리스도를 모시고 있는 열 한 제자라고도 했다.

성결교회는 기독교 개신교 웨슬리언사중복음주의라고 선언하고 있는 필자는 특히 복음주의의 사대 강령을 다음과 같이 제시했다.

1.성경 중심 2. 그리스도 중심 3. 구원 중심 4. 교회와 선교 중심

루터, 칼빈 등의 교회개혁운동은 교회를 지나치게 경시한 부작용이 있다. 이는 로마 가

톨릭교회가 지나치게 교회를 구원을 베풀 수 있는 열쇠를 가진 것으로 가르쳤던 부작용을 제거하기 위함이라는 동기를 이해할 수는 있다. 그러나 교회에 대한 경시는 성경적이 아니다. 따라서 복음주의는 교회의 중요성을 보완할 필요성이 절실하다. 사도신경에도 새 번역에 "거룩한 공교회"를 믿는 것으로 고백하고 있다. (이전 번역에는 '거룩한 공회'였으나 '거룩한 공교회'로 한 데는 필자의 제안도 있었다).

그렇다면 교회란 무엇일까?

-교회는 하나님의 부르심을 입어 예수를 구주로 믿는 자의 공동체로 곧 그리스도의 몸이다. 은혜로 말미암아 구속받은 신자들이 모여 예배하며 성례전을 거행하며 복음을 전파하며 거룩한 신부의 자격으로 재림의 주를 대망하는 거룩한 공회이다.(헌법 제2조 1항)

-우리는 거룩한 교회가 하나님 나라의 모형이요, 하나님의 연합된 백성이요, 그리스도의 몸이요, 성령의 집이며, 다시 오시는 예수 그리스도를 대망하는 정결한 신부임을 믿으며.(교리적 선언 제9조)

성경에는 교회가 무엇이냐에 대한 대답을 여러 가지로 제시하고 있다. 혹은 논리적인 표현으로, 혹은 기능적인 표현으로, 혹은 상징적 표현을 다음과 같이 사용하고 있다.

하나님의 백성(출 3:7), 하나님의 가족(엡 2:19), 이스라엘(신 26:15), 하나님 나라 시민(빌 3:20), 하나님의 장자(출 4:22;), 장자들의 총회(히 12:23), 그리스도의 몸(골 1:18, 24), 그리스도의 신부(엡 5:23-29), 광야의 이스라엘 백성(행 7:37-38), 하나님 나라(마 16:18-19), 성도들(롬 1:7), 주의 군대(딤후 2:3), 양무리(요 21:16-17), 성전(고전 3:16), 모임(마 23:37, 눅 13:34; 행 1:5), 그리스도의 편지 (고후 3:3), 그리스도의 대사(고후 5:20), 그리스도의 향기(고후 2:15), 진리의 기둥과 터(딤전 3:15), 포도나무 가지(요 15:1-8), 택하신 족속(벧전 2:9), 왕같은 제사장(벧전 2:9), 거룩한 나라(벧전 2:9), 하나님의 소유된 백성(벧전 2:9), 성만찬 공동체(눅 22:19-20). 언약된 백성(히 8:10).

교회란 말을 우선 글자대로 풀면 한국말로는 가르침의 모임, 혹은 종교의 모임이 된다. 헬라말로는 에클레시아로서 '부름받아 나온 사람들'이다. 라틴어도 에클레시아를 쓰고 있다. 그것은 모이는 교회(gathering church) 개념이고 흩어지는 교회(scattering church)가 되면 '디아스포라'이다. 이는 흩어져 나가는 것을 뜻한다. 영어로 처치(church)나 독일어의 키르혀(Kirche)는 헬라말 '주님의 것'(퀴리아코스)에 뿌리를 두고 있다. 그러므로 교회는 주님에게 속한 것이다.

그러나 교회를 성삼위 하나님과 상응하여 이해하는 것이 중요하다. 그래서 다음과 같은 도표를 제시한다.

성삼위 하나님	교회를 뜻하는 용어
성부 하나님	하나님의 백성 (출 3:7)
성자 하나님	그리스도의 몸과 신부 (골 1:18, 엡 5:22-24)
성령 하나님	성령의 집 (고전 3:16-17)

교회가 무엇이냐고 물으면, 그러므로, 기본적인 세 대답을 할 수 있게 되었다. 첫째로 하나님의 백성이다. 둘째로 그리스도의 몸이다. 그리스도의 신부라는 것도 같은 뜻이니 신랑과 신부는 한 몸이기 때문이다. 그리고 성령의 집이다.

그리고 삼위일체 하나님께서 함생체되신 것처럼 교회도 함생체라 불러야 한다. 그 동안 공동체란 말을 사용했지만 공동체는 생명의 요소가 포함되어 있지 않기 때문이다. 교회는 사람들이 함께 사는 함생체일 뿐만 아니라 하나님과 구원받은 성도들이 함께 살고 있는 생체란 뜻이다.

교회의 본질

전통적으로 교회는 다음과 같은 네 가지 특징을 가지고 있다는 주장에 합의하고 있다. 다만 강조점이 다를 뿐이다.

1. 하나된(una) 교회

예수 그리스도께서는 교회의 하나됨을 위하여 간곡하게 기도하셨다. 그것은 보이지 않는 교회가 한 목자 아래 있는 큰 양무리이기 때문이다.(요 10:16)

-아버지여, 내게 주신 아버지의 이름으로 그들을 보전하사, 우리와 같이 그들도 하나가 되게 하옵소서.(요 17:11, 21-22)

2. 거룩한(sancta) 교회

교회는 하나님의 백성이기 때문에 거룩하다. 교회는 예수 그리스도의 몸이요 신부이기 때문에 거룩하다. 교회는 성령의 집이기 때문에 거룩하다. 성삼위 하나님의 본성은 거룩성이기 때문이다. 거룩성은 하나님의 성품을 뜻한다. 특히 교회가 거룩하다 함은 그 소속이 하나님께 있다는 것을 뜻하며 반대로 세상에 속하지 않음을 뜻한다. 그래서 교회는 세상 안에 있으면서도 세상과 분리되어 있고, 흠도 없고 점도 없이 깨끗한 성결성이 곧 교회의 특징이다.

-내가 세상에 속하지 아니함 같이 그들도 세상에 속하지 아니함으로 인함이니이다.(요 17:14) -고린도에 있는 하나님의 교회 곧 그리스도 예수 안에서 거룩하여지고 성도라 부르심을 받은 자들과.(고전 1:2) -자기 앞에 영광스러운 교회로 세우사, 티나 주름 잡힌 것이나 이런 것들이 없이 거룩하고 흠이 없게 하려 하심이라.(엡 5:27) -거룩한 공교회를 믿사오며 (사도신경)

3. 보편적(catholica) 교회

교회의 보편성이란 교회는 계급이나 인종의 차별 없이 누구나, 온 지구 위에 사는 모든 백성들은 누구나, 시간적으로 아담에서부터 종말까지 있게 될 모든 사람 누구나, 그리고 어떤 문화나, 어떤 사상도 모두 포함할 수 있음을 뜻한다. "하나님이 세상을 이처럼 사랑하사"(요 3:16)에서 '세상'에 강조점을 둔 주장이다.

4. 사도적(apostolica) 교회

그러면서도 교회는 예수 그리스도에게서 시작되고 사도들이 이어 전하여 준 역사성(historicity)의 터전 위에 서 있음을 뜻한다. 무슨 이단처럼 어제 오늘 갑자기 나타난 것이 아니고 역사적 믿음 혹은 역사적 고백(historic confession) 위에 서 있음을 뜻한다. 이는 곧 성경적 믿음 위에 교회가 서 있음을 확인해 준다. 예수님께서, "너는 베드로라, 내가 이 반석 위에 내 교회를 세우리니 음부의 권세가 이기지 못하리라"(마 16:18)는 말씀에서 '반석'을 베드로라는 인간으로 볼 것인가, 베드로의 신앙고백으로 볼 것인가, 아니면 예수 그리스도라는 반석으로 볼 것인가에 다양한 주장이 있다. 그러나 한 가지 분명한 것은 예수 그리스도와 사도들이 최초로 구체화된 교회의 원형이라는 점이다.

참 교회가 무엇이냐는 질문에 대한 대답으로 "교회의 표지"(marks of the church)란 용어로 대답을 하는 이들도 있다. 교회와 비교회를 판정하는 시금석을 제시하는 일이다. 루터는 말씀과 성례전 두 가지, 칼뱅은 말씀과 성례전과 권징 세 가지, 웨슬리는 믿음과 소망과 사랑 세 가지를 제시했다.

교회의 사역

다음으로, 교회의 사역이 무엇들이냐에 대하여 논의해 보자. 예수 그리스도께서는 삼대 사역을 제시하셨다. 그것은 곧 교육, 전도, 병고침이다.

-예수께서 모든 도시와 마을에 두루 다니사 그들의 회당에서 가르치시며 천국 복음을 전파하시며 모든 병과 모든 약한 것을 고치시니라.(마 4:23-24, 9:35)

병고침의 사역은 봉사 혹은 섬김사역이라고도 한다. 그 섬김은 물론 교회 안에서의 섬김과 교회 밖 곧 세상에서의 섬김을 포함한다.

이에 더하여 예배와 친교가 추가된다. 이는 예수께서 가르치시고 행하셨기 때문이다. 곧 사랑대명을 말씀하실 때 하나님을 사랑할 것과 이웃을 사랑하는 수직함생과 수평함생을 제시하셨기 때문이다. 그리고 예수님 자신이 예배사역과 친교사역의 모범을 보이셨다.

-네 마음을 다하고 목숨을 다하고 뜻을 다하여 주 너의 하나님을 사랑하라… 네 이웃을 네 자신과 같이 사랑하라… 이 두 계명이 온 율법과 선지자의 강령이니라.(마 22:37-40) -유대인의 유월절이 가

까운지라. 예수께서 예루살렘으로 올라가셨더니.(요 2:13). -예수께서 그 자라나신 곳 나사렛에 이르사 안식일에 늘 하시던 대로 회당에 들어가사 성경을 읽으려고 서시매.(눅 4:16)

그러나 교회의 사역에는 두 가지가 더 포함되어야 한다. 하나는 하나님 나라의 상징으로서의 역할이다. 하나님 나라는 곧 하나님의 통치를 뜻하므로 하나님이 이 세상에 계신 모습을 보여주는 것이 교회 사역의 중요 부분이다. 이런 사실에 착안하지 못하기 때문에 교회가 거리낌없이 싸우고 거룩하지 못한 일들을 저지른다.

-하나님의 나라는 볼 수 있게 임하는 것이 아니요, 또 여기 있다 저기 있다고도 못하리니 하나님의 나라는 너희 안에 있느니라.(눅 17:20-21)

이 말씀에서 '너희'는 일차적으로 제자들을 뜻하고 이차적으로는 교회를 뜻한다. 따라서 하나님 나라가 바로 교회 가운데 임재해 있음이 확인된다.

또 하나는 신앙보존의 일이다. 모든 교회는 본질적 신앙 곧 사도신경에 포함된 신앙고백을 보존하고 있고 또 각 교단은 특징적 신앙을 보존하고 있다. 성결교회는 웨슬리언 전통과 사중복음을 보존하는 사역이 있다. 이런 신앙보존사역은 성경 사본을 잘 보존했던 교회나 수도원들에게서 그 모범을 볼 수 있다.

-네 선조가 세운 옛 지계석을 옮기지 말지니라.(잠 22:28). -너희는 사도들과 선지자들의 터 위에 세우심을 입은 자라. 그리스도 예수께서 친히 모퉁잇돌이 되셨느니라.(엡 2:20-21)

신앙의 보존은 특히 이단과의 싸움이 심할수록 더욱 절실해 진다. 이단이란 반쪽 진리(half truth)여서 절반은 진리에 줄을 대고 있으나 다른 절반은 비성경적이어서 복음을 변질시키게 된다. 갈라디아서에서 말하는 '다른 복음'에 해당된다.

-만일 누구든지 너희가 받은 것 외에 다른 복음을 전하면 저주를 받을지어다.(갈 1:9)

직분

교회가 사명을 수행하려면 필연적으로 조직이 있어야 한다. 따라서 교회에도 여러 직분들이 있다. 성경에 기록된 직분들이 이어지는 것으로는 다음과 같은 것들이 있다.

1. **구약성경** 족장, 제사장, 대제사장, 선지자, 왕, 장로, 지혜자, 찬양대, 학사, 서기관

2. **신약성경** 목자, 전도자, 감독, 장로, 제사장, 대제사장, 왕, 율법사, 서기관, 선생(랍비, 교사), 집사, 목사, 가르치는 장로, 다스리는 장로, 권위하는 자, 청지기

3. **목회필요에 따른 직분들** 남전도회장, 여전도회장, 청년회장, 교회학교 교장, 홍보위원장 …

현대목회에 있어서도 성경에 기록된 직분만 두어야 한다고 주장하는 교회들이 없지 않다. 그러나 조직이란 필요에 따라 효율성이 있도록 해야 하므로 상대적 진리에 속한다.

교회의 교리적 선언
유니온교회와 미주성결교단의 경우

주일예배 때 사도신경을 공동으로 암송하는 것이 한국 개신교회의 전통이다. 사도신경을 주일예배에서 사용하지 않으면 이단교회라고 생각한다. 그러나 그에 반대하는 교단도 있다. 성경 외에 다른 것을 신앙과 행위의 표준으로 삼을 수 없다는 것이다. '표준하는 표준'(성경)과 '표준된 표준'의 차이이다. 그러나 표준된 표준인 사도신경이나 여러 합의된 신앙고백을 예배에서 암송하지 않더라도 그런 것들은 신앙교육에 매우 중요한 전거가 된다.

제정 경위

유니온교회는 미주성결교단의 견인차 역할을 한 것이 여러 가지 있었다. 필자는 1988년 5월 쌍파울로 총회에서 제9대 총회장으로 선임되었다. 목사안수 받은 지 9년만이다. 그 때 '미주성결교회 10개년 발전계획'을 수립했다. 중요한 내용은 2000년까지 200교회로 배가시키고 해외선교사를 100명 파송하는 것, 교단본부 건물 마련, 서울총회와 예루살렘총회 개최, 그리고 교리적 선언 제정을 근간 사업으로 제시했다. 2014년 통계로 200교회가 달성되었고, 선교사 파송은 70명, 교단본부 건물도 마련했다. 그러나 서울총회와 예루살렘 총회는 2015년 현재 아직도 실현되지 못했다. 그리고 교단 헌법과 예식서 등에 교리부분을 수정 보완했다. 그런 문서들을 초안하는 역할은 대부분 총회장에게 맡겨졌고 필자는 열심히 연구하여 이 일에 공헌했다.

무엇보다 필자는 모든 회원교회와 성도들이 사용하는 신앙고백 곧 〈미주성결교단 교리적 선언〉의 초안자요 제안자가 되었다. 1999년 5월 12일 브라질 쌍파울로에서 개최된 제19회 교단총회에서 12개 항목으로 된 〈기독교 미주성결교회 교리적 선언〉(Doctrinal Statement of the Korean Evangelical Church of America)을 통과 확정했다. 한국말과 영문으로 된 초안을 특별위원회 연구를 거쳐 결정했다. 이 신앙고백 문서는 2001년 9월 17일부터 한국의 서울신학대학교에서 개최된 기독교 대한성결교회 제95차 총회에서 사용승인을 받았다. 또한 성결교회 창설 100주년 기념사업으로 이루어진 〈성결교회 신학〉 (서울신학대학교. 2007) 정리에 참고가 되었으며 특히 영문판 〈Introduction to the Theology of the Korea Evangelical Holiness Church〉의 부록으로 등재되었다. 〈성결교회 신학〉에는 신앙고백적 교리는 다음과 같은 10가지의 효용이 있다며 필자가 정리한 내용을 게재하고 있다.

1.성결교회의 신학적, 교리적, 신앙고백적 정체성을 확립한다. 2.성결교회의 신앙적, 신학적 유산을 정리 보존한다. 3.지도자 양성을 위한 신학교육의 기초를 구축한다. 4.교

회신자들의 교육을 위한 기초를 마련한다. 5.목회, 선교 및 신앙생활의 기준과 방향을 제시한다. 6.교단의 전통과 현대의 성서해석학적 작업이 만나도록 한다. 7.세계교회와의 초교파적 연합활동의 근거가 된다. 8.이단에 대처하는 이론적 근거가 된다. 9.효율적인 선교, 전도, 교회성장을 도모하는 데 필요하다. 10.새로운 신학에 대한 비판적 혹은 건설적 대화를 위한 총체적 관점을 제공한다. (6쪽)

당초 미주성결교회는 교단적 신앙고백을 제대로 갖추지 못했다. 모체가 되는 한국성결교회, 그리고 초창기 한국성결교회를 주도했던 동양선교회(OMS)도 체계적인 교리를 갖추지 못했다. 1907년에 설립된 한국성결교회는 1925년에 가서야 〈동양선교회 신앙개조〉를 16개 항목으로 정리했다. 그리고 이것이 그 후 교단헌법에 반영되었으나 전체성, 체계성, 명절성, 교육성 등의 관점에서 부족한 점이 있었다. '하나님의 나라' 개념이 포함되지 못한 것이 그것을 증명한다.

성결교회는 장로교회가 엄격한 교리교육을 하는 것과는 대조적으로 부흥집회나 성별회를 통한 은혜사역에 주력한 장점을 가지고 있다. 그러나 주기도문, 십계명, 니케야 신조, 사도신경, 소교리문답, 대교리문답, 영국국교회 39개조 신앙고백, 장로교회의 웨스트민스터 신앙고백 등을 다른 교단들이 열심히 교육하는 일을 성결교회는 매우 등한시했다. 요한 웨슬리의 25개조 신앙고백도 신학교육에서나 목회 현장에서 별로 활용되지 않았다. 성결을 성령충만으로만 단순화했고 그에 기초하여 은혜 받기를 강조한 교회였다. 그런 점에서는 장로교회가 머리를 위한 교리교육에 철저했다면 성결교회는 가슴을 위한 은혜받기에 집중했다.

예수님의 경우에는 어땠을까. 길게 말할 것도 없이 둘 다였다. 사람들의 머리를 위한 목회에도 철저하셨고, 가슴을 위한 목회에도 철저하셨다. 그리고 전 인격, 온 영혼을 회복시키시는 일에 십자가를 지셨다. 특히 교리를 가르치신 사례 몇 가지를 들어보자. 교리란 정서적인 언어가 아닌 논리적 언어로 된 가르침을 뜻하는데 예수님의 교훈에는 그런 것이 얼마나 많은가. 십계명을 '하나님 사랑, 이웃 사랑'으로 요약하신 것, 성만찬에서 빵을 자신의 살, 포도주를 자신의 피라고 하신 것, 자신이 길, 진리, 생명, 빛, 선한 목자, 포도나무 등이라고 명확하게 선언하신 것, 하나님의 나라가 가까웠으니 회개하라는 선언, 거듭나야만 천국에 들어갈 수 있다는 가르침…. 간단명료하게 추상적 논리적 언어로 정리된 교리가 얼마나 많은가.

필자는 1997년 1년 동안 유니온교회 강단에서 집중적으로 교리설교를 했다. 교리를 '교육을 목적으로 간결하게 표현된 기독교의 기본진리'라고 정의했다. 교리설교가 중반쯤 이르렀을 때에 한국성결교회가 발행하는 정기간행물 〈활천〉에, "성결교회 교리적 선언을 만들자"는 기사를 썼다. 거기에 모든 성결교회가 사용할 수 있는 교리적 선언 초안을 제시했다(1997년 7월호). 설교가 마쳐질 때에는 〈유니온교회 교리적 선언〉을 초안하여 당회 결의를 거쳐 발표했다.

그러나 이 같은 교리나 공동신앙고백은 글자 그대로 공동(conciliar) 작업과정을 거쳐야 했다. 니케야 신조 등의 형성과정이 참고가 되었고 로마 가톨릭교회의 '바티칸 II' 토론과정도 유의했다. 필자가 작성한 초안이 비록 당회, 지방회를 거치고 총회의 연구위원회를 거쳐서 전체회의에서 가결되기는 했지만 대의원들이 주로 목회자이기 때문에 전문신학자들의 참여가 필수적 보완사항이었다. 그래서 이를 계기로 〈성결교회미주신학연구회〉를 창설을 주도하였다. 회원들의 박사학위 논문을 발표하고 토론하는 세미나도 하면서 필자가 초안한 〈기독교미주성결교회 교리적 선언〉을 3회에 걸쳐 연구하고 토론했다. 그리고 그 의견을 반영했다. 대폭 수정을 한 것은 아니나 신앙고백문은 토씨 하나조차 정밀하게 검토해야 된다는 점에서는 매우 중요했다.

이렇게 해서 유니온교회는 '미주성결교단의 교리적 선언'의 초안을 제안하여 확정했고 기독교 대한성결교회의 교리적 선언 제정의 견인차가 되었다. 미주에서 교회당 시설을 임대할 때 교회당 소유교회 측에서 당연히 신앙고백문 제출을 요구한다. 그 때 이 문서를 제시했더니 아주 잘 정리되었다는 평가를 받았다는 증언이 여럿 있다. 그 한국어본은 다음과 같다.

미주성결교회 교리적 선언

1. 우리는 우주 만물의 창조주이시요 통치주시며, 전능하시고 영원히 살아계신 거룩하신 하나님 아버지를 믿으며
2. 우리는 성령으로 잉태하사 동정녀에게서 출생하시고, 온전하신 하나님이 온전하신 사람이 되셨으며, 십자가에서 죽으시고 다시 사심으로 모든 믿는 자들의 유일한 구원주가 되시며, 하나님의 아들이신 예수 그리스도를 믿으며
3. 우리는 하나님 아버지와 아들의 영이시요 진리와 성결의 영이시며, 맡은 사명에 충성하도록 지혜와 능력을 주시는 성령을 믿으며
4. 우리는 아버지 하나님, 아들 하나님, 성령 하나님이 삼위일체이심을 믿으며
5. 우리는 신구약 성경 66권 전체가 하나님의 영감된 말씀으로서 믿음과 생활, 신학과 선교의 최고 표준이 됨을 믿으며
6. 우리는 하나님의 은혜 안에 있는 자유의지적인 믿음으로 말미암아, 온전히 타락한 인간이 중생하게 되고, 죄 사함 받으며, 의롭다 하심을 받고, 하나님의 자녀된 것을 믿으며
7. 우리는 성령이 충만하여 죄의 뿌리로부터 해방되며, 그리스도와 연합하여 하나님의 형상이 회복되고, 구원의 확신을 누리며, 온전한 구원 곧 온전한 사랑을 지향하는 성결

의 진리를 믿으며

8. 우리는 육신, 영혼, 가정, 사회, 자연환경을 온전하게 치료하시고 자녀와 생업을 도와주시는 신유의 축복을 믿으며

9. 우리는 거룩한 교회가 하나님 나라의 모형이요, 하나님의 연합된 백성이요, 그리스도의 몸이요, 성령의 집이며, 다시 오시는 예수 그리스도를 대망하는 정결한 신부임을 믿으며

10. 우리는 예배와 거룩한 예식을 통하여 삼위일체 하나님을 영화롭게 하고, 온전히 사랑하며, 모든 예배자들이 은혜와 능력을 얻게 됨을 믿으며

11. 우리는 땅끝까지 이르러 예수 그리스도의 증인되는 것과, 세상 끝날까지 모든 민족을 제자 삼아 말씀을 가르치는 선교사역이 구원받은 우리들의 최고 사명임을 믿으며

12. 우리는 예수 그리스도께서 재림하사 부활한 성도들과 함께 천년왕국을 세우시고, 최후의 심판주가 되사, 하나님의 자녀는 영원한 생명을 누리되, 사탄의 추종자는 영원히 저주받게 하심으로 하나님의 나라가 완성될 것을 믿습니다. 아멘.

(기독교미주성결교회 헌법: 미주성결교회 교리적 선언. 참조: 이정근. "미주성결교회 교리적 선언 제정경위와 그 신학적 기초." 논문집 II 9-91. "제2편 성결교회의 신학/교리와 기독교교육" 논문집 III. 149-255)

Doctrinal Statement of KECA

We believe in God the Father, Creator and Ruler of the universe, who is almighty and holy in nature.

We believe in Jesus Christ, who was conceived by the Holy Spirit, born of the blessed virgin, crucified, and risen from the dead; as true God and true human being in one person, the only Savior, the Lord to all believers, the only Son of God, and the head of the Church.

We believe in the Holy Spirit, who proceeds from God the Father and the Son; who is the Spirit of truth and holiness, and gives power to all believers for the expansion of the kingdom of God.

We believe in the Triune God, who is three in one substance and one in three persons; God the Father, God the Son, and God the Holy Spirit.

We believe in the Bible, the sixty-six canonical books of the Old and New Testament, as the inspired, inerrant, and infallible Word of God, and the supreme rule for faith, life, theology, and mission.

We believe that only by grace through faith of free will in the power of God, are we saved, regenerated, forgiven, justified, and have we become children of God.

We believe in the truth of sanctification as the fullness of the Spirit, spiritual growth in faith, liberation from the power of sin, the restoration of God's image in the human being, assurance of salvation, which is a progression toward perfect salvation and love.

We believe in love of God who heals sicknesses of not only body, soul, and spirit, but also culture and natural environment, and who blesses our home, children, and vocation.

We believe in the holy Church as the model of the kingdom of God, unified people of the Lord, the body of Christ, the temple of the Holy Spirit, and the blameless bride who prepares for the coming of Jesus Christ, the bridegroom.

We believe that we glorify the Triune God and love him with our hearts through worship and sacraments, by which we are given grace and power.

We believe in the Great Commission which is to be a witness of Jesus Christ to all the earth and to make disciples of all the nations.

We believe in the Second Coming of Jesus Christ as the consummation of His kingdom, resurrection of the saints, the final judgement upon all mankind, which will bring eternal life to the saved, and eternal punishment to the condemned. Amen.

(Approved by KECA as of 1999, and KEHC by 2001)

교단 교리적 선언의 함생목회적 의미

교회는 조직형태(polity)에 따라 몇 가지로 나눈다. 특히 최고의 권위 곧 최종결정권이 누구에게 있느냐에 따라 다르다. 로마 가톨릭교회는 교황을 정점으로 하는 철저한 중앙집권제이다. 감리교회는 감독교회이다. 장로교회는 같은 수의 목사 대표와 장로 대표가 모인 노회가 최종 권위를 갖는다. 성결교회는 총회 중심제도를 선택하고 있다. 침례교회는 개체교회가 최종 권위를 행사한다. 그리고 회중교회는 개체교회 회중 중심제도이다.

그런데 신앙고백서(confession)의 결정 과정도 이와 같은 최고 결정권과 매우 밀착되어 있다. 개인적 고백이라면 그건 개인의 자유와 믿음에 속한다. 회중교회들은 개체 교회 회중들의 결정에 따라 공동신앙고백서(conciliar confession)를 갖는다. 다른 교단들은 노회 혹은 총회의 결정으로 확정된다. 기독교의 대표적 공동신앙고백서인 사도신경, 니케야신조, 카르타게 신앙고백 등은 이런 과정을 통하여 탄생되고 확정되었다. 특히 사도신경은 열두 제자들이 각각 한 조목씩 썼고 그것을 사도단에 의하여 확정했던 것으로 전해진다.

신학은 언제나 개인의 신앙고백적 성격을 가진다. 20세기 신학의 거장으로 불리는 칼 바르트의 신학이 아무리 방대해도 그건 그 개인의 의견일 뿐이지 다른 신자나 교회에 구속력을 가지는 것은 아니다. 몰트만의 희망의 신학도 마찬가지이다. 그러나 일정한 조직에서 확정된 공동신앙고백서는 그 소속인들에게는 구속력을 갖는다. 따라서 미주성결교회의 교리적 선언도 그런 성격을 갖는 신앙고백서이다.

이 같은 신앙고백서는 이름 그대로 공회 곧 공동회의에서 결정된다. 그러나 그 초안자가 개인이건 복수이건 반드시 있게 마련이다. 가령 장로교회의 여러 공동신앙고백서들은 성경과 기존의 신앙고백서들에 기초하고 있지만, 장로교회의 창설자인 요한 칼뱅의 대표적 저서 〈기독교 종교 강요〉에 더 직접적으로 토대를 두고 있다. 루터교회도 물론 루터 저작집을 교리 형성의 주자원으로 사용한다.

성결교회는 그 동안 체계적인 신앙고백서를 갖지 못했다. 일찍이 이명직 목사는 16개조의 신앙고백을 소개한 바 있었다. 이는 요한 웨슬리의 25개조 신앙고백에서 발췌한 것이고 그 25개조는 영국교회의 39개조가 기본 골격이 되고 있다. 그리고 그 39개조는 결국 사도신경, 니케야 신조 등 '에큐메니컬 고백서'들에 기초하였으므로 필자는 '성결교회의 교리적 정통성'을 여러 번 역설해왔다.

미주성결교회 교리적 선언도 이와 같은 정통성 위에서 이 세대와 오는 세대를 위하여 사용될 언어로 여러 과정을 거쳐 확정되었다. 위에서 자세한 과정을 말했지만, 먼저 필자가 초안을 만들었고, 유니온교회에서 일 년 넘게 '교리 설교'를 하면서 회중들의 신앙교육성을 점검했으며 여러 번 수정 보완했다. 지방회의 결의를 거쳐 미주성결교단 총회에 상정하고, 연구기간을 거치는 동안 〈성결교회 미주신학연구회〉에서 토론을 통하여 또 다시 수정하고 보완했다. 그것을 미주성결교단 총회에서 결의하여 확정하였고, 최종 단계로 기독교대한성결교회에서 사용승인을 얻었다. 요약해서 말한다면, 이 교리적 선언은 그 내용은 물론이고 그 결정 과정조차도 철저히 함생적이었다는 뜻이다. 그리고 그 신학적 기초는 필자가 성결교회의 신앙노선을 요약하여 표현한 '기독교 개신교회 웨슬리언 사중복음주의'에 기반을 두고 있다.

목회자 세미나 강의 **목회현장에서의 교회 이해**

결혼을 준비하기 위하여 여자는 남자, 남자는 여자에 관하여 관련된 책을 읽고, 정보를 수집하고, 다른 사람들의 경험담에 귀를 기울인다. 좋은 일이다. 그러나 일단 결혼을 해보면 그렇게 해서 파악한 것은 극히 한 부분이라는 걸 깨닫게 된다. 남편은 여자에 대하여 파악한 것이지 '그 여자'를 실존적으로 파악한 것이 아니고, 여편은 남자에 대하여 조금 아는 것이지 '이 남자'를 실존적으로 아는 것이 아니다. 교회도 마찬가지이다. 이론적 혹은 원론적으로 이해하는 것이 중요하다. 그러나 사역현장에서 실존적 혹은 실체적으로 직접 체험하며 이해하는 '그 교회'는 자주 상당한 충격을 받을 정도로 다르다.

교회주의자가 되어야 한다

교회성장론에서는 이미 교회가 성장하려면 교회론이 강조되어야 한다는 점이 많이 지적되었다. 그러나 개신교회의 교회론은 그 원론에서 별로 중요하게 취급되지 못해 왔다. 이는 특히 로마 가톨릭교회가 교회와 교황을 절대화시키고, "교회 밖에 구원 없다"(salus extra ecclesiam non est)는 기치 아래 구원의 유일한 공급처로 삼은 까닭에 그에 대한 반작용으로 개신교회는 교회를 상대적으로 평가절하 했던 측면이 있다.

목회현장에서는 목회자가 자신을 향한 끊임없는 질문들이 있는데 그 가운데 다음의 것들이 포함되어 있다.

하나님은 어디에나 계신 분이신데 왜 교회에 출석하고 회원이 되어야 한다는 것인가? 새벽기도는 집에서 하면 안 되고 꼭 교회에 와서 해야 하나? 하나님은 언제나 계신데 왜 주일성수를 해야 하나? 성도들이 십일조를 선교비나 구제비로 쓰면 안 되고 꼭 교회에만 드려야 하는 이유는 무엇인가? 성찬예식과 세례예식은 목사가 각 집에 심방하여 베풀면 안 되는 이유가 무엇인가? 아니, 평신도는 왜 세례나 성찬을 베풀 수 없는가?

더 많은 질문들이 있다. 이것들은 실상 모두 교회를 우습게 보는 개신교회 전통에서 나오는 질문들이다. 그래서 목회현장에서는 사역자는 누구나 교회주의자가 될 것을 요구받는다. 교회를 세우신 하나님께서 교회에 축복권과 저주권, 사죄권과 정죄권을 허락하셨다면 사역하기는 훨씬 더 쉬웠을 것이지만 그렇게 가르칠 수는 없는 일이다. 그래도 목회현장에서는 교회중심 신앙생활을 강조하는 교회주의자가 되어야 한다. 교회는 그리스도의 몸이니까 크리스천들은 그리스도주의자가 되는 만큼 교회주의자 되는 것이 자연스러운 일 아닌가? 가령 다음과 같은 설교예화를 사용하는 것은 이를 뜻한다.

"어떤 청년을 만났더니 자신은 축구선수라고 하더군요. 그래 어느 팀에서 뛰느냐고 물었더니 소속팀 없이 혼자 즐긴대요. 그러면 축구 '선수'라고 할 수는 없는 거죠. 교회도 그와 같습니다. 예수는 믿는다면서 어느 교회 소속이냐고 물으면 교회는 안 다닌다고 하면 그게 무슨 신자입니까?"

담임목사가 중요하다

교회성장학에서는 담임목사가 교회성장의 90%라는 주장이 많다. 성장에만 90%가 아니고 교회가 망하게 되면 그 책임도 90%는 담임목사가 져야 한다. 그래서 목회자 세미나에서 우스개 소리도 여러 번 했다.

"그렇다면 교회재정의 90%도 담임목사가 사용할 권리가 있네요."

그 말에 참석자 모두가 통쾌하게 웃었다.

교회를 개척한 경험, 성장시킨 경험 등을 통해 볼 때 개체교회는 좋은 담임목사를 청빙하는 것이 굉장히 중요하다. 그리고 담임목사의 목회실력을 키우기 위하여 많은 노력을 기울여야 한다.

그뿐만 아니라 당회나 직원회가 자주 담임목사의 사역과 기량을 제한하면 교회성장은 어렵다. 물론 내분이라는 악습에 중독된 교회가 성장하기 어려운 것은 담임목사의 권위를 인정하지 않는 데서 대부분 원인을 찾을 수 있다. 담임목사가 교회의 머리 되신 예수 그리스도의 대리자라고 하면 교황노릇 하려 한다고 평신도들이 거세게 저항한다. 대리자는 아니라 해도 좋은 가정에서 아버지 정도의 권위는 있어야 사역이 효율적이게 된다.

"교회의 머리는 예수 그리스도이시지만 담임목사는 몸과 머리를 연결하는 목(neck)이라고 늘 생각합니다."

필자는 자주 그렇게 강조해 오고 있다. 목회자 특히 담임목사는 하나님과 사람 사이의 연결고리라는 생각도 자주 했다.

건물이 중요하다

신학대학원 교실에서는 교회의 본질을 배울 때 우선, "교회는 무엇 무엇이 아니다"라는 항목을 흔히 배운다. 가령, 교회는 건물이 아니다, 교회는 제도가 아니다, 교회는 회사가 아니다.

그러나 사역현장에 와 보면 교회관이 훨씬 달라진다. 실상 교회를 개척할 때부터 시설문제가 초미의 관심사가 된다. 그리고 사력을 다 기울여 자체성전을 마련하고 나면 또 더 넓은 시설을, 새로운 시설을 확장해 나가야 한다. 그래서 교회관이 이렇게 바뀌게 된다.

"교회시설은 교회를 교회답게 하는 제일 중요한 요인 가운데 하나다."

미주이민교회에서 교회가 내분이 있을 경우 자체건물이 없으면 그냥 문을 닫게 되지만 자체건물이 있는 교회는 결국 살아남게 된다는 사실이 확인되었다. 자체 성전이 없는 교회는 분쟁 뒤에 그냥 흩어지지만 성전을 소유하고 있는 교회는 길고 긴 재판과정을 거치게도 된다. 그래서 교회 싸움은 최후에는 법정에서의 재산싸움으로 귀결된다.

직분이 중요하다

'교회는 제도(institution)가 아니다'는 말을 교회원론에서 강조하고 있다. 하지만 역시 사역자는 사역 내내 직분 문제와 씨름을 해야 한다. 직분 관리를 잘해야 칭찬받을 사역자가 된다는 것을 명심해야 한다. 집사/권사/장로 세우는 일이 얼마나 중요한지 목회현장을 경험하지 않고는 감이 잡히지 않는다. 카리스마가 강력한 담임목사로서 교회가 날로 성장되는 사역을 했는데 직분관리에 허점이 있어 목회를 포기한 사례를 들라면 얼마나 많을까?

"어느 목사는 당회하다 말고 밖으로 나왔는데 얼굴이 시뻘겋더랍니다. 그러면서 자신은 결코 천국에 가지 않겠다고 중얼거리는 걸 어떤 집사가 들었다지요. '아니, 목사님, 우리들더러는 천국에 가라고 설교를 열심히 하셨는데 그게 무슨 말씀입니까' 하고 물었습니다. '집사님, 우리 교회는 장로 다섯 명인데도 저렇게 속을 썩이는데 하물며 하늘나라에는 장로가 스물 네명이나 된다지 않아요?' 그랬답니다."

–미쁘다, 이 말이여, 곧 사람이 감독의 직분을 얻으려 함은 선한 일을 사모하는 것이라 함이로다. (딤전 3:1)

살아남음이 중요하다

교회는 개척될 때부터 가장 중요한 과업이 곧 살아남는 일(survival)이다. 우선 개척한 교회가 계속 살아남을 수 있는 비전이 있어야 한다. 남가주지역에는 한 동안 매 주일 평균 하나씩 교회가 창립되었다. 일 년이면 50여개가 개척되는 셈이다. 그러나 일 년을 넘기는 교회는 열 개 정도 된다는 통계도 있었다.

교회가 살아남기 위하여서는 다른 교회 신자들을 끌어와야 한다. 신자 수평이동이라고도 하고, 양 도둑질(sheep stealing)이라고도 한다. 필자도 청년신자들을 양 도둑질 했다며 여러 사람 앞에서 이름 있는 선배 목회자로부터 공개비판을 받은 일도 있었다.

"목사님조차 교회를 도망병 집합소로 만드십니까? 지난주일 우리 교회 집사부부가 그 교회 갔다는데 돌려보내 주세요."

그런 퉁명스러운 전화를 받은 일도 있다. 목회의 윤리강령을 만든 사람이지만 윤리라면 "살아남음의 윤리"가 최우선이라는 신념이 생길 정도였다. 직분을 주면서 교회에 상당한 헌금을 요구한다고 언론이 빗발치듯 비판해도 그런 건 귀에 들리지 않는다. 그래서 목회자나 그 지망생들에게만 하는 말이 있다.

"목회가 무엇이냐고요? 사람 모으기와 돈 모으기 전쟁입니다."

그것이 성경적인지 아닌지는 그 다음 문제라고 한다면 꾸중할 분이 있을까? 그래서 교회를 개척할 당시부터 교회성장목표를 정했는데 그것은 바로, '생산능력이 있는 자립교회'였다.

교단이 중요하다

미주 어느 도시에 가든지 가장 큰 교회는 대체로 장로교회이다. 그래서 거의 모든 이단 교회들도 "대한예수교장로회" 간판을 달고 있다는 비판을 받지만 〈예수교장로회〉라는 간판은 여전히 인기가 좋다. 예수교장로회 소속교회라면 안심하고 신앙생활을 할 수 있는 것으로 믿는 자들에게는 물론 믿지 않는 자들에게까지 인식이 되어 있기 때문이다.

그런 점 때문에 다른 모든 교단들은 몸부림을 하고 있다. 소위 '초교파 독립교회'들이 처음에는 그런 대로 잘 나가지만 규모가 잡히면 내분에 휘말리게 되고, 그리고 내분이 생겼다 하면 조정기관이 없어 끝내 쪼개져 나가게 된다. 그래서 생긴 단체가 '초교파독립교회연합회' 혹은 '선교연합회'라는 단체들이다. 독립교회면 그냥 독립해 있어야지 무슨 연합회가 필요하겠는가? 침례교회는 개체교회만 교회라고 인정한다. 장로교회는 참된 의미의 교회는 노회다. 감리교회는 교단이 교회이다. 그래서 성결교회는 교단도 교회이고 개체교회도 교회이다.

교회가 무엇이냐에 대하여 그처럼 다른 이해를 가지고 있다 해도 결국 "교단이 교회다"는 점이 현장에서는 매우 강조된다는 점을 다시 한 번 지적해 둔다.

신학과 교리의 수정이 요구된다

교회를 결정하는 중요한 요소를 다음과 같이 정리해 볼 수 있다.

1.성삼위 하나님 2.성경말씀 3.교리와 전통 4.교역자 5.회중 6.교회를 둘러싼 세속상황

이런 것들이다. 그 가운데 교회는 성경, 전통, 신학, 교리가 사역경영의 표준이 된다. 그러나 교회가 또한 전통, 신학, 교리를 수정할 것을 요구하게 되는데 신학의 말로 하면 '텍스트와 컨텍스트의 상호작용'이라고 설명할 수 있다. 그런 과정을 거쳐 성경의 정경화가 이루어졌고, 사도신경, 니케야 신조 등이 형성되었다.

쉬운 예를 들면 제7일안식일재림교회가 이단교회냐, 불건전교회냐, 아니면 정상적 교회냐의 문제가 미주이민교회에서 심심치 않게 논쟁이 있었다. 물론 진보적 성향을 가진 목회자들은 정상적 교회라고 말한다. 그러나 근본주의적 보수성향을 가진 지도자들은 이단교회로 정죄한다. 그리고 복음주의 교회 목회자들은 불건전교회이지만 건전교회로 점점 변신하고 있다고 인정한다.

그러나 보수적 목회자들 가운데 의외로 안식일교회를 정상적 교회로 인정하는 사례들이 있다. 토요일에 예배드리는 안식일교회의 시설을 임대하여 예배드리는 교회의 목회자들이다. 그건 정말 상황이 교리를 결정하는 사례에 속한다.

이혼경력이 있는 사람에게 직분을 줄 것인가의 여부도 마찬가지이다. 미주이민교회는 이혼에 대하여 점점 더 관대해지고 있다.

게다가 구원론에 있어서 무조건적 이중예정론, 예지예정론, 선재은총론, 자유의지론의 구별이 점점 희석되고 있다. 그것은 이민교회의 경우 신자들이 여러 교단출신으로 구성되어 있기 때문이다. 그래서 신학과 교리가 평준화되어 가고 있는 것이 현저히 눈에 띄고 있는데 상황이 교리를 결정하는 사례가 된다.

설교 교회는 거룩한 함생체

"누구든지 하나님의 성전을 더럽히면 하나님이 그 사람을 멸하시리라. 하나님의 성전은 거룩하니 너희도 그러하니라" (고전 3:17)

피로 값 주고 사셨으니

우리는 성경말씀대로 창조주 하나님을 믿습니다. 하나님은 우주 만물을 창조하셨고 그 가운데 사람을 만드셨습니다. 성경을 창조하셨고 교회를 창설하셨습니다.

하나님께서 우주 만물을 만드실 때에는 말씀으로 지으셨습니다. '빛이 있으라 하시니 빛이 생겨났습니다. 말씀으로 하늘을 지으시고 땅을 지으시고 바다를 지으셨습니다.

그러나 각 종 들짐승과 새를 만드실 때에는 조금 더 힘을 기울이셨습니다. 흙으로 지으셨다고 성경은 증거하고 있습니다. 자료비와 노동력을 투입하신 것입니다.(창 2:19)

사람을 만드실 때에는 더 정성을 기울이셨습니다. 땅의 재료인 흙과 함께 하늘의 재료인 생기를 사용하셨습니다. 노동력도 동원하셨습니다. 같은 사람이라도 여자를 만드시는 데는 더 고급재료를 사용하셨습니다.(창 1:26-28, 2:7,22)

그런데 교회를 창설하시는 일에는 그 어느 것보다도 투자를 많이 하셨습니다. 시간도 많이 걸렸습니다. 예행연습도 많이 하시고, 섬세한 정성을 드리셨습니다.

-하나님이 자기 피로 사신 교회를 보살피게 하셨느니라.(행 20:28)

어떤 사본에는 이 말씀을 '주께서 자기 피로 사신 교회를 보살피게 하셨다'고 했답니다. 하나님도 교회를 창설하시는 데 피를 흘리셨고 예수님도 피를 뿌리셨다는 뜻입니다. 아들의 피는 바로 아버지의 피가 아닙니까.

하나님은 노아로 하여금 방주를 만들게 하실 때에 섬세한 관심을 쏟으셨습니다. 고페르나무라는 재료를 지정하셨습니다. 그리고 길이는 삼백, 너비는 오십, 높이는 삼십 규빗으로 짓되 방주 곧 네모형으로 건조하라 하셨습니다. 3층으로 만들고, 창문은 맨 꼭대기에 옆으로 내라고 설계도를 주셨습니다.

모세에게 성막을 만들게 하실 때에는 더욱 자세한 설계도를 주셨습니다. 그 세세한 내용이 출애굽기 25장부터 39장까지 반복적으로 기록되어 있습니다.

"아이고, 하나님, 하실 일도 무척 없으신가 봐요. 그런 건 '모세, 네가 알아서 하라' 하시고 큰 원칙만 말씀하셔도 되는데요."

그런 생각이 그 부분을 읽을 때마다 저절로 터져 나옵니다.

하나님께서 그걸 모르셨을까요? 아닙니다. 다 아시는 데도 누가 뭐라든지 성막을 손수 지으셨습니다. 십계명을 손가락으로 돌비에 새기신 하나님 아니십니까.

왜 그처럼 세심한 정성을 쏟으셨을까요? 방주나 성막은 뒷날 아들의 피로 세우실 교회의 예형이었습니다.

"네 이놈, 가만 안 둬"

성경에서는 하나님의 '거룩하신 진노'(holy anger)가 나타난 사건들이 여기저기에 보입니다. 하나님께서 "네 이놈, 그렇게 하면 가만 안 둬" 하고 협박하신 일들입니다. 그리고 실제로 가만 두지 않으셨습니다.

아론의 두 아들 나답과 아비후 형제가 한꺼번에 불에 타 죽었습니다. 성막에서 사역하다가 죽었습니다. 이유는 "하나님께서 명하시지 않은 다른 불을 담아다가 여호와 앞에 분향했기" 때문입니다.(레 10:1)

예배를 인도하는 목사는 누구나 이 대목을 읽을 때마다 진땀이 납니다. 그런 정도의 사소한 잘못으로 불에 타죽을 정도라면 예배 인도자나 설교자들은 열 번도 백 번도 더 강단 앞에서 죽었을 것입니다.

신약시대에도 비슷한 사건이 터졌습니다. 예루살렘교회에서였습니다. 아나니아와 삽비라 부부는 그들의 재산을 팔아 하나님 앞에 드렸습니다. 처음에는 전액을 드리자고 합의했다가 그만 마음이 바뀌었습니다. 그래서 땅값 얼마를 감추었습니다. 절반쯤 될는지요. 그런데 이 일로 부부가 교회에서 엎드러져 죽었습니다.(행 5:1-11)

"아나니아야, 네 이놈, 가만 안 둬. 어째서 땅값을 속이는 거야?"

하나님은 베드로를 통하여 그렇게 경고하시고 그대로 행하셨습니다. 이 말씀을 설교하면 언제든지 부작용이 생깁니다. 십일조 온전히 드린 사람이 몇이나 있겠습니까? 그런데 왜 지금은 그들이 교회에서 엎드러져 죽지 않습니까?

예루살렘교회는 예수 그리스도께서 피값을 주고 세우신 첫 열매입니다. 마치 첫 성막 제사 때에 나답과 아비후가 즉사했던 것처럼 첫 교회에서 아나니아 부부가 죽었습니다. 만약 예루살렘교회가 잘못되면 하나님의 원대한 경륜이 큰 손실을 입기 때문입니다. 그 원대한 경륜이 무엇입니까? 교회를 하나님 나라의 모형과 그림자로 세워(히 8:5) 온 인류를 구원하실 계획입니다.

나답과 아비후뿐이 아닙니다. 아나니아와 삽비라뿐이 아닙니다. 하나님은 교회를 파괴하는 자들을 향하여 가만두지 않겠다고 계속 경고하십니다. 그래서 이렇게 말씀하십니다.

"누구든지 하나님의 성전을 더럽히면 하나님이 그 사람을 멸하시리라."(고전 3:17)

원문에는 이 말씀이, '누구든지 하나님의 성전을 더럽히면 하나님은 그 사람을 더럽히리라' 해도 되고, '누구든지 하나님의 성전을 파괴하면 하나님이 그 사람을 파괴하리라'로도 번역됩니다.

미주에 있는 어떤 한인교회에서 부흥집회를 인도할 때였습니다. 그 때 이 18번 설교를 했습니다. 좀 자극적이고 원색적인 말로 번역했습니다.

"누구든지 하나님의 교회를 갈기갈기 찢어 놓으면 하나님은 그 사람을 갈기갈기 찢어 놓으리라."

그런 말을 세 번 반복했습니다. 또 그 날 말씀 듣는 성도님들에게 소리 높여 따라하게 했습니다. 그런데 어디에선가 갑자기 엉엉 우는 소리가 났습니다. 그러더니 60대나 된 여성도님이 밖으로 나갔습니다. 통곡을 하면서….

"이 목사님, 우리 교회가 사실은 지난해에 한 무리가 쪼개져 나갔습니다. 그런데 그 권사는 반드시 저 편으로 갈 사람인데 우리 교회에 남았지요. 알고 보니 간첩으로 남은 것입니다. 그래가지고는 교회에 불평을 조성하고 다른 신자들을 그 갈려나간 교회로 빼돌렸습니다. 그러다가 목사님 말씀에 호되게 얻어맞고 통곡하며 회개했습니다."

담임목사님의 설명이었습니다. '말씀은 성령의 칼'이라더니 정말 그랬습니다.(엡 6:17) 그 여권사의 마음을 갈기갈기 찢어 영혼을 수술해 낸 칼이었습니다.

하나님은 교회를 더럽히면 하나님도 그를 더럽히십니다. 교회를 부수면 하나님도 부수시는 분이십니다. 찢어 놓으면 하나님도 찢으십니다. 그 같은 진리는 개인에게 나타날 뿐 아니라 거대한 역사 속에서도 밝히 증명됩니다.

가령 공산정권이 지구 온 땅의 3분의 2를 점령한 전성시대가 있었습니다. 그러나 종주국 소련에서는 70년 만에 망했습니다. 공산주의 정권이 붕괴된 영적인 이유가 무엇입니까?

교회를 까부수고,
주일을 없앤 6일제 달력을 만들고,
성경의 씨를 말리고,
신학교를 강제 폐쇄시키고,
목사와 신자들을 마구 죽이고…

하나님은 그런 악행들을 가만 두시지 않으셨습니다. 거룩한 진노를 발동하셔서 공산정권을 무너뜨리셨습니다. 공산정권이 교회를 찢어 놓은 만큼 하나님도 공산정권을 찢어 놓으셨습니다. 이 경고는 평양정권도 거울삼아야 합니다.

교회는 축복의 큰 통로

다윗은 하나님의 법궤를 예루살렘에 안치하는 역사를 시작했습니다. 그런데 정성을 다하여 운반하다가 그만 아비나답의 아들 웃사가 그 자리에서 죽었습니다. 소가 뛰자 그 법궤가 떨어질까 염려했습니다. 그래서 손으로 잡았는데 그것이 하나님의 규례를 어겼습니

다.(삼하 6:6-8)

그런데 이상한 것이 있습니다. 오벳에돔의 집에 법궤를 석 달 동안 안치하게 되었는데 그 일로 해서 그 가정은 큰 복을 받게 되었습니다. 더군다나 골리앗과 같은 집안인 가드 사람이었습니다. 할례 받지 않은 이방인이란 뜻입니다.

법궤는 교회의 모형과 그림자입니다. 교회를 찢어 놓는 사람에게 하나님은 지금도 갈기갈기 찢어 놓으십니다. 재산을 찢어 놓기도 하시고, 자녀를 찢어 놓기도 하시고, 육체를 찢어 놓기도 하시고, 기업을 찢어 놓기도 하시고, 영혼을 찢어 놓기도 하십니다. 정말 무서우신 하나님, 시퍼렇게 살아계신 하나님이십니다.

그러나 이것은 기쁜 소식입니다. 큰 기쁨의 좋은 소식이요 정말로 행복한 소식입니다. 왜냐하면 그 말씀을 빈대떡처럼 뒤집어 보면 이런 말씀이 되기 때문입니다.

“하나님은 교회를 세우는 자를 세워주신다.”

“하나님은 교회를 튼튼하게 만드는 자를 튼튼하게 만들어 주신다.”

바로 그것입니다. 그래서 성경은, ‘교회는 하나님이 주신 축복의 큰 통로’라고 선언합니다.

사울은 세상적으로는 행복이 평생토록 보장된 사나이였습니다. 일찍이 출세했습니다. 학문이 높았습니다. 평생 돈 걱정 안 해도 됩니다. 로마 시민권을 가진 사람입니다. 천막 만드는 기술을 가져 위기에도 밥벌이를 할 수 있었습니다.

그러나 그는 교회를 부수다가 예수님의 음성을 듣고 땅에 떨어져 뒹굴었습니다.

“사울아, 사울아, 네가 어찌하여 나를 찢어 놓느냐?”

“누구신데요? 제가 언제 찢어 놓았습니까? 제가 찢었다면 교회를 찢어 놓았을 뿐이지요.”

“맞았다. 그런데 나 예수가 바로 네가 찢어놓은 교회의 머리니라. 교회가 내 몸인 걸 네가 몰랐느냐?”

청년 사울과 예수님의 대화를 의역한 내용입니다. 사울은 바울로 변화된 뒤에 이 사실을 이렇게 기록했습니다.

“내가 이전에 … 하나님의 교회를 심히 박해하여 진멸하였습니다.”(갈 1:13)

그러나 사울은 바울로 변화된 뒤에 교회를 작살낸다는 죄가 얼마나 큰 중범인가를 깨달았습니다. 바로 그 죄가 용서함 받은 것이 감사해서 가는 곳마다 전도하여 교회를 세웠습니다. 항상 기뻐하고, 쉬지 않고 기도하고, 모든 일에 감사하면서 … 하나님으로부터 의의 면류관을 받을 것도 확신했습니다.(딤후 4:8) 영적 행복의 절정을 누리는 사람이 되었습니다.

이것은 이 설교자 자신의 간증이요 반세기 넘는 신앙생활과 목회활동의 목격담입니다. 하나님의 교회를 헤치는 사람은 하나님도 헤치시고 모으는 사람은 하나님도 모아주십니다.

저의 모친 윤옥례 권사님은 시골교회에 다니실 때에 머리를 잘라 팔아서 교회 건축헌금으로 드린 분입니다.

"얘, 늙은이 머리카락은 값도 싸더라."

그런 말씀 하시던 모습을 제 평생에 잊지 못합니다. 그것이 하나님 마음에 진한 감동을 드렸음을 확신합니다. 어머님은 경기도지사 모범 어머니 표창을 받으셨습니다. 그리고 자손들도 '예수 믿고 수지맞은 가정'이 되었습니다.

교회는 하나님 나라의 형상

하나님께서 무엇 때문에 교회를 사랑하는 자를 사랑하시는지 그 비밀을 아십니까? 교회는 하나님과 그 자녀들의 함생체(咸生體)이기 때문입니다. 신랑되신 예수님과 한 몸 곧 함생체 되는 신부입니다. 그리고 성령님과 성도들의 함생체입니다.

그 동안 교회를 가리켜 공동체(community)라는 말을 사용해 왔지만 그것만으로는 부족합니다. 가정도 공동체, 마을도 공동체입니다. 그러나 교회는 그것들과 같으면서도 질적으로 다른 차원이 있습니다. 생명체라는 차원입니다. 살아계신 성삼위 하나님과 생명권에 들어선 사람이 함께 사는 신인(神人) 함생체입니다. 하나님과 성도가 함께 살고, 함께 일하고, 서로 사랑하는 '거룩한 함생체' (holy combiosity)입니다. 지금도 하나님은 교회를 향하여 '내가 너와 함께 하고 있노라' 재확인하십니다.

교회가 무엇이냐고 물으면 그 대답이 여럿입니다. 그러나 삼위일체 하나님의 빛 아래서는 하나님의 가족, 그리스도의 몸과 신부, 성령의 집이라고 성경을 풀어 대답합니다. 그 가운데 '교회는 머리이신 그리스도의 몸' (골 1:18)이라고 성경은 선언합니다.

한 가지 더 있습니다. 교회는 하나님의 나라의 형상을 가진 그리스도의 몸입니다. 마치 구원받은 사람 속에 하나님의 형상(imago Dei)이 회복되어 있는 것처럼 그리스도의 몸이요 신부인 교회에는 '하나님의 나라' (바실레이아 데우) 곧 하나님의 통치하심이 그 속에 있습니다.

그래서 결론 내립니다. 머리를 충성스럽게 섬기는 몸이 되어야 합니다. 그리고 몸을 세우기 위하여 십자가 지고 헌신하는 지체가 되어야 합니다. 그러면 성삼위 하나님께서 우리를 살려주시고, 세워주시고, 채워 주시고, 온전하게 만들어 주십니다. 교회를 사랑하십시오. 끔찍하게 사랑하십시오. 그것이 바로 하나님의 큰 사랑을 받는 길입니다. 아멘. ('나의 대표설교', 활천. 2010년 11월호)

전투본부로서의 교회

“앞으로 기독교는 전쟁이라는 말을 전혀 쓰지 말아야 될 것 같습니다. 요즈음 세태에서는 기독교를 ‘절대평화의 종교’로 만들어야 목회와 선교가 효율적일 것입니다.” 최근에 만난 저명한 신학자의 주장이었다. ‘요즈음의 세태’라는 것은 이슬람의 잔인한 참수형이 신의 이름으로 광란의 춤을 추고 있고 또 그런 테러 분자들을 가차 없이 살육하는 서구 선진국의 무차별적 군사작전을 뜻한다. 하지만 과연 기독교를 절대평화의 종교로 리모델링할 수 있을까. 이슬람의 칼과 창과 총 앞에서 맨 손을 치켜들고, ‘나 죽여주시오’ 하고만 있을 수 있을까. ‘여호와 닛시’ (출 17:15, 여호와는 나의 깃발)를 폐기처분할 수 있을까. 그렇게 되면 성경의 상당히 많은 부분을 잘라내야 하지 않을까. “내가 세상에 화평을 주러 온 줄로 생각하지 말라. 화평이 아니요 검을 주러 왔노라.”(마 10:34, 눅 12:51-53)는 말씀은 또 어떻게 할까.

뭐! 군인들이? 꽃을 다 좋아해

대한민국 남자들은 모였다 하면 군대 이야기를 한다. 그런 점에서는 지원제도가 아니라 징집제도를 선택하는 나라 국민들 가령 북조선 남자들이나 이스라엘 남자들도 마찬가지일 것 같다. 남자들의 공통된 경험이 군대생활이고 특히 그 체험은 일상적 체험과는 아주 다른 특별체험이기 때문이다.

1964년부터 66년까지 32개월 대한민국의 자랑스러운 육군으로 복무했던 터라 필자도 군대 이야기라면 며칠을 해도 끝이 안 날 것 같다. 그냥 재미로 하는 이야기가 아니라 흥분을 감추지 못하는 이야기들이다. 인생을 살아가노라면 정확하게 기억해야 할 숫자들이 꽤 많다. 생년월일, 전화번호, 학번, 주민등록번호, 여권번호, 본적과 주소의 번지수, 우편번호, 미국에서는 사회안전번호라는 것도 꼭 외워야 한다. 그러나 그 가운데 가장 오랜 동안 가장 정확하게 기억하고 있는 것은 단연 대한민국 육군이 부여해준 군번 11281536이다. 불과 32개월 동안 사용했던 번호인데 그것이 정신 잃을 때까지 또렷하게 기억할 수 있게 된 것은 무슨 까닭일까. 그만큼 군인생활은 독특한 체험이라는 뜻이다.

육군 학사장교의 기회가 있었지만 가정교사로 학비를 벌어야 했기에 지원하지 못했다. 공군학사장교에는 신체검사에서 낙방했다. 그 때는 병역자원이 남아돌기 시작할 때라 요령을 잘 부리면 면제받을 수도 있었는데 그건 내가 사는 방식이 아니었다. ‘병역기피자’라는 비겁자 낙인을 찍히고 싶지 않았다. 병역을 면제받도록 도와줄 만한 사람도 없었고 뒷거래를 할 만한 돈도 없었다. 그래서 대학졸업식도 참석하지 못한 채 논산훈련소에 입대하게 되었다. 그 때부터 훈련병, 이등병, 일등병, 상등병, 병장, 그리고 하사로 계급이 바뀌었고 마침내 제대를 하게 되었다.

군인생활은 논산훈련소에서 했다. 국어교육을 전공했으니까 정훈학교로 가면 제일 좋을 것 같았으나 실현되지 않았다. 영어실력도 웬만해서 어학사병 혹은 카투사도 생각했지만 허사였다. 훈련소의 기간사병이 제대할 때까지의 직책이었다. 게다가 어느 날 갑자기 하사 과정에 차출되었다. 징집군인인 경우 사병은 상병이나 병장으로 제대하는 것이 상례이고 하사라면 직업군인을 뜻하게 되는 것인데 웬일인지 '하사관 교육대'에 가서 특별훈련을 받아야 한다는 것이다. 명령에 살고 명령에 죽는 것이 군대이니까 별 수 없이 입소했다. 논산훈련소 여러 연대에서 우수사병으로 입소 추천된 인원이 180명 정도 되었다.

"너희들은 대한민국의 육군 중의 최우수 군인이다. 이 하사관교육대의 훈련과정에서 낙오자가 되지 않고 성공적으로 수료한다면 너희들은 육군훈련소의 명예로운 하사관 교관으로 임명되기 때문이다."

부대장의 훈시였다. 그러나 그건 그만큼 고난도 훈련이란 뜻도 있었다. 군대에서는 모범이라면 정말 고달프다는 걸 누구나 다 안다. 게다가 개인별 등수와 출신연대별 종합점수를 매기게 되는 경쟁체제였다.

원래 군대기질이 맞지 않고 무슨 질병은 없으나 몸도 튼실하지 못했던 나는 처음부터 경쟁할 생각이 별로 없었다. 다만 무슨 일에나 성실하게 최선을 다한다는 정신만은 사범대학에서 체득한 교육자의 기본자질이었다.

정말 고난도 훈련이었다. 총검술, 사격술, 각개전투, 수류탄 투척 그런 것들이 나를 무척 겁먹게 했다. 학과 내용 시험, 강의 연습은 자신 있는 것들이었다. 내무생활은 평균 수준이었다. 그런 모든 것들을 종합하여 개인별 부대별 평가를 했다. 그런데 수료식 날 최우수상을 받게 되었다. 표창패와 두 주간 특별휴가를 상급으로 받았다.

"아, 이제부터 대한민국의 모범군인이 되었구나. 그 고달픈 모범군인… 그렇다면 이제부터 '알곡 군인'이 되도록 최선을 다해 보자. 예수님께서 기뻐하시는 알곡 군인 … "

그렇게 혼잣말을 했다. 아무튼 입에서는 저절로 찬송가가 흘러 나왔다. "나는 예수 따라가는 십자가 군사라… 주님의 용사된 내게 주의 일 맡기소서." 그 찬송가였다.

봄볕이 따뜻한 날 야외교장에서 훈련을 마치고 부대에 돌아올 때였다. 부대 막사 주변에 심으려고 할미꽃을 뿌리째 뽑아 들고 오는데 초등학교 여학생들이 매달리며 자기들에게 달라고 아우성을 했다. 그 때가 막사 주변에 꽃 심기 강조주간이었다. 그래서 안 된다고 눈을 부릅뜨니까 입을 모아서 이렇게 말했다.

"뭐 군인아저씨가 할미꽃을 다 좋아해요."

군인은 사람도 아니라는 뜻으로 들렸다. 그런데 그 천진난만한 아이들의 말이 백 번 옳았다. 군인공동체는 일반단체와는 현격하게 구별되는 집단이라는 것이 절절히 맞는다. 그래서 군인목회를 위하여 별도로 군목을 선발하고 특별한 훈련을 시키지 않는가. 군인을 대상으로 하는 목회는 아무나 할 수 있는 것이 아니다. 그렇다고 일반목회자들이 외면해서도 안 된다. 강제징집 당하여 군인생활을 해야 하듯이 군인 목회도 피할 수 없는 사역의 과제가 아닐까.

군인생활에서 배운 것들

군인생활 하는 동안 신앙생활도 줄기차게 계속했다. 훈련병 시절부터 주일예배는 거의 빠지지 않았다. 그런 점에서는 논산훈련소 제28연대교회 양철웅 군목님의 도움과 사랑을 잊을 길이 없다. 설교가 뛰어난 편은 아니었으나 신자 하나하나를 따뜻하게 보살피시는 목회자의 모습은 후일 나의 목회에 좋은 모범이 되었다. 그분은 각 중대에 신자 소대를 편성하여 주일이면 여러 소대에서 교회에 가기 때문에 오는 불편과 무질서를 막는 사례를 남겼다. 그런데 신자 소대에서는 거의 탈영병이 없었고, 안전사고가 없었으며, 사격합격률 등 훈련평가결과가 두드러지게 좋았다. 아예 기독교 신자만 따로 모아 신자연대나 신자사단을 편성하면 어떻겠느냐는 말이 나올 정도였다. 그런 반작용 때문일까 나중에는 신자소대를 해체하라는 상부의 지시가 있었는데 그 이유는 부대 안에 위화감을 조성한다는 것이라 했다.

주일이 되면 이등병 때부터 우리 6중대의 신자들을 교회로 인솔하는 책임을 자원해서 맡았다. 훈련이 고달픈 만큼 교회에 가서 위로받겠다는 병사들이 늘어갔다. 혹은 그 시간에 교회에 가지 않으면 여러 가지 노동에 동원되기도 하니까 그걸 피하려고 교회에 오는 병사들이 어찌 없겠는가.

교회에 갈 때에는 여러 소대에서 나온 신자들로 임시소대를 편성했다. 그리고 열을 맞추어서 호각소리에 맞추어 행군했다. 그리고 훈련장에 오고 갈 때 군가를 힘차게 부르듯이 찬송군가를 힘차게 불렀다. '십자가 군병들아 주 위해 일어나,' '행군 나팔 소리에 주의 호령 났으니,' '믿는 사람들은 주의 군대니,' '마귀들과 싸울지라 죄악 벗은 형제여' 그런 4분의 4박자로 된 찬송가였다. 찬송가에는 생각보다 신앙용사들이 부를 군가가 많이 있었다. 만약 행군 중에 걸음을 제멋대로 걷거나 찬송군가를 안 부르는 등 군인정신이 없는 병사가 발견되면 호되게 벌을 주기도 했다. 신자들이야말로 어디에서나 모범이 되어야 한다는 신념 때문이었다.

"크게 복창해라, '신앙정신은 군인정신이다'."

군인생활도 중반이 되어갈 무렵 양철웅 군목님께서 나에게 군종사병으로 왔으면 좋겠다고 했다. 군인교회에서 예배드린 뒤 다른 중대에서 온 병사 하나가 탈영을 했던 사건 때문이었다. 군부대에서 군종하사관은 정말 보람 있고 또 평안하게 군인생활 할 수 있는 자리여서 배경 좋은 병사들이 탐을 냈다. 그런 기회가 내게 왔다.

"그런데 한 가지 문제가 있어요. 직속상관인 중대장께서 이 하사를 결코 못 내놓겠다는 거요. 그래서 이 하사 본인에게 선택하게 하자고 합의했지요."

우리 중대장께서도 좋은 신자인데 계급은 양 군목님과 똑 같은 대위였다. 그 말을 듣고 나는 난처했다. 그러나 길게 끌 일이 아니었다. 그래서 훈련부대에 남겠다고 말씀 드렸다. 군종하사관은 다른 사람으로 충원되었다. 좋은 군목님 휘하에서 신앙교육을 더 받고 싶기도 했지만 모범군인이 되어 보겠다는 결심을 한 터여서 훈련중대에 남기로 한 것이다.

그 이전에도 나는 편한 자리를 두 번 거절한 일이 있었다. 하나는 방첩대 차출이었다. 그 당시 방첩대라면 끗발이 매우 좋은 군 수사기관이었다. 사복을 입고 생활할 수 있고 사병이지만 영관급 장교들도 맞먹는 직책이었다. 그런데 군목님과 상의했더니 성격 버린다고 하시며 적극 만류했다. 그 말을 듣고 포기했다.

또 한 번은 고위 장성 숙소의 당번병 차출이 있었다. 군사령부에 있는 대학 선배에게서 연락이 왔다. 그 장성의 아들이 고등학생인데 국어실력이 모자라서 가정교사 할 사람이 필요했고 나를 적임자로 추천했다는 경위 설명이었다. 그러나 그 자리로 전임되지는 않았다. 신원조회 결과 때문이라고 했다. 그러나 나는 훈련중대의 하사관 교관으로 군인생활 마친 것을 자랑스럽게 생각한다. 당시에 부패사슬에 묶여 있는 것이 군대생활이었지만 그런 중에도 교육계, 소대 선임하사, 하사관 교관, 그런 직책을 모범적으로 수행했다고 자부한다. 군인생활 32개월 동안 규칙위반 딱지를 한 번도 받은 일이 없는 모범 군인이었다.

후일 목사로 부름 받고 보니 지나온 나날들의 모든 경험이 결국 하나님께서 나를 목사로 사용하시려고 사전계획을 하셨다는 간증이 저절로 나온다. 마치 결혼을 하게 되면 신랑이나 신부나 그 때까지의 모든 환경과 교육과 경험과 인품이 결혼준비과정이었던 것을 깨닫는 것처럼 나에게는 목사 훈련을 논산훈련소 군인생활을 통하여 철저하고 호되게 준비시키셨다.

군인선교가 중요하다

군인으로 복무했기에 잃은 것이 많이 있다. 대학 동기들 가운데 병역의무를 면제 받고 그 동안 대학원 혹은 유학을 해서 전임강사가 되었든지 혹은 국가고시에 합격하여 고급공무원이 되기도 했다. 그리고 부모 사업을 이어받거나 창업하여 사장 노릇하는 친구들과 비교하면 손익계산서가 쉽게 나온다. 제대하고 바로 고등학교 교사가 되었을 때 그 친구들은 벌써 결혼해서 아기도 있고 생활기반도 단단히 잡혀 있었다. 제대하고 나서 그런 꼴들을 보면서 나는 이런 말을 자주 했다.

"무슨 이유든지 군대 안 갔던 청년들이 그 기간에 취득한 이익의 절반은 병역세로 국가에 강제 헌납시켜 그걸 모아서 군복무 마친 이들에게 결혼자금이라도 손에 쥐어 주어야 하지 않겠는가. 그것이 정의로운 일 아니냐."

그러나 군인생활에서 배운 경험은 어디에서도 얻지 못하는 값진 교훈이었다. 특히 인생을 보는 눈이 확 달라졌다. 모든 것을 삶과 죽음이라는 축에서 생각하고 결정하는 생사관이 확립되었다. 삶과 죽음에 관련이 별로 없는 일들은 모두 허황된 것으로 보였다. 뱀과 개구리를 잡아 맛있게 먹으며 훈련을 받는 야영생활은 인생이 어떤 것인가 정신이 번쩍 들게 한다.

용기와 결단 등 지도력을 배웠다. 훈련소는 휴전선보다 훨씬 위험이 없는 곳이지만 그래도 훈련은 언제나 전쟁터를 가상하고 실시된다. 전쟁터에서는 상황판단이 정확해야 하고, 작전명령이 적중해야 하고, 부하들의 생명을 총탄에서 보호해야 하고, 기어코 적을 무찌르고 승리를 쟁취해야 한다는 점에서 순간순간 용기와 결단을 강요받는다. 지휘관은 모든 부하병사들의 모범이 되어야 하고 선두지휘를 해야 한다. 죽기로 작정한 사람만이 살아남는다는 점에서 예수님의 가르치심 그대로다.(눅 17:33)

특히 군사훈련소에서 복무하면서 인간이 무엇인지 체험적으로 파악하게 되었다. 교육학, 철학, 심리학, 사회학, 역사학, 생물학 등 대부분의 학문 분야가 인간이 무엇이냐에 대한 해답을 찾는데 도움이 되지만 군인생활은 실제 상황 특히 극한상황에서 인간의 행동을 관찰할 수 있는 절호의 기회였다. 후일 목회를 하면서 가장 절실한 것이 인간이해인 것을 뼈저리게 체험했지만 비교적 다른 목회자들보다는 인간이해의 폭이 넓은 것이 목회의 큰 자산이었다. 인간의 본질과 행동을 잘 파악할수록 교육을 바르고 효과 있게 할 수 있다. 그런데 목회는 교육적 기초 위에서 해야 하기 때문에 항상 인간에 대한 이해에 민감해야 한다. 특히 함생목회론을 주창하면서 인간은 '사회적 개인' (social individual)이란 것도 그런 과정을 통하여 형성되어 왔다.

생명이 그처럼 중요하다는 것을 천 번 만 번 절감했다. 실상 군대에서는 생명은 소모품이라는 생각이 지배적이다. 군대에서 물품의 중요성에 따라 1종, 2종, 3종 … 그런 분류를 한다. 내용을 다 잊었지만 그 때 1종은 쌀이었던 것으로 기억한다. 그리고 군인이 죽어 시체가 되면 6종이었던 것 같다. 시체는 그만큼 덜 중요하다는 뜻이다. 전쟁하다가 분대 1번이 죽으면 2번으로 대치하면 그만이다. 그 당시 국민 군가라 했던 행진곡의 첫 절 "전우의 시체를 넘고 넘어 앞으로 앞으로"를 생각해 보라. 인간의 생명은 정말 소모품 수준이다.

그러나 군대에서야말로 생명을 가장 값지게 생각하도록 가르친다. 절대 가치라고까지 말하지는 않지만 가령 '총기는 제2의 생명'라는 귀가 닳도록 듣는 말도 결국 생명의 중요성을 말한다. 특히 폭격기는 떨어져도 조종사는 살려야 한다는 것이 당연한 작전이다. 비행기를 제작하는 데는 그리 오랜 시간이 걸리지 않지만 조종사 하나 육성하려면 20여년이 걸리기 때문이다. 아니, 비행기가 많아도 조종사가 없으면 아무 짝에 쓸모없게 된다.

한국동란 때 전투경험을 가진 상사(사병 최고계급) 한 분이 전투경험을 들려주는 시간이 있었다. 말이 거칠고 논리도 안 맞았지만 내 귀에 평생 남아 있는 한 마디가 있었다. 전투가 끝나면 땅을 얼마나 빼앗았느냐, 건물을 몇 개나 더 탈취했느냐, 고지를 탈환했느냐 등으로 전쟁의 승패를 따지지만 실상은 전투 참가 군인 몇 명이 최후까지 살아남아 있느냐가 제일 중요하다는 것이다. 군병들만 살아 있다면 전투는 다시 한 번 할 수 있는 것이기 때문이란다. "그러니까 너거들 무신 수가 있어도 살아 남거레이." 역전의 용사 마지막 말이 반세기가 지난 지금도 귀에 쟁쟁히 들려온다.

군인생활이 중반쯤일 때 월남전 파병이 시작되었다. 그런데 월남 전쟁에 지원하는 장교들이 꽤 많았고 사병들도 있었다. 하지만 사병들은 대체로 차출명령이 떨어지면 엉엉 울고, 술들을 퍼 마시고, 심리적 공황에 빠지기도 한다. 생명은 누구나 자신에게는 절대가치라는 걸 입증하는 반응들이다.

전쟁은 혼자 하는 것이 아니다. 흔히 삼국지 같은 전쟁소설에 장수끼리 일대 일 싸움하는 국면이 많지만 실상 일대 일의 전쟁은 아니다. 전쟁은 함께 하는 것이다. 그래서 단결이 그처럼 중요하다. 군복무 기간 동안에 경례구호만 해도 여럿이었다. 재건, 승리, 방첩, 승리, 충성 같은 것들이지만 아마도 '단결'이 제일 많았던 것은 그런 이유이다. 그 때 전 국민이 알고 있던 표어 "뭉치면 살고, 헤치면 죽는다"(United We Live, Divided We Fall)를 자주 복창시킨 것도 그런 이유이다. 전쟁은 개인이 생명을 바쳐가며 하는 것이지만 동시에 함께 죽고 함께 살며 해야 한다. 군대의 편제가 이를 웅변으로 말한다. 전쟁은 철저한 조직 활동이다. 3인 일조로 시작하여 분대, 소대, 중대, 대대, 연대, 여단, 사단, 군단, 육해공군의 조직으로 전쟁임무를 수행한다. 지휘본부는 인사, 재정, 정보, 작전, 훈련, 보급, 병기, 공병, 수송 등등의 부서로 조직된다. 이런 것들이 일사불란하게 움직여야 전쟁을 성공적으로 수행할 수 있다. 그러니까 곧 전투나 전쟁은 나 혼자만 잘해서 이기는 것이 아니다. 전우의 승리가 나의 승리이고 나의 패배가 전우의 패배가 된다. 그래서 "너가 바로 나이고 내가 바로 너가 되는 단결"이 절대적이다. 군대라는 단체가 계약적 조직이기는 하지만 그러나 성경에서 교회를 그리스도의 몸이라고 풀어 놓은 생체적 조직의 성격이 매우 강하다. "한 사람이면 패하겠거니와 두 사람이면 맞설 수 있나니 세 겹줄은 쉽게 끊어지지 아니하느니라."(전 4:12)는 말씀은 어디에서보다도 전투상황에서 강조되는 지혜였다.

지휘관이 중요하다. 지휘관의 오판으로 한 부대가 전멸하게도 되고 지휘관의 정확한 판단과 지도로 큰 승리를 얻는 일이 전투에서는 허다하다. 그래서 '지휘관을 잘 만나야 한다'는 말이 모든 군인들의 입버릇이 되었다. 불과 한 개 소대의 선임하사이고 한 개 중대의 하사관 교관이지만 지휘책임은 사단장이나 소대장이나 본질적 원리는 같을 뿐이다. 지휘관에게는 여러 가지 자질이 요구된다. 부대 구성원을 아끼고 사랑하고 좋은 군인으로 훈련시켜야 한다. 사기진작이 엄청나게 중요하다. 모든 규범 특히 작전규범을 숙지해야 한다. 임무를 확실하게 부여하고, 진행상황을 감독해야 한다. 확실한 정보에 기초한 재빠른 상황판단, 용기 있는 결단과 지휘, 결과의 평가도 중요하다. 부대에게 무슨 임무가 맡겨졌든지 종합적 작전계획을 바르게 수립해야 한다. 그러나 더 중요한 것은 항상 전투의 목표가 명확하게 무엇인지 그리고 모든 부대지휘가 최소의 노력으로 최대의 결과를 얻도록 전투 목표를 달성하도록 집중되어야 한다.

우리 대장 예수 깃발 날리며

성경은 상당히 많은 부분이 전쟁이야기이다. 하나님과 인간의 싸움, 인간과 인간의 싸움, 종족과 종족의 싸움, 민족과 민족의 싸움, 국가와 국가의 싸움, 천사와 사탄의 싸움, 가문과 가문의 싸움, 형제들 간의 싸움, 아비와 자식의 싸움, 인간과 자연과의 싸움들의 기록이다. 굳이 전쟁까지는 아니더라도 경쟁 수준의 싸움은 더 많다. 아니, 어쩌면 가장 흔해빠진 전쟁이면서도 이기기도 어려운 전쟁은 결국 '자기 자신과의 싸움'이기에 인간은 본질적으로 전쟁하는 동물일 뿐이다.

기독교는 사랑의 종교이라는 걸 누구나 다 안다. '하나님 사랑과 이웃 사랑'을 최고의 핵심교훈으로 삼고 있고 심지어 원수까지 사랑하라는 수준이다. 그런데도 성경은 각 나라 사관학교에서 전쟁교범으로 삼을 만큼 전쟁이야기로 가득 차 있다. 모세와 이집트 바로왕의 전쟁, 소년 다윗과 골리앗 장군의 싸움, 여호수아의 여리고 점령과 가나안 복지 탈환전쟁, 기드온의 300 특공대 전투, 삼손과 불레셋의 격전, 여장군 드보라의 다볼산 전투, 엘리야의 갈멜산 전투, 그런 것들이 대표적이다. 성경에 나오는 위대한 인물일수록 큰 전쟁을 겪었고 생사를 건 전쟁을 회피할 수 없었다.

그런데 성경에 나오는 모든 인물들은 실상 예수 그리스도가 누구이시냐 그리고 무엇을 하신 분이냐를 나타내 준다. 해석학에서 흔히 예형론(typology)이라고 일컫는다. 일차적으로는 구약성경의 인물들이 예수 그리스도를 미리 나타내 준다는 뜻이다. 그러나 그것은 온 인류에게로 확대할 수 있다. 정면교사의 역할도 하고 반면교사의 사명도 수행한다. 게다가 예수 그리스도의 생애는 온 인류역사의 요약(summary)이라는 주장도 있다. 결국 성경에 나오는 모든 인물과 인류 역사에 출현한 모든 인간은 혹은 정면으로 혹은 반면으로 예수 그리스도를 표상한다. 따라서 인간은 전쟁하는 동물이고 성경에 기록된 역사(history)와 인류 역사가 모두 전쟁 이야기로 가득 차 있다는 것은 곧 예수 그리스도께서도 전쟁사령관 아니 전쟁 총사령관이시라는 결론을 낼 수 있다. 그것이 바로 〈크로스웨이 성경연구〉가 '예수 그리스도는 우리의 사령관'이시라고 풀어 놓은 근거이다.

우리는 흔히 하나님은 모든 것의 모든 것(all in all)이라고 이해한다. 그런 점에서는 성자 하나님과 성령 하나님도 모든 것의 모든 것 되신다. 그런 점에서도 예수 그리스도를 군대 총사령관이라고 이해할 수 있다.

그러나 성경은 여러 모로 예수 그리스도를 군대 총사령관으로 확인해 주고 있다. 구약성경에 나오는 인물들이 군대 사령관임을 여실히 보여 주는데 이는 그들이 예수 그리스도의 예형(type)이라는 점에서 좋은 근거가 된다. 첫 아담이 바로 마지막 아담인 예수 그리스도의 예형으로 이해하는 것과 마찬가지로 노아, 아브라함, 요셉, 모세, 여호수아, 드보라, 사무엘, 다윗 이런 인물들이 바로 예수 그리스도의 일정부분을 미리 보여준다는 뜻이다.

그렇게 보면 노아는 해군 함장으로 이해할 수 있다. 아브라함(아브람)도 그의 조카 롯이 사로잡혔음을 듣고 "집에서 길리고 훈련된 자 삼백십팔 명을 거느리고… 밤에 그들을 쳐부수고" 롯과 부녀자와 재산을 모두 탈환했다고 성경은 기록한다.(창 14:14-16) 요셉은 큰 나라 이집트의 총리가 되었고, 모세는 그의 전 생애가 군사령관적 성격을 여실히 보여주지만 특히 홍해를 건널 때에 바로 왕이 친히 지휘하는 이집트 군대를 수장시킴으로 전투에서 크게 승리했다. 예수님께서 군대 총사령관이심은 여호수아와 다윗에서 절정에 이른다. 예수라는 이름이 여호수아의 신약적 명칭 혹은 희랍어 명칭이고, 여호수아는 모세 통치시대의 국방장관이면서 가나안 복지를 탈환해낸 군대 총사령관이었다. 그리고 다윗은 소년목동시절부터 적장 골리앗과 싸워 통쾌한 승리를 거두었다. 그리고 통치 마지막 부분에서는 아들 압살롬 군대와의 전쟁을 직접 지휘하기도 했다. 그런데 예수님의 명칭 가운데 중요한 것 하나는 바로 "다윗의 자손 예수" 아닌가.

예수님의 의식 속에는 군인정신과 전쟁 혹은 전투를 말해 주는 부분이 또렷하게 자리 잡고 있다. 예수님 자신이 '나는 군인이다'라는 의식을 강하게 가지고 계셨다는 뜻이다. 그분의 가르침 가운데 "군대를 보내어"(마 22:7, 비유), "예루살렘이 군대들에게 에워싸이는 것을 보거든"(눅 21:20), "어떤 임금이 다른 임금과 싸우러 갈 때에 먼저 앉아 일만 명으로써 저 이만 명을 거느리고 오는 자를 대적할 수 있을까 헤아리지 아니하겠느냐." (눅 14:31) "내가 세상에 화평을 주러 온 줄로 생각하지 말라. 화평이 아니요 검을 주러 왔노라."(마 10:34) "검 없는 자는 겉옷을 팔아 살지어다."(눅 22:36) 이 같은 말씀들은 예수님의 군인의식 전쟁의식을 입증하기에 넉넉하다.

실제로 예수님의 열두 제자 가운데 적어도 열혈당원들이 있었다. 예수님 당시 로마제국으로부터 이스라엘 나라의 독립이라는 공동목표 달성을 두고 전략의 차이를 가진 네 개의 분파가 있었다는 연구가 많다. 신약성경에 나오는 바리새파, 사두개파가 있고, 세례자 요한이 속한 금욕주의를 강조하는 에세네파가 있다. 그리고 네 번째 분파가 바로 열혈당이라고 한다. 열혈당이란 옥쇄를 각오하고 암살, 폭동, 테러, 납치, 고문, 방화 등의 수단을 선호하는 극렬주의자를 말한다. 예수님 대신 사면으로 석방된 바라바, 로마 정부의 인구조사 정책에 반대했던 유다(행 5:37)가 그런 사례이다. 그런데 예수님의 열두 제자 가운데도 열혈당원들이 적어도 두세 명이 포함되어 있다. 먼저는 '셀롯이라는 시몬' (눅 6:15)은 셀롯(zealot)이라는 이름으로 보아 명백하다. 그리고 베드로도 항상 칼을 지니고 다녔다는 점에서 열심당원일 수 있다.(요 18:10) 그리고 예수님을 대제사장에게 넘겨준 가룟사람 유다가 열혈당원의 경력을 가졌을 가능성이 높다. 그 '가룟'이란 말은 헬라어로 '이스카리옷'인데 이는 카리옷 사람이 일차적인 뜻이지만 '시카리' 곧 환도(sickle, 낫 혹은 둥근 칼)란 뜻을 가진 명사로도 해석한다. 즉 예수님을 팔아넘긴 유다는 '시카리'란 이름을 가진 또 다른 극렬단체 출신이라는 설명이다. 어떻든 예수님께서는 그런 '군대경력'을 가진 청년들을 열두 제자에 포함시키셨다.

사실 예수님은 탄생 초기에 헤롯왕이 보낸 사람들에 의하여 목숨을 잃을 뻔 했던 분이다. 그 이야기를 부모에게서 어릴 때부터 듣고 자랐을 것을 추측하기 어렵지 않다. 이집트로 피난 오셨던 원인이었기 때문이다. 그런 점에서는 인간적으로 생각할 때 군대에 대하여 적개심을 가지는 것이 일반적이다. 그러나 예수님의 행동양식과 교훈에서 그런 점은 별로 보이지 않는다. 예수님께서는 로마군인들 특히 백부장에게 호의적이셨다. 부하가 병 걸려 죽음에 가까운 것을 고쳐달라는 이방군인 백부장의 믿음을 극찬하셨다. 자신을 채찍질하고 십자가에 잔인하게 처형하는 로마 군병들과 백부장에게도 별다른 책망을 하지 않으셨다. 예수님의 처형 집행관인 백부장이 "이 사람은 진실로 하나님의 아들(의인)이었도다" (막 15:39, 눅 23:47)라고 고백할 정도였다.

예수 그리스도께서는 '영적 전쟁'을 수행하시는 군대 사령관이라는 의식을 명백하게 가지고 계셨다. '군대 귀신'과의 큰 싸움이 그것을 확인해 준다.(막 5:1-20) 더러운 귀신 들린 자에게 예수께서 '네 이름이 무엇이냐'고 물으셨더니 그 대답이 무엇인가. "내 이름은 군대니 우리가 많음이니이다."(막 5:9)라고 도전적으로 대답했다. 헬라원어로 '레기온'인데 이는 로마 군대편제로 여단 규모라고 한다. 세례를 받으신 뒤에 사탄의 큰 유혹을 물리치신 예수님은 그 뒤에도 계속하여 영적 싸움을 싸우셨고, 특히 겟세마네 동산과 십자가 위에서 가장 큰 전쟁을 치르셨다. 겟세마네 동산 기도에서는 9명 제자, 3명 제자, 예수님 이렇게 세 편대로 나누어 피땀기도를 하셨는데 이는 군대 전투대형과 같지 않은가.

기독교 윤리학에서는 예수님께서 전쟁광, 절대 평화주의자, 선별적 전쟁참여자의 어느 입장이신가에 대한 논쟁이 그치지 않는다. 여기에서는 그런 논쟁은 접어둔다. 그러나 분명한 것은 예수님께서는 하나님의 사역을 효과적으로 수행하시기 위하여서는 좋은 군대정신을 수단으로 활용하시는 일에 매우 적극적이셨다는 점이다. 우선 폭력을 함부로 쓰지 않으셨으나 극단의 경우에는 적극 활용하시었다. 체포되실 때 칼을 빼어 대제사장의 종 말고의 귀를 자른 베드로를 책망하시며 그 와중에서도 선포하신 말씀을 들어 보자.

"네 칼을 도로 칼집에 꽂으라. 칼을 가지는 자는 다 칼로 망하느니라. 너는 내가 아버지께 구하여 지금 열두 군단 더 되는 천사를 보내시게 할 수 없는 줄로 아느냐. 내가 만일 그렇게 하면 이런 일이 있으리라 한 성경이 어떻게 이뤄지겠느냐."(마 26:52-54)

전투에서 필수적으로 동원되는 폭력행사는 안 된다는 선언이시다. 그럼에도 불구하고 성전에서 사고파는 사람들에게는 "노끈으로 채찍을 만드사" 거침없이 폭력을 행사하셨다. (요 2:13-22) 결론이 무엇인가. 폭력의 사용은 엄격히 자제되어야 하지만 그것이 더 큰 악행을 막는 유일한 길이라면 사용할 수도 있다는 말씀이다. 그런 경우에 하나님도 폭력을 사용하시지 않았는가. 노아시대에 홍수, 바벨탑이 폭삭 주저앉은 사건, 소돔과 고모라의 유황불 심판, 이집트 군대의 바다 밑 전멸…

교회는 전투본부다

한국의 육해공본부교회에서 특별집회 강사로 사역하게 된 것은 하나님께서 주신 또 하나의 큰 선물이었다. 2000년 10월 1일부터 4일간의 특별집회였다. 주제는 "은혜는 깊게, 사명은 높게"로 했다.

처음에 강사초청을 받고 즉답을 하지 못했다. 기도하는 기간이 필요했기 때문이다. 군목이라도 했더라면 망설일 필요가 별로 없을 터였지만 사병으로 복무했던 것이 좀 부담이 되었다. 군복무 중에 폭력이나 모욕을 당하면, "내가 계급은 이등병이지만 인간은 이등병이 결코 아니다"라고 속으로 외치곤 했다. 하지만 아무리 유능해도 인간은 결국 '계급' 안에 갇히게 된다는 걸 뼈저리게 체험했다. 그런데 육군하사로 제대한 사람이 장군님들 앞에서 부흥집회 설교를 해야 한다니 깊이 기도하고 생각할 시간이 필요했다. 그런데 응답은 "우리 대장 예수 깃발 날리며" 찬송가 가사였다.

2천명은 모였음 직했다. 앞줄에는 장성들이 앉아 있었다. 그리고 사병과 장교 가족들도 참석했다. 별 세 개를 단 중장 몇 분을 보면서 위축되는 기분을 느꼈지만 강하고 담대하라고 여호수아에게 주신 말씀(수 1:6)을 내 속에 부어주셨다. 4일 동안 7번의 말씀을 전했는데 담당 군목들의 평가로는 대단한 성공이었다고 했다. 특히 군인으로서의 예수 그리스도에 관하여 풀은 대목들이 사병과 장교 모두에게 새로운 신앙의 눈을 뜨게 만드는 신선한 충격이 되었다는 것이다. 장교들에게는 미국 웨스트포인트 육군사관학교를 방문했던 경험과 그 때에 들은 간증 "미국육군역사에는 위대한 장군들은 모두 신앙 장군"이라는 예화에 특히 더 큰 용기와 감동을 주었다고 했다. 실제로도 귀신이 쫓겨나고, 가출했던 딸이 집회 끝나기 전에 돌아오고, 질병이 낫고, 간절히 기도하던 대로 계급이 오르고, 희망했던 보직을 받게 되었다는 사례들이 많았다. 그 때가 승급과 보직이 바뀌는 것을 앞두고 있었고 이를 위하여 금식기도, 작정기도, 서원기도하는 군인가족들이 다수였다. 예수님 시대에 백부장들의 믿음이 모범적이었던 것처럼(눅 7:9, 행 10:1-2) 지금도 군대는 복음전도의 '황금어장'이 되고 있다.

집회의 열매는 또 다른 것으로도 나타났다. 국방부 군종실에서 〈마음의 양식〉이라는 책자를 발간하여 육해공군 모든 장사병에게 읽히는데 거기에 집회설교 내용을 포함한 글을 써달라는 요청이었다. 군인가족들까지 합하면 족히 독자가 일백만 명은 된다는 정신훈련 교재였다. 미국에 돌아와서 아홉 꼭지를 써 보냈다. 첫 글은 "군대생활은 자기와의 싸움이다"였다. 한국의 유명한 소설가 한 명과 시인 한 명과 목사인 나 세 사람이 집필진이었다. 그런데 그 책자 겉표지와 속표지에 게재된 글 가운데서 가장 감동적인 대목을 두 개 인용했는데 모두 나의 글이었다.

"생각만 바꾼다면 군대생활도 극장에서 쇼를 보는 것처럼 즐겁고 신명나는 것이다. 특히 무언가를 배우려고만 한다면 그것은 다른 곳에서는 전혀 배울 수 없는 고귀한 인생수업이 될 것이다."

"참다운 군인은 적을 죽이는 것을 배우기 전에 자기를 죽이는 것을 배운다고 한다." (74집)

그래서 한국의 국방부에서는 다시 한 번 집필자가 되어달라는 간청이 들어왔다. 그래서 "손가락은 약하나 주먹은 강하다" 등 아홉 꼭지를 또 써 보냈다. (93집)

무슨 사역이든지 현재의 사역은 장래 사역의 발판이 된다. 논산훈련소에서 사병으로 복무한 것이 병영선교를 위하여 이토록 귀중히 사용될 것을 성삼위 하나님 외에 누가 알았으랴. 만약 내가 군대생활을 안했다면 사병과 장교와 장성들이 모인 군인교회에서 은혜로운 설교를 할 수 있었을까. 육해공삼군본부교회에서 부흥집회를 인도하게 되니까 한국의 온 군인들이 읽을 수 있는 글설교를 쓸 수 있는 발판이 될 것을 누가 알았으랴.

이것은 또 다른 군사역으로 연결되었다. 논산훈련소의 진중세례예식의 후원을 유니온교회에서 맡게 되었다. 2003년 10월 25일에 훈련병 3,243명에게 단체세례를 베풀게 되는데 그들에게 기념성경, 기념품, 행사소요비용의 일부를 지원하는 일과 나 자신이 세례예식에서 설교하고 세례 베푸는 일에 참여했다. 우선 재정지원이 작은 일이 아니었지만 교회 성도님들의 적극적 참여로 쉽게 해낼 수 있었다. 유니온교회는 학교모형을 강조하는 사역이 특징이지만 그러나 교회는 군대병영(military camp)이라는 모형도 된다는 교회론적 기초에서 해낸 일이었다.

32개월의 젊음을 몽땅 쏟아 부었던 육군 제2훈련소를 제대한 지 30년 만에 방문한 감회가 얼마나 컸으랴. 그러나 그것보다는, "예수님을 영접하는 것은 영혼과 인생에 천지개벽적 혁명을 일으키는 것"이라고 설교함으로써 말씀의 씨앗을 젊은이들의 가슴에 뿌려 놓은 것이 더 보람찬 사역이었다.

유니온교회가 영적 전투의 본부가 되는 일은 미국의 군인들을 대상으로 하는 사역으로 열매 맺기도 했다. 한국판 남북전쟁이 발발한 6월이 되면 한국전 참전했던 예비역 미군가족들을 초청하여 몇 번 감사의 잔치를 베풀었다. 한국의 고유음식을 마련하고, 선물도 안겨 주고, 민속춤 등으로 위로를 했다. 주한미군의 초대 군종감을 역임한 분도 참석했었다. 참석자 모두가 얼마나 기뻐하는지 한국전 참전 이야기로 꽃을 피웠다. 특히 이북에 포로로 잡혀가서 온갖 고초를 당했던 할리 씨의 간증을 잊을 수가 없다. 그분은 그 때 미국 전체의 한국전참전용사회 회장이었는데 한국의 원승재 목사가 주도했던 참전용사초청 보은행사 참석비용을 유니온교회가 부담했다. 특히 그 비용의 절반을 북조선 인민군으로 출전했다가 포로교환 때 반공포로로 석방되었던 김창식 목사께서 부담함으로써 적대국 군인 사이에 화해의 상징이 되었던 극적 사건이 되었다.

이 같은 미군참전용사들을 초청한 행사는 두 가지 열매를 맺는 발판이 되었다. 하나는 그들을 통하여 미주성결교단이 미군에 군목을 파송할 수 있는 역할을 해주었다. 내가 교단 총무를 겸직했던 터여서 문서를 갖추어 절차를 밟았고 총무 임기가 끝났을 때 미국 국방부로부터 허가를 받았다. 그래서 유니온교회 부목사로 사역했던 부목사가 첫 미국 육군 군목(예비역)이 되었고 그 뒤를 이어 또 한 명의 부목사가 현역으로 복무했다. 이 글을 쓰는 지금도 교단이 추천한 미군 군목이 10 명을 넘어섰다.

또 하나의 발판은 원수사랑운동의 시작이다. 〈유니온교회 30년사〉에는 그에 대하여 다음과 같이 기록하고 있다.

"한국의 남북전쟁(6.25사변) 50주년을 맞아 남가주에 있는 한국전참전용사와 가족 33명을 초청하여 접대했으며, 이 자리에서 원수사랑운동을 전개할 것과 매년 6월 25일을 '원수 사랑의 날'로 지키며 앞으로 이 운동을 구체화하고 확산시키기 위하여 '원수사랑재단'을 조직하다."

예수님은 교회의 머리이시다. 그분은 십자가 군병들을 이끄시는 사령관이시다. 물론 영적 전쟁을 앞장서서 지휘하시는 최고 사령관이시다. 그러나 불의를 막기 위한 실전의 사령관도 되신다. 비록 이슬람교도들을 상대로 하여 싸운 십자군 전쟁 때문에 '십자가 군병'이란 말이 오해를 많이 받지만 참다운 군인정신은 바로, '자신을 십자가에 죽여 더 많은 사람들을 살리는 것'이기에 군인정신 가운데 최고 군인정신인 것을 감출 수가 없다.

교회는 전쟁터에서 싸우는 병사들의 전투지휘 본부이다. 성도들은 그래서 '예수 결사대'가 되어야 하고 기드온 300 용사와 같은 '전도 특공대'가 되어야 한다. 이를 위하여 목회지도자를 육성하는 신학교육기관은 바로 '신군사관학교'가 되어야 한다. '하나님을 위하여, 나라를 위하여'가 미국 웨스트포인트 육군사관학교 생도들의 기도문 핵심표어인 것처럼 교회는 '성삼위 하나님을 위하여, 하나님의 나라를 위하여'를 모토로 삼는 전투본부가 되어야 한다.

2

예수님처럼 목회하기

함생목회의 원리

예수님께서 과연 담임목사직을 수행하셨을까? 그분께서 담임하신다면 어떻게 목회하셨을까. "예수님처럼, 꼭 예수님처럼"을 유니온교회의 영구표어로 선언한 목회는 과연 어떻게 다를까. 또 그렇게 해서 목회에 크게 '성공'했는가? 오히려 예수 그리스도의 옷을 더럽히는 일은 아니었을까. 그런 질문, 기도, 자기비판, 자아형성에 땀을 흘리면서 성경을 읽고 목회 현장을 누벼왔다. '예수님이시라면 무엇을 하셨을까' (What Would Jesus Do? 혹은 In His Step)라는 명저를 남긴 쉘던(Charles M. Sheldon) 목사의 책 제목이 내 머리를 떠나지 않는다.

4

예배하라, 경배하라

예배 • 기도 • 설교 • 찬양

목회자의 최고 표준 예수 그리스도

예배하라, 경배하라
예배 목회론

예배는 전통적으로 교회의 가장 중요한 사역으로 인정되어 왔다. 예배는 근본적으로 삼위일체 하나님을 향한 섬김이다. 그러므로 예배 사역은 다른 어떤 사역보다도 더 중요한 최우선 사역에 속한다. 그래서 지금도 교회는 무슨 모임이든지 예배로 시작한다. 그러므로 예배를 아무렇게나 기분 내키는 대로 드릴 수는 없다. 어떻게 하면 바른 예배를 드릴 수 있을 것인가. “하나님, 유니온교회가 지금부터 드리는 예배가 이 지구 위의 모든 교회가 드리는 예배 가운데 가장 훌륭한 예배가 되게 도와주시옵소서.” 유니온교회 예배기도 팀, 순서담당자, 성도들, 특히 담임목사가 자주 드리는 기도이다.

예수 그리스도의 예배 사역 원리

1. 예수 그리스도께서는 예배에 관하여 구체적 프로그램을 마련하시지는 않았다. 그러나 예배사역의 원리를 남기셨다. 우리는 하나님을 경배하는 것이 본분임을 잘라서 말씀하셨다. 이런 점에서 그분은 구약성경의 전통을 계승 발전시키셨다.

–일의 결국을 다 들었으니 하나님을 경외하고 그의 명령들을 지킬지어다. 이것이 모든 사람의 본분이

니라.(전 12:13)

-사탄아 물러가라. 기록되었으되 주 너희 하나님께 경배하고 다만 그를 섬기라 하였느니라.(마 4:10, 눅 4:8, 신 6:13)

2. 그분은 예배가 하나님을 온전히 사랑하는 일이 바로 예배 정신이라고 십계명의 1-4 계명을 해석하셨다.

-네 마음을 다하고, 목숨을 다하고, 뜻을 다하여 주 너의 하나님을 사랑하라 하셨으니 이것이 크고 첫째 되는 계명이요.(마 22:37-38)

3.하나님 아버지께서는 참되게 예배하는 자를 찾으시는 분임을 말씀하셨다.

-아버지께서는 자기에게 이렇게(영과 진리로) 예배하는 자들을 찾으시느니라.(요 4:23)

4. 그분은 참된 예배는 바로 성령 안에서 그리고 진리이신 예수 그리스도 안에서 드려야 한다고 말씀하셨다.

-하나님은 영이시니 예배 하는 자가 영과 진리로 예배할지니라.(요 4:24)

5. 그분은 회당예배에 정규적으로 참여하셨고 성경을 읽고 풀어주시기도 했다.

-예수께서 그 자라나신 곳 나사렛에 이르사 안식일에 늘 하시던 대로 회당에 들어가사 성경을 읽으려고 서시매.(눅 4:16)

6. 그분은 뛰넘절(유월절) 같은 절기에는 예루살렘 성전예배에서도 참여하셨다.

7. 그분은 예배드리기도 하셨지만 예배 받으실 수 있는 분이심을 알고 계셨다. 동방박사들(마 2:11), 회당장 야이로(막 5:22), 베드로(눅 5:8), 나병을 치료받은 사마리아 사람(눅 17:16) 등이 엎드려 절하는 것을 당연히 받으셨다.

-여자들이 나아가 그 발을 붙잡고 경배하니.(마 28:9)

8. 그분은 잘못된 예배를 고치도록 경고하셨다.

-외식하는 자들아, 이사야가 너희에 관하여 잘 예언하였도다. 일렀으되, 이 백성이 입술로는 나를 공경하되 마음은 내게서 멀도다. 사람의 계명으로 교훈을 삼아 가르치니 나를 헛되이 경배하는도다 하였느니라.(마 15:7-9)

9. 이같은 예배의 원리들은 열두 사도들이 이어받았고 특히 사도들과 초대교회에서는 예배 순서를 계승 발전시켰다.

-그런즉 형제들아 어찌할까, 너희가 모일 때에 각각 찬송시도 있으며, 가르치는 말씀도 있으며, 계시도 있으며, 방언도 있으며, 통역함도 있나니 모든 것을 덕을 세우기 위하여 하라.(고전 14:26)

-시와 찬송과 신령한 노래들로 서로 화답하며.(엡 5:19)

-그리스도의 말씀이 너희 속에 풍성히 거하여 모든 지혜로 피차 가르치며 권면하고 시와 찬송과 신령한 노래를 부르며 감사하는 마음으로 하나님을 찬양하고.(골 3:16)

개체교회 예배목회의 실제

1. 모범예배의 10대 원칙

1)성삼위 하나님께서 모든 예배와 예식의 주체가 되셔야 한다. 2)하나님의 백성들이 마음을 다하고, 목숨을 다하고, 뜻을 다하고, 힘을 다하여 참여하여 성삼위 하나님을 높여야 한다. 3)하나님을 만남과 그분에 대한 순종과 결단이 필요조건이 되어야 한다. 4)개신교회의 전통인 하나님 말씀 중심의 예배가 되어야 한다. 5)균형과 질서가 있는 예배라야 한다. 6)거룩하게 구별된 예배라야 한다. 7)헌신과 희생이 있는 예배라야 한다. 8)생활로 연결된 예배라야 한다. 9)감동과 신비가 있는 예배라야 한다. 10)전통, 문화, 상징물들이 사용되는 예배라야 한다.

2. 하나님께서 기뻐하시는 예배 지침

한번은 유니온교회의 기도제목이 "하나님을 사랑하여 예배로 영광 드리게 하소서"였다. 인간의 삶의 목적은 하나님을 예배하는 일이다. 유니온교회는 하나님께서 가장 기뻐하시는 예배를 드리는 교회되기를 작정하고 온 성도들이 다음 항목에 따라 예배드리기를 요청했다. 예배 인도자는 수시로 이 항목들을 성도들에게 주보나 영상을 통해 교육시켰다.

1)예배는 "하나님을 경외하며 온전히 사랑하며 영화롭게 하는 최고의 방법"임을 깨달아야 한다(출 19:6, 전 12:13, 고전 10:31). 2)예배의 5대 요소는 말씀, 기도, 찬양, 헌신과 예물, 축복임을 바로 깨닫자. 3)예배를 드릴 때에는 "마음을 다하고 목숨을 다하고 뜻을 다하고 힘을 다하여 주 너의 하나님을 사랑하라"(막 12:30)는 말씀에 따라 열심을 다한다. 4)예배는 성령 안에서 그리고 진리이신 그리스도 안에서(요 4:24) 드려야 한다. 이를 위하여 예배 시작 10분 전에 예배실에 도착하여 기도와 말씀묵상으로 예배를 준비한다. 5)하나님은 질서의 하나님이시므로 예배시간에 질서를 깨뜨리는 모든 일들을 억제하기에 힘쓴다(전화, 옆사람과의 대화, 잡념 등). 6)예배는 하나님 앞에서 드리는 것이므로 단정하고 깨끗하고 품위 있는 복장과 외모를 갖추도록 한다(고전 14:40). 7)습관이나 의무에 따라 예배를 드리기보다는 하나님을 존경하고 사랑하며 주시는 은혜에 감격하여 거룩한 기쁨으로 드리는 예배가 되어야 한다. 8)예배의 대상은 삼위일체 하나님이시므로 프로그램 하나하나마다 정신을 온전히 집중하여 참여한다. 9)예배의 참된 정신은 "순종이 제사보다 낫다"(삼상 15:22)는 말씀에 있으므로 하나님의 말씀을 듣고 그대로 순종하기로 결단하여야 한다. 10)예배는 하나님께 우리가 가진 모든 것(몸, 마음, 영혼, 재물, 사업과 직장, 가정, 지혜, 기술, 특히 생명)을 하나님의 제단에 예물로 드려야 한다. 11)예배생활이 가정생활, 직장생활로 연결되도록 힘쓴다. 12)예배는 선교출정식임을 기억하고 예배드릴 때에 하나님이 주시는 말씀과 능력과 지혜를 전도와 선교 곧 하나님 나라 확장의 사명을 실천하는 일에 힘써 사용한다.

3. 예배원리와 인도 수칙

1)예배는 교회에 부여된 사명 중 가장 중요하고 우선적이다. 2)예배(Worship)의 글자적 뜻은 예의를 갖추어 절하는 것(한국말), 가장 가치 있는 일(Worth+ship)이다. 이 말들은 하나님에 대한 절대 존경과 순종을 뜻한다. 따라서 예배에는 기독교 신앙의 중요한 요소 특히 구원사건이 모두 포함되어 있다. 3)예배는 하나님께 영광을 드리고 경외하고 사랑하는 최고의 방법이다.(고전 10:31,막 12:30, 전 12:13) 4)성경은 예배의식(儀式, ritual)을 엄격히 정하고 있지 않다. 따라서 매우 다양하다.(전통예배, 현대예배, 말씀예배, 의전예배, 미사예배, 기도회, 결혼예식, 장례예식...) 5)예배는 인간과 하나님의 만남이요 대화요 사랑의 교환이며 가까이 나가는 일이다.(성결, 하나님의 형상회복, 신의 성품에 참여) 6)예배는 하나님께 대한 절대적 순종이 그 기본 정신이다.(삼상 15:22) 7)하나님 마음에 합당한 성경인물들은 모두 예배로 충성한 사람들이다. 8)예배는 하나님의 지혜, 능력, 축복을 받는 기회이다. 9)성전예배와 성일예배가 중요한 것은 하나님께서 함께 하시겠다는 약속 때문이다.(출 25:8) 10)개신교회 예배의 7대 요소: 말씀, 기도, 찬양, 성례전, 친교, 헌신, 축복. 11)시간적 관점에서는 과거의 전통, 현재의 일들, 장차 올 일들이 함께 참여한다. 12)예배의 참된 정신은 십자가로 표현된다. 그러나 기쁨과 감격이 넘쳐야 한다. 13)예배 인도나 순서담당은 거룩한 직분에 속하므로 철저한 준비를 필요로 한다.(출 28:36) 14)전통예배는 성부 하나님의 질서, 말씀예배는 성자 하나님의 성육신, 현대예배는 성령 하나님의 자유로운 역사를 기본원리로 한다. 그러나 전체적으로는 질서(order)있는 예배가 매우 중요하므로 인도자는 충분한 재량권을 가지고 예배를 인도한다. 15)예배는 하나님과의 약속이기 때문에 정해진 시간에 시작되고 마감되어야 한다. 16)예배 순서 담당자들은 예배 전에 도착하여 기도로 준비해야 한다. 17)예배 인도자는 복장을 단정히 하고 마음을 성결케 해야 한다. 18)예배 인도자나 참여자는 거룩성과 감동성을 염두에 두어야 한다.(금기:만담농담조,변명). 19)예배의 각양 기도는 글로 써서 읽거나 외워서 하거나 성령님이 가르쳐 주시는 대로 할 수 있다. 대표기도나 합심기도 혹은 묵상기도 등을 선택할 수도 있다. 20)예배 인도자는 예배 준비사항을 철저히 점검한다(순서담당자, 장소, 헌금준비, 텔레비전 등). 21)예배순서지를 만드는 것은 예배를 돕는 일이다. 추가하거나 생략할 수 있다. 22)사랑팀(구역, 셀, 목장) 예배는 다음의 순서로 하기를 권고한다.(엄명은 아니다). 찬송가(한 두곡), 신앙고백, 찬송가(2007 지정찬송 511장 혹은 278장), 기도, 말씀공부, 기도제목 제시, 헌금, 합심기도, 헌금기도, (간증), 주기도문으로 마감. 광고와 소개. 23)사랑팀 예배는 그 가정을 위한 중보기도/축복기도의 기회이므로 각 가정은 장소제공에 솔선해야 한다.

4. 예배기도자 수칙

1)기도는 하나님께 드리는 것이므로 두렵고 떨리는 마음으로 준비해야 한다. 2)예배 대표기도의 내용은 다음과 같다: (1)성삼위 하나님께서 이 예배에 임재 하셔서 예배를 받으시옵소서. (2)하나님의 백성들을 성결하게 하셔서 예배드리기에 합당한 자격을 얻게 하옵소서. (3)이 예배 순서 하나하나가 하나님께 영광 되도록 하옵소서. (4)악한 마귀가 예배를 방해하지 않게 하옵소서. 3)기도의 내용은 기도하면서 원고를 미리 정리해야 한다. 4)기도시간은 3분을 넘지 않도록 해야 한다. 기도하는 사람은 늘 짧다고 느끼는 것이 좋다. 5)기도문을 읽는 것도 권장한다. 그러나 종이 소리가 나거나 읽는 투로 해서는 안 된다. 6)성경말씀을 한두 개 인용하는 것이 좋다. 7)기도문을 짧게, 짧게 끊는 것이 좋다. 8)은혜롭고 감동적인 음성이 되도록 연습하라. 9)마이크 사용법에 유의하라. 10) 끝맺을 때에는: 존귀하신 … 유니온교회 머리이신 … 우리를 사랑하시는 … 다시 오시는 … 내 생명의 구원주이신 … 이 예배를 기뻐 받으시는 예수님의 이름으로 기도하옵나이다.

5. 예배에서의 회개기도문 사례

은혜로우신 하나님 아버지, 저희들의 모든 죄악을 용서하여 주시옵소서. 저희들이 하나님을 바르게 경외하지 못하였나이다. 하나님 중심으로 살기보다는 자기중심으로 살았나이다. 저희 영혼을 예수님의 피로 한번 더 깨끗이 씻겨 주셔서 성삼위 하나님께서 기뻐하시는 예배를 드리게 하여 주시옵소서. 예수님의 이름으로 회개기도하옵나이다. 아멘. (2010년)

6. 예배 순서

1)예배 순서는 그 삼대 요소가 말씀, 기도, 찬양이므로 가장 간단하게 드리면 찬송, 기도, 말씀이면 된다. 더 간단하게 드린다면 성경말씀 읽고 기도하면 된다.(행 6:4) 2)그러나 기독교대한성결교회 교단헌법에 규정된 주일 낮 예배 모범을 따르면 다음과 같다. (헌법 제24조). (1)예배에로 부름, (2)경배찬송, (3)시편교독, (4)참회의 기도(회개기도), (5)주님 가르치신 기도, (6)성경봉독, (7)찬양, (8)설교, (9)사도신경 고백, (10)응답의 찬송, (11)헌금과 기도, (12)성령임재의 기도, (13)분병례, (14)분잔례, (15)감사의 기도, (16)송영, (17)파송의 말씀, (18)축도. 3)위의 순서는 '준한다'고 하였으므로 융통성 있게 진행할 수 있다. 우선 성찬예식을 주일예배 때마다 하느냐 한 달에 한 번씩이냐에 따라 예배진행순서가 달라진다. 4)광고가 매우 중요함에도 그 순서가 없다. 그리고 친교순서도 없다. 광고는 예배 시작 전, 설교 전, 설교자 기도 뒤, 축도 뒤 등 여러 가지 방식이 있다. 광고도 누가 하느냐가 중요하다. 사회자나 담임목사 혹은 행정목사가 하는 것을 추천한다. 사역이기 때문이다. 5)헌금순서는 설교 전, 설교 후 중에서 실행한다. 그것도 헌금함에 드리고 봉헌만 하는 교회도 있다. 유니온교회도 그렇

다. 6)사도신경은 한국교회의 경우 꼭 넣어야 한다. 심지어 사도신경으로 시작하는 예배도 있다. 7)그러나 낮은 예배는 순서가 간단하고 융통성이 많다. 높은 예배는 순서가 복잡하고 엄격하다. 8)유니온교회는 전통예배, 말씀예배, 현대예배로 나누어 드린다. 현대예배(contemporary celebration)는 열린 예배를 뜻한다. 예배 참여자 입장방식도 각각 다르다. 예배의 방식은 높은 교회(high church)인 경우 엄격한 순서에 따라 진행된다. 로마 가톨릭교회, 희랍정교회, 영국성공회 등이 대표적이다. 그러나 예배 형식을 매우 개방적이고 자유로운 양식 혹은 단순한 양식으로 진행하는 낮은 교회(low church)도 있다. 퀘이커교회, 침례교회, 오순절교회들이 이에 속한다. 그러나 중간교회(middle church)도 있다. 한국에서는 성결교회가 대표적이다. 그러나 유니온교회는 이 세 가지 모형을 함께 활용했다. 현대예배는 낮은 교회 형태, 전통예배는 높은 교회 형태, 그리고 말씀예배는 중간교회 형태였다. 9)예배의 복장과 색깔의 사용에도 여러 가지 방식이 있다. 성의를 모두 안 입거나, 특별한 절기 때만 입거나 혹은 목회자만 입거나 예배 순서자 전체가 입거나, 성가대와 안내원도 입거나 할 수 있다. 10)예배시간을 엄격히 지키는 것이 중요하다. 유니온교회 예배는 일반적으로 한 시간에 끝난다. 현대예배는 조금 더 걸린다.

조각글: 유행가 예배, 클래식 예배

교회에도 바람이 많이 불고 있습니다. 한 때는 열린 예배 바람이 한창이었습니다. 목사 가운을 벗어 치워라, 넥타이를 풀어라, 파이프 오르간과 피아노를 쓰레기통에 버려라, 묵도와 사도신경과 교독문과 축도를 빼어 버려라, 청바지를 입어라, 북을 두드려라, 조명을 어지럽게 비춰라 … 아직도 그런 바람이 교회 안에서 소용돌이 치고 있습니다.

영상 바람이 휘휘 불어 닥치고 있습니다. 비싼 돈을 들여 스크린과 프로젝터를 설치합니다. 특히 그 스크린이 십자가를 가려 놓아도 사람들은 아무렇지도 않게 생각할 정도가 되었습니다. 웅장하고 시원하고 아름다운 장면들을 찬송가 가사 뒤에 깔아 놓습니다. 설교 본문 말씀도 스크린에 띄우기 때문에 성경도 들고 다닐 필요가 없게 되었습니다. 목사의 설교 장면도 스크린에 비춰 얼굴이 크게 보이게 만듭니다.

춤바람이 요동치고 있습니다. 찬양율동이라는 이름으로 시작된 춤바람은 힙합댄스가 들어오고 성적 행동을 거침없이 표현하는 동작들도 예배실 강단에서 거리낌 없이 벌어지고 있습니다. 이러다가는 나체 춤조차도 교회에서 보게 될 것 같은 걱정도 있습니다.

웰빙(well-being) 바람이 불어오고 있습니다. 자연친화적이어야 한다는 것입니다. 그래서 강단도 자연친화적으로 꾸밉니다. 여러 가지 값 비싼 화초와 나무들이 교회와 강단을 장식하고 있습니다. 교회 식단에도 건강식을 도입하느라고 야단들입니다.

이런 현상은 '바람목회'라 이름 지을 만합니다. 그리고 이것은 변화무쌍한 감성 중심의 목회요 기존의 권위를 모두 파괴해 버리려는 포스트 모더니즘적 목회입니다. 그러나 신학적으로 표현한다면 성령중심의 목회입니다. 성령은 바람과 같아서 마음대로 불기 때문에 어디에서 와서 어디로 가는지 알지 못할 정도입니다.(요 3:8)

그러나 교회에는 이 같은 바람목회만 있는 것은 아닙니다. 바람 목회와는 정 반대되는 목회도 있습니다. 바람 목회가 유행의 첨단을 걷는다면 유행과는 전혀 상관없이 어제나 오늘이나 영원히 한결 같으신 예수 그리스도를 따르는 목회입니다.(히 13:8)

천주교회가 대표적이고 정교회들이나 전통적 개신교회들이 그렇습니다. 세상 밖에서 무슨 바람이 불든지 전혀 개의치 않고 교회 원리에 따라 예배드리고 기도하고 전도하는 교회들입니다. 이것을 불러 '바위목회'라 할 만합니다. 특히 예수님께서 "이 반석 위에 내 교회를 세우리라"(마 16:18)고 하셨기 때문에 이는 그리스도 중심의 목회입니다.

목회에는 '바람목회'도 있고 '바위목회'도 있어야 합니다. 어떤 사람들은 '바람목회'는 '애첩목회', '바위목회'는 '본처목회'라며 '바위목회'만을 옹호하기도 합니다. 혹은 '유행가 목회'와 '클래식 목회'로 나누기도 합니다.

바람목회, 애첩목회, 유행가목회는 사람들에게 착착 달라붙어 청소년과 감성을 중시하는 여성들에게 환영받고 그들을 교회로 끌어들이는 데 큰 힘이 있습니다. 다만 윤리의식이 떨어지고 인격과는 관계없는 신자를 만드는 것이 약점입니다.

한편, 바위목회, 본처목회, 클래식목회는 본처처럼 사람들에게 매력을 주지 못하고 호소력이 떨어지는 것이 큰 문제입니다. 그러나 신앙적 인생관을 확립시켜 주고 윤리의식을 강하게 만들어 주며 듬직한 바위 같은 인품으로 평생을 살아가게 만듭니다. ('아멘 넷' 조각글)

함생목회적 예배론

예배에는 개인예배가 있고 공동예배가 있다. 혼자서 기도하고 말씀을 묵상하는 것은 권장되어야 할 개인예배에 속한다. 예수님도 자주 개인예배를 드리셨다. 예수님은 하나님으로서는 예배를 받으셨지만 사람으로서는 예배를 드리셨다.

-사십일을 밤낮으로 금식하신 후에 주리신지라.(마 4:2) -새벽 아직도 밝기 전에 예수께서 일어나 나가 한적한 곳으로 가사 거기서 기도하시더니.(막 1:35)

인터넷이 발전하면서 개인예배 사례가 폭발적으로 늘어가고 있다. 성찬예식에 참여하기가 어렵지만 그것도 '택배'해 달라는 요구도 있다. 아무튼 집이나 성전에 모여 함께 예배를 드리는 일이 점점 더 줄어들고 있다. 교회의 또 다른 위기라고 할 수 있다.

그러나 이 같은 개인예배도 실상은 함생예배적 성격을 본질적으로 가지고 있다. 성부와 성령과의 함생이다. 특히 시험받으실 때에는, "성령에게 이끌리어 마귀에게 시험을 받으러 광야로" 가신 것으로 보아 마귀와의 함생이라는 측면도 있다.(마 4:1) 그리고, "들짐승과 함께 계시니 천사들이 수종들더라."(막 1:13)고 한 기록은 또 다른 차원의 함생예배 모습을 제시하고 있다.

그렇더라도 더욱 중요한 것은 공동예배 곧 함생예배이다. 정한 날짜와 시간에 지정된 장소에서 여러 사람이 모여 일정한 의전에 따라 드리는 것이 공동예배이다. 성막제사로부터 시작하여 성전예배, 회당예배로 발전해 왔다. 예수님께서도 절기가 되면 예루살렘 성전예배에 참가하셨다. (눅 2:41-52) 그리고 회당예배에 규칙적으로 참가하셨다.

-예수께서 … 안식일에 늘 하시던 대로 회당에 들어가사 성경을 읽으려고 서시매.(눅 4:16)

이와 같은 함생예배는 교회의 역사가 진행될수록 대규모로 발전했다. 예수님 당시에도 남자만 5천명, 그리고 남녀 합하여 수만 명이 모이는 집회가 있었다.(눅 12:1) 사도행전 시대에도 3천명, 5천명, 그리고 수많은 사람들이 모여 기도하고, 말씀 듣고, 회개하고, 성령을 충만하게 받아 성삼위 하나님을 예배했다.(행 2:1-13)

예배는 근본적으로 함생예배이다. 그리고 함생예배여야 한다. 하나님과의 함생, 형제자매와의 함생, 원수들을 친구로 만드는 함생이다. 그것이 장차 완성될 하나님의 나라에서는 이런 모습일 것이 예고되었다.

-각 나라와 족속과 백성과 방언에서 아무도 능히 셀 수 없는 큰 무리가 나와 흰 옷을 입고, 손에 종려 가지를 들고, 보좌 앞과 어린 양 앞에 서서 큰 소리로 외쳐 이르되, '구원하심이 보좌에 앉으신 우리 하나님과 어린양에게 있도다' … 모든 천사가 … 하나님께 경배하여 이르되, '아멘, 찬송과 영광과 지혜와 감사와 존귀와 권능과 힘이 우리 하나님께 세세토록 있을지어다. 아멘' 하더라.(계 7:9-12)

기도를 가르쳐 주세요
기도 목회론

신앙생활 입문단계에 있는 어떤 여자 성도가 울면서 기도요청을 해왔다. 일차 검사에서 암 진단을 받았다는 것이다. 그래서 2차 검사를 신청해 놓았다며 안수기도를 받겠다고 했다. 필자 부부는 교회 기도실에서 그 부부에게 간단한 서약을 받았다. 시편 118:16-18의 말씀을 크게 읽도록 한 뒤에 두 가지 질문을 했다. 첫째, 기도하면 반드시 고쳐 주실 줄 믿느냐, 둘째, 기도가 응답되면 하나님께 평생을 바쳐 헌신하겠느냐. 남편이 더 크게 아멘을 열창했다. 그래서 성지에서 사온 올리브기름을 손에 바르고 안수기도를 했다. 간절하면서도 열정적으로 기도했다. 예수님의 못 박히신 손, 피 묻은 손으로 안수하여 고쳐 달라고 함께 부르짖었다. 한 열흘쯤 지났을까, 2차 검사결과 암이 전혀 아니라는 판정을 받았다며 무척 기뻐했다. 1차 검사가 오진이었던 것 같다고 했다. 그 말을 듣고 이렇게 가르쳤다. '지난 번 기도가 응답되어 하나님께서 감쪽같이 고쳐 주셨다고 믿으셔야 하겠지요?.'(마 18:19) 기도의 응답을 믿지 않으면 예수님을 그리스도로 믿지 않는 것과 같다. 예수님의 이름으로 기도했기 때문이다.(요 15:16)

기도목회의 최고 표준

성경에 나오는 모든 위대한 인물들은 기도의 용사들이다. 성경 히브리서 11장에는 믿음의 영웅들을 줄이어 소개하고 있지만 그들은 모두 기도의 영웅들이다. 아브라함, 야곱, 요셉, 모세, 여호수아, 사무엘, 다윗, 솔로몬, 이사야, 예레미야, 다니엘이 그런 사람들이다. 신약성경에서도 마찬가지이다. 사도행전은 곧 기도행전이다. 기도의 영웅이라고 해서 기도한 실적이 많이 기록되어야 하는 것은 아니다. 야베스(대상 4:9-10)처럼 불과 2절만 기록되었지만 성경의 어떤 기도의 영웅 못지않게 높은 점수를 줄 수 있는 기도의 영웅이 되고도 남는다. 요나조차도 큰 물고기 뱃속에 들어가서야 비로소 기도를 시작한 사람이지만 그도 기도의 열사라 할 수 있다.

그런데 그런 기도사역의 상상을 초월하는 영웅이 있다면 단연 예수 그리스도 우리 주님이시다. 기도의 분량, 빈도수, 다양성, 기도를 통한 영적 훈련, 기도의 내용, 기도의 결과 등 어떤 시각에서 분석하더라도 그분은 단연 기도의 영웅 중의 영웅이시다. 아니, 무엇보다도 그분은 전지, 전능, 전재하신 분이기에 기도하실 필요가 전혀 없으시다. 하지만 오히려 목숨을 걸고 특히 십자가 제단 위에서 극렬한 고통을 받으시는 극한 상황 가운데서 일곱 개의 기도를 남기셨다는 사실을 우리 모두가 잘 알고 있다. 그렇다면 기도의 참된 영웅이라는 이름을 붙인다면 우리는 '예수 그리스도 그 한 분뿐'이라고 감히 말해야 한다. 다른 기도의 영웅들은 그분의 예표이거나 혹은 그분의 기도학교 제자일 뿐이다. 아니, 그 분은 기도생활의 최고 표준이시고, 기도 목회의 최고 표준이시다.

이렇게 기도하라

예수님은 이 세상 모든 교회의 담임목회자 되신다. 창조 이래 지금까지 있어 왔던 여러 형태의 모든 교회 담임목자이실 뿐만 아니라 보이지 않는 교회 곧 하나님 나라 교회의 목자도 되신다. 그렇기에 기도 안하셔도 무슨 사역이나 해내실 수 있으신 분인데 그처럼 기도 사역을 위하여 '힘쓰고 애써 더욱 간절히 기도하신'(눅 22:44) 이유가 무엇일까. 여러 가지로 해석할 수 있다. 그리고 그 나름대로 은혜가 된다. 진리는 언제나 다면성을 지니기 때문이다.

매우 중요한 이유의 한 가지는 교육에 있다. 담임목회자들에게 표준목회를 제시하셨다.

모든 목회자와 전문 목회를 준비하는 이들에게도 가르치시고, 특히 만인목자론 기본정책으로 삼으신 까닭에 모든 평신도들도 가정, 교회, 직장, 세속사회에서 바로 기도 사역에 참여하도록 표준을 제시하셨다. 그것은 그리스도인이라면 지금도 누구나 '예수님의 이름으로' 기도하는 것에서 확인할 수 있다. 이름은 존재를 대표하는 표현이므로 이는 곧 예수님의 존재, 그분의 생명 전부에 걸어놓는 기도라는 뜻이다.

한 번은 '돼지는 기도하지 않는다'는 제목으로 조각글을 쓴 적이 있었다. 어느 책 방 앞에, "돼지는 책을 읽지 않는다."는 글에서 실마리를 얻었다. 그런데 그 글을 읽었다는 어떤 사람의 분노 섞인 항의를 받았다. "그래, 이 목사는 나를 돼지 취급해야 시원하겠어?" 그런 전화였다. 넓은 뜻에서의 종교 특히 기독교는 하나님의 형상대로 창조된 인간에게만 관계되는 일이라는 걸 강조한 글이었다. 아무리 약삭빠른 동물이라 해도 종교적 차원과는 관계없는 차원에서 살아간다. 그런데 그 제목에 '기도'를 핵심어로 넣은 것은 바로 기도가 종교 전체를 대표하는 말이기 때문이다.

예수님의 기도사역을 연구하면서 새롭게 배운 것이 한두 가지가 아니다. 예수님은 눈을 뜨시고 하늘을 우러러 기도하셨는데 우리는 눈뜨고 기도하면 하나님께 꾸중 들을까봐 두려운 마음을 갖는다.(마 14:19) 예수님은 사천 명을 먹이실 때에 빵 일곱 조각을 손에 들고 감사기도를 하셨고, 생선 두어 마리도 축복기도를 하시고 나누어 주셨다.(막 8:6-7) 성찬예식을 베푸실 때에도 역시 떡을 가져 축복기도 혹은 감사기도를 하셨고 또 잔을 가지시고 축복기도 혹은 감사기도를 하셨다.(마 26:26-27) 그렇다면 예수님께서 우리 한국인 신자의 가정을 심방 오셔서 식사대접을 받으시면 밥 감사기도 따로 국과 반찬 감사기도 따로 하실 것 아닌가. 얼마나 은혜가 되는지 모른다. 그런데도 성만찬 때에 떡을 위한 기도 따로, 잔을 위한 기도 따로 하지 않고 대강 대강 집례한 것이 부끄럽기 짝이 없다. 역시 기도사역에서도 예수님을 표준삼는다면 배워야 할 것이 너무도 많지 않은가.

제자들도 예수님에게서 기도를 배워야 할 필요성을 강력하게 느꼈다. 그래서 어느 날은 제자들이 서로 의논하여 전원일치로 동의안을 만들었던 것 같다.

"예수께서 한 곳에서 기도하시고 마치시매 제자 중 하나가 여짜오되 주여 요한이 자기 제자들에게 기도를 가르친 것과 같이 우리에게도 가르쳐 주옵소서."(눅 11:1)

요청한 것은 한 제자였지만 그가 개인적으로 말씀드렸다기보다는 대표로 했다는 인상이 짙다. 그가 베드로였을까, 아니면 요한이었을까, 그건 모른다.

그런데 이 대목에서 흥미로운 점 몇 가지가 발견된다. 세례 요한의 기도사역이 매우 중요한 부분이었다는 사실이 눈에 들어온다. 빈들에서 야생마처럼 뛰어다니며 예수님 가실 앞길을 닦아놓던 그도 바로 기도의 사람이었다는 것이 확인된다. 게다가 예수님의 제자들과 세례 요한의 제자들이 서로 정보교환이 있었다는 점도 눈여겨볼 대목이다. 만약 이 복음서를 기록한 누가가 세례 요한이 가르쳐준 기도의 내용을 적어서 남겼더라면 얼마나 유용한 자료가 될까 하는 생각도 든다. 예수님께서 가르쳐 주신 기도문과 비교 연구하여 얻는 진리가 매우 클 것 아닐까.

그런데 또 중요한 단서가 있다. 예수님께서 그런 요청을 받으시고 곧바로 '매우 치밀하게 준비된 기도내용'을 제시하셨다는 사실이다. 예수님께서 성령파이셨다면, '이 사람들아, 성령 충만하면 기도는 저절로 되는 거야. 기도가 뭐 배워서 되는 건 줄 아느냐?' 하고 한마디로 거절하지 않으셨을까.

기도란 무엇인가?

기도가 무엇인지 손쉬운 정의를 몇 가지 예시해 보자.

기도는 성삼위 하나님께 호소하는 일이다. 기도는 하나님과의 사랑의 대화이다. 기도는 고백이다. 특히 자기 무능의 고백이고, 하나님의 전능성에 대한 고백이다. 기도는 감사를 드리는 일이다. 기도는 은혜의 중요한 도구(means of grace)의 하나이다. 기도는 영혼의 호흡이다. 기도는 하나님께 대한 예배이다. 기도는 하나님의 뜻을 찾는 과정이다. 기도는 하나님의 뜻대로 살겠다는 결단이다. 기도는 모든 일의 시작과 끝이다. 기도는 하나님과 기도자가 묻고 대답하는 문답과정이다.

이 가운데 '은혜의 도구'라는 말은 설명이 필요하다. 이것은 흔히 사용하는 신학적 정의이다. 하나님께서는 우리에게 은혜를 주시는 통로 혹은 수단을 여러 가지로 주셨다. 성경말씀, 그것을 풀어 가르치는 설교, 세례, 성찬, 찬송가, 묵상, 간증, 친교, 헌신, 홀로 있기, 단순한 생활 등 하나님의 은혜나 능력을 효율적으로 받을 수 있는 기회를 은혜의 통로 혹은 도구라고 한다. 기적이나 방언과 같은 은사들도 은혜 그 자체일 수 있지만 그러나 '은혜를 실어 나르는 도구'일 수도 있다. 그 가운데 어떤 것이 가장 중요하냐는 사람에 따라 신앙적 입장에 따라 혹은 시대에 따라 다를 수 있다.

그러나 신학자들의 의견은 대체로 삼대 도구로 말씀, 기도, 성례전(세례와 성찬)을 제시한다. 목회현장에서는 거기에 두 가지를 더 넣으면 좋겠다는 의견이다. 곧 말씀, 기도, 성례전, 찬양, 헌신이다. 헌신에는 제물 드리기, 전도, 간증, 봉사 등 하나님의 말씀대로 실천하는 모든 것들이 포함된다. 그리고 말씀묵상을 말하는 이들이 있지만 이는 말씀과 기도와 명상을 융합한 것으로 이해한다.

기도에 대한 여러 가지 이해를 종합하면 기도는 특히 함생의 도구인 동시에 함생 그 자체이다. 기도를 하나님과의 대화 혹은 문답 혹은 사랑의 대화라고 한 것이 모두 임마누엘 하나님과 함께 살고 있는 수직적 함생 방식 아닌가. 동시에 그 기도가 다른 사람들에 대한 협력기도이거나 공동기도일 수 있기 때문에 수평적 함생 방식이 된다. 이 점에 대하여 칼 바르트도 “기도를 통하여 그분의 언약 안에서 우리는 하나님의 동역자(partners)가 된다.” 고 간파했다. (Richard Burnett. ed. The Westminster Handbook to Karl Barth, 2013 167).

기도의 중요성에 대하여는 긴 말이 필요할 것 같지 않다. 누구나 다 알기 때문이다. 우선 성삼위 하나님께서 기도를 중요하게 말씀하시고 가르치신다는 점, 그 가운데서도 구원주이시요 교회의 머리 되시는 예수 그리스도께서 기도를 가르치시고 기도생활의 모범을 보이시는 최고 표준이 되셨다는 점에서 기도목회는 절대적일 만큼 중요하다. 성경 전체는 기도로 가득차 있다. 성삼위 하나님의 기도책이요 하나님의 백성들의 기도 기록이다. 사도행전은 기도행전이다. 그리고 기도는 실상 예배 전체를 대표하는 말이기도 하다.

기도의 중요성은 기독교에만 있는 것이 아니라 종교 보편적이다. 모든 종교에는 어떤 형태이든지 반드시 기도가 그 중추적 위치를 차지한다. 종교가 없는 사람이라 할지라도 ‘새해에 복 많이 받으세요,’ 혹은 ‘맙소사’라는 기도를 달고 다닌다. 인간이 갈대보다도 더 연약한 존재인 한 기도가 없이 살아갈 수는 없다.

목회현장에서 기도사역이 얼마나 중요한가에 대하여서도 단순하게 요약할 수 있다. 교회 생활 전체, 신앙생활 전체에서 기도는 어떤 경우에나 시작이요 중간이요 마감이 된다. 글쓴이가 설립 총장을 역임했던 미주성결대학교의 교훈은, “너 하나님의 사람아, 성경의 사람, 성결의 사람, 기도의 사람, 전도의 사람이 되라”이다. 기도사역이 그토록 중요하다는 뜻이다.

우리가 흔히 하는 기도는 다음과 같이 다섯 가지를 기본내용으로 한다고 교회는 오랫동안 가르쳐 왔다. (1)찬양 (adoration), 2)고백 (confession), 3)감사 (thanksgiving), 4)간구 (supplication), 5)중보 (intercession, ‘협력기도,’ ‘응원기도,’ ‘함생기도’라는 번역이 더 좋을 것 같다고 필자는 제안했다).

예수 그리스도의 기도 사역 원리

예수 그리스도의 사역 가운데 우리는 흔히 3대 사역을 곧 가르치심, 말씀을 전파하심, 그리고 질병을 고치심을 말한다. 만약 4대 사역을 말한다면 기도사역이 포함될 것이 명확하다. 기도사역은 그만큼 예수 그리스도께서 우리들에게 보여주신 큰 사역이다. 이제 예수 그리스도 기도사역을 몇 가지로 정리해 보자.

1. 성경에 나오는 인물 가운데 가장 많이 그리고 자주 기도하셨다. 그분이 가르쳐 주신 기도에 관한 항목이 50개가 넘는다는 통계도 있다.
2. 전능하시므로 기도할 필요가 전혀 없으신 데도 가장 열심히 기도하셨다.
3. 공생애를 기도로 시작하셨다.

-백성이 다 세례를 받을새 예수도 세례를 받으시고 기도하실 때에 하늘이 열리며.(눅 3:21)

4. 육신의 공생애를 기도로 마감하셨다.

-예수께서 큰 소리로 불러 이르시되, '아버지, 내 영혼을 아버지 손에 부탁하나이다' 하고 이 말씀을 하신 후 숨지시니라.(눅 23:46)

5. 기도의 내용을 가르쳐 주셨다.

-그러므로 너희는 이렇게 기도하라. 하늘에 계신 우리 아버지여…(마 6:9-13, 눅 11:2-4)

6. 바른 기도를 하도록 가르치셨다.

-너는 기도할 때에 네 골방에 들어가 문을 닫고 은밀한 중에 계신 네 아버지께 기도하라. 은밀한 중에 보시는 네 아버지께서 갚으시리라.(마 6:6) -너희가 기도할 때에 무엇이든지 믿고 구하는 것은 다 받으리라.(마 21:22)

7. 그릇된 기도를 가르쳐 주셨다.

-또 너희는 기도할 때에 외식하는 자와 같이 하지 말라.(마 6:5)

-(세리의 기도 곧 자기를 높이는 기도. 눅 18:9-14)

8. 짧은 기도도 하셨고 긴 기도도 하셨다.

-이에 예수께서 이르시되, 아버지, 저들을 사하여 주옵소서. 자기들이 하는 것을 알지 못함이니이다 하시더라.(눅 23:34, 짧은 기도) -사십 일을 밤낮으로 금식하신 후에 주리신지라.(마 4:2, 긴 기도). -(요17:1-26, 긴 기도)

9. '예수님의 이름으로 기도하라'고 새롭게 가르치셨다.

-내 이름으로 무엇이든지 내게 구하면 내가 행하리라.(요 14:14)

10. 기도의 열심을 가르쳐 주셨다.

1) 말로 하는 기도

- 구하라… 찾으라… 문을 두드리라.(마 7:7)

2) 통곡 기도

-그는 육체에 계실 때에 자기를 죽음에서 능히 구원하실 이에게 심한 통곡과 눈물로 간구와 소원을 올렸고 그의 경건하심으로 말미암아 들으심을 얻었느니라.(히 5:7, 참조: 렘 33:3)

3) 금식 기도

-사십 일을 밤낮으로 금식하신 후에 주리신지라.(마 4:2, 참조:사 58:6)

4)피땀 기도

-예수께서 힘쓰고 애써 더욱 간절히 기도하시니 땀이 땅에 떨어지는 핏방울 같이 되더라.(눅 22:44)

5)십자가 기도

십자가 위의 일곱 말씀은 목숨을 걸고 하신 일곱 기도라 할 수 있다.

11. 개인기도보다 합심기도를 더 중요하다고 가르치셨다. 합심기도는 곧 함생기도이기

때문이다.

-진실로 다시 너희에게 이르노니, 너희 중의 두 사람이 땅에서 합심하여 무엇이든지 구하면 하늘에 계신 내 아버지께서 그들을 위하여 이루게 하시리라.(마 18:19. 사람 사이의 함생기도)

-너희가 내 안에 거하고 내 말이 너희 안에 거하면 무엇이든지 원하는 대로 구하라. 그리하면 이루리라.(요 15:7. 하나님과 사람의 함생기도)

12. 지금도 하늘에서 기도하고 계시다. 그분의 기도사역은 계속된다.

-죽으실 뿐 아니라 다시 살아나신 이는 그리스도 예수시니 그는 하나님 우편에 계신 자요 우리를 위하여 간구하시는 자시니라.(롬 8:34)

13. 기도의 내용은 자신을 위한 기도(나만주의 기도)보다는 다른 사람 특히 하나님의 영광을 위한 기도가 대부분이다.

-아버지여, 만일 아버지의 뜻이거든 이 잔을 내게서 옮기시옵소서. 그러나 내 원대로 마시옵고 아버지의 원대로 되기를 원하나이다.(눅 22:43) -아버지여, 때가 이르렀사오니 아들을 영화롭게 하사 아들로 아버지를 영화롭게 하게 하옵소서.(요 17:1) -아버지, 내 영혼을 아버지 손에 부탁하나이다.(눅 23:46. 자신의 영혼구원을 위한 기도)

14. 예수님께서 가르쳐주신 기도들

유니온교회에서는 파가기도세미나라는 특별신앙훈련 프로그램을 매년 정기적으로 실시했다. 그 가운데 기도훈련은 핵심 프로그램이었다. 그 기도훈련 교재에서 사용한 '예수님께서 가르쳐 주신 기도들'은 위의 것들과 중복되는 부분도 있으나 가나다 순서로 정리하여 나누고자 한다

1)가슴치기기도(눅 18:13). 2)감사기도(요 6:11, 11:41). 3)간절한 기도(눅 22:44). 4)강청기도(눅 11:8). 5)고개숙인기도(눅 18:13). 6)골방기도(마 6:6). 7)광야기도(눅 4:1-2). 8)귀신쫓는 기도(막 9:29). 9)규칙기도(눅 22:39). 10)금식기도(마 4:2). 11)긴 기도(막 12:40). 12)깨어 기도(마 26:41). 13)대제사장기도(요 17:1-26). 14)대화기도(요 12:27-29). 15)따로 혼자 기도(마 14:23). 16)땀기도(눅 22:44). 17)명령기도(막 5:41 달리다굼). 18)모범기도(눅 11:1-4). 19)무릎기도(눅 22:41). 20)믿음기도(마 21:22). 21)반복기도(눅 11:1-4,마 26:44). 22)발성기도(요 11:41-42). 23)변화산 기도(눅 9:29). 24)산기도(눅 6:12). 25)새벽기도(막 1:35). 26)서서기도(눅 18:11). 27)성경말씀기도(마 27:46). 28)성령세례기도(눅 3:21-22). 29)성전기도(막 11:17). 30)세례후기도(눅 3:21). 31)시험승리기도(마 26:41). 32)십자가 기도(눅 23:46). 33)안수기도(마 19:13). 34)앙천기도(요 17:1). 35)애씀기도(눅 22:44). 36)외식기도(마6:5). 37)용서기도(막 11:25). 38)원수사랑기도(마 5:44). 39)응답기도(마 21:22, 요 15:7). 40)이방인

기도(마 6:7). 41)임종기도(눅 23:46). 42)자칭의인기도(눅18:9-12). 43)조용한 기도(눅 5:16). 44)죄인기도(눅 18:13). 45)준비기도(막 13:18). 46)중보기도(마 5:44, 롬 8:34). 47)중언부언기도 금지(마 6:7). 48). 철야기도(마 14:23). 49)축복기도(눅 6:28, 24:50). 50)치료기도(막 4:34). 51)평생기도(눅 18:1). 52)피기도(눅 22:44). 53)하늘나라기도(롬 8:34). 54)하늘열리미기도(눅 3:21). 55)합심기도(마 18:19-20). 56)항상기도(눅 21:36). 57)힘씀기도(눅 22:44). (참고: 김정복. 예수님의 기도 제자들의 기도)

개체교회 기도 사역의 실제

1. 기도의 종류

1)개인기도, 합심기도, 대표기도. 2)자기를 위한 간구, 타인을 위한 중보기도. 3)새벽기도, 낮기도, 저녁기도, 주일기도, 수요기도, 금요기도, 항상기도. 4)말기도, 침묵기도, 행동기도, 통성기도, 통곡기도, 금식기도, 씨름기도, 목숨건 기도. 5)정상적 기도, 금식기도, 절식기도. 6)무릎 꿇는 기도, 앉아서 하는 기도, 서서 하는 기도, 눈감고 하는 기도, 눈 뜨고 하는 기도, 하늘을 향한 기도, 누워서 하는 기도, 손을 들고 하는 기도. 7)서원기도, 개회기도, 축복기도(축도), 식사감사기도, 헌금기도, 목회기도, 찬양기도. 8)심방기도, 짝기도, 손얹기도(안수기도/안찰기도), 전화기도, 편지기도. 9)영혼의 성장을 위한 기도: 찬양기도, 회개기도, 고백기도, 감사기도, 결단을 위한 기도. 10)발성기도, 읽는 기도, 방언기도, 예언기도. 11)호소기도, 명령기도. 12)협력기도, 응원기도 (중보기도의 대체어).

2. 기도에 대한 다섯 가지 응답

1)기도한 대로 되리라 (Yes). 2)그것은 안 돼 (No). 3)기다려라 (Wait). 4)다른 것을 주리라 (Different one). 5)더 좋은 것을 주노라 (Better one).

3. 응답받지 못하는 기도

1)악한 자의 기도(시 66:18). 2)용서하지 않는 자의 기도(막 11:25). 3)믿지 않는 자의 기도와 의심하는 자의 기도(약 1:6-7). 4) 우상숭배자의 기도(렘 11:13-14). 5)불화한 부부(벧전 3:7)나 불화한 형제의 기도(마 5:22-24). 6)정욕으로 구하는 기도(약4:3). 7)외식하는 자의 기도(마 6:5). 8)중언부언 기도(마 6:7). 9)교만한 자의 기도(눅 18:11-12). 10)악령의 기도(마 4:1-10).

4. 응답이 빠른 기도

1)어린 아이들의 기도(눅 10:21). 2)아들의 기도(마 7:7-11). 3)하나님의 영광을 위한 기도(요 12:27-30). 4)간절한 눈물의 기도(왕하 20:5). 5)의인들의 기도(약

5:16). 6)예수 그리스도 안에서의 기도(요 15:7). 7)간청기도(눅 11:8). 8)믿음의 기도(마 8:5-13, 마 21:22). 9)예수님의 이름으로 하는 기도(요 16:24). 10)하나님의 일을 하겠다는 기도(렘 33:1-3). 11)깨어서 하는 기도(마 26:41, 눅 21:36). 12)끈질긴 기도(눅 18:1-8). 13)응답자의 동정심을 일으키는 기도(눅 7:11-17, 불쌍한 과부의 아들을 살리심). 14)선행을 한 사람의 기도(눅 7:2-10, 회당을 지어준 백부장의 기도)

5. 교회의 기도사역 프로그램

(주제: 예수님처럼 기도의 사람 되게 하시옵소서)

1)기도 찬송가나 복음성가를 지정하여 부른다. 2)설교에서 기도에 관하여 가르친다. 3)기도학교를 운영한다. (기도원이나 수양관에서 3일-5일간 특별프로그램, 새벽기도를 기도학교로, 다른 기독교기관들의 기도학교 프로그램 참가 권유, 교회에서 특별프로그램 등, 수료증 수여). 4)기도팀을 건실하게 운영한다. (협력기도팀: 사역프로그램을 위한 기도, 지도자를 위한 기도, 특별한 성도들을 위한 기도, 전도대상자를 위한 기도, 선교지를 위한 기도…). 5)기도응답의 간증을 하게 한다. 혹은 글로 써서 책으로 내거나 영상으로 은혜를 나눈다. 6)사전 예고 없이도 대표기도를 해 낼 수 있을 정도로 기도훈련을 시킨다. 7)교회 성전을 만민이 기도하는 집(막 11:17)이란 점을 의식화시키고, 가정도 기도하는 집이 되도록 한다. 그리고 교회시설 가운데 무릎 꿇고 기도할 수 있는 특별기도실을 만든다. 가정에도 되도록 기도실을 두도록 한다. 8)주일예배 대표기도자가 되면 금식하며 준비하도록 한다. 9)기도원이나 산기도 프로그램 개발. 10)〈파가기도세미나〉 프로그램: 3박 4일 동안의 특별 비밀 기도사역 (관속 기도 등). 11)교회력에 따른 연속금식기도 등에 참여한다.

6.기도생활 점검표

(주제: 예수님을 꼭 닮은 기도의 사람 되게 하소서)

1)자주 조용한 곳이나 산에서 기도한다.(눅 9:28) 2)식사할 때마다 감사기도를 드린다.(마 14:19) 3)밤이 맞도록 철야기도 한다.(마14:23) 4)새벽기도를 자주 한다. (막 1:35) 5)교회를 만민의 기도센터로 확신한다.(막 11:17) 6)자주 금식기도 한다. (마 4:2) 7)큰일을 앞두고 더욱 열심히 기도한다.(눅 6:12-13) 8)다른 사람에게 기도를 가르친다.(눅 11:2). 9)악령과의 싸움에서 기도로 이긴다.(막 9:29) 10)낙심하지 않고 항상 기도한다.(눅 18:1) 11)기도할 때에 자기 죄를 철저히 회개한다.(눅 18:9-14) 12)믿고 기도하는 것은 다 받을 줄 확신한다.(마 21:22, 요 15:7) 13)남에게 보이려는 목적으로 기도하지 않는다.(마 6:5) 14)하나님의 뜻이 이루어지도록 우선적으로 기도한다.(마 6:10) 15)땀이 핏방울이 되도록 결사적으로 기도한다. (눅 22:44)

16)다른 사람의 영혼이 구원받도록 중보기도 한다.(눅 23:4-5) 17)원수들을 위하여 기도한다.(눅 23:34) 18)내 영혼의 구원을 위하여 기도한다.(눅 23:46) 19)십자가를 지고 기도한다.(요 19:30) 20)죽음의 순간에도 기도로 인생을 마감할 결단으로 기도한다.(눅 23:46) (기도세미나 교재에서)

7. 자료

기도의 사람 되기 결심서

1.평생토록 기도하는 기도의 사람이 되겠습니다. ( )
2.예수 그리스도를 인생의 주인으로 모시고 그 분이 원하시는 기도를 하겠습니다. ( )
3.교회와 가정과 하나님 나라의 건설을 위하여 십자가를 지고 기도하겠습니다. ( )
4.자녀와 가족 친구들에게 기도를 가르치겠습니다. ( )
5.기도를 통하여 받은 하나님의 능력과 지혜로 하나님의 일에 충성하겠습니다 ( )

(날짜. 결심자 이름과 서명)

8.기도의 노래

유니온교회가 생산해 낸 기도의 노래가 있다. 필자가 작사하고 신성호 집사가 작곡을 했다. 파가기도세미나에서 반복적으로 부르는 주제가이기도 했고, 기도모임 때에도 자주 불렀다.

기도의 사람 되게 하소서, 기도의 사람 되게 하소서
예수님 따라 사는 기도의 사람 되게 하소서
힘쓰고 애써 더욱 간절히, 땀흘려 피흘려 더욱 간절히
평생토록 무릎 꿇는 기도의 등불되게 하소서

하나님의 복음을 설교하여
설교 목회론

설교학을 전공하고 설교학 박사논문을 매우 잘 쓴 젊은 목사가 자문을 구했다. 어떤 교회 담임목사 청빙을 받았는데 확정되기 전에 꼭 설교를 한 번 해달라는 요청이 있어 어떻게 해야 할는지 지혜를 달라는 것이다. '안 하는 것이 좋겠네요.' 그렇게 대답했다. 그러나 최종결정은 본인이 하나님과 함께 하도록 조언했다. 그런 조언에도 불구하고 그는 설교를 했다. '형식적 절차일 뿐이니까 크게 신경 쓰지 말고 평범한 설교를 하면 된다'고 수석장로가 귀띔을 해주어서 용기를 냈다고 한다. 그런데 그 교회 청빙에서 낙방했다. 그것도 설교 때문이었다. 그런 쓴 잔을 마신 뒤에는 설교학 가르칠 용기까지 잃었다. 그런 일이 있은 다음 그를 만났을 때 필자는 이렇게 격려했다. "설교학 교수가 설교평가가 나빠서 청빙 못 받는 것은 흔히 있는 일이라오. 회중들이 설교학 교수라고 기대치를 잔뜩 높였기 때문에 평가가 낮았던 셈이지요."

"신학은 다른 것이 아니고 바로 설교의 준비일 뿐이다"라고 칼 바르트는 간결하게 선언했다. 바르트의 신학적 입장에 동의하건 안하건 관계없이 이 말은 참으로 명언이라 평가된다. 그래서 목회자 세미나가 있을 때마다 필자도 강조한다. 만약 설교가 새로워지지 않거든 바로 신학이 모자라기 때문이라는 것을 깨달아야 한다. 성경의 한 절을 가지고도 수 없이 많은 설교를 이끌어 낼 수 있게 하는 것은 바로 신학이다. 좀 더 풀면 신학적 성경연구요 신학적 기도요, 신학적 성경묵상이다. 성령님은 좋은 목초와 같은 설교를 생산해 낼 수 있도록 신학을 도구로 사용하신다. 반대로 사탄은 설교 생산을 방해하든가 아니면 독초 같은 설교를 만들어 내게 한다.

예수 그리스도의 설교사역 원리

예수 그리스도는 설교사역이 삼대사역 가운데 하나라고 자주 말한다. 복음서 기록자들도 그 사실을 강조하고 있다.

-이 때부터 예수께서 비로소 전파하여 이르시되, 회개하라, 천국이 가까이 왔느니라 하시더라.(마 4:17) -예수께서 온 갈릴리에 두루 다니사 그들의 회당에서 가르치시며, 천국복음을 전파하시며, 백성 중의 모든 병과 모든 약한 것을 고치시니.(마 4:23) -예수께서 모든 도시와 마을에 두루 다니사 그들의 회당에서 가르치시며, 천국복음을 전파하시며, 모든 병과 모든 약한 것을 고치시니라.(마 9:36) -내가 너희에게 어두운 데서 이르는 것을 광명한 데서 말하며, 너희가 귓속말로 듣는 것을 집 위에서 전파하라.(마 10:27) -예수께서 열두 제자에게 명하기를 마치시고 이에 그들의 여러 동에서 가르치시며 전도하시려고 거기를 떠나가시니라.(마 11:1) -우리가 다른 가까운 마을들로 가자, 거기서도 전도하리니 내가 이를 위하여 왔노라 하시고, 이에 온 갈릴리에 다니시며 그들의 여러 회당에서 전도하시고, 또 귀신들을 내쫓으시더라.(막 1:38-39) -예수께서 이르시되 내가 다른 동네들에서도 하나님의 나라 복음을 전하여야 하리니 나는 이 일을 위해 보내심을 받았노라 하시고, 갈릴리 여러 회당에서 전도하시더라.(눅 4:43-44)

사실 예수님께서 전도하셨다거나 말씀을 전하셨다는 것은 헬라말로는 '케륙소' 곧 설교한다 혹은 말씀을 전파한다는 뜻이다. 전도한다는 말은 '위앙겔리오'라는 말이 별도로 있다. 게다가 전파했다는 기록만 설교는 아니다. 예수님께서 가르치신 일도 설교 곧 교육설교로 볼 수 있으며 병 고치시는 일이나 기적 행하시는 일도 바로 행동설교에 해당된다. 그러므로 넓은 뜻으로는 예수님의 모든 "행하시며 가르치신 것"(행 1:1)이 설교라고 해야 한다. 생활을 통한 설교, 인격을 통한 설교이다.

칼 바르트가 하나님의 계시를 셋으로 나누어, 1)성육신된 말씀 곧 예수 그리스도, 2)쓰여진 말씀 곧 성경, 3)선포된 말씀 곧 설교로 구별하되 예수 그리스도를 계시의 으뜸핵심으로 선언한 것은 현대사역에 있어서 설교의 부흥을 가져 오는 데 크게 공헌했다고 하겠다.

하지만 좁은 뜻으로 보아도 예수님께서 설교자 곧 말씀 선포자가 되신 것은 예수님을 잇는 설교자들에게 또한 최고 표준이 된다. 따라서 예수 그리스도의 설교사역의 모범을 몇 가지로 분석해 보겠다. (참조: Lewis, Zuck)

1. 설교사역을 삼대 사역의 하나로 제시하셨다.

-예수께서 모든 도시와 마을에 두루 다니사 그들의 회당에서 가르치시며 천국복음을 전파하시며 모든 병과 모든 약한 것을 고치시니라.(마 9:35, 참조:마 4:23, 눅 4:43-44)

2. 설교의 목적은 온전한 구원, 거룩한 생활, 그리고 그것이 통합된 하나님의 나라 건설이었다. 전인적 구원(the whole salvation)으로도 이해된다.

-그러므로 하늘에 계신 너희 아버지의 온전하심과 같이 너희도 온전하라.(마 5:48)

-가면서 전파하여 말하되 천국이 가까이 왔다 하고.(마 10:7)

-네가 온전하고자 할진대 가서 네 소유를 팔아 가난한 자들에게 주라.(마 19:21)

-천국은 좋은 씨를 제 밭에 뿌린 사람과 같으니.(마 13:24)

이 같은 설교의 목적을 명백하게 제시하신 말씀은 네 복음서에 훨씬 더 많이 기록되어 있다.

3. 항상 하나님 아버지께서 주신 말씀으로 설교하신다는 의식이 있으셨다.

-내가 너희에게 이르는 말은 스스로 하는 것이 아니라 아버지께서 내 안에 계셔서 그의 일을 하시는 것이라.(요 14:10)

4. 기적을 통하여 설교하셨다.

-제자들이 나가 두루 전파할새 주께서 함께 역사하사 그 따르는 표적으로 말씀을 확실히 증언하시니라.(막 16:20) -이는 어찜이냐, 권위 있는 새 교훈이로다. 더러운 귀신들에게 명한즉 순종하는도다 하더라.(막 1:27)

5. 질문을 많이 사용하셨다.

-예수께서 대답하시되, 나도 한 말을 너희에게 물으리니.(마 21:24) 예수님의 질문이 4복음서에 기록된 것만도 304개나 된다는 통계가 있다.(Zuck, Teaching as Jesus Taught, 238)

6. 원고 없이 회중과 얼굴을 마주 대하고 설교하셨다.

-예수께서 눈을 들어 제자들을 보시고 이르시되, 너희 가난한 자는 복이 있나니…(눅 6:20)

7. 귀납법적(연역법적과 반대되는)으로 설교하셨다.

연역법(deductive method)은 결론을 제시하고 증명해 가는 방법으로 곧 이성의 작용에 기초한 관념론적 방식이고 귀납법(inductive method)은 낱낱의 사물에서 결론을 도출하는 경험론적 방식으로 알려져 있다. 기초교육에서는 귀납법이 더 효과가 큰 것으로 판단되는데 예수님은 때때로 연역법도 사용하셨지만 설교와 교육의 현장에서 귀납법을 훨씬 더 많이 활용하셨다.

8. 추상적 언어가 아닌 구체적 생활언어와 시적 언어로 설교하셨다.

-너는 구제할 때에 오른손이 하는 것을 왼손이 모르게 하여.(마 6:3) -공중의 새를 보라. 심지도 않고 거두지도 않고 창고에 모아들이지도 아니하되.(마 6:26)

9. 이야기 법 곧 비유를 많이 사용하셨다.

-예수께서 비유로 여러 가지를 그들에게 말씀하여 이르시되.(마 13:3) -예수께서 이러한 많은 비유로 그들이 알아들을 수 있는 대로 말씀을 가르치시되, 비유가 아니면 말씀하지 아니하시고, 다만 혼자 계실 때에 그 제자들에게 모든 것을 해석하시더라.(막 4:33-34)

10. 듣는이들의 삶의 현장과 관련하여 설교하셨다.

-내가 주는 물을 마시는 자는 영원히 목마르지 아니하리라.(요 4:14, 물길러 온 사마리아 여자에게)
-나를 따라 오라. 내가 너희를 사람을 낚는 어부가 되게 하리라.(어부였던 베드로와 안드레에게. 마 4:19)

11. 긴 설교도 있지만 짧은 설교가 더 많다.

예수님의 긴 설교로는 산상수훈(마 5-7장), 평지수훈(눅 6장), 종말설교(마 24-25장), 비밀집회 설교(요 12:37-17장) 등이 있다. 그러나 예수님의 설교는 대체로 짧은 것들이었다. 어떤 때는, “어찌하여 무서워 하느냐, 믿음이 작은 자들아”(막 8:26)처럼 한 마디 설교를 하기도 했다.

12. 많은 회중 앞에서도 설교하시고 한 사람을 놓고도 위대한 설교를 하셨다.

-예수께서 무리를 보시고 산에 올라가 앉으시니 제자들이 나아온지라, 입을 열어 가르쳐 이르시되.(마 5:1-2) -예수의 소문이 더욱 퍼지매 수많은 무리가 말씀도 듣고 자기 병도 고침을 받고자 하여 모여 오되.(눅 5:15) -그들이 조반 먹은 후에 예수께서 시몬 베드로에게 이르시되 요한의 아들 시몬아 네가 이 사람들보다 나를 더 사랑하느냐 하시니… 이르시되 내 어린 양을 먹이라 하시고.(요 21:15)

13. 사건과 이야기를 설교에 융합하셨다. (Narrative Preaching).

보리떡 다섯 덩이와 물고기 두 마리로 오천 명을 먹이신 뒤에 자신은 하늘에서 내려온 생명의 떡이라고 말씀하셨다.(요 6:41) 또 나면서부터 맹인된 자를 고치신 뒤에는 “보지

못하는 자들은 보게 하고, 보는 자들은 맹인이 되게 하려"고 이 세상에 오셨음을 선언하셨다.(요 9:39)

14. 구약성경을 새롭게 해석하며 설교하셨다.

강해설교만이 참된 설교라고 주장하는 설교학 교수를 만난 일이 있었다. 그 때 필자는, "과연 예수님께서 강해설교만 하셨던가" 하고 반박성 질문을 했다. 예수님의 설교는 결코 구약성경을 강해하시는 방식을 취한 것이 별로 없다. 오히려 예수님은 구약성경을 새롭게 해석하셨다. 그 대표적인 것이 십계명을 요약하여 해석하신 사랑의 계명 아닌가? "첫째는 이것이니… 주 너의 하나님을 사랑하라 하신 것이요, 둘째는 이것이니, 네 이웃을 네 자신과 같이 사랑하라 하신 것이라. 이보다 더 큰 계명이 없느니라"(막 12:29-31), 혹은, "새 계명을 너희에게 주노니 서로 사랑하라, 내가 너희를 사랑한 것 같이 너희도 서로 사랑하라, 너희가 서로 사랑하면 이로써 모든 사람이 너희가 내 제자인 줄 알리라"(요 13:34-35)는 말씀에서 확인된다.

15. 침묵도 설교의 중요한 부분이었다.

-예수께서 침묵하시거늘 대제사장이 이르되.(마26:63) -침묵하고 아무 대답도 아니 하시거늘 대제사장이 다시 물어 이르되, 네가 찬송 받을 이의 아들 그리스도냐?(막14:61)

예수님은 생명이 달려 있는 재판에서도 자신의 의견을 당당히 밝히시는 것과 함께 필요하면 침묵을 선택하심으로 말하는 것과 함께 말하지 않는 것도 설교에 포함된 요소임을 가르쳐 주신다.

16. 은유법, 직유법, 비교법, 대조법, 의인법 등 문학적 수사법을 적절히 사용하셨다.

예술은 감동을 창조하는 것을 주임무로 한다. 시, 소설, 수필, 희곡 등의 문학은 더욱더 감동을 핵심요소로 한다. 그러기 위하여 여러 가지 수사법을 사용하는 데 이런 점에 있어서 예수님은 천재적 재질을 유감없이 발휘하셨다. 몇 가지 예를 든다.

-나는 참 포도나무요, 내 아버지는 농부라.(은유법, 요 15:1) -천국은 마치 밭에 감추인 보화와 같으니.(직유법, 마 13:44) -선한 일을 행한 자는 생명의 부활로, 악한 일을 행한 자는 심판의 부활로 나오리라.(대조법, 요 5:29) -만일 이 사람들이 침묵하면 돌들이 소리 지르리라.(의인법, 눅 19:40)

17. 듣는 사람들의 주의력을 잡아끄는 설교를 하셨다.

예수님의 설교는 기본적으로 말씀에 목마름을 해소하는 생명수를 제공하는 것이어서, 다른 말로 하면 간절한 욕구(need)를 채워 주는 것이어서 사람들의 주의력을 이끌어낼 수 있었다. 게다가 설교 기술도 오늘날에도 각광받는 교수법을 활용하셨으니, 그것이 실물설교, 질문법, 기적과 함께 설교하기, 이야기법, 사건 기술법 등을 사용하셨다. 또, "보라"(Behold), 혹은 "들을 귀 있는 자는 들을지어다"(마 11:15) 등을 사용하심으로 주의력을 환기시키셨다.

18. 설교 듣는 사람이 변화, 성장, 문제해결을 가져오도록 설교하셨다.

예수님은 단연 목적 있는 설교(preaching with purpose)를 하셨다. 그 목적은 변화와 성장이다. 니고데모에게 거듭나는 진리를 설교하심으로 그는 마침내 예수님의 장례식을 책임 맡은 사람으로 거듭나고 변화되었다. 삭개오는 도적질한 것은 모두 네 배나 갚고, 재산 절반을 팔아 가난한 자들에게 주겠다는 정도로 회심했다. 환자들에게는 몸만 고침 받은 것이 아니고 영혼까지 고침을 받도록 말씀하셨다. 목적 있는 설교, 열매가 큰 가르침, 영혼이 변화되어 영원한 생명을 소유하게 되는 설교, 그것이 예수님의 설교였다.

19. 성령께서 함께 하셔서 그의 말씀의 열매를 맺게 하신다는 확신이 있으셨다.

-보혜사 곧 아버지께서 내 이름으로 보내실 성령 그가 너희에게 모든 것을 가르치고 내가 너희에게 말한 모든 것을 생각나게 하리라.(요 14:26)

-그러나 진리의 성령이 오시면 그가 너희를 모든 진리 가운데로 인도하시리니 그가 스스로 말하지 않고 오직 들은 것을 말하며 장래 일을 너희에게 알리시리라.(요 16:13)

20. 십자가 위에서 죽으실 것을 각오하고 설교하셨다.

예수님은 제자들이 그리스도나 왕으로 이해하실 때마다 십자가 지고 죽으실 것을 말씀하셨다. 베드로가 메시야 곧 그리스도임을 고백했을 때 예수님은 십자가를 말씀하셨고(마 16:21-25), 변화산에서 하늘나라의 영광스러운 모습을 보았던 제자들에게 다시금 “죽임을 당하고 제 삼 일에 살아나리라”(마 17:22-23)고 선언하셨다. 결국 예수님은 그가 하신 설교말씀이 빌미가 되어 사형판결을 받고 십자가에 처형되었다. 예수님은 그걸 미리 아시고 십자가에 목숨을 걸어 놓고 설교하셨다.

21. 예수님은 설교자로 이 세상에 오셨다.(막 1:38. 한국어 성경에 ‘전도하리니’로 번역된 헬라어 ‘케륙소’는 설교한다, 선포한다’는 것이 기본 뜻이다).

22. 이 밖에도 듣는 사람 중심의 설교, 실물설교, 비교법과 대조법 등 문장수사기술 활용, 행동과 삶으로 보여주신 설교 등의 특징을 제시하셨다.

개체교회 설교목회의 실제

예수 그리스도는 제자들에게 설교할 것을 명령하셨다. 사도행전 이후에 있을 모든 교회와 목회자에게 주신 사명이기도 하다.

-이에 열둘을 세우셨으니 이는 자기와 함께 있게 하시고 또 보내사 전도도 하며, 귀신을 내쫓는 권능도 가지게 하려 하심이러라.(막 3:14-15) -제자들이 나가서 회개하라 전파하고.(막 6:12) -제자들이 나가 두루 전파할새 주께서 함께 역사하사 그 따르는 표적으로 말씀을 확실히 증언하시니라.(막 16:20) -예수께서 이 열둘을 내보내시며 명하여 이르시되 … 가면서 전파하여 말하되 천국이 가까이 왔다 하고.(마 10:5-7) -내가 너희에게 분부한 모든 것을 가르쳐 지키게 하라.(마 28:20) -너희는

온 천하에 다니며 만민에게(온 창조세계에) 복음을 전파하라.(막 16:15) -오직 성령이 너희에게 임하시면 너희가 권능을 받고 예루살렘과 온 유대와 사마리아와 땅 끝까지 이르러 내 증인이 되리라.(행 1:8) -사도들을 잡아다가 옥에 가두었더니, 주의 사자가 밤에 옥문을 열고 끌어내어 이르되, 가서 성전에 서서 이 생명의 말씀을 다 백성에게 말하라.(행 5:18-20)

이 같은 분부를 받아 사도들과 성도들은 설교사역(전도와 증언을 포함하여)에 헌신했다. 다음 몇 가지 기록들을 살펴보자.

-그들이 날마다 성전에 있든지 집에 있든지 예수는 그리스도라고 가르치기와 전도하기를 그치지 아니하니라.(행 5:42) -바울과 바나바는 안디옥에서 유하며 수다한 다른 사람들과 함께 주의 말씀을 가르치며 전파하니라.(행 15:35) -하나님의 나라를 전파하며 주 예수 그리스도에 관한 모든 것을 담대하게 거침없이 가르치더라.(행 28:31)

이와 같이 설교자의 사명을 주신 분은 주님이시다. 하나님 아버지께서 요나를 니느웨에 보내 실 때에, "너는 일어나 저 큰 성읍 니느웨로 가서 그것을 향하여 외치라. 그 악독이 내 앞에 상달되었음이니라"(욘 1:2)는 말씀을 예수님께서 익히 아셨고 그대로 행하셨다. 그리고 사도들과 자신을 따르는 제자들에게 "말씀을 전파하라"고 가르치셨다. 따라서 설교의 사명을 외면해서는 결코 안 된다.

이에 필자는 그 말씀에 순종하여 어떻게든 모범 설교자이신 예수 그리스도를 닮은 설교자가 되려고 노력 위에 노력을 더하여 왔다. 그런 결과가 무엇인가? 그래서 예수님 설교의 특징을 연구하고 그를 따르기 위하여 다음과 같이 '나의 이상적 설교표준'을 작성하여 사용했다. 대체로 앞의 것을 뒤의 것보다 더 중요하게 생각했다.

나의 이상적 설교 표준

1. 예수님의 설교하신 내용을 설교의 중심내용으로 한다.

그리하여 성경 가운데 네 복음서와 요한계시록을 가장 많이 그리고 열심히 설교했다. 구약성경이나 사도행전과 편지들을 설교할 때에는 반드시 복음서와 연관하여 설교했다. 성경본문도 복음서와 구약성경, 혹은 복음서와 편지들에서 하나씩 골라서 예배 시간에 읽었다.

2. 〈온전한 구원, 거룩한 생활〉 (the full salvation, the holy life)을 설교의 핵심으로 했다.

이것은 유니온교회가 소속된 교단인 〈미주성결교회〉 총회가 결정한 교단의 대표 표어로서 그 제안자가 바로 필자였다. 예수님이 전파하신 핵심 내용은 바로 예수 그 이름의 뜻 그대로 "하나님은 구원하신다" (God saves)는 것으로 필자는 철저히 믿는다. '구원받는다'는 말은 여러 가지로 표현할 수 있으나 함생주의 신학에서는 수직적 함생을 뜻하며 구원받은 뒤에는 수평적 함생 곧 이웃사랑으로 나아가야 한다.

3. 듣는 사람들이 새로운 결단을 함으로 새로운 인생을 살게 되는 설교여야 한다.

설교는 목적이 있어야 한다. 그 목적은 듣는 사람들이 성장적 변화를 가져오도록 해야 한다. 열매가 없는 설교는 실패작이다. 그래서 설교의 목적을 분명히 해야 한다. 그 목적은 전체적으로는 예수님의 설교 목적과 같아야 한다. 이것이 바로 "온전한 구원, 거룩한 생활"이다. 그러나 설교 한 편이 그런 목적을 모두 달성하리라고 생각해서는 안 된다. 목적은 보다 더 구체적으로 설정해야 한다. 그래서 필자의 설교 노트에는 항상 목적이 기록되어 있다. 기도의 형태로 기록할 때가 많은 데 다음과 같은 것들이다.

"원수를 친구로 만들게 하옵소서." "자기 몸에서 낳은 자녀들이 지옥에 끌려가지 않게 기도하는 부모 되게 하옵소서." "남의 입장에 서서 말하고 행동하게 하옵소서." "십일조를 매달 내는 것이 최선이나 일 년에 한 달만이라도 하게 하옵소서." "일주일에 성경요절 하나씩 외우게 하옵소서."

특별집회에서는 결단을 강조하기 위하여 일어서게 하든지 손을 높이 들게 하든지 혹은 강단 앞으로 나오게 한다. 올터 콜(alter call)을 뜻한다. 결단을 강조하는 설교는 빌리 그래함 전도자에게서 제일 확실하게 확인할 수 있다.

4. 성경말씀 한 절 혹은 짤막한 성경적 금언을 영혼 깊은 곳에 새겨놓는 설교여야 한다.

설교를 듣고 그 내용을 모두 기억하기를 기대할 수는 없다. 그래서 한 번 설교에서 짤막한 한 절만 영혼 깊이 기억하도록 만든다. 가령 다음과 같은 것들이다.

"막판 뒤집기의 하나님," "성령님이 신경에까지 충만하게 하옵소서," "장미꽃도 감사하지만 가시는 더욱 감사하게 하옵소서," "숨통만은 열어 놓으시는 하나님," "예수님은 장대에 달린 구리뱀이 되셨다," "내 마음이 흉가가 변하여 복가가 되었네," "하나님의 말씀을 뒤집어서 풀라," "안수는 십자가 처형식," "시퍼렇게 살아계신 하나님…"

5. 십자가에 목숨을 걸고 마지막 설교처럼 하는 설교여야 한다.

또 한 번 반복하여 말한다. 필자에게 설교학을 가르쳐 주신 교수님은 이렇게 말씀하시며 강의를 마치셨다. "설교할 때에는 십자가 지고 한다는 사실을 잊지 마시오. 그래서 모든 설교는 십자가와 직접 혹은 간접으로 연관되어야 합니다. 만약 십자가 지지 않고 설교하면 그것은 하나님을 개로 취급하는 것과 같습니다. 영어의 God를 거꾸로 하면 Dog이기 때문입니다."

그런 교훈이 내 영혼에 깊이 새겨져 있기에 십자가에 목숨 걸어놓고 죽기 아니면 살기로 설교하고 있다. 그리고 다른 교회에서 설교하게 되면 가방에 십자가를 넣어가지고 간다.

6. 성경에서 시작하여 생활을 거쳐 성경으로 결론을 맺는 설교라야 한다.

설교는 두 세계를 연결해야 한다. 성경의 세계와 듣는 이들이 살고 있는 세계이다. 그래서 텍스트(text)와 컨텍스트(context)라고 말한다. 그래서 존 스타트(John R.W. Stott) 박사는 그의 설교론 책의 제목을 〈두 세계 사이에서〉(Between Two World)라고 했다. 성경의 세계 곧 텍스트와 듣는이들의 세계 곧 컨텍스트 사이에 다리를 건설하는 일이 설교라고 풀었다. 설교는 삶에서 시작할 수도 있고 텍스트에서 시작할 수도 있다. 그리고 어느 한 쪽에 더 강조점을 둘 수도 있다. 그러나 어느 하나를 무시해서는 안 된다. 예외가 있지만 필자는 대체로 성경에서 시작하여 생활로 연장되었다가 성경으로 돌아와 결론을 맺는다.

7. 청중들이 졸지 않는 설교 곧 시작부터 끝까지 귀 기울여 듣는 설교라야 한다.

많은 사람들이 체험하듯이 설교시간에는 유난히 졸음이 많이 쏟아진다. 설교만 끝나면 정신이 새록새록 들게 되는 것이 참 신기할 정도이다. 그렇기에 설교자는 더욱 더 "졸린 설교"를 해서는 안 된다. 계속 소리 지르고 야단친다고 해서 졸지 않는 건 아니다. 오히려 갑자기 음성을 작게 하는 것도 필요한 기술이다. 설교는 재미있고 감동적이어야 한다. 실물설교나 비디오 같은 걸 사용해도 좋다. 필자는 양식을 만들어 주고 설교를 기록하게 만들기도 했다. 그런 결과 "이 목사님의 설교는 졸 새가 없어요" 라는 반응을 자주 듣곤 했다.

8. 신앙의 성장을 가져오는 설교라야 한다.

상담학자들은 대화를 다음 다섯 가지로 나눈다. 1)형식적 대화, 2)정보 대화, 3)의견 대화, 4)정서 대화, 5)성장을 위한 대화. 이것은 설교에도 그대로 적용되는데 1번에 가까울수록 실패한 설교이고, 5번으로 가까이 갈수록 성공한 설교로 평가된다. 가장 좋은 설교란 듣는이가 변화되고, 새로워지고, 성장되어야 한다. 특히 "예수 그리스도의 장성한 분량이 충만한 데까지" 성장해 가는 효과가 나타나야 한다.(엡 4:13) 그렇다면 성숙한 신앙이란 무엇인가? 그것이 바로 성화과정 곧 완전 지향적 성장과정이다. 이 목회자는 그것을 교육으로 달성해 갈 수 있는 표현을 사용하여 다음의 일곱 가지로 표현했다. (1)자신이 구원받은 바를 성경말씀에 근거하여 설명할 수 있어야 한다. (2)믿음과 생활이 일치되어야 한다. (3)항상 십자가를 앞장서서 지고 가야 한다. (4)남에게 영향력을 발휘하는 지도자적 신자라야 한다. (5)믿음을 스스로 키우는 자립적 신자라야 한다. (6)균형 잡힌 믿음을 가진 신자라야 한다. (7)사명을 가진 신자라야 한다.(논문집 I. 123-129) 이를 종합하면 "예수님처럼, 꼭 예수님처럼"(Like Jesus, Just Like Jesus)이 된다.

9. 성령의 역사가 있는 설교라야 한다.

성령님이 충만하면 나타나는 증후가 여러 가지이다. 그 가운데 중요한 것이 찬양과 말씀 선포이다.

-엘리사벳이 성령의 충만함을 받아 큰 소리로 불러 이르되, 여자 중에 네가 복이 있으며 네 태중의 아

이도 복이 있도다.(눅 1:41-42) -그 부친 사가랴가 성령의 충만함을 받아 예언하여 이르되, 찬송하리로다, 주 이스라엘의 하나님이여…(눅 1:67-68) -이에 베드로가 성령이 충만하여 이르되, 백성의 관리들과 장로들아…(행 4:8) -스데반이 성령 충만하여… 말하되 보라, 하늘이 열리고 인자가 하나님 우편에 서신 것을 보노라.(행 7:55-56) -바울이라고 하는 사울이 성령이 충만하여 그를 주목하고 이르되, 모든 거짓과 악행이 가득한 자요, 마귀의 자식이요…(행 13:9-10)

이렇게 보면 성령이 충만하여야 바르게 그리고 효과 있게 설교할 수 있다는 결론이 나온다. 그래서 성령충만하게 되기를 기도한다. 이 점에 대하여 예수님께서 밝히 말씀해 주셨다.

-그러나 진리의 성령이 오시면 그가 너희를 모든 진리 가운데로 인도하시리니 그가 스스로 말하지 않고 오직 들은 것을 말하며 장래 일을 너희에게 알리리라.(요 16:13) -하나님이 보내신 이는 하나님의 말씀을 하나니 이는 하나님이 성령을 한량없이 주심이니라.(요 3:34)

설교를 하는 동안 성령께서 충만하면 설교하는 사람도 그것을 체험하게 되고 또 설교의 열매도 매우 좋다. 그래서 설교하기 전에 기도할 때에는, "주님이 오셔서 친히 말씀해 주시옵고 성령님께서 감동시키시사 깨우쳐 주시옵소서. 이 종은 마이크로만 사용하여 주시옵소서" 하고 기도한다. 성경말씀이 성령으로 감동된 것임을 성경말씀(딤후 3:16)대로 믿기 때문이다. 성령님의 감동은 성경을 적는 사람에게만 아니라 풀어 주는 사람(눅 24:32), 그리고 선포하는 사람(앞에서 예로 든 베드로, 스데반, 바울 등에서처럼), 그리고 듣는 사람의 귀를 열어 주신다고 확고히 믿는다.

10. 설교 들은 사람이 그 설교를 다른 사람에게 전달하지 않고는 못 배기는 설교여야 한다.

설교는 듣는 이나 설교자나 모두 성삼위 하나님을 만나는 기회이다. 성부 하나님, 성자 하나님, 성령 하나님을 듣는 이들이 만나도록 설교가 준비되고 실천되어야 한다. 그런 뒤에는 듣는 이들이 자신이 만난 하나님을 다른 사람에게 자원하여 증언할 수 있어야 한다.(행 1:8) 특히, "또 네가 많은 증인 앞에서 내게 들은 바를 충성된 사람들에게 부탁하라. 그들이 또 다른 사람들을 가르칠 수 있으리라"(딤후 2:2)는 말씀이 실행되어야 한다. 교회 목회자는 "안에 있는 선교사"이고 해외에서 뛰는 사람들은 "밖에 있는 목회자"라는 말이 있다.

그렇게 하기 위하여 교회는 설교를 테이프나 씨디로 만들어 배포하기도 하고, 지금은 인터넷 홈페이지에 올려놓기도 한다. 또 그것을 라디오 같은 전파 매체, 텔레비전 같은 영상 매체에 실어 보낸다. 그러나 설교를 직접 들은 사람들이 다른 사람에게 전달하는 것이 전도효과가 가장 높은 것으로 파악된다.

11. 자신이 큰 은혜를 받은 설교여야 한다.

설교자들은 흔히 말한다. 어떤 때는 준비 부족으로 가장 부실한 설교를 했는데 그것이 은혜가 더 넘치더라는 것이다. 그럴 수도 있다. 그러나 대체로 설교자가 은혜 받은 설교가 가장 큰 은혜를 끼치게 된다. 따라서 본문이 자신의 영혼에게 은혜로 다가올 때까지 연구를 깊이 하고 기도로 설교를 뜨겁게 굽느라고 땀을 흘리곤 한다.

12. 기적을 일으키는 설교여야 한다.

"설교는 하나님의 능력을 전달하는 통로"라고 자주 자신을 가르치고 있다. 설교가 매우 강력한 은혜의 도구(means of grace)라는 뜻이다. 따라서 하나님의 능력(power)이 듣는 이에게 들어가 큰 일이 나타나야 한다. 문둥이가 깨끗해지고, 병든 자가 건강해 지고, 죽은 자가 살아나고, 복음전도를 부끄러워하던 자가 열심 있는 전도꾼이 되고, 교회에 가장 궂은일을 도맡아 봉사하고, 우울증에서 해방되고… 그러나 무엇보다도 큰 기적은 예수님을 주님으로 영접하여 거듭나는 영혼이 되는 기적이다.

13. 설교자의 인격과 삶으로 하는 설교여야 한다.

설교는 표현 도구에 따라 여러 가지가 있다. 강단에서 하는 육성설교가 제일 기본이지만 실물설교, 전파설교, 영상설교도 있다. 하지만 생활설교도 있고 특히 인품설교도 있다. 설교자는 인격과 생활 자체가 감동성, 품위, 거룩성이 있어야 한다. 고상한 인격과 경건성이 따르지 않으면 말로 하는 설교는 아무리 천사처럼 한다 해도 쓰레기 같은 설교로 변질되고 만다.(고전 13:1-3)

14. 설교자로서의 소명을 확인해 주는 성경말씀이 있어야 한다.

초기에는 "알곡은 모아 곡간에 들이고"(마 3:12) 하신 말씀에서 알곡 설교자가 되리라 결심했다. 그것이, "내가 그의 아들의 복음 안에서 내 심령으로 섬기는 하나님이 나의 증인이 되시거니와"(롬 1:9)에서 "설교로 하나님을 섬기라"는 말로 번역해서 그것이 설교 좌우명이 되는 말씀이었다. 그래서 설교 노트집마다 그 겉표지에 그렇게 써 놓았다. 그러다가 집회를 많이 다니게 되면서 다음과 같은 말씀이 새롭게 떠올랐다.

-가서 성전에 서서 이 생명의 말씀을 다 백성에게 말하라.(행 5:20)

그리고 이 말씀이 함생주의 설교를 낳게 했다. 우선 생명의 말씀이 중요했다. 그리고 모든 백성을 말씀으로 살려내는 것이 설교의 목적이 되었다.

15. 은혜와 감동이 있는 설교여야 한다.

설교는 삼위일체 하나님의 힘을 듣는 이들에게 나누어 주는 것과 함께 다른 측면에서 볼 때 은혜와 감동이 있어야 한다. 설교 듣는 이들이 좋은 설교를 평가하는 첫 번 기준은 "은혜를 받았다"는 반응이다. 이런 경우 신학에서 말하는 은혜 곧 구원 곧 영원한 생명을 얻는 일에 있어서 하나님이 도우시는 선물이라는 성경적인 뜻이 물론 포함되지만 그러나 감동을 받았다는 것을 뜻한다고 보아야 한다. 설교를 들으면 "우는 은혜"도 받게 되고 또 "웃는 은혜"도 받게 되어야 하는데 말하자면 마음에 만족함을 얻었다는 뜻이다.

16. 신선한 예화가 있는 설교여야 한다.

예수님께서는 자주 비유로 말씀하신 것이 큰 특징이다. 그리고 그 비유들은 어쩌면 당시에 실제로 있던 일들일 것이라는 연구도 있다. 게다가 사람들도 철학적이고 추상적인 언어보다는 할아버지가 손자를 무릎에 앉히고 들려주는 옛날이야기를 더 잘 듣는다. 그래서 예화는 설교의 창문과 같다는 말을 한다. 설교의 본문을 정하고 그에 맞는 예화를 찾아내는 것이 대부분의 설교자가 하는 일이지만 어떤 경우에는 감동적 예화 때문에 그에 맞는 설교를 하는 경우도 있다. 하여튼 설교에서 예화를 사용할 때에는 부작용이 없는 것, 듣는 이 모두에게 신선한 것, 은혜가 담겨 있는 것, 흥미진진한 것을 골라야 한다. 듣는 이들은 성경 본문이나 설교의 주제보다는 예화를 훨씬 오래도록 기억한다는 것에 유의해야 한다. 성경본문은 한 가지로 열 번 백 번을 설교해도 별 말이 없지만 예화는 같은 것을 쓰면 금방 재탕설교라는 핀잔을 듣게 된다.

17. 기도로 충분하게 구운 설교라야 한다.

설교를 기도로 충분히 구워야 한다는 것은 목회 선배들로부터 들은 금언이다. 다른 사람의 설교를 사용한다 해도 기도를 통하여 그 말씀이 하나님의 말씀임을 확신하게 된 때에만 설교해야 한다. 옛날에 했던 설교(가령 결혼식 설교, 장례식 설교, 돌설교, 추도식 설교, 그리고 절기설교는 몇 번 반복해서 같은 내용을 설교할 수밖에 없게 된다)라 해도 기도하지 않으면 아무리 청산유수로 한다 해도 은혜를 끼치지 못한다. 설교의 열매가 없다는 말이다. 부흥집회 설교는 듣는 이들이 전혀 다르니까 같은 것을 되풀이해도 아무 문제가 없다. 그러나 다시금 기도하지 않으면 은혜 없는 설교가 된다. 아무쪼록 기도로 설교를 뜨겁게 구워야 한다.

18. 누구나 알아들을 수 있는 생활언어로 하는 설교여야 한다.

예수님의 말씀은 '시장언어'(market language)라고 푸는 성경연구가들이 많다. 특히 누구나 알아들을 수 있는 말 곧 생활언어인 것이 명백하다. 따라서 유치원 문 앞에도 못 가본 할머니 할아버지부터 어린 아이들까지, 그리고 무지한 사람부터 대학교수에 이르기까지 모든 사람이 알아듣는 말로 설교해야 한다.

이 점에는 필자에게 은사도 있고 또 국어 교육 전공으로 학사와 석사학위를 받았기에 전문적 훈련도 된 셈이다. 다만 이민교회에서는 영어와 한국어 모두를 써야 한다는 고민이 있다. 그래서 영어를 쓰면 꼭 한국어로 번역을 한다. 성경말씀에서도 이런 원칙에 대하여 자주 언급하고 있다.

-만일 나팔이 분명하지 못한 소리를 내면 누가 전투를 준비하리요.(고전 14:8) -그러나 교회에서 네가 남을 가르치기 위하여 깨달은 마음으로 다섯 마디 말을 하는 것이 일만 마디 방언으로 말하는 것보다 나으니라.(고전 14:19)

19. 상황에 맞는 설교여야 한다.

필자에게는 장례식 설교가 제일 어렵다. 조문객들이 어떤 부류의 사람들인지 알지 못하기 때문이다. 그래서 우선 음성을 높이지 않는다. 장례식의 엄숙한 분위기에 맞지 않기 때문이다. 얼굴에 웃음을 담지 않고 유머를 자제한다. 특히 고인의 명예를 훼손하지 않도록 조심한다. 다른 종교는 구원이 없다거나 지옥으로 가는 문이라고 하지 않는다. 기독교에는 "하늘 가는 밝은 길"이 있다는 점을 강조한다. 그리고 설교를 짧게 한다. 긴 설교는 조문객들에게는 고문이 될 수도 있기 때문이다.

20. 처음 믿는 사람에게라도 거부감이 없는 설교여야 한다.

부흥집회를 인도하게 되면 거칠게 강성 설교를 하게 되고 담임하는 교회 강단에서는 부드러운 연성 설교를 하게 된다. 설교자는 하나님만 보고 설교한다지만 그게 생각처럼 그리 쉽지는 않다. 그래서 지금도 제일 떨리는 말씀 가운데 하나가 에스겔에게 주신 명령이다. "인자야, 내가 너를 이스라엘 족속의 파수꾼으로 세웠으니 … 내가 악인에게 말하기를 '너는 꼭 죽으리라' 할 때에 네가 깨우치지 아니하거나 … 내가 피값을 네 손에서 찾으리라."(겔 3:17-18) 그래도 영혼 살리는 것이 목회자의 가장 중요한 직책이기에 매우 부드러운 말로 설교하게 된다. 가령 "술을 당장 끊으시오" 하기보다는 "썩은 물인 술에다 인생을 맡기시지 말고 주님 손에 맡기셔야 합니다" 그런 스타일로 한다.

이 밖에도, 신학의 기초가 튼튼한 설교, 하나님/예수님/성령님으로 시작하는 신칭설교(인칭설교가 아니라), 창의적 언어와 아이디어를 개발한 설교, 회중의 평가를 받아 계속 고쳐 나가는 설교, 주제는 같지만 소재와 구조를 바꾼 1,2,3,4부 주일예배설교, 매스 미디어/인터넷/책 등으로 확산시키는 설교 등에 유의하고 있다.

위와 같은 이상적 표준에 따라 설교하려면 충분하게 준비해야 한다. 흔히 후배 목사들이 설교 준비를 어떻게 하느냐고 물을 때마다 몇 가지 비법을 알려 준다.

"크게 준비하지 않고도 상당히 성공적인 설교가 있습니다. 첫째 간증설교이지요. 간증은 설교가 아니라는 주장이 있지만 성도들이 은혜 받으면 설교이지요. 둘째는 인물설교입니다. 성경인물에 관한 이야기는 어느 것이나 흥미를 끌게 됩니다. 매스 미디어에서도 휴먼 스토리가 보도효과가 가장 크다고 하지요. 셋째, 찬송가 설교가 대체로 성공률이 높습니다. 찬송가 배경 간증이나 성도들이 은혜 받은 찬송을 소개하며 간증하는 것을 뜻합니다."

그러나 설교준비는 두 가지로 나눌 수 있다. 하나는 평소에 성실하게 준비해야 한다. 그런 뜻으로 하면 평생 준비하는 셈이다. 그리고 다른 하나는 특정 설교를 준비하는 것이 있다. 평소 준비에는 성경 전체를 열심히 읽되 신약성경 특히 복음서를 더 많이 읽는다. 그리고 매스 미디어에서 많은 정보를 얻는다. 한 손에는 성경, 다른 손에는 신문을 들고 다닌다는 뜻이다.

특별준비에는 그 본문을 깊이 연구하고 특히 요절을 외운다. 미주에 있는 한인교회에서 설교하게 되면 한국말과 영어로 외운다. 그리고 본문을 헬라말과 히브리말 원문도 살펴본다. 적어도 25분 내지 35분 설교에서 성경 요절을 다섯 개 정도는 외워서 사용한다.

주제설교, 강해설교, 본문설교, 인물설교, 교리설교, 책설교, 기적설교, 원고 읽는 설교… 이런 여러 가지 형태의 설교들 가운데 필자에게는 교리설교와 인물설교가 성공할 수 있는 은사가 더 많다. 그래도 다른 설교방식도 골고루 사용하도록 노력한다. 그래서 설교는 일년 계획을 단위로 하는데 대개 11월이면 설교의 큰 주제와 본문, 제목을 정해 놓는다. 물론 사정에 따라 다소 바꾸기도 해서 융통성 있게 적용한다.

설교와 교육목회

기독교는 책의 종교(religion of the Book)의 하나다. 책의 종교는 교육효과가 크기 때문에 오랜 세월을 지나와도 견뎌나게 된다.

특히 기독교는 말씀의 종교라는 점에서 다른 종교와 엄청난 차이가 있다. 그래서 예배의 가장 중요한 부분을 차지하는 것도 설교다. 이 점에서는 같은 기독교라 하여도 개신교회가 천주교회보다 더 철저하다. 천주교회는 말씀보다는 성찬예식이 예배의 더 중요부분이다.

따라서 듣는이들의 교육효과를 더 높이려면 설교를 어떻게 들어야 하는지를 가르쳐야 한다. 그래서 아래와 같이 정리한 것을 자주 상기시킨다. 말하자면 '설교 잘 듣기에 관한 설교 지침서'라 하겠다.

유니온교회 설교 듣기 지침서

1) 설교는 기도하는 마음으로 들어야 한다. 2) 사람(목사)의 설교를 통하여 '하나님의 말씀'을 듣도록 기도하고 노력해야 한다. 3) 성경본문을 계속 마음속에서 반추하면서 설교를 들으면 더욱 은혜가 된다. 4) 성경 요절을 꼭 외워야 한다. 설교 내용보다도 외운 말씀이 평생토록 은혜를 준다. 5) 거부감이 생기더라도 끝까지 들어야 한다. 독약이 더 좋은 약일 때가 있고 쓴 소리가 더 유익한 경우가 많다. 6) 성령님께서 말씀 깨닫도록 도와주시기를 기도하며 들어야 한다. 7) 기록하며 듣는 것도 좋고 설교자의 얼굴에 눈을 고정시켜 듣는 것도 좋다. 한눈을 팔면 안 된다. 8) 설교를 비판적으로 듣기보다는 신앙생활에 유익한 점을 찾아가며 들어야 한다. 9) 이전에 들었던 설교와 다르면 다르기 때문에 더욱 은혜가 되어야 한다. 사람은 대개 이전에 들은 것을 표준으로 나중에 들은 것을 비판하는 성향이 있는데 그건 버려야 할 편견이다. 10) 설교는 근본적으로 구원에 관한 말씀임을 명심하여야 한다. 따라서 구원의 깊이, 넓이, 높이를 확장시키는 데 도움이 되도록 들어야 한다. 11) 설교자가 성경인용이나 예화 등 잘못된 지식을 가지고 있으면 속히 고치도록 알려 주는 것이 좋다. 12) 은혜 받은 설교이면 설교자에게 감동적인 설교였

다고 격려하는 것이 좋다. 그리고 듣고 싶은 설교가 있다면 그것도 설교자에게 알리라. 13) 자신이 소속한 교회의 목사가 가장 설교를 잘한다는 자부심을 갖도록 하고 설교자에 대한 존경과 사랑을 가지도록 노력하라. 존경과 사랑이 없으면 아무리 천사처럼 설교해도 아무런 열매가 없다. 14) 설교에서 받은 은혜와 지식을 다른 성도나 불신자와 함께 나누는 것이 좋다. 15) 설교를 들을 때마다 그 말씀에 근거하여 한 가지씩 새로운 결심을 해야 한다. 그래야 날마다 새로운 존재가 된다.

(참조: 논문집 III, 제5편 교육설교 12편)

예수님의 최악 설교 (조각글)

매년 연말이 되면 교회에서 여론조사를 하였다. 양들을 더 잘 알수록 회중 관리를 더 잘하게 된다는 것이 그분의 가르침이기 때문이다. 그 여론 조사서에는 지난 1년간 최악의 설교와 최선의 설교가 무엇이냐는 항목도 있다. 부담 없이 의견 표시를 하도록 익명으로 제출하게 했다. 그리고 이것이 담임목사를 더 좋은 설교자가 되도록 돕는 일이라는 설명도 덧붙였다.

그런데 최선의 설교는 꽤 많이 쓰는데 반하여 최악의 설교는 칸이 텅 비어 있곤 했다. 실상 설교자로서는 최선의 설교보다는 최악의 설교를 파악해야 하는데 말이다.

"아무튼 우리 목사님 자랑스러워요. 솔직하게 평가 받으시겠다는 용기가 있으시니까요."

그런 찬사도 있었다. 반대의 목소리도 있었다. 설교에 점수 먹이느라고 전혀 은혜가 안 된단다. 그래도 이 모든 것들은 목회 개선에 도움이 되었다. 목회자도 자주 자기 자신을 거울에 비추어 보아야 매무새를 다듬을 수 있지 않은가.

그러던 터에 제일 크게 은혜 받은 대목이 있었다. 예수님의 설교 가운데 최선 설교와 최악 설교가 각각 무엇일까, 그런 생각을 하게 된 은혜였다. 그분의 설교야 물론 모두 다 100% 성공작일 것이지만 설교의 효과라는 기준에서 보면 최악도 있고 최선도 있을 것 같았다. 가령 베드로 형제를 향하여, "나를 따라오너라. 내가 너희를 사람을 낚는 어부가 되게 하리라" 하신 두 마디의 설교는 효과 면에서는 만점이다. 그들이 즉시 그물을 버려두고 예수님을 따라 나섰기 때문이다. 또한, 말 못하고 듣지 못하는 귀신에게, "내가 네게 명하노니 그 아이에게서 나오고 다시 들어가지 말라"(막 9:25)는 외마디 설교 역시 만점짜리이다. 귀신이 즉각 소리 지르며 나가 버렸으니 말이다.

하지만 드물게는 최악의 설교도 있다. 그 설교를 들은 유태인들이 수군수군하며 반감을 표시했다니 어찌 성공한 설교일까. "이 말씀은 어렵도다. 누가 들을 수 있느냐" 하고 제자 가운데 여럿이 불평을 했던 설교인데 어찌 은혜 있는 설교일까. 그런 정도면 또 좋겠다. 그 설교가 끝난 뒤에, "그 때부터 그의 제자 중에서 많은 사람이 떠나가고 다시 그와 함께 다니지 아니하더라."(요 6:66)고 했다.

만약 주일예배 설교를 듣고 100명 모이는 교회 성도들 가운데 50명이 우르르 나가버렸다면 그것이 바로 최악의 설교 아닐까. 심지어 그 설교 들은 유태인들이 설교자를 살해하려는 음모까지 꾸몄다니 그게 어찌 설교일까. 예수님의 그런 설교가 어디에 있느냐고 알고 싶은가? 요한복음 6장에 기록된 바로 성만찬 설교이다. 이 설교 때문에 초대교회에서는 예수쟁이들을 식인종으로 몰아서 죽였다지 않나. 실로 최악 중의 최악의 설교이다.

그런데 과연 예수님께서 그 역효과를 전혀 모르신 채 그런 설교를 하셨을까? 전혀 그럴 것 같지 않다. 오히려 작심하시고 그 설교에 목숨을 걸어 놓으셨다. 한 영혼이라도 더 영원한 생명의 길로 끌어 오시겠다는 작심이었다.

그래서 하는 말이 무엇인가. 예수님의 설교는 최악의 설교가 최선의 설교였다는 결론 바로 그것이다. 당장은 최악의 설교였어도 오래 오래 그리고 세상 끝 날까지 그것도 온 인류에게 가장 위대한 설교가 되어 왔다. '달고 오묘한 생명의 말씀,' 그래서 생명을 영원히 살려 놓는 말씀이 되었다. (크리스찬 저널, 2015년 3월호)

목회 칼럼 **언어 관리, 정말 쉽지 않다**

필자는 대학과 대학원에서 국어교육학을 전공했다. 그리고 고등학교 국어교사와 대학교수로서 국어와 관련된 과목들을 가르쳤다. 그래서 목회자들을 위한 세미나의 빈번한 주제 가운데 하나가 "설교를 위한 언어 표현력 개발"이었다.

사람은 나면서부터 말을 배운다. 아니 모태에서부터 말을 배울지도 모른다. 그리고 배운 말을 평생토록 반복하여 사용한다.

그런데 말을 단순히 의사소통의 도구 정도로만 생각한다. 언어는 실로 인간생존의 필수도구이다. 말을 할 수 없게 되면 살아남기가 어렵다.

그런 점은 누구보다도 많이 말해야 하고 특히 하나님의 말씀을 대언해야 하는 목회자에게는 더욱 절실하다. 말을 전혀 할 수 없는데도 목회가 가능할까? 언어관리가 엉터리인데도 목회를 바르게 할 수 있을까. 언어야말로 교회생존의 필수도구요 목회사역의 최대 도구 아닌가. 그래서 언어분석을 철학의 최대 과제로 삼는 철인들이 나타나지 않았는가.

제일 많은 것이 말실수

말실수 때문에 뼈가 저려본 일이 한 번도 없었다는 목회자가 과연 있을까? 그랬으면 참으로 좋겠다.

우선 필자의 이야기부터 시작해 보겠다. 설교 원고에도 없는 말을 느닷없이 뱉었다가 큰 곤욕을 치렀다.

"공고, 상고, 농고, 이런 학교들 모두 깡패학교 아닙니까?"

바로 그 말 때문이었다. 한국에서 공고와 상고 출신들이 대통령에 연이어 당선되었다는 통계를 보고 한 말이었다. 희망을 불어 넣으려고 했던 말이 그토록 큰 역풍을 만난 터였다. 사실 우리 세대가 고등학교 다니던 시절에는 보통으로 하던 말이었고 오히려 공고/상고/농고 출신들이 자랑삼아 했던 말이었다.

그런데 가난한 가정에 태어났기에 인문계 고등학교 못 간 것도 한이 서렸는데 미국에 와서까지 깡패학교 출신 소리를 듣게 되니 가만히 있을 수가 없다고 했다. 그것도 특히 서울대학교 졸업한 부부 목사에게서 그런 말을 듣다니…. 상황이 달라진 것을 미처 깨닫지 못한 것이 그처럼 쓰라린 말실수를 만들어 낸 셈이다.

또 다른 이야기 하나

암에 걸리면 별다른 치료방법 없이 가만히 앉아서 죽을 수밖에 없던 시절이었다. 방문객으로 시골교회 회중석에 앉아 예배드리는데 담임전도사가 설교에서 이런 말을 했다.

"암은 절대로 못 고치는 병입니다. 하나님께 기도해도 전혀 소용없어요."

나는 듣다 말고 고개를 절레절레 흔들었다. 설교자는 이내 알아차리고 다시 정정했다.

"제가 잘못 말했습니다. 하나님께서 못 고치시는 병이 어디 있겠습니까?"

요즈음 한국의 어느 목사가 대형 언어사고를 냈다. 기독교 정당을 만드는 일에 앞장섰다는 사람이라는데 여성도들 앞에서 자기 양인지 아닌지 구별하는 비법을 알려 주었단다.

"내가 속옷을 내리라고 할 때 냉큼 내리면 내 양이고…"

그게 설교에 담긴 말이라니 경악할 노릇이다. 그러나 어디 그게 남의 이야기만 되던가.

"우리가 다 실수가 많으니 만일 말에 실수가 없는 자라면 곧 온전한 사람이라"(약 3:2)

학자의 혀를 선물로 주소서

목회자는 말실수가 없도록 극력 조심해야 한다. 우선 말이 많으면 실수가 많다는 건 귀가 아프도록 들어 왔다. 말 많은 집은 장맛도 쓰다는 속담도 있다. "말로써 말이 많으니 말을 말까 하노라"는 시조도 있다. 다언다실(多言多失)이다.

미주이민교회는 한국에 있는 교회들에 비교하여 더 말이 많다. 그래서 '말썽'도 많고, 그래서 '일꾼은 없고 말꾼만 많다'고도 한다. 영어를 몰라서 말할 기회가 일주일 내내 없다가 주일에는 교회에 와서 코리언들을 만나게 되니까 모두 말을 쏟아 놓기에 분주하다.

"장로님, 말 수 좀 줄이세요. 전도에 지장이 와요. 귀는 둘이고 입은 하나니까 3분의 2

는 듣고 3분의 1만 말씀하시면 좋겠어요."

헌신은 쥐꼬리만큼도 안하고 말썽만 일으키는 장로에게 어느 담임목사가 어렵사리 그렇게 경고했단다. 그랬더니 무어라고 대꾸했다던가.

"말이라면 목사님이 우리 교회에서 제일 많이 하시는 분이지요. 줄인다면 많이 있는 것을 줄여야지 조금밖에 없는데 무얼 더 줄입니까?"

그래서 또 한 번 크게 깨달았다. 목회는 말을 많이 해야 하는 직종이라는 사실 말이다. 기도까지 언어활동으로 친다면 어느 직종보다도 말을 많이 해야 한다.

그래서 기회 있을 때마다 강조한다. 목회자양성교육에서는 반드시 '언어관리론'을 필수과목으로 이수시켜야 한다. 필자는 대학과 대학원에서 국어교육학을 전공하는 등으로 언어관리의 전문적 이론을 갖추었고 또 여러 상황에서 경험을 거쳤지만 아직도 언어관리의 지혜가 부족한 걸 절실히 느낀다.

"성도님 여러분, 부정적인 말을 절대로 하지 마세요."

그렇게 말했다가 그걸 들은 평신도로부터 또 말을 들었다. 그 말 자체가 부정적인 표현이라는 지적이었다. "하나님, 부족한 종에게 학자의 혀를 주사 바로 말하게 하시옵고, 학자의 귀를 주사 제대로 알아듣게 하옵소서."(참조. 사 50:4)

그런 기도가 저절로 나온다.

언어는 하나님으로부터 받은 값진 선물이다. 인간을 말할 수 있는 존재로 만들어주신 것은 정말 엄청난 은총이다. 만약 지금 당장 온 인류가 말을 사용할 수 없게 되었다고 하자. 어떻게 되겠는가. 인간 모두는 동물 수준이 되고, 인간이 만들어 놓은 모든 문명 곧 컴퓨터부터 시작하여 비행기까지 아무짝에 쓸모없는 쓰레기가 되고 만다. 특히 인류문명의 총집합체인 책들이 한 순간에 무용지물이 된다. 언어를 혼잡하게 하시니 바벨탑이 무너졌다는 사건에서 확인된 것 아닌가.

언어는 하나님께서 주신 달란트이다. 한 달란트 받은 종처럼 땅에 묻어 두어서는 결코 안 된다. 두 달란트, 다섯 달란트 받은 청지기가 되어야 한다. 성경말씀은 특히 '인간언어에 담긴 하나님의 말씀'이라는 보편성과 특수성을 가지고 있다. 하나님의 말씀도 잘 알아야 하고 인간의 말도 잘 배워야 한다. 그리고 그 둘을 효과적으로 연결시켜야 한다.

은 쟁반에 금 사과

언어관리론을 가르친다면 실언을 막는 것이 중요한 교육내용일 수 있다. 그러나 그것보다는 언어를 효과적으로 사용하는 지혜를 가르쳐야 한다. 언어사용도 경제법칙이 적용된다. 최소의 노력으로 최대의 효과를 거두어야 한다. 성경에 무엇이라 했던가.

"경우에 합당한 말은 아로새긴 은 쟁반에 금 사과니라."(잠 25:11)

이 말씀은 금언을 넘어 '금강석언'에 해당된다. "경우에 합당한 말," 이 한 마디가 금강석 이상의 값이 있기 때문이다. '상황의 적실성이 높은 말'이라고도 할 수 있고, 그것보다는, '최소의 노력으로 최대의 효과를 거두는 말'이란 뜻이다. 그렇다면 어떻게 언어를 개발할 것인가. 특히 설교를 효과적으로 하기 위하여 어떻게 노력해야 할까. 몇 권의 책을 써야 할 것이지만 여기에서는 우선 몇 가지 단서(端緖, clue)만 언급하기로 한다.

사람의 대화를 분석해 보면, 앞에서 언급했지만, 대체로 다섯 가지가 있다. 형식적 대화, 정보 대화, 의견 대화, 감성 대화, 성장 대화이다. 그런데 실패하는 설교들은 대체로 형식적 대화, 정보 대화, 의견 대화 수준에 머문다. 그래서 은혜가 별로 없다. 설교가 회중들을 새사람으로 변화시키고 성장하도록 도우려면 감성 대화법과 성장 대화법을 더 많이 활용해야 한다. 느끼게 하고, 특히 새로운 결단을 하도록 이끌어내야 한다.

대학과 대학원의 교육과정이 학문 위주이기 때문에 목회자들도 그 언어가 논리적, 이성적, 철학적, 추상적인 특징을 갖는다. 그래서 명사와 동사만으로 구성된 언어가 된다. 그러나 설교에는 그것들을 극소화하고 그 대신 시적 언어, 그림 같은 언어, 감성적 언어, 변화촉진적 언어를 사용해야 한다. 그래서 명사와 동사에다 형용사, 부사, 감탄사, 직유, 은유, 의인법 등의 변화무쌍한 예술적 언어를 써야 한다.

"너희 말을 항상 은혜 가운데서 소금으로 맛을 냄과 같이 하라"(골 4:6)는 말씀을 보면 그 때에도 양념 없는 설교들이 꽤 많았던가 싶다.

의사소통력이 높은 언어들

의사소통이 되는 말을 사용하도록 자신을 개발해야 한다. 나팔이 분명하지 못한 소리를 내면 누가 전투를 준비하겠는가.(고전 14:8)

설교에서 의사소통력(communicability)을 높이려면 공통의 체험을 가진 언어를 사용해야 한다. 유치원도 못 가본 할머니부터 대학교수까지 은혜를 받게 하려면 모두가 다 '알아들을 수 있는 언어'를 사용하는 것이 당연한 논리이다. 그런데 어떤 언어들이 의사 소통력이 높을까. 말할 것도 없이 그리스도인들에게는 성경말씀이 가장 의사소통력이 높다. 그러니까 강해설교가 아니더라도 성경언어를 주로 사용하는 것이 설교의 효력을 크게 높인다. 이 점은 꼭 명심해야 한다.

하지만 그것이 전부는 아니다. 가령 성경을 전혀 모르는 청중들은 어찌 하나. 그런 점에서 초중고등학교 교과서에 나오는 언어들이 단연 중요하다. 국민 공통의 언어이기 때문이다. 회중 모두가 알고 있는 뉴스들 곧 매스 미디어 언어들, 영화나 소설, 누구나 부르는 노래들도 의사소통의 좋은 도구가 된다. 민요, 속담, 사자성어(四字成語), 간단한 영어 표현 등도 회중에 따라 사용할 수 있다. 공통의 체험도 의사소통력이 높다. 찐 빵이나 자장면

맛 같은 것이 사례들이다.

그러나 설교나 대화에서 가끔 한두 마디는 모르는 말, 어려운 말을 사용할 필요가 있다. 코람 데오(하나님 앞에서)나 정반합의 원리 같은 것들이다. 그러나 누구나 알아들을 수 있도록 '눈높이 말'로 풀어주어야 한다.

가끔 말을 새롭게 만들어서 사용하거나 소개하는 것도 설교를 풍부하게 한다. '외모보다는 내모에 더 신경을 쓰라'든가, '울상 그만 두고 웃상을 시작하자' 같은 경우이다. 언어 개발에 조금만 신경을 쓰면 그런 표현은 얼마든지 생산해낼 수 있다. 교만한 사람을 안하무인(眼下無人)이라고 한다면 하나님께 교만한 사람은 곧 안상무신(眼上無神)이 된다.

이야기법, 유머, 위트 이런 것들이 설교나 상담 그리고 목회자 일상생활에 자주 사용된다. 특히 최근 들어 서사설교(narrative preaching)가 각광을 받고 있는 걸 생각할 때 설교자들이 언어개발에 훨씬 더 신경을 써야 한다.

목회자들의 금기언어도 생각해 보자. 아직도 색성(sex)은 강단에서는 금기언어이다. 다른 사람들의 약점을 표현하는 말들도 그렇다. 한국교회 목회자들이 미주에 와서 특별집회를 할 때 대부분이 상식적 표현을 무리없이 사용한다. 그러나 가끔 '깜뚱이, 병신육갑한다, 양색시…' 그런 표현을 했다가 설교의 은혜가 반감되거나 담임목회자가 곤욕을 치르는 경우도 있다. 굳이 금기언어를 강단에서 사용하려거든 '이건 좀 표현이 야합니다만…' 그런 말을 붙이는 지혜가 있어야 한다.

아무튼 '경우에 합당한 말'을 사용하기 위하여 목회자는 평생토록 언어표현력 개발에 땀을 뻘뻘 흘려야 한다. 성경말씀을 여러 가지 표현으로 번역연습을 하는 것도 크게 도움이 된다. 가령, "때가 가까움이라"(계 1:3)는 다음과 같이 번역해 볼 수 있다.

그 때가 가까움이라, 그 때가 가까이 오고 있음이라, 그 때가 차오고 있느니라, 기회가 다가오고 있도다 ….

(월간목회 2012년 5월호. 참조: 이정근. "언어변용에 관한 연구" 논문집 I. 108f)

목회 칼럼 상상력, 매우 값진 선물인데

나 예수가 열두 살 되던 해였다. 부모님께서 잃어버렸던 저를 사흘 만에 찾아내신 뒤였다. 세 식구가 함께 나사렛으로 돌아오는 길에 나무 그늘에서 잠시 쉬는 중인데 어머님께서 무엇인가 꼭 해야 할 말이 있다고 하셨다. '들을 귀를 준비하라'는 뜻이다.

"예수야, 네게 꼭 가르쳐 주어야 할 비밀이 한 가지 있다. 네가 베들레헴에서 태어났을 때 동방박사 셋이 찾아왔었다는 건 이미 알고 있잖니. 그런데 그들이 그만 길을 잘못

들어서 너를 찾으러 헤롯 왕궁으로 간 거야. 네가 장차 유대인의 왕이 될 것을 미리 알았던 분들이니까 너를 찾으러 당연히 왕궁으로 간 거였지. 그런데 그게 그만 큰 화근이 되었어."

거기까지 말씀하고는 잠시 아무 말씀도 않고 침통한 표정을 지으셨다. 하지만 입술을 깨무시더니 다시 말씀을 이어가셨다.

"그것 때문에 헤롯왕 군대가 와서 네 동갑내기 되는 두 살 아래 아기들을 모두 죽였어. 칼로 목을 잘라 죽이기도 했고 바위에다 메어쳐서 죽이기도 했단다."

어머님은 거기까지 말씀하시고 목이 메어 더 계속하지 못하셨다. 그리고 눈에서 흘러나오는 눈물을 앞치마로 닦으셨다.

나 예수는 그 때부터 나 때문에 죽은 그 친구들 생각 때문에 잠을 못 자고 밤을 하얗게 밝힌 적이 많았다. 빵을 먹어도 모래 씹는 맛이었다. 몸무게가 갑자기 줄어들어 쇠꼬챙이가 되어가기도 했다.

"얼마나 아팠을까?"

그 생각만 하면 온 몸이 뻣뻣해지는 것 같았다. 그래서 꼭 실천하겠다고 목숨 걸고 맹세한 결심이 하나 있었다. 어느 때인가 베들레헴에 꼭 찾아가서 그 때에 옥동자를 잃은 부모님들을 만나서 꼭 용서를 구하기로 했다. 그리고 대신 나를 아들로 삼아달라고 간청하기로 했다. 내가 죽어야 할 것을 그 애들이 대신 죽었기 때문이다.

상상의 날개에 설교를 실어 나르고

위의 글은 상상을 통하여 지어낸 이야기이다. 그러니까 허구요 소설이요 위경처럼 거짓말이라는 뜻이다. 그러나 흔히 소설을 '있음직한 거짓말' 혹은 '진실이 담긴 거짓말'이라고 하지 않던가. 지어낸 거짓말이기는 하지만 충분히 있음직한 이야기요 거기 어떤 진실 혹은 진리를 담고 있는 이야기이다.

물론 성경에는 예수님께서 자신의 동갑내기들이 살해된 사건을 알고 계셨다는 근거가 거의 없다. 혹시는 부모나 친인척 혹은 동네 사람들로부터 들으셨을 수도 있고, 또 전지전능하신 분이신 까닭에 충분히 알고 계셨을 수도 있다.

그런데 만약 예수님께서 그 사건을 알고 계셨다면 어떤 일이 벌어졌을까? 그에 대한 대답으로 필자가 썼던 '청년 예수 방랑기'의 하나를 소개했다. 예수님이 죽으셔야 했던 것을 대신 죽은 그 동무들 때문에 얼마나 많은 아픔과 번민을 체험하셨을까? 아니, 그래서 자신을 '자기 목숨을 많은 사람의 대속물로 주려 함'이라고 하신 것은 아닐까.(막 10:45)

만약 상상의 나래를 더 편다면 청년기에 접어들었을 때 혼자서 베들레헴을 방문하고 그곳에서 목수 일을 하시며 한두 달 정도 머무르셨을 수도 있다. 그 때 아들 잃은 부모를 가까스로 찾아내어 이렇게 말씀하시지 않았을까.

"아버님, 어머님, 저를 꼭 용서하여 주십시오. 제가 대신 아들노릇 하겠습니다."

상상력은 이처럼 설교를 생산하는 좋은 도구이다. 날개를 달고 훨훨 날아다니며 설교라는 튼실한 알을 낳는다. 감칠맛도 있어 청중의 귀를 쫑긋하게 하고 심장을 흔들고 뇌수를 개조하는 효과도 있다. 몇 가지 실례를 더 들어 보자.

예수님께서 부활하신 후 40일 동안 이 땅 위에 계셨다. 네 복음서와 사도행전 그리고 고린도 전서 15장에 기록된 것처럼 수많은 사람들을 만나셨고 대화하셨다. 더 많은 사람을 만나셨으리라. 하지만 성경에는 그 일부만 기록된 것을 상상하기 어렵지 않다.

예수님께서 해골언덕으로 올라가실 때 그 무거운 십자가를 대신 짊어졌던 젊은 사람 하나가 있었다. 구레네 곧 리비아로부터 왔던 유태인 시몬이었다. 그런데 그처럼 고마운 사람을 그냥 외면하셨을까? 그의 두 아들 알렉산더와 루포가 매우 잘 알려진 모범 신앙인이었고, 시몬은 안디옥교회 중요 직분을 맡았었으며, 그 아내는 사도 바울께서 '내 어머니'라고 할 정도로 충성스러운 일꾼이 되었다. 부활하신 주님을 만났던 열매 아닐까.

망원경 없는 천문대가 되려나

부활하신 예수님께서 자신을 십자가에 처형했던 백부장을 만나신 것도 쉽게 상상할 수 있다. 하나님의 아들이요 그리스도요 왕이라고 선언하셨던 분이 그처럼 나약하게 숨을 거두신 것을 보고도, '이 사람은 진실로 하나님의 아들이었도다.' 하고 가장 위대한 간증을 남긴 그 백부장이니까 주님은 그를 꼭 만나셨을 것만 같다. 그 때 그 백부장은 그분 앞에 꿇어 엎드려 자신을 죽여 달라며 용서를 빌지 않았을까.

미국에서 신학수업을 받을 때 설교학 연습을 지도하던 교수께서 이런 과제를 부과했던 것을 잊을 수 없다. 성경의 모든 부분은 성경의 모든 다른 부분과 어떤 관계를 맺고 있다는 해석을 강조하는 실천신학자였다. 성경 유비론(analogy of Scripture)이다.

"이번 학기에 설교 원고를 두 편씩 꼭 작성해야 합니다. 그런데 어떤 인물이 다른 인물에게 설교하는 내용이어야 합니다. 혹은 동물이 동물에게, 나무가 나무에게, 동네가 동네에게 설교한다면 이라는 가정 아래 설교문을 작성하여 제출하십시오."

처음에는 좀 어리둥절했다. 그러나 급우들과 아이디어를 교환하면서 많은 것을 배웠다. 다른 강의에서 배울 수 없는 것들이다. 와스디가 에스더에게 설교한다면? 바세바가 룻에게 설교한다면? 가룟 유다가 베드로에게 설교한다면? 요나가 욥에게 설교한다면? 보디발의 아내가 그 남편에게 설교한다면? 바울이 야고보에게 설교한다면? 소돔이 예루살렘을 향하여 설교한다면? 양은 이리에게 무어라 설교할까? 엉겅퀴가 백합화를 향하여, 포도나무가 가시나무를 향하여? 라오디게아교회는 서머나교회에게 무어라 설교할까.

실로 설교의 주제, 내용, 양식들을 끝이 안 보일 정도로 많이 발견한 것이 이 과목을 이수한 크나큰 열매였다. 게다가 설교가 싱싱해졌고 설교할 의욕이 분수처럼 터져 나왔다.

"상상력이 없는 영혼은 망원경이 없는 천문대와 같다."

헨리 비처(Henry W. Beecher) 목사가 남긴 명언이다. 유명한 목사의 아들이었고 흑인노예해방운동의 기폭제가 되었다는 소설 '엉클 톰스 캐빈'의 작가 스토우 부인의 남동생이었다. 말하자면 미국의 목회자 명문가정 출신이다. 그는 19세기 말에 그 유명한 '예일 설교학 강좌'의 강사였고 그 강의 내용이 출판되어 지금도 설교학 교과서의 고전으로 남아 있다. 그래서 그 말을, "상상력 없는 설교는 망원경 없는 천문대와 같다."로 이해해도 좋을 만하다.

예수님이 담임목회자이시라면

인상 깊게 읽은 설교들 가운데 상상력을 동원한 모범설교들이 기독교의 값진 유산으로 남아 있다. 어느 누구가 썼는지 잊었는데 그 책 제목이 "만약 예수님께서 이 세상에 오시지 않았더라면" 하는 설교였다. 그런 시각에서 설교집 한 권을 출판할 수 있었던 것은 그만큼 상상의 날개를 달고 성경의 세계를 종횡무진으로 날아다녔다는 것을 뜻한다.

그렇다면 '않았더라면'의 시리즈 설교 개발의 길은 확 트인다. 성경이 없었더라면, 복음이 한국에 들어오지 않았더라면, 사람에게 하나님의 형상이 없었더라면, 남자와 여자로 창조하지 않으셨다면, 선악과가 없었더라면, 교회가 없었더라면, 이슬람국가에서 태어났더라면, 내가 예수 믿지 않았더라면, 롯의 아내가 소금기둥이 되지 않았더라면, 마귀를 몰살시켰다면, 내가 사흘 뒤에 죽는다면, 노아의 방주가 침몰했다면.

소설 가운데 설교 이상으로 신앙적 감동을 끼치는 명저들도 많다. 톨스토이의 작품들을 '설교문학'이라고 폄하하는 비평가들이 없지 않지만 그건 그만큼 명설교로 평가된다는 뜻이다. 도스토예프스키의 '죄와 벌'을 신학서적으로 분류하는 것은 조금도 이상한 일이 아니다. 중고등학교에서 배운 호돈의 '큰 바위 얼굴'은 설교 치고도 불후의 명설교라 할 수 있다. 오 헨리의 '마지막 잎새' 역시 최후의 소망이신 예수 그리스도를 뜻한다면 억설일까.

그러나 소설로 쓴 설교, 아니, 설교로 쓴 소설의 명작이라면 '쿠오바디스'를 말해야 한다. 박해를 피하여 로마를 탈출하던 베드로가, 갑자기 공중에서 나타나신 주님을 뵙고, "주여, 어디로 가시나이까." 하고 외쳤다. 그때 주님의 대답 곧 '네가 버리고 가는 로마에 다시 십자가에 달리려고 간다.'는 주님의 말씀은 전설이거나 상상력의 산물이다. 하지만 이 소설은 어느 누구의 설교보다도 더 큰 생명을 불어넣는 설교 중의 명설교임을 누구나 다 안다.

쿠오바디스의 최근판 어깨동무가 있다. "예수님이시라면 어떻게 할 것인가"(What Would Jesus Do?)이다. 흔히 성경 다음으로 많이 팔렸다는 책이다. 예수님께서 신문사 발행인이시라면, 대학총장이시라면, 성악가이시라면, 재산가이시라면, 그리고 무엇보다도 담임목사이시라면 어떻게 하실 것인가라는 고민스러운 질문에 대한 대답을 찾아내는 이야기이다. 물론 '만약'(If thinking)을 도구로 사용한 설교소설이다. 텍스트인 성경의 원리와 삶의 현장인 컨텍스트 사이의 갈등 속에서 상상력을 발휘한 불후의 명작 아닌가.

그런데 예수님이라면 어떻게 하실 것인가에 대한 대답은 과거형에 그치는 것이 아니다. 그것은 반드시 현재 진행형이어야 하고 또 미래 지향적이어야 한다. 시간과 공간 그리고 그 내용물인 문명이 무섭게 바뀌어가기 때문이다.

성경이 금하지 않은 것은

상상력이 설교나 목회에 모두 효과적인 도구가 되는 것은 아니다. 엉뚱한 상상력은 정신병적 증후군일 수 있다. 그래서 신학자들 가운데는 성경이 말하지 않은 것은 말하지 말아야 한다는 원리를 고수하는 이들도 있지 않은가. 성경이 말한 것만 말해야 한다는 뜻이다. 그러나 실상 설교나 목회 현장에서는 성경이 금지하지 않은 것은 무엇이나 말할 수 있다고 보아야 한다.

이런 점에서도 예수님에게서 해답을 구해야 한다. 예수님의 설교와 삶이 상상력을 얼마나 많이 활용하고 계신지를 안다면 장광설을 늘어놓을 필요가 없다. 미국의 유명한 교육철학자 호온(Horne)은 그의 저서 '예수님의 교육기술'에서 이 점에 관하여 상당히 많은 연구 결과를 제시했다. 우선 예수님의 표현 하나 하나가 상상력의 열매이다. "맹인된 인도자여, 하루살이는 걸러내고 낙타는 삼키는도다."가 그 대표적이다.(마 23:24) 그분은 비유 사용의 천재인데 그 모든 것이 상상력의 여과과정을 거친 것들이다. '착한 사마리아 사람,' '두 탕자 이야기' 등의 비유가 실제 일어난 사건일 수도 있지만 그렇더라도 교육효과의 극대화를 위하여 상상력을 동원하여 개작했다는 뜻이다.

상상력은 근본적으로 창조주 하나님이 사람에게 주신 선물이다. '하나님의 형상'을 가진 인간도 무엇을 새롭게 만들 수 있는 능력을 상당부분 가지고 있는데 그 한 부분이 바로 상상력이다. 교육학자들이 사람의 지적 능력을 흔히 개념형성능력, 언어표현능력, 판단/평가 능력, 문제해결능력, 의문력, 가설력, 유추력, 종합력, 분석력 등으로도 분류한다. 그런데 그 모든 것들은 상상력을 기초로 삼고 있는 지성적 능력들이다.

"이 세대의 사람을 무엇으로 비유할까. 무엇과 같은가"(눅 7:31)

예수님께서 세례 요한에 관하여 말씀하실 때 언급하신 이 한 마디만으로도 설교와 목회 현장에서 상상의 날개를 펼 근거가 되기에 충분하다. 창조주 하나님의 말씀을 피조물인 인간의 언어로 표현하는 신학의 방법 곧 '존재의 유비'(analogy of being, analogia entis)를 뜻한다. (월간목회, 2013년7월호)

내 영혼이 주를 찬양하며
음악 목회론

음악의 사용을 기준으로 종교별 특징을 말한다면 기독교가 현저히 뛰어나 있다는 것은 긴 말을 할 필요가 없다. 기독교는 음악의 발전에 지대한 공헌을 했을 뿐만 아니라 앞으로도 최대의 공헌을 할 것은 의심의 여지가 없다. 그 가운데도 로마 가톨릭교회나 정교회보다는 개신교회가 현저히 돋보인다.

글쓴이 개인적인 체험으로 보아도 그렇다. 아무런 음악적 재능이 없지만 교회에 출석하면서부터 찬송가를 배우고, 가르치고, 성가대원으로 봉사하면서 음악에 대한 관심, 지식, 기술이 퍽 많이 개발되어 왔다. 그래서 군대생활 할 때에는 군가보급요원이 되기도 했고, 찬송가 가사도 여러 편을 썼는데 교회음악의 태두 박재훈 목사의 작곡만 해도 20곡이 된다. 그리고 '코리안의 노래'를 남북과 해외코리언들이 다 함께 부를 수 있도록 작사해서 보급하고 있다. 기독교는 실로 인류 전체의 음악 발전과 한국의 음악 발전을 위하여 정말 크게 공헌했다.

그런데 이제는 시대가 갈수록 음악에 대한 수요가 상상을 초월할 정도로 늘어가고 있다. 전화기에서도 음악이 쏟아져 나오게 될 줄을 누가 상상이나 했겠는가.

예수 그리스도의 음악 사역 원리

예수 그리스도께서는 음악사역 원리에 대하여 어떤 튼튼한 근거를 제시한 일이 별로 없다. 다만 다음과 같은 점이 음악사역에 대하여 긍정적인 기초가 되고 있다.

1. 예수 그리스도께서 찬미한 적이 있으시다.

-이에 그들이 찬미하고 감람산으로 나아 가니라.(마 26:30)

여기에서 '그들'은 예수 그리스도와 그 열한 제자를 뜻한다. 예수님께서 겟세마네 동산으로 들어가시기 위하여 다락방을 떠나시며 찬송을 부르셨다. 아마도 기드론 골짜기를 건너가기 전일 것 같다. 찬송의 내용은 할렐(hallel) 곧 시편 113-118편 혹은 104-150편을 뜻한다. 이 찬송시들은 유태인들이 뛰넘절(유월절) 같은 축제가 있을 때 부르는 찬송가들이다.(Alfred Edersheim, 829)

2.예수님께서는 시편의 말씀들을 자주 인용하셨다. 따라서 시편을 많이 암송하신 것으로 생각된다. 그것도 인용 횟수와 방식으로 보아 즐거움으로 하셨을 것으로 추정된다. 한두 가지 예를 들면, 8복의 말씀(마 5:3-12)은 시편 1편과 대응되는 말씀으로 보인다. 그만큼 찬양이 예수 그리스도의 일상생활의 한 부분이 되고 있다는 뜻이다. 그리고 요한복음 10장 1절 이하에 '선한 목자' 비유는 시편 23편에서 얻은 감동과 대응된다.

3.예수님께서는 자주 인용하신 시편, 이사야서, 예레미야서 등에 하나님을 찬양하라는 말씀이 많이 쏟아져 나온다. 이것은 하나님을 찬양해야 한다는 의식이 어릴 때부터 많이 있으셨을 것으로 짐작된다.

-이스라엘의 찬송 중에 계시는 주여, 주는 거룩하시니이다.(시 22:3) -이 백성은 내가 나를 위하여 지었나니 나를 찬송하게 하려 함이니라.(사 43:21)

4. 예수님을 양육한 어머니 마리아가 찬양에 대하여 상당한 은사를 가지고 있다는 점이 예수님에게 당연히 영향을 끼쳤을 것으로 생각된다.

-마리아가 이르되 내 영혼이 주를 찬양하며.... (눅 1:46-55)

이 찬양은 그 내용으로도 가히 혁명적 사상을 담고 있다. 따라서 예수님의 가정에는 찬양의 노래가 자주 울려 퍼지는 가정이었음을 짐작하기 어렵지 않다. 찬양이 생활화되었다는 뜻이다. 특히 구약성경과 신약성경의 위대한 어머니들은 찬양의 노래가 저절로 흘러나오는 이들이었다. 미리암, 드보라, 한나, 입다의 딸, 엘리사벳, 마리아로 이어진다.

5.아기 예수의 탄생 때 "홀연히 수많은 천군이 그 천사들과 함께 하나님을 찬송했던"(눅 2:13-14) 사건을 어머니 마리아가 자세히 노래 내용까지 기억했었으므로 예수님 어릴 때부터 그 간증을 들려주었을 것은 의심의 여지가 없다. 그 노래의 내용도 예수님의 사역 목적을 의식화하는 작용을 했을 것으로 확신한다. '하나님께는 영광, 세상에는 평화, 사람들에게는 기쁨'인데 이것이 바로 그분 사역의 핵심이지 않은가. 게다가 천사들에게는 찬양이 강력한데 반하여 사탄에게는 음악이 전혀 없다는 것도 예수님의 찬양관에 영향을 끼쳤을 것이다.

6. 예수님의 말씀이 시적 감동을 담고 있다는 점에서 예수님도 음악적 재능이 풍부하다고 생각된다. 예수님 당시에는 시와 음악은 하나였다.

개체교회 음악목회의 실제

찬송가와 성경은 자주 '합본'으로 출판된다. 사실 이것은 하나님의 말씀을 인간의 언어와 혼합하는 행위이다. 편의주의에서 만들어진 것이지 결코 인간이 지은 가사와 곡조가 성경과 동일 지평에 놓여질 수는 없는 일이다.

그러나 이것은 그만큼 음악이 교회사역에서 차지하는 비중이 높다는 것을 웅변하고 있다. 찬양은 말씀과 기도에 이어 예배의 삼대요소로 지칭되고 있다. 이같은 찬양사역은 초대교회로부터 이어져 내려 왔다. 첫 번 예루살렘교회에서 오순절 성령강림 이후에 모인 교회는 찬미가 중요한 예배 순서였다.

-하나님을 찬미하며.(행 2:47) -모든 백성이 그 걷는 것과 하나님을 찬송함을 보고.(행 3:10) -시와 찬송과 신령한 노래들로 서로 화답하며, 너희의 마음으로 주께 노래하며 찬송하며.(엡 5:19. 초대교회의 함생예배의 모습)

특히 웨슬리언 전통을 강력하게 이어오는 성결교회는 수많은 찬송가 가사를 쓰고 작곡한 찰스 웨슬리의 전통을 따라 찬양 목회를 강화시킬 기반이 확고하다. 그렇다면 하나님께서 기뻐하시는 음악사역이 되려면 어떻게 해야 할까, 그 실제적 문제를 다루어 보자.

1. 비치해야 할 악기들

피아노, 올갠, 전자 올갠, 드럼, 바이얼린, 첼로, 트럼펫, 트럼본, 색스폰, 플룻, 국악기 등.

2. 음악사역 기관

1부/2부 찬양대, 복음성가 경배와 찬양팀, 중창단, 합창단, 연령별 합창단, 가족찬양단, 핸드벨 콰이어, 기악합주단.

3. 교회음악사역 프로그램

예배에서의 회중찬송, 악기나 성가대의 기도 후주, 묵도 후주, 축도 후주, 가족별 찬양경연대회, 구역별/목장별 찬양경연대회, 성탄절 특별음악, 수난/부활절 특별음악, 찬양대 정기연주회, 기악찬양 발표회, 새 찬송/복음성가 발표회, 개인성가발표회, 연합찬양과 경배모임(화요찬양, 목요찬양 등), 찬양과 율동 발표회, 특별음악인 초청 찬양집회, 사랑나누기 찬양모임, 선교음악회, 찬송가 가사 읽기대회, 다른 교회나 합창단 혹은 독창/중창 발표회 참가 독려, 목회자 부부합창단, 장로부부 연합합창단, 권사 연합합창단, 기독교학교 합창발표회,

교회 찬양대 운영 지침

찬양대는 교회 음악사역의 핵심부분을 맡고 있는 기관이다. 따라서 찬양대의 운영에는 담임목회자가 각별한 관심을 기울여야 한다. 그래서 여기 모범지침서를 마련한다.

1.교회 정규예배를 위한 찬양대를 조직할 것이냐 아니냐를 심각하게 검토한 뒤에 결정하라. 예배형태가 낮은 교회냐, 높은 교회냐, 균형 교회냐의 방침이 결정되어야 한다. 음악이 있으면 예배가 풍성해 지게 되지만, 찬양대에는 좋은 일꾼들이 모여 있기 때문에 교회성장을 위하여서는 인력낭비라는 부정적 측면도 있다.

2.음악지도자(지휘자, 반주자, 대장, 총무) 등은 반드시 음악에도 전문가 수준이어야 하지만 무엇보다도 구원의 확신이 있는 사람이라야 한다. 음악의 수준이 지휘자 이상으로 올라갈 수 없다는 사실을 감안 특히 교회는 지휘자 실력향상에 투자해야 한다.

3.지휘자, 반주자, 독창자, 악기 연주자도 자원봉사로 하는 것이 이상적이기는 하나 유급으로 할 수도 있다.

4.찬양대원의 임명은 교회학교 교사의 임명절차와 똑같이 귀중하게 여겨져야 하며 반드시 임명과정을 거쳐야 한다.

5.찬양대 운영지침을 마련해야 한다.

6.찬양대의 찬양곡의 내용은 주일예배 설교자의 설교내용과 일치되는 것이 이상적이지만 꼭 그래야 하는 것은 아니다.

7. 찬양대원들의 영적 훈련이 규칙적으로 있어야 한다.

8. 담임목사가 예배 입장할 때 찬양대를 이끌고 들어가는 것은 좋은 방식이다.

9. 찬양대 연습시간은 철저히 지켜져야 한다.

10.담임목사는 한 달에 한 번이라도 연습시간 전이나 중간에 격려나 기도를 해주어야 한다.

11.찬양대원 훈련에는 헌신동기 강화, 신앙성숙을 위한 훈련, 음악기술에 관한 훈련, 교회음악 전반에 관한 훈련 등이 있다.

12.찬양대는 열려 있는 조직이라야 한다. 텃세가 있든지 신규회원에 대하여 문턱이 높으면 안 된다.

13.찬양대원으로 헌신을 작정하면 긴급한 경우를 제외하고 적어도 일 년은 하도록 한다.

14.찬양대원들은 교회생활과 가정생활에 모범이 되어야 한다.

15.사탄에게는 찬양이 없고 오직 천군 천사들에게 주신 특권임을 잊지 말고 천사처럼 기뻐 찬양하도록 한다.

음악목회의 함생 사역적 의미

교회 찬양대는 담임목사의 입장에서 보면 그 관리가 쉽지 않다. 교회의 신앙 엘리트들이 모여 있어 교회 전체 사역으로 보면 인적 자원을 활용하는데 상당한 제한을 받는다. 또 성가대는 당회, 여전도회와 함께 '3대 뜨거운 감자'의 하나라는 속설도 있다. 그래도 유니온 교회 찬양대는 남가주지역 1천여 교회에서 다섯 손가락 안에 드는 우수한 팀으로 평가될 정도였다.

함생목회의 인간관이 함생적 개인이기 때문에 독창은 독창대로 중요하지만 합창은 합창대로 하나님께서도 기뻐하시고 사람들도 은혜를 받게 된다. 교회의 모든 성도 개인의 영격이 훌륭해야 전체 교회가 하나님께 칭찬받게 되고, 또 교회 전체의 영격이 높아야 개인들의 영격도 상승하게 되기 때문에 찬양대는 그런 좋은 모범을 보여줄 수 있는 대표적 기관이 되어야 한다. 글쓴이는 자주 찬양대를 위하여 기도할 때에나 혹은 세미나 때, "생명을 짜서 음악을 만들어 하나님께 드릴 것, 입술이나 음성으로만 찬양하지 말고 영혼을 제단에 바쳐 찬양할 것, 하나님께 가장 좋은 명품 찬양을 드릴 것, 합창을 하면서 신앙생활도 일상생활도 합창 단원처럼 살아가도록 할 것" 등을 강조했다.

그리고 교회 회중들에게는 모두가 찬양대원이라는 의식을 가지고 예배 순서에 있는 찬양에 참여할 것도 주문한다.

"특별찬송을 맡았다면 아마도 연습도 많이 하고, 기도하고, 외모도 단정히 꾸미고, 녹음해서 다시 들어 보고 그럴 것입니다. 회중이 오십 명일 때보다는 오백 명일 때에는 더욱 정성을 쏟을 것입니다. 그런데 예배 때 함께 찬송 부르면 대강 대강 부르잖아요. 그래서는 안 됩니다. 하나님께 드리는 찬양이라는 점에서는 특별찬송이나 보통찬송이나 똑같습니다. 따라서 찬양 부를 때마다 하나님께는 특별찬양 드리듯 생명을 쏟아서 드려야 합니다. 그것이 함생찬양입니다."그렇게 강조했다.

실제로 금요저녁 집회 때 자주 '은혜 받은 찬송'을 소개하며 그 받은 바 은혜를 간증하고, 첫 절은 자신이 부르고 둘째 절부터는 온 회중이 다 함께 부르는 일을 일 년이면 네 차례 정도 했다. 찬양이 은혜의 도구임을 실천하는 집회였다. 얼마나 큰 은혜를 받았는지, 간증들이 정말 놀라웠다. 이 책에 기록된 간증 가운데도 그 때 것들이 들어 있다.

5

여러 동네에서 가르치시며

교육목회 • 신학교육 • 영성교육

목회자의 최고 표준 예수 그리스도

여러 동네에서 가르치시며
교육 목회론

기독교는 그 자체가 교육체계이다. 성삼위 하나님은 교육자이시고 그의 모든 백성들은 학생이다. 그리고 성전과 회당은 학교이고 성경이 바로 교과서이다. 유대교나 기독교는 다른 어떤 종교보다도 인류교육에 크게 공헌해 왔으며 그 자체가 우수한 교육시스템이라는 데서 다른 종교와의 경쟁에서 이겨왔다. 따라서 다른 종교들도 기독교에서 교육의 방식을 수입하는 일을 흔히 볼 수 있다. 한국에 들어온 기독교 선교사들도 첫째로 교회를 세웠고, 둘째로 학교를 세웠고, 셋째로 병원과 의학교를 세웠고, 넷째로 고아원 등 사회구조기관을 설립했으며 다섯째로 성경번역기관과 문서보급기관을 설립했다. 이 다섯 가지는 실상 직접 교육기관이거나 간접교육기관들이었다. 이것은 구약성경에 "네 자녀에게 부지런히 가르치며"(신 6:7)의 쉐마와 함께 예수님께서 회당에서나(막 6:2), 여러 동네에서나(마 11:1), 산 위에서나(마 5:1) 교육목회를 열심히 하신 데서 기원한다. 특히 "모든 민족을 제자 삼아… 가르쳐 지키게 하라"(마 28:19-20)의 선교/교육대명에 그 근거를 두고 있다.

기독교교육의 근본 목적은 "온전한 구원을 위한 교육"(education for full salvation)이라고 연구자는 확신한다.(논문집 3, 175) 이는 개인적으로는 칭의와 중생,

성결화, 그리스도인의 온전, 그리고 영화의 단계를 밟아가며 온전한 하나님의 자녀로 형성되어 가는 과정이다. 그리고 집합적으로는 사회적 구원과 특히 하나님 나라의 확장을 이룩하여 가는 과정이 된다. 특히 성화과정과 관련해서는 '신앙의 성숙화'의 도정으로 이해된다. 신앙의 성숙론에는 기독교교육학, 종교심리학, 신학 등 여러 분야에서 여러 가지 논의가 있다. 그러나 가장 중요한 것은, "그리스도의 장성한 분량이 충만한 데까지 자라 가는 것"(엡 4:13)을 뜻한다.

교육과 관련된 목회에는 두 가지 시각이 있다. 하나는 교육목회(ministry of education)이고 또 하나는 교육적 목회(educational ministry)이다. 교육목회는 예배, 전도, 봉사, 친교 등과 구별되는 것으로서의 교육을 뜻한다. 그리고 교육적 목회는 교회의 모든 목회기능을 교육적 시각 곧 어떻게 사람들을 성삼위 하나님께서 기대하시는 방향으로 변화시키느냐는 관점에서 실행하는 목회이다. 여기에서 목회자들은 교육목회는 어린 연령층에 대한 사역이라는 편견을 버려야 한다. (참조: "제3편 기독교교육원리" 논문집 III. 259-397)

예수 그리스도의 교육사역 원리

1. 삼위일체 하나님이 교육의 여러 원리들을 제시하고 계시지만 궁극적으로는 예수 그리스도에게서 그 모든 것이 수렴된다. 이는 그분만이 사람의 몸을 입으셨기 때문이다. 따라서 교육에 있어서는 예수 그리스도는 성삼위 하나님을 대표한다.

2. 하나님은 인간을 교육을 통하여 인간으로서의 완성에 도달하여 가도록 창조하셨다. 그 독생자 예수 그리스도도 "아기가 자라며, 강하여지고, 지혜가 충만하고, 하나님의 은혜가 그 위에 있고"(눅 2:40), 또 "예수는 지혜와 키가 자라가며, 하나님과 사람에게 더욱 사랑스러워 가시더라"(눅 2:52)라는 기록처럼 교육을 통하여 완성되시는 존재임을 보여주시고 있다.

3. 예수 그리스도의 모든 사역은 교육적(educational)이다. 이것은 듣는 사람들의 변화와 성숙을 가져오려는 데 그 목적이 있다는 뜻이다.

4. 예수 그리스도는 그 자신이 교육자라는 강력한 자기의식(identity)을 가지고 계셨다.

-너희가 나를 선생이라 또는 주라 하니 너희 말이 옳도다. 내가 그러하다. 내가 주와 또는 선생이 되어 너희 발을 씻었으니 너희도 서로 발을 씻어 주는 것이 옳으니라.(요 13:13-14)

5. 그를 따르는 사람들도 '제자'(弟子, disciple)라고 부르는 바 그 헬라말 '마테테스'는 '배우는 사람' 곧 학생(學生)이라는 뜻이며 그 명사의 뿌리가 되는 동사 '만타노'는 '내가 배운다, 내가 찾아낸다'는 뜻이다. 따라서 제자들이 예수 그리스도를 선생님 혹은 랍비

라고 부른 것은 당연한 귀결이다.

6. 예수 그리스도의 사역에서 가르치는 일은 말씀을 전파하는 것과 질병을 고치는 것과 함께 삼대사역에 속한다. 그러나 말씀 전파도 교육행동이고 병 고치시는 사역도 교육사역이라는 측면이 있다.

-예수께서 온 갈릴리에 두루 다니사 그들의 회당에서 가르치시며, 천국복음을 전파하시며, 백성 중의 모든 병과 모든 약한 것을 고치시니.(마 4:23)

7. 그 분의 교육목적은 여러 가지로 표현할 수 있지만 개인적으로는 '온전한 구원'이고 집합적으로는 '하나님의 나라 선포'이다.

8. 그분은 교육기술로도 놀라운 면모를 보여주셨다. 학생들의 주의력을 붙잡는 일, 어려운 진리를 이야기 형식 곧 비유로 가르치신 일, 시청각 교재를 자연에서 활용하신 일, 행동으로 가르치신 일, 심지어 십자가 처형도 위대한 교육행위로 파악된다. 실로 많은 교육을 받지 못하신 분에게서 그런 것을 볼 수 있다는 것은 정녕 그 분이 보통의 인간보다 훨씬 우월하신 분임을 증거 해 준다.

-예수께서 … 고향에 돌아가사 그들의 회당에서 가르치시니 그들이 놀라 이르되, 이 사람의 이 지혜와 이런 능력이 어디서 났느냐? 이는 그 목수의 아들이 아니냐.(마 13:53-55)

9. 예수 그리스도께서는 교육목적의 달성에 역점을 두셨다. 곧 그분과 만난 사람들은 대부분 영혼이 구원받아 하나님 나라의 시민이 되었고, 새롭게 변화된 삶을 살게 되었다. 열한 제자는 물론이고 삭개오, 엠마오로 가던 두 제자, 니고데모, 심지어 예수님을 십자가에 처형했던 백부장도 변하여 새 사람이 되었다.

10. 그분은 영혼을 구원하시는 교육사역에 관심을 기울이셨지만 궁극적으로는 '전인적 구원'을 위한 교육사역을 하셨다. 영혼구원, 육신구원, 개인구원, 사회구원, 문명구원, 만물 곧 모든 피조물 구원, 과거로부터의 구원, 현재로부터의 구원, 미래 구원 …. 그런 것이 온전히 이루어진 것이 하나님의 나라(하나님의 통치)이다.

11. 그분의 '선교대명'은 실상 '교육선교대명'이 정확한 표현이다. 모든 민족을 제자로 삼는 일이나 가르쳐 지키게 하는 일은 교육사역에 해당된다.

-그러므로 너희는 가서 모든 민족을 제자로 삼아 아버지와 아들과 성령의 이름으로 세례를 베풀고 내가 너희에게 분부한 모든 것을 가르쳐 지키게 하라.(마 28:19-20)

12. 그분의 사역은 사도들에게 이어져서 오고 오는 세대에 계승되었다. 우선 사도행전이 좁게는 누가복음의 계승편이요 넓게는 예수 그리스도의 목회 전반을 승계한다. 그리고 더 넓게는 구약성경을 포함한 사역을 이어받고 또 시대와 상황에 맞게 변용하고 있다.

-그들을 불러 경고하여, 도무지 예수의 이름으로 말하지도 말고 가르치지도 말라 하니, 베드로와 요한이 대답하여 이르되 … 우리는 보고 들은 것을 말하지 아니할 수 없다 하니.(행 4:18-20)

특히 교회사는 예수 그리스도의 교육사역 가운데 영혼구원을 위한 교육에 중점을 두었다. 그 교재가 로마서, 갈라디아서 등의 교리서신으로 남아 있고, 사도신경, 디다케(Didache), 교리문답서(Catechism)로 남아 있다.
13. 예수 그리스도는 시간적, 공간적, 대상 숫자적, 미래적 영향력에 있어서 인류의 가장 위대한 교육자라는 데 아무런 이의가 없다. 심지어 이슬람 경전 코란의 핵심내용도 뿌리는 예수 그리스도라는 점에서 더욱 그렇다. (참조: "영원한 스승 예수 그리스도," 논문집 III. 485-492)

개체교회 교육목회의 실제

1. 교육목회에 있어서 담임목사의 역할 : 개체교회 교육목회에 있어서 담임목사의 사역은 다음과 같은 몇 가지가 우선되어야 한다.
1)교회의 교육정책 결정. 2)교회의 교육시설, 재정, 자원 마련. 3)학생모집(교회회원증가). 4)교육이 이루어지도록 하는 행정. 5)육사역의 감독과 평가. 6)교육현장에 직접 참여. 7)교육하고 교육받는 동기와 소명 강화 등이 있다. 이 가운데 담임목사가 교육에 직접 참여하는 일은 교회규모가 작으면 여러 부서에서 설교도 하고 성경도 가르치고 신앙훈련도 하게 된다. 교회 규모가 크면 주로 교육정책결정, 시설과 재정 지원, 행정, 교육동기 강화가 중요한 사역이다. 그리고 성년 회중을 위한 설교가 교육목회의 최대 기회가 된다. 이에 담임목회자에게 필요한 교육지침과 자료들을 아래와 같이 제공한다.
2. 교회학교 (유치부-대학부) 평가 점검표 (매 항목 4점, 100점 만점)
1)교회교육에 참여하는 모든 사람들이 구원의 확신을 가지고 있는가. 2)교회교육에 참여하는 모든 사람들이 전인구원에 대한 사명이 명확한가. 3)성경이 모든 교육프로그램의 참된 교과서인가. 4)예배가 예배 원리에 따라 잘 시행되고 있는가. 5)학생들이 교회학교 오는 날을 기다리는가. 6)교사를 계속하여 훈련하며 새로운 교사 발굴에 힘쓰는가. 7)교사의 헌신도가 매우 높은가. 8)교회학교에 교육전담교역자, 부장, 총무, 연령별 부장, 회계, 교육위원회 등 조직이 잘 되어 있는가. 9)학생의 반 편성이 12명 기준이며 언어별, 연령별로 되어 있는가. 10)학생들이 성경공부나 공과공부를 흥미 있어 하는가. 11)학부모들이 교육지원을 위하여 열성을 보이는가. 12)교회 담임목사가 교육에 큰 관심을 보이고 있는가. 13)교회학교에 장기계획서, 연간계획서가 마련되어 있는가. 14)이 교육계획서를 적절히 수정하여가며 활용하고 있는가. 15)교회학교 주보, 학생기록부, 출석부 등이 잘 활용되고 있는가. 16)결석학생에 대하여 관심을 갖고 즉각 대처하는가. 17)교회학교가 확장되어가고 있는가. 18)교육도구와 시설을 매년 새로운 것으로 마련해 가고 있는가. 19)시청각교육이 잘 이루어지고 있는가. 20)교회학교 운영예산이

전체의 5% 이상인가. 21)다른 교회학교와 연합행사가 있는가. 22)교사회의, 교육위원회가 정기적으로 모이는가. 23)모든 교육프로그램이 교육을 위하여 다양하고 풍성하게 기획되고 실시되는가. 24)교회학교 교실, 예배실, 사무실이 마련되어 있는가. 25)특별활동과 발표회 등이 성황을 이루는가.

성경교육법

1. 성경공부의 목적

신앙생활을 시작하면 평생토록 해야 하는 일이 몇 가지 있다. 교회에 소속하여 적어도 주일 예배에는 꼭 참석해야 한다. 기도생활도 평생토록 해야 하고 전도와 간증도 그렇다. 그런 것 가운데 하나가 바로 성경공부이다.

성경은 하나님의 말씀을 기록한 책이다. 예수님 탄생 전에 있던 말씀이 구약성경이고 예수님의 생애와 교훈, 그리고 그 후에 된 일, 그리고 예수님 다시 오실 일을 기록한 말씀이 신약성경이다.

성경말씀을 배우는 목적에는 다음과 같이 다섯 가지가 있다. 1)구원받기 위하여: 구원의 첫 단계는 주관적으로는 중생(거듭남, regeneration)이요, 객관적으로는 칭의(justification)이다. 그런데 이것은 모두 성경말씀을 통하여 알게 된다. “너희가 성경에서 영생을 얻는 줄 생각하고 성경을 연구하거니와 이 성경이 곧 내게 대하여 증언하는 것이니라”고 했다.(요 5:39) 2)믿음이 튼튼하게 자라기 위하여: 성경말씀은 영혼의 양식이다.(암 8:11) “그 말씀이 여러분을 능히 든든히 세우신다”(행 20:32)고 했다. 3)마귀의 시험을 이기기 위하여: 하나님의 말씀은 마귀와 싸워 이길 수 있는 성령의 칼이다.(엡 6:17) 예수님도 마귀와의 싸움에서 세 번 모두 하나님의 말씀으로 물리치셨다.(마 4:1-11) 4)축복받기 위하여: 하나님의 말씀에 순종하면 축복을 받고 불순종하면 저주를 받는다.(신 28장) 그래서, “이 예언의 말씀을 읽는 자와 듣는 자와 그 가운데에 기록한 것을 지키는 자는 복이 있다”(계 1:3)고 했다. 5)전도하고, 교육하고, 봉사하기 위하여: 예수님은 씨뿌리는 비유에서 씨는 바로 말씀이라 하셨다.(막 4:14) 성경말씀은 자주 ‘생명의 말씀’(행 5:20)이라 하는데 이는 우리가 전도하고 가르치고 봉사하는 것은 바로 이 생명의 말씀 곧 성경말씀을 핵심내용으로 한다는 뜻이다.

2. 중요한 성경공부 방법 10가지

1)성경요절 외우기: 성경암송은 매우 은혜가 많은 성경공부 방법이다. 특히 ‘가훈성구’에서부터 시작하여 100절 요절(유니온교회가 발행한 ‘성구 암송 100선)을 외워야 한다. 2)성경통독하기: 창세기부터 요한계시록까지 통독한다. 혹은 신약성경부터 통독하기도 하고, 어떤 사람은 제일 낯선 책부터(가령 에스겔이나 레위기)부터 읽기도 한다.

맥체인 성경읽기표도 좋다. 성경통독 캠프에 참석하라. 3)성경녹음 듣기: 성경말씀을 녹음해서 듣는다. 찬양을 넣어서 만든 씨디(CD)도 있다. 영어로 된 것은 영어 배우는 일에도 효과가 크다. 4)설교 잘 듣기: 설교는 매우 중요한 성경공부이다. 어떤 교회는 설교한 내용을 구역예배에서 다시 공부하기도 한다. 설교를 적어가며 듣는 것을 더욱 권장한다. 설교 적기 양식을 제공하는 교회도 있다. 5)말씀묵상하기: 성경 본문이나 혹은 말씀 묵상집을 가지고 매일 30분씩 좋은 시간과 장소를 정하여 묵상한다. 묵상의 기술을 조금 배우는 것이 더욱 효과적이다. 〈유니온교회 말씀들음시간 지침서〉를 활용하라. 6)주제별 성경공부: 성경에 있는 중요한 주제 곧 하나님, 예수 그리스도, 성령, 사랑, 구원, 은혜, 믿음, 교회생활 등의 주제를 집중적으로 공부한다. 7)인물별 성경공부: 성경에 나오는 중요한 인물에 관하여 연구한다. 큰 인물은 물론 작은 인물들도 포함시킨다. 8)책별 성경공부: 성경 66권에서 책별로 성경을 연구한다. 창세기, 요한계시록, 에베소서, 로마서 등을 유니온교회에서도 실시했다. 되도록 66권 모두를 배워야 한다. 9)기도성경공부: 성경 한 절 한 절을 배우며 그 말씀이 은혜가 되도록 기도하며 배우는 방법이다. 성독(聖讀, lectio divina)이라고 한다. 10)학문적 성경공부: 신학의 기초 위에서 성경을 공부한다. 히브리어나 희랍어로도 공부하고 그 성경말씀의 역사적 배경과 여러 해석들을 공부한다.

예수 그리스도의 제자되기 교육

주제: 예수님처럼, 꼭 예수님처럼 (Like Jesus, Just Like Jesus)

1.(거듭남)예수 그리스도를 내 생명의 구원주로 믿으며 생명의 주인으로 모신다. 2.(말씀배움) 예수 그리스도의 말씀 곧 성경과 행하심을 되도록 많이 배운다. 3.(십자가생활) 예수 그리스도께서 지신 십자가를 지고 주님을 따른다. 4.(하나님 사랑) 마음을 다하고 목숨을 다하여 하나님을 사랑하여 예배드린다. 5.(형제사랑) 내 이웃 곧 신앙동지들을 자기 몸처럼 사랑한다. 6.(최고사랑) 원수까지 사랑하고 저주하는 자를 축복한다. 7.(미신자 전도) 미신자를 사랑하여 전도와 선교에 참여한다. 8.(하나님 나라 시민) 하나님 나라의 모범적 시민이 되며 하나님 나라 건설에 힘쓴다. 9.(교회헌신) 피흘려 세우신 교회가 참다운 교회 되도록 은사를 개발하여 헌신한다. 10.(성령충만) 그리스도의 영이신 성령이 항상 충만한 생활을 한다. 11.(사회봉사) 음식을 먹이고 질병을 치료하는 등 모든 사람들의 고통을 덜어 준다. 12.(재림 대망) 주님의 신부 되어 그 분 다시 오심을 간절히 대망한다. 13.(기도생활) 그 분처럼 기도생활에 힘쓴다. 14. (가정과 직장) 성경말씀에 따라 가정과 직업생활을 하며 물질과 시간을 하나님 기뻐하시는 일에 우선적으로 사용한다. 15.(모범생활) 교회와 사회의 모범적 인물이 되어 소금과 빛의 사

명을 감당한다.

장년성도의 신앙적 지도력 교육

1.신앙적 지도력은 하나님이 주시는 힘에서 나온다.(spiritual power) 2.성경말씀에서 나온다.(Bible power) 3.도덕적 모범에서 나온다.(moral power) 4.지적 능력에서 나온다.(intellectual power) 5.사랑에서 나온다.(loving power) 6.경영의 지혜에서 나온다.(managerial power) 7.인간적인 매력에서 나온다.(personal power) 8.말이 통하는 데서 나온다.(communication power) 9.섬김에서 나온다.(serving power) 10.목표달성을 향한 헌신에서 나온다.(goal-directing power)

교리 교육

교리교육은 목회의 등뼈이다. 요즈음 이야기신학(narrative theology)이 대두되고 그래서 이야기설교, 귀납법적 성경공부, 귀납법적 설교 등이 각광을 받고 있다. 좋은 일이다. 그러나 가령 설교를 이야기로만 끝낸다면 그것은 하나님의 말씀을 가르치는 것이 아니라 사람의 입맛만 맞출 우려가 있다. 귀납법은 반드시 연역법과 함께 가야하고, 이야기 설교는 반드시 교리설교와 함께 가야만 한다. 아니, 오히려 한두 줄로 요약되는 교리를 설교하기 위하여 이야기를 활용해야 한다. 이것은 성경을 하나님의 이야기로 푸는 것이 은혜가 되지만 동시에 성경은 교리서이기도 하다. 여기에서 교리(教理)라는 말은 좁은 뜻의 교리(doctrine)와 함께 교의(dogma), 신조(creed), 신앙공백 (confession), 교리문답(catechism), 조직신학(systematic theology)의 내용을 포함하는 넓은 뜻으로 사용한다.

교리는 축약된 논리적 언어로 표현된 기독교의 교훈체계를 뜻한다. 곧 축약성, 논리성, 체계성, 전체성, 명확성 등을 특징으로 기독교 교육 내용을 교리라고 한다. 성경에서는 십계명이 대표적이다. 그리고 이 말씀을 다시 요약한 예수 그리스도의 교훈 곧 '하나님 사랑과 이웃 사랑'(막 12:28-31과 평행절들)이 또한 대표사례이다. 그리고 교리서로서의 특징을 가진 성경책은 요한복음, 로마서, 갈라디아서, 에베소서, 빌립보서, 골로새서, 요한일서 등이다.

유니온교회는 미주이민교회 가운데 '건강한 교회'를 대표하는 것으로 평가받아왔다. 풀러신학대학원을 비롯하여 아주사신학대학원 등에서 필자를 건강 교회 목회론을 주제로 한 세미나 강사로 초청했었다. 이는 담임목회자가 세 번씩이나 바뀌어도 교회는 여전히 튼튼하게 서 가고 있다는 사실로도 입증되었다.

기독교교육은 물론 인간 전인(全人) 곧 영성, 이성과 지성, 도덕성, 감성, 의지, 신비추구성 그리고 사회성을 가진 비교적 성숙한 인간이 비교적 미숙한 인간을 대상으로 하는 변화와 성장을 시도하는 체계이다. 그 가운데 주로 이성과 지성에 호소하는 것이 교리교육이다. 그런 기초적 이해에서 실시한 교리교육은 다음과 같다.

1.교리적 설교(doctrinal preaching)를 다양하게 실시. 2.교단의 교리교육 프로그램 참여. 3.교회 자체의 기독교교리반 운영. 4.소그룹(구역, 사랑팀, 셀그룹, 가정사역팀)의 자체 제작한 교리교재 사용. 5.십계명, 주기도문, 사도신경 암송 (필자는 이 세 가지 문서를 현대 한국어로 개정번역본을 제작했음). 6.주기도문 찬송 예배에서 사용. 7.평신도들을 위한 조직신학 강의. 8.임직 후보자 교육에서 교리교육과 함께 교리 시험 실시. 9.성경을 책편, 인물편, 교리편으로 된 일반교재 사용. 10.크로스웨이즈 성경연구 프로그램의 교리교육 활용. 11.교단신학교육기관인 미주성결대학교에서 '성결교회 교의신학'과목을 2003년 성결교회 최초로 신설하고 강의 계속. 12.'나의 신앙고백서' 만들기 (간증형식). 13. 〈미주성결교회 교리적 선언〉을 교독문으로 사용. 14.교회개혁자들인 루터, 칼빈 등이 대교리문답서, 소교리문답서를 제정하고 그 안에 십계명, 사도신경, 주기도문을 중요내용으로 한 것에 따라 이 세 가지를 설교와 교육 등을 통하여 충분히 습득하도록 교육함. 15.로마 가톨릭교회가 단순히 교리교육의 차원을 넘어 생활교리교육까지 하고 있는 것에 유의하여 성도들에게 권고하는 필독신앙서적 가운데 쉽게 풀어쓴 사도신경, (이상 조종남 저)등과 루터교회가 현대인을 위하여 펴낸 Evangelical Catechism (복음적 교리문답) 등도 포함시킨다.

성결화와 온전한 그리스도인을 위한 교육

기독교교육은 근본적으로 구원을 위한 교육이어야 한다. 그런데 그 구원과정은 교단의 교리나 신학연구가에 따라서 여러 가지 모형이 제시되고 있다. 웨슬리언 전통을 교리의 근간으로 하는 성결교회는 중생을 성결화(성화, sanctification)의 초기단계로 이해하고 있다. 그리고 사람이 이 땅 위에서 생명을 마칠 때까지를 성결화의 성장과정으로 파악한다. 그리하여 완전한 성화 혹은 상대적인 시각에서지만 완전한 그리스도인에 도달해야 한다고 강조한다. 곧 그리스도인의 완전 교리(doctrine of Christian perfection)이다.

중생, 성결, 신유, 재림으로 대표되는 사중복음(성결교회 4대 신앙강령)은 따라서 성결교회 기독교교육의 기초가 되는 개념들이다. 그 가운데 성결화가 신앙교육의 기초로서 매우 중요하고 전체를 포괄하는 개념이다. 성결화 과정이 바로 기독교교육의 과정이고 목회 전체의 과정이 된다. 그것이 다른 말로는 그리스도인 완전화 과정이 된다.

웨슬리언 전통에서는 성화과정도 칭의과정이나 중생과정처럼 선재은총이 있고 이에 호응하는 신자의 결단이 합력하여 이루어져 간다. 특히 성결화 과정에서는 칭의과정과 달리 선행도 매우 중요한 위치를 차지하게 된다.

이 책은 성결교인만을 위하여 쓰여진 것이 아니므로 비록 유니온교회가 웨슬리언 성결화 전통을 중시하여 사역하고 교육했더라도 여기에서는 자세한 전개를 하지 않겠다. 하지만 성결교회의 사역과 교육은 다른 교단들이 참고할 수 있는 사례가 된다는 확신이 있기에 그 점을 강조하여 둔다.

성결화 과정을 성령충만이란 시각에서 이해하기도 하고 신앙성숙과정으로도 이해한다. 따라서 성결화 교육은 다음과 같은 성경말씀에 근거를 삼고 이룩해 나가야 한다.

-너희는 거룩하라. 이는 나 여호와 너희 하나님이 거룩함이니라.(레 19:2) -너희도 온전하라.(마 5:48) -성령의 충만함을 받으라.(엡 5:18) -우리가 다 하나님의 아들을 믿는 것과 아는 일에 하나가 되어 온전한 사람을 이루어 그리스도의 장성한 분량이 충만한 데까지 이르리니.(엡 4:13) -갓난아기들 같이 순전하고 신령한 젖을 사모하라. 이는 그로 말미암아 너희로 구원에 이르도록 자라게 하려 함이라. 하나님이 기쁘게 받으실 신령한 제사를 드릴 거룩한 제사장이 될지니라.(벧 전2:2-5)

(참조: "제5장 사중복음과 기독교교육."류재하. 성결교회 기독교교육. "신앙성숙도에 관한 연구"논문집 I.123f. "한국성결교회 교육의 특징과 방향"논문집 I.327f. 설교 "예수님처럼, 꼭 예수님처럼,""네가 거듭나야 하겠다."논문집 III. 493-515. 설교. "성령님은 자라게 하신다"논문집 III.499-508)

교회교육의 함생목회적 의미

하나님은 인간을 창조하실 때에 성숙해 지고 변화될 수 있는 가능성, 교육받을 수 있는 잠재능력 혹은 가소성(plasticity)을 지니고 태어나게 하셨다. 따라서 인간은 태어날 때는 어느 동물보다도 연약하고 또 성장기간이 길지만 그런 잠재능력이 개발되면 동물세계를 지배할 수 있는 존재가 된다. 그런데 하나님은 저절로 교육이 이루어지도록 설계하시지 않으셨다. 환경이나 다른 사람에게 가르침을 받아야만 잠재능력이 개발된다. 그래서 인간의 교육은 사회관계 곧 다른 것과의 자극과 반응을 통하여 이루어지기 때문에 교육 자체는 사회적 성격을 본질로 한다. 대표적인 것이 바로 언어의 습득이다. 말은 혼자서는 배울 수 없고 반드시 누군가에게서 배워야 한다.

그래서 교육은 개인적으로나 사회적으로나 살아남을 수 있는 가장 유효한 도구가 되어 있다. 즉 함생을 위한 최대효과를 가진 도구이다. 특히 책의 종교인 기독교는 그런 점에서 교육의 효과를 '태초부터' 누려왔다. 다른 말로 하면 교육주체가 자연환경이나 인간환경과 계속적인 자극과 반응의 과정을 거치면서 교육이 이루어질 뿐만 아니라 창조주 하나님과의 활발하고도 역동적인 도전과 응전의 과정을 통하여 그 잠재능력을 개발해 왔다. 따라서 교육은 인간이 그 존귀한 생명을 살아남게 하는 최효적 도구인 동시에 창조주요 구원주이신 성삼위 하나님과의 관계 곧 사랑의 관계를 이룩하여 영혼이 살아남고 교회가 살아남을 수 있는 최효적 도구가 되고 있다. 이것이 예수 그리스도께서 목회자로서 우리에게 결정적으로 보여주신 계시이며 동시에 그 모범사례가 된다. (참조: 쉐마교육에 관한 현용수의 저작들)

목회 칼럼 교회의 교육능력 더 높이기

마약은 마귀약인데

자식 이기는 부모 없다는 말은 누구나 다 안다. 그래서 어느 교회를 다녀야 할지 결정하는 것에 자녀들의 의견이 매우 중요하다.

"저희 부부는 이 교회가 꼭 맘에 들어요. 그런데 제 아들이 친구 따라서 다른 교회에 나가겠다니 어떻게 해요."

어떤 신자가 찾아와서 다른 교회로 이적하겠다는 뜻으로 하는 말이다. 그렇게 되면 한 가정만 옮겨가는 것이 아니라 자칫하면 대탈출사건으로 번지기도 한다. 교육프로그램 좋다는 교회로 우르르 몰려간다. 하기는 하나밖에 없는 자식이니 붙잡기가 참 어렵다.

한 해 정도 지났을까, 그 가족이 다시 교회로 돌아왔다. 교육시설과 시스템이 매우 잘 되어 있다고 대대적으로 광고하는 대형교회로 갔었는데 그 교회에서 아들이 나쁜 친구들 그룹에 빠지게 되었다. 마약 동아리인 것이 발각되어 학교에서 정학처분을 받게 되었다며 울먹거렸다.

"마약은 이름 그대로 마귀약이라고 하신 목사님의 설교가 생각났어요. 우리 아이를 마약에서 꼭 구해 주세요."

다행히 초기단계였다. 이미 마련해 둔 몇 가지 지침을 설명해 주었다. 부모에게는 그 아이를 위하여 금식기도를 권고했다. 금식기도는 마침내 그 아이를 마약의 흉악한 결박에서 풀어 놓는 응답을 받았다.(사 58:8)

하여튼 교회가 인간교육의 전부를 책임지기는 현실적으로 어렵다. 가정, 학교, 학원, 사회, 인터넷이나 텔레비전, 친구들이 교육에 이런 저런 영향력을 행사하기 때문이다. 그래도 교회교육은 인생교육 전체에 결정적 역할을 한다. 아니, 교육은 교회가 사람들을 끌어당길 수 있는 최대 무기이다. "교회에 가야 사람이 된다."는 확신을 누구에게나 심어줄 수 있다면 전도나 선교는 훨씬 많은 열매를 맺을 수 있게 된다.

쓸 만한 여자는 모두 예수쟁이

미주의 어떤 일간신문 기자가 남미 아마존 강 일대의 선교현장을 취재하여 몇 번에 걸쳐 르포기사를 게재한 적이 있었다. 선교현장의 생생한 현장기사를 쓴 그 여기자가 이런 말을 했다.

“그 곳에 가서 제일 큰 감동을 받은 것이 있다면 원주민 가운데 예수 믿는 집 아이들과 믿지 않는 집 아이들의 차이였어요. 종교편향이랄까 봐 기사에는 포함시키지 못했지만요.”

교회에 안 다니는 아이들은 우선 옷을 입지 않는다. 눈동자에는 처음 보는 사람에 대한 경계심이 흐른다. 따라서 얼굴에는 웃음이 거의 없고 노래도 부를 줄 모른다. 기자가 미제 초콜릿 같은 선물을 준다 해도 먼저 뛰어오지 않고 슬금슬금 다른 아이들을 뒤따라온다.

하지만 옷을 단정하게 입고, 얼굴에 깨끗하고 해맑은 웃음이 있으면 십중팔구 그건 교회 다니는 아이들이다. 노래를 즐겨 부르며, 무용 몸동작이 자연스럽고, 눈동자에 호기심이 가득 찬 애들이다. 처음 보는 외지인에게도 막 달려와서 다리를 껴안기도 한다.

“한국에서도 ‘쓸 만한 여자는 모두 예수쟁이’라는 말이 항간에 돌고 있는데 사실이지요.”

그 여기자는 그렇게 덧붙였다. 하지만 이것이 한국역사에만 국한되는 것도 아니다. 기독교가 들어가는 곳마다 교육수준이 높아지는 것은 이제는 당연한 상식이 되었다. 기독교가 소수자인 국가나 심지어 잔혹한 박해를 받는 국가에서도 기독교 신자들은 엘리트 계층을 주도해 가는 인물들로 뚜렷하게 활동하고 있다. 시리아, 이집트, 버마, 일본, 러시아 … 거기에서 한국이 가장 좋은 사례가 된다는 건 통계가 말해준다. 중국에서도 머지않아 그런 증거를 확인하게 될 것이다. 기독교가 교육받은 사람들에게 더 잘 받아들여지는 면도 있지만 그것보다는 기독교 신앙이 인간의 지성, 도덕성, 지도력, 경영능력 등을 뚜렷하게 성장시키는 밑거름이 된다는 뜻이다.

교회가 일류학교가 되었으면

교회는 여러 기능을 가지고 있다. 질병을 치료하는 병원도 되고 영적 싸움에 끊임없이 나서야 하는 군대본부 역할도 한다. 가정기능도 있고 국가기능도 있으며 음식점 기능도 있고 상부상조하는 계 조직 기능도 있다. 복음택배회사도 되고, 예술의 전당으로도 변한다.

그러나 무엇보다도 교육을 본질적 기능으로 하고 있다는 점에서 교회는 바로 학교의 사명과 기능을 갖는다. 교회는 한문글자로 ‘교육하는 모임’이란 뜻이고 또 어느 교회나 교회학교라는 기관이 반드시 있지 않은가.

그런데 문제는 아직도 영아부에서 대학부까지만 교육부서라고 생각하는 것이 큰 병폐이다. 세상의 교육도 ‘요람에서 무덤까지’ (from womb to tomb)라고 하는데 교회에서는 아직도 평생교육에 대한 의식이 크게 결여되어 있다.

아무튼 교회는 학교다. 아니, 학교가 되어야 한다. 그것도 교육능력이 뛰어난 우수한 학교 곧 일류학교가 되어야 한다. 예수 그리스도의 참다운 제자를 육성하는 일류학교는 물론이 세상에서도 성공적으로 살아갈 수 있는 인물을 길러내는 학교가 되어야 한다. 미국에서는 한 때 '주일학교에서 하듯 한다.'는 말이 유행했는데 무슨 일을 엉터리로 할 때에 쓰는 속담이었다. 그래 성삼위 하나님께서 주도하시는 학교인데 그처럼 엉터리로 해도 될까.

교회가 학교라는 말은 다음과 같은 두 가지 차원이 있다. 좁은 뜻으로는 교회의 5대 사명 곧 예배, 교육, 선교, 봉사, 친교 가운데 한 기능이 바로 교육이라는 차원이다. 그러나 넓은 뜻으로는 교회의 모든 기능이 교육목표를 달성하기 위하여 마련된 교육과정(커리큘럼)이라는 차원이다. 곧 예배, 선교, 봉사, 친교를 바르고 효과적으로 수행하려면 반드시 교육의 과정을 거쳐야 한다는 뜻이다. 전문용어로 '교육목회'와 '교육적 목회'이다.

아무튼 여기에서는 예배대명, 선교대명, 사랑대명, 교육대명 전체가 기독교 교육목표를 효과적으로 달성할 수 있도록 해야 한다는 뜻임과 동시에 그것들이 교육대명의 시각에서 기획되고 실천되어야 교육대명이 효율적으로 성취된다는 이해를 가지면 된다. 시설과 관련지어 말한다면 교회교육은 교육관과 교실에서만 이루어지는 것이 아니고 예배실, 기도실, 선교관, 찬양대 연습실, 친교실, 각 기관 모임, 구역이나 소그룹 모든 현장에서 신앙교육이 성취되어야 한다.

교회를 어떻게 리모델링해야 할까

개신교회는 어떤 종교단체나 심지어 어떤 교육기관보다도 교육기능이 현저하게 우월하다는 것이 객관적인 평가이다. 그렇다고 지구 위의 모든 교회가 한결같이 우수교육기관으로 평가될 정도는 아니다. 교육적으로 볼 때에도 이름은 교회이나 실상은 사탄의 모임인 경우가 얼마든지 있지 않은가. 성경적으로 바른 교회 곧 건강한 교회가 되려면 각 교회마다 교육기능 강화에 정열을 푹푹 쏟아 부어야 한다.

그렇다면 그런 목표달성을 위하여 어떤 점을 업그레이드하고 리모델링해야 하나. 비록 수학적 정답이 있는 것은 아니나 일반적으로 다음 열 가지 사항들을 권고한다.

1) 교육에 대한 가치를 높여야 한다. 특히 모든 성도들이 전인교육과 평생교육에 대한 견고한 신념을 갖도록 교회문화를 변혁시켜 가야 한다. 성령사역이나 신비한 체험에 강조점을 두는 목회자들 가운데 교육적 목회를 소홀히 하는 경향이 있다. 성령 충만하면 저절로 성숙한 신자도 되고 성숙한 인간도 된다는 오해이다. 교회의 머리이신 예수 그리스도께서 삼년 동안이나 제자합숙훈련을 시키셨다는 사실을 무효화시키는 어리석은 일이다.

2) 뒤집어서 말하면 교회가 교육적 기능을 파괴하는 요소를 제거해야 한다는 뜻이 된다. 한국이나 미주에서나 자고 나면 싸움질을 하는 악명 높은 교회들이 있다. "아니, 그래 교회에서 우리 자식들이 무엇을 배운담?" 그런 말을 듣는 교회들이 실상 너무 많다. 만약 고래 등 같은 호화주택에서 산해진미를 먹으며 싸움질로 바쁜 가정이 있다면 거기에

서 무슨 모범인물이 나오기를 기대할 수 있겠는가.

3) 목표 지향적 인생관을 강조하는 것은 기독교가 성도들을 교육할 수 있는 가장 큰 강점이다. 교육은 근본적으로 목표달성과정이기 때문이다. 무슨 프로그램을 하든지 목표를 확실하게 정하고 그에 대한 달성을 촉진해야 한다. 그리고 그 목표가 제대로 달성되었는지 평가해야 한다. 그런 과정을 통하여 모든 성도들이 목표 지향적 인생관을 갖도록 한다. 그리고 십자가 위에서 자신의 큰 사명을 '다 이루었다'고 선포하신 주님처럼 살도록 인도해야 한다.

4) 지도력 훈련효과에 주목하라. 교회생활 자체가 지도력훈련을 할 수 있는 천혜의 기회이다. 교회보다 더 좋은 지도자 육성기관이 어디 있겠는가. 교회에는 수많은 조직이 있어 조직적 활동이 생활화되어 있다. 따라서 모든 성도들이 섬기는 지도자(servant leader)로 자신을 부르셨다는 소명감을 갖도록 한다. 특정인 몇몇이 교회 직분을 독점하지 말고 되도록 많은 성도들이 지도력을 육성시키도록 배려해야 한다.

5) 자기주도학습의 기초를 강화시키는 교회 풍토를 조성해야 한다. 스스로 목표를 정하고 스스로 달성전략을 마련하고 스스로 목표달성도를 평가해야 학습능률이 향상되듯이 예배 참여를 비롯하여 교회의 모든 활동에서 신앙과 인생을 스스로 배우는 기회가 되도록 한다. 하나님은 스스로 계신 분, 자율하시는 하나님, 그리고 예수님도 아버지의 뜻을 이루기 위하여 스스로 일하셨던 분, 십자가 제단에 생명을 바치신 분이라는 점에서 자기 스스로 자기를 형성해 가는 인간이 되도록 강조한다. 그것이 바로 그리스도의 형상을 이루기 위한 해산의 고통에 해당된다.(갈 4:19)

믿음이 튼튼하면 성적도 좋아지고

6) 발표의 기회를 최대한으로 마련하라. 성탄이나 부활절에 어린이들이 교회무대에 서는 경험을 하게 되는데 이것이 어디에서도 제공받기 어려운 교육의 기회가 된다. 어른들도 간증, 연극, 가족창 등으로 자주 발표의 기회를 갖게 하라. 토론대회 같은 것은 사고능력과 표현능력을 크게 높인다는 걸 유태인 자녀들의 율법토론 등에서 도입해야 한다.

7) 개성적 신앙을 격려하라. 흔히 교회가 획일적 신앙인을 육성하려는 성향이 카리스마적 지도력을 강화시키려는 의도로 강조되고 있다. 이것은 교육적으로는 부정적 기능이다. 북한이 아리랑 집단체조 같은 기계적이고 획일적인 행사를 자주 하지만 그것은 개인의 창의성을 죽이는 반교육적 경험을 제공할 뿐이다. 교회 안에는 은사에 따라 각각 다른 신앙생활과 교회생활이 되도록 하는 것이 훨씬 더 교육능력을 향상시킨다.

8) 교회교육은 모든 성도들이 교사인 동시에 모든 성도들이 학생이라는 점에 특징이 있고 강점이 있다. 심지어 담임목회자 자신이 성도들을 스승으로 삼고 많은 것을 배우는

즐거움을 누릴 수 있어야 한다. 불치하문 곧 아랫사람에게 배우는 것은 부끄러운 일이 아니라 행복한 일이 되는 풍토가 절실하다. 교만한 태도로 겸손을 설교한다면 누가 감동을 받겠는가.

9) 모든 교회가족이 다양한 체험을 할 수 있도록 프로그램을 개발해 나가야 한다. 고정 메뉴만 내어 놓는 스테레오타입 교회는 교육기능이 현저히 낮다는 걸 착안해서 도전적이고 새로운 체험의 기회를 마련해야 한다. 우리가 믿는 하나님은 창조주이심을 기억해야 한다.

10) 신앙생활을 잘하면 공부 곧 학업성취도 향상될까. 아니면 신앙생활이 공부하는 데 방해가 될까. 혹은 그 둘 사이에는 아무런 관계도 없을까. 이런 문제는 입학시험이 인생을 결정하는 교육제도에서는 엄청나게 중요한 이슈이다. 영어권에서는 이데 대한 연구가 상당히 많다. 그리고 결론은 복잡하지 않다. 기독교 신앙을 일찍부터 바로 깨달은 사람의 학업성취도 곧 학업성적이 그렇지 않은 학생과 비교하여 현저하게 더 우수하다는 것이다.

그런 인물들이 바로 베드로, 바울, 요한, 마태, 도마 등 초대교회의 지도자들이다. 그들은 유태교 전통에서 이미 신앙, 인격, 지성을 길렀지만 예수 그리스도의 형상을 회복시킴으로 그들의 교육이 완성되었다. 특히 다른 사람을 교육할 수 있는 우수한 자질을 함양했다. 따라서 예수 그리스도를 머리로 하는 교회는 그분의 수준만큼 교육능력이 향상되도록 혼신의 힘을 다하여야 한다. 교회의 모든 구성원들이 전인교육과 평생교육을 즐겁게 이루어 가는 교회가 되도록 해야 한다. 가령 '교육기능향상위원회'라는 기구라도 둔다면 그것이 좋은 시작일 수 있다. (월간목회 2013년 6월호)

내가 하는 일을 그도 할 것이요
신학교육 목회론

신학은 안셈(Anselm)의 유명한 말처럼 "이해를 추구하는 믿음"(fides quaerens intellectum, faith seeking understanding)을 뜻한다. 따라서 믿음이 바로 세워지려면 그것은 필연적으로 신학의 과정을 거쳐야 한다. 그리고 교회는 이 신학을 성도들에게 가르치는 신학사역(ministry of theology)을 수행하여야 한다. 그 가운데 가장 중요한 것은 물론 교단의 신학전문교육기관을 세워 이 과업을 수행하는 일이다. 그러나 신학교육(theological education)은 신학만 가르치는 것이 아니고 기독교의 지도자를 육성하는 전체적 과정을 뜻한다. 그 과정에서 신학적 훈련이 매우 중요한 몫을 차지하기 때문에 신학교육이라 한다. 필자는 이용원 박사와의 공저로 신학교육과 현장교육을 출판한 일이 있으며 여러 형태로 신학교육에 적극 참여해 왔다. 그리고 신학교육에 관한 여러 편의 논문도 남겼다. (논문집 I, II, III)

예수 그리스도의 신학교육 사역 원리

1. 예수님의 신학 방법론

예수 그리스도의 삶과 행하심과 가르치심은 그것 자체가 신학이라 할 수 있다. 그러나 우리는 그것을 계시라고 부른다. 하나님의 자기 시현(self-disclosure)이기 때문이다. 계시에는 자연계시도 있고 특별계시 곧 말씀도 있으나 이것들은 예수 그리스도 안에서 통합된다는 것이 기독교의 보편적 합의이다.

그래서 계시는 최고의 표준이요, 표준하는 표준이라고 앞서 풀었다. 거기에 비하여 교리나 신학은 표준된 표준이 된다. 따라서 교리의 대표격인 사도신경이나 니케야 신조는 그 권위에 있어서 성경말씀 아래에 놓여 있다.

예수님은 사람들에게 '무조건 믿어라, 따지지 말고 믿어라'고 시종일관 말씀하시지 않았다. 오히려 믿음에 대하여 자세히 자주 그리고 여러 형태로 쉽게 이해할 수 있도록 풀어 주셨다.

-이에 모세와 모든 선지자의 글로 시작하여 모든 성경에 쓴 바 자기에 관한 것을 자세히 설명하시니라.(눅 24:27) -그들이 서로 말하되, 길에서 우리에게 말씀하시고 우리에게 성경을 풀어 주실 때에 우리 속에서 마음이 뜨겁지 아니하더냐 하고 곧 그 때로 일어나 예루살렘에 돌아가 보니.(눅 24:32-33)

겁에 질려 엠마오로 도망가던 두 제자에게 이해할 수 있는 믿음을 주시는 장면이다. 그로 인하여 두 제자는 인생의 방향을 180도 전환하는 결과를 가져왔다. 신학의 힘, 신학사역의 힘, 신학교육의 힘이라 할 수 있다.

이런 일들은 얼마든지 있다. 예수님은 신학의 방법론이 지금의 신학자들과 같은 것들도 있지만 상당히 다른 것들이 많이 있다. 구약성경을 재료로 사용하신 점은 지금도 마찬가지이다. 이성, 논리, 지성적 표현을 함께 사용하셨다. 그리고 자주 창의적 해석을 내어놓으셨다. 그분의 신학하는 방법 가운데 특이한 것은 알레고리, 비유, 이야기법, 은유, 직유, 경구, 행동화, 대화 등을 사용하셨다. 특히 십자가의 죽으심과 다시 살아나심이 그분의 신학하는 방법이었다. 행동과 삶으로 신학을 하셨다는 뜻이다.

2. 예수님과 신학교육

예수님은 수많은 무리들을 가르치셨다. '민중신학'이 나올 정도로 예수님은 자주 큰 무리

(오클로스)를 가르치시고 목양하셨다.

–갈릴리와 데가볼리와 예루살렘과 유대와 요단강 건너편에서 수많은 무리가 따르니라. 예수께서 무리를 보시고 산에 올라가 앉으시니 제자들이 나아온지라, 입을 열어 가르쳐 이르시되.(마 4:25–5:2) –이에 그와 함께 가실새 큰 무리가 따라가며 에워싸 밀더라.(막 5:24) –예수의 소문이 더욱 퍼지매 수많은 무리가 말씀도 듣고 자기 병도 고침을 받고자 하여 모여 오되.(눅 5:15) –그 후에 예수께서 디베랴의 갈릴리 바다 건너편으로 가시매 큰 무리가 따르니 이는 병자들에게 행하시는 표적을 보았음이러라.(요 6:1–2)

네 복음서가 한 목소리로, 수많은 무리들이 예수님을 따라 말씀 배우고, 병 고침 받고, 음식을 대접받고, 그 분을 믿었다고 기록하고 있다.

그러나 예수님의 사역은 그 대상이 수의 많고 적음에 따라 물의 파동과 같은 조직을 가지고 있었다. 이에 대하여 이미 언급하였으므로 여기서는 예시만 하겠다.

큰 무리〉 오백 제자〉 일백 이십 여 명〉 칠십 제자〉 열두 제자〉 세 제자〉 베드로

3. 초대교회의 사도교육

그 가운데 초대교회를 이끌어 갈 지도자들을 특히 사도로 호칭하였고 초대교회에 열두 사도가 중심이 되었다.

–제비 뽑아 맛디아를 얻으니 그가 열한 사도의 수에 들어가니라.(행 1:26) –밝으매 그 제자들을 부르사 그 중에서 열둘을 택하여 사도라 칭하셨으니.(눅 6:13)

그러나 사도 가운데는 열두 사도 아닌 사람들도 있었으니 가령 바울과 바나바 같은 사람이 이에 속한다.

–두 사도 바나바와 바울이 듣고 옷을 찢고.(행 14:14)

따라서 사도란 예수 그리스도의 직접 선택받아 부르심과 가르치심을 받고 그 분의 수난과 부활을 증거하기 위하여 보내심을 받은 자를 뜻하나 엄격히 제한된 자격이 있는 것은 아니었던 것 같다. 열두 제자 아닌 사람으로 사도의 범위에 들어 있는 사람들은 다음과 같다.

예수님의 동생 야고보(갈 1:19; 2:9), 바나바(행 14:14), 실루아노 및 디모데(살전 2:7), 안드로니고와 유니아(롬 16:7)

안드로니고와 유니아는 “사도들에게 존중히 여겨지고 또한 나보다 먼저 그리스도 안에 있는 자”라고 했으므로 사도일 가능성을 보여 주고 있으나 논쟁의 여지가 있다. 특히 유니아는 여성이라는 점에서 주목된다.

4. 예수 그리스도의 신학교육의 특징

예수님의 신학교육은 일단 열두 제자를 중심삼고 있으나 그 밖에 70제자들에게도 확대되었을 것으로 보인다. 그리고 예수님의 신학교육의 특징은 다음과 같다.

1)소수 정예를 위한 창조적 교육(education for creative minority)이었다. 2) 신학교육과정은 다음과 같다. 선택을 위한 오랫동안의 기도(눅 6:12)직접 부르심(마 4:18-22)▷제자 곧 배우는 자로 이름하셨으며 특히 열두 제자라 호칭하심(마10:1)▷ 현장에서 함생훈련을 시키심(마 10:1, 막 3:13-19, 요 13:1-15)▷십자가를 지심으로 생명을 바쳐 교육하심(요 12:24)▷부활하심으로 영생의 길을 보여 주심(요 20:19-29)▷사도로 파송하심(마 28:19-20, 막 16:15-16, 눅 24:48, 요 20:21-22, 요 21:15-19,행 1:8). 3)교육의 목표: (1)온전한 구원, (2)거룩한 생활, (3)하나님나라 확장. 4)교육내용: 구약성경과 그에 대한 해석, 예수님 자신의 생활과 말씀. 5)교육활동: (1)일상생활, (2)여러 사람들과의 함생생활, (3)전도활동, (4)이야기법, (5)행동으로 계시, (6)사건 주도, (7)십자가의 죽으심, (8)부활과 승천. 6)교육의 특징: 예수 그리스도의 장성한 분량이 충만한 데까지 성장하며(엡 4:13) 그분께서 보내신 성령님이 함께 계셔서 계속 인도하시는 영성교육(education for spirituality)이었다.

개체교회 신학교육목회의 실제

그렇다면 개체교회에서는 어떤 신학교육활동을 할 수 있을까. 여기에서 개체교회라 함은 유니온교회를 뜻한다.

1.성결교회 교리를 〈기독교 개신교 웨슬리언사중복음주의〉로 정리

성결교회는 은혜로 시작된 교회여서 교리 개발에는 큰 관심을 쏟지 못해왔다. 지금도 교리에 대한 저항이 상당한 기류를 이루고 있다. 그러나 교리가 없거나 잘못되면 이단으로 빠질 우려가 있고, 또 사역의 등뼈를 만들 필요에서 교리와 신학을 개발하는 일에 유니온교회가 혁혁한 공헌을 했다고 자평한다.

필자는 한국성결교회단과 그 연장선상에 서 있는 미주성결교단의 교리적 특징은 "기독교 개신교 웨슬리언 사중 복음주의"라고 갈파했다. (활천 2002년 11월호). 이것이 바로 2007년 한국성결교회 창설 100주년을 기념하여 종합연구된 〈성결교회신학〉이라는 저서에서 그 표지에 다음과 같이 정리되는 모습으로 나타났다. "성결교회 100년 전통의 '온전한 구원'의 신학: 개신교복음주의 웨슬리안 사중복음 신학."

필자는 교리교육적 측면에서 이를 정리했다. 그것은 다음과 같이 조직화된 지식으로 표현된다: 1)여러 종교와 구별된 기독교, 2)로마 가톨릭이나 동방정교회와 구별된 개신교, 3)루터주의나 칼빈주의 등과 구별된 웨슬리언주의, 4)감리교/구세군의 사회적 성결론과 구별된 사중복음, 5)자유주의/근본주의와 구별된 복음주의

여담 하나 기록해 둔다. 홍정수 박사는 한국교회에 자유주의 신학을 금과옥조로 여기던 분이었다. 미주에 와서 어떤 신문에 글을 썼는데 하나님은 전지전능하시지 않기 때문에

교통사고를 막지 못한다고 했다. 그에 대한 반박문을 필자가 써야 한다는 여론이 꽤 있었다. 그래서 짧은 논평을 썼다.

"한아름교회(담임 홍정수 목사)에서는 '전능하사 천지를 만드신 하나님 아버지를 내가 믿사오며'로 시작되는 사도신경을, '무능하사 교통사고도 막지 못하시는 하느님을 내가 믿사오며'로 고쳐 쓰는지요?" (중앙일보 미주판, 1997년 1월 23일자).

연동교회를 오래도록 사역하신 기독교교육학자 김형태 박사님이 전화를 걸어 오셨다.

"이 목사님, 잘 했어요. 아주 직격탄을 날리셨네요."

이 같은 신학논쟁은 오강남 박사의 〈예수는 없다〉는 책에 대하여서도, 성찬에서는 포도즙만 사용해야 한다는 근본주의자들의 주장에 대하여서도, 그리고 김용옥의 무궤도한 하나님 이해에 관하여서도(박명룡. 김용옥의 하나님 vs 성경의 하나님 추천의 글 참조) 한판 승부를 벌였다. 물론 복음주의 시각에서 비판했다.

2. 교리적 선언 초안

〈미주성결교회 교리적 선언〉이 1999년 5월 브라질 쌍파울로 총회에서 선언되었다. 12개 항목으로 된 이 교리적 선언에는 미주성결교단의 교리의 근간이 담겨져 있다. 이를 초안한 것은 필자였다. 이것 또한 1997년 일 년 동안 유니온교회 강단에서 교리설교를 하면서 정리되어 〈유니온교회 교리적 선언〉으로 체계화된 신앙고백이다. (논문집 II. "〈미주성결교회 교리적 선언〉 제정경위와 그 신학적 기초")

이 교리적 선언은 우선 미주에서 성결교회를 개척하려는 목회자들이 시설임대할 때 그 시설의 소유주 교회가 신앙고백을 요구해 오는데 그 때 이를 제시하면 매우 훌륭하다는 평가를 받곤 했다.

또 한국성결교회가 100주년을 맞았을 때에 〈기독교 대한성결교회〉에서도 사용할 신앙고백서로 채택하는 일이 추진되었으나 문제 제기에만 그치고 열매는 맺지 못했다. 이 신앙고백서는 미주선교총회가 사용할 수 있도록 이미 기독교대한성결교회 교단총회에서 승인한 바 있다. (참조: Introduction to the Theology of the Korea Evangelical Holiness Church, 177-178)

3. 〈성결교회 교의신학〉 강좌 개설

미주성결대학교 신학대학원에 〈성결교회 교의신학〉 강의과목을 개설해서 가르쳐 왔다. 2006년도 봄학기에 시작되어 지금도 계속 강의하고 있으며 이런 이름의 강좌를 처음 시작했다는 기록을 남겼다. 성결교회 교의신학의 교육내용에는 웨슬리신학과 사중복음신학이 그 주요 내용이기는 하지만 〈성결교회 교의신학〉이 그것만으로 충분한 것은 아니기 때문이다.

'온전한 복음, 온전한 구원'을 위한 교리개정

1. 100주년 행사, 가슴 뿌듯해

우리 한국성결교회는 지난 2007년에 선교 1세기를 맞았다. 이를 위하여 여러 뜻 깊은 행사들을 마련하고 이를 성공적으로 추진한 것은 해외 성결인들에게도 매우 자랑스럽고 가슴 뿌듯한 일이었다. 10만 명 넘게 모인 기념대회는 우리 온 성결인들의 사기를 크게 높였다.

그런 가운데 '예성'측과 합동으로 행사를 치르지 못한 것이 못내 아쉬웠다. 솔직히 말해 그것은 '예성'의 근시안적이며 소아병적 행동이었다. 이 말을 들으면 예성인들이 기분 나쁘겠지만 예성인들을 사랑하는 마음에서 작심하고 하는 말이다.

만일 그 때 '기성'과 '예성'이 따로 모이지 않고 모두 한 자리에 모여 〈한국성결교회 선교 100주년 기념대회〉를 열었다면, 그래서 15만 아니 20만 명이 모일 수 있었다면 얼마나 좋았을까? 하나 되기를 원하시는 성삼위 하나님께 큰 영광이 되었을 것이다. 그리고 성결교회는 한국교회와 더 나아가 한국의 역사를 주도하는 기반을 더 튼튼하게 건설했을 것이다. 그래서 예성에도 큰 도움이 되었을 것으로 확신한다.

기성의 100주년 행사는 그것에만 그치지 않고 교회를 개척하는 일, 전도하는 일들에 힘을 기울였고 은퇴 사역자들을 위한 실버타운까지 건설하는 등 큰일을 많이 했다. 그 가운데서도 성결교회의 100년 걸어온 길을 정리하여 〈한국성결교회 100년사〉, 〈성결교회신학〉, 〈성결교회신학 역사적 유산 자료연구집〉 등 부피가 제법 큰 책들로 출판해 낸 것은 실로 10만 명 대회와 맞먹는 값진 행사로 평가된다. 게다가 〈성결교회 100년 설교〉와 〈성결인명사전〉의 출판도 좋은 기념품이 되었다. 이런 연구물들로 인하여 일단 한국성결교회 100년의 역사와 신학이 정리된 셈이다.

2. 기독교 개신교 웨슬리안 사중복음주의

성결교회는 잘 알려진 것처럼 신학이나 교리로 시작된 교회가 아니었다. 초대교회 성도들처럼 단순하게 은혜 받은 성도들이 타오르는 영혼구원 사명을 억제할 길 없어 교회보다는 '전도관'을 세운 것이 그 출발점이었다. 그래서 신앙의 색깔로 구별한다면 성결교회는 오순절 계통에 속한다.

초대교회가 선교영역이 넓어지고 교회가 여기 저기 설립되고 제도화 되면서 교리와 신학이 필요하게 되었다. 새로운 선교상황에서 일어나는 문제들에 대하여 성경적 대답(벧전 3:15)을 마련해서 제공해야 할 필요성이 커졌기 때문이다. 로마서를 비롯한 사도 바울의 여러 편지들과 그에 이어 사도신경, 니케아 신조, 칼케톤 신조 등이 형성된 것은 바로 그런 까닭이었다.

이 같은 교리화 작업으로 말미암아 교회는 분명한 나팔 소리를 내게 되었고 영적 전투 준비를 빈틈없이 할 수 있었다.(참조: 고전 14:8) 그러므로 이 같은 100주년 기념 신학적 정리작업은 개인적으로는 성결인들의 신앙성장에 크게 기여할 것이며 단체적으로는 성결교회 성장에 촉매제가 될 것이다.

또한 이 같은 신학적 연구결과가 영어로 번역된 사실에도 큰 찬사를 보낸다. 영어가 전세계 공용어(lingua franca)가 되었기 때문이다. 비록 번역된 것이 〈성결교회신학개요〉에 불과하지만 이 책이 이미 미국의 영어권 성결교회의 자아성(identity, 정체성)을 확립하는 기틀로 사용되는 것을 생각하면 박수를 보내 마땅하겠다. 따라서 앞으로 영어뿐만 아니라 독일말, 스페인말, 중국말 등으로 번역되기를 바란다.

이런 신학적 정리 작업의 큰 열매는 바로 우리 성결교회가 자아성을 확립하게 되었다는 사실이다. 그것은 한국성결교회의 신학의 기축강령(cardinal doctrine)이 바로 "기독교 개신교 복음주의 웨슬리안 사중복음 신학"(미주성결교회에서는 '기독교, 개신교, 웨슬리언 사중복음주의')이라고 확정지었기 때문이다.

이러므로 우리 성결교회는 불교나 힌두교나 이슬람교가 아닌 기독교에 속하여 있고, 로마 가톨릭교회나 정교회와 다른 개신교회에 속하여 있으며, 장로교회, 루터교회, 침례교회와 다른 웨슬리언이고, 같은 웨슬리언이라도 감리교회나 나사렛교회와는 사중복음을 구원론의 강조점으로 삼고 있다는 점에서 구별이 된다. 그리고 우리 성결교회는 신학적 자유주의자나 혹은 근본주의자와는 다른 복음주의(evangelicalism)에 서 있다고 명시하게 되었다. 이것이 성결교회의 신학적 교리적 자아성으로 확고히 자리 잡게 되었다.

3. 헌법 교리부분 개정작업 시급

그런데 이 같은 신학적 정리작업이 완성단계로 가려면 시급하게 해야 할 일들이 남아 있다. 우선 이 같은 교리와 신학에 상응하는 교단헌법 교리부분의 개정작업을 해야 한다. 헌법개정이 되지 않으면 신학과 교리가 사역과 선교와 교육의 현장으로 가는 길이 차단되기 때문이다.

우리 성결교단은 지난 100년간 교리 부분을 손질하는 일을 외면하여 왔다. 이 교리 부분은 1925년에 확정된 것으로 근간이 되는 내용은 거슬러 올라가면 영국국교회 39개조의 핵심이 요한 웨슬리 25개조가 되었고, 그것이 다시 만국성결교회 16개조가 되었으며 국제 오엠에스선교회 교리로 전수되었다. 그것이 현재 기독교대한성결교회가 사용하고 있는 헌법의 제2장 "교리 및 성례전"이다. 따라서 성결교회 교리는 '사도적 교회' 곧 예수 그리스도와 그 사도들로 말미암은 신앙의 정통성 위에 굳건히 토대하고 있다.

그렇다고 하여 그 교리가 일점일획이라도 고칠 수 없는 '하나님의 감동으로 기록된' 것은 물론 아니다. 만국성결교회가 16개조로 정리한 이 교리가 이제 일백 오십 년 가까이 되었고, 그 동안 유익하고 감동적인 신학사상이 발전을 보았으며, 또 한국교회라는 상황의 변화도 있으므로 당연히 내용도 보완되고 또 표현도 현대화해야 한다.

특히 이 16개조에 토대한 우리 성결교회 교리에는 외람된 말씀이지만 결함도 많다. 가령 성결신앙의 핵심적 근거가 되어야 할 "거룩하신 하나님"이라는 언급이 없다. 장로교회 웨스트민스터 신앙고백에도 하나님을 절대주권자라고 하기에 앞서 하나님은 "가장 거룩하시며"라고 고백하고 있는 것을 생각할 때 부끄러움을 느낀다. 게다가 사중복음을 교리에 포함시키지 못하고 별도로 설명하고 있다. '성결'에 대하여서도 '성령세례'라는 것으로만 풀어 사회적 성결이 빠지는 등 전체성에 미치지 못하고 있다. 게다가 신구약 성경과 예수 그리스도의 가르치심의 근간인 '하나님 나라'가 제외되고 있으니 이를 어쩌랴.

헌법의 교리부분은 선교총회인 미주성결교회도 공유하고 있으므로 미주성결교회 입장과 의견에도 귀를 기울여 주기 바란다. 그리고 늦었지만 기성, 예성, 미성이 한 자리에 앉아 공동작업을 한다면 얼마나 좋으랴. 그래서 교리적 선언, 교리문답서, 그리고 교리적 선언을 확대한 "한국성결교회 신앙고백"을 제정했으면 하고 기도한다.

4. 신학과 교리의 효용극대화를 위하여

한 가지 더 있다. 성결교회 신학과 교리는 "온전한 복음, 온전한 구원"으로 요약하여 표현하여 성결인 교육용으로 사용해야 한다. 이것은 이명직 목사가 순복음(full gospel)이란 이름을 붙인 사중복음, 조종남 목사가 소개한 그리스도인의 완전론(Christian perfection)을 종합하여 신학과 교리의 효용 극대화를 이룬 표현으로 필자가 정리한 것이다.

성결교회의 교리적 특징이 무엇이냐고 물으면 물론 "기독교 개신교 웨슬리언 사중복음주의"라고 대답할 일이다. 그러나 이것은 상당한 설명을 필요로 한다. 따라서 신학의 전문가인 목사들은 그렇게 대답할 수 있다. 하지만 평신도들에게는 무리한 일이다.

"성결인들은 성경말씀대로 온전한 복음, 온전한 구원을 믿습니다."

성결인은 누구를 막론하고 심지어 어린이들까지도 이것을 자신 있게 대답할 수 있도록 하자는 뜻이다. 성결인은 성결을 믿는다고 하면 되지 무얼 다른 것이 필요하냐는 분들도 있다. 하지만 그것은 목사들도 제대로 알지 못하는 내용이 있고 또한 긴 설명을 요구한다. 그러나 "온전한 복음, 온전한 구원"은 평신도뿐만 아니라 심지어 미신자들까지도 그 내용을 어느 정도 짐작할 수 있게 된다. '전도를 위한 신학'이 된다는 뜻이다.

그래서 미주성결교단은 그 총회에서 필자의 제안으로 성결교회의 구원론을 "온전한 구원, 거룩한 생활"(The Full Salvation, The Holy Life)로 요약하여 그것을 교단의 대표표어로 결의했다. 사중복음의 내용을 신학적 토대 위에서 현대적 표현으로 만들었다. 그리고 이를 교단총회에서 결의했다. (2009년 4월 1일, 하와이 총회)

그래서 성결교회 강단 앞 벽마다 “온전한 복음, 온전한 구원”(Full Gospel, Whole Salvation)이든지 혹은 “온전한 구원, 거룩한 생활”이든지 둘 가운데 하나를 통일하여 써 붙이고 총회 때마다, 집회 때마다 활용한다면 신학교육사역의 열매가 매우 튼실할 것으로 확신한다. 이것이 신학교육, 사역, 선교, 그리고 평신도 교육의 최고 목표이기 때문이다. 그리고 이것이 선교 2세기를 향한 힘찬 출발이 되지 않겠는가.

유니온교회의 신학교육 목회

유니온교회는 예수님께서 그 제자들을 교육하신 것은 그 목적이 예수님의 사역을 충성되고 지혜롭게 계속하여 수행할 수 있는 일꾼을 육성하시기 위함이라는 확고한 신념을 가지고 있었다. “내가 진실로 진실로 너희에게 이르노니 나를 믿는 자는 내가 하는 일을 그도 할 것이요 또한 그보다 큰일도 하리니 이는 내가 아버지께 감이라.”(요 14:12) 그래서 교단신학교육기관 설립에 적극 헌신할 뿐만 아니라 교회 성도들에게도 신학교육 수준의 목회 프로그램을 적극 개발하고 운영했다. 이로 인하여 목회자, 선교사 등을 상당 수 양육할 수 있었다.

1. 원어성경연구반

본 교회에서 2000년 4월 6일 원어성경연구반을 조직하고 헬라어신약성경 공부를 한 일이 있었다. 9명이 참가했다. 집사, 장로들이었고 강사는 필자였다. 그러나 이 사역은 미주성결대학교가 설립되면서 그 기관으로 이첩되었다.

2. 주기도문, 사도신경, 찬송가 가사, 성경 개정개역판, 예식서, 교리문답

유니온교회는 그 담임목사의 사역을 통하여 여러 신학적 작업을 해 왔다. 주기도문 새 번역의 시안을 만든 것이 미주성결교단과 기독교대한성결교단을 통하여 한국어 새 번역본 확정에 중요한 기여를 했다. 사도신경에는 ‘거룩한 공회’를 ‘거룩한 공교회’로 수정하는 사항만 채택되었다. 필자는 그와 함께 한국말 성경 〈개역개정판〉, 그리고 〈21세기 찬송가〉 가사 정리에 상당한 폭으로 참여했다. 그리고 미주성결교단의 예식서 정리와 교리문답 초안 작성에도 공헌했다.

3. 신학대학원 교수생활

신학대학원 교수 생활은 여러 곳에서 언급했기에 간략하게 적는다. 월드미션대학교에서는 대학원장을 역임했으며 미주성결대학교에서는 초대총장을 역임했다. 아주사퍼시픽대학교 해거드 신학대학원에서는 2000년부터 2010년까지 현장목회론을 지도했다. 가르친 과목에 대하여는 이미 소개했는데 그 가운데 “성결교회 교의신학”을 처음 개설했다. 특히 한국교회에 많은 지도자를 배출한 풀러신학대학원(FTS)의 목회학박사학위 논문지도교수로 계속하여 참여하고 있다. 기독교교육학과 영성목회론의 논문을 주로 지도하고 심사했다.

4. 여성안수론

유니온교회는 여성안수를 교단에 청원한 성결교회 최초교회로 추정된다. 1980년대 중반에 당회결의를 통하여 지방회를 거쳐 미주총회에 제출했다. 그런데 당시 이 헌의안은 전체 대의원의 반발만 불러 일으켰다. 제안자의 설명을 듣지도 않은 채 해당 위원회에 넘겼다. 해당위원회 위원장은 신학교 교수를 지낸 분이었지만 그 위원회 결정이 흥미로웠다.

"여성을 안수해야 한다는 성경적 근거가 전혀 없으므로 이 헌의안은 기각함이 가한 줄로 아오며"

그것이었다. 한 번 기각된 헌의안은 매년 제출할 수 없었다. 그리하여 격년제로 계속 제출했다. 그 다음 해에는 제안자 설명을 할 수 있었다.

"여성안수는 시대적 대세입니다. 그리고 성경적으로 금지사항이 결코 아닙니다. 성경에 여자가 조용하라든가, 성경 가르치는 것을 허용하지 말라는 것은 여자이기 때문이 아니라 복음선교에 방해가 되기 때문입니다. 그런데 지금은 여성을 일꾼으로 길러야 앞으로 전도와 선교에 큰 도움이 됩니다."

그런 요지로 발언했다. 그 같은 논리에는 별 반대가 없었다. 겐그레아 교회의 일꾼(번역에 따라서는 집사 혹은 목사) 뵈뵈(롬 16:1)가 안수받은 목사라거나 혹은 로마교회의 유니아(롬 16:7)가 사도였을 것이라는 말은 꺼내지도 않았다. 씨가 먹힐 때가 아니라고 판단했기 때문이다.

선교를 위하여 손해가 되면 안수해서는 안 되고 유익하면 안수해야 한다는 논리는 다음의 말씀과 연결하여 설득력을 얻어 갔다.

-모든 것이 가하나 모든 것이 유익한 것이 아니요.(고전 10:23)

드디어 성결교회에서도 2000년대 들어서면서 여성안수를 허용하게 되었다.

5. 성결교회 미주신학연구회

1999년 5월 3일 유니온교회에서 〈성결교회 미주신학연구회〉가 창설되었다. 창설 제안자인 필자가 초대회장으로 선임되었고 총무로 김성원 목사가 섬겼다. 교단이 기초가 튼튼하려면 신학연구가 활발해야 된다는 신념에서였다. 이 단체의 창설은 후일 한국에서 〈한국성결신학연구회〉가 창설되는데 자극제가 된 것으로 안다. 1999년부터 2001년까지 천년기를 넘기며 12회 연구발표회를 활발하게 전개한 이 신학연구회는 매우 바람직한 활동이었으나 미주성결교단 지도자들 가운데 사설단체라며 비판한다는 소리가 있어 새로 시작되는 미주성결대학교 신학연구소로 통합하기로 했다. 그래서 생겨난 것이 바로 〈성결포럼〉(Holiness Forum)이었으며 미주이민신학연구활동으로는 가장 활발하고 모범적으로 운영되고 있다.

6. 신학연구 활동

필자는 목회에 전념하면서도 '신학이 있는 목회'를 하겠다는 결단으로 신학연구활동에 꾸준히 참여해 왔다. 요한 웨슬리 목사가 목회현장에서 신학을 전개했던 것을 모범 삼았다. 그런 결과를 묶어 〈기독교교육신학연구논문집〉을 상 중 하 3권으로 편집하여 출판했다. 총 1,481쪽의 책이었다. 그 가운데는 특히 "교단신학교육의 지표가 있어야 한다," "미주한인신학교육의 역사와 전망" 등도 게재되어 있다.

신학연구활동은 여러 가지 방법으로 표현되었다. 설교, 조각글, 포럼 발제, 논문, 신학교육기관 강의, 찬송가 가사 쓰기, 일간신문에 '시론'을 쓰는 일을 계속하고 있으며, 역시 일간신문에 '성경인물이야기'를 70회 내외 쓴 것은 기독교권 밖의 사람들을 대상으로 한 신학활동이었고 신학교육이었다. 신학을 하는 중요한 이유의 하나가 교육이며 소통(communication) 아닌가.

그런 점에서는 목회 자체가 바로 신학하기(doing theology)라고 할 수 있다. 심지어 수많은 사람들과의 상담이나 담소(table-talk)도 신학한다는 의식을 가지고 대화했다.

7. 목회자 계속교육 참여

필자는 신학교수이면서도 교회를 개척하여 건강한 교회로 성장시킨 열매가 비교적 좋기 때문에 목회자 계속교육 혹은 당회원 교육 등의 강사로 무척 바쁜 일정을 보내야 했다. 현대교육은 평생교육(life-long education) 혹은 직업수행교육(in service education)을 특징으로 한다. 특히 몸 병을 고치는 의사들은 만약 계속교육을 이수하고 그 기록을 당국에 제출해야 의료행위를 계속할 수 있을 정도이다. 따라서 영혼과 의사인 목사들도 물론 계속교육, 평생교육, 직무수행교육 등에 열심히 참여해야 한다. 그런 수요가 많기 때문에 필자 자신도 배우는 일에 무척 열심이다. 그리고 또 세미나 혹은 컨퍼런스 강사로서 자신이 정리한 것들을 동역자들과 함께 나누었다. 여기에서는 그 비중 있는 주제들만 소개한다.

균형잡힌 신앙과 성령충만, 설교를 신선하게 하는 방안 연구, 기독교와 다른 종교의 관계, 설교언어 개발론, 포스트모더니즘과 현대 목회, 건강한 목회자와 건강한 교회, 이민초기한인교회와 독립운동, 칼뱅과 웨슬리의 구원론 비교연구, 목회인간학 연구, 사변형신학연구방법과 목회, 신앙 성장과 교회 확장, 여성목사안수-어떻게 볼 것인가, 교회행정과 영성, 이민교회와 교육, 이민목회와 교회성장 원리, 성경공부의 효율적 방안, 해외한인교회와 남북통일 문제 최근 동향 연구, 교회성장과 한국형 지도력, 미주성결교회 성장에 관한 연구, 효율적 의사결정과정과 당회 운영, 설교의 교육적 이해, 2천

년대를 향한 교육목회론, 복음선교와 신학교육. The Role of Korean-American Churches in the Crises of the Community (미주한인사회의 위기와 교회의 역할. 4.29폭동 다음 해에 USC에서 개최된 컨퍼런스).

8.신학도들을 위한 특별집회

신학대학원 수준의 학교들에서 여러 형태로 신학교육에 참여했다. 특히 설교, 특강, 학위수여식 격려사 등을 실로 여러 학교에서 했다. 박사학위 축하식에서는 다음과 같은 골자로 짧은 격려를 했다.

"예수님도 박사학위를 받으셨습니다. 그분이 쓰신 박사 모자는 가시관이었습니다. 여러분이 오늘 받으신 박사학위 모자를 가시관으로 알고 사역하시면 그 열매가 엄청 좋을 것입니다. 그러나 행여 교만의 도구로 사용하시면 패망의 사역자가 될 것입니다."(잠 16:18)

그 가운데 신학대학원의 부흥집회를 인도하는 것은 신학교육에 결정적인 참여로 평가된다. 가령 필자가 교수로 헌신했던 서울신학대학교의 신학대학원 추계심령부흥회를 인도한 적이 있다. 주제는 "예수님처럼, 꼭 예수님처럼"으로서 유니온교회 대표적 표어였다. 설교 제목이, "알곡의 비밀, 그 이름의 비밀, 명에의 비밀, 사랑의 비밀, 교회의 비밀, 십자틀의 비밀"의 여섯 번 집회였다. 집회의 평가가 크게 좋다는 것이 참여 교수들의 의견이었고 학생들이 제출한 평가서의 집계였다. 심령부흥회 강사인 나도 심혈을 기울여 집회를 했다.

9. 함생주의 신학 발표

함생주의 신학에 관하여는 앞에서 정리했으며 또 각 장에서 언급했으므로 여기에서는 그 항목만 설정해 둔다. 이는 신학을 1)반복적 신학, 2)창의적 신학, 3)반복적/창의적 신학으로 나눌 때 바른 교육을 위하여서는 반복과 계속의 모형(model of continuity and change)을 필자는 이상적으로 평가하고 있기 때문에 함생주의 신학은 반복적이면서도 즉 전통적이면서도 창의적 해석을 가진 신학이라는 점을 밝혀 둔다.

미주성결대학교 사역

1. 설립 경위

필자는 목사 안수를 받기 전에 집사의 직분으로 서울신학대학교의 전임교수로 사역했었다. 교수 과목은 교양국어, 문장론, 대학한문, 신학영어, 기독교교육학 개론, 교육과정론 등이었다. 미국에 와서 목회학 석사학위와 목회학 박사학위를 취득한 뒤에는 교회 사역과 함께 각 신학대학원에서 조직신학, 로마서, 신약성경 헬라어, 목회인간학, 실천신학개론, 설교학 개론, 설교연습, 현장목회론, 성결교회 교의신학 등을 교수했다.

신학교육에 참여한 학교들은 국제성결대학교 대학원, 월드미션대학교 대학원, 아주사퍼시픽대학교 신학대학원, 미주성결대학교 카우만신학대학원 등이었다. 그리고 풀러신학대학원에서 목회학박사 논문지도교수로 사역해 왔다.

이런 과정을 거치며 신학훈련과 신학교육훈련을 받게 되었고 기독교교육학은 신학적 기초를 집중적으로 공부함으로써 교리교육과 조직신학을 함께 연구하게 되었다.

미주성결교단 총회가 처음에 국제성결대학교를 설립해서 운영했으나 재정난과 학생난으로 문을 닫게 되었다. 이에 유니온교회는 당회 결의로 교단신학교육기관을 유니온교회 안에 설립할 것을 건의하게 되었다. 이 건의안이 지방회를 거쳐 총회에서 허락되었다.

따라서 2001년 5월 24일 (요한 웨슬리 회심기념일)에 〈캘리포니아성결대학교〉와 〈카우만신학대학원〉이 유니온교회에서 개교하게 되었다. 필자는 초대총장의 책임을 맡게 되었다.

그 다음 해에 뉴욕에 있던 신학대학원과 합동하여 〈미주성결대학교〉와 〈카우만신학대학원〉으로 정착되었고 2015년 미주성결대학교는 미성대학교로 이름을 바꾸었다. 그리고 이 신학교육기관의 운영을 위한 재정의 대부분을 유니온교회와 초대총장의 모금으로 충당하게 되었다. 그러다가 6년을 시무하고 명예총장으로 추대되었다. 학교도 첫 해만 우리 교회에서 실시하고 코리아타운에 위치한 총회본부 건물로 이전했다.

초대교회에서도 교역자를 육성하는 승원학교(cathedral school)는 대체로 큰 교회 안에서 시작된 것과 같은 과정을 밟았다.

2. 설립의 기초

1) 기본목적

미주성결대학교의 설립 목적은 물론 〈기독교 미주성결교회〉 교단의 교역자와 평신도 지도자를 육성함을 목적으로 한다. 신학교육이 평신도에게까지 확장되는 추세라 대학 학부에서는 평신도 지도자를 육성하는 일도 목표로 세웠다.

그러나 교단이 운영하는 신학교육기관은 일단 교역자 특히 안수목회를 하는 교역자를 육성하는 것이 아직은 기본목적에 속한다. 따라서 교단총회에서 이사를 파송하고 이사회에서 학교를 운영하며 총장은 교단총회의 인준을 얻어 취임하도록 한 것은 교단의 근간이 될 교역자를 육성하려는 결단을 뜻한다.

따라서 초대 총장으로서 우선 신학교육의 구체적 목적을 가지고 기도하게 되었는데 그것은 미주성결대학교와 카우만신학대학원이 “좋은 목회자를 육성하는 목사사관학교가 되게 하시옵소서”였다. 육해공군 사관학교가 전투를 승리로 이끄는 장교를 육성하듯 미주성결대학교도 바로 영적 전투를 승리로 이끄는 목사사관학교가 되기를 기도했다.

그리하여 학교의 시작을 웨슬리 듀엘(Wesley L. Duewel)목사 초청 기도세미나로 시작했다. 오엠에스선교회 파송으로 인도선교사를 역임했고 동 선교회 총재를 역임한 분이지만 미국에서 기도세미나 강사로 가장 잘 알려진 성결의 사람이었다. (대표 저서: 기도로 세계를 움직여라).

2) 교훈 제정

그런 정신은 교훈에 잘 나타나 있다. 교훈은 딤전 6:11절을 근거로 했다.

미주성결대학교 및 카우만신학대학원 교훈 :

너 하나님의 사람아, 성경의 사람, 성결의 사람, 기도의 사람, 전도의 사람이 되라.

3)교가 제정

교가는 이 교훈을 중심하고, 베드로와 바울을 불러 사도로 파송해 주신 일에 근거하여 가사를 지었다. 교가 가사는 다음과 같다.

(1) 내 양을 먹이어라, 베드로 부르신 주 나도 불러 주시오니 그 사랑 눈물겹네
새롭게 하옵소서 성경의 사람으로 온전케 하옵소서 성결의 사람으로
우리 선지동산에서 하나님의 사람으로

(2) 땅끝까지 증인되라 바울을 부르신 주 나도 불러 주시오니 그 기쁨 솟구치네
무릎꿇게 하옵소서 기도의 사람으로 불타게 하옵소서 전도의 사람으로
우리 성결동산에서 하나님의 사람으로

(2001. 작사:이정근, 작곡:최일인)

4) 신학교육의 열매

미주성결대학교가 설립한지 10년이 되면서 그 졸업생들이 교단의 목사고시에 합격률이 높아졌고, 교회를 개척하는 일이 눈에 띄게 많아졌다. 목사사관학교를 만들겠다는 기도가 응답되어 열매가 맺혀져가고 있다.

3. 신학교육의 모형

미국에서는 신학대학원 지망자들이 현저하게 줄어들고 있어 신학교육의 위기를 말한다. 이것은 한국에서도 마찬가지이다. 전 세계적으로 보면 신학생 수가 늘어가지만 한 때 왕성했던 교회들이 축소기에 접어들면서 신학교육도 마찬가지 흐름을 보여주고 있다. 아니, 어쩌면 교회의 위축은 신학교육의 실패에서 그 해답을 찾아야 할 것 같다. 아무튼 신학교육에는 그 교육전략의 강조점에 따라 다음과 같은 모형이 있다.

1)성경연구 모형(Bible Study Model). 2)영성훈련 모형(Spirituality Model). 3) 수도원 모형 (Monastery Model). 4)다원종교 모형(Model of Religious Pluralism). 5)신학/지성 모형(Theologia Model). 6)지도력 모형(Leadership Model). 7)전도/교회성장 모형 (Evangelism/Church Growth Model). 8) 교회목회 모형(Church Ministry Model). 9)도제 모형 (Mentoring Model). 10) 종합적 모형(Comprehensive Model)

(참조: 이정근. "한국의 신학교육 갱신에 관한 연구" 논문집 I. 264f. "Models of Theological

Education in Practical Theology" 논문집 II. 298f. "미주한인교회 신학교육의 역사와 전망" 논문집 III. 61f. "교단신학교육의 지표가 있어야 한다." ibid. 73f)

목회 칼럼 목회현장은 교리의 전쟁터

"기독교의 역사는 바로 교리형성의 투쟁사이다."

그런 말에 동의하는 사람들이 많이 있다. 대체로 신학자들이다. 하지만 그런 말을 헛소리 취급하는 이들도 많이 있다. 대체로 목회자들이나 선교사들이다.

"기독교의 역사는 교회의 역사가 핵심인데, 뭐 어디 신학이 목회 하나."

그 말이 최대 방패이다. 신학이 목회한다면 신학대학원 최우수 졸업생이 목회 제일 잘해야 되는데 그건 사실이 아니다. 목회는 정말 성적순이 아니다. 신학을 가장 고도의 학문으로 가르치는 신학대학원 출신들이 목회에는 맥을 못 추는 사례도 글로벌적 현상이다.

그런데 과연 그럴까. 신학이나 교리는 목회현장에서 아무 짝에도 쓸모없는 것일까? 신학대학원에서 공부한 것은 단순히 목사안수를 받는 조건을 충족시키기 위함일까.

"꿩 잡는 것이 매지 꿩 새끼도 못 잡는 주제에 그게 무슨 매란 말이야."

그런 '매 철학' 앞에 신학 교수들이 입도 뻥끗할 수 없는 것일까.

주일예배의 기도전쟁

유니온교회도 주일예배의 기도는 시무장로가 돌아가며 맡는다. 더러는 원로장로나 협동장로를 순서에 넣기도 하니까 넉 달에 한 번 꼴로 기도순서가 돌아온다.

그런데 기도의 스타일이 서로 다른 것은 어느 교회나 마찬가지이다. 기도생활의 개성이라고 보면 된다. 그래도 바른 기도를 위하여 기도담당자의 지침을 만들었다. 그 지침 가운데는 성경말씀을 두 세 구절 인용하여 기도하라는 것이 매우 중요한 항목이다.

그런데 그 성구 인용이 매우 흥미롭다. 기도 때마다 새로운 성구를 활용하는 장로도 있고 몇 십 년을 똑같은 성구를 기계적으로 암송하는 장로도 있다. 그리고 더욱 재미있는 것은 그 성구로 그의 신앙생활 첫 걸음 교회의 교리와 신학을 짐작할 수 있다는 점이다.

"너희가 나를 택한 것이 아니요 내가 너희를 택하여 세웠나니…"(요 15:16) "토기장이가 진흙 한 덩이로 하나는 귀히 쓸 그릇을 하나는 천히 쓸 그릇을 만들 권한이 없느냐."(롬 9:21)

이쯤 되면 그는 장로교단 그것도 보수장로교단에서 신앙생활을 했던 것임을 헤아리기 어렵지 않다.

"항상 복종하여 두렵고 떨림으로 너희 구원을 이루라."(빌 2:12)

"하늘에 계신 너희 아버지의 온전하심과 같이 너희도 온전하라."(마 5:48)

이 말씀에 강한 액센트를 두면 그는 성결교회나 감리교회에서 은혜를 받은 사람이다.

"너희는 온 천하에 다니며 만민에게 복음을 전파하라. 믿고 세례를 받는 사람은 구원을 얻을 것이요 믿지 않는 사람은 정죄를 받으리라."(막 16:15-16)

그가 침례교회 출신임을 웅변으로 말한다. 그러나 그 다음 구절로 계속 내달으면 그는 순복음교회 출신임이 입증된다.

"믿는 자들에게는 이런 표적이 따르리니 곧 그들이 내 이름으로 귀신을 쫓아내며 새 방언을 말하며 뱀을 집어 올리며… 병든 사람에게 손을 얹은즉 나으리라."(막 16:17-18)

한도 끝도 없는 신학적 논쟁들

신학과 교리의 논쟁은 여기에 그치지 않는다. (여기서 교리는 합의된 신학, 신학은 교리에 대한 개인적 주장이라는 뜻으로 사용한다. 그러나 엄격한 구별은 아니다.)

한 번은 구역에서 성경공부를 할 때 장로와 장로 사이에 심한 논쟁이 벌어졌다는 보고를 받았다. 그리고 이 소문이 교회 전체에 퍼져나갔다. 예수님께서 물 위로 걸어오신 기적을 성경본문으로 공부했는데 구역강사는, '예수님은 모래 밭 옆 물가를 걸으셨는데 보는 방향에 따라 물 위로 걸어오신 것처럼 보였다'는 뜻이라고 주장했다. 그러나 교구장은 '성경말씀 그대로 믿어야지 왜 마음대로 변개시키느냐'고 항의했고 구역원들이 찬반의 격렬한 토론을 벌였다는 것이다. 그런데 그 두 사람 모두 진보적 신학대학 출신 장로였다.

세례가 문제가 되었다. 침례를 받겠다고 고집하는 성도에게 아무런 의문 없이 침례를 베풀었다. 왜 우리 교회가 갑자기 침례교회가 되었느냐는 항의들이 있었다. 천주교회에서 전입한 신자들 가운데는 재세례를 거부하는 이들도 있었다. 그 사람들에게 왜 투표권을 주고 성찬을 허용하느냐는 항의가 당회에서도 제기되었다.

안수례가 또 교리논쟁의 불을 지폈다. 해외단기선교를 나가는데 모든 참가자들 하나하나에게 서로 머리 위에 손을 얹고 안수기도를 해주었다는 것이다. 어디 감히 전도사가 머리 위에 손을 얹어 기도하느냐는 것이다.

여성안수 문제는 더욱 큰 논쟁거리였다. 성결교회에서 여성 안수가 합법화되기 전이었다. 국회의원을 지낸 김 모 장로가 우리 교회에 와서 간증을 했는데 이에 심하게 반발하는 그룹이 있었다. 여성이 남장을 하는 것도 성경 위반인데 하물며 정당하지 않게 안수 받은 여성 장로를 어찌 강단에 세우느냐는 항의였다.

주일예배에서 사도신경을 함께 암송하는 것을 일 년간 생략한 일이 있었다. 사도신경을 예배에서 사용하는 것은 '신학적으로 보아' 선택적이지 필수과목이 아니라는 것이 그 이유였다. 그런데 처음 찾아오는 사람들이, '왜 사도신경이 없느냐. 이단교회는 아니냐'고 했다며 다음 주일 예배부터 꼭 넣자는 의견이 대두되었다. 하지만 침례교회와 그리스도교회 출신들은 사도신경이 없어서 예배가 더 은혜롭다는 의견이었다.

성찬예식도 첨예한 논쟁거리였다. 우선 포도주와 포도즙 어느 것을 써야 하느냐는 것이 교회를 폭풍으로 몰아넣을 뻔했다. 그것은 포도주 대신 우유를 쓰자는 여성신학자들, 전쟁터에서 커피를 사용했다는 군목들, 한국에서는 진보파 가운데 막걸리를 쓰는 사례, 그런 것들과 함께 포도주와 포도즙의 문제를 제기하는 글을 쓴 것이 계기가 되었다. 이 논쟁은 이민교회 언론들의 주목을 끌었다. 성찬식 집례 때는 하얀 장갑을 꼭 끼어야 한다는 주장과 예수님이 첫 번 성찬식에서 장갑을 끼셨느냐는 의견도 팽팽했다. 성찬 받는 자세, 세례도 받지 않은 사람들에게 왜 제공하느냐는 항의도 있었다.

신학적 사고능력 높이기

복음주의(에반젤리칼)와 교회일치주의(에큐메니칼)의 싸움도 교회 안에 깊이 들어와 있다. 한국교회가 그래서 '칼과 칼의 싸움'에 골몰한다는 비판을 받으면서도 지금껏 해결되지 않은 문제 아닌가. 담임목사가 교회연합활동에 열심히 참여하게 되니까, '왜 월급은 유니온교회에서 받으면서 협의회 일에만 그토록 열심이냐'는 아우성이 들려왔다. 교회일치운동의 무게를 전혀 실감하지 못한 비판이었다. '유니온'이라는 교회 이름을 들어가며 일치운동의 중요성을 강조해도 그건 귀 밖으로 들을 뿐이었다.

헌금 걷는 방식이 또 충돌을 가져왔다. 꼭 턱 밑에다가 헌금 바구니를 들이 대어야 하느냐, 예수님도 그렇게 했느냐, 헌금함을 설치해야 한다, 아니, 강제로라도 십일조를 드리게 해야 성경말씀도 지키고 자자손손 축복도 받게 된다 … 이런 주장이 난무했다.

믿지 않던 부모나 다른 종교를 가졌던 부모가 돌아가시면 장례식을 집례해야 했다. 그런데 장례식 설교에서, "이 분은 틀림없이 지옥에 가셨습니다" 그렇게 말하기는 어느 목사나 다 어렵다. 정말 교리의 생생한 충돌현장이다.

교육학자들은 인간의 일생을 문제해결과정(problem solving process)으로 이해한다. 그런 문제해결능력을 높여 주는 것이 바로 사고능력(thinking ability)의 함양이다. 이런 점은 신학에도 곧바로 전용될 수 있다. 목회현장에서 당면하는 문제들을 최소의 노력을 투입하여 최대 효과를 가져 오도록 하려면 신학적 사고능력을 함양시켜야 한다는 뜻이다. 단편적 신학지식을 암기시키는 데 주력한 전통적 신학교육을 버리고 신학적 사고능력을 높이는 일에 중점을 두자는 신학교육개혁운동이 활발하게 전개되고 있다. 가령 신학대학원에서 성경 자체를 공부하기보다는 성경해석학을 더 열심히 배워야 하는 이유가 거기에 있다.

구원과정에 있어서 일방적 예정론과 쌍방적 협동론은 이것이냐 저것이냐(either or)의 문제가 아니고 둘 다(both and)의 문제라는 걸 알면 해결이 어렵지 않다. 하나님은 예정하셨다가도 취소하시거나 변경하실 수 있는 분이라는 사고능력 말이다. 게다가 하나님은 구원의 문제를 인간 자신의 의지에 맡길 수도 있는 분이라는 신학적 사고를 한다면 이 둘은 충돌할 것이 아니라 상승작용을 할 수 있다고 본다. 지금까지는 이신득의와 이행득의가 큰 싸움을 해왔지만 장래에는 이애득의(以愛得義) 곧 사랑으로 구원에 이른다는 교리로 통합될 것이 예상된다.

"아하, 하나님의 개인영혼 구원방식도 획일적이기보다는 개인마다 모두 다른 방식으로 접근하실 것 아닐까. 사람을 모두 개성 있게 창조하신 분이시니까...."

그런 시각에서 누가복음 15장에 나오는 세 비유를 읽으면 예정론, 협동론, 의지론은 싸울 것이 못된다. 여인이 찾아낸 잃은 돈은 예정론, 목자가 찾아낸 잃은 양은 협동론, 아버지가 다시 만난 둘째 아들은 의지론으로 풀리지 않는가.

하나님 마음의 깊이와 넓이

세례의 문제도 창의적 종합(creative comprehension)으로 풀어야 한다. 우선 침례를 받겠다는 사람들에게 침례를 베풀었다. 천주교회 출신들에게는 구원의 도리를 가르친 뒤에 본인의 선택에 맡겼다. 몰몬교와 통일교 출신들은 교육과 세례를 다시 받도록 권고했다.

주일정기예배에서의 사도신경 암송은 필수사항에서 선택사항으로 바꿨다. 전통예배와 말씀예배에서는 함께 외웠고 청소년들이 주축이 된 현대예배에서는 간헐적으로 사용하도록 했다. 그러나 사도신경 내용을 자주 설교에서 인용했다.

성찬예식에서 떡을 무엇으로 사용하느냐는 목회현장에서 별다른 문제제기가 없다. 발효 안 된 떡, 맛있는 빵, 인절미, 백설기 심지어 술떡을 사용해도 그냥 넘어갔다. 그러나 포도주를 사용하되 굳이 포도즙을 희망하는 성도에게는 그대로 했다.

기적을 과학적으로 설명하려는 경우에도 그 사람을 정죄하지 않았다. 그런 설명이 과학기술 시대에 살고 있는 사람들에게 복음전도의 문턱을 낮추는 효과가 있다는 점을 제시했다. 따라서 진화론도 '진화하게 하시는 하나님'이라고 창조론 안에서의 하나님의 지혜로 풀었다.

다른 종교에 구원이 있느냐 없느냐는 매우 민감한 문제이다. 구원문제는 궁극적으로는 하나님의 절대 재량권에 달려 있으니 그건 우리가 딱 잘라서 논의할 바 아니라고 해야 한다. 우리는 다만 예수님만이 가장 확실한 구원의 길임을 목숨 걸고 선포할 뿐이다.

신학의 역사는 하나님의 속마음을 좁게만 오해한 것에서 시작하여 점점 더 넓은 마음으로 이해해 가는 과정을 밟아왔다. 기독교가 글로벌 종교가 되면서 너무 많은 절대적 진리가 인간의 자유함을 옥죄는 부작용을 낳게 되었기에 상대적 진리의 영역을 넓힐 수밖에 없었다. 따라서 웨슬리의 표준처럼, 절대적 진리에는 일치로, 상대적 교리는 관용으로, 그러나 모든 일을 사랑으로 풀어야 한다. 그것이 목회자들이 현장에서 겪는 복잡다단한 문제들을 효율적으로 해결하여 건강한 교회를 구축해 가는 신학적 지혜가 된다.

진실로, 목회는 바른 교리(orthodox)에 기초하여야 하겠고, 또 신학은 바른 실천(orthopraxis)의 검증을 받아야 한다. 그래서 '신학이 있는 목회, 목회가 있는 신학'이 되어야 하겠다. (월간목회 2012년 9월호)

이단과의 싸움 **독사의 자식들아**

목회현장에서 가장 큰 두통거리의 하나는 이단이나 사이비 혹은 불건전한 신앙 추종자들과의 싸움이다. 특히 미주에는 한국에서 생겨난 각종 이단들이 발을 붙이려고 이를 악물고 달려드는 곳이다. 미국은 국제무대 가운데 국제무대이기 때문이다. 자기네 교회가 이단이 아니고 국제적으로 공인받은 공신력 있는 교단이라 걸 입증하려고 미주에다 둥지를 틀려고 별별 전략을 다 실천한다. 엄청난 광고비를 쏟아 붓고 또 터무니없이 과장된 홍보자료를 만들어 한국에 가서 사용한다. 그리고는 몇 사람 모이지도 않는 지교회를 세우고 계속하여 자금을 지원하기도 한다.

그런데 성결교회 헌법은 다른 교단 헌법들과 달리 이단을 방지하기 위한 규정들을 두고 있다. 우선 목사안수 예식서에 보면 다음과 같은 확인 질문이 있다.

"문4. 악의 세력과 이단에 대항하여 과감히 싸우며 순교하기까지 믿음을 지키겠습니까?"

물론 그 질문에 '아니오'라고 하거나 대답을 거부하면 목사안수를 베풀지 않는다. 하기는 아직 그런 사례가 있다는 말은 듣지 못했다. 이미 자격심사과정에서 면밀하게 점검을 했기 때문이다.

그리고 교단 헌법 '목사의 자격' 조항에는 아예 다음과 같은 규정도 있다.

"배우자와 직계가족이 이단 사이비 교파에 관계되지 않은 자."(43조 2항 타호)

이는 가족연좌제여서 너무 심하다는 의견도 있다. 하지만 이단 사이비를 방지하고 순수한 신앙을 지키겠다는 단호한 의지를 확인할 수 있는 대목이다. 게다가 교단총회 기구에는 '이단사이비대책위원회'도 있고 이 위원회의 활동을 상세히 규정한 '이단사이비대책 특별법'도 제정되어 있다.

예수 그리스도의 이단에 대한 사역 원리

그리스도 예수님은 이단 사상에 대하여 매우 단호한 태도를 보여 주셨다. 그 당시에 이단들이라면 바리새파, 사두개파, 그리고 사마리아파가 있었다. 그 가운데 예수님에게 가장 큰 이단은 바로 바리새파였다. 그런 점에서 바리새파에 대한 예수님의 사역 원리를 좀 더 자세히 살펴보기로 한다.

1. 바리새파들과의 투쟁

바리새파는 율법을 철저히 엄수하는 것이 로마 국가의 식민지에서 벗어나게 되는 길이라고 굳게 믿었다. 특히 토라에 있는 하나님의 명령을 자세히 연구하여 '하라'의 명령 248개와 '하지 말아라'의 금지명령 365개 도합 613개를 지키는 일에 목숨을 건 사람들이었다. 그들은 율법 내용에 통달하고 있었으며 글자 그대로 지키려고 힘을 쏟았다. 그런 나머지 지나치게 회칠한 무덤처럼 겉만 꾸미는 경향이 매우 짙었다. 성경연구가들은 예수님 당시 바리새파들이 6,000명 정도 된다고 말한다. 그들 가운데 서기관 혹은 구약성경 학자들이 많이 있었다. 그리고 예수님도 바리새파에 속한 인물이었다고 주장하기도 한다.

그러나 예수님은 바리새파에 대하여 준엄한 비판을 퍼 부으셨다. 바리새파들의 잘못된 신앙을 고치는 것이 마치 예수님의 사역의 핵심인 것처럼 보일 정도였다.

"화 있을진저"(우아이)는 구약성경에서는 이사야, 예레미야, 에스겔 등 예언서들에 등장하고 있다.(사 3:9, 렘 13:27, 겔 13:3, 암 5:18 등), 그리고 신약성경에는 마태복음과 누가복음에 주로 나오는데 (유다서와 요한계시록에 각 한 번을 제외하면 마태복음에 8번, 누가복음에 9번) 두 복음서에 나오는 사례에서는 예수님께서 직접 하신 말씀에 나온다. 그런데 그 대부분이 "외식하는 서기관과 바리새인"에 퍼부은 경고가 되고 있다. 이 "화 있을진저"는 '슬프도다,' '불행하도다'로 번역될 수도 있지만 일반적으로 "저주가 있으라"는 강력한 비난의 표현으로 이해된다.

"악을 선하다 하며 선을 악하다 하며, 흑암으로 광명을 삼으며 광명으로 흑암을 삼으며, 쓴 것으로 단 것을 삼으며 단 것으로 쓴 것을 삼는 그들은 화 있을진저."(사 5:20)

그런데 예수님께서 사용하신 그 말들의 문맥을 보면 사실 '지옥으로나 들어가거라'로 이해되어야 한다. '화 있을진저'를 연속하여 퍼부으신 뒤에, "뱀들아, 독사의 새끼들아, 너희가 어떻게 지옥의 판결을 피하겠느냐"(마 23:33)는 말씀이 있는 것이 이를 확인해 주고 있다. 이 점에서는 세례자 요한도 똑같은 입장이었다.

"요한이 많은 바리새인들과 사두개인들이 세례 베푸는 데로 오는 것을 보고 이르되, 독사의 자식들아, 누가 너희를 가르쳐 임박한 진노를 피하라 하더냐?"(마 3:7)

그렇다면 예수님은 바리새파 이단들에 대하여 어떤 태도를 취하고 계신지 직접 살펴보기로 하자. 바리새파 사람들이라는 말이 직접 들어갔거나 혹은 앞뒤 문맥으로 보아 확실한 것들을 몇 가지 검토해 보자.

-화 있을진저, 외식하는 서기관들과 바리새인들이여, 너희는 천국 문을 사람들 앞에서 닫고 너희도 들어가지 않고 들어가려 하는 자도 들어가지 못하게 하는도다.(마 23:13) -화 있을진저, 외식하는 서기관들과 바리새인들이여, 너희가 박하와 회향과 근채의 십일조는 드리되 율법의 더 중한 바 정의와 긍휼과 믿음은 버렸도다.(마 23:23) -화 있을진저, 외식하는 서기관들과 바리새인들이여, 잔과 대접의 겉은 깨끗이 하되 그 안에는 탐욕과 방탕으로 가득하게 하는도다. 눈 먼 바리새인이여. (마 23:25,26) -화 있을진저, 외식하는 서기관들과 바리새인들이여, 회칠한 무덤 같으니 겉으로는 아름답게 보이나 그 안에는 죽은 사람의 뼈와 모든 더러운 것이 가득하도다.(마 23:27) -화 있을진저, 너희 바리새인이여, 너희가 회당의 높은 자리와 시장에서 문안 받는 것을 기뻐하는도다. (눅 11:43) -화 있을진저, 또 너희 율법교사여, 지기 어려운 짐을 사람에게 지우고 너희는 한 손가락도 이 짐에 대지 않는도다.(눅 11:46) (율법교사 가운데는 사두개파들도 없지 않으나 바리새파가 대부분이었다.)

이 같은 말씀이 입증하는 결론은 바리새인들이 겉으로는 하나님을 끔찍하게 사랑하는 것 같으나 실상은 자기 욕심을 채우는 못된 인간들이라는 것이 예수님의 판단이었다. 그들은 지옥의 자식이요 마귀의 추종자로 보셨다. 그들이 겉으로는 하나님의 형상을 갖고 경건의 모양을 지니고 있으나 그 안에는 사탄의 형상을 지니고 있어 경건의 능력은 전혀 찾아 볼 수가 없었다.(딤후 3:5) 따라서 그들과는 타협의 여지가 없었다. 그렇다고 바리새파들이 가만히 당하고만 있는 것은 아니었다. 그들이 사두개파와 함께 예수님을 십자가에 처형하는 일에 앞장섰을 정도였다. 이에 대하여는 더 살펴보기로 한다.

바리새파들에 대한 예수님의 경고는 거기에 그치지 않는다. 예수님의 공생애는 바리새파, 사두개파, 헤롯당들과의 끊임없는 투쟁의 연속이었다.

바리새파들이 예수님께서 어찌하여 세리와 죄인들과 함께 식사를 하느냐고 도전해 왔다.(마 9:11,막 2:16, 눅 5:30). 죄인인 여자가 옥합을 가지고 와서 예수님 발에 부었을 때에 예수님을 초청한 바리새인이 항의했다.(눅 7:37-39, 눅 15:2) 예수님께서 중풍병자에게, "이 사람아, 네 죄 사함을 받았느니라" 하고 그를 고쳐 주시니 바리새파들이 즉석에서 이것은 신성모독이라고 항변했다. (눅 5:17-21) 또 예수님과 제자들이 금식에 소홀하다고 비판하며 싸움을 걸어 왔다.(마 9:14, 막 2:18, 눅 5:33) 예수님께서 귀신들린 자들에게서 악령을 쫓아내시는 것을 보고 그들은 귀신의 두목 바알세불을 힘입어 그런 기적을 행하는 것이라고 했다.(마 9:34, 12:24) 예수님이 제자들과 함께 밀밭 사이로 걸어갈 때 안식일인데도 그 이삭을 잘라 먹는다고 비난했다.(마 12:2, 막 2:24, 눅 6:2) 그들은 예수님에게 표적을 보여 달라며 올무를 그 가는 길에 놓았다.(마 12:38, 막 8:11) 그들은 예수님의 제자들이 먹을 때에 손을 씻지 않는다는 항의도 했다.(마 15:1,2, 막 7:5) 이혼문제도 들고 나왔고(마 19:3, 막 10:2), 구약성경에 기록된 계명 가운데 어느 것이 가장 크냐고 시험하기도 했다.(마 22:34-36) 예수님께서 안식일에 병을 고쳐 주실 때마다 안식일을 범한다고 혹독하게 비판했다.(눅 14:3) 그리고 무엇보다도 예수님께서 메시아 곧 구원주이심을 전혀 믿지 않았으며 이에 강력히 반발했다.(눅 19:35-40)

가장 극적인 장면은 음행한 일을 하다가 서기관과 바리새파 사람들에게 잡혀온 창녀의 문제를 두고 예수님과의 일대 격전을 벌인 일이었다. (요 8:3-11)이었다. 서기관들은 율법을 잘 알고 있었고 바리새파들은 그 율법을 철저히 지킨다고 자부하는 이들이었다. 따라서 율법에 따르면 음행 하다가 현장에서 잡힌 여자는 돌로 쳐서 죽여야 한다. (레 20:10) 그러나 예수님께서는 "너희 중에 죄 없는 자가 먼저 치라"는 유명한 말씀으로 그 여인의 생명을 살려 내셨다. 성경 사본 가운데 늦게 쓰인 것에만 있어 그것이 실제로 있었던 사건이었는지 의심하는 성경연구가들이 있다. 아마도 입으로 전하여 오다가 뒤늦게 기록되었을 것 같다.

이와 같은 바리새파들에 대하여 예수님은 여러 가지 전략을 사용하셨다. 첫째로, 그들을 책망하고 경고하셨다. 이것은 위에 제시한 것처럼 "화 있을진저, 바리새인들이여" 하는 말로 요약되고 또 확인된다.

둘째로, 예수님은 바리새파 사람들의 잘못된 생각을 경고했고 고치도록 깨우치셨다. 나면서부터 맹인 되었던 거지청년에게 예수님은 침을 뱉어 진흙을 이겨 그 눈에 바르시고 실로암 연못에 가서 씻으라고 하셨다. 그가 밝은 눈으로 회복된 것이 바리새파들을 불안하게 만들었다. 예수님의 메시아 되심을 강력히 부인하는 사람들이었기 때문이다. 이 일을 듣고 예수님은 바리새파 사람들에게 이런 가르침을 주셨다.

"너희가 맹인이 되었더라면 죄가 없으려니와 본다고 하니 너희 죄가 그대로 있느니라."(요 9:41)

예수님은 다른 기회에도 바리새파들이 영적 맹인이라는 것을 깨우치셨다. 그들은 "맹인이 되어 맹인을 인도하는 자들"이라고 경고하셨다.(마 15:14)

예수님께서 어린 나귀를 타고 예루살렘에 들어오신 사건은 예수님 스스로 왕이신 것을 선포하고 취임하신 대관식이었다. 그런데 수많은 사람들 특히 어린이들까지 "호산나, 호산나, 찬송하리로다, 주의 이름으로 오시는 왕이여" 하며 옷을 깔고 종려나무 가지를 흔들었다.(마 21:1-11, 막 11:1-11, 눅 19:28-44, 요 12:12-19) 이때에 바리새파들이 또 항변했다.

"선생이여, 당신의 제자들을 책망하소서."(눅 19:39)

그러나 예수님은, "만일 이 사람들이 침묵하면 돌들이 소리 지르리라" (눅 19:40)고 선언하셨다.

셋째로, 예수님은 바리새파 이단들을 척결하는 일에 목숨을 거셨다. 죽으면 죽으리라는 결심을 가지고 바리새파 이단과 투쟁하셨다. 예수님을 제거하려는 바리새파들의 음모는 갈수록 점점 더 심하여지다가 죽은 나사로를 살리신 사건 이후에 절정에 이르게 된다.

베다니에 사는 마르다와 마리아의 오라버니 나사로가 병들어 죽었다. 죽은 지 나흘이나 되어 이미 무덤에 묻혔고 시체가 썩어 냄새가 나는 형편이었다. 그러나 예수님께서 그 무덤 앞에서, “나사로야, 나오너라” 하시니 그가 다시 살아나서 무덤 밖으로 나왔다. 죽은 자를 살리신 예수님의 능력을 한 눈에 환히 볼 수 있는 사건이었다.(요 11:33-44) 이 사건이 바리새파들을 더욱 불안하게 만들었다. 그래서 바리새파들이 다른 세력들과 연합하여 예수님을 죽일 것을 결심하고 합의하게 된다.

-대제사장들과 바리새인들이 그를 잡으려고 아랫사람들을 보내니.(요 6:32, 18:3) -그들이 예수의 말씀을 책잡으려 하여 바리새인과 헤롯당 중에서 사람을 보내매.(막12:13) -서기관들과 바리새인들이 예수를 고발할 증거를 찾으려 하여 안식일에 병을 고치시는가 엿보니… 그들은 노기가 가득하여 예수를 어떻게 할까 하고 서로 의논하니라.(눅 6:7-11) -바리새인들이 나가서 어떻게 하여 예수를 죽일까 의논하거늘.(마 12:14, 22:15, 막 3:6) -이에 대제사장들과 바리새인들이 공회를 모으고 이르되 이 사람이 많은 표적을 행하니 우리가 어떻게 하겠느냐?… 이 날부터는 그들이 예수를 죽이려고 모의하니라.(요 11:46-53) -대제사장과 바리새인들이 함께 빌라도에게 모여 이르되....그 무덤을 사흘까지 굳게 지키게 하소서.(마 27:62-66)

예수님을 십자가에 처형한 것은 단순히 바리새파만의 단독범죄는 결코 아니다. 그러나 바리새파들이 사두개파, 헤롯파, 빌라도파 등과 함께 주도세력이었던 것은 이로써 확실해 졌다. 다시 말하면 예수님은 바리새파 이단들에 대하여 목숨을 걸고 저항하셨다는 것을 뜻한다.

예수님은 왜 바리새파들의 이단적 주장들을 고치시는 일에 목숨을 걸으셨을까? 그것은 그들이 사두개파들과 함께 하나님의 가르치심 혹은 언약들을 정면으로 변질시켰기 때문에 이를 바로 세우기 위함이었다. 그들은 겉으로는 하나님을 섬기는 척 했지만 마음 깊은 곳에서는 하나님은 안중에도 없었다. 그래서 구약성경의 핵심명령인 쉐마 곧 “마음을 다하고 뜻을 다하고 힘을 다하여 네 하나님 여호와를 사랑하라” (신 6:4,5)는 명령을 정면 거부했다. 그것은 바로 십계명에 대한 불순종이었다. 게다가 제사와 안식일, 그리고 성결예식들을 겉모양으로만 지킬 뿐 마음 중심을 보시는 하나님의 뜻과는 전혀 부합되지 않았다.

게다가 바리새파 사람들은 자신을 하나님으로 삼고 있었다. 높은 자리에 앉기를 좋아 했다. 하나님보다는 돈을 좋아 했다.(눅 16:14, 15) 스스로 의롭다고 생각했다. 그래서 기도할 때에는 금식 잘하고 십일조 잘 드리고, 도덕적으로 깨끗하다는 등 자기의 자랑만 잔뜩 내세웠다.(눅 18:9-12) 말하자면 자기가 자기에게 하나님이었다.

따라서 그들은 하나님의 가장 큰 명령인 성결대명, 사랑대명, 선교대명에는 아예 관심조차 없었다. 이스라엘 민족을 통하여 온 세계 모든 민족을 구원하시려는 하나님의 구원계획이 처음부터 출발할 수 없게 되었다. 진실로, 예수님은 그 세 가지를 다시 세우려는 사명으로 이 세상에 오셨기 때문에 바리새파 등 이단들에게 목숨 건 투쟁을 하셨다.

넷째, 바리새파의 도전은 예수님께서 새로운 하늘의 진리를 풀어 주시는 기회였다. 가령 예수님께서 세리와 죄인들이 말씀 들으러 가까이 나아오는 것을 보고 바리새인과 서기관들이 수군거렸다. “이 사람이 죄인을 영접하고 음식을 같이 먹는다”고 비난했다. (눅 15:1,2) 이런 비난 때문에 예수님은 잃은 양, 잃은 돈, 잃은 아들의 비유(눅 15장 전체)를 말씀하셨다. 구원론을 다양하게 풀어 놓으셨다. 이는 마치 이단들에 대하여 기독교 진리를 변증하게 된 것이 새로운 신학과 교리를 탄생시킨 기독교 역사에 흔히 있는 일의 시작이라 할 수 있다. 이단이나 사이비 혹은 불건전한 신앙들이 기독교에는 독약인 것이 틀림없지만 그 독약을 양약으로 변형하신 것은 예수님의 사역방법이었다.

이것은 안식일에 대한 문제에서도 마찬가지였다. 안식일에 병 고치시는 예수님에게 바리새파들이 격렬하게 항의했다. 그러나 예수님은 그 기회에 다음과 같은 바른 교훈을 남기셨다.

-안식일이 사람을 위하여 있는 것이요 사람이 안식일을 위하여 있는 것이 아니니라.(막 2:27) -인자는 안식일에도 주인이니라.(마 12:8, 막 2:28) -안식일에 선을 행하는 것과 악을 행하는 것, 생명을 구원하는 것과 죽이는 것, 어느 것이 옳으냐?(막 3:4, 눅 6:9) -그러므로 안식일에 선을 행하는 것이 옳으니라.(마 12:12)

바리새파들의 저항으로 인하여 예수님은 안식일을 함생의 날로 바른 위치로 돌려놓는 기회로 삼으셨다.

다섯째, 예수님은 바리새파들의 이단적 신앙을 문제 삼으신 것이지 사람을 적으로 삼으신 것은 아니었다. 예수님은 여러 번 바리새파들의 교훈을 본받지 말라고 경고하셨다.

-삼가 바리새인들의 누룩과 헤롯의 누룩을 주의하라.(마 16:6, 막 8:15) -그러므로 무엇이든지 그들이 말하는 바는 행하고 지키되 그들이 하는 행위는 본받지 말라.(마 23:3)

이 말씀은 이단들에게서도 배울 바가 있다는 것을 뜻한다. 마치 예수님께서, “너희는 뱀같이 지혜롭고 비둘기같이 순결하라” (마 10:16)고 하신 말씀에서 ‘지혜롭고’는 ‘간교하더라’(창 3:1)는 표현과 같다는 것을 생각할 때 이단들에게서도 무엇인가 배울 수 있는 점이 있음을 깨우쳐 주고 계시다.

-너희 의가 서기관과 바리새인보다 더 낫지 못하면 결코 천국에 들어가지 못하리라.(마 5:20)

이처럼 바리새파들의 잘못된 교훈에 대하여는 경고하시면서도 그들에게서 배울 점도 있음을 지적하셨다. 그리고 예수님 자신이 바리새파들이 초청할 때 거절하지 않으시고 참석하시기도 했다.

-그런데 바리새인 중에 니고데모라 하는 사람이 있으니.(요 3:1) -한 바리새인이 예수께 자기와 함께 잡수시기를 청하니 이에 바리새인의 집에 들어가 앉으셨을 때에.(눅 7:36, 11:37) -안식일에 예수께서 한 바리새인 지도자의 집에 떡 잡수시러 들어가시니.(눅 14:1)

또, 바리새파들이 순수하게 배우려는 동기로 물을 때에는 예수님도 친절하게 가르쳐 주셨다.

-바리새인들이 하나님의 나라가 어느 때에 임하나이까 묻거늘 예수께서 대답하여 이르시되 하나님의 나라는 볼 수 있게 임하는 것이 아니요 또 여기 있다 저기 있다고도 못하리니 하나님의 나라는 너희 안에 있느니라.(눅 17:20)

그런 점에서 예수님은 바리새파라 하여 전면 거부하신 것은 아니다. 오히려 니고데모 같은 사례처럼 그들 가운데서 예수님의 제자 된 사람들도 있었다.(요 7:50-52, 19:39,40)

사실 연구가들에 의하면 예수님도 바리새파에 속하였으며 특히 천사들의 존재를 믿는 일, 영혼이 있다는 것, 지옥과 천국이 있다는 것, 부활이 있다는 것에서는 바리새파와 일치된 믿음을 가지셨다.(행 23:8)

예수님의 제자들 가운데 바리새파의 강력한 회원이 있으니 곧 바울 사도이다. 그는 여러 번 자신이 바리새파였던 것을 주저 없이 밝히고 있다.(행 23:6, 26:5, 빌3:5) 그가 회심한 뒤에도 바리새파에 남아 있는 것은 아니겠으나 이 같은 태도는 예수님도 바리새파였다는 것을 간접으로 증언하는 것으로도 볼 수 있지 않을까?

2. 사두개파, 사마리아인, 에세네파

'바리새파'나 '사두개파'는 구약성경에는 전혀 없는 말이다. 그러나 바리새파는 중간사 시대에 '하시딤'에서 유래되었고 사두개파는 대제사장 사독을 따르는 사람이라는 뜻을 가지고 있다. 그런데 이 두 파가 신약성경 특히 네 복음서와 사도행전에 대부분 한정되고 있다. 특히 사두개파는 거의 대부분 '바리새인과 사두개인'으로 나란히 나오고 있다.(마 3:7, 16;1, 6, 11, 12)

다만 '사두개인'이라는 이름이 단독으로 나오는 것은 "부활이 없다"는 그들이 '부활이 있다'는 예수님과 논쟁할 때였다.(마 22:23-33, 막 12:18, 눅 20:27) 사두개인들은 어떤 사람이 아들 일곱을 두었는데 첫째가 결혼했으나 아들 없이 죽었기에 계대결혼의 구약성경 명령에 따라 둘째 아들부터 일곱째 아들까지 결혼했으나 끝내 아들을 낳지 못했다. 그리고 그 여자도 마침내 죽었다. 그러면 그 여자는 부활한 뒤에 누구 아내가 되겠느냐며 예수님께 도전장을 던졌다.

이 사두개 이단들에 대하여 예수님은 다음과 같이 대답하셨다.

-너희가 성경도 하나님의 능력도 알지 못하는 고로 오해하였도다. 부활 때에는 장가도 아니 가고 시집도 아니 가고 하늘에 있는 천사들과 같으니라.(마22:29,30)

역시 예수님은 사두개 이단에 대하여도 잘못된 가르침에 대하여는 체면이나 환경을 생각하지 않고 단호하게 고쳐 주셨다. 그것은 무엇보다도 성전을 청결하게 하신 사건에서 확연히 드러난다. 예수님은 성전 청소를 적어도 두 번에 걸쳐 행하셨다. 한 번은 사역 초기에(요 2:13-22) 그리고 다음번은 사역 말기였다.(마 21:12-17, 막 11:15-19, 눅 19:45-48) 물론 이 두 사건이 한 가지 사건의 기록이라는 주장도 있다.

그런데 예수님께서 성전 뜰에서 소와 양과 비둘기를 팔고, 돈을 바꾸는 사람들을 채찍으로 몰아내시면서 거세게 행동하신 것은 여러 가지 뜻이 있다. 그 중 가장 중요한 것은 하나님에게 기도 곧 예배해야 할 집이 사람들의 이익을 위하여 악용되고 있는 것을 과감히 고쳐 놓는 결단이었다. 성전 뜰에서 매매하는 것은 대제사장과 제사장 그리고 공회의원들의 뒷주머니를 배불리는 일이었기 때문이다.

-기록된바 내 집은 만민이 기도하는 집이라 칭함을 받으리라고 하지 아니하였느냐? 너희는 강도의 소굴을 만들었도다.(막 11:17)

추상같은 심판이었다. 그런데 그 대제사장, 제사장, 공회의원들의 대부분이 바로 사두개파들이었다. 이렇게 되자 사두개파와 바리새파는 평소에 원수지간이었으나 예수님을 처형하는 데는 행동을 함께 했다.(막 11:18, 요 11:53) 반역적 상생(symbiosis)의 대표적 사례이다.

사마리아인들은 유태인들과 원수지간이었다. 기원전 722년 앗수리아가 사마리아를 점령하고 혼혈정책을 강요하여 생긴 인종들이었다. 그래서 유태인들은 사마리아인들을 이방인보다 더 큰 적으로 생각했다. 그들은 하나님께 예배드리는 성전이 예루살렘에 있는 것이 아니라 그리심산에 있어야 한다고 주장했다. 그들은 모세오경, 안식일, 절기, 할례, 메시아의 도래 등을 믿었다.

그런데 예수님은 사마리아 사람들에게는 바리새파나 사두개파들과는 전혀 다른 태도를 취하셨다. 사마리아에 저주의 불이 떨어지게 해달라는 제자의 요구를 거절하셨다.(눅 9:54) 특히 사마리아에 있는 야곱의 우물가에서 깨끗지 못한 여자에게 복음을 전파하여 구원하시고 사마리아 동네에서도 전도하시고 함께 지내셨다.(요 4:5-42) 이런 까닭으로 예수님은 사마리아 사람이라는 오해도 받으셨다.(요 8:48) 특히 예수님은 선교대명 가운데 예루살렘, 유태, 땅끝과 함께 사마리아를 포함시키셨다.(행 1:8) 이것은 사도행전에서 실현되었다.(행 8장)

엣세네파들은 금욕생활을 강조했다. 바리새파들이 율법준수로, 사두개파들이 성전예배 회복으로, 열혈당원들이 폭력으로 로마로부터 독립을 쟁취할 것을 주장한 것과 함께 엣세네파는 금욕생활을 내세운 터였다. 특히 쿰란공동체를 형성했다. 이 엣세네파는 세례 요한을 대표로 하며 나실인의 전통(민 6:1-21)을 이어간다는 자부심을 가지고 있었다. 세례 요한의 제자들이 예수님께 와서 항의를 한 적이 있다.

-우리와 바리새인들은 금식하는데 어찌하여 당신의 제자들은 금식하지 아니하나이까? (마 9:14)

이때에 예수님은 그런 금식행위도 건전한 믿음생활이 아니라는 것을 확인시켜 주시고 고쳐 주셨다. 금식할 시기가 있다는 것, 그리고 무엇보다도 새 포도주는 새 부대에 넣어야 한다는 것을 선포하셨다.(마 9:14-17, 막 2:18-22, 눅 5:33-39)

3. 이단을 처리하는 원리

위의 사실들을 종합하여 볼 때 그리스도 예수님은 이단에 오염된 신앙, 사이비이건 불건전한 신앙이건 그들에 대하여 다음과 같은 원리를 제시하여 주셨다.

1. 무엇보다도 타협 없이 준엄한 심판을 내리셨다. 그리고 그들이 구원받지 못하고 당연히 지옥에 들어가게 된다고 경고하셨다. 이 점에 대하여는 특히 요한계시록 2장과 3장에 나오는 일곱 교회를 향하여 예수님께서 강력하게 이단척결의지를 표명하셨다. 자칭 사도들(계 2:2), 니골라당(계 2:6,15), 사탄의 회당(계 2:9, 3:9), 사탄의 권좌(계 2:13), 발람의 교훈(계 2:14), 여자 이세벨(계 2:20), 사탄의 깊은 것(계 2:24)에 대하여 엄중히 경고하고 계신다,

2.그러나 회개하고 돌아서면 하나님의 백성으로 환영하셨다.

3. 이단들의 장점을 배우도록 안내하셨다.

4.근본적 차이는 없고 사소한 상대적 진리의 차이가 있을 경우 이단으로 정죄하기보다는 관용을 베푸셨다.

이 부분은 좀 설명이 필요하다. 우선 바리새파나 사두개파와는 진리의 근본적 차이가 있기 때문에 매우 강경하게 대처하셨다. 그러나 사마리아인들이나 엣세네파에 대하여는 부드럽고 따뜻한 자세를 유지하셨다.

그리고 이런 일에 대하여 예수님은 직접적으로 다음과 같이 원리를 제공하셨다. 예수님이 그리스도인 것을 믿지도 않으면서 그의 이름으로 질병을 고치고 또 귀신을 쫓아내는 이들이 있었다. 그래서 그들을 어떻게 해야 할는지 제자들이 지침을 물으셨다. 예수님의 대답은 이렇게 기록되어 있다.

-우리를 반대하지 않는 자는 우리를 위하는 자니라.(마 9:40) -금하지 말라. 너희를 반대하지 않는 자는 너희를 위하는 자니라.(눅 9:50)

그러나 이와 반대되는 교훈도 다음과 같이 주셨다.

-나와 함께 아니하는 자는 나를 반대하는 자요, 나와 함께 모으지 아니하는 자는 헤치는 자니라.(마 12:30, 눅 11:23)

이 말씀을 보면 이단이나 다른 종교들이라 하더라도 기독교를 반대하지 않으면 예수 그리스도 편에 서 있다고 해야 한다. 가령 안식교나 불교 혹은 몰몬교들은 기독교를 반대하지 않는다. 그럴 경우 우리는 이단이나 다른 종교라 할지라도 적극적으로 포용해야 논리가 맞는다. 반대로 예수님과 함께 하지 않는 자는 반대하는 자로 분류해야 한다. 그런

사람이나 단체들은 적극적으로 영적인 적의 세력으로 간주해야 한다. 여기에 목회자의 깊은 고민이 있다. 그러나 이같은 예수 그리스도의 원칙이 앞으로의 이단들에 대한 미래적 해결방안을 담고 있다고 보면 안 될까? 특히 종교미래학자들은 앞으로는 체제종교보다는 섹트종교가 훨씬 더 많아지고 성공을 거둘 것이라는 예고를 참조할 필요가 있다.

불건전 신앙 시정 요구

미주한인교계에서는 워낙 잘 알려진 이단종파들은 사실 큰 걱정이 아니다. 박태선의 천부교만 해도 그 추종세력이 더러 발견된다. 아직도 시온간장 특히 시온 성수(聖水)를 마시는 사람들의 소식이 들리곤 한다. 정종 한 병짜리 성수에 오천 불 정도라고 한다.

그러나 실제로 신자들이 미혹의 영(요이 1:7)으로 느껴 끌려가는 것은 군소이단종파들이나 잘못된 기독교사상들이다. 몇 가지 목회경험들을 소개해 보자.

1990년대 초에 다미선교회라는 것이 있었다. '다가올 미래'에서 다미라는 이름이 생겼다 했고 이들은 시한부 종말론을 외치고 다녔다. 이 곳 로스앤젤레스에서도 하방익이라는 청순한 소년이 예언을 한다고 해서 사람들이 우르르 몰려갔다. 그들은 마라나타교회라는 이름을 붙이고 맹렬하게 활동을 했다. 그 교회는 우리 교회와도 거리가 그리 멀지 않았다.

"주님이 곧 오십니다. 며칠 안 남았어요."

그런 현수막을 들고 가는 곳마다 함성을 지르는 청년층들이 있었다. 그 기세가 이른 봄의 들불처럼 퍼져 나갔다.

유니온교회 신자들에게는 이단에 유혹되지 말라며 설교할 때마다 강조했다.

"여러분, 이단은 제비족과 같아요. 제비족이 무엇인지 아시지요? 혼자 사는 여자 골라서 유혹해서 춤추고, 육체관계 갖고, 돈 빼먹고, 가정 파괴하고, 폭로한다고 협박하며 이것은 또 다른 이야기이다. 1980년대 초에는 귀신론을 가지고 목회를 열심히 하는 교회들이 있었다. 다른 교회에서 신자들이 물밀듯이 모여 들었다. 그리고 자주 총동원주일을 지켰다. 양도둑질을 하기 위한 전략이었다.

그 때 나는 남가주기독교교회협의회 총무로 봉사하고 있었다. 그런데 교계에서 그 교회에 대하여 대책을 세워야 한다는 소리가 빗발치듯했다. 그래서 그 교회 담임목사를 만났다. 대학의 선배였다.

"암을 앓다 죽은 귀신이 붙으면 암환자가 된다고 하신다면서요. 한국의 베뢰아 귀신론 아닙니까?"

"아닙니다. 그런 주장을 하는 것이 아니고 그런 주장도 있다고 소개한 것뿐입니다."

"다른 교회 신자들을 끌어다가 큰 교회 만들었다고 하나님께 칭찬 들으시겠습니까? 교계의 여론이 매우 나쁩니다."

"총동원주일은 누구나 하는 것인데요."

이런 대화들이 있었다. 그래도 나는 잘못된 귀신론은 포기하고 목회윤리를 지켜가며 하자고 권고했다. 그는 그냥 얼버무려 대답하고는 헤어졌다.

그 교회는 총동원주일을 계속했다. 그래서 교계언론에 부득이 조각글 한 편을 쓰게 되었다. 제목은 다음과 같았다.

"총동원주일인가, 총도둑주일인가"

이 글이 나간 뒤부터 남가주지역에서는 총동원주일행사는 없어졌다. 그 대신 새생명 축제가 생겨나긴 했지만...

이 말은 덧붙일까 말까 많이 망설였지만 용기를 내었다. 여러 해 지나서 그 목사가 갑자기 은퇴하게 되었다. 암으로 투병한다는 소식이다.

하여튼 이단들도 언제나 할 말이 있다. 기독교도 처음에는 이단이라는 낙인이 찍혀 있었다는 것이 그 근거이다.

-우리가 보니 이 사람은… 나사렛 이단의 우두머리라… 나 (바울)는 그들이 이단이라 하는 도를 따라 조상의 하나님을 섬기고… (행 24:5, 14)

그러나 바울 사도는 이단에 대하여 철저히 척결해 가고 있었다. 다음 말씀을 보라.

-다른 복음은 없나니 다만 어떤 사람들이 너희를 교란하여 그리스도의 복음을 변하게 하려 함이라… 누구든지 너희가 받은 것 외에 다른 복음을 전하면 저주를 받을 지어다. (갈 1:7,9)

여기에서 '다른'은 아예 종류가 다르고 질적으로 다르다는 '헤테로'라는 뜻이다.

구원파에 구원 없다

유병언의 장례식도 끝났다. 그도 별 수 없이 죽어 땅에 묻혔다. 하지만 그가 남긴 복잡한 문제들은 해결된 것이 별로 없다. 오히려 재산 싸움, 재판 싸움, 승계 싸움들이 줄줄이 기다리고 있을 뿐이다. 한 가지 더 있다. 바로 정통과 이단의 종교 싸움이다.

세월호 침몰로 꽃다운 생명들이 그토록 많이 희생된 것은 해외에 사는 우리 모두에게도 엄청난 충격이었다. 누구에게 책임을 따로 물을 것도 없이 어른들 모두가 범죄인이 된 느낌이다. 도덕적 양심으로는 누구누구의 잘못을 지적할 입장이 아니다.

그런데 그 배가 유병언의 것이라는 보도에 이어서 오대양 사건, 구원파, 스쿠알렌, 한강 유람선, 그의 사생활이 백일하에 폭로되었다. 최대책임은 바로 그에게 있다는 거센 비판이다.

"저런, 선박 사고가 종교사고가 되겠네." 그런 말이 내 입에서 저절로 튀어나왔다. "이것 봐. 기독교까지 목포 앞바다에 침몰하고 말 것 같아." 이어서 나온 말이다. 유병언 일파는 기독교 안에서는 사이비 이단으로 정죄되어 신자들 사이에서는 큰 문제가 없다. 그러나 기독교 밖에서는 그게 전혀 구별되지 않는다. 게다가 이들의 단체이름이 기독교의 핵심용어들인 기독교/복음/침례/구원파라는 거룩한 용어에 더러운 것을 발라놓았다. 그런 말이 혐오대상이 되어버렸으니 기독교 전체가 도매금으로 입은 상처가 얼마나 큰가.

미국유학 첫 해였던 1972년 성탄절 전에 자선냄비 종 울리는 일에 자원 봉사한 적이 있었다. 그런데 핼로윈데이 귀신복장을 입은 사람이 와서 말을 걸었다. 첫 질문이 '너 구원받았느냐'였다. 물론이라고 대답했더니, 그러면 네 영적 생일이 언제냐고 따져 묻는다. 영혼이 거듭났으면 그 생일이 있어야 한다는 뜻이다. 구원파와 똑같은 전도를 하고 있었다.

나는 되물었다. "너는 네가 태어난 날과 시간을 어떻게 아느냐?" "나의 엄마가 말해 주었지." "그것 봐라. 영혼의 생일도 성령께서 알려주시지 않으면 모를 수도 있다. 바울은 영적 생일을 또렷이 알지만 베드로는 전혀 모른다." 그랬더니 그 사람이 도망가듯이 떠나버렸다.

구원파의 이단성은 바로 그 잘못된 구원의 교리에 있다. 점진적 회심을 부정할 뿐만 아니라 한 번 구원은 영원한 구원이라는 '성도의 견인' 교리도 극도로 악용되었다. 그래서 영혼의 생일을 확실히 아는 성도만 영원한 구원을 받았으므로 무슨 죄를 짓든지 구원을 결코 빼앗기지 않는다는 주장이다. 도덕적 양심을 폐기시켜 놓은 이단이다.

따라서 목적이 정당하면 수단은 악한 것이라도 죄의식 없이 사용할 수 있다고 가르친다. 그래서 수단방법 가리지 않고 돈을 긁어모았다. 거기서 더 타락했다. 돈이 목적이 되고 구원은 수단으로 격하되었다. 그래서 죽어가는 생명도 구원해야 할 것이 종교인데 오히려 그토록 많은 생명을 파괴하는 범죄자로 전락하고 말았다.

유병언이 죽었다. 세월호 사건에 대하여 아무 말도 남기지 않고 죽었다. 그가 조금이라도 기독교적 양심이 있었다면 세월호 사건이 생긴 걸 알자마자 '내가 흉악한 살인범이 되었소'라며 통곡자백하고, 나를 처형해 달라고 자수했어야 했다. 있는 재산을 다 바칠 터이니 다른 이들은 모두 용서하라고 했다면 구원파가 구원을 받을 수도 있었으리라. 그것이 예수 그리스도의 십자가 수난을 조금이라도 따르는 일 아닌가. 교주가 못했으면 남은 추종자들이라도 양심선언을 했어야 한다.

그러나 끝내 가룟 유다 수준의 양심선언조차 없었다. 스승 팔아 챙겼던 은돈자루를 내동댕이쳤고 목매어 자살했던 그 유다 말이다. 결국 기독교복음침례회(구원파)는 이단의 말로가 얼마나 비참한 것인지 또 하나의 교훈을 역사에 또렷이 기록해 놓았다. 게다가 앞으로 유병언 교주가 부활했다는 추종자들이 생겨날지도 모른다.

이단은 이단을 낳게 되고 악의 뿌리는 쉽게 제거되지 않는다. (크리스천 위클리)

이단판별지침 제정

이단과 불건전한 신학과 교리에 대하여 날카롭게 지적한 글들이 여럿 있었다. 〈말씀보존학회〉에서는 킹 제임스 성경만이 정경이고 다른 성경들은 마귀가 변개시킨 것들이라는 광고를 일간신문에 정기적으로 냈다. 그래서 쓴 글이, 말씀보존학회 때문에 킹 제임스 성경이 휴지가 되었다고 썼다.

돌아가셨지만 강원용 목사님께서 라디오 방송에서 지옥은 없다고 강조해서 그걸 들은 분들이 전화를 해오셨다. 그래도 강 목사님은 내가 대학 다닐 때 4년 동안 출석했던 경동교회 담임목사이셨기에 매우 곤혹스러웠다. 심사숙고 끝에 부드럽게 반론을 썼다. 강 목사님께서 진보주의자라는 건 누구나 아는데 진보주의는 개방주의여서 보수적 신학도 포용할 수 있는 것이 아니겠느냐는 논지였다.

"목사님, 저라면, 지옥이나 천국이 글자 그대로 있다고 저는 믿지 않습니다. 그러나 그렇게 믿는 분들의 믿음도 소중하게 여깁니다."

그런 말씀 한 마디만 했었더라면 좋았겠다는 아쉬움을 표현했다.

그 뒤 몇 년이 지나 강 목사님도 별세하셨다. 김수환 추기경께서 임종 시에 방문하시고 하나님 품에 갈 걸 믿으시지요 하고 확인하니 아멘이라 응답하셨다는 소식을 들었다. 그리고 나는 이 곳 일간신문에 강원용 목사님 추모사를 쓰기도 했다.

도올 김용옥 박사와 오강남 박사에게 쓴 항의편지도 있었다. 김용옥 박사에게는 이곳에서 함께 사역하는 박명룡 목사의 저서 김용옥의 하나님 Vs 성경의 하나님이라는 책의 추천사에서, "사이비 지성, 인기영합주의, 자기신격화, 포스트모던적 유혹, 모두 다 깨끗이 쓰레기통에 던져 넣으라"고 권고했다. 그리고 오강남 박사에게는, 다 지나간 역사적 예수 이론으로 채워 놓은 〈예수는 없다〉는 책을 불교 출판사에서 내어 놓는 그 더러운 장사속이 메스껍다고 논박했다.

이렇게 해서 남가주의 어떤 원로 목사님으로부터 이단에 대하여 가장 용기 있는 목사라는 격려도 들었다. 예수님의 이름으로 안수 받은 목사이기에 이단과의 투쟁은 당연히 해야 하는 것이라고 확신한다.

이렇게 되자 이단을 척결하기 위하여 〈이단판별지침〉을 만들자고 남가주교회협의회 모임에서 제안했다. 그랬더니 그 초안을 내게 맡겨 주었다. 그것이 열매를 거두어 〈이단판별지침〉이 1985년에 탄생되었다. 한국보수신학계의 대부 김의환 박사 등 여러 교단 대표들이 감수하여 발표되었으며 1997년 3월에 다시 수정안을 작성하여 발표했다. 이것이 뉴욕교계에 알려져서 그 곳에서도 공식문서로 채택했다. 그 전문은 다음과 같다.

이단신앙 판별지침

우리는 거짓 그리스도가 여기 있다 저기 있다 하는 시대에 살고 있습니다(마 24:5, 11,24,26) 지난 이천년 동안 이 같은 거짓 그리스도 혹은 거짓 선지자와 삯꾼 목자들은 할 수만 있으면 교회를 파괴하며 사람들을 미혹하여 몸과 영혼과 가정과 사회에 막심한 피해를 입혀 왔습니다. 그러나 이들 이단들은 "광명의 천사나 그리스도의 사도로 가장한 사탄"이기 때문에(고후 11:13-15) 그 정체를 곧바로 파악하기가 매우 어렵습니다. 그리고 이 같은 이단들의 발호는 세상 끝날까지 계속될 것도 예상됩니다.(마 13:24-30)

그런데 신앙생활을 바르게 하려면 이단과의 싸움은 피할 수 없게 됩니다. "하나님의 아들이 나타나신 것은 마귀의 일을 멸하려 하심"입니다.(요일 3:8) 따라서 본 남가주기독교교회협의회는 소속된 교회와 성도님들을 이단의 공격으로부터 철저히 보호하고 그릇된 길로 미혹 당하는 자를 올바른 신앙의 길로 인도하며 사탄의 하수인이 된 이단종파 주모자들을 깨우치기 위하여 1986년 8월15일 본 협의회가 확정 발표했던 내용을 수정 보완하여 다음과 같이 이단신앙판별지침을 공표합니다.

1. 하나님의 삼위일체되심 곧 성부 하나님, 성자 하나님, 성령 하나님을 부분적으로나 전체적으로 부인하는 것은 이단이다.(마 28:19, 고후 13:13, 요일 2:22,23)
2. 예수 그리스도는 온전하신 하나님이시요 동시에 온전하신 사람이심을 믿어야 바른 신앙인데도 그 분을 하나님으로만 믿거나, 사람으로만 믿거나, 반신반인으로 믿거나, 하나님도 사람도 아닌 제삼의 존재로 믿는 것은 이단이다.(요 1:1-3, 요 1:14, 갈 4:4, 골 1:15-23, 요일 4:2,3)
3. 예수 그리스도만이 유일무이한 구원의 길인데도 다른 종교 곧 불교, 유교, 힌두교, 이슬람교 등이나 공산주의 기독교과학 등의 유사종교가 인간을 구원할 수 있다고 믿는 것은 이단이다. 따라서 기독교의 진리를 다른 종교의 가르침과 혼합시키는 것도 이단이다.(요 14:6, 행 4:12, 딤전 2:5, 계 17:14)
4. 인간은 누구든지 하나님의 은혜로 인하여 예수 그리스도를 "믿음으로만" 구원을 얻을 수 있음에도 불구하고 선행이나 물질의 공여나 특정한 의식에 참가하는 것들을 구원의 조건들로 요구하는 것은 이단이다.(막 5:36, 요 3:16, 롬 1:17, 롬 10:10, 엡 2:8)
5. 자기들의 교파나 교회에만 구원이 있을 뿐 역사적/사도적 기독교회에는 구원이 없는 듯이 가르치거나 역사적/사도적 교회를 파괴함으로써 믿지 않는 자들에게 전도하기보다는 역사적/사도적 교회에 소속된 성도들을 유인해 가려는 것은 이단집단들이다.(마 16:16-19, 마 24:4-5)
6. 신구약성경 66권만을 정경으로 믿지 않고 그 외에 무엇을 덧붙이거나 제거하는 것은 이단이다. 특히, 이상한 체험, 지도자의 가르침, 다른 책, 직통계시 등을 성경과 동등시하거나 혹은 우위에 두거나 그것들을 성경해석의 표준으로 삼는 것은 이단이다.(계 22:18-19, 벧후 1:20-21, 딤후 3:16-17, 요 5:39)

7.성경에 없는 것을 억지로 주장하거나 혹은 성경의 한 부분만을 절대화시키고 교리화시킴으로써 성경전체의 일관된 교훈을 부정하는 것은 이단이다.(마 5:17-19, 요 20:30-31, 히 1:1-2)
8. 기적을 전적으로 부인하는 것도 혹은 기적만을 전적으로 강조하는 것도 이단이다.(막 16:17-18, 마 7:20-21, 마 12:38-42, 마 24:24)
9. 교주나 지도자가 마치 하나님처럼 행세하거나 신격화되는 집단은 이단이다.(출 20:4-5, 행 10:25-26, 행 12:20-23)
10. 예수 그리스도의 재림을 시한부로 예언하거나 예언했다가 사실이 아닌 것으로 판명되었음에도 불구하고 다른 해석을 첨가하여 그 주장을 계속 정당화시키는 단체는 이단이다.(마 24:36, 눅 12:40, 행 1:7, 살전 5:1-6)
11. 그리스도의 몸인 교회를 부인하거나 사도신경을 신앙의 근간으로 삼지 않으며, 정치운동, 경제활동, 사상운동 등을 실제적 최고목적으로 삼으면서도 교회란 명칭을 사용하는 집단은 이단이다.(마 7:19-23, 마 18:15-20, 계 1:20)
12. 바른 신앙은 가정을 바르게 세우고 생명을 보호하며 이성과의 균형을 이루어 교육을 장려함에도 불구하고 그와는 반대로 신앙상의 이유로 가정을 파괴하거나 자살로 유인하거나 자녀들의 교육을 고의로 거부하거나, 성적 문란을 가져 오거나, 의약을 거부한 채 병을 고치거나 환각제를 사용하도록 종용하거나 재산헌납을 강요하는 집단은 비록 예수 그리스도의 이름과 교회의 명칭을 사용한다 하더라도 명백히 이단집단들이다.(출 20:14, 막 5:18-19, 마 27:5, 딤전 3:4,12, 엡 5:18, 딤전 5:23)
(1997년 3월 31일. 남가주기독교교회협의회. 초안자 이정근, 감수자 김의환. 이와 같은 판별지침이 발표되자 남가주지역 한인교회들이 주보에 게재하여 성도들의 교육용으로 사용했다.)

이단의 함생목회적 의미

예수 그리스도께서는 이단에 대하여 가차 없는 투쟁을 벌이셨다. 그 대표적인 사례가 바리새파, 사두개파들이었다. 바리새파의 이름 '분리'가 뜻하는 것처럼 그들은 분리주의자들이었다. 지금도 이단 사이비 종파들은 단연 조직에서 이탈하고 분리되어 떨어져 나간다.

그러나 개혁파들이 이단으로 정죄되는 경우도 없지 않다. 사도 바울도 "나사렛 이단의 우두머리"(행 24:5)라고 했다. 곧 그리스도인들을 이단으로 정죄했다. 그렇더라도 이단에 대하여는 기독교가 초대교회 때부터 매우 단호하게 대항했다. 갈라디아교회의 "다른 복음을 따르는 자" 곧 이단에 대하여 이렇게 성경은 말씀하고 있다.

-우리나 혹 하늘로부터 온 천사라도 우리가 너희에게 전한 복음 외에 다른 복음을 전하면 저주를 받을지어다.(갈 1:8) -이단에 속한 사람을 한두 번 훈계한 후에 멀리하라.(딛 3:10)

그러므로 참된 함생을 위하여서는 이단을 가차 없이 척결해야 한다. 그러면서도 이단을 허용하시는 하나님의 뜻도 헤아려야 하겠다.'메기 효과'에서 교훈을 얻을 수 있기 때문이다. 이단과 사이비 때문에 정통파들이 그 신앙에 경각심을 가지게도 되고 또 그들에게서 가령 전도방법을 배울 수도 있기 때문이다. 이단들로 인하여서도 합력하여 선을 이룰 수도 있다(롬 8:28)는 점에 유의해야 한다. (이정근. 조각글. "독사에게 물려죽은 뱀종교 교주" 2014년 7월 27일. 크리스천 헤럴드)

주일예배, 정말 반성경적인가
'주일과 토요안식일 논쟁'에 관한 기독교의 입장

우리는 최근 기독교가 일요일을 주일로 정하고 거룩한 예배의 날로 지켜오고 있는 교회력에 대항하여 토요 안식일 제도만이 성경적이라는 주장을 언론광고를 통하여 들어왔다. 따라서 성경말씀을 최고의 표준으로 믿고 건전한 신앙생활을 하고 있는 모든 그리스도인들에게 조금이라도 오해가 없도록 할 목적으로 다음과 같이 몇 가지로 기독교의 입장을 밝힌다.

가. 기독교는 신구약 성경 전체의 주인이 바로 예수 그리스도이심을 믿는다.(요 5:39, 눅 24:44) 따라서 구약성경과 그의 핵심인 십계명도 예수 그리스도께서 제시하신 해석 표준을 따라 이해하여야 한다. 그분은 이미 십계명 전체를 '하나님 사랑과 이웃 사랑'으로 요약하여 그것이 바로 "온 율법과 예언서의 강령"이라는 참된 말씀으로 우리에게 풀어 주셨다.(마 22:36-40)

나. 기독교는 일반적으로 안식일이 언급된 십계명의 제4계명에 따라 토요일을 거룩한 날로 지키는 유태교인들이나 안식일파들의 관행을 잘못된 것으로는 생각하지 않는다. 기독교 초기에도 토요 안식일에 예배드린 사례가 있었다는 교회역사가들의 기록이 그 증거이다. 지금도 주일예배와 함께 토요 예배도 드리는 개신교회들이 늘어가고 있고 로마 가톨릭교회도 토요미사가 오래 전부터 있어왔지 않은가. 문제는 토요 안식일 준수를 '절대화'시키는 데 있다.

다. 기독교가 일요일을 성일로 삼는 데는 당당한 이유가 있다. 그 중요한 성경적 근거를 든다면 다섯 가지이다. 첫째, 이 날은 하나님께서 우주 창조를 시작하신 첫째 날이기 때문이다.(창 1:1-5) 둘째, 성경의 중심, 믿음의 주, 교회의 머리, 구원주, 안식일의 주인이신 예수 그리스도께서 제3일에 다시 살아나신 부활의 날이기 때문이다.(마 28:1) 셋째, 예수 그리스도께서는 십계명을 포함한 옛 언약들을 새 언약으로 완성하셨기 때문이다.(렘 31:31-34) 넷째, 성경에 기록된 '안식 후 첫 날' 곧 토요일 다음 날 집회가 초대교회에서부터 시작되었기 때문이다. 특히 새언약을 상징하는 성찬예식이 베풀어지기도 했다.(행 20:7) 다섯째, 기독교회는 '그 진리를 알지니 그 진리가 너희를 자유롭게 하리라'(요 8:32)는 말씀에 따라 악용된 율법으로부터 자유함을 얻은 사람들의 모임이다. 그래서 예수 그리스도를 믿는 모든 사람이 제사장이요, 성도들이 모여 예배드리는 모든 곳이 성전과 지성소요, 구약성경에 금지한 모든 음식도 감사함으로 먹을 수 있는 자유를 누린다. 따라서 토요일만 거룩한 날이 아니고 모든 날이 거룩한 날이 되어야 한다고 믿는다. 구약성경에서도 일곱째 달 첫날은 토요일이 아니어도 성일로 지켜졌고(레 23:23-25), 새 언약인 신약성경에 와서는 '절기나 초하루나 안식일을 이유로 누구든지 너희를 비판하지 못하게 하라'(골 2:16)고 가르쳤다. 따라서 기독교회는 일요 성일론을 강조하는 수준이지 구원이 거기에 달린 것처럼 절대화시키지는 않는다.

라. 일요일이 흔히 태양신을 섬기던 날 곧 우상숭배의 날이었다는 주장이 있다. 또 12월 25일 성탄절도 그렇다는 주장도 있어왔다. 그럴 수도 있다고 생각한다. 그러나 기독교는 '절대적 진리가 훼손이 되지 않는 한' 이방종교의 습관이나 언어를 차용하여 기독교의 문화로 변형시켜 사용하는 일에 거리낌이 없다. 선교의 일환이기 때문이다. 한국교회 예배 용어는 대부분 불교나 유교나 민간신앙에서 사용하던 것들이다. 성경, 예배, 기도, 설교, 축도, 헌금, 찬양, 복음, 축복… 축(祝)이나 복(福)은 제사 상 그리고 술병과 관련되는 한자말이다. 심지어 신의 이름인 하나님/하느님도 그렇다. 안식일파들도 그런 것을 우상숭배라며 배격하지는 않는다. 그리고 앞서 제시한 것처럼 일요일에 예배드리기 시작한 것은 로마 정부의 정책과 아무 관계없이 초대교회에서 믿음으로 시작한 교회력일 뿐이다.

마. 안식일/주일 논쟁은 단순히 예배 날짜와 시간에 관한 것만은 아니다. 성경해석과 그 결과인 교리체계 전체가 연관된 사안이다. 토요 안식일을 지키지 않는 사람들은 곧 '짐승의 표'를 받은 자로 사탄의 자식들이라는 주장(계 13:11-18)은 성경의 한 부분만을 절대화시킴으로 자신들이 이단임과 예수 그리스도께서 선포하신 생명의 길이 전혀 아님을 스스로 폭로하는 셈이다. 안식일의 주인이신 예수 그리스도께서 사탄에 18년 동안 묶여 있던 여인에게 '풀어놓아 다니게 하라'고 하신 명령에 안식일파들이 더 귀를 기울이고 율법의 참된 의미를 예수 그리스도의 빛 아래서 바르게 해석하기 바란다. (눅 13:16) 그 광고문에서 사용된 성경해석과 역사해석 방식의 대부분이 원칙보다는 아전인수식으로 오용되고 있지 않은가.

바. 안식일파들이 토요 안식일의 회복을 주장하는 것은 성경적 근거도 있고 또 언론의 자유가 있으므로 별 문제가 없다. 그러나 기독교회를 파괴하고 공격하기 위하여 사실을

왜곡하고 특히 품위 없는 언어를 남용하는 것은 일종의 자살골로 평가된다. 아무리 좋은 음식이라도 더러운 그릇에 담으면 먹을 수가 없다는 사실을 안식일파 지도자들이 꼭 유의해야 한다. 이런 광고를 주도한 사람이 안식교 목사임을 숨긴 채 '성결교회 은퇴 목사'로 위장했다는 〈한국성결신문〉의 보도가 있었음과 소속단체도 '진리를 찾는 사람들,' '리턴투더 바이블 운동'으로 툭하면 바꾸는 것도 그의 정체를 짐작하게 하는 대목이다.

사. 결론을 요약하면 이렇다. 기독교회는 믿음과 생활의 최고표준인 신구약 성경 전체를 예수 그리스도 중심으로 해석하고 그 분을 구원주로 믿느냐 믿지 않느냐가 영원한 구원을 얻는 기준이 된다. 반면에 안식일파 대부분은 제4계명에 명시된 안식일 준수를 문자 그대로 해석하고 그 옛 언약의 한 부분인 율법을 구원의 기준으로 절대화함으로 비기독교적임을 스스로 입증하고 있는 것이 매우 안타까울 뿐이다.

(한인안식교회 목사가 주도하는 언론광고를 반박하는 신학논평으로 크리스천위클리 2013년 5월 16일에 게재. 각 교회가 복사하여 신자교육용으로 사용하도록 조치)

목회 칼럼 문선명 교주를 어떻게 볼 것인가

문선명 통일교 교주(1920-2012)가 죽었다. 92세로 비교적 장수했지만 그도 별 수 없이 죽었고 장례식도 마쳤다. 따라서 문선명 교주도 이제는 역사라는 이름 앞에 객관적 평가의 대상이 되었다. 앞으로는 그 자신을 변화시킬 가능성이 전혀 없기 때문이다.

유명하나 악명 높으나

미국의 유명한 영어사전에는 위대한 사람들의 이름도 올려놓고 있다. 물론 워싱턴이나 링컨 같은 존경받는 미국대통령도 있고 히틀러나 스탈린 같은 악명 높은 독재살인마들도 등재되어 있다. 그리고 비정치적 인물로서 다방면에서 큰 업적을 남긴 면면들을 보인다.

그런데 한국인 가운데는 누가 수록되어 있을까? 이승만, 박정희, 김대중, 그리고 김일성 등 모두 정치적 인물들이다. 비정치적 인물은 딱 한 사람 있다. 문선명 바로 그 이름이다.

그 가운데서도 문선명 교주는 한국인으로서는 가장 많은 사람들이 알고 있는 이름이 되었다. 당시로서는 전 세계 국가 통치자 가운데 가장 우수한 학력을 자랑했다는 이승만보다도 훨씬 더 많이 알려졌다. 노벨평화상을 받은 김대중보다도 세상 사람들은 '썬명 문'과 '무니즈'(Moonies)를 지금도 훨씬 더 많이 알고 있다.

그의 장례식에 전 세계에서 모여든 조객들이 3만 5천명이나 된다는 것, 5만 쌍 이상의 남녀를 짝지어 합동결혼식을 집례한 것만으로도 그는 넉넉히 영웅이 될 만하다. 종교적 영웅이다.

그가 창설한 통일교의 신도들이 전 세계에 걸쳐 300만 명이나 된다는 것은 홍보용 숫자 냄새가 난다. 그렇더라도 한국인으로서 일본과 미국을 비롯하여 여러 국가 국민들이 그의 추종세력인 것을 생각하면 그는 결코 한두 마디로 무시해 버릴 수 있는 인물이 아니다.

게다가 그는 사실 기업가로도 크게 알려졌다. 워싱턴타임즈 등 상당한 규모의 언론기관의 발행인이 되었고 대학교도 설립했다. 실로 한국인으로서는 가장 유명하기도 하고 가장 악명 높기도 한 인물이다.

통일교와의 악연

우리 시대에도 기독교 이단종파들이 크게 발호해 왔다. 그 가운데 대표적인 몇 가지가 있다. 문선명파, 박태선파, 권신찬파, 시한부 종말론파, 대강 그런 것들이었다. 이런 것들 가운데 가장 큰 싸움을 벌인 것은 문선명의 통일교였다.

우선 1950년대 중반쯤이었다. 고등학교에서 수업을 마치고 집으로 오는 길인데 사람들이 한 무리 모여 있었다. 호기심이 나서 가까이 가 보았다. 어떤 젊은 여성이 장바닥에 종이 괘도를 걸어 놓고 쉰 목소리로 무언가를 열심히 설명하고 있었다. 그 내용을 들어보니 창세기 3장 이야기였다.

"하와가 뱀의 말을 듣고 선악과를 따 먹었다는 것은 뱀과 그 여자가 성관계를 가졌다는 뜻입니다. 만약 손으로 선악과 따먹은 것이 범죄였다면 아담과 하와는 무화과나무 잎으로 치마를 해 입을 이유가 없습니다. 장갑을 끼어야 맞지요."

그래서 뱀의 더러운 피가 하와에게 들어갔고 그래서 낳은 인류 모두가 뱀의 피를 갖게 되었다는 설명이다. 그러니 구원받으려면 깨끗한 피를 가진 사람의 피를 몸속에 집어넣어 '혈대교환'과 수수작용을 거쳐야 피를 깨끗하게 할 수 있다는 뜻이다. 음양의 수수작용 곧 피가름의 교훈이었다.

참으로 신기한 성경풀이였다. 그래서 교회에 와서 목사님께 그 이야기를 했더니 그게 문선명의 통일교라고 했다. 그래서 그 통일교를 혼음종교라는 설명을 해 주셨다.

"이 군, 부도덕한 교리는 전혀 기독교의 진리일 수가 없어. 문선명은 예수님이 영혼구원에는 성공했지만 육신 구원에는 실패했다고 우기는 사람들이야."

나는 그 말 한 마디로 모든 게 해결되었다.

1960년에는 대학에 들어가서 기독학생회 주최 수요예배와 그 활동에 열심히 참석했다. 당시 서울사대 기독학생회 지도교수는 김석목 교수님이셨다. 경동교회 장로로도 계셨고 윤리학을 가르치셨다. 그런데 그 분 역시 통일교를 혼음종교로 단정했다. 그분에게서 배운 교훈 한 가지가 내게 있다. 윤리적 기초가 없는 종교는 사교일 뿐이라는 말씀이었다.

통일교회에 연관되었거나 반대하다가 망신했다는 교수들이 서울대학교에 몇 분 있었다. 천주교회 신부였던 아무개 교수 등은 통일교 지원을 받았다가 문선명 지지성명 낼 때 거부했던 분에 속한다. 신사훈 박사님이 통일교를 정면공격했다가 테러를 당한 것도 그 무렵이었다.

그런데 어느 날 기독학생회 예배를 마치고 나오는데 나를 반가이 맞는 사람 둘이 있었다. 남녀 청년인데 남자는 훤칠한 키였고 여자는 앙증스럽게 예뻤다. 학교 뒤에 청량대라는 공원이 있었는데 그들은 나를 이끌고 거기에 있는 잔디에 앉아 잠시 이야기를 나누자고 했다. 알고 보니 통일교 선전원이었다.

"학비 걱정은 안 해도 됩니다. 문 선생께서 결혼도 시켜 드릴 계획이구요."

나를 표적전도하기 위해 온 사람들이 틀림없었다. "사람 잘못 보셨군요" 하고 나는 한 마디로 끊었다.

그 후 〈통일교 원리강론〉도 읽었다. 그런 이래 통일교회 교리에 지금까지 관심을 가져왔지만 나는 통일교라면 콩으로 메주를 쑨다 해도 동의하지 않는 사람이 되었다. 혼음종교를 집단결혼식으로 포장을 했고 참 가정 운동을 일으킨다고 아우성을 해도 통일교와 문선명만은 인정해 줄 수가 전혀 없었다.

유니온교회를 담임하여 목회하는 동안 통일교와는 직접 부딪칠 일은 별로 없었다. 젊은 청년 부부가 아기 하나를 데리고 교회에 출석을 했는데 가정을 심방해 보니 통일교 출신이었다. 아내는 일본여자였고 남편은 한국남자였는데 통일교에서 지정해서 통일교 절차에 따라 결혼했고 아기가 있게 되었다.

신부는 일본에서 통일교에 가입하게 되었는데 그로 인하여 부모와는 완전히 관계를 끊었다고 했다. 부모의 반대 이유는 한국남자와의 결혼이라는 것도 있지만 통일교에 가담한 것이 더 크다고 했다. 하여튼 그들이 무엇 때문에 통일교에 실망했는지 우리 교회에 와서 등록하고 신앙생활을 하더니 세 가족이 세례를 받겠다고 했다. 일본말 통역을 내세워서 교육을 하고 통일교 잔재를 버리고 예수 그리스도를 구원주로 영접했다는 것을 확인한 뒤 세례를 베풀었다. 그들은 얼마 동안 교회 출석하더니 모든 연락을 끊고 더 나오지 않았다. 통일교에서 귀찮게 굴 수도 있다는 말이 생각났다.

그러나 통일교에 대하여는 계속하여 회개하라는 글을 써 댔다. 문선명은 이 시대의 거짓선지자요, 거짓 그리스도요(마 24:24), 적그리스도(요일 2:18)이요 미혹의 영(요일 4:6)이라고 공격했다. 어떤 때는 그 글을 게재한 일간신문의 가판대가 20여 개나 부숴졌다는 연락을 받은 적도 있다. 어떤 때는 통일교 원리해설 비디오를 우편으로 받기도 했다. 탈세로 인하여 미국 댄버리 교도소에 갇혀 있던 문선명이 보낸 것으로 되어 있었다.

"이 목사님 쓰신 글을 읽었습니다. 이 목사님 같으신 지성인이 아직도 통일교를 오해하신다니 통일교 홍보가 미흡한 듯합니다. 여기 원리해설 비디오를 보냅니다. 자세히 참고해 주시기 바랍니다."

그런 편지가 들어 있었다.

"이름은 문선명인데 왜 가는 곳마다 혼란만 일으키느냐? 문선명은 김일성과 함께 전 세계에서 생일 제일 잘 차리기로 유명한 점에서 똑 닮지 않았느냐? 지금은 통일교가 승공사업을 도맡아 있지만 앞으로 적당한 때에는 김일성과 문선명이 합작사업을 할 것이 예견된다. 그럴 바에는 문선명의 통일교 교리를 정통교리로 바꾸는 혁명을 일으키면 어떤가."

그런 조각글을 썼을 때에는 협박전화도 받았다. '제 명에 죽나 두고 보자'고 버럭 소리를 지르고 바로 끊었다.

이제 통일교는 종교로서는 끝났다고 생각된다. 로스앤젤레스에 있는 통일교회가 한 때는 200명 정도 모인다고 했는데 20여 년이 지난 지금은 통일교회가 있다는 소식조차 없기 때문이다.

"문선명도 하나님이 함께 하시기는 하는가 봅니다. 어찌 그처럼 국제적 조직이 되었고 돈을 많이 벌지요?"

그러는 신자들도 더러 있다.

"요한 계시록에 보세요. 사탄의 우두머리 붉은 용도 엄청난 기적을 행하거든요. 그러나 끝을 보세요. 유황불못에 들어가게 될 뿐입니다." 비록 문선명이 한국인 가운데서는 전 세계에 가장 많이 알려진 인물일지라도 그것은 악명높은(notorious) 것일 뿐 유명한(famous) 것은 결코 아니다. 그래서 문선명에게 다시 권고한다. 그 이름 그대로 선명한 진리 위에 서도록 "기대"(基臺, foundation)를 바꾸기를 바란다. 바른 성경적 기초를 가진 교회가 되어야 한다. 특히 세계 종교를 통일한다는 기치를 걸고 나온 종교 치고 통일을 성취했다는 종교가 어디 하나라도 있는가? 또 하나의 종교를 만든 것에 불과하다는 것을 똑바로 깨닫기를 바란다. 그래야 미혹의 영에서 벗어나 진리의 영(요일 4:6)에 서게 된다.

기독교? 문선명교일 뿐

문선명 교주는 1954년부터 한국에서 포교를 시작했다. 그 이래 한국의 기독교는 통일교에 대하여 지금까지 격렬한 투쟁을 벌여 왔다. 그것은 통일교가 우선 그 종교재단 명칭인 '세계기독교통일신령협회'에서 보듯이 '기독교'의 이름을 사용했기 때문이다. 기독교는 문 교주가 기독교를 표방함으로 그 명예가 심각하게 실추되었다. 그리고 '이화여대 사건'처럼 통일교는 기독교 신자들을 일차 포교대상으로 삼았기에 가히 전쟁 수준의 충돌이 있어 왔다.

따라서 기독교 특히 한국개신교회는 통일교를 공산정권과 함께 최대 주적(主敵)으로 간주했다. 통일교회에 직간접으로 가담한 교역자는 가차 없이 응징했다. 통일교 관련기업 상품 불매운동을 벌였다. 교주 문선명과 통일교 비리에 대하여 확대폭로를 마다하지 않았다.

그런데 1990년대 이후부터 통일교가 기업으로는 엄청나게 성공해갔지만 종교 특히 사이비기독교로서도 현저하게 인기가 줄어들었다. 기독교 신자들 가운데 통일교로 유혹당하는 이들이 별로 없게 되었고 오히려 통일교회를 떠나 개신교회로 개종하는 사람들도 늘어갔다.

실상 통일교는 문선명교이지 기독교도 아니고 예수교도 아니었다. 통일교의 교리를 집대성하고 있는 〈원리 강론〉을 읽으면 예수님은 영혼구원은 완성하셨지만 육신구원에는 실패했다는 주장이 여러 번 나온다. 그 대신 문선명 교주가 영혼구원과 육신구원을 완성한 메시아라는 것이 일관된 핵심이다. 세례식과 성찬식도 없고 십자가도 사용하지 않는 것이 무슨 기독교란 말인가.

그런데 무엇 때문에 기독교를 표방해 왔던가. 그 때에는 기독교라는 옷을 입어야 추종자들이 많게 되었고, 문선명 '목사'(Reverend Moon)라고 해야 '국제적 종교사업'이 성공을 거둘 수 있었기 때문이다. 또 그렇게 해서 실제로 상당한 재미를 보았다.

한국기독교의 주적이 사라졌다

지금까지 한국 기독교는 통일교를 비판한다면 전면부정으로 일관해 왔다. 통일교나 문선명 교주에 관한 것이라면 발바닥부터 머리털 끝까지 하나도 쓸모없는 것들이라고 우겨왔다. 한국개신교회의 주적이기 때문에 무엇 하나라도 긍정적으로 말하기가 어려웠다.

그러나 이제는 되도록 객관적인 눈을 가지고 통일교와 문선명 교주를 평가하는 것이 개신교회에도 더 바람직한 일이라고 판단된다. 문선명과 통일교는 '아무 짝에도 쓸 모 없는 백해무익한 집단'이라는 시각을 교정해야 한다. 이집트의 바로나 혹은 바벨론의 느부갓네살의 경우처럼 악에서 선을 배우는 시각을 가질 필요가 있다.

우선 문선명 교주는 전체적으로 실패자로 평가해야 한다. 그 자신이 세계종교를 통일하기 위한 사명으로 시작했다는 일이지만, 그래서 그 교리에는 기독교 교리를 중심으로 하고 샤머니즘, 불교, 일본종교, 유교 등 각 종교의 핵심교리들을 종합하려고 노력했지만 세계종교가 통일교 중심으로 통일되는 꿈은 전혀 실패작이 되었다. 그런 점에서는 바하이교와 같은 사례일 뿐이다.

통일교가 종교로서나 특히 기독교로서 실패한 데는 통일교의 교리와 행위에 진리성이 없기 때문이다. 진리성이 없는 것은 중요하게 다섯 가지로 요약 된다. 1)예수 그리스도의 격하와 문선명이 완성된 메시아라는 주장, 2)종교 혼합적 성경해석, 3)혈대교환 (피가름) 교리로 위장한 섹스의 과대 미화, 4)기독교라는 양의 가죽을 입었으나 속에는 기업을 목적으로 하는 노략질하는 이리, 5)동물성 수준으로 평가되는 혈통중심과 족벌주의가 그것들이다.

기독교가 배울 것들도 있다

그러나 객관적으로 본다면 문선명 교주에 대하여 주목해야 할 대목들도 있다. 그는 실로 종교적 천재라는 평가를 받을 만하다. 그는 한국인의 뜨거운 종교적 열정이 세계로 진출할 수 있는 엄청난 무기라는 것을 일찍부터 간파한 사람이다. 특히 통일교 교세가 일본에서 강세인 것을 볼 때 한국기독교의 일본선교 가능성을 확실하게 보여주었다. 박제 종교를 가지고도 그런 정도의 성과를 올렸는데 2천년 역사에서 증명된 참 진리를 가진 기독교가 왜 일본선교를 못하겠는가.

문선명 교주가 그 생애 후반에 혼신의 힘을 기울여 주도했던 세계 평화통일운동과 참 가정 운동에도 유의해야 한다. 이 두 가지를 통일교가 선점한 것은 실추된 명예를 회복하는 일과 기업경영이라는 또 다른 측면이 동기가 되었다고 분석된다. 그렇더라도 이것들은 온 인류가 살아남기 위한 전략이라는 점에서 기독교가 더 앞장 서야 했다. 따라서 기독교는 이제 남북평화통일운동, 종교 간의 협력운동, 가정회복운동, 그리고 출산장려운동을 강력하게 주도해 나가야 한다. 통일교보다도 더욱 강력하게 말이다.

목회적 측면에서도 배울 것이 많다. 어떻게 하면 통일교도들처럼 열심 있는 전도자들을 육성해낼 수 있을까. 교주가 짝지어준 사람과 무조건 결혼할 정도로 지도자에 대하여 신뢰하는 신자들을 길러낼 수 있을까. 배우는 사람을 못 당한다는 말이 있다. 통일교에서도 여러 가지를 열심히 배워야 한다.

통일교, 이제부터이다

이제 통일교는 기독교가 아니라고 스스로 인정하고 있다. 독자 종교로 나가겠다는 선언이다. 통일교 홈페이지를 보면 통일교는 문선명 창설교주를 “인류의 메시아”라고 공개적으로 선언하고 있다. 이것은 2004년 통일교가 미국 상원 건물에서 주최한 행사에서 문선명 교주가 ‘나는 메시아다’라고 선언한 것과 맥락을 같이 한다.

한데, 문선명 통일교 창설교주의 정체가 성경이 말씀하는 참 메시아일 수는 전혀 없다. 오히려 붉은 용(계 12:3)의 하나라는 사실이 계속 폭로될 것이다. 통일교는 앞으로 그 교주를 더욱 신격화하기 위하여 별별 해괴한 일을 겁도 없이 추진해 나갈 것이 예상된다. 문선명 교주의 부활론이 출현한다 해도 별로 놀랄 일이 아니다. 평양정권도 김일성 부활론을 선포한지 않았던가.

통일교가 무슨 수작을 한다 해도 통일교는 이제 종교로서 살아남기는 어려울 것으로 전망된다. 가령 로스앤젤레스 통일교회도 지금은 간판만 있을 뿐 별다른 종교 활동은 없다는 소식이다. 도덕적 기반이 형편없는데 어찌 종교 곧 '큰 가르침'이 되겠는가.

그러나 기업으로서는 더욱 활발해질 것이다. 이미 구축해 놓은 사업들을 현대 경영학의 지혜를 도입하여 세계적 규모로 확장해 나갈 것으로 보인다. 하지만 문제는 돈이 있는 곳에는 언제나 싸움이 있게 마련이다. 문선명 교주의 자녀들 사이에 '왕자의 난'이 갈수록 격렬하게 되리라. 벌써 장례식장에서의 몸싸움이 그것을 예고한다.

이와 연관하여 앞으로 문선명 교주와 통일교의 비리가 연이어 폭로될 것도 예상된다. 부도덕했던 사건들의 정체가 속속 백일하에 밝혀질 것이다. 노동착취, 인권탄압, 인격살인, 각종 비리 등이 폭로되어 후폭풍이 거세게 불어올 것으로 보인다.

그리고 통일교도들이 소리 없이 떠나는 대탈출(silent exodus)이 시작될 것도 예견된다. 따라서 기독교는 이제부터 '탈통자'들을 적극적으로 받아들일 준비를 갖추어야 한다. 특히 통일교 기업이나 교육기관에서 직장생활하는 기독교 신자들에 대하여도 비판보다는 격려를 보내는 '관용의 분위기'를 적극 형성시켜 나가야 하지 않을까. 선교사 역할을 해낼 수 있도록.

통일교 지도자들에게도 권고한다. 통일교가 생명력이 있는 참된 종교로서 살아남기를 원한다면 길은 오직 하나가 있을 뿐이다. 허위를 과감히 잘라내고 성경적 진리로 거듭나는 바로 그 길 말이다. 결코 쉬운 일은 아니지만 그렇다고 불가능한 일도 아니다. (크리스천위클리 2012년 11월 18일)

성령의 충만함을 입어
영성 목회론

근래에 영성(靈性, spirituality)이라는 말이 사역이나 신학에서 많이 논의되고 있다. 이전에는 경건성(敬虔性, godliness) 혹은 성결성(聖潔性, holiness)이라고 하던 것을 영성이 대치해 가고 있다. 그러나 이 영성이라는 용어야말로 '방언' 그것도 알아듣지 못하는 방언이 되고 있다. 영성을 말하는 사람마다 그 자신의 정의를 가지고 해야 할 정도다. 게다가 영성을 주창하는 이들의 윤리성이 문제 되면서 영성시대가 기울어지고 있는 것도 발견된다.

그렇다고 하여 영성 무용론을 말하는 것은 아니다. 영성이라는 용어가 기독교의 사역과 신학을 설명하고 실행하는 일에 큰 도움이 된다. 동시에 '잡초영성'들이 많아서 방해되는 면도 있다. 다시 말하면 영성이라는 용어는 사역의 걸림돌도 되고 디딤돌도 된다.

여기에서는 영성을 '인간을 포함하는 피조물이 영이신 하나님과 함생하는 과정'(combiosis process of the creatures including human beings with God the spirit)이라고 정의한다. 여기에서 하나님이란 곧 본체 하나님(Godhead)과 삼위 하나님(Three Persons)을 뜻한다. 다른 표현으로는 피조물들이 성부성, 성자성 (예수성 혹은 그리스도성), 성령성을 내면화하는 과정(internalizing process)이라고 할 수 있다. 물론 여기에서는 성경적 영성(biblical spirituality)에 제한하여 말한다.

예수 그리스도의 영성 사역 원리

1. 예수님은 탄생과정에서 '성령으로 말미암아' 마리아에게 잉태되셨다. 따라서 처음부터 '성령의 사람'이셨다.

-다윗의 자손 요셉아, 네 아내 마리아 데려오기를 무서워 말라. 그에게 잉태된 자는 성령으로 된 것이라.(마 1:20, 참. 눅 1:35)

2. 물세례를 받으신 뒤에 그분은 이어서 성령세례를 받으셨다. 이 성령세례는 그분이 바로 그리스도 곧 하나님의 아들이심을 입증하는 일이라는 음성이 하늘에서 들렸고 세례자 요한도 밝혔다.

-예수께서 세례를 받으시고 곧 물에서 올라오실 새 하늘이 열리고 하나님의 성령이 비둘기 같이 내려 자기 위에 임하심을 보시더니 하늘로부터 소리가 있어 말씀하시되 이는 내 사랑하는 아들이요 내 기뻐하는 자라 하시니라.(마 3:16-17) -나도 그를 알지 못하였으나 나를 보내어 물로 세례를 베풀라 하신 그이가 나에게 말씀하시되 성령이 내려서 누구 위에든지 머무는 것을 보거든 그가 곧 성령으로 세례를 베푸는 이인 줄 알라 하셨기에 내가 보고 그가 하나님의 아들이심을 증거하였노라 하니라.(요 1:33-34)

3. 따라서 예수 그리스도는 성령으로 세례를 베푸시는 분이셨다. 곧 그분은 영성 사역자이시다.

4.예수 그리스도는 하나님의 본질을 영이라고 가르치셨다. 영이란 비물질적인 것, 초월적인 것, 초감각적인 존재를 뜻한다.

-하나님은 영이시니 예배하는 자가 영과 진리로 예배할지니라.(요 4:24)

5. 그분은 그러므로 하나님께 참된 예배를 드리는 자는 영과 진리로 해야 한다고 강조하여 가르치셨다. 예배사역이 모든 사역의 가장 큰 축이라고 한다면 모든 사역은 결국 영과 진리 (혹은 성령과 그리스도 예수) 안에서 실행되어야 한다고 그 영역을 확장할 수 있다.

-아버지께 참되게 예배하는 자들은 영과 진리로 예배할 때가 오나니 곧 이 때라. 아버지께서는 자기에게 이렇게 예배하는 자들을 찾으시느니라.(요 4:23)

6. 그분의 모든 사역이 영성적 측면이 있음을 볼 수 있다. 니고데모에게 전도하실 때에도 영과 관련하려 말씀하셨다.

-육으로 난 것은 육이요 영으로 난 것은 영이니 내가 네게 거듭나야 하겠다 하는 망릉 놀랍게 여기지 말라. 바람이 임의로 불매… 성령으로 난 사람도 다 그러하니라.(요 3:6-7)

7. 그분의 영성사역은 곧 사탄, 귀신, 악령들과의 영적 전쟁이 매우 큰 부분이었다. 그분의 탄생과정에서부터 십자가 위에 죽으실 때까지 사탄들의 세찬 도전에 직면하셨다. 그러나 마지막에는 크게 승리하셨다.

-예수께서 성령의 충만함을 입어 요단강에서 돌아오사 광야에서 사십 일 동안 성령에게 이끌리시며 마귀에게 시험을 받으시더라.(눅 4:1-2) -이에 가서 저보다 더 악한 귀신 일곱을 데리고 들어가서 거하니 그 사람의 나중 형편이 전보다 더욱 심하게 되느니라.(마 12:45) -전에 일곱 귀신을 쫓아내어 주신 막달라 마리아에게 먼저 보이시니.(막 16:9)

8. 그분은 성령님을 보혜사(保惠師, Comforter/Counselor)라고 소개하셨으며 보혜사 성령께서 자신의 사역을 이어갈 것을 가르쳐 주셨다.

-보혜사 곧 아버지께서 내 이름으로 보내실 성령 그가 너희에게 모든 것을 가르치고 내가 너희에게 말한 모든 것을 생각나게 하리라.(요 14:26) -진리의 성령이 오실 때에 그가 나를 증언하실 것이요 너희도 처음부터 나와 함께 있었으므로 증언하느니라. (요 15:26-27)

10. 예수 그리스도께서는 성령을 우리에게 보내 주셔서 충만하게 하실 것을 약속하셨다.

-예루살렘을 떠나지 말고 내게서 들은 바 아버지께서 약속하신 것을 기다리라. 요한은 물로 세례를 베풀었으나 너희는 몇 날이 못 되어 성령으로 세례를 받으리라.(행 1:4-5)

11. 그분은 영적 사람이 되는 길 곧 성령과 함생하는 길, 신학의 용어로는 '은혜의 도구'(means of grace)를 제시하여 주셨다. 곧 말씀, 기도, 성례전, 친교, 찬양 … 등이다.

12. 부활하신 후에 예수님은 성령충만을 미래 사건으로도 말씀하시었다. 그러나 동시에 제자들에게 직접 성령이 임하시도록 숨을 불어넣으셨다. "아버지께서 나를 보내신 것같이 나도 너희를 보내노라." 하고 제자들을 전도/선교/목회 현장에 파송하시면서 행하셨던 일이다. 예수 그리스도의 사역에서는 성령의 임재나 충만은 과거완료적, 현재진행적이면서도 동시에 미래발생적인 측면을 지니고 있다. '이미~ 아직' (already~not yet), 아니, '이미~지금~아직' (already~now~not yet)의 틀로 이해해야 할 것 같다. 그리고 성령임재와 성령충만을 구별하는 주장들도 있다.

-그들을 향하사 숨을 내쉬며 이르시되, 성령을 받으라.(요 20:22) -오직 성령이 너희에게 임하시면 너희가 권능을 받고 예루살렘과 온 유대와 사마리아와 땅 끝까지 이르러 내 증인이 되리라.(행 1:8)

이처럼 예수 그리스도의 성령목회 혹은 영성목회를 살펴보면 아직도 인간의 이성으로는 해명하기 어려울 정도로 하나님의 일체성과 삼위성이 여전히 신비에 가려져 있다. 조직신학에서 성령론이 가장 다양한 것도 그런 이유이다. 성령은 바람과 같기 때문일까.

개체교회 영성목회의 실제

1. 균형있게 성장하는 믿음과 영성 사역

유니온교회는 “균형 있게 성장하는 믿음”(Growing Faith in Balance)을 강조하고 있다. 그것은 ‘하나님의 형상’(창 1:26-28)의 내용에 기초한다. 인간이 하나님의 형상대로 창조된 것과 관련하여 이해한다면 인간에게는 생명, 피조물, 죄인, 죽음, 영성, 지성, 도덕성, 경영능력, 사명, 사랑, 함생, 육체와 영혼, 영혼불멸, 부활 … 이런 것들이 중요한 담론이 되어야 한다. 따라서 영성 일변도의 사역이 아니라 개인적으로도 전인과 연관되고 집합적으로도 전인과 연관되는 사역을 하려면 균형 있게 성장하는 믿음을 강조하는 것이 창조주 하나님의 뜻에 부합된다.

영성사역을 주장하는 사람들 가운데 신비주의에 몰입되는 현상도 있어 경계해야 한다. 이미 기독교 역사는 영지주의와의 투쟁경력을 가지고 있다. 육신은 악하고 영혼은 선하다는 이원론적 신앙이 성경적 신앙과 갈등을 겪었다. 그렇다고 이신론(deism)적 신앙도 따라가서는 안 된다. 지나친 예언기도가 많아서 부작용들이 있는 것만 보아도 영성사역이 신비주의로 전락해서는 안 된다. 새로운 영지주의자들이 횡행하는 것이 오늘의 영성사역의 결정적 폐해이다.

-이로써 너희가 하나님의 영을 알지니 곧 예수 그리스도께서 육체로 오신 것을 시인하는 영마다 하나님께 속한 것이요 예수를 시인하지 아니하는 영마다 하나님께 속한 것이 아니니 이것이 곧 적그리스도의 영이니라.(요일 4:2-3)

영성사역은 하나님도 영이시고, 사람도 생령(창 2:7, 고전 15:45)이라는 큰 강령에 기초한다. 따라서 하나님성, 예수 그리스도성, 성령성을 내면화하는 과정인 영성훈련이 긴요하다는 것을 길게 설명할 필요가 없다. 그런 점에서는 교회의 모든 목회는 결국 영성목회라고 해야 한다.

2. 은혜의 도구들

이 같은 영성목회의 기초로서 신학자들은 ‘은혜의 도구’(means of grace)를 말한다. 은혜의 도구가 무엇이냐 하는 질문에는 각각 대답이 다르다. 그러나 대체로 중요한 것으로는 1)말씀, 2)성례전, 3)기도, 4)찬양, 5)묵상을 말한다. 하지만 영성에 관하여는 각각 합의된 의견이 많지 않고 여러 이론이 있어 주류(main stream)를 언급하기가 쉽지 않다. 친교, 단순한 생활, 간증, 전도, 가정성 강화, 경건서적 읽기, 공동생활, 성지순례, 금식, 십자가 행진 … 이와 같은 신념에 기초하여 마련된 유니온교회 영성 사역의 중요 프로그램들은 다음과 같다.

예배, 세례, 성찬, 기도, 말씀듣음시간, 성경통독, 성경쓰기, 찬양, 간증, 전도와 선교, 친교 (영친), 봉사 (섬김), 금식과 절식, 십자가 행진, 가정예배, 결혼식/장례식 등, 부흥회, 신앙강좌, 파가기도세미나, 한밤중기도회, 산상기도회, 절기행사, 생활강좌, 성경공부반, 원어성경연구반, 성지 방문, 기독교 역사 탐방, 신앙서적 읽기 등.

3. 성령의 다섯 가지 출산론과 사역

삼위일체 신론 혹은 일체삼위 신론의 구조는 가족언어를 사용한다. 성부, 성자, 하나님의 자녀, 사람의 아들 등의 용어들이 이를 말한다. 그런데 그 가족언어에서 누락된 것이 있다. 바로 '하나님 어머니'라는 명칭이다. 그래서 로마 가톨릭교회는 성모 마리아라 했고, 이단들도 교주의 부인을 신격화하여 신모(神母)로 호칭한다. 혹은 교회가 어머니라는 주장도 있다. 하지만 삼위일체 하나님을 가족언어로 말한다면 당연히 성부 하나님, 성모 하나님, 성자 하나님으로 해야 논리적 아닌가. 그래서 감히 말들은 못하지만 성령을 하나님 어머니라 하면 어떨까 하는 의견들이 돌아다니기도 한다. 성자 예수님께서 성령으로 말미암아 잉태되셨기에 성령을 성모 하나님이라는 성경적 근거가 됨직도 하다. 그러나 그런 말을 주장으로 내세우면 또 이단시비가 생긴다. 그래서 성령님을 '하나님 어머니'라고 할 수는 없으나 성령님에게는 '어머니성' (母性, motherness)이 있다는 조심스러운 표현을 여기에서는 사용한다. 성령님은 어머니처럼 다음 다섯 가지를 출산하는 일에 어머니 역할을 하셨기 때문이다. (여기에서 하나님의 존재와 속성과 사역을 표현할 때 인간의 언어가 얼마나 부족한가를 절실히 느낀다.) 유니온교회 성령사역은 그런 이해의 기초 위에서 기획되고 실천된 특징을 가지고 있다.

1) 성령님은 천지를 낳는 일에 어머니 역할을 하신 것 아닐까. "하나님의 영은 수면 위에 운행하시니라.(창 1:2)

2) 성령님은 예수 그리스도 출생과정에서 어머니 역할을 하셨다. "그의 어머니 마리아가 요셉과 약혼하고 동거하기 전에 성령으로 잉태된 것이 나타났더니."(마 1:18) "그에게 잉태된 자는 성령으로 된 것이라."(마 1:20) 논리적으로는 성령께서 아버지 역할을 했다는 주장도 있다.

3) 성령님은 성경을 출산하는 어머니 역할을 하셨다. "모든 성경은 하나님의 감동으로 된 것으로."(딤후 3:16) 여기에서 '감동'으로 되었다는 말은 '영감'으로 번역하는 것이원문에 더 가깝다. 헬라말 '데오프뉴스토스' 곧 '하나님의 영'이기 때문이다.

4) 성령님은 교회를 출산하는 일에 어머니 역할을 하셨다. 최초의 교회 곧 예루살렘교회는 오순절 성령강림 때에 "그들이 다 성령의 충만함을 받고"(행 2:4) "새 술에 취하였다"(행 2:13)는 조롱을 받은 사람들이 곧 회중이었기 때문이다. 그래서 지금도 참된 교회

는 바로 성령충만한 회중들일 뿐이다.

5) 성령님은 믿는 자들의 영혼을 거듭나게 하신다. 당초 사람을 만드실 때에, "여호와 하나님이 땅의 흙으로 사람을 지으시고 생기를 그 코에 불어넣으시니 사람이 생령이 되니라."(창 2:7)는 말씀처럼 성령으로 말미암아 영혼이 창조되었다. 생기나 생령은 모두 '루아흐'의 말뿌리가 있는 것으로, '숨'이면서 동시에 '영'을 뜻한다. 그리고 거듭남의 도리를 니고데모에게 가르치실 때에, "육으로 난 것은 육이요, 영으로 난 것은 영이니, 내가 네게 거듭나야만 하겠다 하는 말을 놀랍게 여기지 말라 … 성령으로 난 사람도 다 그러하니라."(요 3:6-8)고 밝혀 말씀하셨다. 이렇게 성령으로 거듭난 영혼은 계속하여 성령충만을 입게 되는데 그것을 성화 혹은 성결화 (sanctification)라 표현한다. 따라서 모든 경건생활이나 이를 위한 사역은 영성사역 곧 성령사역으로 이해하여야 한다.

4. 은사와 인격

영성목회는 하나님성 곧 성부성, 성자성, 성령성들이 인간성과 자연성에서 회복되도록 하는 모든 사역을 뜻한다. 그렇게 되면 영성목회는 성경 전체가 그 표준 지침서요 목회와 신학의 역사를 포함한 교회사는 그 실천기록 참고서들(references)이 된다. 그리고 우주 만물이 그 목회의 대상이 된다.

성경은 성령사역과 관련하여 두 가지 측면을 강조하고 있다. 하나는 성령의 열매로 표시된 존재론적 사역이다. 인간의 성품을 바꾸어 영적 인격 곧 영격(靈格)을 변화시키고 성숙하게 만드는 일이다. 사람에게는 체격도 있고 성격도 있고 품격도 있는 것과 같이 영격이 좋아야 한다. 그것이 바로 총괄적인 성령의 열매인 사랑이다. 그런데 그 사랑을 구체적으로 풀면 기쁨, 평화, 오래 참음, 자비, 양선, 충성, 온유, 절제 그런 것들이다.(갈 5:22-23) 그것들은 중요한 사례들일 뿐 모두를 다 말한 것은 아니다. 동정심, 이해심, 감사, 믿음, 목표성취력, 친화력, 낙천성, 희망성, 헌신성, 지도력 그런 것들이 더 포함되어야 한다. 예수님처럼 꼭 예수님처럼 닮아가려면 바로 그런 영성을 개발해야 한다. 그리고 그런 것을 위한 목회가 성삼위 하나님께서 기뻐하시는 목회이다.

그 다음은 기능적 사역 곧 실천적 성령사역이다. 그것이 바로 주어진 사명과 은사이다. 성령의 열매와 은사를 칼로 자르듯이 둘로 딱 나눌 수 있는 것은 아니다. 서로 겹치는 부분이 많다. 허지만 은사들은 하나님이 주신 사명을 감당하기 위한 기능적 도구들이다. 그런 은사들은 타고난 은사도 있고 학습된 은사도 있다. 하지만 성령의 임재를 통하여 받은 영적 은사도 있다. 고린도 전서 12장이나 로마서 12장은 이에 관하여 자세히 언급하고 있다. 성경연구가들 가운데는 성경에 20개 전후의 은사 목록이 있다는 주장을 한다. 직분을 포함한 목록이다. 몇 가지 제시하면 다음과 같다.

지혜의 말씀, 지식의 말씀, 믿음, 병 고침, 능력 행함, 예언, 영분별, 각종 방언, 방언

통역, 사도, 선지자, 교사, 서로 도움, 다스림. 위로하는 일, 구제하는 일, 긍휼 베풂, 그러나 사랑이 모든 은사보다 우월하다.(로마서 12장, 고린도 전서 12장, 13장, 에베소서 4장 등)

이런 은사 가운데는 개인 개인에게만 주어지는 은사도 있고 보편적 은사도 있다. 사랑, 믿음, 감사 등은 보편적 은사에 속한다.

이 같은 개인이 받은 은사들의 재고조사(inventory)는 몇 가지 방법으로 할 수 있다. 교역자들이나 직분자들의 관찰을 통하여 제시 받을 수도 있고 설문지를 통하여 개발할 수도 있다. 설문지는 자기 자신의 은사를 적기도 하지만 은사 가진 사람들을 추천하도록 해도 좋다. 그런 은사를 파악한 뒤에 일정한 훈련을 거쳐 교회의 직분 배정을 하는 은사 배치 사역을 해야 한다.

5.악령과 성령

성령이 계신 곳에 악령도 있다는 주장이 있다. 이미 예수 그리스도의 영성 사역에서 제시했지만 성령사역은 악령쫓아내기(exorcism) 사역과 밀접한 연관이 있다. "하나님의 아들이 나타나신 것은 마귀의 일을 멸하려 하심이라."(요 일3:8)는 말씀 그대로 사탄, 마귀, 악령들과의 싸움은 매우 격렬한 영적 전쟁이다. 이런 영적 전쟁은 이 세상 마지막 날까지 여러 악랄한 형태로 계속된다. 그것은 사탄들이 그리스도의 사도로, 광명의 천사로, 혹은 의의 일꾼으로 변장한다는 사실과(고후 11:13-15), 붉은 용, 바다의 짐승들로 보아서도 그렇다.(계 12장, 13장)

따라서 사탄, 마귀, 악령, 귀신들과 싸우고 내어 쫓아내는 사역은 교회목회에서는 피할 수 없는 목회과업이다. 여기에서는 그 과업의 중요성만 말해 둔다.

"여러분, 한 사람 한 사람 마음속에 예수 그리스도를 거룩한 주님으로 꼭 붙들어 모시고 사십시오. 그것이 바로 성령충만한 길입니다. 성령은 하나님의 영이면서도 예수님의 영입니다. 그리고 여러분 가정과 사업처에도 예수님을 꼭 모시고 계셔야 합니다. 예수님이 떠나시면 악한 마귀가 어느 사이에 자리 잡고 주인노릇 한다는 것을 결코 잊지 마십시오. 일곱 귀신을 데리고 들어온다고 하지 않았습니까. 그런 일곱 마귀들이 들끓어서 뜨거운 맛을 보아야 정신 차리겠습니까. 이렇게 점잖고 좋은 말로 할 때 들으십시오."

그런 권고였다. 필자도 사탄과의 싸움을 여러 번 했다. 귀신들도 쫓아냈다. 이에 대한 간증은 이 책 유니온교회 행전 편에 남겨 놓았다.

영성의 함생목회적 의미

성령의 사역은 성경 전체로 보면 무척 다양하다. 하지만 성령사역은 예수 그리스도의 사역을 직접 수행하는 것에 초점이 맞춰져 있다. 물론 예수 그리스도의 사역은 창조주 하나님의 사역 연장선상에 서 있다. 그래서 성령은 '하나님의 영'인 동시에 '예수의 영'이기도 하다. 또 동시에 하나님은 영이시기도 하고 예수님 역시 영으로도 존재하신다.(예수께서 부활 후에 '만져 보라'와 '만지지 말라' 두 가지를 함께 말씀하셨다.눅 24:39, 요 20:17)

성삼위 하나님의 사역은 개인적으로는 생명을 구원하고 증진시키는 일이다. 그리고 집합적으로는 하나님의 나라 건설에 집중된다. 집합적 사역은 구체적으로는 교회를 세워 나가는 것으로 성경은 가르친다. 그런데 그것은 개인적으로는 하나님의 형상이 회복되는 것이요 집합적으로는 하나님 나라의 형상이 회복되는 것으로 이 책에서 여러 차례 반복하여 언급해 왔다. 이 같은 성령의 사역은 '일체 사역'과 '삼위 사역'을 동시에 수행하신다는 점에서 목회적 삼위일체론에 해당된다. 따라서 성령께서 하시는 사역은 성부 하나님이 주도하신 창조사역의 집행이요, 동시에 예수 그리스도 성자 하나님이 주도하신 대속사역의 집행이다. 이 같은 성령님의 함생목회는 실로 놀랍고 기이할 뿐이다. 다음의 성경말씀이 위의 주장의 근거들 가운데 몇이다.

-이는 그리스도 예수 안에 있는 생명의 성령의 법이 죄와 사망의 법에서 너를 해방하였음이라 … 육신의 생각은 사망이요 영의 생각은 생명과 평안이니라.(롬 8:2-6, 성령의 생명구원사역) -평안의 매는 줄로 성령의 하나 되게 하신 것을 힘써 지키라. 몸이 하나요, 성령도 한분이시니.(엡 4:3-4) -귀 있는 자는 성령이 교회들에게 하시는 말씀을 들을지어다.(계 2:7, 11,17, 29 등)

한 가지 더 언급할 것은 사탄이나 악령과의 함생이라는 점이다. 예수님께서 시험받으신 일을 성경에는 다음과 같이 기록했다.

-그 때에 예수께서 성령에게 이끌리어 마귀에게 시험을 받으러 광야로 가사.(마 4:1) -성령이 곧 예수를 광야로 몰아내신지라, 광야에서 사십일을 계시면서 사탄에게 시험을 받으시며 들짐승과 함께 계시니 천사들이 수종들더라.(막 1:12-13) -예수께서 성령의 충만함을 입어 요단강에서 돌아오사 광야에서 사십 일 동안 성령에게 이끌리시며 마귀에게 시험을 받으시더라.(눅 4:1-2)

현미경적으로 보면 성령과 사탄 혹은 마귀는 적대적 관계이지만 망원경적으로 이해하면 예수 그리스도의 사역을 돕는다는 점에서 함생적 그리고 협력적 측면으로 이해할 수도 있다.

6

내 교회를 세우리니

교회개척 • 교회성장 • 대중집회 • 전도 • 선교

목회자의 최고 표준 예수 그리스도

내 교회를 세우리니

교회 개척 목회론

생육하고 번성하라는 하나님의 축복(창 1:20,22,28)은 생명체 개인이나 사람에게만 국한된 것이 아니다. 교회도 함생체이므로 당연히 생육하고 번성하여 땅에 충만해야 한다. 그런 점에서 교회개척사역은 모든 교회에 주신 당연한 사명의 하나이다. 사도행전 이후의 성경은 실상 교회가 생육하고 번성하게 되는 간증이고 기록물이다. 아니, 창세기부터 요한계시록까지의 성경은,'자신을 만물 위에 교회의 머리로 삼으시고, 교회를 자신의 몸으로 삼으셔서 만물 안에서 만물을 충만하게 하시는' 목회를 수행하시는 예수 그리스도를 선명하게 보여 주고 있다.(엡 1:22-23)

교회를 개척해 본 사람들 모두가 동의하는 말이 하나 있다. '교회개척을 하지 않은 채 목회 했다는 말을 하지 말라.' 그것이다. 승계 목회를 하는 사람들이라고 입이 없는 것은 아니다. '수성이 창업보다 어렵다.' 그것이다. 양측 모두가 맞는 말이지만 교회개척은 어디에서도 얻지 못하는 순금 같은 체험을 자산으로 선물 받는 좋은 기회이다. 개척목회와 승계목회의 차이는 친자와 양자를 기르는 느낌이라면 양자를 기른 사람들에게 결례가 될까.

예수 그리스도와 초대교회의 교회개척 사역 원리

1. 생육하고 번성하라

하나님은 첫 사람을 만드신 후 그들에게 "생육하고 번성하여 땅에 충만 하라. 땅을 정복하라."고 축복하셨다.(창 1:28) 이런 축복은 교회의 예표인 그 선택된 백성 이스라엘이 대대로 번성하도록 축복하신 것으로 이어졌다. 믿음의 조상 아브라함을 축복하셨고, 이삭을 축복하셨고, 이스라엘이라고 새로운 이름으로 바꿔주신 야곱을 축복하셨다. 그리고 어디에 있든지 학대를 받을수록 번성하게 하셨다.

-아브람이 구십구 세 때에 여호와께서 아브람에게 나타나서 그에게 이르시되 나는 전능한 하나님이라, 너는 내 앞에서 행하여 완전하라. 내가 내 언약을 나와 너 사이에 두어 너를 크게 번성하게 하리라.(창 17:1-2) -이삭이 야곱을 불러 그에게 축복하고 … 전능하신 하나님이 네게 복을 주시어 네가 생육하고 번성하게 하여 네가 여러 족속을 이루게 하시고.(창 28:1-3) -그러나 학대를 받을수록 더욱 번성하여 퍼져 나가니.(출 1:12, 행 7:17)

2. 하나님의 나라는 번성하고 자란다.

예수께서는 하나님의 나라를 여러 가지로 비유하셨다. 그 가운데는 생육하고 번성하게 될 것을 예언하셨고 또 번성하도록 최선을 다해야 할 것을 가르치셨다.

-천국은 마치 사람이 자기 밭에 갖다 심은 겨자씨 한 알 같으니 이는 모든 씨보다 작은 것이로되 자란 후에는 풀보다 커서 나무가 되매 공중의 새들이 와서 그 가지에 깃들이느니라.(마 13:31-32) -천국은 마치 여자가 가루 서 말 속에 갖다 넣어 전부 부풀게 한 누룩과 같으니라.(마 13:33)

예수 그리스도께서는 하나님의 나라가 생육하고 번성할 것으로 확실하게 가르치셨다. 교회는 하나님 나라 곧 천국의 형상이 있기 때문에 마땅히 교회도 겨자씨와 같아야 하고 가루 서 말을 전부 부풀게 하는 누룩과 같아야 한다.

3. 교회 개척자 예수 그리스도

예수 그리스도께서는 '교회를 개척하시기 위하여 이 땅에 오셨다'고 할 수 있다. 그것은 다음과 같은 교회설립 사명선언에서 확실하게 드러난다.

-너는 베드로라, 내가 이 반석 위에 내 교회를 세우리니 음부의 권세가 이기지 못하리라.(마 16:18)

그분은 보편적 교회를 세우려고 오셨고 개체교회를 세우려고 오셨다. 예루살렘 교회를 세우려 오셨고, 안디옥교회를 세우려고 오셨다.

4. 모든 민족에게 땅끝까지

예수 그리스도의 선교대명은 네 복음서와 사도행전에 명확하게 기록되어 있다. 앞서도 언급했던 바와 같이 이것은 성결대명, 사랑대명과 함께 삼대 대명(the great commission)에 속한다. (마 28:19-20, 막 16:15-16, 눅 24:48, 요 21:15-17, 행 1:8) 이 가운데 특히 요한복음서에 기록된 대명은 교회를 설립하는 사역명령이며 사도행전에 기록된 대명은 교회 확장의 대명으로 풀이된다.

–요한의 아들 시몬아, 네가 이 사람들보다 나를 더 사랑하느냐 … 내 어린 양을 먹이라 … 내 양을 치라 … 내 양을 먹이라.(요 21:15–17) –오직 성령이 너희에게 임하시면 너희가 권능을 받고 예루살렘과 온 유대와 사마리아와 땅 끝까지 이르러 내 증인이 되리라.(행 1:8)

5.사도행전은 교회개척 행전

사도행전은 바로 교회개척 행전이다. 예루살렘으로부터 온 유대, 갈릴리, 사마리아, 이방 땅, 그리고 마침내 로마에까지 교회가 개척되는 기록이 사도행전이다. 특히 개체교회가 개체교회를 설립하는 것은 사도행전적 사역 모형으로서 매우 중요한 선교활동에 속한다. 열한 사도로 시작된 예루살렘교회가 스데반이 순교당하는 박해로 인하여 사방으로 흩어진 성도들이 각 도시에 교회를 세우게 되면서 교회개척이 활발하게 번져 나갔다.

–그 날에 예루살렘에 있는 교회에 큰 박해가 있어 사도 외에는 다 유대와 사마리아 모든 땅으로 흩어지니라.(행 8:1)

베드로에게 주신 목양의 사명을 통하여 교회가 예루살렘에도 세워졌고, 유대 땅에도 세워졌고, 갈릴리 지방에도, 사마리아와 이방세계에도 세워지게 되었다.

–그리하여 온 유대와 갈릴리와 사마리아 교회가 평안하여 든든히 서 가고 주를 경외함과 성령의 위로로 진행하여 수가 더 많아지니라.(행 9:31)

특히 안디옥(행 13:1–3)에 세워진 교회는 교회개척사역에 매우 중요한 역할을 하게 되었다. 바울 사도가 이끄는 교회 개척팀이 큰 도시마다 복음을 전파하여 교회를 설립했으니 이에는 안디옥교회의 후원이 상당한 역할을 했던 것으로 추정된다.

한 가지 초대교회 개척형태에서 용기를 얻는 점이 있다. 그것은 곧 "네 집에 있는 교회"(몬 1:2)이다. 초대교회는 유대인 회당에서 시작되었거나 모임을 갖기도 했지만 그 대부분은 개인 주택에서 시작되었기 때문에 지금도 누군가의 집에서 모이기 시작하면 그것이 곧 교회개척사역이 된다.

–그와 그 집이 다 세례를 받고 우리에게 청하여 이르되 만일 나를 주 믿는 자로 알거든 내 집에 들어와 유하라 하고 강권하여 머물게 하니라.(빌립보 교회의 시작. 행 16:15) –아굴라와 브리스가와 그 집에 있는 교회가 주 안에서 너희에게 간절히 문안하고.(고전 16:19) –라오디게아에 있는 형제들과 눔바와 그 여자의 집에 있는 교회에 문안하고.(골 4:15)

이런 점에서는 예수님의 가정이 또 하나의 교회라고 할 수 있다. 비록 가족 가운데 믿음 없는 형제들이 있기는 해도(요 7:5) 예수님의 가정은 예수 그리스도께서 계신 것만으로도 교회라고 할 수 있다. 그리고 그분이 목수 혹은 건축가이신 것은 그분께서 바로 '그 교회 건설자'(The Church Builder)라고 의미를 부여할 수 있다.

유니온교회의 개척목회의 실제

"하늘 아래에서 유일하고 최대 효과를 거두는 전도전략은 바로 교회개척이다." (The single most effective evangelistic methodology under heaven is planting new churches). (C. Peter Wagner, 1990).

피터 와그너 박사의 정언명법적 선언이다. 그는 1980년대 말 유니온교회가 주최한 〈목회자 초청 교회성장 세미나〉 주강사로서 확신 있게 말했다. 교회개척에 전력을 경주하는 교단은 성장이 빠르고 교회개척에 관심이 없는 교단은 쇠퇴해간다는 통계도 내어 놓았다. 개척교회 전략으로 교단성장을 이룩한 대표적인 사례로 미국 남침례교단, 오순절교단, 나사렛교단 등을 들고 있다. (Church Planting for a Greater Harvest)

유니온교회는 "생산능력이 있는 자립교회"가 될 것을 사역목표의 하나로 설정했다. 여기에서 생산능력 생육하고 번성하게 하시는 하나님의 뜻이 이루어져야 한다는 뜻이다. 구체적으로는 지교회를 설립하며, 선교사를 파송하여 그 곳에 교회를 세우는 일이다. 물론 매스 미디어를 통한 선교나 사회적 봉사를 통한 선교, 생각을 바꾸게 하는 사상선교 등도 포함되고 있지만 그래도 교회를 설립해 나가는 것이 주종을 이루고 있다.

1. 담임목회자의 의지와 경험

필자는 교회개척의 경험을 이미 가지고 있었다. 포틀랜드에서 신학공부를 하는 동안 학생장로라는 어려운 여건에도 불구하고 교역자를 모시고 교회를 개척하여 지금의 포틀랜드성결교회가 되었다. 그 당시까지만 해도 이곳에 와 있던 성결교회 교역자 몇 분이 성결교회 개척을 시도했었지만 열매를 거두지 못했다가 1978년에 이르러서야 성결교회가 문을 열게 되었다. 한국에서 이민 온 지 한 달도 안 되는 분이시라 교회개척의 용기를 내지 못하실 때였다.

"목사님, 목사님 가족과 장로의 가족이 모여 예배드리면 그게 바로 교회 아니겠어요."

그 같은 말에 힘을 얻으시고 개척을 결심하시게 되었다.

1979년 목회학 석사과정을 마치고 로스앤젤레스 근교에 소재한 클레어몽트신학대학원 목회학 박사과정에서 공부를 시작했다. 이제는 전도사가 되었기에 교회개척을 하기로 결심했다. 미국에서는 목사가 아니면 교회개척을 하지 않는 것이 관례이고, 전도사가 교회를 개척하면 즉시 목사안수를 베푸는 것이 보편화된 일이었다.

그러나 전도사 직분을 가지고 교회를 개척했다. 한인들이 별로 살지 않는 지역을 선정했다. 남의 터 위에 건축하지 아니하려는 뜻이었다.(롬 15:20) 성결교회 목사인 만큼 목회윤리에도 신경을 쓰고 있었다. 하지만 한인들이 별로 없는 곳에 개척해서 되겠느냐는 질문이 아내에게서도 나왔다.

"꽃향기가 좋고 강하면 벌은 멀리서도 오는 법이 아니겠소."
그런 대답을 했다. 교회성장원리와는 잘 맞지 않는 대답이었다. 물고기가 많은 곳에 그물을 내려야 곧 황금어장에서 사역해야 하는 것이 당연한 이치였다. 그러나 믿음은 자주 상식을 깨뜨리는 것 아닌가.

-말씀을 마치시고 시몬에게 이르시되 깊은 데로 가서 그물을 내려 고기를 잡으라… 그렇게 하니 고기를 잡은 것이 심히 많아 그물이 찢어지는지라. (눅5:4-6)

교회시설 확보하는 것이 개척의 첫 단계 성공이었다. 성결교회는 파트너 교단이 없어 이 단계에서부터 설움을 맛보아야 했다. 그래도 50여 교회에 개척의 뜻을 담고 시설을 함께 쓰도록 도와달라는 편지를 보냈다. 장로교회, 감리교회, 침례교회는 빼고, 루터교회, 나사렛교회, 웨슬리언교회, 복음교회 등 한인교회와 관계없는 교단교회들을 선택했다. 그랬더니 오직 한 교회에서 대답이 왔다. '복음자유교회' (Evangelical Free Church)인데 만나보자는 것이다.

이렇게 해서 〈코비나성결교회〉를 개척했다. 8월 첫 주일에 개척예배를 드렸는데 처음에는 우리 부부만 예배드렸다. 그런데 12월 말에는 모든 연령층을 포함하여 50명 넘게 출석했다.

1980년에 다시 유니온교회를 개척했다. 유니온교회 개척과 관련하여서는 14장에서 자세히 언급하겠다. 담임목회자로서 이와 같은 교회 개척의 경험과 의지를 가지고 있었기에 생산능력을 발휘할 수 있게 되었다.

2. 지교회 설립

개척교회 사역은 유니온교회가 개척 7 년 만에 자체 시설을 마련하면서부터 눈을 돌리게 되었다. 그리하여 1년 반 뒤인 1989년 2월 5일 첫 개체교회를 설립했다. 첫 번으로 개척한 교회는 자동차로 한 시간 정도 거리인 리버사이드에 개척했다. 이름은 리버사이드 성결교회라고 했다.

지교회를 설립하는 것은 당연히 성경적 명령으로 인식하고 있었다. 게다가 교회성장학자들의 견해 곧 교회를 성장시키는 것이 가장 확실한 전도라는 주장에 감동되었다. 교회성장은 자체교회의 성장도 있지만 지교회를 설립하는 방식도 있다는 것은 상식이었다.

지교회를 설립하는 것은 이 목회자가 교회주의자라는 점에 있었다. 선교단체를 운영하는 것도 중요하고 무슨 무슨 운동을 일으키는 것도 중요하고, 빌리 그래함 전도집회 같은 것도 꼭 있어야 할 것이지만 교회가 가장 확실하게 하나님 나라를 이룩할 수 있는 도구라는 확신을 가지고 있었다.

지교회를 개척하면 본 교회도 성장하고 확장된다는 것을 체험하게 되었다. 우선 영성이 강화되었다. 기도하고 헌금하고 현장을 방문하고 또 계속 돕고…. 이러한 과정을 통하여 영성이 견고해지는 것을 눈으로 확인하게 되었다.

미주에서 지교회를 개척한다고 해도 건물까지 구입해 주기는 어렵다. 대개 1년은 담임교역자의 최저생활비 보장, 두 번째 해에는 그 절반 정도 재정보조로 끝낸다. 그러나 교회학교 교사 파송 등 부족한 사역은 계속 돕는다. 간혹 3년을 지원하는 수도 있다.

그렇게 해서 지금까지 30년간 개척한 교회는 다음과 같다.

1)리버사이드성결교회. 2)오션사이드성결교회. 3)스패니쉬교회. 4)충만성결교회. 5)서북성결교회. 6)멕시코유니온교회. 7)거리선교교회. 8)말씀새로운교회. 9)티화나한인교회. 10)워싱턴유니온교회(재정만 지원). 11)우리성결교회.

이런 교회개척사역을 통하여 설립된 교회들이 모두 잘 성장하는 것은 아니다. 다른 교단으로 전출한 교회도 있고, 아직 미자립인 교회도 있다. 그리고 끝내 문을 닫은 교회도 있다.

한 가지 특이한 것은 미주교회가 한국에 지교회를 개척한 것은 유니온교회가 처음이라는 증언도 있다. 고양시 일산에 서북성결교회(문병용 목사)였다. 후일 문 목사는 유니온교회의 후임 담임목회자로 사역했다.

교회개척 수칙

교회개척은 쉬운 일이 아니다. 기업경영자들도 창업이 얼마나 어렵고 위험부담이 많은가를 알고 있다. 그러나 교회개척은 창조주 하나님, 교회를 개척하러 오신 예수 그리스도, 교회를 바른 교회 되도록 지도하시는 성령님의 함생적 도우심으로 넉넉히 가능한 일이다. 또 성삼위 하나님께서 가장 기뻐하시는 일의 하나이다. 그래서 충성되고 지혜로운 목회자가 되도록 돕기 위하여 교회개척 수칙을 만들었다. 미주한인교회의 상황에 맞추었다.

1.하나님께 가장 크게 충성하는 방법의 하나는 개체교회 개척임을 확신한다. 이는 교회성장이 가장 중요한 전도요 선교요 교육이기 때문이다. 2.교회 개척은 무엇보다도 하나님의 나라처럼 교역자 자신의 마음속에서 시작되어야 한다. 3.교회를 개척하라는 하나님의 음성을 확실하게 들어야 한다. 4.교회의 사명선언(church mission statement)을 정하라(영구, 장기, 단기). 5.교회의 이름을 심사숙고하여 정하라. 이전하더라도 바꿀 필요가 없는 것으로 하라. 6.시간이 걸리더라도 가족의 동의와 기도협력을 충분히 얻으라. 7.교회개척계획서를 작성하고 하나님과 계약을 체결하라. 물론 계속 개정보완해야 한다. 8.되도록 창립멤버 없이 개척자 자신이 시작하든지 아니면 좋은 창립멤버단을 구성하라. 9.교회개척에는 재정이 많이 필요하지만 그런 염려는 하나님께 맡기라. '여호와 이레'를 체험하게 될 것이다. 10.왜 사람들이 자신이 개척하는 교회에 오게 될 것인지 '낚시밥'을 분석하고 강화시키라. 교인후보들의 필요를 기본적인 것과

상황적인 것을 구별하여 분석하라. 11.교회설립 사실을 매스 미디어로 알리고 이벤트를 만드는 등 잘 활용하라. 12.종교 법인으로 등록하라, 정관을 심사숙고하여 정하라. 13.독립교회를 할 것인가, 교단 소속교회를 할 것인가를 확실하게 하라. 14.수평이동도 전도의 한 부분임을 확신하라. 15.먼저 설립된 교회 및 교역자와 좋은 관계를 유지하라. 이단 냄새가 나는 사역은 결코 해서는 안 된다. 16.교회의 자립을 조속한 시일 안에 달성하라. 17.자체 건물을 조속히 마련하라. 무리가 되더라도. 18.방문자들도 따뜻하게 환영하라. 19.떠나는 회원들을 다시 돌아올 수 있는 가능성을 고려하여 기쁨으로 보내주라. 20.모든 사역을 예수님과 함생하며 수행하라.

교회개척의 함생목회적 의미

교회 개척을 해 본 사람은 누구나 다 안다. 교회 개척은 성삼위 하나님께서 하신다는 사실 말이다. 그러면서도 또 절실하게 체험하고 있다. 교회 개척에는 개척하는 사람이 있어야 한다는 사실이다. 성삼위 하나님께서 주도하시면서도 혼자서 독주하시는 분이 아니시다. 사람의 마음을 움직여서 하신다. 교회 개척자는 알고 있다. 십자가를 지는 사람이 있어야 교회가 개척된다는 것 말이다. 그래서 수직적 함생과 수평적 함생이 합하여 십자가가 되었고 십자가 지신 예수 그리스도와 십자가 진 사람들이 합하여 교회가 탄생된다. 교회는 누가 뭐라 해도 '하나님 나라'의 대표적 모형이다.

목회 칼럼 교회 개척에 온 몸을 던져라

세계 모든 사람들이 흥미진진하게 읽는 책들이 있다. 탐정소설, 영웅들의 전기, 그리고 탐험가들의 스토리들이다. 이런 것들은 어떤 세대를 막론하고 즐겨 읽고 즐겨 시청한다. 전율을 느끼게 하는 대목이 곳곳에 있기 때문이다. 물론 삶을 결정적으로 전환시킬 교훈들도 있다. 교회개척 이야기도 그랬으면 좋겠다. 요즈음 말로 하면 교회개척은 벤처기업(venture business) 곧 '고도의 전문지식을 활용한 모험적 기업'에 해당된다. 거기에는 아슬아슬한 기적을 체험하는 대목, 목사 가족 모두의 목숨까지 걸어야 하는 국면들도 있다.

하지만 정말 교회개척기가 독자들의 독서흥미를 자극할 수 있을까? 교회개척은 성공하기 어렵다는 풍조 때문에 혹시 제목만 읽고 휙 넘겨 버리는 것이 되지는 않을까.

양도둑질은 선량한 범죄?

1978년 이른 봄에는 오레곤주 포틀랜드에서 목회학석사과정을 공부하고 있었다. 서른 여섯의 나이였고 직분은 성결교회 장로였다.

그 곳에는 이미 한인교회가 일곱 개나 있었는데 한인인구에 비하면 교회가 너무 많다는 비판들이 많았다. 교인쟁탈전이 치열했기 때문이다. 그러나 그 가운데 성결교회가 없었다. 성결교회를 개척하려는 시도가 세 번 있었으나 모두 실패했다.

그런 때에 한국에서 성결교회 목회자 한 가족이 그곳으로 이민을 왔다. 그분을 뵙고 교회개척을 제안했지만 선뜻 나서지 못하셨다. 이민 초년생으로서는 당연지사였다.

"목사님, 부족하지만 제가 도와드리겠습니다. 목사님과 장로의 가정이 주님을 모시고 예배드리면 그것이 바로 교회 아니겠습니까?"

그 말에 용기를 내셨다. 그래서 그 다음 주일 곧 부활주일에 개척예배를 드린 것이 바로 포틀랜드성결교회이다. 34년이 지난 지금도 비교적 건실하게 성장하고 있다.

그래서 교회개척실습을 톡톡히 체험하게 되었다. 주변에 있는 한인교회들의 비난이 있었지만 지나가는 소낙비일 뿐이라 생각했다. 빈들에서 헤매는 양들과 심지어 다른 교회에 건성으로 다니는 양들은 장로가 앞장서서 끌어 왔다. 양도둑질이 죄라면 그런 죄는 목사보다는 장로가 맡는 것이 더 좋을 것이라 이해했다. 선량한 범죄라는 교회성장학자도 있으니 말이다. 그러나 교회당을 임대해서 간판도 걸고, 특별영성집회도 하고, 새 생명 축제도 열심히 했지만 생각만큼 교회가 성장해 가는 것은 아니었다. 오히려 실망하고 다른 교회로 떠나는 신자들도 있었다. 그 때부터 많이 생각한 것이 세 가지 질문이었다. 1)왜 사람들이 이 교회에 오는가, 2)왜 이 교회에 왔다가 떠나는가, 3)왜 이 교회에 남아 있는가. 이 세 가지 질문은 목회현장에서 은퇴할 때까지, 목회의 모든 국면마다 자신에게 던져보는 질문이 되었다.

전도사니까 전도해야지

석사과정을 마치고 로스앤젤레스 근교에 있는 클레어몬트신학대학원 목회학 박사과정에서 계속 공부하게 되었다. 호칭도 장로에서 전도사로 바뀌었다. 자리가 단단히 잡힌 한 교회에서 교육전도사로 사역해 달라는 요청이 있었으나 응하지 않았다. 그리고 교회 개척의 길을 선택했다.

미국에서는 전도사가 교회를 개척하는 일은 매우 드물었다. 교회개척은 목사로 안수 받은 뒤 교단의 허락과 지원을 받아서 시작하는 것이 정석이었다. 하지만 교회를 개척한 전도사들이 한국에는 얼마나 많은가. 전도사의 하나님과 목사의 하나님은 똑같은 분이 아니시던가.

하여튼 그날부터 교회시설 임대를 위하여 뛰어다녔다. 편지를 50통 정도 써서 주변에 있는 교회 주소로 보냈다. 전화를 걸어 자신을 소개하고 시설 임대를 호소했다. 하지만 실망만 컸다.

장로교회, 감리교회, 침례교회를 한다면 미국에서는 시설 임대가 별로 어렵지 않았다. 그리고 교단에서 기본생활비와 건강보험 등을 마련해 준다는 유혹들이 있었다. 그러나 성결교회는 미국에 협력교단이 전혀 없었다.

그래도 포기하지 않았다. '여호와 이레' 하나님을 믿기 때문이다. 과연 지쳐 있는 때에 기도의 응답이 왔다. 담임목사도 사임하고 장로 중심으로 모이는 백인들의 교회에서 시설을 무료로 함께 쓰자는 소식이었다.

1979년 8월 5일, 이렇게 해서 〈코비나성결교회〉가 탄생했다. 첫 예배는 우리 다섯 식구뿐이었다. 재정이 어려웠지만 그래도 신문에 개척광고도 내었다. 새 가족들이 매 주일 한두 가정씩 몰려들기 시작했다. 물론 한 번 와 보고 다시 안 오는 가족들도 많았다. 그래서 그 세 가지 질문을 몇 번씩이나 또 되새겼다.

"전도사가 개척하는 교회에는 가지 마시오. 축복을 받지 못합니다. 전도사는 축도권이 없는 것 아시지요?"

근처에 있는 한인교회 담임목사들이 그런 광고를 했다는 소식도 들려왔다. 그래도 신경 쓰지 않고 전도하러 다녔다. 전도사니까 이름 그대로 전도하는 것이 당연했다.

네 골은 쏟아버려라

전화번호부에서 김 씨 성을 가진 사람은 틀림없이 한인이므로 먼저 그들을 접촉했다. 어떤 사람은 다른 교회 나간다 했고 어떤 사람은 가톨릭교회 나간다고 했다. 그런 이들에게는 전도대상자 한인의 소개를 부탁했다. 그래서 심방하게 된 것이 어느 도넛 가게였다.

40대나 되는 한인이 흰 가운을 입고 도넛과 커피를 열심히 팔고 있었다. 손님들이 모두 주문을 하고 마침 한가한 시간이 되었다.

"안녕하시지요? 이 근처에 한인교회를 개척하고 있는 이정근 전도사입니다."

그러면서 교회 소개서를 내밀었다. 그런데 안색이 조금 붉어지고 얼굴 표정이 굳어졌다.

"아니, 교회 개업하셨군요. 보아하니 외양도 단정해 보이는 분이 뭘 해먹을 게 없어서 교회를 합니까? 차라리 이런 도넛 가게나 하나 하세요. 도넛은 신자들처럼 속 썩이는 것들이 없지요."

그렇게 조롱했다. 혈압이 좀 오르는 것 같았다. 때가 차지 않은 것으로 생각하고 그냥 돌아 나왔다. 그런데 뒤에서 이런 소리가 들려왔다.

"싸가지 없는 전도사네. 식당에 왔으면 좀 사먹어 가며 전도할 일이지… 골이 텅 비었구먼."

그 말을 들으니 속이 뒤집히는 것 같았다. 젊은 혈기에 다시 들어가서 한바탕 싸우고 싶었다. 그런데 번개 같은 한 줄기 빛이 내 머리를 스쳐갔다.

"그래 어찌 네 골 가지고 목회를 하겠느냐? 내 골로 꽉꽉 채워줄게."

교회의 머리이신 예수 그리스도의 말씀이었다. 그런 까닭에 교회 개척은 자신의 해골 가지고는 결코 이루어 나갈 수 없다. 해골언덕에서 처형되신 예수님의 십자가를 지고서야 이루어낼 수 있는 거룩한 희생사역일 뿐이다.

겁도 없이 또 한 번

그 교회는 개척 6개월 만에 70명 정도 모이는 교회로 성장했다. 이민교회로서는 자립단계에 들어선 셈이다. 그래서 그 교회를 사임하고 공부에 전념하기로 했다. 서울신학대학교에서의 연구를 위한 휴직기간이 거의 끝나가고 있었기 때문이다.

그런데 10.26사태가 나면서 시작된 학내 문제로 교수직에 부임할 기회가 막히고 말았다. 그 사이 목사로 안수를 받았는데 교회도 사임했고, 다른 직업을 가질 수도 없어 가족의 생계도 막연했다. 재정이 없어 공부조차 중단해야만 했다.

"목사는 목회를 해야 목사 아닌가."

기도하면 할수록 생각이 그렇게 모아졌다. 그러나 그간의 경험을 통하여 뼈아프게 얻은 교훈이 하나 있었다. 교회를 개척하는 것도 힘들지만 사임하기가 더 어려웠다. 마치 젖먹이를 떼어놓고 떠나오는 것 같았기 때문이다.

그런데 성경과 신학서적을 읽으면서 마음속으로는 계속 "주님, 어느 길로 가야만 합니까" 하고 대들다시피 하던 때였다. 마태복음 16장 18절을 풀어놓은 책을 읽는데, 그 책에 이런 설명이 있었다. "당신이 교회를 개척하는 것이 그분 계획 안에 있는 걸 느낀다면 … 그 분 말씀에 기대고 성령에 의지하여 겁 없이 그 길로 달려 나아가야 합니다."

바로 '겁 없이'라는 표현이 나의 가슴을 뒤흔들어 놓았다. 그래서 교회개척을 결심하고 계획서를 열심히 마련하던 때였다.

어떤 집사 다섯 가정이 어떤 교회에서 집단으로 떠나왔다며 교회를 함께 개척하자고 제안해 왔다. 모두 신앙이 성숙하고 자기 주택도 있고 좋은 직장을 가진 유능한 멤버들이었다. 그러나 거절했다. 남이 닦아놓은 터 위에 집을 짓지 않겠다는 결심 때문이었다.

교회개척의 고통은 무척 컸다. 대표적으로 든다면 두 주 동안 식품을 살 수 없을 정도의 위기도 있었다. 하는 수 없이 날짜가 조금 지난 식품으로 아이들과 함께 끼니를 이었다. 온 가족이 값싼 헌옷을 사 입었다. 성전을 구입할 때에는 주택을 팔아 전액 헌금했다. 그리고 철학박사과정을 종합시험과정까지 끝내고 중도에 포기했다.

이렇게 해서 1980년 9월 28일에 개척된 〈유니온교회〉는 "생산능력이 있는 자립교회"로 차근차근 성장해 갔다. 그 뒤 30년을 사역하고 2010년에 은퇴했다.

교회는 은혜의 종합 통로

나는 교회성장운동의 주역인 맥가브런, 왜그너 박사 등에게서 고귀한 교훈 하나를 배웠다. 곧 교회설립과 교회성장이 가장 확실한 전도라는 신념이었다. 그래서 젊은 목회자들에게 교회개척도 안하고 어찌 감히 목사라는 이름표를 달고 다니느냐고 호통을 치기도 했다.

교회개척을 경험한 목사는 다른 점이 많다. 우선 영력이 강력하다. 한 생명을 천하보다도 귀중하게 여긴다. 교회 가족들을 자녀처럼 사랑한다. 결정적 순간에 하나님을 만난 간증이 풍성하게 된다. 성도들로부터 높은 존경을 받는다. 개척담임목사는 성도들이 웬만해서는 비판하지 않고 더구나 사임을 요구하지 않는다. 조강지처와 같기 때문이다.

그리고 교회관이 바뀐다. 교회는 함생체(咸生體) 곧 하나님과 그 백성이 생명을 공동소유하고 있는 몸이고, 구원받은 성도와 성도가 한 생명을 공동소유한 함생체로 이해한다. 단순한 공동체가 아니다. 그래서 교회는 '하나님 은혜의 종합도구'(the comprehensive means of God's grace)가 된다. 교회개척이란 따라서 하나님의 은혜를 공급받을 종합통로를 건설하는 투쟁일 뿐이다. 성삼위 하나님께서 함께 주도하시는 거룩한 투쟁이다.

(월간목회 2012년 8월호)

자라고 결실하였으니
교회성장 목회론

"살아 있는 것은 자라야 한다. 만약 자라지 않는 것이 있다면 그것은 죽은 것이다. 그런 점에서 교회도 자라야 한다. 교회는 살아 있는 함생체이기 때문이다. 따라서 교회도 성장하지 않으면 죽어가고 있을 뿐이다. 그러므로 교회는 성장하느냐 성장하지 않느냐의 문제가 아니고 생존하느냐 아니면 죽어 가느냐의 문제이다."

이는 교회성장에 대한 세미나를 할 때마다 힘주어 말하는 나의 주장이다. 교회성장운동과 교회성장학의 세계적 센터인 풀러신학대학원에서 잠시나마 공부한 것도 그런 주장을 실현하기 위해서였다.

교회를 개척하여 사역해 본 경험이 없는 사람은 "교회생존투쟁"이 얼마나 심각한지 체감이 오지 않는다. 그건 죽느냐 사느냐의 게임이다. 첫째는 교회가 죽느냐 사느냐요, 다음으로는 목회자 특히 담임목회자와 그 가족이 죽느냐 사느냐의 문제가 걸려 있다.

그러므로 교회는 개척한 날부터 무조건 성장해야 한다. 성장을 위하여 몸부림치는 정도가 아니다. 사생결단해야 한다.

성경적 교회성장 사역의 원리

교회에 관하여는 예수님께서 간단하게만 말씀하셨다. 그럼에도 그 속에 교회의 기본 요소가 모두 들어 있다.

-너는 베드로라. 내가 이 반석 위에 내 교회를 세우리니 음부의 권세가 이기지 못하리라.(마 16:18)

예수님은 이미 반석이 가지는 뜻을 말씀하셨다.

-그러므로 누구든지 나의 이 말을 듣고 행하는 자는 그 집을 반석 위에 지은 지혜로운 사람 같으리니 비가 내리고 창수가 나고 바람이 불어 그 집에 부딪치되 무너지지 아니하나니 이는 주추를 반석 위에 놓은 까닭이요.(마 7:24-25)

말하자면 교회는 튼튼한 반석 위에 세워져야 한다는 뜻이다. 이 말씀은 교회설립을 처음으로 말씀하시면서 '천국열쇠를 네게 준다"(마 16:19, 18:18)는 말씀과도 연관된다. 교회는 하나님의 나라를 여는 열쇠의 역할을 해야 한다는 말씀이고 하나님의 나라는 물론 우리 마음에도 있고 또 두세 사람만 모인 경우에도 하나님 나라가 될 수 있다.(마 18:19-20) 그러나 대체로 하나님의 나라는 성장되어 가는 나라라는 암시가 성경 곳곳에 숨겨져 있다.

-씨를 뿌리는 자가 뿌리러 나가서 뿌릴 새 … 더러는 좋은 땅에 떨어지매 어떤 것은 백 배, 어떤 것은 육십 배, 어떤 것은 삼십 배의 결실을 하였느니라.(마 13:3-8) -천국은 마치 사람이 자기 밭에 갖다 심은 겨자씨 한 알 같으니, 이는 모든 씨보다 작은 것이로되 자란 후에는 풀보다 커서 나무가 되매 공중의 새들이 와서 그 가지에 깃들이느니라.(마 13:31-32) -더러는 좋은 땅에 떨어지매 자라 무성하여 결실하였으니 삼십 배나 육십 배나 백배가 되었느니라.(막 4:8) -천국은 마치 여자가 가루 서 말 속에 갖다 넣어 전부 부풀게 한 누룩과 같으니라.(마 13:33)

교회가 참다운 교회, 성경적 교회, 성삼위 하나님께서 기뻐하시는 교회, 본질에 충실한 교회가 되느냐 못 되느냐가 더 중요하냐 아니면 성장의 문제가 더 중요하냐는 우선순위에는 논란이 있을 수 있다. 그러나 한 가지 분명한 것이 있다. 철학에서도 물체의 양과 질 사이의 우선순위가 논의되지만 양이 없으면 질이 있을 수 없다는 것을 목회자들은 명심해야 한다.

이러한 교회성장은 사도들의 사역으로 더욱 확실해졌다. 교회성장주의자들이 지적한 것처럼 11명에서 120여명으로, 120여명에서 3천명으로, 3천명에서 5천명으로, 5천명에서 그 수를 헤아릴 수 없는 큰 무리로 교회는 발전해 갔다는 사실이다. 또 지역적으로는 예루살렘에서 온 천하(로마 천하)로 확장되어 갔다는 점이다.

-열한 제자가 갈릴리에 가서 예수께서 지시하신 산에 이르러 예수를 뵈옵고 경배하나 아직도 의심하는 사람들이 있더라.(마 28:16-17) -모인 무리의 수가 약 백이십 명이나 되더라.(행 1:15) -그 말을 받은 사람들은 세례를 받으매 이 날에 신도의 수가 삼천이나 더하더라.(행 2:41) -말씀을 들은 자 중에 믿는 자가 많으니 남자의 수가 약 오천이나 되었더라.(행 4:4) -이에 큰 무리가 주께 더하여지더

라.(행 11:24) -로마에서 하나님의 사랑하심을 받고 성도로 부르심을 받은 모든 자에게… 감사함은 너희 믿음이 온 세상에 전파됨이로다.(롬 1:7-8)

그 때의 천하 중심지였던 로마에까지 교회가 세워졌으니 실로 예수님 승천하신 뒤 한 세대 안에 이루어진 교회성장의 모습이었다.

유니온교회 성장목회의 실제

1. 회원 성장

유니온교회는 "생산능력이 있는 자립교회"가 되기를 지향했다. 그리고 이것은 "신앙성장과 교회확장"을 통하여 실현해 왔다. 신앙성장이 우선이고 또 신앙성장이 이루어지면 교회확장은 자연히 따라오게 될 것이라고 생각했다. 성장은 질적 성장이요 확장은 양적 확장을 뜻하는 용어로 사용했다.

유니온교회는 4가족 15명으로 시작하여 성장이 절정에 이른 때는 교회 회원수 1천 명을 넘게 되었다. 1천명이 넘었다 함은 남가주지역 1천여 한인교회 가운데 10대교회에 속한다는 뜻이다. 그리고 북미주성결교회에서는 제일 규모가 큰 교회가 되었다.

교회성장은 사람 수만의 증가는 아니다. 재정성장과 시설성장도 매우 중요한 항목이었다. 재정성장은 회원수 성장에 비례할 수 있다. 그러나 재정이 성장되어야 회원수 성장이 더 촉진된다는 것도 체험으로 아는 지식이다. 그리고 시설확장과 재정성장, 시설확장과 회원수 성장도 서로 상관도가 높았다.

2. 지교회를 통한 성장

지교회 개척사역에서 설명하였으므로 중복을 피한다. 한 가지 덧붙일 것은 '교단의 견인차'가 되어 교단을 성장시킴으로 개체교회성장을 뒷받침하기도 했다.

3. 영향력 성장

교회성장은 영향력 성장을 포함해야 한다. 예루살렘교회, 안디옥교회가 고린도교회나 에베소교회보다 훨씬 더 영향력 면에서 크게 성장한 교회이다. 그런 점에서 강원용 목사가 이끌던 경동교회는 조용기 목사가 이끌던 여의도순복음교회보다 더 크게 성장한 교회로 평가할 수 있다. 회원 수나 재정실력에서 비교가 안 될 정도로 뒤지지만 영향력 면이나 지도적 인물들을 배출했다는 점에서는 그에 맞먹거나 그보다 더 큰 교회라고 평가할 수 있다.

유니온교회는 미주성결교단 안에서는 성도, 시설, 재정 규모에 있어서 대표적 교회라는 점도 있고, 그것보다는 영향력 면에서 성장력을 가진 교회로 더 많이 평가된다. 좁게는 남가주지역 넓게는 북미주에서 유니온교회는 다섯 손가락 안에 드는 모범교회라는 데는 수긍하고 있다. 특히 교회성장론에서 건강교회론 쪽으로 중심추가 이동하면서 대표적 건강교회 사례로 평가 받았다. 가령 예배를 전통예배, 말씀예배, 현대예배로 나누어 보는 것은 미주에서 여러 교회들이 본받아 가고 있다. 그리고 담임목사의 신학적 목회적 의견들이 채택되어가고 있으며 특히 일반 언론을 통하여 쓰는 글로 인하여 믿지 않는 사람들에게까지도 영향력을 선물하고 있다. 물론 순기능만 있는 것은 아니고 역기능도 있다.

"당신이 먹은 열매만큼이나 좋은 열매를 맺어야 하지 않겠는가."

"월드 컵 축구를 보면서 인생을 배우십시오. 특히 공처럼 90분 내내 두들겨 맞고도 아무런 보상도 못 받는, 그러나 한 마디 불평 없이 사람들을 행복하게 해주는 섬기는 인생을 배우십시오."

그런 것들이다. 그런 영향력을 끼치는 사항 가운데 두드러진 것 몇 가지만 아래에 예시한다.

1)함생주의 사상과 함생목회론. 2)원수사랑상 제정. 3)남북통일선언문 발표. 4)미주성결교회 교리적 선언 초안. 5)미주성결대학교/카우만신학대학원 설립 주도. 6)멕시코선교센터 건립하여 현지인의 모범적 교회 설립. 7)사중복음의 노래 제정. 8)'성결교회 교의신학' 과목을 처음 개설하여 강의. 9)예배를 전통예배 (성부중심), 말씀예배(성자중심), 현대예배(성령중심)으로 실시. 10)한 번도 다툼이나 분열 없이 사랑으로 하나 된 모범교회. 11)〈코리안의 노래〉 작사와 보급 운동. 12)'조각글' 이름을 창안하고 성경적 세계관을 담은 글목회. 13)주기도문, 사도신경, 성경 개역개정판, 찬송가 가사 등의 수정안 제시.

4. 생산적 자립능력이 있는 교회건설 지침

1)첫 소명(召命 calling)을 계속하여 불일 듯하게 하라. 2)목회성공의 일차적 기초공사는 '사람 모으기와 돈 모으기'임을 명심하라. 3)이민목회의 특징을 잘 파악하여 대처하라: 전도대상 제한, 떠돌이병, 가족별, 상처입기 쉬움, 교회사이의 격심한 경쟁, 모든 서비스, 목사신뢰도 저하, 쪼개기병 등. 4)당신이 평신도라면 왜 그 교회에 나가겠느냐는 질문을 항상 던져 보며 자신과 목회패턴을 변형시켜 나가라. 5)사람공부를 부지런히 하라. 6)말공부를 잘 하라. 대화법을 개발하는 것이 엄청 중요하다. 7)은사에 기초한 목회모형을 개발하라.(학교모형, 회사모형, 병원모형, 식당모형, 연예기획사 모형, 군부대모형, 극장모형, 음악회 모형…) 8)신자들이 피곤을 느끼지 않도록 새롭게 바꾸어 가라. 9)다음 다섯 가지 영역을 갈고 닦도록 항상 노력해야 한다: 영력 성장, 지성 성장, 인격 성장, 지도력 성장, 전문성 성장. 10)목사들의 고질을 발견해서 고쳐가야 한다: 자기 신격화, 황제적 군림, 사모 옹호병과 족벌주의, 감정폭발, 교회돈 낭비벽, 입열귀막병, 성자병, 어제나그제나병, 위선자병… 11)항상 그만 둘 각오로 목회하고 설교는 마지막 설교 하듯 하라. 12)십자가 튼튼히 붙잡아야 한다.

교회성장의 함생목회적 의미

교회는 실을 가지고 옷감을 만드는 '조직'이기보다는 살아 움직이는 생물체이다. 그래서 그리스도의 몸이라고 한다. 하나님의 자녀들은 하나님 앞에 홀로 서기도 하지만 함께 서 있기도 하다. 그것이 동시적이다. 그리고 교회는 예수 그리스도께서 밝혀 말씀하신 '하나님의 나라' 형상을 지니고 있다. 이런 점에서 성경적 교회, 원론적 교회는 겨자씨 한 알이 새들이 깃드는 큰 나무로 자라야 하고 누룩이 가루 서 말 속에 들어가 그것을 부풀게 하듯이 변화 확장되어야 한다. 그리고 개인의 믿음이 성장함에 따라 교회도 그 영적 영토가 확대되어 가게 되고 영적 영토가 확대되어 감에 따라 개인의 영혼도 성숙해지는 열매를 맺게 된다. 교회는 단체이기도 하고, 조직이기도 하고, 제도이기도 하다. 그러나 그 이상이다. 교회는 유기체이고 교회는 함생체이다. 교회성장학자들은 일반적으로 교회는 달과 같아서 초승달에서 점점 자라 보름달이 되고, 다시 보름달이 그믐달로 줄어들게도 된다고 한다. 또 교회 역사가들은 교회는 그 탄생 이래 어느 곳에서인가는 줄어들고 어느 곳에서인가는 늘어 가는데 전체적으로 보면 항상 늘어가고 있다는 진단도 한다.

전도를 위하여 왔노라
전도 목회론

전도는 복음을 전파하는 일이다. 복음(福音, Gospel, 위앙겔리온)은 글자 그대로는 '기쁜 소식'을 뜻한다. 복음은 다음의 성경말씀이 핵심적으로 말해주고 있다.

-회개하라, 천국이 가까이 왔느니라.(마 4:17) -주 예수를 믿으라. 그리하면 너와 네 집이 구원을 받으리라.(행 16:31) -이는 성경대로 그리스도께서 우리 죄를 위하여 죽으시고 장사 지낸 바 되셨다가 성경대로 사흘 만에 다시 살아나셨느니라.(고전15:3-4)

우리는 개종전도가 점점 어려워지는 시대에 살고 있다. 다른 종교들이 반대하기 때문이다. 그러나 전도는 개종전도를 포함하여 총동원 전도여야 한다. 그래서 유니온교회도 어떤 해는 "강력하게 전도하는 해"로 연간목회 목표를 정하고 실천에 총동원한 때가 있었다. 당회를 비롯하여 교회의 모든 회의를 '전도전략회의'로 이름을 붙였다. 당회 전도전략회의, 직원회 전도전략회의, 교역자 전도전략회의, 남전도회 전도전략회의, 여전도회 전도전략회의, 학부모 전도전략회의…. 그런데 효과가 있었다. 전도전략에 대한 종합 방안도 마련했다. 특히 빌리 그래함 전도집회의 "친구가 친구에게"(Friend to Friends) 프로그램도 도입했다. 그런 것들을 종합하여 유니온교회 전도목회론의 자료들 몇 가지를 여기 소개한다.

예수 그리스도의 전도사역 원리

1. 예수 그리스도는 그 이름 예수(야훼는 구원하신다) 그리스도(메시아 곧 기름사람) 자체가 전도의 뜻을 함유하고 있다. 그런데 그 이름이 얼마나 값진 것인지 성경에는 여러 형태로 기록되었다.

-아들을 낳으리니 이름을 예수라 하라. 이는 그가 자기 백성을 그들의 죄에서 구원할 자이심이라.(마 1:21) -내 이름으로 무엇이든지 내게 구하면 내가 행하리라.(요 14:14) -주께서 이르시되, 가라, 이 사람은 내 이름을 이방인과 임금들과 이스라엘 자손들에게 전하기 위하여 택한 나의 그릇이라. 그가 내 이름을 위하여 얼마나 고난을 받아야 할 것을 내가 그에게 보이리라.(행 9:15-16)

2. 예수 그리스도께서는 전도사역이 자신이 이 땅 위에 오신 기본 목적의 하나라고 밝히셨다.

-이르시되, 우리가 다른 가까운 마을들로 가자. 거기서도 전도하리니, 내가 이를 위하여 왔노라 하시고 이에 온 갈릴리에 다니시며 그들의 여러 회당에서 전도하시고 또 귀신들을 내쫓으시더라.(막 1:38-39) -천국복음을 전파하시며 (마 4:23)

3. 전도의 목적은 잃어버린 영혼을 구원하는 일임을 보여주셨다.

-인자가 온 것을 잃어버린 자를 찾아 구원하려 함이니라.(눅 19:10)

4. 예수 그리스도의 사역에는 언제나 '영혼 구원'이라는 전도의 동기가 그 밑에 숨어 있다. 표적보기를 구하는 서기관과 바리새인들에게 요나의 표적을 말씀하시는 자리에서도 다음과 같은 전도의 사명을 적시하셨다.

-이는 그들이 요나의 전도를 듣고 회개하였음이거니와 요나보다 더 큰 이가 여기 있으며.(마 12:41)

5. 그분은 제자들을 전도실습 시키셨다. 열두 제자(눅9:1-2)는 물론 따로 칠십 제자도 전도파송을 하셨다. 그리고 전도를 강조하셨다.

-제자들이 나가 각 마을에 두루 다니며 곳곳에 복음을 전하며 병을 고치더라.(눅 9:6)

-그 후에 주께서 따로 칠십 인을 세우사 친히 가시려는 각 동네와 각 지역으로 둘씩 앞서 보내시며 이르시되, 추수할 것은 많되 일꾼이 적으니 그러므로 추수하는 주인에게 청하여 추수할 일꾼들을 보내 주소서 하라.(눅 10:1-2)

-사람을 강권하여 데려다가 내 집을 채우라.(눅 14:23)

6. 예수님은 순회전도자(itinerant preacher)이셨다. 한 곳에만 머무신 것이 아니라 '두루 다니시며' 복음을 전파하셨다.

-그 후에 예수께서 각 성과 마을에 두루 다니시며 하나님의 나라를 선포하시며 그 복음을 전하실 새 열두 제자가 함께 하였고.(눅 8:1)

7. 그분은 지상생애 마지막 교훈을 선교를 포함하여 전도에 관한 사명을 남기고 승천하셨다. 이것을 네 복음서가 각각 다양하게 증언하고 있다. 마태복음에는 모든 민족을 제자 삼

는 일로(마 28:19-20), 마가복음에는 온 천하에 다니며 만민에게 복음을 전파하라는 말씀으로(막 16:15-20), 누가복음에는 이 모든 일의 증인이라는 말씀으로(눅 24:48), 요한복음에는 베드로에게 '내 어린 양을 먹이라, 내 양을 치라, 내 양을 먹이라'는 말씀으로(요 21:15-17) 하셨다. 특히 사도행전에는 이 전도의 명령을 시작으로 삼고 있다.

-오직 성령이 너희에게 임하시면 너희가 권능을 받고 예루살렘과 온 유대와 사마리아와 땅 끝까지 이르러 내 증인이 되리라.(행 1:8)

8. 예수 그리스도께서는 같은 민족인 이스라엘에게 전도하는 것이 온 세계를 선교하는 길임을 보여주셨다. 민족선교가 세계선교로 가는 길이라는 전략이었다.

-예수께서 이 열둘을 내보내시며 명하여 이르시되, 이방인의 길로도 가지 말고 사마리아인의 고을에도 들어가지 말고, 오히려 이스라엘 집의 잃어버린 양에게로 가라. 가면서 전파하여 말하되 천국이 가까이 왔다 하고.(마 10:5-7)

9. 열두 사도들은 이 같은 전도의 사명을 이어받아 사역했으며 이것이 오늘날까지 전해져 내려오는 중요사역이 되고 있다.

-그 흩어진 사람들이 두루 다니며 복음의 말씀을 전할 새 빌립이 사마리아 성에 내려가 그리스도를 백성에게 전파하니.(행 8:4-5) -너는 말씀을 전파하라. 때를 얻든지 못 얻든지 항상 힘쓰라.(딤후 4:2)

개체교회 전도목회의 실제

이것은 유니온교회가 사용했던 전도교안의 개요이다. 이것이 전도목회의 전반을 제시하고 있기에 여기 정리하여 소개한다.

1. 전도(evangelism)란 무엇인가.

영혼을 구원으로 인도하는 일에 관련된 모든 사항을 뜻한다. 여기에는 직접적 전도도 있고 간접적 전도도 있다. 밖으로 나가 끌어오는 원심력 전도도 있고 교회, 분위기, 목회자, 좋은 위치와 환경, 넉넉한 주차장 등으로 인하여 끌어오는 구심력 전도도 있다.

또 전도학에서 흔히 말하는 E-0, E-1, E-2, E-3도 있다. 특히 사도행전에 기록된 초대교회의 경우 전도와 선교는 교회성장(church growth)에 초점을 두었기 때문에 교회성장운동, 교회건강화운동이 강세를 보여 왔다. 이런 운동이 다소의 부작용도 있었으나 하나님의 나라의 모형인 지역교회 성장과 확장에 튼실한 열매를 맺어 왔다.

2. 전도해야 하는 이유

1)하나님의 계획이다. 2)예수 그리스도의 오신 목적이다. 3)성령님이 참여하신다. 4)교회의 사명이다. 5)성도들에게 주신 특권이며 사명이다.

3. 전도의 단계

1)알림(presentation). 2)증거함(witnessing). 3)설득(persuasion). 4)인도함

(induction, leading). 5)회개하고 거듭남(repentance and regeneration). 6)양육(nurturing). 7)재생산함(reproducing)

4. 전도자가 되기 위한 준비

1)구원의 확신이 있어야 한다. 2)예수 믿고 축복을 받은 것을 기뻐하는 사람이 되어야 한다. 3)'사영리'(The Four Spiritual Principles)처럼 구원받은 바를 단순하게 설명하도록 훈련받은 사람이 되어야 한다. 4)사람들의 개성을 잘 파악할 줄 알아야 한다. 5)대화법을 익혀야 한다. 6)죽어가는 영혼을 불쌍히 여기는 마음이 강해서 전도의 열심이 있어야 한다. 7)예수님께서 성령님을 통하여 전도현장에 함께 계심을 확실하게 체험하는 사람이라야 한다. 8)성령님께서 전도자에게 할 말씀을 주실 것을 믿어야 한다. 9)끝까지 물고 늘어지는 집념이 있어야 한다. 10)생활도 건실하고 인품도 좋아야 한다. 11)전도대상자의 내적 욕구와 실제적 필요성을 잘 파악하는 사람이라야 한다. 12)전도자는 그 좋은 열매에 따라 하늘나라에서 큰 상 받을 소망을 기뻐해야 한다. 13)전도에 사용할 성경구절을 암송해야 한다. 14)전도를 위하여 옷을 검소하고 단정하게 입으며, 입냄새를 제거하고, 화장이나 향수를 품위 있게 사용해야 한다. 15)말을 많이 하지 않고 듣기를 더 좋아해야 한다. 그러나 결정적인 순간에 한두 마디로 영혼을 움직일 수 있어야 한다.

5. 전도의 기본기술

1)전도대상자를 위하여 이름을 부르며 영혼이 구원받도록 간절히 기도한다.

2)전도대상자가 누구인지 파악할 수 있는 정보를 점잖은 방법으로 수집한다.

3)그가 좋아하는 곳에서 만난다. 사람에 따라 또는 기독교에 대한 전 이해에 따라 전도접근방식을 결정한다. 삶으로부터 시작하든지(가령 자녀이야기나 건강이야기 혹은 가정사로부터) 아니면 성경으로부터 시작하든지....

4)예수님을 믿는 일곱 가지 큰 이유를 다음과 같이 설명한다.

(1)죽음을 이기고 영원히 살게 됩니다. (2)건강하게 오래 삽니다. (3)넉넉하게 삽니다. (4)가정이 튼튼하고 자녀들이 훌륭히 자랍니다. (5)위기에서 구출 받습니다(위기는 예수 믿는 사람들에게는 '위대한 기회'입니다). (6)마음이 항상 평안하고 행복이 넘칩니다. (7)인격이 고매하고, 사명에 불타는 지도자가 됩니다.

5)예수 그리스도를 생명의 주인으로 영접하도록 권고한다. 다행히 적극적 반응이면 함께 영접기도를 한다. 아직도 거부감이 있으면 다시 만나도록 한다.

6)교회에 초청한다. 교회를 소개하고 담임목사나 사랑팀장을 소개한다. 교회소개 책자나 씨디를 건넨다. 교회출석희망카드를 함께 작성한다.

7)괜찮은 선물 가령 성경을 준다.

8)주일예배 때 교회에 함께 오도록 한다.

9)이미 믿고 구원 얻은 사람인데 교회를 찾는 사람에게는 교회를 소개하는 것에 역점을 둔다.

10)대상에 따라서는 몇 십 년 뜸을 들여야 할 경우도 있음을 알고 인내하며 끈질기게 전도해야 한다.

6. 전도를 위한 25개의 성경요절

-인자가 온 것은 잃어버린 자를 찾아 구원하려 함이니라.(눅 19:10) -사람이 물과 성령으로 거듭나지 아니하면 하나님의 나라에 들어갈 수 없느니라.(요 3:5) -하나님이 세상을 이처럼 사랑하사 독생자를 주셨으니 이는 그를 믿는 자마다 멸망하지 않고 영생을 얻게 하려 하심이라.(요 3:16) -너희가 어떻게 지옥의 판결을 피하겠느냐?(마 23:33) -하나님을 경외하고 그 명령을 지킬지어다. 이것이 모든 사람의 본분이니라.(전 12:13) -많은 사람을 옳은 데로 돌아오게 한 자는 별과 같이 영원토록 비취리라.(단 12:3) -너희는 먼저 그의 나라와 그의 의를 구하라. 그리하면 이 모든 것을 너희에게 더하시리라.(마 6:33) -내가 곧 길이요 진리요 생명이니 나로 말미암지 않고는 아버지께로 올 자가 없느니라.(요 14:6) -수고하고 무거운 짐 진 자들아, 다 내게로 오라. 내가 너희를 쉬게 하리라. (마 11:28) -사랑하는 자여, 네 영혼이 잘됨 같이 네가 범사에 잘되고, 강건하기를 내가 간구하노라.(요삼 1:2) -내 말을 듣고 나 보내신 이를 믿는 자는 영생을 얻었고, 심판에 이르지 아니 하나니 사망에서 생명으로 옮겼느니라.(요 5:24) -진리를 알지니 진리가 너희를 자유하게 하리라.(요 8:32) -다른 이로서는 구원을 얻을 수 없나니 천하 인간에 구원을 얻을 만한 다른 이름을 우리에게 주신 일이 없음이라.(행 4:12) -죄의 삯은 사망이요 하나님의 은사는 그리스도 예수 우리 주 안에 있는 영생이니라.(롬 6:23) -너희가 그 은혜를 인하여 믿음으로 말미암아 구원을 얻었나니 이것이 너희에게서 난 것이 아니요 하나님의 선물이라.(엡 2:8) -욕심이 잉태한즉 죄를 낳고 죄가 장성한즉 사망을 낳느니라.(약 1:15) -영접하는 자 곧 그 이름을 믿는 자들에게는 하나님의 자녀가 되는 권세를 주셨으니.(요 1:12) -알곡은 모아 곡간에 들이고 쭉정이는 꺼지지 않는 불에 태우시리라. (마 3:12) -믿고 세례를 받는 사람은 구원을 얻을 것이요 믿지 않는 사람은 정죄를 받으리라.(막 16:16) -주 예수를 믿으라, 그리하면 너와 네 집이 구원을 받으리라.(행 16:31) -보라, 내가 너희 앞에 생명의 길과 사망의 길을 두었노라.(렘 21:8) -너는 말씀을 전파하라. 때를 얻든지 못 얻든지 항상 힘쓰라.(딤후 4:2) -우리가 다른 가까운 마을들로 가자. 거기서도 전도하리니 내가 이를 위하여 왔노라.(막 1:38) -몸은 죽여도 영혼은 능히 죽이지 못하는 자들을 두려워하지 말고 오직 몸과 영혼을 능히 지옥에 멸하실 수 있는 이를 두려워하라.(마 10:28) -너희는 마음에 근심하지 말라. 하나님을 믿으니 또 나를 믿으라. 내 아버지 집에 거할 곳이 많도다.(요 14:1-2)

새 가족 정착 지침

'새 신자'는 처음으로 예수 믿겠다고 교회에 나오는 신자 곧 구도인(求道人)을 뜻한다.

반면에 '새 가족'은 새 신자를 포함하여 이미 구원받은 성도가 다른 교회에서 수평이동하여 오는 것을 뜻한다. 이민교회에는 새 가족이라고 쓰는 것이 관례이다.

1.새 가족이 유니온교회 성도로 성공적으로 정착하도록 돕는 것은 성경적 명령이다. 그것은 한 생명이 천하보다도 더 귀중하기 때문이고(마 16:26), 소자 하나를 실족시켜서는 안 되며(마 18:5-6), 예수님께서는 잃어버린 영혼을 찾아 구원하려고 오셨기 때문이다.(눅 19:10) 2.새 가족이 정착하려면 적어도 친구 가정이 셋은 있어야 한다. 그것은 바로 사랑팀이어야 한다. 그러므로 교회에 정착하기 전에 사랑팀에 정착하도록 하자. 3.새 가족을 위한 중보기도팀을 구성한다. 그 가정이 안착할 때까지 집중적으로 기도한다. 4.그 가정을 돕는다. 이민 초년생이면 아파트 얻는 것, 자동차편 제공, 초청식사 등의 간단한 일부터 협력한다. 5.교회 전체를 사랑이 넘치는 분위기로 바꾼다. 교회를 함생체로 만든다. 6.영적 상태를 살펴 그 눈높이보다 한 단계 높은 신앙 프로그램에 참가하도록 권고한다. 7.개인의 신상비밀을 관계자들은 꼭 유지하도록 한다. 정보를 캐려는 습관을 버리고 스스로 말한 것에서 정보를 수집한다. 8.이민교회의 경우 교회정착은 상당부분 자녀들의 정착에 달려 있음을 알고 교회학교와 긴밀히 연락하여 만족도를 높여야 한다. 9.돈거래나 동업하는 일에는 신중을 기해야 한다. 10.거북스러운 질문을 하지 않는다. 영주권 있느냐 없느냐, 학교는 어디를 나왔느냐, 본적이 어디냐, 초혼이냐 재혼이냐 같은 질문이다. 11.그러나 신앙적 정착이 제일 중요하다. 구원의 확신을 가진 신자인지 파악하여 담당교역자가 기민하게 대처하도록 한다. 12.이민교회는 대가족교회라는 특성이 있다. 가족별 초청 때문이다. 따라서 온 가족이 교회에 잘 적응하도록 배려한다. 13.교회에 따라서는 수평이동을 허락하지 않겠다는 방침을 정하기도 하지만 그건 성경적이 아니다. 잃은 양, 방황하는 양떼들을 어찌 외면한다는 말인가. 양도둑질 수준이면 안 되지만 참 목자를 찾아오는 양들이라면 적극 안내해야 한다.

성도들의 간증실력 키우기

전도의 실력을 갖추려면 배우고 익혀야 하는 것이 여럿 있다. 위에서 제시한 것처럼 구원론에 관한 성구를 잘 외워야 한다. 그리고 그것들의 속 깊은 뜻을 알아야 한다. 사람을 아는 일도 크게 중요하고 또 그게 참 어려운 일이다. 인간학에 대하여 일반적 지식도 가져야 되지만 그것보다는 그 한 사람의 실존적 특성을 아는 것이 필수이다. 그리고 옷매무새까지도 교양미가 풍기도록 신경을 써야 한다. 물론 대화법의 중요성을 어찌 외면하랴.

그 가운데 하나가 간증하는 방법이다. 전도와 선교의 대명에 "땅끝까지 이르러 내 증인이 되리라"(행 1:8)는 말씀에서 증인은 순교자가 된다는 깊은 뜻도 있다. 세상 법정에서도 증언을 하려면 단단히 각오를 해야 한다. 하물며 예수 그리스도께서 나를 어떻게 구원하셨는지 증언하려면 목숨을 걸어야 한다. 그래서 평신도들이 신앙간증을 잘할 수 있도록 평소에 훈련기회를 가졌다. 그래서 만든 안내서가 〈신앙간증 요령〉이다. 특히 주일예배를 비롯하여 여러 모임에서 되도록 간증순서를 많이 넣었다. 몇 가지 항목을 소개한다.

1.간증은 하나님께서 하신 일을 증언하는 것이다. 2.그러므로 '제가 이런 일을 했습니다'가 아니라 '성삼위 하나님께서 이렇게 인도하셨습니다'라고 해야 한다. 3.성경에 증언 혹은 증인이라는 말은 '순교한다'는 뜻이 강하다. 따라서 무슨 간증이나 십자가 위에 목숨을 걸어놓고 진실을 증언해야 한다. 4.성경에는 예수님을 "충성된 증인" (계 1:5) 라고 했다. 따라서 간증하는 일은 주님께서 하신 일을 자신도 참여한다는 뜻이다. 5. 간증은 또한 성령께서 도우시는 일이다. "성령이 임하시면 … 증인이 되리라"고 했다.(행 1:8) 초대교회 성도들은, "우리가 다 이 일에 증인이로다"(행 2:32) 함으로써 이 말씀대로 살았다. 6.간증은 기도하며 준비해야 한다. 금식기도도 권장한다. 7.자신의 간증이 하나님께서 말씀하라는 것인지 다른 성경말씀을 통하여 혹은 신앙 선배들에게 자문하여 확인한다. 8.간증을 일단 글로 쓰고 여러 번 읽으며 수정하면 더 은혜가 크다. 9.원고 내용을 암기할 정도로 연습해야 한다. 10.되도록 간증을 성경말씀으로 끝맺는다.

전도의 함생목회적 의미

아기 예수가 탄생했을 때에 천사가 목자들에게 나타나서 한 말이 무엇인가? "보라, 내가 온 백성에게 미칠 큰 기쁨의 좋은 소식을 너희에게 전하노라. 오늘 다윗의 동네에 너희를 위하여 구주가 나셨으니 곧 그리스도 주시니라."(눅 2:10-11) 바로 그것이다. 첫째로 예수 그리스도의 탄생소식을 전했다. 둘째로 온 백성을 위하여 탄생하셨다. 셋째 큰 기쁨의 좋은 소식이었다. 넷째 예수 그리스도는 그 이름으로 보나 '구주'라고 선언한 것으로 보아 영원한 생명으로 가는 길이 되신다. 그리고 예수 그리스도의 탄생은 오래 전부터 계획된 일이었으며 구원의 '새 언약'(렘 31:31, 눅 22:20)이었다. 이런 것들을 종합해 보면 천사들의 전도는 완벽한 함생목회의 핵심사항으로 이해된다. 특히 예수님의 탄생 사건에는 성삼위 하나님, 천사와 사탄 같은 신적 존재, 유대인과 이방인, 악한 통치자들과 선량한 목자들, 동물, 식물, 말구유 같은 무생물, 하늘의 별과 같은 천체 등 모두가 관련된 우주적 사건이기 때문이다.

하나님은 그것이 무엇이든 살아 있는 것이면 특히 하나님의 형상을 가진 사람이 '생육하고 번성하여 땅에 충만하게' 하셨으며, 또 '땅을 정복하고 모든 생물을 다스리게' 하셨다. (창 1:28) 전도는 바로 이와 같은 하나님의 축복에서 시작되고 성부 성자 성령 삼위일체 하나님이 주도하신다. 그리고 하나님의 백성들은 그 일에 협력자가 된다.

(참조: "어린이 전도에 관한 연구" 논문집 I. 50f)

예수께서 무리를 보시고
대중집회 목회론

1975년 4월 서울 종로 5가에 있는 연동교회에서 잡지 〈기독교교육〉의 100호를 기념하는 강연회가 열렸다. 강사는 후일 문교부 장관을 지낸 이규호 박사와 별 이름도 없는 젊은 학자인 필자였다. 주제는 "인간화를 위한 교회교육"이었고 이규호 박사는 그 이론편, 그리고 나는 실제편을 맡았다. 그 강연의 한 부분으로, "부흥집회도 매우 중요하고 어쩌면 결정적인 교육사건이고 또 이어야 한다"는 논리를 폈다. 그것이 당시에는 새로운 시각이라고 교계 언론들이 보도했다. 기독교에서 인간화 혹은 인간회복은 결국 하나님의 형상이 회복되는 구원과정인데 부흥집회는 그걸 불붙이는 계기로 보았다. 에브라함 매슬로우의 절정경험(peak experience)이라는 이론과 연결시켰다. 그 때까지 부흥회는 반교육적 혹은 비교육적 사건이라는 통념이 지배하던 시절이었다. (잡지 기독교교육 1975년 6월호)

사역의 목적은 일차적으로는 사람의 영혼을 구원하는 일이다. 그것을 예수님은 베드로에게 "사람을 낚는 어부가 되는 일"이라고 하셨다.(마 4:18-20) 그러나 물고기를 잡는 일로 사역을 비유한다면 낚시로 잡는 것보다는 대형 그물로 잡는 것이 훨씬 더 효과적인 것은 말할 것도 없다. "그물이 찢어지고 … 두 배가 잠길 정도로 많은 물고기"(눅 5:6-7)를 낚시로 잡는다면 얼마나 많은 시간이 걸리겠는가?

그처럼 그물로 수많은 물고기를 잡는 것이 바로 대중전도(mass evangelism)라고 할 수 있다. 사경회라고도 하고 혹은 심령부흥회라고도 한다. 필자는 "한 영혼 살리기 말씀축제"라는 이름을 자주 사용한다.

구약성경의 모형들

선지자 모세의 사역은 근본적으로 대중집회 사역이었다. 장정만 60만 명을 이집트에서 이끌고 광야로 나와 40년간 방황하고 다시 가나안 복지를 바라보는 사역은 대중집회의 대표적 예형이었다. 모세를 가리켜 전도자 모세, 부흥사 모세라고 한다면 어색하기 짝이 없지만 그러나 그의 사역은 성격상 대중집회형이었다. 특히 십계명과 율법을 하나님으로부터 받은 후 이를 계약문서로 채택한 집회(출 24:1-11)는 대중집회 중에도 모범적인 대중집회였다.

구약성경에 이 같은 대중집회 사역의 모범은 적지 않게 있다. 여호수아의 그리심/에발산 집회(수 8:30-36)와 최후의 집회(수 24:1-28), 사무엘의 미스바 집회(삼상 7:1-14), 엘리야의 갈멜산 집회(왕상 18:25-40), 에스라의 율법낭독집회(느 8:1-12) 등이 있다.

예수 그리스도의 대중집회 사역 원리

대중전도라면 우리는 역시 "예수님처럼, 꼭 예수님처럼" 해야 한다. 그분은 자주 수많은 군중들 앞에서 복음을 전파하셨다.

-예수께서 무리를 보시고 산에 올라가 앉으시니 제자들이 나아온지라 입을 열러 가르쳐 이르시되.(마 5:1-2) -큰 무리가 다리 저는 사람과 장애인과 맹인과 말 못하는 사람과 기타 여럿을 데리고 와서 예수의 발 앞에 앉히매 고쳐 주시니.(마 15:30) -이에 그와 함께 가실새 큰 무리가 따라가며 에워싸 밀더라.(막 5:24) -예수께서 나오사 큰 무리를 보시고 그 목자 없는 양 같음으로 인하여 불쌍히 여기사 이에 여러 가지로 가르치시더라.(막 6:34) -그 후에 예수께서 나인이란 성으로 가실새 제자와 많은 무리가 동행하더니.(눅 7:11) -예수께서 눈을 들어 큰 무리가 자기에게로 오는 것을 보시고 빌립에게 이르시되 우리가 어디서 떡을 사서 이 사람들을 먹이겠느냐 하시니.(요 6:5)

이런 기록은 사복음서에 훨씬 많이 있다. 예수님께서는 큰 무리에게 말씀도 가르치시고, 질병도 고쳐 주시고, 먹을 것도 주시는 사역을 실천하셨다. 이런 것들 모두가 오늘날의 대중집회의 모범사례가 되고 있다.

실로 예수님은 한 사람 니고데모를 놓고도 그를 거듭나게 하기 위하여 부흥집회를 여신 분이시면서 자주 큰 무리들을 상대로 전도하시고 양육하신 분이심을 주목해야 한다.

사도들의 대중집회 사역 원리

사도라면 초대교회에는 두 사도가 대표적이다. 바로 베드로와 바울이 그들이다. 이 두 사람은 대중집회에서도 모범을 보인 지도자들이었다.

사실 베드로와 바울은 여러 가지 점에서 서로 대립되는 인물이다. 다음의 표를 보자

베드로	바울
예수님을 직접 만나 가르침 받은 제자	예수님을 환상 중에 만난 신자
어부	율법학자
갈릴리 사람	길리기아 다소 사람
결혼	독신
학문이 낮음	가말리엘 문하에서 배워 학문이 높음
로마 식민지 백성	로마 시민권
이스라엘을 위한 사도	이방인을 위한 사도
마가복음과 베드로 전후서 영향력	누가복음, 사도행전, 로마서 등 신약 3분의1
베드로는 선언적 스타일	바울은 논쟁적 스타일

이러한 대립적 지도력에도 불구하고 두 사도는 각각 수많은 사람들에게 전도하고 교회를 세웠다는 점에서 서로 닮은 점들이 많다. 우선 대중집회에서 닮은꼴을 보기로 하자.

-그 말을 받은 사람들은 세례를 받으매 이 날에 신도의 수가 삼천이나 더하더라.(행 2:41)

이것은 오순절 때 모인 사람들 앞에서 베드로가 설교한 열매들이다. 그 때 큰 무리들의 성격은 다음과 같다.

-그 때에 경건한 유대인들이 천하 각국으로부터 와서 예루살렘에 머물러 있더니, 이 소리가 나매 큰 무리가 모여 각각 자기의 방언으로 제자들이 말하는 것을 듣고 소동하여 다 놀라 신기하게 여겨 이르되, 보라, 이 말하는 사람들이 다 갈릴리 사람이 아니냐.(행 2:5-7)

그곳에 모인 큰 무리들이 이스라엘 사람들이 주축이지만 그들은 각각 여러 나라 적어도 16개 나라에서 몰려온 회중이었다. 그들 앞에서 설교했을 때 3천명이 회개하고 그리스도인이 되는 큰 역사가 나타났다.

-말씀을 들은 사람 중에 믿는 자가 많으니 남자의 수가 약 오천이나 되었더라.(행 4:4) -하나님의 말씀이 점점 왕성하여 예루살렘에 있는 제자의 수가 더 심히 많아지고 허다한 제사장의 무리도 이 도에 복종하니라.(행 6:7)

이런 말씀들은 베드로의 대중집회 사역의 모습을 말해 준다. 바나바와 바울의 경우는 어떠한가?

-바나바는 착한 사람이요 성령과 믿음이 충만한 사람이라. 이에 큰 무리가 주께 더하여지더라.(행 11:24) -바나바가 사울을 찾으러 다소에 가서 만나매 안디옥에 데리고 와서 둘이 교회에 일 년간 모여 있어 큰 무리를 가르쳤고.(행 11:25-26) -그 다음 안식일에는 온 시민이 거의 다 하나님의 말씀을 듣고자 하여 모이니 유대인들이 그 무리를 보고 시기가 가득하여 바울이 말한 것을 반박하고 비방하거늘.(행 13:44-45)

바나바도 대중집회 사역을 했거니와 특히 바나바와 바울이 함께 대중집회사역을 더 크게 이룬 모습들을 확연히 볼 수 있다.

대중집회를 인도하는 사역은 그런 은사가 있어야 한다. 부흥강사들 가운데 건실한 목회자들이 많지만 직업부흥사 곧 담임목회를 하지 않거나 혹은 하더라도 별로 주목받지 못하는 이들이 있다. 반면에 교회목회는 규모 있게 하면서도 대중집회를 인도하지 못하는 이들도 많다. 그런 점에서는 하나님의 은사임이 틀림없다. 빌리 그래함 목사나 그 이전 디와이트 무디 선생이 대형집회 인도로 크게 성공한 것을 보면 은사성은 더 확연히 드러난다.

은사에는 세 가지가 있다고 앞서 분류했다. 1)자연적 은사(natural gift), 2)학습된 은사(learned gift, 3)영적 은사(spiritual gift)이다. 물론 이 세 가지가 합쳐지면 더욱 훌륭한 은사가 된다. 가령 침 잘 놓는 은사를 타고 난 사람이 한의과대학을 다녀 많은 것을 배우고, 게다가 병 고치는 신유의 능력을 받게 되는 경우를 뜻한다.

무대공포증을 극복하느라고

필자는 대중집회를 인도하는 것에는 은사가 없었다. 우선 남 앞에서 말하는 대중연설(public speech)에는 결정적 약점이 있었다. 수줍음이었다. 사람들 앞에 서면 가슴에서 사뭇 방망이질을 했다.

게다가 충격적 사건이 하나 있었다. 초등학교 6학년 때 연극을 했는데 결정적 실수를 했다. 심청이 아버지가 거지행세를 한 맹인으로 심청이 앞에 나타났을 때 여왕의 심부름을 하는 것이 나의 배역이었다.

"가서 저 사람이 누구인지 알아가지고 오너라."

"예~의~이…."

그렇게 길게 말하고는 그 맹인에게 가서 귓속말로 알아본 다음 여왕에게 보고하면 되었다.

"성은 심이요 이름은 학규라 하옵니다."

그것으로 내 연기는 끝난다. 정말 단역이다. 그 다음에는 심청이가 용상에서 뛰어 내려와, "아버지_" 하고 심봉사를 껴안게 되고 심봉사는 "어디 내 딸 청이냐" 하고 얼굴을 보려고 눈을 딱 뜨게 된다. 이 연극의 가장 극적인 장면이다.

머리 좋은 놈에게 너무 단역을 맡겼다는 불평이 내게 있었지만 연습 때에는 잘 해냈다. 총연습 때에도 한 마디 안 틀렸다. 그런데 막상 연극하는 날에는 크게 당황했다. 강당에 가득 모인 사람들의 얼굴 특히 눈들로 강당이 가득 찬 걸 보고 겁이 더럭 났다. 그래서 당황하기 시작했다.

"네에 이름은 성이요…."

그랬더니 관중들이 폭소를 했다. 그리고는 관중 가운데서 누군가 소리를 질렀다.

"성은 이름이옵나이다."

그 다음 장면이 얼마나 엉망진창이 되었는지는 상상에 맡긴다. 하여튼 담임선생님께 엄한 꾸중을 듣고 엉엉 울었다.

"너 인마, 그것밖에 못 해."

그 망령이 지금도 내 속에 도사리고 있다가 시도 때도 없이 나오곤 한다. 그래서 많은 사람 앞에서는 이유 없이 떨린다. 50여 년 동안 가르치기도 하고 설교도 해왔지만 지금도 설교하고 내려오려면 다리가 뻣뻣해지곤 한다. 그래도 학교에서는 분단장도 하고 반장도 하면서 무대 공포증이 크게 줄어들었다. 특히 교회에서는 자주 말할 시간이 있어서 자신감도 조금씩 생겨났다. 고등학교 학생일 때 한 번은 교회에서 토론대회가 있었다. 주제는 "아버지 사랑이 크냐, 어머니 사랑이 크냐"였다. 나는 아버지 사랑 팀이었다. 그래서 지혜를 내서 아버지 사랑의 위대함을 역설했다.

"어머니 사랑은 짐승이 새끼 사랑하듯 하는 동물수준입니다. 그러나 아버지는 자식을 전혀 사랑하지 않는 것 같아도 뼛속으로 사랑합니다. 그러니까 자식이 잘못되면 뼈를 깎는 아픔을 맛보게 됩니다."

그렇게 결론을 맺었다. 그런 결과 개인 최우수상을 받았고 또 아버지 사랑팀이 단체전에서도 이겼다. 이것 때문에 홀모로 고생고생하며 우리를 기르신 어머님에게는 평생 죄송스러웠다. 그러나 이런 실험적 체험을 거치면서 대중연설은 조금 더 자신감을 갖게 되었다.

교회를 개척하고 담임목회를 하면서 세미나를 인도할 기회가 늘어갔다. 또 이미 학교에서 강의하는 데는 상당히 익숙해 있었다. 부흥회 강사를 하고 싶었다. 하지만 초청해 주는 교회가 없었다. 그래서 우선 기도했다. "믿고 구하는 것은 다 받으리라"(마21:22)는 말씀을 입속으로 되뇌면서 구했다. 그리고 준비했다. 첫 걸음으로 유니온교회의 모든 설교를 부흥회 스타일로 하기로 마음먹었다. 그 때부터 유명한 부흥사들의 비디오를 보며 스타일을 연구하고 모방했다. 부흥회 기법에 대한 책도 읽었다. 그래서 다음과 같은 것들을 발견했다.

1.원고를 안 보고 설교한다. 2.성경을 한 손에 들고 자주 들어 보이며 말한다. 3.회중들의 얼굴을 휘휘 둘러보며 설교한다. 4.그러자면 성경본문을 외운다. 5.결단을 강력하게 촉구하는 것으로 끝맺는다. 6.재미있는 표현과 내용을 사용한다. 7.성령충만을 강조한다. 8.기적적인 간증을 자주 포함시킨다. 9.외모나 복장을 특징 있게 꾸민다. 10.성도들이 지루하게 느끼면 서둘러 끝맺는다. 11.찬송가를 활용한다. 12.강대상을 떠나 강단 전체를 누빈다. 13.가끔은 회중 좌석에 들어가 설교한다. 14.한 사람에게만 설교해도 회중 전체에게 설교하는 효과가 있다. 15.지옥, 죄, 회개와 용서, 거듭남, 구원의 확신, 축복을 강조한다.

대강 그런 것들이다. 그렇지만 이런 조건을 모두 만족시킬 수는 없었다. 나의 한계가 있기 때문이다. 가령 외모나 복장을 특징 있게 꾸미는 것은 내 마음에 용납되지 않았다. '예수 충만'을 강조한다면 그건 쉽지만 성령 충만이 내 몫은 아니었다. 특히 방언을 강조하는 것은 어려웠다. 내가 젊은 시절 방언체험을 하려고 무진장 애를 쓰고 기도했으나 오늘날까지 그런 은사는 내게 없었다. 그래도 집회를 하면 '다른 방언으로 말했다'는 성도들 특히 청소년들이 있었다. 찬송가를 활용하는 것도 쉬운 일이 아니었다. 워낙 음악에는 수준이 모자랐다. 그래도 어떤 성도가 이런 말을 했다.

"목사님의 찬송 소리는 항상 큰 은혜가 돼요. 음악적으로는 엉터리인데도요."

그 때부터 영감 있는 찬송 부르는 것을 연습했다.

그리고 인기 있다는 전문부흥사들의 취약점도 살펴보았다. 배우기 위함이었는데 대체로 다음과 같았다.

1.성경을 깊이 있게 연구하지 않았다. 2.설교에 예수 그리스도가 핵심내용이 아니다. 3.재미있게 하다 보니 세상이야기와 연예인 이야기가 너무 많다. 4.생활이 사치스럽다. 5.스캔들에 휘말려 낙마한다. 6.인격이 고매하지 않다. 7.지나친 과장이 많다. 8.언어표현이 너무 저속하다. 9.자녀들이 엉망진창이다. 10.자기 이야기가 너무 많다. 11.헌금 많이 걷는 일에 너무 신경을 쓴다. 12.자주 상대적 진리를 절대화한다. 13.집회하는 교회 목회자의 입지를 곤란하게 만든다.

그런 것들이었다. 특히 1980년대 이후에 미국부흥사들의 타락사건들이 기독교에 먹칠을 하고 있었다.

"아빠, 학교에 가서 선생님 만나면 아빠가 목사님이라고 하지 마세요."

"그건 또 왜?"

"그게 알려지면 너네 아빠도 사기꾼이냐고 친구들이 놀려요."

학부모로서 담임선생님 면담하러 학교에 가기 전날 아들이 그런 말을 했다. 백커, 스왜거트 이런 텔레부흥사들이 헬리콥터 타고 다니며 혼외정사를 즐기던 것이 백일하에 폭로된 때였다. 한국에서도 그에 상응하는 사건들이 있었다. 부흥사들이 좋은 차 갖기 경쟁을 벌이던 시절이었다.

전도자 그래함을 멘토 삼다

"부흥사라고 다 나쁘냐? 빌리 그래함 목사님도 계신데 …."

그렇게 얼버무려 대답했지만 종래 속이 개운치 않았다. 아들은 더 묻지 않았다. 필자는 세기의 전도자 빌리 그래함(Billy Graham) 목사님이 1970년대 초 여의도광장에서 집회할 때 미국에서 공부 중이었다. 그래서 그 현장 열기를 체감하지는 못했다.

그러나 2005년 로스앤젤레스에서 그의 생애 마지막 집회를 하게 되었다. 이 일에 한인교회준비대회를 조직하는데 적극 참여했다. 나성영락교회 박희민 목사님을 대표로 모시고 상임대회장 직책을 맡아 사역했다. 미국교회 측에서는 상원 원목으로 사역했던 오길비 목사, 새들백교회 릭 워렌 목사 등이 나섰다.

그래함 목사님은 몇 가지 점에서 로스앤젤레스 지역 한인교회들이 적극 협력해야 할 이유가 있었다. 그분이 30대 초반에 부흥사로서 미국 전역에 알려진 것은 바로 이곳에서 첫 집회에 크게 주목을 받았기 때문이다. 지금도 법원청사 앞에는 그가 집회한 것을 기념하는 돌비석 하나가 서 있다. 대회측은 그 곳에서도 준비기도회를 가졌다.

조금 다른 이야기이지만 로스앤젤레스 지역에는 미국과 세계교회사에 창연히 빛나는 업적 몇 가지가 이루어졌다. 빌 브라이트가 이 곳 유수한 대학교에서 캠퍼스 전도(CCC)를 시작했다. 1900년대 초 아주사거리에서 오순절 부흥운동이 발원했다. 풀러신학대학교가 창설되어 복음주의 운동의 발상지가 되고 교회성장운동의 본산이 되었다. 근본주의 교리운동이 이곳에서 힘 있게 확산되었다. 그러나 가장 크게 빛나는 일은 바로 빌리 그래함 대형집회의 시작이 이곳에서 이루어진 일이다.

"우리 미주한인교회는 이 대회에 특별히 참가해야 할 또 다른 이유가 있습니다. 그 부인 루스 여사가 선교사의 딸로서 평양에서 공부하셨습니다. 그리고 그래함 목사님께서 김일성에게 성경을 전달해 준 바도 있습니다. 그분은 육이오 전쟁 때 한국을 방문하여 미군병사들에게 복음을 전했습니다. 그 후 집회 역사상 가장 큰 여의도광장 집회를 열어 한국교회가 선교사를 세계에 대량으로 파송하는 분기점을 만들었습니다."

대회준비 기도회를 가질 때마다 그렇게 역사적 설명을 하는 것이 필자의 임무였다.

그래함 목사님 사역에 적극 참여하는 데는 개인적 이유도 있었다. 필자의 큰 사위가 그분의 축복기도를 받고 이 세상에 태어났다.

빌리 그래함 목사님은 기독교 2천년 역사상 가장 많은 사람들에게 전도하신 분이시다. 예수님께서 제자들에게 다음과 같은 말씀을 하신 적이 있는데 그 말씀이 바로 그래함 목사님에게서도 응답되었다고 보면 안 될까.

–내가 진실로 진실로 너희에게 이르노니 나를 믿는 자는 내가 하는 일을 그도 할 것이요 또한 그보다 큰 일도 하리니 이는 내가 아버지께로 감이라.(요 14:12)

그렇게 해서 빌리 그래함 로스앤젤레스 고별전도대회가 은혜 가운데 열렸다. 집회장소는 풀러신학대학교가 있는 파사데나 로즈볼경기장이었다. 집회마다 6만 명, 7만 명이 정말 구름떼처럼 몰려들어 대회장소를 꽉 채웠다. 그리고 큰 은혜를 받았다. 말씀은 평범했지만 하나님, 예수 그리스도, 성령님, 성경, 영원한 생명, 그리고 사랑 그 같은 기독교의 기본진리를 힘주어 강조했다. 그 분은 그 다음해인가 뉴욕집회를 끝으로 공식적 사역을 모두 마쳤다.

빌리 그래함 목사님은 흔히 전도자(evangelist)라고 부른다. 그분에게서 배우는 것이 몇 가지 있다. 그분의 집회원칙이라고 스스로 정한 것들과 내가 추가한 것들이다.

1.집회를 개최하는 지역의 교회조직의 적극적 협력을 얻어 집회를 연다. 2.조직적으로 동원하고 조직적으로 전도하고, 조직적으로 전도받은 사람을 교회와 연결하여 후속조치를 한다. 3.성경말씀에 철저히 뿌리를 박은 말씀을 전한다. 4.개인적인 죄와 사회적인 악에 대하여 경고한다. 그러나 복음전파를 초점삼고 특정정치에 대하여는 비판하지 않는다. 5.재정은 정당한 데만 사용하고 투명하게 공개한다. 미국의 모든 단체 특히 기독교 단체 가운데서도 빌리 그래함 전도회가 월드비전 등과 함께 가장 건실한 재정운영단체로 평가되고 있다. 6.전도대회의 성과를 자랑하지 않는다. 7.거룩하게 살도록 최선을 다한다.

실로 빌리 그래함 같은 분과 한 시대에 살며 그리스도 사역에 협력자가 된다는 것은 큰 축복이다. 그분에 대한 비판이 전혀 없는 것은 아니나 사람치고 그만한 사람이 누가 있겠는가? 필자는 비록 그분과 악수를 나누지도 못했지만 그분은 부흥집회만이 아니라 목회자 삶에 있어서도 필자의 멘토가 되고 있다.

부흥사 대표라면 예수 그리스도

성결교회는 부흥회로 커온 역사를 가지고 있다. 특히 1907년에 한국전도가 시작되었는데 이를 도운 찰스 카우만도 부흥사였고 그와 협력하여 일본성결교회를 설립한 나가다 주우지 목사도 큰 부흥사였다. 그리고 이명직, 이성봉, 김응조 목사님 등이 한국에 널리 알려진 부흥사 대표들이었다. 그분들은 성결교회 1세대 지도자들이었다.

이 가운데 이성봉 목사님은 모든 면에서 한국부흥사의 귀감이 되는 분이시다. 그분이 남긴 어록, "말로 못하면 죽음으로 하리라"는 것은 기독교 2천년 역사상 최상급의 목회금언이라고 나는 확신한다.

전통이라는 것은 인간을 형성하는 일에 있어서 상당한 힘을 발휘한다. 그가 왜 그렇게 행동하는가, 왜 그런 결정을 했을까, 그런 질문에 대한 대답이 알게 모르게 전통이라는 것과 연결되어 있다.

한국인은 종교적 열정이 매우 강하다. 나도 그런 역사적 전통 안에서 자랐던 탓일까, 알게 모르게 종교적 열정이 내 피 속에 도도히 흐른다.

"종교적 열정은 우리 코리언의 좋은 자산입니다."

"하나님은 우리 코리언들에게 열광적 신앙을 좋은 선물로 주셨습니다."

그런 의견을 말과 글로 여러 번 강조했다. 비록 광신적 수준인 그 종교열 때문에 부작용도 있지만 지금도 그런 소신에 변함이 없다.

부흥사 전통이 성결교회 핏줄에 흐르고 있다는 것은 성결교회 목사로서 외면할 수 없는 일이었다. 그래서 영성보다는 지성이 훨씬 강한 사람이지만 배워서라도 부흥회를 인도해 보겠다는 결단을 하게 되었다.

그런 결과 1980년대 초 교회를 개척하고 얼마 지나서 부흥회 강사로 초청이 왔다. 아주 가까운데 있는 성결교회였다. 그것도 세 강사를 초청하여 한 강사가 1회부흥회를 개최하는 형식이었다. 데뷔 무대치고는 초라했으나 그래도 부흥회는 부흥회였다.

필자는 알고 있었다. 현재는 미래로 뛰어오르는 발판이라는 것 말이다. 1일부흥회, 아니 1회 부흥회는 대수롭지 않은 것이지만 그것이 바로 2일 부흥회, 3일 부흥회로 가는 스프링 보드(spring board)가 된다는 뜻이다.

그래서 최선을 다했다. 설교 본문과 인용될 내용을 모두 외웠다. 그리고 무선 마이크를 잡고 무대를 적절히 이동해 가며 감동성과 결단에 역점을 두었다.

앞에서 했던 다른 두 강사는 벌써 이름이 꽤 알려진 분들이고 필자는 초년병에 불과했다. 그것이 필자를 겁먹게도 했지만 어떻게 보면 다윗과 골리앗의 싸움판이라는 성격도 있었다.

어떻든 이렇게 시작된 부흥집회였는데 예상대로 조금씩 조금씩 소문이 퍼져나갔다. 좋은 소문이었다. 우선 부작용이 전혀 없고 미주이민목회에 큰 도움이 된다는 평가였다. 부흥강사 초청은 대개 담임목사가 결정하기 때문에 그런 평가는 매우 중요했다.

"여기 오십 명 정도가 모였네요. 여러분 눈에는 오십 명뿐인 것 같지요? 아닙니다. 오백명이 넘습니다. 미주한인교회 신자 하나는 한국교회 신자 열 사람으로 쳐야 맞아요. 어떤 사람은 일당백이라 하던데 그러면 오천 명이지요. 아니, 달러와 한국 돈 비율로 하자는 분들도 있어요. 그러면 몇 명입니까?"

그러면 성도들이 모두 함성을 지른다.

"오만 명이요."

이것이 담임목사에게 자신감을 불어 넣는다. 한국교회 목사들이 미주에 와서 자기교회 자랑하는 걸 보면 미주목사들은 힘이 쭉 빠지고 주눅이 들게 되는데 그걸 치료하는 효과가 단번에 나타난다. 한국교회들은 매 주일 오는 새 신자만 오륙십 명이나 된다는 교회도 있으니 말이다.

아니, 부흥회 강사초청을 받는 때부터 나 자신이 아예 그 교회 부목사라 생각하고 준비기도를 한다. 그래서 그 교회에 도착하면 먼저 담임목사의 축복기도를 받는 게 내 방침이다.

"아유 목사님, 제가 어린데요, 제가 오히려 축복기도를 받아야 하지요."

"아니외다, 내가 임시부목사로 부임했잖아요. 부흥담당 부목사로 … ."

그런 대화가 오고가면 담임목사가 축복기도를 한다. 그리고 담임목사는 부흥회가 끝나면 필자에게 축복기도 받겠다고 요청한다.

이렇게 해서 '배워서 하는 부흥회'도 자리를 잡아 갔다. 유니온교회를 비울 수가 없어 모두 응하기 어려울 정도로 부흥회 요청이 많았다. 그래도 1년에 다섯 번 나갔다. 50주일의 십일조였다.

"다른 교회를 건강하게 자라도록 돕는 것도 큰 선교입니다."

너무 자주 나간다는 의견들이 있었을 때 대답한 말이었다. 휴가기간까지 합쳐서 다섯 번은 많은 것이 결코 아니다. 그러나 교회는 교회대로 그럴 이유가 있었다. 필자가 출타하게 되면 심심치 않게 좋지 않은 사고들이 눈에 띄게 났다. 심한 자동차 사고, 사업의 파산, 중고등학생의 유치장 신세, 갑작스런 입원, 심지어 예기치 못한 죽음을 당한 가족들도 있었다.

그래서 부득이 외부집회를 연간 2,3회 정도로 줄였다. 큰 교회와 작은 교회가 집회강사로 초청하면 작은 교회를 우선으로 했다. 큰 교회에는 다른 좋은 강사를 초청할 수 있기 때문이다. 이런 교회에도 부흥회를 인도했습니다 하고 이름 있는 교회들 목록을 적고 싶은 마음도 한편 구석에 있지만 작은 교회들이 상처 입을 것 같아 자제했다.

개체교회 집회도 꽤 있었지만 연합집회 초청도 눈에 띄게 많았다. 이 글을 쓰는 동안에도 애틀란타한인교회 연합집회 강사 초청이 이메일로 들어와 있다. 사정상 응하지는 못했다. 의정부시연합집회, 마이애미한인교회 연합집회, 베를린한인교회연합집회, 보스턴한인교회연합집회, 삼군본부교회 등이 기억에 남는다. 특히 보스턴지역연합집회는 두 번을 인도했는데 두 번째 초청할 때는 많이 사양했다.

“재탕 연합집회는 어려운데요.”

“아닙니다. 목사님은 재탕이 초탕보다 더 맛있다고 소문났어요.”

그래서 꼼짝없이 끌려갔다. 사실 연합집회는 이름만 좋을 뿐 실속 없는 집회가 되기 쉽다. 사람들도 많이 모이지 않고, 헌금액수도 별로이고, 게다가 이러니저러니 하고 말은 많다. 사례비만 해도 개체교회를 인도하면 쓸 만큼 주는데 연합집회는 오히려 ‘돈 내고 하는 설교’일 때가 대부분이다.

신학적 입장이 다른 것도 연합집회가 성공하기 어려운 또 다른 이유였다. 그런 가운데서도 베를린연합집회와 보스턴연합집회는 만족도가 매우 높았다. 교단의 차이를 넘어선 설교였다는 평가를 해주었다. 그러나 베를린집회에서는 불협화음도 있었다.

이렇게 되고 보니 〈미주부흥사협의회〉(정영수 목사)에서 회원자질 향상을 위한 세미나를 한 달에 한 번씩 갖는다면서 필자를 강사로 초청해 왔다. 그것도 처음에는 한 번만 하자고 했는데 하다 보니 네 번이 되었다. 그 때의 주제는 다음과 같다.

1.부흥사로서의 베드로와 바울 비교 연구 2.부흥사로서의 요한 웨슬리와 무디 비교 연구 3.부흥사로서의 빌리 그래함 지도력 연구 4.부흥사로서의 예수님 사역 연구

이런 것들이었다. 주제만 보아도 은혜를 받게 된다는 부흥사들도 있어 그 세미나도 부흥회 인도하는 일에 발판이 되었다. 그 가운데 예수님을 부흥사로 생각해 본 적이 전혀 없었다는 고백도 있었다.

하지만 예수님의 사역을 연구해 보면 ‘허다한 무리’가 모였던 적이 얼마나 많은가. 아니 조금 모였더라도 산상수훈, 평지수훈, 다락방모임 등은 심령대부흥회에 해당된다. 그런 점에서 필자는 부흥사로서도 예수님을 닮아가려고 힘쓰고 애쓰는 부흥강사가 되고 있다. 필자는 결코 널리 알려진 유명부흥사이거나 직업부흥사는 아니다. 그러나 부흥회도 맡으면 해낼 수 있는 실력을 키웠다는 점을 함께 나누고 싶을 뿐이다.

대중집회 인도 지침

목회에 있어서 바른 목회, 효율적인 목회를 하려면 지침을 만들어 사용하는 습관을 가진 터라 대중집회 인도에서도 다음과 같은 지침을 만들어 사용했다.

1.하나님의 말씀을 순수하게 전하는 데 혼신의 힘을 기울인다. "가서 성전에 서서 이 생명의 말씀을 다 백성에게 말하라."(행 5:20)는 말씀을 실천하도록 전심력을 기울인다. 2.집회가 몸 튼튼, 영혼 튼튼, 가정 튼튼, 교회 튼튼의 열매를 맺도록 헌신한다. 3.매 집회마다 한 가지씩 결심하든지 혹은 변화가 일어나도록 결단의 시간을 갖게 한다. 4.매 집회마다 성경요절 하나씩 영혼 깊은 곳에 새기도록 인도한다. 5.해당 교회 목회에 도움이 되도록 담임목사의 기도를 받고 시작하며 부흥담당 부목사의 자세로 인도한다. 6.말씀의 내용은 구원론을 중심으로 하여 잃어버린 영혼 찾는 것을 최대 사명으로 한다. 따라서 집회 이름도 그 교회가 특정해 놓은 것이 아니라면 〈한 영혼 살리기 말씀 축제〉로 한다. 7.하나님의 파송을 받고 집회를 인도한다는 사실을 기억하고 기도자의 자세로 말씀을 전한다. 8.몸병 고치는 일에도 유의하여 환자와 특별한 기도를 필요로 하는 사람에게는 담임목사와 공동으로 안수기도를 베푼다. 9.도덕적으로 오해 나을 일을 결코 하지 않으며 성도들의 강사 접대는 담임교역자를 통하여 하도록 한다. 그리고 집회 마치고 떠난 뒤에는 일체의 관계를 끊는다. 10.집회 중 특별헌금 하는 일을 적극 권장한다. 다만 사례비는 작은 교회이면 받지 않거나 건축헌금을 하고, 큰 교회이면 담임하는 교회에 헌금하거나 특별한 일(선교사 지원, 구호사업, 책 출판 등)에 사용한다. 11.은혜 받은 일을 간증으로 남기도록 마지막 집회 때에, "이런 은혜를 받았어요."라는 양식에 기록하게 한다. 12.담임목사의 집회 평가를 구함으로 나도 배우고 또 담임목사의 교회목회 평가도 몇 가지 들려주어 상생한다. 13.한 교회에는 특별한 경우가 아니면 한 번만 집회를 인도하도록 한다. 14.어떤 교파 사람들에게 상처를 주지 않도록 성결교단이나 유니온교회 자랑을 삼간다. 15.특별집회인 만큼 지능지수(IQ)보다는 감성지수(EQ)와 영성지수(SQ)에 더 호소력이 있도록 한다.

대중집회에서 받은 은혜 평가

교육이나 커뮤니케이션에서는 언제나 피드백(feedback)이 있는 것이 바람직하다. 그래서 부흥집회를 인도한 뒤에 집회 평가의 기회를 가지곤 했다.

첫째로는 담임목사와 상호평가를 한다. 나는 강사로서 목회에 대한 평가를 해서 서로 향상을 도모한다. 이 또한 함생목회라 할 수 있다. 담임목사들 가운데는 그걸 반대하는 이들도 있다. 그냥 은혜는 받은 대로 내버려 두는 것이 좋다는 견해다. 그것도 그럴 듯했다. 그러나 교수로서 항상 학기말에는 수강생들의 평가를 받는데 익숙한 이 목회자는 되도록 평가의 기회를 갖는 것을 즐겨하고 있다.

둘째는 회중들의 평가이다. 회중들이 마지막 집회가 마치면 미리 예고했다가 양식을 나누어 주고 평가하게 한다. 전에는 강사가 고쳐야 할 점도 쓰라고 했는데 그렇게 하니 은혜가 없어진다는 비판이 있어 그건 생략했다. 받은 은혜만 적도록 했다.

지금도 내 서재에는 그런 평가서 묶음이 몇 개 남아 있다. 읽으면서 내가 은혜를 받게 된다. 병이 나았다는 간증이 제일 많다. 가족이 기도해 준대로 예수 믿게 되었다는 간증, 기도가 응답받았다는 간증, 구원의 확신을 얻게 되었다는 간증, 하나님의 말씀을 많이 외우겠다는 결심을 했다는 간증, 예수님이 나와 함께 하심을 리얼하게 느꼈다는 간증 ….

셋째로는 집회의 녹음 테이프나 CD를 보내 달라고 해서 다시 한 번 검토해 보는 기회를 갖는다. 집회 마치고 돌아온 다음에는 그런 것 쳐다보기도 싫다. 그러나 얼마의 세월이 지나면 한 개라도 다시 보면 스스로 배울 것이 많이 있다. (이정근 목회자서전: 뭐야 예수 믿는다구? 314-327)

내 증인이 되리라
선교 목회론

선교(宣敎, mission)는 전도(evangelism)와 구별되어 사용되고 있다. 전도가 같은 언어, 같은 문화, 같은 민족, 같은 역사를 가진 사람들에게 복음을 전파하는 것인데 반하여 선교는 곧 다른 언어, 다른 문화, 다른 민족, 다른 역사를 가진 사람들에게 복음을 전파하는 것을 뜻한다. 곧 전도 대상의 경험과 문화 환경에 따라 전도냐 선교냐를 구별 지어 왔다. 그러나 본질적으로는 선교나 전도는 하나님의 나라 확장이라는 점에서 같은 것으로 보아야 한다.

예수 그리스도의 선교사역 원리

1. 예수 그리스도께서는 전도냐 혹은 선교냐의 방법을 중요하게 생각하신 것보다는 그 목적인 '온전한 구원과 거룩한 생활'을 하는 인간으로 변화시키고 하나님 나라를 선포하는 일로 그런 전략을 중요한 방법으로 선택하셨다.

2. 그러나 그분 시대의 이스라엘의 지도자들과 백성들이 선민사상이 유난스럽게 강하여 세금을 거두어 로마정부에 바치는 세리들, 사마리아 사람들, 이방인들을 멸시하고 차별하였던 것에 비하여 예수 그리스도께서는 이방민족을 더 우대하셨다는 느낌이 들 정도로 구원의 대상으로서 중요하게 여기셨다. 그런 사례는 매우 많다. 이방인 백부장의 믿음을

칭찬하시고 그 하인을 구원하신 일(마 8:5-13), 개 취급 받던 가나안 여인의 딸을 고쳐 주신 일(마 15:21-28), 사마리아 여인과 사마리아 사람들에게 전도하신 일(요 4:1-42), 탕자의 비유에서 이방인을 상징하는 둘째 아들의 구원(눅 15:11-32), 사렙다 과부와 나아만 같은 이방인의 구원을 말씀하신 일로 고향 나사렛에서는 낭떠러지에 밀쳐 죽을 위험도 감수하셨다.(눅 4:24-30)

-기록 된 바 내 집은 만민(모든 이방인)이 기도하는 집이라 칭함을 받으리라고 하지 아니하였느냐? 너희는 강도의 소굴을 만들었도다.(막 11:17) -너희는 온 천하에 다니며 만민에게 복음을 전파하라.(막 16:15)

3. 그분은 구약성경을 이스라엘 선민 우월주의로 해석했던 당시의 지도자들에게 오히려 '만민을 위한 하나님'임을 의도적으로 역설하셨다.

-사람들이 동서남북으로부터 와서 하나님의 나라 잔치에 참여하리니 보가 나중 된 자로서 먼저 될 자도 있고 먼저 된 자로서 나중 될 자도 있느니라.(눅 13:29-30) -이 이방인 외에는 하나님께 영광을 돌리러 돌아온 자가 없느냐?(눅 17:18)

4. 예수 그리스도께서는 그 영혼구원의 대상은 민족, 문화, 성별, 사회적 신분, 빈부, 시대의 차이를 넘어 온 인류임을 선교대명(the great commission of mission)에서 확연히 밝히셨다.

-그러므로 너희는 가서 모든 민족을 제자로 삼아, 아버지와 아들과 성령의 이름으로 세례를 베풀고, 내가 너희에게 분부한 모든 것을 가르쳐 지키게 하라.(마 28:19-20) -너희는 온 천하에 다니며 만민(모든 피조물)에게 복음을 전파하라.(막 16:15) -오직 성령이 너희에게 임하시면 너희가 권능을 받고 예루살렘과 온 유대와 사마리아와 땅 끝까지 이르러 내 증인이 되리라.(행 1:8)

5. 예수 그리스도께서는 이미 베드로 사도를 통하여서도 고넬료와 같은 로마 백부장에게 전도하도록 하셨고(행 10장), 또 사도 바울을 선택하여 이방인의 선교사로 삼으셨다.

-주께서 이르시되, 가라, 이 사람(사울/바울)은 내 이름을 이방인과 임금들과 이스라엘 자손들에게 전하기 위하여 택한 나의 그릇이라.(행 9:15)

6. 예수 그리스도께서는 "이방인의 땅 갈릴리"에서 태어나실 것이 예언되었고(사 42:7), 또 그 자신도 갈릴리에서 살게 되신 뜻을 깊이 알고 계셨다. 그로 인하여 거룩한 성 예루살렘보다는 이방의 갈릴리가 더 중요한 선교활동지였다.

-스불론 땅과 납달리 땅과 요단 강 저편 해변 길과 이방의 갈릴리여, 흑암에 앉은 백성이 큰 빛을 보았고 사망의 땅과 그늘에 앉은 자들에게 빛이 비치었도다.(마 4:15-16)

7. 사도들과 초대교회는 예수 그리스도의 이같은 선교사역의 원리를 철저히 계승하여 실천해 나갔다. (복음서와 사도행전, 그리고 서신들)

-누구든지 그를 믿는 자는 부끄러움을 당하지 아니하리라 하니 유대인이나 헬라인이나 차별이 없음이

라. 한 분이신 주께서 모든 사람의 주가 되사 그를 부르는 모든 사람에게 부요하시도다. 누구든지 주의 이름을 부르는 자는 구원을 받으리라.(롬 10:11-13)

개체교회 선교목회의 실제

유니온교회는 다음과 같은 선교사역을 실시해왔고 계속하고 있다.

1.멕시코를 주 선교국으로 정하였다. 그리하여 멕시코에 유니온선교센터를 건립하였으며 현지인들을 대상으로 한 교회를 형성하여 발전시켜 가고 있다. 매우 성공적인 사례로 평가된다. 2.멕시코 선교에 다른 사역들도 하고 있다. 3.케냐에 주진국 선교사를 전담으로 파송하여 2년간 지원했다. 교회를 개척하고 교단을 형성하는 사역을 촉진시켜 오늘의 케냐성결교단의 발판이 되었다. 4.서남 아시아에 슈라이옥 선교사를 파송하여 성경번역사업을 돕고 있다. 5.아메리칸 인디언 마을에 여름성경학교 사역을 여러 해 실시해 오고 있다. 6.몽골 단기선교팀을 교회학교 중심으로 운영해 왔다. 7.북한선교를 고아원에 식량을 보내는 등 소리 없이 하고 있다. 8.연변과학기술대학교에 지체장애학생 장학금을 보냈다. 9.동남아시아 지체장애아 수술비용을 보냈다. 10.사랑나누기 음악회를 개최하여 지체장애선교기관 몇 곳을 후원했다. (죠이선교회/샬롬선교회 등). 11.멕시코에 의료선교를 정기적으로 실시하고 있다. 12.한국에도 지교회를 세웠다. 13.소속교단이 운영하는 미주성결대학교의 주 후원기관이 되고 있다. 14.교단을 통하여 선교활동을 펴고 있다. 15.매스 미디어를 통한 선교에 큰 역할을 하고 있다. 16.예배를 '선교출정식'으로 계몽하고 주일예배 2년간 각 나라의 선교현황을 소개하고 그 나라 복음화를 위하여 온 성도들이 기도하여 왔다. 17.선교동기를 강화시키기 위하여 일 년에 한 번씩 각 사랑팀 발표회가 있을 때에 각 나라 선교복장을 입고 그 나라를 소개하고 장기자랑을 하는 행사를 갖는다.18.은퇴 후 인터넷방송망 등을 통하여 '이정근 목사 글로벌미션 이야기'로 전 세계 현지 선교사들을 격려하고 있다. 19.최근 불교국인 미얀마를 방문하여 어떤 선교사 모임에서 '타종교와 기독교 선교'라는 주제로 세미나를 가졌다. 20.그러나 각 선교지에서 강의를 해달라는 간절한 요청에 응하지 못하는 것을 안타깝게 생각하고 있다.

선교의 함생목회적 의미

전도사역을 강의하는 대목에서 이미 전도의 함생목회적 의미에 대하여 언급했으므로 다시 반복할 필요는 없을 것 같다. 다만 덧붙일 것은 지금 온 세계가 무서운 속도로 지구마을(global village) 시대로 접어 들어가고 있다. 따라서 종교 에큐메니즘과 관련하여 개종전도나 개종선교가 점점 어려워져 기고 있다. 세계적 종교들이 기독교에 대하여 개종전도의 중단을 강하게 요구하고 있기 때문이다. 따라서 기독교는 어서 속히 전도나 선교가 온 인류가 함께 생명 특히 사람의 생명을 무조건적으로 존중하고 국가, 인종, 문화, 종교를 초월하여 온 인류의 생명복지를 위한 방안을 제시하는 것이 긴급하게 되었다. 기독교가 핵심으로 삼고 있는'십자가 대속의 사랑'은 이런 사역을 능히 해낼 수 있는 튼튼한 기초가 될 것을 확신한다. 따라서 기독교는 미래에 다가올 지구마을에 함생의 나라 건설을 주도해 나갈 수 있게 된다. 그래서 모든 민족을 제자 삼고(마 28:19), 세상 끝 날까지(마 28:20), 그리고 땅 끝까지 이르러 예수 그리스도의 증인의 삶을 사는 일에 목숨을 걸어야 한다.(행 1:8)

신학 논평 잘못된 신학이 선교를 망친다

KWMC '휘튼공약'에 이의 있다

지난 7월 말에 개최된 2012년 한인세계선교대회에서 발표한 '휘튼공약'의 전문을 언론보도로 읽었다. 그런 선교대회가 있어서 지구마을 선교의 방향을 바로 정립하고 또 모든 교회성도들과 선교일꾼들이 새로운 동력을 얻게 되는 것만으로도 값진 행사라고 확신한다.

그런데 6천 여 참석자들의 주장과 기도를 총합하여 정리한 '2012 한인세계선교대회 휘튼 공약'에는 유감스럽게도 반드시 수정되어야 할 부분들이 몇 가지 있다. 그것은 이 공약이 거듭 거듭 강조하는 '성경적 기초와 사도적 선교원리'에 부합되지 않는 부분이 여럿이기 때문이다.

이 공약은 전체가 서론, 사도적 선교 원리, 우리의 고백, 세계복음화를 위한 도전의 네 부분으로 정리되어 있다. 그리고 '사도적 선교 원리'는 다시 일곱 개의 항목으로 구성되어 있다: 1.가난한 자를 사랑하는 선교 2.약한 자를 위한 선교 3.고난당하는 자를 위한 선교 4.정처 없는 나그네를 위한 선교 5.죄인을 위한 선교 6.종말론적 선교 7.순교적 선교들이다.

선교의 최우선 목적에 대한 오해

이 공약을 읽으면서 가장 동의할 수 없는 점은 '선교목적의 우선순위'에 관한 사항이다. 사도적 선교 원리 7가지 가운데 6번과 7번은 선교전략을 담고 있다. 그리고 앞의 다섯 항목에는 선교의 대상과 목적을 제시했다.

그렇다면 기독교 선교의 가장 우선적인 목적이 무엇인지 혼란스럽다. 첫 번째로 '가난한 자를 사랑하는 선교'라 했다. 여기에서 가난한 자라 함은 그 본문에, "사도들의 선교는 부한 자를 위한 선교가 아니었다 … 사도들은 가난한 자를 찾아 나섰고 그들을 사랑하셨으며 그들을 먹이고 입히고 돌보았다"고 했다. 과연 '경제적으로 가난한 자'들을 먹이고 입히는 것이 선교의 우선적 목적일까.

2항의 '약한 자를 위한 선교'에서도 '힘이 있고 건강한 자들에 대한 선교가 아니라 … 힘없고 병들고, 죽어가는 사람들을 위한 선교'라 했다. 이것은 그 다음에 나오는 '고난당하는 자를 위한 선교'와 '정처 없는 나그네를 위한 선교'에서도 마찬가지여서 결코 영적인 약자나 영혼이 사탄에게 꽁꽁 묶여진 사람들을 뜻하지 않는다.

그런데 과연 그것이 성경적 기초와 사도적 선교원리에 부합하는 일인가. 가난한 자를 돌보아 부자를 만들고, 병약한 자들에게 건강을 선물하고, 감옥에 갇힌 자들을 석방시키고, 나그네들에게 집을 지어 주는 것이 선교의 최우선 목적일까.

이런 발상은 아마도 이 대회 주제 성구가 마태복음 24장 14절이기 때문에 그의 연장선상에 있는 25장의 예수님의 비유 곧 주린 자를 먹이고, 헐벗은 자를 입히고, 나그네를 영접하고, 병든 자와 감옥에 갇힌 자를 돌보아야 한다는 말씀이 기초가 된 것 같다. 그렇다면 그건 성경해석에서도 중대한 오류를 범하고 있는 셈이다. 거시적(전체적) 해석을 외면하고 미시적(부분적) 해석을 절대화했기 때문이다.

만약 이 공약대로 가난한 자의 가난을 해결하는 것이 성경의 기초로 보나 사도들의 선교원리로 보아 선교의 최우선 목적이라면 선교사를 파송하는 것보다는 경제전문가를 보내는 것이 훨씬 효과적일 것이다. 만약 병든 자들에게 건강을 회복시키는 것이 기독교 선교의 최우선 목적이라면 선교사를 보낼 것이 아니라 의사, 간호사, 약사 그리고 보건 전문가를 보내는 것이 훨씬 더 효율적일 것이다.

그 대회 참석자들이나 주도한 지도자들의 면면으로 보아 '설마 그렇지야 않겠지' 하면서도 그 공약에 대하여 아무도 이의를 제기하지 않았다는 데 경악하게 된다. 그것은 바로 '죄인을 위한 선교'가 선교목적의 마지막 항목으로 배치되어 있다는 점에서 그렇다.

선교의 최우선 목적은 '성경적 기초'로 보나 '사도적 선교원리'로 보나 죄악으로 부패된 영혼을 구원하는 일이라는 것이 기독교 개신교회의 일관된 합의 아닌가. 어찌 이것이 총론이나 혹은 '기독교선교의 최우선 목적'이라는 별도 항목을 두어 확고하게 선언되지 못했던가. 왜 다섯 째 항목에 가서야 비로소 언급되었는가. 이는 예수 그리스도의 속죄의 죽음을 무효화시키는 일은 아닐까. 그리고 한 때 남미에서 풍미했던 해방의 신학 혹은 사회적 복음의 영향처럼 보인다. 이런 공약을 만든 분들에게 성경말씀 한 절 선물하고 싶다.

"미쁘다, 모든 사람들이 받을 만한 이 말이여. 그리스도 예수께서 죄인을 구원하시려고 세상에 임하셨다 하였도다. 죄인 중에 내가 괴수니라" (딤전 1:15)

복음선교의 대상에 대한 오해

이 공약이 범하고 있는 두 번째 오해는 선교 대상자에 관한 것이다. 이 공약대로라면 가난한 자들만이 선교의 대상이고, 병약한 자들만이 선교의 대상이고, 감옥에 갇힌 자와 박해받는 자들만이, 그리고 힘없는 자들만이 선교의 대상이라고 해석된다. 부자, 건강한 자, 권력을 가진 자, 감옥 밖에 있는 자들은 결코 선교의 대상이 아니라는 오해를 낳기에 충분하다. 이 공약을 기업가들이 읽는다면 한국의 어떤 재벌회장처럼 '정말 부자는 지옥으로 가야만 하는가'라고 의문을 제기할 것 아닐까.

일반적으로 전도나 선교에서는 사회 하류층을 복음화의 우선적 대상으로 삼을 수 있다. 그리고 국가적으로는 가난한 나라에 먼저 선교사를 파송해야 한다. 그러나 그건 전략일 뿐이다. 전략이기에 성경적 기초에서는 절대적 진리가 아니고 상대적 진리에 해당된다. 우선 가난한 자냐 부자이냐 하는 것이 상대적 개념 아닌가. 한국에서 가난한 사람도 방글라데시에 가면 부자 대우를 받을 수 있지 않은가. 그래서 주님께서는 부자들이 천국에 들어가기가 어렵다고 하시면서도 하나님으로서는 하실 수 있는 일이라고 정리하여 말씀하시지 않았는가.(눅 18:27)

또 한 가지가 있다. 선교의 우선 대상은 육신적 가난이나 몸이 병든 사람이기도 하지만 은혜가 없는 영혼, 사탄에게 사로잡힌 영혼, 불안과 공포 등으로 병든 영혼 … 그런 사람이 되어야 한다. 그런 점에서 예수님께서 제자들에게, "너희는 온 천하에 다니며 만민에게 복음을 전파하라"(막 16:15)고 선교의 대명을 주셨다. 남자나 여자, 유태인이나 헬라인, 야만인이나 문명인, 가난한 자나 부자, 억눌린 자나 억누르는 자 … 모든 사람을 대상으로 해야 한다.

특히 이 본문에서 '만민에게'는 희랍어 원문에 '모든 피조물에게'를 뜻한다. 이런 신학적 상식이 이 공약에서는 매우 곡해되고 있다. 더 나아가서 모든 피조물 곧 문명 그 자체, 그리고 자연과 생태계도 선교의 대상으로 삼아야 한다는 것을 확실하게 해야 한다.

다른 문제들도 있다

선교의 최우선 목적이 곡해되고 선교의 대상이 제한된다는 것은 곧 '복음'(위앙겔리온)이 무엇이냐가 제대로 이해되지 못한 것을 뜻한다. 가난한 사람들에게만 복음을 전한다고 한다면 그것은 복음의 본질을 가르치고 있는 고린도전서 15장 1-11절을 변질시킨 결과를 가져온다. 특히 '그리스도께서 우리 죄를 위하여 죽으시고'가 무효화된다. 가난한 자들에게 기쁜 소식이 있다면 물질적으로 넉넉해지는 것이기 때문이다. '우리의 고백' 조항에서 그동안 서구 교회들이 선교라는 이름 아래 저지른 잘못을 반성하고 '성경에 기초하고 사도적 선교원리'에 따라 선교사역을 갱신하겠다는 결단은 이런 대회에서 당연히 해야 할 일이다.

그러나 서구교회들이 해온 선교를 비복음적이며 정복적 선교라고 도매금으로 매도하고 거의 전면적으로 거부한 것은 지나치다는 느낌이 든다. 한국교회와 해외한인교회만 해도 그들의 선교로 인한 열매 아닌가. 그러면서 여전히 '우리 민족'을 반복해 가며 선교의 동기로 배타적 민족주의 기치를 앞세우는 것은 똑같은 과오의 반복일 뿐이다. 한 가지 더 지적한다. 공약 자체만을 분석할 때 선교의 주체가 되시는 삼위일체 하나님의 역할에 대한 언급과 확신은 매우 적다. '성령'에 대한 언급이 단 한 번밖에 없다는 것이 이를 증명한다. 그와는 대조적으로 사탄의 세력에 대한 공포심이 너무 여러 번 강조되어 있지 않은가.

"세상에서는 너희가 환난을 당할 것이나 담대하라. 내가 세상을 이기었노라."(요16:33)

선교현장에서 목숨을 걸고 온갖 위험과 위협을 당하고 있는 선교사들과 그 가족들을 생각할 때 당연히 성삼위 하나님의 이와 같은 승리의 선언이 강조되어야 했다. 실로 안타까운 일이다. 잘못된 신학이 교회를 이단의 소굴로 바꾸어 놓는 것처럼 잘못된 신학이 선교를 망칠 수 있다는 점을 항상 명심해야 한다.

(크리스천 위클리, 2012년 8월 16일자. 이 논평에 대한 주최 측의 대답을 3년이 지난 지금도 아직 듣지 못했다.)

귀에 대고 말한 것이
매스미디어 목회

한국에서 간첩 혐의로 체포되었다가 풀려난 어떤 연예인 이야기를 들었다. 무혐의로 석방되어 기쁘기는 했지만 어디에 가나 사람들의 경계의 눈초리를 피할 길이 없었다. 특히 자녀들이 겪는 고통은 이루 말할 수 정도였다. 자살이라는 말이 남의 이야기가 아닐 것 같은 예감도 들었다. 무혐의 판정을 받은 뒤 십년 이십년이 흘러도 편견으로부터 오는 냉대는 별로 가시지 않았다. 그렇게 된 이유는 하나였다. '아무개 간첩 혐의로 피체'라는 보도는 있었지만 무혐의 보도는 별로 없거나 신문 한 구석에 조그맣게 게재되었기 때문이다. 말하자면 매스미디어의 위력과 폭력이 그의 인생을 평생의 간첩혐의자로 만들어 놓았다.

현대는 대량정보전달의 시대이다. 아니, 현대만 그런 게 아니고 정보를 대량으로 전달하는 도구인 매스미디어는 시대가 갈수록 그 역할이 커진다. 신문을 보고, 라디오를 듣고, 영화를 관람하고, 텔레비전을 보고, 인터넷을 검색하고, 전화에서 온갖 정보를 전달받는 것이 현대인의 생활이다. 매일의 생활에서 매스미디어가 차지하는 시간에 있어서나 인간의 사고와 행동을 지배하고 변화시키는 폭에 있어서나 매스미디어는 점점 그 역할이 커 가고 있다.

마찬가지로 사역에 있어서도 매스미디어를 외면할 수는 없게 되었다. 성도들의 일상생활은 물론이고 교회도 그렇고 심지어 산속으로 깊이 숨어들어간 기도원이나 영성원도 미디어의 지배를 받는다. '미디어 금식'이라는 말이 생겼다는 것은 그만큼 매스미디어가 음식을 먹는 것처럼 일상화되었고, 그래서 금식이 은혜를 받는 도구가 된 것처럼 중요하다는 것을 역으로 입증한다.

예수 그리스도의 매스미디어 사역 원리

예수님께서 사역하실 당시에는 매스미디어가 있지 않았다. 그래서 머리에서 늘 떠나지 않는 생각이 있다. 차라리 예수님께서 이 시대에 오셨다면 그분의 생애에 대한 비디오도 남길 수 있었을 것 아닌가 하는 생각이다. 물론 그 분도 사탄의 나라나 하나님 나라를 영상으로 보여주실 수 있었을 터였다.

하지만 매스미디어 사역에 대한 원리들은 여전히 예수님의 사역에서 발견할 수 있다. 인쇄 매체, 전파 매체, 영상매체들, 그것들이 종합된 인터넷 매체의 탄생을 예고한 예수님의 말씀이 있기 때문이다.

-이러므로 너희가 어두운 데서 말한 모든 것이 광명한 데서 들리고 너희가 골방에서 귀에 대고 말한 것이 지붕 위에서 전파되리라. (눅 12:3)

이 말씀은 물론 "감추인 것이 드러나지 않을 것이 없고 숨긴 것이 알려지지 않을 것이 없다"는 그 앞 절의 말씀(눅12:2)을 풀어 주고 있어 무슨 매스미디어와 연관된 근거처럼 보이지 않는다. 그러나 앞으로 대량전달의 시대가 올 것을 예견하셨다고 볼 수 있다. 안테나가 지붕 위에 있는 것을 연상하기 때문일까.

전도사역은 예수님의 역점 사역 아닌가? 전도는 복음 곧 기쁜 소식을 전파하는 일이다. 그렇다면 기쁜 소식은 짧은 시간에 되도록 많은 사람에게 그리고 넓은 공간에 공급해야 한다. 그래서 매스 미디어가 중요하게 된다.

초대교회 지도자들 곧 바울, 베드로, 요한 등은 편지를 써서 회람시키는 것이 바로 매스미디어 활용의 단서를 제공해 준다. 그것이 바로 로마서, 베드로 전후서, 요한 일이삼서이다. 특히 요한계시록에는 아시아의 일곱 교회에 편지를 써서 보내라는 예수 그리스도의 말씀이 기록되어 있음도 언론사역이라는 관점에서 주목해야 한다.

-네가 보는 것을 두루마리에 써서 에베소, 서머나, 버가모, 두아디라, 사데, 빌라델비아, 라오디게아 등 일곱 교회에 보내라.(계 1:11)

지금 같으면 이메일에 몇 만 명에게라도 한 순간에 보낼 수 있는데 어찌 예수님께서 그걸 마다하실 것인가? 그래서 성경해설가 바르트는 '한 손에는 성경, 한 손에는 신문'이라는 말을 남기지 않았는가.

기독교는 근본적으로 언론기관의 성격을 지니고 있다. 예수 그리스도께서 오늘 이 지구에 오셔서 사역하신다면 매스미디어들을 외면하실 수 있을까. 아니다. 적극 활용하셨을 것은 의심의 여지가 없다.

그래서 교회에는 〈주보〉(Church Weekly)라는 언론기관이 있지 않은가. 미주이민사회만 해도 개신교회는 신문들도 여럿이고, 웬만한 도시마다 기독교 방송이 있고, 텔레비전도 여기저기에서 발돋움을 하고 있다. 거기 비하면 같은 기독교라도 천주교회나 또 불교 같은 종교에는 제대로 운영되는 언론기관이 거의 없다. 일간신문들이 종교판이나 종교면을 내는데 불교면 밑에는 개신교회 광고로 채울 정도가 되었다. 그만큼 개신교회는 언론지향적인 강점이 있다.

개체교회의 매스미디어 목회의 실제

1. 담임목사의 매스미디어 활동

유니온교회의 매스미디어 사역은 그 담임목회자인 필자의 경력과 깊이 연관되어 있다. 필자는 고등학교 때 교내문예작품모집에서 소설 당선작을 냈는데 문예작품이란 많은 사람이 읽게 하도록 발표기관이 필요하므로 신문과 잡지에 대한 관심이 컸었다. 대학 때에는 〈대학신문〉에 논문을 게재하기도 했고 졸업한 뒤에는 라디오 아나운서에도 응시했었다.

대학의 교수가 되면서 〈조선일보〉 '일사일언'이라는 칼럼 집필자가 된 것이 언론에 데뷔한 것이라 할까. 한국에서는 〈기독교 사상〉 편집위원도 지냈고 미국에 와서는 〈미주동아일보〉 기자생활을 했다. 그리고 〈한미신보〉 편집국장과 〈크리스천 헤럴드〉 주필을 역임했다. 목사가 된 뒤에는 주로 네 가지 장르의 글을 자주 썼다. 1)설교, 2)논문, 3)시론, 4)조각글이었다.

〈조각글〉은 칼럼을 필자가 대체한 용어인데 지금은 많이 사용하는 말이 되었다. 그러나 칼럼과는 좀 다른 문학의 장르가 될 만하다. 예를 들면 설교나 혹은 꽁트보다 더 짧은 소설을 담아내기도 한다. 그에 이어 조각소설, 조각설교, 한 조각 인생론도 집필했고, 청년예수 방랑기도 썼다.

특히 조각글은 상당한 영향력을 발휘하기도 했다. "총동원 주일인가, 총도둑 주일인가," "김정일은 하야하라," "새벽에 벌어지는 신자쟁탈전쟁," "붉은 악마는 양심을 마비시킨다," "포도주와 막걸리," "외모보다 내모가 더 좋아야 한다" 같은 글들이다. 지금까지 조각글은 약 2천 편 훨씬 넘게 썼고 책으로는 14권을 출판했다.

이렇게 신문 잡지 곧 인쇄미디어에서 시작된 사역은 라디오, 텔레비전으로 확장되었다. 그리고 인터넷 신문, 개인 블로그로 연장되었다. 인터넷신문의 칼럼부문에서 가장 독자가 많은 사람의 하나가 되었고 개인 블로그는 일 년에 일만 명 이상이 검색하고 있다.
특히 2010년 9월 23일부터 한국 기독교 2대 영상방송의 하나인 CTS TV에서 인기프로그램으로 평가되는 〈4인4색〉에 나의 "성경인물과의 대화" 첫 회분이 방영되었다. 45분간의 강의형식으로 매주 화요일 저녁 7시 골든타임에 송출되었다. 녹화할 때 네거티브(잘라내야 할 부분)가 거의 없고 연출가 등으로부터 성공적 연기라는 평가를 받았다. 성경의 인물들과 대화하면서 진리를 캐어내고 시청자들이 일반 교육과 신앙교육을 통합하여 받을 수 있도록 기획하고 있다. 처음에는 10회분을 약속했는데 20회 넘게 했다. 그리고 재방송까지 40회를 훌쩍 넘게 방영하였다고 알려왔다. 다음과 같이 프로그램 운영지침을 스스로 정했다.
1)성경적 사실에 충실한다. 2)평신도 신앙성장을 일차 목적으로 한다. 3)교역자들에게 설교와 교육의 실마리를 제공한다. 4)쉽고도 흥미 있도록 하여 '보고싶은 프로그램'이 되도록 한다. 5)논쟁적인 것을 피하고 특정 교단에 부담되는 일도 피한다. 6)어떤 인물을 다루든지 예수 그리스도의 빛 아래서 연구한다. 7)감동성이 높도록 결론을 맺는다. 8)함생신학의 관점에서 내용을 정리한다.

2. 유니온교회 매스미디어 사역

유니온교회 매스미디어 사역은 필자의 활동에 힘입은 바 크다. 교회 성도들 가운데는 매스 미디어 타는 것을 그리 바람직하게 생각하지 않기도 한다. 특히 유료광고를 내는 것을 낭비로 생각한다. 그러나 그것은 투자로 생각해야 한다.
심한 불경기로 인하여 교회재정도 옹색해진 때가 있었다. 읽던 신문들도 모두 끊어야 했다. 매스 미디어에 내보내던 것들을 모두 중지했다. 그래서 오는 결과가 무엇이던가. 교회성장이 크게 둔화되었고 재정수입도 현저히 줄어들었다. 구체적으로 조사는 안 해 보았지만 필경 성도들의 자기존중감(self-esteem)도 낮아졌을 터였다.
장기적으로는 유니온교회가 신문, 라디오 방송, 텔레비전 방송 등을 독자적으로 하겠다는 장기계획도 세웠지만 언론 자체로 본다면 교회와는 독립적으로 운영되는 것이 바람직하다. 언론이 교회에 종속되면 홍보지로 제한되기 때문이다.
언론사역을 한 경험을 바탕으로 교회의 매스 미디어 사역 지침을 마련해 보았다.
1) 매스 미디어는 도구이므로 그 자체가 악하거나 선한 것이 아니다. 교회는 선한 도구가 되도록 노력해야 한다. 2)현대와 미래에는 매스 미디어의 역할이 갈수록 커지고 있으므로 매스 미디어 사역에 적극 나서야 한다. 3)해당 교회가 꼭 매스 미디어에 출현되어야만 돕는 것보다 평소 좋은 기독교 매스 미디어를 키워야 한다. 그것이 복음전파 역할에 매우 유효하기 때문이다. 4)매스 미디어를 교회 안에서 개발하라. 인터넷 홈페이지를 비롯하여 이메일 등을 활용하고, 주보를 단순히 예배순서와 광고만 내보내지 말고 내용

(컨텐츠)을 다양화시키라. 성도들 교육의 효과적인 도구가 되는 것을 유의하라. 5)매스 미디어에 교회와 관련된 것이 출력되었다는 것만 기뻐하지 말고 노출되지 말아야 할 것들을 노출시키지 않는 것도 매스미디어 사역임을 이해하라. 6)내용도 부실한데 너무 많이 매스 미디어를 타는 것은 추악한 얼굴에 과도한 화장품을 바르는 것과 같다. 매스 미디어를 부정적으로만 보는 것도 정당하지 않고 너무 과잉활용해서도 안 된다. PR은 피할 것은 피하고 알릴 것은 알리라는 뜻이라는 위트를 기억하라. 7)설교를 매스 미디어에 내 보낼 때에는 별도로 찍는 것이 더 좋다. 물론 현장성이 주는 박진감이 없는 것은 아니나 부작용을 제거해야 하기 때문이다. 8)인쇄매체인 신문 잡지와 전파매체인 라디오가 아직도 상당히 유효한 도구임을 잊지 말라. 텔레비전은 그 앞에 앉아야만 볼 수 있는 제한성이 있고 또 주로 나이 많은 세대들에게만 메시지가 전달되는 성향이 있다. 라디오 텔레비전이 일회용인데 비하여 신문 잡지는 두고 두고 읽을 수 있다는 점도 있다. 9)미국에서는 텔레비전 부흥사들이 한 때 크게 타락한 일이 있었다. 그것이 무슨 사역이든지 사역자는 영성, 지성, 도덕성, 지도력, 전문성을 균형 있게 갖추어야 한다는 것을 잊지 말라. 10)매스 미디어는 불특정 다수의 독자와 시청자들을 대상으로 한다는 점에서 그 내용 선정에 신경을 써야 한다. 남의 것을 인용할 때에는 반드시 출처를 밝혀야 한다. 11)교회 안에 매스 미디어 선교기관을 별도로 조직하여 가동하라. 12)독자나 시청자들이 잘 듣고 잘 보는 이유가 무엇인지 근원을 캐어 보고 대처하라. 13)자신을 효과적인 매스 미디어 사역자로 성장하도록 삶의 자세, 사고 성향, 표현 방법 등을 개발하라. 14)이제는 보통 사람들도 누구나 매스 미디어를 운영할 수 있는 시대가 되었다. 가령 영화를 만드는 것이나 웹 페이지에 언론의 광장을 만드는 것은 웬만한 사람도 할 수 있게 되었다. 따라서 성도들이 이 일에 적극 참여해서 매스 미디어 세계를 거룩하게 만들고 복음화시키는 사역에 총력을 기울여야 한다. 15)매스 미디어가 온 인류와 만물을 함생시키는 사명(딤전6:13)을 살리는 데 활용되는 도구가 되도록 지혜와 실천의 용기를 함양해야 한다.

매스미디어 사역과 함생주의

매스 미디어로 인하여 이 지구는 한 마을이 되어 간다. 이제는 "너 없으면 나도 없다"는 구호가 실감으로 느껴져 가고 있다. 거미줄처럼 웹(web)이 되어가고 있고 그물(net)이 되어가고 있다. 신문과 잡지, 라디오, 텔레비전, 인터넷, 전화인터넷에 눈을 고착시키는 시간이 누구에게나 엄청나게 늘어났다. 이런 문명의 변화는 인간 모두에게 함생할 것을 강요한다. 함생(咸生)하지 않으면 함사(咸死)하게 되기 때문이다.

그러므로 매스미디어를 어떤 악한 목적을 위한 도구가 되는 것을 적극 막아야 한다. 그리고 하나님이 지향하시는 역사로 진행되어 가도록 그 도구를 선용해야 한다. 매스미디어를 '하나님의 활동무대'로 적극 제공해야 한다.

목회 칼럼 그분의 활동무대를 확 넓혀라

기독교는 너무나도 배타적(exclusive)이라는 평가가 많다. 그 말은 곧 포괄적(inclusive)이지 않다는 뜻도 된다. 그런 비판을 받을 때마다 '기독교는 진리이기 때문에 필연적으로 배타적일 수밖에 없다'고 주저하지 않고 응수해 왔다. 진리는 근본적으로 허위와 배타적 관계일 수밖에 없지 않은가.

하지만 그런 배타성이 복음전도에 유익하기만 한 것인가? 아니, 그것이 기독교 진리의 최고 표준인 성경의 큰 가르침에 부합되는 것일까? 그리고 교회의 머리이신 예수 그리스도께서 우리에게 가르쳐주신 진리일까?

'밤안개'를 불러주세요

유니온교회는 매년 '사랑나누기 찬양축제'를 개최하여 왔다. 좋은 음악행사도 하고 또 재정도 마련하여 절실히 필요한 사람들에게 사랑을 나누어주는 행사였다. 찬양대 중심으로 열기도 했고 혹은 유명 음악인을 초청하기도 했다. 다인종 음악축제가 되도록 백인, 흑인, 아시아인 등을 등장시키기도 했고, 몇 번은 한국의 유명한 유행가 가수들도 초청했다.

어느 해인가에는 '밤안개'로 유명한 가수가 초청되었다. 교회의 권사였다. 역시 이름값이 있으니까 한인교포 신자들이 몰려들어 상당히 넓은 성전을 꽉 채웠다. 그 '밤안개' 가수는 간증을 섞어가며 찬송가도 부르고, 복음성가를 특유의 허스키 보이스로 계속 열창했다. 특히 '어메이징 그레이스'는 박수갈채가 열광적이었다.

음악행사가 끝나면서 앙코르 송을 불러달라는 함성이 들려왔다. 그래서 복음성가 하나를 더 선물했다. 그것으로 끝냈으면 별 문제가 없는 건데 이번에는 누군가가 '밤안개'를 불러 달라고 큰 소리를 질렀다. 그러니까 약속이나 한 듯이 회중 전체가, '밤안개, 밤안개' 하고 합창처럼 읊어댔다. 그러자 그 권사 가수는 담임목사인 내 얼굴을 바라보았다. "이 목사님, 괜찮을까요, 교회당 안에서 유행가를 불러도?" 그런 뜻이었다.

대세가 이쯤 되면 안 된다고 우기기는 어려웠다. 초청가수의 몸도 벌써 들썩거리는 것 같았다. 드디어 팔을 높이 들어 오케이 사인을 보냈다. 모든 회중이 다 보라는 의도도 있었다. 그는 온 정열을 다 모아 한 번 부르고 나더니 회중과 함께 부르자고 요청하며 한 번을 더 불렀다. 참석자들의 참여도가 '어메이징 그레이스' 수준이었다. '밤안개'를 들으려고 왔던 비신자 청중이 상당히 많았던 까닭이다.

배타성과 포괄성이 함생하고

기독교가 배타적인 것은 근원적으로 생각하면 '하나님의 거룩성'에 그 원인이 있다. 하나님의 본성을 전체적으로 표현하는 대표언어가 곧 거룩성이고 심지어 거룩성이 모든 종교의 본질이라는 주장도 있다. 따라서 이 용어는 여러 가지 폭넓은 뜻을 함유하고 있는데, 그 가운데 대표적 의미가 바로 '분리시킨다'이다. 성경 원어인 '카도쉬'나 '하기오스'가 바로 그렇다.

주일설교, 부흥집회, 신앙강좌 등을 인도하기 위하여 여러 교회에 다니면서 몇 가지 늘 신경 써야 하는 것들이 있다. 그 중의 하나가 강단 위에 신발을 신고 올라가는지 혹은 벗어야 하는지 그것이다.

미주교회들도 드물기는 하지만 벗고 올라가야 하는 교회가 있고 한국에는 훨씬 많다. 강단은 지성소에 해당되기에 신발을 벗어야 한다. 모세에게 하나님도, "네가 선 곳은 거룩한 땅이니 네 발에서 신을 벗으라."(출 3:5)고 명령하셨다.

"목사님, 큰 실수하셨어요. '밤안개' 같은 유행가를 강단에서 부르도록 허락하시다니요. 믿지 않는 이들과 멍에를 함께 메지 말라고 성경에 기록되어 있는데요."(참조: 고후 6:14-18)

그런 항의를 받기도 했다. 성경말씀을 근거한 항의였기에 진땀이 났다. 그러나 할 말이 없는 건 아니다. '거룩하다'의 영어 홀리(holy)는 '전체' 혹은 '건강'이라는 뜻을 가진 호울(whole)이기도 하다. 거룩은 곧 '흠결이 없이 정결하다'는 말도 되고 온전하다는 뜻도 된다. 그리고 온전하기 때문에 건강하면서도 전체적이어야 한다.

그러니까 거룩성은 두 가지 모순된 뜻을 함께 가지고 있다. 그래서 배타성과 포괄성이 함생하고 있음을 보여준다. 하지만 기독교 교리가 이해하기 어려운 것은 바로 이런 역설적 진리가 공존한다는 사실에도 있다.

예수 그리스도는 온전한 인간이시면서 온전한 하나님이시라는 모순된 진리가 공존한다. 인간이 구원받는 것은 온전히 하나님이 주신 은혜이면서 사람의 결단인 믿음에 달려 있다. 예수 그리스도는 영원하도록 동일하시면서도 새 포도주는 새 부대에 넣어야 한다. 하나님의 나라는 하나님 자신이 건설하시고 통치하시는 것이면서도 우리 인간들이 그 실현을 위하여 발 벗고 나서야 한다.

그 같은 역설적 진리는 신학교수들에게는 '조문도 석사가의(朝聞道 夕死可矣)'의 희열을 느끼게 한다. 그러나 목회 현장에서 만나는 평신도들 눈높이에서는 사뭇 골칫거리일 뿐이다. 이것이냐 저것이냐 하고 이분법적으로 가르치면 금방 알아들을 것인데 한 가지 대상을 놓고 100% 희기도 하고 100% 검기도 하다는 식이니 어찌 혼란이 없겠는가. 그래서 목회자는 이런 내용을 어떻게 설교하고 가르칠까에 또 고민을 해야 한다.

예수님은 무어라 말씀하실까

예수 그리스도께서는 온전하신 하나님이신데도 죄악으로 염색된 인간의 육신을 입으시고 이 땅 위에 오셨다. 곧 도성인신(道成人身, incarnation)하셨다. 이는 절대적으로 거룩하신 존재가 그 거룩성의 장벽을 무너뜨리셨다는 뜻도 된다. 하나님의 도성 시민이 죄악 세상의 시민이 되셨다.

만약 그분이 그날 저녁 〈사랑 나누기 찬양축제〉에 오셨다면 무어라 하셨을까. '밤안개'를 앙코르 곡으로 신청 받고 유니온교회의 참 담임목회자이신 예수님에게, '어떻게 하지요?' 하고 여쭈었다면 예수님의 대답이 무엇이었을까.

"왜 입장 곤란한 것은 나에게 묻느냐? 그건 네가 알아서 해라." 그러셨을까?

진실로 그분은 그 짧은 생애 동안에 그 때까지 거룩한 것의 핵심들을 모두 깨뜨려 부수셨다. 거룩한 책 구약성경의 핵심인 십계명을 깨뜨려 사랑의 계명으로 완성하셨다. 거룩하게 지켜야 할 안식일이 더러운 죄인들을 위하여 있다고 깨우치셨다. 거룩한 집이라는 성전을 당장에 헐라고 하셨다. 거룩한 책인 성경의 주인은 바로 자기 자신이라고 선언하셨다.

지성소(The Holy of Holies), 대제사장만이 일 년에 단 한 번 피를 뿌리며 들어가는 그 지성소의 휘장을 확 열어 놓아 성속을 막론하고 누구나 들어갈 수 있게 하셨다. 거룩을 생명으로 삼고 있다는 유태인과 바리새인보다는 오히려 죄인, 창녀, 이방인 같은 더러운 인간들의 친구가 되셨다. 흉악한 저주의 십자가를 영광스러운 축복의 나무로 바꿔 놓으셨다.

이 같은 예수 그리스도의 사역을 표준삼아 초대교회도 겁 없이 언약의 대표적 표징인 할례제도를 폐기처분했다. 그래서 표면적 이스라엘 사람보다는 내면적 이스라엘 사람이 참 하나님의 백성이라고 선언했다.(롬 2:28-29)

그런 사역을 하신 예수님이시니까 그 밤안개 가수에게도 무언가 긍정적이고 적극적인 대답을 하실 것도 같았다.

"그 노래에는 '그 옛님을 찾아주려나 가로등이여' 하는 대목이 있거든. 그러니 믿음의 노래로도 이해할 수 있겠지." 그러실까?

"내가 '우리를 반대하지 않는 자는 우리를 위하는 자'라고 가르쳤지? 어디 그 노래가 나를 반대하고 사탄을 지원하던가?" (참조: 막 9:40) 아니면 그러실까?

"제가 한국에서는 전혀 몰랐는데 미국노래를 배우니까 그 노래들이 대부분 복음성가였어요." 레이건 대통령 취임행사에서도 노래를 불렀다는 그 가수가 느닷없이 던진 말이다.

하나님은 속이 무한대로 넓으신데

어느 결혼식을 주례한 일이 있었다. 그런데 그 예식에는 불교 스님 한 분이 참석을 했는데 승복을 입은 관계로 금방 눈에 띄었다. 그런데도 기독교식 결혼식에 시작 전에 와서 끝날 때까지 자리를 지켰고, 피로연 순서에도 참여했다.

나는 피로연 식사기도가 끝난 뒤에 음식을 가지고 그 스님 옆에 앉았다. 서로 인사도 교환하며 함께 식사를 즐겼다. 그 결혼식의 신랑 조부모가 불교신자였기에 참석하게 되었다는 사정도 들었다.

"스님 마음이 좀 불편 하시겠어요?"

"아닙니다. 오히려 여러 가지를 배웠습니다. 기독교에 관하여 책으로는 좀 읽었지만 예식행사에 참여하는 건 처음이라서요."

그의 태도나 음성도 편안하다는 것을 충분히 드러내고 있었다.

"저도 절에 가면 친근감을 느낍니다. 예수 믿기 전에는 자주 다녔으니까요. 특히 제 고향에 있는 오래 된 절이 하나 있는데 대처스님이 계셨지요. 바로 그 아들이 제 가까운 초등학교 동창이었습니다."

그런데 그 대처스님의 아들이 한 번은 내가 다니던 시골교회 주일학교에를 왔었다. 그걸 보고 깜짝 놀라 물었다.

"야, 넌 아버지가 스님이잖아. 그런데 웬 일로 교회엘 왔니?"

"우리 아버지가 교회에 가서도 배우래. 그래야 큰 사람이 된다고."

그 친구가 지금은 한국의 어느 오래 된 절의 주지노릇을 하고 있다고 들었다. 비록 종교는 다르지만 나는 그 친구가 도량이 매우 넓은 훌륭한 아버지를 두었다고 지금도 생각하고 있다. 실상 나는 신앙생활을 열심히 하는 자녀들에게, '절에 가서도 열심히 배우고 오너라, 그래야 큰 사람이 된다'는 말을 아직도 못하고 있다. 혹시 절에 가서 배우다가 아주 빠져버리면 어쩌나 하는 일말의 걱정도 있기 때문이다.

세속화 사상의 리모델링

"하나님은 우주 만물의 창조주이신데 그래 숨도 못 쉬는 부처보다도 더 속 좁은 분으로 만들면 되나?"

그런 자책이 내 마음 속에 지하수처럼 흐르고 있다. 그래서 얻은 결론이 바로 기독교를 어서 속히 '리모델링'(remodeling) 곧 신장개업해야 한다는 것이었다. 겉으로는 강한 것 같으나 속으로는 나약한 외강내약의 신자를 양육하는 단계를 어서 속히 벗어나야 한다. 오히려 내강외유 곧 속은 강철 같고 겉은 부드러운 신앙인으로 육성해 보자는 뜻이다. 폭풍정책보다는 햇볕정책을 앞세워야 한다. 소금이 되어 삶의 모든 차원에 자신 있게 녹아들게 해야 한다.

1960년대부터 세속화(secularization) 신학이 기독교계에 회오리바람처럼 등장했다. 본훼퍼, 콕스, 고가르텐, 밴뷰렌, 틸리히 등이 주도했다. 헌데 이 기독교의 세속화 사상은 신학자들의 탁상담화 정도에 그쳤을 뿐 교회 목회현장까지 들어오지 못했다. 특히 보수성이 강한 한국교회에서는 인본주의 신학으로 정죄되어 단칼에 사형집행을 당한 감이 있다.

그러나 복음주의 시각에서 볼 때 이것을 폐기처분한 것은 매우 아쉽다. 이 세속화 운동이 '도성인신적 복음화 운동'으로 발전되어야 했다. 말씀이신 그리스도께서 사람의 육체를 입으심으로 구원사의 절정을 이루신 것처럼 교회는 땅끝까지, 온 세상에, 그리고 모든 민족에게 성육신적 복음화운동으로 영역을 확장시키는 선교신학을 개발해야 했다.

하나님을 교회에만 가두어둔 것은 복음주의 교회의 과오였다. 보라, 피조물인 사탄은 하나님의 거룩한 영토인 교회까지 맹렬하게 침투하고 있다. 그런데 창조주 하나님의 자녀들은 죄악의 도성과 다른 종교의 영토까지 과감히 돌진하지 못했다. 상당히 겁을 먹고 있는 건 아닐까. "죄가 더한 곳에 은혜가 더욱 넘치도다"(롬 5:20)는 말씀을 사장시킨 셈이다.

"성도 여러분, 한국에 관광 코스에는 절들이 많이 있습니다. 그렇다고 그 곳에 들어가는 걸 포기하지 마십시오. 오히려 대웅전 앞에 서서 간곡히 기도하셔야 합니다. 그곳도 바로 하나님이 활동하시는 무대가 되도록 말입니다. 그래야 부처의 자비보다 한 차원 더 높은 십자가의 사랑을 깨닫게 됩니다."

그런 설교를 이제는 마음 놓고 할 수 있게 되었다.

매스미디어는 하나님의 활동무대

요전에도 한국의 어느 유명인사가 교통사고로 죽었다. 그런데 그 신문기사 제목이 "새벽기도 갔다가 교통사고로 사망"이었다. 기사를 자세히 읽어보니 새벽기도회 간 건 사실이었다. 그러나 끝나고 어느 설렁탕집에서 아침식사를 마치고 회사 출근하는 길에 만난 사고였다. 그런데도 신문에는 '새벽기도 갔다가'라고 붙인 것이다. 결코 '아침식사 마치고 출근길에'라고 하지 않았다. 그것이 한국 최대 발행부수를 자랑하는 일간신문 기사였다. 이 사실을 알고 이렇게 혼잣말을 했다. "그 신문은 사탄의 활동무대이구먼."

'매스미디어를 하나님의 활동무대로 만들어야 한다'는 것을 필자가 여러 번, 또 여러 번 주장해왔다. 그래서 이제는 기독교 언론인들에게는 상당히 알려진 표어가 되었다. 매스미디어의 힘이 시대가 흐를수록 막강해져 가고 있는 때인데 그것들을 모두 사탄의 활동무대로 내던져준대서야 되겠는가.

다행인 것은 미주한인사회에서는 매스미디어 선교활동이 앞의 소개처럼 개신교회가 다른 종교의 추종을 불허할 정도로 단연 앞서 가고 있다. 기독교 신문, 기독교 라디오 방송,

기독교 텔레비전, 인터넷, 전화기 정보배달 … 심지어 같은 기독교라도 가톨릭교회와도 현격한 차이가 있다.

그래도 부족하다. 세속 미디어들에 적극 침투해 들어가야 한다. 그런 미디어의 경영자도 되고 컨텐츠 제작자도 되고, 뉴스원도 되고, 배달원도 되어야 한다. 말씀이 육신이 되신 도성인신의 원리를 따라 누룩처럼 들어가서 가루를 부풀리고 변화시켜야 한다.(마 13:33) (월간목회 2013년 3월호)

품꾼들은 포도원으로
직장 목회론

서울대학교 사범대학 기독학생운동 동지 가운데 가장 가까운 이가 한국직장선교운동의 대표 박홍일 장로이다. 그가 미국에서 세계직장선교운동을 할 때에도 그 운동에 참여했었다. 그 가운데 하나로 쓴 글이 "직장선교의 신학적 기초"였다. 그 간단한 논문에서는 "직장선교인의 성약"을 제시했는데 이것이 기초가 되어 "직장선교의 10대 강령(신조)"으로 열매맺었다.(논문집 II. 114f) 그리고 풀러신학대학원에서 박사 논문 지도할 때에도 직장영성운동에 관한 것을 두 편 지도했다.

목회의 일차적 대상은 사람이다. 그런데 사람이 살아가는 동안 시간을 많이 보내는 환경이 어디일까? 우선은 가정이다. 그리고 학교이다. 종교기관도 있고 아픈 사람은 병원에서도 머물게 된다. 백화점들도 있으며 관광지도 있다. 그러나 일생동안 그런 어떤 것보다도 더 많은 시간을 보내는 곳이 있다. 바로 직장이다. 그렇기 때문에 직장사역은 교회와 목회자가 당연히 가져야 할 아주 중요한 사역현장이다.

예수 그리스도의 직장사역 원리

1. 예수 그리스도는 이 땅 위에서 사실 때에 목수라는 직업인이셨다. 양육부 요셉의 직업을 이어받으셨다. 성경에는 그 목수를 '텍톤'이라는 헬라말을 사용한 것으로 보아 요즈음의 목수보다는 건축가로 보아야 한다는 연구가 있다.

-이는 그 목수의 아들이 아니냐? 그 어머니는 마리아 … (마 13:55) -이 사람이 마리아의 아들 목수가 아니냐.(막 6:3)

2. 그는 목수로서도 이름이 널리 알려져 있었다. 멍에나 쟁기를 잘 만들기로 이름이 알려졌다는 것이 예수님의 전기연구가들의 결론이다.

-이는 내 멍에는 쉽고 내 짐은 가벼움이라. (마11:30)

3. 그분은 목수 직업을 통하여 하나님의 가르치심을 사람들에게 베푸셨다. 반석 위에 집을 지은 지혜로운 사람(마 7:24-27), 망대를 짓는 일과 비용산출의 비유(눅 14:28-30), 성전을 헐면 다시 짓겠다는 말씀(요 2:19) 등은 건축가의 경험이 녹아든 표현들이다.
4. 그분은 제자들을 선택하실 때에 충실한 직업인을 우선으로 하셨다. 베드로, 안드레, 야고보, 요한, 빌립은 어부였고, 마태는 세리였고 나다나엘은 랍비였다. 나머지 제자들도 직업이 밝혀지지는 않았지만 결코 빈둥빈둥 놀고먹는 사람들은 아닌 것으로 추정된다.
5. 그분은 여러 가르침에서 직업인을 좋은 자료로 사용하셨다. 왕, 신하, 농사꾼, 장사꾼, 목자, 포도원 주인, 세리, 제사장, 청지기, 종, 날품팔이, 요리사 …
6. 그분은, 하나님께서 첫 아담에게 노동의 벌을 주셨지만(창 3:17-19) 그것은 바로 하나님의 상급이라는 다른 면이 있다는 사실을 보여주셨다. 이것이 사도들에게는, "누구든지 일하기 싫어하거든 먹지도 말게 하라"(살후 3:10), "종용히 일하여 자기 양식을 먹으라"(살후 3:12)는 교훈으로 이어졌다.

개체교회 직장목회의 실제

개체교회는 그러므로 직장사역에 대한 관심을 더 높여야 한다. 그런 점에서는 존 칼뱅의 주장이 더 강조되어야 한다. 그는 교회사역이 목회자에게 주신 소명인 것과 마찬가지로 직업은 바로 평신도에게 주신 소명이라고 갈파했다. 영어에서 직업을 보케이션(vocation)이라고 하는 뜻은 그것이 '부르심'이라는 것과 연관되어 있음을 말한다.

그러므로 개체교회에서 직장 사역에 관하여는 다음과 같은 프로그램을 할 수 있다.

1)부지런히 일하여 자기 먹을 것을 마련하는 신앙적 정신을 여러 형태로 강조한다. 2)직업에는 귀천이 없고 모두 귀중한 것이라는 직업관을 강조한다. 3)성도들의 취업이나 자영업을 위하여 기도한다. 4)취업정보를 교환하도록 제도화한다. 5)같은 교회의 회원들이 한 직장에서 일하게 되면 불화하는 일이 없도록 함생정신을 강조한다. 직장에서 불화하면 교회를 떠나게 되기 때문이다. 6)자녀들에게 생존할 수 있는 기술직을 가르치도록 한다. 7)교회에서 자주 직장생활의 성공적 적응을 위하여 세미나 등 교육기회를 제공한다. 8)교회 홈페지를 통하여 직장정보나 사업정보를 교환한다. 9)직장선교회 활동에 열심히 참가하도록 하고 또 선교비를 모아 선교한다. 10)개체교회에서 직장선교의 밤 같은 행사를 갖는다. 11)이민생활에서는 전문직종으로 진출하도록 격려하며 자격증 취득을 하도록 안내한다. 12)직장심방, 사업체 심방을 정기 혹은 부정기적으로 하여 축복기도 한다. 예:신년축복심방. 13)자연적 은사를 개발하고 그 분야를 전공 삼도록 격려한

다. 14)직장윤리를 강조하여 우수사원으로 평가받도록 자질향상에 힘쓰게 한다. 15)사업과 직장이 '하나님의 기업'이 되도록 방향을 제시한다. 16)OO교회 사업가 조찬기도회 같은 단체를 조직하고 활발하게 활동하도록 한다.

직장의 함생목회적 의미

풀러신학대학원의 목회학박사과정 논문 가운데서 일터 영성 프로그램과 관련된 논문 두 편을 지도한 적이 있었다. 교수는 학생을 지도하면서 배우고 배우면서 지도한다. 따라서 직장은 하나님께서 마련해 놓으신 영성훈련소라는 인식을 깊게 했다. '직장 안에 있는 교회'란 생각도 많이 했다.

예수님의 '포도원의 품꾼들' 비유(마20:1-16)는 일반적으로 경제정의 곧 '공정분배'를 핵심교훈으로 이해하고 있다. 그러나 그것만이 아니다. 인간은 직장에서 일하는 것이 정상적 생활이라는 교훈, 노사관계에서 주인은 직장을 제공하기 위하여 포도원을 경영해야 한다는 교훈도 매우 중요하다. 우주만물을 창조하시고 관리하시는 성삼위 하나님의 형상이 거기에서도 드러나야 한다는 가르침도 있다. 그러므로 그것이 무슨 일이든지, 생명을 파괴하고 손상을 입히는 것이 아닌 한 그것은 하나님과 인간의 함생작업이고 주인과 일꾼의 함생의 삶이 된다. (참조: "노동절 정신을 생각한다." 한국일보 2013년 8월 29일)

7

집안이 다 믿으니라

가정 • 심방

목회자의 최고 표준 예수 그리스도

집안이 다 믿으니라
가정 목회론

세 아이가 다 고등학교 다닐 때의 일이었다. 그 중의 하나가 학교에 갈 시간인데도 늦잠을 자고 있었다. 야단을 쳐서 깨우고 빨리 학교 갈 준비를 하라고 재촉했다. 그랬더니 학교에 안 가겠다고 버텼다. 왜 안 가느냐고 물었더니 학교는 감옥인데 거길 왜 가느냐고 대들었다. 사춘기 증후군인 걸 알면서도 너무 기가 막혀서, '그럼 앞으로 학교에 아예 가지 말고 집에만 있으라'고 했다. 그랬더니, '아빠, 우리 집이 지옥(hell)이란 걸 모르셨어요?' 하고는 엉엉 울었다. 필자 부부는 그 말에 너무 큰 충격을 받았다. 목사의 집인데 그 아이에게는 지옥이라는 것이다. 그 때부터 정신이 버쩍 들었다. 교회 목회에 몰두한답시고 내 가족 목회에 소홀했던 것을 뼈저리게 느꼈다. 그것이 계기가 되어 지금은 40대가 된 세 자녀들이 아름다운 신앙의 가정이 되었고 교회에 충성하는 일꾼들이 되었다.

사람은 누구나 가정에서 태어난다. 그리고 가정에서 자란다. 그러나 가정은 단순한 조직 단위가 아니다. 가정교육이 인간의 평생을 좌우한다는 교육적 이론이 많이 있다. 그런 점에서 기독교는 가정과 교육에 큰 가치를 두고 가정에 대하여 가장 많은 관심을 가지고 있다는 점에서 다행스럽게 생각한다. 사역의 현장으로는 가정은 교회 다음으로 중요하다고 하겠다. 그래서 가정 세미나를 할 때마다 가장 중요한 주제는 '천국 가정, 지옥 가정'이 되었다.

예수 그리스도의 가정 사역 원리

예수 그리스도께서도 다른 사람과 마찬가지로 가정에서 태어나셨다. 그리고 가정에서 부모형제와 함께 자라나셨다. 그런 점에서 그분은 가정사역의 충분한 원리를 제시하고 계시다.

1. 그분은 유다족속 가문에서 탄생하셨다. 비록 거친 환경에서 탄생하셨지만 그래도 부모의 보호 아래 '여자의 아들'로 태어나셨다. 양육부 요셉은 일찍 죽었을 것으로 추정된다. 그분에게는 형제자매들도 있었고, 나사렛 동네에서도 잘 알려진 가정이었다.(마 13:53-58)

2. 따라서 가정에 대하여 매우 높은 가치를 두셨다. 타락한 아들의 비유(눅15:11-32)가 이를 웅변으로 말한다.

3. 그분의 가정은 동네 이웃 사람들과도 충분한 교분을 가지고 있었다.

-이 사람이 마리아의 아들 목수가 아니냐. 야고보와 요셉과 유다와 시몬의 형제가 아니냐. 그 누이들이 우리와 함께 여기 있지 아니하냐 하고 예수를 배척한지라.(막 6:3)

4. 예수 그리스도에게는 가정이 사역에 방해되는 점도 있었다.

-이는 그 형제들까지도 예수를 믿지 아니함이러라.(요 7:5) -예수의 친족들이 듣고 그를 붙들러 나오니 이는 그가 미쳤다 함일러라.(막 3:21)

5. 예수 그리스도께서는 참된 가정으로 회복하시려는 노력과 교훈을 보여주셨다. 이는 '교회는 하나님의 가족'이라는 뜻을 포함하고 있다.

-대답하시되, 누가 내 어머니이며 동생들이냐 하시고, 둘러앉은 자들을 보시며 이르시되, 내 어머니와 내 동생들을 보라, 누구든지 하나님의 뜻대로 행하는 자가 내 형제요 자매요 어머니니라.(막 3:33-35)

6.그분은 가정의 회복을 위하여 여러 형태로 가르쳐 주셨다.

-집으로 돌아가 주께서 네게 어떻게 큰일을 행하사 너를 불쌍히 여기신 것을 네 가족에게 알리라.(막 5:19) -하나님이 이르셨으되, '네 부모를 공경하라' 하시고 또 아버지나 어머니를 비방하는 자는 반드시 죽임을 당하리라 하셨거늘.(마 15:4)

7. 어머니에 대하여 자녀의 효성을 보이셨다.

-그 부모가 그가 하신 말씀을 깨닫지 못하더라. 예수께서 함께 내려가사 나사렛에 이르러 순종하여 받드시더라. 그 어머니는 이 모든 말을 마음에 두니라.(눅 2:50-51) -예수께서 … 자기 어머니께 말씀하시되, 여자여 보소서, 아들이니이다 하시고, 또 그 제자에게 이르시되, 보라, 네 어미라 하신대 그

때부터 그 제자가 자기 집에 모시니라. (요 19:26-27)

8. 이러한 원리는 초대교회에도 이어졌으며, 그것은 바로 '교회는 가정처럼, 가정은 교회처럼'이라는 교훈을 생산해 냈다.

-날마다 마음을 같이하여 성전에 모이기를 힘쓰고, 집에서 떡을 떼며, 기쁨과 순전한 마음으로 음식을 먹고.(행 2:46) -아굴라와 브리스가와 그 집에 있는 교회가 주 안에서 너희에게 간절히 문안하고, 모든 형제도 너희에게 문안하니.(고전 16:19-20) -늙은이를 꾸짖지 말고 권하되 아버지에게 하듯 하며, 젊은이에게는 형제에게 하듯 하고, 늙은 여자에게는 어머니에게 하듯 하며, 젊은 여자에게는 온전히 깨끗함으로 자매에게 하듯 하라. 참 과부인 과부를 존대하라.(딤전 5:1-3)

9. 예수 그리스도께서는 가정을 파괴하는 것들을 제거하셨다. 나인이란 동네의 과부 아들을 살리시고, 회당장 야이로의 딸, 나사로를 살리신 것, 그리고 악질적 가정파괴범인 간음을 엄격하게 금지시키셨다.

-살인하지 말라, 간음하지 말라.(마 19:18)

개체교회 가정목회의 실제

1. 가정사역 프로그램들

1)결혼준비를 위한 사역. 2)신혼부부를 위한 사역. 3)색성생활을 위한 사역. 4)부모되기를 위한 사역. 5)부부성장학교. 6)가족예배/기도회. 7)가정상담. 8)가족 캠프/수양회. 9)독신자 사역. 10)중년기 사역. 11)노인사역/경로대학. 12)가정의 재정운영. 13)부부성경연구반. 14)건강가정을 위한 특별집회. 15)모범가정 선발. 16)부모의 교육능력 향상을 위한 사역. 17)가족 야유회. 18)가정개방주간(open house). 19)육아교육. 20)임산부 출산 기도모임. 21)주거환경 개선 지침. 22)예배, 기도, 찬양, 교육, 선교, 친교, 봉사 공통체로서의 가정 육성. 23)사랑센터로서의 가정 육성

2. 신앙부부가 지켜야 할 기본수칙

부부관계는 이촌이나 사촌이나 육촌이 아니다. 그래서 '무촌'이라고 한다. 그런데 그 무촌이 헤어지면 남남이 된다. 형제나 자매는 헤어져도 형제요 자매이다. 그런데 부부는 헤어지면 남남 정도를 넘어 원수가 되기도 한다. 그런데 이 부부관계를 형제나 자매관계보다 더 결속되게 하는 것은 바로 성서적 신앙이다. 부부는 '한 몸'이라는 걸 깨우쳐 주기 때문이다. 그리고 한 몸으로 만들어 준다. 남남끼리 만났지만 혈연보다도 더 가깝다. 그러기 위하여 어떻게 부부생활을 해야 할까.

1)부부는 하나님이 그 생명을 창조하셨고 짝지어 주셨으므로 창조주의 뜻을 따라 살도록 힘써야 한다. 2)부부는 최초의 교회이므로 교회가 하는 일을 사명으로 삼아 그 자신들이 예배함생체, 기도함생체, 전도함생체, 교육함생체, 봉사함생체가 되어야 한다. 3)

부부는 예수님과 교회의 관계처럼 어떤 경우에든지 아가페 사랑을 증진해야 한다. 4)부부는 서로를 위하여 먼저 십자가를 져 주어야 한다. 5)부부는 상대편이 구원받은 영혼이 되도록 기도하고 도와야 한다. 6)부부는 가정의 중추임을 자각하고 내리사랑 올리효도에 모범이 되어야 한다. 7)부부는 서로에게 정직하고 순결해야 하며 오해가 있으면 즉각 풀어야 한다. 8)부부는 한 몸이므로 기쁨과 슬픔을 함께 나누며 서로 위로하고 격려해야 한다. 9)부부는 가업을 분담할 수는 있으나 모든 권한과 의무에 있어서 평등해야 한다. 10)부부는 자신과 가정과 온 인류의 행복을 창조해 가는 비전을 실현하기에 힘써야 한다. 11)부부는 그 사이에 낳은 자녀들을 책임 있게 길러야 한다. 12)부부는 믿지 않는 사람들에게도 모범 가정이 되도록 힘써야 한다. 13)부부는 서로 돕는 배필이 되어야 한다. 14)부부는 서로 성장할 수 있도록 격려해야 한다. 15)부부는 하나님이 그 가정에만 맡겨주신 사명을 이룩하는 일에 힘을 합해야 한다.

3.자료: 이민가정 이혼사유들 (중요도 순)

1)배우자 부정. 2)부부의 성격차이. 3)경제적 갈등. 4)성생활 부조화. 5)고부갈등. 6)구타행위. 7)종교차이. 8)마약/알콜/도박 악습. 9)문화/가치/인생관 차이. 10)질병. 11)의처/의부증. 12)부부만족도가 낮음. 13)혼수문제. 14)신분문제. 15)자녀가 없거나 자녀교육관 차이. 16)대화단절(4항 자료: 2007년 봄학기, APU 한국어부 신학대학원 현장목회론 수강생 18명 참가).

실로 사람들이 기독교에 대하여 큰 매력을 느끼는 것은 예수 믿으면 가정이 튼튼해지고 자녀들이 훌륭하게 자란다는 점인 것을 목회자들은 반드시 기억해야 된다. 예수님을 종종 가정파괴범이라고 오해하는 사람들도 있지만 더욱 새로운 가정을 다시금 세우시기 위한 전략일 뿐이다.

가정의 함생목회적 의미

가정은 원래 목적성취를 위한 단체가 아니다. 무슨 이익을 보려는 게셀샤프트(Geselschaft)가 아니라는 뜻이다. 가정은 혈연사회이다. 민족도 혈연사회이지만 그 피는 가족관계에 비교하면 매우 묽다. 가족이야말로 생명적 함생체이다. 가족끼리는 돈을 더 잘 버는 개인이 돈을 더 많이 쓰지 않는다. 공동으로 쓴다. 가정의 위기는 가족 개개인의 위기이다. 가족의 한 사람이 고통을 당하면 모든 가족이 고통을 당한다. 한 사람이 행복하면 모두의 행복이 된다. 가족의 복지는 곧 가족 구성원 하나하나의 복지이다. 그런 뜻에서 가족은 함생체이다. 특히 함께 살고 함께 죽는 함생체이다. 그리고 가족의 제일 중요한 관심사는 모든 가족의 생명의 안전과 증진이다. 그래서 성경적으로 풀면 노아의 가정이 그 대표적이듯이 가정 자체가 교회였다. 하나님 나라의 형상을 가진 교회이다. 그런 뜻에서 주 예수님을 믿는 가정은, "너와 네 집이 구원을 얻게 된다"고 할 수 있다. (행16:31). "그 온 집안이 다 믿으니라."(요4:53) 같은 일이 일어난다. (참조: "가정 같은 교회, 교회 같은 가정" 논문집 III. 516-522. "부모는 최초의 스승" ibid. 528-534)

목회 칼럼 영혼 튼튼, 교회 튼튼, 가정도 튼튼

가정의 달 행사의 하나로 표어를 모집하는 기관이 있었다. 36년 전 남가주기독교교회협의회와 한국일보사가 공동주최했다. 당선작은 이러했다.

"가정 밖에 낙원 없다, 잘 가꾸어 행복 찾자."

운율도 좋고 내용도 그럴듯하나 그렇다고 표현이 눈에 번쩍 뜨이는 정도는 아니었다. 그래도 이 표어를 오래 기억하는 이유는 당선작을 낸 사람이 바로 필자 부부였기 때문이다. 목회자로 소명은 받았지만 아직 집사로 교회를 섬기던 시절이었다.

가정이 전쟁터로 바뀌었고

그 때만 해도 우리 코리언들은 이민 초기의 스트레스가 심해서 툭하면 가정이 산산조각 나곤 했다. 가정폭력 때문에 아이들이나 아내를 강제로 빼앗기고 재판 받는 가정들이 빈발했고 불륜과 치정이 얽힌 가정파탄도 속출했다. 갑자기 개방사회가 되고 보니 잠복했던 의처/의부증이 분수처럼 터져 나오기도 했고, 바람기에 사로잡힌 남녀들도 많았다.

결혼 적령기 자녀들의 사위/며느리 감이 어느 인종이냐는 문제가 또 가정을 찢어진 우산으로 만들었다. 미국에서 자란 새 세대들은 신랑 신붓감을 한국에서 데려와도 문화와 가치관의 차이라는 벽을 넘지 못해서 파산하기도 했다. 이런 저런 똑같은 일들이 바로 교회성도들 가정에서도 벌어지고 있어 종교와 관계없이 이민가정들은 심각한 전쟁터로 바뀌고 있었다. 심지어 목사들의 이혼율도 한국과 비교해서 현저히 높은 편이었다. 그런 사태를 막으려는 노력의 하나가 바로 가정건강표어 모집이었다.

한국말에서 집이라고 하면 건물로서의 집도 되고 가정이라는 뜻도 된다. 그런데 영어에서는 건물은 '하우스'라 하고 가정은 '홈'이라고 한다는 건 누구나 안다. 그래서 한국인의 의식 속에는 집과 가정이 미분화 원시상태에 머물고 있다는 비아냥거림도 있어 왔다.

그러나 생각해 보면 그 미분화 상태인 원시가정 수준이 좋은 점도 있다. 가정이 행복센터가 되려면 반드시 건물로서의 집이 있어야 한다는 뜻이다. 대궐 같은 집에 살면서도 깨어진 가정이 어찌 없으랴만 그래도 가정이 튼튼해지려면 가정을 구성하는 기초 요인들이 탄탄하게 갖춰져 있어야 한다. 의식주 곧 밥 먹을 수 있고, 옷 입을 수 있고, 편안과 즐거움을 누릴 주택이 있어야 한다.

“이제 집사가 되셨네요. 집사이면 꼭 집을 사야 합니다.”

가정을 심방해서 기도제목을 나눌 때 이민 정착이 잘 안된 신자들에게 그렇게 격려하는 까닭이 바로 거기에 있다. 미국은 ‘이사 다니는 사회’(mobile society)라는 특징이 있지만 그래도 주택 소유율이 높으면 떠돌이들에 비하여 범죄율은 현저히 낮아진다. 역으로, 교육수준이 월등 높고, 책임의식이 강하고, 전문적 직업이나 사업을 하고 있고, 특히 신앙생활을 건실하게 할수록 자기 주택을 소유하는 비율이 높게 되는 함수관계가 있다.

등가방에 기도를 담아 보내세요

방학이 지나서 새 학기나 새 학년이 되면 장사하는 이들은 백 투 스쿨(back to school)이라는 대목을 맞는다. 학부모들이 학교 가는 자녀들에게 새 것을 사주기 때문이다. 가방, 옷, 신발, 양말, 학용품 등등이지만 음식점도 붐빈다. 잘 먹여 보내겠다는 배려이다.

그 때가 되면 물론 교회도 다양한 목회프로그램으로 큰 영적 대목을 맞는다. 그래서 유니온교회도 일주일동안 ‘자녀를 위한 특별새벽기도회’를 개최한다. 온 가족이 자녀들과 함께 참여하는 새벽기도회이다. 물론 미국이니까 모든 프로그램이 영어와 우리말로 진행된다.

“여러분, 백 팩(back-pack, 등가방) 새로 샀어요? 거기 뭐 넣을 거예요?”

그러면 자녀와 부모들이 여러 품목들을 말한다.

“어머나, 별 것 별 것 다 있네요. 그런데 아주 중요한 것 두 개가 빠졌어요. 뭐냐고요? 성경말씀 하나, 기도제목 하나가 꼭 있어야 하지요.”

그런 설교가 끝나면 가족끼리 자리를 정하고 서로 둥글게 앉아 손에 손을 잡고 기도한다. 그리고 토요일 마지막 새벽기도회에서는 담임목사가 목사가운을 입고 가족들이 함께 줄을 지어 순서대로 단상에 올라오게 한다. 부모는 백 팩에 넣을 성경말씀과 기도제목 쓴 종이를 아이들 이름과 함께 담임목사에게 건넨다. 그러면 목사는 한 아이 한 아이 머리 위에 안수기도(손얹기도)를 한다. 그런 다음 근처에 있는 맛있는 햄버거 집에 모든 가족을 초청하여 함께 식사를 나누며 축제를 마친다.

가정을 튼튼하게 만드는 사역을 하려면 우선 자녀들이 훌륭하게 자랄 수 있도록 하는 것이 매우 중요하다. 코리언들은 어디에서나 자녀교육에 유별난 관심을 가지고 있으니 말이다. 그런데 자녀교육 성공의 기반이 바로 튼튼한 가정이고 튼튼한 가정이란 바로 교육능력과 환경이 우수한 가정이어야 하는 것을 모르는 이들이 많다. 당신의 가정은 정말 자녀교육능력과 환경이 합격수준은 되고 있는가?

〈이상적 기독교 가정의 표준〉

1. **건강과 안전** 온 가족의 몸이 건강하도록 힘쓰고 몸을 해치는 사고가 없도록 안전한 가정이라야 한다.

2. **경제적 안정** 온 가족의 의식주와 기본생활을 할 수 있는 재정적 기초가 튼튼해야 한다.

3. **영혼의 구원** 온 가족의 영혼이 예수님을 구원주로 믿어 확실하게 구원받은 가정이라야 한다.

4. **휴식과 행복** 편안한 안식, 따뜻한 위로, 즐거움, 행복이 넉넉히 있어 온 가족이 빨리 돌아오고 싶은 가정이라야 한다.

5. **하나님 나라** 성삼위 하나님께서 주인이 되신 가정이라야 한다. 사탄의 활동무대가 되어서는 안 된다.

6. **하나님에 대한 의무** 예배공동체, 기도공동체, 찬양공동체, 전도공동체인 가정 곧 성경적 교회 같은 가정이 되어야 한다.

7. **대화와 사랑** 온 가족이 자주 함께 모여 대화하고 이해관계를 떠나 서로 사랑하는 가정이라야 한다.

8. **균등** 가족 구성원 하나 하나가 균등하게 존중되는 가정이라야 한다.

9. **교육환경** 온 가족 특히 자라나는 청소년들이 인생과 신앙을 잘 교육받을 수 있는 자극적 환경이어야 한다.

10. **위기대처능력** 때때로 닥쳐오는 위기에 온 가족이 서로 십자가를 지고 적극 협력하는 위기대처능력이 있는 가정이라야 한다.

11. **이웃에 대한 의무** 이웃사랑을 통하여 칭찬 받을 만큼 모범이 되고 공동사회를 이끌고 가는 지도적 가정이라야 한다.

12. **말씀중심** 성경말씀을 열심히 나누고 특히 '가훈 성구'를 정하여 의식화되고 생활화되는 가정이라야 한다.

13. **은사개발** 가족 각자가 하나님이 주신 탤런트를 발견하고 개발하는 일을 격려하는 가정이라야 한다.

14. **교회에 대한 의무** 온 가족이 함께 교회에 출석하고 헌신하는 가정이라야 한다.

15. **사명** 하나님이 주신 개별적 그리고 함생체적 사명과 비전을 깨닫고 그의 실현을 위하여 땀 흘리는 가정이라야 한다.

우등상 받을 만한 가정

가정사역의 성경적/신학적 기초는 무엇일까? 여러 주장들이 있을 수 있지만 '우리 가정에 하나님의 나라가 꼭 이루어지게 하소서' 하는 기도가 바로 그것이다. 하나님의 나라를 '하나님의 통치'로 이해할 때 흔히 다섯 가지 차원으로 정리한다. 마음에 있는 나라, 가정에 있는 나라, 교회에 있는 나라, 국가에 있는 나라, 그리고 마지막 날에 완성될 삼위일체 하나님과 함께 사는 나라가 그것이다.

그러므로 가정목회는 가정이 바로 하나님께서 통치하시는 삶의 현장으로 새롭게 변화되어 가는 것을 목표로 한다. 그렇다면 성삼위 하나님께서 가장 높게 평가하시는 가정이란 무엇일까? 하나님께서, "아름답도다, 너의 가정이여" 하고 우등상을 수여하실 그런 가정의 표준은 무엇일까? 그래서 열다섯 개 항목으로 정리하여 목회자료로 사용해 왔다. 성경, 신학, 교육이론을 기초로 하고 성도들의 생활현장과 눈높이를 감안해서 정리했다.

물론 완벽한 것은 아니다. 많은 성도들이 적극적으로 활용한다고 평가되지도 않는다. 그러나 이런 표준이 있다는 것만으로도 건강한 가정 곧 하나님께서 통치하시는 가정으로 만들겠다는 동기와 도전을 불어넣는 근거가 된다.

아내의 날, 부부의 날

5월이 가정의 달이라는 건 누구나 안다. 첫 주일은 어린이주일 둘째는 어머니 주일 혹은 어버이주일이다. 거기에 한 가지 더 보태 유니온교회는 셋째 주일을 '아내의 날'로 했다.

아내의 날이 되면 남전도회원들이 앞치마 두르고 부엌일을 도맡았다. 아내에게 보내는 편지도 공모해서 우수작품을 공개하고, 아내 자랑도 하고 …. 하여튼 아내들은 제일 좋은 옷을 입고 손 하나 까딱 안하고 정성스러운 대접만 받는 날이 되었다. 정말 아내 된 행복을 만끽하는 아내축제였다. 다만 아내라고 불러주는 남편이 없는 홀모들의 아픔이 마음에 걸렸다. 그래서 아내 지위가 상당히 향상되었던 때에 '부부의 날'로 확대시켰다.

가정에 하나님의 나라가 회복되도록 하려는 목회 프로그램이 그 외에도 여럿 있었다. 그런 목적과 주제로 설교를 밀도 있게 자주 하는 것이 핵심프로그램이었다. '가정신앙 개발의 해'로 선포하고 일 년 내내 '주님께서 기뻐하시는 가정'을 이루자고 열심히 기도하기도 했고, '천국가정, 지옥가정'이라는 주제로 몇 주 동안 세미나도 개최했다. 아버지 학교, 두리사랑 부부학교, 예비부부교육, 모범가정 표창 그런 것들은 다른 교회도 하고 있는 것들이다. 가정찬송가와 가훈성구를 마련하도록 하고 그와 관련된 간증집회도 열었다. 은혜가 넘쳤다. 특히 표어를 제정하여 틈만 생기면 복창했다. '가정밖에 낙원 없다, 잘 가꾸어 행복 찾자'와, '몸 튼튼, 영혼 튼튼, 가정도 튼튼'이라는 표어를 잠꼬대를 할 정도로 외치게 했고 기도제목으로 삼게 했다.

“유니온교회처럼 우리 가정도 사랑센터가 되어가고 있어요. 교회 같은 가정이 되라는 말씀에 따라 가정예배, 성경말씀 읽고 배우기, 이웃 전도 등에도 힘쓰게 되었고요.”

연말에 있는 목회평가 설문지에는 그런 보고가 자주 발견되었다. 그리고 무엇보다도 담임목사의 가정이 살아 있는 간증이 되도록 흡족한 은혜를 베풀어 주셨다.

개신교 신앙이 최강의 버팀목

미주한인목회에서는 가정목회를 중점사항으로 해야만 할 필연성이 있다. 가족초청으로 이민 온 사람들이 많아서 미주이민교회는 몇 개의 대가족 군으로 조직되어 있기 때문이다. 어떤 대가족에서 장로가 두 사람 나오면 다른 대가족 군에서도 한 명쯤은 내야 하는 압박을 받을 정도이다. 그리고 한 가정이 교회를 떠나게 되면 여러 가족이 함께 떠나게 되어 교회가 갑자기 텅 비기도 한다. 따라서 가정목회를 외면할 수가 전혀 없다.

그런데 가정을 튼튼하게 세우려는 목적으로 설교를 할 때에 자연히 부부싸움 하지 말라, 불륜이 있어서는 안 된다, 이혼이란 말은 아예 꺼내지도 마라, 마약은 마귀약이니까 자녀들이 유혹당하지 않게 철저히 막아야한다 등등으로 설교하면 전혀 예상하지 못한 곳에서 부작용이 터져 나온다. 이혼경력이 있는 사람과 그 가족, 마약이 중독 수준이나 된 자녀를 둔 가족, 결혼적령이 훨씬 지났는데도 독신으로 사는 남녀들과 그 부모들 …. 그들은 아픔을 안고 적당한 때에 슬금슬금 빠져 나간다. 그래서 이혼경력 목사에게도 신자들이 모여든다. 교회 같은 가정이 되도록 기도하고 노력하자는 격려도 순수하게만 받아들여지지 않았다. 오늘날의 교회가 감동을 줄 만큼 모범 수준이 아니기 때문이다. “목사님, 이 세상에서 싸움 제일 많은 데가 교회래요. 그런데 교회 같은 가정이 되라는 게 말이 되나요?” 그런 항변도 들었다. 하지만 가정을 튼튼하게 세울 수 있는 최대 버팀목은 바로 기독교이고 그 가운데도 개신교회라고 확신한다. 공산주의가 한 때 ‘동무’라는 호칭을 앞세워 가정을 해체시키려고 발악을 했지만 오히려 역풍을 맞아 공산주의 정권이 해체되고 말았다. 그리고 세계 큰 종교들 가운데 어느 종교라 해도 가정건설사업에는 개신교회를 따라잡을 수가 없다. 그래서 또 한 번 마음껏 외쳐 본다. “영혼 튼튼, 교회 튼튼, 가정도 튼튼.” (월간목회 2013년 5월호)

베드로의 집에 들어가사

심방 목회론

목회나 사역은 만남(encountering)을 통하여 이루어진다. 하나님과 인간과의 만남, 믿는 자와 믿지 않는 자의 만남, 목회자와 평신도의 만남, 사람과 자연과의 만남이 있어야 목회가 가능해진다.

이런 만남에는 찾아가는 만남 곧 원심력적 목회가 있고 찾아오는 만남 곧 구심력적 목회가 있다. 이런 용어는 전도에서 쓰는 것인데 곧 원심력 전도와 구심력 전도이다. 여기에서 심방은 찾아가는 만남 곧 원심력적 만남을 뜻한다.

심방(visitation)은 전통적인 목회방식이다. 그래서 목사는 골방에서 기도하고, 책방에서 연구하고, 심방해서 영혼을 돌보는 일을 흔히 '삼방'이라고 했다. 그것이 심방사역론을 논의하는 이유이다.

예수 그리스도의 심방사역 원리

1. 예수 그리스도는 하나님의 아들로서 우선 온 인류를 찾아 심방 오셨다.

-아버지께서 나를 보내신 것 같이.(요 20:21) -인자가 온 것은 잃어버린 자를 찾아 구원하려함이니라.(눅 19:10)

2. 그 분은 우리를 계속하여 심방하신다.

-내가 너희를 고아와 같이 버려두지 아니하고 너희에게로 오리라.(요 14:18) -볼지어다, 내가 문밖에 서서 두드리노니 누구든지 내 음성을 듣고 문을 열면 내가 그에게로 들어가 그와 더불어 먹고 그는 나와 더불어 먹으리라.(계 3:20)

3. 그분은 사역기간동안 여러 가정을 심방하셨다. 베드로 장모의 집(마 8:14), 마태의 집(마 9:10), 회당장 야이로의 집(막 5:38), 삭개오의 집(눅 19:1-10), 마르다의 집(요 11장), 바리새 지도자의 집(눅 14:1), 마가의 다락방(막 14:12-26) 등이다. 기록된 집과 되지 않는 집들도 더 많을 것이다.

4. 예수님께서는 가정을 심방하실 때에는 그 가정의 문제를 자주 해결하여 주셨다. 특히 병자를 고쳐주셨으며 이로 인하여 환자 심방(visitation of the sick)은 매우 중요한 목회가 되었다.

-예수께서 베드로의 집에 들어가사 그의 장모가 열병으로 앓아누운 것을 보시고, 그의 손을 만지시니 열병이 떠나가고 여인이 일어나서 예수께 수종들더라.(마 8:14-15)

5. 부활하신 뒤에도 예수님은 제자들을 자주 심방하셨다.

-이 날 곧 안식 후 첫날 저녁 때에 제자들이 유대인들을 두려워하여 모인 곳의 문들을 닫았더니 예수께서 오사 가운데 서서 이르시되, 너희에게 평강이 있을지어다.(요 20:19)

6. 예수 그리스도께서는 보혜사를 보내사 우리를 항상 심방하며 함께 영원토록 계신다.

-내가 아버지께 구하겠으니 그가 또 다른 보혜사를 너희에게 주사 영원토록 너희와 함께 있게 하리니.(요 14:16)

-볼지어다, 내가 세상 끝날까지 너희와 항상 함께 있으리라.(마 28:20)

7. 그분은 심방의 방법과 전략도 가르쳐 주셨다.

–그 집에 들어가면서 평안하기를 빌라 … 누구든지 너희를 영접하지도 아니하고 너희 말을 듣지도 아니하거든 그 집이나 성에서 나가 너희 발의 먼지를 떨어 버리라.(마 10:12–14)

8. 초대교회도 이 같은 예수 그리스도의 원리를 이어 받아 심방목회가 자주 행하여졌다. 베드로의 고넬료 가정 심방(행 10장), 바울의 간수의 집 심방(행 16:27–34), 빌립보 루디아 가정 심방(행 16:11–15) 등이 그 사례이다.

개체교회 심방목회의 실제 : 심방지침서

심방사역은 오늘날 큰 도전을 받고 있다. 개체교회가 대형화하면서 담임목회자는 심방을 극히 제한하거나 혹은 무심방 목회를 선언하는 목회자들이 늘어가고 있다. 그렇다고 하여 심방목회가 위축된 것은 전혀 아니다. 전화나 인터넷 혹은 화상전화를 통하여 심방을 할 수 있으며 또 '찾아오는 심방'이 이루어지기도 한다. 따라서 심방사역은 새롭게 변형되기는 하지만 무효화된 것은 아니다. 연구자의 체험을 통하여 깨달은 것은 가정심방이 있었던 새 가족은 정착률이 훨씬 높고 교회에 헌신도도 뚜렷하다는 사실이다. 심방대상자들이 '오거나 말거나' 혹은 '밑져야 본전' 정도거나 아니면 '오시지 말라고 할 수도 없고' 그런 반응을 보이는 심방을 해서는 안 된다. 오히려 심방을 목마르게 기다리는 그런 심방이 되도록 목회자들이 힘써야 한다. 부득이한 일로 심방이 어렵거든 전화심방 곧 안부와 기도제목을 묻고 전화로 함께 기도하는 '대안심방'을 하는 것을 권고한다.

위에서 정리한 예수 그리스도의 심방사역 원리를 따르기만 한다면 심방의 형태가 문제될 것은 전혀 없다. 무엇보다도 항상 주님과 함께 하는 함생심방이 되어야 한다. 다음과 같은 심방지침서를 기준 삼아 자신의 심방지침서를 만들기를 권고한다.

1. 심방의 우선순위를 성도들에게 주지시키고 또 그것을 따라야 한다. 우선 심방 대상자는 임종을 앞둔 환자나 상가, 입원환자, 위기를 만난 성도, 가난하고 힘없는 성도, 직분없는 성도, 노인성도, 새 가족, 심방요청자 등이 아닐까.

2. 심방의 목적 곧 주목적, 부수목적. 드러난 목적, 숨어있는 목적, 단일 목적, 복수 목적 등을 분명히 하라.

3. 심방하기 전에 준비를 치밀하게 하라. 특히 가족의 이름을 되도록 자녀손들까지 기억하라.

4. **장례식 가정 심방에서 유의할 일:** 유가족 믿음 수준에 따라 위로하고 행동하라. 전도의 기회를 포착하라. 장례절차 등을 자상하게 묻고 보살피라.

5. **환자 병원심방:** 병원이 정한 규칙을 따르라. 병원 사정에 따라 찬송, 기도, 말씀 등

을 조절하라. 상담이 필요하면 다른 사람이 없는 조용한 시간을 가지라. 죄의 고백을 받되 비밀을 철저히 지키라.

6. **새 가족 심방**: 자기의 신상정보는 스스로 말하기까지 기다리라. 수사관 심문하듯 하지 말라. 이전 교회나 목사를 비방하지 말라. 가정과 가족의 사생활 정보를 철저히 보호하라. 처음 믿는 가정이면 신주단지 같은 미신적인 것들을 심방목사가 제거해 주라.

7. 심방은 목사 부부가 가는 것이 제일 안전하다. 혼자 가야할 곳과 여럿이 가야 할 곳을 구별하라.

8. 혼자 있는 여성의 집은 혼자 가서는 절대로 안 된다. 목회의 승부를 가치 없는 위험한 일에 걸지 말라.

9. 되도록 미리 약속하고 가야 한다. 또 약속했으면 지키도록 힘을 기울이라. 주택심방일수록 약속을 철저히 해야 한다.

10. 심방목회자는 설교하는 일과 기도하는 일 외에는 되도록 말을 줄이라.

11. 그 가정마다 기도제목을 미리 적도록 양식을 배포하라. 되도록 가족과 자녀의 이름을 부르며 기도하라.

12. : 매년 1월이면 사업장과 직장 일제 심방을 한 성과가 매우 좋은 반응을 얻었다. 헌금 수준도 현저히 높아졌다. 가끔 새로운 사업계획 위에 손을 얹어 기도했다.

13. 심방 예배에서는 그 가정의 가정 찬송을 부르라. 그리고 기도나 설교에서 가훈성구도 인용하라. 설교는 주님께서 하실 설교를 하라. 그 가정의 영성을 획기적으로 증진시킬 설교가 되도록 기도하라.

14. 가족원 한 사람, 한 사람의 영적 상태를 점검하도록 하라.

15. 접대 받는 일도 친교증진이라는 점에서 심방의 한 부분임을 기억하라. 과도하게 화려한 접대는 피하라. 심방교통비를 주는 가정에서는 받아서 성도들의 감동이 될 만한 일에 사용하라.

16. 최종적으로 헤어질 때 환송 나온 가족원들에게 행복한 미소와 따뜻한 눈길을 보내고 손을 흔들라.

17.심방 후속조치를 잊지 말라. 심방기록을 교적부에 남기는 일, 심방에서 약속한 것을 지키는 일, 협력기도 제목들이 이루어져 간증으로 열매 맺도록 계속 기도하는 일과 확인하는 일 등이다.

18. 심방 복장은 정장이 기본이다. 그러나 넥타이 없는 복장도 친근감을 더할 때가 있다.

19. 심방종류는 춘기/추기 대심방, 수시심방, 특별심방, 희망가정만 심방, 개업심방, 직장심방, 환자심방 등이 있다.

20. 항상 예수 그리스도를 모시고 심방한다는 철저한 의식을 가지라. 아니, 예수 그리스도께서 심방하시고 담임목사는 수행한다는 정신을 가지라. 따라서 "예수님께서 심방하시면 어떻게 하실 것인가"를 자신에게 물어본다면 이 심방 지침서의 모든 항목들이 새롭게 보일 것이다.

심방의 함생목회적 의미

심방은 우선 목회자와 피심방자의 마음을 활짝 열어 주고 신뢰관계가 회복되게 하는 현저한 효과가 있다. 함생목회의 약효가 매우 좋다. 목회자의 입장에서 볼 때에도 '내 양'이라는 의식이 훨씬 강화된다. 심방은 가정을 신인함생체 그리고 가족을 인인함생체로 더욱 굳게 결속짓는 목회 프로그램이다. 가정을 교회처럼 만들고, 교회를 가정처럼 만드는 계기이다.

8

병든 자들을 다 고치시니

치유 • 상담 • 회복

목회자의
최고 표준
예수
그리스도

병든 자들을 다 고치시니
병고침 목회론

우리 그리스도인들은 "병 고쳐 주시는 하나님"을 믿는다. 그래서 우리는 여호와 이레, 여호와 닛시, 여호와 삼마, 여호와 샬롬과 함께 '여호와 라파'(치료하시는 여호와)를 드높이 외치곤 한다.

–내가 애굽 사람에게 내린 모든 질병 중 하나도 너희에게 내리지 아니하리니 나는 너희를 치료하는 여호와임이라.(출 15:26)

하나님의 전지하시고 전능하심을 믿는 우리가 어찌 질병쯤을 못 고치시겠는가? 그래서 구약성경에도 하나님은 여러 번 병을 고쳐 주셨다는 기록이 있다. 모세의 손에 문둥병이 발생하게도 하시고 고쳐도 주셨다.(출 4:6,7) 미리암의 문둥병을 고쳐 주셨다.(민 12:1-14) 이스라엘 백성들 가운데 염병으로 일만 사천 칠백 명을 죽이기도 하셨거니와 염병을 그치게도 하셨다.(민 16:41-50) 독사에 물려 죽어가는 백성들에게 장대에 높이 달린 구리뱀을 올려다보게 함으로써 고치셨다. 히스기야 왕의 죽을 병을 고치셨고 (왕하 20:1-11), 아람의 군대장관 나아만을 엘리사 예언자를 통하여 요단강에서 일곱 번 씻게 하심으로 고치셨다. (왕하 5:1-15) 그러나 게하시(왕하 5:27), 웃시야 왕(대하

26:19), 아사랴 왕(왕하 15:5)은 범죄로 인하여 문둥병에 걸리게 되었다.(왕하5:27)

이런 일들은 몇 가지 대표적 사례에 불과하다. 하나님은 질병을 허용하사 벌하기도 하시고 또 고쳐 주시기도 한다.

-내가 죽지 않고 살아서 여호와께서 하시는 일을 선포하리로다. 여호와께서 나를 심히 경책하셨어도 죽음에는 넘기지 아니하셨도다.(시 118:17,18)

-내 이름을 경외하는 너희에게는 공의로운 해가 떠올라서 치료하는 광선을 비추리니 너희가 나가서 외양간에서 나온 송아지 같이 뛰리라.(말4 :2)

말라기의 말씀은 지금부터 2천4백여 년 전에 기록된 것인데 '치료하는 광선'이 있음을 예언한 것은 실로 놀라운 일이다. 지금 방사선이나 레이저 빔의 치료기술이 얼마나 질병치료에 유효하게 사용되고 있는가?

예수 그리스도의 병고침 사역원리

1. 병 고침의 사역

그리스도 예수님은 구약성경에 예언된 것처럼 질병을 고치시는 사역이 매우 중요한 부분이었다. 다음과 같은 성경말씀에 근거하여 흔히 병고침 사역(healing ministry)을 예수님의 3대 사역이라고 흔히 이름 한다.

-예수께서 온 갈릴리에 두루 다니사 그들의 회당에서 가르치시며 천국 복음을 전파하시며 백성 중의 모든 병과 모든 약한 것을 고치시니.(마 4:23) -예수께서 모든 도시와 마을에 두루 다니사 그들의 회당에서 가르치시며 천국복음을 전파하시며 모든 병과 모든 약한 것을 고치시니라.(마 9:35) -저물매 사람들이 귀신 들린 자를 많이 데리고 예수께 오거늘 예수께서 말씀으로 귀신들을 쫓아내시고 병든 자들을 다 고치시니, 이는 선지자 이사야를 통하여 하신 말씀에 우리의 연약한 것을 친히 담당하시고 병을 짊어지셨도다 함을 이루려 하심이더라.(마 8:16-17)

이 같은 예수님의 병고침 사역은 구약성경에서 이미 다음의 말씀으로 예언되었다.

-그가 찔림은 우리의 허물을 때문이요, 그가 상함은 우리의 죄악 때문이라. 그가 징계를 받으므로 우리는 평화를 누리고 그가 채찍에 맞으므로 우리는 나음을 받았도다.(사53:5)

이사야서를 깊이 읽으셨던 예수님은 자신의 자의식 속에 치료사역의 사명으로 꽉 차 있었다는 생각이 든다. 과연 예수님은 수많은 사람들을 고쳐 주셨다. 병자들을 고치신 것으로 네 복음서에 기록된 것만 열거해 보면 대체로 아래와 같다. 영적 질병 곧 악령이나 귀신을 쫓아내는 것은 다음에 별도로 논의할 것이므로 여기에서는 육체를 고치신 것에 한정한다.

백부장의 하인(마 8:5-13), 베드로 장모의 열병(마 8:14,15, 막 1:30,31, 눅 4:38,39), 문둥병자(마 8:2-4, 막 1:40-42, 눅 5:12-13), 중풍병자(마 9:2-7,

막 2:3-5, 눅 5:17-25), 손 마른 사람(마 12:9-13, 막 3:1-5, 눅 6:6-10), 혈루증 여인(마 9:20-22, 막 5:25-34, 눅8:43-48), 귀머거리와 벙어리(막 7:32-35), 맹인(마 9:27-30, 마 20:30-34, 막 8:22-26, 막 10:46-52,눅 18:35-43), 저는 자(마 21:14), 꼬부라진 여자(눅 13:10-13), 수종병자(눅 14:1-4), 열 명의 문둥병자(눅 17:11-19), 말고의 잘린 귀(눅 22:49-51), 왕의 신하의 아들(요 4:46-53), 서른여덟 해 병자(요 5:2-9), 나면서부터 소경된 자(요 9:1-7).

그러나 실상 이와 같은 치료자 목록이 필요할 것 같지 않다. 예수님께 치료를 받은 사람들 가운데는 이름 없는 사람들이 훨씬 많기 때문이다. 다음의 말씀을 읽어 보자.

-백성 중의 모든 병과 모든 약한 것을 고치시니 그의 소문이 온 수리아에 퍼진지라, 사람들이 모든 앓는 자 곧 각종 병에 걸려서 고통당하는 자, 귀신 들린 자, 간질하는 자, 중풍병자들을 데려오니 그들을 고치시더라.(마 4:23-24) -예수의 소문이 더욱 퍼지매 수많은 무리가 말씀도 듣고 자기 병도 고침을 받고자 하여 모여 오되.(눅 5:15) -예수께서 말씀으로 귀신들을 쫓아내시고 병든 자들을 다 고치시니.(마 8:16) -예수께서 그들의 병을 다 고치시고.(마 12:15)

-큰 무리가 따르거늘 예수께서 거기서 그들의 병을 고치시더라.(마 19:2)

이 밖에도 이와 비슷한 말씀들이 복음서에는 더 기록되어 있다. 예수님의 치료를 받은 사람들은 그 수를 헤아리기 어렵다는 뜻이다.

2. 귀신을 쫓아내는 사역

예수님께서 이 세상에 오신 목적 가운데 하나는 사탄이나 귀신 혹은 악령들과 싸워 이기고 그들을 쫓아내려 함이었다. "하나님의 아들이 나타나신 것은 마귀의 일을 멸하려 하심이라"는 말씀도 있다.(요일 3:8) 비록 예수님 사역의 최종목표는 사람을 구원하고 하나님 나라를 건설하는 일이지만 그러나 중간목표로 악령들을 쫓아내고 싸워 이기시는 일도 있다는 점을 지적해 둔다.

예수님의 생애를 살펴보면 태어나실 때부터 마귀와의 전쟁이 시작되었다. 원복음이라는 이름이 붙은 말씀이니 곧, "내가 너로 자녀와 원수가 되게 하고 네 후손도 여자의 후손과 원수가 되게 하리니 여자의 후손은 네 머리를 상하게 할 것이요 너는 그의 발꿈치를 상하게 할 것이니라."(창 3:15)

3. 죽은 자를 살리는 사역

예수님께서는 죽은 자를 살리셨다. 갈릴리 지방의 한 회당장 야이로의 열두 살 된 딸을 살리셨다.(마 9:23-26, 막 5:35-43, 눅 8:49-56) 그 아이의 손을 잡고, "달리다 굼"(내가 네게 말하노니 소녀야 일어나라) 하시니 살아나게 되었다.

나인이라는 도시에서는 죽어서 장례식을 하러 가는 청년을 살리셨다.(눅 7:11-17) 홀모의 아들이었다. "청년아, 내가 네게 말하노니 일어나라"(눅 7:14) 하시니 죽었던 그 청년이 일어나 앉아 말을 하게 되었다.

예수님은 예루살렘 가까이 있는 베다니 동네 사는 나사로를 살리셨다.(요 11:1-44). 마르다와 마리아의 오라버니였다. 이미 죽어서 무덤 속에 장례까지 지냈고 죽은 지 나흘이나 되어 시체에서 썩은 냄새까지 났다. 그러나 예수님은 그 무덤 앞에 가서 "나사로야, 나오라"고 부르시니 그가 손발을 베로 동인 채로 무덤 속에서 걸어 나왔다.(요 11:43-44)

예수님께서 죽은 자를 살리신 것은 엘리야와 엘리사가 베푼 기적의 연속이었다. 엘리야는 사르밧 홀모의 아들을 살렸고(왕상 17:17-24), 엘리사는 수넴 여인의 아들을 살렸다.(왕하 4:25-37)

4. 예수님의 사역 원리

병 고치는 것이나 죽은 자를 살리는 일은 근본에 있어서 같은 사역이다. 가령, 그 때 고침 받은 사람들이나 다시 살아났던 사람들이 지금까지 살아 있어 자기를 살리신 예수님에 대하여 간증할 수 있다면 얼마나 좋겠는가? 그러나 유감스럽게도 아무도 살아 있는 사람이 없다. 심지어 다른 사람들보다 더 오래도록 살았다는 증거도 별로 보이지 않는다. 이로 미루어 보면 병 고침의 사역이나 죽은 자를 살리신 사역은 근본에 있어서는 같은 종류로 생각된다. 몸이 회복되고 생명을 연장 받았다는 점에서 그렇다.

그렇다면 예수님의 신유사역(divine healing) 곧 병 고침 사역에는 어떤 중요한 원리들이 있을 까?

1) 창조의 원리

그리스도 예수님의 창조원리라는 뜻이 있다. "그가 태초에 하나님과 함께 계셨고 만물이 그로 말미암아 지은 바 되었으니 지은 것이 하나도 그가 없이는 된 것이 없느니라" (요 1:2-3)고 하신 것처럼 성자 하나님 예수 그리스도의 창조사역이 바로 병 고침과 죽은 자를 살리심의 근본 원리이다. 열두 살 소녀를 살리실 때, "아이야, 일어나라 하시니 그 영이 돌아와 아이가 곧 일어나거늘"(눅 8:55-56)의 말씀은 마치, "생기를 그 코에 불어 넣으시니 사람이 생령이 되니라"(창 2:7) 말씀과 연관되지 않는가?

병 고침이 예수님의 창조사역이라는 것은 기적이 창조사역 인 것과 같다는 점에도 유의해야 한다. 예수님은 병 고침이나 다른 기적을 베풀 때에 같은 방법을 거의 사용하지 않으셨다. 남자만 오천 명 혹은 사천 명 먹이신 일 정도가 같은 전략을 사용하셨다고 할 정도였다. 이것은 그만큼 창조의 사역을 보여 주시는 대목이다.

2) 온전한 구원의 사역

성결교회 구원론의 핵심을 이루는 사중복음(중생, 성결, 신유, 재림)은 '온전한 구원'을 함유하고 있는 '온전한 복음'이라고 믿는다. 그것은 시간적으로는 과거의 구원, 현재의 구원, 미래의 구원을 포함하고, 인간학적으로는 영혼의 구원, 육신의 구원, 만물의 구원을 포함한다. 그 가운데 병고침과 죽은 자를 다시 살리심은 일차적으로는 몸의 구원을 뜻한다.

그러나 예수님은 병자에게 자주 믿음을 보시고 고쳐 주셨고 육신뿐만 아니라 영혼도 구원받은 것을 선포하셨다. 문둥병을 고침 받은 사마리아 사람에게 예수님은, "가라, 네 믿음이 너를 구원하였느니라"(눅 17:18)고 하셨는데 이는 문맥상 영혼 구원을 뜻한다. 열두 해 혈루병 앓던 여자에게도, "딸아, 네 믿음이 너를 구원하였으니 평안히 가라, 네 병에서 놓여 건강할지어다"라고 하셨다.(막 5:34) 영혼의 구원과 몸의 구원이 함께 이루어진 경우이다.

영혼의 구원은 질병이 속사람의 범죄와 연관되고 있다는 것을 보여 주신 데서도 확실하다.

-여호와께서 그들을 향하여 진노하시고 떠나시매 구름이 장막 위에서 떠나갔고 미리암은 나병에 걸려 눈과 같더라.(민 9-10) -침상에 누운 중풍병자를 사람들이 데리고 오거늘 예수께서 그들의 믿음을 보시고 중풍병자에게 이르시되 작은 자야 안심하라, 네 죄 사함을 받았느니라.(마 9:2) -믿음의 기도는 병든 자를 구원하리니 주께서 그를 일으키시리라. 혹시 죄를 범하였을지라도 사하심을 받으리라.(약 5:15)

이것은 당초 질병과 죽음이 인간이 범죄함으로 발생되었다는 것을 뜻한다. 모든 질병이 죄악으로 원인된 것은 아니지만 그러나 병이 들면 일단 자신의 범죄를 회개하고 영혼이 구원을 얻어야 한다. 혹은 질병이 낫는 것과 함께 속사람도 구원을 받아야 한다.

이것은 중생과 칭의로 시작된 구원이 성결 혹은 성화로 성장하듯 육체의 질병도 성결의 회복이라는 측면에서 이해해야 한다. 중생이 성결의 단계로 나아가야 원죄의 문제가 해결되고 온전한 단계로 한층 더 나아가게 되는 것처럼 육신의 질병이 고쳐지는 것은 육신의 성결이 이루어진 것을 뜻한다. 이는 하나님께서 정결례법을 만들어 항상 몸을 깨끗하게 하실 것을 명령하셨고 또 성결은 옷을 빠는 것과 함께 몸을 깨끗이 씻는 것을 포함하고 있는 데서도 확실해진다.(출 19:14-15, 민 14:9, 15:13, 18)

그리고 질병이나 죽음으로부터의 놓임을 받는 것은 구원의 또 다른 측면인 해방이 이루어짐을 뜻한다. 예수님께서는 그 사역 초기에 고향 나사렛에서 사명선언을 하신 일이 있다. 그 때에, "눈 먼 자에게 다시 보게 함을 전파하며 눌린 자를 자유롭게 하고"(눅 4:18)고 하셨으니 곧 질병의 고통과 사망에 꽁꽁 묶여 있는 자를 풀어 놓아 다니게 하시는 해방을 선물하셨다.(요 11:44)

이와 같은 병 고침은 안식과 회복이라는 뜻도 있음을 예수님은 보여 주셨다. 다시 말하면, 안식일에 병을 고쳐 회복시키고 아픔으로부터 해방시키는 것이 사역의 핵심임을 여러 번 강조하셨다. 안식일이라 해도 구덩이에 빠진 양을 구원해 내는 것이 마땅한 것처럼 사람의 병을 고치는 것이 마땅한 일이라고 하셨고(마 12:9-13), 허리 꼬부라진 여자를 고치실 때에도 "이 아브라함의 딸을 안식일에 이 매임에서 푸는 것이 합당하지 아니하냐"(눅 10:16)고 하시며 생명을 회복시키셨다. 안식일에는 한 영혼이라도 평안히 쉬고 겉사람과 속사람을 회복시키는 것이 당연하다는 단호한 말씀이다.

3) 사랑의 사역

병 고침과 죽은 자를 살리시는 사역은 예수님의 사랑의 사역이다. 이러한 사역을 하실 때에는 예수님은 자주 그 대상이나 혹은 가족을 불쌍히 여기셔서 그 일을 행하였다고 성경에는 기록되어 있다. 특히 병자들이 "주여, 우리를 불쌍히 여기소서"(퀴리에, 엘레에이손)라는 관용구를 사용할 때 예수님의 마음을 움직이기도 했다.

-주께서 과부를 보시고 불쌍히 여기사 울지 말라 하시고… (과부의 젊은 아들을 살리실 때).(눅 7:13) -맹인 두 사람이 길 가에 앉았다가 예수께서 지나가신다 함을 듣고 소리 질러 이르되 주여 우리를 불쌍히 여기소서, 다윗의 자손이여.(마 20:30) -예수께서 나오사 큰 무리를 보시고 불쌍히 여기사 그 중에 있는 병자를 고쳐 주시니라.(마 14:14)

병 고침, 귀신을 쫓아내심, 그리고 죽은 자를 살리심은 예수님의 사랑의 사역이다. 그분은 영혼만 사랑하신 것이 아니라 몸도 사랑하셨고 인간의 고통을 덜어 주시는 일이 큰 몫의 사역이었다.

개체교회 병고침 목회의 실제

필자가 처음 예수 믿게 된 것은 선친의 병을 고치려는 목적이 있었다. 어머님께서 아버님의 병환을 고치려고 좋다는 약들도 다 구해 드렸고, 절에다가 불공을 드리기도 했고, 용하다는 큰 무당을 불러다가 굿을 몇 차례 했지만 아무런 효험이 없었다. 그러던 중 예수 믿으면 다른 데서 못 고치는 병도 낫게 된다는 전도를 들으시고 교회에 가시기로 결심하셨다. 그것이 중학교 2학년 열세 살 때 일이다. 아버님은 그 뒤에 갑자기 병증세가 심해지셨는데 교회 사람들은 그것이 마귀의 시험이라 했다. 더 열심히 믿으면 마침내 시험을 이기게 된다는 것이다. 심지어 아버님이 정신이 이상해지기도 했다.

과연 그대로 되었다. 아버님은 그 뒤에 거짓말처럼 병이 나아서 교회에도 가시고 세례도 받으셨다. 얼마의 세월이 흐른 뒤에 다시 앓아 누우셨고 끝내 돌아가셨지만 나는 아버님 병환이 잠시라도 나으셨었다는 것을 전혀 의심하지 않는다. 그것은 전능하신 창조주 하나님을 믿기에 그분의 뜻이라면 무슨 병이든지 들기도 하고 고침도 받을 것이기 때문이다.

오랜 세월이 지나 내가 결혼을 하고 첫 아이를 보게 되었다. 아들이었다. 얼마나 기뻤던지…. 그러나 그 기쁨도 잠시였다. 아이가 제대로 울지를 못하고 새파랗게 질렸다. 병원으로 뛰어가 보니 선천성 심장병이라고 했다. 좌심실과 우심실에 구멍이 크게 나 있어 정맥피와 동맥피가 섞인다는 것이다. 그래서 청진기로 들으면 심잡음(murmuring)이 있다고 했다. 세브란스 병원, 서울대 병원 모두 다녀 보아도 같은 진단이었다.

지금 시설로는 어린 아이 심장이 너무 작아서 전혀 고칠 수 없다고 했다. 그래서 두 번째 아기를 빨리 낳는 것이 부모에게 다소 위로가 될 것이라는 충고도 받았다. 그래서 세 아이가 연년생이 되었다.

그래도 다른 아기가 첫 아기를 대신할 수는 없었다. 그 일로 아내는 아이를 하나님께 드리겠다며 눈물로 기도했다. 그런데 두 주일에 한 번씩 검진하던 것이 한 달에 한 번, 6개월에 한 번으로 되어 갔다. 심잡음이 점차 약해지고 있다는 진단이었다.

네 살이 되어서야 아이 강로는 정상적인 심장을 가진 아이가 되었다. 의사의 말로는 자연치료되는 확률이 1천분의 2정도라는 것이다. 강로가 1천분의 2에 포함된 것만도 큰 기적이었다.

"하나님, 능력의 손으로 심장의 구멍을 꼭꼭 막아 주시옵소서. 그래서 하나님 쓰시는 인물 되게 하여 주시옵소서."

그것이 우리 부부의 끊임없는 기도였다. 마침 미국에 와서 오레곤주립대 병원에서도 정밀검진을 했다. 아무 문제가 없다는 진단이었다. 이런 경험으로 해서 우리는 하나님이 질병을 고쳐주시는 일을 더욱 확실히 간증하고 설교할 수 있었다.

-여호와께서 우리를 찢으셨으나 도로 낫게 하실 것이요, 우리를 치셨으나 싸매어 주실 것임이라.(호 6:1)

어떻게 보면 엉터리 같은 말씀을 읽어도 그대로 믿어진다. 한 번도, "고치실 것이면 왜 찢어 놓으세요?"라고 항변하는 마음이 없었다. 병 주신 것도 감사, 고쳐 주신 것은 더 감사한 일이기 때문이다.

이 밖에도 내 개인과 부부, 자녀와 친인척에 관련된 병 고침 사건과 악령이 쫓겨난 사건은 훨씬 간증이 많다. 시골 교회에서 예수 믿을 때에는 귀신 들린 사람도 많이 있었다. 그러나 예수님의 이름이 얼마나 능력 있는지 참으로 많은 것을 보고, 듣고, 체험했다.

성결교회에는 사중복음이 하나님이 주신 참으로 고귀한 선물이다. 그래서 성결교회 동역자 목사들이나 신학생들에게 강조하는 말이 있다.

"무당도 병 고쳐서 먹고 사는데 목사가 쫄쫄 굶어서 되겠어? 성결교회 목사들이 병 고치지 않는 바로 그 병을 고쳐야 돼."

그런 외침이었다. 그래서 목회자는 유니온교회 사역에서나 혹은 특별집회 사역에서 환자들을 위하여 기도하는 일에 힘쓰고 있다. 그렇게 병 고친 간증을 쓴다면 몇 권의 책이 될 만하다. 이 책에서도 '유니온교회 행전'에 병 고침 사역의 간증들이 몇 가지 기록되어 있다.

투병하는 성도를 위한 신앙생활 지침

미국의 카터 대통령 여동생 스테이플톤 여사는 신유의 은사를 받은 경건한 성도였다. 신유를 일반적으로는 영어로 디바인 힐링(divine healing)이라고 하지만 스테이플톤 여사는 "믿음으로 고치는 이" (faith healer)라는 이름이 붙어 있었다. 세계 제2차 대전 이후 수많은 사람을 고쳤던 캐더린 쿨만 여사처럼 이 분도 많은 환자들을 안수하여 병을 고쳤다.

그런데 40대 중반의 나이에 이 분이 병들어 죽게 되었다. 그래서 신문기자들이 물었다. 어찌하여 자신은 고침 받지 못하느냐는 질문이었다.

"병 고침을 받는 것은 하나님이 하시는 일이므로 왜 어떤 사람은 낫고 어떤 사람은 낫지 않느냐고 항의할 성질이 아닙니다. 오직 하나님의 뜻이 이루어지면 됩니다. 그리고 죽는 것은 병 고침을 받지 못하는 것이 아니라 오히려 완벽하게 고침 받는 일입니다. 그것은 하나님 품에 가면 아픔도 죽음도 없기 때문입니다."(참조: 계 21:4)

1.하나님의 말씀에 비추어 보면 질병의 원인은 다음과 같이 몇 가지가 있다.

1)범죄로 인한 하나님의 징벌(왕하 5:20-27, 마 9:1-8, 요 5:14) 2)하나님의 일을 나타냄(요 9:3) 3)하나님께 영광을 드리도록(요 11:1-8) 4)예수 그리스도의 고난에 동참(욥기) 5)교만해지지 않도록(범죄예방을 위하여, 고후 12:7-13)

2.그러므로 자신의 질병이 어디에 해당되는지 일단 하나님으로부터 대답을 얻어야 한다.

3. 우리 하나님은 치료하시는 아버지 하나님(출 15:26), 치료하시는 성자 하나님(마 10:35), 치료하시는 성령 하나님(마 12:28)을 믿는다.

4. 다음과 같은 말씀들을 외우면서 기도하도록 하는 것이 도움이 된다:

-이 병은 죽을 병이 아니라, 하나님의 영광을 위함이요, 하나님의 아들이 이로 말미암아 영광을 받게 하려 함이라.(요 11:4) 2)-내 이름을 경외하는 너희에게는 의로운 해가 떠올라서 치료하는 광선을 비추리니.(말 4:2) 3)-내가 죽지 않고 살아서 여호와께서 하시는 일을 선포하리로다. 여호와께서 나를 심히 경책하셨어도 죽음에는 넘기지 아니하셨도다.(시 118:17-18) 4)약5:13절 이하. "믿음의 기도는 병든 자를 구원하리니 주께서 그를 일으키시리라.(약 5:15)

5. 찬송가: "주여, 나의 병든 몸을 지금 고쳐 주소서," 〈사중복음의 노래〉(이정근 작사, 전희준 작곡) 제3절, "신유기적 베푼 주님/ 믿음 보고 고치시네/ 나의 병도 어루만져 말끔하게 고치소서" 등의 찬송가를 자주 부른다.

6. 마음속에 성령님께서 죄의 목록을 깨닫게 해주시거든 지체 말고 회개해야 한다. (요 16:8, 약 5:15-16) 죄가 용서함 받은 만큼 질병도 치료될 수 있다.

7. 기름을 바르며 기도하는 것도 뜻이 있다.

8. 이단들이 와서 유혹하면 마음 약해지지 말고 담임목사와 상담해 주어야 한다.
9. "믿고 기도한 것은 이룬 줄로 알라" 하셨고, "믿는 자에게 능치 못함이 없다"고도 하셨다. 하나님께서 반드시 고쳐 주실 것을 믿고 낙심하지 말고 기도해야 한다.(마 21:22, 막 9:23, 눅 18:1)
10. 예수님의 장기로 병든 부분을 이식수술하여 주시도록 기도하라.(요 6:52-58)
11. 영혼이 먼저 구원받아야 육신도 병 고침을 받게 될 것을 믿고 기도하라.
12. 하나님이 고쳐 주시면, 아니, 이미 고쳐주신 줄 믿고 그 몸을 하나님의 영광을 위하여 사용되도록 결심하라.(요 17:1)

병 고침의 함생목회적 의미

예수님이 해골재(골고다 언덕)에서 십자가에 못 박혀 처형되실 때에 좌우 양쪽에도 십자가에 처형된 사람들이 있었다. 강도들로 성경에 기록되었다. 그런데 그 중의 하나는 끝까지 예수님을 모욕하다가 죽었고 다른 강도는 회개하고 구원해 달라고 부르짖었다.

-예수여, 당신의 나라에 임하실 때에 나를 기억하소서.(눅 23:42) -내가 진실로 네게 이르노니 오늘 네가 나와 함께 낙원에 있으리라.(눅 23:43)

예수님은 비록 그 강도의 몸을 살리시지는 않았으나 영혼을 구원하셨다. 그가 평생을 강도, 살인, 성폭행, 도적질 등만 자행해온 인생이었지만 마지막 죽을 때 예수님 곁에서 십자가에 처형되었기 때문에 천행으로 영혼이 영원히 살게 된 셈이다. 막차 타고 구원받은 인생이라 할까.

이와 같은 강도의 구원사건은 그것을 직접 목격한 사람뿐만 아니라 전해 듣는 사람들에게까지 큰 용기를 주었고 영원한 생명으로 가는 길을 열어 주었다. 이로 인하여 그 사건 이래 수많은 사람들이 그 죄질이 얼마나 나쁘냐에 관계없이 회개하기만 하면 구원받을 수 있게 된다는 교훈을 남겼으니 예수님의 강도구원사건은 함생주의의 실현이었다. 강도도 살리고, 다른 사람들도 구원의 길로 인도하고, 예수님도 이 땅에 오신 목적을 달성하셨고 하늘의 하나님도 잃은 양 한 마리를 구원해 내심으로 큰 잔치를 베풀고 싶으실 만큼 기뻐하시는 일이 되었다.

예수님께서 몸병을 고쳐 주신 일이나, 귀신을 쫓아내신 일이나, 죽은 자를 살려 내신 일들이 모두 그런 점에서 함생의 사역(ministry of combios)이었다. 나면서부터 맹인 되었던 자의 눈을 뜨게 하심으로 본인은 물론 그 가족의 고통이 얼마나 많이 덜어졌겠는가? 또 그 사실을 전하여 들은 사람들도, 특히 그 가운데 맹인들이 얼마나 큰 격려를 받았겠는가? 그것은 시각 장애자 가운데 기독교 신자들이 제일 많은 걸 보면 예수님의 함생사역 영향력이 얼마나 큰 가를 생각하게 한다.

예수님은 병을 고쳐 주신 뒤에 자주 그 후속조치를 취하셨다. 병 고치는 사건의 소식들이 커질 것을 염려하여 소문내지 말라고도 하셨지만 오히려 그 소문이 더 널리 널리 퍼져나갔다.

–예수께서 들어가사 소녀의 손을 잡으시매 일어나는지라 그 소문이 그 온 땅에 퍼지더라.(마 9:25-26) –(나병환자를 고치신 뒤) 예수의 소문이 더욱 퍼지매 수많은 무리가 말씀도 듣고 자기 병도 고침을 받고자 하여 모여 오되.(눅 5:15) –(나인성 과부의 아들을 살리신 뒤) 예수께 대한 이 소문이 온 유대와 사방에 두루 퍼지니라.(눅 7:17)

이처럼 나인성 홀모의 아들 살리신 일로 인하여 그 청년은 물론 그 어머니와 동네 사람들이 얼마나 큰 교훈을 받았겠는가? 성경에는 "모든 사람이 두려워하며 하나님께 영광을 돌렸다"고 기록했다.(눅 7:16)

예수님의 함생사역을 볼 수 있는 대목이 또 하나 있다. 병 고침을 받은 사람들에게 집으로 돌아가라는 말씀을 자주 하셨다.

–(고침 받은 중풍병자에게) "일어나 네 침상을 가지고 집으로 가라."(마 9:6) –(공동묘지에 사는 자가 귀신이 나간 뒤에 예수님과 함께 있기를 간청하자) 예수께서 허락하지 아니하시고 그에게 이르시되 집으로 돌아가 주께서 네게 어떻게 큰일을 행하사 너를 불쌍히 여기신 것을 네 가족에게 알리라.(막 5:19)

예수님께서는 병 고침을 받거나 귀신을 쫓아내사 제 정신이 된 사람에게는 자주 하나님께 영광 돌리고 병이 나은 것과 귀신 쫓겨난 것을 증언하는 사명을 주셨다. 그리고 주목할 것은 성경에 기록된 사람으로 죽었다가 살아난 자들은 한결같이 젊은이였다는 점이다. 12살 소녀, 미혼인 두 남자가 그들이다. 결코 노인들을 다시 살리시지 않았다는 뜻이다. 무엇 때문일까? 그들로 하여금 예수님께서 메시아 곧 그리스도이심을 증언하여 다른 사람들을 살리라는 함생의 사명을 주셨다고 확신한다.

삭개오야 속히 내려오라
상담 목회론

상담(相談, counseling)은 인류가 이 세상에 태어날 때부터 있어 왔던 문제해결 방식이었다. 아담이 그 아내 하와를 만난 때에 "이는 내 뼈 중의 뼈요 살 중의 살이라"고 노래한 것이 바로 상담의 최초라고 할 수 있다. 하와는 뱀과의 상담에서 잘못된 길로 빠져 들어갔다. 그러나 그것도 상담의 한 면모이다. 게다가 무엇보다도 하나님은 아담과 하와를 대화의 상대로 삼으셨다. 그것도 상담이었다. 그런 점에서 상담사역이 있는 것은 매우 자연스러운 결과이다. 여기에서 상담은 '상담자와 내담자 사이에 대화를 통한 문제해결 과정'이라는 뜻이다.

예수 그리스도의 상담사역 원리

예수 그리스도께서는 온 인류의 상담자이시다. 상담이 대화를 통하여 문제를 해결하는 과정이라고 이해할 때 그분의 사역 전체는 본질적으로 상담사역이라 할 수 있다.

1. 예수 그리스도께서는 통전적 상담자(total counselor)이셨다. 인류의 모든 문제를 상담사역의 영역으로 삼으셨다.

2. 특히 그 분은 인간 개인에게는 죽음의 문제를 극복하고 영원한 삶의 길로 들어서도록 하신 것이 상담의 최대 목표였다. 집합적으로는 '하나님의 나라'를 세우는 일이었다.

-인자가 온 것은 잃어버린 자를 찾아 구원하려 함이니라.(눅 19:10, 마18:11) -몸은 죽여도 영혼은 능히 죽이지 못하는 자들을 두려워하지 말고 오직 몸과 영혼을 능히 지옥에 멸하실 수 있는 이를 두려워하라.(마 10:28)

3. 따라서 영혼의 죽음을 가져오는 죄의 문제 해결에 온몸을 던지셨다.

-중풍병자에게 이르시되, 작은 자야, 안심하라. 네 죄 사함을 받았느니라.(마 9:2)

4. 단순히 대화하는 수준에서만 상담을 마감하신 것이 아니라 문제를 끝까지 해결하도록 도와주셨다.

-예수께서 이르시되, 일어나 네 자리를 들고 걸어가라 하시니 그 사람이 곧 나아서 자리를 들고 걸어가니라.(요 5:8-9)

5. 그분은 상담을 통하여 당면문제를 해결하실 뿐만 아니라 인간이 새롭게 변화되는 것에 큰 배려를 하셨다.

-보라, 네가 나았으니 더 심한 것이 생기지 않게 다시는 죄를 범하지 말라.(요 5:14)

6. 그분은 개인상담을 통하여 인류 전체를 상담하셨다. 날 때부터 맹인된 사람을 실로암에 보내 눈을 뜨게 한 사건(요 9장)이 그 대표적 사례이다.

-예수께서 이르시되, 너희가 맹인이 되었더라면 죄가 없으려니와 본다고 하니 너희 죄가 그대로 있느니라.(요 9:41)

개체교회 상담사역의 실제

1. 목회현장상담 기본지침

1)인간을 이해함에 있어서 신학적 인간학을 우선으로 하되 심리학적, 사회학적, 철학적, 문화적 인간학을 중요한 참고자료로 한다. 2)인간은 사명과 문제 가운데 던져졌으며 인간은 평생토록 문제해결 과정에서 살아가는 존재로 이해한다. 3)목회자는 예수님

을 모범상담자로 삼아야 하며, 성경의 원리에 따라 상담과정을 진행함을 원칙으로 하되 일반상담학의 지식도 활용한다. 4)목회자는 상담의 과제를 가지고 오는 사람만 돕는 것이 아니라 상담의 문제를 발견하게 하는 일에도 유의한다. 5)한 생명을 천하보다도 귀중하게 여기는 마음과 섬기는 자세로 진행한다. 6)내담자의 성격과 내담자가 제시하는 문제를 분석하고 종합하여 정확하게 객관적으로 파악하도록 최선의 노력을 기울인다. 7)내담자와 문제의 성격 파악에 이어 해결지침을 작성한다. 성경의 원리와 기도에서 얻은 통찰결과(insights)들을 해결지침 작성에 활용한다. 8)문제를 대신 해결해주려 하거나 어떤 해결책을 강요하지 말고 되도록 내담자(counselee) 자신이 스스로 문제를 해결하도록 자극하고 도와준다. 9)모든 문제의 해결과정에서 내담자와 상담자가 상호성장하고 무엇인가 유익한 것을 배우도록 유의한다. 10)상담자로서의 목회자가 유혹에 빠지지 않도록 그리고 오해를 받지 않도록 필요한 조치를 배려하며 기밀유지에도 유의한다. 11)문제의 성격이 전문 상담자의 조력을 필요로 하는 것으로 판단될 경우 내담자의 동의를 얻어 전문가에게 이첩한다. 그러나 계속 관심을 가지고 점검한다. 12)문제의 원인은 항상 다인율(多因律)임을 전제로 하며 해결책도 다양하다는 신념을 갖는다. 13)설교하려는 자세를 버리고 되도록 70% 이상의 시간을 듣는 일에 사용하되 상담대화의 기술을 익히는 일에 힘쓴다. 14)설교가 때때로 그룹상담이 되는 효과를 가져 오도록 배려한다. 15)상담이 끝났더라도 계속하여 관심을 갖고 관찰하고 대화하고 격려한다. 16)무엇보다도 내담자의 영혼구원과 신앙성숙을 이룩하는 상담과정이 되도록 주의 깊게 배려한다.

2. 두 가지 상담 사례

담임목회는 그것이 어떤 것이든 결국 상담목회라는 측면을 필연적으로 가지고 있다. 예배인도자의 사역도 상담목회의 측면이 있고, 선교지 현장방문을 해도 상담목회적 접근이 필수적이다. 그것은 예수님의 사역도 마찬가지이다. 그런 점에서 이 책도 전체가 상담기록이라 해도 과언은 아니다. 기도는 하나님과의 상담이라면 더 설득력이 있을까.

개인적 상담 사례는 비밀에 붙여야 한다. 상담자나 내담자나 사생활에 대한 기밀유지가 매우 중요하다. 가톨릭 신부가 고해성사 내용을 목숨 걸고 기밀유지를 해야 하는 수준이다. 하지만 교육을 위하여 상담사례를 활용할 수 있다. 아래 두 사례를 그런 목적으로 제시한다. 내담자가 누구인지 인적 사항 등 필요한 부분은 감추었다. 그리고 세월이 오래 흘러 내담자들이 피해 입을 시기가 지났다고 판단했다.

사례 1) 의처증 의부증 환자 상담

어떤 재혼한 여성이 남편의 의처증으로 큰 고민에 빠져 살게 되었다. 재혼하면서 교회를 옮겨 유니온교회 회원이 되었다. 그런데 담임목사에게 요청이 있었다.

교회에는 의처증이나 의부증 환자가 그 사람만은 아니었다. 나이가 젊고 늙고의 차이도 없었다. 초신자이거나 성숙한 신자이거나의 차이도 없었고, 둘 사이에 아이를 몇을 낳은 것도 관계가 없었다.

그 같은 환자들과 상담에 담임목사가 적극 나서기가 여간 조심스러운 것이 아니다. 어떤 오해라도 낳게 되면 목회를 한 순간에 망칠 수도 있다. 만약 여러 성도들 앞에서 어떤 남자가, '왜 내 여자에게 눈독 들이는 거야?' 하고 큰 소리를 지르면 그 사실 여부와 관계없이 목회자는 오물을 뒤집어쓴 채 그걸로 마감해야 한다. 그래서 항상 신경을 곤두세워야 한다.

의처증이나 의부증의 치료가 어려운 것은 본인이 그런 질병이 있다는 걸 전혀 인정하지 않는데 있다. 문제가 본인에게 있다는 걸 알면 치료가 가능하다.

"의처증이나 의부증은 머리를 조금만 돌려보면 해결되지요. 의심해야 할 것은 자기 자신이지 상대방이 전혀 아니라는 생각으로 돌린다는 뜻입니다. 예수님을 의심하는 '의예증', 하나님을 의심하는 의신증(疑神症)도 마찬가지입니다. 도마가 예수님을 하나님의 아들로 인정할 수 없었던 의예증 환자였지요. 그러나 의심은 그 자신 안에 있었지 예수님에게 있는 것이 아니었지요. 그걸 깨달았을 때 그는 예수님을 자신의 하나님으로 모셨습니다."

그렇게 설교했다. 그룹상담의 형태였다. 얼마 후 그 재혼여성이 전화를 해왔다. 의처증 증세가 거의 사라지고 결혼생활이 행복한 단계에 이르렀다는 소식이다.

사례 2) 마약은 마귀 약인데

며칠 동안 조용하게 성경 읽고 기도하려고 기도원에 가서 머무르는 중이었다. 그 곳에서 머물며 기도하는 모녀를 만났다. 내가 목사인 걸 알고 간절한 기도요청을 해왔다. 그 딸이 고등학교 2학년인데 마약을 한다는 것이다. 대학에 들어가려면 가장 중요한 것이 고등학교 2,3학년 성적인데 이걸 어쩌느냐면서 도와달라고 엉엉 울부짖었다.

엄마는 낙심천만해서 실성한 여자처럼 되었다. 그리고 딸을 불러내서 목사인 내게 기도받으라고 강요했다. 소녀가 방에서 억지로 끌려 나왔다. 눈을 똑바로 떠서 나를 쳐다보라고 했다. 눈의 초점이 흐렸다. 그 때에 그 영혼이 불쌍한 마음이 갑자기 들었다.

엄마는, '너 다시는 마약하지 말도록 목사님에게 기도 꼭 받아야 한다'며 무릎을 꿇고 앉으라고 강요했다. 그러나 딸은 결코 마약을 한 일이 전혀 없다고 잡아뗐다.

나는 그 엄마에게 방에 들어가 기도하도록 요청했다. 그리고 그 소녀만 기도원 집회실에서 만나 절대로 비밀을 지키겠다는 다짐을 했다. 그리고 마약을 했느냐고 물었다. 머리를 끄떡이며 인정했다. 그래서 영어와 한국말을 섞어서 하는 그 소녀에게 drug은 한국말로 '마약'인데 그래서 '마약'은 '마귀약'이라고 가르쳤다. 좀 충격을 받는 것 같았다.

그래서 네 속에 마귀가 쫓겨나고 예수님의 영 곧 성령님이 이 몸을 꽉 채워야 한다며 그걸 위하여 안수기도를 받겠느냐고 동의를 구했다. 역시 머리를 끄떡였다.

방에서 기도하는 그 어머니를 나오라고 해서 함께 기도했다. 그 소녀의 이름을 부르며 악한 마귀를 예수님의 이름으로 나오라고 몇 번 외쳤다. 그리고 예수님의 영이 충만하여 다시는 마귀약을 입에 대지 않도록 기도했다. 소녀가 몸을 부르르 떨며 흐느껴 울기 시작했다. 울음이 엉엉하는 소리로 바뀌었다.

그러고 3년 정도가 지났다. 그 소속교회 담임목사를 만나서 그 이야기를 했더니 그 소녀가 마약을 끊고 자신이 원하던 대학에 입학했다는 것이다. 그래서 나는 집회 때마다 '마약은 마귀약'이라며 간증을 했다.

상담의 함생목회적 의미

인간은 태어나면서부터 죽을 때까지 수많은 문제들과 싸우며 살아간다. 간단히 해결되는 문제도 있고 끝내 해결할 수 없어 자살을 해결방안으로 선택하는 불행한 일도 있다. 만약 그런 문제들을 '혼자'너끈히 해결할 수 있다면 상담이 필요하지 않으리라. 그러나 남의 도움을 받아야 해결될 문제들이 너무 많다.

상담의 근본 목적은'생명의 증진'을 위한 문제해결이다. 그리고 그것은 함께 해결해야 한다. 특히 신앙상담은 나와 너, 그리고 삼위일체 하나님의 함생작업이 된다. 삭개오의 상담과정을 보면 더욱 명확해진다. 삭개오는 자신의 문제를 심각하게 깨닫기 시작했다. '깨끗하다, 의롭다'는 뜻을 가진 자기 이름과는 정 반대로 '더럽게' 살고 있기 때문이다. 그래서 예수님에게 해결방안이 있을 것 같아 나무 위에 올라가서 남모르게 예수님 얼굴을 보려고 했다. 예수님에게 상담요청을 했던 셈이다. 주님은 그걸 아셨다. "삭개오 씨, 내려오시오. 내가 오늘 귀하의 집에서 지냈으면 하오." 그래서 상담이 시작되었다. 결과가 무엇이었는가. 그간의 모든 죄를 마음으로 그리고 행동으로 철저히 회개했다. 거듭나서 구원받은 하나님의 자녀가 되었다. 이름값을 다시 찾았다. '삭개오'는 의롭다 혹은 깨끗하다는 뜻이다. 예수님 말씀처럼 재산을 상당부분 팔아서 가난한 자들에게 주기로 결단했다. 그리고 예수님을 따라 나섰고 그 제자가 되었다. 예수님은 이 땅 위에 오셔서 생명을 걸고 구원사역을 하셨는데 그 일을 이루셨다. 삭개오와 가족들도 영원한 생명을 얻었다. 그리고 그 삭개오 사건이 성경에 기록되어 얼마나 많은 제2 제3의 삭개오가 나왔는가. 신앙상담의 대표적 사례이다.(눅 19:1-10)

이런 예수 그리스도의 신앙상담은 니고데모와도 있었고(요 3:1-15), 우물가에서 사마리아 여인과도 있었고(요 4:1-42), 나면서부터 눈 먼 시각장애자와도 있었고(요 9:1-12), 마르다와도 있었다.(눅 10:38-42) 그리고 더 많은 사례들이 있다.

요나의 표적 뿐이라
표적 목회론

성경에는 기사(miracles), 이적(wonders), 표적(signs) 이런 단어들이 많이 나온다. 그리고 그와 관련된 사건들이 쏟아져 나온다. 아마도 이 세계가 발간해 놓은 책 가운데서 이 같은 기적이 제일 많이 포함된 책은 단연 성경일 것이다.

하지만 성경의 기적에 대하여는 그 동안 논쟁이 많이 있었다. 그리고 그 논쟁은 여전히 계속되고 있다. 특히 지난 몇 세기 동안 자유주의(liberalism)라는 기치 아래 성경의 기적을 전적으로 부인하는 사람들이 많이 있었다. 그에 반대하여 기적을 글자 그대로 믿겠다는 것이 근본주의적 복음주의(fundamentalistic evangelicalism)이다. 그러나 기독교는 기적만을 하나님의 사역으로 믿어서도 안 되고 그렇다고 기적을 전적으로 부인해서도 안 된다. 이성(理性, reason)의 지평에서는 기적을 받아들이기가 어렵다. 그래서 이신론(deism)이라는 사상이 생겨났다. 그러나 이성은 인간의 논리이고 기적은 초월자이신 하나님의 논리라고 하면 이해가 훨씬 쉽다. 만약 아무런 기적도 행할 수 없는 신이라면 어찌 그를 우주 만물의 창조주라고 할 수 있겠는가. 우선 내 생명이 지금 여기에 있다는 것이 명백하고 엄청난 기적 아닌가.

기적, 기사, 이적, 표적의 여러 전문용어(technical term)로서는 그 뜻이 조금씩 틀리지만 그러나 여기에서는 표적(表蹟)으로 통합하여 사용한다. 표적이라는 용어는 하나님의 임재나 의도를 나타내는 어떤 사건이나 사물을 뜻한다. 일반적으로는 대부분이 기적이지만 무지개와 같은 이미 있는 것일 수도 있다.(창 9:13)

예수 그리스도의 표적 사역의 원리

1. 예수 그리스도께서는 수많은 표적을 행하셨다. 병 고치신 표적이 제일 많은 비율을 차지하지만 그것만은 아니다. 풍랑을 잔잔하게 하시는 자연에 대한 표적, 물로 포도주를 만드신 표적, 죽은 자를 살리신 표적, 사탄을 쫓아내신 표적 등이 있다.

–예수께서 이 첫 표적을 갈릴리 가나에서 행하여 그의 영광을 나타내시매 제자들이 그를 믿으니라.(요 2:11)

2. 이런 표적을 보고 당시의 사람들은 놀랐지만 예수 그리스도께서는 오히려 표적을 추구하는 사역에 적극적이지 않으셨다. 그리고 최대 표적이라면 요나가 물고기 뱃속에 3일을 머물렀고 마침내 다시 살아나와 니느웨에 복음을 전파하여 생명을 살린 것처럼 예수님께서도 '십자가에 달려 죽으시고, 장사된 지 사흘 만에 죽은 자 가운데서 다시 살아나신'(사도신경) 기적이 최대의 표적이요 모든 기적의 완성임을 깨우쳐 주셨다.

-선생님이여, 우리에게 표적 보여주시기를 원하나이다. 예수께서 대답하여 이르시되, 이 악하고 음란한 세대가 표적을 구하나 선지자 요나의 표적 밖에는 보일 표적이 없느니라.(마 12:38-39)

3. 예수 그리스도께서는 죽으심과 다시 사심을 최대의 표적으로 평가하셨다. 위에 인용한 성구에서 '요나의 표적'이 그것을 웅변으로 말한다. 이런 원리는 사도들에게도 이어졌으니 다음의 말씀이 그 증거이다.

-유대인은 표적을 구하고 헬라인은 지혜를 찾으나 우리는 십자가에 못 박힌 그리스도를 전하니.(고전 1:22-23)

4. 그분께서는 표적 그 자체에서 하나님의 임재와 능력 그리고 그 뜻을 포함시키려는 목표가 있으셨다. 풍랑을 잔잔하게 하신 것은 인생의 풍랑을 잔잔하게 하시는 분이 바로 예수 그리스도이시라는 것을, 실로암 물가에서 씻은 뒤에 눈이 밝아진 것은 인생은 보냄받은 존재라는 것을 ….

5. 그분은 제자/사도들을 전도파송하실 때에 여러 기적을 행하라 명령하시고 또 그럴 능력을 주셨다.

-예수께서 그의 열두 제자를 부르사 더러운 귀신을 쫓아내며 모든 병과 모든 약한 것을 고치는 권능을 주시니라.(마 10:1) -가면서 전파하여 말하되, 천국이 가까이 왔다 하고, 병든 자를 고치며, 죽은 자를 살리며, 나병환자를 깨끗하게 하며, 귀신을 쫓아내되, 너희가 거저 받았으니 거저 주라.(마 10:7-8)

6. 표적은 말씀을 확실하게 믿게 하는 능력으로도 사용됨을 가르치셨다. 믿는 사람에게는 표적이 따를 것인데 그 가운데 귀신을 쫓아내는 일, 새 방언을 말하는 일, 뱀을 집어올릴 수 있는 일, 독을 마셔도 해를 받지 않는 일을 말씀하셨다.(막 16:17-18) 제자들은 이 같은 표적으로 예수 그리스도의 말씀이 진리임을 더 확실하게 입증했다.

-제자들이 나가 두루 전파할 새 주께서 함께 역사하사 그 따르는 표적으로 말씀을 확실히 증언하시니라.(막 16:20)

7. 그러나 표적은 마귀도 적극적으로 사용하는 도구라고 성경은 가르치고 있다. 거라사인 지방의 무덤 사이에 살던 더러운 귀신 들린 사람은 힘이 얼마나 강한지 쇠사슬을 끊고 고랑을 깨뜨릴 정도였다.(막 5:1-4) 사마리아 마술사 시몬도 큰 이적을 행하여 사람들을 놀라게 했고 사람들이 '하나님의 능력'이라고 할 정도였다.(행 8:9-11) 그러나 그들의 기적능력은 예수 그리스도의 이름으로 하나님이 베푸시는 표적에 미치지 못한다.(행 8:12-13, 참조:출 8:16-19)

-내가 보매 또 다른 짐승이 땅에서 올라오니… 큰 이적을 행하되 심지어 사람들 앞에서 불이 하늘로부터 땅에 내려오게 하고.(계 13:11-13)

8. 예수 그리스도의 표적 사역은 사도들과 초대교회가 그대로 계승하였으며 그것이 오

늘과 내일로 연장되고 있다.

-사도들의 손을 통하여 민간에 표적과 기사가 많이 일어나매 믿는 사람이 다 마음을 같이하여 솔로몬 행각에 모이고… 믿고 주께로 나오는 자가 더 많으니 남녀의 큰 무리더라.(행 5:12-14) -하나님이 바울의 손으로 놀라운 능력을 행하게 하시니 심지어 사람들이 바울의 몸에서 손수건이나 앞치마를 가져다가 병든 사람에게 얹으면 그 병이 떠나고 악귀도 나가더라.(행 19:11)

개체교회 표적 목회의 실제

표적이나 기적이 오늘의 개체교회에서도 계속되어야 한다. 세대주의(dispensationalism)는 지금은 기적의 시대가 아니라며 병 고치는 일조차 거부하고 있으나 하나님을 '세대'에 묶어 놓으려는 것은 바른 사역이 아니다. 그러므로 열두 제자들에게 표적을 행하라 하신 것처럼 그리고 그럴 능력을 부여하신 것처럼, 게다가 그 능력을 거저 받았으니 거저 주라고 강조하신 것처럼, 우리는 표적 사역에 적극 나서야 한다.

1.담임목사는 기사와 이적과 표적에 대하여 설교해야 한다. 표적을 설교하지 않으면 성경을 사역의 최고표준으로 믿는 것이 아니므로 하나님의 일꾼이 아니다. 2.표적에 관한 성경공부반을 개설한다. 3.교회사에서 일어난 표적들을 설교와 성경공부 혹은 목회 전반에서 활용해야 한다. 4.교회 생활 전반에서 표적이 일어나도록 간절히 기도한다. 5.표적은 표적이라고 믿으면 일단 표적이라고 인정하여야 한다. 6.교회에서는 일반적으로 많이 일어나는 표적이 기도응답, 방언, 병 고침, 신비한 꿈, 비전과 환상, 성령세례와 수반되는 체험, 귀신/악령이 쫓겨남, 영주권 얻는 일, 그런 것들이다. 이것은 성경의 가르침과 상응한다. 7.이단들은 자기들에게 더 강력한 표적이 있다고 선전한다. 그렇게 보일 수도 있다. 그러나 그들에게는 십자가와 부활의 기적이 없다. 8.기적을 구하는 기도회도 가져야 한다. 표적은 '하나님의 특별하신 방법'임을 믿고 구하도록 한다. 9.담임목회자는 해당 교회에서 일어나는 기적들을 발굴해내야 한다. 그리고 그것을 조심스럽게 설교자료나 간증으로 사용한다. 10.기적은 특별히 많이 일어나는 때가 있다. 교회개척기간, 교회당 건축기간, 부흥의 집회 등이다. 11.담임목사 자신이 결정적인 기적을 체험한 사람이라야 사역이 싱싱해진다. 폐 한 쪽을 도려냈다든지, 암이 고침을 받았다든지 그런 죽음에서 탈출한 결정적 기적이 있어야 한다. 12.표적을 체험한 사람들은 간증을 하도록 독려한다. "우리는 보고 들은 것을 말하지 아니할 수 없다"(행 4:20)는 말씀을 기억하라. 교회가 간증집을 출판하거나 그 내용 일부를 전도지로 활용한다. 13.그러나 주의하라. 기적을 체험한 사람들이 일등신자라는 영적 교만에 빠지지 않도록 14.십자가와 부활, 죽었던 영혼이 영원한 생명을 얻는 것이 최대 기적이라는 사실을 강조해야 한다. 예수님께서 선언하신 '요나의 표적'이다.(마 12:38-39)

표적의 함생목회적 의미

표적은 예수 그리스도께서 원하지는 않으셨으나 자주 행하셨다. '이사야서에 언급된 메시아의 기적'들이라는 입증효과도 있었다. 세례자 요한이 감옥에 갇혀 있을 때에 자신의 제자들을 예수님께 보냈다. "오실 그이가 당신입니까. 아니면 다른 사람을 기다려야 합니까?"하고 물었다.(마 11:2-3) 메시아인가 아닌가를 확인하는 질문이다. 예수님은 그들에게 대답하셨다. "너희가 가서 보고 들은 것을 요한에게 알리되, 맹인이 보며, 못 걷는 사람이 걸으며, 나병환자가 깨끗함을 받으며, 귀먹은 사람이 들으며, 죽은 자가 살아나며, 가난한 자에게 복음이 전파된다 하라."(눅 7:22) 다시 말하면 하나님께서 보내신 메시아, 그리스도, 기름사람이라는 뜻이다. 그런데 예수님께서는 이런 기적을 자신을 위하여 사용하신 일이 발견되지 않는다. 하나님의 능력을 나타내시고, 고통 받는 자들을 고통에서 해방시키시고, 사탄에게 묶인 자를 구원하시고, 죽음에 삼켜진 자들을 다시 살려내시는 일에 표적을 거침없이 활용하셨다.

기적이나 표적들은 자연법칙을 제한하는 것으로 초능력적 사역이다. 성경 전체를 통하여 보면 사탄도 엄청난 기적을 행한다. 특히 마지막 시대가 가까워 올수록 그런 현상이 많아질 것을 예수님은 예고하셨다. "거짓 그리스도들과 거짓 선지자들이 일어나 큰 표적과 기사를 보여 할 수만 있으면 택하신 자들도 미혹하리라."(마 24:24) 이런 일은 사도행전에도 있고(행 8:9-10), 요한계시록에도 '붉은 용의 기적'으로 예언되어 있다.(계 12:3-4) 그러나 사탄의 기적들은 생명을 파괴하고 하나님의 사역을 방해할 목적으로 사용된다. 예수께서 행하신 표적들은 더 많은 생명을 살리는 목적으로 사용되는 것이 대조적이다.

9

너희 발을 씻었으니

성례전 • 절기 • 결혼 • 장례

목회자의 최고 표준 예수 그리스도

믿고 세례를 받는 사람은

세례 예식론

개신교회(Protestantism)가 가톨릭교회와 분리되면서 가장 논쟁적이던 것이 몇 가지 있다. 성경중심, 은혜와 믿음 중심의 칭의구원론, 그리고 성례전이 7개에서 두 개로 선정된 일이다. 여기에서는 성례전에 대하여 살펴보기로 한다. 로마 가톨릭교회와 동방교회는 1)세례(baptism), 2)견진(confirmation), 3)성찬(eucharist), 4)고해(penance), 5)신품(ordination), 6)결혼(matrimony), 7)종부(extreme unction)이다. 그러나 개신교회는 세례(침례)와 성찬 두 가지를 성례전으로 인정한다.

그런데 세례예식과 성찬예식은 많은 논쟁을 품고 있다. 세례예식은 세례냐 침례냐의 문제, 성찬예식에는 그 내용물이 포도주냐 포도즙이냐, 혹은 다른 음료냐의 문제와 주님의 임재방식을 놓고 화체론, 공재론, 영재론, 상징론, 기념론 등의 논쟁이 있어 왔다.

예수 그리스도의 세례사역 원리

예수 그리스도께서는 세례에 관하여 다음과 같은 중요한 원리를 남기셨다.

1. 예수님께서는 자원하여 물세례를 받으셨다.

-그 때에 예수께서 갈릴리 나사렛으로부터 와서 요단강에서 요한에게 세례를 받으시고.(막 1:9, 마 3:16, 눅 3:21)

2. 예수님도 제자들과 함께 혹은 제자들을 통하여(요 4:1-2) 세례를 베푸셨다. 그리고 세례자 요한에게보다는 더 많은 사람들이 몰려들었다.

-그 후에 예수께서 제자들과 유대 땅으로 가서 거기 함께 유하시며 세례를 베푸시더라.(요 3:22)

3. 예수님께서는 세례 베푸시는 일로 세례자 요한과 경쟁관계에 서는 것을 기피하셨다.(요 4:1-3)

4. 예수님께서는 세례를 베푸는 일이 사도들과 교회의 사명임을 선교대명에서 확실하게 선언하셨다.

-그러므로 너희는 가서 모든 민족을 제자로 삼아, 아버지와 아들과 성령의 이름으로 세례를 베풀고 내가 너희에게 분부한 모든 것을 가르쳐 지키게 하라.(마 28:19-20) -믿고 세례를 받는 사람은 구원을 얻을 것이요 믿지 않는 사람은 정죄를 받으리라.(막 16:16)

5. 예수님께서는 물세례만이 아니고 성령세례를 받으셨으며 이를 강조하여 가르치셨다.

-예수도 세례를 받으시고 기도하실 때에 하늘이 열리며 성령이 비둘기 같은 형체로 그의 위에 강림하시더니.(눅 3:21,22) -요한은 물로 세례를 베풀었으나 너희는 몇 날이 못 되어 성령으로 세례를 받으리라.(행 1:5)

6. 이 같은 세례 사역은 사도들에게 매우 값진 것으로 계승되었다.

-그 말을 들은 사람들은 세례를 받으매 이 날에 신도의 수가 삼천이나 더하더라.(행 2:41)

개체교회 세례목회의 실제

1.유니온교회는 세례를 선호하나 본인의 희망에 따라 침례도 허용한다. 2.세례예식은 성경말씀과 헌법의 규정에 따라 실시한다. 3.세례에는 성인세례(15세 이상)와 유아세례(5세 이하)가 있다. 유아세례를 받은 사람은 입교식(confirmation)을 거행한다. 4.세례 대상자는 교회에 출석하는 중 “주 예수는 하나님의 아들이시요, 자신의 구주로 믿음과 죄사함을 받았다는 확실한 증거가 있는 자”로서 세례를 받기로 자원하고 소정의 교육을 마친 사람에게 베푼다. 5.이단종파에서 이적해온 성도들은 재세례를 베풀며 로마 가톨릭교회에서 이적해 온 사람은 본인의 희망에 따르나 세례교육을 꼭 받아야 한다. 6.세례준비교육의 목적은 회개하고, 죄사함 받고, 예수 그리스도를 구주로 영접하여 거듭남으로 하나님의 자녀가 된 것과 죄와 사탄에서 해방된 것을 성경말씀과 교리에 비추어 확실하게 깨우치는 데 있다. 7.세례교육을 끝낸 사람은 본인이 사양하더라도 되도록 강력히 권고하여 세례를 베푼다. 8.세례형식은 1)세례(springkling), 2)침례(immersion), 3)붓기(pouring), 4)씻기(washing), 5)물로 지나가기(passing)

가운데 세례 혹은 침례로 한다. 그러나 나머지를 반대하는 것은 아니다. 세례의 형식보다는 뜻이 더 중요하기 때문이다. 9세례에는 다음의 다섯 가지 뜻이 있음을 가르친다. 1)더러운 죄를 씻음, 2)자기를 장사지냄, 3)자신을 하나님께 드리는 헌신, 4)교회정회원이 됨, 5)하나님의 자녀가 됨으로 하늘나라 생명책에 그 이름이 기록됨. 10.세례예식을 위한 준비의 하나로 1일간의 금식기도(유아세례의 경우 부모)를 권고한다. 11.요한복음 3장 16절 등 죄악의 회개와 구원에 관한 말씀을 암송시킨다. 12.세례 당일 단정하게 옷을 입고 미리 앞자리에 앉도록 한다. 13.호명하면 안내를 따라 강단 앞에 선다. 14.문답할 때에는 '아멘'으로 확실하게 대답한다. 15.무릎 꿇고 앉는다. 16.물은 마실 수 있는 깨끗한 것을 미리 준비하고 당회원 장로들이 순번제로 들고 집례자를 돕는다. 17.집례자는 어깨 위에 있는 이름표를 확인하고, "내가 성부와 성자와 성령의 이름으로 000형제, 혹은 000자매에게 세례를 베푸노라" 하고 물을 머리에 뿌린다. 그러면 당사자와 온 회중이 함께 아멘으로 응답한다. 18.예식문에 따라 축복기도 후에 선포하고 회중에게 인사하며 정회원 된 것을 환영한다. 이 때 화환이나 성경책을 선물하는데 그를 전도한 자가 있으면 참여시킨다. 19.세례 받은 사람에게 다음과 같은 신자됨의 기본생활을 지키도록 한다. 1)주일예배에 꼭 참석하시오, 2)성경공부를 열심히 하시오, 3)기도생활에 힘쓰시오, 4)십일조를 믿음에 따라 드리시오, 5)교회를 위하여 우선 한 가지씩만 헌신하시오, 6)전도하시오, 7)가정예배를 드리시오. 20.유아세례의 경우 부모 한쪽이 세례를 받은 자로서 부모 모두가 동의하는 경우에 실시한다. 헌아예식을 선택하는 부모에게는 그에 따른다. 유아세례를 받을 부모에게 교육을 실시한다. 그리고 유아세례 받은 사람은 성년이 되면 입교례를 실시하도록 한다.

세례의 함생적 의미

유니온교회 초창기에 생긴 일이다. 세례를 받겠다고 하여 어느 청년이 세례준비 과정을 잘 이수했다. 그리고 그를 전도했던 유니온 가족도 그를 위하여 특별한 기도시간을 가졌다. 그런데 세례 베푸는 당일 공항에 누구 아는 사람이 오는데 꼭 나가야 한다고 양해를 구했다. 담임목사는 망설임 끝에 다음번에 세례를 받도록 약속 받고 양해했다. 그런데 그만 공항 가는 길에 교통사고를 당했다. 그 소식을 듣고 담임목사는 많이 회개했다. 차라리 1부 예배 때 세례를 단독으로라도 베풀고 공항에 보내든지 아니면 1부 예배 마친 다른 사람을 공항에 대신 보냈어야 했다는 후회였다. 그런 사건이 있은 뒤부터 세례 받기로 확정된 사람은 예고된 세례예식 때에 반드시 베풀었다.

이런 경험을 통하여 세례는 '성부, 성자, 성령의 이름으로' 베푸는 만큼 삼위일체 하나님이 함께 참여하신다는 사실을 절실하게 깨달았다. 그리고 담임목사도 온 교회 회중을 대표하여 세례를 베풀기 때문에 '세례를 베푸노라' 한 다음 '아멘' 하는 대목에서는 온 교우가 함께 아멘을 외치도록 했다. 신자들이 그 영혼에 대한 책임감도 더 느끼고 세례 받은 사람도 하나님 나라의 형상을 가진 유니온교회 소속인 것을 더욱 마음 깊이 새기게 되었다. 유아 세례를 베풀 때에는 문답에서 두 가지는 부모에게 묻고 마지막 한 가지는 유니온교회 회중에게 물었다. 세례 후보가 되는 아기를 위하여 기도하겠느냐는 것과 교회에서 좋은 신앙교육을 받도록 돕겠느냐는 항목이다.

특히 세례가 구원 받은 사람에게 주는 것이냐 혹은 세례를 통하여 구원 받는 은혜를 받게 되는 것이냐의 논쟁은 있다. 유니온교회는 세례가 구원의 조건이라고는 생각하지 않는다. 마가복음에, "믿고 세례를 받는 사람은 구원을 얻을 것이요"라는 예수님의 말씀이 있지만 그 아래부터는, "믿지 않는 사람은 정죄를 받으리라." 혹은, "믿는 자들에게는 이런 표적이 따르리라."는 말씀으로 이어지고 세례에 대한 언급이 더 이상 없기 때문이다.(막 16:16-17) 그렇더라도 세례는 생명 구원과 긴밀하게 관계를 가진 거룩한 예식이라고 믿기에 함생목회적 의미가 그 밑뿌리에 있다고 확신한다. 특히 세례는 자기가 자기에게 베풀 수 없고 다른 사람에게 받아야 한다는 점에서도 함생적 의미가 필수적이다.

내 피로 세우는 새 언약이니
성찬 예식론

성찬은 예수 그리스도께서 사전에 치밀하게 계획하시고 실천하신 거룩한 예식이다. 그분은 특히 성찬예식을 재림의 날까지 계속하라고 명령하셨으며 성찬예식 집례의 표준을 제정하셨다. 그래서 성찬예식은 바른 기독교인가 아닌가를 판별하는 몇 가지 중요한 기준 가운데 하나가 되었다. 가톨릭교회에서는 성찬(성체성사) 중심의 미사(예배)를 드리고 개신교회는 말씀 중심의 예배를 드리지만 실상 성삼위 하나님의 임재를 강조하는 점에서는 일치한다.

예수 그리스도의 성찬예식 목회

1. 예수 그리스도께서는 성찬예식을 사전에 치밀하게 계획하셨다.

-때가 이르매 예수께서 사도들과 함께 앉으사 이르시되, 내가 고난을 받기 전에 너희와 함께 이 유월절 먹기를 원하고 원하였노라.(눅 22:14-15) -그리하면 자리를 펴고 준비한 큰 다락방을 보이리니 거기서 우리를 위하여 준비하라 하시니 제자들이 나가 성내로 들어가서 예수께서 하시던 말씀대로 만나 유월절 음식을 준비하니라.(막 14:15-16)

2. 성찬예식을 뛰넘절 식사와 연관 지으셨으므로 이것을 구원사건화 하셨다.(눅 22:14-15)
3. 따라서 자신이 뛰넘절에 죽임을 당하고 피를 흘려 좌우 문설주와 인방에 바르게 하여 죽음의 사자가 뛰어 넘어가도록 한 구원사건을 상기시키고 기념하게 하셨다.(출 12:7, 요 1:29)
4. 예수 그리스도는 성찬의 기본적 내용물로 몸을 상징하는 무교빵(무교떡)과 피를 상징하는 포도주를 사용하셨다. 그러나 빵과 물고기(요 21:13) 혹은 빵만을 사용하신 흔적도 있다.(눅 24:30)
-떡을 가지사 축복하시고 떼어 제자들에게 주시며 이르시되, 받아 먹으라 … 또 잔을 가지사 감사기도 하시고 그들에게 주시며 이르시되, 너희가 다 이것을 마시라.(마 26:26-27) -그들과 함께 음식 잡수실 때에 떡을 가지사 축사하시고 떼어 그들에게 주시니, 그들의 눈이 밝아져 그인 줄 알아보더니(눅 24:30-31) -예수께서 가셔서 떡을 가져다가 그들에게 주시고 생선도 그와 같이 하시니라(요 21:13)
5. 성찬예식은 초대교회에 전해졌으며 또한 그분의 재림 때까지 지켜져야 한다.
-집에서 떡을 떼며 (행2:46). -내가 너희에게 전한 것은 주께 받은 것이니.(고전 11:23) -너희가 이 떡을 먹으며 이 잔을 마실 때마다 주의 죽으심을 그가 오실 때까지 전하는 것이니라.(고전 11:26)

성찬목회의 실제

1. 성찬예식의 뜻은 무엇인가

1)예수 그리스도의 몸을 먹고 피를 마시는 일이다.(요 6:53) 2)새로운 언약을 체결하는 일이다.(눅 22:20) 3)뛰넘절(유월절)을 기념하는 일이다.(눅 22:15) 4) 감사하는 축제이다.(eucharist, 눅 22:17) 5)예수 그리스도께서 다시 오실 때에 있을 어린양의 공중혼인잔치이다.(눅 13:29, 계 19:9) 6)예수 그리스도를 마음에 모셔들이는 일이다.(요 1:12, 계 3:20) 7)예수 그리스도와의 사귐(fellowship)이다. 8)영혼을 살리는 생명의 양식이다.(요 6:27,35) 9)하나님께서 주신 새로운 만나를 뜻한다.(요 6:49-51) 10)예수 그리스도의 십자가의 죽음에 참여하는 헌신, 재헌신, 계속헌신이다.(고전 11:26) 11)성찬은 모든 차별을 제거하고 하나님의 백성들이 나란히 앉아 주님과 함께하는 식사친교이다.(눅 14:13) 12)성찬은 기적을 일으키는 하나님의 능력을 체험하는 기회이다.(눅 24:30-31) 13)성찬을 받는 사람들이 죄사함을 받는 기회이다.(마 26:28)

2. 성찬예식 집례 점검표 (Work Sheet)

1)성찬예식의 다른 이름들은 무엇인가?, 2)성경적 근거는 무엇인가?, 3)얼마나 중요

한가?(7성사와 2성사), 4)이를 기초로 한 이론적 근거는 무엇인가?, 5)어떤 뜻을 가지고 있는가?, 6)얼마나 자주 그리고 언제 실시하는가?, 7)누구에게 베푸는가?, 8)누가 베푸는가?, 9)배찬위원은 누구로 하는가?, 10)어디에서 베푸는가?, 11)내용물(elements)은 무엇인가?, 12)내용물을 어떻게 준비하나?, 13)성찬상의 차림은 어떻게 하나?, 14)잔은 어떤 것을 사용하는가?, 15)집례자와 배찬위원의 준비사항은 무엇들인가?(영적 준비, 복장의 준비, 훈련), 16)성찬예식을 위하여 어떤 조직이 있어야 하는가?, 17)받는 이들의 자세는 무엇인가?, 18)성찬예식의 순서는 어떻게 해야 하나?, 19)성찬이 분배되는 동안 음악, 성경말씀 낭독, 권고 등을 어떻게 하는가?, 20)함께 먹고, 함께 마시는가, 아니면 개별적으로 하는가?, 21)어떻게 영성을 강화시킬 수 있는가?, 22)간증을 이끌어내는 방법은?, 23)찬송가와 음악은 어떤 것을 사용하는가?, 24)남은 것은 어떻게 처리하는가?, 25)성찬예식을 집례할 때 어떤 점이 실수하기 쉬운가?, 26)성찬예식의 장래는 어떻게 될 것인가?

성찬예식의 함생적 의미

예배나 교회 모임에서 하는 대표기도 내용 가운데, "사람들끼리만 모여 수다만 떨다 헤어지지 않게 하시고" 그런 부분을 가끔 듣는다. 참 은혜 받는 대목이다. 그 다음 부분은 몇 가지가 있다. 마음과 뜻과 힘을 다하여 성삼위 하나님을 예배하게 하시옵소서, 성령 충만을 체험하게 하시옵소서, 예수 그리스도 우리 주님으로부터 뜨거운 사명을 받아가지고 가게 하시옵소서, 믿음이 콩나물 자라듯 성숙하여 지는 역사가 있게 하시옵소서 … 성찬예식이야말로 먹고 마신 뒤에 그냥 헤어져서는 결코 안 된다.

성도들에게서는 가끔 이런 간증을 듣는다. "우리 주님께서 직접 오셔서 못 박히신 손으로, 십자가 위에서 찢으신 생살과 그 때 쏟으신 뜨거운 피를 담아 저희에게 직접 나누어 주시옵소서." 하고 성찬식 시작 때 기도하는 음성을 듣고 가슴이 뭉클했다고도 하고 눈물을 찔끔 흘렸다는 것이다. 그렇다. 성찬예식이야말로 그것을 화체설로 믿건, 공재설로 믿건, 영재설로 믿건, 상징설이나 기념설로 믿건, 모두 다 예수 그리스도께서 우리와 함생하고 계시다는 것을 신비하게 체험하는 현장이 된다. 그래서 이미 하나님은 출애굽 도정에서 '만나와 메추라기'를 내려 주셨다.(출 16:1-31, 요 6:21-59) 그리고 제사 때 진설떡을 성전에 두도록 했고(출 25:30), 양의 피를 흘려 제단에 뿌리고 지성소에 들어갈 때 뿌리도록 하셨다.(출 29:16, 히 9:7) 생명을 희생하심으로 생명을 살리시려는 하나님께서 주도하신 함생의 구원사건이다. 성찬예식은 특히 "인간의 이상적인 공동체의 미래를 제시한다"는 주장은 매우 큰 값이 있다. 성찬예식을 사랑의 식탁의 의미로 푼다면 심지어 믿지 않는 사람들에게까지 개방하는 것도 깊이 생각할 일이 아닐까. (김균진, 536)

너희 발을 씻었으니
세족 예식론

세례예식이나 성찬예식은 기독교의 보편적인 예전(liturgy)에 속한다. 그런데 깊은 속뜻을 헤아려 볼 때 세족식도 그 수준의 예전이었으면 좋겠다는 희망이 있어 여기에 포함시켰다. 특히 세족식은 성결예식이라 이름 붙여야 할 예전이라는 점에서 그렇다.

예수 그리스도의 세족예식

1. 예수 그리스도께서는 이 세족식(footwashing, pedilavium)을 치밀한 사전 계획을 가지시고 실천해 보이셨다. 요한복음은 그 사건의 기록을 다음과 같이 시작한다. 십자가 처형의 때가 가까워 오고 있는 것을 익히 아시고 실행하신 사건이라는 뜻이다.

-유월절 전에 예수께서 자기가 세상을 떠나 아버지께로 돌아가실 때가 이른 줄 아시고 세상에 있는 자기 사람들을 사랑하시되 끝까지 사랑하시니라.(요 13:1) 특히 자신이 스승의 발을 씻겨야 할 것을 잘 아는 베드로가 겸손으로 주님의 발씻기심을 거부하였을 때 주님께서 하신 대답을 우리는 마음 깊이 되새겨야 한다. “내가 너를 씻어주지 아니하면 네가 나와 상관이 없느니라.” (요 13:8) 우리 주님과 관계가 없게 된다는 뜻은 그 속에 “더러운 귀신이 들어 있다”는 뜻이다.(막 1:24)

2. 그분은 성결예식(cleansing ceremony)이라는 뜻에서 이 세족식을 하셨다. 이미 목욕을 한 자는 ‘중생한 자’를 뜻하는 것이 아닌가.

-예수께서 이르시되, 이미 목욕한 자는 발밖에 씻을 필요가 없느니라. 온 몸이 깨끗하니라.(요 13:10)

3. 예수 그리스도께서는 세족식의 목적을 밝히 말씀하셨다. 그런데 그것들이 한결같이 그분의 가르침의 핵심을 이룬다. 이 사건이 우선 성찬예식의 준비과정이라 하여 준비예식(preparatory service)이라고도 하고 낮춤을 강조하셨다 하여 비하예식(ordinance of humility)라고도 한다. 그러나 위에서 인용한 것처럼 이 세족식에는 주님의 ‘끝까지 사랑’이 포함되어 있고 특히 ‘성결’이 핵심을 이룬다.

4. 그분은 이 세족식이 제자들에게 이어져 계속되어야 한다고 가르치셨다. 그것도 예수 그리스도 스승을 본받는 방법으로 추천하셨다.

-내가 주와 또는 선생이 되어 너희 발을 씻었으니 너희도 서로 발을 씻어 주는 것이 옳으니라. 내가 너희에게 행한 것 같이 너희도 행하게 하려 하여 본을 보였노라.(요 13:14-15)

5. 복음서에는 이 첫 번 세족식이 매우 자세히 기록되었다. 세례식이나 성찬식보다 훨씬 더 자세하게 그 진행과정과 의미의 해석을 제시했다. 후일의 지침서가 되도록 하려는 의도가 있다.

6. 초대교회는 이를 이어받아 세족 목요일(Maundy Thursday)을 지켜왔다.

세족예식의 실제

다음은 유니온교회가 사용해온 세족식의 모범예문 개요이다. 유니온교회에서는 성금요일 저녁, 파가기도세미나에서 세족식을 거행하였다. 담임목사는 선임장로의 발을 씻기는 것이 관례였다.

1. **성경적 근거** : 요 13:1-7, 특히 요 13:15, 막 10:45
2. **뜻** : 1)죄악을 씻어 성결하게 됨. 2)섬기는 자가 됨. 3)예수 그리스도의 모습을 닮아감.
3. **준비사항** : 대야, 물, 수건, 빈 물통, 따뜻한 물, 새 양말
4. **참가대상** : 희망자는 누구나. 권고는 하되 강요하지 않음.
5. **진행순서**

   1)기도한다, 2)말씀을 듣는다, 3)찬송가 "우리 주님 거룩한 손 제자들의 발을 씻어"라는 가사가 있는 "사랑하는 주님 앞에"를 부른다. 4)일어나 겉옷을 벗고, 5)수건으로 허리를 두르고, 6)대야에 물을 담아, 7)무릎을 꿇고, 8)발을 씻기고, 9)수건으로 닦고, 10)새 양말(흰 양말)을 신기고, 11)일어나서 함께 손을 붙잡고 기도한다, 12)일어나 끌어안고 인사를 교환한다. 14)간증순서를 갖는다. 15)물은 섬김위원들이 버린다.
6. **주의 사항**

   1)여자는 여자, 남자는 남자끼리, 부부는 부부끼리 짝을 짓는다. 2)웃거나 농담하지 않는다. 3)발을 씻기면서 찬송가를 계속 부르거나 상대편의 죄악이 깨끗이 씻어지고 예수 그리스도를 본받는 삶이 시작되도록 기도한다. 4)씻어주는 자신도 섬기는 믿음으로 성장하도록 기도한다.

세족예식의 함생적 의미

지금은 세족예식이 교회에서만 아니라 일반 사회경제단체에서도 실시되고 있어 매우 고무적이다. 세족예식을 하게 되면 우선 발 씻음을 받는 사람은 물론이려니와 발씻는 사람도 큰 은혜를 받게 된다. 그리고 누구나 체험한 사람은 간증하듯이 두 사람 사이에 사랑의 격조가 훨씬 높아지게 된다. 남편과 아내 사이에도 발씻기기를 체험하여 보면 사랑의 정도가 훨씬 더 견고해 진다. 하물며 이 역시 두 사람만 아니라 성삼위 하나님께서 함께 참여하시고 특히 성령의 임재를 체험하게 된다. 그리고 그에 앞서 씻는 사람과 씻겨주는 사람 그리고 기도로 돕는 사람 모두가 속사람을 깨끗하게 하도록 죄를 회개하고 새 사람이 되는 열매를 맺게 된다. 발씻기기를 하게 되면 원수관계도 친구관계로 변화된다.

그러나 무엇보다도 예수님의 세족 행사는 섬기는 종으로 살아가라는 말씀이 그 핵심이다. 섬기는 자로 오신 예수님(막 10:45)께서는 "주인이 띠를 띠고 그 종들을 자리에 앉히고 나아와 수종들리라."(눅 12:37)고 가르치심으로 인류문명의 패러다임을 근본적으로 바꾸어 놓으셨다. 바로 함생주의가 그 같은 윤리혁명의 밑바닥 버팀목이 되고 있다.

결혼잔치에 오소서
결혼식 목회론

목사가 되면 결혼식을 준비시키고 또 집례하는 것이 매우 중요한 사역의 한 부분이다. 필자도 30년 동안 150 번 정도의 결혼식을 집례했다. 대부분 우리말과 영어 두 언어로 집례했다. 초대형교회 목사에 비교하면 주례 횟수가 적은 편이지만 그만하면 결혼식의 뜻을 넉넉히 체험했다고 생각된다. 결혼식은 담임목사로서 결코 소홀히 할 수 없는 목회의 중요 사건이라고 확신한다.

예수 그리스도의 결혼식 사역 원리

1. 예수 그리스도는 구약성경을 하나님의 말씀으로 믿는 까닭에 하나님의 형상을 따라 남자와 여자를 만드신 사실에 기초하여 결혼을 이해하셨다.(창 1:27)

–사람을 지으신 이가 본래 그들을 남자와 여자로 지으시고.(마 19:4)

–창조 때로부터 사람을 남자와 여자로 지으셨으니.(막 10:6)

2. 따라서 결혼은 남자와 여자가 한 몸 되는 것으로 가르치셨다.

–이러므로 남자가 부모를 떠나 그의 아내와 합하여 둘이 한 몸을 이룰지로다.(창 2:24) –이러므로 사람이 그 부모를 떠나서 그 둘이 한 몸이 될지니라. 이러한즉 이제 둘이 아니요 한 몸이니 그러므로 하나님이 짝지어 주신 것을 사람이 나누지 못할지니라.(막 10:7–9. 마태복음 상응구절에는 '아내에게 합하여'가 있음. 마 19:5)

이 말씀에서 '몸'의 헬라말 원어는 '비오스'나 혹은 '소마'를 사용한 것이 아니고 '사르크스' 즉 정욕이 있는 육신을 뜻한다. 예수 그리스도께서는 당연히 '일부일처' 혹은 '일처일부' 제도를 잘라서 말씀하셨다. 특히 한 남자와 한 여자의 결혼을 강조하심으로 동성결혼이나 복수결혼을 단호히 거부하셨다.

3. 예수 그리스도께서는 가나의 결혼잔치에 참석하셨고, 포도주가 모자랄 때에 더 좋은 포도주를 만들어 제공하셨다. 그리고 그것으로 첫 번 표적을 삼으셨다.(요 2:1–11)

–사흘째 되던 날 갈릴리 가나에 혼례가 있어 예수의 어머니도 거기 계시고 예수와 그 제자들도 혼례에

청함을 받았더니.(요 2:1-2) -연회장이 신랑을 불러 말하되 … 그대는 지금까지 좋은 포도주를 두었도다 하니라. 예수께서 이 첫 표적을 갈릴리 가나에서 행하여 그의 영광을 나타내시매 제자들이 그를 믿으니라.(요 2:9-11)

4. 그분은 결혼의 신성성을 강화시키는 말씀을 여러 번 하셨으며 따라서 신성하지 못한 결혼을 비판하셨다.

- 천국은 마치 자기 아들을 위하여 혼인 잔치를 베푼 어떤 임금과 같으니.(마 22:2) -홍수전에 노아가 방주에 들어가던 날까지 사람들이 먹고 마시고 장가들고 시집가고.(마 24:38, 부정한 결혼 비판) -그 때에 천국은 마치 등을 들고 신랑을 맞으러 나간 열 처녀와 같다 하리니.(마 25:1)

5. 그러나 결혼은 이 땅 위에서의 생활에 국한된다는 진리를 가르치셨다.

-부활 때에는 장가도 아니 가고 시집도 아니 가고 하늘에 있는 천사들과 같으니라.(마 22:30, 사두개인들의 질문에 대한 답변)

6. 그리스도 예수님은 신랑 혹은 남편이고, 교회는 신부 혹은 아내임을 교회는 예수 그리스도의 교훈에 의거하여 이해하고 가르쳤다. 이는 구약성경에서 이스라엘을 호세아서에서처럼 신부/아내로 표현한 것과 상응한다.

-이는 남편이 아내의 머리됨이 그리스도께서 교회의 머리됨과 같음이니 그가 바로 몸의 구주시니라.(엡 5:23)

결혼준비교육

예수 그리스도께서는 철저한 준비를 강조하는 말씀을 여러 번 남기셨다. (마24:44). 특히 결혼식에서 신랑을 맞으러 나간 '슬기 있는 다섯 처녀와 미련한 다섯 처녀'의 비유 (마 25:1-13)에서는 철저한 준비를 했던 다섯 처녀의 행복과 준비부족이었던 다섯 처녀의 비극을 강조하여 말씀하셨다. 따라서 결혼식 집례자는 자신의 준비도 중요하지만 결혼 당사자 곧 신랑 신부의 준비교육에 힘써야 한다.

미국의 경우 결혼식을 하려면 전문 상담가에게서 '출산과 육아'에 대하여 교육을 받아야만 한다. 그러므로 목회에서는 성경말씀에 부합되는 결혼생활이 되도록 교육과 상담을 가져야 한다. 그리고 주례 목사가 축복기도하는 것도 잊지 말아야 한다.

결혼준비교육은 앞으로 부부학교, 어머니 학교, 아버지 학교 등으로 계속되어야 한다. 그래서 교회에서 혹은 교회연합으로 예비결혼자학교 사역을 할 수도 있다. 그래도 목사인 경우 특정 신랑 신부만을 위하여 준비교육을 하는 것을 권장한다. 결혼준비교육은 대량생산방식보다는 개별적 만남을 통한 교육이 더 바람직하겠다.

1. 결혼준비교육의 형식

결혼준비교육을 위한 형식에는 여러 가지가 있다. 열 번(ten session), 일곱 번, 다섯 번을 하루 두 시간씩 교육하는 방법도 있고, 세 시간 정도 두 번을 하는 경우도 있다. 그러나 몇 회나 혹은 몇 시간에 너무 제한 받을 필요는 없다. 교육은 사람에 따라 한 순간에도 엄청나게 많은 것을 배울 수 있기 때문이다. 인터넷을 통한 교육프로그램도 사용할 수 있다.

필자의 경우에는 바쁜 일정을 감안하여 통상 3회 총 5시간 정도를 교육한다. 첫 번 만남에는 결혼식 과정에 대한 것, 두 번째는 결혼의 성경적 의미와 남편/아내의 도리, 마지막에는 결혼식 예행연습과 식사모임을 통한 교육이다. 남편의 도리, 아내의 도리는 주례자와 교회결혼식 디렉터(대체로 목사의 아내가 담당한다)가 각각 신랑과 신부를 교육한다. 다음은 결혼준비교육 교안 내용이다. 미주 목회에서는 우리말과 영어로 교안이 준비되어 있다.

2. 결혼의 성경적 가르침

1) 결혼의 뜻

(1)기본 뜻-"둘이 한 몸을 이룰지로다."(창 2:24) (2)둘이 한 몸을 이룬다는 뜻: 신체적, 법률적, 사회적, 경제적, 심리적, 그리고 영적 한 몸이 되어야 함을 뜻한다. (3)둘이 한 몸 되는 일에 대하여 방해되는 요소들: 가정배경의 차이, 신체구조의 차이, 연령의 차이, 교육의 차이, 성장과정과 경험의 차이, 인생관과 가치관의 차이, 성격의 차이, 주변 인물들과의 인간관계 차이, 종교와 신앙의 차이.

2) 결혼의 목적

(1)하나님의 형상인 사랑을 회복하고 유지하도록(창 1:26-28) (2)하나님의 영광을 위하여(고전 10:31) (3)에덴동산을 지키고 관리하도록(창 1:28, 2:17) (4)자녀를 낳아서 기르도록(창 1:28) (5)서로 위로받고 행복을 누리도록(창 24:67) (6)하나님의 일을 함께 하도록(마18:19,20) (7)이웃사랑의 시범(막 12:30-31)

3) 금지사항

(1)복수결혼 금지(제 7계명) (2)이혼과 별거 금지(마 19:6, 고전 6:5) (3)부부싸움 특히 구타 금지(고전 13:5) (4)동성결혼 금지(마 19:5)

4) 부부생활(sexual life) 곧 색성관리 원칙

(1)색성은 좋은 것이다.(창1:31) 결코 더러운 것이 아니다. (2)색성은 무시해서는 안 된다. (3)색성에 대한 태도나 느낌은 남녀가 다르고 사람마다 다르다. (4)색성은 사랑의 도구, 출산의 도구이지 그 자체가 목적이 아니다.(창 1:26-28) (5)색성은 자제되어야 하며 정당하게 사용되어야 한다. (6)하나님은 색성범죄를 엄격히 다스리신다. (제7계명)

3. 남편의 도리

1)아내를 자기 몸처럼 사랑할 것(엡 5:22) 2)가정을 잘 다스리며, 자녀를 말씀과 믿음

과 기도로 양육할 것(딤전 3:12) 3)아내에 대하여 남편의 의무를 다 할 것(고전 7:3) 4)아내가 몸을 주관하게 할 것(고전 7:4, 벧전 3;7) 5)돕는 배필이 될 것(창 2:18) 6)아내를 구원할 것(고전 7:14). 7)가족에 필요한 물질을 마련할 것(창 3:19) 8) 아내와 함께 기도팀을 이룰 것(마 18:19,20, 벧전 3:7) 9)가정도 교회요 하나님 나라 모형임을 깨닫고 아내와 자녀 모두 함께 주님의 일에 헌신할 것(사도행전에 나오는 고넬료, 루디아의 가정, 아굴라와 브리스길라 부부 등) 10)십자가를 지고 아내를 사랑할 것(고전 13장)

4. 아내의 도리

1)주 안에서 순종할 것(엡 5:22이하, 벧전 3:1) 2)몸을 남편이 주관하게 할 것(고전 7:4) 3)남편에 대한 의무를 다할 것(고전 7:3) 4)출산할 것(인공유산은 특별한 경우 외에는 하지 말 것, 창 3:20) 5)돕는 배필이 될 것(창 2:18) 6)남편을 구원할 것 (고전 7:14, 벧전 3:1) 7)가정을 잘 다스리며 자녀들을 믿음과 말씀과 기도로 양육할 것(딤전 3:12) 8)남편과 함께 기도팀을 이룰 것(마 18:19,20) 9)가정도 교회요 하나님 나라의 모형임을 깨닫고 남편과 자녀 모두 함께 주님의 일에 헌신할 것(사도행전에 나오는 고넬료, 루디아 가정, 브리스길라와 아굴라 부부 등) 10)십자가를 지고 남편을 사랑할 것(고전 13장)

결혼식 목회의 실제

1. 성경적 기초

1)가정을 창조하신 하나님(창 1:27) 2)신랑으로서의 예수님과 신부로서의 교회(엡 5:22-33) 3)사회기초단위로서의 가정과 결혼제도(요 2:1-11) 4)가정의 교육적 중요성(요 4:16-18) 5)예전으로서의 결혼식(마 22:1-14) 6)자녀출산과 양육의 의무와 특권(창 3:16; 요 16:21)

2. 결혼예식의 과정과 주례자의 역할

1)결혼식 결정 2)주례 요청 3)결혼의 정당성 확인(초혼 여부, 재혼 여부, 자의적 결심, 부모의 동의, 신랑신부의 구원의 확신과 세례 여부, 기타 사항) 4)주례 승인 5)성경공부와 상담 및 기도, 예행연습 일정 결정 6)카운티 사무실에서 결혼신고서 수령 7)상담과 기도 8)예행연습 9)결혼예식 10)결혼 후 심방 11)결혼생활 성공을 위한 자문 12)고린도전서 13장을 담은 결혼패와 십자가 선물

3. 결혼식 주례자의 자격

1)결혼의 흠이 없어야 함.(이혼경력, 간음사건 등) 2)결혼자들을 사랑해야 함. 3)그들과 부모의 신뢰와 존경이 있어야 함. 4)아름다운 가정 모범가정이어야 함. 5)결혼식 주

례의 충분한 경험이 있으면 더 좋음. 6)신실해야 함. 7)미주한인교회 목사의 경우 우리 말과 영어 복수언어로 진행할 수 있으면 더 좋음.

4. 결혼식 집례 원칙

1)성경과 신앙양심에 부합한 정당한 결혼식이 되도록 한다. 2)교단법에 부합해야 한다. 3)캘리포니아 주법에도 맞도록 한다. 4)거룩하고 아름다운 예식이라야 한다. 5)신랑신부에게 부부생활과 가정에 대하여 바르게 가르치는 기회로 삼아야 한다. 6)부모와 회중에게도 교육적이어야 한다. 7)결혼식이 지나치게 호화롭지 않도록 한다. 8)모든 참가자들이 즐겁도록 축제성이 있어야 한다. 9)주례사례비는 뜻 있는 곳에 사용되어야 한다. 10)전체적으로 하나님 기뻐하시는 결혼식이 되어야 한다.

이혼 및 재혼과 목회

필자가 소속된 미주성결교단 헌법에는 이혼과 재혼에 관하여 다음과 같이 명문으로 생활규범에 규정하고 있다.

'교인은 간음한 이외의 어떠한 경우에도 이혼을 인정치 않으며, 또한 이혼한 자의 남자편이나 여자편이나 생존하여 있는 동안 타인과의 재혼을 하고자 하는 경우에는 일체의 혼례 집행을 하지 못한다. 그러나 이혼하였던 부부가 다시 결합하고자 하는 경우에는 적용치 않는다.'(제29조 1항 나호)

이에 따르면 이혼과 재혼에 대하여 매우 엄격한 규정을 적용하는 셈이다. 예수 그리스도께서도, "누구든지 음행한 이유 외에 아내를 버리고 다른 데 장가드는 자는 간음함이니라"(마 19:9)고 잘라서 말씀하셨다.

그러나 이것은 현실적으로 여러 가지 어려운 문제를 제기하고 있다. 우선, 한국전쟁으로 인하여 부부 사이에 이산가족이 된 목사들의 중혼(重婚) 문제가 큰 파동을 일으켰다. 그러나 반세기 넘게 세월이 지나면서 이 문제는 수면 아래로 가라앉았다. 지금은 한국교회와 이민교회의 지도자 가운데 중혼자들이 적지 않게 있다.

선지자 호세아의 경우를 볼 때, 음행한 아내라도 반드시 버려야 하는 것은 아니지 않는가? 아내를 버리는 것은 그 당시 여성보호를 포기한 것이고 따라서 여성이 성폭행 당할 수 있으므로 그 책임을 남편이 지라는 뜻은 아닐까?

성경말씀대로 하나님이 짝지어 주신 것을 사람이 나눌 수는 없다.(마 19:6) 그러나 부부 가운데 하나가 간음하면 그것은 하나님이 짝지어 주신 부부가 아니라는 증거란 뜻이다. 오직 그 경우에만 짝지어 주신 것이 아닐까? 남편이나 아내가 살해의 위협으로 느낄 정도로 폭행이 심각해도 그냥 하나님이 짝지어 주신 것으로 알고 이혼을 적극 말려야 하는가?

다른 모든 죄는 속죄의 가능성이 있는데도 간음한 죄만은 전혀 속죄 받을 수 없는 것인가? 재혼하여 자녀들이 보호받아야 하는 것은 어떻게 하나? 아프리카 선교지에서 추장이 일부다처제를 실천에 옮겼는데 예수를 믿게 되었을 때 그 첩들과 자식을 버리면 그들은 살아남기 힘든 고통을 당해야 하는데 그래도 버려야 할까? 할례제도를 폐기한 초대교회처럼 많은 변론을 거쳐야 할 것 같다.(행 15:6-7)

결혼식의 함생목회적 의미

결혼식은 그 자체가 함생생활의 입문절차이다. 결혼식 때 하는 서약의 표현은 상당히 다를 수 있지만 그러나 그 목적은 비슷하다. 결혼의 당사자인 아내와 남편이 한 몸처럼 사랑하며 함께 '죽음이 서로를 나눌 때까지'살아야 한다는 것이다. 그렇게 하려면 두 사람이 건강한 때 사랑하거니와 병든 때에는 더욱 더 사랑해야 한다. 넉넉한 때에 사랑하거니와 가난한 때에는 더욱 더 사랑해야 한다. 마음이 즐거운 때에도 사랑해야 하고, 슬프고 괴로우면 더욱 더 사랑해야 한다. 예수 그리스도께서 가르치신 아가페의 사랑이 가장 잘 실현되어야 하는 것이 부부이다.

그런 부부생활을 통하여 하나님은 새 생명이 탄생하고 번식하도록 창조하셨다. 그래서 결혼식은 단지 결혼 당사자인 신랑과 신부만의 일은 아니다. 양쪽 가족, 마을 사람들, 친지들, 게다가 주례자가 있고, 결혼식 참가자들이 있고, 결혼식 전문 디렉터가 있게 된다. 예수 그리스도께서는 독신이신데도 결혼식에 즐거움으로 참여하셨고, 가나 혼인잔치에서는 부족한 것을 채워 주시기도 했다. 그리고 비유 등 가르침에서 여러 형태로 결혼식과 부부생활에 대하여 교훈을 남기셨다. 특히 성령께서 역사하여 하나님의 교훈으로 기록된 바울서신에서는 예수님은 신랑이시고 교회는 신부라고 했다. 구원의 완성인 종말 역정에는 어린 양의 공중 혼인잔치도 계획되어 있다.(계 19:1-10) 이 결혼식은 음녀와 대조적으로 이루어진다. 또 완성된 하나님의 나라인 '거룩한 성 새 예루살렘'이 하나님께로부터 하늘에서 내려오는 모습이 마치 "신부가 신랑을 위하여 단장한 것 같다"고 함으로써 결혼식이 성삼위 하나님과 구원받은 온 백성과 우주 만물이 함께 참여하는 하나님 나라의 모습을 상징하고 있다.(계 21:1-2) 그러나 결혼식에 초청을 받고도 참여하지 않은 사람들과 참석했지만 예복을 입지 않은 자에게는 지옥 백성이 되게 하셨다.(마 22:1-14)

결혼식은 인간이 함생체로 살아야 한다는 하나님의 명령이 포함되어 있다. 부부는 함생체의 기초단위이고 최소단위가 된다는 가르침이다. 한 몸에 양성을 만드실 수 있는 하나님이신데 굳이 남자와 여자가 한 몸이 되도록 하신 뜻이 무엇이겠는가. 따라서 성경에는 결혼을 귀중하게 여겨야 한다는 점이 누누이 강조되어 있다.

-간음하지 말라.(출 20:14) - 결혼을 귀히 여기고 침상을 더럽히지 않게 하라.(히 13:4)

내 장례준비를 위하여
장례식 목회론

장례식은 성경말씀이나 예수 그리스도의 가르치심과 달리 유교의 전통으로 인하여 한국교회에서는 매우 중요한 의전이 되고 있다. 목사의 긴장과 스트레스가 제일 많은 사역이 바로 장례식이다. 결혼식에서는 좀 잘못되어도 양해가 되지만 장례식에서 무엇인가 반듯하지 않은 부분이 있으면 목사는 그 사역에 치명상을 입을 수도 있다. 게다가 한국식과 서양식과 기독교식이 혼용되어 있어서 신경을 많이 써야 한다. 요즈음에는 화장해서 납골당에 안치하거나 산하에 뿌리기도 하고 시신 기증으로 시신 없는 장례식을 치르기도 한다. 또 장례식 조객들은 신자와 미신자 그리고 다른 종교인들과 가끔은 불승들도 섞여 있어 신경이 많이 쓰인다.

예수 그리스도의 장례식 사역 원리

예수 그리스도의 사역은 어떻게 하면 영원한 죽음을 벗어나 영원한 생명으로 들어가느냐에 초점을 맞추고 있다. 그렇기 때문에 죽음과 연관된 장례식에 대하여서도 예수님은 몇 가지 원리를 가르쳐 주셨다.

1. 죽음과 관련된 장례식은 매우 중요하게 생각하셨다. 나인 동네 과부의 아들이 죽어 공동묘지에 매장하려는 장의행렬에 대하여 큰 관심을 가지고 참여하셨고 그 청년을 마침내 살려내셨다. -주께서 과부를 보시고 불쌍히 여기사 울지 말라 하시고, 가까이 가서 그 관에 손을 대시니 멘 자들이 서는지라, 예수께서 이르시되, 청년아, 내가 네게 말하노니 일어나라.(눅 7:13-14)

2. 베다니에 사는 나사로도 이미 죽은 지 나흘이나 되고 시체가 썩어 냄새가 나는데도 불구하고 장례식 가정에 가셔서 위로하시고, 하늘의 진리를 가르쳐 주셨으며 마침내 살려내셨다.(요 11장)

3. 그러나 이미 죽은 자에 대하여는 장례식보다 더 중요한 것이 하나님 나라의 일꾼 되는 것이므로 장례식에 얽매이지 않도록 가르치셨다. 즉각 치르는 장례식이 아니라 부모가 죽을 때까지 기다리겠다는 뜻이라는 해석이 있다. -예수께서 이르시되, 죽은 자들이 그들의 죽은 자들을 장사하게 하고 너는 나를 따르라 하시니라.(마 8:22)

4. 그러나 자신의 장례식에 관하여 향유를 사용하는 것 등을 격려하셨다. 죽음과의 싸움에서 이긴다는 깊은 뜻이 포함되어 있다.(막 14:8) 장례식을 매우 값지게 치르는 구약성경적 전통 위에 서 있다.(아브라함, 야곱, 요셉) -이 여자가 내 몸에 이 향유를 부은 것은 내 장례를 위하여 함이니라. … 온 천하에 어디서든지 이 복음이 전파되는 곳에서는 이 여자가 행한 일도 말하여 그를 기억하리라.(마 26:12)

장례목회의 지침서

한국교회의 경우 장례식을 효성의 중요한 부분으로 이해하는 유교문화와 기독교 전통이 합하여져 장례식에는 정성을 다하여 치르겠다는 함의가 매우 강하다. 따라서 목회자에게는 장례식 집례가 매우 주의 깊게 진행될 것이 요청된다. 미주한인교회의 경우에는 대체로 미국식으로 장례식을 준비하고 집례하지만 한국적 요소도 없지는 않다. 다음과 같은 지침서는 유니온교회에서 실제 사용되어 온 목회자료이다.

1.임종이 가까우면 담임목사에게 연락하여 임종예배를 드리도록 한다. 2.병원으로부터 사망확인서(Death Certificate)를 10부 내외 발급받도록 한다. 3.장례식장에 연락하여 시신을 모셔가도록 한다. 4.교회에는 교역자에게 연락하면 혼상부서가 맡아서 장례식을 돕는다. 5.장례식에 관하여 장의사와 상담한다.(장례식 일정, 관, 고인의 수의, 묘비 등). 6.장례식은 보통 입관, 천국환송, 하관 예식 세 부분이나 두 번 혹은 한 번만 드리기도 한다. 7.입관예식은 보통 저녁에 드리고 천국환송예식은 낮에 드린다. 그리고 하관예식은 천국환송예식에 이어서 드린다. 천국환송예식 혹은 예배라는 말에 거부감이 있으면 장례예식 혹은 발인식이라 해도 좋다. 교회에서는 영결예식이라는 말은 사용하지 않는다. 8.장례예식을 위하여 다음 사항을 점검한다: 사진, 집례 목사, 순서참여 목사, 고인이 은혜 받은 찬송가, 자녀들에게 남기는 신앙간증이나 유훈, 이력서(신력 포함), 고인의 일생에 대한 영상, 추모사(친구, 자녀, 손자녀 등), 장례식 손님 접대(식사)에 대한 안내, 유품처리와 유산정리(변호사의 도움을 받는 것이 좋다). 9.유가족들의 복장: 검은 옷을 입는 것이 일반적이나 흰 옷을 입는 경우도 있다. 10.묘비에는 한글이름 혹은 한문이름, 성경구절이나 찬송가의 일절을 넣을 수도 있다. 11.고인이 평소에 사용하시던 성경과 찬송가는 유가족이 보존하거나 관속에 넣는다. 12.화장을 하는 것도 가능하다. 고인의 유언을 중요시해야 한다. 13.한국에 시신이나 화장한 유품을 보내 그곳에서 장례예식을 치르기도 한다. 14.신문에 부고나 감사인사를 내는 것이 좋으나 가족의 결정에 따르는 것이 좋다. 15.신앙적으로 중요한 것은 죽음은 새로운 삶 곧 하늘나라에서의 삶의 시작이므로 이로써 위로를 받고 다시 만날 소망을 가지고 슬픔을 억제하는 것이 좋다. 16.생활이 너무 어려워서 묘지 구입이 힘든 경우 교회묘지를 사용 요청할 수도 있다. 17.3일장, 5일장, 7일장 등 홀수날짜에 장례식을 드리는 것이 유교권/불교권의 습관이지만 기독교 신자들은 이에 개의치 않고 4일장, 6일장 등을 드릴 수도 있다. 18.삼우제(장례식 후 3일에 묘지에서의 제사)나 49제 등은 지내지 않는다. 다만 장례 후 3일 만에 묘지를 방문하여 살펴보고 꽃을 장식하는 것은 좋은 일이다. 19.장례의 모든 비용은 너무 인색해서도 안 되고 너무 사치롭게 해서도 안 된다. 검소하게 하는 것을 권한다. 20.장례식 순서지는 교회에서 도와드릴 수 있으며 영상제작도 협력할 수 있다.

교회는 장례식을 예배 드리는 일 외에 가장 중요하게 우선으로 돕게 된다. 21.고인을 기념하는 일이나 특별헌금하는 일은 권장사항에 속한다.

죽음은 이민 가는 것 (장례식 설교)

예수께서 큰 소리로 불러 이르시되, 아버지, 내 영혼을 아버지 손에 부탁 하나이다 하고 이 말씀을 하신 후 숨지시니라.(눅 23:46)

죽음이 무엇이냐고 묻는 사람들이 있습니다. 죽을 염려만 없다면 이 세상은 정말 행복할 것이기 때문입니다. 그러나 죽음이 무엇인지를 풀기가 생각보다 쉽지 않습니다. 그리고 죽음을 제대로 이해한다면 인생을 바로 깨달은 것이라고 할 수도 있겠습니다. 그래서 죽음에 대하여 몇 가지 쉬운 말로 풀어서 말씀드립니다.

죽음은 학교 졸업식입니다. 6년이건 3년이나 4년이건 학업을 잘 마치게 되면 누구나 빛나는 졸업장을 타게 됩니다. 옛날 사람들은 졸업식 때 울고불고 하며 눈물을 쏟았지만 지금은 오히려 함박웃음이 얼굴을 가득 채웁니다. 큰 꿈과 희망을 가지고 상급학교에 진학하기 때문입니다. 반대로, 상급학교에 진학하지 못하거나 빈둥빈둥 놀아야 하는 사람들에게는 졸업이 곧 절망입니다.

죽음은 병원에서 퇴원하는 것과 같습니다. 질병이 완치되어 퇴원하는 날은 잔칫날입니다. 환자 본인도 그렇고 가족도 그렇습니다. 죽음의 무서움에서 벗어나 훨훨 날아다니며 인생을 즐겁게 살 수 있게 되었으니까요. 영원한 생명을 얻은 사람들도 이와 같습니다. 다시는 아픔도 없고 슬픔도 없고 죽음도 없는 곳에서 살게 되기 때문입니다. 그런데 만약 고칠 수 없는 병이라서 죽을 날만 기다려야 하는 환자들이라면 퇴원이 얼마나 앞이 캄캄한 일이겠습니까? 영적으로 말한다면 그들은 지옥으로 가는 불쌍한 사람들입니다.

죽음은 형무소에서 풀려나서 집으로 돌아오는 일입니다. 수형생활 했던 사람들은 모두 다 알고 있습니다. 집으로 돌아온다는 것이 얼마나 기쁜 일인지 말입니다. 하지만 출소하는 사람들에도 두 가지가 있습니다. 사형이 집행되어 시체가 된 채 그 곳을 떠나는 사람들이 있습니다. 슬픈 일입니다. 그러나 감형되거나 면형되어 그리던 가족의 품으로 돌아오는 사람들이 많습니다. 우리 주님께서 대신 죄 값을 갚아 주신 까닭입니다. 포로된 자에게 자유를 주셨습니다.

죽음은 이민 가는 것입니다. 하늘나라로 이민 가는 것이 바로 죽음입니다. 물론 어떤 사람들은 지옥으로 이민을 갑니다. 원래 사람은 누구나 어머니 태속에서 이 세상으로 이민 옵니다. 오장육부 속에 살다가 오대양 육대주가 있는 이 지구로 이민 오는 것입니다. 그러다가 다시 하늘나라로 이민 가는 것이 바로 죽음입니다.

이민이라면 우리들 모두가 생생한 체험을 가지고 있습니다. 이민 가려면 여권과 비자는 꼭 있어야 합니다. 그것이 바로 믿음과 은혜입니다. 이민 가려면 준비할 것이 많은 것처럼 하늘나라 이민 갈 때에도 반드시 철저한 준비를 해야 합니다.

보물을 하늘에 많이 쌓아두어야 합니다. 영광의 면류관을 받도록 신앙생활 잘하고, 전도와 헌신도 잘하고, 선행도 많이 해야 합니다. 하늘나라에 가서 예배드릴 수 있도록 찬양 많이 하고 기도생활도 잘해야 합니다. 영혼의 양식인 말씀 준비도 해야 하지요. 부부생활을 잘해야 좋은 신부가 되어 영원한 신랑이신 그분과 행복한 사랑의 생활을 하게 됩니다.

그리고 한 가지 더 있습니다. 하늘나라로 이민 가려면 이 세상에서 쓰던 모든 것들은 다 버리고 가야 합니다. 집이나 땅도 두고 갑니다. 정든 사람들도 놓아두고 떠납니다. 애지중지하던 보석들도 가지고 갈 수 없습니다. 심지어 육신도 무덤에 놓아두고 떠나야 합니다. 그래도 영원한 생명을 얻은 사람은 아무것도 아까워하지 않습니다. 롯의 아내는 불타버리는 재산들이 억울해서 뒤돌아보다가 그만 소금기둥이 되고 말았습니다. 하지만 우리는 세상 것 다 버려도 억울하지 않습니다. 훨씬 좋은 것들이 하늘나라에서 기다리고 있기 때문입니다.

영원한 생명을 얻은 사람들이 행복하게 사는 까닭은 죽음이 더 이상 두렵지 않기 때문입니다. 죽음을 극복하게 되면 아무리 고통스러운 일이 온다 해도 자살할 생각은 아예 그 싹부터 잘라내게 됩니다. 또 이 세상이 아무리 좋아 보여도 여기서 조금이라도 더 살려고 아등바등하지도 않습니다. 더 좋은 하늘나라 곧 영혼의 영원한 고향으로 돌아가기 때문입니다. 정든 고향으로 떠나는 사람 치고 무서워서 벌벌 떠는 사람이 누가 있겠습니까? 더군다나 거기는 죽음이 전혀 없는 곳이요 영원한 사랑만 있는 나라가 아닙니까? 우리 주님이 선한 목자 되셔서 우리를 푸른 풀밭과 잔잔한 시냇물가로 데리고 다니시는 나라입니다.

장례식의 함생목회적 의미

장례식은 우선 한 인간의 생명이 이 땅 위에서 끝났다는 점에서나 특히 죽음이 이 세상 어느 것보다도 누구나에게 가장 무거운 짐이라는 점에서나, 그리스도인들에게는 그 생명이 하나님의 품에 안겼다는 점에서 생명과 관련된 가장 큰 사건이 된다. 장례식에서 땅에 묻히는 당사자에게도 그렇거니와 죽은 사람의 육신을 흙에 묻고 가족을 잃은 슬픔과 여러 형태의 무거운 짐을 떠맡은 관계자들에게도 장례식은 결코 가볍게 생각할 수 없는 목회적 사건이다. "한 번 죽는 것은 사람에게 정해진 것이요, 그 후에는 심판이 있으리라"(히 9:27)는 말씀을 생각할 때 더욱 그렇다. 유가족과 참석자들은 누구 하나 예외 없이 생명을 지니고 살아간다는 것과 죽는다는 것을 심각하게 생각해 보는 순간이 된다.

다행히도 성경과 특히 예수 그리스도는 자신의 삶과 죽음 그리고 여러 가르침을 통하여 죽음의 신비한 뜻을 나타내 주셨다. 이 세상에서의 죽음은 새로운 삶 곧 영원한 삶과 영원한 죽음의 갈림길이라는 사실이다. 또, "그리스도께서 죽은 자 가운데서 다시 살아나사 잠자는 자들의 첫 열매가 되셨도다"(고전 15:20)고 하신 기록 그대로 부활의 첫 열매이신 그분 자신처럼 하나님의 자녀들도 무덤을 깨치고 다시 부활할 것이기 때문에 이 같은 '살아있는 소망' (벧전 1:3)을 함께 나눌 절호의 기회가 바로 장례식이기도 하다. 담임목사의 경험으로도 장례식 집례와 설교에서 은혜 받는 분들이 꽤 많다는 걸 확인하고 있다. 결국 인간의 삶과 죽음은 하나님의 손에 달려 있다는 것을 다시금 각인하는 기회이기도 하다. 또 어떻게 남은 생애를 살아가야 할까를 깊이 생각하고 방향전환을 할 수 있는 모멘텀이 된다.

명절 끝 날 곧 큰 날에

절기 목회론

어느 나라나 국경일이 있고 어느 문화권에서나 명절이 있는 것처럼 모든 종교들도 축제, 명절, 절기 등 특별한 행사가 있다. 그런 점에서는 기독교도 마찬가지이다.

-너희 가운데 모든 남자는 일 년에 세 번 곧 무교절과 칠칠절과 초막절에 네 하나님 여호와께서 택하신 곳에서 여호와를 뵈옵되 빈손으로 여호와를 뵈옵지 말고, 각 사람이 네 하나님 여호와께서 주신 복을 따라 그 힘대로 드릴지니라.(신 16:16-17)

곧 뛰넘절(유월절 혹은 무교절), 오순절, 초막절이 구약시대에 삼대 절기가 되었다. 그러나 절기라면 안식일과 희년이 포함되어야 하고 그 외에 속죄일도 있다. 신약시대를 거치면서 성탄절, 사순절, 수난절, 부활절이 있고 교회사시대를 거치면서 새해, 감사절, 그리고 각 교회에는 창립주일이 있어 절기를 지켜오고 있다. 민족이나 국가와 연관된 것으로 교회가 지키는 절기는 삼일절, 광복절, 미국에서는 독립기념일이 있다. 개인적인 절기로는 생일, 돌, 회갑, 학교 졸업식, 결혼기념일 등이 있다. 이런 절기들은 각각 그 절기들과 관련된 역사적 교훈이 있고 이야기들이 얽혀 있다. 특히 교회에서는 신앙적 의미가 매우 강한 사건(event)들이다. 그래서 성경에는 "명절 끝날 곧 큰 날"(요 7:37)이라고 했다. 목회를 위하여서도 큰 날이다.

예수 그리스도의 절기사역 원리

예수 그리스도께서도 절기에 대하여 큰 관심을 가지셨다. 비록 위에 든 모든 절기를 지키신 것은 아니지만 절기는 사역의 좋은 기회임을 보여 주셨다. 통계에 따르면 명절 혹은 절기(헤오르테)라는 희랍말이 신약성경에 25회 나타나는데 그 대부분이 복음서라고 한다

(Feasts. Dictionary of Jesus and Gospels). 여기에서 다음과 같은 원리를 발견하게 된다.

1. 예수님은 구약성경에 규정된 절기를 성실히 지키는 가정에서 자라나셨다.

-그의 보모가 해마다 유월절이 되면 예루살렘으로 가더니, 예수께서 열두 살 되었을 때에 그들이 이 절기의 관례를 따라 올라갔다가 그 날들을 마치고 돌아갈 때에(눅 2:41-43)

2. 예수 그리스도께서도 이 전통을 계속하여 지키셨다. 연구에 따르면 예수님은 공생애 기간 중 세 번의 유월절을 지키셨으며 초막절도 지키셨다.

-유대인의 유월절이 가까운지라, 예수께서 예루살렘으로 올라가셨더니(요 2:13)

-유대인의 명절인 초막절이 가까운지라.(요 7:2)

3. 예수 그리스도께서는 특히 유월절의 어린 양으로 십자가에 달려 죽으실 것을 미리 알고 계셨기에 절기에 대하여 특별한 관심을 가지시게 되었다.

-우리의 유월절 양 곧 그리스도께서 희생되셨느니라.(고전 5:7)

4. 예수 그리스도께서는 명절에는 사전에 잘 준비된 큰일을 실행하셨다. 마지막 유월절에는 성찬예식을 마련하셨고, 또 십자가 위에서 어린 양의 피를 흘리셨다.(막 14:12-24) 초막절에는 중요한 설교를 하셨다.

-명절 끝날 곧 큰 날에 예수께서 서서 외쳐 이르시되, 누구든지 목마르거든 내게로 와서 마시라.(요 7:37)

5. 오순절은 모세가 십계명을 시내산에서 받은 날이다. 그 날을 선택하여 성령강림절을 삼으셨다.

-오순절 날이 이미 이르매 그들이 다 같이 한 곳에 모였더니 홀연히 하늘로부터 급하고 강한 바람 같은 소리가 있어 그들이 앉은 온 집에 가득하며.(행 2:1-2)

이런 것을 종합하여 볼 때 예수 그리스도께서는 절기를 사역의 좋은 기회로 삼으셨다는 결론을 도출해 낼 수 있다.

개체교회 절기목회의 실제

로마 가톨릭교회는 예전 중심의 교회여서 그 절기체계가 조직적이고 개신교회보다 훨씬 많다. 그러나 개신교회의 경우 교회개혁자들은 많은 절기를 폐기시켰으나 그 이후 조금씩 회복된 것들도 있다. 사순절(Lent)이나 주현절(Epiphany, 동방박사들의 경배로 예수님 탄생이 온 세상에 알려진 날. 1월 2일이나 8일) 등은 최근에 개신교회에서도 뜻 있는 절기로 지켜 나간다. 그러나 개신교회는 일 년을 그 절기에 따라 나누어 사역하는 일에는 크게 익숙하지 않다. 또 그것을 고집할 필요도 없다. 개체교회에서 절기사역을 할 때에 참고가 될 만한 지침을 다음에 정리해 본다.

1.절기는 구원사건 곧 영혼 구원, 믿음의 성장, 복음 전파, 하나님 나라 선포를 위한 기회로 활용되어야 한다. 2.명절 혹은 절기는 참여자들의 정서를 참고하여 축제나 잔치 등의 사건(event) 즉 클라이맥스가 있는 프로그램을 마련해야 한다. 3.절기는 성경적/신학적 기초 위에서 교회사의 전통을 활용하고 문화권에 따라 개발된 것들을 적극 사용한다. 성탄절 연극에서 동방박사들이 두루마기를 입는 것은 좋은 사례이다. 4. 개체교회의 절기를 중요성을 감안하면 대체로 다음과 같다고 생각된다. 1)성탄절과 부활절 그리고 그에 따른 종려주일, 수난주일, 사순절 2)추수감사절 3)교회창립주일 4) 새해 5)오순절 6)삼일절 광복절 미국독립기념일 7)개인적 절기 곧 돌 생일 결혼기념일 회갑 가족추모일 등. 5.미국에서는 10월 31일 핼로윈(Halloween, All Saints' Day)이 있는데 처음에는 신앙적 절기였으나 후일 변질되어 지금은 교회가 할렐루야 데이로 지키거나 하베스트 데이(Harvest Day)로 지킨다. 한국에서 추석이나 설날을 민속의 절기에서 교회절기로 바꾸어 지키려는 노력이 나타나는 것은 좋은 시도이다.

이런 지침에 따라 유니온교회는 비교적 절기 행사를 성경적이면서도 창의적이고 특히 신앙교육의 관점에서 기획하여 실시했다.

"그가 명절에 오지 아니하겠느냐"

유니온교회는 30년 동안 잔치가 많았다. 성경에는 하나님께서 그 백성들에게 삼대 절기 곧 뛰넘절(유월절 혹은 무교절) 오순절(칠칠절, 나팔절, 맥추절) 수장절을 지키라고 하셨는데 예수님께서도 이에 대하여 적극적이셨기 때문이다. 그러나 이 같은 절기는 정신이 더 중요하므로 삼대 절기에 국한될 일만은 아니다.

그래서 유니온교회의 절기에는 성탄절, 부활절, 추수감사절, 교회창립주일, 미국과 한국의 국경일, 어린이주일, 어머니주일, 조상합동추모주일, 세례예식, 성찬예식, 세족식, 결혼식, 한 영혼 살리기 말씀 축제, 교회개혁주일, 새해, 추석 …. 이런 것들이 포함된다. 이것은 루터나 칼뱅이 교회개혁을 하면서 로마 가톨릭교회의 7대 성사를 세례예식과 성찬예식 둘로 제한한 것과 모순되지 않는다. 결코 다시 일곱 성사나 혹은 열 몇 개의 성사로 돌아가자는 뜻이 아니다. 다만 축제(feasts), 잔치, 절기와 같은 것은 신앙교육의 절호의 기회라는 뜻에서 목회 프로그램을 특별히 마련했다는 뜻이다.

새해가 되면 한 밤중에 송구영신예배를 드렸다. 12월 31일 저녁부터 기관 대항 척사대회를 열었다. 음식(대체로 떡만두)도 함께 나누어 먹으며 유니온 함생체 의식을 강화시키는 명절행사로 기획했다. 그리고 민속 문화와 기독교 신앙을 접목시키는 효과도 있었다. 말판에는 지옥으로 떨어지는 길과 승천하는 길 등도 그려 넣었다. 그리고 밤 11시30분이 되면 송구예배, 새해 0시가 되면 영신예배 순서를 마련했다. 설교는 대체로 축복에 대한 감사와 새해 결단(new year's resolution)을 촉구하는 내용이었다. 물론 가족들이 한 자리에 앉아 예배드리고 우리말과 영어 복수언어로 예배를 드린다. 그래서 각 연령층이 예배 순서에 참여하게 된다.

3월 1일 전 주일이면 삼일절 기념예배를 드리고 8월 15일 전 주일에는 광복절 기념예배를 드린다. 신앙입국(信仰立國) 곧 믿음으로 나라를 세우자는 것이 목적이다. 관련된 설교를 하고 축도 뒤에는 모두 일어선 채로 애국가를 두 절 부른다. 강단 앞에는 태극기와 성조기로 장식하며 교회학교와 우리말 학교에서는 태극기를 그리게 한다. 7월 4일 전 주일에는 미국독립기념주일로 지킨다. 한국 국경일 주일과 마찬가지 방식이지만 물론 미국 국가를 부른다.

사순절, 종려주일, 수난주일, 성금요일, 부활주일 등은 통상적으로 어느 교회나 비슷하게 지킨다. 사순절은 부활주일 40일 전부터 다소 경건하게는 지내도록 깨우치지만 엄격하게 지키지는 않는다. 다만 부활주일 10일 전부터 연속금식기도에 들어간다. 그리고 종려주일에는 종려나무 가지로 교회학교 교실부터 예배센터 모두를 장식한다. 성금요일에는 온교우 산상기도회를 갖거나 혹은 교회에서 성만찬예식을 가진 후 십자가 대행진으로 이어진다. 세족식도 가끔 갖는다. 세족식은 성결예식이라고 고쳤으면 좋겠다는 희망도 있다. 부활주일 오후에는 기관별 혹은 사랑팀별 성경퀴즈대회를 자주 했다.

오월 첫 주일은 어린이 주일, 둘째는 어머니 주일, 셋째는 부부주일로 지켜오고 있다. 부부주일은 '아내의 날' 행사를 20년 정도 해오다가 근래에 바꿨다. 가정을 사랑센터로 만드는 기회로 삼는다. 그리고 아버지 주일은 6월에 별도로 있지만 특별행사는 없다.

오월 마지막 주일은 성결교단 주일이기도 하고 '회심 강조 주간'(conversion emphasis week)으로도 지킨다. 한국 땅에 첫 성결교회가 세워진 것을 기념하며 그에 관하여 설교한다. 특히 요한 웨슬리 목사께서 올더스게잇 회심 체험 혹은 성결체험이 있던 것을 기념하여 회개와 중생을 설교하는 회심 강조 주간으로 지킨다. 이것은 유니온교회 담임목사의 제안으로 미주한인교회가 솔선하여 지켜가고 있다. 그리고 대체로 오순절에는 성령강림주일로 지킨다. 새벽기도회와 주일에 성령론을 설교하고 성령 충만을 위하여 소리 높여 통성기도를 한다. 성결 곧 성령충만을 설교한다.

5월 마지막 주일에는 '조상합동추모예배'를 드린다. 그것은 미국의 현충일 전 주일이기 때문이다. 이민생활 하면서 부모님이나 혹은 다른 가족의 추모예배를 드리기가 쉽지 않은 터라 교회에 영정사진을 비치하고 추모와 조상의 간증을 함께 나누는 시간을 갖는다. 유니온교회가 이 합동추모예배를 드리는 점에서는 선도적이고 시범적이다. 나이 든 세대는 열심히 참여하고 젊은 세대는 좀 시큰둥하다. 그러나 조상들의 신앙유산과 지혜를 이어가는 것은 성경적 요청 아닌가.

9월 마지막 주일은 유니온교회 창립주일이다. 창립주일 행사는 해가 갈수록 그 열기가 식어진다. 교회창립회원들이 교회에 별로 남아있지 않기 때문이기도 하고 세월이 가면 자연 그 때의 감격이 줄어들게 된다. 그래도 창립목사가 있는 한 그 날에는 창립예배 때 했던 설교를 재현하는 것이 상례이다. 그리고 유니온교회 역사를 글로 정리하여 주간뉴스에 게재하든지 혹은 영상으로 함께 본다. 에베소교회를 향하여 첫 사랑 버린 것을 책망하신 주님의 말씀(계 2:4)을 기억하도록 기도하고, 온 성도들이 유니온교회를 향하여 생일축가를 부르고 케이크를 함께 나눈다. 케이크 자르는 행사에는 담임목사, 선임장로, 최고 연장자, 최연소 어린 아기가 함께 참여한다. 가끔 그 날 등록한 신자나 창립회원을 참여시키기도 한다. 흔히 담임목사 혼자 나서는 일이 많은데 유니온교회는 '혼자'가 아니라 '함께'를 강조한다는 데 뜻이 있다.

흔히 말하는 '종교개혁주일'은 '교회개혁주일'로 이름을 바꾸어 불렀다. 그 때 역사적 사건들을 자료로 해서 '더 좋은 교회를 만들자'는 내용의 설교와 기도를 한다. 담임목사가 독일 교회개혁 성지들을 돌아본 뒤에는 예배의 한 순서로 '영상으로 보는 교회개혁 운동'을 감상한다.

예수님도 명절이면 예루살렘에 올라가셔서 참석하셨다. 장례식에도 참석하셔서 죽은 사람을 살려내시기도 했고 결혼식에 참석하셔서 모자라는 음식을 채워 주시기도 했다.

"너희 생각에는 어떠하냐. 그가 명절에 오지 아니하겠느냐"(요 11:56)

예수님 당시의 사람들도 예수님께서 명절에 오실 것을 예상하고 기대했다. 절기는 그만큼 성도들의 신앙교육을 할 수 있는 좋은 기회이기 때문이다. 가정이 하나 되고, 교회가 하나 되고, 옛 것과 새것이 하나 되고, 나라가 하나 되고…. 그런 것은 우리 모두가 하나님과 하나 되는 일에서 시작되고 완성된다.

절기와 함생목회적 의미

모든 절기는 어떤 집단의 사회적 문화적 사건이다. 결코 개인적 사건은 아니다. 가령 생일을 혼자서 축하한다면 개인적 의미는 있을 수 있다. 그러나 인류의 모든 문명은 절기와 축제를 문화와 문명의 매우 중요한 부분으로 삼고 있는데 이는 인간이 근본적으로 '사회적 개인'이라는 점을 웅변으로 말한다. 특히 국가를 단위로 볼 때 어느 국가이든지 절기와 축제를 매우 중요한 국민적 사건으로 만들고 있다. 세계적으로는 올림픽 게임, 월드컵 축구 등 스포츠 행사가 자리 잡고 있다. 종교들은 그들의 신에게 바치는 종교축제를 가지고 있다. 그런 점에서 기독교는 더욱 큰 규모의 절기와 축제를 역사적으로 전개해 왔다. 그리고 성경적 강조사항이 되고 있다.

그런데 축제가 점점 규모가 커지고 감정을 흥분시켜오는 동안 어떤 면에서는 생명을 증진시키는 일과 멀어지기도 했다. 경우에 따라서는 생명을 학대하는 축제들도 있다. 가령 스포츠행사의 민족주의 국가주의화와 상업화가 그 대표적이다. 핼로윈데이 행사도 변질되고 상업화의 극치를 이룬다. 이런 점에서 기독교는 모두 함께 삶을 나누는 그리고 생명을 증진시키고 특히 사랑을 나누는 함생의 날로 지키도록 힘써야 한다. 이런 시도의 하나가 핼로윈데이를 홀리 위닝데이(holy winning day) 혹은 할렐루야 데이로 지키려는 한인교회의 시도였다.

10

충성되고 지혜 있는 종이 되어

행정 • 은사 • 갈등관리 • 재정 • 시설

목회자의 최고 표준 예수 그리스도

두세 사람이 모인 곳에
소그룹 목회론

인류의 문명은 작은 것보다는 큰 것을 더 값지게 생각해 왔다. 왕들에게도 '대왕'이란 이름을 붙이기를 좋아했고, 황제에게도 대황제 호칭을 부여했다. 특히 유교문화권인 아시아에서는 그런 풍조가 더 심했다. '대한민국(크고 큰 백성의 나라)'을 비롯하여 대일본제국, 대통령, 대성회 등 크다는 뜻의 표현을 무척 많이 쓴다. 그런 문명적 조류가 교회에도 들어와 대형교회 게다가 초대형교회라는 말이 유행하고 그런 교회를 자랑스럽게 여긴다.

유니온교회가 개척한 지 얼마 안 되었을 때였다. 새 가족 훈련반을 거쳐 직원훈련반 과정을 마쳐야 집사 권사를 임명하기로 방침을 정해서 실시한 지 일 년 정도 지났다. 한국에서 이민 온 어떤 여 집사는 교회의 방침을 거부하고 다른 큰 교회로 적을 옮겼다. 한국의 초대형교회의 집사를 지냈는데 이 조그만 교회에서 무슨 훈련을 또 받아야 되느냐며 팩 해서 떠났다는 것이다. 있을 수 있는 반응이지만 교회가 무엇이냐를 근본적으로 오해하고 있다는 것이 백일하에 드러난 셈이다.

그런데 교회의 머리이신 예수님께서 그런 생각을 단번에 뒤집어 놓으셨다. 별 볼일 없는 열두 청년을 모아 그들과 함께 새로운 신앙운동을 시작했다. 그 열둘 가운데서 특별히 서

너 사람에게 중점을 두시기도 했고, '두 사람만 자신의 이름으로 모여도 그것이 바로 교회'임을 선언하셨다.(마 18:19-20) 기독교는 그런 가르침에 힘입어서 소그룹으로 출발하여 세계 문명과 역사를 주도하는 종교가 되었다. 갈릴리 지방 나사렛이라는 시골동네의 목수였던 예수라는 청년이 어부 몇 사람과 시작한 복음운동이 바로 그것이다. 그런 점에서 소그룹 운동이 교회에서 불길처럼 일어난다는 것은 새삼스러운 일이 결코 아니다. 어떻게 보면 교회 원형으로 돌아가는 운동이다. 교회는 아담과 하와 부부로부터 에덴 동상에서 시작되었고, '하나님의 나라는 작은 겨자씨 한 알과 같다'(막 4:31)고 예수님은 말씀하셨다.

예수 그리스도의 소그룹 사역 원리

1. 예수 그리스도는 소그룹으로 사역을 시작하셨다. 세례를 받으신 후 베드로와 안드레를 제자로 부르시고 이어서 야고보와 요한을 부르셨다. 그 때까지 예수님을 포함하여 다섯 명의 그룹이었다.(마 4:18-22)

2. 그분은 열두 제자를 이스라엘 열두 지파에 상응하여 일차 소그룹으로 조직하셨다. 그러나 그 열두 제자 안에 베드로, 야고보, 요한의 작은 그룹이 있었다.

-엿새 후에 예수께서 베드로와 야고보와 그 형제 요한을 데리시고따로 높은 산에 올라가셨더니.(마 17:1) -베드로와 야고보와 요한을 데리고 가실 새 심히 놀라시며 슬퍼하사.(막 14:33)

3. 그렇다고 하여 이 소그룹이 어떤 차별감을 유발하지는 않았다. 사역을 효과적으로 하기 위한 도구로 이해된 것 같다.

4. 예수님의 제자단은 따라서 3명, 12명, 70명, 120명, 500명 등으로 이루어졌다. 이는 소그룹과 '큰 무리'를 잘 조화시키는 사역을 하셨다는 뜻이다.

5. 소그룹에는 야고보와 요한 같은 친인척도 있었으나 그로 인하여 다소의 부작용이 있었더라도 사역에 큰 장애가 된 것으로는 보이지 않는다.(마 20:20-28) 오히려 하나님 나라의 일을 효과적으로 하는 전략이 되었다.

6. 열두 제자들은 핵심그룹으로서 예수 그리스도와 함께 함생생활을 하며 전방위적 교육훈련을 받았다. 발씻음을 받은 것도 그 열두 제자였다.(요 13:1-20)

7. 이 열두 사도(맛디아로 유다를 대신함)와 바울의 순교적 헌신으로 예수 그리스도의 복음은 '온 천하'로 퍼져나가게 되었다.

개체교회 소그룹 목회의 실제

소그룹 사역에는 한국교회가 세계교회에 결정적 공헌을 했다. 한국교회가 일찍부터 구역(장로교회와 성결교회), 혹은 속(감리교회)의 소그룹을 통하여 신앙운동을 전개하여 큰 열매를 거두었다. 그리고 조용기 목사가 이끌었던 여의도순복음교회의 구역중심의 교회성장이 기여한 바 크다. 〈대학생선교회〉(CCC)도 순모임을 통하여 그 조직을 확장해 갔다. 특히 가정교회운동, 말씀묵상운동(Quiet Time Movement) 등을 통하여 소그룹 운동은 온 세계 교회에서 요원의 불길처럼 타오르는 목회전략이 되었다. 소그룹 운동은 유럽에서 죽어가던 교회를 미국과 아시아와 아프리카 등지에서 살려 낸 값진 사역이 되었다. 새로운 교회운동(emerging church movement)가 되었다.

유니온교회는 기본 소그룹으로 전통적으로 이어 온 구역을 다시 회복시키는 전략을 선택했다. 그리하여 이름도 '사랑팀'으로 바꾸었다. 다른 대부분의 교회들은 목장, 셀 등의 이름을 사용한다.

1. 사랑팀 운영지침

유니온교회는 다른 교회에서 구역, 속, 목장, 사랑방 등의 소그룹 사역의 대표적 프로그램을 '사랑팀'이라 이름 지었다. 매년 몇 차례에 걸쳐 사랑팀장, 사랑팀 강사 훈련을 하고 있는데 그 자료 가운데서 일부를 소개한다. 여러 형태의 소그룹이 있지만 사랑팀이 대표적 소그룹이다.

1) 사랑팀의 목적은 다음과 같다.

(1)하나님께 예배드린다. (2)성도들의 믿음이 견고해진다. (3)성경말씀과 신앙생활을 배운다. (4)가정끼리 서로 도우며 사귄다. (5)믿지 않는 가정에 전도한다. (6)팀원들과 교회를 위하여 기도한다. (7)신앙체험을 서로 간증한다. (8)함생신앙생활을 몸에 익힌다.

2) 사랑팀은 다음과 같이 조직한다.

(1)사랑팀원: 5가정 단위. (2)팀장, 총무. (3)감독기관: 교구장, 담당교역자, 담임목사. 4)실행부서: 찬양부장, 재정관리부장, 회원관리부장, 동원부장 …

3) 사랑팀원들이 할 일

(1)사랑팀 예배장소를 제공한다. (2)사랑팀 예배에 많이 오도록 초청한다. (3)음식과 다과를 제공한다. (4)다른 사랑팀원과 서로 도우며 사귄다. (5)믿지 않는 이웃가정들을 초청하고, 위하여 기도하고 전도한다. (6)사랑팀 예배에 필요한 것들(가정기도제목, 특별찬송, 간증, 감사헌금, 헌금바구니 등)을 준비한다. (7)새로 참가한 사랑팀원들을 영접하고 소개한다.

4) 사랑팀장이 할 일

(1)사랑팀 예배 인도 (예배인도의 원리는 제27강 '예배하라, 경배하라' 참조). (2)사랑팀 예배 장소 교섭(2-3회 앞). (3)사랑팀에 속한 가정을 위한 기도. (4)사랑팀원들의 형편 파악. (5)사랑팀의 다른 활동, 경조사 참석. (6)사랑팀의 현황을 교구장, 담당교역자에게 보고. (7)그 지역 전도대상자 파악과 권고

5) 사랑팀원 관리지침

(1)사랑팀원의 이름과 가족 이름을 기억하라. (2) 각 가정의 형편을 은밀하게 파악하라. 결코 기분 나쁜 태도로 정보를 캐지 말라. (3)1주일에 한 번씩은 전화하라. (4)교회에 오면 먼저 자기 사랑팀원들을 돌보라. (5)사랑팀원 가운데 주일예배 결석자가 있으면 조치하라. (6)새 팀원이 오면 예배 시작 전에 소개하고 환영하라. (7)사랑팀원들의 비밀 특히 나쁜 소문을 퍼트리지 말라. (8)사랑팀원 명부를 항상 유지하라. (9)사랑팀원들에게 돈을 꾸거나 계를 조직하거나 어려운 부탁을 하지 말라. (10)사랑팀원들을 목자가 양을 돌보듯이 자상하게 살펴가며 도와주라.

6) 사랑팀 강사의 할 일

(1)하나님의 말씀을 맡은 자라는 소명을 가지고 충성을 다하라. (고전4:1-2). (2)성령님께서 말씀을 가르치는 은사를 계속 주시도록 기도하라. (고전12:8; 엡4:11). (3)하나님의 대변자로서 자신의 의견이 아니라 하나님의 말씀을 가르치라. (겔3:17-21). (4)말씀을 인도하는 것은 듣는 사람이 구원받고, 믿음이 자라고, 전도할 수 있도록 변화시켜 주시기를 기도하는 마음으로 하라. (히4:12). (5)교재나 공과는 참고서로만 하고 하나님께서 감동시켜주신 말씀을 전하라.(딤후 3:16). (6)일방적으로 가르치기만 하지 말고 예수님의 교육방법을 따라 대화식으로 해서 다른 팀원들로 하여금 말하게 하라. (7)성경본문의 요절을 외우고, 교재 내용을 숙지하도록 하라. (8)성경교육방법은 강의식, 질문응답식, 토의식, 연구발표식 등을 다양하게 활용하라. (9)성경읽기도 대독, 교독, 윤독, 통독(한 목소리로 읽음), 묵독 등을 변화있게 활용하자. (10)매달 교회에서 있는 강사훈련에 꼭 참석하자.

2. 소그룹 말씀지도자 자격증 수여 지침

유니온교회는 〈소그룹 평신도 말씀지도자〉에게 자격증을 수여하여 사역을 바르게 그리고 효과적으로 하도록 한다. 이를 위하여 다음 사항을 자격 부여의 지침으로 삼는다.

1) 자격증 수여 대상자는 다음과 같이 두 가지로 한다.

(1)소그룹 말씀지도자 정규 자격증. (2)소그룹 말씀지도자 예비 자격증

2) 말씀지도자의 선발은 다음 두 가지 방식 가운데 하나로 한다.

(1)정규과정: 본 교회가 정한 다섯 가지 과목을 이수하고 말씀을 지도할 만한 기본자격을 갖춘 자. (2)비정규과정: 정규과정을 이수하지 아니했으나 말씀지도자가 될 만한 충분한 자격이 있다고 평가된 자와 다른 교회에서 이미 소그룹 평신도 말씀지도자로서 활동했던 자로서 자격이 있다고 평가된 자.

3) 소그룹 평신도 말씀지도자의 기본자격 평가 기준은 다음과 같다.

(1)예수 그리스도를 구원주로 믿어 영원한 생명을 얻은 확신이 있어야 한다. (2)말씀 지

도자로서의 소명과 은사가 있어야 한다. (3)기독교 진리 체계의 기본을 숙지해야 한다. (4)신앙생활이 모범적이고 성도들의 존경과 사랑을 받아야 한다. (5)그룹을 관리할 지도력과 말씀을 인도할 실력이 있어야 한다. (6)영력이 있어야 한다. (7)계속하여 자기 개발에 힘써야 한다. (8)교회 주일예배와 각종 집회에 열심히 참석해야 한다. (9)말씀지도자 훈련모임에 성실히 참여해야 한다. (10)십자가를 기쁨으로 질 수 있는 사람이어야 한다. (11)유니온교회는 매년 초 혹은 수시로 그 자격을 평가하여 자격증을 수여하고 갱신할 수 있다.

4) 사랑팀장 지도력 개발: 더 좋은 사랑팀을 만들기 위한 12가지 전략

(1)정시에 모이고 정한 시간에 마쳐라. (2)예배 시간을 가장 중요하게 여기라. (3)예배 가운데는 성경말씀과 나눔시간에 집중하라. (4)아늑한 분위기를 조성하고 주의력 분산을 막아라. (5)무엇인가 한 가지 은혜를 받고 흐뭇한 마음으로 돌아가도록 하라. (6)새로운 사람을 초청하여 전도의 기회를 삼으라. (7)모든 일에 미리 철저히 준비하라(순서담당자, 기도제목 등). (8)모든 팀원이 고르게 말하도록 하라. (9)출석률을 높이라. (10)어린이들에 대한 관심을 가지라. (11)사랑의 인간관계를 회복시키는 일에 힘쓰라. (12)성삼위 하나님이 모임 가운데 계심을 잊지 말라.

5) 모범사랑팀장 자기평가 지침서

사랑팀장으로서의 사역에 있어서 다음 사항에 가장 만족 5점, 중간 3점, 가장 불만족 1점으로 하고 그 사이에 4점과 2점을 사용하십시오. 그런 뒤에 통계를 내십시오.

(1) (구원) 하나님의 자녀가 되어 영원한 생명을 얻었다는 구원의 확신이 있습니까(　)

(2) (보상) 하나님의 축복을 자신 있게 받을 만큼 사랑팀장 사역에 헌신하셨습니까? (　)

(3) (교회사랑) 유니온교회를 사랑하며 귀중한 것을 드려 헌신하는 것이 즐겁습니까? (　)

(4) (팀원 사랑) 사랑팀원들이 만나고 싶고 기쁨과 아픔을 함께 나누고 싶습니까? (　)

(5) (기도) 사랑팀원들을 위하여 열심히 기도하고 있습니까? (　)

(6) (성경) 성경말씀 1백절을 열심히 외우고 있으며 성경을 규칙적으로 읽으십니까? (　)

(7) (성수주일과 집회) 성수주일을 했으며 다른 집회에도 열심을 내고 있습니까? (　)

(8) (사랑) 자신에게 아픔을 주는 성도들을 사랑하고 위하여 기도할 마음이 있습니까? (　)

(9) (성령충만) 마귀에게 유혹당하지 않으며 성령이 충만함을 항상 체험합니까? (　)

(10) (가정) 하나님 마음에 꼭 드는 가정이 되었습니까? (　)

(11) (전도) 지난해에 사랑팀에서 전도하여 유니온교회 성도된 사람이 있습니까? (　)

(12) (출석) 사랑팀원 전체가 사랑팀 예배와 교회예배에 온전히 출석하고 있습니까? (　)

(13) (지도력)사랑팀원들의 존경과 사랑을 받고 있습니까? (　)

(14) (동원력) 심방과 전화를 통하여 사랑팀원들을 잘 동원하고 있습니까? (　)

(15) (갈등해소) 사랑팀원들 사이의 갈등을 잘 해소하고 있습니까? (   )

(16) (열심) 사랑팀을 살리고 확장시키기 위한 열심이 심장에서 불타고 있습니까? (   )

(17) (열매) 사랑팀원의 배가를 위하여 기도하며 노력하고 있습니까? (   )

(18) (지도력 훈련) 일 년에 열두 번 있는 사랑팀장 훈련에 열심히 출석하셨습니까? (   )

(19) (십자가 지기) 어려운 일은 누구보다도 앞서서 먼저 십자가를 졌습니까? (   )

(20) (예수님 닮기) "예수님처럼, 꼭 예수님처럼" 살려고 노력했습니까?(   )

이름________________, 점수_______________(비공개)

3. 전도회와 기관 관리

유니온교회는 가장 모범적 교회, 하나님 마음에 꼭 드는 교회되기를 힘써 왔다. 매년 11월 한 달 동안 새해를 향한 기관총회를 개최한다. 기관이란 각 전도회, 찬양기관, 학부모회 등이다. 이 때 다음과 같은 지침을 활용하도록 했다.

1) 모든 조직은 하나님이 주신 사명을 완수하려는 데 목적이 있음을 명심하시오.

2) 따라서 모든 회의에서는 하나님의 뜻이 무엇인지를 공동으로 찾는 노력을 해야 합니다. 결코 개인의 주장을 관철하는 기회로 삼아서는 안 됩니다.

3) 기관총회는 지도력 훈련의 기회도 됩니다. 사회자는 회의법의 기본을 익혀 주시기 바랍니다.

4) 회의 순서는 대체로 다음과 같습니다.

제1부:개회예배-찬송가, 개회기도, 말씀봉독과 설교, 주기도문

제2부:회의-개회선언, 전년도 사업보고, 회계보고, 회칙개정(제안이 있는 경우), 임원개선, 새해 사업과 예산통과(연회비 결정), 통성기도로 마친다.(지도교역자가 있는 경우 말씀과 축도나 마감기도를 담당)

5) 임원개선의 경우 회장, 부회장, 총무는 반드시 선임해야 합니다. 덮어씌우는 기분으로 해서는 안 됩니다. 자원함으로 할 수도 있습니다.

6) 전도회 조직은 예년대로입니다. 특별한 부서가 필요한 경우 신설해도 됩니다.

7) 사업과 예산은 토의한 후 임원회에 넘겨 확정하는 것이 효율적일 수 있습니다.

8) 발언 중 화를 내든지 다투거나 퇴장하거나 인신공격을 해서는 안 됩니다. 아무리 의견이 좋아도 나쁜 열매를 맺을 뿐입니다.

9) 의장의 임무는 회의자료(회칙, 사업보고서, 결산서, 회의장소, 다과 등) 준비와 회의가 회칙에 따라 원만하게 진행되도록 교통정리를 하는 것입니다. 다른 임원 특히 총무의 도움을 받아 회의를 효율적으로 관리해 주시기 바랍니다.

10) 새해의 중점사항은 "…"입니다. (예: 새해의 중점사항은 "목적을 실천하는 해"가 될

것입니다. 목적이 이끄는 삶의 연장입니다.)

11) 회의 결과는 즉각 행정담당 부목사에게 보고해주시기 바랍니다.

12) 교회회의의 모범은 사도행전 15장에 기록된 "예루살렘 공회"입니다. 여러 다른 의견을 제시한 뒤에 만장일치로 결의한 점도 모범이고 그 결정으로 인하여 교회가 하나님이 맡기신 큰일을 할 수 있었던 것도 모범이었습니다.

소그룹의 함생목회적 의미

기독교는 20015년 현재 25억 명이 넘는 신도로 구성되어 있다. 개신교회, 로마 가톨릭교회, 정교회 등을 포함한 회원 수이다. 전 인구의 3사람 가운데 하나는 기독교 신자이다. 그런데 이것은 '땅에 떨어져 죽은 한 알의 밀'(요 12:24)에서 시작되었다. 그리고 12명의 소그룹으로 확장되었다. 목숨을 걸고 진리를 전파하는 그 한 사람이 그토록 중요하고, 그에 또한 생명을 위탁한 열두 명이 그토록 큰일을 해낼 수 있다. 그것은 지금도 마찬가지이다. 함께 생명을 살리는 운동 곧 함생운동이 바로 그것이다. 두세 사람이 모여도 그리스도 예수께서 함께 하시면 그토록 엄청난 일을 해낼 수 있다(마 18:20). 그것은 성삼위 하나님이 일체가 되셔서 사람을 동원하여 하시는 일이기 때문이다(참조: "두 사람만 모인 교회." 크리스천 헤럴드 2014년 8월 28일).

충성되고 지혜있는 종이 되어
임직 목회론

하나님은 사람을 통하여 일하신다. 하나님께서 직접 하실 수도 있고 또 하시기도 하지만 교회의 사역은 상당부분 사람들을 선택하여 성삼위 하나님께서 하시는 일을 대행시키신다. 그래서 교회에는 여러 직분을 두어 하나님의 사역을 하게 된다.

이런 점에서 가톨릭교회는 일찍이 신품성사 곧 신부를 안수하는 일과 착복식 곧 신부나 수녀에게 성의를 입히는 것을 예식으로 제정하였다. 비록 개신교회는 목사안수식 같은 것이 성례전에는 포함되지 않았더라도 결혼식이나 장례식이 중요한 것처럼 안수식을 포함한 모든 임직식도 사역의 빼놓을 수 없는 한 부분이다.

예수 그리스도의 임직사역 원리

예수님께서는 예전 사역에 어떤 표준이나 모범사례를 제시하시지 않았다. 그러나 몇 가지 원리를 제공하셨다.

1. 직분자 선정을 위하여 간절히 밤이 새도록 기도하셨다.

-이 때에 예수께서 기도하시러 산으로 가사 밤이 새도록 하나님께 기도하시고.(눅 6:12)

2. 제자들을 사도라 칭하여 임직자 명칭을 부여하셨다.

-밝으매 그 제자들을 부르사 그 중에서 열둘을 택하여 사도라 칭하셨니.(눅 6:13)

3. 그 직분을 수행하는 일에 지침을 상세히 말씀하셨다. 경영학 용어로는 직무기술(job description)이다.

-예수께서 이 열둘을 내보내시며 명하여 이르시되, 이방인의 길로도 가지 말고 … 오히려 이스라엘집의 잃어버린 양에게로 가라(마 10:5 이하).

4. 예수님은 제자들에게 직분과 직무를 부여하신 다음 그 수행한 일의 보고를 받으시고 평가하셨다. 특히 70 제자를 보내신 뒤 다음과 같이 평가하셨다.

-칠십인이 기뻐하며 돌아와 이르되, 주여, 주의 이름이면 귀신들도 우리에게 항복하더이다 … 예수께서 이르시되 … 그러나 귀신들이 너희에게 항복하는 것으로 기뻐하지 말고 너희 이름이 하늘에 기록된 것으로 기뻐하라 하시니라.(눅 10:17-20)

5. 예수님의 선교사 파송식은 부활하신 뒤에도 있었다. 성령을 불어 넣으시고 사명을 똑바로 수행하도록 지침을 주셨다.(요 20:21-23)

6. 예수님께서 베드로를 목회자로 파송하실 때에도 원칙을 제시하셨다. 주님을 사랑하는 것이 조건이고 어린 양을 먹이고, 양을 치고, 양을 먹이는 것이 사명이다.(요 21:15-18)

7. 이러한 임직식의 전통은 사도들에게 계승되었다. 가룟 유다의 자리에 맛디아를 선정하는 과정에서 역시 명칭, 자격, 기도, 협의, 직무 등에 관하여 명백히 했으며, 일곱 집사를 선정할 때에도 안수식을 가졌다.

-봉사와 및 사도의 직무를 대신할 자인지를 보이시옵소서. 유다는 이 직무를 버리고 제 곳으로 갔나이다 하고 제비 뽑아 맛디아를 얻으니 그가 열한 사도의 수에 들어 가니라.(행 1:25-26) -사도들 앞에 세우니 사도들이 기도하고 그들에게 안수하니라.(행 6:6)

개체교회 임직목회의 실제

1. 임직식의 종류

교회의 임직식은 교단에 따라 개체교회에 따라 다르기는 하지만 일반적으로는 다음과 같은 것들이 있다. 1)목사직과 관련된 것-목사 안수식, 취임식, 은퇴식, 원로목사 추대식. 2)평신도직에 관련된 것-장로장립식, 권사/안수집사 취임식, 집사취임식, 기타 직분 임명식. 3)교단과 관련된 것-총회장 취임식, 교단신학대학 총장/이사장 이취임식. 4)건축시설과 관련된 것-기공식, 입당식, 헌당식.

2. 취임식 거행 지침

1)예배식으로 진행한다. 2)한 시간 30분을 기준으로 한다. 3)취임자의 사명과 헌신의 동기를 강화시키는 예식이 되도록 한다. 4)직분자의 영적 준비를 강조한다. 5)필요한 교육과 훈련이 따르도록 한다. 6)직분의 존귀성을 인식하며 그것이 바로 저주의 통로가 아니라 반드시 축복의 통로가 되도록 한다. 7)대표적 선물은 십자가로 한다. 8)사람에게 영광을 돌리지 않고 하나님께 영광이 되도록 한다. 9)임직 당사자뿐만 아니라 참가자들에게도 은혜가 되도록 한다. 10)전도의 기회, 교회홍보의 좋은 기회가 되도록 한다. 11)임직은 하나님께서 주신 사명임을 명심하게 한다. 12)예수 그리스도의 임직식 사역 원리가 최대한 반영되도록 한다.

3. 교회직원 자기 평가서

임직자 교육훈련을 위한 여러 가지 프로그램을 마련했다. 훈련되지 않은 병사로는 전쟁에 이길 수 없는 것처럼 영적전쟁도 마찬가지이다. 그 대표적인 사례로 '교직원 자기 평가서'를 여기 소개한다. 자기와 하나님만 아시도록 평가했다. 다음 25문항에 각각 1-4점씩 배당하여 100점 만점으로 했다. 90점 이상은 수, 80점 이상은 우, 70점 이상은 미, 60점 이상은 양, 59점 이하는 가(낙제)이다.

1)구원받은 기쁨과 감격 속에 산다.(눅 10:20) 2)자신이 구원받은 바를 성경말씀으로 설명할 수 있다.(벧전 3:15) 3)주일예배에 철저히 출석한다.(마 18:20) 4)기도생활에 힘쓰며 대표기도를 한다.(행 1:14) 5)성경말씀을 규칙적으로 읽는다.(딤후 3:14-17) 6)가정예배와 사랑팀 모임을 중요시한다.(행 10:2) 7)모범가정을 이루려고 노력한다.(딤전 3:4,12) 8)성령께서 함께하심을 확신한다.(롬 8:9,14) 9)십일조를 기쁨으로 드린다.(말 3:10). 10)모범신자라는 평가를 받고 있다.(행 6:3) 11) 유니온교회의 직분에서 예수 그리스도의 신부된 기쁨을 느낀다.(엡 5:22) 12)유니온교회의 장래 발전을 위하여 기도한다.(눅 9:62) 13)교역자들을 위하여 기도하며 충성스럽게 협력한다.(눅 8:1-3) 14)교회에 봉사할 때마다 마음속에 큰 보람이 있다.(마 6:3) 15)직장과 가정생활은 부업이고 교회생활이 본업이다.(마 4:18-22) 16)모든 회의에서 하나님의 뜻을 따라 결정한다.(행 15:1-29) 17)은사에 따라 헌신한다.(고전 12:4-11) 18)맡은 일에 끝까지 충성한다.(고전 4:2) 19)자원하여 지도력을 발휘한다.(벧전 5:2) 20)교우 이름을 되도록 많이 기억하여 부르며 기도한다.(요 10:3) 21)일 년 동안 2명 이상 전도한다.(딤후 4:2) 22)예배와 회의를 인도할 수 있다.(벧전 2:9) 23)이단의 유혹과 싸워 이긴다.(갈 1:6-10) 24)제자훈련을 충분히 받았다.(마 28:19) 25)모든 일에 예수님처럼 살려고 힘쓴다.(요13:15)

임직의 함생목회적 의미

예수 그리스도께서 임직목회를 하신 원리에 따르면 교회에 직분을 두는 것은 그 근거가 확실하다. 그러나 임직에는 부작용이 많이 따른다. 유교 문화가 아직도 강세인 우리 한국인들은 아무래도 직분을 은사만으로 생각하거나 혹은 주인을 섬기는 자세에 익숙하지 않은 면이 있다. 특히 미주한인교회에서는 신자들이 권력의지(will to power)를 채울 기회가 많지 않으므로 교회 임직을 신분향상으로 생각하는 경향이 매우 짙다. 게다가 이민교회는 가족군으로 구성되어 있어서 '우리 가문에서도 장로 한 자리 해야지' 하는 생각들이 매우 높다. 집사에서 안수집사, 안수집사에서 장로로 '강등되는 것'이라고 아무리 외쳐 보아도 그리 효과가 큰 것 같지 않다. 특히 장로직분은 이제 한국에서는 교회직분에 그치는 것이 아니고 사회적 정치적 직위가 되었다. 장로 대통령이 여럿 나왔고 '시의원이나 국회의원 한 자리 하려면 장로직분은 있어야 한다'는 인식이 팽배되어 있다. 가룟 유다가 재정을 맡은 것이 그로 하여금 예수 그리스도의 배신자가 되게 했다는 심리학적 설명이 가능할 것도 같다.

그러나 그런 부작용에도 불구하고 조직은 필요하다. 부작용은 있어도 필요악보다는 필요선인 점이 더 많다. 그래서 교회는 그냥 조직체에만 머무는 것이 아니고 생명적 조직체 곧 유기체(not organization but organism)라고 말한다. 그리스도 예수님을 머리나 심장으로 삼고 모든 성도들이 각각 팔, 손가락, 다리, 눈, 귀, 코, 콩팥 등의 생체(organ)라는 이해이다.(고전 12:1-30) 그래서 교회는 조직이요 제도(institution)이기도 하지만 그것에 머무르는 것이 아니라 한 몸 곧 함생체라는 주장을 지금까지 여러 해 동안 계속하여 강조해 왔다. 모든 교회 구성원은 결국 생명공동체라는 뜻이다. 따라서 개인이 영적 육신적으로 건강해야 교회 전체가 건강하고 또 교회 전체가 건강해야 개인도 건강하게 된다. '하나는 모두를 위하여, 모두는 하나를 위하여'를 다시금 외쳐야 한다. 특히 임직 맡은 사람들은 교회의 머리이신 예수 그리스도께서 그토록 목마르게 찾으시는 "착하고 충성된 종"(마 25:23)이 되어야 한다. 그리고 교회 전체는 한 직분 한 직분이 최선을 다하여 좋은 열매를 맺도록 유기적으로 협력해야 한다.

두 달란트를 남기고
은사 목회론

사람에게는 누구나 몇 가지 재주나 특기를 가지고 있다. 성경에서는 이것을 은사(恩賜, 카리스마타)라고 했다. 타고난 재주를 강조하는 교육이 바로 영재교육이다. 하지만 이런 은사는 대체로 세 가지로 구별된다.

1) 자연적 은사, 2) 학습된 은사, 3) 영적 은사가 바로 그것들이다.

은사목회에 관하여는 이미 제43강 '성령의 충만함을 입어'에서도 언급했다. 이 강좌와 중복되는 부분이 있을 것이나 강조점이 다르다.

다른 교역자들에게 목회 자문을 할 때 필자가 자주 사용하는 말이 있다. "굼벵이도 떼구르르 구르는 재주가 있는데 어찌 당신은 은사가 없다고 하는가." "무은사도 매우 중요한 은사이다.' '은사는 하나님이 주신 것이지만 이것을 개발하는 것은 사람의 몫이다."

예수 그리스도의 은사사역 원리

예수님에게도 자연적 은사가 있으셨을까? 예수님에게도 학습된 은사가 있으셨을까? 예수님에게도 영적 은사가 있으셨을까? 검토해 보기로 하자.

1. 예수 그리스도께서는 사람마다 은사가 있는 것을 깊이 알고 계셨다.

-또 어떤 사람이 타국에 갈 때 그 종들을 불러 자기 소유를 맡김과 같으니, 각각 그 재능대로 한 사람에게는 금 다섯 달란트를, 한 사람에게는 두 달란트를, 한 사람에게는 한 달란트를 주고 떠났더니.(마 25:14-15)

이것은 예수님의 비유이다. 그분은 '각각 그 재능대로' 사업자본을 차등지급했다고 말씀하셨다. 그 때 사용된 그 '재능'은 '듀나민'이라는 헬라말이다. 이는 능력이라고 흔히 번역된다. 그래고 '달란트'는 헬라 돈의 단위로서 금화(金貨)를 뜻하는데 지금은 그 달란트(talent)가 바로 재능이라는 뜻으로 영어에서 사용되고 있다.

2. 예수 그리스도께서는 열두 제자를 선정하실 때에 자연적 은사를 주의 깊게 고려하셨던 흔적을 보이고 있다. 가령 베드로와 안드레는 물고기를 잘 잡는 어부였으므로 그것이 바로 '사람을 낚는 어부'가 될 가능성을 보셨다. 나다나엘(바돌로매)은 성경학자의 은사가 있었고, 마태와 요한은 복음서를 기록할 수 있는 능력을 훈련받은 사람이었다. 그리고 가룟유다도 그가 가진 재능을 보고 재정관리를 맡기셨을 것으로 보인다.

-나를 따라오너라. 내가 너희를 사람을 낚는 어부가 되게 하리라.(마 4:19)

3. 그분은 제자들에게 이름을 바꾸어 주심으로 은사를 개발하도록 자극하셨다. '베드로'는 바위처럼 튼튼한 반석이 되라는 뜻이다.

-이 열둘을 세우셨으니, 시몬에게는 베드로란 이름을 더하셨고 또 세베데의 아들 야고보와 야고보의 형제 요한이니 이 둘에게는 보아너게 곧 우레의 아들이란 이름을 더하셨으며.(막3:16-17) -또 내가 네게 이르노니 너는 베드로라, 이 반석 위에 내 교회를 세우리니.(마16:18)

4. 그분은 전도를 떠나는 제자들에게 영적 은사를 부어주셨다.

-예수께서 그의 열두 제자를 부르사 더러운 귀신을 쫓아내며 모든 병과 모든 약한 것을 고치는 권능을 주시니라.(마 10:1.참, 막 3:14-15)

5. 예수 그리스도께서는 열두 제자를 다양한 은사를 가진 사람들로 선택하시고 그 은사가 합력하여 좋은 열매를 이루도록 이끄신 것을 볼 수 있다. 성격이 급하나 무엇이든지 앞서서 하는 베드로, 사람을 소개하는 은사를 가진 안드레, 예루살렘에 유학한 요한, 계산하는 일에 착오가 없는 마태, 극렬주의자(셀롯인) 시몬, 끝까지 파고드는 도마 ….

6. 그 같은 은사 사역은 사도들에게서 더 큰 발전을 보았다. 사도 가운데 두 기둥인 베드로와 바울을 통하여 구체적으로 가르쳐 주셨다.

–은사는 여러 가지나 성령은 같고, 직분은 여러 가지나 주는 같으며, 또 사역은 여러 가지나 모든 것을 모든 사람 가운데서 이루시는 하나님은 같으니.(고전 12:4–6) –각각 은사를 받은 대로 하나님의 여러 가지 은혜를 맡은 선한 청지기 같이 서로 봉사하라. 만일 누가 말하려면 하나님의 말씀을 하는 것 같이 하고 … (벧전 4:10–11)

개체교회 은사사역의 실제

“사람은 누구나 한 가지 재주를 하나님으로부터 선물 받았습니다. 맨 날 땅속만 파고 다니는 굼벵이도 좋은 재주가 있지 않습니까? 무슨 재주입니까? 네 맞아요, 또로록 뒹구르는 재주입니다.”

필자는 설교 때나 성경공부를 가르칠 때 그런 말을 여러 번 했다. 성경의 가르침으로는 은사대로 교회에 봉사하라는 뜻이다. 교회는 은사의 집합체 곧 은사 함생체이기 때문이다.

1. 하나님은 교회가 교회로서의 기능을 다할 수 있도록 필요한 은사를 부어 주신다는 믿음이 담임목회자에게 있어야 한다. 필자도 장로로 교회를 섬길 때에는 신유의 은사가 있다는 것을 발견하지 못했으나 담임전도사가 되면서 필요한 은사를 주신 것을 확신하게 되었다.

2. 그러므로 담임목회자는 은사에 따라 사역을 해야 한다. 그래야 도시 속에 있는 현대교회는 ‘특성화된 사역’을 하게 된다.

3. 그러나 부족한 은사를 채워주시도록 기도해야 한다. 설교하는 은사가 부족하다고 해서 설교를 부목사나 설교목사에게 맡겨서는 목회 상 많은 난관에 부딪치게 된다. 또 구하면 반드시 은사를 주신다.

4. 그러나 어떤 때는 ‘무은사’도 좋은 은사라는 걸 깨달아야 한다. 특정한 은사는 없지만 균형있게 할 수 있는 것도 중요하다.

5. 부목사들도 은사에 따라 배치하는 것도 중요하고 은사가 전혀 없는 곳에 배치하여 은사를 개발시켜 놓는 것도 해볼 만한 사역이다.

6. 성도 전체에게 은사 재고조사(inventory)를 하도록 하고 (새 가족이 등록할 때나 특히 교역자가 심방할 때, 교적부를 만들 때 은사와 소명을 확인한다), 그에 기초하여

부서를 배치한다.

7. 평신도들의 은사와 가장 밀접한 사역은 음악사역, 교회학교 사역, 전도사역, 꽃 사역, 건물보수사역 등이다. 음악사역은 자연적 은사, 학습된 은사, 영적 은사가 모두 개발되면 가장 이상적이다.

8. 은사사역은 은사발견, 은사개발과 훈련, 은사배치, 은사평가의 행정적 과정을 거치도록 한다.

9. 은사에 따라 직분을 맡기는 것이 일반적 원리이다. 그러나 은사가 있다고 해서 한 직분에 오래도록 맡겨두는 것은 좋은 행정이 아니다. 특히 재정부서는 누구나 할 수 있도록 하고 재정규모가 커지면 전문 사무원을 두는 것이 좋다. 유니온교회의 경우 모든 부서는 원칙적으로 2년을 임기로 한다. 특히 재정부서는 2년마다 예외 없이 바꾼다.

10. 직분 자체도 성경은 은사로 분류한다. 그리고 은사 사용의 목적은 그리스도의 몸 곧 교회를 세우기 위함이라고 가르쳐 준다.(엡 4:11-12)

은사 사역의 함생목회적 의미

하나님은 교회를 위하여서나 온 인류사회의 복지를 위하여 모든 사람 개인 개인에게 그리고 민족 민족에게 사랑과 같은 공통은사를 주시면서도 사람마다 다른 개별적 은사도 주셨다. 모든 개인 개인들이 힘을 합하여 함생하라고 하시는 계획이 그 속에 감추어져 있다. 그런데도 인류는 죄악으로 말미암아 그 은사를 악용한다. 자신의 이기주의를 확장시키는 일에 악용하고 남의 생명을 학대하고 죽이는 데 악용한다. 예수님의 가르침과 성경의 교훈은 그 은사를 하나님을 위하여 사용하라고 가르친다. 달란트 비유에서 다섯 달란트 받은 자와 두 달란트 받은 자는 이익을 두 배로 남겼지만 그것이 자기 이익을 위하여 한 것이 전혀 아니다. 오히려 한 달란트 받은 자는 자기가 손해를 볼까봐 발발 떨며 땅 속에 묻어 두지 않았는가. 그 주인이 하나님이시라면 하나님도 이기주의자라고 오해할 수 있다. 그러나 하나님께 드리라는 것은 하나님께서 무엇이 부족하여 달라고 하시는 것이 아니다. 하나님께 드린 것 가지고 모든 사람의 복지 곧 함생함을 위하여 사용하라는 뜻이다. 달란트 비유(마 25:14-30)나 열 므나 비유(눅 19:11:27)가 모두 이런 점을 밝혀주고 있다.

목회 칼럼 주특기 목회의 성공과 실패

군대이야기부터 해보자

한번은 대학 동문들이 모여 점심을 함께 했다. 황혼의 나이인데도 흥미진진한 화제는 역시 한국에서의 군대 체험이었다. 사병으로 제대한 동문이나 학사장교로 복무했거나 마찬가지였다. 그 날은 베트남 참전 이야기가 단연 인기 1순위였다.

필자는 사병으로 입대했다. 육군 제2훈련소에는 한밤중에 도착했고 그 다음날부터 신체검사와 몇 가지 시험을 보았다.

"주특기를 좋은 걸 받아야 된대."

어떤 입소병이 그런 말을 했다. '어떻게 하면 군대생활이 고달프지 않을까'에만 온갖 신경을 쏟고 있는 판이라 그 말이 귀를 번쩍하게 만들었다.

"주특기가 뭔데?"

"그게 무슨 뜻인지는 잘 모르는데 하여간 1로 시작되는 보병 주특기 받으면 죽었다고 복창해야 되지."

"그럼 살았다고 복창하는 주특기는 무엇인지 알려 줄래?"

그래서 7번으로 시작되는 행정주특기가 최고라는 정보를 얻어냈다. 그리고 병원에서 근무하는 의무나 정보 혹은 어학사병과 정훈 등의 주특기도 특과에 속한다는 말이었다.

군대에 가면 모두 멍청이가 된다더니 그게 정말이었다. 그런 정보를 이미 알고 있는 전우들이 여럿인데도 필자는 깜깜 소식이었다. 그래도 그런 대화에서 몇 가지 좋은 단서를 발견했다. 주특기란 대학생활로 말한다면 전공분야이고 교회에서는 은사였다.

굼벵이도 주특기가 있다는데

그러나 말짱 허사였다. 행정병과는커녕 필자의 전공을 십분 살릴 수 있는 정훈병과나 어학사병의 주특기를 받으려는 꿈도 산산이 부서지고 말았다. 1로 시작되는 보병 주특기를 얻었기 때문이다. 죽었다고 복창해야 하는 '일빵빵'(100) 주특기였다.

제2훈련소에서 전반기 훈련을 마쳤다. 군대의 '기본훈련'이라 했다. 그 다음에는 정말 주특기에 따라서 각 부대로 배치되었다. 정보학교, 의무학교, 행정학교 등으로 떠나는 전우들의 얼굴은 행운아 웃음으로 가득 찼다. 그러나 골병이 든다는 공병학교와 후반기 보병교육을 받으러 떠나는 전우들은 죽을상이었다. 필자도 보병학교로 가도록 배속명령을 받았다.

주특기, 그것이 무엇인가? 여러 가지 특기 가운데 가장 중요한 특기라는 뜻이다. 한국의 군대 체제가 미국의 것을 그대로 받아들였기 때문에 이 주특기라는 말은 MOS(military occupational specialty)의 번역어다.

요즈음 한국에서 유행하는 말 가운데 '스펙을 쌓는다.'는 것이 있다. 직장생활의 성공을 위하여 매우 중요한 개념으로 바로 '스페셜티'의 준말이다. 특별한 분야에서 전문가가 될 정도의 경력을 쌓는다는 뜻이다.

그렇다면 당신의 목회 스펙은 과연 무엇인가? 목회 주특기가 무엇이냐는 뜻이다.

교회사를 통해 보면 목회 영웅들은 주특기 사역의 면모를 유감없이 보여준다. 영국의 스펄전이나 미국의 무디처럼 설교를 주특기로 삼은 목회자(두 사람 모두 평신도 목회자이고 교육수준도 별 볼일 없었다), 찬양교회라는 이름을 붙이고 음악을 주특기로 삼은 목회자, 소그룹 성경공부를 주특기로 삼은 목회자, 교회 조직을 잘 관리하는 행정가의 주특기를 가진 목회자, 기도사역에 목회 인생을 걸고 있는 영성 주특기 사역자, 가정심방의 주특기, 같은 설교라도 주제설교 주특기, 인물설교 주특기, 강해설교 주특기, 귀납법적 설교 주특기… 병고침의 주특기를 유감없이 발휘하여 큰 열매를 거두는 사역자도 많이 있다. 상담 주특기, 전도 주특기, 교회당 건축 주특기, 귀신 쫓는 퇴마사(exorcist)의 주특기를 가진 이들도 있다. 신학자의 혀를 가진 목회자도 있고, 성도들의 이민 정착을 끝내줄 정도로 돕는 섬김 주특기를 가진 미주목회자들도 있다. 그리고 물론 대중집회 주특기가 인기 만점이다.

심지어 어떤 목사는 악수를 목회 주특기로 삼기도 한다. 그는 우선 천부적으로 손이 매우 따뜻하다. 게다가 얼굴은 화를 내는 경우에도 웃상으로 느껴진다. 그는 악수할 때에는 손을 약간 자기 앞으로 잡아당긴다. 그리고 귀속 가까이 입을 대고 소곤소곤 안부를 묻는다. 정말 그 목사와 악수하고 나면 그는 자기만 최고로 사랑해 주는 것처럼 느끼게 된다.

"아니, 굼벵이도 떼굴떼굴 구르는 재주가 있는데 어찌 하나님의 형상을 가진 사람으로서 아무런 은사가 없다고 하십니까? 그건 하나님을 모욕하는 일입니다. 더욱 열심히 찾아보세요."

주특기가 없어서 고민하는 젊은 목회자가 그에게 멘토링을 받으러 갔더니 다짜고짜로 그렇게 한 마디 던지더라는 말도 들었다. 필자도 툭하면 그런 말을 했다.

성경에 나오는 목회자들도 은사목회를 했다. 베드로는 동족인 유대인 대상 대중집회 인도에 큰 은사가 있었고, 바울은 주로 이방인들에게 전도하고 교회를 설립하는 일에 주특기가 있었다. 요한은 신학목회에 은사가 있어서 요한복음, 요한서신, 요한계시록을 쓴 성경 기록자가 되었고, 바나바는 목회팀을 만들고 갈등을 화해시키는 행정 주특기가 있었다.

함정도 있다

설교가 주특기인 목사가 있었다. 그는 성경을 좔좔 외우는 목사였다. 음성도 사자가 포효하는 것처럼 우렁찼고 웅변술에도 매우 능하였다. 교포들은 그의 설교를 듣기 위하여 원근 각처에서 몰려들었다. 자동차로 세 시간 걸리는 먼 데서도 올 정도였다.

"코리아타운에 빈대떡을 잘하는 집에는 사람들이 바글바글합니다. 심지어 두세 시간 걸리는 먼 곳에서도 자동차 타고 온 가족이 와서 빈대떡과 냉면을 사먹습니다."

그런 것에 착안하여 설교도 맛있게만 한다면 두세 시간 거리에서도 사람들은 몰려들 것이라고 생각하고 설교 준비에 혼신의 힘을 기울였다. 정말 그대로 되었다. 그가 얼마나 설교를 잘하는지는 길게 설명할 필요가 없었다. 똑같은 설교를 다섯 번 여섯 번을 해도 회중들은 여전히 감동을 받고 폭소를 해서 스트레스를 말끔하게 날려버렸다. '영혼을 시원하게 하는 설교'라는 소문이 널리 널리 퍼져갔다. 물론 성도들은 큰 은혜 받은 만큼 헌금도 크게 했다.

그런데 그것으로 목회가 전부인 줄 알았다. 함정이 엉뚱한 데 있다는 걸 전혀 감지하지 못했다. 여러 부서에서 여러 형태로 재정비리가 터져 나왔다. 큼직한 공사를 하면서 관리장로와 재정장로가 합세하여 상당한 돈을 해먹었다. 물 쓰듯 했던 선교비 집행에도 상당한 의혹이 있었다. 그 일로 해서 교회는 소용돌이 속으로 빠져들어 갔다. 그러나 담임목사는 그냥 은혜로 덮어 가자고만 간곡한 설교로 호소했다.

바로 그때가 재정투명화의 제도적 장치를 마련할 기회라는 걸 알지 못했다. 기껏 한다는 것이 돈 많이 쓰는 자리를 친인척으로 채워가는 가는 것뿐이었다. 족벌주의 교회로 전락했다는 뜻이다. 그런 것이 얽히고설켜 교회가 분란의 분란을 거듭하고 있고, 허구한 날을 재판정에서 보내야만 했다.

이런 사례가 희귀한 것만은 아니다. 음악사역을 주특기로 했지만 말실수를 자주 저질러 목회를 접은 이도 있고, 가정심방에 은사가 있어서 교회가 튼튼하게 서 갔지만 부목사 관리에 지혜가 없어서 교회가 반쪽이 나기도 했다. 병 고치는 주특기가 있어 사람들이 꽤 많이 모여들었지만 가정관리에는 워낙 무특기였다. 자녀들은 학교를 중퇴해야 했고 아내는 잠적하고 말았다. 한국에서 부흥강사로 사뭇 이름을 휘날리더니 미주에 와서 부흥회에 흠뻑 빠진 신자들을 모아 교회를 개척하게 되었다. 그런데 얼마 못가서 교회 문을 닫았다. 낯모르는 신자들에게 설교하는 주특기는 매우 좋은데 담임하는 교회의 설교는 전혀 무특기였다. 그리고 기도목회에만 전심하다가 불륜을 저질러 목회를 마감한 일도 있다. 자기관리에 참패했다고 할까.

기초가 튼튼해야 한다

다시 군대 이야기로 돌아가자. 교회는 십자가 군병들의 병영이라는 점에서도 목회에 큰 참고가 된다. '일빵빵' 주특기는 '기본 주특기'라 했다. 보병이라면 총 들고 일선에 직접 투입되는 병과였다. 그런데 그것에 '기본'이라는 말이 붙어 있었다.

전반기와 후반기의 기본훈련이 끝나면서 필자는 육군 제2훈련소에 군대말로 '자충되었다.' 중고등학교 정교사 자격증을 가진 것 때문에 군대훈련을 담당하는 사병으로 차출되었다. 그래서 교육계 조수를 거쳐 다시 특수훈련과정에 입소하라는 명령을 받았다. '하사관

교관요원 훈련과정'이었다.

6주 정도의 고난도 훈련을 받으면 계급도 하사가 되고 소속 훈련중대에 돌아와서는 장교를 대신하여 훈련에 대한 강의를 하는 것이 그 임무였다. 이를 악물고 이 과정을 마쳤고 특히 각 연대에서 선발된 180명 가운데 최우수 하사관 교관으로 선발되었다. 내무생활, 학과 시험, 시범강의, 부대지휘 등에서 골고루 우수한 성적을 냈지만 특히 시범강의에서 월등한 성적을 올렸다.

지금 생각하면 이 같은 주특기 훈련은 후일 필자를 목회자로 부르신 그분의 계획이었다. 보병 기본 주특기는 전투군인들이 받을 모든 기본 훈련을 가르치고, 연습시키고, 평가하고, 또다시 개선시키는 일을 위한 주특기였다. 그래서 강의분야만 아니라 '기본'을 철저히 숙지해야 된다는 방침이었다.

이제 목회자가 되어 교회를 개척하면서 자신의 주특기를 개발하기 시작했다. 아무래도 교육이 나의 주특기였다. 그래서 학교모형의 목회를 금메달종목으로 삼았다. 그러나 교육주특기 목회는 상당부분 실패작이었다. 교육목회 중심의 사역을 한다고 홍보한 것이 오히려 비난의 빌미가 되었다. 그리고 학부모를 잘 교육함으로써 그 자녀들의 교사가 되도록 하려던 계획은 교회학교 시설이 좋지 않다는 한 마디 말에 공중으로 날아가 버렸다. 하버드대학교 시설이 얼마나 형편없는지 아느냐고 해도 그런 건 귀 밖으로 들었다.

그래서 또 한 번 깨달았다. 주특기 목회는 보완되어야 한다는 사실 말이다. 대학에서도 교양과정이 있고 또 전공과 함께 부전공도 있다. 목회란 하도 다양해서 어떤 경우에는 주특기 목회보다 무특기 목회가 더 좋은 열매를 맺기도 한다. 음식점도 냉면이나 빈대떡 같은 단일 주특기로 성공적인 식당이 되지만 그건 곧 한계에 부딪친다. 이 벽을 넘으려면 당연히 다양한 메뉴를 개발해야 한다. 호텔 뷔페식당처럼 말이다.

타고난 은사, 학습된 은사, 영적 은사

교회성장학자들은 은사를 대체로 세 가지로 나눈다. 대부분의 목회자들이 알고 있는 사실이다. 첫째로, 타고난 은사(natural gift)이다. 그건 그리스도인이건 비그리스도인이건 별 차이가 없다. 미술, 음악, 체육, 손재주 그런 분야의 것들이다. 둘째로, 학습된 은사(learned gift)이다. 교육을 받고 훈련을 받음으로 성취된 은사이다. 그래서 금메달을 따려고 인생 전부를 투자하여 자신을 '훈련한다'. 셋째로, 영적 은사(spiritual gift)이다. 로마서 12장, 고린도 전서 12장, 에베소서 4장 등에 기록된 은사들이나 직분들로 하나님이 주신 선물이다.

그런데 이 세 가지를 따로 따로 떼어서 사용할 것이 아니라 상호작용 하도록 끊임없이 개발하여 시너지 효과를 내도록 해야 한다. 가령 이야기 재주를 타고 났으면(자연적 은사),

스피치 개발에 관한 학습과정을 거치도록 하고(학습된 은사), 그래서 설교, 교육, 상담 등의 사역 현장에서 '성령으로 말미암은 지혜와 지식의 말씀'(고전 12:8)이 되도록 해야 한다. 말씀을 기도로 뜨겁게 구워야 한다는 뜻이다.

그리고 주특기 목회는 또 교회 성도들이나 혹은 성도가 될 '타깃 그룹'(target group)과도 맞아야 한다. 한국에는 한국 사람이 많으니까 무슨 주특기 목회를 하든지 그것과 코드가 맞는 사람들이 올 수 있다. 그러나 미주에서는 유학파로서 전문직을 가진 사람들에게 힐링 미니스트리나 남용된 예언 목회는 별로 약효가 없다. 기초신학 수준의 성경교육을 주특기로 삼아야 한다.

주특기 목회와 관련해서 또 하나 유의할 것이 있다. 은사는 필요하면 하나님께서 주신다는 점이다. 그건 선교지에서 더 잘 확인된다. 아프리카에서는 예언의 은사, 병 고침의 은사, 방언의 은사, 퇴마사의 은사 등이 더욱 풍성하게 넘친다는 것이 선교사들의 간증 아닌가. (월간목회 2013년 2월호)

너희를 섬기는 자가 되고
행정 목회론

하나님은 맨 처음 사람을 만드신 후에 그들에게 할 일을 주셨다. 곧 "그들로 바다의 물고기와 하늘의 새와 가축과 온 땅과 땅에 기는 모든 것을 다스리게 하자" (창 1:26-28) 하셨으며, 또, "그 사람을 이끌어 에덴동산에 두어 그것을 경작하며 지키게 하셨다."(창 2:15) 따라서 에덴동산의 또 다른 모습인 교회에도 다스림, 정복, 경작, 지키는 일 곧 섬김이 필수적이며 이것을 구원받은 성도들에게 맡기셨다. 현대말로 하면 경영(management)을 맡기신 셈이다.

예수 그리스도의 행정사역 원리

예수 그리스도께서는 구약성경의 지도력을 총합하여 지니신 분이시다. 곧 왕, 대제사장, 선지자(대언자) 직분을 함께 가지고 계신다. 왕은 물론 다스릴 대상이 많으므로 정치적, 행정적, 경영적 기능을 필수사항으로 한다. 대제사장도 여러 제사장과 성막/성전 관리자들을 다스려야 한다. 대언자들은 비교적 혼자서 살았지만 엘리사처럼 선지학교 학생이 있는 경우에는 역시 행정가의 역할이 요구된다. 그래서 예수님은 다음과 같이 경영과 관리 곧 행정에 관한 원리들을 제공하여 주셨다.

1. 제자단을 조직하셨다. 세 제자, 열두 제자, 70제자, 120제자, 500제자 … 그래서

초대교회에는 사도단이 형성되었다.

–제비 뽑아 맛디아를 얻으니 그가 열한 사도의 수에 들어가니라.(행 1:26)

2. 열두 제자 가운데서도 베드로를 대표 삼으시고, 가룟 유다에게는 재정관리를 맡기셨다.

–그는 도둑이라, 돈궤를 맡고 거기 넣는 것을 훔쳐감이러라.(요 12:6)

3. 지도자의 중요성을 많이 강조하셨다. 다만 섬기는 지도력(serving leadership)을 요구하셨다. 지도자란 따르미(추종자)들에게 영향력을 발휘하여 조직의 목적을 달성해 가는 능력을 가진 사람이기 때문이다. 특히 예수님을 따르는 지도자 되도록 강조하셨다.

–또한 지도자라 칭함을 받지 말라. 너희의 지도자는 한 분이시니 곧 그리스도시니라.(마 23:10) –이방인의 임금들은 그들을 주관하며 그 집권자들은 은인이라 칭함을 받으나 너희는 그렇지 않을지니… 다스리는 자는 섬기는 자와 같을지니라.(눅 22:25–26)

4. 충성되고 지혜로운 종의 직분을 강조하셨다.

–충성되고 지혜 있는 종이 되어 주인에게 그 집 사람들을 맡아 때를 따라 양식을 나눠 줄 자가 누구냐. 주인이 올 때에 그 종이 이렇게 하는 것을 보면 그 종이 복이 있으리로다.(마 24:45–46)

모든 하나님의 백성이 하나님의 일을 맡은 종들이지만 특히 목회자들은 주인으로부터 수많은 사람들의 영혼관리를 맡은 종들이다. 따라서 충성스러움과 함께 지혜로운 경영자가 되어야 한다.

5. 예수 그리스도께서는 기획, 조직, 인사배치, 임무부여, 지휘, 감독, 평가 등 행정이나 경영과정을 활용하셨다. 제자 선정, 예루살렘 입성, 성찬예식, 5천 명 먹이신 일, 제자들의 교육 커리큘럼 운영 등에는 이런 경영방식이 숨어 있는 것을 볼 수 있다.

행정가로서의 담임목사

담임목사의 기능은 시대에 따라 그리고 장소에 따라 변화되고 있다. 선비형, 샤먼형, 수도승형, 군자형, 군대사령관형, 최고경영자형, 디렉터형, 스승형, 영웅형 등이다. 담임목사는 목자형도 있지만 목자장형이라는 견해도 있다. 어떤 이미지이건 경영과정 혹은 행정과정에는 일정한 절차가 있다. 그것은 대체로 다음과 같다: 기획과 목표설정, 조직, 인사배치와 책임분담, 동기화와 동원, 감독, 평가, 재정 공급. 이것은 미국대통령 자문위원회의 권고안으로 알려져 있다.

1. 기획행정 (Planning)

행정이나 경영에는 기획이 첫 단계이다. 무슨 일이든지 시작이 잘못되어서는 안 되듯이 기획행정에도 소홀할 수가 없다. 교회당을 건축하려면 설계를 하는 것이 그 첫 단계인 것과 같다. 일반적으로 설계비는 건축비 전체의 10%가 적정선이라는 말이 있다. 기획

행정은 그만큼의 에너지를 투자해야 한다.

기획에는 장기계획, 중기계획, 연간계획, 월간계획, 주간계획, 일일계획 등 시간에 기준한 기획행정이 있다. 또 기획 내용에 따라 심방계획, 예배계획, 홍보계획, 교육계획, 전도계획 등 얼마든지 있다. 유니온교회는 장단기 계획을 수립하는 일에 큰 힘을 기울였다. 연간계획은 매년 꽤 부피가 있는 책자로 발행했다. 특히 아래 사례와 같은 프로그램 계획도 있다.

〈목회프로그램 기획 사례〉

1) 프로그램 이름: 가훈성구 선물 드리기

2) 목적: (1)선물로 받은 성경말씀을 온 가족이 자신의 가정의 가훈성구로 삼는다. (2)그 말씀대로 실천하며 살도록 노력한다. (3)그 말씀으로 인하여 예수님을 더욱 닮아 간다.

3) 기초: (1) 성경은 신앙생활과 인생을 배우는 교과서이다. (2) 성삼위 하나님 곧 성부 하나님, 성자 하나님, 성령 하나님은 온 인류의 영원한 스승이 되셔서 교육 하신다. (3) 인간은 교육을 통하여 변화되고 성장하게 되는 존재이다. (4)신앙은 성장한다.

4) 기초 성구:신명기 6:4-9(쉐마). 특히 "이 말씀을 너는 마음에 새기라."(신 6:6)

5) 내용: (1)유니온교회 성도들이 꼭 외워야 할 요절(key verse) 100절을 고른다. (2)이 말씀을 한 절 한 절씩 다섯 벌을 만든다. (3)주머니에 넣어 가정대표가 제비뽑기처럼 나와서 뽑는다. (혹은 풍선에 매어 달고 풍선을 가족별로 뽑아가도록 한다). (4)가족합동예배 등에서 자기 가정에 배정된 것을 온 가족이 큰 소리로 합심하여 외운다. (4)각 가정에서 액자에 넣어 벽에 거는 등으로 활용한다. (5)교적부에 가훈성구에 기록한다. (6)가정 심방 때에 그 말씀으로 설교한다. (7)이 말씀과 관련된 간증을 말, 글, 영상 등을 통하여 함께 나누도록 권장한다. (8)이를 주보, 간증, 홈페이지 등에 게재한다.

6) 행동계획 (1)6개월전-성구 100개를 확정한다. (2)그 때부터 성구 전체를 되도록 장절까지 암송하게 한다. (2)송구영신예배 광고 때 가정성구 뽑기 행사를 예고한다. (3)송구영신예배에 꼭 출석하도록 독려한다. (4)예배 전에 고무풍선은 신자 가정 수대로 좀 넉넉하게 마련한다. (5)어느 전도회나 목장을 통하여 풍선에 성경말씀을 붙여 넣는 작업을 한다. (6)예배가 끝날 무렵에 교역자나 장로들이 성구가 붙어 있는 고무풍선을 10개씩 들고 앞에 서게 한다. (7)각 가정 대표가 이를 뽑아 가게 한다. (8)옆에 기록조가 있어 이 말씀과 가정 이름을 적고 추후 이를 교적부에 기록한다. (9)온 가족이 함께 읽도록 하는 시간을 갖는다. (10)가훈성구 주심을 감사드리는 짧은 기도 후에 축도를 하고 송구영신예배를 마친다.

7) 참가대상: 유니온교회에 속한 온 가족
8) 소요재정:가훈성구 요절 책자 발간비, 고무풍선비용, 제작하는 사람들 저녁식사비 등 300불.
9)참조사항: 다른 교회가 했다는 소식 없음.
10) 예상되는 부작용: (1) 이미 가훈성구가 있는 가정들에 대한 중복문제, (2)자기에게 잘 맞지 않는 가훈성구를 맡은 경우, (3)성경암송이 형식에 불과할 수도 있음. (4) 우리말과 영어 어느 언어를 사용해야 하는지의 문제
11) 목표달성도 평가: 간증이나 심방, 여론조사로 이행도를 어느 정도 확인할 수 있음.
12) 후속조치: 성구를 100개에서 300개나 500개로 확대하고 그 가운데서 마음에 들지 않는 성구를 배정받은 경우 온 가족이 합의하여 선택하게 하는 방안을 제시하면 좋겠음.

기획에는 목적 설정 혹은 사명선언(mission statement)이 필연적으로 있어야 한다. 이 기획이 목적으로 하는 바는 무엇인가를 문장화한 것을 뜻한다. 위의 사례에도 목적이 기술되어 있다. 이 목적이나 사명은 구색을 맞추기 위하여 장식품으로 놓아서는 결코 안 된다. 반드시 실현될 목표여야 하고 사명이어야 한다. 교회에서의 행정목표는 그것이 무엇이건 성경적/신학적 기초가 튼튼해야 한다.

2. 조직(Organizing)

사람이 혼자 살더라도 자기관리나 자기경영이 필요하다. 그러나 혼자 있으면 조직(organization)이 있는 것은 아니다. 적어도 두 사람 이상이 있어야 조직이 가능하게 된다. 한 사람은 회장 한 사람은 총무가 될 수도 있고, 한 사람은 지도자(leader) 다른 사람은 추종자(follower)가 된다. 행정이나 경영은 조직을 통하여 목표를 달성하려는 행동(organizational behavior)이라고 흔히 말할 정도다. 그래서 담임목사는 개체교회의 여러 조직들을 만들어 가야 하고 또 그 조직이 살아 움직이도록 동원해야 한다. 당회, 직원회, 사무총회, 집사회, 안수집사회, 권사회, 엉금엉금반, 아장아장반, 초등부, 중등부, 고등부, 대학생회, 청년부, 상록부, 구역이나 목장, 위원회만 해도 연구위원회인지, 협의위원회인지, 의사결정위원회인지, 혹은 실행위원회인지 그 기능을 확실하게 해야 한다. 교회가 규모가 커질수록 조직으로 움직여 가는 것이 부작용도 있고 효율성도 있다.

3. 인사임명(Staffing)과 책임분담(Delegating)

조직이 완성되면 그 다음에는 그 조직에 따라 인사임명을 하든지 혹은 선출하여 사람을 배치해야 한다. 행정가들에게는 항상 인사배치가 가장 힘겨운 부분이다. 인간이란 그리 간단한 존재가 아니기 때문이다. 인사배치를 성공적으로 하는 목회자는 목회에 성공할

가능성이 그만큼 높다.

인사임명이 끝나면 그들에게 직무를 맡긴다. 직책의 존재이유, 고유 업무, 협력부서, 권한과 책임, 보고체계, 예산집행규모, 복무지침 등이 기록된 문서를 제공해야 한다.

4. 지휘와 동기화, 동원 (Directing, Motivating, Mobilizing)

책임분담이 끝나면 그 일을 실시하도록 촉진시켜야 한다. 목적한 일이 효율적으로 이루어지도록 동기화시키고 동원해야 한다.

5. 감독(Supervising)

담임목사는 모든 맡은 사람들이 그 지침에 따라 충성스럽고 지혜롭게 직무를 수행하고 있는지 감독해야 한다. 그리고 수시평가나 중간평가를 한다. 업무추진이 지지부진하면 그런 이유가 무엇인지 장애요인을 제거하고 담당자들을 독려한다.

6. 평가(Evaluating)

업무수행이 최종적으로 마감되면 업무평가를 한다. 평가란 목적 달성도를 재는 것(measuring)을 뜻한다. 그것으로 다음 기획의 자료로 삼고, 인사조치에 참고하게 된다.

7. 예산조치(Budgeting)

업무를 실천하여 조직의 목표를 달성하려면 필요한 재정과 물품이 제공되어야 한다. 담임목사는 그것이 잘 이루어지고 있는지 보살펴야 한다. 예산조치도 골치 아픈 일일 때가 많다.

갈등관리론

어떤 조직이거나 갈등이 있다. 회원 간에도 갈등이 있고 조직부서 간에도 갈등이 있다. 어떤 때는 갈등이 화산처럼 폭발하기도 하고 어떤 때는 저절로 수면 아래로 가라앉기도 한다. 아니, 하나님은 갈등을 통하여 사역을 하신다고 이해하는 편이 더 은혜가 된다. 그러므로 갈등만 잘 관리해도 목회는 상당부분 칭찬받을 만하다.

1. 성경의 갈등사례 (Conflicts in the Bible)

1)예수:바리새파, 사두개파, 헤롯왕, 빌라도, 유다, 베드로, 유대인, 서기관… 2)가인: 아벨, 3)이삭: 이스마엘, 4)사라: 하갈, 5)아브라함: 바로, 아브라함: 롯, 아브라함: 여러 왕 6)에서: 야곱, 7)야곱: 라반, 8)야곱: 라헬, 9)이삭: 리브가 (자녀 편애), 10)야곱의 자녀들: 요셉, 11)모세: 바로, 12)모세: 미리암, 13)모세: 고라, 14)사사들과 침입자들, 15)사무엘: 사울왕, 16)사울왕: 다윗, 17)다윗: 압살롬, 18)욥: 세 친구, 19)솔로몬: 다윗의 아들들, 20)솔로몬 재판의 원고와 피고 여인, 21)흐로보암: 노인들: 젊은이들, 22)에스라: 사마리아인, 23)다니엘: 느브갓네살, 24)다니엘: 벨사

살왕, 25)예수님의 제자들(누가 더 크냐), 26)마리아: 마르다, 27) 베드로파: 바울파, 28)바울: 바나바, 29)고린도교회의 갈등, 30)빌립보교회의 유오디아: 순두게, 31)유대인 신자: 이방인 신자, 32)요한의 제자: 예수님의 제자, 33) 예루살렘: 바벨론

2. 교회 갈등의 원인들

1) 이기주의 (egocentrism)가 가장 큰 갈등원인이다. 모든 갈등의 밑바닥에는 거의 대부분 이기주의가 도사리고 있다. 2)권력지향성(will to power) 곧 지배자가 되고 싶은 마음이 갈등 원인이다. 직분 때문에 오는 갈등은 대체로 그것이다. 3)작용(action), 반작용(reaction), 합작용(interaction) 과정에서 갈등이 생긴다. 4)교리적 차이가 갈등을 야기한다. 5)따르는 지도자가 다르기 때문에 갈등이 생긴다.(고린도교회, 고전 1:12) 6)자기와 다른 것 곧 차이를 관용하지 못하기 때문에 차별이 생기고 갈등이 온다. 7)영적 전쟁일 수도 있다. 사탄의 사람과 하나님의 사람 사이에 발생하는 당연한 전쟁이다.

3. 갈등관리 지침

1)교회개척을 계획할 당시부터 분열은 하나님에 대한 도전이라는 확신을 가졌기 때문에, "우리와 같이 그들도 하나가 되게 하옵소서"(요 17:11) 하신 예수 그리스도의 기도를 실현하겠다는 결단을 가졌다. 2)교회이름도 유니온(Union) 곧 하나됨이라는 뜻을 가진 말로 정했다. 승계목회를 하는 후임목사에게도 이 사항을 명백하게 인계했다. 3)가끔, "만약 유니온교회 마저 분열된다면 저는 그 날로 담임목사직을 사임할 것"이라는 결단을 선언했다. 4)목회 전반에 걸쳐 화해사역(ministry of reconciliation, 고후 5:18-19)을 의식화(意識化, conscientization)시키고 강조했다. 5)유니온교회 노래에도 함생신앙을 기초로 하여 제정했고 온 회중이 자주 이 노래를 불렀다. 6)신앙을 넓은 시각에서 이해하고 또 균형있게 성장하는 믿음을 회중들에게 강조한다. 7)갈등을 해결하려는 지도자에게는 신학적 사고능력(theological thinking ability)을 함양하는 것이 중요하다. 문제해결을 할 때 항상, 성삼위 하나님께서는 이 문제를 어떻게 해결하는 것을 기뻐하실까 하는 시각에서 여러 대안들을 마련하고 종합하여 최종안을 도출해 내는 능력을 말한다. 8)갈등문제 해결과정도 존 듀이(John Dewey)가 제시한 모형을 사용한다. 곧, (1)문제가 있음을 안다, (2)문제의 성격과 원인을 자세히 분석한다, (3)문제해결에 대한 모든 대안을 검토한다, (4)최선안을 선택한다, (5) 그 안을 융통성 있게 적용하여 문제해결을 시도한다, (6)제2안, 제3안으로 보완한다, (7)최종해결방안을 마련한다. 9)갈등의 원인을 분석할 때 지성의 수준이 낮으면 단인율로 해석하고 사고력의 수준이 높으면 다인율로 해석한다. 10)시간요인도 중요하다. 즉각 해결해야 할 경우도 있고 시간을 끌면 저절로 해결되는 문제도 있다. 11)문제해결을 위하여 필요한 단계

에서는 공개적으로 합심기도를 한다. 12)예수 그리스도께서 제시한 해결모형을 따르는 것이 큰 효과가 있다. (1)당사자끼리 해결하라, (2)두세 증인을 참여시켜 해결하라, (3)교회에 말하여 해결하라, (4)그래도 안 되면 잘잘못을 가려주는 것으로 문제해결을 마감하라.(마 18:15-20) 13)요한 웨슬리 목사의 권고를 활용하라. (1)본질적 문제(절대적 진리)에는 일치를 도모하라 (2)비본질적 문제(상대적 진리)에는 관용을 가지라 (3)모든 일을 사랑으로 하라 14)전문 상담가에게 의뢰하거나 혹은 제3의 조정자나 조정기관에 의뢰하여 해결을 시도한다. 15)갈등해결이 합력하여 선을 이루도록 하려면(롬 8:28) 세 가지 원칙을 꼭 지켜야 한다. 그것은 1)너도 이기고 2)나도 이기고 3)하나님도 이기시도록 해 드리는 윈, 윈, 윈(win, win, win) 전략이다. (논문집 III, 112-129)

당회 관리론

교회는 수많은 사항들을 결정해야 한다. 그 같은 의사결정을 위하여 어느 조직이든지 최고결의기관이 있다. 교단이라면 교단총회가 있고 지방회 정기회의, 노회정기회의가 있다. 그리고 개체교회에는 대체로 당회가 최고의결기관이다.

최근에는 목회자의 재량권 확보를 위하여 당회를 구성하지 않거나 혹은 당회원을 늘리지 않는 경향이 강하다. 그러나 최고의사결정기구가 단일체제이면 의사결정의 신속성은 있으나 실패의 가능성이 높다. 따라서 개체교회에 있어서 당회의 관리는 매우 중요한 교회행정 부분의 하나이다. 담임목회자들의 목회실패의 상당부분이 당회 관리와 관련되어 있다는 점을 보면 당회관리가 얼마나 중요한지 피부로 느끼게 된다.

따라서 당회의 효율적 관리 지침을 여기에 제공한다. 연구자는 장로로서 당회원이었고 목회자로서 당회장의 직무를 수행한 경험을 충분히 가지고 있다.

1. 당회 관리 수칙

1)당회는 개체교회 최고의사결정기구이다. 따라서 성경과 교회법과 전례에 따라 합법적으로 운영되어야 한다. 2)당회는 교회 안에 모든 조직과 회의의 모범이 되도록 운영해야 한다. 당회의 보이지 않는 의장은 주님이심을 명심해야 한다. 3)회의는 기본적으로 '하나님의 뜻을 중요성, 우선성, 긴급성에 따라 함께 찾아내어 결정하는 과정'임을 명심해야 한다. 결코 개인의견을 통과시키는 조직이 아닌 것은 교회가 바로 하나님과 그 백성들의 함생체요 믿는 자매형제의 함생체이기 때문이다. 4)당회원의 수는 12명을 넘기지 않는 것이 이상적이다. 시무장로의 수가 많으면 당회원을 연도별 혹은 격년제로 순번에 따라 당회원이 되도록 내규로 정할 수도 있다. 5)회원들은 성령님께서 함께 계셔서 각 당회원에게 믿음, 지혜, 사랑, 용기, 비전을 주시도록 기도해야 한다. 6)회의는 규칙과 회의법과 통상관례에 따라 질서 있게 운영되어야 한다. 하나님은 질서의 하나님이시

다. 7)당회원들은 자기 개인의 주장을 내세우지 말고 하나님을 대변하도록 노력해야 한다. 8)당회원들은 어떤 한두 사람의 의견을 대변하지 말고 되도록 많은 성도들의 의견을 취합하여 반영해야 한다. 9)회의는 갈등과 문제해결을 위하여 모였으므로 그것들을 미결로 남겨두거나 혹은 더 악화시키는 회의가 되지 않도록 노력한다. 10)의사결정에는 단독결정, 합의결정, 단독결정을 통한 합의결정, 합의결정을 통한 단독결정, 위임결정, 일정한 기도기간을 가진 후 결정 등의 방식이 있으므로 지혜롭게 활용해야 한다. 11)회의는 서로 마주볼 수 있는 자리에서 구수회의(鳩首會議) 방식을 권고한다. 12)당회는 과거의 문제나 현재의 문제로 시간과 에너지를 많이 소비하는 것은 바람직하지 않다. 되도록 미래의 비전을 놓고 3분의 2 이상의 시간과 에너지를 사용해야 한다. 13)인신공격, 높은 언성, 폭력, 무단퇴장 등은 백해무익하며 사탄의 도구로 악용될 수 있음을 명심해야 한다. 14)발언을 독점하지 말고 되도록 과묵한 회원에게 발언기회를 양보하여 골고루 발언하도록 한다. 15)회의준비를 철저히 하고, 충분하고 정확한 정보에 기초하여 편견 없이 의사결정을 해야 한다. 16)일사천리로 결정하는 것보다 충분한 여러 대안을 검토한 뒤에 결정하는 것이 더 효율적임을 기억하라. 17)성도들의 신상문제를 비롯하여 기밀을 유지해야 할 사항은 반드시 지켜야 한다. 18)절대적 진리와 상대적 진리를 구별하여 절대적 진리는 논의대상으로 삼지 말아야 한다. 19)예배나 설교 등 영혼관리에 관한 사항은 교역자 회의에 맡겨야 한다. 20)되도록 만장일치로 결정하는 것이 교회회의 관행이다. 21)당회원의 권한은 목사회원 50%, 장로회원 50%로 견제와 균형(check and balance)을 이루는 것이 이상적이다. 22)당회가 결정했더라도 부작용이 크면 실행하지 않을 수도 있으며 또 비상사태의 경우에는 목사 당회장이 전권을 행사했던 것도 격려로 추인하여 교회발전에 이바지해야 한다. 23)당회 회의에서 결정한 것은 설혹 반대하였더라도 그 실천에 적극 헌신해야 한다. 24)회의과정을 많은 것을 배우는 교육의 기회로 삼아야 한다. 25)당회장이나 부목사 혹은 당회원 등의 인사문제를 다룰 때에는 직원회 혹은 회중들의 여론을 사전에 파악하는 것(예를 들면 straw balloting)이 중요한 해결방식임을 기억해야 한다. 26)어떤 사안이 회의에 오기 전에 장로당회원들 사이에나 목사당회원과 일부 장로당회원 사이에 사전담합이 있어서는 안 된다. 27)당회장은 당회원들만 공유할 수 있는 교회의 정보를 '당회원 통신'으로 제공해야 한다. 28)목사는 회중들에게 '장로는 교회의 어른'이라는 점을 강조하여 존경과 사랑을 받도록 해야 한다. 29)목사당회원과 장로당회원은 부부와 같아서 어떤 것으로도 오해가 있어서는 안 된다. 30)교회는 주님께서 피를 흘려 세우신 수직적 수평적 함생체임을 명심하고 당회원 모두가 앞장서 십자가를 지고 헌신하도록 결단해야 한다.

권징의 효율적 방안들

칼뱅은 교회가 교회되는 참된 요건으로 세 가지를 들었다. 말씀, 성례전, 권징이다. 권징(discipline)은 징계를 뜻하지만 징계보다는 폭넓은 의미를 가진다. 일반적으로 교회들 혹은 교단들은 징계의 종류로 경고, 권면, 견책, 수찬정지, 정직, 출교 등의 등급을 두고 있다. 그러나 권징은 그 목적이 중요하다. 예수 그리스도께서는 이에 대하여 명확하게 가르치고 계시다. 곧, "만일 네 형제가 죄를 범하거든 경고하고, 회개하거든 용서하라."(눅 17:3)는 말씀이다. 권징은 보복적 징계에 있지 않고 회개하도록 하여 바른 그리스도인이 되게 하려는데 그 목적이 있다는 뜻이다.

그래서 예수님은 앞에서 예시했던 것처럼(마 18:21-23 "일곱 번을 일흔 번까지라도" 용서하라고 하셨다.(마 18:22) 그리고 죄를 범한 형제에 대하여 교회가 어떻게 권징할 것인가를 비교적 상세하게 제시하셨다.(참고: 본 강의 다 3항). 그만큼 권징에 대하여 중요시하셨다는 뜻이다. "교회의 말도 듣지 않거든 이방인과 세리와 같이 여기라."(마18:17)고 하셨지만 원수까지 사랑하라고 가르치시고 실행하신 분이 바로 예수님 아닌가. 따라서 징계는 되도록 삼가고 사랑으로 권면하여 질서의 하나님(고전 14:40)과 함께 사랑의 하나님(요 3:16)을 깨우쳐야 한다. 하지만 함생체를 의도적으로 파괴하는 경우에는"이 악한 사람은 너희 중에서 쫓아내라."며 출교시키도록 지침을 정했다.(고전 5:2,13)

유니온교회는 개척에서부터 30년 동안 권면하고 경고하는 일은 있었지만 다른 중징계는 한 번도 실천한 일이 없었다.

교회행정과 함생목회적 의미

교회행정에서 행정 곧 '애드미니스트레이션' (administration)이나 사역이란 말에서 미니스트리(ministry)는 다스린다는 뜻이 아니라 '섬긴다'는 뜻이다. 예수님께서 이방인의 집권자들처럼 주관하는 자나 다스리는 자가 되지 말고 섬기는 자가 되어야 한다고 했다. 그것이 예수님께서 보여주신 지도자의 모범이다.

섬긴다는 말은 다른 사람의 생명을 증진시킨다는 뜻이다. 거기에서 자신의 생명을 더 존귀하게 만들게 된다. 그리고 이것은 성삼위 하나님께서 서로 섬기는 관계이시라는 점에 연원을 둔다. 따라서 행정, 관리, 경영을 맡은 사람은 함생사역의 모범이 되어야 한다. 마치 전쟁하는 군부대에 지휘자가 없으면 오합지졸이 되어 모두의 생명을 잃게 되는 것과 같다. 그런 뜻에서 최고지휘자는 되도록 생명의 손상을 최소화하면서(심지어 적군의 경우에도) 전쟁에 승리하도록 해야 한다. (참조: 이정근."교회의 교육구조와 행정."기독교교육론.427-453. "제8장 기독교교육행정."기독교교육개론)

갈등을 통하여 목회 하신다
갈등관리 목회론

교회에 처음 발을 들여 놓은 지 1년 쯤 지난 중학교 3학년 때였다. 어머니를 모시고 수요기도회에 갔는데 그날 저녁부터 교회가 난장판이 되었다. 평소 수요기도회보다 많이 모인 120 명 정도가 담임목사 반대파와 옹호파로 갈라져서 싸우는 것이었다. 나는 눈이 휘둥그레졌고 가슴이 두근거렸다. 특히 나를 친아들처럼 사랑해 주시는 여자 국어선생님도 담임목사 반대편에 서서 싸우는 것이 아닌가. 한국의 개신교 최초 선교사 아펜셀러 목사가 1890년대 말에 설립한 감리교회였다. 교회 싸움은 교단 싸움이었고, 또 그것은 법정싸움으로 번졌다. 마지막에는 교회 재산을 누가 차지하느냐의 싸움이 되었다. 6.25 동란이 지난 뒤라 마치 목회자와 성도들이 싸움판을 즐기는 형국이 되었고 싸우기 위하여 교회에 가는 모양새가 되었다.

오랜 싸움 끝에 법원의 판결이 났다. 교회 재산을 소속 신자 숫자비율에 따라 나누도록 했다. 1년쯤 지나 양쪽의 목사가 모두 다른 곳으로 전임해 갔다. 그러나 신자들 간에는 오래도록 증오의 앙금을 품고 눈을 흘기고 흉을 보았다. 그리고 그 싸움의 추악함 때문에 끝내 신앙생활을 포기했던 가족도 있고 또 어쩐지 그 교회는 100 년이 훨씬 지났는데도 별로 성장을 하지 못했다.

나도 그런 싸움의 하수인이었다. 어쩔 수 없이 이 편 아니면 저 편에 서야 했고, 한 편에 서게 되니 반대편 사람들이 무척 미웠다. 지금도 그 국어선생님께 죄책감을 느낀다.

그 때 입은 상처가 하도 커서 이와 관련된 간증을 이 책에서도 몇 군데에 적었다. 그리고 다시는 싸움질 안 하는 교회가 되겠다고 해서 '유니온'이라는 이름을 내세웠다.

교회가 싸움 전시장인가

한국교회는 사실 세계 모든 사람들에게 보급할 수 있는 영적 유산을 많이 가지고 있다. 가령, 손양원 목사께서 두 아들 죽인 청년을 양자로 삼았던 선행은 온 세상을 비추는 밝은 빛이 되기에 넉넉하다. 이성봉 목사께서 자주 외쳤던 명언, "말로 못하면 죽음으로 하리라"도 기독교 2천 년 역사에 찬연히 빛나고 있다. 그런 수준에 드는 감동적인 간증들이 실상 얼마나 많은가. 땅에 묻어두지 말고 열심히 개발해서 영적 수출품을 만들면 정말 좋겠다.

하지만 한국교회가 생산해낸 더럽고 부끄러운 유산들도 여럿 있다. 그 중에 최악의 것이 있다면 무엇일까.

"이 사람들이 왜 장터에서 싸워? 싸움박질 하려면 교회에 가서 해야지."

바로 이것 아닐까. 교회들이 얼마나 자주 싸웠으면 그런 속담이 생겨났을까. 교회의 싸움이 얼마나 비열했으면 장터 사람들조차 이렇게 조롱했을까.

2년 전 서울 강남에 있는 어떤 교회에서 집회를 인도한 일이 있었다. 저녁식사를 유명백화점 맨 위층에서 하고 나오는데 유리창 너머에 하늘 높이 달려 있는 십자가가 눈에 확 들어왔다. 네온사인이어서 빛이 매우 현란했다.

"저건 무슨 교회입니까?"

"말도 마십시오. 저 교회 때문에 목사 이름 내어 놓기가 부끄럽습니다. 왜 그 원로목사파와 담임목사파가 더러운 싸움을 몇 년째 하고 있는 교회 안 있습니까? 바로 그 교회이지요. 재판 전에 싸웠고, 재판에서 싸웠고, 그리고 재판 뒤에 또 싸웠습니다."

그는 교회 이름조차 입에 담기를 거부했다. 입을 더럽히지 않으려는 의도였다. 그는 그런 정도로 성결한 목사였다.

한 때는 신학공부를 하고 목회자가 될 것을 심각하게 고려했던 어떤 친구가 있었다. 결국 그 길을 포기하고 언론인으로서 평생을 보냈다. 그래도 신앙생활만은 신실하게 계속했고 언론활동 자체가 신앙생활의 연장이라는 소신을 갖고 사는 그였다.

"솔직히 말해서 한국교회가 갈등관리만 지혜롭게 해도 전도는 저절로 될 것이라는 생각이 열 번 스무 번도 더 듭니다. 언론인은 직업상 갈등의 현장을 밤낮없이 뛰어 다니고, 어쩌면 독자들의 흥미를 위하여 갈등을 과장하거나 자극적 표현으로 기사를 쓰기도 합니다. 그런데 교회의 싸움은 차마 눈뜨고는 못 볼 정도의 수준이지요. 도대체 왜 목회자들이 교회의 머리되시는 분의 통곡소리를 듣지 못하는 겁니까?"

목회자가 되려다가 그만 둔 장로가 제일 큰 가시라는 목회경험담이 많이 있다. 그렇더라도 나는 그에게서 하늘 법정의 준엄한 논고를 듣는 것 같았다. 등에서 식은땀이 주르륵 흘러내렸다.

성경에 나오는 갈등 사건들

하지만 이 세상에 싸움과 갈등이 없는 교회가 단 하나라도 있을까? 천사들만 모인 교회가 있을까. 하늘나라에 있는 '보이지 않는 교회/하나 된 교회' 곧 하나님의 나라라면 갈등과 싸움이 전혀 없을까. 그럴 것이다.

그러나 '이 세상에 있는 교회/보이는 교회'들에는 갈등과 싸움은 거의 본질에 가까운 속성일 뿐이다. 마치 질병이 전혀 없기를 바라지만 인간은 누구나 죽을 때까지 '걸어 다니는 병원'인 것과 같다고 할까.

아니, 성경을 연구해 보면 그것은 더욱 확실해 진다. 가인과 아벨은 형제 사이였지만 갈등을 못 이겨 인류 최초의 살인자와 희생자가 되었다. 이삭과 이스마엘, 사라와 하갈, 에서와 야곱, 야곱과 라반, 레아와 라헬, 야곱의 아들들과 요셉, 요셉과 보디발의 아내, 모세와 바로, 모세와 아론 및 미리암, 모세와 고라/다단/온, 사사들과 이방민족들, 사무엘과 사울왕, 사울왕과 다윗, 다윗과 압살롬, 욥과 그 아내, 욥과 세 친구, 솔로몬에게 재판받은 두 여인… 구약성경에 나오는 대표적 사례 몇 가지들이다.

신약성경 역시 여러 형태의 갈등 사례를 보여주고 있다. 우선 예수님의 생애는 갈등의 연속이었다. 헤롯의 칼끝에 목이 뎅겅 잘릴 번했고, 사탄과의 싸움, 기회만 있으면 그를 죽이려 드는 유태인들, 성경학자, 바리새파, 사두개파, 헤롯당원들이 있었다. 특히 가룟 유다는 기회만 있으면 예수님께 저격수 노릇을 하고 있었다. 대제사장이 주도하는 공회, 그리고 로마정부를 대표하는 빌라도 총독과의 끝없는 전쟁이었다. 그리고 그 최후가 바로 십자가 처형이었다.

초대교회 역시 갈등과 싸움으로 점철되었다. 사울과 예루살렘교회, 바울과 스데반, 바울과 베드로, 바울과 마가, 바울과 바나바, 바울과 유태인들, 바울과 우상섬기는 자들, 바울과 아테네의 지식인들, 베드로/바울과 로마 정부, 특히 고린도교회는 싸움 박람회장이었다. 게다가 요한계시록은 최후에 있을 대회전을 생생하게 보여주고 있다.

이런 것들은 사실 성경공부를 조금만 해도 다 아는 내용이다. 그런데도 굳이 하나하나 적시하는 뜻이 무엇일까. 목회사역은 결코 갈등과 싸움이 없는 교회를 만드는 것이 아니라 그것들을 하나님께서 사역하실 기회로 바꾸는 일이라는 것을 철저히 깨닫자는 것이다. 그런 갈등과 싸움이 밖에 있는 적수들과의 것이든, 안에 있는 형제자매와의 것이든, 아니, 심지어 심리적 갈등이나 영적 싸움이건, 특히 이단들과의 싸움이라 해도 그 전모를 자세히 살펴보면 그것은 하나님께서 일하시는 한 방식인 것을 밝히 보아 내게 된다.

그 분께서 가르치신 갈등 해결원리

40년 전에 나는 신학공부를 하기 위하여 미국으로 유학을 왔다. 그 때 켄터키 주에 있는 남침례회신학대학원에서 교환학생으로 두 과목을 공부할 수 있었다. 웨슬리언인 나와는 좀 다른 전통이지만 바로 그 다른 점들을 배우고 싶어 〈교단행정론〉 과목에 등록했다.

그런데 교회의 싸움과 갈등은 미국교회라고 없는 것이 아니었다. 6.25사변을 겪었고 지금도 남북이 준전쟁상태였기에 싸움이라면 한국교회가 금메달을 딸만 했다. 손양원 목사의 전기도 “사랑의 원자탄”이라는 무시무시한 전쟁용어를 사용하는 것만 보아도 알 수 있지 않은가. 그러나 미국교회도 싸움에는 은메달 감이었다. ‘오케이목장의 결투’ 같은 서부활극이 미국 교회 안에서 얼마든지 벌어지고 있다.

침례교회는 개체교회(local church) 중심이기 때문에 한국의 장로교회나 감리교회 싸움과 다른 양상이 있었다. 한국교회에서는 담임목사가 교회 신자들에게는 천사처럼 존경을 받지만 노회나 총회에 가면 싸움꾼으로 확 바뀐다는 세간의 말이 마냥 거짓은 아니다. 그러나 침례교회는 대부분 개체교회 안에 있는 갈등관리(conflicts management)에 초점을 맞추고 있었다. 하여튼 그 과목을 이수한 것을 무척 다행스럽게 생각한다. 그 과목을 통하여 갈등관리를 성경적 원리, 심리학적 원리, 사회학적 원리, 교육학적 원리, 교회론적 원리, 그리고 무엇보다도 영적 원리에서 분석하고 종합하고 해결하는 다양한 시각을 갖추게 되었기 때문이다.

프래그마티즘(pragmatism) 곧 실용주의적 기초가 강한 미국식 교육에서는 책이나 강의만으로 만족하지 않고 실제 연습을 하는 것이 중요한 부분이었다. 그래서 그 과목에서는 〈모의 갈등조정위원회〉 활동을 통하여 갈등해결을 체득하게 되었다. 200 명 정도 모이는 교회가 현재의 담임목사를 내어 보내려는 그룹과 계속 지지를 보내는 그룹으로 거의 반씩 갈려 있는 교회를 가상으로 했다.

그 과정을 여기에서 상세히 말할 여유가 없지만 정말 값진 교훈을 얻었다. 특히 영어가 짧은데도 그토록 배운 것이 많았다는 점을 부기해 둔다. 가령 예수님께서 가르치신 문제해결 방식들이 오늘 날에도 가장 좋은 지혜라는 것을 재삼 확인했다: 1)단독으로 만나 해결, 2)두세 증인과 함께 해결, 3)교회 회의를 통한 해결, 4)미해결로 남겨 두는 방식(마 18:15-20) 같은 4단계 갈등조정원리가 그 좋은 사례이다.

그러나 성경의 원리들은 인간의 지혜로 보완되어야 한다는 점도 배웠다. 곧 적용단계이다. 가령 앞서 소개했듯이 죤 듀이는 문제해결과정을 통하여 사고능력을 키우는 모형을 제시했다. 5 단계론이다: 1)문제가 있음을 안다, 2)문제의 원인과 성격을 자세히 분석하고 종합한다, 3)여러 가지 가능한 모든 대안을 제시한다, 4)그것들을 평가하여 가장 적합한 해결방식을 선택한다. 두세 가지를 종합할 수도 있다. 5)그 해결방안을 실천하여가며 보완한다. 듀이는 사고능력이 낮으면 단인율(單因律)로 해결하려 하고, 높아질수록 다인율(多因律)로 해결한다는 점을 명확히 했다.

이런 점에서는 신학적 철학자 헤겔의 정반합 원리도 매우 값진 틀이 된다. 정립(正立)에서 반립(反立)이 태어나고 그것이 지양(止揚)되어 합립(合立)이 되는 과정이 바로 갈등해결원리를 잘 제시하고 있다.

아프면서 자란다

인간은 본성적으로 평화를 사랑할까 아니면 싸움을 즐기는 존재인가. 인간은 끝없는 경쟁에서 행복을 느낄까, 아니면 서로 협력함에서 보람을 찾을까. 끝없는 논쟁이 있는 주제이다. 단번에 무슨 해결이 날 것도 아니다. 교회조차도 누구나 싸움박질하지 말고 서로 사랑하는 함생체가 되자고 다짐하지만 교회에 제일 많은 신자가 동원될 때는 바로 두 패로 갈려 목사를 앞세우고 재산 쟁탈전을 벌일 때라고 한다. 싸움의 즐거움이 있다는 뜻이다.

프로이드는 그걸 정신분석학적으로 풀었다. 사람에게는 두 본능이 있는데 죽음의 본능이 강하면 가만히 있는 데서 행복을 맛보게 되고, 삶의 본능이 강하면 활동하고 싸움하는 데서 기쁨을 느낀다고 한다. 어쩌면 한 사람이 이 두 가지 본능을 가지고 있고 그래서 마음과 머리에는 항상 갈등과 두통거리로 가득 차 있게 된다.

그런 것도 갈등을 이해하는 데는 절실히 필요한 지식들이다. 그러나 성경으로 돌아가면 결국 하나님께서 우리에게 우레 같은 음성으로 가르치시는 교훈을 들어야 한다.

"나는 너를 전쟁터에 던져 놓았느니라. 평생토록 문제, 갈등, 두통거리들과 목숨 걸고 싸우며 살아야 한다. 사람은 누구나 아프면서 자라느니라. 물론 교회도 마찬가지이란다."

이 말씀을 들어야 한다. 이는 신학적 용어로 설명하면 '화해의 목회'(ministry of reconciliation)가 된다. 화해의 목회는 예수 그리스도 사역을 총괄하는 개념이다. 창조주와 피조물의 화해, 피조물과 피조물 사이의 화해를 포함한다. 화해 사역은 무엇보다도 '사랑'이란 말로 요약된다. 예수 그리스도께서는 그 자체가 화해자(the reconciliator)가 되신다.

-화평하게 하는 자는 복이 있나니 그들이 하나님의 아들이라 일컬음을 받을 것임이요.(마 5:10) -먼저 가서 형제와 화목하고 그 후에 와서 예물을 드리라.(마 5:24) -너희 원수를 사랑하며.(눅 6:27)

갈등을 관리하는 데는 4승 전략 곧 4 Wins가 있어야 한다. 첫째는 하나님에게 영광이 되고, 둘째는 너도 이기고, 셋째는 나도 이기고, 넷째는 제3자 되는 모든 사람이 이기는 전쟁이어야 한다. 가령 부부싸움이라 해도 마찬가지이다. 특히 자녀들이 아프면서 자라도록 부부싸움도 교육사건으로 만들어야 한다.

그러므로 싸움과 갈등은 있는 것이 문제가 아니라 해결하지 않거나 못하는 것이 문제일 뿐이다. 교회에서도 갈등과 싸움을 지혜롭게 관리한다면 그것은 바로 그 머리 되시는 예수 그리스도를 평화의 왕이시면서 동시에 선한 싸움의 사령관으로 모시는 사역이 된다. 그것이 바로 '거룩한 싸움'이다.

목회자는 누구나 선한 싸움을 다 싸우고, 달려갈 길을 모두 마치고, 믿음을 굳게 지키게 되기를 기도한다.(딤후 4:7) 그러나 시작은 선량해도 마지막은 처량한 경우가 얼마나 많은가. '악한 싸움 다 싸우고, 달려갈 길을 중도에 하차하고, 믿음을 팥죽 한 그릇에 팔아먹는' 이들이 없지 않다. 우리 모두, '악한 싸움'도 '선한 싸움'으로 바꿀 줄 아는 '예수 그리스도의 머슴'이 되었으면 좋겠다. 정석규 박사는 "갈등은 하나님의 뜻이 실현되는 과정이다."라고 확인해 주고 있다.

(월간목회 2012 년 3월호. 참조: 이정근 "교회갈등관리론." 논문집 III. 112-129. 정석규. 구약성서로 읽는 갈등과 화해. 339-347)

'성전을 건축하라'와 '이 성전을 헐라'
시설 목회론

이스라엘을 여행해 보면 가장 실망하는 것이 예루살렘 성전이다. '통곡의 벽' 외에는 성전 흔적이 남아 있지 않기 때문이다. 솔로몬의 제1성전도, 스룹바젤의 제2성전도, 헤롯의 제3성전도 남아 있지 않으니 말이다. 예수님께서 열두 살 때 '선생들 중에 앉으사 그들에게 듣기도 하시며 묻기도 하신'(눅 2:46) 바로 그 자리에 앉았다가만 와도 평생 은혜가 될 터인데 그만 성전 건물이 통째로 사라지고 말았으니 이걸 어쩌랴. 지금 그 터에는 이슬람교의 '황금돔'이 서 있을 뿐이고 성전의 흔적은 '통곡의 벽'만 조금 남아 있는 셈이다. "돌 하나도 돌 위에 남지 않고 다 무너뜨려지리라"(마 24:2)는 말씀 그대로 되어버린 것으로 위로를 삼아야 할까.

범죄용 건물들은 저렇게도 많은데

코리아타운에서 25마일 정도 떨어진 곳에 유니온교회 성전을 구입하겠다며 시청에 용도변경 승인신청을 했는데 그 안건이 의사일정에 포함되어 있어 필자는 웨스트코비나 시의회로 달려갔다. 미국 경기가 대단히 나쁜 때여서 좋은 건물들이 헐값 매물로 나와 있었고 그 가운데 볼링장을 사서 교회당을 만들겠다는 계획이었다.

볼링장을 눈독들인 데는 몇 가지 사유가 있었다. 고속도로에서 가까워 접근이 쉽고, 또 넓은 주차장을 갖추고 있었다. 볼링장 안에는 기둥이 없기 때문에 일천 명을 수용할 예배센터는 물론, 교육센터, 선교센터, 친교센터 등 넉넉한 공간을 확보할 수 있었다. 교회 시설로 바꾸는데 공사비도 훨씬 적게 들었다.

먼저 시청 대표가 나와서 그 건물에 아이스 링크를 해보겠다는 것과 교회 건물로 사용하겠다는 두 가지 청원서가 들어왔다고 보고했다. 그 다음에 아이스 링크 청원자가 나와서 먼저 설명했다. 사업을 잘 해서 세금을 많이 내겠다는 발언도 했다. 유니온교회 차례가 되었다. 짧은 말로 시의원들을 감동시켜야 한다는 기도를 하며 마이크 앞에 섰다. '사람이 빵으로만 살 것이 아니요 하나님의 말씀으로 살아야 한다'는 성경말씀을 소개하고 이 지역의 범죄를 줄이고 소수민족의 이민 정착을 돕기 위하여 교회가 세워져야 한다고 호소했다.

시청 관계자가 이어서 두 제안서의 장단점을 분석하여 보고했고 시의원들의 질문과 토론이 있었다. 그 다음에 표결을 했는데 3명이 교회허가에 찬표였고 4명이 아이스 링크를 지지했다. 한 표 차이지만 결과는 부결이었다.

절호의 기회를 놓치게 되니 몹시 실망스러웠다. 자동차를 몰고 집으로 돌아오는데 눈물이 흘러내렸다. 교회성도들의 열렬한 기도가 이처럼 허무하게 외면당하다니….

"하나님, 죄짓는 목적으로 사용되는 건물들은 저처럼 많고 웅장한데 어찌하여 하나님의 영광을 드러낼 건물을 마련하기가 이토록 어렵습니까?"

그렇게 혼자서 울부짖었다. 혹심한 불경기에도 불구하고 도박과 환락의 도시 라스베이거스는 건물 값이 하늘 높은 줄 모르고 치솟던 때였다.

성전은 불경기에 사야 한다

교회를 처음 개척할 때에는 독일계 루터교회 성전을 임대해서 사용했다. 장로교회, 감리교회, 침례교회 등은 개척할 때 시설 임대가 어렵지 않았다. 미국인 교회 가운데 같은 교단 소속교회가 많고 그들이 적극 협력했기 때문이다. 하지만 성결교회 소속인 우리는 협력교단이 전혀 없었다. 그래서 루터교회를 찾아 임대교섭을 했다. 코리아타운에 있었다.

그런데 임대교회를 사용한다는 것이 매우 고통스러운 일이었다. 교회는 식사공동체이고 특히 이민교회는 주일예배 후 꼭 점심식사를 함께 해야 하는데 김치 냄새 때문에 그럴 수가 없었다. 게다가 신자 수가 늘면 임대료를 더 내야하고, 사용하는 시간이 길면 더 내야 하고, 사용공간이 많으면 더 내야 하고, 보험료도 갈수록 많이 내야 했다. 그 때 250여 한인교회 가운데는 임대료를 제일 많이 지불했다.

"그럴 바에는 어서 속히 자체 성전을 마련하는 것이 좋겠어요. 은행 돈 융자해서 사면 그 임대료로 월상환금을 넉넉히 내니까요."

사업에 밝은 교회제직들의 건의였다. 그러지 않아도 교회를 개척할 때 5년차 이전에 성전을 구입하도록 제1차 10년 장기발전계획에 밑그림이 그려져 있었다. 개척예배 드리던 날부터 담임목사가 건축헌금을 해서 은행에 건축계좌를 별도로 열었다. 그것이 열매를 맺어 개척 7년 만에 77만5천 달러를 주고 코리아타운에 첫 성전을 구입했다.

교회가 성장하면서 300 석의 예배실이 비좁게 되었다. 특히 도심지에 있는 건물이라 교육관 등 부대시설과 주차장이 협소한 것이 너무 큰 고통이었다. 그래서 제2차 10년장기발전계획에 더 넓은 성전을 구입하여 이전할 것을 포함시켰다.

그러나 문제는 내부에서 터져 나오는 반대목소리였다: 교회는 건물이 아니라더라, 한국에서는 교회당 없는 교회가 인기라더라, 예수님께서 '이 성전을 헐라'고 하셨다, '돌 위에 돌 하나도 남지 않고 무너진다'고 하셨다, 권총 강도의 위협을 무릅쓰고 벌어 헌금한 달러인데 가난한 사람들을 위하여 쓰지 않고 어쩌자고 시멘트에 쏟아 붓느냐, 유럽의 성당들처럼 결국 후일 관광지밖에 더 되겠느냐, 성전건축비를 선교사 파송비로 써야 한다 ….

특히 교회당 이전사업에 시동을 걸 때는 4.29 인종 폭동으로 유니온교회에서만도 20가정 넘게 업소를 불태운 지 얼마 안 되는 때였다. 꼭 해야 한다면 사업경기가 좋을 때 시작해 보자는 여론이었다. 그런 소용돌이 속에서 담임목사는 산으로 도망가 금식기도로 영적 무장을 했다. 말씀과 기도의 응답을 받는 것이 절실했다. 그 때에 바로 학개서에서 하나님의 말씀과 맞닥뜨리게 되었다. 두 장밖에 안 되는 작은 예언서였다.

"너희는 산에 올라가서 나무를 가져다가 성전을 건축하라. 그리하면 내가 그것으로 말미암아 기뻐하고 또 영광을 얻으리라."(학 1:8)

이 말씀이 가슴에 다이나마이트가 되었다. 그래서 교회로 내려와 주일예배를 인도하는 날 이렇게 선언했다. 길게 말하지 않고 극히 농축된 언어로 표현했다.

"교회성전은 불경기에 사야 불길경기를 만날 것입니다."

담임목사직을 걸어놓고

그 때부터 더 큰 성전, 제2의 성전으로 이전하기 위하여 목회의 에너지를 집중적으로 퍼부었다. 우선 목회자 자신의 결단을 밝혔다. 집을 팔아 건축헌금을 드리겠노라는 선언이었다. 아직 아이들 셋이 공부가 끝나지 않은 상황이었다. 평신도 시절 부부가 18년 동안 직장 생활하여 마련한 재산의 전부였다.

"넓은 성전 마련하여 자손만대 축복 받자."

그런 구호를 강단 벽 십자가 아래에 큼직하게 써 붙이고 집회 때마다 예배실이 떠나가도록 외쳐댔다. '잘 짓고 잘 짓세, 우리 집 잘 짓세'라는 찬송가를 '주의 집 잘 짓세'로 가사를 바꾸어서 자주 자주 불렀다. 교회학교에서는 고사리 손으로 신문지, 깡통, 물병들을 모아서 팔았다. 바자회도 자주 했다. 어떤 농장하는 분은 무 배추를 한 트럭 잔뜩 실어와 헌물하기도 했다. 코리아타운에 일일식당을 열었다. 맥주 파는 식당이라며 반대하는 청교도 스타일들이 있었지만 외면했다. 하여튼 돈 되는 것이면 무엇이든지 주저하지 않고 추진했다. 초등학생들은 예수님에게 성전 마련을 해 달라는 편지를 쓰는 일도 했다.

"예수님, 예수님, 이것보다 더 좋은 성전을 지어 주세요. 예수님은 목수이시잖아요."

영어로 쓴 이 구절을 읽을 때 눈물이 왈칵 솟았다. 그래서 온 회중들에게 공개했다. 한밤중기도회를 열어 넓은 성전을 마련할 수 있도록 자주 울부짖었다. 성도들끼리 계 조직을 못하게 해 왔지만 첫 번 계좌는 건축헌금으로 몫 지어 놓았다기에 좋다고 격려했다. 나중에는 신용카드 긁기 캠페인도 했다. 하나님께서 어떻게 30, 60, 100 배로 채워주시는지 지켜보자고 했다. 직장과 사업체 심방은 더욱 열심히 했다. '건축헌금의 큰 몫을 감당하는 사업 되게 하시옵소서,' '자손 만대 축복받게 하시옵소서,' 특히, '불경기가 불길경기로 바꾸어지게 하시옵소서' 하는 기도는 꼭 포함시켰다. 물론 성전구입을 선언한 때부터 일 년 동안의 설교는 그것과 관련된 주제였다.

심지어 직분도 활용했다. 자격이 좀 모자라는 성도들에게도 직분을 안겨 주었다. 성직매매라는 비판도 들려왔지만 거룩한 것을 팔아 거룩한 것을 사는 일이 무슨 문제냐며 버텼다. 담임목사직을 걸고 추진하게 되니 정말 무서운 것이 없었다.

그러나 제일 큰 문제는 신자들이 슬금슬금 빠져나가는 데 있었다. 교회당은 넓은 것을 마련했는데 예배실은 텅 빈다면 그건 성전구입작전의 완전참패를 뜻하는 것 아닌가. 신자들의 절반이 떨어져나가더라도 마음 다져먹고 성전을 마련해야 한다는 목회선배들의 격려가 있었지만 거기에는 동의할 수 없었다. 영적 성장, 회원수 성장, 재정성장이 시설 성장과 함께 이루어져야 바른 목회라는 걸 알기에 고민은 더욱 컸다.

성전은 하나님이 지으신다

시의회에서 부결되던 다음 날 아침 전화벨이 울렸다. 의회결과가 궁금해서 걸었다는 어떤 안수집사였다. 부결되었다고 했다.

"그 도시에 좋은 교회건물이 최근에 매물로 나왔다고 해요. 더 자세히 알아볼까요?"

다소 시큰둥한 음성으로 좋겠다고만 했다. 전화를 끄자마자 또 한 통이 걸려왔다. 데인 잔슨이라는 미국인 목사인데 첫 마디가 어제 저녁 나를 텔레비전에서 보았다고 했다.

"전화 잘 못 거셨네요. 제가 최근에 텔레비전에 나간 일이 없는데요."

"아닙니다. 웨스트 코비나 시의회에서 사람이 떡으로만 살 것이 아니라고 하셨잖습니까?"

그래서 이야기를 더 들었다. 시의회 광경이 케이블로 송출되었다고 했다. 그리고 그 볼링장 가격에 조금만 보태면 더 좋은 교회시설을 구입할 수 있을 것이라고 제안해 왔다. 자기들은 현재 사용 중인 성전을 팔고 이전할 계획이라고 했다.

그런데 앞서서 전화했던 안수집사가 다시 전화를 걸어왔는데 그 두 사람 모두 같은 교회당을 소개하고 있었다. 바로 그 볼링장 근처였다. 현장답사를 해보니 모든 것이 마음에 확 들었다. 가격도 좋고 거래 방식도 그 교회가 최대협력을 하겠단다. 주저하지 않고 매입 제안서를 그 자리에서 건넸다. 법적 구속력을 가진 문서였다.

그렇게 해서 마침내 성사가 되었다. 4천오백 평 넓은 땅에 7백 평 성전이 마련된 것이다. 지은 지 얼마 안 되는 새 건물이었고 나무와 꽃들로 둘러싸여 있었다. 바로 길 건너에는 에덴동산 같은 공원이 있었고 범죄율이 낮은 중산층 동네였다. 주차장은 2백 대 넘고 공원과 거리 주차는 얼마든지 할 수 있었다. 볼링장 부결된 것이 얼마나 감사했는지…. 무엇보다도 성전은 하나님께서 지으신다는 천금 같은 간증을 선물로 받았다.

성전은 교회가 아니라며 '성전 없는 교회 운동'을 전개하는 분들이 있다. 박수를 보낸다. 무엇 때문에 성전 짓는 일에 그 귀중한 헌금을 모두 쏟아 붓느냐, 예수님께서 그걸 기뻐하시겠느냐, 그 돈을 가난한 자들과 억눌린 자들의 고통을 덜어주는 일에 써야 한다며 열을 올리는 신학자들도 있다. 귀담아 들어야 한다.

그러나 그들이 모르는 것이 몇 가지 있다. 그렇다면 왜 하나님은 모세에게 그토록 자세히 성전 설계도를 마련해 주셨을까. 구약성경에 나오는 성막이나 성전은 하나님이 건축가가 되셔서 직접 지으신 것 아닌가. 또 교회가 분쟁이 생기면 자체 성전을 소유한 교회는 살아남고 남의 교회당을 임대했던 교회는 흔적도 없이 사라지는 것을 아는가. 또 있다. 성전을 짓거나 구입하게 되면 하나님의 능력의 손을 수 없이 체험하게 되고, 그래서 간증이 쏟아지게 되며, 건축에 참가한 성도들의 영성이 성전 터만큼 튼튼한 기초 위에 세워지는 것을 아는가.

걸어 다니는 성전이 되어야

하나님은 과연 성전 짓는 것을 크게 기뻐하실까, 아니면, 눈을 부릅뜨시고 '이 성전을 당장에 헐어버려라'고 진노를 품고 말씀하실까.

미국을 여행하면 고속도로에서 가장 잘 눈에 뜨이는 종교시설은 대체로 몰몬교회당들이다. 그들은 명당만 골라서 매우 웅장하게 짓는다. 로마 가톨릭 성당들이나 정교회들도 성전 짓는 일에 값진 투자를 한다. 이슬람교, 불교, 힌두교, 시크 사원들도 엄청난 규모로 짓는다. 그런데 유독 개신교회의 성전은 상대적으로 초라한 편이다. 그런데도 개신교회만 집중포화의 표적이 되고 있다.

그래서 물어 본다. 교회당을 개집처럼 지어놓는 것이 하나님의 뜻일까. 모세에게 '성막을 지어라'고 하신 반복되는 명령은 무효가 되어야 하는가. 성전의 모형인 노아의 방주나 성막을 지을 때 하나님께서 그 자세한 설계도까지 마련해 주신 뜻은 무엇일까. 솔로몬이 하나님의 집을 짓고 큰 축복을 받은 것은 구약시대로 끝나야 하는가. 포로기 이후에 제 2 성전을 짓는 일이 지지부진할 때에 예언자 학개에게 '성전을 건축하라'고 강경하게 말씀하신 것은 어떻게 들어야 하는가. 혹시 초대교회였던 고린도교회, 에베소교회 등이 그 당시의 건축술로 보아 얼마나 웅장한 성전을 지었던지 주목해 보았는가. 교회당이 교회는 아니지만 건물이 있는 교회는 더 오래 지탱한다는 통계를 어떻게 생각하는가.

지나치게 화려한 시설을 갖는 것은 물론 자제해야 한다. 하지만 실제적으로 필요한 시설, 하나님의 존재감을 드러내고 영광의 빛을 드러낼 성전을 마련하는 것은 하나님께서 주도하신다. 만약 웅장한 성전 짓는 것이 하나님에 대한 반역행위라면 예수님께서 한 밤중에 제자들을 동원하여 예루살렘 헤롯성전을 헐어버리셨을 것 아닐까. 열두 살 되던 해에 그 성전을 '내 아버지 집'이라 하신 뜻은 무엇일까.

"성경말씀에 우리 몸은 성령의 집 곧 하나님의 성전이라 했습니다. 이 성전이 성삼위 하나님을 모신 집인 것처럼 우리 몸도 성삼위 하나님을 모신 집 곧 '걸어 다니는 성전'이 되어야 합니다."

헌당식 설교의 결론이었다.

(월간목회 2013년 4월호. 성전마련 과정과 그에 따른 자세한 간증은 제94강 참조)

비용을 계산하라
재정 관리론 1

개체교회 사역을 하려면 필연적으로 재정이 확보되어야 한다. 그래서 성경에는 재정확보에 관한 교훈들과 사건들이 많이 있다. 구약성경에서도 아브라함이 막벨라 굴을 400세겔을 주고 산 일이나(창 23:16), 이스라엘 민족이 이집트를 탈출할 때 그들에게서 은금패물과 의복을 가지고 나오기도 했다.(출 12:35-36) 성막을 지을 때에나 성전을 건축할 때에도 "마음이 감동된 모든 자와 자원하는 모든 자"를 통하여 재정과 물품을 조달하게 되었다.(출 35:20-29)

그러나 교회의 재정조달은 그리 간단하지 않다. 그래서 목회자는 항상 돈과의 싸움을 피할 길이 없다. 필요한 재정을 하나님께서 은행계좌에 직접 넣어 주시면 얼마나 좋으랴. 그러나 체험을 해보면 하나님은 여러 가지 방법으로 필요한 것들을 마련해 주신다. 문제는 우리가 바르게 청지기 생활을 하느냐에 달려 있다. 특히 교회마다 갈등의 원인이 상당부분 재정문제인 것을 생각하면 더욱 정신을 차려야 한다.

예수 그리스도의 재정사역 원리

예수 그리스도께서는 재정사용에 대한 원리를 여러 형태로 가르쳐 주셨다. 다음과 같이 몇 가지로 정리한다.

1. 우선 물질을 하나님으로 삼아서는 안 된다고 잘라서 말씀하셨다. 그러므로 재물을 확보하는 것은 도구적 목적이거나 과정적 목적이어야 한다. 결코 궁극적 목표가 될 수 없다.

-한 사람이 두 주인을 섬기지 못할 것이니… 너희가 하나님과 재물을 겸하여 섬기지 못하느니라.(마 6:24, 눅 16:13)

2. 하나님께 예물 드리는 것을 강조하셨다.

-너희를 위하여 보물을 땅에 쌓아 두지 말라 … 오직 너희를 위하여 부물을 하늘에 쌓아 두라.(마 6:19-20)

3. 재물관리에 관하여는 청지기 믿음을 강조하셨다. 청지기 정신은 무소유보다는 함생소유를 뜻한다. 하나님과 우리가 주인의식을 가지고 공동으로 관리해야 한다는 뜻이다.

-지혜 있고 진실한 청지기가 되어 주인에게 그 집 종들을 맡아 때를 따라 양식을 나누어 줄 자가 누구냐 … 주인이 그 모든 소유를 그에게 맡기리라.(눅 12:42-44)

4. 예수 그리스도의 사역을 위하여 재물 사용하는 것을 격려하셨다. 마리아가 지극히 비싼 향유 곧 순전한 나드 한 근을 예수님의 발에 부었을 때에 가룟 유다가 비난했다. 그러나 예수님은 이렇게 말씀하셨다.

-그를 가만 두어 나의 장례할 날을 위하여 그것을 간직하게 하라.(요 12:7)

5. 십일조 드리는 것을 격려하셨다.

-화 있을진저, 외식하는 서기관들과 바리새인들이여, 너희가 박하와 회향과 근채의 십일조는 드리되 율법의 더 중한 바 정의와 긍휼과 믿음은 버렸도다. 그러나 이것도 행하고 저것도 버리지 말아야 할지니라.(마 23:23)

재정헌신뿐만 아니라 그분은 육신의 생명 전체를 십자가 제단에 드리심으로 하나님께 어떻게 예물을 드릴 것인가의 모범을 보이셨다. 이것이 초대교회 성도들이 전 재산을 하나님께 드렸던 일과 "너희 몸을 하나님이 기뻐하시는 거룩한 산 제물로 드리라"(롬12:1)는 말씀으로 연장된다.

6. 예수 그리스도께서는 재물을 잘못 사용하는 자를 꾸짖으셨다. 특히 가룟유다가 은 삼십을 받고 예수님을 넘겨준 일을 크게 문책하셨다.

-인자는 자기에 대하여 기록된 대로 가거니와 인자를 파는 그 사람에게는 화가 있으리로다. 그 사람은 차라리 태어나지 아니하였더라면 제게 좋을 번하였느니라.(마 26:24) 이것이 아나니아/삽비라 부부가 속임수를 쓴 예물을 드렸다가 즉사한 예루살렘 교회의 사건으로 연결된다.(행 5:1-11)

개체교회 재정목회의 실제

교회는 예수 그리스도의 재정사역 원리와 또 구약성경 및 사도행전 이하에 나타난 성경적 기초에 의거하여 재정을 모으고 사용해야 한다. 그러나 성도들이 헌금하는 동기를 잘 분석하여 선한 동기는 강화시키고 은혜롭지 못한 동기는 은혜로운 동기로 변환되도록 해야 한다. 아래의 것은 성도들의 헌금 동기를 규범적(normative)으로 기록한 것이 아니고 있는 그대로(descriptive) 나열한 것이다. 담임목사는 우선 헌금이나 재정헌신의 동기를 있는 그대로 파악할 필요가 있다.

1. 성도들이 헌금 하는 동기 (On Offering Motivations)

1)성령께서 감동시키시기 때문이다. 2)더 많은 복을 받고 하늘나라에 가서 상급 받기를 원하여 헌금한다. 3)성경말씀대로 살기를 원하여 헌금한다. 4)헌금 안 하면 하나님께 매 맞을까봐 두렵기 때문이다. 5)하나님이 명령하신 신자의 의무이기 때문이다. 6)주님을 사랑하고 교회를 사랑하기 때문이다. 7)죄책감 때문에 헌금한다. 8)십자가를 지고

주님의 고난을 함께 나누려고 헌금한다. 9)목사를 돕고 싶기 때문이다. 10)명예와 직분의 체면 때문이다. 11)교회가 맡긴 돈을 가장 믿음직하게 쓰기 때문이다. (특히 유산기증의 경우). 12)직분 맡기를 원하여 헌금한다. 13)구체적 목표와 비전을 보면 더 감동된다. 14)영웅심이 더 많은 헌금을 하게 한다. 15)헌금할 능력이 있기 때문이다. 16)보람 있는 일이라고 확신하기 때문이다. 17)모금자(fund raiser)와 헌금자donor)와의 인관관계 때문이다. 18)사람들과 목사에게 인정받기 위하여 헌금한다. 19)헌금하라는 하나님의 음성을 들었기 때문이다. 20)신앙이 성장되었기 때문이다. 21)축복 받은 것을 깨달았기 때문이다. 22)전체 회중들이 헌금하기를 기뻐하는 의식이 강한 데 영향받았기 때문이다. 23)부모가 헌금 잘 하는 것을 보고 자랐기 때문이다. 24)선한 일을 하고 싶기 때문이다. 25)무엇인가를 교회나 병원 같은 기관에 남겨놓고 싶은 마음 때문이다. 26)기도하고 계획하던 일이 기대한 것만큼 혹은 그 이상으로 응답 받았기 때문이다. 27)물질이 필요한 사람을 보면 동정심(compassion)이 생기기 때문이다. 28)빈손으로 왔다가 빈손으로 간다는 인생의 모습을 보았기 때문이다. 29)전혀 기대하지 않았던 돈이 생겼기 때문이다. 30)이상의 이유로도 설명할 수 없는 신비한 까닭들이 있기 때문이다.

2. 유니온교회 재정관리 수칙

재정은 하나님의 나라를 이 땅 위에 건설하는 매우 중요한 도구이다. 그러므로 다음과 같은 수칙에 따라 관리해야 한다.

1)하나님의 나라를 건설하는데 필요한 재정을 넉넉히 주실 것이라는 믿음과 또 주시기를 간구하는 기도를 마음에 늘 간직해야 한다. 2)재정관리를 맡은 분들(재정위원장, 헌금위원, 회계, 계수위원, 감사) 모두가 십일조와 헌물을 드리는 일에 있어 모범적이어야 한다. 재정관리를 통하여 하나님의 축복을 받을 만하게 헌신하여야 한다. 3)재정관리에 있어 만의 하나 부끄러운 문제가 발생하면 “돈 잃고, 사람 잃고, 교회도 상처를 입게” 된다. 가룟유다를 늘 마음에 두고 경계를 삼아야 한다. 그러므로 재정은 투명하게 관리되고 사용되어야 한다. 4)재정이 교회에서 주인노릇해서는 안 된다. 재정은 항상 섬기는 종의 역할을 해야 한다. 따라서 재정관리를 맡은 분들은 언제나 겸손한 자세를 가져야 한다. 5)유니온교회는 각 개인별 헌금액수는 반드시 비밀에 붙여져 있다. 개인의 헌금액수가 누설되어서는 절대로 안 된다. 개인별 헌금액수는 헌금 당사자, 당회장, 재정위원만 알고 있어야 한다. 6)헌금의 관리는 예배가 마칠 때까지는 예배위원회에서 책임지고 관리해야 한다. 그리고 예배가 끝나면 재정위원회에서 인수받으며 헌금을 운반하거나 정리할 때에는 두 사람 이상이 꼭 관여해야 한다. 이는 재정에 관한 문제가 발생했을 때에 재정위원을 보호하려는 뜻도 있다. 7)헌금의 장부기록은 회계가 맡고 은행입금은 재

정위원장이 책임관리 한다. 헌금의 집계는 재정위원장 책임 아래 계수위원들이 관리한다. 집계된 헌금은 특별한 일이 없는 한 그 다음 날 월요일 오전까지는 은행에 입금조치되어야 한다. 8)은행계좌 자동지불, 전자결재, 크레딧 카드 지불 등의 헌금방식도 조속히 추진되어야 한다. 9) 헌금의 지출은 예산항목에 있는 것이면 해당위원장과 재정위원장이 합의하여 지출한다. 항목에 없는 것이나 초과지출은 당회의 승인을 얻어 지출하고 당회장은 후결할 수 있다. 그러나 수표발행 액수가 한 건에 2,000 불이 넘는 것은 당회장의 사전결재를 얻어야 한다. 10) 교회 모든 기관이 은행계좌를 개설하거나 폐쇄할 때에는 당회장의 허락을 얻어야 한다. 그리고 수표는 원칙적으로 두 명 이상이 서명해야 한다. 교회전체계좌는 당회장, 행정목사, 재정위원장, 회계 가운데 두 명이 서명해야 한다. 일반적으로는 재정위원장과 회계가 서명하는 것을 원칙으로 한다. 11) 모든 재정의 개발, 관리, 사용의 법적 책임은 본 교회 헌법상 당회장에게 있다. 본 교회는 매월 재정을 당회에 보고하여 승인받고 있다. 그리고 일 년에 네 번 직원회에 보고한다. 또한 어떠한 의혹이라도 있으면 항상 감사를 통하여 투명하게 처리해야 한다. 따라서 재정에 관한 문제가 있으면 언제든지 당회장에게 보고하여 주시기 바란다. 12) 재정지출의 우선순위는 다음과 같다. (1)건물상환금과 융자상환금, (2)전기/수도료, 세금 등 공과금, (3)교직원 사례비, (4)선교비와 교육비, (5)목적헌금, (6)기능예산. (7)기타. 13) 당회의 승인 없이는 원칙적으로 은행융자, 사채를 받을 수 없으며 교회재정으로 개인에게 대부해서는 안 된다. 14) 당회장에게 보고해야 하는 서류는 다음과 같다. (1)매주별 입금보고서(별지 1), (2)매주별 지출보고서(별지 2), (3) 다음주 지출계획서, (4) 헌금봉투에 기록된 기도요청서. 15) 재정관리에 사용된 모든 서류는 원칙적으로 보관기간을 7년으로 한다. 단. 사용된 헌금봉투는 2년을 보관한다.

하나님의 자녀들의 경제위기 극복의 길

위기는 누구나 당하는 일이다. 아니 하나님께서는 인생길 앞에 누구에게나 위기를 던져놓으신다. 위기는 파멸의 기회도 되고 위대한 성공의 기회도 된다. 그래서 "결코 위기를 두려워하지 말라. 위기는 위대한 기회도 된다"고 침이 마르도록 강조했다. 경제위기를 당해서 사업파산이나 부채융자를 갚지 못해서 주택포기가 속출할 때 다음과 같은 경제위기 지침서를 만들어 제공하고 이에 기초하여 설교했다.

1.기도하라. 구하면 주신다.(마 7:7) 2.공포심을 버리라.(사 41:10) 3.위기를 믿음으로 극복하라.(막 5:34) 4.포기하지 말라.(눅 18:1) 5.정면 돌파하라.(출 17장) 6.하나님께 맡기라.(잠 16:3) 7.새롭게 시작하라.(계 21:5) 8.지혜를 찾으라.(왕상 3장) 9.있을 때 잘 하라.(눅 12:13-21) 10.낭비를 줄이라.(눅 16:1-2) 11.협력자

를 구하라.(행 18:1-3) 12.가족이 단결하라.(야곱의 가족이 흉년 만났을 때) 13.문제해결 능력을 기르라.(행 6:1-7) 14.지옥을 무서워하고 하늘나라를 사모하라.(눅 16:19-31) 15.하나님의 일을 더 크게 하는 기회로 삼으라.(고전 10:31)

예산편성, 재정운영, 결산보고

재정 관리론 2

연말은 신자 대이동기간

연말이 되면 교회는 이런 저런 일로 뒤숭숭하게 된다. 아니, 뒤숭숭함을 넘어 와글와글할 정도이다. 그래서 유행하는 말이 무엇인가. 12월과 1월은 '신자 대이동기간'이라는 것이다. 철새신자들이라는 비판을 받으면서도 한 무더기씩 이리 저리 옮겨가게 된다. 연말이 되면 직분자 후보를 고르는 기간인데 거기에서 떨어지면 다른 교회로 옮겨간다. "아니, 집사 십오 년이 넘었는데 아직도 장로 한 자리 못 땄어?" 믿음이 얇은 신자들에게는 그런 빈정거림이 속을 박박 긁어 놓는다. 이래저래 연말을 앞둔 교회들은 시끌시끌하게 마련이다.

그런데다가 교회에도 결산을 하고 또 새해 예산을 짜는 계절이 되었다. 7월부터 회계연도를 삼기도 하지만 1월부터 시작하는 교회가 대부분 아닌가. 교회들마다 결산서를 만들고, 자체감사를 받아야 하고, 그 결산을 기초로 하여 새해 예산안을 작성하기에 부산하다.

그래서 교회에는 일 년 중 제일 말 많은 때를 통과하고 있다. '시체가 있는 곳에 독수리가 모여 든다'는 성경말씀처럼 돈이 있는 곳에는 별별 말썽들이 총집결하게 된다. 실로, 예산과 결산 처리가 은혜롭게 되는 교회가 있다면 그 교회는 정말 하늘교회라 불러도 좋을 것이다. 특히 목회자의 사례비를 올리네 깎네 하는 일로 시비가 벌어지면 교회가 지옥 같아서 엄청 죽을 맛이다. 사표 내던지고 훌쩍 떠나고 싶을 뿐이다. 이래저래 세모에는 말이 말을 낳고 말썽이 말썽을 불러온다.

다른 의견이 있어야 더 생산적

예산안 작성의 논쟁은 거기에서 끝나지 않는다. 교육비, 선교비, 시설비 등 어느 항목을 많이 올리느냐의 문제가 있다. 어떤 교회는 선교비를 절반 넘게 책정한다는데 왜 우리는 등골이 휘청하도록 돈 벌어서 목사 먹여 살리는 데만 써야 하느냐며 비판의 화살이 비오듯 한다. 그렇다고 반대파가 입 다물고 가만히 있는 것은 아니다. 교회는 인건비조차도 선교비일 뿐이라며 반격을 가한다. 그런가 하면 자식 하나 잘 길러 보려고 미국에 왔는데 왜 교육비는 쥐꼬리만큼 배정하느냐고 턱을 대는 학부모들도 많다. 자녀가 없는 신자들이라고 입을 꽉 다물지 않는다. 돈만 많이 쓰면 교육이 잘 되는 것이냐고 턱을 댄다.

건축헌금은 또 어떤가. 교회당 없는 교회가 더 순수한 교회 아니냐며 건축비 항목을 아예 빼어버리자는 주장도 있다. 반대로, '자기 집은 대궐처럼 짓고 살면서 하나님의 집은 사글세가 된다는 게 무슨 말이냐'고 항변한다. 그런 다툼을 보면서 성전을 돈으로 짓지 않고 말로 짓는다면 벌써 완공했을 것이라는 생각도 든다.

수입계획이 먼저냐 아니면 지출계획이 먼저냐로 또 다툼이 생긴다. 곧 산출계입(算出計入)이냐 산입계출(算入計出)이냐의 문제다. 수입의 확실성에 맞추어 예산을 짜자고 하면 믿음 없는 짓 그만하라고 핀잔을 준다. 그러나 지출할 것을 먼저 계획하고 수입을 확장시켜 나가자고 하면 허황된 믿음 거둬 치우라고 한다. 그래서 예산 싸움은 또 믿음 싸움으로 발전한다.

그러나 생각해 보면 그런 다른 의견들이 분분한 것은 건강교회라는 증거이다. 서로 다른 견해를 받아들여 더 좋은 예산안을 집행할 수만 있다면 말이다.

"교회처럼 엉터리로 경영하는 단체를 찾아내기가 어렵습니다. 일반회사가 그런 식으로 경영했다면 벌써 망했을 것입니다. 그런데도 교회는 여전히 잘 견디어갑니다. 그게 다 하나님께서 도우신다는 산 증거 아닙니까." 어떤 경영학자의 논평이다.

예수님께서 담임목사이시라면

문제의 끄트럭이 더 많다. 언론이 교회예산 작성에 싸움을 붙인다. 예산 제일 많은 교회가 어디냐 하고 1월초에 대문짝만하게 보도하는 매스미디어의 관행 말이다. 재정결산 금메달교회가 되려고 규모를 은근히 부풀리는 경우가 없지 않다. 예산을 아예 안 짜는 교회도 있고, 또 담임목사 부인이 모든 돈을 몽땅 손에 들고 쓰는 교회도 있다. 그리고, 담임목사가 일방적으로 예산서를 작성해서 그대로 집행하라고 요구하는 경우도 있다. 기도하면서 응답 받은 대로 작성한 것이니까 일점일획이라도 손을 대서는 안 된다는 명령이다.

그래서 반드시 물어야 한다. 예수님께서 담임목사이시라면 어떻게 하실까. 결산을 하고, 새로운 목회연도의 예산을 작성하고, 그에 따라 재정을 집행하는 일을 어떤 방식으로 하셨을까. 교회가 예수님께서 피 흘려 세우신 몸이라는 점에서 너무도 당연한 질문이지만 사실 교회 구성원들은 그런 점을 새까맣게 잊어버린 채 교회를 습관적으로 운영해 왔을 뿐이다.

1) 성경을 연구해 보면 예수님께서 이런 일에도 지침을 주셨다는 것이 놀랍도록 고맙게 된다. 우선 예산을 짜는 것은 당연한 일로 이해하셨다. "너희 중에 누가 망대를 세우고자 할진대 자기의 가진 것이 준공하기까지에 족할는지 먼저 앉아 그 비용을 예산하지 않겠느냐?" (눅 14:28) 〈개역판〉에는 유일하게 나오는 예산이라는 단어인데 〈개역개정판

〉에는 '그 비용을 계산하지 않겠느냐'로 바뀌었다. 아무튼 계산이 되었건 예산이 되었건 신비하다면 제일 신비한 진리를 말씀하시는 분께서 그런 교훈을 주셨다는 사실이다.

일만 악의 뿌리가 되어서야

2) 예수님께서는 돈을 신격화하지 말도록 잘라 말씀하셨다. 두 주인을 섬기지 못하는 것처럼 하나님과 재물을 겸하여 섬길 수 없다고도 하셨다.(마 6:24) 광야에서 백성들이 금송아지를 만들어 하나님 대신 섬긴 사건을 두고 하신 말씀처럼 보인다. 하나님은 그것을 엄벌하셨다. 그리고 예수님도 예루살렘 성전 뜰의 독점사업가들과 환전상들을 채찍으로 내어 쫓으셨다. 하나님의 영광을 위하여서만 사용되어져야 할 성전이 특정인의 돈주머니를 위하여 악용되는 것에 대한 예수님의 거룩한 분노가 폭발한 것 아닌가. 지금도 교회의 싸움을 보면 겉으로는 교리, 신앙노선, 추종하는 지도자에 따른 것이라지만 그 속살을 보면 결국에는 재산 싸움이라는 걸 누가 모르랴. 그것이 이민교회에서는 더욱 노골적이다. 그래서 성경은, "돈을 사랑함이 일만 악의 뿌리"(딤전 6:10)라고 무섭게 경고하고 있다.

3) 돈이 수단이라고 해서 가볍게 볼 것은 아니라고 예수님은 가르치셨다. 돈은 하나님의 일을 실현하기 위하여서나 사람이 생존하기 위하여 반드시 필요한 도구이다. 돈 자체는 선한 것도 악한 것도 아니지만 그런 점에서는 오히려 하나님께서 주신 귀중한 선물이다. 보물이 있는 곳에 마음도 있다는 말씀이 이를 웅변하고 있다. 그래서 예수님은 달란트나 므나의 비유에서 결사적으로 돈벌이를 하라고 촉구하셨다.(마 6:19-21, 마 25:14-30, 눅 19:11-27) 그리고 열두 제자들에게 어떤 직분을 공식으로 맡기신 일은 없으나 유일하게 가롯유다에게 재정 관리를 맡기셨다. 꼭 필요한 일이기 때문이다.

4) 예수님께서는 재물을 되도록 많이 하나님께 드리라고 강조하셨다. 보물을 하늘에 쌓아두라고 하셨고(마 6:20), 십일조를 바르게 드리라고 하셨다.(마 23:23) 어떤 홀모가 생활비 전부인 두 렙돈 헌금하는 것을 대단하게 칭찬하심으로 헌금의 수학적 액수보다는 생명을 제단에 드리는 믿음을 격려하셨다. "너희 몸을 하나님이 기뻐하시는 거룩한 산 제물로 드리라"(롬 12:1)는 말씀은 돈을 드리는 것이 아니라 생명을 드리라는 뜻으로 요약된다.

생명의 구원을 위한 예산

5) 예수님께서는 청지기 정신으로 재물을 관리하도록 가르치셨다. 다른 종교에서는 무소유를 주장하지만 성경은 그것보다 '함생소유'를 지침으로 주셨다. 무소유는 자칫 무책임을 동반할 수 있지 않은가. 하나님과 우리가 함께 소유하고 성경의 지침에 따라 성도

들이 함께 관리한다는 정신이 바로 청지기 신앙이다. "지혜 있고 진실한 청지기가 되어 주인에게 그 집 종들을 맡아 때를 따라 양식을 나누어 줄 자가 누구냐"(눅 12:42)의 말씀 그대로 재정관리를 지혜롭고 충성스럽게 해야 한다. 하지만 교회에서도 재정의 낭비가 심하고 '하나님의 소유를 자기 호주머니 돈이나 되듯이' 마구잡이로 쓰는 이들이 어찌 없을까. 특히 재판비용에 나간 것이 얼마나 큰 액수인가 어림짐작이라도 해 본 적이 있는가. 참 담임목사이신 예수님께서 제안하시는 예산서에 소송비용이 계상되어 있을까.

6) 예수님은 재정 악용하는 것에 대하여 준엄하게 꾸짖으셨다. 주인의 소유를 낭비하는 청지기를 파직시키는 것이 당연하다고 말씀하셨고(눅 16:1-3), 공금을 빼돌려 착복했던 가룟유다는 결국 지옥행이 되고 말았다. 아나니아/삽비라 부부가 하나님께 재정을 속였다가 비참하게 죽은 사건도 우리를 겁먹게 한다(행 5:1-11). 교회재정을 횡령 착복하는 일에 대하여 그분은 매우 엄중하게 다스리셨다. 아골 골짜기에서 죽은 아간도 그런 축에 끼는 인물 아닌가. 교회에 금전사고가 생기면 어떤 심각한 결과가 오는지 아는가. 돈 잃고, 믿음 잃고, 명예 잃고, 신자 잃고, 전도의 길이 막히고, 교회도 망조가 들린다. 그리고 성삼위 하나님의 영광에 먹칠을 하게 된다.

재정운영은 합리적으로 해야 한다. 이미 언급했지만 예수님께서는 '돈을 계산해야 한다'는 말씀을 명백하게 하셨다. 합리적으로 관리하라는 뜻이다. 믿음에는 신비한 측면이 있지만 재정사용만은 합리적으로 해야 한다.

7) 예수님의 재정관리 원칙이 더 많지만 제일 중요한 것 한 가지만 더 제시한다. 교회가 재정을 사용하는 최고의 목적은 구원 바로 그것이다. 물론 '영혼 구원'이 첫째이다. 그리고 질병, 가난, 무지, 감옥으로부터의 구원 등을 위하여서도 재정을 사용해야 한다.(마 25:31이하) 그렇게 생각하면 꼭 예배비, 교육비, 선교비, 구원센터의 건축비만 중요한 것은 아니다. 행정비, 음악활동비, 인건비, 홍보비, 공과금, 친교비, 장학금 등도 '온전한 구원'을 위한 간접비용에 속한다.

미국에서는 전 세계에 내어놓아도 재정운영이 가장 건실한 모범 단체들이 있다. 대부분 신실한 그리스도인들이 청지기정신(stewardship)으로 경영하는 조직들이다. 그 가운데 〈빌리 그래함 전도협회〉가 있고 〈월드 비전〉이 있다. 재정 사용에 있어서 믿을 만하기 때문에 사람들은 더 많은 돈을 그들 단체에 맡긴다. 한인교회들도 그것들처럼 예수님의 잣대로 평가할 때 모범상을 받을 수 있어야 한다. 그분이 생명을 던져 세우신 것이 교회이기 때문이다. 그래서 '좋은 열매를 맺어야 좋은 나무'라 하셨던가. 한 해가 지난 뒤에 성삼위 하나님께서 기뻐 받으시고 마음껏 칭찬해 주시는 그런 결산보고서를 드릴 수 있다면 정말 좋겠다. (신학논평. 크리스천 위클리 2013년11월14일자)

목회 칼럼 돈 없이도 목회할 수 있을까

목회, 해볼 만하지요

언제인가 목회자 세미나를 인도하면서 이렇게 시작한 일이 있다. '무엇만 없으면 혹은 있으면 목회는 해볼만하다는 것'을 발표해 보자는 것이었다.

"아유, 설교만 없다면 목회야 해볼 만하지요."

주제 강사의 말이 끝나기도 전에 바리톤 목소리를 가진 목사가 그런 말을 했다. 힘찬 박수가 쏟아져 나왔다. 그러자 이어서 봇물처럼 터져 나왔다. 새벽기도만 없으면 목회는 해볼 만하다, 장로만 없으면 목회는 해볼 만하다, 교회당 건축만 없으면, 신자들이 입만 다물고 있으면, 다른 교회로 도망가는 신자만 없다면 … 드디어 '아내만 없다면'까지 나와 박장대소들을 했다. 그것으로 목회 스트레스가 한꺼번에 날아가 버렸다.

그러나 '목회자와 돈 관리'라는 그 때의 목회세미나 주제와 관련된 실마리는 아직 나오지 않았다. 그래서 발제자가 이런 말을 했다.

"마음 놓고 쓸 수 있는 돈이 넉넉히 있다면 목회는 해볼 만하지요."

또 한 번 힘찬 박수가 터졌다.

교회 싸움은 돈 싸움

교회가 싸움터라는 건 누구나 다 안다. '선교는 전쟁'이라는 영적 전쟁의 뜻도 있지만 요즈음에는 패거리 싸움의 현장이라는 뜻으로 더 자주 회자된다. 그런 교회분쟁에 대하여 양식 있는 사람들은 눈살을 찌푸리지만 그러나 한편 무슨 영화나 보듯이 내심 즐기는 사람들도 있다. 교회라는 말만 들어도 창자가 꼬이는 '앤티'들과 뉴스거리를 찾아 눈에 쌍심지를 돋우는 언론인들이다.

그런 것 가운데 하나가 '담임목사의 헌금 삥땅 사건'이었다. 신문 기사의 제목만 보아도 흥미진진하지 않은가. '삥땅'이라면 가난해서 학교에도 못 가고 버스 차장이라는 고된 인생을 살아가는 소녀들의 소행으로만 알았다. 그런데 상당히 큰 교회의 담임목사가 헌금을 삥땅했다니…. 미주한인교회 이야기이다.

나는 그 사건의 전말을 당사자들로부터 들은 적이 있다. 남가주 한인교회협의회의 '교회공신력향상위원장'으로 활동하던 때였다.

"교포교회에서 가끔 헌금함 도난사건이 있었지요. 그래서 그 날도 헌금축복기도 하실 때 눈을 뜨고 헌금함을 지켜보았어요. 물론 누구에게도 비밀이었지요, 제가 재정장로였으니까요. 그런데 이걸 어째요, 기도하시면서 헌금봉투를 만져 두툼한 것 하나를 안주머니에 넣으시는 거예요."

얇은 것은 수표이니까 쓸 수가 없고 두툼한 것은 현금이 들어 있으니까 흔적을 남기지 않고 쓸 수 있기 때문이라고 그 재정장로는 설명했다. 그러나 담임목사의 이야기는 전혀 달랐다.

"목사가 헌금을 삥땅하다니요? 무엇 때문에 가룟유다가 되려고 하겠습니까. 그날 저의 헌금을 속주머니에 넣고 가서 헌금기도하면서 손으로 꺼내어 소반에 올려놓았을 뿐입니다. 그렇게 설명해도 재정장로가 전혀 듣지 않아요."

양쪽의 주장을 입증할 증거는 아무것도 남아있지 않았다. 감시카메라 기록도 없던 때이고, 담임목사는 헌금을 했던 게 사실이고, 공개된 헌금자 명부에서 누락된 이름도 없었다. 재정장로의 말로는 '무명'으로 드린 헌금일 것이란다.

그 교회는 그 일로 담임목사 불신임안과 장로 불신임안이 제기되었고 공동총회에서 성도들의 투표로 결정지었다. 그런 결과 장로 불신임안만 통과되었다. 하지만 상당히 존경받던 그 목사가 입은 손실도 엄청나게 컸다. 그 돈을 도박판에 썼다는 유언비어가 돌아다닐 정도였으니 말이다.

돈은 양날의 칼이다

우리의 구원주이신 예수님께서도 돈과 관련된 교훈과 사건이 우리의 예상을 뛰어넘는 정도로 많이 있다. 탄생하셨을 때에 동방박사들로부터 '황금'이 포함된 세 가지 예물을 받으셨다. 아마도 그것 때문에 강도들에게 생명을 잃을 수도 있었을 것이고 또 이집트 피난생활의 생존수단이 되었는지 모른다. 마귀의 시험도 첫 번째가 '돈'의 문제였다. 의역하면 결국, '이 돌들에게 명령해서 돈이 되게 하라'는 유혹 아닌가.

돈에 관한 설교만 해도 얼마나 많은가. 달란트 비유, 므나 비유, 삭개오의 헌금약정, 감추인 보화, 불의한 재물로 친구 사귀기, 과부의 헌금, 과부 재산을 삼키는 바리새파에 대한 경고, 거저 받았으니 거저 주라는 전도강령, 물고기 입 속에 있는 돈으로 성전세 납부, 성전에서의 매매 금지의 채찍질….

그리고 무엇보다도 그 열두 제자단을 조직하면서 재정담당 직제를 두신 것도 예사로 볼 일이 아니다. 다른 직분은 공식 임명하신 일이 없는데도 유독 유다에게 돈궤를 맡기셨던 것을 우리 모두가 알고 있다.

그런 점에서는 '돈 없어도 목회를 잘 해낼 수 있을까' 하는 질문에 대하여 '아닙니다'라고 해야 할 근거가 충분한 셈이다. 예수님의 사역을 위하여 '뒷돈'을 많이 댄 여러 여자들이 있지 않던가. 막달라 마리아, 또 다른 마리아, 요안나, 수산나 등 몇 사람은 이름까지 기록되었다.(눅 8:1-3)

지금도 돈이 많아야 목회가 활발하게 된다. 교회에서 목회행사를 기획할 때에는 반드시 예산조치에 대한 항목이 있어야 하는 것이 그것을 말한다. 교회당 없는 교회를 만들겠다는 반골 목사들이 없는 것은 아니다. 그런 근거가 성경에 충분히 있다. 그렇다고 솔로몬 성전처럼 우람하게 짓는 것을 범죄시하는 것도 잘못된 일이다. 성삼위 하나님의 이름을 둔 성전을 정성 다하여 지어야 한다는 근거가 역시 성경에 충분히 있다. 헤롯 성전을 헐라고 하셨던 교회의 머리이신 그분도 중요한 목회를 그 성전에서 행하시지 않았던가. 그런 성전을 지으려면 막대한 재정을 마련하지 않으면 안 된다.

성전이 없어서 성도들을 이끌고 공원에서 몇 주일만 예배를 드려보라. 무슨 기도가 나오는가. "하나님, 인간의 향락과 범죄를 위한 건축물들은 저렇게도 많은데 하나님을 마음 놓고 예배할 성전은 언제 주시렵니까?" 이런 피눈물 나는 기도가 저절로 나온다.

그런데 돈 없이 목회를 할 수 있을까? 돈이 넉넉해야 광고도 큼직하게 내고, 담임목사의 설교가 텔레비전에 뜨게 된다. 재정이 있으면 좋은 참모목사들을 청빙하고, 천국을 느끼게 하는 성전을 짓게 된다. 선교재정이 넉넉해야 땅끝까지 수많은 선교사를 파송하게 되고 담임목사가 선교지 순례 방문할 때 '큰 손 목사'가 되어 사뭇 칙사 대접도 받게 된다. 그렇게 되면 성도들도 몰려와서 그 교회는 초대형 아니 메가톤급의 교회로 성장한다.

사업가 출신 목회자들이 상대적으로 승리의 깃발을 더 높이 휘날리는 이유가 바로 거기에 있다. 아니, 목회에 크게 성공하는 사람은 반드시 천부적으로 사업가형이라는 것도 그런 연유이다. 그런 점에서는 예수님께서는 핀둥핀둥 놀고먹는 백수건달 가운데서 열두 제자를 뽑지 않으셨다. 모범적 직업인이나 사업가에서 선택하신 것으로 보인다. 심지어 유다 자리에 채워졌다는 사도 바울도 선교비 모금의 천재로 평가되지 않던가.

그러나 돈은 양날의 칼이다. 마귀를 격파하는 데 사용하라고 하나님께서 주신 칼인 동시에 마귀들이 교회를 갈기갈기 찢어 놓고 하늘나라 시민들을 타락시키는 일에 사용할 수 있는 칼이다. 목회자가 대단히 성공적인 목회를 할 수 있는 칼이기도 하지만 유감스럽게도 자기 자신을 찔러 목회의 자살골을 넣게도 만든다.

사람 많은 교회, 돈 많은 교회

'목회는 사람 모으기와 돈 모으기가 기본'이라고 주장한다면 당장 돌이 날아올지도 모른다. 그러나 유감스럽게도 그건 상당부분 사실인 걸 어쩌랴. 적어도 목회현장에서 볼 때 말이다. 사람이 많이 모이면 돈은 저절로 따라 오게 된다는 주장도 있지만 사실이 아닐 경우도 많다. 매년 발표되는 미국의 100대 교회에서 사람 수 통계와 헌금수입 통계는 상관관계가 그리 높지 않다. 그런데 사람 수가 많아서 큰일을 많이 하는 교회도 있고 재정이 넉넉하여 큰일을 많이 하는 교회도 있다.

그래서 사람 모으는 것만큼이나 돈 모으는 일에도 힘을 기울여야 한다. 담임목사들이 부흥사경회를 할 때 강사를 초청하는 최대 기준은 다른 것이 아니다. 사람이 구름 떼처럼 모일 수 있는가? 바로 그것이다. 그러나 숨겨 있는 또 다른 최대 기준 하나가 있다. 바로 헌금 모으는 실력이 얼마나 되느냐이다.

이단 사이비 교주들은 그런 면에서 정말 귀신과 같은 재주가 있다. 그들은 종교 사기행각을 통하여 돈을 가마니로 쓸어 담기 때문에 독버섯처럼 번성하게 된다. 그래서 이단 사이비가 무엇이냐고 물으면 어려운 논리를 동원하는 것으로는 효과가 크지 않다. 이단은 '제비족'이고 사이비는 '꽃뱀'이라고 하면 된다. 제비족이나 꽃뱀은 힘 안 들이고 돈을 엄청 버는 사기꾼들 아닌가.

그러므로 정통인가 아니면 이단인가의 여부는 하나님을 위하여 돈을 모으느냐 아니면 돈을 모으기 위하여 하나님의 가면을 쓰느냐에 달려 있다. 그러므로 교회는 두 주인을 섬겨서도 안 되거니와 섬길 수도 없다. 하나님과 맘몬을 동시에 섬길 수 없다.(마 6:24) 게다가 하나님을 섬기면 돈의 창조주이신 하나님께서 재물도 주시지만 맘몬을 섬기면 결국 돈 잃고, 하나님과의 관계도 끊어지고, 교회도 큰 손상이 간다.

'돈 설교'가 가장 힘들다

담임목사들에게 제일 어려운 설교가 무엇이냐고 물으면 단연 '돈 설교'라는 대답이 압도적일 것이다. 헌금이 줄어 하나님의 창고가 텅텅 비게 되면 담임목사의 속은 바작바작 타들어 간다. 당장 건물상환금을 은행에 내야 한다. 부목사들이 대부분 유학생들인 미주한인교회의 경우 그들이 받는 사례비는 학교 수업료와 생계비에 해당된다. 몇 달씩 미루어 지불할 수가 없다.

그러니 꿇어 엎드려 기도하는 수밖에 없다. 그리고 교회 재정 때문에 자주 금식기도를 해야 한다.

"하나님, 하나님께서 맡기신 사역을 마음 놓고 할 수 있도록 넉넉히 채워 주시옵소서. 하나님은 후히 주시고 또 넘치게 채워 주신다고 약속하지 않으셨습니까?"(눅 6:38)

그런 기도가 저절로 나온다. 그러나 기도만 하고 있어서는 안 된다. 헌금설교 특히 십일조 설교를 해야 한다. 헌데, 아나니아와 삽비라 사건(행 5:1-11)을 설교한다고 금방 헌금이 늘어나는 것은 아니다. 오히려 그 설교 하고 나면 반드시 시험에 빠지는 성도들이 꼭 있다.

그런 점에서는 요한 웨슬리 목사께서 우리들에게 큰 모범이 된다. 돈 설교라면 그분의 것이 가장 탁월하기 때문이다.

"여러분, 목사에게는 돈 내라는 설교를 해야 할 때처럼 고통스러운 것도 없습니다. 하지만 돈은 우리 인생의 중요한 부분인데 그걸 설교하지 않을 수도 없습니다. 그런 때에 웨슬리 목사님께서 유명한 돈 설교를 남기셨습니다. 오늘은 그 내용을 소개합니다."

그런 식의 설교를 여러 번 했다. 그래서 첫째, 될 수 있으면 돈을 많이 버시오. 둘째, 될 수 있으면 많이 저축하시오, 셋째, 될 수 있으면 많이 드리시오, 바로 그런 삼대지 설교였다.

그런데 웨슬리 목사님도 세 번째 대목에서는 회중들 가운데서 소란을 일으키기도 했다는 일화도 있다. 하지만 돈을 쓰는 그의 인격이 원래 감동적이어서 대부분은 그의 설교대로 살려고 힘썼다. 웨슬리 목사는 30 파운드 수입일 때 25 파운드만 생활비로 쓰고 나머지는 하나님께 드리고 가난한 사람들을 도왔다. 수입이 50 파운드, 75 파운드, 100 파운드로 늘어도 생활비는 여전히 25파운드였다. (월간목회 2012년 11월호)

11

거저 받았으니

교회일치 • 민족목회 • 원수사랑 • 사회봉사

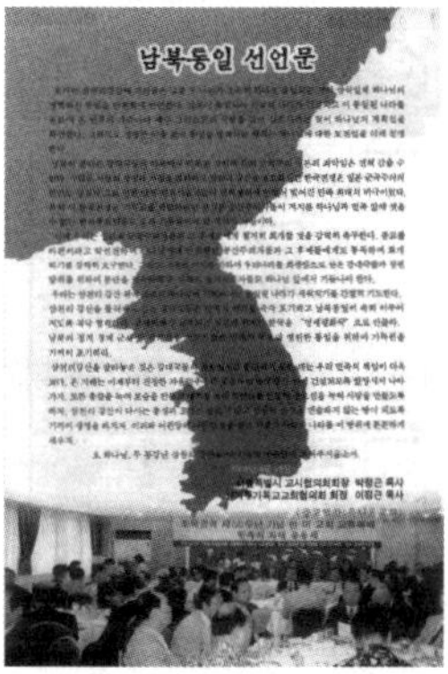

하나가 되게 하옵소서
교회 일치 목회

20세기 세계교회의 대표적 경향 몇 가지 가운데 대표적인 것이 "교회일치운동"(ecumenical movement)이다. 교회는 1054년 동방교회(정교회)와 서방교회(로마 가톨릭교회)로 나누어진 이래 16세기에 교회개혁운동(Reformation)으로 말미암아 개신교회가 출현했고 개신교회는 성격상 수많은 교단으로 나누어지게 되었다. 이 같은 교회분열은 전도와 선교의 열심 등 장점이 없는 것은 아니나 오히려 선교를 방해하는 결과를 낳게 되었다. 이로 말미암아 1900년 뉴욕에서 개최된 에큐메니컬선교대회(Ecumenical Missionary Conference)가 열리게 되었고 이것이 모체가 되어 세계 에큐메니컬 운동의 대표주자 단체인 세계교회협의회(WCC)가 조직되었다. 그러나 이 단체의 대항조직인 세계복음주의교회연맹(WEF)이 조직되어 에큐메니컬 운동과 에반젤리컬 운동이 20세기 내내 격렬한 갈등 속에 휩싸여 왔다.

에큐메니컬 운동은 그런 대표적 단체가 아니더라도 지역적으로 여러 형태로 일어나기도 했다. 우선 개체교회가 교단으로 발전하는 것도 교회일치운동의 하나요, 지역교회협의회가 조직되는 것도 에큐메니컬 운동의 중요한 부분이다. 이런 점에서 현대교회들은 비록 에큐메니즘의 뜻은 다르나 교회일치운동은 기독교 사역에 있어서 본질적인 것으로 이해해야 한다. (이형기. 에큐메니칼 운동사)

예수 그리스도의 교회일치사역 원리

구약성경시대에 교회가 있었던 것은 아니다. 다만 그 모형으로 이스라엘 열두 지파가 있었다. 이에 대하여 교회일치운동과 관련 다음과 같은 말씀이 돋보인다. 이 말씀은 시편을 즐겨 읽으신 예수님께서도 당연히 읽으셨을 것으로 짐작된다.

-보라, 형제가 연합하여 동거함이 어찌 그리 선하고 아름다운고.(시 133:1)

예수님은 그의 몸인 교회가 하나 되도록 간절히 기도하셨다. 대제사장으로서의 기도로 이해되는 요한복음 17장에는 교회 일치를 향한 그분의 간절한 소원과 다짐을 깨닫게 된다.

-거룩하신 아버지여, 내게 주신 아버지의 이름으로 그들을 보전하사, 우리와 같이 그들도 하나가 되게 하옵소서.(요 17:11) -그들도 다 하나가 되어 우리 안에 있게 하사, 세상으로 아버지께서 나를 보내신 것을 믿게 하옵소서.(요 17:21) -이는 우리가 하나가 된 것 같이 그들도 하나가 되게 하려 함이니이다.(요 17:22) -곧 내가 그들 안에 있고 아버지께서 내 안에 계시어 그들로 온전함을 이루어 하나가 되게 하려 함은 아버지께서 나를 보내신 것과 또 나를 사랑하심 같이 그들도 사랑하신 것을 세상으로 알게 하려 함이로소이다.(요 17:23)

교회가 하나 되는 것은 교회의 머리이신 예수 그리스도의 회피할 수 없는 명령(mandate)로 이해된다. 다음과 같은 말씀이 이를 확실히 하고 있다.

-그러나 너희는 랍비라 칭함을 받지 말라. 너희 선생은 하나요 너희는 다 형제니라.(마 23:8) -평안의 매는 줄로 성령이 하나 되게 하신 것을 힘써 지키라.(엡 4:3) -몸이 하나요 성령도 한 분이시니 이와 같이 너희가 부르심의 한 소망 안에서 부르심을 받았느니라. 주도 한 분이시오, 믿음도 하나요, 세례도 하나요, 하나님도 한 분이시니 곧 만유의 아버지시라. 만유 위에 계시고, 만유를 통일하시고, 만유 가운데 계시도다.(엡 4:4-6)

따라서 교회가 하나 되어야 할 구구한 이유를 붙일 필요가 없다. 다만 앞서 예시한 말씀에서 교회가 하나 되어야 할 이유가 그리스도의 사랑을 세상에 가르치기 위함이라는 말씀에도 주목해야 한다. 그래서 하는 말이 무엇인가? "이단이 되는 것은 믿음에 대한 배신이요, 교회가 분열되는 것은 그리스도의 사랑에 대한 배신이다"는 경고이다. (이장식, 현대교회론)

에큐메니컬 운동은 종교일치론(religious ecumenism)으로까지 발전되어 논의된 지 상당기간이 지났다. 이에 대하여는 함생주의 신학에서 자세히 논의했으므로 참조하기 바란다. 비록 다른 종교들이 구원의 길이 아니라 하더라도 다른 종교에 속한 사람들도 하나님의 피조물이요, 예수님께서 그들을 살려 내려고 피를 흘리신 '전도의 대상'이란 점에서 그리스도의 교회와 우리가 받은 믿음에 손상이 되지 않는 범위 안에서 그들을 사랑하고 소중히 여겨야 하겠다.

개체교회 일치목회의 실제

유니온교회는 기독교 대한성결교회와 선교총회 관계를 유지하고 있는 기독교 미주성결교회에 소속되어 있다. 기독교 대한성결교회는 예수교 대한성결교회와 1960년대에 분열의 고통이 있었는데 그 분열의 주요 명분이 바로 에큐메니칼 운동이었다. 기성은 에큐메니컬 운동과 NCC, WCC에 호의적이지만 예성은 극단으로 반대함으로 인하여 기성도 지금껏 NCC에 가입교단이 되고 있지 않다. 다만 기독교교육협회 등 산하기관에만 가입하여 활동하고 있다.

이런 점에서 유니온교회가 제도적인 교회일치운동에 적극 참여하지는 못해 왔다. 2005년 11월 7일부터 11일까지 미국 볼티모어에서 열린 미국 NCC 총회에 개인 옵저버 자격으로 참관한 정도일 뿐이다. 이 대회 참여한 결과 미국교회협의회는 신앙고백이 따로 있는 것은 아니나 논의되는 주제가 선교와 전도 그리고 사회참여 등이어서 별다른 이질감을 느끼지 못했다. 에큐메니칼 운동도 그 신학적 성향이 상당부분 오른 편으로 돌아왔음이 확실하다. 그것 자체가 복음주의와 근본주의의 공헌이라고 보면 된다.

그래서 필자는 WCC와 NCC를 통한 에큐메니칼 사역에 적극적으로 참여해야 한다는 데 동의한다. 그것은 감리교회에서 신앙생활을 시작하여 세례 받고, 기독교 장로회 소속교회에서 대학생 시절 신앙생활을 했고, 대한예수교 장로회(통합) 소속 군목에게 신앙지도를 받으며 군인생활을 했다는 점에서도 그렇다.

그러나 만약 WCC에 자유주의 신학의 성향이 강하여 설혹 "할렐루야"와 "나무아미타불"을 함께 사용하는 혼합주의적 실천이 있다고 해도 적극 참여하여 고쳐 나가는 것이 더 좋은 전략이라고 생각한다. 종교 에큐메니칼 운동에 대한 자세도 마찬가지이다. 다른 종교와의 접촉과 대화에 자신감을 잃은 근본주의자들이 그렇게 바람직해 보이지 않는다.

유니온교회의 교회일치운동은 다음과 같은 형태로 그 모습을 드러냈다.

1. 교단발전의 견인차 역할을 하는 사역

'보이는 교회'의 설립은 예루살렘교회에서 시작되었다. 그리고 사도행전 기록처럼, "온 유대와 갈릴리와 사마리아 교회가 평안하여 든든히 서 가게 되었다."(행 9:31) 그러더니 이어서 안디옥에도 교회가 세워졌다.(행 13:1) 그런데 이런 지역교회가 설립되면서 그들이 '하나'가 되려는 몸부림이 있었다. 그것이 할례문제의 해결이었다.

그런데 2천년의 역사가 흘러오고 교회가 세계 모든 나라에 세워지면서 이제는 여러 형태의 교회가 생겨났다. 특히 교회정치제도(polity)로 보아서, 독립교회, 무소속교회, 무교회, 회중교회, 교단교회, 감독교회, 교황교회 등이 생겨났다. 성결교회는 그 가운데 교단교회에 속한다. 따라서 개체교회로서 자립능력이 생기면서 유니온교회는 교단의 발전을 위한 견인차의 역할을 담당하는 것을 중요한 선교계획에 포함시켰다. 미주한인교회들이 탈교단적 성향이 강하기 때문에 교회성장에 지장도 있었지만 한편 여러 가지 바람직한 열매를 거두기도 했다. 이에 대하여는 14장에서 비교적 자세히 언급했다.

2. 지역교회 협의회를 통하여 수행된 사역

필자는 지역교회 협의회를 통한 사역에 매우 적극적이다. 그래서 남가주기독교교회협의회에 청년목사 시절부터 참여해서 총무로 두 임기를 섬겼고, 회장으로 섬기기도 했다. 로스앤젤레스 동부지역 교역자 협의회 회장도 역임했고, 미주기독교언론인협의회도 창설하여 초대회장을 역임하는 등 연합활동에 적극 참여했다.

이런 단체에서 활동하면서 특히 교회 문제나 시국 문제에 성명서 등을 발표할 때는 그 초안을 작성하는 일에 참여했다. 그리고 통일문제 등에 있어서는 한국교회와 북조선교회와도 활동을 하기도 했다.

특히 남가주기독교교회협의회가 교회분열과 교역자 비행들이 터질 때마다 수습하는 임무를 자주 맡아 갈등조정 등에 나선 적이 여러 번 있었다. 〈교회공신력향상특별위원회〉를 조직할 때에는 그 위원장으로 추대되어 활동했다. 갈등이 있는 교회와 단체를 화해시키는 일에 상당한 역할을 했다. 2005년에 빌리 그래함 전도대회가 그분의 생애 마지막으로 로스앤젤레스에서 열렸다. 그 때 한인교회협력대회 상임대회장을 맡아 헌신한 것이 교회일치운동을 위한 기록될 만한 활동이다.

앞으로 성결교회가 성경적 교회일치운동에 적극 참여함은 물론, 제도적 에큐메니칼 운동에도 적극 참여하기를 기도한다. 이는 성경적 명령이기 때문이다. 게다가 성결교회 사역의 한 표준을 제시하고 있는 요한 웨슬리는 우리들에게 다음과 같이 가르치고 있음을 유의해야 한다.

“본질적 사항에는 일치를, 비본질적 사항에는 관용을, 그러나 모든 일은 사랑으로 하라.”

3. 설교와 교육을 통한 사역

미주이민교회는 한국에 있는 교회들과 그 회중들의 성격이 다른 것 몇 가지가 있다. 앞서 말한 것들은 반복하지 않거니와 에큐메니컬 운동과 관련하여 볼 때 각 교회에 모두 출신교단이 다른 사람들이 모여 있다. 유니온교회만 해도 성결교회 출신, 장로교회 출신, 감리교회 출신, 순복음교회 출신, 침례교회 출신, 미국교회 출신, 심지어 로마 가톨릭교회 출신들도 여럿이 있다.

그들이 가진 전이해(preunderstanding)가 가장 첨예하게 대립되는 곳이 바로 구원론이다. 그런데 설교는 언제나 직접이건 간접이건 구원론과 연결되어 있다는 것이 설교를 어렵게 만든다.

그런 고민 끝에 발견해 낸 것이 '에큐메니컬 구원론'이다. 누가복음 15장에 있는 잃은 양, 잃은 돈, 잃은 아들의 비유는 그 구원과정이 절대예정론(잃은 돈), 자유의지론(잃은 아들), 그리고 이 둘의 조합인 복음적 협동론(잃은 양)으로 풀 수 있지 않은가. 아직 로마 가톨릭교회의 '익명의 그리스도인'(anonymous Christian)까지는 가지 못했고 또 믿음구원론에서 믿음과 행위를 포함한 사랑구원론으로도 가지 못했지만 그런 주장에 대하여 전면부정은 삼가고 있다.

매스 미디어를 통한 사역은 또 본질적으로 에큐메니컬한 성격을 갖는다. 특히 기독교미디어가 아닌 일간신문 같은 미디어에 자주 글을 쓰기 때문에 불특정 다수를 독자로 가상한 글이어서 독특한 신학적 주장을 하기가 어렵기 때문이다. 가령 추모사를 쓴 것으로, 김의환 목사, 강원용 목사, 김계용 목사, 김대중 전 대통령, 피천득 교수 등이 포함되어 있는 것을 보면 필자의 시각을 짐작할 만하다.

유니온교회도 사도신경을 예배 때마다 암송한다. 그 에큐메니컬 신앙고백서에 있는 "거룩한 공회"를 믿는다는 고백의 공회(公會)는 가톨릭교회 곧 보편교회를 뜻한다. 이것을 "거룩한 공교회"로 고치는 데는 필자의 의견도 포함되어 있다. 그렇다면 보편교회의 뜻이 무엇인가? 교회일치운동의 긴급성을 포함하고 있지 않은가?

구체적인 일로 가톨릭교회 성도가 개신교회 신자로 회원가입할 때 어떤 절차를 요구하느냐가 교회일치운동과 밀접히 관련되어 있다.

"본인이 원하면 세례를 다시 베풀겠습니다. 본인이 그냥 좋다고 하면 세례 받은 것으로 인정하겠습니다."

그런 방침을 세우고 있다. 그러나 몰몬교회, 통일교회 출신들에게는 세례를 다시 베풀었다. 그것은 성경적 표준으로 보아 교회로 인정할 수 없기 때문이다.

교회일치운동과 함생주의

교회는 그 자체가 함생체이다. 구원받은 백성들이 함생체이신 삼위일체 하나님을 모시고 사는 모임이 바로 교회이기 때문이다. 특히 교회일치운동은 함생체 하나님의 명령이지만 그 명령을 주신 동기는 교회가 살아남아서 하나님 나라의 지상모형을 형성하기 위함이다. 그런 점에서 교회일치운동은 개체교회가 하지 못하는 사역을 함생체가 되어 이룩해 나가는 운동이 되어야 한다. 믿는 형제는 외면하고 믿지 않는 사람들에게는 사랑을 베풀겠다는 것은 사랑의 우선순위에 어긋나는 일이겠다.

그런 점에서는 종교 에큐메니컬 운동 역시 온 인류가 어떻게 하면 살아남을 수 있을까의 공동과제 앞에서 이루어져야 한다. 종교 일치운동에 관하여서는 이 책에서 집중적으로 다루지 못하지만 건강한 목회를 위하여서는 사탄에게서도 엄청나게 많은 것을 배우게 되고 배워야 한다. 따라서 성경의 '거룩함'의 본질처럼 다른 종교에 대하여 배타적이어야 하지만 동시에 그 지혜들을 배워야 건강한 목회를 할 수 있다는 점을 놓치지 말아야 한다. (참조: 이정근 "다른 종교들과 기독교교육." 논문집 I. 194f. "기독교와 다른 종교에 대한 태도와 미래 선교" 논문집 III. 98f)

교단사역과 함생주의

성결교회 신학을 함생주의 신학이라고 설명해 왔다. 미주성결교회의 역사는 실로 우리 세대에 이민 온 성결인들이 미주 땅에서 '살아남기 위한 몸부림'을 해온 발자취이다. 성결교회는 이제 맨 주먹으로 시작했지만 함생체이신 성삼위 하나님께서 함께 하시기 때문에 살아남을 수 있었다. 또한 성결교회 회원과 교역자들이 함생하겠다는 굳건한 믿음을 가지고 참여하고 희생해온 열매가 바로 미주성결교회 교단이다.

교회가 하나님과 사람이 함께 살아 있는 한 몸이 되는 함생체이거니와 그런 점에서 교단도 성경적 에큐메니즘(biblical ecumenism)의 가장 확실한 열매요 추진체라는 걸 보여온 것이 바로 미주성결교회 교단이다.

이런 점에서 더 큰 역할을 할 수 있도록 우리 모두가 힘써 나아가야 하겠다. 주님이 함께 하시므로 아무것도 두려워 하지 말고 앞으로 앞으로 나아가야 한다. 온전한 함생체인 하나님의 나라가 이루어질 때까지…

유대인의 왕이여
민족 목회론

사역을 제도와 관련하여 영역별로 나누면 교회사역, 가정사역, 학교사역, 사회사역, 병영사역, 그리고 민족사역 등으로 나눌 수 있다. 더 많은 제도적 영역이 있음은 물론이다. 이 가운데 민족사역은 또 하나의 외면할 수 없는 사역의 영역이다. 주님은 베드로를 할례자들인 이스라엘 백성들을 위한 사도로 삼으셨고 바울을 무할례자인 이방인들을 위한 사도로 파송하셨다.(갈 2:7-8)

예수 그리스도의 민족사역 원리

예수님은 혈통으로는 이스라엘 민족으로 태어나셨다. 아브라함의 후손이요 다윗의 후손이다.

-아브라함과 다윗의 자손 예수 그리스도의 계보라.(마 1:1) -그의 아들에 관하여 말하면 육신으로는 다윗의 혈통에서 나셨고.(롬 1:3)

이스라엘 민족 가운데서도 유다 지파에 속하셨다. 그래서 출생지도 유대 땅 베들레헴이 되었다.

-헤롯 왕 때에 예수께서 유대 베들레헴에서 나시매.(마 2:1. 참조:미 5:2)

그 뿐만 아니라 예수님 자신이 유대인이라는 강력한 자의식을 지니고 계셨다. 많은 사람들이 그를 다윗의 자손이라고 호칭했으나 그 사실을 한 번도 부인하거나 부끄러워하신 적이 없으시다.

예수님께서는 민족사역에 있어서도 모범을 보이셨다. 그것은 다음과 같은 사역에서 명백해 진다.

-예수께서 이 열둘을 내보내시며 명하여 이르시되, 이방인의 길로도 가지 말고, 사마리아인의 고을에도 들어가지 말고 오히려 이스라엘 집의 잃어버린 양에게로 가라.(마 10:5-6) -예수께서 대답하여 이르시되, 나는 이스라엘 집의 잃어버린 양 외에는 다른 데로 보내심을 받지 아니하였노라 하시니. (마 15:24. 가나안 여자에게 하신 말씀) -너희는 알지 못하는 것을 예배하고 우리는 아는 것을 예배하노니 이는 구원이 유대인에게서 남이라.(요 4:22. 사마리아 여인에게 하신 말씀) -오직 성령이 너희에게 임하시면 너희가 권능을 받고 예루살렘과 온 유대와 사마리아와 땅 끝까지 이르러 내 증인이 되리라.(행1:8)

이 같은 말씀들을 분석해 보면 예수님은 같은 민족 좁게는 유대인 넓게는 이스라엘 민족들에게 전도하는 것을 우선으로 삼으셨다. 그리고 그것이 바로 세계 선교의 출발점이 된다는 전략을 보여 주셨다. 함생사역의 모범을 보이셨고 그 우선순위가 있음을 나타내 주셨다.

흔히 기독교를 반대하는 유물론자들이 예수님을 유대인으로만 국한시키며 민족주의적 해석을 시도하는 것은 그 근본부터 잘못되었다. 예수님은 유대인이요 이스라엘 백성의 한 분이지만 동시에 사마리아 사람도 되고 한국인도 되신다는 점에 무지한 판단일 뿐이다. 그는 한 가정에 소속해 있으시고, 한 민족에게 소속해 있으면서도 동시에 세계인이요, 보편인이요, 우주적 인간이요, 창조주라는 사실을 명확히 보여 주셨다.

개체교회의 민족목회의 실제

유니온교회 처음 이름은 〈유니온한인교회〉였다. 그런데 '유니온'이라는 이름과 '한인'이 서로 모순되고 있으므로 '한인'을 얼마 안 가서 삭제하게 되었다. 그러나 예수 그리스도의 사역의 모범을 따라 코리언들에 대한 사역을 일차 목표로 설정한 것에는 변함이 없었다.

우선 예배언어가 한국말이었다. 그리고 시작 때는 한인들이 100%였다. 30년이 지난

2010년에는 백인도 있고 화란인도 있고 중국인 회원도 있다. 그러나 아직도 98%는 코리언들이다. 하지만 예배언어는 영어교회에서는 95% 정도는 영어를 사용하고 한국어 청년교회에서는 한국어 70% 영어 30% 정도를 사용하고 있다.

교회를 개척한지 얼마 안 되어 장리욱 장로님께서 유니온교회에 출석하셨다. 도산 안창호 선생의 수제자요, 서울대학교 총장과 주미대사를 역임하신 분이시다. 한국인으로서는 최초로 미국에서 교육학을 공부하신 분으로 알려져 있다. 장 박사님은 필자가 서울사대 출신인 것을 아시고 (서울사대 학장도 역임하셨다) 제자가 목사된 것을 무척 대견해 하셨다.

"리 목사님, 비록 개척교회를 사역하시더라도 온 한국민족을 대상으로 하는 일인 것을 잊지 마십시오. 이를 통하여 전 세계적 사역을 하게 되시는 것입니다. 그런 점에서 큰 교회를 하시는 것이 중요하지 않고 바른 교회가 되도록 이끄는 것이 훨씬 더 중요합니다."

그런 말씀을 들려 주셨다. 마치 일본의 선각자 우찌무라 간조가 "I for Japan, Japan for the world, the world for Christ"라고 김교신, 함석헌 등을 가르쳤다는 내용을 연상하게 했다. 게다가 김교신 선생 부인되는 한매(韓梅) 권사님도 유니온교회에 출석하셨고 김교신 선생 전집을 선물로 주신 적도 있다.

원래 국어교육을 대학과 대학원에서 전공했고 그런 연고로 한국에 대한 애국심이 유난히 강했던 까닭에 민족선교에 대하여는 남달리 관심을 쏟기도 했다. 그리하여 설교를 통하여 자주 반복하고 강조하는 금언들이 몇 있다.

"복음에는 국경이 없으나 크리스천에게는 조국이 있습니다." "예수 믿는 것 자체가 나라사랑이요 겨레 사랑입니다." "하나님을 위하여, 나라를 위하여 기도해야 합니다." "우리 한국민족은 그 불붙는 종교심이 하나님으로부터 받은 좋은 달란트입니다." "기독교 신앙만이 우수한 나라를 만들 수 있습니다."

이런 것들입니다. 이제 유니온교회가 해온 민족사역의 중요한 것 몇 가지를 정리해 보겠다. 민족사역은 설교를 통하여, 글을 통하여, 그리고 행동을 통하여 실천해 왔다.

1. 코리언 디아스포라 사역

우선 유니온교회는 미주에 이민 와서 사는 같은 민족 코리언을 대상으로 하는 사역이 중요한 임무였다. 북미주에만도 250만 명 정도가 살고 있고 유니온교회가 있는 남가주지역에는 60만 명 정도가 살고 있다. 이 같은 '흩어진 코리언'들에 대한 사역이 유니온교회의 기본목표인 것은 앞서 누차 말해 왔다. 따라서 미주에 이민을 와서 사는 코리언들에게 복음을 전하여 영혼을 구원하는 일, 교회를 세워 성숙한 인간으로 육성하는 일, 미국의 여러 분야의 지도자로 육성되게 하는 일 등이 민족사역들이었다.

2. 모국 곧 한국에 대한 사역

한국에 대한 민족선교에는 한국교회를 바로 세우도록 돕는 일이 기본적으로 중요하다고 판단하고 그 일에 힘썼다. 특히 교회지도자들을 바르게 깨우치는 일에 힘썼으니 이단과의 전쟁이 바로 그것이다. 이단이란 근본적으로 패가망신하게 하고, 그래서 '이단은 제비족과 같다,' '이단은 꽃뱀과 같다'는 기조에서 열심히 글을 쓰고 말을 했다. 이 책에도 몇 군데에서 논의했다.

모국이 어려운 일을 당할 때 돕는 일도 모국사역이었다. 가령 물난리로 인하여 고통을 당할 때에 수재의연금을 보내는 것 같은 사례들이다.

그리고 모국을 위하여 기도하는 일, 각종 스포츠대회를 응원하는 일, 또 모국이 잘못 되어 가면 사정없이 질타하는 일 등의 사역이다.

2001년 8월 중순에 서울에서 열린 서울특별시교시협의회 주최 광복절 기념예배에서 설교를 했었다. 그 때 서울(Seoul)은 세계의 영혼(soul)이라고 했는데 그 자리에 서울특별시 정무부시장이 참석했었다. 그런 말씀 처음 듣는다고 하더니 그 후 "서울은 아시아의 영혼입니다" (Seoul is the soul of Asia)라고 광고하는 것이 발견되었다. 생각을 새롭게 하는 사역이 효과를 본 셈이다.

3. 북조선에 대한 사역

1) 기독교평양복음화대회 교섭

북조선에 대한 사역은 1989년 그 곳을 방문하고 돌아오기 전에는 매우 막연한 것이었다. 그러나 〈기독교평양복음화대회〉 개최를 위하여 교섭대표로 그 곳을 다녀온 뒤에는 이북선교의 절실함과 가능성을 보았기에 매우 적극적이었다. 우선 국제평화유지군을 남한과 북조선에 파송하여 군비를 줄이고 평화정착을 해나가자는 글을 썼다. 또 휴전선에 남북평화교회를 세워 남북의 성도들이 함께 모여 예배드리자는 제안도 했다. 비록 아무런 결실을 맺지는 못했지만 언제인가 싹이 날 것이라 확신한다.

그리고 그 때 평양을 방문하고 김일성종합대학교 종교학과 주임교수와 만나서 김의환 박사, 이상현 박사와 함께 특강 교수로 초청을 받았다. 여러 우여곡절을 거쳐 결국 실현되지는 못했으나 이 일로 인하여 남북 모두로부터 반역자로 낙인찍힌 일을 경험했고, 온 가족을 살해하겠다는 협박도 받았다.

북조선의 굶주리는 인민들 특히 어린이들을 위하여 사랑의 헌금을 여러 경로로 보내 주었다. 성경배포사역도 후원했다. 유니온교회 안에 그 사역을 반대하는 분들이 있어 쉽지 않은 일이었다. 특히 북조선해외탈출인사들의 간증을 몇 차례 들었던 것이 인도적이나마 북조선을 돕는 것을 힘겹게 했다.

2) 남북통일 사역

남북이 갈려진 것은 정말 우리 민족의 큰 비극이었다. 남한과 북조선의 모든 정치적, 경제적, 사회적 죄악의 근원이 남북분단이라는 사실을 역사의식이 있는 지성인들이 계속하여 지적하고 있는 것은 반드시 주목해야 될 일이다. 따라서 남북통일을 이룩하는 것은 우리 민족사역에 있어서 최우선의 과제라고 판단된다.

〈기독교평양복음화대회〉를 교섭할 때 북조선 인사들이 이구동성으로 하는 말이 있다. "북남통일보다 더 중요한 복음이 어디 있겠습니까" 바로 그것이었다. 미주에서 간 대표들은 어떻게 하든지 선교의 물꼬를 트기 위하여 지혜를 모으고 있어 논쟁에 나서지는 않았다.

"그것도 복음이지만 더 중요한 복음도 있지요. 온 민족이 영원한 생명을 얻는 복음 말입니다." 그런 정도였다. 그것이 무슨 말인지 알아들었다는 내색은 하지 않았다. 어떻거나 우리는 남북이 통일되면 중국 정도의 선교의 자유는 확보되기를 기도할 뿐이었다.

이래서 유니온교회에서도 예배 때마다 모국의 통일을 위한 기도가 있었다. 미주한인사회에서 발행되는 좌파 신문에는 "하나님이 기뻐하시는 통일이어야 한다"는 제목으로 친북인사들의 무조건 통일론을 반박하는 글을 썼더니 벌 떼처럼 덤벼들기도 했다. 그러나 소신을 굽히지 않았다.

1986년 11월 11일부터 서울 타워호텔에서 열린 〈한국기독교남북문제대책협의회〉가 주최한 남북통일 세미나에서 주제발표가 있었다. 필자는 "해외한인교회와 남북통일문제 최근동향의 연구"라는 발제를 했다.

2001년에는 〈남가주기독교교회협의회〉 회장으로서의 사역을 하게 되었다. 마침 이 단체가 〈서울특별시교시협의회〉라는 단체와 자매관계가 맺어졌기로, 그 해 8월 13일 서울에서 광복절 행사를 공동으로 갖게 되었다. 그리고 다시 로스앤젤레스에서 같은 행사를 했다.

그 때 필자의 초안으로 〈남북통일 선언문〉을 발표하기로 합의했고 광복절기념예배에서 전문을 읽어 발표했다. 그것을 여기에 소개한다.

3) 남북통일선언문

우리는 삼천리강산에 자리잡은 남북 두 나라가 조속히 하나로 통일되는 것이 삼위일체 하나님의 명백하신 뜻임을 만천하에 선언한다. 남북이 통일 되어 사랑의 나라가 건설되고 이 통일된 나라를 통하여 온 인류의 가슴마다 예수 그리스도의 사랑을 깊이 심으시려는 것이 하나님의 계획임을 확신한다. 그러므로 정당한 이유 없이 통일을 방해하는 행위는 하나님에 대한 도전임을 이에 천명한다.

남북의 분단은 강대국들의 야욕에서 비롯된 것이며 특히 군국주의 일본의 죄악임은 전혀 감출 수 없다. 수많은 사람의 생명과 가정을 파괴하고 삼천리강산을 초토화시킨 한국전쟁은 일본 군국주의 정부의 한반도 강점과 그로 인한 강대국들의 남북분단 그리고 남북 정치지도자들이 권력쟁취에 눈멀어 빚어진 민족 최대의 비극이었다. 특히 이 한국전쟁은 기독교를 박멸하려던 무신론 공산주의자들이 저지른 하나님과 민족 앞에 씻을 수 없는 범죄행위였음도 오래 기록되어야 할 역사적 사실이다.

이에 우리는 일본의 군국주의자들과 그 후예들에게 철저히 회개할 것을 강력히 촉구한다. 종교를 아편이라고 악선전하며 하나님에게 반역했던 공산주의자들과 그 후예들에게도 통곡하며 회개하기를 강력히 요구한다. 그리고 자국의 이익을 위하여 우리나라를 희생양으로 삼은 강대국들과 정권탈취를 위하여 분단을 영속화해 온 남북의 정치지도자들도 하나님 앞에서 거듭나야 한다.

우리는 삼천리강산 위에 조속히 하나님이 기뻐하시는 통일된 나라가 세워지기를 간절히 기도한다. 삼천리강산을 둘러싸고 있는 강대국들은 자국의 이익을 즉각 포기하고 남북통일이 속히 이루어지도록 적극 협력하라. 국제이해가 교차되는 지점에 위치한 한국을 "영세평화국"으로 만들라. 남북의 정치 경제 군사 등 각계각층 지도자들은 민족과 국토의 영원한 통일을 위하여 기득권을 기꺼이 포기하라.

삼천리강산을 잘라놓은 것은 강대국들의 음모였지만 통일하지 못한 데는 우리 민족의 책임이 더욱 크다. 온 겨레는 이제부터 진정한 자유민주주의 국가가 삼천리강산 위에 건설되도록 앞장서서 나아가자. 모든 총칼을 녹여 보습을 만들고 탱크를 녹여 트랙터를 만들며 증오심을 녹여 사랑을 만들도록 하자. 삼천리강산이 다시는 총성과 포성이 들리지 않고 영원히 전쟁을 연습하지 않는 땅이 되도록 기꺼이 생명을 바치자. 이리와 어린양이 나란히 풀을 뜯는 평화와 사랑의 나라를 이 땅 위에 튼튼히 세우자.

오, 하나님, 두 동간난 삼천리강산을 어서 속히 아름답게 고쳐 주시옵소서.

(2001년 8월 15일. 서울특별시 교시협의회 회장 박정근 목사. 남가주기독교교회협의회 회장 이정근 목사)

이 선언문은 21세기 첫 광복절에 열린 조국광복56주년 한미교류예배에서 일동 기립한 가운데 낭독되었고 모두가 박수로 채택했다. 서울에서는 8월 11일 오전 7시30분 코리아나호텔, 로스앤젤레스에서는 8월 13일 오전 7시 옥스퍼드 팔레스 호텔이었다.

4) 휴전선 내 남북평화교회 설립 시안

(1) 취지: 6자회담이 타결되고 남북의 화해시대로 돌입하게 됨에 따라 한반도의 허리를 잘라 놓았던 휴전선 안에 통일과 화해를 상징하는 "남북평화교회"를 건설하여 남북 북남에 있는 기독교 신자들이 함께 모여 예배드리며 한반도가 탱크를 녹여 트랙터를 만들고 증오심을 녹여 사랑을 만드는 땅이 되도록 기도하고 협력하는 상징적 교회를 건설한다.

(2) 명칭: 가칭 "남북평화교회"라 이름 한다.

(3) 교회설립의 목적

*남북에 나뉘어 있는 기독교 신자들이 한 자리에 앉아 예배드린다. *한반도가 통일 되

도록 기도하며 선도한다. *남북으로 나뉘어 있는 동포들이 증오심을 버리고 서로 사랑할 수 있도록 진정한 통일의 정신적 기반을 마련한다. *남북이 군사력을 줄여 상극관계에서 상생관계로 전환되도록 촉진한다. *우리 민족과 우리의 자손들과 온 세계에 우리 겨레가 평화민족이요 사랑민족인 것을 선포한다.

(4) 방법과 절차

*미주한인기독교연합회가 합의한 뒤 남북교회를 대표하는 기관에 제안한다. *이를 협의하기 위하여 남, 북, 미의 교계 대표들이 판문점이나 개성 혹은 제3국에서 회합을 가지며 구체안을 마련한다. *각 정부와 유관기관의 협력을 얻어 최종안을 마련한다. * 모금위원회를 구성하여 활동하게 하며 자본, 기술, 노동을 남북미의 교회들이 자원하여 부담한다. *"남북평화교회" 건축위원회를 구성하여 공사에 들어간다. *교회당 운영위원회를 조직한다. 최고운영책임자는 남북미 교계에서 한 사람씩 선출하여 공동운영한다. * 헌당예배를 드리고 교회를 운영한다.

(5) 재정: 남북미 각 교회와 성도들의 헌금으로 기본재원을 마련한다.

(6) 기타 사항

*휴전선 안에 '남북평화공원'을 조성하고 남북평화교회와 함께 '남북평화병원' '남북예술전당' 등의 기관을 포함한 종합평화타운을 조성하는 방안도 검토한다. *이 같은 일이 성사되도록 미주한인교회와 기관들이 앞장서서 추진하도록 하며 필요하면 미국정부에 이북에 대한 금수조치를 해제하도록 건의한다. *이 일이 조속히 실현되도록 우선 미주한인교회들과 남한교회들이 기도운동을 벌이도록 하며 적극적으로 여론을 조성한다. (작성자: 남북미교회 교류위원장 이정근 목사)

4. 일본에 대한 사역

일본에 대한 사역은 큰 관심을 쏟지 못했다. 그러나 우리 코리언들에 대한 사역이 중요한 만큼 일본사역은 외면하기 어려운 사명으로 생각된다. 불행히도 일본에 가서 사역할 기회를 얻지 못했으나 이 곳 남가주지역에서 일본인 목사들과의 모임에 더러 참석했었다. 그들에게서 들었던 말 가운데 잊지 못하는 것이 있다.

"일본의 지성인들은 한국의 기독교 인구가 폭발적으로 늘어가는 것에 대하여 크게 주목하고 있습니다."

그런 이유는 개신교회 문화는 항상 경쟁에서 앞서 가기 때문이라는 것이다. 그런 점에서는 일본이 개신교회 가치(정직, 근면, 성실 등)는 받아들이면서도 복음은 받아들이지 않는 것이 무척 안타깝다고 했다. "결국 한일긴장관계는 두 나라가 모두 기독교 신자들이 다수가 되는 때에야 이루어지겠네요."

필자의 그런 의견에 그들은 전적으로 동감했다.

그 후 2001년에 일본이 역사왜곡을 할 때 로스앤젤레스에 있는 일본총영사관에 가서 항의를 하는 교계의 대표가 되었다. 그래서 성명문안을 한국말과 일본말로 작성하여 총영사관에도 전달했고 일본말 일간신문과 한국말 신문에도 게재했다. 그 당시 만든 초안은 다음과 같다.

1) 일본이여, 한국과 세계의 좋은 이웃이 되라 (성명서)

남가주지역의 800여 한인교회를 대표하는 본 남가주기독교교회협의회는 일본의 중학교 역사교과서 왜곡사건이 계기가 되어, "일본 좋은 이웃 만들기 특별위원회"를 조직하였습니다. 우리는 일본이 한국과 세계에게 좋은 이웃이 되기를 간절히 바라고 있습니다. 이를 위하여 일본 국민과 해외 일본인들에게 다음과 같이 청원 드립니다.

(1) 일본은 과거 군국주의시대에 이웃나라 국민들에게 막심한 피해를 입혔던 점을 철저히 회개해야 합니다. 특히 한국민에게 입힌 피해가 얼마나 혹독했던 것은 천하가 다 아는 바요 〈제암리교회 사건〉 하나만으로도 그 증거가 명백한데 어찌 역사교과서까지 왜곡시킨다는 말입니까? 일본은 하나님 앞에 정직하고, 세계 앞에 정직하고, 역사 앞에 정직하고, 다음 세대 일본인들에게 정직해야 합니다.

(2) 민족의 자긍심을 교육하는 것은 어느 나라에나 다소 있는 일임에도 우리가 일본의 경우를 특히 문제 삼는 이유가 있습니다. 일본에서 군국주의가 재기하게 되면 일본의 침략적 근성으로 보아 이웃나라 특히 한국에 막심한 피해를 입힐 것이 명백하기 때문입니다. 따라서 일본은 세계 제2차대전 도발국이었던 점을 거울삼아 이제는 평화주의를 국시로 선언하고 한반도의 통일을 돕는 등 그것을 행동으로 보여주어야 합니다.

(3) 우리는 일본에 있는 그리스도인 형제자매들이 일본의 군국주의화를 적극 저지하고 일본을 한국과 세계에 좋은 이웃으로 만드는 운동에 앞장서기를 요청합니다. 그리고 일본복음화에 더욱 적극 나서기를 기도합니다. 우리 한국인 그리스도인들도 한국이 일본에 대하여 좋은 이웃이 되도록 더욱 노력하며 일본의 복음화를 위하여 힘써 일하도록 하겠습니다.

(2001년 8월 15일. 남가주기독교교회협의회 회장 이정근 목사. 이 성명서는 필자가 초안한 것을 원문으로 하여 박영창 목사/조영근 목사가 일본어로 번역하여 남가주에서 발행되는 일본어 신문 〈라부신보〉에 유료광고로 발표했다.)

5. 코리언의 노래

근대화 이전에는 우리 한국이 민족의 사명이라는 것에 생각이 미치지 못했다. 어떻게 하면 생존할 수 있느냐에 모든 생각이 모아졌고 백성들은 왕을 위하여 살아야 한다는 것을 당연한 통념으로 받아들였다.

일본에게 국권을 빼앗긴 다음에는 독립해야 한다는 것을 민족적 과업으로 생각했다. 그리하여 국내에 있는 한국인이나 혹은 해외에 있는 한국인이나 모두 조국독립을 위한 헌신이 최고선이었다. 그것은 도산 안창호가 일본인 심문관 앞에서 했다는 말이 웅변으로 표현하고 있다.

"나는 밥을 먹는 것도 조선독립을 위함이요, 잠을 자는 것도 조선독립을 위함이다."

일본에서 해방되고 국제관계에 의하여 남북이 분단된 다음에는 통일이 민족적 과업이 되었다. 해방 70년을 눈앞에 두고 있는 지금도 통일은 민족적 과업이었다.

그러나 남한과 북조선의 실제적인 국가 목표가 서로 달랐다. 북조선에서는 그들의 유토피아로 믿는 공산주의 사회 건설을 앞세웠다. 남한에서는 자유민주주의 사회 건설과 산업사회 건설이 충돌하면서도 서로 발전을 보았으며 그것이 국가적 국민적 염원이었다.

그러나 이제 남한에서는 기독교 인구와 신앙의 성장으로 글로벌 비전에 착안하기 시작했다. 내가 구원받은 것은 다른 사람도 구원받도록 섬기기 위함이라는 신앙이 글로벌 지평으로 확대되기 시작했다. 곧 대한민국을 주신 것은 다른 나라를 섬기기 위함이라는 비전이었다.

-인자가 온 것은 섬김을 받으려 함이 아니라, 도리어 섬기려 하고, 자기 목숨을 많은 사람의 대속물로 주려 함이니라.(막 10:45)

이에 해외선교사 파송운동이 한국교회에서 크게 불붙기 시작했다. 그리고 2010년 현재 미국 다음으로 세계에 선교사를 많이 파송하는 교회가 되었다. 실로, 장하고 자랑스러운 일이다. 우리 코리언이 지금처럼 위대한 민족이 되어 본 적이 언제 있었던가? 예수 믿고 하나님의 존귀함을 받는 민족이 되었다.

-사람이 나를 섬기려면 나를 따르라. 나 있는 곳에 나를 섬기는 자도 거기 있으리니, 사람이 나를 섬기면 내 아버지께서 그를 귀히 여기시리라.(요 12:26)

이스라엘 민족은 예수 그 이름을 온 세계에 전파하기 위한 도구로 선택된 사명을 저버렸기에 고통도 많이 당했다고 하는 의견이 많다. 그들로서는 감당하기 어려운 의견이지만 그래도 한 번 깊이 생각해 볼 필요가 있다.

그러나 이것은 우리 코리언들을 향한 하나님의 말씀으로 들어야 한다. 1987년 12월 6일 〈예루살렘한인교회〉 주일예배에서 설교한 적이 있었다. 그 때 "차라리 코리언에게로 가라"(본문:마 10:5-8)고 설교했다. 우리 코리언은 온 세계에 복음을 전파할 사명을 끝까지 이룩해 나가야 한다는 요지였다. 그래서 필자는 설교를 통하여서나 글을 통하여서 "코리언은 사랑생산민족이 되어야 한다" (변화하라, 조국이여. 119쪽f)고 계속 외쳤다.

이 같은 우리 민족의 사명은 물론 기독교 복음을 땅끝까지 그리고 모든 민족에게 확산시켜 할 수만 있으면 이 지구 위에 하나님의 나라가 오게 해야 한다는 것이다. 그것을 위하여 유니온교회는 표어, "온 인류의 가슴마다 예수 사랑 깊이 심자"를 온 교우가 외치고 실천해 가고 있다. 원수사랑사역에 대하여 이미 소개했지만 이것 역시 복음전도의 한 부분이다.

그래서 이 같은 민족의 사명을 깨우치기 위하여 "코리언의 노래"를 작사했고 몇 분의 작곡이 있었으나 백경환 작곡을 대표작으로 확정해서 보급하고 있다. 이에 대하여 여러 언론 보도가 있었고 보급이 비교적 잘 되고 있는 중이다. 가사는 다음과 같다.

1) 우리는 코리언 하얀 무궁화, 한강 대동강 거기가 내 고향
떨어져도 떨어져도 다시 피어나, 어두운 온 세상 온 세상 새 희망을 심네
어두운 세상 온 세상 새 희망을 심네

2) 우리는 코리언 붉은 진달래, 백두산 한라산 거기가 내 고향
잘려져도 잘려져도 다시 피어나, 메마른 세상 온 세상 새 사랑을 심네
메마른 세상 온 세상 새 사랑을 심네

3) 우리는 코리언 노란 민들레, 삼천리 반도 땅 거기가 내 고향
짓밟혀도 짓밟혀도 다시 피어나, 사나운 세상 온 세상 새 평화를 심네
사나운 세상 온 세상 새 평화를 심네

6. 한국말교육 사역

유니온교회는 초창기부터 〈유니온한국말학교〉를 설치하여 자녀들에게 한국말을 가르쳤다. 특히 필자가 고등학교 국어교사와 대학의 교양국어 교수 등을 역임했기에 더 큰 관심이 있었다. 그것은 대학과 대학원에서 국어교육을 전공한 까닭도 있었다. 〈남가주한국어교육연합회〉에서 실시하는 교사훈련에서 "한국말의 아름다움" 등의 발제를 했고, "미주한국어교육사"를 집필하여 이민100주년기념 책자에 게재하기도 했다.

이런 까닭으로 유니온교회에는 교육전문가들이 많이 있었다. 그들의 연구로 한국말 교과서를 출판하기도 했다. 특히 한국말학교는 물론 주말학교 형태로 운영된 것은 물론이고 여름방학 동안 넉 주에 걸쳐 주간반으로 집중교육을 시키기도 했다.

교회가 한국말 교육을 시키는 데는 다음과 같이 네 가지 이유가 있었다.

1) 실용적 이유 : 가정에서 부모와 의사소통이 잘 되고, 영어와 한국말 복수언어를 하면 좋은 직장에 다닐 수 있다.

2) 민족적 이유 : 한국말은 한국문화의 핵심이므로 민족적 자아성(Korean identity)이 강화된다.

3) 교육적 이유: 두 언어 혹은 복수언어생활을 하면 그만큼 사고능력도 높아지고 세계관도 확장된다.

4) 신앙적 이유: 한국교회의 신앙유산을 물려받을 수 있고 한국어권에서 사역과 선교할 수 있다.

함생주의와 남북통일 (조각글)

평양에 함생주의(combiosism)를 선물하고 싶다. 평양은 여러 가지 부족한 것이 많아 해외교포들의 도움을 갈망하고 있으니, '필요한 때의 친구가 참 친구'라는 격언을 생각해서 더욱 그렇다.

도울 바에는 필요한 것을 도와야 한다. 그것도 이북에서는 생산하기 어려운 것들이라야 한다. 그것이 무엇일까. 바로 함생주의(咸生主義), 곧 '모두가 함께 살고 끝까지 함께 살아가자는 사상'이다. 진실로 그걸 선물하고 싶다.

지금 평양을 심장부로 하고 있는 이북은 자기네만 혼자 살겠다고 아우성친다. 이해되는 측면도 있다. 나라가 나약해서 언제 강대국에게 잡혀 먹을지 모르는 판국이니까 살아남자는 몸부림이 있는 것이 당연하다. 게다가 이북에는 남한이 공포의 대상이다. 경제대국이 된 것도 그렇지만 더 무서운 것은 자유민주주의이다. 선거에 의하여 최고 통치자와 정권을 평화적으로 바꿀 수 있다는 실력, 그것이 평양 측에는 이남이 가진 너무도 무서운 무기이다. 만약 4.19 같은 학생혁명이라도 일어난다면… 김정은 정권에게는 생각만 해도 현기증이 일어날 터이다. 그러나 함생정치는 북조선을 살리는 확실한 양약이기에 선물하려 한다. 평양측은 "우리 식대로 살자"고 오랫동안 우겨왔다. 그러나 그것은 실상 "우리 식대로 죽자"는 역효과를 가져왔을 뿐이다. 오늘날과 같은 글로벌시대에 그 같은 고립주의는 온 국민을 죽음으로 몰아넣는 길이 아닐까.

이제 이북도 바뀌어야 한다. 모든 인민들을 향하여, "우리 모두 함께 살아남자"고 외칠 뿐만 아니라 국제사회를 향하여서도 "우리 모두 함께 살아가자"고 함성을 질러야 한다. 그런데 핵무기로 살아남겠다는 것은 그 핵무기로 자폭하자는 몸부림일 뿐이다.

그래서 함생사상을 선물하고 싶다. 행여 또다시 6.25 전쟁처럼 '너 죽고 나 죽고 모두 죽자'는 함사(咸死)의 비극이 생겨서는 결코 안 된다. 한반도 역사에서 제일 많은 사람이 죽고 또 그 후과로 엄청나게 더 많은 사람이 죽지 않았나. 그런데도 또 죽이겠다는 협박인가.

진실로, 함생주의라는 선물을 서울측과 평양측이 기쁨으로 받아들이기를 기도한다. 그것이 남한과 북조선이 함께 살아남는 상생의 길이요 코리언의 자랑스러운 역사를 창조해 가는 길이다. 그리고 남북 상생은 글로벌 함생으로 이어져야 한다. 남북한 때문에 온 세계가 더 살기 좋은 마을이 되도록 해야 한다. 흔히 세계의 화약고인 한반도 위에 '세계평화공원'을 조성하자는 제안들이 있지만 그것만으로는 부족하다.

한 걸음 더 나아가 국제평화생산공단을 건설해야 한다. 통일된 한반도 때문에 온 세계가 평화로워지고 더 살기 좋은 지구마을이 되도록 해야 한다. 그래서 함생정치, 함생경제, 함생문화, 함생교육을 다시 한 번 외친다.

그리고 그것은 바로 기독교에서 시작되어야 한다. 기독교는 그 근본적 교훈이 함생주의이다. 하나님과 함께 살고 이웃과 함께 살자는 것이 핵심교훈 아닌가. 그리고 믿지 않는 사람들과도 함께 살기 위하여 전도와 선교에 목숨을 걸고 있지 않는가. 심지어 원수까지 사랑하기 위하여 예수 그리스도께서 십자가 위에다 생명을 쏟아 부으시지 않았는가.

기독교는 통틀어 전 세계 3분의 1의 인구를 신자로 포용하고 있다. 개신교회는 물론 로마 가톨릭교회와 동방정교회 등을 포함한 숫자이다. 게다가 이슬람교도 그 근본은 기독교이다. 실상은 '변종 기독교' 아닌가. 우선 기독교와 이슬람교 자신이 서로 물고 먹으면 피차 망한다는 자각을 해야 한다.(갈 5:15) 그리고 한 걸음 더 나가 "우리는 함께 산다." 하고 온 세계에 선언해야 한다. 그렇게 되면 지구 전체가 평화공원, 행복공원, 사랑공원으로 새롭게 바뀔 것 아닌가.

"주님, 그런 일이 바로 예수님의 십자가에서 시작되게 하옵소서. 그것이 남북 간의 평화통일과 사랑통일로 첫 열매를 맺게 하옵소서. 남북의 함생이 온 지구나라의 함생을 이룩하는 좋은 횃불이 되게 하시옵소서."

민족목회의 함생적 의미

예수님은 앞에서 조명한 것처럼 다윗의 자손으로 유대인이었다. 십자가에 처형되실 때에 로마를 대표한 빌라도는 그 죄패에 '나사렛 예수, 유대인의 왕'이라고 선언했다.(요 19:19) 빌라도에게는 예수님이 철저히 유대인을 대표하는 인물로 인식했다. 그러나 그게 전부는 아니다. 그분은 동시에 이스라엘 사람이었고, 또 사마리아 사람이었다. 그리고 이방인도 되고, 세계인 곧 글러벌리안도 된다. 아니, 유대인으로서 글로벌인들을 위하여 생명을 바치셨다. 마찬가지로 이정근도 한국인이지만 동시에 몽골족이고, 아시아인이고, 세계인이다. 그리고 글로벌 크리스천이다. 따라서 우리 코리안 크리스천들은 먼저 하나님의 사랑을 받아 하나님의 자녀가 되었으므로 이제부터 글로벌인들을 위하여 헌신해야 한다. 그것이 민족목회자의 참된 본분이다.

(참조: 이정근. "제4편 민족교육과 남북통일" 논문집 III. 399-463. 시론. "기미독립선언문과 함생정신" 한국일보 2014년 2월 27일. 시론 "'코리안의 노래' 부르기 운동. 중앙일보 2014년 7월 8일)

너희도 온전하라

원수사랑 목회

유니온교회는 원수사랑상을 수여하는 교회로 널리 알려지고 있다. 기독교 2천년 역사상 처음 있는 일일 것으로 평가되고 있다. 따라서 유니온교회의 사명선언인 "사랑나라 건설"

이나 그 표어인 "온 인류의 가슴마다 예수 사랑 깊이 심자"는 것처럼 원수사랑의 사역이 이 세상 모든 교회를 향하여 유니온교회가 내어놓을 만한 가장 우수한 목회제품이라고 확신한다.

예수 그리스도의 원수사랑 사역 원리

구원받기 전에는 모든 인류는 하나님과 원수관계에 놓여 있다. 다음 말씀이 그것을 증거하고 있는 바 이는 하나님을 반역하는 일이 바로 죄이기 때문이다.

-내가 너로 여자와 원수가 되게 하고, 네 후손도 여자의 후손과 원수가 되게 하리니. (창 3:15) -여호와께서 말씀하시기를 내가 자식을 양육하였거늘 그들이 나를 거역하였도다 … 슬프다, 범죄한 나라요, 허물 진 백성이요, 행악의 종자요, 행위가 부패한 자식이로다.(사 1:2-4) -죄인들이 이같이 자기에게 거역한 일을 참으신 이를 생각하라.(히 12:3) -간음한 여인들아, 세상과 벗된 것이 하나님과 원수 됨을 알지 못하느냐. 그런즉 누구든지 세상과 벗이 되고자 하는 자는 스스로 하나님과 원수 되는 것이니라.(약 4:4)

그러나 하나님은 그 외아들 예수 그리스도를 세상에 보내시고 그를 희생제물로 삼아 원수된 죄인들을 구원하셨기에 하나님은 원수사랑의 사역을 이룩하신 분으로 믿어야 한다. 물론 이 원수사랑의 사역은 삼위일체 하나님께서 함생사역을 하심으로 이루어 졌으며, 특히 예수님께서 십자가 위에서 살을 찢고 사죄의 피를 흘리심으로 그 사역이 성취되어 가고 있다. 앞에 예시한 성경말씀 창세기 3장 15절 곧 원복음으로 일컫는 말씀이 바로 여자의 아들인 예수 그리스도께서 모든 원수 마귀들을 정복하실 것을 예언하고 있다.

-우리가 아직 죄인 되었을 때에 그리스도께서 우리를 위하여 죽으심으로 하나님께서 우리에 대한 자기의 사랑을 확증하셨느니라.(롬 5:8) -곧 우리가 원수 되었을 때에 그의 아들의 죽으심으로 말미암아 하나님과 화목하게 되었은즉 화목하게 된 자로서는 더욱 그의 살아나심으로 말미암아 구원을 받을 것이니라.(롬 5:10) -또 십자가로 이 둘을 한 몸으로 하나님과 화목하게 하려 하심이라. 원수된 것을 십자가로 소멸하시고.(엡 2:16)

이런 말씀에 근거하면 예수님의 사역 전체는 바로 원수사랑 사역이요, 원수 살리기 사역이라 할 수 있다.

그런 시각에서 예수님께서 산상수훈(마 5-7장)이나 평지수훈(눅 6장)에 있는 말씀을 자세히 살펴보아야 한다.

우선 "원수를 사랑하라"는 예수님의 말씀은 단순히 윤리적 차원만은 아니다. 오히려 구원론 차원에서 이 말씀을 보아야 한다. 이는 다음의 말씀이 확증해 주고 있다.

-이같이 한 즉 하늘에 계신 너희 아버지의 아들이 되리니.(마 5:45)

구원받고 하나님의 자녀의 지위에 오르는 것은 바로 원수를 사랑해야 한다고 밝혀 말씀하고 있다. 이 말씀은 팔복 교훈 가운데, "화평하게 하는 자는 복이 있나니, 그들이 하나님의 아들이라 일컬음을 받을 것임이요"(마 5:9) 하신 말씀과 상응구절이라고 할 수 있다. 따라서 원수사랑은 사랑이라는 말로 구원의 길, 생명의 길을 깨우쳐 주는 말씀이다. 사랑구원론이라 할 수 있고 또 함생구원론이라 할 수 있다.

그러나 원수사랑의 계명은 그 이상의 가르침을 담고 있다. 우선 이 말씀이 여러 모로 다음과 같이 강조의 뜻을 가지고 있다는 점에 유의해야 한다.

가) 반복법을 사용하고 있다. 원수를 사랑해라, 박해하는 자를 위하여 기도해라, 저주하는 자를 축복해라, 미워하는 자를 선대해라, 오른뺨을 치거든 왼뺨을 돌려대라, 속옷을 달라 하면 겉옷도 주어라, 억지로 오리를 가자고 하면 십리를 가주어라 …

나) 이 말씀은 상급이 약속된 교훈이다. "너희가 사랑하는 자만 사랑하면 무슨 상이 있으리요"(마 5:47)는 말씀은 원수를 사랑해야만 상을 받을 것이라는 말씀이 아닌가. 누가복음 상응구절에는 이렇게 적혀 있다.

-그리하면 너희 상이 클 것이요 또 지극히 높으신 이의 아들이 되리니.(눅 6:35)

다) 이 말씀에는 하나님의 사랑 가운데 최고 사랑을 보여 주신다. 악인에게조차도 해를 비추시고 또 비를 내리시는 하나님, 원수 된 자를 아들의 피 곧 자신의 피를 흘려 구원해 주시는 하나님의 최고 사랑이 넘쳐흐른다. 누가복음 상응구에는 다음과 같이 적혀 있다.

-그는 은혜를 모르는 자와 악한 자에게도 인자하시니라.(눅 6:35)

라) 원수사랑은 단순히 턱걸이로 구원받는 수준이 아니고 구원의 완성단계임을 가르치고 있다. 하늘의 계신 하나님 아버지께서 온전하신 것처럼 온전해 지는 단계의 구원 곧 "온전한 구원"(the full salvation)을 뜻한다.

마) 사람이 온전한 단계에 나아간다는 것은 바로 온전한 사랑, 순수한 의도로 사랑하는 것, 그리고 원수까지 사랑하는 것을 뜻한다. 마태복음에 기록된, "그러므로 하늘에 계신 너희 아버지의 온전하심과 같이 너희도 온전하라" (마 5:48)는 말씀의 상응구절이 누가복음에는 다음과 같이 기록되었다.

-너희 아버지의 자비로우심 같이 너희도 자비로운 자가 되라.(눅 6:36)

이것으로 보면 온전해지는 것은 바로 자비를 베푸는 것 곧 온전한 사랑을 베푸는 일을 뜻한다.

그런 시각에서 보면 예수 그리스도께서 행하신 모든 사역 곧 구원사역은 그것이 어떤 형태로 나타나든지 원수사랑 사역이라 할 수 있다. 그런 가운데서도 특별히 원수사랑사역의 모범적인 사례가 있어 소개한다.

1. 이방인 사역과 사마리아 사역

이스라엘 민족은 선민의식이 강하여 이방인들을 이등인간으로 취급하는 성향이 강하게 있었다. 이것은 예수님 자신의 말씀 가운데도 포함되어 있다. 이방인들을 세리처럼 멸시천대 받는 수준으로 이해하고 있다.

-교회의 말도 듣지 않거든 이방인과 세리와 같이 여기라.(막 18:17)

그리하여 이방인으로서 하나님을 두려워하는 자들(God-fearers)이라 해도 유대여자들보다도 성전에서 더 멀리 떨어져 있어야 한다. 그것을 이방인의 뜰이라고 한다.

특히 사마리아인들에 대하여는 이스라엘 선민들은 더욱 더 멸시와 천대의 대상으로 삼았다. 사마리아 땅을 거쳐서 가면 지름길이 되더라도 오히려 돌아서 갈 정도로 적개심이 높았다. 특히 이것은 사마리아 인종이 혼혈종이요 그들의 종교가 구약종교와 이방종교의 혼합이라고 보았고 그래서 예루살렘 성을 재건할 때에 종교전쟁을 겪기도 했다.(느 4장)

그러나 예수님은 이방인과 사마리아 사람들에게 매우 호의적이셨다. 그리고 그들의 믿음을 칭찬하시고 또 적극적으로 전도하셨다.

-내가 진실로 너희에게 이르노니 이스라엘 중 아무에게서도 이만한 믿음(로마군 백부장의 믿음)을 보지 못하였노라.(마 8:10) -스불론 땅과 납달리 땅과 요단 강 저편 해변 길과 이방의 갈릴리여, 흑암에 앉은 백성이 큰 빛을 보았고 사망의 땅과 그들에 앉은 자들에게 빛이 비치었도다.(마 4:15-16) -열 사람이 다 깨끗함을 받지 아니하였느냐? 그 아홉은 어디 있느냐? 이 이방인 외에는 하나님께 영광을 돌리러 돌아온 자가 없느냐 하시고, 그에게 이르시되, 일어나 가라, 네 믿음이 너를 구원하였느니라.(눅 17:17-19) -또한 이방들이 그의 이름을 바라리라 함을 이루려 하심이니라.(마 12:21) -여자의 말이 내가 행한 모든 것을 그가 내게 말하였다 증언하므로 그 동네 중에 많은 사마리아인이 예수를 믿는지라, 사마리아인들이 예수께 와서 자기들과 함께 유하시기를 청하니 거기에 이틀을 유하시매 예수의 말씀으로 말미암아 믿는 자가 더욱 많아 (요 4:39-41) -오직 성령이 너희에게 임하시면 너희가 권능을 받고 예루살렘과 온 유대와 사마리아와 땅 끝까지 이르러 내 증인이 되리라.(행 1:8)

예수님의 사역을 연구해 보면 이스라엘 선민들과 적대관계에 있던 이방인과 사마리아인들이 더 많이 구원받고 더 먼저 구원받을 것을 여러 번 천명하셨다.

2. 보복을 금지하신 사역

모세오경에는 등가보수의 원리가 기록되어 있다. 한 눈을 멀게 했으면 그 사람의 한 눈을 빼어 놓는 형벌이다.

-그러나 다른 해가 있으면 갚되 생명은 생명으로, 눈은 눈으로, 이는 이로, 손은 손으로, 발은 발로, 덴 것은 덴 것으로, 상하게 한 것은 상함으로, 때린 것은 때림으로 갚을지니라.(출 21:23-25. 참조: 레 24:20, 신 10:21)

이 말씀에서 예수님은 "눈은 눈으로, 이는 이로 갚으라"(마6:38)는 말씀만 인용하셨다. 그런데 이 등가보수의 원리에도 사실은 하나님의 사랑이 나타나 있다. 가령 원수가 한

눈만 빼어 놓았다고 두 눈 다 빼어 놓든지 혹은 다리를 부러뜨리거나 죽여서는 안 된다는 뜻이다. 그럼에도 불구하고 예수님은 한층 더 사랑을 베풀 것을 가르치셨다. 누군가가 오른쪽 눈을 빼어 달라고 하면 왼쪽 눈까지 빼어주라는 말씀이다.

이런 교훈은 겟세마네 동산에서 체포되실 때에도 말씀하셨다. 예수님의 가장 아끼는 제자 베드로가 예수님께서 체포되시는 것을 보고 몸에 지니고 다니던 칼을 빼어 대제사장의 종 말고의 귀를 잘랐다. 그 때에 예수님의 사역이 무엇이던가.(요 18:10)

-예수께서 베드로더러 이르시되 칼을 칼집에 꽂으라. 아버지께서 주신 잔을 내가 마시지 아니하겠느냐 하시니라.(요 18:11) -이에 예수께서 이르시되, 네 칼을 도로 칼집에 꽂으라. 칼을 가지는 자는 다 칼로 망하느니라.(마 26:52)

예수님을 체포하려고 대제사장과 백성의 장로들이 큰 무리의 성전호위병들을 파송했고 그들은 유다의 안내를 받으며 예수님에게 닥아 올 때 "칼과 몽치를 가지고" 왔었다.(마 26:47). 그러나 예수님은 칼을 칼로 갚지 말라 명령하셨고, "이것까지 참으라"고 하시면서, 말고의 귀를 다시 원상회복시켜 주셨다.(눅 22:47-51) 원수사랑의 모범사역을 가르치신 대목이다.

3. 십자가 위에서의 원수사랑 기도

예수님께서는 원수를 사랑하라 가르치신 것을 십자가 위에서 실현하셨다. 십자가 위에서 하신 기도가 네 복음서에 일곱 가지 기록되어 있는데 그 가운데 하나가 다음과 같다.

-이에 예수께서 이르시되, 아버지, 저들을 사하여 주옵소서. 자기들이 하는 것을 알지 못함이니이다 하시더라.(눅 23:34)

이 기도에서 '저들"이 누구일까? 용서의 기도를 하신 것을 보면 분명 예수님에게 죄지은 사람들이라 할 수 있다. 예수님을 십자가에 못 박으며 범죄한 사람들은 누구들일까?

1.빌라도, 2.로마군병과 사형집행관 백부장, 3.대제사장, 4.백성들의 장로, 5.서기관(율법학자), 6.헤롯왕, 7.십자가에 못 박으라고 요구했던 군중, 8.가룟 유다, 9.예수님을 부인한 베드로와 도망간 제자들, 10. 조롱했던 강도들, 11. 바리새파들, 12. 사두개파들, 13. 일부 유대인들 …

예수님은 그들이 정죄 받지 않고 용서를 받도록 기도하셨다.

4. 베드로 다시 사랑하느냐

예수님은 베드로가 예고한 것처럼 닭이 두 번 울기 전에 세 번 모른다고 예수님의 원주(元主, Lordship)되심을 예수님 눈앞에서 부인했던 베드로도 용서하셨다. 예수님은 당초 사람들 앞에서 예수님의 원주되심을 인정해야 구원받는다는 점을 강조하신 적이 있다.

-누구든지 사람 앞에서 나를 시인하면 나도 하늘에 계신 내 아버지 앞에서 그를 시인할 것이요, 누구

든지 사람 앞에서 나를 부인하면 나도 하늘에 계신 내 아버지 앞에서 그를 부인하리라.(마 10:32-33, 참조:눅 12:8-9, 롬 10:9-10)

그런데도 베드로는 하잘 것 없는 하녀들이 "너도 예수파가 아니냐"고 물을 때 자신은 그 분을 전혀 모른다며 부인했다.

-베드로가 모든 사람 앞에서 부인하여 이르되 … 베드로가 맹세하고 또 부인하여 이르되 … 그가 저주하며 맹세하여 이르되, 나는 그 사람을 알지 못하노라 하니 곧 닭이 울더라.(마 26:69-75, 참조: 막 14:66-72, 눅 22:56-62, 요 18:25-27)

이런 베드로를 부활하신 예수님은 흔쾌히 용서하시고 새로운 사명을 맡기셨다. 참으로 감격스러운 일이다. 예수님은 제자들 앞에서 베드로의 이름을 부르시면서 세 번씩이나, "이것들보다 (혹은 이 사람들보다) 나를 더 사랑하느냐"고 물으시고 적극적 대답을 들은 뒤에 다음과 같은 사명을 맡겨 주셨다.

-내 어린 양을 먹이라.(요 21:15) -내 양을 치라.(요 21:16) -내 양을 먹이라.(요 21:17)

세 번이나 부르시고, 세 번이나 물으시고, 세 번이나 사명을 맡기신 것은 아무래도 세 번이나 예수님을 모른다고 한 것에 대한 속죄과정임이 확실하다. 이렇게 해서 예수님은 베드로가 범죄함으로 하나님과 원수 되었을 때에 오히려 그를 더 용서하시고 사랑의 관계를 회복하셨다.

5. 가룟 유다와 원수사랑 사역

그렇다면 어찌하여 가룟 유다는 용서하시지 않았는가? 왜 유다에게는 "네가 이제 이 사람들보다 나를 더 사랑하느냐"고 묻지 않으셨을까? 가룟 유다도 회개할 만큼 회개했다고 보아야 한다.

-그 때에 예수를 판 유다가 그의 정죄됨을 보고 스스로 뉘우쳐 그 은 삼십을 대제사장들과 장로들에게 도로 갖다 주며 이르되, 내가 무죄한 피를 팔고 죄를 범하였도다 … 유다가 은을 성소에 던져 넣고 물러가서 스스로 목매어 죽은지라.(마 27:3-5)

그런데도 그가 구원받았다는 말은 아무 곳에서도 찾을 수가 없다. 예수님께서 원수사랑의 사역이 그처럼 고귀한 것임을 말씀하시고 실천하셨는데 어찌하여 유다에게는 그런 은혜를 베풀지 않으셨을까? 직접 용서하셨더라면 우리의 속이 다 시원했을 것 아닌가?

그런 비밀을 풀려면 성경 원문을 자세히 분석해 보아야 한다. 다음의 말씀들을 읽어 보자.

-실족하게 하는 일들이 있음으로 말미암아 세상에 화가 있도다. 실족하게 하는 일이 없을 수는 없으나 실족하게 하는 그 사람에게는 화가 있도다.(마 18:7) -인자는 자기에 대하여 기록된 대로 가거니와 인자를 파는 그 사람에게는 화가 있으리로다. 그 사람은 차라리 나지 아니하였더라면 자기에게 좋을 뻔하였느니라.(막 14:21) -내가 그들과 함께 있을 때에 내게 주신 아버지의 이름으로 그들을 보전

하고 지키었나이다. 그 중의 하나도 멸망하지 않고 다만 멸망의 자식뿐이오니 이는 성경을 응하게 함이니이다.(요 17:12)

위의 말씀을 비추어 보면 예수님도 원수사랑의 사역과 가룟 유다의 구원 문제로 고민하신 흔적을 확인할 수 있다. 하지만 성경말씀을 이루기 위하여 유다는 지옥에 버리셔야 했다는 것을 이해하게 된다. 어떤 성경말씀들일까?

-내가 신뢰하여 내 떡을 나눠 먹던 나의 가까운 친구도 나를 대적하여 그의 발꿈치를 들었나이다.(시 41:9, 참조: 요 13:18) -그의 연수를 짧게 하시며 그의 직분을 타인이 빼앗게 하시며.(시 109:8, 참조:행 1:20) -여자의 후손은 네 머리를 상하게 할 것이요, 너는 그의 발꿈치를 상하게 할 것이니라.(창 3:15)

이런 말씀을 종합하면 예수님께서 십자가에서 죽으심으로 온 인류에게 속죄의 길을 열어 놓으실 것이 정하여져 있으므로 누군가가 그의 발꿈치를 상하게 할 것이지만 그를 지옥에 보낼 것이 성경의 명령이라는 뜻이다. 이를 교육적으로 풀면, 만약 유다까지 용서한다면 지옥은 별로 무섭지 않은 곳이 되고 인간의 범죄는 대수롭지 않은 것이 된다. 그러므로 유다의 처참한 죽음은 모든 사람들에게 좁은 문과 넓은 문 곧 생명으로 인도하는 문과 멸망으로 인도하는 문을 보여주기 위하여 필연적으로 예시될 수밖에 없다는 뜻이다. 이것이 교회가 성경적인 교회가 되는 표지(marks)로 권징(勸懲, discipline)을 말하게 되는 까닭이다.

6. 사도교회들의 원수사랑 사역

사도교회들도 교회권징을 위하여 출교(excommunication)처분하든지 혹은 하나님을 반역하다가 징벌을 받는 일이 허다했다. 한두 가지 사례를 들어 보자.

-아나니아가 이 말을 듣고 엎드러져 혼이 떠나니 이 일을 듣는 사람이 다 크게 두려워하더라.(행 5:5)

-보라, 이제 주의 손이 네 위에 있으니 네가 맹인이 되어 얼마 동안 해를 보지 못하리라 하니 즉시 안개와 어둠이 그를 덮어 인도할 사람을 두루 구하는지라.(행 13:11)

그러나 사도들의 사역에도 원수사랑 사역은 예수님 하신 일이 그대로 전승되고 있다. 다음의 말씀들이 이를 증명한다.

-너희를 박해하는 자를 축복하라. 축복하고 저주하지 말라 … 네 원수가 주리거든 먹이고 목마르거든 마시게 하라 … 악에게 지지 말고 선으로 악을 이기라.(롬 12:14-21)

-사랑은 이웃에게 악을 행하지 아니하나니, 그러므로 사랑은 율법의 완성이니라.(롬 13:10)

이런 말씀에는 원수사랑 사역이 보다 더 구체적으로 포함되어 있다. 원수 갚는 것은 하나님께 맡기라고 했다. 그리고 원수를 사랑함으로 원수를 갚으려는 사람들 머리 위에 '수치스러움'의 숯불을 올려놓는 것과 같다고 함으로써 원수들을 바르게 깨우치고 교육할 것을 말씀하고 있다.(롬 12:19-20)

개체교회 원수사랑 목회의 실제

1. 원수사랑재단 창설

1) 설립 취지문

인류의 발자취는 구원의 역사인 동시에 죄악의 역사이기도 하다. 하나밖에 없는 이 지구는 온갖 죄악들이 춤을 추는 활동무대가 되어 온 것이다. 죽이기, 미워하기, 협박하기, 손해 끼치기, 속이기, 모함하기, 낮춰 보기, 고문하기 … 유태인 대학살이나 크메르 루즈의 '킬링 필드'는 그 몇 가지 실례에 불과하다.

그런데 인류의 문명이 발전하면서 인간을 죽이고 학대할 수 있는 무기도 상상할 수 없는 파괴력을 가지고 온 인류의 생명을 위협하게 되었다. 핵무기와 세균무기 등이 언제 인류를 전멸시킬는지 전혀 예측할 수 없는 시대에 우리는 살고 있다. 한두 사람이나 몇 사람의 간단한 실수로 인하여서도 인류 전체가 멸절될 수 있는 가능성도 부정할 수 없게 되었다.

인류의 죄악은 그것보다 더욱 심했다. 인류의 정신을 지배해 온 종교들이 한결같이 사랑과 자비를 중심축이라 선언하고 있지만 종교가 인류 학살의 최대 진원지였다는 점을 불행하게도 우리는 인정해야 한다. 그런 점에서 기독교는 오히려 다른 종교들보다 훨씬 앞장서 왔다는 사실도 감출 수 없게 되었다.

인간의 죄악은 단순히 죽이고 학대하는 데만 있는 것이 아니다. "사랑하지 않는 것" 곧 사랑의 부재(absence of love)가 더욱 뿌리 깊은 죄악이다. 오늘날까지 자유, 인권, 평화, 평등을 추구하는 운동이 이 지구 위에서 용감한 사람들에 의하여 활발하게 전개되어 왔고 그것이 인류사회가 하나님 나라의 모습을 드러내도록 하는 일에 상당히 공헌해 온 것에 우리는 찬사를 보낸다.

그러나 이제 그것에서 한 차원 더 높여 이 지구 위에 "사랑이 가득 차 있는 마을"(love filled global village)을 건설해야 한다. 자유, 인권, 평화, 평등을 자기나 소속한 집단의 이익수호만을 위하여 사용하지 말고 다른 사람을 섬기는 일에 사용하도록 해야 한다.

우리 그리스도인들은 "원수까지 사랑하라"는 교훈을 먼저 받은 사람들이다. 그러므로 우리가 원수까지 사랑하는 일에 앞장서야 하겠다. 원수사랑은 자기사랑, 가족사랑, 민족사랑, 무관계자 사랑의 완성이므로 그 모든 것을 포함한다. 그리고 이것은 바로 예수 그리스도의 십자가 위에서 죽으심과 부활, 그리고 하나님 나라 교훈에 밝히 나타나고 있는 것이다.

균형 있게 성장하는 믿음을 가지고 예수님처럼 "사랑나라 건설하기"를 목표삼고 있는 유니온교회는 "원수사랑재단"(Love-Your-Enemies Foundation, LYEF)을 창설하기 위한 기초비용을 2000 회계년도 예산에 마련하고 이를 위하여 기도하여 왔다. 이 일은 아무래도 그리스도인 가운데서도 미주에 살고 있는 한인들에게 주신 사명(mission)임을 깨달았기 때문이다. 강대국 사이에 전리품이 되어 왔던 땅 한반도에 살고 있었으며 이데올로기 전쟁에 휩싸여 반세기 이상을 형제자매끼리 증오하고 죽이는 쓰라린 경험을 가진 우리를 불러 그 일을 시작하게 하신 하나님께 깊은 감사를 가지고 이 일에 나서게 된 것이다.

본 원수사랑재단은 이 지구가 원수까지 사랑하는 "사랑으로 가득차 있는 마을"이 이루어지도록, 1)사랑나라 건설을 위하여 기도하며, 2)사랑의 사상을 개발하며, 3)사랑을 생활화하며, 4)사랑을 확신시키며, 5)원수사랑상을 수여하며, 6)원수사랑 장학금을 젊은 이들에게 지급하며, 7)사랑을 제일의 목회원리로 삼는 교회지도자를 육성하는 등의 일을 적극 추진하고 후원할 것을 이에 천명한다.

2) 원수사랑재단 기초정신 선언문

(1) 하나님은 그 창조하신 바 우주 만물을 사랑하시고 특히 그 가운데 그 형상대로 만드신 온 인류를 사랑하심을 믿는다.

(2) 예수 그리스도께서 가르치신 모든 교훈은 하나님을 사랑하고 이웃과 원수를 자기 자신처럼 사랑하라 하신 말씀과 십자가의 희생적 죽음에서 완성되는 것임을 믿는다.

(3) 성령 하나님께서 우리로 하여금 원수까지 사랑할 수 있도록 진리를 깨닫게 하시고 지혜와 능력을 주심을 믿는다.

(4) 인간이 하나님에게서 받은 가장 중요한 사명은 예수 그리스도와 여러 종교와 역사적인 사건들을 통하여 나타내신 하나님의 사랑을 모든 인류에게 공평하게 제공하는 것임을 믿는다.

(5) 인간의 모든 정치, 경제, 법률, 교육, 문화 곧 삶의 양식 등은 이웃과 원수까지를 사랑하는 정신을 실현하는 것이 그 가장 중요한 동기(動機, motivation) 되기를 촉구한다.

(6) 인류에게 주어진 모든 자연, 문화, 문명, 재능, 언어, 지식과 정보, 사상, 재산, 제도, 자원 등은 사랑을 개발하고 실천하고 확산시키는 도구로 사용되어야 함을 천명한다.

(7) 우리는 이 하나밖에 없는 지구 위에서 전쟁과 증오심을 녹여 자유와 평화의 세계를 이룩하고 어린양과 이리가 서로 돕고 사는 "사랑으로 가득 찬 지구마을"(love-filled global village)을 건설하는 일에 온 인류가 함께 협력하기를 희망한다. (2000년 6월 25일, 한국전쟁 50주년 기념일에)

3) 원수사랑상 제정

원수사랑운동의 함생적 의미

원수사랑운동을 특별히 유니온교회가 목회과업으로 결정하면서 그것을 주도한 필자의 기도는 이것이었다. "주님, 이 운동으로 인하여 한 생명이라도 더 구원하게 하시옵소서." 실로, 원수사랑의 가르침만으로도 예수님께서는 성자 하나님이시라는 것을 전폭적으로 신뢰할 수 있게 된다. 그분은 원수들의 구원을 위하여 그 생명을 희생제물로 드렸지 않는가. 종교 사이에, 민족 사이에, 국가 사이에, 사회적 계층 사이에 증오심이 홍수처럼 흘러넘치는 시대에 함께 살아남아야 할 지혜가 있다는 그 첫 번 것이 바로 '원수를 사랑하라'는 말씀임을 확신한다.

(참고: 정치에서의 원수사랑을 적용한 대표적 인물이 에이브라함 링컨으로 평가된다. 그의 내각은 적대자들로 꾸며졌기 때문에 미국 남북전쟁에 승리하게 되었고 흑인노예해방의 목표를 달성했다고 〈적대자들의 팀〉(Team of Rivals) 저자는 분석하고 있다.)

설교 6월 25일은 원수사랑의 날

"오직 너희는 원수를 사랑하고 선대하라."(눅 6:35)

한국의 달력은 피로 물들어 있습니다. 새빨갛게 물들어 있습니다. 3월은 기미년독립만세 때에 흘린 피로, 4월은 4.19학생민주혁명 때에 흘린 피로, 5월은 광주민주화운동 때에 흘린 선혈로 새빨갛게 물들어 있습니다. 그리고 6월은 말할 것도 없습니다. 6.25 사변, 곧 대한조선남북전쟁(설교자는 그렇게 부릅니다)으로 아주 빨갛게 염색되어 있습니다.

특히 6월은 한민족 5천년 역사에서 가장 많은 사람이 죽고 다친 사건이 시작된 달입니다. 남북이 합하여 300만 명가량이 죽었고 500만 명 넘게 몸 상처를 입었답니다. 그리고 가족 나누인 사람이 통칭 1천만 명이 넘는 답니다. 그 당시에 살고 있었던 삼천 만 우리 민족이 누구나 그 전쟁의 피해자입니다. 그리고 그 막심한 피해는 반세기가 지난 지금도 우리 민족을 두들겨 패는 몽둥이가 되고 있습니다.

그래서 우리는 1950년 6월 25일을 잊을 수가 없습니다. 그 때에 땅을 치며 불렀던 노래처럼, "아, 아, 잊으랴, 어찌 우리 이 날을"입니다. "조국을 원수들이 짓밟아 오던 날"이었기 때문입니다. 그리고 그 날이 바로 주일 곧 주님의 날이었다는 사실도 결코 잊어서는 안 됩니다.

그 때 이후로 6월 25일이 올 때마다 남한과 북조선에서는 원수를 박멸하려는 적개심의 날로 지켰습니다. 남한에서는 온 백성들이, "전우의 시체를 넘고 넘어 앞으로 앞으로 … 원한이여 피에 맺힌 적군을 무찌르고서 …"라는 군가를 목청이 터져라 부르며 눈을 부릅떴습니다. 그에 질세라 북조선에서는, "원쑤와 더불어 싸우다 죽은 우리의 죽음을 슬퍼 말아라…" 하며 이를 갈았습니다. 이렇게 해서 한반도는 금수강산이 아니라 마른 뼈로 가득찬 에스겔 골짜기가 되고 말았습니다.(겔 37장)

때린 것은 때린 것으로

이런 험악한 시대에는, "눈은 눈으로 갚아라, 이는 이로 갚아라, 생명은 생명으로 갚아라, 데운 것은 데움으로 갚아라, 상하게 한 것은 상함으로 갚아라, 때린 것은 때림으로 갚아라"(출 21:23-25, 레위기 24:17-20) 이런 성경말씀만 외쳐졌습니다. 오히려 이런 말씀이 더 시대상황에 적절했습니다.

-너는 그들을 진멸할 것이라, 그들과 무슨 언약도 말 것이요 그들을 불쌍히 여기지도 말 것이며.(신 7:2) -네 눈이 긍휼히 보지 말라, 생명은 생명으로, 눈은 눈으로, 이는 이로, 손은 손으로, 발은 발로니라"(신 19:21)

이 같은 말씀은 구약성경 전반에 걸쳐 계속됩니다. 그리고 이스라엘 백성들은 하나님의 이 말씀을 철저히 지키고 있습니다. 여리고성을 점령했을 때에는 "성 안에 있는 것을 다 멸하되 남녀 노유와 우양과 나귀를 칼날로 멸하니라"(수 6:21) 였습니다. 남녀 정도가 아니라 어린이들까지도 싹쓸이로 진멸하였답니다.(신 2:34)

지금도 이스라엘과 팔레스타인 사이에 피의 보복을 불러 오고 있습니다. 911 테러참사를 당한 미국인들 가슴 깊은 곳에도 "눈은 눈으로"가 참모총장 노릇을 하고 있습니다. 남북전쟁을 겪은 한반도에서도 "때린 것은 때린 것으로"의 적개심이 오천만의 가슴속에서 활활 불타오르고 있는 것입니다.

그런 정도에 그쳤으면 또 좋겠습니다. 한 눈을 한 눈으로 갚는 정도가 아닙니다. 상대편이 한 눈을 멀게 하면 두 눈, 세 눈, 열 눈을 멀게 하는 대보복의 시대에 우리는 살고 있습니다.

하나님의 자기 혁명

그러나 하나님은 인류를 "눈은 눈으로"에서 멈추도록 마침표를 찍지 않으셨습니다. 동등복수법의 근본적인 가르침은 악행의 제거를 목적으로 하고 있습니다. 선민이거나 이방민족이거나 차별 없이 악에 대하여는 가차 없이 응징하신다는 하나님의 확고한 선언이십니다. 신명기 19장 21절에 있는 말씀은 이스라엘 동족 가운데서 악을 행하는 자들에게 하신 말씀입니다.

그런데 예수님은 "눈은 눈으로"의 말씀을 폐기처분 하셨습니다.(마 5:38-42) 눈은 눈으로, 이는 이로 갚아서는 안 된다는 것입니다. 오히려, "악한 자를 대적하지 말라, 네 오른뺨을 때리거든 왼뺨도 돌려 대라, 속옷을 갖겠다고 재판을 걸면 겉옷까지 주어라, 오리를 강제로 납치당했거든 십리까지 가 주어라"고 하신 것입니다.

예수님은 한 단계 더 높여 말씀하셨습니다. "원수를 사랑하라"고 하셨습니다. 미워하는 자를 선대하라고 하셨습니다. 저주하는 자를 축복하라 하셨고 모욕하는 자 혹은 핍박하는 자를 위하여 기도하라고 하셨습니다.(눅 6:27 이하)

"원수를 사랑하라"는 말씀은 실로 하나님의 자기혁명이라 할 수 있습니다. 지금까지는 눈은 눈으로, 이는 이로… 하는 말씀을 반복법을 써 가시면서 여러 번 말씀 하셨던 하나님이셨습니다. 원수들이라면 이스라엘 민족이 무교절 때에 누룩의 씨도 남기지 않듯이 남녀노소를 막론하고 남김없이 진멸하는 것을 기뻐하셨던 하나님이셨습니다. 그런데 하나님은 이제 원수를 사랑하기로 스스로 작정하신 것입니다.

그런데 이 같은 자기혁명의 기운은 이미 구약성경에 그 싹이 움트고 있었습니다. "원수를 갚지 말며 동포를 원망하지 말며 이웃사랑하기를 네 몸과 같이 하라"(레위기 19:18)고 일찍이 말씀하셨습니다. "네 원수가 배고파하거든 음식물을 먹이고 목말라 하거든 물을 마시우라. 그리하는 것은 핀 숯으로 그의 머리에 놓는 것과 일반이요 여호와께서는 네게 상을 주시리라"(잠 25:21,22, 롬 12:19,20)고 선언하신 것입니다.

하나님은 범죄한 인간에게 가혹한 형벌을 내리시는 분이셨습니다. 그러나 그 깊은 속을 캐어 보면 하나님의 형벌은 우리들에게 또 다른 형태의 상급이었습니다. 하나님은 반역하는 인간에게 저주를 선물하셨습니다. 그러나 저주도 결국 축복의 다른 형태임을 나무에 달려 저주받으신 예수님에게서 발견하게 됩니다. 하나님은 "눈은 눈으로"의 철저한 복수를 엄명하셨습니다. 그러나 채찍은 사랑을 표현하는 다른 방법일 뿐입니다. 그런 점에서 하나님은 어제나 오늘이나 영원토록 한결 같으신 분입니다.

유다까지 사랑하시고

원수를 사랑하라는 말씀은 진실로 기독교의 큰 자랑입니다. 이 세상 어떤 종교에도 이런 가르침이 없기 때문입니다. 기껏해야 유교에서는 "원수를 맺지 말라, 좁은 길에서 그를 만나면 피하기 어려우니라"(명심보감) 정도였습니다. 종교(宗敎)란 원래 큰 가르침이라는 뜻인데 원수까지 사랑하라는 말씀이 있어야 비로소 큰 가르침이 되는 것입니다.

그런데 예수님은 원수를 사랑해야 "하늘에 계신 아버지의 온전하심에 도달하게 된다"고 명확하게 가르치셨습니다. 그리고 그것은 곧 하나님의 자비하심의 본성을 이어 받는 길이라 하셨습니다. 인간이 하나님께서 당초에 창조하신 대로 "하나님의 형상"(Imago Dei)이 회복되는 길이라는 뜻입니다.(마 5:48, 눅 6:36)

그런데 예수님의 말씀과 삶을 연구해 보면 원수를 사랑하라는 것과는 거리가 먼 것들도 있습니다. 원수를 사랑하신다면 마귀도 사랑하셔야 했습니다. 마귀는 하나님의 원수이기 때문입니다. 그러나 그 분은 마귀의 일을 멸하러 오셨다고 했습니다.(요일 3:8)

원수를 사랑하셨다면 저주를 받으라든가 "화 있을진저"라는 말씀을 사용하지 말아야 했습니다. 그러나 "왼편에 있는 자들에게 이르시되 저주를 받은 자들아, 나를 떠나 마귀와 그 사자들을 위하여 예비된 영영한 불어 들어가라"(마 25:41)고 하신 것입니다. 그리고 마태복음 23장에는 "화 있을진저 외식하는 서기관들과 바리새인들이여"라는 저주를 여러 번 퍼 부으셨습니다.

원수를 사랑하셨다면 가룟 유다조차 사랑하셔야 했습니다. 마지막에라도 그를 구원하셨더라면 얼마나 통쾌한 일이었겠습니까? 그의 회개가 구원받기에 부족했다 해도 그를 베드로나 도마 같은 그런 사도가 되도록 축복하셨더라면 "너희를 저주하는 자를 위하여 축복하라"(눅 6:28)는 말씀이 더 큰 힘을 얻게 되었을 것입니다.

실상 예수님은 유다를 사랑하셨습니다. 십자가 위에서 유다의 죄가 용서받도록 기도하신 것입니다. 예수님은 이처럼 결정적인 순간에 원수사랑을 보여 주셨습니다. 하나님의 원수는 죄인인데 "우리가 아직 죄인 되었을 때에 그리스도께서 우리를 위하여 죽으심으로" 원수를 향한 하나님의 사랑을 확실히 보여 주셨습니다.(롬 5:8)

그래서 예수님은 십자가에 달리셨을 때에 "아버지여, 저희를 사하여 주옵소서, 자기의 하는 것을 알지 못함이니이다" 말씀하신 것입니다. 이 말씀에서 "저희"가 누구입니까? 가룟 유다입니다. 빌라도입니다. 바리새인 사두개인들입니다. 로마군병들입니다. 좌우에 있는 강도들입니다. 걸음아 날 살려라며 잽싸게 도망친 열한 제자들입니다. 그리고 바로 나입니다. 지금도 예수님을 수없이 십자가에 못질하고 있는 우리 자신들을 위하여 용서를 비신 것입니다.

링컨과 킹 목사의 원수사랑

민권운동에 지울 수 없는 발자취를 남긴 마틴 루터 킹 목사는 "네 원수를 사랑하라"(Loving Your Enemies)라는 설교를 한 일이 있습니다. 그는 이 설교에서 링컨 대통령의 원수 사랑의 실례를 들었습니다.

링컨은 흑인노예해방전쟁 때 전쟁장관에 스탠튼이란 사람을 임명했습니다. 그러나 주변에서 극심한 반대가 있었답니다. 스탠튼은 원래 링컨을 악평하고 사사건건 방해했던 그의 정적이었습니다. 충성하는 사람을 임명해도 이길까 말까 한 전쟁인데 전쟁방해자를 그런 요직에 임명한다는 것은 대통령의 직무유기라는 참모들도 있었습니다.

그러나 링컨은 끝내 그것을 결행했습니다. 정적이기 때문에 장관에 기용한 것입니다. 그리고 그것이 남북전쟁 승리의 한 요인이 되었답니다. 스탠튼은 링컨 지지자들보다 더욱 충성했기 때문이며 이것이 내부적인 단결과 링컨에 대한 존경을 가져 왔기 때문이랍니다. 과연 링컨 대통령이 암살되었을 때에 가장 눈물을 많이 흘리며 링컨을 위대한 인물로 평가한 사람은 그 스탠튼이었답니다.

그 설교에서 킹 목사는 다음과 같이 역설했습니다.

"원수를 죽이는 것은 원수를 이기는 길이 결코 아닙니다. 원수를 친구로 만들면 원수는 없어지게 되고 그래서 원수와의 싸움에 이기게 되는 것입니다 … 하지만 적개심을 적개심으로 갚는 것은 적개심만 더 많게 할 뿐입니다 … 어둠으로는 어둠을 내어 쫓지 못하는 것처럼 적개심으로는 적개심을 내어 쫓지 못합니다. 빛으로만 어둠을 내어 쫓는 것처럼 오직 사랑으로만 적개심을 없앨 수 있습니다."

흑인민권운동에는 이런 간증도 있습니다. 킹 목사가 사랑을 외쳤을 때에 이슬람교를 배경으로 흑인민권운동의 대부가 된 경쟁자가 있었습니다. 맬콤 엑스(Malcolm X)였습니다. 그는 이슬람교 교리에 따라 흑인의 원수인 백인들과 무자비한 투쟁을 할 것을 흑인들에게 선동한 인물입니다. 한 때는 흑인들에게 큰 호응을 얻었고 킹 목사의 투쟁은 미온적이라는 비판도 파도처럼 일었습니다. 그러다가 그도 킹 목사처럼 암살당하고 말았습니다. 측근에게 죽은 것입니다. 그런데 세월이 상당히 지난 뒤였습니다. 그 맬콤 엑스의 부인은 마약중독자인 손자가 쏜 총에 맞아 죽게 되었습니다. 그러나 킹 목사의 자손들은 킹 목사처럼 그 부모와 조상의 정신을 확산시키는 데 헌신하고 있습니다.

탱크를 녹여 트랙터를 만들고

"하늘에 계신 너희 아버지의 온전하심과 같이 너희도 온전하라"(마 5:48)는 말씀은 그 참뜻이 무엇인지 의견이 분분합니다. 인간이 이 땅 위에 사는 동안 과연 온전할 수 있을 것인가라고 물으면 온전할 수 없다고 누구나 말할 것입니다. 그렇다면 온전할 수 없는 것을 어찌하여 예수님은 "온전하라"고 가르치셨습니까?

이 말씀은 "너희 아버지의 자비하심 같이 너희도 자비하라"(눅 6:36)와 관련시켜 보면 하나님께서 원수를 사랑하는 정도로 온전하신 것 같이 너희도 원수를 사랑하는 정도로 온전해야 한다는 뜻이 되는 것입니다. 그러므로 원수를 사랑하는 것이 가장 어려운 일이지만 신앙생활의 온전지향성 곧 성화(聖化)의 길을 생각할 때에 원수 사랑은 가장 성숙한 단계의 믿음이요 온전한 단계의 믿음이 되는 것입니다.

그렇습니다. 사랑의 첫 단계는 자기사랑입니다. 둘째 단계는 가족사랑입니다. 그리고 셋째 단계는 이웃사랑이 될 것입니다. 그러니까 원수 사랑은 마지막 단계 곧 완성의 단계입니다. 예수님께서 원수 사랑의 기도를 바로 십자가 위에서 드리신 참뜻이 여기에 있습니다.

그러므로 원수를 사랑하면 하나님의 나라의 온전한 시민이 됩니다. 하나님의 나라는 원수가 없기 때문입니다. 원수가 있다 해도 서로 원수를 위하여 살기 때문입니다. 비록 이 세상에는 원수가 점점 많아지고 적개심의 강물이 점점 불어나고 있지만 하나님은 먼저 깨우침 받은 우리들에게 자기 사랑에서 이웃 사랑으로, 이웃 사랑에서 원수 사랑으로 온전을 지향하여 가는 순례자의 삶을 살아가도록 명령하신 것입니다.

먼저 6월 25일을 한국교회가 "원수 사랑의 날"로 선포해야 합니다. 우리들의 믿음이 원수를 사랑하기까지 성장하도록 힘써야 합니다. 더럽게 오염된 한반도 위에 사랑생산공장을 건설해야 합니다. 그래서 온 세계에 원수사랑을 수출해야 합니다.

"모든 총칼을 녹여 보습을 만들고 탱크를 녹여 트랙터를 만들며 증오심을 녹여 사랑을 만들도록 하자. 삼천리 강산이 다시는 총성과 포성이 들리지 않고 영원히 전쟁을 연습하지 않는 땅이 되도록 기꺼이 생명을 바치자. 이리와 어린양이 나란히 풀을 뜯는 평화와 사랑의 나라를 이 땅 위에 튼튼하게 세우자." (2001년 8월 15일 남가주교회협의회와 서울교시협의회가 공동으로 발표한 '남북통일선언문'에서)

원수사랑 깨우쳐 주신 날

1950년 7월 어느 날 경기도 어느 읍에서 인민재판이 열렸습니다. 지주로서 소작농을 착취해 먹었다는 뚱뚱한 사람 하나가 인민재판을 받게 된 것입니다. 장소는 초등학교 운동장이었습니다. 그 지주가 오랏줄에 묶여 초췌한 모습으로 사람들 앞에 끌려 나왔습니다. 이어서 누군가가 그의 죄목을 읽는 것이었습니다. 반동분자라는 것이 결론이었습니다.

다른 사람이 나섰습니다. 이런 반동분자는 인민의 이름으로 패 죽여야 한다는 것이었습니다. 기다렸다는 듯이 군중 가운데서 "옳소" 하는 함성이 들렸습니다. 그 말이 떨어지자 몽둥이를 들고 나온 사람이 있었습니다. 놀랍게도 그 지주의 동생이었습니다. 마침내 동생이 형을 마구 몽둥이질을 했습니다. 피투성이가 된 형은 동생을 한 번 노려보았지만 마침내 쭉 뻗고 죽었습니다.

세상이 다시 뒤집어졌습니다. 9월이 되자 국군과 유엔군이 밀려들어온 것입니다. 그러자 그 동생은 재빨리 쥐도 새도 모르게 도망갔습니다. 처음엔 형을 죽인 그 동생을 찾으면 동네 사람들이 찢어 죽이겠다고 야단들이었습니다. 그러나 전쟁이 멈추고 몇 년이 지나면서 증오심이 점점 가라앉게 되었습니다. 그 사람의 이름도 잊히고 있었습니다.

그런데 어느 날 갑자기 그 동생이 나타났습니다. 머리와 수염이 땅에 닿을 정도로 길었으며 얼굴이 창백했습니다. 그런데 그가 형님 집 마루 밑에 숨어서 몇 년을 안전하게 살았다는 것입니다.

더욱 놀라운 이야기가 들려왔습니다. 그 못된 놈을 몇 년간씩 숨겨 놓고 보살펴 준 사람은 바로 그의 형수였답니다. 동생의 몽둥이에 맞아 피를 뿌리며 죽은 그 지주의 아내였습니다. 그것도 자신은 보리밥을 먹으면서도 시동생은 쌀밥을 먹였답니다.

동네 사람들은 어안이 벙벙했습니다. 시동생과 형수가 모종의 무슨 관계나 있는 것이 아니냐는 의심도 했습니다. 그러나 그 형수는 대한조선남북전쟁 때 예수 믿는 여자였습니다.

"제가 남편과 동네 여러분께 큰 죄를 지은 여자이지요. 하지만 용서해 주세요. 죄가 있다면 예수 믿은 죄뿐입니다. 예수님께서 원수를 사랑하라 하신 것 때문입니다."

그 시골교회 집사는 울면서 그렇게 간증했습니다. 온갖 비극으로 얼룩진 삼천리강산에는 그처럼 청순한 사랑의 꽃도 한 송이 피어 있었던 것입니다. 그래서 〈6.25의 노래〉는 그 가사가, "아아, 잊으랴 어찌 우리 이 날을/ 조국을 원수들이 짓밟아 오던 날을"이 더 이상 아니었습니다. 오히려, "아아, 잊으랴 어찌 우리 이 날을/ 원수를 사랑키로 깨우쳐 주신 날을"이 된 것입니다. (월간 목회, 2003년 5월호. 2014년 6월11일자 한국일보 미주판에 요약 게재)

거저 받았으니
사회봉사 목회론

교회의 5대사역이라면 흔히 1)예배, 2)교육, 3)선교, 4)봉사, 5)친교라고 일컫는다. 이 가운데 봉사는 교회 안에서의 봉사와 교회 밖에서의 봉사로 나눌 수 있다. 봉사(디아코니아)라고 할 때는 예배도 하나님께 대한 봉사(service)라고 할 수 있고 전도나 선교도 영혼에 대한 봉사라고 말할 수 있다. 그러나 여기에서는 교회 밖을 향한 봉사라는 뜻 곧 사회봉사사역(ministry of social service)으로 설정했다.

사회봉사와 비슷한 말로 사회적 관심(social concern)이라는 용어도 있다. 그러나 이 말은 넓은 뜻의 사회봉사라고 할 수 있겠다. 진보주의 신학에서 성경이 가르치는 구원은 본질적으로 사회구원이요 따라서 복음도 그 자체가 사회복음(social gospel)을 뜻한다는 주장에 사용되는 용어이다. 정치적, 경제적, 문화적, 교육적 해방을 뜻한다.

그러나 여기에서는 교회의 사회 봉사사역에 한계를 지어 전개해 보겠다. 그것은 교회가 정치적 해방이나 경제적 평등 등에 대하여 발언하고 압력단체가 되어야 한다고 생각하지만 그것이 구원사역의 본령은 아니라고 믿기 때문이다.

예수 그리스도의 사회봉사 사역 원리

예수님이 사회사역으로 가장 큰 관심을 가지신 것은 다음의 몇 가지라고 분석한다.

1. 질병을 고치는 사역
2. 음식 등 생명유지 필수품을 제공하는 사역

3. 교육기회를 제공하는 사역

4. 눌린 자를 해방시키는 사역

이에 대하여는 그 대부분을 별도 항목에서 다루었다. 따라서 이곳에서는 음식을 먹이는 사역을 대표적 사례로 해서 집중적으로 다루기로 한다.

예수님은 배고픈 사람들을 먹이셨다. 예수님께서 사역하시던 그 당시에는 먹는 것과 입는 것과 마시는 것과 주거하는 것 등 인간의 기본욕구가 채워지지 못하던 때였다.

-그러므로 내가 너희에게 이르노니 목숨을 위하여 무엇을 먹을까, 무엇을 마실까, 몸을 위하여 무엇을 입을까 염려하지 말라. 공중의 새를 보라 … 들의 백합화가 어떻게 자라는가 생각하여 보라. 그러므로 염려하여 이르기를 무엇을 먹을까, 무엇을 마실까, 무엇을 입을까 하지 말라.(마 6:25-31) -그때에 예수께서 안식일에 밀밭 사이로 가실 새 제자들이 시장하여 이삭을 잘라 먹으니.(마 12:1) -이른 아침에 성으로 들어오실 때에 시장하신지라.(마 21:18)

이런 말씀들은 모두 그 당시 사람들이 먹고, 마시고, 입고, 사는 일에 근심걱정을 많이 하고 있었다는 것을 반증한다. 따라서 예수님은 음식을 먹이는 일에도 사역의 방향을 제시하셨다.

-무리를 명하여 잔디 위에 앉히시고 떡 다섯 개와 물고기 두 마리를 가지사 하늘을 우러러 축사하시고 떡을 떼어 제자들에게 주시매 제자들이 무리에게 주니, 다 배불리 먹고 남은 조각을 열두 바구니에 차게 거두었으며 먹은 사람은 여자와 어린이 외에 오천 명이나 되었더라.(마 14:19-21) -떡 일곱 개와 그 생선을 가지사 축사하시고 떼어 제자들에게 주시니 제자들이 무리에게 주매 다 배불리 먹고 남은 조각을 일곱 광주이레 차게 거두었으며 먹은 자는 여자와 어린이 외에 사천 명이었더라.(마 15:36-38)

이것들뿐만이 아니다. 부활하신 뒤에 갈릴리 호수가로 찾아가서 물고기 잡는 제자들에게도 먹을 것을 마련해 주셨다. 그것도 세심하게 준비하셨다는 인상을 발견하게 된다. 그리고 성찬예식을 베푸시기 전에 뛰넘절(유월절) 식사를 제자들과 함께 하셨으며 성찬예식도 음식을 사용하신 것으로 보아 육신을 위한 양식을 제공하시는 일에 큰 관심을 가지셨다. 게다가 주기도문에는 "일용할 양식을 주시옵고"가 있다는 것을 기억해야 한다.

-우리에게 날마다 일용할 양식을 주시옵고.(눅 11:3) -이르시되 내가 고난을 받기 전에 너희와 함께 이 유월절 먹기를 원하고 원하였노라.(눅 22:15) -또 떡을 가져 감사 기도하시고 떼어 그들에게 주시며 이르시되 이것은 너희를 위하여 주는 내 몸이라 (눅 22:19) -육지에 올라보니 숯불이 있는데 그 위에 생선이 놓였고 떡도 있더라 … 예수께서 이르시되 와서 조반을 먹으라 하시니.(요 21:9-11)

그런데 이 같은 사회봉사 사역은 교회가 여력이 있어서 하는 것이 아니고 사역의 본질적 핵심부분의 하나라는 것과 특히 마지막 때가 가까워 올수록 반드시 해야 할 사역이라고 예수님은 강조하셨다.

–내가 주릴 때에 너희가 먹을 것을 주었고 목마를 때에 마시게 하였고 나그네 되었을 때에 영접하였고 헐벗었을 때에 옷을 입혔고 병들었을 때에 돌보았고 옥에 갇혔을 때에 와서 보았느니라 … 너희가 여기 내 형제 중에 지극히 작은 자 하나에게 한 것이 곧 내게 한 것이니라.(마 25:35–40)

예수님께서는 마지막 시대에 해야 할 사역으로 이 같은 사회사역을 명령하셨다. 그것도 구원론과 연관 지어 말씀하셨다.

–내 아버지께 복을 받을 자들이여. 나아와 창세로부터 너희를 위하여 예비된 나라를 상속받으라.(마 25:34)

이런 말씀들 앞에 서 있는 우리는 사회봉사사역을 외면할 수가 없다. 특히 예수님은 일반은총을 강조하셔서 선인이나 악인이나, 의인이나 죄인이나 똑같이 사랑하신다고 선언하셨다.

–너희 원수를 사랑하며 너희를 박해하는 자를 위하여 기도하라. 이같이 한즉 하늘에 계신 너희 아버지의 아들이 되리니 이는 하나님이 그 해를 악인과 선인에게 비추시며 비를 의로운 자와 불의한 자에게 내려주심이라.(마 5:44–45)

개체교회 사회봉사 목회의 실제

이 같은 이해 위에서 교회도 예수님의 형상을 닮아가려면 당연히 필요가 절실한 사람들(needy people)에 대한 사역을 해야만 했다. 그 중요한 것들을 소개한다.

가. 백합선교회

유니온교회는 개척 초기부터 백합선교회를 조직하여 굶주리고 헐벗는 사람들을 돕기로 했다. 그것은 교회가 금식하는 일들이 자주 있었고 특히 수난주간에는 온 성도들이 금식하게 되는데 그 때 그 금식한 음식 값을 계산하여 교회에 백합선교헌금으로 드렸다. 그리고 그걸 모아서 굶주리고 헐벗은 사람들을 돕는 사회선교에 사용했다.

이렇게 하여 마산결핵요양원에도 사랑의 헌금을 보냈고, 고아들의 삶터인 인천 향진원에도 보냈다. 후일 향진원과 연관되어 김수철 목사(거리선교교회, 소중한 사람들 선교회 대표)가 유니온교회와 연관하여 사회선교에 전적으로 헌신하고 또 감동적 성과를 올리게 된 것도 백합선교회의 열매였다.

물론 미국 내 단체들 곧 로스앤젤레스 다운타운에서 노숙자 선교를 하는 한밤중선교회(midnight mission)에도 매년 음식과 의류로 도왔고, 자연재난 곧 지진, 홍수 등을 만난 중국, 인도네시아, 아이티 등에도 사랑을 보냈다.

나. 헌혈운동 참가

유니온교회는 미국 적십자사에 한인단체로는 처음으로 집단헌혈을 했다. 교회가 개척되던 1980년 12월 초 성탄절을 앞두고 헌혈 캠페인을 벌였다.

"우리의 몸은 하나님이 주신 것입니다. 그리고 예수님께서는 특히 생살과 뜨거운 피를 우리에게 나누어 주셨습니다. 그러므로 우리들도 피를 기다리는 사람들에게 우리 몸을 나누어 줍시다."

그렇게 호소했다. 그래서 첫 번으로 그룹헌혈을 했다. 그리고 이 운동은 계속되었다. 미국 적십자사에서는 특히 크리스천의 피가 절실히 요청된다고 연락해 왔다. 마약 복용과 후천성 면역결핍증 등으로 인하여 깨끗하지 못한 피가 많기 때문이라고 했다.

그것의 연장으로 장기기증운동에도 참여했고, 골수기증운동에도 참여했다. 사실 자기의 몸을 다른 사람에게 나누어 준다는 것은 그 믿음이 바위처럼 견고하다는 것을 뜻하지 않는가.

다. 음식 나누기 선교

예수님께서 모범을 보이시고 방향을 제시하여 주신 것처럼 굶주리는 사람에게 먹이는 것은 교회가 반드시 해야 하는 사역이었다. 우선 유니온교회는 앞에서 소개한 백합선교회 활동 이외에도 이북의 어린이들을 먹이는 일(민족을 위한 사역에서 소개)에 공개할 수 없는 방법으로 여러 차례 도왔고 지금도 돕고 있다. 플레전트힐침례교회는 흑인들의 교회요 유니온교회가 그들의 성전을 구입했었던 관계로 우리 교회와 자매관계를 맺었다. 그래서 12월이면 함께 합동예배를 드리고 그들에게 식품을 한 트럭씩 전달했다. 그 교회 안에 성도들과 또 그 주변에 있는 가난한 형제자매들에게 예수 그리스도의 사랑을 전하자는 뜻이었다.

김수철 목사가 이끄는 거리선교회에도 재정적으로 도왔다. 로스앤젤레스는 기온이 겨울에도 따뜻하여 노숙자 천국이 되고 있다. 그래서 어느 도시보다도 음식선교가 절실히 필요한 도시가 되어 있다.

이 같이 사회선교기관을 통하여 주님께서 말씀 하신 바 "지극히 작은 자 하나"를 돕는 것도 중요하지만 우리 교회가 "급식소" 하나를 운영했으면 하고 기도해 왔다. 그러나 여러 여건으로 끝내 이루지는 못 했다.

사회봉사와 함생목회적 의미

교회의 회원의 기본자격이란 무엇들일까. 어떤 교단은 세례를 받고, 공동예배에 성실하게 출석하고, 교단법을 준수하고, 게다가 십일조를 드리는 신자라는 몇 가지 조건을 법제화하려다가 여론에 막혀 실현되지 못했다는 소식이다. 십일조를 드리는 여부가 정회원 자격에 포함되는 여부는 논란이 있을 수 있다. 의무는 안하고 권리만 주장해서는 안 되기 때문이다. 십일조까지는 몰라도 '성실히 헌금하는 자'라는 조항 정도는 어떨까.

그러나 교회에는 정회원만 있는 것은 아니다. 준회원도 있고, 예비회원도 있다. 그리고 아직 교회에 발을 들여놓지 않은 이들을 '잠재회원'(potential members)으로 생각해야 한다. 이것은 법적 차원이 아니라 목회적 차원이다. 교회는 하나님께서 모든 피조물에게 일반은총을 베푸신 것을 잊지 말아야 한다. 그래서 주님은 이런 말씀을 하셨다. "너희가 너희를 사랑하는 자를 사랑하면 무슨 상이 있으리요. 세리도 이같이 아니 하느냐." (마 5:46) 온전하여 지려면 먹이고 입히는 섬김의 사역, 사랑의 사역을 원수들에게까지 베푸는 함생사역을 해야 한다. 그래야 '하늘에 계신 아버지 하나님의 온전하심처럼 우리들도 온전하게 된다.'고 예수님은 밝혀 선언하셨다. 특히 이런 섬김과 사랑의 사역을, "너희가 거저 받았으니 거져 주라."(마10:8)는 믿음으로 해야 한다. 이런 사역은 구원론으로 풀면 성화의 과정이요 더 나아가서는 그리스도인의 완전지향의 길(the way of Christian perfection)이다.

3

건강한 목회자 건강한 교회

함생목회의 실천

북한 김일성대학 종교학과

교수진 4명 파견 요청

남가주교계 즉각수락, 21일 명단보내

이상현·김용준교수, 김의환·이정근목사

The Korea Centra

中央日報

「이정근목사 살해위협」괴편지

방북언행 불만 북한공작원 소행인듯

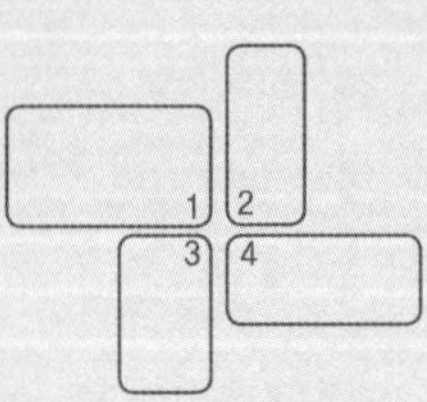

1. 미주성결대학교(AEU) 창설 총장으로 섬길 때의 제1회 학위수여식.
2. 1989년 12월 김일성종합대학교 종교학과 특강교수 청빙요청에 응하여 필자(기독교교육학 강의 예정)를 포함 4명 명단을 보냈으나 강의기회는 무산되다.
3. 필자는 〈기독교평양복음화대회〉 준비위 총무로 위원장 김의환 목사님과 함께 방북한 뒤 미국에 돌아와서 '온 가족 살해하겠다'는 왼손 글씨 협박편지를 받았다. 북한방문기를 여러 신문 잡지에 썼는데 그 내용이 반공화국적이라는 이유였다.
4. 필자는 담임목회와 함께 〈한 영혼 살리기 말씀축제〉 강사로도 자주 섬겼고, 보스턴, 베를린, 마이애미, 의정부 등의 연합집회도 인도했다. 사진은 인천숭의감리교회(이호문 목사) 집회 인도.

12

그분이 담임 목회자이시라면

목회자의 자기관리와 예수 닮기 과정

목회자의 최고 표준 예수 그리스도

목회 간증 **그분의 뇌수로 바꿀 수 있을까**

목회 이야기를 하라면 밤새도록 해도, 아니, 해를 넘기며 한다 해도 끝날 것 같지 않다. 그만큼 이야기 소재가 다양하고 또 극적인 체험들이 많이 있다.

1979년 8월 5일은 내게 특별한 날이다. 내 나이 서른일곱이었다. 그 날이 주일이었는데 오전 11시에 전도사가 되어 첫 번 개척한 교회의 예배를 인도했기 때문이다. 로스앤젤레스 동쪽 근교에 있는 코비나 시에 소재했기에 〈코비나성결교회〉라 이름했다.

비록 직함은 전도사였지만 목사가 되라는 하나님의 부르심을 받은 지 9년만이었다. 나성성결교회 (안수훈 목사)에서 개척 전도사로 파송해 주었다. 이민교회에서는 독립교회가 더 사람 모으기가 쉬웠지만 함생사역을 결심했다.

그 동네에는 한인들이 별로 살고 있지 않았다. 물고기가 많은 곳에 그물을 던져야 하는 게 주님께서 가르쳐 주신 지혜인데 한산한 곳에 교회라는 그물을 쳤으니 어리석은 일이었다.

"다른 한인교회가 없는 곳이기 때문이지요."

그런 대답을 했다. 다른 사람이 닦아둔 터 위에 집을 짓지 않는다는 것이 또 다른 성경적 원리였고 또 그것이 목회윤리에 부합되었다.

그 때부터 전도를 시작했다. 우선 영어전화번호부에서 김(Kim)씨 성을 뒤졌다. 김 씨만은 반드시 한국사람이기 때문이다.

"여보세요, 이정근 전도사예요. 이 근처에 코비나성결교회를 개척했어요."

"아, 네, 축하드립니다. 하지만 저희 집은 천주교회에 나가요."

그런 전화응답도 있었다.

"아유, 한 발 늦으셨네요. 바로 지난 주일에 코리아타운에 있는 교회에 등록했어요."

"아, 그렇습니까? 그러면 근처에 혹시 교회 안 다니는 한국 분이 계시면 알려 주세요."

"그런 말씀 하시니까 생각나네요. 저기 어디 어디에 가시면 최근에 도넛 가게 내신 집이 있어요. 그 분 아직 예수 안 믿는 것 같아요."

이렇게 해서 그 도넛 가게를 찾아갔다. 그것도 아침에는 분주해서 안 되고 오전 10시경이 좀 한산할 것 같아 시간을 맞추었다. 가게에 들어가니 아직 서너 사람이 줄을 서서 기다리고 있었다. 마지막 내 차례가 되었다.

"안녕하세요, 이정근 전도사입니다. 이 근처에 교회를 개척했기에 한 번 인사차 왔어요."

그렇게 한국말로 했더니 의외라는 듯 멀건이 눈을 뜨고 나를 쳐다보았다. 그러더니 입을 열었다.

"아아, 교회 사업하시는 군요. 어디서 이야기 들었습니다. 그런데 뭐 해먹을 일이 없어서 교회를 오픈하셨나요?"

"하나님의 부르심을 받았지요."

"그거야 목사님들 다 하는 말이지요. 직접 뵈니 외양도 단정하신데 그 힘든 일을 왜 하세요. 도넛가게는 이래 보여도 수입이 괜찮습니다. 그리고 속 썩을 일도 별로 없어요. 교회는 두통거리들이 많이 모였기 때문에 목사가 평생 고생하더라고요. 게다가 교회가 커져도 목사는 항상 월급쟁이더군요."

숨도 안 쉬고 하는 말이었다. 필시 문제 많은 교회에 나갔거나 가족이 관련된 모양이었다. 나는 속으로 '저 사람은 구원받기로 작정된 자가 아닌 모양이구나'(참조: 행 13:48) 생각하고 그냥 나왔다. 전도하려면 논쟁을 피하라는 원리가 있다.

"오늘은 인사만 하고 갈게요. 다음에 또 오겠어요."

그러고 문을 나오는데 이런 소리가 어깨너머로 들려 왔다.

"젠장, 골이 볐지."

그 소리를 들으니 속에서 무언가가 욱하고 올라오는 걸 느꼈다. 다시 들어가 한 바탕 해주고 싶었지만 내 신분이 전도사라는 걸 생각하고 꾹 참았다.

그런데 어디에서인가 속삭이는 음성이 들려 왔다.

"그럼 네 골 가지고 목회하려고 했니? 네 골 다 비워라. 그 자리를 내 골로 채워 주마."

한 순간의 일이었다. 그런 선물을 받으니 얼마나 즐겁고 감사한지 사뭇 춤을 추고 싶었다. 그런 뒤부터 목회는 예수님의 골을 가지고 하는 것이라는 걸 어려운 일이 있을 때마다 되새겼다. 아니, 오히려 목회가 안정되어 편히 쉬거나 게으름 필 때마다, "너 정말 내 골 가지고 목회하는 거냐?" 하는 주님의 음성이 무서운 경고가 되었다. 그래서 다음과 같은 말씀들이 목회현장을 누빌 때마다 내게 생생한 체험으로 큰 격려가 되었다.

–너희가 내 안에 거하고 내 말이 너희 안에 거하면 무엇이든지 원하는 대로 구하라. 그리하면 이루리라.(요 15:5)

이 말씀을, '너 이정근이 내 안에 있고 내 영이 너 이정근 안에 거하면…' 그렇게 번역해서 훨씬 큰 은혜를 받곤 했다.

아무튼 교회를 개척한 지 석 달이 지나면서 이 곳 저 곳에서 사람들이 오기 시작했다. 황무지에서 시작했는데 6개월이 되면서 어린이들까지 60명 정도가 예배드리게 되었다. 그 정도면 이민교회로서는 규모가 잡혔다고 할 수 있다.

우리교회보다 상당히 멀리 떨어져 있는 어떤 교회의 목사가 코비나교회에는 가지 말라는 말을 했다는 소리가 전해져 왔다. 축복이 없는 교회라고 했단다. 전도사는 축도를 할 수 있는 자격이 없기 때문이라던가. 그런데 그 목사는 지난해까지 집사였는데 신학공부도 안 한 채로 목사안수를 받은 사람이었다.

"이웃 교회에서 신경 쓸 만큼 우리 교회가 자랐구나."

그런 생각을 했다. 그러는 사이에 미주성결교단 제1회 총회에서 목사안수를 받았다.

그런데 한국에서 재직했던 서울신학대학교에서 학위를 조속히 마치고 귀임하라는 긴급 요청이 있었다. 그래서 코비나교회를 10개월 만에 사임했다. 그런데 한국에 나갈 수 없는 상황이 벌어졌다. 진퇴양난이었다. 목사안수를 받은 다음부터는 당장 어느 교회에 나가 예배드리기가 어려웠다. 낮에는 학교에 나가 박사과정 공부를 했고 그 일로 바빴으나 주일이 되면 고통스럽기 짝이 없었다. 갈 교회가 없으니 목사도 힘들었고 가족들도 고통스러웠다. 그렇다고 코비나성결교회로 나가 후임자에게 짐이 되기는 더욱 싫었다.

그래서 '울며 겨자 먹기'로 개척한 것이 30년을 목회한 유니온교회였다. 교회를 개척하면 꼭 자녀를 낳은 것 같아 쉽게 다른 목사에게 맡길 수가 없었다. 교회개척 안 해 본 사람은 그런 걸 몸으로 느끼지 못한다.

나는 코비나교회를 개척하기 전에 오레곤주 포틀랜드에서 목사님을 모시고 장로가 되어 교회를 개척한 경험을 가지고 있다. 목사의 조력자로서 그 때 교회개척의 경험을 쌓은 터였다.

그런 어느 날 성경을 읽으면서 조용한 묵상의 시간을 가졌다. 그런데 예수님께서 교회

설립하실 계획을 처음으로 밝히신 말씀이 자꾸 머리에서 맴돌았다.

-너는 베드로라, 내가 이 반석 위에 내 교회를 세우리니 음부의 권세가 이기지 못하리라.(마 16:18)

이 말씀을 여러 가지로 분석해 보고 또 이 말씀을 해설한 책들을 참고하고 있었다. 그런데 어떤 해설서에, "예수님의 이 말씀을 믿는 사람은 교회를 설립하는 일에 조금도 두려워 않고 힘차게 앞으로 나아가게 됩니다"라고 풀어 놓았다. 이 말에 감동이 크게 왔다. 그래서 이 말씀을 내 식대로 다시 번역했다.

"너는 이정근이라. 이 바른 뿌리 위에 내 교회를 세우리니 사탄과 싸워 이기리라."

얼마나 큰 기쁨이 샘솟았는지…

그래서 교회를 또 한 번 개척하기로 결심했다. 베드로의 고백처럼 하나님이 시퍼렇게 살아계시고 그 아들 예수 그리스도께서 우리를 도우시고 있는데 어찌 교회개척을 외면할 수 있다는 말인가. 성삼위 하나님께서 그 자녀들에게 맡기신 큰 숙제가 여섯 가지 있다. 1)예배드리라 2)말씀을 배우라 3)영혼을 구원하라 4)어려운 사람들을 도우라 5)믿는 형제자매끼리 힘을 합치라 6)말씀과 믿음을 보존하라, 그것들이다. 함생목회의 목표들이다. 그런데 그 목적을 가장 잘 수행할 수 있는 일이 바로 교회를 설립하고, 성장시키고, 확장시키는 일이라는 것이 나의 신념이 되었다.

그래서 나는 교회주의자라는 또 하나의 자아성을 수립했다. 아무리 훌륭한 축구선수라도 팀이 없으면 선수가 아닌 것처럼 아무리 예수를 잘 믿는다 해도 소속교회가 없으면 온전한 그리스도인이라 할 수 없다.

거듭 말한다. 교회를 개척하는 사람이 되라. 어떤 단체이건 '설립자'가 된다는 것은 창조하시는 하나님, 특히 없음에서 있음을 창조하시는 하나님의 형상을 회복시키는 엄청나고 위대한 일이다. 하물며 교회는 '하나님 나라의 형상' (image of God's kingdom)으로서 하나님께서 눈동자처럼 귀중하게 여기시지 않는가. "교회는 그의 몸이니 만물 안에서 만물을 충만하게 하시는 이의 충만이니라."(엡 1:23) 이 말씀의 깊이와 높이와 넓이를 어찌 다 측량하겠는가. 그 신비함을 조금 헤아려 본 것이 나의 30여년 목회였다. (이정근. 뭐야 예수 믿는다구? 224-230)

십자가와 목회

교회에 처음 나온 지 2,3주가 된 어느 교우 집에 심방을 갔다. 유니온교회의 달력이 거실 벽 한 가운데 붙어 있었다. 그런데 4월 것은 그림이 보이지 않도록 절반으로 접어 올려 붙여 놓아 있었다. 심방예배를 드린 뒤에 친교하면서 그 이유를 물었다. '아유, 저 사람이 너무 볼썽사납대요.'아내가 남편을 가리키면서 웃었다. 그래서 친교다과를 위한 기도 때에,'주님, 이 가정의 볼썽사나운 저 십자가가 하나님의 능력과 축복의 통로가 되게 하시옵소서'하고 기도했다.(고전 1:18)

예수 그리스도와 십자가의 죽으심

매 주일 예배 때마다 공동으로 고백하는 사도신경에는 "본디오 빌라도에게 고난을 받으사, 십자가에 못박혀 죽으시고"라는 구절이 있다. 그 다음에, "장사된 지 사흘 만에"라고 했지만 실상 이 말은, "본디오 빌라도에게 고난을 받으사, 십자가에 달려 죽으시고, 장사되셨으며, 사흗날…"라고 번역되어야 한다.

이처럼 예수 그리스도께서 십자가 달려 죽으신 일은 어느 신앙고백서에나 필수 사항으로 포함되어 있다. 〈교리적 선언〉에도, "십자가에서 죽으시고, 다시 사심으로"라고 했다. 그러므로 기독교를 대표하는 상징이 여러 가지이지만 그 가운데 십자가가 단연 제일 많이 그리고 결사적으로 사용되는 것은 마땅한 일이다. 그래서 교회마다 십자가를 높이 달아 놓는 것도 바르게 된 일이다. 우리는 예수 그리스도라고 하면 반드시 십자가에 달려 죽으시고 살아나신 분임을 핵심으로 이해해야 한다.

-이는 성경대로 그리스도께서 우리 죄를 위하여 죽으시고, 장사 지낸 바 되셨다가, 성경대로 사흘 만에 다시 살아나사.(고전 15:3-4) -사람의 모양으로 나타나사 자기를 낮추시고 죽기까지 복종하셨으니 곧 십자가에 죽으심이라.(빌 2:8)

앞의 말씀은 복음의 핵심으로 평가되는 말씀이고 뒤의 것은 초대교회 신앙고백으로 이해되는 말씀인데 이것 모두가 바로 "죽으시고 다시 살아나신 예수"를 기본내용으로 삼고 있다.

1. 구약의 예표

예수께서 십자가에 처형되신 사건은 어제오늘 갑자기 되었거나 우연히 된 일이 전혀 아니다. 오히려 만세 전부터 기획되어 있던 하나님의 경륜이었다.

-내가 너로 여자와 원수가 되게 하고, 네 후손도 여자의 후손과 원수가 되게 하리니, 여자의 후손은 네 머리를 상하게 할 것이요, 너는 그의 발꿈치를 상하게 할 것이니라.(창 3:15)

이것은 원복음으로 일컬어지는 말씀이다. 그 곳에 여자의 후손 곧 예수께서 뱀에게 발꿈치를 상함 받게 될 것이 계시되었다.

-여호와 하나님이 아담과 그의 아내를 위하여 가죽옷을 지어 입히시니라.(창 3:21)

가죽옷을 입히심은 죄를 '가리어 주심'인데 짐승(아마도 양)이 죽어 피를 흘리게 되었다. 그 뒤 양, 소, 염소, 비둘기로 제사를 드리는 것은 "피흘림"으로 죄사함을 받게 하시는 하나님의 경륜을 나타내며(히 9:22), 이는 곧 예수님의 십자가 처형을 예표한다.

-여호와께서 이르시되, 네 아들,네 사랑하는 독자 이삭을 데리고 모리아 땅으로 가서 내가 네게 일러 준 한 산 거기서 그를 번제로 드리라.(창 22:2)

아브라함에게 하나님께서 하신 명령이다. 이는 자신의 아들을 잡아 피를 흘려 인류를 구원할 것을 예고한 말씀으로 해석한다.

-여호와께서 모세에게 이르시되, 불뱀을 만들어 장대 위에 매달아라. 물린 자마다 그것을 보면 살리라. 모세가 놋뱀을 만들어 장대 위에 다니, 뱀에게 물린 자가 놋뱀을 쳐다본즉 모두 살더라.(민 21:8-9) -모세가 광야에서 뱀을 든 것 같이 인자도 들려야 하리니, 이는 그를 믿는 자마다 영생을 얻게 하려 하심이니라.(요 3:14-15)

예수님께서 민수기에 기록된 뱀 사건을 직접 자신이 십자가 처형될 것의 예표라고 말씀하셨다.

-그가 찔림은 우리의 허물 때문이요, 그가 상함은 우리의 죄악 때문이라, 그가 징계를 받으므로 우리는 평화를 누리고, 그가 채찍에 맞으므로 우리는 나음을 받았도다.(사 53:5)

이 말씀은 이사야서의 "고난의 노래"의 한 부분이다. 예수님께서 고난의 종이 되실 것을 절절히 예언하고 있다.

이 밖에도 예수님 십자가 처형을 미리 말씀한 대목들이 구약성경에 더 많이 있다. 요셉의 고난, 모세의 고난, 욥의 고난, 바벨론 포로사건 등등이다.

2. 십자가의 고난

예수 그리스도의 십자가 처형은 예수님 자신에 의하여서도 미리 예고되었다. 그것도 단 한 번이 아니라 몇 번이나 되었다. 특히 예수님은 자신이 십자가 없는 메시야로 오해될 것을 미리 막으시려는 의도가 분명했다.

베드로가, "주는 그리스도시오, 살아계신 하나님의 아들이시니이다"라고 고백했을 때(마 16:16), 예수님은 즉각 자신이 십자가에 처형될 것과 다시 사실 것을 말씀하셨다.

"그래, 내가 메시야임이 틀림없느니라. 그러나 오해하지 말아라. 나는 십자가에 처형되어 죽고 다시 살아나게 될 메시야이니라."

그렇게 가르치실 의도가 있으셨다. (참조:막 8:27-38, 눅 9:18-27)

이것은 변화산 사건(마 17:1-13) 뒤에도 반복되는 일이었다. 예수님은 변화산에서 내려오시면서, '인자도 이와같이 고난을 받으리라'(마 17:12)고 말씀하셨다. 변화산 위에서 하나님의 음성을 통하여 모세나 엘리야와는 차원이 다른 분임이 확인되신 터라 제자들이 자칫 잘못 이해할 것을 우려하여 자신이 십자가에 처형될 사람임을 명시하신 것으로 이해된다.

예수님은 예루살렘으로 올라가시는 길에 또 한 번 십자가 처형사건을 예고하셨다.(마 20:17-19) 예루살렘에 올라가시면 왕으로 부임하실 것을 제자들이 기대했을 것이 틀림

없다. 따라서 예수님은 자신의 자아성(identity)을 바르게 나타내실 일에 유의하셨다. 겟세마네 동산에서의 내적 갈등은 예수님의 십자가 처형사실의 다른 면을 깨우쳐 준다. 그것이 결코 본인의 소원이 아니었고 아버지의 계획이었음을 확실히 하신 것이다.

-내 아버지여, 만일 할 만하시거든 이 잔을 내게서 지나가게 하옵소서. 그러나 나의 원대로 마시옵고, 아버지의 원대로 하옵소서.(마 26:39, 참조:막 14:32-42, 눅 22:39-46)

예수님께서는 결국 십자가 위에서 처형되시었고 운명하셨다. 하나님의 아들이시오, 하나님 자신이시면서도 끝내 아무런 기적도 베풀지 않으셨다. 특히 십자가 처형의 아픔과 정면으로 맞서 싸우셨다.

3. 십자가의 신학적 의미

예수 그리스도께서 십자가에 처형되심의 뜻이 무엇일까? 그것을 쉽게 한두 마디로 설명할 수 있을까?

복음서 연구가들은 네 복음서가 예수 그리스도의 십자가 처형과 부활사건을 집중적으로 조명한 기록이라는 결론을 내리고 있다. 말하자면 예수 그리스도의 죽으심과 다시 사심이 네 복음서의 핵심축이라는 뜻이다. 예수님의 전체 생애의 뜻이 십자가에 걸려 있고, 따라서 기독교의 전체가 바로 십자틀 안에 담겨 있다고 이해된다.

그리하여 일찍이 신학에서는 개혁자 마르틴 루터가 십자가 신학(theologia crucis)을 영광의 신학(theologia gloriae)에 대조하여 제시했다. 바른 신학은 이성이나 관념으로 할 것이 아니라 십자가에 달리신 예수님이 보여주신 계시로 해야 한다는 뜻이다.

흔히 기독교 체계에서 가장 중요한 것 네 가지를 말한다. 1)삼위일체 하나님 2)하나님의 말씀인 성경 3)예수 그리스도로 말미암은 속죄 구원 4)교회와 선교가 그것이다. 그러나 예수님의 십자가 처형이 이 모든 것보다도 더 중요하다. 십자가에 달리신 성자 예수 그리스도를 빼낸다면 하나님 이해는 근본적으로 잘못 되고 만다. 십자가 대속을 성경에서 제거한다면 성경은 더 이상 하나님의 말씀이라 할 수 없다. 그리고 십자가에 달려 죽으신 예수님을 제거하면 교회는 교회가 아니고, 선교는 선교가 아니다.

십자가는 함생주의 신학체계요 함생주의 신앙체계이다. 하나님께서 죄로 말미암아 죽어 있는 우리들을 살리시고, 우리들과 함께 사시기 위하여 일으키신 사건이 바로 예수 그리스도의 십자가 죽으심이다. 다른 말로 하면, 임마누엘이 십자가 사건으로 실현되었다. 그러므로 하나님과 사람의 관계, 아니, 만물의 관계가 회복될 수 있는 가능성이 열리게 되었다. 그래서 이를 수직적 함생(vertical combiosis)이라 부른다.

그러나 십자가는 그 형상에서 보듯이 하나님과 인간 혹은 만물의 관계만 회복시키는 것이 아니다. 사람과 사람의 관계를 바르게 회복시키고 있다. 예수님의 팔을 상징하는 수평적 막대기가 바로 수평적 함생(horizontal combiosis)을 뜻한다.

이렇게 하여 십자가는 하나님과 사람 그리고 만물의 사랑, 사람과 사람의 사랑, 만물과 만물의 사랑을 생산해 내는 사랑생산공장이 되었다. 그냥 사랑이 아니라 자신의 생명을 나누어주는 사랑이다. 그리고 수평적 사랑 가운데는 구원받은 형제자매끼리의 사랑 곧 코이노니아도 있지만 믿지 않는 형제들에게 복음을 전하고 구원의 길/생명의 길로 안내하는 전도가 포함되어 있다.

십자가 목회론

유니온교회는 "예수님처럼, 꼭 예수님처럼"의 기도를 가지고 있다. 십자가 사건 없이 예수님의 삶과 가르치심과 사역을 생각할 수 없는 것처럼 유니온교회 사역도 십자가 없이는 그 사역을 그리스도 예수님의 사역으로 생각할 수가 없다. 십자가의 사역은 십자가를 표면에 걸어 놓고 하는 사역뿐이 아니다. "온전한 구원, 거룩한 생활"의 사역을 비롯하여 모든 사역이 십자틀 안에서 이루어지고, 직접이건 간접이건 십자가와 연관된다. 그것이 바로 예수님의 사역의 본질이기 때문이다.

1. 십자가 사역의 원리

1) 고난의 사역

십자가 사역은 고난의 사역이요 아픔의 사역이다. 그러므로 십자가 사역은 단순히 보이는 십자가를 지거나 혹은 목에 걸고 다니는 것만으로 제한되는 것이 아니다. 모든 고난과 아픔은 그것이 어떤 형태이든지 십자가 사역을 뜻한다.

예수님께서 단순히 십자가만 지신 것이 아니다. 채찍에 너무 가혹하게 맞으시고, 가시관을 쓰시고 피를 흘리셨다. 침 뱉음을 당하시고, 대제사장 집 감옥에 갇히신 것도 십자가 사역이었다. 사람들이 예수님께 만약 하나님의 아들이거든 그 십자가에서 내려와 보라고 조롱했고, 심지어 강도들 주제에도 그런 모욕을 했을 때 그것들도 예수님의 십자가의 아픔이었다.

실상 십자가의 아픔은 십자가 위에 계시던 여섯 시간 정도만이 아니다. 체포되실 때부터도 그렇고, 아니, 예수님의 일생 전체가 그렇다. 이집트로 어린 몸에 피난을 하시던 일도 십자가였고, 고향사람들이 모욕할 때도 십자가의 아픔이 있으셨다.

그보다 더 거슬러 올라간다. 아예 "말씀이 육신이 되어"(요 1:14) 사람 가운데 거하신 일 그 자체가 바로 십자가였다. 하나님의 자유하심이 인간의 몸에 갇히신 것을 생각하면 이해가 가는 일이다.

이런 점에서 사역을 하는 일에 생긴 모든 아픔은 바로 십자가 사역의 한 부분을 뜻한다. 아니, 예수님께서 십자가를 지신 것은 '자의 반, 타의 반'이라 할 수 있다. 그렇다면 성도들이나 사역자가 그 사역에서 당하는 고난이 자의이든 타의이든 그 모든 것은 십자가 사역의 한 부분으로 이해해야 한다.

2) 생명을 살리는 사역

십자가 사역은 단순히 고통 그 자체만으로 충분조건이 되는 것은 아니다. 그건 필요조건일 뿐이다. 십자가 사역의 한 단계 더 높은 뜻은 그 아픔을 통하여 무엇이건 "살리는 일"에 있다. 십자가에 달려 죽건 혹은 목이 잘려 죽건 무엇인가를 살리기 위하여 자신의 목숨을 희생시키는 사역이다.

첫째로 사람을 살리는 일이다. 사람을 살린다고 할 때에 최우선순위는 바로 영혼을 살리는 일이다.

-몸은 죽여도 영혼은 능히 죽이지 못하는 자들을 두려워하지 말고, 오직 몸과 영혼을 능히 지옥에 멸하실 수 있는 이를 두려워하라.(마 10:28) -아버지, 내 영혼을 아버지 손에 부탁하나이다.(눅 23:46) -영혼 없는 몸이 죽은 것 같이.(약 2:26)

그렇다고 예수 그리스도의 십자가 사역이 영혼을 살리는 사역에 국한된 것은 아니다. 육신을 살리는 사역, 가정을 살리는 사역, 동물과 식물, 그리고 우주를 살리는 사역까지 확장된다. 자신은 한 알의 밀이 되어 모든 것을 살리시려는 사역이 예수 그리스도의 십자가 사역이다.

그렇다고 이것이 만물구원론을 뜻하는 것은 아니다.

-내 살을 먹고, 내 피를 마시는 자는 영생을 가졌고, 마지막 날에 내가 그를 다시 살리리니, 내 살은 참된 양식이요, 내 피는 참된 음료로다.(요 6:54-55)

3) 속죄의 사역

이것은 죄의 문제를 십자가의 죽음으로 해결한 속죄사역을 뜻한다. 만물속죄론이라 할 수 있다. 성경은 사느냐 죽느냐의 문제가 전적으로 죄의 문제에 달려 있다고 선언한다. 그래서 기독교는 인간이 당하는 모든 문제의 궁극적 원인은 바로 죄라고 확언한다.

-선악을 알게 하는 나무의 열매는 먹지 말라. 네가 먹는 날에는 반드시 죽으리라.(창 2:17) -너희가 나를 찾다가 너희 죄 가운데서 죽겠고, 내가 가는 곳에는 너희가 오지 못하리라.(요 8:21) -욕심이 잉태한 즉 죄를 낳고, 죄가 장성한 즉 사망을 낳느니라.(약 1:15) -그러므로 한 사람으로 말미암아 죄가 세상에 들어오고 죄로 말미암아 사망이 들어왔나니 이와 같이 모든 사람이 죄를 지었으므로 사망이 모든 사람에게 이르렀느니라.(롬 5:12) -죄의 삯은 사망이요.(롬 6:23)

그러나 예수님은 자신의 죽음을 통하여 죄의 문제를 해결하시고 우리를 구원하신다.

-아들을 낳으리니 이름을 예수라 하라. 이는 그가 자기 백성을 그들의 죄에서 구원할 자이심이라. (마 1:21) -그러나 인자가 세상에서 죄를 사하는 권능이 있는 줄을 너희로 알게 하려 하노라.(마 9:6) -모든 사람이 죄를 범하였으매 하나님의 영광에 이르지 못하더니, 그리스도 예수 안에 있는 속량으로 말미암아 하나님의 은혜로 값없이 의롭다 하심을 얻은 자 되었느니라.(롬 3:23-24) -피흘림이 없은

즉 사함이 없느니라.(히 9:22)

예수 그리스도의 십자가 사역은 하나님과 사람 사이를 막아 놓은 죄의 담을 헐어 버리시고 하나님과 인간 그리고 다른 피조물 사이를 화해하게 하시는 사역으로 풀기도 한다.

-오직 너희 죄악이 너희와 너희 하나님 사이를 갈라놓았고 너희 죄가 그의 얼굴을 가리어서 너희에게서 듣지 않으시게 함이니라.(사 59:2) -그는 우리의 화평이신지라, 둘로 하나를 만드사 원수된 것 곧 중간에 막힌 담을 자기 육체로 허시고… 이 둘로 자기 안에서 한 새 사람을 지어 화평하게 하시고.(엡 2:14) -또 십자가로 이 둘을 한 몸으로 하나님과 화목하게 하려 하심이라. 원수된 것을 십자가로 소멸하시고.(엡 2:16) -그의 십자가의 피로 화평을 이루사 만물 곧 땅에 있는 것들이나 하늘에 있는 것들이 그로 말미암아 자기와 화목하게 되기를 기뻐하심이라.(골 1:20)

골로새 1:20에 기록된 말씀에는 특히 십자가 화해사역의 범위가 인간에게 국한되지 않고 우주만물에까지 이르게 된 것을 말하고 있어 주목된다.

4) 교회 함생체 사역

예수 그리스도의 사역은 개인적으로는 속죄를 통하여 생명을 살리는 일이지만 집합적으로는 하나님의 나라를 세우시는 일이다. 따라서 그분의 십자가 사역은 곧 이 땅 위에서는 하나님의 나라 곧 교회를 창조하시고, 섭리하시고, 방향을 제시하여 이끄시는 것으로 이해된다. 그래서 예수님께서는 교회를 창설하실 계획을 밝히시면서 바로 자신이 고난을 받고 죽으실 것을 말씀하셨다.

-너는 베드로라. 내가 이 반석 위에 내 교회를 세우리니 음부의 권세가 이기지 못하리라.(마 16:18) … 이 때로부터 예수 그리스도께서 자기가 예루살렘에 올라가 장로들과 대제사장들과 서기관들에게 많은 고난을 받고 죽임을 당하고 제삼일에 살아나야 할 것을 제자들에게 비로소 나타내시니.(마 16:21)

바울 서신에는 교회가 고통당할 때마다 십자가로 처리하고 있는 것에 주목해야 한다.

-곧 너희 가운데 분쟁이 있다는 것이라....그리스도께서 어찌 나뉘었느냐? 바울이 너희를 위하여 십자가에 못 박혔으며, 바울의 이름으로 너희가 세례를 받았느냐?(고전 1:11-13) -만일 의롭게 되는 것이 율법으로 말미암으면 그리스도께서 헛되이 죽으셨느니라. (율법파와 은혜파가 싸우던 갈라디아 교회에 보낸 편지. 갈 2:21) -원수 된 것을 십자가로 소멸하시고.(엡 2:16)

이 같이 교회는 십자가 사역을 통하여 분쟁을 해결하고 함생체로서 회복되도록 성경은 생명의 길(행 2:28)을 제시하고 있다.

5) 사탄과의 영적 전쟁

십자가 사역은 사탄과의 전쟁에서 영적 승리를 거둘 수 있는 최대의 무기이다. 예수 그리스도께서 이 세상에 태어나실 때부터 사탄과 대결하는 삶을 사시었다. 그런 때마다 다른 것보다도 예수님께서는 십자가를 도구로 사용하시었다.

뱀의 모습으로 나타난 사탄에게는 여자의 후손과 뱀의 싸움에서 피흘리는 싸움이 있을 것을 예고하셨다.(창 3:15) 시험산에서의 사탄의 유혹은 결국 십자가를 통한 화해사역의 길을 막으려는 것이 사탄의 음모였다. 예수님께서 만약 사탄의 요구대로 돌들로 명하여 빵이 되게 하신다면 무신론적 공산주의자가 되심으로 십자가 없이 인류의 복지국가를 건설할 수 있다는 것이 그 유혹의 내용이었다. 그걸 잘 아시는 까닭에 예수님은 단번에 거절하셨다.(마 4:1-11)

사탄은 베드로의 모습으로 나타났다. 예수님께서 십자가에 달려 죽으실 것을 밝히시자 베드로는 정면에 나서서 강압적으로 그걸 막았다. 그 때 예수님의 대답이 무엇인가?

-예수께서 돌이키시며 베드로에게 이르시되, 사탄아, 내 뒤로 물러 가라. 너는 나를 넘어지게 하는 자로다. 네가 하나님의 일을 생각하지 아니하고 도리어 사람의 일을 생각하는도다… 누구든지 나를 따라오려거든 자기를 부인하고 자기 십자가를 지고 나를 따를 것이니라.(마 16:23-24) -십자가의 도가 멸망하는 자들에게는 미련한 것이요 구원을 받는 우리에게는 하나님의 능력이라.(고전 1:18) -또 우리 형제들이 어린 양의 피와 자기들이 증언하는 말씀으로써 그를 이겼으니 그들은 죽기까지 자기들의 생명을 아끼지 아니하였도다.(계 12:11)

여기에서 어린 양은 예수 그리스도를 가리킨다. 특히 '죽임을 당하신 어린 양'이다.(계 5:12)

이처럼 교회는 영적으로는 그리스도 예수의 군사들의 모임이며 그래서 십자가 군병이라 할 수 있다. 따라서 사탄과의 싸움은 바로 십자가를 최대 무기로 삼게 되며 그래서 우리가 세상에서 큰 환난을 당하지만 마침내 이기게 된다.(요 16:33)

2. 유니온교회 십자가 사역

1) 자기 십자가를 지고

애즈베시신학대학원에서 공부할 때 교수님의 가르침 가운데 평생을 잊지 못하는 말씀이 있다.

"사역할 때는 반드시 십자가를 지고 하십시오. 모든 사역은 십자가와 직접 혹은 간접적으로 연관되어야 합니다. 만약 십자가 없는 사역을 한다면 그것은 교회를 개집으로 만드는 것과 같습니다. 만약 십자가 지지 않고 사역하려 한다면 그것은 하나님을 개로 취급하는 것과 같습니다."

그분은 이 말씀을 할 때 교회당에서 십자가를 떼어내고 축소시키면 개집이 된다는 것과 영어로 하나님은 God인데 이것을 거꾸로 읽으면 개가 된다는 실례를 들었다.

그래서 끊임없는 기도는 바로, "십자가 내려놓지 않게 하시옵소서. 우리 유니온교회에서 가장 큰 십자가는 제가 지고 가게 하시옵소서."였다.

사역 가운데는 설교사역이 가장 어려웠다. 설교에서 큰 은혜 받았다는 사람들이 많이 있었다. 그러나 설교에 대한 비판도 심심치 않게 들려 왔다. 대체로 다음과 같은 것들이다.

"무슨 설교를 그따위로 하느냐, 설교에 상처 입었다, 왜 표적설교를 하느냐, 재탕설교해서야 되느냐, 대학원 강의하듯 한다, 왜 눈물 나도록 은혜로운 설교를 못하느냐, 예수님 자랑을 해야지 자기 자랑만 하면 되느냐, 머리는 즐거운데 가슴은 텅 빈 채로 남아 있는 설교다, 영어 잘하는 사람만 들으라는 설교다, 예배당을 벗어나면 새까맣게 잊어버리는 설교다…"

그런 말들이 들려오면 낙심천만하게 되고 목회 집어 치우고 싶은 마음만 간절했다. 그래서 자주 중얼거리는 말이 바로 "설교만 없으면 목회는 해 먹을 만한 것인데…"였다. "우리 목사 설교 잘 한다. 와서 들어 봐. 끝내 준다, 끝내 줘"라는 신자들도 있었다. 그러나 그런 건 비판 한 마디만 들으면 삽시간에 어디로 사라지게 된다.

어느 날도 그런 고통을 안고 골방에서 울며 기도하다 잠이 들었다. 그런데 그 교수님이 가르치시던 장면이 선명하게 떠올랐다. 그리고는 어디에서인가 큰 음성이 들려 왔다.

"네가 설교할 때 십자가 지고 하는 것 몰라? 이왕 십자가 졌으니 죽기 아니면 까무러치기로 해라."

나는 소스라쳐 깨어났다. 그 때부터 십자가에 목숨 걸고 설교하게 되었다. 말씀 내용이 십자가의 도였다. 음성부터 평생의 마지막 설교를 하듯 눈물과 피를 섞었다. 왜 표적설교를 하느냐고 항변하는 남자집사에게 이렇게 대답했다.

"홍 집사님, 그럼 홍 집사님 들으라고 설교했지 허공에다 설교해야 합니까? 하나님이 홍 집사님에게 설교하라고 내게 주신 말씀입니다."

그 때부터 설교에 대한 불만들이 없어졌다. 아니, 내 자신에게 큰 은혜가 되었다. 설교를 준비하는 과정에서 꼭 점검해야 하는 사항이 바로, "이 설교가 십자가 지신 예수 그리스도를 담은 설교인가"였다. 그래서 십자가 설교를 자주 했다. 특히 "자기 십자가를 지고" 제목의 설교는 어느 부흥집회에 가든지 꼭 했다.

-아무든지 나를 따라오려거든 자기를 부인하고 날마다 제 십자가를 지고 나를 따를 것이니라.(눅 9:23) -그들이 예수를 맡으매 예수께서 자기의 십자가를 지시고 해골이라 하는 곳에 나가시니.(요 19:17)

특히 눅 9:23은, "이정근이 나를 따라오려거든 이정근을 부인하고, 날마다 이정근의 십자가를 지고…"로 풀어 가르쳤다. 물론 회중들은 자신의 이름을 거기에 대입하게 했다. 게다가 십자가를 가지고 다니면서 그것을 오른 손에 높이 들고 설교하는 때가 많았다. 외국에 나갈 때도 십자가를 짐 속에 넣어가지고 갔다.

그리고 사역 전체가 십자가를 중심에 놓게 되었다. 실로 십자가는 하나님과 나와의 함생체, 하나님과 교회와의 함생체 곧 수직적 함생체이고, 형제와 자매들의 함생체, 그리스도인과 예배 그리스도인과의 함생체 곧 수평적 함생체가 십자가로까지 풀 수 있게 되었다.

2) 십자가 특별사역

성금요일에는 '십자가 대행진'을 했다. 예수님이 십자가 지시는 장면이 있는 영화도 상연하고, 십자가 위의 일곱 말씀을 풀어 은혜 받는다. 그리고 성찬예식을 집례하고 이어서 온 성도들이 십자가 대행진에 참여한다.

십자가 대행진은 일곱 개의 십자가를 만들어 가장 큰 것을 담임목사가 성전 안에서부터 지고 나가면 성도들도 각각 십자가를 지고 따라 나온다. 특히 작은 십자가를 만들어 초등부 학생들이 지게 함으로써 살아 있는 믿음교육을 하였다.

십자가를 진 일곱 대열이 찬송가를 부르며 교회 주변을 돌아 행진한다. 찬송가는 물론 "예수 나를 위하여 십자가를 질 때" 등 십자가 수난에 관한 것들이다. 그리고 중간 중간 부르짖으며 합심기도를 한다. 그리고 한 시간 가량 행진을 한 뒤 성전에 들어와 함께 마무리 기도를 하고 개인기도 시간을 갖는다.

십자가 대행진은 '예수님처럼 꼭 예수님처럼' 살겠다는 결단을 하게 한다. 십자가 지는 믿음이 가장 성숙한 믿음이므로 예수 그리스도의 장성한 분량이 충만한 데까지 이르게 된다.(엡 4:13) 십자가 대행진에서 기도한 것들이 이루어지고 질병이 고침 받은 간증들이 있게 된다.

이같은 십자가 대행진은 유니온교회 특별프로그램인 "파가기도세미나"에서도 실시한다. 이 프로그램을 소개할 때 좀 더 자세히 설명하겠다.

임직식을 할 때 교회에서 임직자들에게 주는 선물은 십자가 한 가지로 했다. 평생토록 십자가 지고 충성하라는 뜻이요, 예수님을 한 층 더 닮아가는 것이 바로 임직을 맡는다는 속깊은 뜻이라고 가르친다. 특히 안수식은 원래 양들을 잡아 제사 드리기 전에 안수하는 예식이 있는 것으로 보아 "안수식은 십자가 처형식입니다"라고 가르친다.(출 29장, 레 1장 등 참조)

교회 성전에는 미끈하게 깎아 놓은 십자가를 사용하지 않고 통나무 십자가를 세워 놓았다. 그 십자가를 드린 성도와 그 십자가를 만들어 걸은 성도는 모두 불치병에서 치료되는 등 희한한 신앙체험을 한 사람들이 되었다.

3) 십자가 신앙의 깊은 은혜 (직원훈련 교재)

(1)죽음을 뜻한다.(눅 23:46) (2)저주를 뜻한다.(신 21:23) (3)아픔을 뜻한다.(사 53:4-5) (4)죄에 대한 형벌을 뜻한다.(눅 23:32-33) (5)신앙의 중심이요 핵심이다.(고전 2:2) (6)죄에 대한 용서와 구원을 뜻한다.(계 1:5) (7)하나님의 무한한 은혜와 사랑을 뜻한다.(롬 5:8) (8)하나님의 능력과 승리를 뜻한다.(고전 1:18) (9)예수님의 발자취를 따르는 충성을 뜻한다.(눅 9:23, 벧전 2:21) (10)모욕을 뜻한다.(마 26:66-67) (11)부활을 약속한다.(고전 15:3-4) (12)화목을 뜻한다.(엡2:16, 골

1:20) (13)장래의 큰 영광을 뜻한다.(히 12:2, 롬 8:17-18) (14)생명을 희생해서 생명을 구원하는 전도를 뜻한다.(막 10:45, 행 1:8의 증인은 순교자라는 뜻) (15)하나님의 원대한 구원계획을 뜻한다.(창 3:15)

4) 십자가 사역의 효과

(1)성도들의 충성헌신도가 현저히 높아졌다. (2)불평과 불만이 감사로 바뀌었다. (3)원수까지 사랑하게 된다. (4)교회 내에 분쟁의 싹이 없어졌다. (5)예수님을 닮아가고 있다는 기쁨, 보람, 행복을 가지고 산다.

그래서 영성 가운데는 십자가 영성이 가장 바르게 된 것이요 가장 높은 것이라는 결론을 가지고 있다. 성령 충만한 사람은 물론 은사도 받고, 기적도 행하고, 능력도 얻고, 말씀도 송이 꿀같이 달콤하지만, 무엇보다도 십자가를 지겠다는 결심을 하는 사람이라고 풀어 준다.

성령의 사람 스데반이 돌에 맞아 죽음으로 돌십자가를 졌는데 성경에 스데반에 대하여는 여러 번 성령이 충만한 사람이라고 확증하고 있다.(행 7장) 사도 바울도 그의 편지에서 여러 번 이 점을 간증하고 있다.

-나는 날마다 죽노라.(고전 15:31) -유대인은 표적을 구하고 헬라인은 지혜를 찾으나 우리는 십자가에 못 박힌 그리스도를 전하니.(고전 1:22-23) -내가 그리스도와 함께 십자가에 못 박혔나니 그런즉 이제는 내가 사는 것이 아니요 오직 내 안에 그리스도께서 사시는 것이라.(갈 2:20) -그러나 내게는 우리 주 예수 그리스도의 십자가 외에 결코 자랑할 것이 없으니.(갈 6:14)

이런 이유로 요즈음 교회들이 영사막을 강단 앞 벽 가운데 설치하느라고 십자가를 다른 곳으로 치운 것을 자주 개탄하고 있다. 기독교가 망해 가는 징조로 해석한다.

(참조: 이정근. 설교. "십자가를 지고 가르쳐라" 논문집 III. 549-555. 시론. "십자가를 십자가에 못 박아라" 한국일보 2014년 3월 20일)

담임목회자의 기본 자격

영성, 지성, 도덕성, 지도력, 그리고 전문성

최근 목사의 대형사고 하나가 터졌다. 북가주 어느 한인교회 청소년 담당 목사가 잠복 수사관에게 걸려들었다는 보도이다. 미성년자와 성관계를 가지려고 시도하다가 발각되었다. 그것도 14살짜리 소녀였기에 중범죄였다. 일제 함정단속에 무려 92명의 혐의자가 적발되었지만 그 가운데 성직자는 그 목사 한 사람뿐이었다. 언론들은 그 코리언교회 청소년 담당 목사에만 초점을 맞춰 그 추악한 소식을 온 세상에 퍼뜨렸고 교회는 또 한 번 세상 앞에 조롱거리가 되었다.

"교회가 못된 목사들 때문에 망합니다."

평신도들은 누구나 분통을 터뜨리며 한 마디씩 내뱉는다. 아니, 그런 말 하는 사람을 나무랄 것만도 아니다. 정말 교회가 목사들 때문에 망한다. 세상 사람 표준에서도 파렴치 수준의 목사들 때문에 하나님께서 지금도 수없이 모욕을 받으시지 않는가.(롬 2:24)

아무 목사님이라도 좋으니

진작부터 전 세계적으로 대형교회 목사들이나 텔레비전 전도자들이 대형사고를 일으켜 왔다. 그래서 그 큰 교회들이 바벨탑처럼 와르르 무너졌고 하나님을 조롱하는 소리들이 지구를 흔들었다. 특히 한국에 대형교회가 많은 것만큼이나 비례해 대형사고들이 많이 터졌다.

그렇다고 대형교회 담임목사만 대형사고를 저지르는 건 아니다. 지금은 소형교회 목사들도 대형사고의 주범이 되는 일이 너무 흔하다. 소셜네트워크의 발전으로 인하여 골방에서 벌어진 일이 지붕 위에서 전파되는 시대(눅 12:3)이기 때문이다.

그러나 교회는 목사들 때문에 흥한다. 초대교회 때부터 지금까지 얼마나 많은 성직자들이 교회를 위하여 목숨을 희생했던가. 아벨의 피로부터 사가랴의 피까지, 아니, 선한 목자 되시는 예수님의 피로부터 이슬람권에서 목이 잘려 죽은 선교사에 이르기까지 얼마나 많은 영적 지도자들의 피를 먹고 교회라는 나무가 싱싱하게 자라게 되었던가.

미국 어느 시골 소도시에 있는 한인교회가 하나가 있었다. 50명 정도는 모였다. 그런데 목사들이 부임했다가는 몇 달 못 있다가 떠나곤 했다. 재정이 열악해서 담임목사가 생활을 할 수 없다는 것이 가장 큰 원인이었지만 그것보다는 교회 안에 갈등이 더 큰 문제였다. 이민 와서 사업하는 가족, 국제결혼 가족, 유학생 가족, 교수 가족도 있어 서로 의견이 맞지 않았다. 그래서 새로운 담임목회자를 청빙하려 해도 좀처럼 합의가 되지 않았다. 게다가 그런 소문이 나면서 아무도 부임하겠다는 목사가 없었고 예배 출석인원은 매주일 줄어들었다. 그 때 어떤 집사가 울먹이며 이렇게 대표기도를 했다.

"아무 목사님이라도 좋으니 제발 우리 교회 담임목사님을 속히 보내 주시옵소서."

그렇다. 앞으로 온 세계에 목회 지원자가 없으면 어떻게 될까. 벌써 가톨릭교회는 신부 기근 때문에 얼마나 고민이 많은지 모른다. 아메리칸 인디언들은 미국독립 당시에는 1천 3백만 명이던 것이 지금은 150만 명밖에 남지 않았다. 나라에서 생활을 보장하니까 일은 안하고 마약과 술과 도박과 가정이 쪼개져 멸종되어가기 때문이다. 게다가 교회건물은 외부 원조로 세워지지만 그 건물은 텅텅 비어 있다. 목사가 없어서 교회가 지탱할 수 없는 것이 최대 원인이었다. 목회자가 없으면 지역교회가 세워지기 어렵고, 교회가 없으면 백성들이 망하게 되는 대표 사례이다.

기초가 튼튼해야 한다

그래서 기독교 지도자들이 이구동성으로 하는 말이 무엇인가. 기독교의 장래는 좋은 목사를 확보하느냐 못하느냐에 달려 있다는 외침이다. 교회 성장의 가장 큰 요인은 담임목사에게 달려 있다는 연구는 새삼스러운 것이 아니다. 그러나 분명한 것은 교회를 망치는 것도 목사들이지만 교회를 일으켜 세우는 것도 목사들의 헌신과 충성에 달려 있다는 점이다. 정말 목사가 가는 길에 교회가 세워진다.

그렇다면 어떤 목회자라야 교회를 든든한 반석 위에 세울 수 있을까? 아마도 백 사람에게 물어보면 백 가지 대답이 나올 것이다. 그래서 교회 건강화 이론이 백출한다. 그렇더라도 모든 사람들이 이구동성으로 요구하는 것이 있다면 무엇일까. 그 대답은 그리 어렵지 않다. 예수님을 닮은 목회자이면 되기 때문이다. 정말 "예수님처럼, 꼭 예수님처럼"(Like Jesus, Just Like Jesus)이다.

하지만 이 명제도 많은 논쟁이 있다. 우리 인간이 정말 예수님처럼 살 수 있는 것이냐는 것부터 예수님 닮는다는 것도 여러 방식이 있는데 어떤 것이 우선적이냐는 것까지 또 의견이 백출된다. 그래서 정리한 것이 5대 기초이다. 세계 최강의 나라 미국에는 가장 튼튼한 건물이 둘이 있다. 하나는 백악관이고 또 하나는 펜타곤이다. 펜타곤은 미국의 국방부 건물이다. 비록 그것이 9.11사태 때 납치된 민항기의 공격을 받아 125명이 죽기도 했고 건물 일부가 파손되었지만 그 오각형(펜타곤) 건물은 여전히 미국에서 가장 튼튼한 요새가 되고 있다.

그렇다면 목회자 자격의 오각형 건물 그것들을 든든하게 버티고 있는 다섯 개의 기둥들은 무엇일까. '문제가 복잡할수록 기본으로 돌아가라'는 지혜가 있는데 그 기본이 되는 다섯 가지는 정말 무엇일까. 또 다섯 가지 말고 더 덧붙일 것은 없는가. 2005년 2월 12일 아주사퍼시픽신학대학원이 주최한 목회자 세미나에서 발제하고 여러 시각에서 토론을 거쳐 수정 보완한 내용을 함께 나누려 한다.

깊은 영성, 높은 영격

첫째로 영성의 기둥이다. 영성은 근래에 유행하는 용어이다. 그리고 아직도 그것이 무슨 뜻인지 합의되어 있지 않다. 그 이전에는 경건성 혹은 성결이라는 말을 사용했다. 그래서 신학교육의 지표를 '학문과 경건' 혹은 '진리와 성결'로 내세우는 공감대가 형성되었었다. 그러나 영성이라는 용어가 그 대치어가 되고 또 크게 유행하는 데는 그만한 이유가 있다. 육체성의 반대말이어서 대중들이 쉽게 이해할 수 있다는 장점이 있기 때문이다. 따라서 여기에서는 영성을 '성령의 내주(indwelling of the Holy Spirit)하심으로 인하여 형성된 인격'이라고 이해한다. 더 확장하면 삼위일체 하나님의 내주하심으로 형성된 인격이라

하겠다. 그래서 '영성이 깊다'는 말과 함께 '영격이 높다'는 말도 사용한다.

영성이 강조되는 것은 좋으나 '잡초 영성'도 많아서 "성령성인가, 악령성인가" 하는 논쟁이 자주 생겨나고 있다. 비성경적, 비기독교적, 비삼위일체적 영성이 별별 모양으로 미친 바람처럼 교회들을 초토화시키는 사례가 빈번한 편이다. 그렇더라도 영성(spirituality)은 목회자의 기본이다.

영성이 견고한 사람은 몇 가지 기본 특징이 있다. 구원받은 확신, 회개와 거듭난 체험이 확실하다. 하나님의 형상이 회복된 까닭에 항상 하나님을 경외하고 거룩하고 온전하게 살도록 힘쓴다. 무엇보다도 소명이 확실하다. "모태에 짓기 전에 너를 알았고, 네가 배에서 나오기 전에 너를 성별하였고, 너를 여러 나라의 선지자로 세웠노라"(렘 1:5)는 말씀을 평생토록 목에 걸고 다녀야 한다. 목사들의 타락은 실상 위장된 소명이나 혹은 변질된 소명이 그 원천적 원인 아닌가.

영성이 견고한 목회자라면 은혜의 도구인 말씀, 기도, 성례전, 찬양, 헌신, 침묵과 고독한 생활 등을 통하여 항상 성령 충만한 사람이 된다. 그리고 무엇보다도 예수 그리스도와 함께 항상 십자가를 지고 사역하게 된다. 병 고침의 기적 등을 행할 수 있지만 교만해지지 않고 '나의 나 된 것은 하나님의 은혜'라고 고백하며 산다. 한 마디로 정리하면 하나님과 함께 사는 일 곧 수직적 함생이 영성의 본질이다.

성경에는 성령충만한 영성적 모범인물들이 많이 있다. 그러나 그 대표라면 물론 예수 그리스도이시다. 태어날 때부터 성령으로 말미암아 잉태되셨다.(마 1:20) 물세례 받으실 때에도 성령이 충만하셨다.(눅 4:1) 성령이 충만하심에 그치지 않고 '성령을 충만하게 하시는 분'이시기도 했다.(요 20:22) 그래서 성령을 '예수의 영'(행 16:7), 혹은 '주의 영' (행 5:9)이라고도 했다. 따라서 영성의 사람은 곧 예수님의 사람, 그리스도의 사람을 뜻한다.

영성의 사람이면 이미 예레미야의 사례에서 보듯이 목회자로 부르심(소명, calling)이 있어야 한다. 소명에는 하나님의 자녀 되라는 구원의 소명, 이 세상에서 직업을 가져야 한다는 소명도 있어야 하지만 여기에서는 선지자, 제사장, 왕, 특히 선한 목자로 부르심을 받아야 한다. 그렇게 부르심 받은 이들이 성경에 나오는 '하나님의 사람, 예수님의 사람, 성령의 사람'이다. 때로 소명을 받고도 이를 거부한 사람들이 없는 것은 아니다(마 19:22, 재물이 많은 청년). 그러나 하나님의 부르심이 없는데도 하나님의 특별한 일꾼으로 나서는 것은 기본 자격이 모자란다.

따라서 담임목사의 기본자격은 하나님의 사람(딤전 6:11), 곧 예수의 사람, 그리스도의 사람, 성령의 사람이어야 하고, 구원받음으로 성삼위 하나님의 사람이 되어야 한다. 그것이 목회자 영성의 기본이다.

지성과 도덕성 개발

둘째로, 지성의 기둥이다. 목회자 가운데는 반지성주의자들이 없는 것은 아니다. 그러나 그건 지성의 참뜻을 오해한 데서 온다. 지성은 지식과 정보를 필요로 하지만 지식과 정보가 지성은 아니다. 지성은 학력을 통하여 계발되지만 학력이 지성을 보장해 주는 것은 아니다. 특히 지성과 영성은 결코 대립되는 개념이 아니다. 가령, "이는 너희가 드릴 영적 예배니라"(롬 12:1)에서 '영적'이라 번역된 원어는 '로기콘' 곧 로고스의 파생어로서 '지성적' 혹은 합리적이라고도 번역되어야 한다는 걸 알면 지성과 영성을 더 보완적으로 이해할 수 있다.

만약 목회자에게 지성이 없다면 설교는 처음부터 불가능하다. 성경은 문자와 언어로 되어 있는 책인데 지성이 없이 어찌 그걸 이해할 수 있겠는가. 특히 고도의 지성을 요구하는 '해석학'의 원리들을 무시하고 설교할 수 있을까. 인간은 '생각하는 갈대'요 (빠스칼), 자기가 누구인지를 알고, 특히 죽는다는 사실을 깊이 깨달은 존재라는 걸 무시한 채 사역할 수 있을까.

지성은 지식을 운용하는 능력이기도 하고, 사고능력이라고 할 수도 있다. 그리고 무엇보다도 문제해결능력이다. 그래서 분산적 사고, 집합적 사고, 창의력, 가설력, 의문력, 이해력, 판단력, 개념형성능력… 이런 것들이 지성의 특성을 드러낸다. 이런 지성적 훈련은 철학 특히 논리학, 언어학과 문학 등의 인문학과 사화과학, 심지어 자연과학까지 두루 섭렵할 것을 권장한다.

목회자는 성령만 충만하면 된다고 극구 주장하는 사람에게 이렇게 물어보면 된다. 가령, 예수 그리스도께서는 제자들에게 한 순간에 성령을 충만하게 부어주신 다음 목회자/전도자로 파송하시면 될 것인데 무엇 때문에 3년간을 합숙하시고 함생하시면서 훈련시키셨는가. 그리고 한 가지 더 있다. 사울이라는 청년은 예수님을 한 순간에 만나 구원과 소명을 받았는데도 3년을 훈련받은 다른 제자들보다 더 엄청난 사역을 할 수 있었는가.

셋째로, 도덕성의 기둥이다. 이 점에 대하여는 길게 말할 것이 못된다. 목회자는 도덕성의 기초가 무너지면 모든 것이 무너진다. 살인한 목사가 목회할 수 있는가. 간음한 목사가, 아내를 두들겨 패는 목사가, 술과 마약에 중독된 목사가, 사기해 먹는 목사가, 거짓말을 입에 달고 다니는 목사가, 폭언이나 더러운 욕설을 하는 입으로 천사처럼 설교하는 목사가, 양의 가죽을 입었으나 속에는 노략질하는 이리가 들어 있는 목사가… 그런 목사들이 목회할 수 있을까.

목사라면 도덕적 수준이 매우 높아야 한다. 그리고 세련된 교양의 사람이라야 한다. 교양이란 다른 사람의 입장에서 숙고된 행동이라는 걸 알고 실천하는 목사가 몇이나 될까. 교양과 도덕성의 핵심인 사랑 곧 수직적 사랑과 수평적 사랑의 화신이 되어가야 한다. 목회자는 당연히 착한 행실을 세상 사람들에게까지 보여주는 빛이 되어 하늘 아버님에게 영광을 돌려야 한다.(마 5:16)

지도력과 전문성의 기둥

넷째로 지도력의 기둥이다. 목회자는 본질적으로 지도자이다. 하나님은 지도자를 통하여 그 사역을 이루신다. 노아, 아브라함, 요셉, 모세, 다윗, 세례자 요한, 베드로, 바울… 누구를 더 말하랴. 그 가운데 참된 지도자는 바로 예수 그리스도이시다.(마 23:10) 그런 점에서 목사가 받는 훈련은 곧 목회지도력 훈련이고 그것은 바로 지도자로서의 예수 그리스도를 본받는 과정이 되어야 한다.

지도력이란 일반적으로, "다른 관계자들에게 영향력을 행사하여 그 조직의 목표를 달성하는 힘"으로 이해된다. 이 정의에는 세 가지 필수 항목이 포함되어 있다. 그것은 1)조직체 곧 관계자 혹은 추종자들의 집합체, 2)목표달성, 3)영향력이다.

시대가 흐를수록 지도력 개발이 절실하게 요구되고 또 그 이론도 발전하고 있다. 지도력을 결정하는 요인이 개인의 특성이냐, 상황이냐, 관계이냐, 목표이냐, 그 모든 것의 종합이냐 등에 따라 여러 형태의 지도력 이론들이 제시되고 있다. 그런 모든 것은 실상 선한 목자이신 예수 그리스도를 본받는 것으로 요약된다. 그분의 섬기는 지도력, 발 씻기는 지도력, 그리고 속죄의 지도력이 세상의 모든 조직체로 확산되어가고 있는 것에 주목해야 한다. 하물며 교회에서 아직도 황제 스타일 지도력을 행사하는 것은 교회의 머리되시는 그분에 대한 반역행위 아닐까.

다섯째로, 전문성의 기둥이다. 전문성이란 은사에 기초하여 긴 기간의 집중적 교육훈련과 실습을 통하여 자격증을 획득하고 평생토록 그 해당 부문의 발전을 위하여 계속 교육을 받아야 되는 직종을 말한다. 가령 밥을 먹는 것은 전문직이 아니나 요리사는 전문직인 것과 같다. 그래서 목양은 법률가, 교육가, 의사와 함께 전문직 가운데도 전문직으로 구별된다. 목회자의 하는 모든 기능이 배우지도 않고 아무렇게나 해낼 수 있는 것이 별로 없다. 설교, 심방, 예배 인도, 성례, 상담, 교육, 회의 사회, 전도와 선교, 회중관리, 직분자 세우기, 교회행정, 재정과 재산 관리 등 모든 분야의 전문성 개발을 필수과목으로 요구하지 않는가.

손가락 하나는 비록 약하나

미국의 대학농구를 여러 번 전국적 승리팀으로 이끈 유명한 코치가 있었다. 그의 선수 지도비법이 무엇이냐고 물으니 이렇게 대답했다.

"농구를 가르치기보다는 인생을 먼저 가르칩니다. 가령 손가락 하나 하나는 너무 약해서 쉽게 꺾이지만 주먹을 꽉 쥐면 아무도 펼 수 없을 정도로 강해진다는 사실 말입니다. 인생도 그렇게 살아야 한다고 뼛속 깊이 아로새겨 줍니다."

농구는 손이 매우 중요하다는 점과 특히 농구팀원이 다섯 명이어서 다섯 손가락과 같기 때문이다. 승패가 바로 다섯 손가락의 팀웍에 달렸다는 뜻이다.

목회자가 갖추어야 할 다섯 가지 기둥 곧 영성, 지성, 도덕성, 지도력, 전문성도 마찬가지이다. 그것 하나하나만을 따로 따로 개발하는 것도 좋지만 이 다섯 가지는 오히려 주먹처럼 꼭 쥘 때에 엄청난 힘의 자원이 된다. 이는 목회를 성경적 목회가 되게 하는 힘의 원천이다. 무엇보다도 '이 세상 나라를 예수 그리스도의 거룩한 나라가 되게' 하는 파워의 원천이 된다.(계 11:15) 온 인류와 모든 피조물에게 '구원을 얻게 하는' 십자가의 파워이다.(월간목회 2013년 8월호)

저주로다, 눈먼 인도자여
담임목회자 자기 관리론

교육은 자기관리능력을 길러주는 것을 매우 중요한 과제로 설정하고 있다. 그걸 자율성 혹은 자립성이라고 한다. 자신의 문제를 자신이 해결할 수 있어야 우수한 인간으로 평가된다. 흔히 말하는 치매는 자기통제력이 풀어진 상태를 뜻한다. 이런 점에서는 교회지도자인 담임목사도 마찬가지이다. 아니, 지도자인 까닭에 자기관리는 더욱 중요하다. 그러므로 소크라테스의 명언 '너 자신을 알라'는 '너 자신을 새롭게 변화시켜가라'로 한 단계 더 높여야 한다. 성경으로 풀면 성령 충만의 열매 가운데 '절제'(self-control)에 해당된다.(갈 5:23)

예수 그리스도의 자기 관리

예수 그리스도께서는 지도자(leader)이심을 스스로 인식하고 계셨다.(마 23:10) 지도자란 다른 사람 곧 추종자(followers)에게 영향력을 발휘하여 조직의 목적을 달성하는 사람을 뜻한다. 그런 점에서 교회의 머리 되시는 그분께서는 우리들에게 지도자의 모범, 롤모델(role model)이 되셨다. 어떤 지도자이셨을까?

1. 예수님은 이 세상에 파송된 목적을 항상 분명하게 의식하고 계셨다. 그것은 곧, 1)영혼을 구원하는 일, 2)구원받은 영혼이 다른 영혼을 구원하도록 준비시키는 일, 3)하나님 나라의 선포였다.
2. 예수님은 사람을 통하여 일하시겠다는 작정을 하셨다. 그래서 사람을 무척 좋아하시

고 선한 목자가 되셔서 사랑하셨다.

3. 예수님은 보통사람 가운데서 제자 곧 후일의 교회지도자를 선택하셨다.

4. 예수님은 지도자들을 훈련시키셨다. 합숙훈련, 전도훈련, 말씀교육, 실물교육, 체험교육 등 여러 방법과 지혜를 활용하셨다.

5. 예수님은 자신을 핵심으로 하여 3제자, 12제자, 70제자, 120제자, 500제자, 수많은 무리들로 마치 물의 파동처럼 조직하셨다.

6. 예수님의 지도자로서의 능력은 하늘에서 주신 것이다. 그러나 잠재능력을 개발하시는 일에도 힘쓰셨다.

7. 예수님은 매우 원만한 분이셨다. 인종, 개인차, 성별, 직업, 가문 등에 전혀 사로잡히지 않으셨으며 널리 용서하는 분이셨다.

8. 예수님은 비전을 제시하시는 지도자이셨다. 미래지향적이시다.

9. 예수님은 문제해결적 지도자이셨다. 질병의 문제, 제자들의 갈등, 배고픔, 풍랑의 위기, 죄의 문제, 죽음의 문제, 악한 인간성의 문제, 어둠 속에서 헤매는 인생들의 문제… 그런 것들을 해결해 나가셨다.

10. 예수님은 다스리시는 왕(ruling king)으로서의 지도자이셨다. 따라서 엄격하신 심판주도 되신다.

11. 그러나 예수님은 섬기는 왕(serving king), 섬기는 종(servant-leader)으로서의 지도력을 더욱 강조하셨고 또 삶의 현장에서 그런 시범을 보이셨다.

12. 예수님은 일의 결과 혹은 열매를 엄격히 평가하시는 지도자이셨다. 격려와 경계를 아끼지 않으셨다.(예: 달란트 비유)

13. 예수님은 창의적 지도자이셨다. 당연하다고 생각되는 것이라도 옳지 않으면 과감히 거부하셨다.(예: 안식일 문제)

14. 예수님은 여호수아와 같은 이름을 가지신 분으로 여호수아의 '강하고 담대한 지도력'의 소유자였다.(예: 나사렛 낭떠러지 사건. 눅 4:28-30)

15. 예수님은 생명을 걸고 일하신 지도자이셨다. 십자가 위에서 죽으실 것을 각오하시고 생명을 구원하시는 일에 온 생명을 바치셨다.

담임목회자 자기 관리의 실제

담임목사는 어쩔 수 없이 지도자이다. 누가 지도자로 인정하든 안하든 그는 지도자일 수밖에 없다.

-또한 지도자라 칭함을 받지 말라. 너희의 지도자는 한 분이시니 곧 그리스도시니라. (마 23:10)

그런 말씀이 있어도 담임목사는 운명적으로 지도자라는 멍에를 메고 살아야 한다. 물론 위의 말씀은 '섬기는 지도자'가 되라는 것을 강조한 뜻이기는 하다.

1. 자기관리는 인간됨의 기본

여기에서 담임목사는 자기관리를 잘해야 한다. 자기관리는 유교에서도 강조하는 것이어서 우리 머릿속에는 언제나 수기치인(修己治人) 곧 자기를 잘 수양한 연후에야 다른 사람을 다스리라는 말씀이 떠오른다. 곧 수신제가치국평천하(修身齊家治國平天下)이다. 이런 말씀을 성경에서는 성령의 열매로 '절제'(節制, self-control)로 풀었다.

성경에서는 스스로를 다스리는 분은 성삼위 하나님이시다. '나는 스스로 있는 자이니라'(출 3:14)는 말씀대로이다. 그렇다면 하나님의 형상을 가진 우리들도 어느 정도는 스스로를 다스릴 수 있어야 한다. 그것을 위하여 예수 그리스도를 우리에게 보내 주셨고 본을 삼게 하셨다. 따라서 하나님의 형상을 회복해 가는 인간들은 반드시 자기의 바른 관리가 바로 예수 그리스도를 닮아가는 한 부분인 것을 마음 깊이 새겨야 한다.

반대로 말한다. 담임목사가 스스로를 잘 다스리지 못하여 교회가 파괴된 일들이 얼마나 많은가? 사실 목사의 자기관리는 그만큼 긴급한 일이다.

필자도 여러 가지 유혹을 많이 받아온 사람이다. 그러나 스스로 자기관리에 엄격하여 왔으므로 큰 실수는 없이 여기까지 달려왔다. '나는 선한 싸움을 싸우고 나의 달려갈 길을 마치고 믿음을 지켰으니'(딤전 4:7) 하신 말씀을 기쁨으로 외울 수 있게 되었다. 사역 전반에 걸쳐 자기관리를 위한 여러 지침을 작성해서 생활화했거니와 여기 자기관리를 위한 기본적 지침 몇 가지를 소개한다. 이것은 나의 인생표어요 목회표어인 "예수님처럼, 꼭 예수님처럼"을 풀어 놓은 것들이다.

2. 나의 '하나님의 사람 되기' 지침(딤전 6:11)

1) 내 몸과 영혼을 창조하여 주신 분이 하나님이심을 상기하고 그 분의 좋은 도구로 쓰임 받도록 최선을 다한다. 2) 예수님이시라면 어떻게 할 것인가를 생각하여 결정하고 행동하도록 노력한다. 3) 성령 충만한 생활을 하도록 기도하는 일과 말씀 연구하는 일에 힘을 기울인다. 4) 설교준비는 무엇보다도 먼저 나 자신에게 감동이 오고, 영혼의 좋은 양식이 되고, 내 인간 전체를 변화시키는 일에 초점을 둔다. 5) 다른 사람과 대화할 때에는 그들의 화제에 참여하면서도 하나님의 말씀을 결정적 순간에 제시하는 일에 유의한다. 6) 하나님이 주신 사명을 (1)성결대명, (2)사랑대명, (3)선교와 교육의 대명으로 설정하고 이를 위하여 나 자신을 기꺼이 제물로 드릴 때 하나님의 사람으로 되어 간다는 것을 확신한다. 7) 시간과 물질사용의 우선순위를 (1)하나님을 위하여, (2)가족, 성도, 동역자를 위하여, (3)연약한 자들을 위하여, (4)믿지 않는 자들을 위하여, (5)나 자신을 위하여로 정한다. 8) 무슨 일에 있어서나 하나님께서 무엇을 혹은 어떻게 말씀하시는가를 주의 깊게 보살핀다. 9) 속사람을 깨끗하게 하는 일에 힘쓰고 생각을 단순화시킴으로

하나님의 말씀과 하나님의 생각을 담아 놓은 그릇이 되게 한다. 10) 무슨 일이나 자기 힘으로 하려 하지 말고 하나님의 힘을 사용하도록 힘쓴다. 11) 예수님께서는 다른 종교 신도들을 위하여서도 십자가를 지셨으므로 겸손한 자리에 서서 그들에게도 사랑을 베풀도록 노력한다. 12) 세상 사람들이 짓고 있는 죄악들이 항상 내가 짓고 있는 죄임을 자각하고 회개한다.

사람은 누구에게나 자기에게는 관대하게 평가하고 남에게는 가혹하게 평가하는 고질적 습관이 있다. 필자도 그런 악습의 포로이다. 그것은 여러 형태의 비판을 받아 왔지만 그런 비판이 모두 다 근거가 없거나 혹은 과장증폭된 것만은 아니다. 다만 하나님의 영광을 크게 가린 일은 없다는 정도라고 자평할 뿐이다. 남가주 교계가 어지러울 때에 완강히 사양했음에도 불구하고 〈교회공신력향상위원회〉 위원장으로 선임되어 사역했고, 목회현장에서 은퇴한 뒤 5년이 지나서도 '건강한 목회자 건강한 교회'를 줄기차게 말할 수 있는 목사가 된 것으로 하나님 앞에 감사드린다. 하나님의 사람, 예수 그리스도의 사람, 성령의 사람이 되도록 자기관리를 철저히 했던 열매가 있어 '인정받는 일꾼'(딤후 2:15)으로는 평가받은 정도가 되었을 뿐이다. 그런 평가는 '목회자 윤리강령'의 초안자로도 사역할 수 있는 기반을 제공했다.

목회자 윤리강령

주 예수 그리스도의 부르심을 받아 영혼관리의 귀중한 책임을 맡은 우리는 그리스도를 본받는 목회자가 되기 위하여 다음과 같은 윤리를 힘써 실천하여, "하나님의 인정받는 일꾼"(딤후 2:15)이 되도록 전심전력하기로 다짐한다.

1. **목사안수의 신성성** 우리는 목사안수제도의 신성성을 믿는 까닭에 반드시 정당한 절차를 거쳐 목사로 안수 받으며 계속하여 자질 향상에 힘써 노력한다.

2. **공동목회** 우리는 모든 개체교회가 하나님의 나라에 그 모습이 감추어진 전체교회의 한 부분임을 믿는 까닭에 개체교회 사이에 소모적 경쟁을 즉각 중지하고 오히려 이웃 교회끼리 서로 사랑하고 협력하여 공동목회를 실현하도록 협력한다.

3. **깨끗한 사생활** 우리는 목회자의 사생활이 거룩하고 깨끗하여 썩어져 가는 세상에서 소금이 되고 그리스도의 빛이 되기에 힘쓰며, 우리가 강단에서 선포한 말씀대로 생활현장에서도 삶과 행동으로 설교할 것을 다짐한다.

4. **이단과의 투쟁** 우리는 그리스도의 몸된 교회를 의도적으로 파괴하는 적그리스도 세력 및 사이비 이단자들과는 온 교회가 힘을 합하여 순교의 각오로 투쟁에 나선다.

5. **성직악용자의 권징** 우리는 순수하지 못한 동기로 성직자의 이름을 악용하는 사람이 발견되면 그런 행동을 중지하도록 그들에게 강력히 권면 경고함으로써 교회의 거룩성을

보존하도록 노력한다.

6. **건강한 신학교육** 우리는 신학교육이 바르게 되어야 교회가 바르게 됨을 믿는 까닭에 우리 주 예수 그리스도의 열두 제자 교육을 모범삼아 하나님께 인정받고 사람에게도 칭찬받는 교회지도자를 육성하도록 헌신한다.

7. **일치운동** 우리는 성삼위 하나님께서 본체에 있어 일체되시고 사역에 있어 아름다운 조화를 이루신 것을 모범삼아 건전한 교회와 성도가 혼연일체 되어 하나님 나라 확장에 함께 협력한다.

(이 윤리강령은 필자가 1985년 남가주한인교회협의회 총무로 섬길 때에 임원회의 위임을 받아 초안한 것을 보완하여 확정 선포되었다. 그 뒤 2004년 4월에 수정을 거쳐 그 단체의 공인문서가 되었고 다른 지역에서도 활용했다. 따라서 이 문서는 필자의 자기관리지침이기도 하다. 출처: 논문집 III, 642)

목사의 탈진과 회복

탈진(脫盡, burning out)이 목회의 가장 큰 적이라는 주장들이 있다. 특히 담임목사가 탈진하게 되면 교회가 탈진하게 되기 때문이다. 따라서 '싱싱한 목회'가 되려면 탈진을 막아야 한다.

1. 탈진의 성경적 사례

1) 예수 그리스도께서도 인간 예수로서는 탈진의 위기가 있으셨다. 사례가 많지는 않으나 그래도 몇 가지 경우를 볼 수 있다. 가령, 세례 요한이 체포되었다는 소식을 듣고 갈릴리로 물러가셨다(마 4:12)는 것이나, 많은 무리가 몰려오는 데도 예수님께서는 "물러가사 한적한 곳에서 기도하셨다"(눅 5:16)는 기록은 역시 탈진하신 모습을 보여 준다.

2) 특히 겟세마네 동산에서의 기도는 탈진의 위기와 처절하게 대결하시는 모습이었다.

-내 마음이 매우 고민하여 죽게 되었으니 너희는 여기 머물러 나와 함께 깨어 있으라.(마 26:36)

3) 구약성경에도 탈진사례가 있다. 아브라함이 남방 이집트로 내려간 것은 하나님의 축복약속 곧 땅을 주리라, 자손을 주리라, 복을 주리라는 언약이 오래도록 실행되지 않는데서 온 탈진이라는 해석이 있다. 오히려 가나안 땅에 기근만 심했으니 그럴 만도 했다.(창 12:10-20) 아내 사라를 빼앗기고, 자신의 생명도 위태한 것을 깨닫고 정신이 번쩍 들었던 모양이다.

4) 모세의 장인 이드로는 사위가 혼자서 독점하여 재판하느라고 탈진해 있는 모습을 보게 되었다.(출 18:13-26) 그리고 그 해결책으로 천부장, 백부장, 오십부장, 십부장을 임명하여 백성을 조직 안에 배치하고 재판의 경중을 따라 분담시켰다.

5) 엘리야는 갈멜산 대결의 큰 승리 후에 완전히 탈진한 모습이었다. 광야로 하루길 쯤 가서 로뎀나무 아래에 앉아서 자기가 죽기를 원하여 이르되, "여호와여 넉넉하오니 지금

내 생명을 거두시옵소서" 하고 대들었다.(왕상 19:4) 그는 '바알에게 무릎 꿇지 아니한 칠천 명이 있다'(왕상 19:18)는 하나님의 말씀을 듣고 탈진으로부터 회복되었다.

2. 개체교회 담임목사의 탈진과 회복

탈진의 관리는 담임목사의 자기관리의 한 부분이다. 우선 탈진상태가 느껴지면 무엇인가 조치를 하도록 해야 한다. 너무 늦어지면 결국 영적 손실이 크고 교회목회가 손상을 입게 되기 때문이다. 다음과 같은 회복방안을 생각할 수 있다.

1) 탈진의 원인을 분석하여 제거하도록 한다. 그 원인이 교회사역일 때도 있고, 인간관계일 때도 있고, 가정사일 때도 있고, 재정위기일 때도 있고....무엇보다도 하나님과의 관계일 때도 있고, 자신과의 싸움일 때도 있다. 그 원인이 자기 안에 있거나, 자기 밖에 있거나 혹은 안팎 모두에게 있거나이다. 2) 조용한 곳에 가서 조용한 시간을 갖고 말씀을 읽으며, 기도하며, 생각하는 시간을 갖는다. 하나님의 음성을 들을 수 있으면 효과 만점이다. 3) 자주 육신적 질병이나 피곤이 탈진을 불러오기도 한다. 그런 점에서는 몸 관리를 잘해야 한다. 4) 수영, 걷기, 달리기, 골프, 낚시 등 몸에 알맞은 운동을 한다. 5) 자동차를 몰고 사막이나 산이나 한적한 곳을 드라이브 한다. 6) 좋은 선배를 만나 멘토링을 받는다. 7) 성령의 충만을 받도록 영성강화를 도모한다. 8) 첫 번 소명을 다시 불붙여 살린다. 9) 아무것도 하지 않은 채 그냥 휴식한다. 10) 여행이나 관광을 간다. 시장 같은 삶의 활기가 넘치는 곳을 돌아보는 것도 방법이다. 11) 안식기간을 갖는다. 한 주, 두 주, 한 달, 혹은 석 달....이 기간 동안 특별한 훈련을 받든지 책을 읽든지, 혹은 책을 쓰든… 12) 사역의 방향전환 등 큰 결단을 하는 기회로 삼을 수도 있다. 13) 아무튼 하나님과 사람 앞에, 특히 가족과 자신 앞에 '싱싱한 사역자'가 되도록 의지적으로 자신을 뉴모델링(new modeling)하는 기회로 삼는다. 이것은 다시금 십자가를 지겠다는 결단에서 나온다.

목회자 지도력 자기 평가표

목회자 세미나 강사로 초청받은 일이 꽤 많이 있었다. 개체교회의 〈한 영혼 살리기 말씀 축제〉를 인도하게 되면 그 교회의 교역자들을 대상으로 목회세미나를 했다. 그 지역 연합집회에서는 목회자 세미나가 대체로 꼭 열렸다. 각 교단의 교역자 모임에서도 목회자 세미나에 초대를 받았다. 교회가 '생산적인 자립교회'에 들어서게 되었기 때문이었다. 특히 "신학 있는 목회, 목회 있는 신학"이라는 표어가 목회자들의 눈을 끌어당겼다. 게다가 목회에 관하여 많은 조각글도 썼고, 저서도 출판했다. 목회도 늘 실험목회라는 시각에서 창의적으로 해보았다. 한 가지 더 있다. 성결교회 목사로서 비교적 깨끗한 이미지를 지니고 있었다. 한 가지 모자람도 있었다. 목회자 세미나에 가면 '돈을 받는 강사'가 아니라 '돈을 내는

목회자 지도력 자기 평가표

소명감 하나님이 보내신 지도자라는 소명감이 항상 투철한가.
지도자 이미지 목회자로서의 자신의 지도자적 영상(image)이 뚜렷한가.
비전과 달성목표 목회에 있어서 달성해야 할 비전과 계획이 명확하게 제시되고 있는가.
목표성취적 의지 세워 놓은 목표와 계획을 머리가 두 쪽이 나더라도 반드시 달성하겠다는 의지와 적극성이 있는가.
영성 은혜의 도구를 활용하여 영력을 충만히 받기에 항상 힘쓰는가.
목회의 동기 영혼을 사랑하고 구원하려는 동기가 불타오르는가.
효율성 조직을 통하여 목표를 달성하며 책임분담과 재량권을 적절히 주는가.
신뢰성 성도들의 존경과 사랑을 넉넉히 받고 있는가.
사기진작과 재정공급 책임 맡은 성도를 잘 훈련시키며, 격려하며, 필요한 정보와 재정을 충분히 공급하는가.
문제해결능력 문제해결형 지도자가 되도록 노력하는가.
지도력 형태 현상 유지형이기보다는 개발확장형 지도자가 되도록 노력하는가.
자기개발 주님을 모범지도자로 항상 흠모하고 따르려는가.
과업우선순위 우선과업 중시(task-oriented)보다는 사람 중시적(people-oriented) 지도력을 개발하는가.
롤 모델 모든 일에 양무리의 본이 되어 선한 목자이신 그분을 닮아가려고 땀을 흘리는가.
상황적응능력 상황에 따라 계속과 변화의 원리를 적용하는 자기변형능력(self-transforming ability)이 있는가.
추종자와의 관계 성도들에게 무엇인가를 항상 주어야 한다는 의식을 지니고 있는가.
추종자 동기 파악 성도들이 자기를 따르는 동기를 명확히 알고 그것을 활용하는가.
성경적 섬김지도력 섬김의 동기(serving motivation)가 명확한가.
사고력 개발)사고력을 항상 개발하기에 힘쓰고 새로운 시각을 갖추기에 노력하는가.
동원능력 사람을 설득하고, 의사소통하고, 동원하는 능력이 있는가.
지도자 개인특성 포용력과 함께 선도적, 정력적, 활동적, 공격적, 모험적, 적극적 인성을 갖추었는가.
전문성 모든 사역 분야에 있어서 전문적 식견과 기술을 습득하여 가는가.
도덕성 성숙한 신앙과 고매한 인격형성에 항상 힘쓰는가.
갈등조정 성도들의 동향을 항상 파악하며 성도간의 갈등을 조속히 해결하는가.
지도력 자가평가 지도자로서의 자신을 객관화시켜 평가하고 약점을 보완하기에 주의력을 기울이는가.

손 큰 강사'가 되어야 하는데 그건 많이 못했다.

아무튼 그 같은 여러 목회자 세미나에서 사용한 자료 하나를 덧붙인다.(482쪽) 이미 이 책 여러 군데서 부분적으로 언급해서 중복은 되지만 그래도 한 번 읽어서 약효를 얻게 될 것으로 확신한다. 그 자료가 바로 〈목회자 지도력 자기 평가표〉(Self-Evaluation Sheet for Pastoral Leadership)이다. 성경적 기초, 교회사적 기초, 지도력 이론 등을 종합하여 100점 만점으로 하고 25개 문항을 제시했다. 한 문항에 1-4점을 배정했다.

이 같은 25개의 문항은 그 배경에 여러 이론을 가지고 있다. 그러나 단순하게 말한다면 예수 그리스도 바로 그분을 닮아가는 과정이다.

목사의 자기관리의 함생목회적 의미

위대한 사람들은 자기 자신을 바르게 깨닫는다. 소크라테스의 "너 자신을 알라"가 그래서 명언이다. 그 자신이 자기를 아는 일에 전심전력했다는 뜻이다. 그러나 자기를 잘 아는 사람보다 더 위대한 사람이 있다. 자기 자신을 잘 관리하는 사람이다. 자기 자신을 올바르게 육성하는 사람이다. 그래서 공자는 정기정인(正己正人)이라 했다. 자기를 바르게 한 연후에 다른 사람을 바르게 가르친다는 뜻이다. 곧 다른 사람을 바르게 가르치기 위하여 자신을 먼저 바르게 한다고도 풀 수 있다.

사도 바울은 그런 점에서 자기관리에 철저했던 모범이었다. "온전히 담대하여 살든지 죽든지 내 몸에서 그리스도가 존귀하게 되게 하려 하나니 이는 내게 사는 것이 그리스도니 죽는 것도 유익함이라."(빌 1:20-21)는 말씀이 무엇을 뜻하는가. 감옥에서 언제 죽을지 모르는 삶을 살아가면서 그리스도 예수께서 존귀하게 되도록 자신을 철저히 관리했다는 뜻이다. 그는 날마다 죽고(고전 15:31) 날마다 새로 태어나도록 자기를 관리했다. 하나님께 쓰임 받는 좋은 그릇이 되기 위함이다.(딤후 2:21) "우리의 겉 사람은 낡아지나 우리의 속 사람은 날로 새로워지도다."(고후 4:16)는 말씀 그대로다.

예수님께서는 가끔 폭언 수준의 강력하고 도전적인 언어를 사용하셨다. 어떤 경우일까. 지옥과 관련된 일이 두드러진다. 결단코 지옥에 가서는 안 된다는 뜻이다. 또 하나는 성경학자들(서기관)과 바리새파 사람들이다. 그들에게도 '화 있을진저' 하고 저주를 퍼부으셨다.(마 23:10-13) 그들이 지도자급인데도 바른 길에서 심하게 벗어난 자들이었기 때문이다. 예수님께서는 먼저 자기 눈의 들보를 뺀 뒤에 남의 눈의 티를 뽑으라는 원리를 강조하신 분이시다. 따라서 지도자로서 자신을 바르게 관리하셨을 것을 확인할 수 있는 대목이다. 그리고 지도자는 저주를 받지 않도록 항상 자신을 새롭게 만들어야 한다는 경고이시다.

목회의 걸림돌과 디딤돌
목회자의 자기 분석

사역에는 걸림돌(stumbling stone)들도 있고 디딤돌(stepping stone)들도 있다. 걸림돌은 역기능(reverse function 혹은 malfunction)을 뜻하고 디딤돌은 순기능(function)을 뜻한다. 그러나 역기능에도 건설적 역기능이 있고 파괴적 역기능이 있다. 순기능에도 파괴적 순기능이 있고 건설적 순기능도 있다. 사도 바울이 로마로 재판 받으러 가는 도중에 유라굴로라는 미친 풍랑을 만났던 것과 같은 걸림돌들이 어찌 없겠는가(행 27장). 그러나 이런 걸림돌이 오히려 하나님께서 그 배 안에도 함께 계심을 깨닫고 전도하는 기회가 되었고, 그래서 디딤돌이 되기도 했다. 따라서 지혜로운 사역자는 걸림돌을 디딤돌로 만드는 일에 익숙해 있다. 그래서 "모든 것이 합력하여 선을 이루느니라"(롬 8:28)는 말씀을 붙들고 자주 기도하게 된다. 도덕경의 표현을 빌면 유무상생(有無相生)이고 난이상성(難易相成)이다. 그리고 헤겔의 정반합의 변증법 원리나 이열치열(以熱治熱), 그리고 과정신학에서 새로운 것을 생성해 내기 위한 악의 역할론도 참고가 된다.

예수 그리스도의 사역원리

1. 걸림돌들

예수님에게도 사역의 걸림돌(stumbling stone)들이 많이 있었다. 걸림돌이란 예수님의 사역을 방해하는 것들을 뜻한다.

예수님에게는 우선 가족과 친척들이 걸림돌이었다. 친척들 사이에는 예수님이 미쳤다고 믿는 이들이 있었고 형제들은 믿지도 않으면서 예수님에게 쓸데없는 압력을 가하기도 했다. 그리고 어머니 마리아도 역시 걸림돌이 되는 때가 있었다.

-예수의 친족들이 듣고 그를 붙들러 나오니 이는 그가 미쳤다 함일러라.(마 3:21) -포도주가 떨어진지라 예수의 어머니가 예수에게 이르되 저들에게 포도주가 없다 하니, 예수께서 이르시되 여자여, 나와 무슨 상관이 있나이까? 내 때가 아직 이르지 아니하였나이다.(요 2:3,4) -그 형제들이 예수께 이르되 당신이 행하는 일을 제자들도 보게 여기를 떠나 유대로 가소서. 스스로 나타나기를 구하면서 묻혀서 일하는 사람이 없나니 이 일을 행하려 하거든 자신을 세상에 나타내소서 하니 이는 그 형제들까지도 예수를 믿지 아니함이러라.(요 7:3-5)

동족들이 예수님 사역의 걸림돌이 되었다.

-그들이(유대인들이) 돌을 들어 치려하거늘 예수께서 숨어 성전에서 나가시니라.(요 8:59) -유대인들이 다시 돌을 들어 치려하거늘.(요 10:31)

제자들도 자주 예수님 사역의 방해꾼 노릇을 했다. 그 가운데 베드로, 유다의 돌출행동이 많았다.

-예수께서 돌이키시며 베드로에게 이르시되, 사탄아 내 뒤로 물러가라. 너는 나를 넘어지게 하는 자로다. 네가 하나님의 일을 생각하지 아니하고, 도리어 사람의 일을 생각하는도다.(마 16:23) -제자 중 하나로서 예수를 잡아 줄 가룟 유다가 말하되, 이 향유를 어찌하여 삼백 데나리온에 팔아 가난한 자들에게 주지 아니하였느냐 하니, 이렇게 말함은 가난한 자들을 생각함이 아니오, 그는 도둑이라, 돈궤를 맡고 거기 넣는 것을 훔쳐 감이러라.(요 12:5-6)

대제사장, 제사장, 장로, 공회의원, 서기관, 헤롯왕, 빌라도 총독, 로마군인 등이 예수님의 사역을 철저히 방해했다. 그리고 마침내 그들의 합세로 인하여 십자가에 처형되셨다.

-대제사장들이 나사로까지 죽이려고 모의하니, 나사로 때문에 많은 유대인이 가서 예수를 믿음이러라.(요 12:10-11) -이에 헤롯이 박사들에게 속은 줄 알고 심히 노하여 사람을 보내어 베들레헴과 그 모든 지경 안에 있는 사내아이를 박사들에게 자세히 알아본 그 때를 기준하여 두 살부터 그 아래로 다 죽이니.(마 2:16) -본디오 빌라도에게 고난을 받으사 십자가에 못 박혀 죽으시고.(사도신경)

바리새파, 사도개파, 심지어는 세례자 요한을 따르는 무리들도 걸림돌이 되었다.

-이에 바리새인들이 가서 어떻게 하면 예수를 말의 올무에 걸리게 할까 상의하고.(마 22:15) -부활이 없다고 주장하는 사두개인 중 어떤 이들이 와서.(눅 20:27)

이 같은 여러 형태의 걸림돌은 근원적으로는 사탄의 역사였다. 사탄은 하나님의 일을 방해하는 것을 사명으로 삼고 있기 때문이다.

-이에 예수께서 말씀하시되, 사탄아 물러가라. 기록하였으되 주 너의 하나님께 경배하고 다만 그를 섬기라 하였느니라.(마 4:10) -사탄아, 내 뒤로 물러가라. 너는 나를 넘어지게 하는 자로다.(마 16:23) -그들에게 왕이 있으니 무저갱의 사자라. 히브리어로는 그 이름이 아바돈이요 헬라어로는 그 이름이 아볼루온이더라.(계 9:11) '아바돈'이나 '아볼루온'은 둘 다 '훼방꾼'이라는 뜻이다.

2. 디딤돌들

예수 그리스도의 사역을 돕는 디딤돌들도 있었다. 예수님께서 몸이 건강하시다는 것이 목회의 큰 자산이었다. 그리고 인성이나 영혼의 건강은 물론 좋은 디딤돌이었다. 구약성경 연구와 유대인의 삶이 사역의 큰 도움이 되었다.

그리고, 어린이들이 예수님을 도왔고 여자들이 예수님의 사역에 협력자가 되었다.

-또 성전에서 소리 질러 호산나 다윗의 자손이여 하는 어린이들을 보고.(마 21:15) -또한 악귀를 쫓아내심과 병 고침을 받은 어떤 여자들 곧 일곱 귀신이 나간 자 막달라인이라 하는 마리아와 헤롯의 청지기 구사의 아내 요안나와 수산나와 다른 여러 여자가 함께 하여 자기들의 소유로 그들을 섬기더라.(눅 8:2-3)

특히 예수님에게 숙소와 음식을 제공하던 가정들이 있었으니, 가령, 마가의 어머니, 마르다와 마리아가 있었다. 예수님에게 은혜를 받은 사람들도 예수님 사역의 디딤돌이 되었다.

-그(베드로의 장모)의 손을 만지시니 열병이 떠나가고 여인이 일어나서 예수께 수종들더라.(마 8:15) -만일 누가 너희에게 왜 이렇게 하느냐 묻거든 주가 쓰시겠다 하라, 그리하면 즉시 이리로 보내리라.(막 11:3) -마르다라 이름하는 한 여자가 자기 집으로 영접하더라.(눅 10:38)

예수 그리스도의 십자가 처형 때에 도와 준 사람들도 있었다. 구레네 사람 시몬이 잠시나마 대신 십자가를 졌으며(마 27:32), 숨은 제자요 공회의원인 아리마대 사람 요셉은 자신이 쓰려던 새 무덤을 제공했다. 그리고 니고데모는 시체에 바를 향유를 마련했다.

-아리마대 사람 요셉은....빌라도가 허락하는지라 이에 가서 예수의 시체를 가져가니라. 일찍이 예수께 밤에 찾아왔던 니고데모도 몰약과 침향 섞은 것을 백 리트라쯤 가지고 온지라, 이에 예수의 시체를 가져다가 유대인의 장례법대로 그 향품과 함께 세마포로 쌌더라.(요 19:38-40)

이 밖에도 예수님의 사역을 돕는 많은 디딤돌들이 있었다. 근원적으로는 하늘에 계신 아버지 하나님과 성령 하나님이 항상 도우셨고 자주 천사들도 디딤돌이 되었다.

-천사가 하늘로부터 예수께 나타나 힘을 더하더라.(눅 22:43) -너는 내가 내 아버지께 구하여 지금 열두 군단 더 되는 천사를 보내시게 할 수 없는 줄로 아느냐? (마 26:53)

개체교회 목회의 사례

크리스웰(W. A. Chriswell) 목사는 달라스제일침례교회 담임목사였다. 그는 여러 시각에서 성공적 목회자로 평가받기에 넉넉한 지도자였다. 그가 남긴 〈Criswell's Guidebook for Pastors〉 (크리스웰 목회자 지침서)는 목회자들에게 지금도 매우 유익한 참고도서가 되고 있다. 그는 마지막 장에서 "목사의 해야 할 일 (Do's)과 해서는 안 될 일(Don'ts)을 말하고 있다. 이와는 조금 다르지만 목회자의 걸림돌과 디딤돌과 많이 연관되는 주제이다.

1. 걸림돌들

환경으로부터 오는 걸림들들이 여럿 있었다. 우선 미주이민교회 사역은 치열한 경쟁 속에서 해야 되기 때문에 그것이 걸림돌이다. 결국 한국말 사역이고 코리언들을 대상으로 하는 사역인데 교회 수는 많고 예수 믿지 않는 한인들은 별로 없는 것이 걸림돌이었다. 가끔 한국에 나가보면 한국 사람들이 어찌 그리도 많은지 부럽기 짝이 없다.

그렇기 때문에 교회들이 갈등과 분쟁이 심하고 결국 다른 교회 신자 갈라가지고 나와서 목회를 해야 되는 것이 자신의 지성과 양심과 성품에 전혀 맞지 않았다. 그래서 1979년에 전도사로서 첫 교회로서 〈코비나성결교회〉를 개척했을 때 한인교회가 전혀 없는 도시를 선택하여 개척을 깃발을 꽂게 되었다.

성결교회라는 것이 상당히 심각한 걸림돌이었다. 성결교회가 무슨 교단이냐고 묻는 사람들이 많았고 긴 설명을 하는 것이 피곤했다. 장로교회라면 묻지 않았다. 감리교회나 침례교회도 묻지 않았다. 심지어 순복음교회도 크게 따지지 않았다. 그러나 성결교회는 대부분 설명을 요구했다. 그만큼 교단 이름이 홍보되지 않았다는 뜻이다.

"목사님이 장로교회를 하셨으면 큰 사역을 하셨을 터인데요."

그런 말을 여러 사람에게서 들었다. 그러나 기독교 장로회 소속교회에서 5년 간 신앙생활을 했어도 장로교회 간판 걸 생각은 전혀 안 했다.

성결교회 성도들은 교단에 대한 애착이나 성결신앙에 대한 충성도가 매우 약했다. 한국성결교회에서 서울신학대학의 교수하시던 분들이나 성결교회에서 안수 받고 군목으로 사역했던 분들도 상당히 많이 독립교회나 다른 교단의 간판을 걸고 사역을 했다. 어떻든 필자의 경우 성결교회에 대한 충성이 걸림돌이 되었다.

게다가 미국에는 미국인들의 성결교회가 없었다. 〈오엠에스 선교회〉 곧 교단이 아닌 선교단체가 한국에 성결교회를 개척했기 때문이다. 그래서 감리교회나 장로교회 그리고 침례교회에는 미국교단에서 교회개척을 할 수 있는 시설을 제공받았고, 재정도 최저생활비 정도를 보조받았다. 그러니 성결교회가 그들과 경쟁한다는 것은 감히 생각할 수가 없었다.

걸림돌은 밖에 있는 것만이 아니다. 오히려 나 자신에게 있었다. 평생 교육자로 살겠다고 다짐했고 또 대학교수 출신이었던 점, 학문에 대한 취향이 강한 점 등이 "목양일념"(牧羊一念)을 철저히 가로 막았다. 아니, 무엇보다도 목사로 부르심 받을 때에 앞서 말했듯이 개체교회 담임목회가 아니었다. 그래서 자주 하는 말이 있다.

"저는 평생 부업목회를 하고 있습니다."

나 자신이 받은 은사가 목회에 적합하지 않았다. 우선 방언의 은사를 소년시절에 간절히 구했으나 결코 체험하지 못했다. 게다가 뜨거운 가슴보다는 논리적으로 생각하는 두뇌가 훨씬 작동을 잘 했다. 지성의 사람 되는 것을 정서의 사람 되는 것보다 더 희망했고 잠재능력도 그랬다. 게다가 사람을 좋아하기보다는 일하는 것을 더 좋아했다. (not people-oriented but task-oriented). 심방보다는 책 읽기와 생각하기, 그리고 무엇보다도 글쓰기에 빠져 있었다.

이런 것들이 은혜 없는 설교를 하는 목회자로 평가받게 되었고 그것이 목회자로서의 큰 고민이었다. 게다가 온유한 성품을 가졌기에 수줍음을 많이 타고, 여호수아처럼 강하고 담대하지 못해서 사령관 형의 지도자가 될 수 없는 태생적 한계가 있었다.

그러고 보니 목회의 핵심분자들을 육성하지 못했다. 죽으라면 죽는 시늉이라도 하는 사람이 열한 사람은 되어야 한다는데 그것은 나와는 상관없는 말이었다.

그런 걸림돌들 때문에 자신이 개척한 유니온교회인데도 세 번이나 떠나겠다고 결심했었고 한 번은 정말 15개월을 떠나 있었고 다른 목회자가 와서 사역을 했었다.

굳이 자신의 사역을 성공과 실패라는 말로 평가한다면 무어라 할까? 실패도 아니고 성공도 아니라고 할까, 아니면 실패이면서 성공이라고 할까. 아니, 남들은 성공이라고 하는데 나 자신은 실패라고 자인할 수밖에 없겠다.

2. 디딤돌들

몸이 건강한 것이 큰 도움이었다. 담임목사는 어떤 경우에도 버틸 수 있을 만큼 우선 몸이 건강해야 한다. 어릴 때 잔병을 많이 앓았으나 청년시절부터는 건강에 무슨 경고를 받은 적은 별로 없었다.

평신도 생활을 오래도록 한 것이 디딤돌이었다. 교회 직분은 '여전도회장' 빼고는 모두 거친 셈이었다. 38세 될 때까지 중고등부 회장, 청년회장, 집사, 장로, 전도사, 목사, 그리고 교단 총회장도 거쳐 온 것이 사역에 많은 도움이 되었다. 여전도회장은 장로시절 아내가 했었기에 부부는 한 몸이니까 그것 역시 체험한 셈이 된다. 이는 평신도의 눈높이를 이해하고 항상 그들이 가진 언어로 설교하는 일에 장점이 되었다.

인간이해에 대하여 폭넓은 식견을 가진 것이 목회의 디딤돌이 되었다. 사범대학과 교육대학원을 거쳤고 기독교교육학 교수였기에 "목회인간학"(pastoral anthropology)에 대하여서도 평균을 넘는 이해를 가지고 있었다. 신학적 인간학, 철학적 인간학, 교육학적 인간학, 심리학적 인간학에 관한 공부는 꾸준하게 해 온 셈이다.

전문 사역자가 되는 강력한 소명을 체험한 것은 무엇과도 바꿀 수 없는 디딤돌이다. 목회자나 교회지도자의 위기는 언제나 소명을 망각하거나 저버리는 경우인데 내 가슴에는 첫 번 받은 소명이 활활 불타오르고 있다.

의사소통(communication)에 익숙한 것이 디딤돌이다. 국어교육학이 대학과 대학원에서 전공이어서 교육은 기본적으로 의사소통이기 때문에 그 점이 사역에서 잘 활용되고 있다. 설교를 어렵다거나 못 알아들었다는 말은 할머니부터 어린 아이들까지 한 번도 들어본 일이 없다. 오히려 '재미있고 졸리지 않은 설교'라는 말은 자주 들었다. 특히 교육은 학생들을 변화시키고, 성장시키고, 확장시키는 일을 목적으로 하기 때문에 사역과 겹치는 부분이 매우 넓다.

목회 후반부에는 이름값이 있다는 것 곧 명성이 디딤돌이 되었다. 일간신문에도 자주 나고 전파/영상 미디어에도 빈번하게 출연하게 된 것이 목회의 자산이 되었다. 그래서 어떤 성결교회 목회자는 성결교회가 무엇이냐고 묻는 다른 교파 사람에게, "이정근 목사님이 바로 성결교회 목회자이십니다"라고 말해준다는 사례도 있다. 그 사람은 더 설명을 요구하지 않고 머리를 끄떡인다고 했다. 목회를 하려면 명성관리도 잘해야 한다.

높은 헌신도 특히 재정헌신에 앞장 선 것이 목회자로서의 존경도를 높여주고 있다. 그런 이면에는 헌신적인 아내가 있기 때문이며 특히 아내가 전문직장을 가진 교사여서 가정재정을 기본적으로 마련해 놓기 때문인 점도 있다. 그 뿐 아니라 가정이 튼튼한 것도 큰 디딤돌이고 형제자매와 인척들의 협력도 목회사역의 큰 자산이다.

그리고 배우려는 마음이 강한 것이 디딤돌이라는 걸 첨부해야 한다. 차가운 이성이 뜨거운 감성보다 강하기 때문에 목회에 많은 고민이 있지만 그래도 배우려는 욕구(strong intention for learning)가 강한 것이 이를 보완하게 된다. 대중집회도 배워서 하고 있다는 것이 이를 웅변으로 증명한다.

그러나 사역에 있어서나 인생에 있어서나 걸림돌과 디딤돌은 동전의 안팎과 같다. 약한 데서 강하여지고 강한 데서 약하여지는 원리이기 때문이다.(고전 1:27) 그러므로 걸림돌을 디딤돌로 만드는 기술을 잘 익혀야 되겠다.

목회자가 되려면 다섯 가지 기초가 있다는 것을 여러 번 설명했다. 그것은 바로, 1)영성의 기초, 2)지성의 기초, 3)도덕성의 기초, 4)지도력의 기초, 5)전문성의 기초이다. 이것에 비추어 걸림돌과 디딤돌을 분석해 보면 필자는 영성적 기초와 지도력의 기초 두 가지가 바로 걸림돌이고, 나머지 세 가지 곧 지성, 도덕성, 전문성에는 디딤돌이 훨씬 많다고 진단하고 있다.

걸림돌과 디딤돌의 함생목회적 의미

목회는 걸림돌을 디딤돌로 바꾸는 기술이 매우 중요하다. 앞서 언급한 것처럼 그런 경험과 간증도 많이 있다. 그런 점에서는 예수님께서 모든 목회자들의 모범이 되신다. 어둠이 빛을 더 밝게 만든다는 원리이다. 그런 점에서 한 차원 높게 보면 걸림돌도 하나님의 선물이다. 실패가 더 큰 성공을 가져오고, 죄가 더 한 곳에 은혜가 더 많다(롬 5:20)는 원리이다. 따라서 목회는 걸림돌과 디딤돌의 함생에서 이루어진다.

그것을 베어 버리라

목회자와 색성 관리

그래도 말해야 한다

우선 용어이야기부터 해 보자. 성(性)이라고 할 때에는 그 뜻이 여러 가지이다. 우선 성품 혹은 바탕을 뜻할 때가 많다. 따라서 여기에서는 섹스(sex)를 의미하기 때문에 그것을 '색성'(色性)이라 번역하여 사용한다. 그것이 의사소통에 도움이 되기 때문이다.

'목회자와 성윤리'를 점검한다는 것은 매우 난처한 주제이다. 그런 이유가 몇 가지 있다. **첫째**, '비판을 받지 아니하려거든 비판하지 말라.'(마 7:1)는 말씀이나 혹은, '너희 중에 죄 없는 자가 먼저 돌로 치라.'(요 8:7)는 말씀 때문이다. 어느 누구도 '음욕을 품고 여자를 보는 자마다 마음에 이미 간음하였느니라.'(마 5:28)는 말씀에서 자유로울 수 없다.

둘째, 같은 목회목사로서 남의 흠을 말한다는 것이 도무지 신명나지 않는다. 색성은 내밀히 해야 하는 이야기 (hush-hush story)이지 공개적으로 말할 주제가 아니다. 특히 유교성향이 강한 한국교회 토양에서는 그런 걸 입에 올리는 것 자체가 스스로의 인격을 깎아내리는 일이 된다.

셋째, 다른 사람의 허물을 덮어주라는 것이 성경적 명령이기 때문이다.(약 5:20, 벧전 4:8) 설교할 때에는 심지어 우리 이름을 '김 덮어, 이 덮어, 박 덮어'로 바꾸자고 호소한 사람인데 남의 허물을 폭로한다는 것이 도무지 마음 내키지 않는다.

마지막으로, 색성문제는 증거를 찾기가 어렵다. '남자가 여자와 함께 한 자취는… 그가 먹고 그의 입을 씻음 같이' 전혀 발견되지 않는다.(잠 30:18-20) 색성범죄에 가담한 사람 치고 순순히 인정하는 사람이 누가 있던가. 금방 들통 날 일도 우선은 오리발을 내어 밀곤 한다. 그리고 그런 걸 실명으로 언급하면 자주 명예훼손으로 고소당하기도 한다.

하지만 그래도 말해야 한다. 만약 내가 말하지 않으면 돌들이라도 소리 지르게 된다.(눅 19:40) 목회자들의 색성범죄로 인하여 전도의 문이 막히고 교회가 와우아파트처럼 와르르 무너지는 것을 보면서 어찌 입을 다물고 있으랴. 모든 목회자들이 입을 다물고 있으면 방조자가 되고 공범자가 되는 것 아닌가. 그리고 "비판을 받지 아니하려거든 비판하지 말라"(마 7:1)는 말씀은 정확히는 비판 받을 것을 각오하고 비판하라는 뜻 아닌가.

1만 명을 지옥에 보내는 것 아닐까

목사들의 대형 사고는 곧 교회의 대형 사고가 된다. 1980년대 한국교회에는 외화밀반출사건이라는 초대형 사고가 터졌다. 한국교회사를 연구하는 이들은 그 사건을 계기로 한국교회 성장이 크게 둔화되었다고 지적한다. 그래서 추산한 것이 일백만 명의 영혼을 잃었다는 진단이다. 그 사건이 사실이건 조작되었건 결과는 그렇게 되고 말았다.

목회자들의 색성범죄는 그것만큼이나 파장이 엄청나게 크다. 한 영혼이라도 실족하게 하면 연자 맷돌을 목에 걸고 깊은 바다에 빠져 죽어야 한다(마 18:6). 하물며 목회자의 색성범죄는 그 여파가 일만 명 이상을 지옥에 보내는 나쁜 열매를 맺을 수도 있다. 그런데 어찌 입을 다물고만 있어야 할까.

미국에서는 지난 몇 년 동안에 천주교회 신자 1천만 명 이상이 개신교회로 교적을 옮겼다는 통계가 있다. 이것은 결코 개신교회가 마음에 들어서 일어난 현상이 아니다. 미국 천주교회에서 신부들의 색성범죄가 연속해서 터져 나왔던 것이 주원인이었다. 그것도 여성과의 스캔들이면 악영향이 그리 크지는 않았을 터였다. 신부가 환속하면 일단은 수습되기 때문이다. 그런데 신부들이 미성년 남녀들을 성폭행한 사건이 빈발했다. 몇 십 년 전의 사건까지 백일하에 드러나게 되었다. 그래서 그 피해자들이 손해배상을 청구하게 되었고 그 돈을 갚기 위하여 성전을 포함하여 교구의 전 재산을 다 팔아도 모자라게 되었다. 그래서 몇 개의 교구가 아예 파산신청을 내기도 했다.

이런 과정에서 천주교회의 이미지가 지옥까지 추락하게 되었고 양심 있는 신자들은 교회 출석을 거부하거나 개신교회로 옮겨 오게 되었다. 그런데 한국에서는 이와는 반대현상이 벌어지지 않았는가. 개신교회 목회자들의 대물림, 재산 빼돌리기, 교회분쟁, 색성범죄, 개체교회 이기주의 등으로 신자들과 비신자들의 '신뢰와 존경'을 잃어버리게 되니 신자들이 혹은 천주교회로 혹은 이단교회로 혹은 아예 사탄의 하수인이 되어 갔다. 그런데 어찌 침묵을 금으로 생각하며 자신만 성자연하겠는가.

"음란으로 망했던 소돔과 고모라가 먼 데 있는 게 아니라구요. 바로 우리 교회가 소돔이고 고모라입니다."

담임목사 스캔들로 인하여 교회가 문 닫을 정도로 황폐해진 어느 교회 장로의 말이었다. 정말 "너희를 어지럽게 하는 자들은 스스로 베어 버리기를 원하노라"(갈 5:12)는 말씀을 다시 생각할 정도라고 했다. 마치 '악성 종양'이 그리스도의 몸 전체에 퍼져나가는 꼴이 아니냐며 울분을 토했다.(딤후 2:17)

살아남을 수 있을까

필자는 미주한인교회에서 30년 넘게 사역을 했다. 그 동안 한인교회들이 목회자의 스캔들 문제로 갈등과 분열을 여러 차례 겪었고 심지어 문을 닫은 교회들도 꽤 있다. 그리고 언론들은 그런 사건을 잘 취급하지 않는다. 사건이 너무 복잡하고 또 그런 사건이 많아서 별 뉴스거리도 안 되었다.

그런데도 한 번은 어떤 일간신문이 '목자가 어린 양을 성폭행 했어요'라는 제목으로 큼직한 기사를 실었다. 50대 후반인 목사가 한국에서 20대 피아니스트를 초청하여 왔는데 미혼인 그에게 성폭행을 했다는 내용이었다. 피해자는 교회에서 영주권 신청이 되어 있어 항의도 못하고 울기만 했는데 신자들이 이를 언론사에 고발했단다. 그래서 교회협의회 언론대책위원장 자격으로 그 혐의자 목사를 만났다. 물론 전혀 사실 무근이라고 딱 잡아떼었다. 게다가, '당신들이 무언데 이 일에 간섭하느냐'며 오히려 무고죄로 고소하겠다고 대들었다.

"책임 있는 언론은 더 많은 확실한 자료를 손에 쥐고 있어도 조금만 기사화하지요."

신문기자생활을 했던 경험을 이야기해 주었다. 나도 이미 그 목사가 한국에서도 스캔들

전력이 있다는 정보를 가지고 있었다. 그는 얼마 뒤에 그 교회를 사임하고 다른 지역으로 멀리 옮겨 가서 다시 개척 사역을 했다. 한국의 어느 유명한 교회 이름 앞에 '미주'를 붙이고, 자신의 이름을 성경에 나오는 좋은 것으로 바꾸었다. 그러나 목회는 별로 시원치 않았다.

교회를 개척하여 단기간에 대형교회로 성장시킨 목사가 하루아침에 사임했다. 스캔들이 폭로되었기 때문이다. 시기는 다르지만 남가주에도 하나, 뉴욕에도 하나 있었다. 폭로되기 전까지는 많은 목회자들이 그들을 부러워했고 또 모범 목회자로 평가받고 있었다. 하지만 범죄 사실은 부인할 수가 없었다.

그런데 신자들 가운데는 색성범죄가 있어도 좋다며 그 목사를 죽기 살기로 따르는 무리가 있었다. 그래서 멀지 않은 곳에 새 교회를 개척했다. 그러나 둘 다 실패했다. 첫 번 모임에는 그런대로 꽤 몰려들었으나 둘째 주일부터 거품이 사리지기 시작했다. 그러더니 두 목사 모두 쥐도 새도 모르게 어디론가 잠적해 버렸다.

미국에는 한 때 텔레비전 부흥사들이 막강한 파워를 가지고 사역한 때가 있었다. 한 번 출연하면 적어도 돈을 몇 천만 달러 긁어모았다. 그들은 그럴듯한 프로젝트(사업계획서)를 하나님이 주신 비전이라며 내세워 헌금을 호소했다. 그런데 그 가운데 짐 백커 목사는 바로 그 여비서가 스캔들을 폭로했다. 피해 당사자의 폭로니까 꼼짝 못했다. 그래서 백커 목사는 하루아침에 지옥으로 떨어졌다. 그러더니 두 해쯤 지나 〈나는 회개한다〉(I Was Wrong)는 책을 써서 재기하여 한몫 보려 했다. 하지만 영영 실패자가 되었다.

그 백커 목사를 '주님의 옷에 묻은 암세포'라고 혹독하게 비판한 텔레비전 부흥사가 있었다. 스왜거트였다. 그런데 그도 인기가 절정인 때에 스캔들이 터졌다. 자신이 소유한 헬리콥터를 타고 창녀의 집을 출입한 장면이 사진에 찍혔다. 그에게 색성 서비스를 했던 창녀들이 이구동성으로 하는 말이 있었다. 꽃값에는 매우 인색하더란다. 아무튼 그도 자신의 잘못을 시인했고, 텔레비전 시청자들을 향하여 무릎 꿇고 용서를 빌었다. 정말 죄도 쉽게 짓고 회개도 쉽게 했다. 그러나 끝내 재기하지 못했다.

두 해 전쯤인가. 미국의 복음주의연합회 현직회장의 색성범죄가 탄로났다. 그는 콜로라도주에서 1만2천명의 신도를 이끄는 담임목사였다. 그리고 복음주의연합회도 매우 강력한 단체였다. 교계여론을 주도한 것은 물론 그래서 정치적 영향력이 기독교 단체 가운데 가장 컸다. 그런데 그가 교회를 대표하여 강력하게 투쟁한 논제가 바로 동성결혼허용 입법 결사반대운동이었다. 그런데 그가 바로 어떤 창남에게 색성 서비스를 받았다는 것이 백일하에 드러났다. 그는 연합회장도 사임했고 교회 담임목사직도 즉각 사임했다. 지금은 어디에서 무얼 하고 있는지 잘 모른다.

로스앤젤레스 코리아타운에 있는 대표적 한인교회가 그 담임목사의 색성범죄 여부로 시끌시끌했다. 신자들의 일부가 주일마다 피켓을 들고 시위를 했다. 중요 이슈는 40대 후반의 젊은 목사가 어느 여집사와 스캔들이 있다는 것이었다. 여러 달 갈등을 하다가 상회가 개입했다. 상회는 백인들을 비롯하여 다인종으로 구성된 조사위원회를 보냈다. 그래서 최종적으로는 그 목사를 면직하고 대기발령을 했다. 그런데 그 위원회에서는 스캔들에 대하여는 별로 대수롭지 않게 넘어갔다. 그러나 아내를 구타한 폭력은 용서받기 어렵다는 것이 미국인 목사들의 의견이었다. 한국교회와는 색성범죄에 대한 감도가 달랐다.

미주한인목회에서 교회를 개척하여 상당한 규모로 성장시킨 목사들이 은퇴한 뒤에 이런 저런 이야기들을 했다. 특히 목회 위기 극복의 간증들이었다.

어떤 날 갑자기 교회가 발칵 뒤집혔다. 담임목사가 얼마 전 어떤 호텔에서 묘령의 여성과 동침한 것을 두 눈으로 똑똑히 목격했다는 익명의 투서가 신자들 가정 가정마다 배달되었다. 그것도 어쩌다 한 번 실수가 아니라 '상습적'이라는 설명까지 첨부했다. 정말 하늘이 노래지도록 놀랐다. 전혀 사실 무근이라고 힘주어 말해도 신자들은 의아한 표정을 감추지 않았다. 무고죄로 법정에 고발하겠다는 엄포도 별로 약효가 없었다. 교인 주소가 나간 것으로 보아 부목사가 관련되었다는 심증이 갔지만 증거를 잡기도 어려웠다. 그렇다고 담임목사직을 사임하면 그런 소문을 인정하는 꼴이라 목회는 그것으로 영영 끝나게 된다. 정말 꼼짝 달싹할 수 없게 되었다. 그리고 한국에서 온 어떤 목사 내외를 만나려고 사모 없이 혼자서 그 호텔에 갔던 것은 사실이었다.

그런데 그 투서를 자세히 본 사모가 남편목사에게 공동총회를 소집해서 해결하자는 의견을 냈다. 하지만 남편 목사는 무슨 뚱딴지같은 소리를 하느냐며 일을 더 크게 만들지 말라고 신경질을 냈다.

"여보, 여기 보세요. 당신이 숨겨놓은 아이가 있다지 않아요. 공동총회가 모이면 제가 나서겠어요. 그 숨겨 둔 아기 데려오라고, 내가 기르겠노라고 하겠어요. 데려오면 당신이 망하는 거고, 못 데려오면 그 모함한 자들이 망하는 거니까요."

사모의 전략이 꼭 들어맞았다. 아무도 아기를 데려오지 못했다. 그리고 그 목사는 목회를 정년까지 은혜롭게 마치게 되었다.

"목사는 스캔들이 없도록 당연히 성결하게 살아야 되지요. 그러나 조작된 모함들을 지혜롭게 관리하는 것도 중요해요. 사모가 남편을 끝까지 보호하면 목사가 살아남고, 사모가 침묵하거나 혹은 사모가 직접 폭로하면 목사는 살아남을 길이 전혀 없지요."

인기 좋은 부목사와 장로 몇이 꾸며낸 음모에 작살날 뻔했던 목사가 내린 결론이었다.

색성범죄의 방지책이 있다면

목회윤리를 언급하게 되면 꼭 빠뜨리지 말아야 할 항목이 바로 '7계'이다. 목사론이나 목회론에도 그렇고, 기독교 윤리론에도 꼭 포함되는 메뉴이다. 지금은 1천300여 회원교회를 가진 남가주교회협의회가 1985년에 제정 공포한 '목회자 윤리강령'이 있었다. 필자가 초안했는데 목사 안수의 신성성, 공동목회 정신 함양, 깨끗한 사생활, 이단과의 투쟁, 성직 악용자 권징, 건강한 신학교육, 일치운동의 7개 항목에 관하여 언급했다. 그 가운데 7계 문제는 '깨끗한 사생활'에 포함되어 있다.

그런 까닭이 무엇인가. 그만큼 목회의 성패가 거기에 달려 있기 때문이다. 색성범죄는 그 자체가 우상숭배이기 때문에 엄격히 금지시켜야 한다. 그리고 혼자 짓는 범죄가 아니라 함께 짓는 범죄이기도 하고, 특히 가정이 연속적으로 파괴되는 그 악영향의 파장이 너무 크기 때문이다. 온 지구가 그물망으로 연결된 시대에 사는 지금, 목회자의 색성범죄는 교회를 송두리째 무너뜨릴 수 있는 사탄의 강력한 무기 아닌가.

게다가 목회자는 색성범죄의 유혹을 받기 쉬운 여건이 다른 직종에 비교하여 훨씬 많다. 여자 성도들 가운데 색성욕구의 좌절로 인한 내적 치유가 필요한 사람이 많다. 그런 여성과 상담이나 심방 혹은 안수기도를 해주어야 할 기회가 많다. 더욱이 여성들은 강단 위에서 있는 목사에게서 이상적 남편의 이미지를 발견하는 사례도 많다. 또 조작된 스캔들로 억울한 누명을 쓰는 경우도 빈번하다. 특히 의처증 환자 남편들은 생각보다 꽤 많지만 누구인지 알지 못하기 때문에 더 위험부담이 많다.

목회자들의 색성범죄에 관한 자세한 통계는 없다. 사실 있다 해도 믿을 것이 못 된다. 숨겨진 사건이 훨씬 더 많기 때문이다. 그래도 1980년대 믿을 만한 기독교 잡지가 3백 명의 목회자를 대상으로 설문조사한 결과로는 미국교회의 경우 33%가 아내 외에 다른 여자와 부정한 행위를 가졌다고 고백하고 있다. 그리고 이런 추세는 점점 더 늘어갈 것으로 예상된다. 이는 색성범죄에 대한 처벌의식이 교회 안팎에서 크게 완화되어 가고 있기 때문이다.

목회자의 색성범죄를 조금이라도 막아 보기 위하여 필자가 아주사신학대학원, 풀러신학대학원, 카우만신학대학원, 서울신학대학원 등에서 목회현장론을 강의할 때 다음과 같이 다섯 가지로 정리하여 제시하고 토론했다.

1. 색성은 좋은 것이다. 결코 그 자체가 악한 것도 아니고 더러운 것도 아니다. 하나님께서 창조하여 주신 선물이기 때문이다. 하나님만 아니라 사람 보기에도 심히 좋은 선물이다.

2. 색성은 무시해서는 안 될 정도로 강력한 힘을 가지고 있다. 비록 색성을 모든 인간행동의 원인으로 보는 프로이드의 주장에 동의할 수는 없으나 색성욕은 적어도 식욕에 준하는 욕구로 이해해야 한다.

3. 색성은 목적이 아니라 도구이다. 우선 자녀를 생산하는 도구, 생육하고 번성하게 하는 도구이다. 하나님은 자녀들을 많이 가지라고 색성욕을 선물로 주셨다.

4. 색성은 부부가 한 몸 되는 '사랑을 만드는 도구'이다. 부부 사이에 색성의 교환을 통

하여 한 몸 되는 사랑을 체험하고 이루어 나가게 된다.

5. 색성행위는 아내와 남편 사이에만 허용되도록 엄격하게 절제되고, 통제되고, 자제(self-control)되어야 한다. 넘쳐흐르는 색성욕은 목회자의 경우 사역활동과 경건생활로 승화되어야 한다. 색성 범죄는 주로 이 부분이 실천되지 않는 데 있다.

뒤처리를 잘할 수 있을까

아프리카계 인물들 가운데 미국에서 가장 추앙받는 두 사람의 목사가 있다. 마틴 루터 킹과 제시 잭슨이다. 그런데 킹 목사도 잭슨 목사도 색성범죄 경력이 있다. 본인들이 고백하여 온 천하가 다 알고 있다. 그럼에도 불구하고 그들에 대한 존경심은 흑인사회에서는 여전하다. 그렇게 된 데는 몇 가지 이유가 있다. 흑인교회들은 목회자의 색성범죄에 대하여 백인교회들보다 훨씬 관대하다는 것, 무엇보다도 아내들이 용서하고 받아들였다는 것, 개체교회 목회를 포기하고 정치목회에 헌신했다는 것, 그리고 그들의 의로운 선행이 색성범죄를 넉넉히 덮어줄 정도로 위대하다는 것 등이다.

여기에 몇 가지 지혜가 있다. 상습범이라면 구제불능이겠지만 어쩌다 한두 번 불장난한 목사이거나 상대여성들의 막무가내 식 음모였거나, 억울한 누명을 쓴 경우라면 다시 회복시켜 사역의 기회를 주어야 한다. 목사 한 사람 기르기가 얼마나 어려운가. 그러자면 먼저 아내가 확실하게 보호막이나 증인이 되어 주어야 한다.

그리고 개체교회 목회를 떠나 특수 전문목회 혹은 선교현장으로 나가는 길이 지혜롭다. 그런 뒤에 철저한 헌신과정을 통하여 그 색성범죄를 속죄해야 한다. 그리고 또 하나 기억할 일이 있다. 목회자가 사역을 떠나면 가족부양이 절망적이다. '전직 목사'로는 할 수 있는 마땅한 직업이 별로 없다. 그래서 가족이 산산이 깨어진 사례도 여럿 보았다. 명심할 일이다.

미래를 전망하면 한국사회나 교회도 색성범죄에 대하여 완만하지만 점차 관대해질 전망이다. 지금까지는 사실 성경적 교훈보다 유교적 정조 중시관념이 더 엄격한 잣대를 가지고 있다. '그것만은 용서할 수 없다'는 점에서 그렇다. 그러나 사오십 년 전과는 달리 이혼한 목사들도 개체교회 목회에서 모범적으로 승리하는 시대에 우리는 살고 있다. 따라서 앞으로는 '한 번 실수는 병가상사'라는 환경이 조성되어 갈 것으로 보인다. 그것이 교회 전체로 보아 순기능을 할는지 역기능을 할는지는 모르겠다.

지금까지는 남성 목사가 여성도와의 색성관계를 갖는 것을 주로 고찰했다. 그러나 이제 여성목사도 그 수가 많아지게 되니 예측하기 어려운 다른 양상들도 있게 될 것이다. 따라서 신학교육 희망자 선발과정부터 심리검사를 포함시키는 등 엄선 과정을 거쳐야 하겠다. 하나님 나라를 위하여 스스로 고자 된 자가 되어야 한다(마 19:12). 혹은 베드로처럼 아내만 제외하고 다른 여성들에게는 모두 고자처럼 행동해야 한다(고전 9:5). 그리고 다른 모든 성도들은 남자목사의 경우에는 모친, 자매, 딸처럼 대하고, 여자목사의 경우에는 아버지, 오빠나 남동생, 아들처럼 대하는 인격을 길러야 한다.

한 가지 덧붙일 것이 있다. 색성 사고는 목회자들의 경우 성령충만하다는 사람들에게서 빈도수가 훨씬 많다는 점이다. 목회자들보다는 부흥강사의 경우이다. 그런 것을 보면 겉으로는 성령 충만 같으나 속에는 노략질하는 이리(마 7:15) 곧 악령 충만한 것이라는 판단이 든다. 성령의 열매 가운데는 절제 곧 자기통제력이 포함되어 있기 때문이다.

"옛날 목회 선배들에게서 배운 교훈입니다. 목회자에게는 언제나 세 가지 유혹과 싸워 단호히 이겨내야 합니다. 첫째는 물욕, 둘째는 성욕, 셋째는 명예권력욕입니다. 그리고 어쩌다가 범죄했으면 철저히 회개하는 등 뒤처리도 은혜롭게 할 줄 알아야 합니다."

목회를 아름답게 마무리했던 어른 목사님의 가르침이었다.

색성관리의 함생목회적 의미

앞서도 말했지만 색성은 하나님께서 모든 인간, 동물, 식물에게 주신 좋은 선물이다. 하나님께서 남자와 여자로 만드시고 심히 기뻐하셨다. 그리고 남자와 여자가 애초 한 몸에서 나왔기에 한 몸으로 돌아가도록 결혼제도를 창안하셨다. 결혼한 부부는 한 몸이 되면서 자녀를 생산하게 되었다. 생명이 함생작용으로 태어나도록 하셨다. 그러므로 생명은 하나님과 사람의 수직적 함생작용을 통하여, 그리고 피조물의 경우에는 남자와 여자, 암컷과 수컷의 수직적 함생작용을 통하여 생명이 재생산되고, 생명다운 생명으로 자라게 된다. 그런데 이 같은 함생적 생명생산과정이 악용된 것이 색성문란죄이며 인간의 기본적 중대범죄가 되었다. 이런 범죄는 하나님과의 관계가 깨어지면서 인간과 인간의 정당한 함생 관계 곧 사랑의 파괴현상이 일어나게 되었다. 구원은 창조주와 피조물 사이의 정당한 사랑관계가 회복되는 것이며 그것의 연장선상에서 사람과 사람, 남자와 여자의 정당한 사람관계가 회복되는 것을 뜻한다. (월간목회 2011년 4월호 특집기사)

목회 칼럼 위기는 위대한 기회일 뿐

필자는 유니온교회 개척 초기에 자비량 목회를 하겠다고 굳게 결심했다. 사도 바울을 모범 삼겠다는 뜻이다. 신학대학의 교수직을 얻을 수 있는 때였고 또 학문을 연마하며 좋은 글을 쓰라는 것이 내가 받은 소명이었다. 교회 직원들이 10여 명 될 때에 그런 제안을 했다. 앞으로 교회가 조금 더 자라면 전담 부목사를 한 분 두고 그 대신 담임목사는 교회에서 사례비를 받지 않고 사역하겠다는 뜻을 설명했다.

그러나 끝내 자비량 목회를 실천하지 못했다. 직원들이 전원 반대했다. 만약 낮에 사고를 만났는데 담임목사가 직장에서 나오지 못하면 누구를 의지하겠느냐는 것이 반대 이유였다. 그래서 자비량 목회 이야기는 더 꺼내지 못한 채 목회를 계속했고 정년은퇴를 하게 되었다. 지금도 그래서 무척 아쉽다. 그 때 자비량 목회를 결단했더라면 비록 교회는 작았어도 필자 자신은 더 많은 학문적 업적을 쌓았을 것이었다. 그리고 인생과 목회의 여러 위기도 대폭 줄어들었을 것이다. 교수직은 기복이 별로 심하지 않지만 목회자 직분은 위기의 연속 아닌가. 사고가 났다 하면 사람 사고라는 점에서도 그렇다.

이런 사고도 있었다

교회를 개척하여 비교적 빠른 속도로 성장해 가고 있던 때였다. 로스앤젤레스 지역에서 기독교 라디오 방송이 전파를 쏘아 올리기 시작했다. 나에게 〈라디오 신앙상담〉을 맡아 달라는 요청이 왔다. 생방송이었다.

시청자 가운데 전화를 걸어오면 그의 이야기를 듣고 대답을 해주는 것이 진행자의 중요한 임무였다. 중간 중간 음악도 있고 광고방송도 있었다. 그리고 팩스나 편지로 상담내용을 적어 오면 그에 대하여서도 대답했다. 만약 전화도 없고 팩스나 편지도 없으면 (그 때는 이메일이 없던 때였다) 질문과 대답을 스스로 준비하여 방송을 이끌어가야 했다.

오후 2시부터 60분 방송인데 최악의 시간대였다. 점심식사 뒤라서 모두들 졸음 때문에 만사가 귀찮은 때 아닌가. 그러니까 졸음과 싸워 이길 만한 프로그램이 되도록 해야 할 책임도 있었다. 아무튼 프로그램이 뜨거워 가고 있어 청취율 조사에서 상위권에 올라 있었다. 장기기증운동까지 이 생방송에 집어넣게 되었다.

전화가 따르릉 울렸다. 옆에 앉은 보조원이 수화기를 붙들고 나에게 손짓을 했다. 상담전화라는 것이다.

"안녕하세요? 무얼 도와 드릴까요?"

그렇게 물으면, "이 목사님 안녕하세요? 시간 주셔서 감사합니다"라는 것이 일반적인 대답이었다. 그러면 이름과 전화번호를 묻게 된다. 물론 익명을 희망하는 내담자도 있지만 방송내용은 녹음이 되므로 이름과 전화번호를 확인해야 책임 있는 상담을 할 수 있다.

"이 목사님, 호모섹스를 하는 목사도 목사로 인정해야 합니까?"

다짜고짜로 그렇게 물어왔다. 분노에 가득차서 씩씩거리는 소리도 들려왔다. 여성 내담자였고 음성으로 보아 60대쯤으로 짐작되었다. 무언가 예감이 이상해서 나는 긴장으로 무장했다.

"인정할 수 없습니다. 하지만 이름과 직분도 주시고 전화번호도 알려 주셔야 합니다."

"청소년들을 양아들로 기른다면서 그 애들에게 상습적으로 못된 짓을 합니다. 바로 OO 교회 김OO입니다."

그러고 수화기 놓는 소리가 들려왔다. 이름과 전화번호는 끝내 말하지 않았다.

나는 너무도 당황했다. 그 교회는 코리아타운에 있는데 그 목사는 귀신 쫓아내는 축사사역을 전문으로 했다. 그리고 불쌍한 청소년들 열 명가량을 양자로 기른다는 것도 언론보도로 익히 알려진 일이었다. 그런데 그 아이들과 호모섹스를 한다는 것이 전파를 타고 걷잡을 수 없이 산지사방으로 퍼져 나가게 되었다. 미국법으로는 중죄 가운데 중죄였다.

그래도 정신을 가다듬고 다음과 같이 언급했다.

"참 어려운 문제이군요. 그러나 미국에서는 법원이 유죄판결을 하기까지는 무죄로 추정하는 원칙이 있습니다. 따라서 법절차에 따라 최종판결이 나기까지는 이 폭로내용을 사실로 단정하시지 않는 것이 성숙한 성도들의 도리 아닐까요."

그FL고 그 다음 순서로 넘어갔다.

목회자 특별보험도 생기고

이제 방송국으로 항의전화가 빗발치듯 몰려올 것 같아 걱정이 태산 같았다. 필경 방송국을 명예훼손과 손해배상 청구를 위하여 고소하겠다고 아우성일 것인데…. 그것보다도, '또 담임목사 하나 요절나는구나' 그런 생각으로 머리가 우지끈거렸다.

그런데 어찌 된 것인지 항의 전화가 한 통도 없었다. 그 교회는 신자들이 하도 극성스러워서 피켓 들고 방송국이나 우리 교회로 몰려올 것도 대비했는데 예상했던 것과는 전혀 달랐다. 나중에 들으니 그 교회 대표장로가 방송국 관계자에게 이렇게 말했단다.

"이 목사님이 은혜롭게 처리하셨는데 왜 우리가 나서서 계속 문제 삼겠습니까? 전혀 사실은 아니지만 시끄럽게 할수록 우리만 손해 보는 것인데요."

이 사건이 계속 확대되었다면 몇 사람의 목회자가 요절날 수도 있었다. 우선 그 당사자가 그렇고, 생방송 진행자인 내 목회사역이 거기서 퇴출당할 수도 있었다. 물론 방송국 책임자도 목회자인데 책임을 면할 길이 없다.

그 사건을 겪고 나서, '목회직은 정말 위험 만재'라는 생각이 뇌리 속에 깊이 박혔다. 전화 한 통으로 모함하면 쑥밭이 되는 정도다. 세상 어느 직업들인들 위험부담 없는 것이 있을까만 목회직은 항상 개미구멍 하나가 둑을 송두리째 무너뜨릴 수도 있다.

그런 방송사고가 있은 뒤에 얼마 안 가서 코리아타운에서 그리 멀지 않은 선랜드라는 동네에서 일어난 일이다. 교회에서 담임목사와 상담을 하고 나온 청년이 집에 돌아와 권총자살을 했다. 미국인 교회로서 꽤 규모가 컸다.

그런데 그 죽은 청년의 부모가 교회 담임목사를 걸어 고소를 했다. 아들의 자살을 막을 수도 있는 절호의 기회인데 그만 목사가 상담을 제대로 못해서 죽었다는 것이 고소 이유였다. 아무리 미국이 소송천국이라지만 목회자인 입장에서는 정말 어처구니없는 송사였다.

그런데 이것이 미국 전역의 이목을 끌면서 보험회사들이 나섰다. 직무수행 위험부담에 따른 목회자 보험을 판매한다는 홍보였다. 자동차 사고 피해보상을 위하여 운전수가 보험을 드는 것처럼 목회자들도 피해보상 보험을 별도로 들라는 뜻이다. 물론 목회자 직분에서 해고될 때의 생활대책을 위한 보험도 있었다.

실제로 그 때 상당수의 교회가 그런 보험에 가입했었다. 비록 선랜드교회 그 사건에서는 긴 재판 끝에 목회자에게 무죄판결이 내려 다행스럽기는 했지만 목회자의 직무가 위험천만이라는 걸 적나라하게 보여주는 사건이었다.

담임목회직 사임의 이유들

사소한 실수가 목회자 사임의 빌미를 제공하는 경우도 그 사례들이 꽤 많다. 좀 시대가 지난 사건이지만 그래도 목회자들에게는 유의할 일이기에 여기 소개한다.

한국의 어떤 시골교회 60대 담임목사가 새벽기도를 마치고 사택으로 돌아오는 길이었다. 도중에 어느 성도 집에 잠깐 들렀다. 새벽기도에 꼬박꼬박 출석하던 여 집사가 그 날 새벽에는 안 나왔기로 아버지 같은 마음으로 혹시 어디 아프거나 무슨 사고가 있나 하여 무심코 심방한 것이다. 하지만 어제 밤 너무 늦게 잠자리에 들어서 새벽기도회에 못 갔다는 대답을 들었다.

그런데 교회 안팎에 담임목사가 그 젊은 과부 여 집사와 스캔들이 있다는 소문이 돌았다. 담임목사가 너무 놀라서 그런 소문의 진원지를 캐어 보았다. 그런데 그 여 집사 집에서 나올 때 담임목사의 양복 지퍼가 내려져 있는 걸 누군가가 보았기 때문이었다. 교회에서 소변을 본 뒤 지퍼 올리는 걸 깜빡 잊었던 것이 그처럼 큰 화근이었다. 그래서 담임목사는 두 말 않고 목회직을 사임했다. 정말 어서 빨리 자동지퍼가 발명되어야 하겠다.

목회자 특히 담임목회자는 이런 위험부담을 늘 안고 산다. 미주이민교회에서 실제로 있었던 일 이다. 사업장 심방하고 성도가 주는 봉투를 교통비로 알고 개인적으로 사용했다가 헌금도둑놈의 누명을 쓰고 사표를 쓴 목사가 있었다. 한국에서 꽤 성공한 목회자였고 또 깨끗하게 산 것으로도 인정받는 분이었다. 그 성도는 교회에 감사헌금으로 드렸는데 목회자는 한국의 관행만 생각했기 때문이다.

스트레스 해소하려고 모처럼 도박장 슬럿 머신 앞에 앉았다가 누군가의 눈에 띄어 사임해야 했던 목사, 사모가 바람나서 도망가는 바람에 눈물 머금고 '목회여, 굿바이' 해야 했던 젊은 목사, 신자의 빚보증 섰다가 파산한 목사, 설교 중에 '쌍시옷 말' 한 마디 했다가 그런 더러운 입으로 어떻게 설교하느냐고 해서 그만 둔 목사, 교회 설립한 장로가 교회를 통해 탈세하는 걸 반대했다가 장로풍에 쫓겨난 목사, '이 집 애들은 왜 한국말도 못 해'라는 한 마디 때문에 사표를 낸 목사도 있다.

남편에게 매 맞는 여성신자를 보호소에 보냈다가 '왜 내 여자 빼돌렸느냐'며 남편에게 공개 폭행 당해서 그만 둔 목사, 취임식 하는 날 고등학교 여학생에게 꽃다발을 받고 허그(hug)를 너무 야하게 했다 해서 한 달도 못가서 사임한 목사, 예수 믿기 전 군인으로 있을 때 홍등가에 갔었다는 악플 때문에 그만 둔 목사, 익명 투서로 억울하게 그만 둔 목사, 친구 목사를 선의로 도와준 것인데 영주권 사기범으로 걸린 목사, 아들이 장로 딸과 했던 약혼이 깨어져서 사임해야 했던 목사도 있다.

원로목사의 비위를 건드렸다가 사임했던 목사도 여럿 여럿이고, 한국으로 떠난 이혼 상태의 여 집사와 빤질나게 전화했다는 이유로 사표를 낸 목사도 있다. 상담전화였다는 설명은 성도들에게 전혀 설득력이 없었다.

설혹 사임까지는 가지 않더라도 목회자를 괴롭게 하는 일들은 더 많다. 쥐도 새도 모르게 죽여 버리겠다, 비행을 폭로하겠다, 제 명에 사나 두고 보자 그런 협박들을 나 자신도 여러 번 받았다. 물론 이단종파와 종북세력들로부터였다. 그럴 때마다 태권도를 배우겠다는 생각도 했고, 경호원을 대동하는 방안도 생각했지만 실천은 못했다. 어떤 분쟁교회는 정말 예배 중 담임목사를 보호하는 경호원 두 사람을 경비회사에 요청해서 배치하기도 했다. 설교에 항의하거나 소란을 피우면 즉각 경호원들이 밖으로 끌어냈다. 하지만 그것 때문에 인격에 먹칠을 했다.

위기는 위대한 기회다

그러나 목사는 지도자이다. 그리고 지도력은 평소에도 발휘되지만 오히려 위기 때에 더욱 큰 위력을 나타내게 된다. 그래서 목사에게는 '위기는 위대한 기회'일 뿐이다. 역사에서도 위기는 늘 대 전환점이 되지 않았던가. 그런 점에서도 성경은 최고 표준이 되는 말씀이다. 성경에 나오는 인물 치고 목숨을 걸어야 하는 위기를 거치지 않은 사람이 어디 단 하나라도 있는가. 아브라함, 이삭, 야곱, 요셉, 여호수아, 모세, 다윗, 다니엘, 세례자 요한, 열두 사도, 바울, 스데반… 그리고 무엇보다도 구원주 예수님을 보라.

예수님의 생애를 연구해 보면 결코 그분에게 위기는 십자가 처형만이 아니다. 태어나시면서 부활하실 때까지 그 분에게는 '죽이려는 음모'가 곳곳에 숨어 있었다. 하지만 그 때마다 그분은 하나님의 사역을 더 크게 하는 기회로 삼으셨다.

사소한 사건이나 억울한 일로 담임목사직을 사임했더라도 더 뜻 깊은 사역을 할 수 있도록 기도하고 지혜를 터득하면 어떨까. 그것이 예수님을 닮아가는 일 아닐까.

(월간목회 2012년 6월호)

목회 칼럼 은퇴 목회자, 무엇이 문제인가

목회자 은퇴정책, 답답하다

두 달 전 뉴욕에서 열린 미주성결교단 총회에는 헌법개정안 가운데 대의원들의 주목을 끄는 헌의안 하나가 있었다. 목회자의 의무정년을 현행 70세에서 75세로 연장하자는 헌법개정안이다. 헌법 개정안은 1년 이상의 연구기간을 거쳐야 하기 때문에 이번 총회에서는 아무 것도 결정하지는 않았다. 그러나 회의장 분위기는 매우 뜨거웠다.

장로 대의원들은 드러내 놓고 말하기는 어려워도 반대의 편에 서 있다. 지금 70세 정년만 해도 너무 늦은데 게다가 또 5년을 연장한다는 것이 교회에 무슨 유익이 되겠느냐는 것이다. 그러나 목사 대의원들은 물론 호의적이었다. 의약의 개발로 건강이 크게 증진되어 평균 수명이 늘었고, 연령차별은 인종차별이나 성차별처럼 미국헌법정신에 위반된다는 것, 그리고 무엇보다도 성경에는 목회는 종신직이어야 한다는 것이 그 근거였다.

"이 목사님, 손해 보셨네요. 그럴 줄 알았더라면 은퇴를 늦추셨어야 했는데요."

두 해 전에 은퇴하고 발언권 회원으로 총회에 참석한 나에게 여러 후배 대의원들이 한 마디씩 했다.

"저야 법이 바뀌건 말건 은퇴하기로 했으니 아무 문제없어요. 하지만 이왕 하는 거 아예 정년을 폐지하자는 법안이 올라올 것이라 생각했는데…"

"그건 그 다음 단계 아닐까요?"

그런 이야기들이 회의장 안팎을 좁은 줄 모르고 떠돌아다녔다.

목회자 은퇴에 관하여는 각 교단과 교회 그리고 각 국가마다 서로 다르다. 그런데 개체교회에 끼치는 영향으로 보아 목회자(담임목회자를 뜻한다)의 교체는 말할 것도 없이 가장 큰 사건이다. 교회를 훌륭하게 세울 수 있는 모멘텀이 되기도 하고 반대로 교회를 단숨에 파괴시키게도 된다. 그런데도 각 교단이나 개체교회를 살펴보면 무엇 하나 속 시원한 목회자 은퇴정책이 없다.

아름다운 사례들

유니온교회의 경우 담임목사 교체의 일정이 구체화되면서 '원로' 후보와 '담임' 후보 사이에 여러 가지 의견교환의 시간들을 가졌다. 그런 모든 의견들을 한 데 묶은 것이 바로 "함생목회론"이다. 이것은 교회를 본질적으로 성삼위 하나님과 그 백성 사이의 함생체로 이해한 데서 출발한다. 그리하여 원로는 담임을 위하여, 담임은 원로를 위하여, 원로와 담임은 교회를 위하여… 이런 함생목회 모형을 구체적으로 〈정진경-이정익 모델〉이라고 이름 지었고 그 모형대로 사역하자고 다짐했다. 서울 신촌성결교회에서 목회를 아름답게 마무리하신 정진경 목사님, 그리고 그분을 승계한 이정익 목사님을 롤 모델로 삼자는 뜻이다. 정진경 목사님은 승계목사를 충심으로 도와주고, 이정익 승계 목사님은 원로목사님의 은퇴 후의 사역을 충성스럽게 보살핀 것으로 좋은 평가를 받아오고 있다. 캐나다 토론토에는 큰빛교회 박재훈-임현수 모형이 그에 필적한다고 추천하는 분도 있었다. 박재훈 목사님은 정진경 목사님과 오랜 신앙동지였다.

그러나 반대사례들이 많아 정말 걱정스럽기도 하다. 다만 구체적으로 밝히지 못할 뿐이다. 미주이민교회에서는 널리 알려져 있지만 '원로목사' 직위 박탈사건이란 것이 있었다. 그것도 한 교회만이 아니다. 그 과정이 하도 더러운 싸움으로 얼룩져 있고 또 직위를 박탈당한 당사자들이 한 때는 모든 젊은 목회자들과 성도들의 존경을 한 몸에 지녔던 인물들이다. 원로목사 입장에서는 얼마나 큰 배신감과 비정함을 느꼈을까.

은퇴 목회자의 설움

이런 난리들을 통하여 '원로'란 말은 무섭게 빛이 바래가고 있다. 우선 장로 당회원들 사이에 '원로 목사'를 되도록 두지 않으려는 경향이 노골적이다. 계산에 밝은 분들이라 원로목사 하나 세우면 얼마나 많은 재정을 투입해야 하는지 잘 알고 있기 때문이다. 그런 일로 인하여 큰 파동을 겪은 교회들도 있다.

이런 분위기 속에서 원로목사는 비애와 허무를 많이 느끼게 된다. 존경과 사랑 때문에 지금껏 십자가 지고 버티어온 것이 목회생활이었기 때문에 더욱 허무해진다.

"아니, 은퇴하고 첫 번 겪는 고통이 어느 자리에 앉아 예배드리느냐 바로 그거라니까. 맨 앞자리 중앙에 앉으니까 새 담임목사 턱 밑이 되고, 중간쯤의 성도들 사이에서 부부가 앉아 예배드리자니 무슨 동정이라도 받으려는 것 같고, 그렇다고 맨 뒷줄에 앉으려니 감시하는 것 같으니… 보이지 않는 곳에 원로목사 자리를 따로 만들라 할 수도 없고, 참."

"앉을 자리만 없는 게 아니고 설 자리도 없어요. 예배 후 문 입구에 서서 환송인사를 못하게 되니까, 갑자기 내 설 자리도 없어진 걸 실감했지요."

"그러니까 내가 뭐랬소? 앉을 자리도 없고 설 자리도 없으면 누우면 되는 거지 뭐. 모두 묘 자리 좋은 곳에 사 놓았을 터이니 빨리 가서 누웁시다."

은퇴교역자들의 대화였다. 그러나 어쩐지 옛날 담임목사 시절만큼 웃음발이 힘차지 못했다. 은퇴목사 자신의 시각에서는 모든 것이 한 마디로 '억울하다'기 때문이다. 무엇들이 그토록 억울할까. 억울한 것의 목록을 정리한다면 몇 개나 될까. 설령 후임목사와 성도들이 자기를 끔찍이 보살핀다고 침이 마르도록 극찬하는 은퇴목사가 있다 해도 그것은 실상 외교적 발언일 때가 많다. 은퇴 목사 주변에는 항상 섭섭 마귀, 괘심 마귀, 고혈압 마귀가 춤을 춘다고 한다.

마음 편이 앉아 예배드릴 교회가 없다는 것도 큰 설움에 속한다. 그래서 생겨난 것이 바로 은퇴목회자들의 가족교회이다. 한국에도 각 지역, 각 교단에 그런 교회가 있고 미주에도 로스앤젤레스 코리아타운에 '에버그린교회'가 있다.

원로 목사는 스트레스 그 자체

은퇴 목회자를 보는 시각에는 여러 가지가 있다. 존경과 사랑으로 보는 시각도 있고, 비판적 시각도 있다. 교회에 남아 있기를 원하는 시각도 있고, 되도록 속히 교회에서 떠나야 한다는 시각도 있다.

승계담임목사의 입장에서는 아무리 아니라고 해도 원로목사는 스트레스 그 자체이다. 심하게 말하면 그 사역이 원로목사 때문에 '살얼음판 위를 걷는 것 같다'고 한다. 가령 교회를 창설하여 사역하다가 원로로 물러앉은 경우 제2대 후임목사는 80% 이상이 불쏘시개와 같다는 통계가 있다. 그 다음 번 승계목사를 위한 불쏘시개라는 뜻이다. 미주에 있는 한인교회의 사례이다.

"아니, 한 사람 사역만 잘하면 되는 일 아니오?"

"말도 마세요. 그것이 오백 명 신도를 보살피는 것보다 스트레스가 훨씬 많은 걸요. 목회는 수학이 아니지 않습니까?"

승계 목사로 부임한 뒤에 대머리가 되었다는 젊은 사역자와 나눈 대화이다.

그렇다면 과연 원로목사/은퇴목사는 교회의 걸림돌일까, 아니면 디딤돌일까? 빨리 치워야 할 냄새 풍기는 쓰레기일까, 쓰레기라 해도 좋은 자원으로 재활용될 수 있는 자산일까?

종신담임목사직이 되면

은퇴목사와 승계목사를 보는 성도들의 시각은 무엇일까? 제일 많은 사례가 편 가르기이다. 원로목사와 승계담임목사는 화합할 수 없는 경쟁상대로 이해한다. 그래서 목회자가 교체되자마자 회중들은 대체로 세 편으로 나누어진다. 하나는 '구관이 명관'이라는 주장을 펴는 원로목사 편이고 다른 하나는 그 때 사랑받지 못해 억울했다는 성도들이 승계목사를 재빨리 둘러싸고 돈다. 그리고 중도파 이름을 건 제3의 그룹이다.

이때가 교회의 큰 위기이다. 원로목사의 위기요 승계목사의 위기이다. 그리고 성도들 신앙생활의 위기이다. 이런 때 원로목사가 승계목사와의 대립관계로 치달으면 교회에는 큰 지진이 일어난다. 재산이 있는 경우 싸움은 법정으로 옮겨 붙는다. 그러나 바로 이때에 원로목사와 승계목사가 함생사역을 하기로 결단한다면 그 교회에는 하나님의 영광이 나타나게 된다. 미주이민교회에는 그런 사례가 여럿이 있다.

성경은 무어라 할까? 성경에는 은퇴가 없다. 죽는 것이 곧 은퇴이다. 그 당시 3대 지도자 곧 대언자, 대제사장, 왕은 종신직이었다. 대제사장은 간혹 안나스처럼 반 은퇴의 경우도 있지만 여전히 현역 이상으로 권력행사를 하게 되었다.

그런 점에서 목사의 은퇴제도도 아예 폐지하자는 주장이 연령차별 철폐론과 손을 잡고 세차게 불어오고 있다. 이 바람은 미주한인교회를 넘어 한국에 있는 교회들에게까지 옮겨 붙는 건 시간문제이다. 마치 들불처럼 번져갈 것이다.

그러나 그것이 반드시 기득권자의 기득권 연장을 뜻하는 것은 아니다. 의무은퇴의 연령제한이 철폐되면 담임목사는 언제든지 은퇴를 강요당할 수 있다. 재소환제도(recall)도 있기 때문에 심지어 30대에 목회를 접어야 할 상황도 생겨날 것이다. 그만큼 담임목사직은 이제 무한경쟁에 돌입한 것으로 보인다. 설혹 아버지의 후광을 받아 세습목회를 하고 있다 해도 언제 무슨 일이 벌어질는지 방심할 수 없게 된다.

그러나 생각해 보면 그것은 하나님의 활동무대를 훨씬 넓히는 일이 될 것 아닐까. 그래서 교회가 훨씬 더 교회다워지는 계기를 만들 수도 있다. 교회는 곧 하나님의 백성(people of God)이요 목자는 그들을 섬기는 종이라는 신학적 원론이 회복되는 셈이다.

은퇴목회자, 교회의 걸림돌일까 아니면 디딤돌일까? 십자가 지고 섬기는 종이 되면 디딤돌이 되지만 섬김을 받으려는 왕이 되면 걸림돌을 면하기는 어렵지 않겠는가.

(월간목회 2012년 7월호)

목회 칼럼 웨슬리의 목회를 이어받았으면

한국교회와 요한 웨슬리

우리 성결교회가 요한 웨슬리(John Wesley)를 따르는 웨슬리안이라는 것은 매우 다행스럽고 감격스러운 일이다. 미국에서는 각 인종교회의 지도자들 모임에 가서 성결교회를 소개할 때에는 제일 쉽게 알아듣는 것이 바로 “우리는 웨슬리안입니다”라는 말이다. 그만큼 요한 웨슬리는 성결교회의 자아성(identity) 확립의 튼튼한 기초가 되고 있다.

그러나 성결교회가 이어받은 웨슬리의 전통은, “곧 우리의 교리나 정신이 순 초시대 감리교회로 인정하여야 틀림이 없을지니라” (이명직, 성결교회약사 제2장. 현대말로 고침)고 한 것처럼 교리와 정신을 이어받은 것이지 사역까지 이어받은 것은 아니다.

목사고시나 목회자 세미나를 통하여 볼 때 성결교회 목회자들은 웨슬리 신학의 핵심적인 주제들은 대강 파악하고 있는 것으로 확인된다. 곧 성결화 중심의 구원론, 그리스도인의 완전론, 신학연구의 사각형적 방법론(성경, 전통, 이성, 경험), 구원과정에 있어서의 선재은혜론과 복음적 협동론, 그리고 사중복음을 웨슬리안의 입장에서 해석하는 일 등이 바로 성결교회 교리와 신학의 핵심이 되고 있으며 다른 교단신학과 판별되는 성결교회의 신학으로 자리잡아가고 있다.

하지만 우리 성결교단이 요한 웨슬리 목사의 신학과 교리만큼이나 그 분의 사역(ministry)을 본받아야만 감히 웨슬리안이라고 불릴 만한 것인데 그 점에 있어서는 창설때부터 지금까지 매우 소홀했다고 본다. 게다가 지금 성결교회가 실천하고 있는 사역들을 보면 웨슬리의 것과는 매우 동떨어진 것들이 많다. 그런데도 그런 것을 문제로 제기하는 이들조차 별로 없다.

우리 교단이 부흥하고 성장하려면 웨슬리의 정신을 이어받는 것 못지않게 그 분의 사역을 이어받아야 한다. 그것은 웨슬리의 교리와 신학을 이어받았기 때문에 그 교리와 신학에 기초하여 사역해야 할 당연한 귀결이기도 하다.

게다가 더욱 더 중요한 이유가 있다. 요한 웨슬리의 사역이 교회를 교회되게 하며 교회의 성장을 가져오는 가장 좋은 전략이라는 것이 입증되고 있기 때문이다. 그런데도 우리는 그 동안 사역에 있어서는 장로교회와 순복음교회 등을 모방하기에 분주했던 것이 솔직한 평가 아닐까. 이런 점에서 웨슬리의 신학을 재발견 혹은 재조명하는 것만큼이나 그 분의 사역을 재발견하고 새롭게 적용해 가는 일에 우리 성결교회가 앞장서야 하겠다.

물론 웨슬리 목사의 사역을 이어받으려면 다음 세 가지 조건에 상응해야 한다. 첫째로, 그 사역이 성경적 기초 특히 예수 그리스도의 사역을 이어받은 것인가? 둘째, 그 사역이 영혼 구원과 교회 성장 곧 하나님 나라 확장에 효율적 도구인가? 셋째, 그 사역이 미래적 상황에서도 적실성(relevancy)이 확실한가? 이런 점들을 고려할 때 다음의 다섯 가지 웨슬리안 사역전통을 이어 받아야 하겠다.

성경말씀 중심 사역

요한 웨슬리의 "한 책의 사람"(homo unius libri)이라는 정신을 철저히 이어 받아 우리 성결교회 목회자 모두가 "성경 사역"(Bible ministry)의 전문가가 되어야 한다. 웨슬리 목사의 설교를 읽으면 우리 성결교회 목회자들의 설교가 얼마나 비성경적인가를 절절히 느끼게 된다. 웨슬리는 아예 "성경적 기독교"(Scriptural Christianity)라고 했고 그의 설교는 성경구절들로 벽돌을 삼아 건축해 놓은 성전과 같을 정도이다. 우리 성결교회는 성경을 제일 잘 가르치고 집중적으로 가르치며 성도들이 이 말씀대로 실천하여 거룩하게 생활하게 하는 모범교회가 되어야 살아 있고 능력 있는 교회가 된다. 성경사역을 강력하게 할수록 교회의 견고성이 높다는 것은 여러 연구가 말해주고 있다. 성경말씀이 은혜의 도구(means of grace)의 일번지이기 때문이다.

교회 설립 사역

요한 웨슬리는 교회를 설립하고 교단을 창설하여 사역한 교회주의자였다. 그가 영국 국교회에서 떠나기를 원하지 않았지만 이왕 독립된 교회를 시작한 바에야 매우 적극적으로 교회를 개척하고, 성장시키고, 기초를 튼튼히 다져 나아갔다.

지금 한국교회 지도자들의 큰 죄악의 하나는 총회장이나 감독 등의 직분을 차지하기 위하여 에너지를 모두 소모하는 데 있다. 이런 때에 우리 성결교회는 모든 에너지를 교회 개척하고 성장시키는 일에 집중적으로 쏟아 부어야 한다.

그리고 한 가지 더 있다. 교회를 참 교회로 만드는 일이다. 하나의, 거룩한, 보편적인, 그리고 사도적 전통을 이어받은 (una, sancta, catholica, and apostolica) 교회가 되어야 한다. 그것을 성경에서 배우되 웨슬리 목사의 가르침과 실천에서 확인해야 한다.

대중전도사역

웨슬리 목사는 교회 설립자이면서 목회자였고 또 대중전도자였다. 그래서 성결교회도 전도를 최대 과제로 삼고 출발한 교회이다. 처음 시작될 때에 '복음전도관'이라 이름했고, 집집마다 방문하여 전도하는 축호전도, 한 마을을 집중적으로 전도하는 십자군 전도, 북치고 나팔 불며 복음을 전한 거리 전도 등을 주특기로 삼고 출발한 교회이다.

그런데 그 같은 개인전도에는 참으로 열심을 다한 반면 대중전도집회(mass evangelism/ crusade evangelism)를 통한 전도에 소홀했던 것이 우리 성결교회의 뼈아픈 실책이라고 본다. 우리 성결교회는 웨슬리 목사가 영국 국교회에서 설교하는 길이 막히자 공원, 시장, 광산, 심지어 아버지의 묘석을 밟고 서서 설교했던 교회공동묘지 대중전도 등을 초기부터 이어받아야 했었다. 따라서 선교 2세기로 출발하는 지금이라도 대형 대중집회를 적극적으로 추진해야 한다.

필자는 2005년 11월 빌리그래함 로스앤젤레스 전도대회에 섬김자로 참여해 본 일이 있었다. 이 같은 대중전도집회는 그 열매가 얼마나 좋고 많은지 일일이 통계로 제시할 필요가 전혀 없다. 교회 회중들을 전도요원으로 훈련하는 등 교회교육의 기회가 되고 특히 홍보에 약한 성결교회에는 좋은 보완책이 될 것을 확신한다.

그래서 이왕에 있어온 "성결인대회"를 "성결인집중전도대회" 같은 이름으로 대도시부터 중소도시까지 연속적으로 개최해야 한다. 특히 조직적으로 사람을 동원하고 행사를 치르는 일에는 지난 번 100주년 기념대회의 경험이 매우 유익한 자산인데 그걸 묻어 두어서는 안 된다. 이 같은 대중전도대회를 전국의 모든 지방회가 동시 다발적으로 개최하는 것도 좋고 각 도와 광역시 별로 개최하되 전국에서 지원하고 참가하는 것도 전략에 속한다.

하여튼 대중집회라면 성결교회가 제일 잘 해낼 수 있다는 걸 만천하에 보여 주어야 한다. 그리고 교회의 힘은 모이는 데서 나온다는 사실을 성경말씀대로 믿어야 한다. 그리고 이 같은 대중전도집회에서는 회심 곧 성경적인 회심과 성결 곧 성령충만을 체험하는 기회가 되도록 운용되어야 한다. (이정근 "기독교 회심과 교육의 가능성 연구" 논문집 I. 31f. 참조: 홍성철. 회심)

학교와 병원 설립사역

성결교회는 다른 교단에 비하여 상대적으로 교육사역이 약하다는 평가를 받아 왔고 어느 정도 수긍되는 점이기도 하다. 근래에 교육사역이 많이 보완되기는 했어도 아직도 취약한 점들이 없지 않다.

성결교회가 긴급히 보완해야 할 것은 교회교육도 그렇거니와 공교육 곧 정부가 인정하는 학교를 설립하고 운영하는 일이다. 웨슬리 목사는 자신이 우수한 교육을 받은 인물이었고 그래서 킹스우드학교(Kingswood School)를 세워 보편적 시민교육과 함께 기독교교육을 철저히 실시했었다. 그것도 학교를 여러 군데에 세웠다. "합리적이며 성경적인 그리스도인"(rational, scriptural Christians)을 육성하려는 것이 목적이었다.

그런데 우리 성결교회는 미국의 19세기 성결부흥운동을 거쳐서 들어온 웨슬리안이라는 한계에 갇혀 직접 전도에만 힘을 기울인 결과 웨슬리 목사의 공공교육기관 설립에는 일부러 외면해 왔다. 그래서 변변한 공공교육기관 하나 제대로 확보하지 못했다. 초등학교도 없고 중고등학교도 없고 대학교육이라야 신학교육기관뿐이다. 그러므로 늦었지만 지금부터라도 "온전한 구원, 거룩한 생활"(The Full Salvation, The Holy Life, 미주성결교단 대표표어)을 교육목표로 한 공공교육기관 설립에 박차를 가해야 하겠다.

그와 함께 우리 성결교회의 조상들이 직접 전도를 강조한 만큼 간접 선교에는 소홀했던 결과가 의료기관 설립의 태만으로 나타났다. 우리가 요한 웨슬리 목사께서 유명한 의학 서적(Primitive Physick)을 출판했다는 사실을 알았더라면 병원을 세우는 일에 진작 힘썼을 것이다. 특히 사중복음 가운데 신유(Divine healing)가 들어 있다는 것, 그리고 영어에 heal(고친다)은 whole 혹은 wholly(전체, 완전), 그리고 holy(거룩하다)와 연관된 말이라는 것을 알았다면 병원을 세우는 일에 지금이라도 나서야 한다. 성결병원이라는 이름이 붙어 있는 곳에서 치료 받으면 몸의 질병뿐만 아니라 영혼의 질병까지 말끔히 고친다는 정평을 듣는 날이 꼭 오기를 고대한다.

사회적 성결사역

사회적 성결사역을 제일 잘하는 교단이 바로 구세군이라는 것은 누구나 다 안다. 그런데 그 구세군을 창설한 윌리암 부쓰 사령관이 웨슬리 목사의 사회적 성결사역을 이어 받았다는 사실을 아는 사람은 별로 많지 않다.

학교나 병원을 설립하는 일뿐만 아니라 고아원, 양로병원, 빈민사역, 홀모사역 등에 성결교회가 비교적 약한 것은 역시 직접 전도 위주의 사역에 치중했기 때문이다. 성결교회가 사회적 성결사역에 취약하다는 것은 우리 모두가 인정하는 바이지만 이런 약점을 보완해야 한다. 특별한 기관을 설립하여 운영하는 것과 함께 모든 교회가 이에 참여하도록 해야 한다. 그래서 마지막이 가까워 올수록 주린 자를 먹이고, 병든 자를 고치고, 헐벗은 자를 입히고, 약한 자를 격려하고, 감옥에 있는 자들을 돌아보아야 하겠다. (마 25장)

끝내는 말

우리 성결교회가 요한 웨슬리의 신학은 그런대로 이어받으면서도 그 사역을 충실하게 이어받지는 못하고 있다는 점을 다섯 가지로 지적했다. 그런 것들은 조속히 보완되어야 한다. 우선 교회지도자 교육에서 이런 것이 반성되어야 하고 '어떻게' 할 수 있겠느냐는 방법론에 대한 것도 익혀야 한다.

가령 대중집회전도를 성공적으로 이끌려면 부흥사 지도력을 집중적으로 개발해야 한다. 성결교회 목사라면 누구든지 대중집회 전문강사가 되어야 한다. 우리 교단 선배들처럼 대형집회 강사의 대이음이 성결교회에서 끊어지지 않도록 해야 한다.

거듭 말한다. 요한 웨슬리 목사에게서 교리와 신학을 배우는 것 이상으로 목회를 배우도록 힘써야 하겠다. 그 분이 기독교 2천년 역사상 예수 그리스도를 가장 잘 이어 받은 모범 목회자라는 것은 이미 확실하게 검증된 사실이다.

물론 그 분의 사역을 이어 받는 일도 "창조적 종합"(creative comprehensiveness)의 과정을 거쳐야 한다. 웨슬리 목사께서 그 때까지 있었던 기독교의 모든 신학적/교리적 흐름을 창의적으로 종합하였다는 사실(조종남, 요한 웨슬레의 신학, 34)이 큰 참고가 된다.

(한국성결신문 2010년 9월 18일. 참조: 이정근. "교육자로서의 요한 웨슬레 연구" 논문집 I. 84f)

건강한 목회자, 건강한 교회

2015년 6월 25일 오전 9시부터 오후 4시까지 풀러신학대학원 목회학박사원 주최로 목회자들을 위한 컨퍼런스가 미국 캘리포니아주 패사디나 소재 캠퍼스에서 열렸다. 목회의 바쁜 틈을 내기가 어려울 터인데도 목회 지도자들(목회자, 사모, 평신도 대표들)이 70명 넘게 참석하여 열심히 공부하고 토론했던 뜻 깊은 모임이었다. 주제는 "건강한 목회자,

건강한 교회"(Healthy Pastors, Healthy Churches)였다.

"자격증은 원래 생명을 취급하는 직종 종사자들에게 주어집니다. 인간의 생명은 그 하나하나가 절대적 가치를 가지고 있기 때문입니다. 그런데 자격증을 요구하는 직종 종사자들에게는 계속교육(continuing education)을 필수적으로 부과하고 있습니다. 의사가 그 대표적입니다. 만약 계속교육을 이수하지 않으면 의사자격증과 면허증이 정지됩니다. 그런 점에서 사람의 생명 특히 영혼을 천하보다도 귀중하게 여겨야 하는 목사들은 계속교육을 더욱 엄격하게 받아야 합니다. 그것도 평생토록 말입니다."

Fuller신학대학원 한국어목회학박사원 주최 세미나(2015년 6월 25일)에서 필자가 "건강한 목회자, 건강한 교회" 주제발표자로 참여하여 〈함생목회론〉을 정리 소개하고 있다.

그런 점에서 이와 같은 목회자 컨퍼런스에 참가했다는 사실 자체가 건강한 목회자로의 힘찬 재출발이 될 만하다는 주제발표 강사의 말에 박수가 쏟아졌다. 주제 발표는 세 사람이 맡았다. 김세윤 박사가 "목사 바울의 설교와 목회," 필자가 "건강목회의 현장론: 함생목회 이야기," 엄예선 박사가 "건강한 목회자가 갖추어야 할 점들"을 제시했다. 세 강사의 주제발표가 있은 뒤에 그룹별 토의와 요약 발표가 있었다.

필자가 발표한 내용은, 1)미주한인교회의 건강을 좀먹는 치명적 질병들, 2)건강한 목회자는 누구일까, 3)교회건강화 실천 전략, 4)함생 목회론, 5)개체교회 건강 점검표 (평신도 용), 6)교회, 목회, 설교에 관한 '이정근 목사의 목회 금언' 함께 나누기였다.

이 내용은 본 저서 전체의 여러 곳에서 언급된 것과 중복된 것이 상당부분 있으나 딱 부러지게 '건강한 목회자, 건강한 교회' 주제로 쓴 글이 별도로 없기에 이 컨퍼런스에서 발표된 내용을 기본으로 하여 수정 보완하고 이 책에 게재한다. 특별한 상황에서 주제발표를 한 것이기 때문에 이 책 다른 부분의 것을 보완하는 점도 있고 또 우선순위가 다르거나 모순되는 점도 있음직하다.

목회사례 연구

사물의 현상을 편견을 극소화시켜 바르게 파악하려면 현미경적 시각과 망원경적 시각을 함께 갖추어야 한다. 그래서 성경공부도 현미경적 성경공부가 있고 망원경적 성경공부가 있다. 따라서 목회 현장의 분석도 망원경도 사용하고 현미경도 사용해서 미시적으로도 보고 거시적으로도 파악한 다음 그것을 종합해야 한다. 아니, 여호와 하나님의 일곱 눈(슥 4:10)과 예수 그리스도의 일곱 눈(계 5:6)이 있으면 더욱 완벽하겠다.

여기에 정리한 내용은 '사례연구'(case study)에 속한다. 사례신학(case theology)

이라는 작은 책을 읽은 일이 있는데 하나의 구체적 사건을 여러 신학적 입장에서 접근하는 것으로 매우 흥미 있는 신학 방법론이었다. 하나의 사례가 모든 사례에 기계적으로 적용되지는 않는다. 그러나 그 원리는 다수 사례에 적용될 수 있다는 점에서 사례신학도 발전시켜야 할 분야 아닐까.

그런 점에서 이정근 목사의 목회사례에 주목하여 보기로 하자. 여기에서 목회는 "삼위일체 하나님께서 우리들 피조물 특히 사람들을 향하여 하신 일과 맡기신 일을 우선순위에 따라 지혜를 가지고 삶의 현장에서 최선을 다하여 실천해 가는 일"로 이해한다. 조금 분석하면 목회의 기본요소는 1)삼위일체 하나님, 2)모든 피조물과 그 대표인 모든 인간, 3)행하신 일과 맡기신 일, 4)우선순위, 5)지혜라는 도구, 6)삶의 현장이라는 상황, 7)최선을 다하여, 8)실천, 9)과정이 된다.

발제자는 다행히 목회자의 눈, 언론인의 눈, 신학자의 눈, 평신도 대표인 장로의 눈, 보수와 진보의 눈, 교육자의 눈, 문필가의 눈, 그리고 교단 총회장의 눈, 신학대학교 총장의 눈 등을 조금씩이나마 갖추는 은복을 받았다. 이런 여러 개의 눈으로 확인한 것을 통합한 것이 바로 '함생목회론'이다. 따라서 함생목회론은 '함생의 사람'이시며 '함생 하나님'이신 예수 그리스도를 담임목회자의 최고 표준으로 삼은 사역을 뜻한다. 따라서 미주에 있는 성결교단 소속의 유니온교회를 개척하여 30년간 담임목회를 함으로 시대적, 문화적, 지역적, 인종적, 신앙고백적 제한성 안에 갇혀 있기는 하지만 동시에 그런 한계점을 어느 정도 극복하고 보편적 주장을 제시할 수도 있겠다.

유니온교회만 해도 특수성과 보편성을 동시에 유의하여 왔다. 미주에 있는 한인교회, 이민자들의 교회, 한국어와 영어의 복수언어교회, 가족군으로 이루어진 교회 등의 특수성과 제한성이 있지만 그 이름 '유니온'(union)이 상징하고 있는 것처럼 되도록 '거룩한 보편적 교회' (holy catholic church)를 지향해 왔다. 사도신경 개역 개정판 사도신경에서 '거룩한 공회'를 '거룩한 공교회'로 제안한 사람이 바로 글쓴이라는 것도 유니온교회의 보편적 교회 지향성을 입증한다.

유니온교회는 성도들의 개인적 신앙목표를 "균형 있게 성장하는 믿음"으로 했고, 교회적 목표로 "생산능력이 있는 자립교회"를 내세웠다. 그냥 장식품으로 걸어 놓는 것이 아니라 '힘쓰고, 애써' 그걸 실천하려고 노력했다. 매 해마다 목회의 강조점을 두고 사역해 왔는데 1994 목회년도에는 "건강한 교회의 해"로 정했으며 목회 전반에 걸쳐 건강성을 강조했다. 그 해의 표어도, "예수님도 건강, 유니온도 건강"으로 했다. 그리고 또 다른 표어로는, "영혼 튼튼, 가정 튼튼, 교회도 튼튼"이었다. 이 표어를 무슨 집회이든지 목청을 돋우어 복창하여 온 유니온 가족들이 철저히 의식화 하도록 힘썼다.

이때에는 교회성장학이 건강교회론으로 바뀌어져 가고 있었다. 마치 교회성장학이 양적 팽창만 강조한다는 오해가 있어 왔기 때문이다. 따라서 죽은 교회들을 해부하는 연구(church autopsy)들도 나오기 시작했다. 사람이 죽으면 그 시체를 해부하여 죽음의 원인을 밝혀내듯이 교회가 죽으면 그 원인을 분석하여 건강교회 건설에 지혜를 얻자는 뜻이다.

교회건강을 좀먹는 치명적인 질병들

신학을 연구하는 방법 가운데 하나는 부정적 방법(negative method)과 적극적 방법(positive method)이 있다. 가령 신론을 말할 때 "하나님은 피조물이 아니시다"는 명제는 부정적 방법이고, "하나님은 우주만물의 창조주이시다"는 적극적인 방법이다. "교회는 건물이 아니다"는 부정적 방법이고 "교회는 하나님의 백성이다"는 적극적인 방법이다. "예수 외에는 구원의 길이 전혀 없다"는 부정적 방법이고, "오직 예수 그리스도만이 영원한 생명의 길이다"는 적극적 방법이다.

이런 점에서 건강한 목회자, 건강한 교회를 말하려면 우선 건강하지 못한 목회자 곧 병든 목회자, 병약한 교회를 분석하는 것도 진리를 명료화시키는 방법이 된다. 빛은 어둠 때문에 더욱 빛스럽게 된다는 뜻이다. 그런 점에서 여기에 목회자와 교회를 좀먹는 치명적인 질병들을 먼저 말하게 된다.

필자는 그 동안 여러 곳에서 '교회를 파괴하는 오적,' 혹은 '기독교를 까부수는 칠적'에 관하여 언급한 일이 있고 이 책에도 포함되어 있다. 여기에서는 조금 더 확장하고 세목화하여 교회를 죽이는 치명적인 질병 열 가지를 예시한다.

로스앤젤레스 코리타운 어떤 서점에 갔더니 새 책들을 1불이나 50센트 헐값에 파는 매대가 있었다. 그런데 대표적인 것들이 기독교 서적이었다. 한국의 대형교회 목사들이 한창 잘 나갈 때 쓴 것들인데 얼마 전까지 상당한 값에도 불티나듯 팔리는 책들이었다. 그런데 그 목사의 타락과 함께 책들도 1불짜리 혹은 50센트짜리로 천덕꾸러기가 되었다. 게다가 사가는 사람도 별로 없었다. 그 가운데 12 큰 교회의 성장비결 (2009년 초판)이라는 책도 끼어 있었다. 한국의 초대형 혹은 대표적 교회 12개를 골라 소개한 책이었다. 그런데 그 가운데 6교회 담임목사가 추악한 모습으로 목회를 마감했다. 50%가 가룟 유다의 길을 간 셈이다. 생명을 털어 넣어 교회를 세우신 예수 그리스도의 속이 얼마나 터지실까. 그리고 그게 어디 큰 교회 목사들뿐일까.

그래서 여기 교회 건강을 좀먹는 치명적인 질병들 10가지를 정리해 본다. 순위는 큰 의미가 없다. 그리고 이것은 주로 미주한인교회의 경우여서 한국교회와는 좀 다를 수 있다.
(15장 '미주한인교회의 어제와 오늘과 내일' 참조)

1. 담임 목회자들의 자격미달이 암적 질병이다. 그 자격 가운데는 제일 중요한 것이 목회자로서의 소명감이 확실하지 않은 것이다. '그분께서 나를 불러 이 거룩한 목자의 직분

을 맡기셨다'는 확신이 부족하다. 신자들 사이에 유행하는 말, '담임목사도 십자가에 목숨을 안 거는 판에 누가 목숨을 바치겠는가'라는 말에 충분한 이유가 있다. 미국 영주권을 얻으려는 목적 등 정당하지 못한 동기에서 목사가 된 사람들이 적지 않다. 게다가 목회자 준비교육이 모자라고 계속교육을 외면해서 결국 함량미달의 목회자가 되어버렸다.

2. 이단과 사이비들의 침투 역시 치명적 질병이다. 유니온교회도 지교회를 여럿 세웠는데 그 가운데 하나가 곧잘 성장하다가 이단교파로 넘어간 일이 있었다. 비록 한국교회와 비교하면 이단과 사이비의 영향이 그리 큰 것은 아니나 그래도 교회를 소리 없이 죽이는 치명적 질병임에는 틀림없다.

3. 교회분쟁과 특히 법정 소송이 교회를 죽이는 치명적 질병이다. 이 점에서는 한국교회나 미국의 다른 인종교회보다도 미주한인교회들이 훨씬 그 정도가 심하다. 무임목사들이 많다는 것, 민주적 훈련이 부족한 것, 한국에서의 지역감정, 무소속교회가 많아서 조정기관이 없고 권징이 무력화 된 것, 화해신앙의 부족 등이 교회갈등과 분열의 주요 원인들이다. 이런 갈등과 분쟁으로 한 때 주목받던 모범교회들이 시체처럼 되어 버렸고 불신자들의 조롱거리가 되기도 했다. 개체교회의 분열과 함께 다른 개체교회들과의 과도한 경쟁도 제살 깎아먹기의 소모전일 뿐이다. 신자쟁탈전은 개체교회 이기주의의 극치가 되고 있다. 성경의 '고린도교회'의 추종세력이 아직도 너무 많은데, 그래서, '만일 서로 물고 먹으면 피차 망할까 조심해야 한다.'(갈 5:15)는 말씀을 무서운 경고로 들어야 한다. '이단은 믿음에 대한 배신자라면 분열은 사랑에 대한 배신행위'라는 경고를 깊이 새겨야 한다. 신자 총동원 주일이 '신자 총도둑 주일'이 된 것도 교회의 질병을 단적으로 들어낸다.

4. 교역자, 직분자, 성도들의 윤리 수준 저하가 교회를 죽인다. 가령 교회에서는 성령충만하다는 신자들이 시장에서는 거짓말 왕초가 되어 장사하는 꼴을 보고, '네가 받은 성령은 거짓말쟁이인가'라고 신자들끼리 싸웠다는 말이 성도들의 윤리수준을 단적으로 증명한다. 성도들 사이에 부당한 금전거래, 스캔들, 도박, 가정파탄, 재정비리, 신분비리 등이 많고, 교회의 재정을 눈먼 돈이라 생각하고 서로 뜯어먹기에 바쁜 터에 교회가 과연 살아남겠는가.

5. 그 가운데 특히 담임목사의 '설행불일치'가 빼어놓을 수 없는 치명적 질병이다. '설행일치'는 '언행일치'에서 유추해낸 용어인데 설교와 삶의 불일치하면 '설행불일치'가 된다. 유명한 목사의 악명 높은 스캔들이 1백만 명 이상의 영혼을 지옥에 보냈다는 세간의 비판에 가슴을 치며 통곡해야 한다. 신앙과 삶의 불일치가 정말 치명적인 질병이다.

6. 안수집사, 권사, 장로 등 교회직분 쟁취 과열이 교회를 병들게 한다. 특히 미주한인사회에는 인간의 기본욕구의 하나인 권력욕을 채울 수 있는 기회가 교회 밖에서는 별로

없다는 점, 그리고 교회 회중이 가족초청이민으로 인한 가족군으로 이루어져 있다는 점 때문에 '직분쟁탈전'이 더욱 심하다. 그래서 매년 12월이 되면 신자 대이동 기간이 된다. 직분에 불만을 품은 사람들이 교회를 옮겨가기 때문이다.

7. 재정관리 불투명성과 자체존립만을 위한 소모적 구조가 교회를 망친다. 만약, "네 은과 함께 망할지어다"(행 8:20)라는 선언대로 이루어진다면 망해야 할 사람과 교회가 너무나도 많다. 교회 싸움은 마지막 단계에 가면 재산싸움이 된다.

8. 담임교역자 잦은 교체가 교회를 병들게 한다. 아니, 병들은 교회는 담임목사를 자주 교체한다. 담임목사 자주 교체하는 교회 치고 건실하게 성장하는 교회가 있을까.

9. 신자들의 과열된 대형교회 지향성이 한국교회를 병들게 한다. 한국인들이 큰 것을 좋아하는 성향은 다른 민족에 비교하여 유난스럽다. 국가 이름 '대한민국'은 '크고 큰 백성들의 나라'라는 뜻이다. 그래서 신자들이 대형교회로 빨려들어 간다. 그런데 대형교회들은 비대해지면서 온갖 질병의 백화점이 된다. 그래서 대형교회, 중형교회, 소형교회가 함께 망하게 된다.

10. 무엇보다도 교회가 본질적 사명을 망각할 때에 교회는 죽는다는 말도 못하고 죽는다. 아니, 교회를 세우신 성삼위 하나님께서 '내가 네게 가서 네 촛대를 그 자리에서 옮기리라'(계2:5), 혹은 '내 입에서 너를 토하여 버리리라'(계 3:15)고 경고하시고 그대로 실천하시면 교회가 망하지 않을 수 없게 된다. 교회가 '하나님 나라의 모형'이기를 포기하고, 사탄의 나라로 변질된다면 어찌 망하지 않겠는가. 교회가 그 본질적 목표를 달성시키겠다는 의지가 박약한 것이 치명적 질병이란 뜻이다. 인간구원이라는 거룩한 목표는 수단으로 전락하고, 수단일 뿐인 권력, 명예, 재정 등이 실제적 목표가 되어버린 교회는 결국 구제불능의 치명적인 질병에서 신음할 뿐이다.

그래도 미주한인교회들은 세습목회가 별로 없다는 점이나 족벌주의(nepotism)가 드물다는 점에서는 한국교회와는 차이가 있다.

건강한 목회자란 누구일까

개체 교회(local church)의 건강화는 담임목사에게 달려 있다. 교회성장학에서는 90% 이상이 담임목회자에게 달려 있다고 흔히 말하지만 적어도 담임목사의 지도력이 가장 결정적 요인이다. 그렇다면 이제 적극적 시각에서 건강한 목회자의 자격 기준을 논의해 보자.

1. 구원의 확신이 있어야 한다. 목회는 기본적으로 개인영혼의 구원, 육체를 포함한 개인생명의 구원, 사회구원, 미래구원 등을 포함하지만 근본적으로는 구원론적 기초가 가장 중요하다. 따라서 무엇보다도 자신의 구원이 확실해야 하고, 더욱 더 자신의 구원을 성경과 신학의 언어로 설명할 수 있어야 한다.

2. 목회자로 부르심 받은 소명의식이 확고해야 한다. 예레미야처럼, '모태에 짓기 전에… 너를 여러 나라의 선지자로 세웠노라'(렘 1:5), 베드로처럼 '사람 낚는 어부'로 부르심을 받는 것(마 4:19), 혹은 바울처럼 예수님의 이름을 '이방인, 임금, 이스라엘 자손에게 전하기 위하여 택한 나의 그릇' (행 9:15)이라는 소명이 확실해야 한다. 꼭 그 표현이나 내용이 똑같은 것은 아니라도, 어떤 형태이든지, 직접적 음성을 듣든지 혹은 간접적 음성을 듣든지 반드시 확실한 소명(calling)을 받아야 한다. 그리고 그 소명을 평생토록 불타오르게 해야 한다.

3. '죽으면 죽으리라'(에 4:16)는 각오로 십자가 지고 주님을 따를 결단이 있어야 하고 그것을 삶으로 보여주어야 한다.(눅 9:23) 십자가를 자원하여 지지 않는 목사는 목회를 그만 두어야 한다.

4. 성경말씀을 기초로 삼은 건전한 신학적 사고능력이 잘 훈련되어야 한다. '뭐 신학이 목회하나'라는 말은 농담일 뿐이다. 신학적 기초가 강한 것은 충분조건은 아니나 필요조건임을 명심해야 한다. 신학적 훈련이 잘 된 목사라야 성경말씀에서 설교내용을 바르게 그리고 다양하게 생산해 내게 된다.

5. 예수 그리스도를 담임목사의 최고 표준으로 모셔야 한다. 그런 점에서 예수님을 닮은 존경스러운 목회자를 멘토(mentor)로 삼고 자문을 받는 것은 지혜로운 전략이다.

6. 영성이 건실해야 한다. 건실한 영성이란 삼위일체 신론적 영성을 뜻한다. 영성이 메말라 버리는 것도 문제이지만 잘못된 잡초영성이나 신비주의로 지나치게 기울어진 영성은 건실한 영성이 아니다.

7. 지성이 높아야 한다. 기독교 안에 반지성주의가 판을 치는 것은 계몽주의나 지나친 지성주의가 기독교 신앙을 파괴하여 왔다는 점에서 이해가 되지만 그렇다고 지성적 기초가 없는 까닭으로 신앙이 광신주의로 변질되어서는 안 된다.

8. 도덕성이 존경 받을 만해야 한다. 성경적 기독교는 윤리수준이 하늘만큼이나 높기를 요구하는데 오늘의 기독교 지도자들의 윤리수준은 지옥으로 떨어지고 있지 않은가. 목회자가 색성 스캔들, 교회 돈의 도적질, 도박행위, 마약복용 등에 범죄행위를 저지르면 아무리 회개해도 목회에서는 재기할 수 없다는 점을 명심해야 한다.

9.지도력을 항상 개발해 가야 한다. 지도력은 함생목회론의 핵심부분인데, 조직회원들과 함께 그 조직의 목표를 달성하도록 발휘하는 영향력을 뜻한다. 담임목사는 그런 점에서 평생토록 자기 지도력 개발에 힘써야 한다. 목회지도력은 영혼구원과 하나님 나라의 건설이라는 목회 궁극적 목표 달성도를 기준으로 평가된다는 것을 꼭 명심해야 한다.

10. 목회기술이 전문성 수준을 유지해야 한다. 목회자는 상식인이면서도 전문인이 되어야 한다. 전문적 영역을 숙지하면서도 목회 일선에서는 건전한 상식으로 목회해야 건실

하게 된다.

총괄적으로 말한다면 담임목회자의 최고표준이신 예수 그리스도를 모범 삼고, '그 선한 목자'를 닮아가도록 항상 힘써야 한다. 특히, "자기만 먹는 이스라엘 목자들은 화 있을진저."(겔 4:2), "선한 목자는 양들을 위하여 목숨을 버리느니라."(요 10:11)는 말씀을 무서운 경고로 들어야 한다.

교회건강화 실천 전략

담임목회자가 건강하다면 일단 교회가 건강하게 되는 좋은 기초가 마련된 셈이다. 앞으로 교회를 전담하는 안수 받은 담임목사제도가 언제까지 계속될는지 모른다. 평신도들의 사역으로 대치될 가능성도 점점 높아가고 있고, 또 안수성직자 목회(ordained ministry)는 계속하되 앞으로 자비량 목회로 전환될 개연성도 높기 때문이다. 하지만 담임목회자의 건강한 지도력이 곧바로 교회 건강화로 실현되는 것은 아니다. 우리는 그런 사례를 많이 보아오고 있다.

1. 삼위일체 하나님과 함께 사역하는 교회가 건강하다. 교회에 따라서는 로마 가톨릭 교회처럼 성부 하나님을 앞장세운다. 개신교회는 성자 예수 그리스도를 앞장세운다. 그리고 오순절교회들은 성령 사역을 앞장세운다. 그런 교회들보다는 삼위일체 하나님 혹은 일체삼위 하나님을 앞장세우는 교회가 그 건강성이 더욱 확고하다. 함생목회론에서 자세히 언급했지만 삼위일체 하나님은 목회적 삼위일체(economical Trinity)인 동시에 본질적 삼위일체(essential Trinity)로 이해하고 이를 표준하여 교회를 함생체(whole organic body)라는 시각을 기초로 하고 있는 교회가 건강하다.

2. 예수 그리스도, 특히 십자가를 지신 그분을 담임목회자의 최고표준으로 강조하는 교회가 건강하다. 성부 하나님과 성령 하나님은 육체를 입으신 적이 없으시므로 사람을 대상으로 사람이 목회해야 하는 교회는 상대적으로 예수 그리스도를 최고 표준으로 삼는 것이 더 건강한 목회이다. 따라서 교회는 그리스도의 몸이지만 성부 하나님의 몸이거나 성령 하나님의 몸은 아니다.

3. 목회자들이 절대적 진리와 상대적 진리를 구별하고, 전체와 부분을 파악할 수 있는 바른 신학적 기초를 구축하고 목회현장에서 변용할 수 있도록 해야 교회를 건강하게 형성한다. 절대적 진리는 삼위일체 신론, 예수 그리스도를 통한 구원론, 성경이 신앙과 생활과 교리의 최고 표준 등이다. 그 외에 다른 것으로 절대적 진리를 삼든지 혹은 앞의 세 가지를 상대적 진리로 격하하면 그것은 건강한 교회가 아니다.

4. 담임목회자의 지도력의 기초를 선한 목자장이신 예수 그리스도를 최고 표준으로 삼아야만 튼튼한 교회가 된다. 앞에서 영성, 지성, 도덕성, 지도력, 전문성을 종합적으로

균형 있게 형성해야 된다고 설명한 바와 같다.

5. 사람이 누구인지를 세세히 파악하여 계속 연구하여 목회계획과 실천에 반영하는 목회라야 건강한 교회목회이다. 대부분의 목회자들이 성삼위 하나님에 대하여는 어느 정도 알고 있는 것 같으나 인문학적 인간이해에 대하여는 현저히 부족한 것 같다. 하나님 공부와 함께 사람 공부에도 열심을 내야 한다. 하나님으로서의 예수 그리스도와 함께 사람으로서의 예수 그리스도를 균형 있게 이해하여야 한다. 인문과학, 심리학, 사회과학 등 목회적 인간학 연구를 통하여 인간을 바르게, 전체적으로, 부분적으로 이해하여야 한다. 목회자의 실패가 인간을 잘 모르는 데서 원인된다. 교회의 갈등 조정은 특히 폭넓은 인간이해에서 그 효율적 성과를 보게 된다.

6. 목회는 궁극적으로 인간구원이라는 점에 초점을 맞추어야 건강한 목회이고 건강한 교회를 형성하게 된다. 삼위일체 하나님 안에서의 예수 그리스도의 사역의 목적을 좁게 말하면 개인 영혼 하나하나의 구원이고, 조금 넓게 말하면 육신을 가진 인간이 이 세상에서의 고통을 벗어나도록 하는 구원을 포함한다. 그리고 사회문화적 차원에서는 정치적 사회적 경제적 문화적 복지사회 살도록 구원해야 한다. 이를 종합하면 '이미 이루어진 하나님 나라, 지금도 이루어져가고 있는 하나님의 나라, 앞으로 이루어질 하나님의 나라'에 인간의 모든 생명, 모든 피조물들이 참여하도록 인도하는 것을 초점으로 하는 사역이라야 한다.

7.목회의 원리를 현장(context)에 맞도록 변용시켜야 건강한 목회이다. 목회는 진공상태에서 하는 것이 아니다. '예수 그리스도는 어제나 오늘이나 영원하도록 동일'하시지만(히13:8) 목회의 대상이 되는 인간과 피조물의 환경 혹은 상황(context)은 시간과 공간에 따라 변화되고 다르기 때문에 그 다른 상황에 적실성 혹은 유효성이 극대화되는 사역을 해야 한다. 미주한인교회의 목회를 한국교회와 똑같은 방식으로 한다면 실패할 가능성이 많고 그런 사례들이 여럿이다. 상황의 차이 때문이다. 한국의 교회로 목장을 옮기는 미국 목회자들의 대부분은 남가주지역의 담임목사들일 뿐 뉴욕 등 동부지역에서는 거의 없다. 남가주지역의 목회는 그래도 한국교회와의 상황차이가 뉴욕보다는 적기 때문이다. 상황은 그처럼 중요하다.

8.커뮤니케이션의 효과를 극대화해야 건강한 교회를 형성하는 건강한 목회이다. 의사소통의 도구 가운데 대표적인 것은 물론 언어이다. 그런데 미주 목회자들은 대부분 신학수업을 오래도록 받은 사람들이라 그 설교언어나 목회언어가 추상적 언어, 논리적 언어, 명제적 언어를 주로 사용한다. 명사와 동사의 구조이다. 그러나 설교언어는 그림 같은 언어, 시적 언어, 대중들의 언어, 명사, 동사뿐만 아니라 형용사, 부사, 감탄사, 전치사가 있는 언어여야 한다. 게다가 예수님에게서 확인되는 것처럼 이야기 언어, 은유, 직

유, 의인법 등 다양한 수사법이 활용된 언어여야 한다. 대화법의 다섯 가지 종류 곧 1)무의미 대화, 2)정보 대화, 3)의견 대화, 4)감성 대화, 5)변화와 성장을 위한 대화 가운데 신학언어는 주로 정보 대화와 의견 대화인데 반하여 설교언어는 감성대화와 변화/성장을 위한 대화가 되어야 한다. 대외적 홍보와 함께 교회 내적 커뮤니케이션(의사소통)을 증진하려면 언어가 기본도구이지만 그 언어를 전달하는 도구들도 무엇이든 효과적으로 사용해야 된다. 특히 이메일, 인터넷, 전화기 등을 통한 사회소통망이 적극 활용되어야 한다. 몸의 신경체계와 혈관체계가 활발히 작동해야 건강한 것과 비교된다.

9. 자신의 목회를 여러 방식으로 평가하고 그에 기초하여 '계속과 변화'의 목회를 시도해야 한다. 목회는 항상 실험목회여야 한다. 실험목회란 여러 가지 다양한 시도를 하면서 그 효과를 개선해 나가는 방식의 목회이다. 10번을 실패해도 실패한 것이 아니라 그런 방식으로 하면 안 된다는 것을 배우는 기회이다. 따라서 실험목회는 끊임없이 철저히 평가하고 그에 기초하여 과감하게 새로운 시도를 해 나가야 한다. 목회자가 회중들이나 전문기관에게 평가를 받으려 하지 않기 때문에 실패하면 재기하기 어렵게 된다.

10. 교회관을 바르게 정립하고 그것에 기초하여 사역해야 건강한 목회가 된다. 교회는 성부 하나님의 백성, 성자 하나님의 몸과 신부, 성자 예수님과 그 제자들, 성령 하나님의 집이어야 하고, 하나님 나라의 형상을 가진 함생체여야 한다. 그리고 교회의 5대 구성요소인 1)성삼위 하나님, 2)성경말씀, 3)구원받은 하나님의 자녀들, 4)지도자, 5)시설과 재정 다섯 가지가 우선순위로 정립되어야 한다.

함생목회론적 이해

함생목회론은 생명을 최우선 가치로 삼고, 함께 살고, 서로 살리며, 생명을 증진시키는 것을 기축으로 삼은 사상이다. 생명의 창조주이신 성삼위 하나님과 인간을 대표로 하는 피조물이 함께 생명가치를 향상시키는 것을 수직적 함생, 사람과 사람, 피조물과 피조물이 함께 생명을 증진시키는 것은 수평적 함생으로 풀었다. 이 수직과 수평이 합하여 십자가에서 죽으시고 다시 살아나신 예수 그리스도에게서 온전한 함생을 이룬다. (제3장 함생주의 사상과 삶의 기본이해 참조).

따라서 함생목회론은 '하나님을 사랑하는 자 곧 그의 뜻대로 부르심을 받은 자들에게는 모든 것이 합력하여 선을 이룬다' (롬8:28)는 말씀을 대표성구로 하는 목회이다. 그래서 교회가 가진 기본 기능인 예배, 교육, 전도와 선교, 봉사, 친교, 진리의 보존들은 성삼위 하나님과 사람들의 함생, 믿는 사람과 믿지 않는 사람의 함생, 창조주와 모든 피조물의 함생이 그 기본목적이다. 그래서 하나님의 나라(다스리심)를 사랑의 나라 특히 '십자가 사랑의 원리로 다스리심'으로 이해하게 된다.

앞서 분석 정리한 1)교회의 건강을 좀먹는 치명적인 질병들, 2)건강한 목회자의 판별기준, 3)교회건강화 실천전략들은 그 밑바닥을 분석해 보면 결국 하나님과 사람의 함생으로 종합된다. 하나님의 삼위일체성, 함생의 사람 예수 그리스도, '사회적 개인'인 인간의 함생성, 목회자의 함생적 지도력, 교리와 신학과 말씀 선포의 함생성, 구원론의 함생적 선포, 함생체로서의 교회론을 기본으로 하여 '함생 통치적 하나님 나라의 완성'으로 달려가는 목회자와 교회라야 한다.

건강한 교회 점검 목록

기윤실과의 논쟁

50대 초반의 집사 한 분이 얼굴색이 전보다 꽤 검어 보였다. 목회를 오래 해 보면 반의사가 된다더니 필자도 그랬다. "집사님, 최근에 건강검진 좀 하셨어요? 얼굴색이 좀 검네요." 필자는 조심스럽게 말을 건넸다. "목사님, 염려해 주셔서 감사합니다. 저는 태생이 원래 검어요."그러고 허허 웃었다. 그런데 한 해쯤 뒤에 암 진단을 받았고 장례식을 집례해야 했다. 건강검진을 정규적으로 받았더라면, 그리고 병색을 빨리 알아차려 수술만 했더라면 더 오래 살 수 있었을 터였다. 이런 원리는 교회라는 함생체에도 상당부분 그대로 적용된다.

건강교회 체크리스트, 과연 건강한 표준인가

〈로스앤젤레스 기독교윤리실천운동〉(이하 기윤실)이 종교개혁 487주년 기념일을 맞아 "건강교회 체크리스트"를 내어 놓았다. 7개 범주 39개 항목으로 되어 있으며 각 항목마다 (1)전적으로 부정, (2)어느 정도 부정, (3)잘 모르겠다, (4)어느 정도 긍정, (5)전적으로 긍정의 다섯 단계 평가를 하도록 되어 있다. "건강교회 체크리스트"의 발표를 보고 처음에는 그런 제안이 매우 신선해 보였다. 또 누군가가 해야 할 일인데 기윤실이 그 일을 했다는 찬사도 보내고 싶었다.

그러나 내용을 분석해 보면서 "이것만은 아닌데..."하는 생각이 들었다. 교회의 건강을 체크하는 목록이라면 당연히 교회를 신학적/성경적으로 이해하는 일이 앞서야 한다. 그런데 그 같은 기초를 갖추지 못했기 때문에 건강교회 체크리스트는 그 좋은 의도에도 불구하고 건실한 열매를 맺기가 어려울 것으로 생각된다.

"교회로 하여금 교회 되게 하라"(Let the churches be the Church)는 외침은 어제 오늘의 일이 아니다. 비록 그런 요구가 20세기에 대두되었다 하더라도 교회는 처음 생겨날 때부터 이 같은 외침을 계속해 왔다.

그렇다면 교회가 교회되는 표준은 무엇인가? 다시 말하면 교회의 진정성(authenticity)은 무엇인가? 이런 문제는 조직신학과 선교신학 특히 교회성장학에서 많은 관심을 가지고 연구되어 왔다. 그런 연구결과를 다음에 요약한다.

가. 기독교회는 전통적으로 다음과 같이 네 가지를 교회의 진정성의 표준으로 제시했다. 이는 사도신경과 같은 비중으로 기독교 전체의 기본신앙고백으로 인정받는 니케야신조에 표현된 내용이다. 곧 일치성(uno), 거룩성(sancta), 보편성(catholica), 사도성(apostolica)이 그것들이다.

종교개혁자들 특히 루터와 칼뱅은 다른 주장을 폈다. 루터는 교회의 진정성의 표준을, 첫째, 말씀이 바로 선포되고 있는가, 둘째, 성례전이 바로 집행되고 있는가, 이 두 가지를 교회의 표준들(marks)로 삼았다. 종교개혁의 또 다른 한 축인 칼뱅은 이것들 외에 '권징(discipline)이 바르게 실천되고 있는가'를 추가했다.

18세기에 와서 루터와 칼빈의 종교개혁운동의 부족한 점을 보완했던 요한 웨슬리는 교회의 진정성을 "믿음, 소망, 사랑"이라고 제시했다(고전 13:13). 1)믿음으로 구원받은 자들이 모여 있느냐, 2)주님께서 다시 오신다는 간절한 소망을 가지고 있느냐, 3)아가페의 사랑이 있느냐, 이 세 가지였다. 이는 물론 루터와 칼빈이 제시한 교회의 표준들 외에 세 가지를 더 추가한 것으로 보아야 한다.

최근 건강교회의 표준에 대하여 관심을 갖는 이들은 대체로 교회성장학자들이다. 세 가지 사례를 제시해 보겠다.

〈자연적 교회성장론〉(Natural Church Development)이라는 책을 저술한 슈워츠(Schwarz)는 책의 부제로 "건강한 교회의 여덟 가지 기본적 자질 안내"라고 이름을 붙였는데 그 여덟 가지는 다음과 같다. (필자 번역)

힘을 불어넣는 지도력(Empowering leadership), 은사에 기초한 사역(Gift-oriented ministry), 뜨거운 영성(Passionate spirituality), 기능적 조직(Functional structures), 영감 높은 예배(Inspiring worship service), 전체에 통합된 소그룹(Holistic small groups), 필요에 기초한 전도(Need-oriented evangelism), 사랑의 인간관계(Loving relationships).

역시 교회성장학에 관한 좋은 저술로 평가받는 〈건강한 교회 되기〉(Becoming a Healthy Church)의 저자 마치아(Macchia)는 건강한 교회의 10 가지 표준을 다음과 같이 제시하고 있다.

1.하나님의 파워 임재(God's empowering presence) 2.하나님 기뻐하시는 예배(God-exalting worship) 3.영성 훈련(Spiritual disciplines) 4.교육과 성

장 공동체(Learning and growing in community) 5.서로사랑과 돌봄 관계의 결단(A commitment to loving and caring relationships) 6.섬김지도력 개발(Servant-leadership development) 7.교회 밖을 향한 초점(An outward focus) 8.지혜로운 관리와 책임분담(Wise administration and accountability) 9.그리스도의 몸의 그물망 형성(Networking with the Body of Christ) 10.청지기 정신과 관용(Stewardship and generosity)

새들백교회 릭 워렌(Rick Warren) 목사의 〈목적이 이끄는 교회〉라는 저서는 물론 교회가 목적 지향적일 때 특히 목표달성도가 얼마냐에 따라 건강을 잴 수 있다는 이론을 담고 있다. 교회의 목적은 전통적으로, (1)예배 (2)교육 (3)선교 (4)봉사 (5)친교 (6)말씀과 신앙의 보존으로 이해되어 왔다.

나. 기윤실의 건강교회 체크리스트에 대한 평가

기윤실이 발표한 건강교회 체크리스트의 7 가지 범주는 다음과 같다.

1. 사회법 준수와 법 앞에서의 정직. 2. 합리적이고 정직한 의사 결정. 3. 투명한 교회 운영.4. 재정운영의 투명성. 5. 예배와 설교. 6.교회의 사회적 관심. 7. 교육과 선교.

이것들과 앞서 제시한 교회의 진정성의 표준들을 비교해 보면 기윤실의 건강교회 표준이 건강한 표준에 함량미달이라는 사실이 쉽게 들어난다. **첫째로**, 교회의 건강을 측정하는 잣대가 신학의 교회론이 제시하는 원리들을 거의 도외시한 것이 가장 큰 오류라 할 수 있다. 제일 큰 관심을 가져야 할 부분은 하나님의 말씀이 바로 선포되고 있는가, 그것이어야 한다. 특히 "구원의 복음"이 성경말씀에 의거하여 제대로 선포되는가를 집중적으로 물어야 했다. 이에 대한 것이 제5항에 포함되어 있지만 부분적이고 간접적일 뿐이며 그것도 첫 번에 놓이지 않고 다섯 번째로 밀려 있고 내용도 부실하다. 그리고 세례와 성찬의 집행에 관한 것은 아예 언급이 없다. 게다가 권징에 대한 관심은 전혀 표시되지 않았다. 어떤 면에서 오늘의 교회의 위기는 권징이 포기된 데 있다는 점을 간과했다.

둘째로, 기윤실이 작성한 건강교회 체크리스트는 잘못된 신학적 이해 위에서 만들어진 부분들이 적지 않다. 우선 교회성장에 대하여는 부정적인 견해가 강하게 노출되어 있는데 이는 성경적이 전혀 아니다. 만인제사장론(priesthood of all believers)의 이해도 잘못 되었다. 목사와 장로 권사 집사의 차이는 은사의 차이일 뿐 아니라 교회의 질서 유지와 효율성을 위하여서는 계급성도 있다는 점을 부인해서는 안 된다. 교회의 행정제도는 의사 결정의 최고 권위를 누가 가지느냐에 따라, 교황제도, 감독제도, 노회제도, 회중제도, 무조직교회 등이 있는 바 이 모든 것이 그 나름대로 정당한 근거를 가지고 있다. 족벌주의(nepotism)만 해도 그렇다. 예수님의 제자들과 초대교회 지도력 구성에 있어서 예수님도 친인척이 상당수 있었던 것을 외면해서는 안 된다. 이런 것들은 상대적 진리인데 이런 것들을 표준으로 삼는 것은 적절하지 않다.

설교자가 "위압적인 언사"를 사용하면 안 된다는 주장도 정당하지 않다. 예수님께서도 "저 여우에게"라든가 "화 있을진저"를 사용하신 것을 어떻게 생각하는가? 역시 상대적인 주장일 뿐이다. 한 영혼이라도 더 많이 구원해야 한다는 긴박성이 전혀 고려되어 있지 않다. 영성훈련에 관한 항목도 없으며 교회를 아가페사랑의 공동체로 만들어야 한다는 교회 본연의 사명에도 관심을 기울이지 않고 있다. 특히 교회는 '하나님 나라의 형상'이 결정적 요인이라는 점도 전혀 고려되고 있지 않다.

셋째로, 기윤실이 작성한 건강교회 표준은 전체적으로, (1)사회법의 준수, (2)교회행정의 민주화, (3)재정사용의 투명성이 건강표준의 기본골격이 되고 있다. 말하자면 이 세상의 것들이란 뜻이다. 그런 것이 이 시대에 교회의 공신력을 회복시키는데 절실하다는 점이 없는 것은 아니나 과연 말씀과 기도를 제쳐두고 그런 것에 더 큰 관심을 가지는 것이 성경적일까? 어떤 경우 사회법이 성경말씀에 맞지 않으면 저항하고 개정을 요구할 수도 있다. 불체자에 대한 도피소 운동(sanctuary movement)이 그 한 사례이다.

건강교회 체크리스트에 재정과 관련된 항목이 압도적으로 많다. 39개 항목 가운데 15개 항목이 직접 간접으로 재정사용과 관련되어 있다. 교회는 영적인 문제에 대한 관심이 기본이고 물질적인 것은 도구일 뿐이다. 그렇다면 내용의 건강성을 따지기보다는 도구의 건강에 주력했다는 본말전도의 잘못이 있는 것은 아닐까?

마지막으로, 교회의 건강을 해치는 것은 내부적 부패와 함께 이단의 발호였다는 점이 착안되지 못했다. 그리스도의 교회는 초기부터 영지주의 등 여러 이단의 침투가 격렬하게 있어 왔으며 그것을 잘 방어할 때에는 튼튼한 교회로 세워져 간 것을 볼 수 있다.

다시 작성한 시안

결론은 이제 확실하게 되었다. 기윤실이 발표한 건강교회 체크리스트는 성경적 기초가 허약하다. 교회에 대한 기본이해가 결여되어 있으며 상대적 진리들을 절대화한 점도 여럿이다. 이 건강교회 체크리스트가 미주한인교회의 질병을 진단하는 효과가 전혀 없다는 것은 아니다. 교회의 내부적 부패를 척결하겠다는 비장한 각오는 높이 사야 한다.

그러나 작성자들의 제한성 때문에 이것이 오히려 교회가 그 사명을 달성하는 데 있어 방해되는 독소조항도 없지 않다. 평신도들과 목회자들과 신학자들이 함께 지혜를 모아 새로운 체크 리스트를 만들 것을 제안한다. 그리고 새로운 표준 작성을 위하여서는 앞서 제시한 교회의 진정성 표준과 함께 교회가 무엇이냐는 원론에 기초해야 한다.

첫째로 교회는 하나님의 백성(People of God) 혹은 가족(Family of God)이다. 그러므로 하나님의 명령을 따라 사는 백성이 되어야 건강한 교회이다.

둘째로, 교회는 그리스도의 몸(Body of Christ)이요 신부(Bride of Christ)이다. 예수 그리스도의 사랑을 받는 교회가 되어야 건강한 교회이다.

셋째로, 교회는 성령의 집(Temple of the Holy Spirit)이다. 성령과 함께 하는 백성이라야 건강한 교회이다. 이 세 가지를 종합하면 교회는 '하나님 나라의 형상'이어야 한다. 마치 구원받은 하나님의 자녀 속에 하나님의 형상이 회복되어 있어야 하는 것과 같다.

이 같은 점들을 고려하여 별지와 같이 교회건강 점검목표의 시안을 만들어 보았다. 2005년 11월 10일 미주기독교윤리실천이라는 단체가 주최한 세미나에서 〈남가주기독교교회협의회 교회공신력향상특별위원장〉 자격으로 주최 측이 발표한 '교회건강체크리스트'에 대한 대안으로 제시했다. 이것을 10년이 지난 뒤 다시 수정 보완하여, 2015년 6월 25일 Fuller신학대학원 한국어목회학박사원이 주최한 '건강한 목회자, 건강한 교회'주제 컨퍼런스에서 평신도들의 교회평가용으로 사용했다).

개체 교회 건강 점검표 (평신도용)

(Check List on the Health of Local Churches)

ㅁ다음 사항이 부정적이면 0, 긍정적이면 1, 확실하면 2를 ( ) 안에 쓰십시오. (0.5 혹은 1.5도 쓸 수 있음)

1. **신관** 온 교회 하나님의 백성들이 삼위일체 하나님을 확실하게 믿고 있는가. ( )
2. **성부** 하나님은 창조주이시며 아버지이신 것을 고백하고 있는가. ( )
3. **성자** 예수 그리스도가 우리의 확실한 구원주이심을 믿고 있는가. ( )
4. **성령** 성령님께서 우리를 거듭나게 하시고 믿음이 자라게(성화) 하심을 믿는가. ( )
5. **성경** 성경이 영감된 하나님의 말씀이며 신앙과 생활, 신학과 선교의 최고표준임을 믿고 말씀 연구에 힘쓰는가. ( )
6. **자연계시** 자연과 역사 그리고 인간의 모습을 통하여 하나님의 신성과 그 뜻을 어느 정도 파악할 수 있다고 믿는가. ( )
7. **교회** 교회가 하나님의 백성, 그리스도의 몸, 성령의 집이요 하나님 나라의 모형과 형상임을 깨닫고 있는가. ( )
8. **예배** 주일을 성수하며 하나님을 경외하고 사랑하여 바르고 은혜롭게 예배를 드리고 있는가. ( )
9. **기도** 온 성도가 하나님 앞에 그리스도 예수의 이름으로 기도하기를 힘쓰며 믿고 기도한 것은 반드시 좋은 응답을 받게 될 것을 믿는가. ( )
10. **찬양** 온 성도가 찬양으로 하나님께 힘써 영광을 돌리고 이를 통하여 은혜를 받고 있는가. ( )
11. **능력** 하나님이 함께 하신다는 증거들 곧 기적이나 은사가 나타나고 있는가. ( )
12. **인간** 모든 인간은 죄인이며 자기 자신도 죄인임을 인정하고 있는가. ( )
13. **인권** 모든 인간은 하나님의 형상대로 지음 받았으며 천하보다도 귀한 생명임을 인정하는가. ( )
14. **사랑** 원수까지 용서하고 사랑하는가. ( )
15. **중생과 칭의** 모든 성도들이 거듭남의 체험과 믿음으로 의롭다 함을 얻은 것을 확신하는가. ( )
16. **성화** 온 성도들이 성령의 내주로 더욱 거룩하여 지고 하나님의 형상이 더욱 회복되도록 힘쓰는가. ( )
17. **교회 내 봉사** 초신자, 과부, 고아, 어린이, 노인, 장애자 등 약자들을 우선적으로 돌보는가. ( )
18. **교회 밖 봉사** 믿지 않는 사람들에게 필요한 것을 채워주는 봉사에 힘쓰고 있는가. ( )
19. **교육** 예수 그리스도께서 보여주신 모범에 따라 모든 성도들을 잘 교육하고 있는가. ( )
20. **차세대** 차세대들이 신앙생활을 이어가고 교회를 성장시킬 수 있도록 힘쓰고 있는가. ( )
21. **말씀 선포** 교회에서 하나님의 말씀이 바로 선포되고 그 말씀대로 실천하려는 의자가 강한가. ( )
22. **세례** 세례가 성경말씀 표준에 따라 바르고 은혜롭게 실시되는가. ( )
23. **성찬** 성찬예식이 규칙적으로 실시되며 성경말씀 표준에 따르고 있는가. ( )
24. **헌신** 예배 때마다 자기 몸을 산 제물로 드린다는 믿음으로 헌금생활에 최선을 다 하는가. ( )
25. **성윤리** 몸은 하나님의 거룩한 선물이므로 색성(sex)이 성경말씀 표준에 따라 바르게 사용되도록 힘쓰고 있는가. ( )

26. **하나 됨** 교회 성도 간에 다툼이나 분열이 없이 서로 사랑으로 하나가 되고 있는가. ( )
27. **이단** 교회의 성결성 유지를 위하여 이단과 사이비를 적극적으로 척결하고 있는가. ( )
28. **만인제사장** 모든 성도가 교회 일에 주인신자가 되어 적극 참여하고 있는가. ( )
29. **세속주의 거부** 교회가 향락주의적 세상 문화와 싸우며 하나님의 말씀을 표준삼아 거룩성을 유지하려고 힘쓰는가. ( )
30. **공신력** 교회의 공신력을 향상시키기 위하여 힘쓰며 문제가 생겨도 세상 법정에 의뢰하지 않고 자율적으로 해결하는가. ( )
31. **일치** 교회가 교파를 초월하여 이웃교회와 세계교회와 협력하기를 기뻐하는가. ( )
32. **가정** 교회 같은 가정, 가정 같은 교회가 되기를 힘쓰고 있는가. ( )
33. **정직성** 교회가 하는 일 특히 재정사용이 투명하고 모든 일에 정직한가. ( )
34. **사명선언** 교회가 궁극적 목적을 담은 사명선언이 있으며 그것을 실천하려는 의지가 강한가. ( )
35. **국가** 교회가 미국과 한국이 하나님 쓰시는 나라가 되도록 기도하며 적극 참여하는가. ( )
36. **개혁** 교회가 성경말씀의 표준과 개혁자들의 모범을 따라 항상 새롭게 되기를 힘쓰고 있는가. ( )
37. **전도** 모든 성도들이 한 영혼이라도 구원하기 위하여 전도에 항상 힘을 기울이고 있는가. ( )
38. **선교** 교회 전체가 문화가 다른 지역 사람들의 영혼을 구원하기 위하여 힘쓰고 있는가. ( )
39. **교회성장** 지 교회를 설립하며 자신들의 교회가 양적 질적으로 성장하도록 전력을 다 하는가. ( )
40. **은사** 교회가 은사 받은 것을 확인하고 이를 사용하기에 힘쓰고 있는가. ( )
41. **타종교** 교회가 다른 종교인들과 평화를 유지하며 이리와 어린 양이 함께 사는 것이 하나님의 나라임을 믿고 실천하는가. ( )
42. **목사** 교회의 목회자들이 전문직임을 존경하며 그들은 예수님의 모범을 따라 선한 목자가 되려고 항상 힘쓰고 있는가. ( )
43. **장로** 성경의 표준에 따라 장로(어른)로서의 섬기는 일을 충성스럽게 하고 있는가. ( )
44. **기타직분** 교회의 직분은 계급이 아닌 섬기는 직분임을 믿고 작은 일에조차 충성하고 있는가. ( )
45. **매스미디어** 현대사회의 특징인 매스미디어를 바르게 사용하며 매스미디어의 반신앙성을 시정하기에 힘쓰고 있는가. ( )
46. **법률과 정책** 국가기관의 정책에 관하여는 신앙과 부합되거나 관계없으면 순복하고 신앙에 어긋나면 고치도록 투쟁하고 있는가. ( )
47. **자연환경** 자연환경을 하나님이 주신 선물로 인식하고 잘 관리하려 하는가. ( )
48. **신앙의 근간** 십계명, 주기도문, 사도신경이 기독교 신앙의 근간임을 믿고 그대로 생활하려고 힘쓰는가. ( )
49. **종말** 개인의 죽음과 이 세상의 종말이 언제 오더라도 그를 대망하며 철저히 준비하고 있는가. ( )
50. **교회의 머리** 교회의 머리이신 예수 그리스도의 모범을 따라 십자가를 솔선하여지려는 온전한 믿음이 확실한가. ( )

총점________________

(100점 만점으로 평균 70점 이상이면 건강이 매우 우수한 교회로 평가됨).

13

함생목회자는 그분을 모신 나귀

목회자가 걸어야 하는 길

목회자의 최고 표준 예수 그리스도

목회 칼럼 **결정적 간증은 목회의 큰 동력**

예수님께서 오늘에 사신다면

만약 예수님께서 2천 년 전이 아니라 바로 지금 이 시대에 오셨더라면 얼마나 좋을까. 예수님의 진짜 얼굴을 볼 수 있을 것이다. 예수님의 생생한 생활을 비디오와 인터넷으로 확인할 수 있을 것이다. 예수님의 음성을 직접 들을 수 있을 것이다. 예수님 자신도 온 세계를 누비셨을 것이고, 한국의 비빔밥을 비롯하여 각 나라 음식을 맛보셨을 것이다. 그렇게 되면 예수님에 관한 자료는 지구가 그 무게를 감당할 수 없을 정도로 많지 않을까.(요 21:25)

또 예수님을 만난 사람들의 간증이 얼마나 많을까. 이처럼 책을 쓰기 쉬운 시대라서, '내가 만난 예수님'이란 간증집이 책방의 천정까지 꽉꽉 쌓여질 것이다. 죽어서 나흘이나 되어 시체 썩은 냄새가 났던 나사로, 장례 지내러 가던 아들을 되살려 받은 나인 동네 그 어머니, 막달라 마리아는 또 얼마나 생생한 간증을 많이 남길 수 있었을까. 아니, 예수님의 생모 마리아는 또 어떤가. 아들 예수를 출산할 때의 고통과 기쁨, 젖을 먹였고, 목욕을 시켰고, 음식을 먹이고, 기저귀를 갈아 채우고, 쟁기와 멍에를 만드는 목수 일을 돕고, 십자가 처형 현장을 지켜보아야 했고, 드디어 다시 살아난 부활체로서의 아들을 만났던 신비한 체험을 그냥 묻어 두지는 않았을 것이다.

성경을 읽을 때마다 그런 점이 무척 안타깝다. '빌라도의 간증'이라는 것이 누구인가의 상상력으로 적혔을 것인데도 그걸 읽고 감동을 많이 받게 된다. 도마의 복음서는 성경에 편입시키자는 주장이 거셀 정도로 그 값을 인정받고 있다. 하물며 예수님께서 이 시대에 오신다면 열두 제자는 물론 간증을 남기는 사람들이 그 수를 헤아릴 수 없을 것이다. 진실로, '묻혀진 간증'들이 더 많이 발굴되었으면 정말 좋겠다.

체험한 것은 감출 수 없다

"임금님의 귀는 당나귀 귀"라는 동화가 있다. 임금님의 귀가 당나귀의 귀처럼 크다는 천기를 누설하면 누구나 목이 베어 죽일 것이라는 지엄한 분부가 있었다. 그런데 이 사실을 직접 확인한 임금님의 이발사는 이 사실을 발설하지 못한 것 때문에 중병을 앓게 된다. 마침내 묘책을 내어 아무도 없는 들판에 나가 갈대밭을 향하여 고래고래 소리를 질렀다.

"임금님의 귀는 당나귀 귀_, 임금님의 귀는 당나귀 귀_"

속이 정말 후련해졌고 건강이 말끔히 회복되었다. 그런데 그 때부터 갈대밭에 바람이 휘휘 불 때마다 이상한 소리가 들렸다. 바로 이발사가 외쳤던 그 소리였다. 그래서 그 비밀이 온 세상에 탄로가 났다. 그러나 임금님은 당나귀 귀를 가지고 백성들의 아우성을 자세히 듣고 선정을 베풀었다던가. 요즈음 말로 귀가 커서 의사소통을 잘했다는 뜻이다.

그런데 바로 이 동화가 성경의 진리를 캐낼 수 있는 효과적인 호미가 된다. 사람은 누구나 체험한 것을 말하지 않고는 견딜 수 없다는 사실, 바로 그 점이 성경 전체에도 지하수처럼 흐르고 있다. 그것이 특히 혼자만의 체험이고 엄청난 비밀을 간직한 것이라면 목숨을 걸고라도 말하게 된다.

"우리는 보고 들은 것을 말하지 아니할 수 없다"(행 4:20)

초대교회라고 흔히 말하는 사도행전의 성도들, 곧 예수님의 아이들(Jesus' kids)은 예수님을 자신들이 귀로 듣고, 눈으로 보고, 손으로 만지고, 서로 대화하고, 함께 여행하고, 식사하고, 때로는 가슴 아프게 해 드렸던 체험을 가진 첫 세대 제자들이었다. 말하자면 예수님을 온몸으로 체험한 생생한 간증 보유자들이었다.(요일 1:1-2 참조)

그런 까닭에 그들은 비난 받는 것을 개의하지 않았다. 채찍 맞는 것도 두려워하지 않았다. 생활공동체에서 쫓겨나는 것에도 눈 깜짝하지 않았다. 그리고 목 베어 죽인다 해도 겁먹지 않고 당당하게 선언했다.

"예수 그리스도는 우리들의 영원한 구원주이시라오."(행 5:42 참조)

어떻게 하면 목숨을 걸고 그렇게 외쳐대는 성도들을 육성할 수 있을까. 그리하여 교회가 바로 간증이 화산처럼 터져 나오는 '간증 함생체'로 회복될 수 있을까. 아니, 우선 목회자들 자신이 그같이 당당하게 사역해 나갈 수 있을까. 그것도 평생을 지치지 않고 시들지 않는 목회를 할 수 있을까.

목회 선배들에게서 배우는 것

목회선배들의 사역을 연구하면서 배운 것이 많다. 그 가운데 회심의 체험과 하나님의 일꾼으로 부르심 받은 소명(calling)을 주목하여 읽고 발견한 것 한 가지가 있다. 목회의 정도를 걸은 사람들은 대부분 '결정적 간증'을 가졌다는 사실 바로 그것이다. '선한 싸움 다 싸우고, 달려 갈 길 다 달려가고, 믿음을 끝까지 지킨' 선질(善質, 악질의 반대말)의 사역자들은 거의 예외 없이 죽음으로부터의 탈출이라는, 그것이 육신적 차원이든 영적 차원이든, 그런 간증을 선물 받은 사람들이다.

다메섹으로 가는 길에 이름을 직접 부르시는 주님의 음성을 듣고 몸도 고꾸라지고 영혼도 뒤집어진 사건은 사도 바울의 사역소명을 순간순간 그리고 평생토록 활활 타오르게 한 일생일대의 결정적 간증이었다. 그로 인하여 목회/교육/선교/신학/교회행정 등 모든 사역이 '선한 싸움'으로 체험되었으며 순교의 모범을 보여 주었다. 그리고, "들어서 읽어라, 들어서 읽어라'(tolle lege, tolle lege)의 음성을 듣고 성경을 들어 로마서 13:13-14절에서 영적 죽음으로부터 해방된 체험을 한 것은 아우구스티누스의 결정적 간증이었다.

함께 걷던 친구가 벼락 맞아 죽는 위기에서 수도사가 되기로 결단한 루터, 미국 선교에 처참하게 실패하고 런던으로 돌아와 헤매던 저녁에 마음이 이상스럽게 뜨거워졌다던 요한 웨슬리, 폐결핵으로 사투하는 중에 하나님의 은혜로 고침을 받은 한경직, '말로 못하면 죽음으로 하리라'던 이성봉, 그들의 이런 간증은 '죽으면 죽으리라'로 민족을 구원한 에스더에 맞비기는 결정적 간증이었다.

이 글을 읽는 수많은 목회자나 신학생 그리고 평신도들도 여기에서 자신의 결정적 간증을 되새길 것이다. 교회가 크건 작건, 재정이 넉넉하건 빚더미 위에 있건, 궁궐 같은 시설을 자랑하는 교회이건 공원에서 예배드리는 교회(church on the park)를 목회하건 그런 것은 아무 상관이 없다. 이미 결정적 간증을 체험한 사람들이기에 탈진(burning out)이라는 걸 모르고 지금도 '내가 날마다 죽노라'는 결단으로 목회 일선을 휘저으며 뛰어 다니게 된다. 결정적 순간(defining moment)에 성삼위 하나님의 구원의 손길을 체험했기 때문이다.

이것이 나의 간증이요

필자만 해도 모교의 대학교수직으로 들어설 수 있는 기회를 외면하고 목사로 부르시는 또렷한 음성에 순종한 것이 결정적 간증이다. 목회가 무거운 짐으로 느껴질 무렵 그분께서는 또 다른 결정적 간증을 주셨다. 1989년 12월 초에 '기독교 평양복음화대회' 개최에 관하여 협의할 목적으로 평양을 방문한 적이 있었다. 남북교회 대표 각각 1천명, 해외한인교회 대표 200명이 평양에서 모여 복음화대회를 개최한다는 것이다. 미주한인교회에서는 대회장 임동선 목사, 준비위원장 김의환 목사, 그리고 필자가 총무를 맡았다.

그 대회는 결국 무산되었지만 시기를 늦추어 적당한 때에 개최할 여지는 남겼다. 그리고 평양에 있을 때 김의환 목사님과 함께 김일성종합대학교 강사로도 초청을 받았다.

그런데 미국에 돌아와 북한 방문기를 쓴 것이 화근이었다. 이북은 그들의 주장처럼 '지상낙원'이 아니라고 썼다. 그런데 조국을 비방했다는 이유로 온 가족을 살해하겠다는 협박편지를 받았다. 그 때 통일을 위하여 우리 가족이 희생당한다면 영광이라고 결단했다. 그것이 남들에게는 단순한 해프닝으로 보일 수도 있지만 우리 가족 특히 나 자신에게는 '캄캄한 죽음의 골짜기를 헤매는' 결정적 순간이었다.

그 때부터 목회는 더욱 활발해졌고 특히 글목회에는 목숨을 걸고 나설 수 있었다. 통일에 관한 글을 거침없이 써오고 있으며 특히 북한에 종교자유가 보장된 민주사회를 실현하라며 경고장을 부지런히 날려 보내고 있다.

목회는 간증 생산과정

"하나님은 우리들에게 신비한 간증을 주십니다. 순간순간 주시기도 하고 평생토록 주시기도 합니다. 그래서 하나님의 자녀는 누구나 숨지는 그 날까지 그리고 '땅끝까지 이르러' 간증자로 살아야 합니다. 교회는 참된 간증 함생체이고 신앙생활은 간증 생산과정입니다."

이것은 간증집회를 열 때마다 첫 머리에 하는 말이다. 성도들에게는 이미 '간증 지침서'가 제공되어 있다. 간증의 내용은, '저는 성삼위 하나님께서 함께 하심을 이렇게 체험했습니다. 그런 결과 저는 이렇게 변화되었습니다'라는 항목도 있고, 성경구절을 꼭 인용하여야 한다든지 혹은 자기 자랑은 쏙 빼고 하나님께서 주신 은혜만 말하라든지, 간증 원고를 미리 쓰라는 권고도 있다.

교회에서 그런 간증집회를 자주 가져보았다. 드라마틱한 간증 가진 분들을 초청하여 집회도 열었지만 교회가족들의 단순한 간증들도 '직업 간증사' 못지않게 은혜가 많았다.

이민생활의 간증, 자녀를 기를 때의 간증, 몸이 병들었을 때의 간증, 사업이 폭삭 망했을 때의 간증 … 눈물 흘리며 부르는 찬송가를 소개하며 간증을 한 뒤에 모든 참석자들이 함께 그 찬송가를 불렀던 은혜는 오래도록 지속되었다. '힘이 없고 연약하여 엎드려서 비오니'라는 찬송가를 부를 때 모든 고통에서 해방되었다는 어떤 초신자의 간증은 몇 십 년이 지난 지금도 은혜의 샘물이 되고 있다. 〈유니온교회 30년사〉에는 이런 간증을 모아 '유니온교회 행전'이라는 제목으로 정리했다.

목숨을 건 결정적 간증 없이도 사역을 훌륭하게 해내는 목회자가 없지는 않다. 그러나 그들은 위기가 오면 목회를 포기하거나 심하면 배교자가 된 사례들이 많다. 요셉 스탈린이 그런 대표적 인물이다. 그는 무척 가난한 집 술주정꾼 아들로 태어났다. 아버지가 툭하면 그를 잔혹하게 두들겨 팼다. 그는 어린 나이에 집을 뛰쳐나와 교회학교에서 5년 신학교에서 5년간 장학금을 받으며 러시아정교회 사제과정을 마쳐가고 있었다. 그런데 그는 남을 용서 못하는 잔인한 성격을 버리지 못했다. 어느 사이엔가 그는 공산주의 서적에 심취했고 드디어 신앙의 변절자가 되고 말았다. 공산당 서기장이 되자 통치하에 있는 국가의 모든 교회들을 즉각 폐쇄시키고 3백만 명 이상을 살해했다. 그 희생자들 가운데 목회자와 신자들이 많았다. 그래서 그는 결정적 간증이 없으면 누구나 스탈린 같은 악마가 될 수 있다는 경고를 남겼다.

목회나 선교는 하나밖에 없는 목숨을 걸고 사투를 벌일 것을 요구한다. 그래서 교회지도자들은 죽음과 싸워 이긴 결정적 간증을 꼭 발굴해야 한다. 40일 금식기도, 죽음으로부터의 탈출, 전 재산을 팔아 건축헌금 하기, 큰 교회를 사임하고 작은 교회 부임하기, 투옥 당하고 고문에 시달리기, 한 시간이라도 관속에 들어가 누워 기도하기 ….

이런 것들은 불사조처럼 목회할 수 있는 결정적 간증 생산의 모멘텀이 될 수 있다. 그리고 그런 결정적 간증은 그분께서 주시는 은혜이기도 하지만 동시에 자신이 발견하고 개발하는 것이라는 점도 기억해야 한다.

당신 자신이 사역을 마치고 '나의 목회행전'을 쓸 때에 그 내용에 포함시킬 결정적 간증들은 무엇들인가? 교회의 머리 되시는 그분의 피 묻은 십자가를 몇 번이나 나누어 졌던가.

(월간목회 2012년 10월호)

목회 칼럼 **역사 쓰기로서의 목회**

성경책에는 역사 이야기가 상당부분 포함되어 있다. 창세기, 출애굽기, 민수기, 사사기, 사무엘 상하, 열왕기 상하, 역대상하 이런 것들이 모두 역사의 기록들이다. 신약성경에서는 사도행전이 그에 해당된다. 그러나 마태, 마가, 누가 복음서가 예수님의 이력서라고 할 수 있다. 말하자면 개인 역사이다. 요한복음도 넓은 뜻에서는 역사의 기록이다. 그런데 성경의 일부분만 역사가 아니라 전체를 역사로 이해하는 이들이 많다. 구원의 역사(Heilsgeschite)라는 뜻이다.

무덤을 남기지 말라

어떤 젊은 목사의 설교로서 머릿속에 오래도록 저장되어 있는 것이 하나 있다. 요약하면 대강 이런 내용이다.

"성경의 위대한 인물들은 무덤을 남기지 않았습니다. 모세는 죽어 장사되었지만 지금도 그 무덤이 어디에 있는지 모릅니다. 엘리야는 위대한 선지자였지만 회오리바람 타고 하늘로 올라간 까닭에 무덤을 남기지 않았습니다. 그리고 무엇보다도 예수님은 부활승천하심으로 이 땅에 시체를 남기지 않으셨습니다."

시원치 않은 인물들이 무덤을 크게 만들고 그 별것도 아닌 공적을 화려한 비석에 기록해 놓는 일에 분주하다는 것이 그 설교의 결론이었다. 반세기 넘는 역사를 가진 교회에 부임하여 새로운 목회를 시도하다가 실패의 쓴 잔을 마신 새내기 목사의 마지막 설교였다.

그 잘나빠진 '역사와 전통'을 내세우면서 쌍지팡이 들고 반대하는 해묵은 수탉들의 왕따를 못 이겼던 것이다. 말하자면 교회의 역사와 전통은 오히려 교회 발전에 걸림돌이 된다는 사례였다. 새 포도주는 새 부대에 담아야 한다고 간곡하게 호소해도 아무 소용이 없었단다.

"네 선조가 세운 옛 지계석을 옮기지 말지니라."(잠 22:28)

이 한 마디에 신선한 목회계획들은 쓰레기통으로 들어갈 수밖에 없었다.

그러나 실상 '무덤을 남기지 말라'는 설교는 상대적 진리이지 결코 절대적 진리는 아니다. 성경에는 이것과 반대되는 교훈 곧 무덤을 남긴 사람들 특히 큰 인물들도 많이 있기 때문이다. 아브라함, 이삭, 야곱, 그리고 요셉, 다윗이 그런 사람들이다. 야곱과 요셉은 심지어 그 뼈와 해골을 이집트에서 가져다가 이 막벨라 굴에 매장했다.

역사와 전통에 꽁꽁 묶여 과거 지향적 사역에서 한 발자국도 앞으로 나가지 못하는 것은 결코 교회의 머리이신 예수 그리스도의 뜻이 아니다. 그러나 '뿌리'가 없이 줄기와 가지와 잎과 열매가 생명을 유지할 수는 없다. 건실한 미래지향성을 위하여서는 역사와 전통이 기초가 된다는 걸 더 길게 설명할 필요가 있을까. 기독교도 과거의 역사와 전통 위에서 새롭게 변형되어 종말을 향하여 전진해 나가고 있을 뿐이다.

교회역사 출판 준비

필자는 미국 로스앤젤레스에서 1980년 9월 마지막 주일에 〈유니온교회〉를 개척하여 30년 사역을 마감하고 은퇴했다. 2012년에 〈유니온교회 30년사〉를 출판했고 교회에서는 32주년 되는 날 출판감사예배를 드렸다. 개체교회 역사 출판과정에서 얻은 경험을 동역자들과 함께 나누려 한다.

개체교회(local church) 역사책을 출판하기 위하여서는 우선 몇 가지 준비가 필요하다. 장기적 준비, 중기적 준비, 단기적 준비로 나눌 수도 있다. 우선 교회역사 편찬을 주도하는 사람은 아무래도 담임목사라는 점에서 그의 개인적 준비가 매우 중요하다. 비록 역사 전문가는 아니라 해도 역사 이해의 문외한이어서는 안 된다.

필자의 경우, 비교적 깊이 있게 공부해온 분야가 역사의 중요성을 체감하게 하는 문학, 교육학, 기독교교육학, 조직신학, 언론학 등이었고, 지금까지 종사했던 분야 역시 고등학교 국어교사, 언론인, 신학대학 교수, 목회자, 교단 행정가였다. 특히 언론활동과 글목회는 역사를 기록하는 철저한 의식이 있어야 해낼 수 있는 직종이다. 그래서 역사라면 상식적 수준을 넘어 조금 더 깊이 이해하고 있다고 할까. 누구나처럼 한국사와 세계사를 배웠고 지금도 관심 있게 읽고 있다. 교육사, 언어사, 국어사, 교회사, 기독교교육사 등을 공부했기에 역사가 무엇인가에 대한 다원적 의미의 이해 특히 인간과 관계된 사건으로서의 역사와 기록으로서의 역사와 해석으로서의 역사에 대한 이해, 신학을 포함하여 모든 학문에는 공시적 연구와 함께 통시적 연구가 있다는 인식, 다양한 역사관, 하나님의 발자국으로서의 역사 이해 곧 history는 His(하나님의) Story(이야기)라는 것, 독일말로 Historie와 Geschichte의 구별 곧 사실기록으로서의 역사와 의미로서의 역사 그런 것을 이해하는 정도이다.

역사는 실제로 일어났던 일이다. 만약 실제로 없었던 일을 있는 것처럼 역사를 쓴다면 그것은 역사에 대한 모독이요 범죄행위에 속한다. 그런 점에서 그것이 개척교회라면 교회개척을 준비하는 단계에서부터 교회역사책 출판의 준비를 해야 한다. 이런 점에서는 승계목회도 마찬가지이다.

혹시 교회의 개척 초기에 얼마나 해야 할 일이 많은데 시작도 안 된 교회가 역사 출판할 것을 기획에 포함시키느냐는 항변이 있을 수도 있다. 그런 사람들은 이렇게 설득해야 한다. 종교학의 연구결과로는 '책의 종교'(religion of book)는 그 생명이 오래도록 지속되고 책이 없는 종교는 어느 사이엔가 사라지고 말았다는 점, 그리고 가장 대표적이고 강력한 책의 종교는 기독교나 기독교의 영향권 아래 있는 종교들이라는 사실 말이다.

특히 성경은 넓은 의미의 역사책이다. 성경을 역사책으로만 규정하는 것은 성경에 대한 제한성을 가져올 수 있지만 역사책인 것은 틀림없다. 살아계신 하나님의 살아 있는 말씀인 성경을 박물관에 보관되어 있는 옛날 물건 정도로 오해해서는 안 된다. 그러나 성경이 이스라엘의 역사, 예수 그리스도의 사역의 역사, 초대교회의 역사, 앞으로 실현될 하나님 나라의 로드 맵(road map)이라는 점을 어찌 외면하랴.

성경이 기록되지 않았다면 기독교가 지금까지 존속해 올 수 있었을까? '입말 전승'의 형태가 없는 것은 아니지만 그것도 결국 문자로 기록되어 성경에 편입되었다. 그런 점에서, "이것을 책에 기록하여 기념하게 하라."(출 17:14, 계 21:5 등)는 말씀을 소홀히 여겨서는 안 된다.

그런 점에서는 교회역사를 기록하는 사람도 성경기록자의 사명을 이상적 목표로 삼아야 한다. 비록 그 기록이 성경 수준은 아니지만 성경의 효능을 상당한 정도로 발휘할 수 있기 때문이다.

역발상의 시대 아닌가

흔히 역사를 쓴다면 모든 일이 다 마쳐진 뒤에야 오는 작업단계로 생각한다. 교회도 20년이 지난 다음에 20년사를 쓰고, 50년이 지난 다음에 그것을 회고하면서 50년사를 쓰기도 한다. 그러나 지금까지의 그런 관행을 뒤집어 생각할 필요가 있다. 역발상해보자는 뜻이다.

"어떻게 하면 역사에 오래도록 남을 목회를 할 수 있을까?"

바로 그것이다. 이것은 교회사역이 다름 아닌 '행동으로 쓰는 역사'라는 의식을 처음부터 철저히 가져야 한다는 권고이다. 이것이 목회사역을 훨씬 더 바르고, 뜻 있고, 값지도록 만든다.

그래서 얻은 중요한 대답들은 바로 이것들이다. 우선 하나님 나라 역사기록관에 보관할 것이라면 성삼위 하나님께서 기뻐하시는 사역을 열심히 해야 한다. 그것도 왕 목자 되시는 성삼위 하나님에게 가장 중요한 그것이 바로 교회사역에서도 가장 중요한 것이 되어야 한다.

따라서 '가시적 하나님의 나라'인 유니온교회는 불가시적 하나님 나라의 사역을 우선순위에 따라 이어가야 한다. 그것이 모든 기도와 목회의 방향과 프로그램을 결정하는 잣대가 되어야 한다.

우선 교회 원론에 충실한 '사랑의 함생체'로서의 모범교회를 역사에 남겨 보자는 결단이 있었다. 그래서 이름도 '유니온'(하나되기)이라고 지었다. 성경 전체의 핵심진리는 바로 하나님의 통치로 이해되는 '하나님 나라'이고 이 땅 위에서 볼 수 있는 하나님의 나라 모형이 바로 교회라는 신학적 기초였다. 대표적 성경말씀으로 교회의 머리 되시는 그리스도 예수님의 간곡하신 기도 곧 "우리와 같이 그들도 하나가 되게 하옵소서"(요 17:11)를 결정했다. 그래서 교회사명도 '사랑나라 세우기'로 선포했다. 물론 예수 그리스도께서 밝혀주신 말씀처럼 하나님 사랑과 이웃 사랑(믿는 사람과 믿지 않는 모든 사람 사랑)이 포함된다. (참조:월간목회 2005년 4월호)

그렇게 되면 교회 역사책에 담을 내용의 윤곽이 눈앞에 떠오른다. 교회의 기본사명들 곧 예배(찬양과 기도 포함), 교육, 전도, 봉사, 친교가 그것들 아닌가.

유니온교회 30년사에 담긴 내용들

우선 교회는 영혼구원센터이며 영혼을 구원하는 것이 최대의 사랑이요 따라서 교회의 최대 사명이므로 교회신자들의 이름을 되도록 모두 기록했다. 한 번 방문했던 신자는 물론 비신자들도 그 이름을 연도별로 등재했다. 하나님 나라 생명책에 그 이름이 기록된다는 말씀을 따라 모든 이름이 기록되도록 유의했다. 그러나 실제로는 기록의 부실로 누락자들이 좀 있었다.

개신교회는 '오직 성경'(sola Scriptura)이라는 교회개혁자들의 선언대로 성경중심이요 그것은 곧 말씀 중심의 함생체이기 때문에 말씀사역도 우선순위에 포함시켰다. 실상 모든 사역은 바로 말씀사역인데도 불구하고 각 교회역사책을 보면 '말씀'에 관하여는 아무 것도 기록해 놓지 않은 것들이 허다하다. 그런 점에서 30년 동안의 모든 주일예배의 설교본문과 제목, 여러 형태의 제자훈련활동, 특별집회, 심지어 성경일제고사나 성경퀴즈 결과도 기록했다. 특히 돋보이도록 한 것은 담임목사가 30년 동안 외쳐왔던 설교의 '30대 핵심내용'을 역사책 첫 부분 곧 '전체로 보는 유니온교회의 기초'에 정리해 놓았다.

500쪽 분량의 이 역사책은 사진으로 보는 교회역사가 200쪽 정도 된다. 이 사진들도 사랑나라 세우기라는 목회사명선언과 교회의 기본사명인 예배, 교육, 전도, 봉사, 친교를 축으로 하여 편집했다. 그리고 성경 역대상하의 연대기 편집방식에 따라 중요 사실들(facts)을 되도록 상세히 기록한 '30년 연보'가 100쪽쯤 된다.

다른 교회 역사책과 달리 특이한 것은 '유니온교회 행전'이다. 이것은 사도행전의 역사기록의 원리를 따라 하나님께서 유니온교회를 통하여 어떻게 사역하셨는가를 목격자 입장에서 담임목사인 필자가 정리했다. 그 소제목 몇 개를 살펴보면 유니온교회 행전의 성격을 짐작할 수 있다. (14장 예수님처럼, 꼭 예수님처럼 참조)

함께 쓰는 역사

역사에 길이 남을 사역을 하고 그 결과를 책으로 출판하려면 자료를 잘 기록하고 보관하는 일에 상당히 신경 써야 한다. 역사는 곧 사료에 따라 좌우된다는 역사학자들의 경구를 놓쳐서는 안 되기 때문이다. 그래서 유니온교회는 초기부터 사료기록을 잘 할 수 있도록 조치했다. 우선 중요한 역사자료로는 1)주보, 2)주간뉴스, 3)당회/직원회/사무총회 회의록, 4)사진, 5)신앙간증집, 6)담임목사의 목회일기, 7)녹음된 설교, 8)언론보도, 9)지방회와 총회 등의 기록, 10)살아 있는 사람들의 증언 등이다. 주보와 주간뉴스에는 방문자, 등록자, 세례자, 신앙간증, 교회의 모든 집회와 활동 등을 빠짐없이 기록해 두도록 했고 그런 자료들을 복본으로 별도 장소에 나누어 보관해서 화재 도난 등에 대비했다.

교회의 규모가 커지면서 '역사기록부'라는 부서를 두었다. 역사자료실을 교회도서관에 마련하고 그 부장책임을 진 사람은 지금껏 보직변경을 하지 않았다.

그리고 교회역사를 쓰는 일도 온 회중이 함께 쓰도록 했다. 곧 함생사역의 한 부분이 되도록 기획했다는 뜻이다. 우선 그 같은 사진자료를 모든 성도들이 제공하도록 했다. 일만 장 훨씬 넘는 사진이 수집되었다. 편집위원들을 교회대표성에 유의하여 구성했으며 유니온교회 30대 사건을 선정하는 일에도 회중들의 직접 참여로 정리해서 게재했다. 역사책의 원고 초고를 인터넷 홈페이지에 게재했고, 또 영상으로 제작해서 되도록 많은 사람들의 의견을 수렴했다. 심지어 유니온교회를 떠난 사람들에게도 '남기고 싶은 말 혹은 사진' 난에 참여하도록 배려했다.

교회역사를 교회사학자 같은 전문가에게 맡기는 것도 객관적이라는 점에서 뜻은 있다. 그러나 그런 전문가에게는 편집 컨설팅을 받는 방안과 문장 최종정리를 맡기는 것이 더 좋겠다는 교훈을 얻었다.

역사책을 출판할 때 많은 경우 좋은 것만 골라서 기록한다. 마치 개인의 자서전을 쓸 때에도 실패한 것들은 쏙 빼어버리고 자랑스러운 것은 증폭 확대시키는 꼴이다. 하지만 바른 역사기록을 위하여서는 냉혹할 정도로 객관적이어야 하고 철저히 정직해야 한다. 그래서 유니온교회 30년사에는 실패한 것들도 적어 남겼다. (월간목회 2013년 1월호)

목회 칼럼 속담에도 세례를 베풀라

사람은 누구나 환경의 영향을 받는다. 정도의 차이는 있지만 교회도 물론 그렇다. 그런데 환경에는 두 가지가 있다. 하나는 자연환경이고 또 하나는 문화 환경이다. 그런데 문화 환경에는 기독교적인 것도 있고, 무기독교적인 것과 비기독교적인 것도 있고, 반기독교적인 것도 있다. 특히 한국문화에는 반기독교적인 것들이 많다. 어떻게 하면 반기독교적인 문화를 친기독교적인 것으로 바꿀 수 있을까.

아니 땐 굴뚝에 연기 나랴

그는 매우 장래성이 있는 유망한 목사였다. 우선 외모가 단정했다. 대인관계도 좋아서 인품 있는 목사로 평가 받았다. 설교도 감동적이었고 설교한 대로 살려고 무척 노력했다. 가정생활도 모범이었다. 교회는 비록 크지 않았지만 그래도 그가 담임목사로 부임하고 나서는 현저하게 신자들이 늘어갔다. 연구하는 일에도 부지런했다. 말하자면 영성, 지성, 도덕성, 지도력이 조화를 이루고 있었다. 상담목회를 전문적 주특기로 하는 40대 초반이었다.

그런데 갑자기 당회에 사표를 제출했다. 다른 교회에서 청빙 받은 것도 아닌데 그냥 사표를 던져 놓고는 가족과 함께 잠적해버렸다. 담임하던 교회 성도들에게는 엄청난 충격이었고 이웃 교회에까지 상당한 파문을 일으켰다. 왜 그만 두어야만 했을까.

동갑내기 여 집사와의 스캔들이 그의 인격과 신앙을 산산조각을 내고 말았다. 그러나 그건 표면적 이유였지 속내는 결코 아니었다.

월말 결산을 했는데 목사 개인전화비가 평소보다 몇 배나 많은 것이 발견되었다. 그래서 재정담당 장로가 뒷조사를 했다. 통화기록을 분석해 보니 한국의 어떤 특정인과의 국제통화비용이 문제였다. 재정장로는 그 번호로 전화를 걸어 그가 누구인지 확인했다. 얼마 전 이혼하고 한국으로 떠난 그 교회 소속 여 집사 전화번호였다. 담임목사가 전화 건 시간은 대부분 한국시간으로 한밤중이었다. 불륜관계 때문에 전화선이 뜨거워졌다는 판단이었다.

그러지 않아도 그런 비슷한 소문이 교회 안에서 돌았는데 통화기록을 보니 사실이었다. 그래서 장본인 목사에게 알리기 전에 다른 장로들과 협의를 했다. 장로들은 일이 커지기 전에 담임목사의 사표를 받자고 합의해 놓은 상태였다.

"그건 상담전화였습니다. 왜 한밤중에 전화했느냐고요? 그 전화요금이 저렴한 것이 첫째 원인이고요, 그 여 집사가 그 시간이라야 조용히 말할 수 있기 때문이었죠. 저는 하나님 앞에서 조금도 부끄러운 일을 행하지 않았습니다."

하지만 그런 말은 당회원 장로들에게 구차스러운 변명처럼 들렸다. 니고데모도 인용했던 신명기 19장 15절 곧 '둘이나 세 증인의 입으로 그 사건을 확증하라'는 말씀도 아무 소용이 없었고, 예수님께서 제시하신 재판절차(마 18:15-20)도 한 조각의 휴지가 되고 말았다.

"아니, 목사님은 아니 땐 굴뚝에 연기 나랴는 말도 못 들어보셨습니까? 아무것도 변명하시지 말고 즉시 교회를 떠십시오. 아니면 만천하에 폭로하겠습니다. 우리가 하나님 앞에 봉헌한 거룩한 헌금이 목사님의 간음비용으로 사용된다는 건 참을 수 없는 일입니다."

장로 회원들의 이구동성 강요였다. 그래서 잠적해 버렸고, 그 유망한 목사는 한 순간에 절망의 구렁텅이로 빨려 들어갔다. 그러나 그의 해명은 하나님 앞에서는 진실이었다.

걸림돌일까, 디딤돌일까

이 세상에는 사람의 지혜를 간단명료하게 표현해 놓은 교훈들이 많이 있다. 속담, 격언, 금언, 잠언, 이언, 속언, 세언, 경구, 명언, 어록, 표어, 고사성어 등이 그것들이다. 물론 그 뜻은 조금씩 다르다. 하지만 분명한 공통점들이 있다: 1)교훈성이 강하다, 2) 논리가 간단명료하다, 3)표현에 문학성이 높고 재미가 있다, 4)생활체험과 밀착되어 있다, 5)대중들의 언어여서 공감도가 매우 높고 의사소통이 잘 된다. 6)대체로 누가 한 말인지 모르는 익명성을 특징으로 한다. 이 글에서는 종합해서 속담 혹은 격언으로 이름 붙인다. “사리에 꼭 들어맞아 교훈이 될 만한 짧은 말토막”이라고 뜻매김한 국어사전도 있다. (이희승, 격언)

그런데 이런 속담이나 격언이 일상대화나 대중연설에서 차지하는 비중은 매우 높다. 촌철살인의 파워가 있다고 할까. ‘너 자신을 알라’ 같은 명언이나 ‘꼬리가 되지 말고 머리가 되라’ 같은 것을 가훈이나 생활철학으로 삼는 사람들도 많다. 그래서 어느 나라 어느 문화권이나 속담사전이 있고 지금은 다른 나라 격언들도 수없이 많이 번역되고 있다.

한국어 문화권에서도 속담과 격언이 매우 풍부한 편이다. 우리말 속담사전(1993)에 25,557 개가 수록되어 있다. 거기에 한자로 된 고사성어를 포함시킨다면 또 얼마나 많을까.

성경에도 속담이 많다는 건 이상한 일이 아니다. 잠언, 전도서 등 지혜서들도 속담사전 혹은 격언집이다. 그것들이 솔로몬 왕이 설립한 지혜학교 교재라는 설명이 있지 않은가. 게다가 예수님의 가르침 가운데도 속담이 상당부분 포함되어 있다.

그렇다면 속담들은 신앙생활에 도움이 될까 아니면 방해가 될까. 특히 설교를 해야 하는 목회자들에게는 양약이 될까 독약이 될까.

이런 질문에 대하여 신학적 해답을 원론적으로 제공한 사람이 그리스도와 문화의 저자 리차드 니부어(H. Richard Niebuhr, 1894-1962)이다. 그는 기독교와 문화의 관계를 다섯 가지 유형으로 제시했다: 1)그리스도와의 적대적 문화, 2) 그리스도의 문화, 3) 그리스도 아래 있는 문화, 4)그리스도와 역설관계의 문화, 5)문화의 변혁자 그리스도 그것들이다.

속담은 문화의 속살이기 때문에 기독교 진리와 속담 관계에 이런 원리를 탄력성 있게 끌어 쓸 수 있다. 그런 잣대를 사용한다면 속담들은 기독교 신앙에 독약이 되는 것들도 있고, 양약이 되는 것들도 있다. 물론 독약도 양약도 아닌 것들도 있고, 기독교 신앙과 역설적으로 공존하는 것들도 있다. 그리고 무엇보다도 기독교 신앙이 새롭게 변혁시켜야 할 것들도 있다. 걸림돌을 디딤돌로 만드는 작업이다.

속담에 조롱당하는 전통 종교들

한국 속담 가운데는 전통종교와 연관된 것들이 많이 있다. 전통종교라면 물론 불교와 유교이다. “군자는 사람을 거울로 삼는다,” “군자는 입을 아끼고 범은 가죽을 아낀다,” “군자 말년에 배추씨 장사한다,” “스승의 그림자는 밟지 않는다,” 같은 것들은 물론 유교문화를 배경으로 한 속담들이다.

그런데 이상한 것이 있다. 유교문화에 대하여는 비판적 혹은 풍자적으로 표현한 속담이 매우 드물다. 또 있더라도 온순한 표현들이다. "양반은 문자 쓰다 저녁 굶는다." 정도이다.

그런데 불교에 관한 속담들에는 사정이 다르다. 불교에 먹칠을 하는 속담들이 단연 많다. 몇 가지 사례를 들어 보자.

"계집에 미친 중놈 같다. 중놈 죽이고 살인낸다. 절에 간 색시 짝이다. 절이 싫으면 중이 떠나야 한다. 염불에는 마음 없고 잿밥에만 마음 있다. 돈이 있으면 극락도 간다. 십 년 공부 나무아미타불. 술 취한 중놈 목탁 치듯 한다. 절이 망할라니까 새우젓 장수만 모여든다. 가을 중 싸대듯 한다. 고기 맛본 중은 구유를 핥는다. 염불 외우듯 한다."

불교도나 불승들이 이걸 읽으면 혈압이 오르고 분통이 터질 것이다. 속담 앞에서 불교가 통째로 모욕을 당하고 있기 때문이다. 하지만 사려 깊은 지도자들이라면 오히려, "군자는 백성을 거울로 삼는다"는 유교 격언을 깊이 되새겨야 한다. 속담은 민중의식의 공동적 표현이기 때문에 그것이 불교가 저지른 일에 대한 업보는 아닐까. 불교지도자들이 민중들의 아우성들을 듣고 그에 대한 효과적 대처방안을 마련했으면 좋겠다. 종교에 대한 혐오증은 기독교도에게도 발등에 떨어진 불이다.

기독교 앞에 던져진 과제

그렇다. 이것은 한국교회 지도자들과 성도들에게 더 큰 과제를 던져주고 있다.

속담사전에는 기독교에 관련된 것이 아직까지는 매우 드물다. 예배당, 교회, 목사, 장로, 십자가, 성경… 이런 말과 관련된 것을 속담 사전에서 찾기 어렵다. 그러나 '예수'와 관련된 것은 다음 두 가지를 발견했다.

"예수나 믿었으면 천당에나 갔지." "예수만 믿는다고 천당 가나, 마음보를 고쳐야 천당 가지."

이런 정도는 기독교를 노골적으로 평가절하하는 것은 아니다. 서양에서는 '예수 그리스도'가 '제기랄, 우라질' 그런 뜻으로 악용되고 있고, '오 마이 갓'은 '하나님, 맙소사'의 한탄조로 쓰이는 것에 비교해서 하는 말이다. 그리고 더 많은 기독교에 대한 비판적 속담들이 발견된다. 그런 것을 보면 한국에서는 기독교의 역사가 아직 짧은 것이 그 원인이지 결코 한국기독교가 좋은 평가를 받고 있다는 것은 전혀 아니다.

비록 속담사전에 기록되지는 않았지만 벌써 기독교를 조롱하는 속담들이 상당히 널려 있는 것이 시야에 들어온다. "이 사람들아, 왜 시장에서 싸워? 예배당 가서 싸우지." 이 말이 속담사전에 오르는 건 시간문제이다. 교회들의 다툼은 전 세계적이지만 한국교회에는 유난스럽게 싸움이 많기 때문이다. "그 놈이 무슨 목사야, 독사이지." 설교에다 폭력적 언어를 담은 목사를 조롱하는 말이다. "그건 목사가 아니고 먹사라니까." 교회 돈을 꿀꺽 통째로 삼킨 목사에게 쏘는 화살이다. "선무당 사람 잡는다더니 선목사도 사람 잡네." 귀신 쫓아낸다고 안찰기도 하다가 살인사고 저지른 목사에게 보내는 언론의 공격이다. "말 많은 건 예수쟁이"도 전도의 행태를 조롱하는 속담 후보이고, "입만 천당에 간다."도 그렇다.

그런 점에서 기독교 지도자들은 결코 방심해서는 안 된다. "네가 놀람과 속담과 비방거리가 될 것이라." (신 28:37)는 말씀을 경고로 들어야 한다. 기독교는 근본적으로 영적 전쟁이기 때문에 억울한 누명과 비판을 받을 수밖에 없는 측면이 있어 조롱거리 속담을 생산해낼 개연성이 매우 크다. 무슨 이유로나 그리스도인들의 저질성에서 생겨난 속담이 유행한다면 기독교의 복음이 아무리 값진 것이라 해도 짝퉁으로 취급될 것을 경계해야 한다.

그러나 더 적극적 전략을 펴나가야 한다. 성경말씀이나 기독교가 생산한 명언들이 속담사전에 오를 정도로 보급하는 일이다. "양의 가죽을 쓴 이리"가 속담형태로 보급되어 가고 있다. "대접 받기를 원하는 대로 먼저 대접하라, 네 눈의 들보를 먼저 빼고 남의 눈의 티끌을 빼라고 해라, 오른 손이 하는 것을 왼 손이 모르게, 네 이웃을 네 몸처럼 사랑해라" 이런 성구들이 속담에 편입되도록 적극 나서야 한다.

화투 이야기

이미 있는 속담들이 기독교 진리와 어긋나는 것들을 고쳐야 할 것도 기독교 앞에 던져진 큰 숙제이다. 니부어의 '그리스도를 적대화하는 문화'들을 변형시키는 작업들이다. 가령, "열흘 굶어 도적질 안 하랴"는 속담은 "40일 굶어도 끄떡없는 목사도 있다"로 맞불을 놓아보자. "술과 계집과 노름은 사나이 삼도락이다"는 속담은 '술과 섹스와 도박은 인간의 삼대자살행위'로 속담화하면 어떨까. 특히 '계집애는 욕 밑천이다' 같은 여성차별, '병신 육갑한다' 같은 장애인 차별, '깜둥이 목욕 하나 마나' 같은 인종차별적 속담을 제거하는 일도 기독교의 큰 몫이다.

미국 유학시절 남침례회신학대학원에서 기독교교육학을 공부할 때였다. 담당교수는 '세속 게임을 기독교교육 게임으로 변형시키는 프로젝트'를 만들어 수업시간에 발표하는 과제를 요구했다. 성적 평가에 매우 중요한 부분이었다. 하지만 나에게는 무척 당혹스러운 과제였다. 한국의 세속게임 혹은 민속게임이라면 윷놀이, 화투, 제기차기, 연날리기, 자치기 그런 것뿐인데 그걸 기독교교육 교재로 변형시킬 지혜가 쉽게 떠오르지 않았다. 그래서 교수에게 찾아가서 사정을 했다. 다른 과제 특히 이론적 탐구과제로 대체해주었으면 도움이 되겠다고 했다.

"학생의 필요에 따라 공부할 수 있도록 배려하는 것이 좋은 일이지만 이번에는 허락할 수 없네요. 아시아권에서는 특히 전통적 게임을 기독교 게임으로 바꾸는 일이 매우 중요합니다. 문화에 세례를 베푸는 일이지요."

그래서 궁리궁리 끝에 화투놀이를 선택했다. 짓고땡은 잘 모르고 '나이롱 뻥'이라는 건 좀 해봐서 그것 중에 한 가지를 '원수사랑'을 가르치는 교재로 만들어 제출했다. 그 때 화투를 'Flower Fighting Game' (꽃싸움)으로 번역했다. 그리고 발표 시간에 화투를 손에 들고 하나 하나 소개했다. 영어가 엉터리였는데도 학생들의 반응이 매우 좋았고 성적도 좋게 받았다. 그것이 계기가 되어 '한국 문화 안에서의 기독교교육의 한 연구'라는 논문도 발표했고 그것이 새로운 논제라고 해서 조선일보가 요약 보도한 적도 있었다.

그래서 말한다. 토착화, 상황화 같은 거창한 신학적 논의가 중요한 일이지만 인간의 한과 애정을 노래한 아리랑 곡과 선정성을 담고 있는 도라지 타령을 찬양곡으로 변혁시키는 작업이 더 적극적으로 시도되어야 한다. 한국문화를 기독교 진리를 담는 그릇으로 바꾸는 일에 모든 그리스도인들이 적극 나서야 한다. 그리고 기독교 진리를 한국문화로 표현하는 전략도 과감히 추진해야 한다.

그래 그럴까, 한국 초대교회 부흥사들이 자주 외쳤다는 말, "예수 믿으면 요강이 변하여 밥그릇이 되는 것"이란 외침이 자꾸 떠오른다. 요강에도 세례를 베풀어 깨끗이 씻으면 품위 있고 예술적인 밥그릇이 된다는 뜻 아닌가. 신앙속담의 대표사례가 됨직하다.

(월간목회 2013년 10월호)

목회 칼럼 골프에서도 목회를 배울 수 있다

1980년대 초기에 목사들이 로스앤젤레스 코리아타운에 모여 이런 저런 이야기를 나눈 적이 있었다. 화제가 골프로 갔다. 20년 전인 1960년대에 미국에 왔다는 어떤 감리교회 목사는 월요일은 아예 골프의 날로 정해 놓았다고 자신의 생활을 소개했다. 몸 건강에도 좋지만 그 전 날 있었던 교회에서의 여러 가지 스트레스도 깨끗이 날려 버리게 되어 정신건강에도 좋다는 것이다. 게다가 그 다음 주일 설교 구상도 골프장을 걸으며 대체로 끝낸다는 점에서 영적 건강에도 양약이라고 열을 올렸다. 필자는 그 이민목회 선배에게'진보목사'라는 딱지를 붙였다. 목사에게는 명예로운 타이틀이 아니다. 그런데 그로부터 20년이 지난 2천 년대가 되면서 필자도 골프에 관한 한'진보목사'가 되고 말았다.

"두들겨 패는 목사는 안 돼"

"1970년대 초였지요. 몇 주 전에 이민 온 신자가 대형 교통사고를 만나 구급차에 실려 갔어요. 우선 담임목사님을 급히 연락해야 되는데 사면팔방 수소문해도 아는 사람이 없었어요. 심지어 사모조차도 전혀 모른대요."

미주이민교회의 어떤 장로가 분통을 터뜨리며 그렇게 이야기를 시작했다. 병원에서는 영어통역이 긴급히 필요했고 그래서 미국 유학파인 목사가 더욱 절실했다. 모두가 발을 동동 구르기만 했다. 그런데 세 시간이 더 지나서야 겨우 연락이 닿았는데 알고 보니 골프를 치고 있었단다. 그때만 해도 휴대전화가 없던 시절이라 집이나 사무실을 떠나면 이내 통신두절이 되고 만다. 그래서 목회자들은 특히 가족에게나 혹은 사무실에 행선지와 일정을 알려 놓아야 했다.

"교회가 와글와글했어요. 목사가 골프를 친다니 별꼴 다 본다, 우리가 뼈 빠지게 벌어 헌금한 것이 골프비용으로 지출된다는 게 웬 말이냐, 골프장에서는 속 썩이는 못 된 신자 이름을 공에 붙여서 때리는 게 목사들의 악습이라던데 우리 목사도 그 수준이냐, 사뭇 폭동 수준이었어요."

그렇다고 반대파만 있는 건 아니었다. 골프목사 지지파들도 쉽게 물러서지 않았다. 골프는 미국에서 서민운동인데 왜 목사를 괴롭히느냐는 반론이 상당했다. 그리고 한국의 어떤 대형교회 목사는 미국에 오면 비행장에서 고급 골프장으로 직행한다는 것도 잘 알려진 때였다. 아무튼 골프 신자들이 평소에 숨도 크게 못 쉬다가 뜻 밖에 제철을 만난 셈이었다. 반면, 반 골프신자들은 그 동안 쌓였던 열등의식이 한꺼번에 터져 나왔다. 그래서 교회는 끝내 갈라서고 말았다. 골프반대교회에는 이민연조가 짧은 이들이 주로 모였고 골프교회에는 전문직을 가진 고참이민자들이 많았다. 교세는 골프반대교회가 더 컸으나 재정은 골프교회가 더 넉넉했다.

군목, 교목, 그리고 '골목'

1980년대를 지나 90년대가 되면서 미주교포교회 일반 신자들의 골프 인식이 현저히 달라지기 시작했다. 우선 이민생활이 경제적으로 안정되어가는 만큼 골프장 출입하는 신자들이 늘어갔다. 1984년 로스앤젤레스 올림픽, 88년 서울 올림픽으로 이어지면서 한국이 스포츠 강국으로 부상되기도 했다. 게다가 언제 어디서나 응급전화를 받을 수 있도록 휴대전화가 대량으로 보급되었고, 그래서 긴급전화를 받으면 언제든지 골프장을 빠져나가 목회임무를 수행할 수 있게 되었다. 목회자 골프 동호회도 생겼다. 특히 미국 골프장들은 목회자들에게 무료 혹은 싼 값으로 골프를 즐기도록 배려해 주었다. 신자들이 경영하는 골프장이거나 혹은 경영전략의 하나였다.

"아니, 이 목사님처럼 시대를 앞서 가시는 분이 아직도 골프를 못하신다는 게 말이 됩니까? 제가 머리를 올려드렸으면 하네요."

2000년대가 시작된 때에 그런 말로 필자를 유혹하는 목사가 있었다. '머리 올린다.'는 건 골프장의 방언 같았다. 그것도 상당히 보수적인 장로교회를 담임하는 목사였다. 그래서 그에게 '혹시 담임목사의 골프행각이 목회에 독약이 되지 않겠느냐'고 물어보았다. 아직도 눈살 찌푸리는 이들이 있지만 사표 강요의 수준은 아니라고 했다.

그러던 차에 텍사스 어느 한인교회에 부흥집회를 인도했는데 스포츠용품 가게를 하는 성도가 골프용품 일속을 선물해 주었다. 새벽기도 집회에서 그렇게 하라는 음성을 들었다는 것이다. 그런 뒤에 강사인 나의 체형을 살펴보니 뱃살이 너무 많이 나왔더란다.

"저는 이제부터 골프를 배우려고 합니다. 기도 응답받고 골프채를 사주신 성도님의 정성을 생각해서도 골프채를 손에 잡겠습니다. 그리고 우리 교회에도 탁구반, 축구반 등이 있는 것처럼 골프반도 조직하겠습니다. 군대에는 군목이 있고, 학교에는 교목이 있지 않습니까. 골프장도 선교현장이 될 것이니까 '골목'이 필요할 것이라고 생각합니다."

어느 날 주일 예배에서 느닷없이 그런 광고를 했다. 성도들의 눈이 휘둥그레지기도 했다. 그러나 한 편에서는 박수소리가 흘러나왔다. 그러지 않아도 '푸른초장교회' '잔잔한 물가교회' 하는 은어를 써가면서 무슨 죄나 짓는 것처럼 숨도 크게 못 쉬던 골퍼신자들의 환호였다. 하지만 속으로는 낯간지러운 명분을 붙이는 자신이 서글퍼 보이기도 했다.

목회의 '우리 바깥 스승들'

골프채를 잡으면서 골프대회에서 기도와 설교할 기회가 예상보다 더 많이 생겼다. 그러자니 골프와 성경말씀을 연관시켜야 하는 작업과정이 절실히 필요했다. 영어로 된 골프 안내서를 구입하려고 인터넷을 뒤지는 중에 빌리 그래함 목사의 서문이 붙어 있는 것이 눈에 들어왔다. 〈하나님의 꽉 쥐신 손 안에서 (In His Grip)〉인데 1997년 판이다. 즉시 구입하여 단숨에 훑어 읽었다.

"여러 해 동안 저는 골프를 해왔습니다. 제가 골프를 즐기는 이유는 그것이 인생행로와 매우 비슷하기 때문입니다. 장애물들, 내적 투쟁, 승리, 갈등, 축복 들이 그렇습니다." 그렇게 시작된 서문이었다. 특히 '나는 선한 싸움 다 싸우고 나의 달려갈 길을 마쳤으니'(딤후 4:7)라는 성경 구절은 골프여정은 곧 신앙여정 그 자체라는 말씀이라고도 했다. 진실로 그 책은 골프교본이면서 동시에 '신앙교본'이었다. 골프의 정신, 자세, 기술, 도구, 용어에 대한 설명을 할 때마다 성경말씀을 인용하는 세심함을 보여 준다. 그리고 크리스천 골퍼들의 간증도 자주 소개하고 있고 성구도 자주 인용하고 있다. : "강하고 담대하라." (수 1:9. 엄청난 스트레스 극복), "쉬지말고 기도하라."(살전 5:17 매 타를 칠 때마다 기도하는 마음으로), "믿음의 주요 또 온전하게 하시는 이인 예수를 바라보자."(히 12:2. 공에서 눈을 떼지 말라), "교만은 패망의 선봉이요, 거만은 넘어짐의 앞잡이니라."(잠 16:18. 바른 마음가짐), "푯대를 향하여… 달려가노라."(빌 3:14. 철저히 의식된 목표물 지향성), 이런 것들이 대표 사례이다.

목사는 목양일념(牧羊一念)으로 살아야 한다. 그야말로 '자나 깨나 목회'이다. 그것보다도, 목양일념은 목회에 하나밖에 없는 목숨을 건다는 결단으로 이해해야 한다. 그런 결단이 있다면 물론 평생을 배우는 자세로 살아야 한다. 그리고 그 말은 곧 순간순간마다 배워야 한다는 뜻도 된다. 세속교육에서도 평생교육이 강조되지만 목회에서는 더욱 더 절실하다.

목회를 가르쳐주는 스승들이 많은 것은 행복한 일이다. 우선 영원한 목자이신 예수 그리스도 그 분이 우리의 최고 스승이시다. 성경말씀, 교회의 전통, 선배들의 목회 성공간증과 실패담, 신학자들의 논리적인 연구물들 그런 것들도 모두 목회의 스승들이다. 더 많다. 특히 좋은 연륜으로 다져진 멘토 목회자들이 얼마나 값진 스승들인가.

그러나 교회라는 울타리 안에만 그런 스승이 있는 건 아니다. '우리 바깥의 스승'(요 10:16 참조)들도 매우 중요하다. 그것은 양들이 교회 안에만 갇혀 있는 것이 아니라 교회 밖에서 생활하는 시간이 더 많기 때문이다.

그래서 다른 종교들, 모든 학문의 세계, 촌각을 다투어 사건들을 전달하는 언론들, 스포츠 경기, "백성은 왕이 자주 보아야 할 거울이다"라는 격언처럼 정치, 경제, 사회, 문화, 심지어 북한에서 접대동무라고 불리는 식당 웨이터나 웨이트리스, 비행기 등의 승무원들, 목회를 배우겠다는 또렷한 의식을 가지고 조금만 눈 여겨 본다면 그 같은 목회의 스승들에게서 예상하지 못했던 교훈을 얻게 된다. '배우려는 자를 당해낼 재간이 없다'는 금언을 기억하고, 어떤 것은 반면교사로 삼고 어떤 것은 정면교사로 삼아야 한다.

푯대를 … 향하여

노벨상 수상자들의 종교별 통계를 보면 단연 기독교 신자들이 돋보인다. 유교, 힌두교, 불교, 이슬람교, 그리고 무종교권에서는 수상자들이 매우 드물다. 게다가 같은 기독교라도 가톨릭이나 정교회보다는 개신교회 출신들이 훨씬 많다. 그리고 유태교 출신들이 그 뒤를 잇는다. 그것은 통계가 입증하는 것이어서 별로 논쟁거리가 안 된다.

올림픽경기 같은 세계적 스포츠에서도 마찬가지이다. 메달리스트들 가운데 소속 종교별로는 기독교 개신교회가 단연 앞서 간다. 개신교회가 많은 문제점 때문에 통증을 앓고 있으면서도 이처럼 여전히 건재한 것은 실로 하나님의 크신 은혜일뿐이다.

그 가운데 기독교 개신교회 신자들이 가장 높은 비율을 차지하는 것이 바로 골프 아닐까. 종교차별이라는 비판을 받을 우려가 있어서 선수들의 소속 종교를 밝히지 않고 있지만 한국선수들의 경우에도 '기도하는 골퍼'들이 단연 많다. 이런 추세라면 한국교회도 목회자들의 골프장 출입에 눈살 찌푸리는 일은 마감되어야 한다. 벌써 의식 있는 평신도 지도자들은 골프권을 구입하여 담임목사에게 안겨 주며 어서 어서 골프장에 가라고 등을 떠민다는 소식도 들린다. 앞으로 골프장 곁에 세워진 교회가 생겨날지도 모른다.

그러나 골프에서도 목회를 배우지 않은 채 몸 건강이나 재미만을 위하여 소일해서는 안 된다. 그것은 비용을 담당하는 성도들의 기도를 외면한 것 아닐까. 골프 목회는 조금 더 넓은 시야에서는 스포츠 목회라고 할 수 있다. 스포츠는 인간문명이 시작될 때부터 지금까지 아니 시대가 흐를수록 더 많은 사람들의 흥미를 이끌어내는 사건이 되어가고 있다. 따라서 그만큼 사역의 넓은 기회요 마당이다. 이런 시각이 골프에도 적용되어야 한다. 특히 골프는 상류사회 운동경기에서 평민사회 경기로 급속히 확장되고 있고 온 세상의 관심을 크게 이끌어가고 있지 않은가. 그래서 '골목대장'들의 등장을 더욱 간절히 기다리게 된다.

첫째로 목회자들은 골프에서 '목표 성취적 사역'을 철저히 배울 수 있다. 골프는 어떤 상황에서 어떤 행동을 하든지 오직 '깃대'를 향한 최대 효율적 행진 아닌가. 따라서 목회자들은 먹든지 마시든지 '골프를 하든지' 하나님의 영광을 위하여 해야 한다. (참조: 고전 10:31). 그처럼 성경은 줄기차게 목표 지향적 세계관(teleological world-view)을 가르쳐주고 있다. 개인으로 말한다면 출생부터 죽음까지, 역사로 말한다면 창조부터 종말까지 되는 대로 사는 것이 아니라 '거룩한 목표'를 향한 당당한 행진이 되어야 한다는 요구이다.

이런 점에서 목회자들은 각성해야 할 부분이 많이 있다. 가령 그럴듯한 말로 정리해 놓은 '목회사명선언'은 실제 목회에서는 별로 효용이 없는 단순한 장식품일 때가 얼마나 많은가. 그래서 비법 하나를 소개한다. 골프채를 들어 올릴 때에는 '푯대를-' 하고 외친다. 그리고 내려칠 때에는 '향하여-'를 외친다. 빌립보서 3장 14절 말씀에 근거했다. 목회도 푯대를 향하여 온 힘과 지혜와 기술을 발휘하자는 의식화 과정이요 '초점 지향적 삶'(focused life)의 재다짐 훈련과정이다.

둘째, 골프가 '그린'에서 펄럭이는 깃대 그리고 그 밑에 있는 컵에 공을 집어넣기까지 수많은 장애물과 싸움을 벌여야 하는 과정인 것처럼 목회도 마찬가지라는 원리를 배운다. 교육적으로 말하면 문제해결과정이고 영적으로 말한다면 사탄과의 끊임없는 싸움이다. 그래함 목사께서도 적시했지만 이런 장애물들은 오히려 최후 승리의 기회일 뿐이라는 걸 철저히 배워야 한다.

그런데 최대 장애물이 무엇인가? 바로 자기 자신이 아닌가. 가령 공을 때리기 전에는 고개를 들어서는 안 되는 걸 알면서도 그걸 고치기가 정말 쉽지 않다. 자기와의 싸움이 그만큼 어렵다는 걸 열 번 백 번 깨닫게 된다. 흔히 듣는 말, 누구 때문에 목회를 망쳤다든지 혹은 교회 환경이 좋지 않았거나 재정이 모자라서 목회를 접었다는 핑계는 이제 '자기와의 싸움에서 참패했다'는 참회로 바뀌어야 한다. 사람은 누구나 자기가 자기에게 가장 큰 걸림돌이라는 걸 골프에서 배운다면 골프 값은 교육비로 쓰이는 셈이다. 골프에 중독되어 목회가 바싹 마른 무화과나무가 된 사례들, 골프장에서 돈내기 골프 한 것이 발각되어 사임했다는 목회자들이 선한 목자이신 그분을 얼마나 아프게 하고 슬프게 할까.

마지막으로, 골프장은 목사에게 좋은 '교양 훈련장'이 될 만하다. 교양이라는 의미는 여러 가지이지만 고상한 상식과 보편적 표준을 기축으로 삼은 라이프 스타일(life style)로 이해한다. '다른 사람 입장에서 말하고 행동하는 자세'를 뜻한다. 그래서 하는 말이 무엇인가. 기독교는 '가장 교양 높은 종교'라는 자기이해 아닌가. "남에게 대접을 받고자 하는 대로 너희도 남을 대접하라"(마 7:12)를 삶의 핵심으로 삼기 때문이다.

골프는 기술을 배우기 전에 정신을 배워야 하고, 그 다음에 예법을 철저히 익혀야 한다. 지금도 코리언 골퍼들의 최대 약점이 바로 그 골프 예법이다. 다른 사람의 입장을 배려하는 일에 익숙하지 않고, 성급하고 무례하게 행동하기 때문에 손가락질 받는 경우가 많다.

목회자는 그런 점에서 '교양인의 모범'이 되어야 한다. 남자나 여자, 가난한 자나 부자, 외국인이나 내국인, 신분이 높은 자나 낮은 자, 어린이나 어른 모두의 입장에서 행동하는 일에 익숙해져야 한다. 무례한 목사들이 하늘나라 문을 꽁꽁 걸어 잠그고 있다는 사실을 안다면 어서 속히 좋은 훈련소에 입소하기를 권고한다. 골프장이라는 교양 훈련소 말이다.

(월간목회 2013년 11월호)

사모의 설 자리는 어디일까
목회자 부부 사역론

1990년대 초반이었다. 공산정권이 무너지면서 소련연방도 무섭게 붕괴되어 가는 소용돌이 속에 모스크바를 방문했었다. 미주에서 목회하던 젊은 목사가 자비량으로 러시아 선교사가 되어 모스크바에 한인교회를 개척했다. 예배 출석회원이 100명을 넘어서서 그 때 러시아한인교회로서는 가장 큰 규모였다. 이것은 그 목사가 들려주는 이야기이다.

한국의 대기업들과 대형교회들이 러시아 프로젝트 개발을 위하여 뜨거운 경쟁을 벌일 때였다. 서울의 어떤 대형교회 담임목사 부부가 그를 만나러 왔다. 자기네 교회의 모스크바 지교회로 관계를 맺자는 제안을 성사시키려는 것이 목적이었다. 그런데 그 대형교회 담임목사는 별로 나서지 않고 그 사모가 앞장서서 이 젊은 목사를 설득했다. "김 목사님, 원하는 게 뭐요? 죄짓는 것만 아니면 내가 모두 다 들어줄 테니 지교회 이름만 쓰도록 해 줘." 말하자면 재정보조도 원하는 만큼 해줄 수 있다는 매력적 낚싯밥이었다. 그런데도 일은 성사되지 않았다. 그 젊은 목사 말에 따르면 한국 대형교회의 사모가 앞장섰기 때문에 기분 나빠서 안했다는 것이다. 그는'암탉이 울면 집안이 망한다'는 수준의 아내관을 선호하고 있었다.

도우미일까, 부수미일까

목회 목사 치고 아내 때문에 고민 안 해본 남자가 있을까? 아니, 그건 뒤집어서도 생각해야 한다. 목사 부인 치고 남편 때문에 고민 안 해본 여자가 있을까?

우선 '사모'라는 이름부터 말썽이다. 영어로는 pastor's wife, 혹은 minister's wife이니까 당연히 '목사부인' 혹은 '목사의 아내'라고 번역해 쓰면 간단하게 해결될 것 같다. 그런데 그게 아니다.

"우리 사모가 골라 준 넥타이예요."

그런 말 했다가 핀잔을 듣는 일이 많다. 우선 '우리' 사모라니? 공동소유인가? 그 다음, 제 여편네를 어른들 앞에서 사모라고 한다니 정말 무식하네. 게다가, 사모(師母)는 글자 그대로 '스승의 어머니이고 그것이 스승의 부인을 존경하여 부르는 호칭인데.... 국어나 한문을 조금이라도 아는 사람들의 호통이다.

그래서 '사모'의 대치어를 여러모로 생각해 보았다. 목사 부인이라 하면 우선 말이 길기 때문에 두 글자로 줄여야 한다. 그렇다면 '목부'(牧婦)라면 될까? 목처(牧妻)는 어떨까? 또 목모(牧母)라 하면 어떤가? 그런 제안도 해 보았지만 아무 소용이 없었다. '사모'라는 말이 그냥 유행병처럼 확산되어 나갔다.

'설교언어 개발론'이라는 주제로 여러 곳에서 목회자세미나를 인도한 적이 있었다. 그 때에 그런 고민을 함께 나누었더니 참석자들 가운데 여러 의견이 있었다.

"우리 한국인들은 대화가 부족해서 상대방 호칭이 별로 개발되지 않은 데도 원인이 있습니다."

"예수님께서 결혼을 하셨더라면 이런 고민이 해결되었을 터인데요. 그분이 아내를 무어라고 호칭하셨을 것 아닙니까? 어머님에게도 '여자여' 하셨으니까 아내에게도 '여자여' 하셨을 것 같기도 하고요. 그렇다면 한문으로 '목녀'(牧女)가 될 것 같은데요. 예수님은 선한 목자이셨으니까요."

"스님들은 천주교회 신부들을 비구목사라고 부르고 개신교회 목사를 대처목사라고 부른답니다. 우리들도 비구목사가 되어 아내가 없으면 그런 고민이 원천적으로 해결되는 것 아닐까요?"

그래서 모두 몇 번씩 폭소를 했지만 문제는 여전히 찜찜하게 남아 있다. 사모라는 직분이 그만큼 고민거리라는 뜻은 아닐까. 가령 '사모학'이라는 책을 출판했던 어떤 목사는 사모가 우울증이 심해서 목회를 포기했기 때문에 그 책을 쓰게 되었다는 일화도 있으니 말이다.

사모, 목회의 도우미일까, 아니면 부수미일까? 도우미라면 어떻게 더 좋은 도우미가 되도록 할까. 부수미라면 어떻게 도우미로 바꿔 놓을 수 있을까.

마태 목사와 마리아 사모

몇 년 전, 미국의 매스미디어들은 일제히 목사부부에게 충격적 사건을 보도했다. 제목만 보아도 가히 놀라지 않을 사람이 없었다.

"목사 부인, 남편을 총살하다"

바로 그것이었다.

테네시 주 소재 셀머라는 5천 명 정도가 사는 도시에서 터진 사건이었다. "4가 그리스도의 교회" 담임 목사 마태 윈클러(31세)를 그 아내 마리아 윈클러(32세)가 총으로 쏘아 살해했다. 남편은 깊은 잠에 빠진 때였다. 경찰은 범인으로 세 딸과 함께 어떤 모텔에 묵고 있는 마리아를 즉시 체포했다. 그리하여 사건의 전말이 소상하게 밝혀지게 되었다.

조그만 시골교회에서 사역하던 이들 부부는 자주 언쟁을 했다. 처음에는 생활비 문제로 다투었지만 문제는 문제를 낳게 되어 자녀교육, 전화 대화, 인간관계, 설교, 심방 등 모든 것이 시비의 근거가 되었다.

"그 날 낮에 은행에서 돈이 부족하다는 연락을 받았습니다. 너무 스트레스가 많았어요. 저녁에 집에 돌아온 남편에게 그 이야기를 했더니 대뜸 돈은 어디에다 모두 낭비했느냐며 조목조목 따져 물었어요. 저를 못 믿겠다는 것이지요. 얼마나 분통이 터지는지 화장실 가는 척하고 집에 있는 권총을 꺼내서 쏘아 죽였습니다."

마리아 사모는 울면서 순순히 자백했다. 남편에게조차 위로 한 마디 듣지 못하는 것에 배신감을 느꼈고 울컥하는 마음이 생겨 범행을 했다는 설명이었다. 그리고 평소에도 남편은 교회 신자들 앞에서 왜 뒤뚱거리며 걷느냐, 음식 먹는 자세가 천박해 보인다, 옷매무새는 그게 뭐냐, 몸이 왜 그리 뚱뚱하도록 내버려 두느냐며 자주 면박을 주었다고도 했다.

1년여의 재판기간을 거쳐 드디어 배심원들의 유죄판결과 판사의 언도가 있었다. 마리아 사모는 징역 3년에 집행유예 5년으로 풀려났다. 남편을 살해한 것은 마리아 사모이지만 그 원인제공자는 바로 마태 목사라는 판결이었다.

'마리아 사모의 마태 목사 총살 사건'은 그렇게 해서 법적으로는 일단 마무리되었다. 하지만 미국의 기독교계에는 여러 가지 교훈을 남겼다. 스트레스 관리가 그처럼 중요하다, 신학교육에서 부부가 성공적 목회를 하는 동역자가 되도록 더 유념해야 한다, 목사의 집에는 총기를 두어서는 안 된다, 부자 교회는 가난한 교회와 경제적 책임을 함께 나누어야 한다, 목사들의 현장교육만큼이나 사모의 현장교육 프로그램도 만들어야 한다. 그 가운데는, 이제부터 사모는 감옥살이 걱정 않고 남편 목사를 죽일 수 있게 되었다며 사모가 갑자기 공포의 대상이 되었다는 의견도 있었다.

"사모의 총구멍을 조심하라."

목사들이 모이면 반드시 끼어드는 입담이었다.

사모의 다섯 가지 유형

사모들의 목회 관여 방식을 기준으로 하면 다음의 다섯 가지 유형이 있다는 것은 필자가 오래 전부터 발표해 오던 터였다. 이것을 배운 사모들의 반응은 자신의 설 곳을 분명하게 깨닫게 되었다는 것, 다른 말로는 사모로서의 자아성(identity)을 확실하게 했다는 뜻이다.

첫째, 군대사령관 사모들이 있다. 담임목사는 별 실권이 없는 부사령관이라는 뜻도 된다. 그래서 장로회원들과 모이는 당회는 '예비당회'일 뿐이고 가정에서 열리는 것이 바로 '본 당회'가 된다. 그래서 예비당회에서 결정한 것도 본 당회에서 사모가 아니라고 하면 부결된다. 한 가지 더 덧붙일 것이 있다. 그런데도 대외적으로는, "사모는 교회 사역에는 한 마디도 관여하지 않는다"고 발표하기도 한다.

둘째, 동역자형 사모이다. 교회사역의 권한과 의무를 반 씩 나누어 갖는 목사 부부이다. 구세군교회가 대표적이다. 여성목사 제도가 생겨나면서 동역자형 사모는 점점 늘어가고 있다. 그에 따라 남편 목사, 아내 목사라는 이름도 생겼고 두 사람에게 어떻게 사례비를 지불해야 하느냐는 문제로 교회 안에 갈등이 생기기도 한다. 목사 사모가 아예 교회 재정관리의 전권을 가지고 집행하는 경우도 있다. 남편목사와의 역할분담이다.

셋째, 비서형 사모가 있다. 사모는 남편목사를 그림자처럼 수행하면서 뒷바라지 하게 된다. 요즈음에는 비서도 전문직이어서 대학에 비서학과도 생겨나고 있다. 이에 따라 비서형 사모들도 전문적 훈련을 받는다. 컴퓨터, 글쓰기와 책 출판, 전화관리, 신자관리 등을 익혀 심부름꾼 수준의 비서에서 전문적 조언을 할 수 있는 비서형 사모의 역할을 감당한다. 명칭은 붙이지 않았지만 당회장 부속실장의 역할을 수행한다.

넷째, 주부형 사모가 있다. 사모의 역할은 가정관리와 자녀교육에 국한된다. 목사안수를 받은 것은 남편이지 자신이 아니라는 것, 교회담임목사로 청빙 받은 것도 남편이지 결코 자신이 아니라는 것을 강조한다. 그러므로 목회는 오로지 담임목사인 남편이 맡고 자신은 가정을 관리하는 일, 남편의 의식주와 건강을 챙기는 일, 가정을 안락하게 하는 일, 자녀를 훌륭하게 육성하는 일에 행동반경을 국한시킨다.

끝으로, 하녀형 사모가 있다. 남편 목사를 '섬기는 사역' 곧 성경 원문대로 풀면 '노예 노릇하는 사역'이 된다. 언제인가 미주에 있는 작은 교회 사모의 상담전화를 받은 일이 있었다. 한 시간 가량 하소연을 하는데 요약하면 자신은 걸레취급만 받는다는 것이었다. 남편조차 자신을 방 걸레 정도로 취급하니 신자들은 한 술 더 떠서 화장실 걸레로 알더라면서 울먹였다. 상담 마지막 부분에 가서 필자는 이런 말을 했다.

"걸레사모 된 것을 감사하실 수는 없을까요? 예수님께서도 우리들의 죄악을 씻어내는 걸레가 되신 걸요."

그 말에 큰 위로를 받았다고 했다. 다시금 새로 출발해보겠다며 또 훌쩍거렸다.

목사부부는 모범 함생체여야

이런 다섯 가지 사모의 유형을 중심으로 설문지법에 의한 조사연구를 발표한 적이 있다. 그 결과 몇 가지 변수가 있는 것을 발견했다. 개성, 회중의 연령층, 자라온 배경, 시대, 문화, 교육수준 등이 선택의 변수였다.

젊은 세대 특히 대학교육을 받은 이들은 동역자형을 선호한다. 50대 이상들은 비서형과 동역자형이 많다. 그리고 60대 이상은 주부형이 많고 비서형도 꽤 된다. 70대 이상은 조사대상이 아니었지만 주부형과 하녀형을 선호할 것으로 짐작된다. 사모가 다른 직업을 갖지 않은 '전업 사모'인 경우에는 사령관형, 동역자형, 비서형을 이상적으로 생각한다. 전문직종을 가진 경우에는 의외로 하녀형이나 주부형을 선호하는 경향이 있다. 그리고 목사 부부의 나이가 60 넘으면 사모의 발언권이 크게 강화된다는 사례도 있는데 이는 여성에게 남성 호르몬이 많아지기 때문이라는 생체적 해석도 있다.

어느 유형을 선택하든지 실상 장점과 단점이 모두 있다. 문제는 그것이 하나님의 나라 건설에 도움이 되느냐 아니면 부수는 일이 되느냐에 달려 있을 뿐이다. 그리스도의 몸인 교회를 살려내고, 자녀를 포함하여 가족도 살려내고, 부부도 보람 있게 사는 길이면 자기 좋은 대로 하면 된다. 그래도 모든 사모와 목사가 꼭 기억해야 할 사항이 하나 있다. 부부는 '두 몸 안에 있는 한 영혼'이라는 사실이다. 또 그것이 바로 '둘이 한 몸을 이루는 것'이라는 하나님의 창조원리에 해당된다. 그런 점에서 목사 부부는 더욱 더 철저히 모범 함생체가 되어야 한다. 그래야 하나님과 그 백성들의 함생체인 교회를 목회할 수 있는 기본 자격을 확보하게 된다. (월간목회 2012년 2월호)

엘리 제사장이 남이 아니다

목회자와 자녀교육

자녀는 겉을 낳기도 어렵지만 속을 낳기는 더욱 더 어렵다. 어릴 때에는 부모의 말을 잘 듣지만 나이가 들어갈수록 제멋대로 자란다. 게다가 영적으로 말한다면 사탄은 목사의 가정을 파괴하는 전략에 우선순위를 두고 있기도 하다. 그것이 복음과 교회를 무효화시키는 가장 효과적인 방법의 하나이기 때문이다. 특히 목사가 거룩한 생활을 할수록 자녀가 타락하기 쉽다는 것도 풀기 어려운 수수께끼의 하나이다.

"무슨 얼굴로 설교합니까"

어떤 미주이민교회 목사가 전혀 예상도 못했는데 갑자기 사표를 냈다. 교회당을 상당한 규모로 완공했고, 모든 성도들이 대형교회가 되리라는 꿈에 부풀어 있는 때에 갑자기 사표를 제출하게 되었으니 교회에는 큰 충격이었다.

"불행하게도 제 아들이 경찰에 체포되어 유치장에 갇혀 있습니다. 자식을 잘못 기른 이 아비의 심정을 헤아리셔서 저의 사표를 받아주시기 바랍니다."

긴급히 모인 당회에서 담임목사는 그런 속사정을 살피며 눈물까지 흘렸다. 당사자는 대표장로에게 진행을 맡기고 회의실을 떠났다.

두 시간 가까이 지났을까, 대표장로의 방문을 받게 되었다. 물론 사표를 반려하기로 만장일치로 결정했다는 전언이었다.

"사임하시겠다는 목사님의 심정은 이해합니다. 저희들도 자식을 길러 본 사람들 아닙니까? 하지만 자녀의 잘못이 있을 때마다 목사님들이 사표를 내신다면 평생토록 목회하실 분이 과연 몇이나 되겠습니까? 아무도 없을 것 같습니다."

고마운 위로의 말이었다. 이 담임목사는 대표 장로가 다시 가져온 사표를 받을 생각은 전혀 않고 그 반려 사유만 묵묵히 듣고 있더니 별안간 울먹이는 소리로 이렇게 말했다.

"이제부터 제가 무슨 얼굴로 설교를 합니까? 나처럼 자식 기르면 안 된다고 설교합니까?"

침묵이 흘렀다. 목사는 이어서 사건 경위를 대표장로에게 설명했다.

"아들이 학교에서나 교회에서나 건실하게 자라가고, 어느 때인가 하나님의 부르심을 받아 아비보다 더 좋은 목회자 되기를 기대하고 있었지요. 그런데 이게 웬일입니까. 그 아이가 깡패 조직에 가담하게 되고 다른 조직과 충격전을 벌이다가 체포되었으니…"

목사는 장로 앞에서 또 한 번 눈물을 흘렸다. 아무튼 당회는 그래서 일단 담임목사에게 6개월간 안식년을 드리도록 결정했다. 그 기간이면 대체로 1차 재판이 끝나리라고 예상했다.

'균형 있는 전인적 성장'을 목표 삼고

예수님께서 결혼 하셨을 것이라는 가설은 언제나 가설로 남아 있을 뿐이다. 몇몇 이단종파들이 막달라 마리아 혹은 마르다나 그 동생 마리아와의 결혼설을 주장하지만 그것은 그 교주들의 복수결혼을 합법화시키거나 성경의 기록을 의심하는 전략으로 사용되어 왔을 뿐이다. 그런데 결혼사실조차 전혀 없으신 분을 놓고 "만약 그 분에게 자녀들이 있었다면" 하고 가상을 해보는 것이 사뭇 송구스럽기 그지없다.

하지만 "예수님이라면 어떻게 하셨을까"를 늘 생각하며 살아야 하는 우리 그리스도인들이기에 그런 일도 한 번쯤 추리해 볼 필요가 있다. 만약 그 분이 결혼하여 자녀들을 두셨다면 어떻게 기르셨을까?

우선 그분도 고민이 많으셨을 것 같다. 두루 다니시며 제자들을 가르치시고, 전도하시고,

병 고치시는 일이 상당히 제약을 받았을 터였다. 집에 머물러 있으신 시간을 늘려야 하기 때문이다. 막내가 결혼하여 밥벌이를 할 때까지 목수 일을 손 놓지 못하셨으리라. 십자가 위에서 대속의 죽음으로 지상생활을 마치시는 일도 물론 50대 이후로 늦추실 수도 있다.

과연 자녀교육은 성공적으로 해내셨을까? 물론 하나님의 아들이시니까 그 여부를 따져 볼 필요가 전혀 없다. 그래도 부모로서의 예수님은 최선을 다하셨겠지만 자녀들 입장에서 과연 말썽 부리지 않고 모범생으로 성장했을까. 그 점은 알 수가 없다.

그래도 한 가지 분명한 것이 있다. 그 분의 자녀교육 목표이다. 이것은 자녀교육에 있어 큰 고민을 가지고 사는 우리 교역자들에게도 큰 교훈이 되는 일이다. 그 목적이 무엇일까.

"아기가 자라며, 강하여지고, 지혜가 충만하며, 하나님의 은혜가 그의 위에 있더라." (눅 2:40)

이것은 바로 예수님 자신이 성장하시는 모습이었다. 이 간단한 말씀 속에 "균형 있는 전인적 성장"이 고스란히 담겨 있다. "예수는 지혜와 키가 자라가며 하나님과 사람에게 더욱 사랑스러워 가시더라"(눅 2:52)는 말씀을 종합하면 '균형 있는 전인적 성장'의 모습이 더욱 명확해진다.

실패 사례들과 그 원인

오럴 로버츠 목사라면 전 세계에서 부흥사로 이름을 휘날리던 분이다. 그가 자신이 세우고 자신의 이름을 붙인 대학교의 건축재정을 주시도록 광야에서 기도하고 있을 때 매우 큰 키를 가지신 예수님께서 나타나셨다. 그리고 예수님께서는 자신의 키 만큼 높은 건물을 허락하여 주시겠다고 약속하셨다. 그래서 그 자리에 건설한 것이 바로 오럴로버츠대학교이다. 그런 정도로 그는 미국교회와 온 세계 기독교계에 알려진 위대한 인물이었다.

그런데 최근 그 대학교 총장이 음주운전으로 체포되었다. 바로 오럴 로버츠 목사의 아들이었다. 참말로 예수님도 통곡하실 일이었다. 정말 엘리 제사장이 남이 아니었다. 그 아들들이 하나님께 드릴 제물을 제가 먼저 훔쳐 먹어도 엘리 제사장은 제지하지 않았다. 그로 인하여 아들들은 전쟁터에서 비참하게 죽었고 그 전사 소식을 들은 엘리 제사장도 흉악하게 최후를 마쳤다. 그리고 그 집안 전체가 저주를 받은 가정이 되었다.(삼상 2장)

하지만 성공적인 사역을 하는 목회자로서 자녀교육에는 실패의 쓴 잔을 마신 이들이 어디 하나 둘이던가. 자신이 목회하고 있는 교회 성도들을 향하여서는, '네 자녀를 위하여 울라'(눅 23:8), '자기 집을 잘 다스려 자녀들로 모든 공손함으로 복종하게 하고'(딤전 3:4), '불순종하는 일이 없는 믿는 자녀를 둔 자라야 한다'(딛 1:6)고 열변을 토하면서도 불량자 자녀들 때문에 심장이 멎을 것 같은 목회자들이 얼마나 많은가. 특히 세속적 표준으로 쳐서 크게 성공한 목회자 가정에 그런 사례가 훨씬 더 많아 보인다. 그런 점에서는 우리 모두가 제사장 엘리와 같고, 선지자 사무엘과 같고, 다윗 왕과 같을 뿐이다.

목회자에게는 자녀를 잘 키우기 어려운 환경여건들이 생각보다 많이 있다. 우선 돈이 없어 교육비를 제대로 조달할 수가 없다. 특히 개척교회 목회자나 농어촌 미자립교회 목회자들에게는 매우 심각한 고통이다. 또 자녀와 함께 지낼 시간이 없다. 목회에 전력투구하느라고 별 보며 집을 나가 별 보며 돌아오게 된다. 그렇게 되니 자녀들과 만나 대화할 시간이 절대 부족이다.

주말이 없다는 것도 큰 문제이다. 세상 사람들이나 성도들까지도 주말을 즐기는 라이프스타일이 확산되어 가고 있는데 오직 목회자에게는 바로 그 주말이 목회의 황금기 곧 피크타임(peak time)이 된다. 그렇기 때문에 자녀인성교육의 좋은 기회를 놓쳐버리게 된다.

그러나 무엇보다도 목사 자녀들의 건실한 성장을 위협하는 가장 심각한 문제는 교회성도들과의 관계에서 발생한다. 목회자 자녀들이 교회 성도들 사이에서 횡행하는 부모에 대한 비난을 시도 때도 없이 듣게 된다. 성도들은 예배 때만 천사이지 예배 시간이 끝나기만 하면 비판의 활잡이들로 바뀌게 된다.

“야, 너네 아빠가 싸인 안 해서 돈이 제대로 안 나오게 되었대. 그래서 이번 수양회는 쫄쫄이 굶게 되는 거야.”

그런 따위의 말을 들으면 목회자 자녀들은 다른 교회로 옮기겠다고 아우성을 하게 된다. 필자의 체험이기도 하다.

그러면서도 목회자 자녀들에게 거는 성도들의 기대수준이 너무 높은 것은 또 다른 해독이다. 목사 자녀 특히 담임목사 자녀는 마치 모든 분야에서 천사여야 하는 것처럼 생각한다. 성경 암송이나 찬양과 기도와 전도에는 물론이고, 학교 성적도 우수해야 하고, 도덕적으로도 ‘작은 목사’ 수준이 되어야 한다. 청소년기의 통과 의례적 비행조차 허용되지 않는다.

이런 것들 모두가 목회자 자녀들의 건실한 성장을 좀 먹는 벌레역할을 한다.

성공사례들과 그 원인

그렇다고 목회자 부부가 자녀교육에 있어 백해무익한 여건만 있다는 것은 전혀 아니다. 예수 믿는 사람에게는 누구나 ‘위기’는 오히려 ‘위대한 기회’일 뿐이다.

지난 30년 동안 줄기차게 이목을 끌어온 교육 이슈 하나가 눈에 뜨인다. 그것은 바로, “어찌하여 목사의 딸들이 훌륭한 지도자로 성장할 수 있는가”였다. 그런 대표 사례가 여럿 있지만 특히 우리 모두가 익히 기억하는 사람 둘이 있다. 그것은 부시 미국 대통령 시절 국무장관을 지낸 컨돌리자 라이스 박사와 지금도 통일 독일의 총리직을 수행하고 있는 앙겔루스 메르켈 여사이다. 라이스는 가난한 흑인 목사의 딸이었고, 메르켈은 공산주의 나라 동독에서 수없이 많은 위협을 받아가면서도 목회에 헌신했던 목사를 아버지로 두었다.

그런데 그 두 여성 모두 너무 열악한 환경에서 태어나 하루하루 목숨을 건 생존투쟁을 강요받은 이들이었다. 그런데 라이스는 미혼 흑인녀로서 국무장관직을 성실히 수행했다. 그리고 메르켈은 서독 출신 동독 거주자로서 보수적인 나라 독일의 첫 여성총리요 전 세계 지도자로 언제나 세 손 가락 안에 드는 뚝심 있는 총리가 되었다. 특히 위기를 만나면 더욱 위대한 지도력을 유감없이 발휘한 걸출한 인물들이었다.

본질적으로 교회생활은 지도력 훈련의 과정이다. 신앙생활 자체가 하나님과 나 혹은 우리와의 끊임없는 역동적 관계 속에서 이루어지고, 그것은 바로 사람과 사람 심지어 교회 밖의 사람들에게까지 전도/선교라는 형태로 확장되어 가기 때문이다. 게다가 교회는 다양한 인물들이 모인다. 인간을 성숙해지도록 교육함에는 다양한 체험을 거치는 것이 필수과정이다. 만약 목회자 자녀들이 교회생활을 수동적으로 끌려가며 하는 것이 아니라 능동적으로 앞장서서 이끌어가려는 동기가 강화된다면 이는 지도력 훈련의 효과를 극대화하는 값진 기회가 된다. '자기주도형교육'(self-directed learning)이 되기 때문이다.

그러므로 목회자의 가정이 교육적 기능을 더욱 강화시키는 일에 목회자는 깊은 관심을 기울여야 한다. 몇 가지 중요한 것들을 들어본다. 좋은 서적이나 시청각 교재들을 교회에만 두지 말고 사택에도 비치하는 일, 가정예배 드릴 때 어린 자녀들에게도 기도제목을 함께 나누어 기도할 것, 예배 사회, 기도, 설교도 자녀들을 포함 모든 가족이 돌아가며 분담할 것, 성경말씀으로 가훈을 정하고, 지정된 가족찬송을 정하여 자주 부를 것, 설교에 습관화된 목사로서 일방적 잔소리를 끊여 붓지 말고 자녀들의 설교를 자주 주의 깊게 들을 것, 목사자녀라는 특별한 의식을 너무 강조하지 말 것, '하지 마'보다는 '해 보아라'를 적극 활용할 것, 스스로 결정하게 하고, 결정한 것은 책임 있게 실천하도록 격려할 것, 장차 입학할 대학이나 혹은 인생의 목표와 비전을 미리 또렷하게 정하도록 권고할 것, 살아계셔서 역사하시는 하나님의 모습을 체험했으면 말 혹은 글로 간증하도록 할 것, 통과의례적 비행을 너무 가혹하게 몰아세우지 말고, 그러나 무엇보다도 예수 그리스도를 롤 모델로 삼도록 하되 명령적 강요형이 아니라 상담적 권고형으로 접근해야 한다.

자녀교육만 훌륭히 한다 해도

신앙과 교육을 생각할 때마다 어서 어서 '교육약'과 '믿음약'을 사서 먹을 수 있게 되었으면 하고 간절히 기대하게 된다. 마약 곧 마귀약에 붙들리기만 하면 누구나 인생을 망치게 되는데, 그렇게 된 폐품인간들을 재생시킬 '믿음약'이 있다면 얼마나 좋겠는가. 폭력성이 강한 아이를 단번에 모범학생이 되도록 변화시킬 수 있는 '교육약'은 어디 없을까. 거칠고 험악한 감옥 깊은 곳에서 새우잠을 자고 있는 아들을 둔 목회자 부부의 절규도 그것이었다.

긴 과정을 거쳐 그 아들의 재판이 끝났다. 배심원단에 의하여 유죄판결을 받았으나 청소년인데다가 초범이어서 비교적 짧은 실형을 선고 받았다. 재판정에 방청객으로 참가했던 그 목회자 부부는 그 순간 눈물을 주르륵 흘렸다. 감사의 눈물이었다. 그리고 그 후 면회를 갔을 때에는 더 감격스러운 일이 터져 나왔다.

"대디, 나 목사 될 거야. 제일(jail)에서 풀려나가면…"

마침내 바울 사도가 '갇힌 중에서 낳은 믿음의 아들'이며(몬 1:10), 빌레몬의 종이었던 오네시모처럼 감옥에서 얻은 아들이 되었다. 아들은 감옥에서 비로소 성경을 다시 읽기 시작했고 성령께서는 그의 마음 밭에 뿌려진 말씀의 씨앗이 소리 없이 움터 오르도록 도우셨다. 실로, 기도가 있는 교육, 그리고 말씀교육이 세상교육과 엄청나게 다르다는 걸 극명하게 보여주는 사건이었다. 성령께서는 말씀과 기도를 통하여 지금도 믿음양약과 교육양약을 넉넉하게 공급해 주신다는 증거였다. 세상이 전혀 알지 못하는 신비한 약품들이다.

목회의 성공과 실패를 측정하는 잣대가 여럿이 있다. 흔히 신자 수라는 잣대, 재정규모라는 잣대, 걸출한 인물 배출이라는 잣대, 사회개혁의 영향력이라는 잣대 … 그 가운데 빼어 놓을 수 없는 것이 바로 자녀교육이라는 잣대 아닐까.(월간목회 2012년 4월호)

목회 칼럼 크게 오해하였도다

얼마 전에도 목회자 세미나에서 이런 말을 했다. "목회자들이 하나님에 대하여는 어느 정도 기본을 알고 있는데 사람에 대하여는 잘 모르기 때문에 목회에 실패하는 경우가 많습니다. 그리고 다른 사람도 잘 모르지만 특히 자기 자신을 모릅니다." 그 말에 참석자 대부분이 머리를 끄덕였다.

오해는 다섯, 이해는 둘

언젠가 한국에서 공군 비행기가 바다에 추락한 사고가 있었다. 조종사도 죽었고 비행기도 산산조각이 나고 말았다. 외국에서 수입한 초현대식 전투기였기에 그 손실이 엄청났다. 더군다나 유망한 조종사의 목숨도 잃었다.

그런데 사고조사위원회는 정밀 조사 후 조종사의 '착시현상' 때문이라고 결론 내렸다. 항공 조종사들은 드물기는 하지만 하늘을 바다로 혹은 바다를 하늘로 착각하는 경우가 있다고 했다. 그러니까 하늘 높이 날아간다는 것이 그만 바다 속 깊이 비행기를 침몰시킨 결과가 되었다. 착시(錯視) 때문이었다.

눈으로 잘못 본 것이 착시현상이라면 귀로 잘못 들으면 착청현상이 된다. 그리고 독약을 꿀물인 줄 알고 마셨다면 그건 착음현상이 될 것도 같다.

가끔 전도회 친교모임에서 별스런 게임을 하는 것도 보았다. 결혼한 부부 가운데 남편 다섯을 뽑아내고 그 아내들은 하나씩 돌아가며 눈을 가린다. 그리고 그 다섯 남자의 손을 하나하나 자세히 만져보면서 자기 남편 손을 골라내게 한다. 골라냈다는 확신이 들면 '내 꺼' 하고 큰 소리를 지른다. 그리고 눈가리개를 내려서 확인한다.

교회에서 하기에는 좀 얼굴 뜨겁다 싶은 게임이다. 자기 아내의 손이나 남편의 손을 눈 감고도 골라냈다면 다행스러운 일이지만 성공률은 그리 높은 편이 아니다. 그래서 남의 남자, 남의 여자를 '내 꺼'라고 선언하게 되는데 그 게임의 재미가 바로 거기에 있단다. 아무튼 그런 것은 착촉현상이라고 해야 할까. 손에 있는 촉감이 착각을 일으켰기 때문이다. 그런 착촉현상 때문에 집에 돌아가 언쟁을 했다는 부부도 있었다.

착각은 누구나 경험하는 것으로 인간 보편적인 일이다. 그걸 편견이라고도 하고 오판이라고도 한다. 그리고 오해라는 말을 제일 자주 쓴다. 그래서 생긴 말이 무엇인가. "오해는 쉽고 이해는 어렵다"고도 하고, "오해가 다섯 개면 이해는 둘밖에 안 된다"고도 한다. 이런 오해에 대하여 예수님의 경고가 있다.

–너희가 성경도 하나님의 능력도 알지 못하므로 오해함이 아니냐.(막 12:24)

착각이 목회를 망친다

착시현상으로 인한 비극들도 많다. 어떤 산부인과 간호사의 착각으로 병원에서 아기가 뒤바뀐 사건이 있었다. 그 아기가 청년이 되어서야 미심쩍은 생각이 든 엄마의 추적으로 그 사건이 세상에 알려지게 되었다.

하지만 착오가 생기는 것은 그 정도에 그치지 않는다. 소설 삼국지를 읽으면 그 줄거리가 전쟁 이야기들이다. 그그 참혹한 전쟁들이 그릇된 정보 때문에 참패를 당하는 경우가 얼마나 많은가. 그래서 수만 명 아니 수십만 명이 죽어 들짐승의 밥이 된다. 그건 정보망이 거미줄처럼 얽혀 있는 지금도 빈번하게 일어나는 사건들이다.

착시, 착오, 오해 때문에 일을 망치는 것은 목회에서도 마찬가지이다. 그래서 하는 말이 무엇인가? 목회지도자를 육성하는 신학교육은 '오해의 폭을 줄이고 이해의 폭을 넓히는 일'을 그 목적으로 삼는다고 할 수 있다. 성경에 대한 오해의 폭을 줄이고 이해의 폭을 넓히는 것, 하나님에 대한 오해의 폭을 줄이고 이해의 폭을 넓히는 것, 사람에 대한, 죄에 대한, 구원에 대한, 교회에 대한, 종말에 대한 오해의 폭을 줄이고 이해의 폭을 넓히는 것….

어떤 미주한인교회에서 이런 일도 있었다. 장년 50명 정도가 주일예배에 모이는 교회였다. 주일저녁에 여전도회장이 전화를 한 통 받았다. 그런데 밑도 끝도 없이 퉁명스러운 목소리로, "여전도회장 똑바로 하세요" 하고는 툭 끊는 소리가 났다. 아무리 보아도 담임목사의 음성인데 도무지 이해할 수 없는 일이었다.

밤새 잠을 설치고는 다음 날 담임목사 부인을 찾아가 만났다. 자초지종을 들어보니 일이 어떻게 된 것을 알 수 있게 되었다. 지난 성탄절에 담임목사에게 맞춤양복 선물권 하나를 드렸다. 그런데 부목사가 마음에 걸렸다. 허름한 옷을 입고 다니는 유학생이었다. 그래서 자기 남편이 얼마 입지 않은 양복이라고 양해를 구하고 그걸 선물했다. 자신도 어렵게 이민생활을 이어가고 있었기 때문이다.

그런데 어쩐 연고인지 부목사에게 선물한 양복이 담임목사의 것보다 더 고급이더라는 소문이 나게 되었다. 여전도회장이 담임목사인 자기보다 부목사에게 더 좋은 양복을 선물했다는 걸 들은 순간 참을 수 없는 모욕을 느꼈다는 것이 자초지종이었다. 그 담임목사는 한국에서 조직신학 교수를 지냈다는 분이었다. '기독교와 신학 전체를 체계적으로 연구하는 분야'가 조직신학이었다. 그런데 설교는 부목사가 더 인기가 있었다.

여전도회장은 사건의 진상을 알고 속이 터졌다. 그래서 가족회의를 열어 그 교회를 떠나기로 했다. 미주이민교회는 몇 개의 가족 군(群)으로 이루어졌기 때문에 여전도회장 가족이 다른 교회로 떠나가면서 그 교회 신자는 절반으로 줄었고 그것이 화근이 되어 담임목사도 급기야 사임해야 했다.

당나귀의 오판과 자각

어떤 당나귀가 부처를 싣고 가게 되었다. 그런데 부처를 존숭하는 사람들이 그 부처에게 엎드려 절을 했다. 한데, 당나귀는 그게 마치 자기 자신에게 절하는 것으로 착각하고 그 때부터 신이 나서 펄쩍펄쩍 뛰어갔다. 그러다가 그만 그 부처를 땅에 떨어뜨렸다. 그러자 주인은 채찍으로 당나귀를 사정없이 두들겨 팼다.

누구나 많이 들었던 이야기다. 그래도 여전히 재미도 있고 깊이 새겨야 할 교훈도 있다.

그런데 예수 믿은 뒤에는 성경에도 당나귀 이야기가 자주 나오는 걸 알게 되었다. 얼핏 머리에 떠오르는 것만도 발람을 경고한 것과 예수님을 예루살렘으로 모시고 들어간 일이다.

발람을 싣고 가던 나귀는 그에게 지팡이로 세 번 매를 맞게 되자 항변을 했다. 그걸 직역하지 않고 의역한다면 다음의 뜻이다.

> "발람 주인이여, 당신은 지금 매우 위험한 착시현상에 사로잡혀 있소. 당신 앞에 천사가 칼을 빼어들고 당신을 노리고 있는 걸 전혀 못 보시는군요."(민 22장)

예수님을 예루살렘에 모시고 들어간 당나귀는 어미가 아니고 새끼였다. 사람들은 옷을 벗어 안장에 깔고 또 길에도 깔았다. 승리를 상징하는 종려나무 가지를 흔들며 예수님을 찬양했다. 구원주, 메시아, 다윗의 자손 등의 극진한 찬사를 보냈다. 그런데도 그 새끼 당나귀는 펄쩍펄쩍 뛰기는커녕 거들먹거리지도 않았다. 본래 하나님이신 분이 자신을 낮추어 노예가 되셨다는 사실을 깨달았던가, 그 새끼나귀도 그처럼 겸손했다.(막 11:1-10)

목회현장에서 30년 곧 한 세대를 뛰어다니면서 필자 자신이 예수님을 태우고 예루살렘에 입성하는 새끼나귀라는 생각을 많이 했다. 심방을 다닐 때에도, 결혼식 주례나 장례식 집례를 할 때에도, 치유기도를 하거나 상담을 할 때에도 주인은 바로 그분이시고 나는 그분을 모시고 다니는 어린 당나귀라고 생각했다.

그런데 제일 크고 가장 떨치기 어려운 유혹이 있었다. 나 자신이 나귀 새끼라는 본분에서 떠나 그리스도 예수의 행세를 하고 싶은 욕망 바로 그것이었다. 손을 대는 자마다 병이 척척 낫고, 귀신들이 소리 지르며 즉시 떠나가고, 그 돈은 하나님의 창고로 들어가야 할 것이라고만 하면 신자들이 전액 헌금을 하고, 그 사업은 반드시 성공할 것이라는 환상을 보았다고 하면 큰 사업이 되고, 성경을 아무렇게나 풀어도 모든 성도들이 아멘을 열창하고, 무신론자에게 전도하면 즉시 예수님 영접하고.

사실, 기도 받고 병 나은 사람, 귀신 쫓아낸 일, 결혼 7년 만에 아기가 생긴 일, 목회사역에 필요한 돈을 누군가가 헌금했던 일, 축복해 준 사업이 크게 성공한 일, 전도 받고 예수 믿은 일, 꿈에 나를 만나고 깨어나니 질병이 감쪽같이 치료된 일 등등 기적은 얼마든지 있었다. 그런데 그런 기적 체험을 통하여 '가장 높은 구름에 올라가 지극히 높은 이와 같아지리라' (사 14:14) 할 때에 베드로와 바울처럼 인간선언을 확실하게 하지 못하고 우물쭈물했던 죄가 내게도 있었다.

"일어서라, 나도 사람이라."(행 10:26) "우리도 여러분과 같은 성정을 가진 사람이라."(행 14:15)

이런 귀중한 말씀들을 성경 한 구석에 자주 처박아 두었다. 하나님 노릇하고 싶은 마음 때문이었다. 영적 착시현상을 교정하기가 그토록 어려웠다.

설교착시현상도 많고

설교세미나에 참석해 보면 목회자들은 마치 자기가 설교를 제일 잘한다는 착각에 사로잡혀 있다. 세미나에 참석한 것은 바로 자기 설교의 부족한 부분을 보완하기 위함인데도 토론하는 내용을 보면 마치 자기 자신이 설교자의 왕이나 되는 것처럼 설교 성공사례만을 나열하기에 분주하다. 설교착시현상에 사로잡혀 있는 모습이다.

설교는 설교자가 어떤 설교를 했느냐에 성패가 달려 있는 것이 아니다. 먼저는 하나님께서 꼭 하라는 말씀을 대변했느냐에 달렸다. 그리고 다음에는 듣는 회중이 어떤 변화, 성장, 그리고 열매를 맺게 되었느냐는 결과에서 평가되어야 한다. 설교자들이 유머 한 자리를 했을 때에 설교자는 허리를 잡고 웃지만 회중들은 하나도 우습지 않은 경우도 꽤 많다. 그걸 가리켜 어찌 성공한 유머라 하겠는가. 그래서 희극 배우는 결코 웃지 않는다는 거 아닌가. 자기가 웃는 것이 아니라 구경꾼을 웃게 하는 것이 희극 배우의 사명임에랴.

목회자들 가운데 교회 돈은 곧 자기 호주머니 돈이라는 착각을 하는 이들이 적지 않다.

그것이 하나님의 재산이니까 담임목사 마음대로 쓸 수 있다는 생각이다. 그렇다면 그건 곧 자신이 하나님 노릇 한다는 걸 행동으로 보여주는 것 아닌가. 미국에서는 비영리단체(종교단체 포함)들이 만약 규정을 위반하여 재정을 지출하면 그건 횡령죄나 배임죄로 형사처벌을 당하게 된다. 그래서 어떤 목사는 교회를 개척할 때 다른 교회 집사에게 임시로 회계업무를 위탁한 사례도 있었다.

평신도는 2등인간이라는 착각을 하는 목회자들이 있다. 겉으로는 '섬김의 대상'이요 심지어 그들의 발을 씻겨주기도 하지만 그러나 의식 밑바닥에는 평신도는 모든 면에서 목회자만 못하다고 오해한다. 교회의 대부분의 직분을 거쳐 장로로 헌신했고 다시 전도사와 목사가 된 사람조차도 꼭 자신의 부하나 되는 것처럼 취급한다. 그래서 생긴 말이 무엇인가. '아무리 훌륭해도 평신도는 결국 양의 무리일 뿐'이라고 하지 않던가. 이건 곧 '목사는 황제'라는 발상에서 나온다. 큰 착각이다. 담임목사 자신도 평신도의 한 사람이라는 사실을 제대로 몰라서 하는 행동이다.

나는 내 양을 알고

로스앤젤레스에서 교회를 개척할 때 일이다. 한번은 늦은 밤에 전화벨이 울려 수화기를 들었더니 다급한 중년여성의 목소리였다.

"이 목사님, 강아지가 뼈를 먹다가 목에 걸렸는데 어떻게 해야 할지 좀 가르쳐 주세요. 급해서 전화했어요."

본토 영어를 쓰는 것으로 보아 한인교포는 아니었다.

"아마 그 가시를 꺼내는 것보다 삼키게 하는 것이 더 좋을 거요. 무언가 강아지가 덥석 먹을 수 있는 것을 주면 도움이 될 것 같아요."

내가 어릴 때 생선가시가 목에 걸리면 어머니는 김치를 입에 꽉 채울 정도로 먹이시고 꿀꺽 삼키라고 하셨던 일이 생각났다.

그 여성은 고맙다면서 전화를 끊었다. 그리고 다음 날 아침 다시 전화를 해왔는데 매우 명랑한 목소리였다. 가르쳐 준대로 했더니 가시가 넘어갔다며 감사하다고 했다. 그런데 의문이 있었다. 그런 경우 동물병원 응급실로 가는 것이 상식인데 왜 나에게 전화를 했느냐고 물었다.

"제 어머니께서 교회를 다니셨는데 무엇이든지 모르면 목사님에게 여쭈어 보곤 했어요. 그래서 전화번호부에서 교회 난을 찾아 얼른 눈에 띄는 전화로 다이얼을 돌렸지요. 그랬더니 과연 문제가 말끔히 해결되었거든요."

목사는 무엇이나 다 잘 안다는 기대가 미국인들에게 있다는 것이다. 과연 목회를 해보면 별 것 별 것 다 알아야 한다. 그런데 제일 잘 알아야 할 것은 바로 자기 자신인데 그걸 모르고 목회 해 온 것이 참으로 부끄럽다.

"너 자신을 알라."(소크라테스)

"아는 것을 안다 하고 모르는 것을 모른다 하는 것이 참되게 아는 것이니라."(공자)

금언집에 자주 나오는 경구들이다. 그러나 역시 자기를 바로 알아야 하는 것을 가르쳐 주신 분은 예수 그리스도 우리 주님이시다.

"나는 내 양을 알고 양도 나를 아는 것이 아버지께서 나를 아시고 내가 아버지를 아는 것 같으니 나는 양을 위하여 목숨을 버리노라."(요 10:14-15)

그분은 '하나님 안에 있는 자기 자신'을 아셨고, 그 연장선상에서 '양들 앞에 서 있는 자기 자신'을 알고 계셨다. 그래서 양들을 위하여 목숨을 희생하시는 사역을 해내셨다.

그렇다. 이제부터라도 성경을 제대로 읽고 연구해 보아야 하겠다. 하나님 안에 있는 나, 양들 앞에 서 있는 나 자신을 바르게 알지 못하고 목회를 했던 부끄러움을 조금이라도 씻어 내야 하겠다. (출처: 월간목회 2012년 1월호)

황제목회, 머슴목회

이것은 어떤 목사가 전해준 이야기다.

한국방문 길에 신학대학원 동기생을 만나보려고 교회에 전화를 걸었다. 사람이 받지 않고 안내 녹음방송이 들려왔다. 당회장 부속실 번호를 누르라는 것이다. 그대로 했다. 부속실 사무원이라며 여직원이 받았다.

"미주에서 목회하는 김 아무개 목사입니다. 담임목사님 좀 바꿔 주세요."

"네, 부속실장님 먼저 바꿔 드리겠습니다."

그래서 부속실장이라는 부목사에게 다시 반복해서 말했다. 그랬더니 전화번호를 남기면 걸어드리겠다고 했다. 지금은 전화 받을 상황이 아니라는 뜻이다. 얼마 뒤에 전화가 걸려왔다. 그런데 친구 목사가 아니고 부속실장 부목사였다.

"조금만 기다려 주세요. 당회장 목사님 연결시켜드리겠습니다."

그렇게 해서 어렵사리 통화를 했다. 신학대학원에서는 생활관 한 방에서 지낸 친구였다. 미국 유학생활도 같은 시절 같은 학교에서 했다. 그리고 미주 목회도 약속이나 한 듯이 교포들의 밀집주거지역에서 했고 교세도 비슷했다. 그런데 두 해 전에 그 친구는 '서울의 괜찮은 교회'에 청빙을 받아 사역하고 있는 중이다.

"그래 바쁘지? 한 번 만날 수 있겠나? 정 바쁘면 이 정도로 해도 돼."

"아무렴, 바빠도 만나야지. 점심 한 번 하자. 부속실장에게 일정을 정하라고 할께. 조금

기다려."

그래서 전화는 다시 부속실장에게로 갔고 어렵사리 식사회동이 약속되었다. 미국으로 떠나는 날 점심이었다. 숙소 호텔은 너무 초라하다며 유명호텔 뷔페식당으로 했다. 막국수나 자장면이면 된다고 했는데도 말이다.

그 날 친구가 보내준 다른 부목사의 차를 타고 약속 장소로 갔다. 호텔 로비에서 기다리니 검은색 승용차에서 내리는 친구 목사가 보였다. 대기업 회장들이 즐겨 탄다는 차였다. 그리고 수행목사와 함께 내렸는데 딱 바라진 몸매로 보아 경호담당 겸용 비서로 보였다.

식사기도가 끝나자마자 서울의 그 당회장은 자신의 목회 이야기에만 열중했다. 지난 두 해 동안 신자 수가 2천 명이 더 늘어 5천 명 교회로 성장했다는 것, 교회가 당회장 목사에게 엄청난 재정투자를 한다는 것, 성도들이 개인적으로 쓰라고 주는 돈의 규모, 신형 호화 아파트단지를 끼고 있는 웅장한 교회당을 지을 계획, 해외선교사 파송, 유명 정치인들과의 교분…. '미주에서 온 담임목사'는 자신의 기가 소리 없이 죽어가고 있는 걸 느꼈다. "너는 미주에서 소꿉장난 목회"를 하고 있는 것이라는 소리가 자꾸 들려왔다.

'당회장' 이름을 즐겨 쓰는 친구 목사의 자기 자랑이 어느 정도 수그러지고 점심 먹는 일에 열중하게 되자 나도 모르게 한 마디를 던졌다. 질투심과 열등의식이 발동한 점도 있었다.

"한국교회 참 대단하네. 하지만 너 아무래도 소명 받을 때의 초심을 좀 잃은 것 같다."

점심을 얻어먹는 초라한 주제였지만 우리는 서로 쓴 소리 많이 하는 사이였다.

"솔직히 말하면 그런 점이 없지는 않지. 헌데, 한국교회 생리는 머슴목회 가지고는 안돼. 황제목회라야지. 나는 지난 두 해 동안 그걸 터득한 거야. 목사는 하나님의 머슴이지 사람의 머슴은 아니거든."

소꿉 목사는 속에서 무언가 울컥 올라오는 걸 참느라고 눈을 다른 데로 돌렸다. 좀 멀리 떨어진 식탁에서 수행목사, 자기를 안내한 부목사, 그리고 운전기사 세 사람이 식사를 하고 있는 것이 보였다. 그런데 힐끔 유리창 너머로 가시관을 쓰고 십자가를 둘러멘 분이 시야에 들어왔다. 그분께서 들어 오시기에는 이 호텔은 너무 화려한 것처럼 보였다. 그런데 그분에게서 가느다란 음성이 들려왔다.

"허, 참. 한국교회가 겉으로는 전성시대 같으나 실상은 전멸시대에 접어들었도다."

한국교회의 촛대를 그 자리에서 옮기시겠다는 무서운 경고였다.(계 2:5)

14

예수님처럼, 꼭 예수님처럼

함생목회의 사례 : 유니온교회 행전

신약성경 다섯 번째 책인 사도행전은 복음서와 교회의 역사를 이어 주는 다리 역할을 한다. 유니온교회도 예수 그리스도의 사역에서 사도행전이라는 다리를 넘어 계속 달려가는 열차와 같다. 예수 그리스도께서 운전하여 이끌고 가시는 열차이다. 그래서 모든 교회의 목회는 '사도행전 29장'을 기록하는 것이라는 의식이 목회자들에게 꼭 있어야 한다. 유니온교회도 사도행전 29장을 써 왔다. 그래서 여기 '유니온교회 행전'을 남긴다. 당초 〈유니온교회 30년사〉에 게재되었던 것인데 그 책이 일반에게는 보급되지 않은 책이어서 여기에 수정 보완하고 재편집하여 포함시켰다. 그 경위에 대하여는 이 책 몇 군데에서 각각 조금씩 다른 시각으로 언급했다.

그분께서 시작하셨다

교회개척은 아무나 하는 것이 아니다. 하나님의 부르심 받은 사람만 할 수 있다. 그래서 성삼위 하나님을 제일 피부로 느끼게 만나는 길은 교회개척과 성전건축이라는 걸 목회 현장에서 체험했다. 그것은 동족 전도나 다른 민족 선교에서나 마찬가지이다. 교회 개척 과정에서는 진실로 모든 것을 준비해 주시는 '이레의 여호와'(창 22:14), 영적 싸움에서 승리하게 하시는 '닛시의 여호와'(출 17:16), 개척자들과 함께 하시는 '삼마의 여호와'(겔 48:35), 구원의 평화와 쉼을 주시는 '샬롬의 여호와'(삿 6:24), 갈 길을 인도하시고 항상 보살펴 주시는 우리들의 목자 '로이의 여호와'(시 23:1)와 함께 인생길을 걷게 된다.

보고, 듣고, 겪고, 가르치고, 실천한 것들

신앙생활을 한다는 것은 삼위일체 하나님을 믿는다는 뜻이다. 성부 하나님, 성자 하나님, 성령 하나님이 자신을 구원해 주신 분이심을 믿고 그 말씀에 순종하는 것이 신앙생활의 시작이요, 목표요, 전체이다.

특히 그 가운데서도 예수 그리스도를 믿는 일이 바로 영원한 생명을 얻는 신앙생활의 핵심이다. 예수님을 그리스도 곧 메시아(기름사람) 혹은 '그 선지자, 그 제사장, 그 왕'으로 믿는 일이다. 성부 하나님을 예수 그리스도의 아버지로 믿는 일이고 성령 하나님을 예수 그리스도의 영으로 믿는 일이다. 그것은 예수님만이 사람의 몸을 입으시고 이 땅 위에 오신 하나님이시기 때문이다. 그래서 성경학자들은 예수 그리스도를 '온전하신 하나님'(vere Deus)이시면서 동시에 '온전하신 사람'(vere homo)이시라고 풀었다.

유니온교회는 1980년 9월 28일 오전 11시 미국 로스앤젤레스 코리아타운에서 시작되었다. 그 날 이 행전을 기록한 필자는 첫 예배에서 마태복음 21장 10절부터17절까지를 본문으로 하여, "이 사람이 누구요?"라는 제목으로 말씀을 선포했다. 그 때부터 지금까지 유니온교회는 그 분이 누구이신가를 줄기차게 캐어내고, 그 대로 믿고, 그 분의 가르침을 우선순위에 따라 모범적으로 지켜 실행하자는 목표에 모든 것을 걸었다. '예수님처럼 꼭 예수님처럼'(Like Jesus, Just Like Jesus) 살려고 몸부림치며 살아왔다.

예수 그리스도께서는 우리에게 '교회'를 세워주셨다. 구체적으로는 유니온교회를 세워주셨다. 따라서 유니온교회는 삼위일체 하나님과 관련지어 풀면, '하나님의 백성'이요, '그리스도의 몸과 신부'요, '성령님의 집'이며 또 그것들이어야만 한다. 그래서 유니온교회는 '예수님을 따르는 무리들' 특히 '십자가 지고 예수님을 따르는 무리들'이 되려고 푯대를 설정하고 여기까지 달려왔고, 앞으로도 계속 달려갈 것이다.

이 유니온교회가 첫 예배를 드린 지 30년이 지났다. 그 기간 동안 유니온교회가 걸어온 길을 여러 형태의 기록으로 남겨 출판한 책이 〈예수님처럼, 꼭 예수님처럼〉(2011년)이다. 〈유니온교회 30년사〉라는 부제를 붙였다. 이 책에는 사진으로 보는 역사, 사역일지 곧 편년체 형식으로 정리한 부분, 30대 사건으로 정리한 역사 등과 함께 성경의 '사도행전' 곧 사도들의 행적의 방법으로 정리한 부분도 있다. 〈유니온교회 행전〉이 바로 그것이다. 사도행전은 곧 사도들의 행동들 혹은 실천들(프락세이스)의 기록이다. 곧 네 복음서가 "예수께서 행하시며 가르치심"을 기록한 책(행1:1)이라면 사도행전은 사도들이 행하며 가르쳤던 내용을 정리한 책이다.

따라서 사도행전은 그 내용으로 보면 여러 가지 이름을 붙일 수 있다. 하나님 행전이기도 하고, 예수 그리스도의 행전이요, 성령의 행전이다. 그것은 또 교회행전이요, 베드로와 바울 행전, 선교행전이기도 하다. 영적 전쟁사라고도 할 수 있고 기도행전의 이름을 붙여도 좋다. 그러나 이 모든 것은 하나님의 구원행전임을 뜻한다.

"우리들의 모든 사역은 사도행전 29장을 쓰는 일이지요."

1990년 9월 10일 어떤 신학대학원이 주최한 목회자세미나에서 느닷없이 던진 말이 참석자들에게 신선한 도전을 선물했다. 성경의 사도행전은 28장으로 마감되었다. 하지만 사도행전은, "오직 성령이 너희에게 임하시면 너희가 권능을 받고 예루살렘과 온 유대와 사마리아와 땅 끝까지 이르러 내 증인이 되리라"(행 1:8)는 예수 그리스도의 말씀이 실현되어 가는 과정을 적어 놓은 책이다. 그러므로 유니온교회가 해야 하는 모든 일은 바로 성령님의 능력을 힘입고 예수 그리스도 그분의 증인이 되는 일이다. '증인'(마르투레스)은 성경 원말로 '순교자'라는 뜻도 지니고 있다. 목숨을 걸고 체험한 바를 말한다는 의미이다. 그리고 '되리라'(에세스테)는 서술법도 되고 명령법도 된다. '증인이 되라'와 '증인이다'는 뜻을 함께 가지고 있다.

그래서 유니온교회 첫 삼십년 역사를 쓰면서 이는 바로 사도행전이 얼추 30년간 사도들이 한 일 아니 성삼위 하나님께서 하신 일을1장부터 28장에 걸쳐 기록했기에 그 29장을 쓰는 마음으로 '유니온교회 행전'을 정리했다. 그러므로 이 글은, '성삼위 하나님께서는 유니온교회를 통하여 이렇게 일하셨다'는 보고서가 된다. 그리고 유니온교회 곧 십자가 지고 예수님을 따르는 '유니온 무리들'은 이렇게 응답했다는 내용을 담았다. "우리는 보고 들은 것을 말하지 아니할 수 없다"(행4:20)는 사도들의 믿음을 따라 보고, 듣고, 겪은 것을 말했다. 유니온교회가 문을 열도록 섬김자 노릇을 했고 또 사역을 맡아 이끌어 왔던 머슴의 간증이다.

'크로노스'의 시각에서가 아니라 '카이로스'의 시각에서 주제별로 기록했다. 따라서 사건이 일어난 순서를 유의했지만 기계적 시간순은 아니다. 사람 이름은 특별한 경우에만 조금 밝혔다. 그러나 실제로 누구 이름은 밝히고 누구 이름은 감추느냐에 많은 고민이 따랐다.

거듭 밝혀 말한다. 유니온교회는 처음부터 그분께서 세우시고 그분께서 이끌어 가셨다. 겉으로는 여러 인물들이 나서서 한 것 같지만 그런 모든 사람들은 하나님의 손에 붙잡혀 사용된 것뿐이다. 그렇다고 우리가 마지못해 참여한 것은 결코 아니다. 성삼위 하나님의 역사운행 방식의 전모를 우리가 다 알지 못한다. 그러나 한 가지 명백한 것은 그분은 우리들과 함께 역사를 이루어 가신다는 사실이기에 우리는 그분의 사역에 십자가를 지고 참여할 뿐이다. 하나님과의 함생, 이웃과의 함생의 원리가 바로 그것이다. 그래서 우리는 성삼위 하나님께서 유니온교회를 통하여 이룩하여 오신 일을 하나님과 사람 앞에서 본 대로, 들은 대로, 느낀 대로, 깨달은 대로, 체험한 대로, 결단한 대로 최선을 다하여 증언할 뿐이다.

없는 데서 있게 하시고

예수님은 "너는 베드로라, 내가 이 반석 위에 내 교회를 세우리라"(마 16:18)고 선언하셨다. 그리고 그 말씀 그대로 교회를 세우셨다. 생살을 찢고 뜨거운 피를 흘리고 생명을 바쳐 교회를 세우셨다. 그리하여 교회의 머리가 되셨고 교회는 그분의 몸이 되었다.(행 20:28, 골 1:18)

이 같은 말씀에 순종하여 사도들도 목숨을 걸고 예루살렘에서 시작하여 여러 곳에 교회를 세웠다. 그래서 교회는 "사도들과 선지자들의 터 위에 세우심을 입었다."(엡 2:20) 몰론 유니온교회도 그 같은 사도적 전통 위에 세워졌다. 그래서 '예수님처럼 꼭 예수님처럼' 산다는 것은 바로 교회를 세우고, 이 교회가 잘 자라도록 물과 거름을 주고, 벌레를 잡아주고, 영혼을 추수 하는 사역이다.(마 9:35-38, 고전 3:6) 하나님께서 인류를 구원하시고 또 통치하시는 전략이 여러 가지가 있지만 그 가운데 가장 중요시 하시는 것은 바로 교회의 설립과 건강한 성장이라고 확신한다.

전도사였던 필자는 1979년 8월 첫 주일에 미국 로스앤젤레스 근교 도시에서 〈코비나성결교회〉를 개척했다. 서른일곱 살이었다. 목회학 박사 학위과정을 공부하는 학교 근처에서 시작했다. 한국인들이 별로 없는 지역이었다. 근처에도 한인교회가 거의 없었다.

그리고 소명을 받은 지 벌써 9년이 흘렀다. 한국과 미국에서 공부하느라고 안수가 많이 늦어졌다. 그런데 교단법이 담임목회를 하면 되도록 속히 목사안수를 베풀도록 허용했다. 학력은 이미 갖추었기 때문이다. 따라서 1980년 2월 26일 기독교미주성결교단 제1회 총회에서 목사로 안수 되었다. 교회 개척과 목사 안수를 받는 데 초대 총회장 안수훈 목사(나성성결교회 담임)의 도움이 컸다.

그런데 개척한 지 아홉 달만에 교회 담임목사직을 사임했다. 교회는 주일예배에 어린이와 어른을 합쳐 60명 넘게 모였고 이 정도 크기이면 미주에 있는 한인교포교회로서는 자립단계 문턱을 넘어가는 것으로 평가된다. 서울신학대학(학장 조종남)에서 목회학 박사학위를 빨리 마치고 돌아와 기독교교육학을 교수해야 한다는 요청이 있었다. 그 학교의 휴직교수의 신분이었으므로 학교의 요청을 따라야만 했다. 아니, 필자는 교수생활에 대한 소명과 열망이 있었다. 그 때에 뼈저리게 체험한 것이 한 가지 있다. 자신이 개척한 교회는 꼭 자녀와 같고, 그 교회를 사임하는 것은 자녀와의 관계를 끊는 것과 같은 아픔이 있다는 사실이다. 인간적으로는 정말 못할 일이었다.

아무튼 과목 이수만 빨리 마치고 논문은 한국에 가서 쓸 계획으로 그 아픔을 학업에 몰두하는 일로 치유해 가고 있었다. 그런데 이건 또 웬일인가. 한국에서 터진 대통령 암살사건의 여파로 대학마다 분쟁과 소요사태에 휘말리게 되었다. 서울신학대학도 예외가 아니었다. 학장이 바뀌면서 부임계획이 뒤틀어지고 말았다. 그래서 교수로 부임할 기회를 잃고 말았다.

담임목사직을 사임하고 나니 고민이 매우 컸다. 알곡 같은 기독교교육학자가 되겠다는 결단이 강했고 또 연구하는 일에는 은사도 있었기 때문에 당연히 박사학위 과정에서 공부를 계속하고 싶었다. 그러나 어린 자녀들이 셋이나 되고 장학금을 주는 곳도 없어서 스스로 학비를 마련해야 했다. 그렇다고 신분이 목사라서 다른 직업을 가질 수도 없었다. 게다가 미주성결교회 가운데는 부목사로 청빙할 정도의 교회도 없었다. 그 때 미국 연합감리교단에 가입 권고를 받았다. 활동무대도 넓었다. 교회개척 기본생활비도 제공하고 장학금도 지원하는 조건이었다. 미국에서 교수 자리를 얻는 일도 크게 어렵지 않았다. 또 한국 감리교회에서 첫 신앙생활을 했기에 매력도 있었다. 서울신학대학 부임길이 막히게 되니 비난받을 일도 아니었다. 하지만 내 양심에 성결교회를 외면할 수는 없었다.

담임목사직을 사임하게 되니 공부할 시간은 많아서 좋았다. 그러나 주일이 되면 예배드릴 교회가 없어 무척 서글펐다. 어느 교회나 다 개방되어 있는데 무엇이 문제가 되느냐고 할 수도 있다. 또 사임한 교회라 해도 협동목사의 이름으로 계속 참여할 수도 있다. 하지만 어느 교회에 가든지 담임목사의 눈치를 보아야만 했다. 그래서 매 주일마다 다른 교회에 출석하기도 했는데 그것도 '백수 목사'에 '떠돌이 목사'라는 자괴감이 들기도 했다. 게다가 아이들은 친구를 잃었다며 불평을 쏟아냈다.

석 달쯤 지나면서 다시 교회를 개척해 보는 문제를 놓고 기도하기 시작했다. 생활은 아내가 식당을 경영해서 그런대로 꾸려 나갔다. 아이들을 학교에 보내고 나서 어떤 기독교 책방에 들렀다. 그런데 I Will Build My Church 곧 '내가 내 교회를 세우리라'는 제목이 눈에 확 들어왔다. 그 책을 꺼내 목차를 읽고 결론 부분을 얼핏 살펴보았다. 그런데 내 눈이 다음 구절에 머무르게 되었다.

'만약 우리가 살고 있는 곳에 증언공동체(교회)를 설립하는 것이 그분의 계획안에 있다면 그분은 우리를 확실하게 그 방향으로 이끄실 것입니다. 그리고 우리들은 그분의 말씀에 기대고 성령에 의지하여 겁 없이 그 길로 달려 나갈 수 있습니다. 그래서 형성된 것이 집에서 두세 사람이 모였던 초대교회입니다.'

그런 내용이었다. 이 책의 저자가 누구인지 알지 못했지만 이 말이 가슴을 뜨겁게 달구었다. 교회개척을 하나님께서 자신에게 맡겼다고 생각되면 겁 없이 앞으로만 달려가라는 격려였다. 예수 그리스도께서 '내 교회를 세우리라' 하신 말씀(마 16:18), 그리고 '내 양을 먹이라'(요 21:15-17)는 말씀을 바르고 철저하게 믿고 주님을 따르라는 권고 아닌가. 유니온교회는 바로 그 순간 개척자 마음속에서 움이 돋기 시작했다.

그 때부터 개척계획을 세우기 시작했다. 개척의 여건이 전혀 갖추어지지 않았으나 구체적인 비전을 마련했다. 마치 백지 위에 그림을 그리는 것과 같았다. "교회개척은 주님께서 우리 가정에 맡기신 거룩한 명령 곧 십자가를 지라는 명령이다. 그 말씀에 순종하자. 필요한 것은 주님께서 꼭 주실 것이다. 그리고 너희들에게는 축복이 될 것이다."

우리 부부와 세 아이들이 모인 가족기도회에서 그렇게 설명하고 협력과 기도를 요청했다. 가족이 있다는 것이 얼마나 다행인지 모른다. 두세 사람만 예수 그리스도의 이름으로 모여도 교회가 되는데(마 18:20) 우리 가정은 다섯 식구나 되니 얼마나 큰 교회인가.

그 이름은 유니온교회

그래서 머릿속에는 교회개척에 대한 생각으로 가득 차 있었다. 이미 전도사 시절에 코비나교회를 개척할 때 주님으로부터 이런 말씀을 들었다. 어느 도넛 가게 주인에게 전도하다가, '무얼 해 먹을 게 없어 하필이면 전도사냐'면서 골빈 남자라는 핀잔을 들었을 때다. 그 말에 한 바탕 싸우고 싶었지만 주님께서 이렇게 속삭여 주셨다.

"맞다. 네가 바로 골 빈 남자가 된 거야. 제 골 가지고 무슨 사역을 하려느냐? 네 골은 비우고 나 예수의 골을 가지고 해야지."

그런 은혜를 받은 터였다. 그래서 무얼 하든지 주님께서 성령님을 통하여 빈 골을 채워 주시라는 기도를 하며 계획을 세웠다.

우선 코비나교회에서 멀리 떨어진 코리아타운에 가서 개척하겠다는 원칙을 세웠다. 교회당 임대가 무척 어렵지만 그래도 '여호와 이레'(창 22:14) 곧 여호와께서 준비해 주실 것을 굳게 믿었다. 그 때부터 시설임대를 위하여 코리아타운에 자주 갔다. 교회마다 대부분 한인교회가 세 들어 있었다. 젊은 나이인데도 피곤을 느낄 정도로 돌아다니고 정보를 얻어 보았다. 장로교회이면 한인장로교회가 세 들어 있고, 감리교회에는 한인감리교회, 침례교회이면 한인침례교회가 자리잡고 있었다. 그런데 루터교회를 접촉해 보자는 지혜를 주셨다. 미국인들의 루터교회는 많으나 한인루터교회는 별로 없지 않은가.

코리아타운에 아주 가까우면서도 고급 주택가인 행콕 팍 지역에 루터교회가 하나 있었다. 시설이 넓고, 주변 환경도 좋고, 무엇보다도 주차장이 넉넉했다. 한데, 이미 여러 한인교회가 임대를 시도했지만 거절당했다는 정보였다. 문을 두드리면 열릴 것이라는 성경말씀(마 7:7)이 아직 효과를 발휘하지 못했다.

루터교회라면 생각나는 분이 있었다. 바로 석진영 선생이다. 그 분은 대학의 선배이고 시인이었다. 〈복음의 전령〉이라는 미주한인교회 최초의 신앙잡지를 발행하여 문서선교에 생명을 불태우고 있었다. 찬송가 가운데 은혜롭게 불려지는, "눈을 들어 하늘 보라"의 작사자가 바로 그분이다. 나 자신도 그 신앙잡지에 글을 몇 번 쓴 적이 있다. 그런데 바로 그 분이 미국 루터교회 소속 목사의 부인이었다.

마침내 그 분이 보증을 서서 교회당 시설 일부를 임대받게 되었다. 교회개척 장소가 결정된 것이다. 여호와 이레, 주님의 교회라 주님께서 준비해 놓으셨다. 개척교회가 잘 발전하려면 시설과 위치 그리고 예배 시간대가 좋아야 하는데 그 모든 것이 다 흡족했다. 다만 임대료가 좀 비쌌다. 게다가 교회가 발전하면 임대료를 그에 따라 더 부담한다는 조항이 계약서에 포함되어 있다. 그 교회는 독일계 미국인들이 설립하고 운영했다. 그런데 그 일대가 코리아타운으로 무섭게 변모해가게 되니 어쩔 수 없이 한인교회에 임대해 주겠다는 결정을 했고 그 최초가 바로 우리교회였다. “때가 찼고 하나님의 나라가 가까이 왔다”(막 1:15)는 말씀이 연상되었다.

교회이름을 무엇이라 할까 기도하며 궁리하고 또 궁리했다. 한국의 어떤 유명한 교회 이름을 따서 ‘미주00교회’를 할 생각은 전혀 없었다. 한인타운을 상징하는 거리 이름을 따라 우선 ‘올림픽교회’를 많이 생각했다. 그러나 교회당 시설이 올림픽 거리와 떨어져 있었다. 이민생활 곧 이민전쟁에는 ‘승리’가 매우 중요한 말이므로 ‘승리교회’를 생각했다. 승리보다는 ‘빅토리교회’가 더 좋게 보였다. 먼 장래를 위하여 영어이름과 한국말 이름을 일치시키는 것이 더 효과적이라 생각했다. 하지만 독특성이 적어 다시 고심 끝에 생각해낸 것이 ‘프론티어교회’(Frontier Church)와 ‘파이오니어교회’(Pioneer Church)였다. 기독교 신앙에서 나온 미국적 기상을 담은 이름들이다. 이민생활에는 앞장서서 뛰어가는 프론티어나 파이오니어 곧 개척자 정신이 절대적으로 필요했고 그래서 그런 이름을 떠올렸다. 그러다가 아무래도 파이오니어교회가 더 도전적인 것처럼 생각되어 혼자 확정을 지은 상태였다. ‘프론티어’라는 말에는 ‘전위적’이라는 뜻도 있었는데 담임목사인 필자의 ‘온건 보수’라는 입장과는 맞지 않았다.

영어교사였던 아내의 조언이 있었다. 노인어른들에게 어떤 사람들이 혹 무슨 교회에 다니느냐고 물으면 파이오니어교회라고 얼른 대답할 수 있을 것 같지 않다는 평가였다. 더 외우기 쉬운 이름을 골라야 했다.

그래서 또 고심을 거듭 했다. 하나님의 교회이므로 하나님께서 기뻐하시는 이름을 선물로 주시라고 도전적으로 기도했다. 그래서 확정한 것이 ‘유니온한인교회’였다. 뒷날 ‘유니온성결교회’로도 불렀지만 ‘한인’이나 교단 표시가 차별성이 있고 ‘유니온’과 모순된다는 지적이 있어 그냥 〈유니온교회〉(Union Evangelical Church)로 확정했다. 그리고 그 이름으로 종교법인 허가를 받았다. ‘유니온’(Union)은 노동조합이라는 뜻도 있어 ‘노동자교회’냐고 묻는 이들도 있었고 또 유니온 거리도 있어 그 근처에 가서 교회를 찾았다는 사람들도 있었지만 그런 부작용에도 불구하고 그 이름을 굳게 지켰다.

그러나 이 이름은 성삼위 하나님께서 주신 선물이라는 확신이 들면서 '유니온' 그 이름대로 사는 교회가 되자는 결심을 거듭했다. 그래서 우리 주님의 '대제사장 기도'로 알려진 요한복음 17장에 몇 차례 강조된 '하나가 되게 하시옵소서'와 연결 지어 유니온교회는 온 세상의 교회들을 하나가 되게 하시려는 하나님의 섭리가 있으신 것을 깨달았다.

"우리와 같이 그들도 하나가 되게 하시옵소서" (They may be one as we are one. 요 17:11)

유니온교회의 머리이신 예수 그리스도께서는 바로 이 말씀을 유니온교회에 선물로 주셨다. 소년시절 예수 믿기 시작할 때부터 교회의 갈등, 분열, 싸움을 심하게 겪어 왔던 필자에게 바로 '하나 되는 믿음'을 선물로 주셨다.

"만약 유니온교회가 갈라지면 그건 바로 우리 교회의 머리이신 예수 그리스도에 대한 반역입니다. 그리고 유니온이라는 교회이름에 대한 반역이기도 합니다. 그러므로 우리 교회가 분열된다면 저는 그 날로 담임목사직을 사임합니다. 그건 하나님의 교회가 아니고 사탄의 모임이기 때문입니다. 제가 누구 이름으로 세례를 받고 목사 안수를 받았는데 사탄교회의 담임목사 노릇을 하겠습니까?"

필자는 30년 동안 설교나 교육을 통하여 입버릇처럼 그렇게 다짐하며 강조했다. 아무튼 그렇게 해서 '유니온교회'라는 이름이 확정되었다. 그리고 유니온교회는 30년 동안 한 번도 패거리 싸움을 한 일도 없고 갈라진 일은 더욱 없었다. 그것만으로도 유니온교회는 하늘나라에 가서 좋은 상을 받을 만했다. 로스앤젤레스 일대에 1천 개 넘는 한인교회가 있는데 매년 50 교회 정도가 법정에 가서 재산싸움을 벌인다는 통계가 있다. 재산이 없는 교회는 법정에 안 가도 된다. 그러니 교회싸움이 얼마나 심각한지 짐작이 가지 않는가. 싸우다가 망한 교회들 이야기를 쓴다면 몇 권 분량의 책이 될 것이다.

"당신들 때문에 하나님이 세상 사람들에게 모욕을 당합니다."

"차라리 하나님을 법정에 세우시오."

"교회를 갈기갈기 찢는 것은 곧 주님의 몸을 찢는 것입니다. 교회는 그리스도의 몸이기 때문입니다."

그런 말을 계속하여 소리 높여 외쳐도 아무 소용이 없었다. 그렇기 때문에 유니온교회가 하나 됨을 행동으로 보여준 것이 성삼위 하나님 마음에 더욱 더 꼭 들 것을 확신한다.

교회 이름은 성경적으로는 되도록 그 지역의 이름을 따서 짓는 것이 전통이다. 예루살렘교회, 로마에 있는 교회, 고린도교회, 에베소교회, 빌립보교회, 사마리아교회, 골로새교회, 사데교회 …. 무얼 더 말하랴. 그런데 이민교회는 그럴 수 없는 사정이 있다. 교회가 이리저리 옮겨 다녀야 할 사정이 생기기 때문에 지역이름 붙이기가 어렵다. 그래서 생긴 것이 지역 이름 다음에 '제일교회,' '중앙교회' 등을 붙이기도 한다. 그것으로도 안 되니까 성경의 지명과 교회 이름을 따서 붙인다. 빌라델비아교회, 서머나교회, 에베소교회 그런 이름들이다. 그것도 안 되니까 성경말씀 가운데서 좋은 것을 따온다. 곧 임마누엘, 사랑, 은혜, 소망, 믿음, 주님, 하나님, 선교 …. 그런데 그런 경우 너무 거룩한 이름을 붙였다가 그 교회가 망하거나 악한 일을 하면 하나님에게도 모욕이 될 것을 생각해서 최상급이나 거룩한 말은 피하는 것이 좋겠다는 의견을 필자는 가지고 있다. 하여튼 그래서 유니온교회는 분쟁이 생기면 강력하게 자진폐쇄조치까지 하겠다는 배수진을 치곤했다.

유니온교회가 하나 되는 모범성을 이룩한 배경에는 담임목사와 시무장로로 구성된 개체교회최고통치기구인 당회의 헌신과 모범이 튼튼한 버팀목이 되었다.

"수레가 소보다 앞서 가면 수레가 소를 끌고 갈 수 있겠습니까? 담임목사님을 소라고 해서 죄송스럽습니다만 우리 장로들은 수레가 되어 담임목사님 이끄는 방향으로 전적으로 순종하며 따라 가야 합니다."

당회가 모이면 장로회원들은 자주 그런 말을 하며 '기도하는 당회' '부부처럼 가까운 당회원'이 되기를 힘썼다.

'사랑의 나라 세우기'가 최고 사명

유니온교회를 개척하는 것은 '목적이 있는 행동'이다. 목적이 없거나 잘못된 목적을 성취하려는 것을 성경에는 죄(하마르티아)라고 한다. 화살을 쏘았는데 그 화살이 목표물을 빗겨나가는 것(missing the mark)이 죄의 기본적 의미이다. 그래서 교회를 개척하기 전에 목적이 무엇인지를 명백하게 해야 한다. 그런 목적을 내외에 밝히는 것을 흔히 사명선언(mission statement)이라고 한다. 그리고 그런 사명선언을 확실하게 세우려면 다음과 같은 표준에 맞아야 한다.

1)성삼위 하나님께서 기뻐하시는 것이라야 한다. 2)그것도 가장 우선적으로 기뻐하시는 것이라야 한다. 3)그것이 성경말씀으로 입증되어야 한다. 4)성경말씀 전체를 포괄하는 내용이어야 한다. 5)시대적 장황적 요구에도 적응되는 것이라야 한다. 6)그 목적은 교회가 달성 가능한 것이라야 한다. 7)한 번만의 달성이 아닌 계속하여 달성해 갈 수 있는 것이라야 한다.

필자는 이런 표준을 정리해 놓고 많은 기도를 했으며, 연구를 거듭했다. 하지만 대답이 쉽게 얻어지기가 어려웠다. 지혜가 모자라는 까닭도 있었다.

우선 개척예배를 드리는 날 세 가지 목회 강조점을 천명했다. 첫째로 경건한 예배, 둘째로 총동원 선교, 셋째로 철저한 교육이었다. 교회의 목적을 일반적으로 예배, 선교, 교육, 봉사, 친교 다섯 가지로 이해하는 것에서 세 가지를 가려 뽑아 정리했다.

월간 목회 잡지에서 필자에게 '나의 목회비전'을 간략하게 써 달라는 원고청탁이 있었다. 곧 사명선언(mission statement)을 소개해 달라는 뜻이다. 다음은 그 목회비전에서

핵심을 가려 뽑은 것이다. (2005년 4월호)

"유니온교회 비전은 한 마디로 '사랑의 나라 세우기'입니다. 성경에는 세 개의 큰 명령 곧 대명이 있는데 구약성경은 성결대명이고, 복음서는 사랑대명이고, 사도행전 이하는 선교대명입니다. 성결대명은 하나님 사랑, 사랑대명은 형제자매 사랑, 그리고 선교대명은 믿지 않는 영혼 사랑입니다. 그래서 유니온교회는 '예수님처럼, 꼭 예수님처럼' 하나님을 사랑하고, 믿는 형제자매를 사랑하고, 믿지 않는 사람들 심지어 원수까지 십자가 지고 사랑하겠다는 뜨거운 소명을 가진 교회입니다. 그것이 바로 '유니온' 곧 하나 되라는 말씀에 농축되어 있습니다."

그래서 유니온교회는 "예수님처럼, 꼭 예수님처럼"이라는 표어와 함께 사랑나라를 세우려는 일에 초점을 맞추고 그 시작부터 주신 사명을 다하기 위하여 혼신의 힘을 다하겠다고 단단히 결심했다.

"예수님 생각하신대로 생각하고, 예수님 말씀하신 대로 말하고, 예수님 결심하신 대로 결심하고, 예수님 행동하신 대로 행동하고, 예수님 십자가에 죽으신 대로 십자가 지고 죽는다."

이것은 필자가 자주 외치는 말씀이다. 바로 유니온교회 사명이기 때문이다. 그리고 이 같은 사명을 달성하기 위하여 구체적인 목회정책들을 펴 나갔다. '구역'을 '사랑팀'으로 그 명칭을 바꾸었다. 선교와 전도 표어를, "온 인류의 가슴마다 예수 사랑 깊이 심자"로 정하고 유니온 가족 모두가 자주 외쳤다.

그리고 심사숙고하여 "사랑 대헌장"이라는 글을 썼다. 고린도 전도 13장을 성경 전체, 기독교 체계 전체, 인간문명 전체, 곧 일반은총과 특수 은총의 시각을 포괄하여 정리했다. 사랑의 대헌장 곧 마그나 카르타였다. 한 국어교육 전문가로부터 한국의 고등학교 국어교재에 오를 만한 글이라는 코멘트도 있었다. 소설가 박요한 목사는 그가 쓴 소설책마다 이 사랑 대헌장을 원문 그대로 부록으로 첨부했다. 그 마지막 부분을 여기 인용한다.

"그러므로 사랑은 모든 것의 모든 것입니다. 사랑은 역사 속에 있는 영원이며 영원 속에 담긴 역사입니다. 사랑은 죽음 속에 있는 생명이며 생명 속에 있는 죽음입니다. 사랑은 땅 속에 묻힌 하늘이며 하늘 속에 박혀 있는 땅입니다. 사랑은 골짜기 속에 담긴 높은 산이며 높은 산에 안겨 있는 골짜기입니다. 사랑은 넓은 바다 속을 여행하는 물고기이며 사랑은 물고기 몸 안에 들어 있는 수분입니다.

"사랑은 씨앗이요 새 싹입니다. 뿌리요, 줄기요, 가지요, 잎이요, 꽃이요, 열매입니다. 사랑은 모든 것의 시작이며 모든 것의 과정입니다. 사랑은 모든 것의 완성이며 모든 것의 전체입니다."

필자의 목회 십계명

필자의 목회 경험들을 정리하여 출판한다는 것이 처녀가 속살을 보이는 것처럼 부끄러울 뿐이다. 특히 목회는 필자에게 있어서 제3소명이었다. 제1소명은 신학교수가 되어 가르치는 것이었고, 제2소명은 그런 결과로 글을 쓰는 것이었다. 사실 유니온교회 30년 목회여정에서 세 번씩이나 담임목사직 사표를 제출하기도 했다. 그런데 다시 돌아올 수밖에 없었고 그래서 정년이 가까운 때에 조금 일찍 은퇴했다. “맡은 자에게 구할 것은 충성,” (고전 4:2), “네가 죽도록 충성하라,”(계 2:10), “충성되고 지혜 있는 종”(마 24:45) 같은 말씀을 반복하여 설교하면서 목회가 제3소명이라 하여 소홀히 해서는 안 되었다. 그래서 지혜롭게 충성하려는 마음으로 정리한 것이 〈나의 목회 십계명〉이다. 각 항목마다 설명을 붙였으나 여기에서는 간단한 제목만 소개한다. 이 글을 읽는 분들이 그 나름의 목회 십계명을 만드는 일에 참고가 되었으면 한다.

1. 삼위일체 하나님께서 목회의 최고 사령관이시다. 2.‘예수님처럼’이 목회의 최고 표준이다. 3.‘산 영과 살리는 영’(고전 15:45)이 개인적 목회 목표이다. 4.‘하나님 나라 건설’ 곧 사랑나라 확장이 유니온교회의 집합적 목표이다. 5.‘균형 있게 성장하는 믿음’이 강조점이다. 6.신학이 있는 목회, 목회가 있는 신학으로 학문과 실천이 조화를 이루도록 한다. 7.학교 모형의 목회를 전략으로 삼는다. 8.인격전도가 중요하다. 9.장래 지향적 목회를 한다. 10.소명과 은사를 강화시켜 목회한다.

교회성장학자들이 목회철학이라는 말을 자주 사용했다. 그런데 한국인들에게는 ‘성경으로 목회해야지 철학으로 목회하느냐’는 오해를 주고 있었다. 그래서 ‘목회관’ (the view on pastoral ministry)이라는 대치용어를 사용하기도 했다. 아무튼 이와 같은 목회 십계명이 교회 개척을 계획할 때부터 시작되었고 목회과정을 거치면서 보완하고 수정하여 은퇴할 무렵에 최종 정리되었다.

하나님을 향하여, 형제들과 함께

목회에는 크게 나누면 두 기둥이 있다. 하나는 창조주 삼위일체 하나님을 향한 기둥으로 예배가 바로 그것이다. 둘째는 피조물을 향한 기둥이다. 그 가운데는 사람을 향한 기둥이 있고 동식물과 무생물을 향한 기둥이 있다. 그리고 사람을 향한 기둥은 다시 셋이 있다. 믿는 형제자매를 위한 기둥이 있으니 교육이 그것이다. 믿지 않는 사람들을 위한 기둥이 있다. 전도와 선교이다. ‘필요하고 부족한 사람들과 적대자들을 향한’ 기둥이 있다. 곧 돌봄과 나눔의 기둥이다.

이것들을 다시 정리하면 목회는 다섯 기둥으로 된 펜타곤이 된다. 흔히 미국 국방부 건물을 가리킨다. 하나님을 향한 기둥, 믿는 형제자매를 향한 기둥, 믿지 않는 사람들을 향한 기둥, 믿음과 관계없이 도움이 필요한 사람들을 향한 기둥, 그리고 자연을 향한 기둥이 있다. 이처럼 교회는 이 다섯 기둥 위에 세워져 있다. 유니온교회도 그렇다.

이 가운데 자연을 향한 목회에는 유니온교회가 관심을 쏟지 못했다. 기껏해야 교회당 주변에 나무와 꽃을 심는 것, 화장지 하나라도 아껴 쓰는 것, 환경오염은 인간의 자살행위라는 설교 등 어느 교회나 하고 있는 상식선의 것들이다. 그러나 네 기둥에 대하여는 모든 교회와 마찬가지로 힘쓰고 애써 더욱 간절히 사역을 시도했다. 우선 여기에서는 하나님을 향한 기둥과 믿는 형제들을 향한 기둥에 대한 간증을 모아 본다.

경건한 예배여야 한다

성삼위 하나님은 예배 받기를 기뻐하신다. 십계명의 첫 네 계명(어쩌면 제5계명까지도) 하나님을 바르게 예배하라는 명령이다. 그리고 예수님도 동방박사들과 제자들의 예배를 받으셨다. 하나님을 모시고 있는 천사들도 “거룩하다, 거룩하다, 거룩하다” 하고 삼위일체 하나님께 예배드렸다.(사 6:3; 계 4:8) 예수님은 유혹하는 마귀에게 단호하게 말씀하셨다: “사탄아 물러가라. 기록되었으되 주 너의 하나님께 경배하고 다만 그를 섬기라 하였느니라.”(마 4:10) 그래서 유니온교회가 첫 번으로 한 일도 바로 성삼위 하나님께 드리는 예배였다.

1980년 9월 28일은 주일이었다. 유니온교회는 그 날 오전 11시 우리구주루터교회(Our Savior's Lutheran Church) ‘불 때는 방’(fireside room)에서 첫 예배를 드렸다. 담임목사 인도로 주악, 예배로의 초대, 묵상기도, 기원, 찬송, 신앙고백(사도신경), 교독, 기도, 광고, 축사, 헌금 및 봉헌기도, 성경봉독, 특송, 설교, 기도, 찬송, 축도 이런 17개 항목의 순서대로 진행되었다. 첫 예배이기에 축사가 포함된 것 외에는 일반적 예배순서였다. 그리고 그 때로는 80%는 전통적이고 20%는 현대적인 예배순서였다. 예배로의 초대, 묵도가 아닌 묵상기도, 설교 전에 광고와 헌금을 하는 것 등이 현대화된 모습이다.

그 이래 유니온교회의 가장 중요한 사명은 예배드리는 일이 되었다. 모였다 하면 첫째가 예배였다. 찬송가를 한 절만 부르고, 성경말씀도 한 절만 읽고, 주기도문으로 마친다 해도 거기에는 예배의 3대요소인 말씀, 찬양, 기도가 고스란히 포함되어 있다. 그리고 교회가 커 갈수록 예배의 종류도 많아졌고 횟수도 엄청나게 늘었다. 주일 낮 예배는 물론, 기관헌신예배, 수요일 저녁예배, 구역예배, 가정예배, 심방예배로 확산되었다.

구역 이름이 나중에는 사랑팀으로 바뀌었지만 우선 사랑팀 임원들에게는 ‘표준예배’를 제시했고, 예배에 대한 기본이해, 예배인도법 등을 일 년에 한 번씩 꼭 훈련을 시켰다. 집사

이상의 직분자들도 '경건한 예배'를 인도할 수 있도록 훈련시켰다. 예배 시작 전에 예배순서 담당 위원들이 기도하게 되는데 그 때마다 빠지지 않는 기도가 있다.

"성삼위 하나님께서 가장 기뻐하시는 예배를 유니온교회가 드리게 하여 주시옵소서."

"35만 미국교회 가운데 유니온교회가 가장 큰 상을 받는 예배를 드리게 하여 주시옵소서."

"270만 전 세계 교회 가운데 이제부터 드릴 유니온교회 예배가 최고의 모범예배가 되게 하여 주시옵소서."

그런 기도를 지난 30년간 수없이 드려 왔다. 유니온교회가 다른 교회의 모범이 되어야 한다면 우선 예배에서부터 모범교회가 되어야 한다는 믿음이었다. 예배는 성삼위 하나님을 사랑하고 경외하는 최고 최선의 방법이기 때문에 만약 조금이라도 예배를 소홀히 한다면 그건 바로 하나님을 모욕하는 일이 된다.

그런 점에서 유니온교회 행전은 실상 예배행전이라고도 말할 수 있다. 교회를 개척할 때 제일 먼저 확보해야 할 시설이 있다면 예배실이다. 지금은 교회당이라고 부르지만 옛날에는 예배당이라고 했다.

'예배가 첫 째'라는 신앙을 키워주기 위하여 가령 교회에 와서 식당봉사 한다는 등의 이유로 예배를 소홀히 하는 관행을 고쳤다. 주일예배 참석을 강조했다. 예배지침서를 만들어 성도들에게 예배교육하기를 힘썼다. 총출석주일 행사를 일 년에 몇 차례 가졌다. 예배를 위한 기도팀이 특별기도실에서 정규적으로 열심히 부르짖어 기도했다.

예배 프로그램을 매년 조금씩 바꿨다. 성경에 예배순서는 이렇게 하라는 표준예식이 없는 것은 목회자에게는 당황스러운 일이다. 그래서 예배에 대한 의견이 백출하고 교단마다 교회마다 예배 순서가 다르다. 하지만 창의적 예배를 드리도록 자유선택권을 주셨다는 은혜가 있다. 그래서 예배 순서를 단순하게도 하고, 풍성하게도 할 수 있게 되었다. 어느 해에는 예배 전 준비찬양을 부르기도 했고, 교독문이나 주기도문을 빼거나 넣기도 했고, 광복절 등의 절기에는 축도 뒤에 애국가를 부르기도 했고, 간증순서도 있었고, 가족별 찬양도 있었고, 성경봉독도 인도자가 하다가 별도의 순서담당자를 두기도 했다. 예배를 '선교출정식'으로 이해하면서 이 지구 위에 한 나라씩 정하여 선교 상황을 영상으로 보고 그 나라 백성의 구원을 위하여 기도하기를 2년이나 계속 했던 적도 있다. 특히 예배를 전통예배, 말씀예배, 현대예배로 구별하고 시간대를 달리하여 드린 것은 다른 교회들에게 큰 모범이 되었고 영향력을 선물했다. 엄격한 질서 아래 우주와 역사를 운행하시는 성부 하나님, 말씀이 육신이 되신 예수 그리스도, 그리고 바람처럼 자유로우신 성령님의 사역 원리에 기초한 예배였다.

그러나 저항도 있었다. 사도신경을 예배순서에서 한 해 동안 빼어버린 때가 있었다. 사실 사도신경은 '표준하는 표준'(norma normans)인 성경말씀보다는 그 표준성이 한 단계 낮은 '표준된 표준'(norma normata)이다. 그런데도 사도신경이 예배순서에 없으니까 이단교회 아니냐는 비판적 여론이 있다며 교회 안에서도 교회 밖에서도 문제를 삼았다. 여성의 예배순서 참여와 여성안수 허용을 교단에 제안한 성결교회 첫 담임목회자였지만 의외로 반대가 완강했다. 여전도사를 성경봉독 순서에 참여시키는 데만 20년이 더 걸렸다. 그 다음 해부터 권사에게도 주일 낮 예배 성경봉독 순서를 맡길 수 있었다.

경건한 예배란 곧 거룩한 예배를 뜻한다. 그리고 거룩하다는 말은 하나님께서 기뻐하신다는 뜻이기도 하다. 술에 취한 상태에서 제사를 집례한 아론의 두 아들들을 하나님은 현장에서 죽이셨다. 거룩하지 않은 예배였던 것이 그 이유였다.(레 10:1-11) 하나님 앞에 속임 수를 쓴 아나니아 부부에게 사형을 집행하셨다.(행 5:1-11) 그러므로 예배는 성령 안에서(in Spirit), 그리고 진리 안에서(in Truth) 곧 그리스도 안에서 드려져야 한다. 그런 예배 정신이 유니온교회가 드리는 모든 예배에서 실현되도록 노력했다. 예배는 곧 하나님을 존경하고 사랑하는 최고의 행위이다. 그리고 하나님 앞에서(coram Deo) 살아가는 최선의 방식이다.

술 마시거나 품행이 단정하지 못한 사람이면 그 직분이 무엇이든 예배 순서에서 소리 없이 빼어버렸다. 심지어 찬양대도 그런 일이 있어 한 달 동안 시한부로 해체시켰다. 함께 회개하는 뜻으로 담임목사도 설교하지 않았다. 지도책임이 있기 때문이다.

유니온교회도 다른 교회들처럼 예배는 하나님과 그 자녀들의 만남으로 이해했다. 자녀들은 왕이신 성삼위 하나님께 절대 복종, 절대 충성, 절대 영광을 드리는 믿음이요 행위이다. 동시에 하나님 편에서는 예배드리는 자녀들에게 가장 좋은 것을 주시는 만남이다. 죄악을 씻겨 주시고, 영혼구원을 확인해 주시고, 질병도 고쳐 주시고, 축복해 주시고, 기도가 응답을 얻게 하시고, 마귀와의 싸움에서 이기도록 무장시켜 주시고, 하나님이 주신 사명을 위하여 목숨을 걸도록 결단하게 하신다. 그런 내용을 예배를 인도할 때에나 기도할 때 혹은 설교를 하는 중에 귀가 닳도록 강조했다.

예배는 인간 편에서는 신본주의 믿음으로 드려야 한다고 가르쳤다. '오직 하나님께 영광'이다. 그러나 하나님은 '인본주의' 사랑 곧 사람의 입장에서 그 자녀들에게 은혜와 사랑을 베푸신다. 특히 하나님은 혼자 드리는 예배보다는 함께 드리는 예배를 훨씬 더 기뻐하신다. 심지어 두세 사람만 모여도 예수님의 이름으로 모이면 그걸 엄청나게 기뻐하신다.(마 18:20) 함생목회의 핵심이 바로 예배에 있다. 하나님께서도 자녀들이 함께 드리는 예배에서 가장 큰 행복을 체험하시고 예배일꾼들도 하나님을 예배할 때 가장 큰 하늘의 은혜를 받는다.

유니온교회가 사명선언으로 삼고 있는 '사랑나라 세우기'는 바로 예배에서 시작되고 예배에서 종결되어왔다. 유니온교회를 사랑으로 통치하시는 왕이신 성삼위 하나님께서 선포하신 나라가 바로 하나님의 나라요 사랑의 나라이다. 그리고 예배하는 백성들이 사랑과 존경, 헌신과 충성으로 성삼위 하나님께 응답하는 예배가 바로 하나님 나라가 이 땅 위에 실현된 모습을 분명하게 보여주고 있다.

균형 있게 성장하게 하소서

유니온교회가 하나님께서 기뻐하시는 교회가 되려면 그 참된 창설자 되시는 그리스도 예수님을 주인으로 모셔야 한다는 것은 당연한 귀결이다. 예수 그리스도께서는 창설자이실 뿐만 아니라 교회의 머리로서 현재진행형으로 교회를 통치하시기 때문이다. 그런데 그 예수 그리스도께서는 '참 하나님(vere Deus)이시고 동시에 참 사람(vere Homo)'이시다. 그리스도라는 호칭은 참 하나님 곧 온전하신 하나님을 뜻하고, 예수라는 이름은 참 사람 곧 온전한 사람을 뜻한다. 그것이 전통적인 신앙고백이다.

그리스도교회는 교회가 참 교회인지 아닌지를 평가하는 '기준'에 관하여 많은 논의가 있어왔다. 하나(uno), 거룩한(sancta), 보편적인(catholica), 그리고 사도적(Apostolica)이어야 한다는 네 가지 기준이 있다. 말씀과 성례전 두 가지를 말하기도 하고, 말씀, 성례전, 권징 세 가지를 말하기도 한다. 그리고 믿음, 소망, 사랑이 교회의 표지(marks)라는 주장도 환영받고 있다.

이런 교회론의 기초를 배경으로 하여 유니온교회가 탄생되었다. 특히 유니온교회는 그 창설자 예수 그리스도의 온전성을 전체성과 균형성으로 이해했다. 그것은 교회는 그리스도의 몸이요 그리스도는 교회의 머리라는 가르침에서 몸은 균형 있는 성장을 해야 한다는 원리에 기초했다.

"오직 하나님이 몸을 고르게 하여 부족한 지체에게 귀중함을 더 하사 몸 가운데서 분쟁이 없고 오직 여러 지체가 서로 같이 돌보게 하셨느니라."(고전 12:24-25)

유니온교회는 '하나님이 몸을 고르게 하신다'는 말씀에 주목했다. 그래서 '균형 있게 성장하는 믿음' (Growing Faith in Balance)이 개척 초기부터 강조되어 왔다.

"만약 어떤 사람이 오른 팔만 있고 왼 팔이 없다면 얼마나 불편한지 아십니까? 만약 어떤 사람이 왼쪽 것은 실눈이고 오른쪽 것은 왕방울 눈이라면 얼굴이 얼마나 우스꽝스럽겠습니까? 하나님은 인간의 몸을 균형 있게 자라도록 하셨습니다. 그래서 음식도 골고루 먹어야 한다고 잔소리를 퍼붓지 않습니까? 우리들의 믿음도 균형 있게 성장해야 합니다."

그런 설교와 가르침을 유니온교회 성도들은 귀가 아프도록 들어왔다. 그래도 여전히 균형 있게 성장하는 믿음을 이룩하기가 어려웠다.

"유니온교회가 강조하는 균형 있게 성장하는 믿음이 그렇게 중요한 것인 줄 몰랐어요. 한 쪽으로 치우친 신앙만 강요하는 교회에 가니 마치 고문당하는 기분입니다."

거리 관계로 유니온교회에 계속 나오지 못한 어떤 성도가 그런 말을 했다. 그래서 유니온교회는 균형 있게 성장하는 믿음을 좀 더 자세히 풀어서 가르친 적이 있다. “균형 잡힌 믿음은 이런 것입니다”의 제목으로 주간 뉴스(1999년 8월 29일)에 게재된 내용을 다음과 같이 요약한다.

1)삼위일체 하나님을 전체적으로 믿습니다. 가령, 성령 하나님만 강조하는 것은 치우친 믿음입니다. 2)육신과 영혼 사이에 균형이 있어야 합니다. 육신은 학대하고 영혼 위주로만 신앙생활해서는 안 됩니다. 육신을 입고 우리처럼 사람이 되신 예수 그리스도를 본받아야 합니다. 3)이성과 감성과 의지 사이에 균형을 이루어야 합니다. 지적인 믿음만 가져서도 안 되고 감성적 믿음만으로도 안 됩니다. 4)보수주의와 진보주의 사이에 균형을 이룹니다. 옛 것과 새 것 사이에 한 쪽만 선호해서는 안 됩니다. 5)성경말씀(text)과 생활현장(context) 사이에 균형을 이루어 믿음과 삶이 일치되어야 합니다. 6)기적과 자연법칙, 신비와 과학 사이에 균형을 이루어야 합니다. 7)교회의 목적인 예배, 교육, 선교, 봉사, 친교를 모두 중요하게 생각해야 합니다. 8)하나님 사랑, 이웃 사랑, 자기 사랑, 원수사랑 사이에 균형이 있어야 합니다. 9)은혜의 도구인 성경말씀, 기도, 묵상, 찬양, 간증, 전도, 헌신 등을 균형 있게 활용하여야 합니다. 10) 교회에서 실시하는 모든 프로그램에 되도록 많이 참여하는 것이 균형신앙을 육성하는 길입니다. 11)개인생활, 가정생활, 직장생활, 사회생활, 교회생활을 조화 있게 운영해야 합니다. 12)과거의 전통, 현재의 상황, 미래의 비전 사이에 조화를 이루는 믿음입니다. 13)자기 입장에서만 말하고 행동하는 것이 아니라 남의 입장, 특히 하나님 입장에도 서서 살아가는 것이 균형 있게 성장하는 믿음입니다. 14)내게 넉넉하게 주신 것(은사, 재주, 기술, 물질, 정보 등)을 그것이 부족한 사람들에게 나누어 주는 것이 균형 있는 신앙생활입니다. 15)삶과 죽음을 동시에 의식하며 살아야 균형 있는 삶이 됩니다.

결론적으로 말하면 예수 그리스도를 닮아가는 삶이 곧 균형 있게 성장하는 믿음이다. 그러나 이처럼 균형 있게 성장하는 믿음을 강조한 부작용도 있었다. 어느 것 하나 제대로 해낼 수 없는 신자로 육성할 위험부담이 있다. 무지개처럼 여러 색깔이 어울려 아름다운 광경을 보여주어야 하는데 제 색깔이 없으니까 원색적 신앙이 희석되고 만다. 차지도 않고 뜨겁지도 않고 미지근한 신자들이 될 부작용이 있었다.(계 3:16)

그래서 보완한 것이 ‘주특기 믿음’이다. 잘하는 것 한 가지는 있어야 한다고 동시에 강조했다. 전도를 잘하든지, 교회학교 교사, 찬양음악, 방언, 환상, 성경말씀 외우기 등 등 은사목회로 보완했다.

그래도 유니온교회 30년 사역에는, 하나님의 계명을 전체적으로 지켜, “우로나 좌로나 치우치지 말라” (수 1:7)는 말씀에 더 강조점이 있어왔다.

성숙한 신앙의 일곱 기준

그래서 유니온교회는 '학교 모형의 목회'를 선호했다. 가정모형, 병원모형, 군대모형, 회사모형, 식당모형, 수도원 모형, 법원 모형, 국회모형, 피난민수용소 모형, 기도원 모형, 공원묘지 모형, 매스 미디어 모형, 경찰서 모형….그런 여러 가지 모형들의 요소를 부분적으로 가지고 있지만 그러나 가장 즐겨 사용한 것은 바로 학교모형이다. 그것은 담임목사 자신이 교육계 출신이고, 기독교교육학 교수이며, 또 그런 은사를 두드러지게 많이 받았기 때문이다.

교육은 목표가 있는 행동이다. 인간을 어떻게 성장시키겠다는 목표를 정하고 그것을 위하여 커리큘럼을 마련하여 실천하고, 그런 목표가 얼마나 달성되었는지 평가해 가는 과정이 바로 교육이다. 그리고 커리큘럼은 학습되어야 할 지식내용과 행동을 통한 경험으로 양대 축을 이룬다.

이런 배경에서 유니온교회는 여러 가지 학교형태의 사역프로그램이 마련되었다. 예배자체도 신앙의 성숙을 가져올 수 있도록 기획되고 실현되었다. 예배와 설교가 가장 강력한 교육기회라는 점을 포착했다. 유니온성경대학 제도를 통하여 끊임없이 성경공부의 기회를 제공했다. 예수님의 제자가 된다는 것은 예수님의 학생이 되어 예수님을 닮아가는 사람으로 지향한다고 누누이 강조했다.

그래서 선교학교도 있고, 음악학교도 있고, 한국말학교도 있었다. 미주성결대학교도 유니온교회에서 시작했다. 구역장과 구역강사를 육성하는 과정도 있고, 각 기관을 어떻게 운영해야 되는지 지도력 훈련과정도 두었다. 문화사역을 위하여 미술반, 음악학원, 어린이찬양율동팀, 어린이축구교실, 태권도반, 검도반, SAT준비반 등도 운영했다. 예수님께서 보여주신 모범이 바로 '균형 있게 성장하는 믿음'이라고 파악했기 때문이다.

성결교회는 특히 신앙성장의 목표를 강조하는 전통이 있다. 사중복음 가운데 바로 성결(聖潔) 신앙이다. 거룩함(holiness)이라고도 하고 성화(聖化, sanctification)라고도 한다. '거룩하심'이 성삼위 하나님의 하나님 되심을 나타내는 가장 중요한 속성이기 때문에 우리 인간도 하나님의 자녀가 되려면 바로 거룩하게 변화 되어가야 한다는 교리이다.

성결은 흔히 성령세례라는 말로 풀기도 한다. 성령론 시각에서 이해하는 성결이다. 어떤 사람은 성령을 오순절 사건(행 2:1-13) 때처럼 폭포수 성령이나 소나기 성령을 받기도 한다. 그러나 어떤 사람은 이슬비 성령이나 비둘기 성령을 받기도 한다. 어떤 체험을 하느냐보다는 예수님을 얼마나 닮도록 변화되었느냐가 핵심이다. 그것은 성령은 하나님의 영이면서 바로 예수 그리스도의 영이기 때문이다.

성령이 충만하려면 은혜의 도구 곧 성령께서 역사하시는 통로를 잘 활용해야 한다. 말씀, 기도, 성찬이 가장 중요한 은혜의 도구라는 것이 전통적 이해이다. 그래서 유니온교회는 말씀 공부, 기도훈련, 성례전 집행에 가장 힘을 많이 기울였다. 그러나 은혜의 도구는 그것만은 아니다. 찬양, 간증, 신앙인과의 친교, 묵상, 전도, 헌신 등도 있다. 이 모든 은혜의 통로를 통하여 달성하려는 목표는 오직 하나, '예수 그리스도의 장성한 분량이 충만한 데까지 이르도록' (엡 4:13) 하려는 것이다. 그래서 성결이 무엇이냐고 물으면 '온전한 성화'(entire sanctification), 혹은 '신앙의 성숙'이라고도 말하고, '온전지향성'이라고도 푼다.(참조: 마 5:48)

유니온교회는 '성숙한 믿음의 사람'을 다음 일곱 표준으로 좀 더 구체화시켰다.

1.구원의 확신이 있는 신앙인이다. 2.믿음과 생활이 일치되는 신앙인이다. 3.십자가를 지고 사는 신앙이다. 4.남에게 영향력을 주는 지도자적 신앙인이다. 5.믿음을 스스로 키우는 자립적 신앙인이다. 6.균형 있게 끊임없이 성장해 가는 신앙인이다. 7.바른 사명을 확고히 깨닫고 실천하는 신앙인이다.

신앙의 성장을 위하여 또 한 가지 유의한 것이 있다. 어떤 행사든지 마치면 반드시 간증을 하도록 했고 평가회 모임도 가졌다. 성찰과정(process of reflection)을 가짐으로써 교육효과를 극대화한 것이다. 그리고 그런 결과를 직접 발표하거나 주간뉴스에 게재하여 다른 사람들과 함께 나누었다. 유니온교회 주간뉴스에는 그런 간증이 끊임없이 기록되어 있다. 생각의 깊이를 더 하는 신앙생활, 하나님을 현장에서 체험하는 신앙생활을 하도록 돕는 일이다.

또 한 가지 기록에 남길 일이 있다. 매년 여론조사를 실시하여 오고 있었지만 특히 교회 창립 25주년 되는 2005년 11월 6일(주일)에 실시한 여론 조사 첫 항목은 신앙성장에 관한 것이었다. 지난 한 해 동안 자신의 신앙성장 정도를 종합적으로 평가해서 표시하도록 했다. 그 결과, 1)성장했다-51%, 별 차이 없다-45%, 퇴보했다-4%였다. '절반의 성공'인 셈이다.

이런 것을 종합하면 바로 '예수님처럼' 닮아가는 것, 하나님의 나라를 이룩하여 가는 것을 뜻한다. 유니온교회는 지난 30년 동안 그런 신앙인을 육성하도록 방향을 정하고 달려왔다. 얼마나 달성되었는지는 하나님의 심판대 앞에 설 때에 밝혀질 것이지만 유니온 믿음 가족 모두가 "충성되고 지혜로운 종"(마 24:45)이라는 평가를 받게 되었으면 기대한다.

그리스도의 장성한 분량을 따라

예수님께서 마리아에게 아기로 태어나셨다는 것은 언뜻 보면 아무런 이상한 일이 아니다. 성령으로 잉태되셨다는 일은 생물학적 원리를 넘어 신앙적 진리로 이해할 수 있는 것이지만 어머니가 아기를 낳았다는 것은 통상 있는 일이기 때문이다.

그런데 예수님께서 하나님의 아들이라는 것과 또 '마지막 아담'(고전 15:45)이라는 사실에 비춰 보면 예수님께서 아기로 태어나시고 성장하셨다는 사실이 새롭게 주목을 받게 된다. 하나님은 필자에게 그런 진리를 밝혀주셨다.

–아기가 자라며, 강하여지고, 지혜가 충만하며, 하나님의 은혜가 그의 위에 있더라.(눅 2:40)

–예수는 지혜와 키가 자라가며 하나님과 사람에게 더욱 사랑스러워 가시더라.(눅 2:52)

하나님은 흙으로 육체를 만드시고 생기를 그 코에 불어 넣으심으로 첫 사람 아담을 창조하셨다. 그래서 첫 아담은 처음부터 완제품으로 이 세상에 존재하게 되었다. 육체도 청년, 지성도 청년, 영성도 청년… 더 자라야 할 여지가 전혀 없었다. 그리고 어릴 때의 추억이 전혀 없는 인간이다.

그러면 마지막 아담이신 예수님도 당연히 처음부터 완제품으로 창조되었어야 한다. 또 그렇게 창조하실 수 있는 하나님이시다. 그런데도 하나님은 그런 방법을 선택하지 않으셨다. 오히려 10대 미혼모 마리아를 통하여 잉태되고 태어나게 하셨으며, 특히 자라게 하셨다. 몸도 자라고, 지혜도 자라고, 목공기술도 자라고, 대인관계도 자라고, 영성도 자랐다. 그것 때문에 자칫 생명을 잃을 수 있는 위기에도 처하셨고, 고통도 많이 당하셨지만 그런 것을 잘 아시는 하나님께서는 일부러 그렇게 경륜하셨다. 무엇 때문일까.

필자는 자주 그렇게 묻고 대답을 제시했다. 다른 게 아니라, 우리로 하여금 예수 그리스도를 닮아 갈 수 있도록 하시려는 하나님의 교육계획의 한 부분이다.

“만약 우리 가운데 자라지 않는 아이가 있다고 하면 그 부모가 얼마나 안타깝겠습니까? 실제로 그런 아기를 데리고 유니온교회에 와서 기도 받고 간 부모가 있습니다. 기도 받은 뒤 다시 병원에 가서 정밀검사를 해 보니 치료만 잘하면 아기가 정상적으로 자랄 수도 있다고 알려왔습니다. 자랄 가능성이 있다는 말에 감격의 눈물을 흘렸습니다.”

필자는 이런 간증도 했었다. 만약 자라나지 않는 아이가 있어 태어날 때 그 모습 그대로 평생을 살아야 한다면….

“유니온교회는 저의 신앙을 성장시켜 준 교회였고, 저에게는 고향의 모교회와 같은 교회입니다.”

이는 한국 공군사관학교 교수로 USC에서 박사학위 과정을 공부할 때 유니온교회 청년지도를 했던 분의 간증이다. (1991년 10월 27일 주간뉴스)

구원의 확신을 얻는 길

유니온교회는 한 사람 한 사람의 영혼구원을 사역의 최고 목표로 확고히 세웠다. 기독교가 선포하는 구원의 말씀은 매우 폭이 넓은 것이다. 개인구원과 사회구원도 뜻하고, 과거의 구원과 현재의 구원 그리고 미래의 구원 곧 영원한 구원을 포함하고 있다. 인간구원과 함께 환경구원도 중요하다. 영혼구원과 육신의 구원도 함께 관심을 가졌다. 죄에서의 해방과 함께 감옥에서의 해방, 가난에서의 해방, 무지에서의 해방 등도 함께 강조했다. 이것으로 다 말해진 것도 아니다.

그런데 어느 것을 강조하느냐, 우선순위를 어느 것에 두느냐, 어느 것이 시작이고 어느 것이 열매이냐, 어느 것이 원인이고 어느 것이 결과냐, 어느 것이 주도적이고 어느 것이 종속적이냐에 따라 신학의 체계와 목회의 모형이 달라진다.

그런데 유니온교회는 전인적 구원, 우주적 구원이라는 것이 교회의 과제임을 알지만 우선순위는 당연히 영혼구원에 있음을 선언하고 있다.

"당신은 죽은 다음에 영혼이 어디로 가는지 아시나요? 아니, 그 영원한 생명의 길로 들어설 것을 정말 눈곱만큼도 의심하지 않고 확신하십니까."

필자는 유니온교회에서 설교 때나 성경을 가르칠 때나 전도할 때 수도 없이 그렇게 외쳤다. 그리고 다른 교회에서 인도한 〈한 영혼 살리기 말씀축제〉에서도 끊임없이 대들며 대답을 강요했다.

"예수 믿으면 다른 것은 다 몰라도 괜찮아요. 그러나 한 가지만은 꼭 확실하게 챙겨야 됩니다. 그게 무엇인지 아십니까? 오늘 저녁에 죽어도 자신의 영혼이 하늘나라에 갈 수 있을 것인가 바로 그것입니다. 이 세상의 다른 종교들도 죽음 후에 영혼이 갈 길을 어렴풋이 가르치기는 합니다. 그러나 성경은 하늘 가는 밝은 길이 내 앞에 있는 것을 아주 확실하게 보여 주고 있습니다."

그런 다음에 찬송가 "하늘 가는 밝은 길이 내 앞에 있으니…." 그 찬송가를 부르기도 하고, 구원확신의 도리를 계속하여 가르친다. 로마 가톨릭교회는 성찬 곧 영성체를 신부로부터 받아먹으면 구원이 확실하게 보장된다고 가르치고, 장로교회는 믿음이 있으면 선택된 백성이어서 궁극구원의 길로 들어선 것이라고 선언한다는 것, 어떤 교단은 침례 받은 것을 구원 받은 확실한 증거로 삼고, 어떤 교회는 방언이나 환상 같은 신비한 체험으로 구원받은 증거를 삼는다는 것, 어떤 교회는 영혼의 생일을 아는 것으로 구원이 보장된 것을 강조하고, 존 웨슬리를 따르는 사람들은 성령의 증거와 거룩한 생활로 그 증거를 삼는다는 것을 소개한다.

"그런 것이 부분적으로는 옳습니다. 그러나 하나님은 한 가지 방식으로만 구원을 확실하게 열어 놓으신 것이 아닙니다. 여러 가지 믿음의 길을 보여주셨습니다. 믿음으로 구원 얻는 도리를 말씀하셨으면서도 그 믿음을 여러 가지 시각에서 말씀하셨습니다. 그러므로 구원확신의 길은 종합하면 한 가지입니다. 성경말씀으로 자신의 구원받은 바를 확실하게 증명하면 됩니다. 성경말씀은 하나님과 우리 사이에 구원을 위한 계약문서이기 때문입니다. 그것이 바로 '진리의 말씀 곧 구원의 복음을 믿어 약속의 성령으로 인 치심을 받았다' 하신 뜻입니다."(엡 1:13)

그런 다음 믿음을 여러 가지로 풀어준다. 골고다의 강도처럼 주의 이름을 부르는 자(눅 23:42-43, 행 2:21)가 구원받은 것처럼 예수 그리스도를 주님으로 고백하는 한 구원받은 하나님의 자녀라는 것, 마음으로 믿어 의에 이르고 입으로 시인하여 구원에 이른다는 것(롬 10:10), 영접하는 자가 구원받은 자라는 것(요 1:12), 성령으로 거듭나는 자(요 3:5), 하나님의 영으로 인도함을 받는 자(롬 8:14) 곧 비둘기 성령을 받았든지 혹은 이슬비 성령이나 폭포수 성령을 받았든지 그리스도의 영이 함께 하는 자(롬 8:9, 14), 심령이 가난한 자(마 5:3), 평화를 만드는 자(마 5:9), 의를 위하여 박해를 받는 자(마 5:10), 원수를 사랑하는 자(마 5:44), 예수님 발 앞에 엎드려 감사하는 자(눅 17:16-19), 예수님의 살을 먹고 피를 마시는 자(요 6:53-55), 예수 그리스도께서 육체로 오신 것을 시인하는 자(요일 4:2), 형제를 사랑하는 자(요일 3:14), 율법을 행하는 자(눅 10:25-28)….이런 모든 말씀이 바로 믿음의 한 면을 풀어준다고 확신시킨다. 이런 말씀들은 이단들이 즐겨 사용하는 '성경 한 구절의 절대화'로 갈 위험이 없지 않다. 조심할 일이다. 성경 한 절은 '성경 전체를 품고 있는 한 절'이라는 점에 더 주목해야 한다.

필자는 자신의 구원을 확실하게 보증해 주는 말씀으로 '알곡은 모아 곳간에 들이고'(마 3:12)라고 끊임없이 간증하고 있다. 이 구절은 정확하게 번역하면 '그의 알곡은 모아 곳간에 들이고'인데 알곡은 예수님에게 속한 것임을 뜻한다. 이 말씀은, "아들이 있는 자에게는 생명이 있고 하나님의 아들이 없는 자에게는 생명이 없느니라." (요일 5:12)는 말씀에 비추어 볼 때 알곡은 바로 예수 그리스도이심이 분명하다. 그분은 실로 땅에 떨어져 죽으심으로 많은 열매를 맺도록 길을 열어주신 "한 알의 밀"이셨다.(요 12:24)

"그래서 알곡 되기를 힘썼습니다. 무엇을 하든지 알곡입니다. 알곡 아들, 알곡 남편, 알곡 부모, 알곡 학생, 알곡 교수, 알곡 군인, 알곡 반사, 알곡 성가대원, 알곡 집사, 알곡 장로, 알곡 목사, 알곡 국민….그것은 바로 예수님을 닮아 가는 사람, 한 알의 밀처럼 십자가 지고 생명을 바쳐 많은 사람을 구원하는 사람이 되는 길입니다."

그리고 예수님의 심장으로 이식수술 받는 비유로도 믿음을 설명했다.

"예수님께서 '내 살을 먹어라, 내 피를 마셔라' 하고 강조하셨습니다. 현대의학적 표현으로 믿음을 가르쳐 주셨습니다. '예수님의 살로 이식수술 받고, 예수님의 피로 이식수술 받아라' 그 말씀입니다. 그럴 바에는 예수님의 심장으로 이식수술 받고 예수님의 뇌수로 이식수술 받는 것이 바로 구원에 이르는 길입니다. 수술 전문의사가 계시다면 남의 간만 이식수술하지 마시고 바로 자신의 간을 예수님의 것으로 이식수술 받으셔야 구원의 확신에 이르게 됩니다. 하나님과 우리들 사이의 계약문서인 성경이 이를 보증해 주기 때문입니다." 그런 내용으로 설교한 다음에 결단의 시간을 가졌다. 이 시간 예수님의 심장으로 확실하게 수술 받겠다는 분들은 그 자리에서 일어서도록 했다. 혹은 제단 앞으로 나와 무릎을 꿇게도 했다. 그리고 결단과 축복의 기도를 함으로 설교를 마쳤다.

"중생, 성결, 신유, 재림의 복음은 바로 온전한 구원의 복음입니다. 뇌수나 심장은 물론 신경까지 예수님의 것으로 이식수술하는 복음입니다. 그러므로 구원론 중심의 교단에 속한 성결교회 목회자와 성결인들은 자신의 구원받은 바를 성경말씀으로 확실하게 풀 수 있어야 합니다. 사도 바울도 이 점에 대하여 '내가 예수 그리스도의 심장으로 너희 무리를 얼마나 사모하는지 하나님이 내 증인이시니라'고 선언했습니다."

목회자들을 위한 세미나에서도 그렇게 설파했다. 목회자들은 누구나 '영혼과 의사'라는 걸 강조한 대목이다.

목회는 팀웍이 더 효율적

루터, 칼뱅 등이 교회를 개혁했을 때 그 개혁 내용 가운데 중요한 것의 하나는 '만인제사장론'(priesthood of all believers)이었다. 로마 가톨릭교회에서는 사제와 신도들은 엄격하게 구별하고 사제는 가르치고, 성화시키고, 다스리는 일들을 하지만 신도들은 가르침을 받고, 성화를 받고, 다스림을 받는 객체이다. 그러나 개신교회에서는 목사는 신자의 한 사람으로서 다만 은사와 맡은 임무가 다를 뿐이다.

그러나 그것이 목회현장에서는 완벽하게 실현되고 있지 않다. 예를 들면 예배 때에 목사가 설교하는 강대상과 장로가 기도하는 기도상이 다르고 장로의 기도상이 한 계단 아래 내려와 있는 경우가 한국교회에 상당히 많다. 만인제사장론의 성경적 근거로 자주 인용되는, "그러나 너희는 택하신 족속이요 왕 같은 제사장들이요 거룩한 나라요 그의 소유된 백성이니"(벧전 2:9)에서 '너희는'을 담임목사로만 해석할 때가 많다.

유니온교회는 그래서 처음부터 만인제사장 정신을 목회현장에서 실천하려 노력했다. 만인제사장은 만인전도자, 만인선교사, 만인예배인도자, 만인성찬집례자 등으로 번역된다고 설교에서 강조했다. 언제인가는 평신도들도 자유로이 성찬예식이나 세례예식을 베풀 수 있어야 한다는 주장도 폈다. 그런 글을 썼더니 기초도 제대로 못 배워먹은 목사라는 비판도 받았다. 원론은 맞지만 '질서의 하나님'(고전 14:33, 40)이시라고도 했고, "모든 것이 가하나 모든 것이 유익한 것은 아니다"(고전 10:23)는 말씀을 턱 밑에다 들여 미는 사람도 있었다. 평신도(layman)라는 말이 하나님의 백성(laos)에서 나온 것인데 목사도 하나님의 백성의 하나일 뿐이라고 해도 좀처럼 동의하지 않았다. 그래서 아직도 황제목사들이 대단한 영웅대접을 받는다. 게다가 심지어 부목사나 여전도사, 수습전도사들을 머슴 부리듯 하는 담임목사도 너무 많다.

목사와 평신도는 물론 소명의 차이도 있고, 은사의 차이도 있다. 전적 헌신이냐 부분적 헌신이냐의 차이도 있다. 그러나 하나님의 일꾼이라는 점에서는 질적 차이는 똑같고, 양적 차이가 있을 뿐이다. 그래서 쓴 조각글이 하나 있었다. '목사로 강등되었어요'라는 제목이었다. 안수집사에서 장로로 강등되고 여집사에서 권사로 강등되고, 전도사에서 목사로 강등되었다는 뜻이다. 섬기는 종이 되기 때문이다. 그래서 감독이라는 이름을 '상머슴'으로 고치면 좋겠다는 글도 썼다. 감리교회가 감독 되려는 싸움 때문에 한국의 온 교회에 먹칠하는 죄악을 참을 수 없었다.

그래서 유니온교회는 25항에 걸친 〈교역자 목회 지침서〉를 만들어 시행했다. 함생목회정신에 기초한 것이었다. 그래서 대표적 목회 정신을 "교회 목회는 평신도들의 협력을 얻어 교역자가 주도한다"는 것이었다. 그리고 담임목사도 부목사들을 하인 부리듯 하지 말고, 부목사들도 기회만 되면 담임목사의 약점을 파고드는 악역을 하지 말라는 내용도 포함되어 있다.

목회는 혼자서는 도저히 해 낼 수 있는 일이 아니다. 성삼위 하나님과 함께 해야 하고, 평신도들과 함께 해야 하고, 동역자들과 함께 해야 한다. 그런 모범을 유니온교회가 해 보려는 노력을 기울였다. 허지만 그게 결코 쉬운 일은 아니었다. 담임목사 혼자서 독주해 가며 처리하면 훨씬 더 효율적인 일이 많이 있는 걸 생각하면 낭비가 많고 비생산적인 것처럼 느껴졌다. 그래도 사역중심 지도력(task-oriented leadership)보다는 사람중심 지도력(people-oriented leadership)이 마라톤 목회로 보면 더 생산적이라는 결론이다. 그래서 목회는 하나님과 사람의 팀웍(team work)이고 사람과 사람의 팀웍이어야 한다. 만약 이루어질 수 있다면 적대자들과의 팀웍은 더 바람직하다는 주장도 있다.

다 내게로 오라

"수고하고 무거운 짐 진 자들아, 다 내게로 오라. 내가 너희를 쉬게 하리라."(마 11:28) 예수 믿지 않는 사람들에게도 익숙한 예수님의 말씀이다. 앞에서 목회의 두 기둥 곧 하나님을 향한 기둥과 형제자매를 향한 기둥에 대한 유니온교회 행전을 말했다. 여기에서는 남은 두 기둥 곧 믿지 않는 사람들을 향한 목회, 그리고 돌봄이 필요한 사람들을 향한 목회 간증들을 정리해 본다.

교회는 영혼구원 센터입니다

유니온교회 주보 제1호에는 '알리는 말씀' 가운데 다음과 같이 기록되어 있다.

"유니온한인교회는 경건한 예배, 뜨거운 선교, 철저한 교육을 통해 한인교포들의 영혼을 구원하고, 이민생활을 도우며, 우리의 후손들이 신앙 가운데 자라도록 최선을 다할 것입니다.”

다른 항목들은 단순한 정보들과 인사말씀이지만 제3항에 기록된 이것은 유니온교회 사명을 뜻한다. 그 가운데서도 핵심 중의 핵심이라면 바로 ‘영혼을 구원하고’이다. 예배도 영혼구원이라는 시각에서 드리도록 하고, 전도와 선교는 더 말할 것도 없으며, 교육도, 봉사도, 친교도 모두 모두 영혼구원을 이룩하기 위한 수단적 목표라고 선언했다.

이런 사명선언에 대하여 다른 것에는 별로 이의가 없는데 영혼구원이 우선이냐 예배가 우선이냐에는 논쟁이 있다. 한 영혼이라도 더 구원하려는 것은 하나님을 참되게 예배드리기 위하여라는 주장도 맞는다. 그러나 유니온교회는 영혼 구원하는 일 자체가 하나님 마음에 꼭 드는 예배라고 이해했다. 행동으로 그리고 헌신으로 예배하는 일 곧 행함과 진실함으로 하나님을 사랑하는 일이다. 그런 관점에서 구원목회와 예배사역을 일원화했다.

영혼구원이 교회의 머리이신 예수 그리스도께서 이 땅 위에 오신 최대목적이라는 사실은 길게 증명하지 않아도 된다. 너무나 명확하기 때문이다.

-우리가 다른 가까운 마을들로 가자. 거기서도 전도하리니 내가 이를 위하여 왔노라."(막 1:38) -인자가 온 것은 잃어버린 자를 찾아 구원하려 함이니라.(눅 19:10) -그러므로 너희는 가서 모든 민족으로 제자를 삼으라.(마 28:19) -나는 부활이요 생명이니 나를 믿는 자는 죽어도 살겠고, 무릇 살아서 나를 믿는 자는 영원히 죽지 아니하리니 이것을 네가 믿느냐?(요11:25-26)

이런 말씀들만으로도 영혼구원의 근거는 넉넉하다.

유니온교회는 영혼구원의 센터가 되기 위하여 두 가지 방식으로 목회를 해왔다. 하나는 교회 자체가 사람들을 이끌어 오도록 하는 ‘구심력 전도’이다. 낚시에 미끼를 끼어 물고기가 달려와서 물게 하는 방법이다. 다른 하나는 교회 밖으로 나가서 사람들을 이끌고 오는 ‘원심력 전도’이다. 그물을 던져 물고기를 잡아오는 것과 같다. 전도학이 가르치는 양대 전도전략이다. 두 가지를 엄격하게 구별하기 어려운 점도 있지만 매우 효과적인 전략이다.

구심력 전도를 위하여서는 낚싯밥이 좋아야 한다. 그래서 유니온교회는 좋은 낚싯밥을 만들려는 일에 많은 힘을 기울였다. 모범교회가 되자는 결심도 그래서 생겼다. 이민생활 세미나도 자주 열었다. 자녀교육에 대한 관심이 높기 때문에 우수한 교육학교를 만들려고 힘을 썼다. 한국말학교도 남가주에서 제일 우수하다는 평가를 받은 적도 있었다.

아내의 날을 정한 것이나 가정 건강화 프로그램을 개발한 것도 유니온교회 나오면 가정이 낙원이 된다는 걸 보여주어야 한다는 전략적 측면이 있다. 교회 다니는 사람들 인품에서 향기가 나와야 하므로 인격성장 목회도 유의했다. 새가족부에서는 정성과 친절을 다하여 음식을 마련하고 새로 온 사람들을 환영 했다. 교회당의 시설이 좋고, 위치가 좋고, 주차장이 넉넉해야 한다는 점에도 십분 유의했다. 예배도 한 시간을 넘지 않게 했고, 흥분과 감동이 있는 예배를 계획해서 실천했다. 예배에는 설교가 가장 중요하기 때문에 설교가 민지 않는 사람들을 이끌어 올 수 있도록 '들을 만한 설교'에 힘썼다.

더 좋은 교회 만들기 위하여 여론조사도 실시하고 기관장들의 간담회를 통하여 지혜도 모았다. 한 번은 유니온교회의 장단점을 조사했더니 다음과 같은 결과가 나오기도 했다.

장점: 일을 많이 한다, 말썽이 별로 없다, 조용하게 헌신한다, 사람들이 점잖다.

단점: 신앙이 미지근하다, 모이는 일에 힘쓰지 않는다, 전도에 대한 열심이 없다. 연합활동에 무관심하다. (1986년 10월 12일 주보)

'유니온교회가 이래서 좋아요'라는 제목으로 여론조사 하여 정리한 것이 24항목이나 된다. 그 가운데 7개만 뽑아보면 아래와 같다.

1.좋은 교회 만들려고 끊임없이 연구하고 노력하기 때문에. 2.사랑이 넘치는 화기애애한 분위기. 3.강요하지 않고 자발적으로 하게 해서. 4.균형잡힌 신앙을 추구하기 때문에. 5.교육을 강조하고 실천하는 교회여서. 6.교회시설이 훌륭하고 잘 갖추어져 있어서. 7.먼저 믿는 성도들이 텃세를 하지 않아서. (1998년 5월 31일 주보)

제3성전은 위치에는 불이익이 있었다. 한인밀집거주지에서 고속도로 운전 20분 넘게 떨어져 있었다. 그 거리를 다른 것으로 극복할 수 있도록 더욱 힘써야 했다. 그러나 시설은 매우 좋고 아름다우며 주차장이 넉넉해서 유니온교회가 코리아타운에 있을 때보다는 새가족 정착률이 현저히 높아졌다. 게다가 한 번 등록하면 다른 교회로 옮기는 비율도 현저히 줄었다. 대체로 집을 소유한 가족들이 많았던 것도 그 중요원인이었다.

유니온교회에 오면 가정이 튼튼해진다는 평가를 많이 받았다. 유니온교회가 아니었으면 벌써 이혼했을 거라는 가정들이 있을 정도였다. 가정에 관한 설교, 부부생활에 관한 설교를 비중 있게 했었다. 그래서 '가정 같은 교회, 교회 같은 가정'이라는 표어를 오래도록 사용했다. 가정예배도 강조했다. 무슨 이유로도 가정을 파괴하는 교회는 이단적 신앙으로 못박았다. 의처증/의부증 가진 부부들 가운데 성공적인 치료를 받은 분들도 있다. 그러나 몇 가정은 끝내 치료에 성공하지 못했다. 꼭 기록해 두고 싶은 것은 가정전도를 위하여 '처가댁 선교사' 혹은 '시댁 선교사'라는 용어도 개발했다. 그것은 곧 남편 선교사, 아내 선교사, 자녀 전도자, 부모 전도자, 형제 전도자도 되어야 한다는 뜻이다.

교회교육이 구심력 전도에 있어서 얼마나 중요한지에 대하여는 새삼 강조할 필요가 없다. 유니온교회는 담임목사 부부가 공공교육이나 교회교육의 정통 과정을 걸어왔다는 장점을 가지고 있다. 그러나 그것이 학부모 기대치를 높이게 되었고 이내 실망 섞인 비판으로 바뀌는 경우도 있었다. 전도에 방해요인이 되었다는 뜻이다. 학부모들이 가진 교육에 대한 잘못된 선입관 때문에 생기는 충돌도 있었다. 무조건 아이들이 좋아하는 대로 시켜달라는 요구가 강했다. 자녀들이 유니온교회가 싫다면 그 다음 주일로 교회를 떠나는 사례들도 있다.

"담임목사님과 사모님이 교육의 전문가이신 교회의 교육이 왜 이 모양입니까?"

그런 비판을 여러 번 들었다. 그럴 때마다 담임목사직을 그만 두고 교육담당 부목사를 해 볼까도 생각했지만 끝내 실현되지는 않았다.

그래도 유니온교회학교 출신들 가운데 훌륭하게 자란 사람들이 많다. 좋은 학교 입학도 여럿 했고, 또 한 번 실패한 아이들이 재기하기도 했다. 그리고 이런 모든 것들이 기독교에 무관심한 한인교포들을 교회로 이끌어 오는 인센티브(incentive, 誘因)가 되었다.

최근에는 교회성장운동을 주도하는 전문가들이 교회가 건강해야 영혼을 더 많이 구원할 수 있다는 논리를 개발해서 '교회건강론'에 관한 서적들과 세미나가 홍수처럼 밀려오고 있다. 그런 점에서 교회는 싸움질만 안 해도 전도가 잘 될 것 같다. 거기에 '유니온 믿음' 곧 하나 되는 믿음, 그리고 함생믿음이 필수 불가결한 목회적 기초가 된다.

거듭나기 전도대회와 회심강조주간

1990년 4월 고난주간이었다. 중고등학생들을 대상으로 '거듭나기 전도대회'(Born Again Crusade)의 문을 열었다. 예수 그리스도께서, "사람이 거듭나지 아니하면 하나님의 나라를 볼 수 없느니라." "사람이 물과 성령으로 나지 아니하면 하나님의 나라에 들어갈 수 없느니라."(요 3:3,5)고 니고데모에게 선언하신 말씀 그대로의 목회 프로그램이었다. 거듭난다는 것은 '새로 난다'도 되고 '위로 난다'도 된다. 그래서 중생(重生, born again 혹은 regeneration), 혹은 신생(新生, new birth)이라는 용어도 사용한다. '영으로 난 것은 영'이라고 했으므로 영생(靈生, spiritual birth)이라고 할 수 있다.

모든 교회가 다 그렇지만 성결교회는 특히 구원론 중심의 교리체계를 영적 유산으로 물려받았으며 그것이 구체적으로 중생, 성결, 신유, 재림의 사중복음을 사역의 주제로 강조해 왔다. '믿음으로 말미암아 의롭게 되는' 칭의(稱義, justification)가 하나님과 인간의 관계 변화를 뜻한다면 중생은 그 구원사건에서 인간 내면의 변화를 뜻한다. 속사람이 새롭게 되는 일이다.(고후 4:16, 고후 5:17, 엡 4:23-24)

게다가 종교심리학의 연구로는 회심에는 점진적 회심(gradual conversion)과 급진적 회심(sudden conversion)이 있는데 청소년 시절은 급진적 회심이 가장 잘 일어날 수 있는 때라는 점에도 착안했다. 말하자면 청소년 기간은 회심의 '때가 찬' 시기라는 뜻이다. 게다가 회심의 체험이 뚜렷할수록 평생토록 신앙생활의 활력을 지속하게 되고 또 바울, 어거스틴, 루터, 칼빈, 웨슬리처럼 교회의 큰 지도자가 될 수도 있다는 점에도 착안했다. 필자는 그런 것을 정리하여 "기독교 회심과 교육의 가능성 연구"라는 논문으로 정리했다.(논문집 상 31ff) 회심사건을 일으키는 것은 기독교 교육의 결정적 열매이기 때문에 '거듭나기 전도대회'라는 커리큘럼을 마련했다.

첫 강사로는 허인수(Paul Haines) 선교사였다. 그는 2대째 한국 선교사로서 한국말과 영어 두 언어로 설교했다. 오대원 목사, 박종기 목사, 맹인 간증자 강영우 박사 등을 강사로 초청하여 이 집회를 이어갔고 간증들이 풍성했다.

이 소식을 들은 다른 교회들이 연합으로 하자는 요청이 있어서 1990년대 중반부터는 〈남가주청소년연합수련회〉라는 이름으로 장소도 자연경관이 아름다운 수양관에서 개최했다. 유니온교회가 주도하고 이영운 박사를 디렉터로 했으며 성결교회가 주축이 되었지만 다른 교단 소속교회 특히 남가주 지역에서 멀리 떨어진 곳에 있는 교회들도 항공편이나 버스편을 이용하여 함께 참가했다. 이 거듭나기 전도대회에서 목회자나 선교사로 부르심을 받은 청소년들도 꽤 많았다.

2004년 4월에는 미주웨슬리언연합회가 주최기관이 되고, 〈크리스천 위클리〉(발행인 조명환) 주관으로 종교개혁 발상지 여행을 다녀왔고 그 인솔단장의 책임을 맡았다. 참가자들은 교역자 가족들이 대부분이었고 평신도들도 몇 명 있었다. 루터, 칼뱅, 요한 웨슬리, 그리고 로마를 돌아보는 학습여행이었다. 김인경 박사, 송기성 박사, 필자 등이 차중 세미나, 현장 세미나 등을 인도해서 명실 공히 학습을 하는 이벤트였다.

우리들의 발걸음이 런던 올더스게잇(Aldersgate Street)에 이르렀다. 1738년 5월 24일 저녁 8시 45분에 요한 웨슬리 청년목사가 그곳에 있는 조그만 교회의 저녁집회에서, '가슴이 이상스럽게 뜨거워지면서' 비로소 자신이 구원의 확신을 가졌다는 지점이었다. 그런 사실이 그 자리 동판에 새겨져 있었다.

우리 일행은 바로 그 자리에 모여 그런 간증을 나누었다. 그런데 내 마음 속에 이 회심운동을 미주웨슬리언연합회가 주도하여 미주한인교회와 한국교회에 다시 불을 붙여보라는 음성이 들렸으며 내 가슴이 뜨거워져 가고 있었다. 그래서 함께 간 감리교단, 나사렛교단 지도자들과 협의한 뒤 이 일을 일행에게 공표하고 매년 5월 마지막 주간을 〈회심강조주간〉(Conversion Emphasis Week)으로 지키는 캠페인을 시작할 것을 공표했다. 그리고 일행이 뜨겁게 통성으로 기도했다.

"5월 마지막 일주일은 회심강조주간입니다"라는 타이틀로 시작되는 이 운동의 광고 문안에는 서문에 다음과 같은 내용을 담고 있다.

회심 혹은 중생은 누구나 거쳐야 할 영원한 생명의 길로 들어가는 최초 관문이라는 것, 칭의가 객관적이고 관계적이라면 회심은 주관적이고 변화적이라는 것, 체험이라는 시각에서는 급진적 회심과 점진적 회심으로 나눌 수도 있다는 것, 종교개혁자나 기독교 지도자들은 누구든지 명확한 회심 체험을 했으며 강조하고 있다는 것, 오늘의 성도들 사이에 회심 체험이 희미하여진 것이 크게 우려스럽다는 것, 회심체험을 다시 살리는 것이 영적 갱신의 최대 급선무이므로 이를 통하여 '형식적 신자'(almost Christian)에서 온전한 신자

(altogether Christian)로 변화되자는 것, 이를 통하여 전도의 불꽃이 다시금 활활 타오르게 하자는 것 등이다.

이 회심강조주간 행사의 내용으로도 다음 일곱 가지를 제안하고 있다. 1)회심에 관하여 집중적으로 설교하는 일, 2)성도들의 회심체험을 간증하는 일, 3)확실한 회심체험을 하도록 새벽기도회 등 특별집회를 갖는 일, 4)회심의 뜻을 체계적으로 알게 하는 신앙강좌, 5)신앙영웅들의 회심체험을 담은 서적을 읽고 비디오를 보는 일, 6)교회 모든 성도의 회심체험의 검증, 7)회심을 담은 찬송가와 복음성가를 중심으로 한 찬양행사.

2017년이면 마틴 루터가 종교개혁을 선언한지 500주년이 되고 있다. 이를 기념하는 행사의 하나로 종교개혁 발상지 순례 학습여행이 다시 이어지게 된다. 종교개혁의 유산이 여러 가지이지만 그 가운데 하나가 회심체험을 강조하는 사역이라 생각된다. 그것은 종교개혁의 큰 지도자들이 비록 체험 내용은 다르지만 체험했다는 사실만은 한결같기 때문이다.

우리 밖에 있는 양들

원심력 전도는 또 다른 전도전략이다. 잃어진 생명을 찾아 밖으로 나가는 전도 곧 아웃리치(outreach)이다. 예수님께서도 제자들을 전도현장으로 파송하셨다. 그리고 전도전략에 관하여 상세한 부분까지 제시하셨고 그 일부가 성경에 기록되어 있다.

"예수께서 이 열둘을 내보내시며 명하여 이르시되 이방인의 길로도 가지 말고 사마리아인의 고을에도 들어가지 말고 오히려 이스라엘 집의 잃어버린 양에게로 가라."(마 10:5-6)

예수님께서 하신 일이라면 목숨을 걸고라도 하겠다는 결단을 가진 유니온교회는 그래서 원심력 전도에 여러 형태로 나섰다. 지금 시대에는 이슬람이나 불교에서 기독교의 개종전도를 적극 반대하고 있는데 그것은 그만큼 효과가 크다는 뜻 아닌가. 한국에서는 대학생선교회(CCC)가 '사영리'를 가지고 개종전도에 적극 나섰던 모범사례도 있는 터였다.

유니온교회는 한 영혼을 살리기 위하여 전도대를 파송했다. 특별전도대라고도 했고 전도특공대라고도 이름했다. 특히 교회 안에 있는 열 몇 개의 전도회는 이름 그대로 전도하는 모임이어야 한다고 강조했다. 그래서 노방전도도 나가고, 이슬비 전도도 하고, 의료전도도 하고, 전도지를 만들어 투입하기도 하고, 설교 테이프를 나누어 주기도 하고, 새로 집을 사서 오는 분들에게 교회소개서를 우편으로 보내고, 전도회 모임을 월례회라는 이름에서 '월례전도전략회의'로 개칭하기도 했다.

담임목사도 한인마켓에 가서 직접 띠를 두르고 전도지를 나누어 주며 원심력 전도에 참여했다. '예수 믿으세요, 그래야 영원히 살게 됩니다' 그런 말을 건네며…. 제 얼굴을 아는 사람들이 많아 인사를 자주 받았다.

"아 이런 일은 부목사님과 장로님들 시키시지 뭘 담임목사님이 직접 진두지휘를 하십니까?" 그러는 분들도 있었다.

그런데 어떤 젊은 엄마가 아이 하나를 데리고 장을 본 뒤 자동차로 가다가 전도지를 받았다. '예수 믿으세요, 그래야….' 하는데 전도지를 받더니 신경질을 팍 내며 이렇게 투덜댔다.

"그 놈의 예수귀신 태평양에 빠져 죽지도 않고 뭣 먹을라고 여기까지 왔어."

그러고는 전도지를 그 자리에서 짝짝 찢어 땅 바닥에 휙 던졌다. 그게 바로 전도의 현장이었다. 그 전도지의 제목은, "여보시오, 당신 지금 어디로 가고 있소?"였다.

홍보계획들도 전도라는 측면을 반드시 고려해서 작성했다. 필자가 언론계 출신 목회자로서 언론사역에 큰 관심을 가지고 참여하기 때문에 홍보에 많은 도움이 되었다. 담임목사와 교회 이름이 많이 알려지는 것도 전도에 큰 힘이 되었다.

담임목사가 다른 교회 집회에 많이 나가고 유니온교회 강단을 비우는 것에 대하여 찬성과 반대가 있었다. 그래서 1년 52주간의 십일조인 다섯 번만 다른 교회에 가서 집회해 오다가 그것도 단 2번으로 줄였다. 그냥 부흥회나 사경회가 아니고 〈한 영혼 살리기 말씀축제〉라는 집회이름을 사용했다. 한 영혼이라도 더 구원하려는 데 초점을 맞추었다. 특히 '우리 밖에 있는 다른 양들'(요 10:16)을 구원하는 일이다.

예수 믿지 않는 사람들을 교회로 초청하는 행사는 열심히 하지는 않았다. 다른 교회들은 '새 생명 축제'라 해서 재정도 많이 쓰고 당일 방문한 사람들이나 인도자들에게 상품도 푸짐하게 주었다. 전도왕에게 한국 왕복 비행기 표를 건 교회도 있었다. 하지만 남의 교회 신자를 도둑질해오는 것 같아 목회윤리를 생각하고 매우 제한했다. 등록신자 총출석주일, 고향교회 방문의 날, 온 가족 한 자리에서 예배드리기…. 그런 전도행사를 간헐적으로 해왔을 뿐이다. 하나 되기 목회 곧 에큐메니컬 사역을 유니온교회가 외면한다면 '유니온' 그 이름에 대한 반역행위인 걸 어찌 모르겠는가.

영혼을 구원하려면 '구원론 중심'의 사역을 해야 한다. 마침 성결교회는 구원론 중심의 사역을 할 수 있도록 단단한 교리적 기초가 마련되어 있다. 장로교회는 하나님 중심, 침례교회는 성경중심, 감리교회는 사회윤리(사회적 성결) 중심, 순복음교회는 성령론 중심, 천주교회는 교회론 중심의 교단들이다. 거기에 비교하여 성결교회는 중생, 성결, 신유, 재림을 강조하는 구원론 중심의 교회이다. 성결의 핵심은 도덕적 성결보다는 구원론적 성결에 더 강조점이 있다. 이 사중복음 혹은 성결교회 사대신앙강령은 예수 그리스도 사역의 핵심이요 요한 웨슬리 목사의 성결론에 터잡은 신앙내용으로 성결교회에 전수되어 왔다.

이에 따라 유니온교회는 중생 곧 거듭나는 일을 확실하게 강조하는 목회를 했다. 청소년들의 집회를 '거듭나기 전도대회'(Born-again Crusade)라 이름하고 그에 맞도록 집회를 했다. 존 웨슬리가 회심을 체험했던 런던 올더스게이트 거리를 방문했을 때에는 인솔단장인 담임목사 제안으로 '5월 마지막 주일을 모든 교회가 회심강조주간으로 지키자'는 운동을 시작했다. 성결은 온전한 구원을 이룰 때까지 신앙성장의 과정으로 강조했다. 그리고 신유는 육신의 구원까지 포함하고 있고, 재림은 미래적 구원의 완성 곧 하나님 나라 그리고 사랑의 나라의 도래로 풀었다.

이 같은 구원론 중심의 사역은 특히 미주성결교단적으로는 '온전한 구원, 거룩한 생활'(The Full Gospel, The Holy Life)을 교단대표 표어로 사용하도록 결의하는 열매가 되었다. 2009년 4월 초에 하와이에서 열린 총회에서 통과되었다. 그리고 유니온교회는 '구원의 확신'을 얻도록 설교하는 일에 힘썼다. 곧 성경말씀으로 자신의 영혼이 구원받은 바를 자신 있게 설명해야 한다는 운동이다.

이런 배경에서 유니온교회는 모든 신자들을 전도요원으로 훈련시키는 일에 힘썼다. 전도요원이라니까 특수훈련을 받는 것으로 생각하면 오해이다. 너무 찰거머리처럼 전도하면 이단종파로 오해 받을 수도 있다. 평신도 전도요원이라면, 왜 예수 믿는 건지, 예수 믿으면 무엇이 좋은 것인지를 제대로 설명할 수 있는 성도를 뜻한다. 그래서 성경 전체를 연구하고 다음 일곱 가지의 '기쁜 소식' 곧 복음으로 정리해서 가르쳤다. 한 결 같이 구원론에 기초한 조목들이다. 하지만 믿지 않는 사람들에게 전도하는 것이라 귀를 솔깃하게 하는 것부터 차례로 정리했다.

예수 믿는 일곱 가지 큰 이유: 첫째, 건강하게 오래 산다. 둘째, 넉넉하게 산다. 셋째, 가정이 튼튼하고 자녀들이 훌륭하게 자란다. 넷째, 위기는 위대한 기회가 된다. 다섯째, 마음에 항상 평화, 감사, 행복이 넘친다. 여섯째, 인품이 고매한 지도자가 된다. 일곱째, 죽음을 이기고 영원한 생명을 얻는다.

이것을 명함 크기 한 쪽 면에 새기고 뒷면에는 교회 오는 길과 전화번호를 인쇄하여 주머니에 넣고 다니며 전도하게 했다.

이런 종합적 원심력 전도전략이 각각 얼마나 효과가 있었는지 통계적 측정을 해 본 일은 없다. 다만 유니온교회가 문을 연 지 7년 되는 해부터 북미주 성결교회 가운데 가장 규모가 큰 교회가 되었고, 자체 성전도 마련했으며, 개척 당초의 목표대로 '생산능력이 있는 자립교회'가 되었다는 보고를 할 수 있게 되었다.

원산에서도 전도하리라

1989년 12월 초에 북조선을 방문한 적이 있다. 그 때는 북조선 땅을 밟는다는 것이 무척 어렵던 시절이었다. 지금도 '북조선'이 아니라 북한이라 불러야 한다며 격앙하는 이들이 있지 않은가.

그 때 평양을 방문한 것은 미국시민권 덕택이었다. 이북이 개방할 생각을 상당히 굳히고 우선 해외교포 지도자들부터 초청하던 시절이었다. 우리는 〈기독교평양복음화대회〉 개최의 구체안을 협상하기 위하여 그 곳을 방문했다.

평양에 내리니 김의환 목사님과 나에게 두 사람의 안내자가 따랐다. 한 사람은 신변보호자라 했는데 비교적 딱 바라진 어깨를 가진 경호원이었다. 그리고 다른 한 사람은 평양외국어대학교 리영희 교수인데 가는 곳마다 설명하는 일을 맡았다. 한 가지 유의할 것은 그 곳 사람들의 신원은 그쪽 체제상 가명일 수도 있다는 점이다. 그러나 분명한 것 하나는 그 리 교수의 영어가 퍽 뛰어났다는 사실이다.

그 분들과 나흘이나 함께 지내자 좀 낯익은 사이가 되었다. 그래도 우리들의 말이 어디에서인가 녹음되고 있을 것으로 생각하고 매우 신중한 자세를 견지했다. 그런데 김의환 목사님께서 화장실에 가신 사이에 이런 대화가 있었다. 금강산 가는 휴게소에서였다.

"리 목사님, 참 말씀 재미있게 하십네다."

"말이라 하면 북조선 동포들을 당할 수 있나요? 그저 제 생각으로는 모두 목사가 되고도 남겠어요, 예수만 믿으면…."

그렇게 덕담을 했다. 그러나 내심 전도의 실마리를 제공했다.

"리 교수님도 예수 믿으시지요."

그러고 했더니 자세가 조금 경직되었다. 그래도 그냥 화제를 돌리지는 않고 이렇게 말했다.

"일 없습네다."

"아니, 일이 없다니요? 오래 사시기를 바랍니다만 혹시 사람 일을 알 수 있습니까? 만약 오늘 저녁에라도 숨이 끊어지시면 영혼은 어디로 가나요?"

그러나 그는 조금도 당황하지 않고 여유 있게 대답했다.

"영혼이 어디 있겠습네까? 우리는 진화론을 믿습네다."

"그럼 원숭이에게 제사 지내시나요?"

"에이, 리 목사님도 싱거우시네요."

"진화론은 원숭이가 진화해서 사람이 되었다는 것 아닙니까? 그래서 하는 말이지요. 아무려나 사람 죽는 것이 여기 개미 한 마리 죽는 것과 똑같을까요?"

그리고 나는 곤충 하나를 발로 씩 문질러 죽였다. 그 개미에게는 지금도 미안하다. 그러나 그 개미는 이북 사람 전도하기 위하여 순교했다는 생각이 든다.

"혹시 성삼문을 아시나요?"

리 교수는 김일성종합대학교 조선어문학과 출신이라고 했다. 그리고 나는 서울대학교

사범대학 국어교육과 출신이다. 그래서 어떤 때는 서로 배운 것이 무엇인지를 탐색하는 경우도 있었다. 그것도 성삼문에 대하여 무엇을 알고 있나 파악하는 질문이기도 했다.

"그럼요. 사륙신의 대표이지요."

"그가 한강변 노량진에서 처형당할 때 남긴 시도 혹시 기억하시나요?"

나는 그의 기분을 상하지 않게 하려고 조심스레 물었다. 그런데 그건 잘 모른다고 했다. 그래서 성삼문이 남긴 시를 풀어 주었다.

격고최인명 (擊鼓催人命, 북소리 둥둥 이내 목숨 재촉하네)

서산일욕사(西山日欲斜, 서산의 해는 넘어가려 몸부림하고)

황천무일점(黃泉無一店, 저승 가는 길엔 여관도 없다는데

금야숙수가(今夜宿誰家, 오늘 밤 내 영혼은 어디에서 잠을 자누)

"성삼문도 영혼 걱정을 했는데 리 교수님의 영혼은 어디로 갈까요?"

보통 때 같으면 따발총 쏘듯 대답하는 것이 그들의 행동습관이었다. 그러나 리 교수는 의외로 침묵하는 시간을 가졌다. 그처럼 뜸을 드린다는 것은 준비된 대답이 없다는 뜻이다. 그러더니 이렇게 말했다.

"기야 죽어 봐야 알디요."

맞는 말이다. 죽어 보아야 알 일이다. 하지만 그 말을 하는 리 교수의 음성에는 힘이 쭉 빠져 있었다. 자신 있는 대답이 아니기 때문이다. 죽으면 그 영혼이 '하늘가는 밝은 길'로 들어서게 된다는 건 성경이 수없이 확인해 준다.

-예수여, 당신의 나라에 임하실 때에 나를 기억하소서. 진실로 네게 이르노니 오늘 네가 나와 함께 낙원에 있으리라.(눅 23:42-43)

그가 비록 예수 믿겠다는 약속을 하지는 못했다. 하지만 신앙의 자유가 오는 날 앞장서서 예수 믿게 될 것을 나는 확신한다.

주체사상의 대가로 평가받는 황장엽 선생이 쓴 책들을 읽으면서 공산주의 사상이나 주체사상이 인간을 근본적으로 잘못 이해한 것이 하나 있음을 발견했다. 그것은 인간은 바로 종교적 존재(homo religius)라는 사실이다. "돼지는 기도하지 않는다"는 말로 표현되는 이 종교적 존재성을 무시하면 인간을 절반도 파악하지 못한 셈이 아닐까.

북한선교전략도 내어 놓았다. "원산에서도 전도하리라"는 제목으로 이북 선교에 관한 모든 지혜를 종합하여 정리했다. 주님, 평양에도 계셨네요(1991. 230-252)에 게재된 열가지 방안을 종합했다.

1.기도하며 때를 기다리라. 2.전도특공대를 보내라. 3.지하교회를 세우라. 4.주체교회를 설립하라. 5.자주 만나는 것 자체가 선교다. 6.먹을 것을 주어라. 7.개방시켜라. 8.미국으로 데려오라. 9.신학교를 도우라. 10.군중집회를 열어라.

김의환 목사와 필자는 원산을 방문한 길에 소리 내지 않고 머리 숙여 함께 기도했다. 송도려관이 있는 부두, 명사십리 유명한 해변이 보이는 그 자리였다.

"주님, 황해북도 땅이라는 이 원산에 주님께서 먼저 오신 줄 믿습니다. 저희로 하여금 원산에서도 복음화대회가 열리게 하시옵소서. 이 원산 땅에서 부흥회 한 번 열어 주시옵소서. 그리고 주일학교 어린이들에게 성경 이야기를 들려주게 하시옵소서."

교회는 사랑 나누기 센터

멕시코의 국경도시 티화나에 하비에르(37세)라는 사람이 살고 있다. 지금껏 마약과 술에 중독이 되어 살아왔다. 도적질도 여러 번 했는데 마약과 술 살 돈을 마련할 목적이었다. 그러다가 경찰에 붙잡혀 여러 번 감옥 생활을 했다. 여성복장을 하고 접대부 노릇도 했지만 어느 날도 술에 잔뜩 취해 돌아다니다가 자동차에 치어 그만 다리를 크게 다쳤다. 자동차는 뺑소니를 했고 치료비도 없어서 목발 짚은 채 10년 넘게 구걸행각을 벌였다. 하루하루가 앞이 캄캄한 절망의 나날이었다.

"그러던 어느 날 민우석 선교사님을 만나게 되어 재활원으로 안내를 받았습니다. 그리고 다리 수술까지 할 수 있었습니다. 지금은 지팡이 없이도 자유로 걸어 다닐 수 있게 되었습니다. 그런데 민 선교사님은 그 수술비용을 유니온교회 성도님들이 마련해 주셨다고 말해 주었습니다. 하나님께서는 쓰레기 같은 저를 용서하시고 천국소망을 주셨는데 이처럼 못난 인간에게 유니온교회를 통하여 이런 사랑을 베풀어 주시니 감사합니다. 죽어서 하늘나라 가게 되면 유니온교회가 베풀어 주신 사랑을 하나님께 말씀 드리겠습니다. 그리고 건강해진 두 다리를 가지고 예수님 모르는 사람들에게 전도하며 행복하게 살 것을 약속드립니다." (2003년 10월 26일 주보)

하비에르의 다리를 수술할 비용은 유니온교회가 매년 해 왔던 '사랑나누기 찬양축제'를 통하여 마련되었다. 유니온교회는 "온 인류의 가슴마다 예수 사랑 깊이 심자"는 표어를 놓고 그대로 실천하도록 기도하면서 유니온교회 사명 선언에 있는 그대로 '사랑나라로 세우기'에 열심을 다해 왔다. 현미, 박재란, 윤형주, 손창철 이런 신앙가수들을 초청하여 음악축제를 열고 모금을 했다. 그리하여 어떤 때는 동남아시아 언청이 100명 수술비를 보내기도 했고, 중국 연변 조선족들의 개안수술비로도 보냈다. 아버지가 살인범으로 미국 교도소에서 복역하고 있는데 그 딸이 대학등록금이 부족하다고 하여 도와주기도 했다.

"교회를 사랑센터로 만들어야 합니다. 원수까지 사랑하는 센터입니다. 이건 기독교만 할 수 있는 일입니다. 다른 종교에는 원수를 사랑하라는 교훈이 없습니다."

그래서 6.25사변 (한국판 남북전쟁) 50주년 되던 해 6월 25일에는 그 날을 〈원수사랑의 날〉로 선포했다. 〈원수사랑재단〉도 만들고 원수사랑상을 수여하기도 했다. 인종을 초월하고 종교를 초월하여 시상하고 있다.

"이 원수사랑 운동으로 말미암아 살인사건 단 하나만 줄인다 해도 하나님으로부터 큰 칭찬을 받을 것입니다. 이것이 예수님의 교훈이요 예수님께서 십자가 위에서 보여주신 사랑이기 때문입니다."

실은 유니온교회가 사랑센터가 되려는 사명을 개척 초기부터 불태웠다. '들에 핀 백합화를 보라' 하신 말씀에 따라 백합선교회를 조직하였는데 그것은 금식하게 되면 음식을 안 먹은 값을 계산하여 백합선교헌금으로 드리도록 했고, 그 헌금을 모아 여러 곳에 예수님의 사랑을 나누어 주었다. 실로암결핵환자촌, 성락원양로원, 향진고아원, 베데스다선교회, 한밤중선교회, 거리선교회, 조이선교회, 샬롬장애인선교회, 금강애린원, 신망애육원 등은 그 가운데 몇이다.

헌혈운동도 그래서 생겼다. 사랑을 나누어 준다는 말은 근본적으로는 생명을 나누어주는 일로 이해했다. 성경은 '생명은 피에 있다'고 가르친다. 그래서 미국 적십자사에 여러 번 집단헌혈을 했다. 특히 9.11 사태 때는 75명이 헌혈을 자원했다. 다만 피가 남아돌아서 실현되지는 않았다.

장기기증운동을 벌였다. 필자 자신부터 장기기증을 서약하고 매스미디어를 통하여 이 운동에 적극 나섰다.

"간을 기증하면 제가 간 없는 여자가 될 터인데 부활할 때 그거 다시 돌려받게 되나요?"

어느 77세 되는 권사로부터 그런 질문을 받은 적도 있다. 미주복음방송(라디오)에서 장기기증 캠페인을 주도할 때였다.

"권사님은 주름진 간을 드렸지만 부활할 때는 33세짜리 신품 간을 선물로 받으시게 됩니다."

그런 대답을 해서 모두 신나게 웃은 적이 있다.

아담 킹(Adam King)이라는 소년은 두 다리가 잘려 쇠다리로 다녔다. 미국인 밥 킹(Bob King) 씨 집에 입양된 여덟 명의 장애소년소녀의 하나였다. 그들을 위하여서는 재활용 특수 수영장을 건설해야 한다기에 그 비용 3만 달러 절반을 사랑나누기 찬양축제를 통하여 지원하기도 했다.

제2성전의 전 소유주였던 플레전트 힐 침례교회와는 자매관계를 맺고 매년 합동예배를 드렸다. 그리고 식품을 모아 작은 트럭 하나 가득하게 가난한 사람들을 위하여 성탄선물로 보내도록 사랑을 나누었다. 〈한 밤중 선교회〉(Midnight Mission)에는 추수감사절 전후에 의복을 평균 1,500점 이상 보냈다. 무숙자 사역 단체들을 여러 가지로 도왔으며 〈소중한 사람들〉(대표 김수철 목사)이라는 무숙자 선교회는 유니온교회 지원으로 설립되었다.

"백합선교회에서 인천에 있는 향진원이라는 고아원을 여러 해 도왔습니다. 감사패도 와 있지요. 그런데 그와는 상관없이 김수철 목사께서 유니온교회의 음악목사로 부임했습니다. 나중에 알고 보니 그 김 목사님이 향진원 원장의 사위였습니다."

하나님은 그런 방식으로도 사역하시고 유니온교회에 간증을 주셨다. 김수철 목사는 미주뿐만 아니라 한국과 동남아에도 이 같은 사랑의 사역에 열심히 헌신하고 있다.

네 집이 구원을 받으리라

가정을 사랑센터로 새롭게 만드는 사역에도 힘을 기울였다. 가정에 관한 설교를 자주 했다. 신앙의 성숙은 실상 가정생활에서 판결난다고 보았다.

"세상에 그런 못된 남편도 있네요. 당장 경찰에 고발하세요."

그러고 싶은 상담도 몇 건 있었다. 재혼남편인데 아내를 축구공 차듯 발길질을 해 댄다는 것이다. 그 날도 밤늦도록 두들겨 맞다가 경찰을 부를 셈으로 집을 뛰쳐나왔는데 필자에게 상담을 받고 싶어 전화했다는 이름 모를 여성도의 상담이었다.

"예수님도 축구공이셨지요. 90분간 이 선수가 발길질하고 저 선수가 발길질해도 묵묵히 맞아주셨습니다. 남편을 구원하시기 위하여 한 번 더 기도하시고 집으로 돌아가세요. 예수님께서 지켜주실 것입니다."

몇 년 뒤에 먼 곳에 떨어진 한인교회 집회를 인도했다. 그 때 그들 부부가 찾아왔다. 담임목사의 상담 때문에 온 가정이 구원받게 되었다며 특별한 식사대접도 받았다.

"그래 경찰이 오는 거야?"

"아뇨, 어떤 목사님 하고 상담했는데 그냥 집에 들어가래요. 발길질 하면 또 맞아주라면서….예수님도 축구공처럼 여러 사람에게 발길질 당하셨대요."

"아내가 그러는 거예요. 경찰이 안 온다니까 객기가 나서 한 번 더 발길질을 하는데 다리가 얼어붙었어요. 그리고 앞에 예수님께서 나타나셨어요. 십자가 지신 채로….그 자리에 고꾸라졌지요."

그래서 예수님께 통곡하며 회개하고, 아내에게도 백배 사죄했다. 아들도 하나 더 낳게 되었다며 감사의 인사를 했다.

그 여자 성도가 전화통에서 남긴 마지막 말이 지금껏 필자의 가슴 깊이 남아 있다.

"목사님, 그렇게 말씀하신 대로 하겠습니다. 그러나 집에 들어가기가 지옥에 들어가는 것 같아요."

그래서 깨달은 것이 있다. 지옥 같은 가정들이 많다는 사실 말이다. 그렇다면 지옥 가정을 천국 가정으로 변화시키는 사역을 유니온교회가 열심히 해야 할 것 아닌가. 이름이 유니온 곧 하나 되기이니까, 그런 결심을 했다. 교회 시작부터 가정은 튼튼하게 세우려는 계획을 마련했지만 이 사건이 더욱 박차를 가하게 했다. 그 때부터 가정 세미나의 주제는 대체로 '천국 가정, 지옥 가정'이 되었다. 불과 세 식구 아니면 네 식구가 사는데 어찌 그리 지긋지긋한 일들이 많은지 알다가도 모를 일이다.

이런 사랑나누기 사역이 알려졌는지 은퇴 몇 년 전에는 〈월드비전〉이라는 단체의 남가주 지역 운영위원장으로 섬기기도 했다. 그리고 아프리카 고아 두 사람의 생계비를 필자 부부가 개인적으로 몇 년 동안 지원했다.

이론적으로는 '사랑 대헌장'이라는 문서로 사랑의 전모를 밝혔다. 사랑구원론, 곧 믿음구원론과 선행구원론을 종합하여 '사랑구원론'으로 하자는 제안도 했다.

"교회는 사랑센터가 되어야 합니다. 이토록 어려운 때에는 한반도에 있는 6만 교회가 쌀을 사서 문 열린 창고에 쌓아두고 쌀 없는 사람은 누구든지 가져다 먹도록 하는 사랑센터가 되었으면 합니다."

한국교회가 사랑의 쌀 나누기 운동을 벌인 것을 너무 고마워하며 썼던 글이다. 그 내용 그대로 부산소망교회(원승재 목사)와 유니온교회가 앞장서서 실천했다. 미주라서 그런지 쌀을 가져가는 사람이 많지는 않았지만 교회는 사랑의 센터라는 것, 그리고 교회가 많은 미국과 한국은 교회가 바로 '사랑생산공장'이라는 걸 만천하에 보여 주어야 한다. 그런 운동에 불을 붙이는 성냥 한 개비 노릇이라도 해온 것을 유니온교회는 기뻐하고 있다.

-너희 모든 일을 사랑으로 행하라.(고전 16:14) -무엇보다도 뜨겁게 피차 사랑하라.(벧전 4:8)

이런 말씀을 푯대로 삼고 살아가는 기쁨이다.

성전은 불경기에 사야 한다

개체교회를 시작하면 성전을 마련하는 것이 당연한 일이라고 필자는 생각했다. 더러는 '교회당 안 갖기 운동'을 하는 교회도 있고, 그 값진 헌금을 왜 가난한 자들에게 나누어 주지 않고 땅에다만 쏟아 붓느냐는 비판도 있다. 그러나 필자는 그런 견해는 성경에 대한 바른 이해가 아니라는 신념이었다. 심지어 예수님도 '이 성전을 헐라'고 하셨지만 사람들을 동원해서 예루살렘 성전을 헐어버리지 않으셨다. 오히려 그 성전 안에서 자주 가르치셨다.(마 26:55) 구약성경에는 노아의 방주가 성전인데 노아에게 그것을 짓도록 하나님은 명령하셨다. 특히 모세에게는 성막을 짓도록 하셨고 그 성막건설은 십계명 준수의 구체적 실현이었다. 그래서 십계명과 성전은 하나님을 상징하는 가장 거룩한 두 사물이었다.(행 6:13, 25:8) 초대교회만 해도 마가의 다락방과 예루살렘 성전이 바로 교회의 탄생지가 되었다.(눅 24:52-53)

그래서 내린 결론이 이것이다: 교회는 건물을 뜻하는 것은 아니나 건물은 교회를 교회답게 만드는 매우 중요한 구성요소이다. 그리고 교회당은 화려하게 잘 지을 것은 아니지만 그래도 사람들이 사는 집보다 초라해서는 안 된다. 그리고 교회당 시설이 좋아야 교회가 더 큰 사명을 이룩할 수 있는 것도 실제적 상황이다. 그리스도인들이 자기 집은 궁궐처럼 짓고 하나님의 집은 개집처럼 지어서는 안 된다.

예수님은 목수이셨잖아요

유니온교회는 그 개척계획서에 창립 5년이 되면 자체 성전을 마련할 것을 포함하고 있었다. 그 때에는 이것이 사람의 귀에는 전혀 허황된 소리처럼 들렸다. 그런 채로 제1성전인 '임대교회당'이 마련되어 개척을 하게 되었고 교회가 비교적 건실하게 성장해 갔다. 그러나 그 임대건물을 소유한 루터교회는 초등학교까지 갖추고 있었지만 신자들의 수는 점점 줄어들었다.

그러면서 두 가지 현상이 생겼다. 하나는 임대료가 무섭게 올라갔다. 더 많은 공간을 사용하고 더 많은 시간을 사용함에 따라 임대비용을 더 내는 것은 이해가 된다. 그러나 유니온교회의 신자 수가 늘어가고 재정규모가 커가는 비례로 임대료를 더 내는 것은 우리 한국인 신자로서는 잘 납득하기 어려웠다. 그래서 개척 5년이 되면서 남가주 일대에 있는 3백여 교회에서 임대료를 제일 많이 부담하는 교회가 되었다.

또 하나는 다른 교회그룹들이 함께 시설을 사용해야 했다. 처음에는 소유주인 루터교회와 유니온교회만 사용했는데 얼마 뒤에 에티오피아인들의 교회가 들어왔다. 그래도 인종과 언어가 다르니까 별 큰 문제는 없었다. 하지만 또 얼마 뒤에는 '한인초대교회'의 간판을 볼 수 있게 되었다. 그 뒤를 이어 순복음교회가 들어오고, 또 영광교회도 임대가족이 되었다. 모두 한인교회였다.

이렇게 되니 한인교회 사이에 경쟁심리가 생겼다. 신자들이 옮겨가고 옮겨 오기도 했다. 옆방에서 예배드리는 한인교회는 금방금방 늘어 가는데 다른 교회는 별로 성장이 안 되면 목사는 죽을 맛이고 신자들은 사기를 잃었다. 게다가 건물주 교회가 경쟁을 부추기는 면도 있었다.

이런 일들이 골머리를 썩였다. 한 하나님을 믿으니 서로 형제자매라고는 하면서도 그게 마음에 썩 내키는 일이 아니었다. 또 한인교회 사이에서도 '우리가 임대료를 더 낼 터이니 저 교회를 내 보내라'고 했다는 소식도 들려왔다. 그런 일 없다고 딱 잡아떼기는 했지만 근거를 확보했었다.

그러나 결국 이런 사태를 통하여 필자는 하나님의 음성을 듣게 되었다. 당초 계획한 것처럼 조속히 자체 성전을 마련하라는 음성이었다. 현재 내는 임대료를 은행융자 상환금으로 지불하면 된다는 계산을 평신도들이 먼저 해놓고 있었다. 그래서 '하나님 감사합니다'

그런 기도가 저절로 나왔다. 하나님은 그런 방식으로 유니온교회가 자체성전을 마련하도록 인도하시고 계셨다.

그러지 않아도 유니온교회는 그 초기부터 건축헌금을 했다. 첫 번 헌금은 물론 개척목사가 했다. 그 다음에는 어떤 권사 한 분이 반지를 헌물했다. 그 반지를 팔 때까지 은행 안전함에 넣어 놓았는데 팔리지 않아서 오히려 비용이 더 들었다. 그러나 가진 돈이 없어서 금반지를 하나님께 바친 그 나이 지긋한 권사의 믿음은 금보다 더 귀했다.

이렇게 해서 조금만 더 힘을 기울이면 창고라도 하나 사서 교회당으로 꾸밀 수 있을 것 같은 믿음이 생겼다. 건축위원회를 조직하고, 그 조직을 확대해 나갔다. 조직에는 조직 구성원 플러스 알파의 힘을 발휘했다. 하여튼 모든 방법을 동원하여 건축헌금 모금을 했다. 동전 모으기, 신문지 모으기, 깡통 모으기에는 교회학교 아이들까지 동원되었다. 교회에서 주일에 물건 판다는 비난도 있었지만 바자회도 자주 열었다. 계조직도 교회가 못하게 했지만 첫 번 순서를 건축헌금으로 낸다는 계는 장려를 했다. 어느 토요일엔가 일일 식당을 했는데 그 시설이 카페여서 평소에 맥주를 판다 해서 말썽이 되기도 했다. 일일식당에서는 물론 맥주 같은 건 전혀 팔지 않았지만 '성결'을 내세우며 비판하는 사람들이 있었다.

"하나님, 잠시만 눈 감아 주시옵소서. 하나님의 영광을 위한 일 아닙니까?"

그런 기도가 담임목사의 입에서 저절로 흘러 나왔다.

교회당 후보시설들을 여기 저기 돌아보는 것도 자체성전 마련의 의욕을 북돋우었다. 물론 새로 방문한 가족들이 그것 때문에 정착을 포기하는 부작용도 있었다.

"신자 절반이 떨어져 나가더라도 자체성전을 꼭 확보해라. 허지만 6개월 이상 끌고 가서는 안 된다."

성전구입을 체험한 김의환 목사 조언이었다. 하나님께서 예비하신 성전을 속히 보여주시도록 예배 때마다, 모임마다, 특별철야기도회마다 울부짖었다.

마침내 밑돈도 마련되었다. 그리고 살 수 있는 교회건물도 확정을 지었다. 300명이 예배드릴 수 있고 부대시설이 있는 교회당이었다. 코리아타운에서 그리 멀지도 않았다. 독자적인 주차장도 있고 주변에 주차시설도 여유가 있었다. 이리 보나 저리 보나 장년 신자가 150명 내외 모이는 유니온교회로서는 살만한 건물이었다. 가격도 77만 5천 달러에 합의했고 은행융자조건도 크게 까다롭지 않았다.

하나님은 은행에도 계셨다

이제 마지막 단계는 295,000 달러를 은행 융자 얻는 일이었다. 그런데 그것이 예상보다 어려웠다. 교회당은 은행융자를 잘 안 해 준다는 것이다. 상환금을 못 낼 경우 차압하기 어렵기 때문이란다. 교회당을 차압한 은행이라면 전당포처럼 수치스러운 인상을 심어주기 때문에 은행 이미지가 나빠지게 된다는 것을 그 때 처음 알았다.

몇 개의 은행과 상담해 보았지만 점잖은 거절만 연속으로 받았다. 그래도 우리가 사려는 성전건물은 흑인들이 사용하고 있는데 그 담임목사가 저축은행 하나를 추천했다. 그 교회 거래은행이고 흑인 거주지에 있어 임원들이 주로 흑인들이었다. 여러 가지 까다로운 문서들을 마련하여 신청을 마쳤다. 웬만하면 융자가 되려니 했는데 기대와는 달리 또 거부되었다. 이때부터 교회 직원들에게 전화로 기도요청을 했다. 발등에 떨어진 불이라 필자와 아내는 금식기도에 들어갔다.

그런데 그 저축은행에서 서류를 보완하여 한 번 더 내보라는 연락을 받았다. 주택 세 채 이상을 담보물로 넣어 달라는 요청이었다. 그러나 그 때 성도들의 생활형편이나 믿음이 거기까지는 아니었다. 그래서 필자만 주택을 담보물로 제공했다. 그런데 그것도 부결되었다.

낙심하고 있는데 한 번 더 시도해 보라는 음성이 들렸다. 법적 담보물은 넣지 못하더라도 상환금을 물지 못할 경우 성도 몇 명이 연대책임을 지겠다는 문서를 첨부하라는 생각이 필자의 머리를 관통했다. 그러나 두 번 부결된 것이 융자위원회에서 세 번째 가서 가결되기는 더욱 어렵다고도 들었다.

그래도 마음이 사뭇 평안했다. 만약 안 되면 더 좋은 것을 주시려는 하나님의 뜻으로 알고 깨끗이 포기할 계획이었다. 그래서 부랴부랴 문서를 작성해서 은행 임원을 만났다. 비록 '법적 구속력은 없는 문서지만 신앙적 구속력은 있는 문서'라는 설명을 붙였다. 좀 시큰둥한 표정이었다.

집에 돌아와 쉬고 있는데 전화 한 통이 걸려왔다. 어떤 전화일까 황급히 받았다. 건축위원을 맡고 있는 어떤 남자집사였다.

"목사님, 융자 통과되었지요? 제가 기도하는 중에 환상을 보았어요."

아무 소식 없다고 했다. 기도하러 산에 올라갔던 아내도 '좋은 소식 있지요?' 하고 연락이 왔다. 응답을 받았단다. 아니라고 했더니 또 실망했다.

세 번째 또 전화통이 울렸다. 이번에는 은행에서 왔다.

"Pastor Lee, it's been approved." (이 목사님, 융자 허가 났습니다.)

'할렐루야'가 필자의 입에서 천정을 울리도록 터져 나왔다.

이렇게 해서 드디어 교회창립 7년 만에 자체 성전을 마련할 수 있게 되었다. 온 교우들의 기도가 이루어졌다. 그리고 '예수님, 우리 교회당 하나 지어 주세요. 예수님은 목수이셨잖아요' 하고 천진난만하게 기도했던 교회학교 어린이의 호소도 응답되었다.

이 성전을 구입하면서 남겨진 간증이 많다. 기도한 성도마다 그리고 건축헌금으로 참여한 성도마다 모두 간증을 가지고 있었다. 두 가지 간증만은 꼭 함께 나누고 싶다.

어떤 젊은 여자집사는 담임목사 요청대로 자신의 가정에서 할 수 있는 건축헌금 액수를 자신만 정해 놓았다. 5천 달러였다. 그런데 남편은 미신을 되게 믿는 집 아들이고 이제 겨우 세례를 받았기에 그만큼 하자고 말 꺼내기가 어려웠다. 그래서 이제 한 살 된 아들 이름으로 건축헌금 하자는 말만 해 놓았단다. 그리고는 교회에 가서 철야기도하고 돌아왔다.

밤 한 시가 넘었으니까 평소 같으면 남편이 아들 데리고 잠을 잘 터인데 의외로 일어나 있었다.

"그래 얼마를 정했어?" "당신부터 말해요." "5천 달러는 해야지." "어머, 나도 그렇게 결심했는데요. 성령님은 일 전도 틀리지 않게 일하시네요."

두 사람은 은행에 이자가 특별히 싼 사업자금 5만 달러를 신청해 놓았다. 그 다음 날 그것이 허락되었다는 통보를 받았다. 그래서 급히 필자에게 그 융자회사에서 만나 뵙자고 연락을 해 왔다.

"마음 바뀌기 전에 드리려고요."

이렇게 신실한 신자들이 있어 하나님의 성전을 마련할 수 있었다. 그리하여 교회창립 7주년을 새 성전에서 맞게 되었다.

그러나 궁극적으로 성전을 마련해 주신 분은 성삼위 하나님이셨다. 마치 노아에게 방주 설계도를 보여주시고 모세에게는 성막 설계도를 만들어 주신 것처럼 성전의 비전을 주신 분이 그분이시다. 특히 그분께서 "마음이 감동된 모든 자와 자원하는 모든 자"(출 35:21)를 보내주셨다. 그리고 융자를 결정하는 모든 사람들의 마음을 움직이셨다. 하나님의 주도와 그 백성들의 협력으로 마침내 성전이 마련된 것이다. 2년 늦어지기는 했지만 그건 아무 문제도 아니었다.

헌금한 것만 남았어요

그런데 그토록 신실한 청지기 가정이 축복을 크게 받았다면 얼마나 좋았을까? 그렇지를 못했다.

그 가정은 융자금과 또 몇 사람에게 돈을 꾸어 사업을 크게 차렸다. 그 때 신형으로 나온 사무기기 특히 복사기를 잔뜩 주문해 놓고 개업감사예배도 드렸다. 시작은 미약하나 정말 나중은 창대하도록 담임목사는 물론 성도들이 함께 와서 열정적으로 합심기도를 했다.

그런데 그 사무기기를 모두 도적맞았다. 한 밤중에 경보기 줄을 끊어 놓고 트럭에다 모두 싣고 가버렸다. 아마도 멕시코로 도망갔을 것이라 찾기는 어렵다는 것이 경찰의 소견이었다.

그런데 더 큰 낭패가 있었다. 보험을 들었는데 그 보험이 발효되기 하루 전에 도난을 당했다. 그것도 주일 밤이었다. 그러자 그 세 가족도 잠적해 버렸다.

그런데 그 사이에 같은 나이또래의 집사 부부가 담임목사를 찾아왔다. 그 잠적한 집사의 연락처를 알려달라고 했다. 자기 돈을 상당액 꾸어갔는데 쥐도 새도 모르게 튀었으니 이걸 어쩌냐며 한숨을 내쉬었다. 모른다고 했다. 그런데 그들은 믿지 않았다. 그 가족은 그 뒤 다른 교회로 이적했다.

두 달 뒤쯤에 담임목사는 그 잠적한 집사에게서 전화를 받았다.

"목사님, 저 때문에 고통 많이 당하셨지요? 저 있는 곳은 묻지 말아주십시오. 저희들 잘 있습니다."

필자는 그 전화를 받는 순간 눈물이 왈칵 솟았다.

"그래 어떻게 먹고 사나요? 굶지는 않나요? 내가 돈 좀 보내 줄게요."

"아닙니다. 기도만 해 주세요. 제가 손재주가 있어 먹고 사는 건 어렵지 않습니다. 그럴 줄 알았으면 교회 헌금이나 몽땅 할 걸 그랬습니다. 다 잃고 헌금한 것만 남았어요, 하늘에…."

나는 그 말을 평생 잊지 못한다. 목사의 잘 준비된 설교보다 얼마나 큰 은혜가 있는 간증인지 모른다. 예수 믿은 지 얼마 안 되는 '초등학생신자'가 교수생활도 하고 교회도 개척한 담임목사의 믿음보다 훨씬 더 단단한 '바위믿음'을 가졌음에랴.

여러 해 세월이 지난 뒤였다. 미국 동부 쪽에서 부흥집회를 인도하는데 회중 가운데 그 집사 내외의 얼굴이 있었다. 매우 행복한 표정이었다. 집회가 끝나고 만났는데, 사업에 재기하여 그 동안 피해를 입힌 것 모두 넉넉히 갚고 교회에도 잘 헌신하고 있다고 했다.

"목사님 기도 그대로 '나중에야 창대하게' 만들어 주셨어요."

그 여자집사 눈에 눈물이 주르륵 흘렀다. 그러기까지 얼마나 고생이 많았겠는가.

또 이런 간증도 있다. 자체성전을 마련하고 그 옆 주택을 사서 교육관을 확장하자는 당회의 결의가 있었다. 그런데 건축위원장을 맡은 분이 얼마 후 극구 사임을 하겠다는 것이다. 한 번 맡으면 끝까지 해내는 지도력을 강조하는 담임목사는 사임철회를 강력히 권고했지만 소용이 없었다. 사업이 분주해서 그 직책 맡기가 어렵다는 것이 이유였다.

"목사님, 제가 큰 잘못을 저질렀어요. 용서해 주세요."

어느 날 그 식당을 심방했더니 그 아내가 그런 말을 꺼냈다. 남편이 아침에 일어나더니 꿈 이야기를 하더란다.

"여보, 좀 이상한 꿈을 꾸었어. '열왕기 상을 읽어라, 열왕기 상을 읽어라' 그런 음성이 들려왔어. 열왕기 상이 도대체 무어야?"

남편은 마음도 착하고 신앙심은 있으나 신앙연륜이 짧고 또 성경공부 형이 아니어서 열왕기 상이 무슨 책인지를 몰랐다. 허지만 자신은 그 말을 듣고 솔로몬이 예루살렘 성전을 건축한 책인 걸 즉각 알았다.

"은행 빚이나 갚으면 교회에도 한 몫을 하려고 했지요. 그러나 저 사람이 건축위원장 하다가 솔로몬처럼 헌금 많이 드리면 빚을 더 져야 할 것만 생각하고 그 꿈을 바로 풀어주지 않고 얼버무렸어요. 그 때는 빚지는 게 지긋지긋했어요."

믿음이 솔로몬이 받은 축복까지 이르지 못한 것이 안타까웠다. 어떻든 그런 상담을 받고 담임목사는 함께 위로의 기도를 했다. 예수님의 피로 용서해 주시고, 삼손처럼 한 번 더 일어설 수 있는 기회를 주시도록 기도했다. 그러나 어쩐 일인지 끝내 재기하지 못했다.

성도들의 아픔을 간증의 재료로 쓴다는 것은 담임목사에게도 기쁜 일은 아니다. 그러나 하나님께서 '기록하라' 하시므로 그 말씀에 순종할 뿐이다.

넓은 성전 마련하여

성전을 마련해 보면 성경에 성전에 관한 일들이 얼마나 많고 중요한지 생생하게 체험한다. 그 시대의 성전이었던 방주를 지을 때 하나님은 설계도는 물론 목재와 그 크기까지 지정해 주셨다. 고페르 나무를 사용해라, 칸들을 막아라, 역청을 발라라, 그것도 안팎에 칠해라, 길이는 삼백 규빗, 너비는 오십 규빗, 높이는 삼십 규빗, 창문을 내라, 창문과 지붕 사이를 위에서 한 규빗으로 해라, 삼층으로 지어라….

"하나님, 그런 자질구레한 일은 노아에게 맡기셔도 될 터인데요? 하나님은 큼직한 일만 하시면 어떨까요."

그런 말이 저절로 혀에서 굴러 나올 정도이다. 그런데 모세에게는 성막 설계도를 더 자세히 자세히 그려주셨다. 출애굽기 후반부는 온통 성막 설계도로 가득 차 있다. 그러나 그 같은 성경말씀에서 담임목사가 듣는 하나님의 음성이 있었다.

"이 목사, 성전건축이 내게 매우 중요한 일이란다. 성전 건축은 대강 대강 해서는 안 돼. 내 이름을 두는 곳이니까 내 명예를 걸고 지어야 하거든."(참고:신 12:5)

그런 은혜를 받으면서 성전을 마련하는 일에 더욱 큰 힘을 얻게 되었다. 특히 학개서를 열심히 읽었고 그 1장 8절 말씀이 유니온교회 성전 마련에 힘을 실어주는 큰 은혜의 말씀이 되었다.

"너희는 산에 올라가서 나무를 가져다가 성전을 건축하라. 그리하면 내가 그것으로 말미암아 기뻐하고 또 영광을 얻으리라. 여호와가 말하였느니라."

이 성경 말씀을 이렇게 번역해 가며 성전을 마련했고 더 큰 성전을 마련했다.

"너 이정근 목사는 산에 올라가서 나무를 가져다가 나 하나님의 성전을 건축하라."

"너 유니온교회는 산에 올라가서 나무를 가져다가 후손들을 위한 성전을 건축하라."

1992년과 1993년은 유니온교회가 세 겹의 고통을 겪었던 해였다. 창립목사가 공부를 목적으로 사임하여 담임목사 교체가 있었다. 그로 말미암아 교회의 규모가 모든 면에서 현저히 줄어들었다. 그런데 취임 1년 2개월 만에 그 후임목사도 사임했다. 그래서 유니온 교회가 존폐의 기로에 서 있었다. 그것이 첫째 고통이었다.

1992년 4월 29일에는 코리아타운에서 인종폭동이 일어났다. 백인과 흑인의 갈등이 이상하게 한인과 흑인의 갈등으로 바뀌었다. 그로 인하여 한인교포들이 사업장을 불태웠고 경제가 말이 아니었다. 유니온교회에서만도 20가정이 삶의 터전을 잃었다. 교회재정도 바닥이 나고 말았다. 그것이 두 번째 고통이었다.

담임목사가 없으니까 신자들이 모두 자기 소견에 옳은 대로 행동했다.(삿 21:25) 교회를 살리려면 이정근 목사를 다시 청빙해야 된다는 사람들과 이를 반대하는 사람들로 나뉘어 갈등이 빚어졌다. 투표의 결과로는 15%가 반대하고 있었다. 게다가 이정근 목사는 자신의 소명인 신학교육자가 되려는 확고한 계획을 가지고 있어 유니온교회로 다시 돌아오는 것을 원하지 않았다. 공부에도 도움이 될 다른 방식으로 사역할 계획도 진행되고 있었다.

그러나 하나님은 갈등을 통하여 일하시는 분이다. 아니, 갈등을 하나님께서 일하실 기회로 만드느냐 마귀가 발호할 기회로 만드느냐가 목회지도자의 지도역량을 가름한다.

그래서 일단 유니온교회를 수습하는 것을 최우선 과제로 삼고 신학연구는 제2의 과제로 설정할 것을 결심했다. 실력 있는 교수로 하나님께 헌신하겠다던 기도와 소명이 교회 까닭에 그리고 50대로 넘어가는 나이 까닭에 바뀌게 되는 순간이었다. 아니, 신학연구의 목적은 교회를 교회 되게 하는 데 있기 때문이기도 했다.

그는 제3대 담임목사로 자신이 개척한 교회에 또 다시 부임하면서 교회를 코리아타운에서 외곽으로 옮기는 문제를 하나님과 의논했다. 첫 교회인 예루살렘교회에도 스데반이 돌에 맞아 순교하는 피의 숙청이 있었다. 하나님은 그런 기회를 통하여 성도들을 흩어 놓으셨고 그것이 안디옥교회를 건설하는 선교운동의 발단이 되었다.(행 8:1) 그래서 코리아타운에 불어 닥친 인종폭동도 한인교회가 흩어지는 계기를 삼아야 했다.

"유니온교회 성전을 옮기겠습니다. 코리아타운 밖으로 옮기되 넓은 성전 곧 자손들에게 물려줄 넓은 성전을 마련하겠습니다."

담임목사로 재취임하면서 그렇게 선언했다. 당회원 장로들이 놀랐고 성도들도 근심스러운 얼굴이었다.

"목사님, 넓은 성전으로 옮기는 건 신자가 많을 때 이야기지요. 지금은 모두 딴 교회로 도망가서 아직도 빈자리가 저렇게 많은 데요… 게다가 4.29폭동으로 경제가 말이 아닌 걸 모르십니까? 교회당 옮긴다면 건축헌금 생각해서 또 슬금슬금 빠져 나갈 터인데요…. 목사님이 절대적 지지를 받아도 어려울 터인데 지금은 떠나시기 전보다 분위기가 아주 달라요."

그런 의견들이 쏟아졌다. 담임목사가 나가서 방황하다가 다시 돌아왔기 때문에 정말 성도들도 고분고분하지 않았다.

"아닙니다. 성전은 불경기에 사야 불길경기를 만나게 됩니다."

준비된 대답이었다. 담임목사의 방침이 확고해지니 새로운 성전으로 이전하느냐 마느냐는 논의의 대상이 더 이상 아니었다. 다만 어떤 곳에 어떻게 마련하느냐의 문제만 남았다.

"넓은 성전 마련하여, 자손만대 축복 받자."

그 다음 주일부터 강단 중앙 십자가 아래 이런 표어를 큼직하게 붙여놓았다. 그리고 예배 때마다 몇 번씩 발악하듯이 복창을 했다. 설교하다가도 느닷없이 '넓은 성전 마련하여' 그 말만 하면 회중들은 '자손만대 축복받자'라고 화답했다. 1993년 8월 하순부터 시작된 일이다. 이를 위하여 기도운동도 계속 벌여나갔다. 조직도 강화했다. 이전계획을 자세히 작성했다. 성전마련은 축복의 기회라며 출애굽기와 학개서 중심으로 말씀을 선포했다. 넓은 성전 마련에 모든 유니온 가족들의 동력을 투입함으로 교회를 하나로 단단히 묶으려는 의도도 있었다.

"자신의 집은 궁궐을 만들고 하나님의 집은 개집처럼 지어서야 무슨 복을 받겠습니까?"

그렇게 또 한 번 도전장도 던졌다.

"잘 짓고 잘 짓세, 우리 집 잘 짓세, 만세 반석 위에다 우리 집 잘 짓세."

그런 찬송가도 가사를 좀 바꾸어 불렀다.

"잘 짓고 잘 짓세 주의 집 잘 짓세…."

제1성전은 임대하여 사용했지만 제2성전은 자체 건물로 마련했던 경험이 있어 제3성전 마련에는 마음이 평안했다. 하나님께서 감추어 두셨던 것을 나타내 주시라는 기도를 앞세웠기 때문이다.

"하나님 아버지, 믿음의 벽돌, 기도의 벽돌, 사랑의 벽돌을 쌓아서 하나님 이름을 두실 넓은 성전을 마련하게 하시옵소서. 그리고 하나님께서 시퍼렇게 살아 역사하시는 걸 보게 하여 주시옵소서."

1995년 9월 초에 이사했던 제3성전 곧 '넓은 성전'을 마련하는 동안에도 간증이 많았다. 많은 교회들이 성전을 구입하는 과정에 신자들이 떨어져 나가고 교회가 분열되는 어려움을 겪지만 유니온교회는 처음부터 이런 원칙을 세웠다.

"넓은 성전을 마련하기 전에 우리의 믿음을 넓혀 주시옵소서. 높은 십자가 탑을 세우기 전에 우리의 신앙이 높아지게 하시옵소서. 성전마련과정은 바로 신앙성숙과정이 되고 교회 확장과정이 되게 하시옵소서."

제2성전과 제3성전을 마련하면서 성전 곧 하나님의 집은 하나님께서 직접 마련하신다는 믿음이 확고해졌다. 그것은 살아 있는 간증들이 성전마련과정에서 풍성하게 생산되기 때문이다. 성전마련에 참여한 유니온 가족들은 누구나 다 산 증인들이다. 그걸 다 기록할 수 없는 것이 안타까울 따름이다. 대표적 사례만 여기 적는다.

매물로 나온 교회성전들은 대체로 유태인 회당이 많았다. 그런데 유태인 회당(시나고그)은 주차장이 좁아서 선뜻 구입제안을 하기가 어려웠다. 그래도 주차장으로 전용할 수 있는 땅을 가진 회당이 있어 성도들이 방문했고 구입제안서를 넣었다. 그러나 기회를 다른 원매자에게 빼앗겼다. 지금의 성전에서 25마일 정도 떨어진 웨스트 코비나 시에 소재해 있는 회당이었다.

그런데 그 일로 인하여 25마일 넘는 지역으로 교회를 옮긴다 해도 모든 성도들이 따라올 수 있을 것이라는 확신이 생겼다. 그래서 그 일대를 면밀하게 조사해서 성전으로 쓸 만한 곳을 더 찾아다녔다.

실수를 통하여서도 이루시고

마음 드는 건물 하나가 눈에 들어왔다. 볼링장이었다. 그 때에는 볼링장이 사양사업이었다. 그런데 볼링장은 교회당으로 사용하기에 좋은 조건을 갖추고 있다는 걸 확인했다. 주차장이 넉넉해서 300대 정도 수용할 수 있었다. 교통이 원활한 고속도로와 넓은 도로에서 가까웠다. 그리고 건물이 넓은 데도 기둥이 서 있지 않아서 칸막이만 하면 그냥 교회로 사용할 수 있었다. 시청으로부터 교회사용 허가를 받기가 쉬웠다. 이웃사람들 청문회에서도 반대가 높지 않았고 가격도 좋았다.

구입제안서를 넣고 시의회가 열리기를 기다렸다. 클레어몬트신학대학원 도서관에서 공부하고 있는데 담임목사를 급히 찾는 방송소리가 들려왔다. 집에서 '이머젠시(emergency)'라며 급히 연락을 바란다는 것이다. 이머젠시라면 누가 응급실에 입원했거나 교통사고가 났거나 혹은 집이나 교회당이 불에 탄다는 뜻이다. 그래서 아내에게 전화를 했다. 그 때는 휴대전화가 없어 공중전화에서 어렵사리 아내와 통화했다.

"여보, 무슨 일이요?"

"오늘 저녁 6시에 웨스트 코비나 시의회가 열리는데 그 볼링장 문제를 다룬다고 꼭 출석하래요."

"그러면 어전트 콜(urgent call)이라고 해야지…. 영어를 잘 아는 당신이 이머젠시 콜을 했다니까 무슨 대형사고가 난 줄 알고 가슴이 덜컹 했지."

"미안해요. 실수 했네요. 허지만 그래서 당신이 빨리 전화했으니 되었지요."

수치심을 느끼기커녕 오히려 태평스런 목소리였다. 하여튼 시간에 맞추어 웨스트코비나 시의회로 갔다. 시의원이 7명이었다.

그런데 시청에서는 그 볼링장 건물을 아이스 스케이트 장으로 하겠다는 청원서와 교회로 사용하겠다는 청원서 둘이 들어왔다면서 시청으로서는 아이스 스케이트장으로 허가했으면 세금 수입에 도움이 되겠다는 의견을 덧붙여 의회에 제출했다.

그 다음은 유니온교회 측 설명차례였다. 담임목사는 영어로 이렇게 설명했다.

"성경에 '사람이 떡으로만 살 것이 아니라'고 했습니다. 웨스트 코비나 시도 세금 수입만 있어야 하는 게 아니라 종교기관이 있어 사람들의 영혼을 바른 길로 인도해야 합니다. 특히 아시안 청소년들이 늘어가는 이 웨스트 코비나 시에 교회를 세우는 것이 더 우선적인 일이 아니겠습니까. 스케이트 시설은 다른 곳에도 할 수 있지만 교회는 조건이 까다로워 허락 얻기가 어려운데 이 볼링장은 교회로서 매우 적합한 요건을 많이 가지고 있습니다."

시의원들의 질문과 토론이 있은 뒤에 표결을 했다. 그러나 4:3으로 스케이트 사업이 승인을 받았다. 유니온교회가 참패한 것이다. 담임목사는 고속도로를 달려 집으로 오면서 하나님께 이렇게 울부짖었다.

"하나님, 죄짓는 건물들이 이토록 많은데 어찌하여 하나님을 찬양하고 예배드리는 건물을 마련하기는 이렇게도 어렵습니까? 라스베이거스는 불경기일수록 호황을 누린다고 하지 않습니까?"

그러나 하나님의 대답은 다음 날 있었다. 아침 9시쯤 되었는데 전화벨이 울렸다. 어떤 집사 부부가 전화로 어제 저녁 시의회 결정이 어떻게 났느냐고 물어왔다. 중요 직원들에게 기도요청을 해 놓아서 그 결과가 궁금했다며 전화를 해 온 것이다. "낙방했어요. 빙상 운동장을 만든 다네요."

"그런데 저와 아는 부동산 중개인이 있어요. 웨스트 코비나에 교회건물 하나가 나와 있다고 하던데요."

"그럼 집사님, 자세히 알아봐 주세요. 위치가 어디인지, 가격이 얼마인지, 땅 넓이와 건물 넓이 그리고 무엇보다도 주차장 수용능력도요…."

그러고 전화를 끊었다. 그런데 5분이나 되었을까 또 전화가 걸려왔다.

"Reverend Lee, I am Dane Johnson. Yesterday evening, I saw you on a cable TV."

(이 목사님, 저는 데인 쟌슨입니다. 어제 저녁 텔레비전에서 이 목사님을 뵈었습니다.)

그런 전화였습니다. 어제 저녁에는 시 의회에 있었지 텔레비전에 나간 일이 전혀 없는데 무슨 뚱딴지같은 소리를 하는지 알 수 없었다.

"You may have a wrong number. (전화 잘못 거셨나 보네요)."

"아닙니다. 이 목사님 어제 웨스트 코비나 시의회에서 사람은 떡으로만 살 것이 아니라고 말씀했지 않습니까? 제가 그걸 케이블 텔레비전 중계방송으로 보았지요. 아주 좋은 인상을 받았습니다."

그러면서 자기가 행정목사로 있는 교회가 새 지역에 새 성전을 건축하려고 지금 쓰는 걸 팔게 되는데 그 볼링장 살 실력이면 자신들이 쓰는 성전도 거래해 볼만하다는 것이었다.

담임목사의 귀가 번쩍했다. 그래서 자세히 물었다.

그리고 또 얼마 뒤에 그 집사에게서 전화가 왔다. 그 정보를 맞춰 보니 데인 쟌슨 목사가 전해준 것과 바로 똑같은 건물이었다. 아내가 '어전트'를 '이머젠시'라고 실수했던 까닭에 의회청문회에 출석하게 되었고, 그것이 바로 데인 쟌슨의 눈에 띄었고, 그래서 여러 협상 과정을 거치면서 유니온교회의 '넓은 성전'을 하나님께서 마련해 주셨다. 우리 하나님은 실수를 통하여서도 일을 성취하신다.

교회당 시설을 점검해 보자마자 '바로 이거다' 하는 마음이 들었다. 땅도 4천 평이 넘고, 건물도 2천 평이 넘고, 주차는 200대를 할 수 있는데다가 공원을 끼고 있는 주택가여서 주차 걱정을 전혀 할 필요가 없었다. 게다가 기존 교회당이기 때문에 따로 까다로운 허가 과정을 거치지 않아도 되었다.

그 교회는 그 교회대로 간증이 있었다. 몇 년 전 내부갈등으로 그 미국인 교회의 부목사가 신자 상당수를 끌고 나가서 교회를 세웠다. 그런데 창립목사가 은퇴하면서 원줄기 교회도 부목사 가운데서 담임목사를 청빙했다. 그 두 부목사 출신 담임목사가 서로 경쟁상대가 되었다.

그런데 그 분리해 나간 교회가 크게 자라서 25에이커(3만평) 땅과 건물을 구입하였는데 그게 바로 500미터쯤 떨어진 곳에 있었다. 그러니까 원줄기 교회가 심리적 압박감을 많이 느낀 나머지 다른 곳으로 이전하기로 결정했고 그것도 더 넓은 땅에 건물을 새로 짓기로 했다는 게 그간의 사정이었다. 15마일쯤 떨어진 곳에 새 교회당 착공을 했다. 그래서 기존 건물을 급히 팔아야만 했기에 가격도 싸고 또 유니온교회가 살 수 있도록 좋은 조건을 만들어 주기도 했다.

이리 보나 저리 보나 하나님께서 하시는 일이었다. '생산능력이 있는 자립교회,' '하나님께서 가장 기뻐하시는 모범교회'를 조성하겠다는 유니온교회의 꿈은 이로 인하여 한 걸음 더 앞으로 나갔다. 보폭이 매우 큰 한 걸음이었다.

이 같은 하나님의 능력 있는 손길을 직접 눈으로 목격하면서 온 성도들이 심지어 빚도 내고, 크레딧 가드도 긁어 건축헌금을 했다. 담임목사는 집을 팔아 은행융자를 제외한 전액을 하나님의 집 마련에 보탰다. 하나님의 크신 은혜에 너무 감격했기에 그리고 자손만대 축복 받게 될 것을 확신했기에 기쁨으로 한 일이었다. 유니온교회 성도들은 누구나 다 알고 있다. 그 성전을 마련한 뒤 15년이 지난 지금 담임목사의 가정이 튼튼하고 자녀들이 믿음 가운데 훌륭히 자라고 있다는 사실 말이다.

그리고 유니온교회는 자체 성전을 구입하면서 다른 교회를 돕는 교회 곧 '주는 것이 받는 것보다 복이 있다'(행 20:35)는 말씀처럼 주는 교회가 되었다. 남미인들에게 여러 해 예배 처소를 제공했다. 중국인교회에게도, 그리고 유럽짚시교회에게도 시설을 함께 사용하도록 했다. 짚시교회와 공동으로 사용할 때에는 문화의 차이로 난감한 일들도 있었으나 한 영혼이라도 구원하기 위하여 무슨 값이라도 치루겠다는 결단으로 인내했다. 그런 다인종교회가 바로, "일찍이 죽임을 당하사 각 족속과 방언과 백성과 나라 가운데에서 사람들을 피로 사서 하나님께 드리시고, 그들로 우리 하나님 앞에서 나라와 제사장들을 삼으신" 예수 그리스도의 뜻이다.(계 6:9-10) 따라서 유니온교회는 함생믿음의 센터가 되었다.

십자가에 걸린 3천 달러

예수님께서 하신 일이라면 그것이 무엇이든지 유니온교회도 그렇게 하려고 노력했다. 특히 예수 그리스도께 중요한 것을 우선적으로 하려고 했다.

예수님께서 이 땅 위에 오셔서 행하신 일 가운데 중요한 것을 꼽는다면 다음의 일곱 가지 아닐까. 동정녀 탄생, 세례, 시험, 하나님 나라 선포, 십자가 처형, 부활, 승천이 그것들이다.

이 가운데 공관복음과 제4복음서에 가장 집중적으로 기록한 것은 바로 십자가의 수난이었다. 그런 점에서 십자가 수난의 뜻은 매우 심원하고 중요하다. 따라서 유니온교회는 '십자가 지신 예수 그리스도를 따르는 것'을 가장 큰 사명으로 확신했다.

1987년 제2성전 곧 자체성전으로 이전했을 때에도 예배센터 강단 뒤에 있는 십자가를 돋보이도록 공사를 했다. 그리고 제3성전으로 이사한 뒤에도 두 번에 걸쳐 십자가 공사를 했다. 강단 위에 있는 십자가는 물론, 예배센터 입구와 교육센터 코너에 십자가를 세웠다. 예배센터 입구에는 높다란 십자가 탑을 올리려고 했지만 시 당국의 건축규제 때문에 그 기도를 이루지는 못했다. 10피트 곧 3미터를 넘길 수가 없었다.

예배센터 입구에는 넓적한 바위 곧 반석을 가져다가 유니온교회 이름을 새기고 그 뒤에 십자가를 세우기로 결정 했다. 예수님께서 반석 위에 그분의 교회를 세우겠다고 하셨기 때문이다. 그래서 바위를 구하려고 채석장과 돌파는 집을 찾아다니며 정보를 얻었다. 그 때까지만 해도 캘리포니아에 널려 있는 아무 바위에나 글자를 새기면 되는 줄만 알았다. 특히 흰 돌이면 더욱 좋겠다고 생각했다.(계 2:17)

그런데 그게 아니었다. 유니온교회라는 이름을 새기려면 단단한 바위여야 한단다. 게다가 인조석이면 몰라도 그런 단단하고 넓적한 바위를 구하기란 이 일대에서는 무척 어렵다고 했다. 그건 강물 속에서 오랜 세월을 보낸 물바위(river rock)라야만 하는데 로스앤젤레스 일대에는 물 흐르는 큰 강이 없으니 물바위가 어디 있겠느냐고 했다.

"혹시 팜 스프링 계곡에 가 보면 찾을 수 있을는지요?"

돌장수가 지나가는 말처럼 흘린 것이라며 정보수집을 한 안수집사가 보고를 해 왔다. 그곳이 옛날 그 옛날에는 강이었다는 것도 알았다. 그래서 며칠 뒤에 팜 스프링 골짜기를 둘러보았다. 장로, 안수집사, 그리고 담임목사가 일행이었다.

아무리 수색해도 쓸 만한 바위가 없었다. 이미 돌장수들이 캐어 갔고 또 지금도 돌을 캐고 있었다. 그들에게 물어보아도 '찾아 봐' 그 말 한 마디뿐이었다. 그래서 셋이 여기 저기 한 시간 넘게 돌아다녔다.

"그냥 돌아가요. 뭐 이런데 물 먹은 편편바위가 어디 있겠어요."

그렇게 권고해도 두 평신도는 열심히 찾아다녔다. 그러더니 30분이나 더 지나 저 아래에서 안수집사가 불렀다. 급히 내려가 보니 그 곳에 정말 편편바위가 납작 누워 있었다. 물바위였다. 울퉁불퉁하고 못 생겼지만 오히려 자연석이라 더 은혜를 느낄 것 같았다.

"목사님, 제가 어제 밤 꿈에 보았던 바위와 모양이 똑 같아요. 마음에 드시면 실어가겠어요."

건축위원회 총무를 맡은 안수집사는 그런 간증을 했다.

관련회사에 위탁해서 '유니온교회'라고 한글과 영어로 새기고 그걸 설치하는 비용을 계산해 보니 3천 달러였다. 교회예배 때 교회이름 새길 바위를 찾아낸 간증과 앞으로의 설치계획을 발표했다. 그 뒤에는 높다란 십자가를 세울 것도 포함시켰다. 3천 달러가 필요한데 마음에 감동이 있는 분은 헌금약속을 해 달라는 요청도 했다.

예배가 끝나자마자 종이에다 3천 달러 헌금하겠다는 약속을 적어 낸 분이 있었다. 정부의 복지금과 자녀들이 주는 용돈으로 생활하는 분이다.

"그것 참 신기하네요. 글쎄 며칠 전에 이상한 꿈을 꾸었어요. 어떤 허름한 한복을 입은 분이 내게 와서 제 앞에 공책을 내어 놓았어요. 거기에는 일금 삼천 달러라고 쓰여 있더군요. 저는 그분께 액수가 너무 많다고 했어요. 그랬더니 저의 손을 가져다가 사인(sign)을 시키지 않겠어요. 그리고는 꿈을 깼습니다."

그런데 교회에 오니 그런 광고를 듣게 되었고 그 순간 '아, 바로 이거구나' 그래서 축도 끝나자마자 바로 나와서 이렇게 종이에다 써서 약속한 것이라고 짧게 간증했다. 다른 사람이 먼저 할까봐 걱정이 되어 축도 전에 예배실을 나왔단다.(2001년 3월 11일 주보 기록)

이래서 유니온교회 이름을 새긴 바위를 끌어다가 예배센터 입구에 설치했다. 그리고는 그 뒤에 십자가를 세웠다. 처음에는 각목으로 된 것을 세웠고 나중에는 통나무로 된 거친 십자가로 바꿨다. 그런데 그 공사를 한 두 사람이 모두 자원하여 헌신했다. 그리고 두 사람 모두 생명의 위협을 받는 질병을 앓고 있었는데 그 십자가 세우고 예수님의 건강을 선물로 받았다. 지금도 교회당에 들어서면 그 바위와 그 십자가를 보고 제일 큰 은혜를 받는 분들은 바로 이 일에 헌신한 성도들과 그 자녀들이다.

그리고 사순절이 되면 교회 안에 있는 모든 십자가에 두 가지 장식을 매년 한다. 하나는 예수님 입으신 붉은 옷 곧 피로 물든 홍포이고 다른 하나는 가시관이다. 아픔주일 기간에는 그 십자가만 올려다보아도 주님께서 십자가 지실 때의 아픔을 체험하게 된다.

예수님처럼 십자가 지는 체험이 바로 '십자가 대행진'이다. 성금요일 저녁이면 어린이로부터 노인까지 모든 참석자들이 십자가 지고 교회당 주변을 행진한다. '십자가를 질 수 있나/ 주가 물어 보실 때/ 죽기까지 따르오리…….' 그런 찬송가를 부르며 행진한다. 그리고 십자가 지는 사람을 교체할 때마다 함께 통성기도도 하고 통곡기도도 한다. '날마다 자기 십자가를 지고 주님을 따르게 하시옵소서.'(눅 9:23) 그 기도와 말씀을 가슴 속에 깊이깊이 새겨놓는다. 주님 지셨던 그 피 묻은 십자가를 끝까지 지고 가자는 것이다.

이런 십자가 대행진에 참여하고 질병을 치료 받은 간증들도 있다. 가정이 회복된 기적들도 있는데, 남편을 위하여, 아내를 위하여, 자녀를 위하여, 그리고 부모를 위하여 서로 십자가 지고 사랑하겠다고 결심했기 때문이다.

임직식이 있는 때마다 임직 받는 분들에게는 십자가를 선물로 준다. 임직식이 점차 축제로만 변질되고 있는 것이 안타까워 직분의 본뜻을 바르게 회복시키려는 결단에서 나온 전략이다. 그래서 임직식은 '십자가 처형식'이라고 그 뜻을 새롭게 해왔다. 담임목사 자신이 앞장서서 십자가 지고 목회하겠다는 강한 결단이 있었다. 설교는 자주 십자가 지는 것이 신앙생활의 완성이라고 결론 맺었다.

"십자가는 사랑의 완성입니다. 원수까지 사랑한 것이 십자가입니다. 십자가는 성령충만의 완성입니다. 십자가 지는 것을 거부하면 사탄충만인 것을 주님께서 베드로에게 가르치셨습니다. 십자가는 교육의 최고입니다. 십자가의 뜻을 알고 십자가를 지겠다는 결심을 하면 인간교육은 완성됩니다. 십자가는 전도와 선교의 완성이요, 헌신의 완성이요, 사명의 완성이요, 구원의 완성입니다. 십자가는 함생신앙의 기초입니다. 하나님이 사람과 함께 살고, 구원받은 자와 마귀의 하수인이 함께 사는 삶의 터전입니다. 그래서 예수님은 십자가 위에서야 비로소 '다 이루었다'고 선언하셨습니다. 그러므로 날마다 순간마다 십자가를 지는 일이 바로 예수님처럼 꼭 예수님처럼 닮아가는 유일한 길입니다."

그런 결론이었다.

"그러니까 십자가 지지 않는 목사가 있다면 그건 예수님 눈에는 가짜 목사이다. 십자가 지지 않는 장로/권사/집사가 있다면 그건 짝퉁이다. 십자가 지지 않는 부모가 있다면, 십자가 지지 않는 통치자가 있다면, 십자가 지지 않는 장교가 있다면…….그건 모두 위조지폐와 같다. 십자가는 장식품으로 달고 다니면서 지고 가지는 않는다면 예수님은 그 사람에게 '저주를 받으라'고 맹공하실 것입니다. 대표적 위선자이기 때문입니다."

그런 경고도 수 없이 했다. 유니온교회가 주님 앞에 갔을 때에 십자가 모범상을 받게 되어야 한다는 뜻이다.

그런 설교는 말로만이 아니라 담임목사는 삶으로 실천해야 했다. 그래서 아이들 공부에 방해되는 걸 알면서도 담임목사 사택에서 모임을 자주 가졌다. 수요기도회, 금요일 저녁 지도자 훈련 모임, 각종 회의, 친교모임 등이다.

어느 날은 밤 11시나 되어 경찰 둘이 나타나 이웃에서 불평 신고가 있으니 조용히 해 달라고 요청했다. 밤 10시 이후에는 시끄럽게 하면 안 된다는 조례가 있단다.

"이왕 예수 믿으면 경찰이 올 정도로 믿어야지요."

그런 말을 하며 모두 웃었다. 그런데 어느 날은 한밤중 기도회를 마치고 몇 분을 차로 집에 모셔드리고 돌아왔다. 그랬더니 경찰 몇 명이 또 와 있었다. 필자가 떠난 다음에 강도 두 놈이 들어와 돈 내라며 칼을 아내 목에 대었다. 그 때 잠자던 아이 셋이 한꺼번에 뛰어나오며 큰 소리로 울었다. 그러니까 그 두 놈이 도망쳐 달아났다. 경찰의 말이, 아이가 하나였거나 둘만 되어도 그들이 해칠 수 있었다고 했다. 그래서 아내는 칼날에 상처를 입어 지금도 목 언저리에 그 흉터가 남아 있다. 십자가의 흉터라고 만질 때마다 은혜를 받는다.

"아기도 역시 삼위일체여야 하나 봐."

그런 말을 하며 우리 부부는 웃었다. 은혜를 받는 감격의 웃음이다.

나음을 입었도다

자연법칙을 뛰어넘어 발생하는 일을 기적이라고 한다. 예수님께서는 이 땅 위에서 하나님 나라를 선포하시는 동안 수많은 기적을 실행하셨다. 자연에 대한 기적, 마귀에 대한 기적, 죽음에 대한 기적, 질병에 대한 기적들로 분류한다. 그 가운데 제일 빈번한 기적은 병 고침 곧 신유기적이다.

> "예수께서 온 갈릴리에 두루 다니사, 그들의 회당에서 가르치시며, 천국 복음을 전파하시며, 백성 중의 모든 병과 모든 약한 것을 고치시니라." (마 4:23)

감쪽같이 낫게 하여 주시니

성결교회에는 '사중복음'이라는 좋은 신앙유산이 있다. '온전한 복음'을 넷으로 풀어 놓은 내용인데 곧 중생, 성결, 신유, 재림을 가리킨다. 그 가운데 신유(神癒, divine healing)는 성삼위 하나님께서 질병과 연약한 것을 고쳐주심을 뜻한다. 믿음으로 고침 받는 일이므로 신유(信癒, faith healing)로 이해해도 좋다.

성결교회에 소속된 유니온교회는 시작 때부터 육신의 병을 고치는 일에 힘썼다. 필자는 기독교를 '기복종교' 중의 기복종교 곧 참다운 기복종교로 가르쳤다. 기복(祈福)이란 복 달라고 기도하는 것인데 성경에 복 달라는 기도가 얼마나 많은가. 가령 신명기 28장만 읽어도 단박에 깨닫게 된다. 잘못된 것은 복을 구하는 것이 아니라 어떤 복을 구하느냐이다. 하나님의 자녀들에게는 건강, 자녀, 물질의 복은 기초적 축복이다. 실패, 가난, 고난, 죽음은 중차적 축복이다. 그리고 영원한 생명을 얻는 것은 고차적 축복이다. 그래서 기독교야말로 참 기복종교라고 가르쳐 왔다.

"목사는 병고침 사역을 열심히 해야 합니다. 무당들도 병 고쳐서 밥 먹고 사는데 목사가 병을 안 고치거나 못 고친대서야 말이 됩니까. 병 고치지 않는 바로 그 병을 반드시 고치십시오."

목회자 세미나 때마다 젊은 목사들에게 그런 도전장을 날렸다. 성경에 기록된 것처럼 수많은 병자들을 고쳐주신 그 분이 바로 목사가 책임지고 있는 그 교회의 머리이신데 어찌 신유사역을 소홀히 할 수 있겠느냐는 도전장이다.

신유는 좁게 말하면 성삼위 하나님께서 기적적으로 고쳐 주시는 것을 뜻한다. 그러나 넓은 의미로는 의술로 고치는 것도 신유이고 약으로 고치는 것도 신유이고 저절로 시간 감에 따라 건강이 회복되는 것도 신유이다. 아니, 건강한 상태가 유지되거나 점점 더 건강해 가는 것도 신유이다. 그리고 몸병을 가지고 있는데도 더 아프지 않은 상태가 유지되는 것도 신유이다.

더 나아가서 신유는 정신병을 고치는 것, 사회문화적 질병을 고치는 것, 모든 동식물의 생태계를 회복시키는 것, 심지어 공기와 물 등을 오염에서 건져내는 것도 신유이다. 결국 기독교가 강조해서 말하는 '구원' 전체가 신유요 회복이요 축복이다. 근원적으로는 그런 모든 것들이 창조주이신 성삼위 하나님께서 이루어 가시는 일이기 때문이다.

유니온교회는 그런 이해를 가지고 신유사역에도 힘을 기울였다. 신유집회만을 따로 할 것도 계획했다가 모든 집회가 신유집회라는 깨달음이 있었기에 계획을 바꾸었다. 병 고침을 원하는 성도는 예배 끝난 뒤에 특별기도실에서 함께 기도했다. 자주 십자가를 향하여 무릎을 꿇게 하고 안수기도를 한다. 주님께서 '채찍에 맞으므로 우리는 나음을 받았도다'(사 53:5)는 말씀에 근거한다.

열이 펄펄 나던 아기는 기도가 끝나면서 감쪽같이 고열이 사라졌다. 위암 판정을 받고 다른 병원에 가서 한 번 더 검진받기 전에 안수기도를 받은 성도도 있었다. 2차 검진을 받고 나니 아무 일도 없다고 해서 다른 병원에서 3차 검진까지 받았다. 그러나 암의 흔적은 끝내 발견하지 못했다.

"첫 검진이 오진이었다고 단순히 그렇게 생각했습니다. 그러다가 부엌에서 저녁준비를 하는데 갑자기 음성이 들려 왔어요. 예수님 이름으로 고침 받은 걸 네가 아직도 깨닫지 못하느냐 그런 음성이었습니다."

그런 간증도 있다.

“저는 간호사로 미국에 왔습니다. 5년 전부터 심한 두통을 앓기 시작했습니다. 겉으로는 멀쩡한데 한 번 두통이 나면 아무 일도 할 수 없었습니다. 그래서 직장도 쉬고 있는데 유니온교회에 나오게 되었습니다. 처음에는 목사님이 심방 오셔서 건강 위하여 기도했지만 아무런 차도가 없었습니다. 작년 10월 어느 주일 예배가 끝난 뒤 담임목사님이 특별기도를 해주셨습니다. 7명이 기도를 받았습니다.

“목사님께서 저에게 오시더니 ‘무엇을 위해 기도할까요’ 하고 물으셨습니다. 그래서 말씀 드렸더니 ‘두통이 꼭 나을 것을 믿느냐’고 재차 물으시기에 ‘예’라고 대답했습니다. 그리고 기도를 받았는데 그 때부터 깨끗이 정말 깨끗이 나았습니다. 그렇게 오래 고생하던 병이 이토록 쉽게 순식간에 사라진 것입니다. 처음에는 저 자신의 믿음 없이 기도하니까 별 효험이 없더니 이번에는 하나님이 고쳐 주실 것을 믿으니까 감쪽같이 나았습니다.” (1986년 1월 26일 주보)

예수님의 피로 바꿔주셨어요

50대 여류시인 한 분이 유니온교회 처음 나오게 되었다. 불교에 심취했다가 종교를 바꿨다. 한 달에 네 번 투석 곧 피를 걸러내야 하는데 그 때 어떤 유니온교회 신자에게 전도를 받았다. 기독교에 대하여 어느 정도 알고 있지만 시를 쓰려면 불교가 더 좋을 것 같아 교회 나오는 것이 늦어졌다고 했다.

“자매님, 세례 공부를 받으시면 좋겠습니다.”

“그건 왜요? 목사님, 어서 속히 제 건강이나 회복되도록 기도해 주세요.”

“피가 문제라면 예수님의 피로 바꾸어야 하는데 그러려면 성찬 곧 빵과 포도주를 받으셔야 합니다. 그게 예수님의 살과 피를 뜻하니까요. 그런데 예수 믿고 구원 받아 하나님의 자녀 되는 것이 세례의 조건이고 세례 받아야 성찬을 받을 기본자격이 되거든요.”

병 고침을 받는다고만 하면 무엇이나 하겠다는 분이라 ‘구원의 도리’를 열심히 배웠다. 불교를 이해하고 있어 오히려 신앙생활 진보도 빨랐고 시인이라 세례공부에도 빠른 속도로 깊이 빠져들었다.

수요일 저녁에 특별세례에 이어 성찬예식까지 베풀었다. 그리고 축복의 기도를 했다.

“하나님, 이 자매의 몸속에 있는 나쁜 피는 모두 예수님의 건강한 피로 바꾸어 주시옵소서. 예수님은 이 자매의 영혼과 몸을 고치시려고 십자가 위에서 피를 쏟으셨사오니 그 피를 단 몇 방울이라도 꼭 부어주시옵소서.”

그렇게 간절히 기도했다. 몇 주 뒤에 전화를 받았다. 목소리에 희열이 섞여 있었다.

“목사님, 한 달에 두 번만 투석하면 된대요, 전에는 네 번씩 했거든요.”

“감사합니다. 하나님께서 하신 일이네요. 사람의 질병을 고친다는 것이 하나님께는 전혀 어려운 일이 아니니까요. 그래 우리가 몸병도 못 고치는 분을 하나님으로 모시겠습니까?"

성만찬의 뜻과 효험은 여러 가지이다. 그러나 유니온교회 목회현장에서는 자주 예수님의 생살과 뜨거운 피가 건강을 회복시키는 기적들을 체험해왔다.

척추 연골이 상한 지 20년이 넘은 권사 한 분이 있었다. 직업이 미용사여서 허리를 굽혔다 폈다 하는 일이 많은데 그 때마다 눈물이 쏙 빠지는 고통을 당해야 했다. 얼마나 아픈지 견디기가 어려웠다. 다른 병을 기도로 고침 받은 적도 있는데 허리 고통은 좀처럼 해결되지 않았다.

그러다가 2003년 9월 마지막 주일(교회창립주일) 예배 중에 성찬예식이 있었다. 집례자가 잔을 들고 모두 일어나서 십자가를 바라보며 함께 마시도록 했다. 그런데 그 포도주가 입으로 들어가 식도를 타고 척추로 흘러 들어가는데 그것이 무척 뜨겁게 느껴졌다. 이어 집례 목사가 아픈 자리에 각자 자기 손을 대고 축복기도를 받으라고 했다.

"예수님의 생살과 뜨거운 피를 선물로 주셨사오니 예수님의 건강도 선물로 주시옵소서. 그래서 아픈 부분들이 감쪽같이 낫게 하시옵소서."

그런 기도를 들을 때 자신의 등뼈에 연골이 생긴다는 확신이 들었다. 그 순간에 거짓말처럼 척추의 고통이 싹 사라졌다. 완전히 없어졌다.(2003년도 11월 23일 주보부터 3회 간증)

이 밖에도 콩팥을 예수님의 것으로 이식수술 받는 체험간증도 있고, 침침하던 눈을 예수님의 눈으로 바꿔 주셔서 안경도 안 쓰고 다니는 기적도 있었다.

"그러나 더 중요한 일은 마음을 예수님의 것으로 이식수술 받고 인격을 그분의 것으로 수술 받는 일입니다."

필자의 가르침이었다.

천국 문 가까이 갔었는데

어떤 장로 한 분은 50대 말쯤 심장수술 받았다. 그 병원은 심장수술로 유명해서 병동 동기생 환자들이 여럿 있었다. 10여년이 지나니 그 동기생들이 모두 죽고 유니온교회 장로인 그분만 남았다며 감격스럽게 살아간다. 그 때 수술 집도했던 의사조차 이렇게 오래 살 수 있다는 건 정말 기적이라고 하더란다. 그분은 남전도회장 시절 아내의 날 행사를 밤늦도록 준비했던 까닭에 기회를 놓치지 않고 심장수술을 받을 수 있었다.

또 다른 은퇴 장로 한 분은 70대 중반일 때 몸 수술을 받았다. 그러나 수술한 의사가 어쩌면 실패할 수도 있으니 모든 걸 정리하라고 하더란다. 그래서 한국에 사는 자녀들까지 모두 불러 작별인사까지 했다. 그런데 수술 전에 담임목사인 필자의 기도를 받았는데 그 때 결코 죽지 않을 것이라는 확신이 생기더란다. 7년이 지난 지금도 교회에 열심히 봉사하고 있다.

내과 겸 가정의인 안수집사 한 분은 선대로부터 심장이 연약했다. 선친도 의사였는데 심장병으로 돌아갔다. 그래서 그 안수집사는 60대 중반이었을 때 심장수술을 받았다. 수술 뒤에는 두세 달 동안 혼수상태로 있으면서 계속 치료를 했다. 물론 그 사이에 어떤 일이 벌어질 지는 예측할 수 없었다.

수술이 성공적으로 끝났다. 수술 전에도 기도했지만 혼수상태일 때도 그 아내와 함께 기도했다. 드디어 긴 긴 혼수상태가 끝나고 의식을 회복하게 되었다.

"하나님께서 저더러 일 좀 더 하고 오라고 하시네요. 천국 문 가까이 가서 문고리를 잡고 막 열려고 하는데 뒤에서 제 이름 부르는 소리가 났어요. '집사님, 들어가지 말고 되돌아 오세요' 그런 음성이었어요. 돌아서서 내려다보니 담임목사님이시더군요. 그래서 목사님에게로 돌아오니 깨어나게 되었어요. 아내에게 그런 간증을 하니 자기에게도 신비한 음성으로 찬송가를 부르라고 하더래요. '예수 나를 오라 하네, 예수 나를 오라 하네' 그 찬송이었대요."

필자는 몸이 아프면 자주 그 의사에게 가서 진단도 받고 처방약을 먹어 치료를 받곤 했다. 그러나 그분이 딸꾹질로 고생할 때에는 안수기도로 말끔하게 고치기도 했다.

일찍 과부가 되어 여러 자녀를 고생고생하며 길렀던 여자집사 한 분이 있었다. 오십 대 중반쯤 되었고 맏딸은 미국에서 간호사였다.

"목사님, 아무래도 이상해요. 제가 죽을병이 들었나 봐요. 병원에 가서 검사한 다음부터 딸, 사위, 아들들이 자꾸 물어요. 무엇 먹고 싶은 것 없느냐, 구경 가고 싶은 곳이 어디냐 하구요."

그래서 자녀들을 만났다. 암이 너무 심해서 수술해야 가능성이 별로 없는 정도라고 했다. 그러니 잘 대접해 드리고, 평안하게 모시는 것이 좋겠다는 것이 전문의 의견이고 또 간호사인 딸도 그 의견에 동의했다.

그 홀모 여집사만 집에 있을 때 심방을 했다. 그리고 다음 말씀을 읽고 풀었다.

"무릇 사람이 할 수 없는 것을 하나님은 하실 수 있느니라."(눅 18:27)

특히 히스기야 왕이 눈물로 기도할 때 15년 생명을 연장 받은 것을 인용했다. 그리고는 몇 해나 더 사시면 좋겠느냐고 물었다. 오른 손을 펴 보이며 5년이라고 했다. 그래서 그 두 배인 십년을 더 살게 해달라고 머리 위에 손을 얹고 기도했다. 홀모로서 여러 자녀를 길렀던 필자 자신의 어머니를 생각하며 정말 간절히 '간이 저리도록' 기도했다.

주님께서 그 기도에도 응답하셨다. 신비하게 병마가 물러갔다. 그런데 문제는 기도한지 10년이 가까워 오면서 다소 마음이 쓰이기도 했다. 그러나 하나님은 25년 넘게 살 수 있도록 은혜를 베푸셨다.

이렇게 고쳤어요

질병이 치료받고 연약한 것이 강건하여진 간증 가운데 뺄 수 없는 것 하나가 있다. 주보에 게재된 것을 다소 간략하게 옮겨 보겠다. 제목은 '이렇게 고쳤어요'이다.

"이것은 실제로 겪은 것으로 나의 생애에서 매우 감격적인 일입니다. 나는 지난 12년간 계속 골병(골치 아프면서 토하는 병)에 시달렸습니다. 이것이 얼마나 고통스러운 병인지 앓지 않은 사람은 짐작도 못합니다. 철도 들기 전에 미국 뉴저지 주로 이민 와서 생긴 이 골병은 글자 그대로 골속에 깊이 든 병이었습니다. 일주일 간격으로 나타나는데 한 번 쑤시기 시작하면 연속 구토를 하게 됩니다. 12시간 동안 아무 것도 못하고 누워 있어야 합니다. 하지만 가정주부이면서도 직장 일을 해야만 했으니 고통은 가중되었습니다. 후유증도 심해서 몸이 퉁퉁 붓고, 코피를 흘리고, 목이 쉬고, 온 몸이 떨리고, 기운이 쫙 빠져나간 것처럼 지칩니다. 그런 고통이 주기적으로 찾아듭니다. 오죽했으면 6개월만 더하면 10년이 차서 직장퇴직금이 나오는 터인데도 그걸 못 채우고 눈물 흘리며 사표를 냈습니다.

2년 동안 집에서 쉬면서 휴양을 하고, 병원을 찾고, 한의원 출입을 하고, 인삼과 녹용 등 몸에 좋은 보약은 무엇이라도 먹었습니다. 좋다는 병원과 유명한 의사에게 계속 검진을 받아도 병의 원인커녕 병이 있다는 사실조차도 밝혀내지 못했습니다. 남편의 따뜻한 간호도 아랑곳없이 그 지독한 골병은 내 몸에 도사린 채 도무지 떠나지를 않습니다.

그러던 중 하루는 어머님이 한국에서 세상을 떠나실 때 유언이 담긴 녹음테이프를 받았습니다. 그 유언에는 '교회생활을 꼭 하고 하나님만 섬겨라'는 말씀이 포함되어 있었습니다. 1983년 8월 22일 무덥게 찌는 날 유니온교회에 오게 되었습니다. 첫 날 예배설교에서 저 자신이 누구인가를 발견하는 은혜를 받았습니다. 그리고 몇 주 후에 담임목사님의 심방이 있었습니다. 그런데 이게 웬 일입니까. 심방 2시간 전에 그 골병이 발작하기 시작했습니다. 저녁식사 준비한다고 약속을 드렸는데 생각하니 눈앞이 캄캄했습니다. 하지만 정신없이 자리에 누울 수밖에 없었고 남편의 부축을 받아 소파에 앉아 간신히 목사님을 맞게 되었습니다.

그 때 목사님이 사태의 심각성을 아시고 기도해 주셨습니다. 그런데 신기한 일이 생겼습니다. 기도 받고 10여분 지났는데 갑자기 정신이 말짱해지면서 가뜬한 몸으로 정신을 차리게 되었습니다. 아아, 이런 기적이 어디 있는가. 한 번도 체험한 일이 없는 기적을 만나게 되었습니다. 뛸 듯이 기뻤습니다. 다음 날은 직장에까지 거뜬히 다녀올 수 있었습니다.

저는 병이 나은 일을 목사님에게 말씀드렸습니다. 목사님은 다시 한 번 기도하시고 성경 마가복음 5장 25-34절을 읽으신 뒤 풀어주셨습니다. 그 12년 혈루증 앓던 여인이 어쩌면 꼭 저의 경우와 비슷한지요. 하나님의 그 놀랍고 크신 은혜를 생각하며 직장에서도 가끔씩 눈물을 흘리기도 합니다. 진작 신앙생활을 했어야 되는 것인데 너무 오래 방황하면서 내 멋대로 살아온데 대하여 회개했습니다. 이제 그 골병에서 깨끗이 해방된 오늘 내 할 말은 '주님 감사합니다, 이제 이 몸은 주님의 것이니 주님께 바쳐 일 하겠습니다' 그런 약속뿐입니다." (김윤희, 1984년 3월 6일 주보)

귀신이 쫓겨나고

1980년대에는 한국에서 막 이민 온 신자들의 믿음이 참으로 뜨거웠다. 미국에서 신앙생활을 시작한 신자들은 주일예배만 딱 드리고 점심 먹고 빼소니치는 경우가 많은데 한국에서 온 신자들은 수요일 저녁, 철야기도, 구역예배 등 집회란 집회에는 모두 참석하고 찬송도 열심히 그리고 기도도 우렁차게 했다.

어느 수요기도회에 혼자서 버스 타고 오던 열심 있는 여자 성도 한 분이 결석을 했다. 기도회가 끝난 뒤 구역장에게 무슨 어려운 일이 있는가 알아보라고 했다. 얼마 뒤에 전화가 왔는데 그 집 좀 급히 심방했으면 좋겠다는 의견이었다.

저녁 10시가 넘어 그 집에 도착하니 이미 구역장은 찬송가를 부르고 있었다. 그리고 그 여성도는 이불을 뒤집어쓰고 누워 있었다. 그리고 리빙 룸 카펫은 젖어 있었다. 필자도 함께 찬송을 부르고 함께 소리 높여 기도했다. 찬송가는 "마귀들과 싸울지라"를 반복해서 불렀다.

조금 있으니까 아들 둘이 담임목사 옆에 앉았다. 그리고 곧 이어서 남편이 부엌에서 나와 역시 아이들 옆에 앉았다. 그런데 지금까지 죽은 척하고 누워 있던 그 여성도가 벌떡 일어나더니 남편에게 달려왔다. 남편은 갑자기 혼비백산해서 부엌으로 다시 도망쳤다. 그리고는 큰 소리로 이런 말을 했다.

"저 여자가 귀신이 들렸어요. 그래서 찬물을 부었지요, 냉수 먹고 속 좀 차리라고요. 그랬더니 더 날뛰면서 나를 죽이겠대요. 그래 얼른 부엌으로 들어가 문을 잠갔어요, 식칼 못 가져가게 한 거지요."

그러면서 귀신 좀 쫓아 달라고 간청했다. 언제부터 그랬느냐고 물었다. 오늘 교회 간다며 차로 실어다 달래는 걸 오늘은 자신도 피곤하니 쉬라고 했더니 그 순간부터 마귀 짓을 했다는 대답이었다.

그 아내가 남편을 쫓아가다가 담임목사가 손으로 못 가게 막으니까 그 자리에 풀썩 주저앉았다. 그리고는 담임목사의 얼굴을 빠끔히 쳐다보았다.

"어마, 목사님 오셨네요. 우리 집엔 웬 일이세요?"

"기도하러 왔어요. 안수기도 하고 싶은데요."

그는 얌전하게 무릎을 꿇고 앉았다. 필자는 간절하게 안수기도를 했고 특히 예수님께서 악령을 쫓아내 주시도록 기도했다. 함께 있는 구역장과 가족들은 악을 쓰듯 아멘으로 성원했다. 남편도 믿음이 별로 없었지만 아멘 소리가 사뭇 우렁찼다.

기도가 끝나니까 그 자매 얼굴에 웃음이 회복되었다. 왜 카펫이 이렇게 젖었느냐면서 담임목사에게 방석을 가져왔다. 귀신들이 쫓겨난 것을 확신했다.

어떤 실성한 할머니 한 분이 교회에 나온 적이 있었다. 주일예배 설교를 하고 있는데 갑자기 일어서서 설교자를 향하여 삿대질을 하며 무어라 소리를 질렀다. 무슨 말을 하는지 알아들을 수 없는 발음이었다. 설교하던 필자는 손으로 그 할머니를 가리키며 '귀신아, 나가' 하고 응수했다. 할머니는 좌우를 두리번거리더니 슬그머니 자리에 앉았다. 예배도 잘 마치고 점심식사도 맛나게 먹었다. 필자는 한 번 더 안수기도를 해서 보냈다. 그 다음부터는 정신이 말짱해졌다.

한국의 어떤 유명한 기업가의 아들이 유니온교회에서 처음으로 예수 믿게 되었다. 그는 기도만 받으면 머리가 가볍고 맑아진다면서 미국에만 오면 호텔에서라도 기도를 받곤 했다.

"목사님, 그이가 참 이상해요. 가끔 혼자서 '영수야, 너 가만히 있어' 그러는 거예요. 다른 모든 행동은 정상인데요."

그의 아내가 하는 말이다. 필자는 그가 악령에 시달리고 있다는 걸 즉각 알아차렸다. 그래서 기도할 때 특별히 '마귀야 물러가라, 한 길로 왔다가 열 길로 도망가라' 하고 안수기도를 했다. 그 때부터 악령이 떠나고 영혼에 평안함이 가득 차게 되었다.

"저에게 수양어머니 한 분이 있었습니다. 점치는 사람으로 유명합니다. 그 아들이 열 네 살인가에 죽었지요. 누가 점 보러 오면 그 아이 영혼을 불러내어 무어라 대답하랴 하고 물어 봅니다. 그래서 유명한 점쟁이가 되었는데 그 아이 이름이 영수입니다. 그런데 한 번은 제가 교통사고로 죽었다는 판정이 나서 대학병원 시체실에 누워 있었습니다. 집에서는 행방불명이 되었다고 야단법석을 했지요. 그런 걸 수양어머니가 영수를 불러 알아내고 이내 가족이 대학병원 시체실에서 저를 발견해 냈습니다. 그런데 죽었다던 제가 숨이 붙어 있더래요. 그래서 살아남았지요. 그냥 시체로 처리했으면 그걸로 인생 막장인데요. 그런 뒤부터 그 영수가 자주 저에게 와서 이런 저런 이야기도 하고 혹은 죽인다고 협박도 합니다."

그런데 안수기도 받은 뒤부터 영수가 다시는 나타나지 않는다고 했다. 그리고 감사해서 교회 건축헌금도 넉넉히 드렸다.

멍청한 귀신도 있다

한국에서 넝마주이들을 대상으로 밥을 해 먹이며 사역한다는 여전도사가 유니온교회에 찾아와서 간증하고 선교비 후원을 받은 일이 있었다. 남들이 해내기 어려운 사역이라 해서 정성껏 헌금들을 했다. 그런데 얼마 지나서 아들이라면서 대학생 나이나 되는 청년을 데리고 왔다.

“이 애가 악령에 잡혀 있어요. 목사님 쎄게 기도해서 쫓아내 주세요.”

하며 ‘쎄게’에다 힘을 주었다. 언뜻 눈동자를 보니 마약에 중독된 것 같은 인상이었다. 마약도 ‘마귀의 약’이니까 기도로 고쳐보자고 해서 예배 후에 여러 사람이 둘러서서 찬송 ‘마귀들과 싸울지라’를 불렀다. 그리고 정말 쎄게 기도했다. 그러나 귀신은 나가지 않았다. 그 다음주일에 한 번 더 안수기도를 받았지만 아무런 변화가 없었다.

그런데 그 다음 주일부터는 교회에 오면서도 기도해 달라는 말이 없었다. 알고 보니 부목사에게 기도 받고 갔다는 것이다. 귀신 쫓는 은사를 받았다는 부목사였다. 이미 그 가정을 심방해서 귀신쫓기 기도를 했다는 정보였다.

“담임목사님은 바쁘셔요. 이건 제가 맡아서 기도할 게요. 저에게는 귀신 쫓는 은사를 주셨거든요.”

그 정신 도둑맞은 아이의 어머니에게 그러더란다. 필자는 분통이 터졌다. 담임목사가 못 쫓은 귀신을 부목사가 내쫓았다면 신자들의 인기가 하루아침에 그리로 확 쏠릴 것 아닌가.

“악령들이 담임목사와 부목사 사이를 갈라놓지 못하게 하시옵소서.”

그것이 담임목사로서 필자의 기도였다.

아무튼 귀신은 쫓겨나지 않은 채 그 여전도사와 아들은 더 이상 교회에 나오지 않았다. 귀신을 더 잘 쫓아내는 교회로 갔을 것 같았다.

“그 귀신은 좀 멍청이었나 봐요. 부목사가 기도할 때 냉큼 나갔어야 교회가 둘로 쪼개지는 거고, 그것이 사탄의 똘마니들인 귀신들의 목표가 달성되는 거 아니오.”

목회자 세미나에서 그 사례를 들며 필자는 그렇게 언급했다.

“그것보다는 담임목사와 부목사 사이를 갈라지지 않도록 기도하신 것이 응답되었다고 봐야 하겠지요.”

그렇게 은혜로운 평가를 한 목사도 있었다.

이런 과정을 통하여 필자는 다른 교회 집회에서도 귀신 쫓는 사역에 적극 나섰다. 예수님께서 제자들을 전도현장으로 파송하시면서, ‘귀신을 쫓아내라’(막 10:8) 하신 말씀을 무효화시켜서는 안 되기 때문이다. 게다가 사탄의 사역은 예수 그리스도의 구원사역을 방해하는 일이요, 교회를 파괴하는 일이기 때문이다.(마 16:23, 계 9:11)

1917년 러시아공산혁명으로 시작되었다가 70여년 만에 무너진 무신론적 공산주의 정치는 사탄의 최고 사령탑이라 할 수 있고 ‘붉은 용’(계 12:3) 곧 마귀권세의 극치라고 할 수도 있다. 그들은 교회와 기독교학교들을 파괴했고 달력도 일주일에서 주일을 잘라내어 6일제로 만들었다. 성경을 박멸하고 그리스도인의 씨를 말리려 했다. 그리고 1억 명을 죽였다. 사탄과의 싸움은 이처럼 우주적 규모의 전쟁이기도 하다. 사탄과 귀신의 힘을 과소평가할 일이 결코 아니다.

"그러나 사탄 가운데 제일 무서운 사탄은 광명의 천사 곧 '자기 자신'의 모습으로 가장한 사탄이지요. 그게 바로 가룟 유다에게 예수님을 팔 생각을 넣어준 사탄입니다. 그러므로 신앙생활이 무엇이냐고 물으면 자기라는 모습으로 가장한 사탄과의 끝없는 격투라고도 할 수 있습니다."

그렇게도 가르쳤다.

사실 사탄과 악령을 쫓아내는 퇴마 사역(ministry of exorcism)은 질문이 많은 부분이다. 하나님이 창조주이시고 절대 주권자이신데 그 사탄의 세력을 모두 제거해 버리시면 될 걸 왜 그냥 두시는지 그런 물음부터 이처럼 문명 특히 의학이 발전한 시대에 정신의학으로 설명할 수 있는 걸 왜 그토록 미신 수준에서 접근하느냐는 물음까지 논의해야 할 일이 많다.

그러나 유니온교회는 성경말씀을 단순하게 믿고 따르는 하나님의 자녀들일 뿐이다. 유니온교회가 창설되고 두 번째 주일에 필자는 '내게로 데려오라'는 제목으로 설교했다. 변화산에서 내려오신 예수님께서 간질 귀신에 붙잡힌 소년을 구원해 내신 사건(막 9:14-29)을 본문 삼았다. 그 설교가 요약되어 주보에 게재되었는데 그 가운데 다음과 같은 말씀이 있다.

"예수님은 이 모든 문제를 해결하셨습니다. 귀신을 쫓아내고 소년의 생명을 구하셨습니다."

이것이 유니온교회의 믿음이다.

표어는 하나님의 지팡이

말에 대한 부정적인 평가가 많이 있다. 예수님께서도 기도를 가르치실 때에 "중언부언하지 말라."(마 6:7)고 하셨다. 새번역 성경에는, "빈 말을 되풀이하지 말아라."로 번역했다. "말이 많으면 허물을 면하기 어렵다."(잠 10:19)는 지혜도 있다. 한국 속담에도 '말 많은 집에는 장맛도 쓰다.'고 했다. '웅변은 은이고 침묵은 금'이라는 금언도 우리 귀에 익숙하다.

그러나 말을 그렇게 부정적으로만 보아서는 안 된다. 온 인류의 문명이 바로 말과 글을 도구로 해서 성립되고 발전되었다. 지금 말과 글이 한 순간에 없어진다면 도대체 어떻게 될까. 언어가 불통하게 되니까 바벨탑조차 무너졌다는 사건(창 11:1-9)이 우리에게 명확한 대답을 제공한다. 아니 무엇보다도 예수님께서 하늘의 언어 그 자체이셨다는 사실(요 1:14)이 언어의 힘을 웅변으로 말해 준다.

언어는 하나님의 계시를 담은 그릇이다. 하나님은 행동으로 말씀하시고 사건으로도 말씀하신다. 하지만 그 행동과 그 사건도 언어로 기록되고 전달될 수밖에 없지 않은가. 긴 말 할 것이 아니다. 언어의 힘을 가장 잘 활용하신 분이 예수님이시다. 모세가 '하나님의 지팡이'(출 4:20)로 홍해를 가른 것보다 더 큰 힘을 언어에 담아 놓으셨다. 비유라는 이야기 형식도 있고 표어 같은 농축된 언어형식도 있다.

유니온교회는 이 같은 성경적 전통 특히 예수님을 모범으로 삼았다. 설교를 할 때마다 듣는 사람들이 마음 깊이 담아가지고 가야할 내용을 간단한 문장으로 정리했고 그것을 강조했다. 그런데 성경말씀을 표어 형식으로 만드는 경우가 많았다. 그리고 목회 프로그램에도 그것을 적용했다. 표어는 핵심함축성, 간결성, 호소력, 기억성, 문학예술성 등을 생명적 요소로 한다. "꺼진 불도 다시 보자"가 그 대표적 사례이다. 이 표어가 얼마나 많은 화재사건을 막았는지, 얼마나 많은 생명과 재산을 보호했는지 아무도 모를 만큼 그 숫자가 엄청나지 않은가. 이런 것이 속담도 되고, 잠언도 되고, 모토나 슬로건도 되고, 로고도 되고, 금언도 되고 격언도 된다.

이런 표어 정치를 뛰어나게 잘 하는 국가가 있다. 북조선이다. 1989년에 방문했을 때 평양 시내 높은 건물에는 정치적인 구호가 많이 걸려 있었다. 농촌 마을 입구에는 아예 여러 개의 표어 입간판을 모아 표어탑을 만들었다. 새빨강 글씨였다. 모든 인민이 그걸 다 외우게 한다. 철저히 외워야 한다. 금강산 바위에는 엄청나게 큰 글씨로 '주체'라고 써 놓았다. 표어의 위력을 익히 알고 있기 때문이다.

필자는 표어를 만드는 은사를 받았다. 1977년도쯤일까. 한국일보사에서 가정의 달 표어 모집을 했을 때 우리 부부가 낸 작품이 당선작이 되어 텔레비전 한 대를 상품으로 받았다. "가정 밖에 낙원 없다, 잘 가꾸어 행복 찾자."였다. 이 같은 '표어 사업'은 목회현장으로 옮겨졌다. 어린이 축구팀을 만들면서, "넣자, 또 넣자, 한 골 더 넣자"는 표어를 생산해 냈다. 영어로는, " Goal, Goal, One More Goal"이었다. 한국과 멕시코 국가대표팀 친선경기에 그 현수막을 가지고 응원을 갔었는데 텔레비전 중계가 되어 또 한 번 표어 역할을 단단히 해냈다. 찬양대가 특별행사 준비를 할 때에는, "하나님께 드리자, 명품음악 작품을"이라는 표어를 걸었다. "예수님처럼, 꼭 예수님처럼" (Like Jesus, Just Like Jesus)은 필자가 창안해 낸 것은 아니다. 일반적으로 쓰이는 것을 한국어 문장만 손을 보았다. 그러나 이것이 유니온교회 영구표어가 되었다. 그런 이래 표어를 많이 만들어 냈다. 성결교회 표어로는, "온전한 구원, 거룩한 생활" (The Full Salvation, The Holy Life)도 필자의 초안을 성결교회 선진화연구위원회에서 함께 다듬었다.

유니온교회 30년 역사에 기록된 증언 가운데 그런 표어들과 관련된 것들 몇 가지를 여기에 소개한다.

장미꽃도 감사, 가시도 감사

추수감사주일은 미국에서는 대단한 명절이다. 추수감사절은 미국 역사와 밀접하게 관련되어 있기 때문이다. 교회에서는 주로 11월 셋째 주일에 지키는데 추석으로 하면 어떻겠느냐는 논란은 별로 없다. 우선 11월 첫 주일이 되면 필자는 강단 위에서 설교하기 전에 이렇게 시작한다.

"유니온 가족 여러분, 11월은 추수감사의 달입니다. 그러므로 한 달 동안은 무슨 일에나 감사하셔야 합니다. 원망하지 말고, (그러면 온 성도들이 '감사하고'로 응답), 신경질 내지 말고, (감사하고), 신경질 팍팍 내지 말고, (팍팍 감사하고), 이건 좀 야한 말이라 사용하기가 부담되는데요, 지랄하지 말고, (감사하고), 지랄 지랄하지 말고, (감사 감사 하고)…."

이것이 유니온교회 감사주일 사역의 꽃이다. 장미꽃도 감사하고 장미꽃을 있게 한 가시는 더 감사하자는 뜻이다. 인생의 덧셈은 물론 감사하지만 뺄셈은 더욱 더 감사하는 것이 바로 십자가 믿음 아닌가. "장미 꽃도 감사, 가시도 감사"라는 표어는 어느 복음성가의 일절이다.

감사절에는 어린이들은 과일 바구니를 정성껏 만들어 제단을 장식한다. 아이들이 한 아름씩 들고 와서 제단 앞에 놓고 '하나님 감사합니다.' (Dear Lord, Thank You 혹은 I Give Thanks to You)라고 외친다. 그리고는 그 과일은 추수감사절 잔치에서 함께 나누어 먹는다. 추수감사주일 오후에는 가족별, 사랑팀별, 기관별 경창대회를 연다. 각 나라 선교복장을 입고 출연하여 심사를 하고 시상한다. 혹은 공원이 바로 교회당 건너에 있어 운동회도 종종 갖는다.

성탄절은 특별하게 지키지는 않는다. 그래도 가난하고 어려운 사람들을 돕는 일을 빠지지 않고 실천한다. 사랑을 나누는 절기이기 때문이다. 무숙자선교기관에 옷을 모아 기증하는 일, 뜨거운 음식을 제공하는 일, 부모를 감옥에 둔 자녀들에게 성탄선물을 보내는 Angel Tree 운동에 동참하는 일, 흑인자매교회를 통하여 캔 음식을 몇 십 상자 보내는 일들이다. 아무래도 성탄절은 흥겹게 지내게 되지만 그러나 예수님께서 이 세상에 오신 목적이 무엇인지 깊이 되새기고 그 일을 한 가지씩이라도 꼭 해내는 절기로 지킨다.

필자는 늘 예수님을 사랑 그 자체라고 생각한다. 성경에 그렇게 명확하게 기록되지는 않았지만 예수님께서 "내가 곧 사랑이니라."고 선언하셨을 것으로 추정한다. "내가 곧 길이요 진리요 생명이니라"(요 14:6) 하신 것처럼 말이다. "하나님은 사랑이심이라"(요일 4:16)는 말씀이 그런 뜻 아닌가. 그래서 나온 표어가, "온 인류의 가슴마다 예수 사랑 깊이 심자"였다. 이 표어를 외치면서 성도들은 예수님의 십자가 사랑을 자신의 가슴골 깊이 심어놓게 되는 효과가 있다.

목회 캘린더와 상관없는 절기들이 있다. 우선 결혼식이다. 지난 30년 동안 150번 정도 주례를 했다. 결혼식에는 서로 의견 다른 것을 교통 정리하는 것이 주례자의 큰 임무이다. 부모의 간섭을 되도록 줄이고 신랑신부가 주도하도록 격려한다. 결혼 주례해 준 부부가 이혼했다거나 혹은 부부가 싸운다는 것이 주례자를 매우 서글프게 한다. 주례자가 십자가 사랑으로 서로 사랑해서 '건강한 때에나 병든 때에나, 즐거운 때에나 괴로운 때에나, 넉넉한 때에나 가난한 때에나…. 죽음이 서로를 나눌 때까지' 사랑하도록 하나님과 여러 증인들 앞에서 엄숙하게 서약도 했는데 그런 것들이 다 무효화 되고 말았다.

결혼식은 "생산성"이 핵심이다. 남편과 아내가 서로 생산적이어야 한다. 아기를 생산하는 것이 이를 웅변으로 말한다. 그것과 함께 서로 성숙해지는 과정이어야 하고 서로 행복을 생산해 내는 과정이어야 한다. 그리고 가족문화가 매우 중요한 아시아권에서는 양쪽 대가족들에게도 생산적이어야 한다. 게다가 무엇보다도 교회를 섬기는 부부팀이 되어야 한다. 궁극적으로는 하나님의 형상 회복 곧 십자가에서 보여주신 하나님의 사랑을 실천하는 과정이어야 한다. 그래서 예수 그리스도는 신랑이고 교회는 신부라는 교훈(엡 5:22-33)의 실천과정이어야 한다. '한 번 결혼은 평생 결혼'이라는 표어를 쓰지만 그렇지 못한 서글픈 사연들도 적지 않다.

장례식은 몇 번이나 집례 했는지 기록을 남기지 않았다. 미국식 장례식은 한국식보다는 많이 간소화되었고 공원묘지에서 대부분 잘 관리해 준다. 장례식은 실상 임종기도에서부터 시작된다. 담임목사의 임종기도를 기다렸다가 운명하는 사례도 많아서 임종기도는 결코 소홀히 해서는 안 된다. 특히 죄를 고백 받은 적도 있고, 구원의 확신을 불어넣을 기회이기도 하다. 그래서 임종기도와 장례식 준비에 대한 지침서를 마련하여 사용했다.

장례식 설교는 장례식마다 조금씩 다르기는 하지만 대체로 하늘나라 이민 가는 일로 죽음을 풀었다. 인생이란 아버지 몸에서 어머니 몸으로 이민 오고, 모태에서 이 세상으로 제2차 이민을 오고, 이 세상에서 하늘나라로 이민 가는 것으로 비유했다. 마치 모태에서 이 세상으로 이민 오는 것이 고통스럽기에 펑펑 우는 것처럼 하늘나라로 이민 가는 데도 많은 고통이 따르지만 결국에는 이 세상에서 맛볼 수 없는 행복에 도달하게 된다고 설교했다. '죽음은 하늘나라 이민 가는 길'이라는 표어를 사용한다.

'한 영혼 살리기 말씀축제'는 유니온교회가 부흥회를 일컬어 사용하는 용어이다. 한 영혼이라도 살려내려는 말씀 축제가 되도록 하자는 의도성이 포함되어 있다. 유니온교회는 특별집회를 대체로 1년에 한 번씩 열어왔다. 건너 뛴 해도 몇 번 있었지만 일 년에 두 번 집회를 가진 일도 없었다. 매 주일 예배와 매일의 새벽기도회를 특별집회로 만들자는 시각에서 목회를 했기 때문에 '특별' 집회를 줄일 수 있었다. '보통 집회'로 넉넉했지만 그래도 일 년에 한 번을 개최한 것은 은혜 받기 위하여 다른 교회 특별집회에 가는 이들이 있었기 때문이다.

그런 이유로 강단을 담임목사가 독점하지 않았다. 강단을 개방하게 되니 그에 따르는 부작용도 있었는데 특히 담임목사 목회방침을 거슬려 놓는 경우도 있었다. 특히 미국 사정을 잘 모르는 한국의 부흥강사들이 상대적 진리를 절대화시키는 '범행'이 빈번했다. 그래서 성도들에게 필요하면 사전교육과 사후교육을 베풀었다.

"성숙한 신앙을 갖는 사람은 담임목사와 성경을 다르게 푸는 강사가 있으면, '그렇게 풀어도 은혜가 되네요'라고 이해합니다. 어느 쪽이 맞고 어느 쪽이 틀리다고 할 것이 아닙니다."

"그렇게 풀어도 은혜가 되네요." 그 표어가 매우 간단하지만 효과가 큰 사전교육이고 사후 교육의 대표 사례였다. 특별강사의 명예도 보존하고 성도들에게 신앙성숙의 기회로 삼는 전략이었다. 그래서 지금까지 한 영혼 살리기 말씀 축제는 은혜로운 집회가 되었다. 사람의 말로 듣지 않고 하나님의 말씀으로 듣기 때문이다.(살전 2:13)

성찬예식은 일 년에 두 번 한 적도 있고 네 번도 실행했다. 어느 해에는 매 달 한 번씩 시행하기도 했다. 그런 체험에서 볼 때 일 년에 6번 곧 두 달에 한 번씩이 은혜의 도구로서의 효과가 크다고 생각했다. '성찬예식은 예수님 살로 바꾸기,' 혹은 '예수님 피로 바꾸기'로 강조한다.

성찬예식 때 회중들의 자세는 걸어가며 받기, 서서 받기, 무릎 꿇고 받기, 앉아서 받기, 누워서 받기(예수님처럼)가 있지만 교회문화에 적응하기 위하여 떡은 앉아서 받고 잔은 서서 받는 것을 제일 많이 실천했다. 그러나 가끔 무릎 꿇고 혹은 걸어가며 받는 방식도 사용했다. 그리고 성찬예식 전 식사를 금식하도록 권고했고 흰 옷 입는 것도 권고했다. 배종은 당회원 장로들이 주로 맡았지만 때때로는 교역자가, 혹은 안수집사나 기관장이 참여한 경우도 있다.

세례예식은 '영혼 목욕탕 다녀오기'로 강조했다. 사전교육을 충분히 해서 거듭난 증거가 있을 때에만 세례를 베풀었다. 그리고 유아세례는 논쟁은 있지만 신앙 교육상 유익하다고 판단되어 미주성결교단 헌법에 규정했는데 그 제안자는 바로 필자였다. 세례예식도 물 붓기, 물 뿌리기, 물에 담그기, 물로 지나가기, 물에 씻기의 다섯 가지 방식이 용인되어 있고 그 나름의 뜻이 있다. 그러나 세례 곧 물 뿌리기를 주로 했으며 본인이나 부모가 침례 곧 물에 담그는 것을 원할 경우 그대로 수용했다. 성결교회 초기에는 침례도 실시했기 때문이며 성경적으로는 침례가 더 주종(主種)이기 때문이다. 세례는 회개하고 거듭난 표징으로 베풀지만 세례 자체가 은혜의 도구로서의 능력이 어느 정도 작용한다고 이해했다. 논쟁적 교리이지만 현장목회사역의 결과이다.

세례 받기로 작정했으면 믿음이 부족해도 꼭 세례를 베풀도록 했다. 세례문답하고 이런 저런 일 때문에 세례를 미룬 사람 몇이 그 사이에 불상사가 생겼던 체험이 있었다.

언행일치, 설행일치

유니온교회가 개척예배 때부터 제일 많은 시간을 배정한 것은 바로 설교였다. 유니온교회만 그런 것이 아니고 개신교회는 대체로 마찬가지이다. 그것은 개신교회는 '성경만으로'(sola Scriptura)라는 구호 아래 말씀 중심의 사역을 사명삼고 있기 때문이다. 교황을 최고 권위로 삼는 가톨릭교회가 개신교회를 가리켜 '종이 교황'(paper pope)을 모시고 산다는 비판을 가하고 있어도 개신교회는 성경을 '정확 무오한 하나님의 말씀이요 신앙과 생활의 최고표준'으로 흔들림 없이 고백하고 있다. 예수님께서 그 모범을 보여주셨다.

"내가 율법이나 선지자를 폐하러 온 줄로 생각하지 말라. 폐하러 온 것이 아니요 완전하게 하려 함이라."(마 5:17)

여기에서 '율법이나 선지자'는 구약성경의 핵심부분인 율법서와 예언서를 뜻한다. 따라서 예수님은 구약성경을 완성하러 오신 분이시다. 그러므로 그 분은 성경을 가르치시고 이것을 복음 곧 기쁜 소식의 형태로 전파하시는 사역에 생애를 바치셨다. 이 사역을 통하여 영혼을 구원하시고 하나님의 나라를 건설해 가셨다.

"천국 복음을 전파하시며."(마 9:35)

그리고 이 복음전파에 관한 거룩한 일을 제자들에게 부탁하셨다. 물론 제자들 곧 사도들도 이 사명을 잘 인식하고 있었다.

"너희는 온 천하에 다니며 만민에게 복음을 전파하라."(막 16:15)

여기에서 '만민에게'는 '모든 피조물에게'가 원문의 뜻이다. 따라서 모든 사람뿐만 아니라 모든 만물을 구원하시려는 예수님의 뜻이 잘 나타나 있다.

교회의 머리이신 예수 그리스도에게서 이런 사명을 받은 까닭에 유니온교회는 최선을 다하여 이 말씀을 실천해 나아갔다.

우선 예수님의 설교 특징을 정리해 보았다. 앞서 이 책 4장 '하나님의 복음을 설교하여'에서 중요한 것 7개 항목만 소개한다. 1)설교사역을 삼대 사역의 하나로 제시하셨고 십자가 위에서 죽으실 각오로 설교하셨다. 2)설교의 목적은 온전한 구원과 하나님 나라 건설이다. 3)항상 하나님 아버지께서 주시는 말씀을 설교한다는 확신이 있으셨다. 4)기적, 인격, 생활을 통하여 설교하심으로 삶 자체가 설교였다. 5)이야기법과 비유법 등 청중 중심의 언어를 많이 사용하셨다. 6)구약성경을 새롭게 해석하며 설교하셨다. 7)설교 듣는 사람들이 변화, 성장, 문제해결을 가져오도록 설교하셨다.

필자의 설교사역은 기본적으로 예수님의 설교 원리를 따르려고 했다. 본문도 복음서에서 제일 많이 선택했다. 설혹 구약성경을 본문으로 했다 해도 꼭 예수 그리스도의 구원사역과 연관하여 설교했다. 지옥설교와 사탄에 대하여 싸워 이기도록 자주 설교했다. 다만 회중이 다르고 그들의 삶의 장황(context)이 다르며, 필자가 예수 그리스도를 닮을 수 없는 한계가 있기 때문에 설교의 주제와 목적은 같으나 세부적인 표현은 다를 수도 있었다.

설교는 일 년 단위로 계획했다. 성경 66권의 핵심을 매 주일마다 설교하기도 했고, 주제설교도 했다. 인물설교도 했고, 교리설교도 했다. 찬송가의 요절성구를 설교하기도 했고, 성경의 유명한 구절을 설교하기도 했다. 그 해의 목회주제를 풀어서 설교하기도 했고, 기적만 뽑아서 설교한 적도 있다. 가정복음화의 해가 되면 가정생활에 대한 성경말씀과 사례들을 본문으로 채택했다. 신앙성장의 해에는 어떤 것이 성숙한 신앙인가에 초점을 두어 설교했다.

원고설교 곧 원고를 써서 차근차근 읽는 설교를 몇 번 시도했다가 중단했다. 오히려 내용과 성경 본문을 외워서 설교했으며 설교가 끝난 뒤에는 조각글로 정리해서 매스 미디어에 내어 보내기도 하고 책으로 출판도 했다. 물론 설교 테이프도 보급했다. 눈과 눈이 마주치는 설교를 했다. 다만 설교노트는 반드시 작성했으며 그 노트에는 설교의 목적이 구체적이며 달성 가능한 것으로 짧은 문장 하나에 담았다. 목적 있는 설교를 하려고 했다. 일 주일이면 평균 7회 설교했으며 그렇게 계산하니 목회 31년 동안 1만 번 넘게 설교했다는 통계가 나왔다. 그러나 매 설교마다 감동적인 말씀 혹은 심장과 뇌리에 오래 남을 한 마디는 꼭 포함되도록 노력했다. 다음과 같은 것들이다.

"이등은 없다, 시퍼렇게 살아계신 하나님, 막판 뒤집기의 하나님, 숨통만은 열어 놓으시는 하나님, 앞도 막히고 뒤도 막혔지만 하늘이 열렸다. 신앙명문가가 되어야 한다. 예수님의 장기로 이식수술 받는 것이 믿음이다. 지옥은 쓰레기통이다. 참 살 길 여기 있다. 인생은 사형선고 받고 집행날짜만 기다리는 존재다. 임직식은 십자가 처형식이다. 전도사에서 목사로 강등되었다. 예수 믿으면 지옥가정이 천국가정으로 바뀐다. 예수님은 축구공이시다. 예수님은 그네다. 예수님은 팽이다. 예수님은 배터리다. 교회는 영혼 세탁소다. 교회는 영혼 주유소다. 열매를 먹은 만큼 열매를 맺어야 한다. 질투심은 늙지도 않는다. 하나님은 늙지 않으신다. 이상한 일이 벌어지면 하나님께서 함께 하시는 증거다. 이슬비 성령을 받은 사람도 있고 소낙비 성령을 받은 사람도 있다. 모태신자는 '못 해' 신자다……."

담임목사로서 가장 큰 고민이 있다면 그건 바로 설교에 걸려 있다. 로스앤젤레스 지역에는 한인들이 많이 모이는 사업장이나 식당들이 많다. 기독교 신자가 70%나 되기 때문에 자연 목사의 설교는 그들의 단골 화제감이다. 거기에서 설교의 등급이 결정된다는 속설이 있다. 그것 말고도 설교 테입, 라디오, 텔레비전 등 매스미디어 채널을 통하여 설교가 방출된다. 그래서 치열한 설교경쟁이 벌어진다. 오죽하면 목사들 사이에 "설교만 없으면 목회는 할 만하다"는 말들이 돌겠는가.

그러나 설교가 어려운 것은 설교자는 말로 설교한 것처럼 행동과 생활로 그 모범을 보여주어야 하는 책임 때문이다. 표어로 하면, "인간은 언행일치, 신자는 신행일치, 목사는 설행일치"여야 했다. 설행일치란 설교한 것과 행동하는 것이 일치되어야 한다는 뜻이다. 말로는 천사인데 생활로는 사탄이면 그런 목사는 하나님에 대한 반역자일 뿐이다. 그런데 그게 참 어렵다. 그래서 설교는 십자가를 지고라야 할 수 있다. 아니 '예수님처럼 꼭 예수님처럼' 설교하도록 혼신의 힘을 기울여야 한다. 비록 예수님을 크게 닮지는 못한다 해도 예수님처럼 설교하려고 애쓰는 모습만 보아도 성도들에게는 감동이 되지 않을까.

하지만 설행일치 목회가 그처럼 쉬운 것은 아니다. 이런 일도 있었다.

"아빠, 내일 학교에 와서 선생님 만나면 되도록 엄마가 말해 주세요."

"그건 왜?"

"엄마 영어가 더 좋으니까요. 아빠는 악센트와 발음이 좋지 않아요."

"인마, 한국에서 배운 영어니까 한국식으로 말하는 게 무어 잘못이냐?"

"한 가지 더 있어요. 아빠는 목사라고 하지 마세요."

"그건 또 무슨 말이냐?"

"아빠가 목사인 걸 친구들이 알면 사기꾼이냐고 놀려요."

"……?"

지금은 선교사로 헌신하고 있지만 중학생 아들의 그런 말에 할 말을 잃었다. 그것이 무슨 뜻인지 알고 있기 때문이다. 그 때 미국 텔레비전 부흥사 두 사람의 사기행각이 만천하에 폭로되었다. 텔레비전에 한 시간만 나가서 토크 쇼를 하면 몇 천만 달러를 모으던 이들이었다. 에덴동산 같은 신앙마을을 조성한다는 미명 아래 모금을 했는데 그것도 새빨간 거짓말이었다. 여비서와의 스캔들이 폭로되고 이어서 창녀 집에 상습적으로 드나든 것이 드러났다. 그래서 사기죄로 45년 징역형을 선고받았다. 언론들은 '성령운동이 45년 징역형을 받았다'고 야유했다. 그리고 창녀들은 자가용 비행기까지 타고 오는 그들이 화대에는 제일 인색했다고 조잘댔다.

그러니 아들이 그런 말하는 것도 이해가 되었지만 필자에게는 크나큰 충격이었다. 그래서 또 한 번 결심했다. 인격이 높은 목회자가 되리라는 결심이다.

"원래 빅톨 유고가 쓴 '장발장'이라는 소설에 나오는 미가엘 신부 같은 목사가 되고 싶었습니다. 도벽이 심하던 장발장이 그 집에서 저녁도 먹고 잠자리도 제공받았지만 한밤중에 은촛대 하나를 훔쳐 도망갔지요. 그러나 경찰에 체포되어 그 신부 집으로 붙들려 왔습니다. 전후 사정을 알아차린 미가엘 신부가 무어라 했습니까? '미스터 장발장, 왜 촛대를 하나만 가져갔어요, 내가 저것까지 둘 다 가져가라고 했는데….여기 있소, 이것도 가져가시오.' 그런 목사 말입니다."

예수 믿으면 예수님의 인격을 닮아야 한다는 게 너무도 당연한데 지금 온 세계의 교회지도자들 가운데는 인격이 바닥난 이들 때문에 예수님께서 또 다시 십자가를 지고 피 흘리며 골고다로 올라가셔야 한다. 세상에 이처럼 처절하고도 비통한 일이 목사나 신부에게 또 있겠는가.

작은 교회 목사들 가운데도 사고를 일으키는 이들이 없지 않겠지만 작은 교회 목사들이 일으킨 잘못은 소형사고라 할 수 있다. 이것은 큰 교회 목사들이 사고를 치면 대형사고가 된다는 말이다. 그런 대형사고가 전 세계에서 벌어진다. 벌써 미국에서도 여러 번 여러 번 터졌다. 미국 복음주의협의회 대표는 동성애 합법화를 선두에 서서 반대하는 운동을 펼쳤다. 그런데 그런 반대운동 와중에 동성애자에게 색성 서비스를 받은 것이 탄로가 나서 예수님의 이름이 천하에 조롱거리가 되었다. 한국교회에서도 그런 일이 벌써 몇 건이나 되던가?

"하나님의 이름이 너희 때문에 이방인 중에서 모독을 받는도다."(롬 2:24)

그 말씀 그대로다. 그럴 때마다 필자는 세례자 요한처럼 소리 높여 외치기도 했고 비수 같은 글을 쓰기도 했다. 그런 불상사가 미주한인교계에서 연속적으로 언론에 터진 적이 있었다. 특히 이민 사기꾼으로 지탄받는 목사들이 꽤 많았다. 교회를 통하여 영주권 해주겠다고 돈을 잔뜩 챙겼다가 그것이 안 되자 돈을 돌려주지 않는 사례들이다. 교회에 헌금한 것인데 어떻게 돌려주느냐는 것이 이유였다. 그런 상황에서 〈교회공신력향상특별위원회〉가 조직되었고 그 위원장을 담임목사가 맡은 적도 있다. 제일 힘든 단체의 책임을 맡은 셈이다.

"사람에게는 체격이란 말도 있고 성격이라는 말도 있습니다. 체격이 좋아야 하고 성격이 또한 좋아야 하듯이 인격도 좋아야 하고 특히 영격이 좋아야 합니다. 그런데 개신교회는 누구나 목사가 될 수 있고 누구나 교회를 개척할 수 있는 제도 때문에 교회부흥의 장점도 있지만 인격이 파산된 지도자들 때문에 교회가 함께 망하기도 합니다."

위원회가 모였을 때에 그런 개탄도 했고 또 그 내용을 정리하여 교포일간신문에 게재한 적도 있다. 인품이 좋은 목회지도자를 육성하려면 신학교육이 정비되어야 하고, 징계제도가 없는 독립교회보다는 교단에 소속되도록 해야 할 것도 제안했다. 신학대학원 지원자들에게 적성검사와 성격검사도 해야 하고, 교양과목도 이수시킬 것도 권고했다. 그러나 그것으로 문제가 해결될 것 같지 않았다.

"목사는 아무리 선량해도 적대세력이 있고 아무리 악해도 추종세력이 있게 마련입니다."

교계를 취재하는 어떤 일간신문 평신도 언론인의 체험담이다. 세상에서 기독교를 향하여 쏘아대는 비판의 화살들이 무엇인가 몇 가지 사례를 들어 보면 이렇다.

"위선자들이다. 믿는 사람 많아도 믿을 놈은 없다. 교회주식회사이다. 교회는 목사의 철밥통이다. 십자가가 녹슬었다. 목사들의 인격이 밑바닥 수준이다. 지킬 박사와 하이드 씨일 뿐이다. 입만 천당에 가 있다. 돈을 제일 쉽게 버는 곳이 바로 교회다. 겉으로는 양의 가죽을 쓰고 있으나 속에는 도적질하는 이리 심장을 가졌다…….”

최근 미국에서는 가톨릭교회 신부들이 저지른 성폭력 때문에 성당을 팔아 배상금을 주어도 모자랄 정도가 되었다. 그래서 몇 개의 교구가 파산신청을 법원에 냈다. 그러니 그런 비판이 전혀 근거 없는 건 아니다. 기독교회나 천주교회나 거기서 거기였다.

“너희 의가 서기관과 바리새인보다 더 낫지 못하면 결코 천국에 들어가지 못하리라.”(마 5:20)

이런 말씀이 우리 그리스도인들에게 무시무시한 경고가 되고 있다. 결코 기독교의 진리가 잘못된 것이 아니다. 예수님을 믿고 따른다는 우리 교회지도자들이 못 돼 먹어서 그런 지경에 이르렀다. 기독교의 진리는 근본적으로 인격을 높이는 진리를 담고 있다. 인격이란 대신 관계, 대인 관계, 대물 관계, 대자기 관계에서 드러나는 것 아닌가. 그런데 예수님의 교훈은 한결같이 하나님의 입장에서 살아야 한다, 남의 입장에서 살아야 한다, 특히 약자의 입장에서 살아야 한다는 걸 핵심으로 하지 않는가.

“네 이웃을 네 몸과 같이 사랑하라, 네가 대접 받기를 원하는 대로 먼저 대접하라, 네 문의 들보를 먼저 빼고 다른 사람 눈에서 티를 빼라, 지극히 작은 자 하나에게 한 것이 곧 내게 한 것이니라, 낮아지고 겸손해져라, 인자는 섬김을 받으려 함이 아니라 섬기려고 왔노라….”

이런 정도의 말씀만으로도 예수님의 인격이 얼마나 고상한 수준인가를 짐작하고도 남는다. 예수님은 심지어 원수의 입장에 서서 그들을 용서하셨다. 그리고 아무 쓸모없는 죄인 하나를 살리시려고 십자가 위에서 죽으시고 그 생명을 대속물로 주셨다.

예수 믿으면 인격이 고매한 지도자가 된다. 예수님을 닮기 때문이다. 스스로 지도자가 되는 것이 아니라 다른 사람들이 지도자로 삼는다. 유니온교회에는 그런 사명을 주셨다. 그래서 완벽한 수준은 아니나 모범적 신자들이 모였다는 평가는 자주 들었다.

필자에게도 돈에 대한 유혹이 있었고, 색성에 대한 유혹도 더러 겪었고, 좋은 머리로 도박 한 탕 하면 금방 대박을 터뜨릴 것이라는 유혹도 받았다. 그러나 단호하게 거절했다. 타락의 결과가 무엇인지만 생각해도 그런 유혹을 이기게 된다는 걸 체험했다. 유니온교회의 파산, 가정 파탄, 자녀들에 대한 부끄러움, 내가 집례하여 세례 받은 사람들과 결혼주례 받은 사람들과 제자들의 수치심, 몸담고 있는 성결교회와 가르쳤던 몇몇 신학대학원들 이름에 먹칠, 저술했던 여러 권의 책들이 쓰레기가 되는 것…. 상상만 해도 너무 무서운 결과다. 특히 십자가 지신 예수님께서 내 앞에 갑자기 나타나셔서 타락의 길을 막아주셨다.

“그러므로 하늘에 계신 너희 아버지의 온전하심과 같이 너희도 온전하라.”(마 5:48)

그리고 이 말씀을 목회와 신앙생활의 목표로 삼아온 열매였다. 그처럼 단정한 인품을 유지한 결과 은퇴한 뒤에 〈월간 목회〉 잡지 (2011년 4월호)에 "목회자의 성윤리를 점검한다"는 글을 마음 가볍게 쓸 수 있었다. 하여튼 '인간은 언행일치, 신자는 신행일치, 목사는 설행일치' 하나님께서 주신 금언이다.

우리 주님 심방의 날

구역을 발전시키는 것은 신앙성장과 교회확장의 또 다른 효과적 전략이었다. 교회의 구역제도를 본 따다가 공산당에서는 세포조직으로 만들었는데 그만큼 구역제도가 조직운영에 큰 역할을 한다는 산 증거 아닌가. 유니온교회는 개척 초기에는 구역이 하나뿐이었지만 30주년이 될 때에는 소그룹이 통틀어 45개 정도 되었다. 다른 교회들이 구역을 목장, 사랑방, 성경공부반, 큐티반 등으로 이름하지만 셀(cell) 곧 세포라는 말로 통칭한다. 공산당 조직운영에서 다시 역수입한 셈이다.

유니온교회는 소그룹 이름을 나중에 사랑팀으로 이름했다. 이들은 작은 교회여서 역시 '신앙성장과 구역확장'이라는 기조 위에서 운영했다. 임원 곧 구역장과 총무 그리고 강사를 훈련했다. 강사라고 하니까 자꾸 강의식으로만 하려는 성향이 강해서 토의식 대화식으로 바꾸도록 '말씀 지도자'로 이름했다. 교회 안에서는 연령별로 셀 그룹을 조직하여 '목적이 이끄는 삶' 같은 교재를 가지고 주일 오후에 일제히 모여 말씀을 배웠다. 교회가 활성화되고 학습능률이 올랐다.

그러나 사랑팀장들의 고충과 개선안을 자주 들어보았다. 한 동안은 구역예배 혹은 사랑팀 예배를 드릴 장소가 없어서 고민이 크다는 것을 알게 되었다. 구역예배가 무슨 가난한 집 제사 돌아오듯 그렇게 자주 하느냐는 불만들이 있다는 것이다. 그래서 기도 끝에 표어를 하나 제정했다.

"구역예배 드리는 날, 우리 주님 심방의 날"

표어는 모세의 지팡이처럼 홍해를 가르는 힘이 있었다. 이 표어를 주일예배에서 반복하여 복창하니까 구역예배가 예약제로 바뀌었다. 그 이전까지는 구역예배 곧 사랑팀 예배를 드릴 때 주님께서 심방해 주신다는 걸 의식하지 못했는데 생각이 달라지니 삶이 달라졌다는 평가였다.

"주님이 심방 안 하시면 마귀가 얼씨구나 하고 심방할 터인데요?"

그런 말도 덧붙였다.

유니온교회는 첫 10년 발전계획 7년차인 1987년에는 자체성전을 마련했다. 그것도 은행부채는 다 갚지 못했지만 그런대로 외형은 갖춘 셈이다. 그리고 9년차에 가서야 리버사이드에 지교회를 설립함으로써 명실 공히 '생산능력이 있는 자립교회'가 되었다.

그러나 이때부터 담임목사는 공부할 기회를 달라고 하나님께 매어 달려 기도하기 시작했다. 이만하면 목회자로서는 부끄럽지 않을 정도의 소명은 달성했기 때문이다. 그리고 공부에 대한 은사도 있고 실적도 있었다. 무엇보다도 하나님께서 필자의 글을 사용하시겠다는 음성을 잊지 않고 있었다.

교회에는 결단하고 사표를 제출했고 당회는 마지못해 수리했다. 그리고 청빙위원회도 조직했다. 그런데 항간에 악성 루머가 돌아다녔다. 교회 돈을 크게 축냈다느니, 도박장 출입을 했다느니, 스캔들 들통이 났다느니 그런 것들이다. 교회가 든든하게 서가는 터에 사임한다는 건 큰 교회 담임이나 교수로 부임하는 것 외에는 전혀 납득이 안 되는 데서 생긴 유언비어였다.

당회는 즉시 사표를 반려했다. 담임목사도 '외밭에서 신발 끈을 매서는 안 된다'고 판단해서 일단 없는 일로 했다. 그러나 이것이 교회성장의 동력을 현저히 떨어뜨렸다. 목양일념을 해도 교회성장이 어려운 터였다. 그런데 담임목사가 흔들흔들하게 되니 회원 수와 출석률 통계, 그리고 더더욱 헌금액수가 현저히 떨어졌다.

그러다가 1992년에는 클레어몬트신학대학원 철학박사 과정에 입학이 허용되었고 동양선교교회가 설립 운영하는 월드미션대학교의 학감직 제의가 있었다. 그것을 하나님의 부르심으로 확신한 필자는 교회에 사표를 제출했다.

후임자로 내정된 목사를 하나님과 필자 외에는 아무도 모르게 특별집회 강사로 초청했다. 집회가 매우 성공적이었다. 성도들이 많은 은혜를 받았다. 그런 결과 후임목사 후보를 추천하게 되니 필자의 사임이 수월하게 받아들여졌다. 1992년 6월에 담임목사 교체식이 있었다.

그러나 지도력 교체는 실패였다. 개척목사와 2대목사의 목회전략이 너무 차이가 컸다. 그것을 성도들이 이해하지 못하고 교회를 떠나게 되었다. 내적 갈등이 많은 것은 어디에나 있는 일이지만 이걸 조정하지 못하자 신자들의 교회출석률이 현저히 줄었다. 그러자 후임목사가 사임하고 다른 부임지도 없이 떠나게 되었다.

생각해 보면, 필자가 담임목사직을 사임하고도 교회 근처에 살고 있다는 것도 실책이었다. 후임목사가 지도력 교체에 안착할 수 있도록 치밀하게 조치해 놓지 못한 것과 성도들을 사전 교육하는데 소홀했던 것도 원인이었다.

필자가 유니온교회에 다시 돌아오게 된 데는 사례비를 받지 않고도 담임사역을 할 수 있다는 현실적인 여건이 더 중요하게 고려되었다. 건물상환비도 내기 어려울 정도였으니 말이다. 그리고 담임목사가 장기 공석이 되면 교회 내 갈등이 더욱 크게 증폭될 조짐이 충분했다.

아무튼 필자는 '억지로 띠를 띠고 신발을 신은 것'처럼, 개척했던 교회에 다시 부임하여 담임사역을 하게 되었다. 항간에 비판도 있었지만 교회를 살리겠다는 각오로 부임했다. 하지만 교회의 성장회복이 매우 느렸다. 게다가 교회성전 이전이라는 큰 과업이 교회성장을 가로 막고 있었다. 다행인 것은 교회 이전할 때까지 2년 동안 교회는 그래도 조금씩 성장해 갔다.

2천 년대 2천 명

그러다가 1995년 9월에 웨스트 코비나 시로 넓은 시설을 마련하여 이전하게 되었다. 처음에는 코리아타운에서 오던 신자들이 열심히 그 곳까지 출석했다. 그러나 점차 줄어들어갔다. 25마일 떨어진 곳으로 이전했으니 가까운 거리는 아니다.

그 대신 교회가 있는 근처에서 꽤 많이 몰려왔다. 심방해 달라는 아우성이 있었다. 그때는 학교 공부가 거의 마쳐갈 때였다. 독일어 시험도 끝냈고 종합시험도 마쳤다. 지금 수강하는 두 과목만 마치고 논문만 쓰면 되는 일이었다. 그리고 논문도 이미 목회학 박사학위 때 쓴 것을 좀 더 깊게 이론화하고 체계화하면 될 것이라는 지도교수의 언질이 있었다. 그래서 1년만 더 열심히 하면 학위를 끝낼 것 같은 자신감이 들었다.

그러나 '와서 우리를 도와주시오' 하는 새가족들의 아우성이 필자를 심히 괴롭혔다. 공부하는 것이 결국 영혼 구원하고 하나님 나라 건설하자는 것인데 잃은 양들을 외면하게 되니 목자의 심정이 얼마나 고통스러웠는지 모른다.

"너는 이미 목회학 박사학위가 있는데 뭘 철학박사까지 하려 하느냐? 나이도 이미 53세 아니냐."

그런 음성을 듣고는 수강 중인 과목도 끝내지 않고 중단했다. 그 때부터 교회는 다시 성장하고 확장되어 갔다. 그래서 '2천 년대 2천명'이라는 목표를 세웠다. 그 때 회원수가 548명이었다. 이 목표는 마침내 2000년에 달성되었다. 그해 말에 회원수가 1,003명이었다. 물론 '믿음의 숫자'도 있다. 그리고 지교회와 선교지 교회 모두 통틀어 집계하면 2,000명이 훨씬 넘었다.

통계숫자를 억지로 짜 맞춘 흔적이 있다. 허위숫자라며 회개하라고 해도 변명할 생각은 없다. 그러나 목회 현장에서는 생명 하나하나가 얼마나 중요한지에 주목해야 한다. 가령 교회회원명부를 사무총회록에 수록했는데 거기 자신의 이름이 빠져 있다면 행정책임자의 입장에서는 "그럴 수도 있지"라고 생각한다. 그러나 이름 빠진 당사자에게는 치명적이다. 하나님 나라 생명책에 이름이 없다면 어떻게 될 것인가. 실제로 불법체류자 사면령이 미국에서 내려졌을 때 교회 등록명부가 근거서류가 되어 영주권을 얻은 사례가 몇 건 있었다. 그런 점에서 교회통계를 이해해야 한다.

아무려나 두 아이를 가진 이윤철 부부가 두 아이와 함께 1,000 번째 등록하는 신자가 되었다. 유니온교회는 이를 공표하고 조그만 선물을 증정했다.

한편 이와 같은 교회 회원 수 증가는 한국의 교회들과 비교하면 그야말로 새발의 피였다. 한국의 교회들은 매주일 새로 등록하는 신자들만 20명, 30명, 혹은 평균 50명이라는 보고들이다. 일 년 안에 1천 내지 2천 명의 새로운 교인들이 들어온다니, 그런 자랑을 들으며 미주교포교회 목사들은 사뭇 주눅이 든다. 하지만 교포교회는 한인인구는 잘 늘지 않고 목사들이 많아 교회 간의 경쟁은 얼마나 치열한가. 그래서 교포교회 1명을 한국교회 10명의 비율로 계산하는 관례가 생겨났다. 실제로 미주교회는 장년 50명만 되어도 재정적으로는 자립교회에 속한다.

2000년대가 되면서 필자는 동양선교교회의 담임목사로 청빙 받는 사태가 벌어졌다. 그 교회는 임동선 목사가 개척해서 미주교포교회의 대표적 대형교회로 성장했다. 그런데 독립교회로 남아 있어 유익한 점도 많고 동시에 그 폐해도 꽤 컸다. 그래서 이정근 목사를 청빙하여 성결교단과 그 교회가 조직한 '세계선교연합회'가 통합하려는 숨은 계획이 있었다. 그러나 이정근 목사의 담임목사 청빙 안이 당회에서 통과되었으나 공동총회에서 20표가 모자라 부결되고 말았다.

이 일로 필자는 '틈만 있으면 도망갈 궁리만 하는 못 된 목사'라는 비난을 뒤집어썼다. 그래서 유니온교회에는 담임목사직 사표를 제출했다. 하지만 유니온교회 당회는 그의 사표를 12대 1로 즉각 반려결의를 했다. 동양선교교회는 유니온교회에 문서로 사과했고 그 사과문을 언론에 게재하기도 했다. 58세가 되면서 필자는 유니온교회에서 목회를 마치겠다고 공언했지만 그 때부터 교회는 성장이 현저히 둔화되었다. 담임목사가 자주 흔들리니까 신자들도 교회에 대한 충성도가 뚜렷하게 떨어졌다. 게다가 담임목사가 60대에 들어서게 되면 교세는 현상유지 아니면 줄어드는 것이라는 통계도 있다.

새로 방문하는 사람들도 전보다 현저히 줄어들었고 출석인원도 마찬가지였다. 특히 세례 받는 사람이 눈에 띄게 줄어서 어떤 때는 부활주일과 성탄주일에도 유아세례와 입교자뿐이거나 혹은 아예 세례식이 없는 해도 있었다. 비록 유니온교회에만 국한된 사태는 아니라 해도 목자에게는 힘이 쭉 빠지는 일이었다. 교회는 그런대로 성도들의 신앙도 성장하고 헌신도도 현저히 높아지고 있으나 영혼 구원하는 일이 많은 열매를 맺지 못했다. 필자는 가벼운 탈진상태에 빠지기도 했다. 열매 없는 무화과나무처럼 주님의 꾸중을 들을까봐 무섭기도 했다. 한인교포들은 전도한계점에 도달했기 때문이라고 변명도 해 보고, 혹은 내려갔다가 올라가겠지 하는 위로도 했다. 그러나 필자는 무언가를 획기적으로 전환하겠다는 생각에 빠져들기 시작했다.

이것이 유니온교회 성장과정이다. 교회성장을 기적적으로 이루지는 못했지만 기초가 튼튼한 교회를 차근차근 쌓아간 것으로 평가할 수 있다. 이렇게 되면서 '유니온교회 성장모형'이라는 주제로 목회자 세미나를 할 수 있게 되었다. 교단 안에서도 했고 교단을 초월한 세미나도 열었다. 그리고 국제적 모임에서도 발표했다. "생산능력이 있는 자립교회 성장론"과 "신앙성장과 교회확장 모형"으로도 풀었다.

유니온교회가 교포교회로서 그만큼이라도 성장하게 된 것은 다음과 같은 몇 가지 이유가 있었다. 1) '예수님처럼, 꼭 예수님처럼' 해 보겠다는 목회원리를 채택했으므로 성공할 수 밖에 없다. 2)담임목사의 신앙성장 우선정책과 교회확장 보완전략이 적중했다. 3)모범적 교회가 되도록 함으로 교회 이미지가 좋았다. 4)학교모형 목회를 지향함으로 자녀교육 욕구를 채울 수 있었다. 5)담임목사의 지도력 하에 교회가 갈등과 분열이 없었다. 6)교회시설이 좋고 주차장이 넓고 성전이 아름답다. 7)성도들이 신앙훈련을 잘 받았으며 헌신도가 높았다.

그러나 더 크게 자랄 수 있는 교회가 그것밖에 못 성장했다는 평가를 유니온교회에 내릴 수 있다. 그 원인들을 다음과 같이 분석했다.

1) 담임목사가 유니온교회에 뼈를 묻겠다는 평생사역의 결단을 보여주지 못했다. 2) 담임목사가 이민신자들의 욕구를 채워주는 영성목회보다는 중산층에 적중하는 균형성 목회를 선호했다. 3)성결교회라는 교단적 제한성이 있다. 4) 담임목사가 목양일념하지 못하고 공부가 전업이고 목회는 부업으로 했다. 5)교회가 한인들의 밀집 주거지에서 떨어져 있다. 6) 담임목사가 대형교회를 이끌 지도력을 갖추지 못했고 그런 동기와 비전도 없었다. 그래서 결국 교회개척 계획에 포함시킨 것처럼 "생산능력이 있는 자립교회"에 머물게 되었다. 필자 주제에 그만한 규모로 목회하게 된 것도 주님의 은혜로 알고 은퇴한 지금도 감사할 따름이다.

교회는 하나님 나라의 모형이다. 그리고 하나님 나라는 예수님의 여러 교훈에 강조된 것처럼 확장되어 나가야 한다. 기름진 땅에 뿌려진 씨앗처럼, 누룩처럼, 그리고 겨자씨처럼 크게 자라가고 널리 퍼져가야 한다.

영어도 잘 하고, 한국말도 잘해요

예수님께서 하나님 나라 선포 사역 곧 구원 사역과 교회건설 사역을 시작하신 곳은 대로마제국 동쪽 구석에 있는 작은 나라였다. 그 가운데서도 갈릴리, 예루살렘, 그리고 유대 땅이 중요한 무대였다. 그것은 바로 동족을 상대로 한 목회였다.

"이방인의 길로도 가지 말고 사마리아인의 고을로도 들어가지 말고 오히려 이스라엘 집의 잃어버린 양에게로 가라."(마 10:5-6)

앞에서도 인용한 말씀이다.

1987년 12월 6일 주일 오전예배는 〈예루살렘한인교회〉에서 드렸다. 그 날의 기쁨과 감격은 무어라 표현할 길이 없다. 그런데 우리 성지순례단 일행이 40여 명이나 되었고 현지에서 공부하는 목회자도 여럿인데 그 날의 설교를 필자가 하게 되었다. 그 때의 제목이 '차라리 코리안에게로 가라'였다. 같은 민족을 선교하는 것이 일차적 사명이라는 걸 확실하게 보여주시는 말씀으로 풀었다.

예수님께서 무슨 민족주의자여서 자신의 동족 곧 좁게는 유대인이고 넓게는 이스라엘 사람들에게 먼저 가라고 하신 것은 아니다. 하나님 나라 건설 전략상 '동족전도부터 해라' 그 말씀이다. 유니온교회는 이 같은 예수님 말씀에 따라 동족 선교에도 힘을 쏟았다.

1982년 어간에 장리욱 박사가 유니온교회에 가끔 출석을 했다. 도산 안창호 선생의 수제자로서 흥사단을 통한 독립운동을 했고, 서울대학교 총장과 주미한국대사를 역임한 분이다. 그리고 교회의 장로였다. 그 분이 사범대학 학장도 역임했는데 필자가 서울사대 졸업생이라고 기뻐하면서 개인적으로 이런 말씀을 남겼다.

"리 목사님, 유니온교회 사역을 통하여 온 민족을 교육하신다는 것을 잊지 마셔야 합니다."

한국인으로서는 미국에서 교육학을 전공한 첫 번 인물이란 점을 생각할 때 그만큼 무게있는 교훈이었다. 마침 필자도 대학과 대학원에서 국어교육학을 전공했고 국어를 고등학교와 대학에서 가르쳤던 경험도 있어 '애국적 신앙'의 체질이었다.

유니온교회 이름이 개척 초기에는 '유니온한인교회'였다가 몇 년 뒤에 '한인'을 삭제했다. 미국에서는 인종차별 문제가 매우 민감한 사안이라 그러는 것이 좋겠다는 미국교회 지도자들의 조언이 있었다. 비록 유니온교회에 백인, 중국인, 일본인 등 코리언 아닌 사람들이 조금씩 늘어가고, 특히 영어교회는 다인종교회로 변모되어 가는 과정에 있지만 주류는 아무래도 한인들이다.

그러므로 유니온교회를 바른 교회 곧 주님께서 기뻐하시는 교회로 키우려면 코리언들에게 우선적으로 전도해야 했다. 그리고 유니온교회를 모범교회로 키우는 것이 바로 동족 선교의 출발점이었다. 그것이 교회성장에 더 큰 힘을 기울이게 된 연유였다.

우선적으로 한 일이 〈유니온한국말학교〉의 개설이다. 개척 초기부터 시작된 이 한국말학교는 "영어도 잘 하고, 한국말도 잘 해요"라는 표어를 사용하면서 자라나는 교포청소년들에게 모국어를 가르쳤다. 물론 모국어 교육을 통하여 인간교육과 신앙교육을 해보겠다는 계획이었다. 유니온교회에 교육전문가들이 많이 모여 충분한 인력이 있었고 시설도 좋았다. 그래서 첫 해부터 80명 넘는 학생들이 등록하여 열심히 배웠다. 교사들도 열정적이었다. 특히 한국말 여름학교 혹은 한국말 여름 캠프를 한 것은 미주교포사회에서 유니온교회가 선두주자였다. 교재도 유니온교회가 제작하여 사용했다. 미국 교육구로부터 한국말 교육기관으로 공인 받기도 했다.

그리고 개체교회를 지교회로 후원하여 세워 나가고 또 연약한 교회들을 도왔다. 정말 열심히 도왔다. 그런데 거의 대부분 '한인교회'들이다.

매스미디어 활동을 통하여 동족 전도에 힘을 보탰다. 남북 미주와 한국 그리고 다른 여러 나라에 흩어진 코리언 디아스포라들에게도 전도하며 양육하는 메시지를 던졌다. 인터넷이 개발되면서 심지어 아프리카에 있는 한인들에게도 사역했다.

동족선교는 미국 교도소 안에까지 확장되었다. 교도소에 한영성경을 보냈는데 그것을 읽고 구원받은 사람들이 있었다. 필리핀인도 있고 한인들은 여럿이다. 살인범으로 복역하다가 석방되어 사역자가 된 사람도 있다. 남자도 있고 여자도 있다. 그리고 한국의 담안선교회, 오네시모선교회 등을 돕기도 했다. 미국교도소 수감자를 한국교도소로 이송시키는 운동에도 협력하여 좋은 열매를 맺었다.

군인들을 선교한다는 것은 동족선교의 또 다른 사명을 수행하는 일이었다. 2000년 10월 1일부터 4일간 〈육해공 본부교회〉 집회를 인도한 것이 계기가 되기도 했다. 매 집회마다 2천명 내외가 모여 말씀을 들었다. 계급은 훈련병부터 별 셋을 단 중장까지였다. 육군 제2훈련소에서 사병으로 복무했던 필자는 이 때 군대전도가 얼마나 중요하다는 것을 다시금 절실히 깨달았다. 그래서 2003년 10월 25일에는 제2훈련소 진중세례에 유니온교회가 참여했고 특히 세례 받은 3,243명에게 성경과 선물 나누어주는 비용을 부담했다. 이렇게 하여 하루에 3천 명을 구원한 초대교회의 역사(행 2:41)가 재현되었다.

국방부에서 발행해서 모든 군인들이 읽는 〈마음의 양식〉에 게재된 글들의 제목은, '군대생활은 자기와의 싸움이다,' '목표물을 명중시켜라,' '앞도 막히고 뒤도 막히고,' '손가락은 약하나 주먹은 강하다,' '죽음아, 네가 이제야 오느냐,' '군인은 누구나 장군입니다,' 그런 것들이다.

"생각만 바꾼다면 군대생활도 극장에서 쇼를 보는 것처럼 즐겁고 신명나는 것이다. 특히 무언가를 배우려고만 한다면 그것은 다른 곳에서는 전혀 배울 수 없는 고귀한 인생수업이 될 것이다."

"참다운 군인은 적을 죽이는 것을 배우기 전에 자기를 죽이는 것은 배운다고 한다."

이 두 가지는 그 책 겉표지와 속표지에 인용되었다. 그것은 목회현장에서의 영적 전쟁에도 똑같이 적용되는 교훈으로 자신을 향한 외침이었다.

살아도 유니온, 죽어도 유니온

유니온교회를 개척한 지 12년이 지났다. 성전을 구입하며 교회가 더 잘 성장하여 갔다. '생산능력이 있는 자립교회'수준을 훨씬 넘어서게 되었다. 필자 나이도 50세나 되면서 목회전성기였다. 기독교교육신학으로 Ph.D. 학위과정에 입학이 되었기로 학문연구에 심히 목말랐던 갈증을 채우려고 담임목사직을 사임했다. 그리고 공부에 몰두했다. 생활은 아내가 공립학교 교사가 되어 먹고 살며 자녀교육은 시킬 만 했다. 참으로 보람차게 1년을 보냈다.

그런데 유니온교회 후임목회자가 갑자기 사임을 했다. 그로 인해 교회에는 큰 혼란이 왔고 다툼이 생기면서 많은 신자들이 떠나는 사태가 생겼다. 이민 온 사람들이다보니 교회 떠나는 것도 쉽게 생각하는 풍조였다. 이미 다른 교회를 거쳐서 유니온 가족으로 편입된 사람들이 많으니까, 어떤 신자는 자기 나이와 똑같은 숫자의 교회를 거쳐 온 사람도 있으니까, 예상할 수 있는 일이었다.

어느 날 남아 있는 장로와 기관장들이 우리 집엘 찾아왔다. 다시 돌아와야 한다는 것이었다.

“그런 말씀은 꺼내지도 마세요. 다른 분을 모신다면 추천은 해드릴 수 있겠어요. 하지만 저는 아닙니다.”

“아닙니다. 목사님이 안 돌아오시면 교회는 문을 닫습니다. 교인이 절반 더 나가고 계속 줄어듭니다. 그리고 무엇보다도 헌금은 더 줄어들었어요. 교역자 사례비를 못 드리니까 부교역자들도 모두 떠났습니다. 그리고 성전건물 융자금 상환금이 벌써 밀려가기 시작하니까 이제 교회당도 은행에 넘겨줄 수밖에 없습니다.”

그러면서 눈물을 흘리는 분도 있었다. 그러니까 결국 다시 담임목사로 돌아와서 무보수로 시무해 달라는 요청이었다.

“목사님, 개척하신 교회가 문 닫는 것을 보셔야 시원하시겠습니까?”

그렇게 협박조의 응석을 부리는 분도 있었다. 난감했다. 그 때 절실하게 한 번 더 깨달은 것이 있었다. 개척한 교회는 꼭 자식 같았다. 자녀들이 말썽을 부리면 한국의 부모들은, “저 녀석 다시 뱃속에 집어넣을 수도 없고…” 그렇게 말한다. 그런데 자식도 말썽 없이 잘 자라는 놈보다 지질히도 못난 아이가 더 불쌍해 보인다. 그래서 고민을 많이 했다.

“주님, 왜 이리도 저를 혼란시키십니까. 글 쓰는 목사 되도록 부르셨는데, 그래서 공부도 더 하고 학위도 완성해서 신학대학의 충성스럽고 지혜로운 교수가 되려고 사임했는데요. 저는 어떻게 해야 합니까? 이번에 못하면 공부는 끝장입니다.”

그런 기도를 여러 번 반복하며 하나님의 응답을 기다렸다. 찾아온 장로들은 주일설교만 하시고 남은 시간에 공부하시면 되지 않느냐고도 했다.

하여튼 다시 유니온교회로 돌아왔다. 돌아오는 법적 절차를 밟을 때에 남은 신자들이 투표를 했는데 나의 부임을 반대하는 표가 15% 넘었다. 만장일치가 될 것이라 예상한 필자가 바보였다. 그때 반대했던 신자들은 또 다른 교회로 이적해 갔다.

돌아와 보니 교회당이 텅 빈 느낌이었다. 그래서 하나님 앞에 재부임 첫 설교 본문으로 로마서 14장 8절 말씀을 기도하며 선택했다.

–우리가 살아도 주를 위하여 살고 죽어도 주를 위하여 죽나니 그러므로 사나 죽으나 우리가 주의 것이로다.

영어의 church라는 말은 원래 '주님의 것'(퀴리아코스)라는 헬라말이 그 뿌리라는 것, 그래서 유니온교회는 주님의 것이요 주님의 몸이라는 요지였다. 그리고 나서 표어를 발표했다.

"살아도 유니온, 죽어도 유니온"이었다. 그걸 여러 번 큰 소리로 외치고, 반복해서 외쳤다. 교회 안의 모든 모임이 있을 때마다 이 표어를 외치며 기도하도록 했다. 설교 때마다 설교자가 느닷없이 "살아도 유니온"그렇게 외치면 자동적으로 회중들은 "죽어도 유니온"이라 했다.

그렇게 하면서 주일예배 출석자가 반전되기 시작했다. 한두 달이 지나면서 현저히 늘어갔다. 유니온교회를 살리자는 기도와 결단이 매우 뜨거워져 갔다. 그리고 그것이 새로운 성전을 구입하자는 표어로 발전했다. "넓은 성전 마련하여, 자손만대 축복 받자."

성령의 사람, 악령의 사람

'지남철 목사'가 되었으면

하나님은 유니온교회에 안나 같은 분들을 보내주셨다. 안나는 결혼 7년 만에 홀모가 되었지만 성전을 떠나지 않고 주야로 금식하며 기도하는 84세 된 할머니였다. 그래서 마침내 메시아의 탄생을 보게 되었다.(눅 2:36-38) 지금도 예루살렘 성전 가까이 안나기념교회가 다소곳이 자리잡고 있다.

유니온교회가 문을 연 지 두 달쯤 되었을 때 할머니 한 분이 등록신자가 되었다. 한매 권사였다. 이효신 권사(양인은 장로 모친)의 안내로 걸음걸이가 불편해서 지팡이를 짚고 예배에 참석하였다. 한매 권사는 한국교회사에 별처럼 반짝이는 인물인 김교신 선생 부인되는 분이다.

김교신 선생이라면 우리는 〈성서조선〉이라는 신앙잡지를 생각하게 된다. 그분이 발행인이었다. 김 선생은 일본식민지시대 정권이 그 구독자들까지 잡아서 투옥시킨 성서조선사건의 주인공이다. 김 선생은 비록 무교회주의를 표방했지만 실상 일본성결교회에서 신앙생활을 시작한 분이다. 그런데 그 아내 되는 분이 우리 교회 신자로 등록했다. 83세였다.

한매 권사는 이효신 권사와 함께 기도의 어머니이셨다. 이효신 권사의 남편 되는 분도 김교신 선생과 함께 〈성서조선〉 운동에 적극 참여했기에 서로 오랜 친분이 있었다. 그 두

분은 마치 예루살렘 성전의 두 기둥 야긴과 보아스처럼 유니온교회를 위하여 하나님이 보내주신 기도의 버팀목이었다.

"목사님, 저는 목사님께서 '지남철 목사' 되라고 기도합니다. 유니온교회 오는 신자마다 딴 데로 가지 않고 목사님께 쩔꺽쩔꺽 들러붙는 지남철 말입네다."

한매 권사는 아주 진지한 태도로 그런 말씀을 했다. 함경도 사투리가 아직 남아 있었다.

"아이고, 권사님 감사합니다. 그렇지만 앞으로는 남자만 눌어붙도록 해 주세요. 여자는 곤란해요."

그 말 듣고 그분도 웃음을 터뜨렸다. 이민교회에는 방문신자는 많은데 한 번 왔다가는 그만인 사람들이 꽤 있으니까 답답해서 그런 기도를 한다는 뜻이다. 교회와 목사를 그토록 사랑하는 분이 있다는 것만으로도 큰 격려가 되었다. 교회성장원리에서는 구심력 전도의 전략인데, 되도록 사람을 끌어당기는 유인(誘因, incentive)을 많이 확보하라는 의미이다. 쉽게 말하면 낚싯밥이 좋아야 한다는 기도이다.

그 때부터 어떻게 하면 죽어가는 저 영혼을 하나라도 더 끌어당기는 지남철 목사가 될까 고민도 많이 하고 연구도 많이 했다. 왜 유니온교회에 와서 정착하게 되는가, 왜 아예 올 생각을 않거나 왔다가 다시 안 오는가, 그런 원인분석도 하고 성장정책도 세워갔다. 그리고 유니온교회 한 번이라도 다녀간 방문신자라도 유니온교회 회원이라는 계산법을 사용하기 시작했다.

한 번은 한매 권사 댁에 가정심방을 했던 적이 있다. 그 유명한 함경도 가자미식해가 포함된 사랑의 점심을 대접받았다.

"목사님, 이제 신자들 이름을 다 못 외우니 어쩌지요? 1백 명 넘으니까 자꾸 잊어버려요."

"그럼 권사님 이제까지는 다 외우셨어요?"

필자는 놀라서 여쭈었다. 그랬더니 그 분이 방문을 열면서 침실로 들어오라고 했다. 그런데 침대 맞은 편 벽에 큼직한 글씨로 유니온 가족들의 이름이 아이들까지 모두 적혀 있었다. 그 가족들의 이름을 하나하나 부르며 간절히 기도해 왔다는 간증이었다.

"노인들은 시간도 많고 잠도 잘 안 오니 유니온 식구들 위하여 간절히 기도해 달라는 목사님 말씀 듣고 그대로 해왔지요."

그런데 이제 신도 수가 1백 명을 넘어가니 이름 외우기가 어렵게 되었다는 뜻이다. 그분께서 유니온교회에서 9년 가까이 주님을 섬기다가 하늘의 부르심을 받았다. 숨을 거두는 그날까지 조금도 흐트러짐 없이 남편 김교신 선생처럼 단정하게 신앙생활을 하셨다. 그분은 바로 성령의 사람이셨다. 비둘기 같은 성령, 이슬비 같은 성령을 받으신 분의 모범이시다.

결단코 상을 잃지 아니하리라

유니온교회에서 30년 목회를 하면서 얻은 중요한 결론의 하나는 하나님에게 축복 받는 신자도 있고 채찍을 받는 신자도 있다는 사실이다. 잠시 축복 받는다고 해서 영원한 축복이 아닐 수도 있고, 잠시 채찍을 맞는 것이 오히려 하나님의 좋은 상급일 수도 있다. 그러나 확실한 것 한 가지는 유니온교회 하나님은 상급을 주시는 분이면서 또 벌도 주시는 분이시라는 사실이다. 상 받고 벌 받는 것이 인간이 사는 사회에서도 흔히 볼 수 있는 것은 바로 성삼위 하나님의 이런 본성이 녹아진 것으로 이해했다.

유니온교회 행전을 기록하면서 그 벌 받고 매 맞은 이야기들을 꼭 기록해 두고 싶은 내적 음성이 들려온다. 그것 때문에 기도도 여러 차례 했다. 그러나 포기했다. 그것이 하나님에게 벌 받은 일인지 아니면 오히려 상 받은 일인지는 하나님과 본인 자신만 알게 되기 때문이다. 예수님께서 십자가 위에서 죽으신 것은 온 인류의 범죄 때문에 대신 저주 받으신 일이지만 그것은 또 하나님에게 큰 상을 받을 만한 일이란 뜻이다. 하나님께서 하시는 일은 상도 벌일 때가 있고 벌도 상일 때가 있다. 그래서 판단을 유보해 둔다.

그러나 축복의 원리와 벌 받는 원리만은 가르치고 설교했다. 성경에는 그런 원리들을 여러 가지로 제시하고 있다.

선지자를 영접하는 사람은 선지자의 상을 받는다.(마 10:41) 작은 자 하나에게 냉수 한 그릇이라도 주는 자는 결단코 상을 잃지 않는다.(마 10:42) 하나님을 기쁘시게 해야 상급을 받는다.(히 11:6) 원수를 사랑해야 상급을 받는다.(마 5:47) 좋은 것을 심어야 좋은 상급을 받는다.(갈 6:7-8) 선한 일을 많이 해야 상급을 받는다.(계 22:12) 다섯 달란트, 두 달란트, 혹은 열 므나 혹은 다섯 므나를 남겨야 상급을 받게 된다.(마 25:19-23, 눅 19:16-17) 십일조를 드리는 사람이 축복을 받는다.(말 3:10) 주 안에서 죽어야 복이 있다.(계 14:13) 이 밖에도 여러 가지를 성경말씀으로 풀 수 있다. 그래서 하나님은 상주시기를(벌주시기보다) 훨씬 기뻐하시는 분이시다. 하나님을 찾기만 해도 상을 받는다고 했다.(히 11:6)

유니온교회에서 헌신하고 충성한 분들이 그런 원리를 잘 따른 결과 하나님이 주시는 은복을 많이 받았다. 어떤 장로가정이 한국에서 이민 왔을 때 심방하여 기도제목을 물었다.

"유니온교회에서 십일조 제일 많이 드리는 가정 되도록 기도해 주세요."

아직 이민 보따리도 제대로 풀지 못한 형편인데 그런 기도제목을 내놓았다. 담임목사는 그대로 기도했다. 가락시장에서 장사했다는 분이다.

그런데 가게 하나를 내더니 이내 둘로 확장 했다. 그러더니 드디어 여섯 달 안에 유니온교회에서 십일조를 제일 많이 드리는 가정이 되었다. 하나님의 축복이라는 말 빼고 무엇이라고 설명할 수 있을까? (1990년 2월 25일 주간뉴스)

유니온교회는 개척자금 한 푼 없이 시작했다. 그리고 헌금함을 놓고 헌금자 명단도 공개하지 않았다. 나중에는 헌금자 명단을 헌금확인 목적으로 기록하여 공개하는 것이 좋겠다는 여론에 따라 주보에 게재했지만 개인헌금 액수는 끝내 공개하지 않았다. 그러나 30년 동안 재정이 모자라 하나님의 일을 못한 적이 별로 없다. 그리고 그때마다 하나님께서 헌금에 은사 있는 분들을 보내 주셨다.

"우리는 하나님의 움직이시는 손을 헌금함에서 보았습니다."

재정을 맡으신 분들이 여러 차례 그렇게 간증했다. (1988년 1월 10일 주간뉴스)

개척 15년을 지나 사역 후반기에 들어섰을 때에 매년 7월을 십일조 강조의 달 혹은 재정헌신의 달로 지켰다. 그 때마다 담임목사는 이런 설교를 했다.

"유니온교회에 필요한 재정을 하나님은 하늘 문을 여시고 큼직한 돈 주머니 하나를 뚝 떨어뜨려 주실 수 있습니다. 그러나 굳이 우리들에게 헌금하라 하시는 이유가 있습니다. 축복 받을 씨앗을 뿌리라는 뜻입니다."

그래서 필자 가정도 때때로 식품을 제대로 못 조달하면서도 교회를 위하여 재정헌신만은 열심히 했다. 그러나 하나님께 드린 것보다 그분으로부터 상급 받은 것이 훨씬 더 많다. 넓은 성전을 구입할 때 유일한 재산인 주택을 팔아서 제단에 드렸다. 그랬더니 은퇴할 때에는 집에 걸려 있는 은행 부채를 모두 갚을 수 있었다. 그리고 자녀들이 훌륭하게 성장한 것은 유니온교회 성도들이 모두 알고 있다. 신앙도 잘 잡아들었다.

필자의 아내에 대한 간증은 별로 안 했다. 그는 미국에서 초등학교 교사와 캘리포니아 주립대학교 강사로 일하면서 교회를 돌보았다. 교회 사모는 그 역할로 보아, 1)사령관 형, 2)동역자 형, 3)비서 형, 4) 주부 형, 5)하녀 형이 있다고 하니까, 본인 스스로 하녀 형 사모가 되겠다고 결심했다. 은사대로 헌신하는 것이니까 무슨 형이 되든지 그것대로 좋은 것이지만 하여튼 하녀형의 섬기는 목사부인이 되니까 축복을 넉넉하게 주셨다.

1992년 4월 29일 흑인폭동이 일어나 한인들의 사업장이 폐허가 되었다. 필자는 그 때 이런 설교를 했다.

"여러분, 십년 뒤에 어떻게 되나 봅시다. 잃어버린 사람이 더 잘 사나 불태우고 약탈해 가는 사람들이 더 잘 살게 되나 눈을 크게 뜨고 살펴봅시다. 앞이 막히고 뒤도 막혔어도 하늘이 열려 있다는 걸 믿는 사람과, 땅만 보며 사는 사람 사이에 누가 더 잘 살게 되나 봅시다. 우리 주 예수님은 '거꾸러뜨림을 당하여도 망하지 않는 분'이십니다. 우리 하나님은 '학대를 받을수록 흥왕하게 하시는 분'이십니다."(고후 4:9, 출 1:12)

유니온교회 장로 한 분은 그때 사업장이 제일 먼저 불태워지는 타격을 입었다. 그 일로 고통이 너무 심했다. 생계도 막연하고 자녀교육비도 난감했다. 하지만 취직을 하고 사업을 다시 일으켜 부인이 경영하게 되었다. 그래서 마침내 집을 한 채 사서 입주감사예배를 드렸다. 그것이 바로 폭동 난 지 10년이 되는 해였다. 10년 뒤에 평가해 보자는 말 그대로였다. 이런 간증들은 여러 가지 사례가 더 있다. 유니온교회에 오면서 축복을 받았는가 혹은 꾸중을 들었는가 여론조사를 한 적도 있다. 축복받은 가정의 비율이 훨씬 높았다. 물론 벌 받은 사람들은 여론조사에 응답을 안 했을 것이라는 점도 있다.

거듭 말한다. 유니온교회 하나님은 장미꽃도 축복으로 주시고 가시도 축복으로 주시는 분이시다. 그래서 가시관을 쓰고 피를 철철 흘리는 경우라 해도 하나님에게 문책을 받는다고 할 필요는 없다. 하나님은 그 사랑하는 자녀에게 징계의 채찍을 주시기 때문이다.

"징계는 다 받는 것이거늘 너희에게 없으면 사생자요 친아들이 아니라."(히 12:8)

그런 점에서 마지막까지 살펴보아야 한다. '막판 뒤집기'를 자주 하시는 하나님을 끝까지 주목해 보아야 한다.

"분명한 것은 하나님은 축복하시기를 기뻐하시는 분이십니다. 교회 일도 하나님 혼자서 다 하실 수 있지만 굳이 우리들에게 직분을 맡겨서 교회를 이끌어 가시는 이유가 무엇입니까? 우리들에게도 축복해 주실 기회를 제공하시려는 것이 그 목적입니다. 그러므로 교회 직분을 맡았으면 게으르거나 엉터리로 해서는 안 됩니다. 심은 대로 거둔다 하셨으니 큰 상급을 받을 만큼 열심히 헌신하셔야 합니다. 저도 그렇게 살고 있습니다."

그런 설교를 여러 번 했다. 그리고 그것이 필자 개인의 간증이기도 하다.

그리스도께서 어찌 나뉘었느뇨

목회는 마귀와의 전쟁이다. 예수님께서도 이 땅 위에서 사역을 시작하셨을 때에 사탄의 역사가 강하게 나타났다. 사탄의 첫째 시험은 십자가를 무효화시키려는 음모였다. 둘째 시험은 성전 곧 교회를 무효화시키려는 음모였다. 그리고 마지막 시험은 예배를 무효화시키려는 음모였다.

예수님께서 교회설립계획을 밝히셨을 때에 베드로조차 사탄의 하수인이 되었다. 사탄은 그만큼 교회설립에 겁을 집어먹기도 했다. 그와는 대조적으로 예수님은 그만큼 교회를 사탄의 침공으로부터 철저히 보호하셨다.

"사탄아, 내 뒤로 물러가라. 너는 나를 넘어지게 하는 자로다. 네가 하나님의 일을 생각하지 아니하고 도리어 사람의 일을 생각하는도다."(마 16:23)

십자가 지는 것을 강압적으로 만류하는 베드로에게 단호하게 하신 말씀이다. 교회는 예수 그리스도의 십자가 위에 건설된 하나님의 나라 모형인데 십자가를 빼어버리면 교회는 사탄의 소굴로 바뀌게 된다. 예수님은 교회를 '음부의 권세가가 결코 이기지 못한다'고 선언하셨는데 하늘에 있는 '보이지 않는 교회'(the invisible church)에는 그것이 사실이지만 이 땅 위에 있는 개체교회들은 때때로 그리고 자주 '죽음의 권세'에 삼켜지기도 한다.

그런 점에서도 유니온교회가 시작부터 지금까지 마귀의 세력과 전쟁을 벌여야 하는 것은 결코 이상한 일이 아니다.

마귀의 모습은 담임목사를 악의적으로 비판하는 모습으로 나타났다. 어떤 남전도회 회장이 조용한 곳에 점심자리를 마련했다. 그리고는 남전도회에서 건의사항을 만들었다며 종이를 꺼내 한 조목 한 조목 읽어갔다. 검사의 준엄한 논고 같았다. 평소에는 입도 무겁고 선량한 성격을 가진 사람이었는데 건의사항이 열일곱 가지나 되었다. 그런데 그의 얼굴에 평화가 없었다. 그리고 그 내용들은 터무니없는 것들이었다. 고치기 어려우면 교회를 사임하는 것이 어떻겠느냐고 압박을 했다.

담임목사는 허허 웃고는 기도해 보겠다며 그 건의사항 적은 것을 주머니에 잘 접어 넣었다. 평신도생활을 오래 했기 때문에 반드시 그 뒤에는 부교역자가 관련된 것이라는 확신을 갖게 되었다. 그리고는 몇 달이 가도록 아무 대답도 안했다. 그랬더니 그 부목사가 꽤 많은 자기 가족들을 이끌고 다른 교회로 이적해 갔다.

그 일이 있기 몇 달 전에 어떤 집사가 이런 말을 전해 주었다. 겁을 잔뜩 먹은 표정이었다.

"목사님이 건축헌금 꺼내다가 처남하고 바느질공장 차렸다는 소문이 파다해요. 저는 우리 목사님이 절대로 그럴 리 없다고 했지만 유니온교회 고위층에 있는 사람이 그게 사실이라고 했대요."

그것도 허허 웃으며 사실이 전혀 아니라고 잘라 말했다. 그 다음 주일에 직원회를 소집하여 그런 소문이 있다는 걸 밝히고 특별감사팀을 선정해서 조사보고 하도록 조치했다. 물론 감사는 담임목사와 친분이 적은 사람들과 재정에 밝은 사람으로 선정했다. 돈 문제라면 쉽게 밝혀지는 것이니까 아무리 악의적 유언비어라도 걱정할 일이 아니었다. 미국에서는 대부분의 거래가 수표로 처리하기 때문에 증거가 남게 된다.

감사팀이 잘 조사해서 보고를 했다. 돈 나가고 들어온 흔적도 없고 건축헌금 한 돈이 은행에 제대로 입금이 되어 있다는 보고였다. 그로 인해 혐의는 벗었지만 한 가지 깨달은 것이 있었다. 건축위원회 회계를 처남이 맡고 있다는 것이 오해의 소지였다. 그래서 그 이후에는 교회 회계나 재무는 담임목사의 인척은 맡지 못하도록 철저히 조치했다. 그러나 이런 악의적 유언비어를 만든 사람들이 누구인지 짐작은 가지만 밝히지는 않았다.

담임목사 직분은 위험부담이 많다. 수요일 저녁기도회에서 말씀을 전한 뒤에 기도를 하는데 나의 옷소매를 잡아끄는 사람이 있었다. 눈을 떠 보니 흑인이었다. 총을 가졌을까 걱정했는데 권총강도는 아니었다. 다만 이렇게 겁을 주었다.

"나 에이즈 환자야. 돈 안 주면 병균 옮겨 줄 거야."

여름이라 짧은 소매를 입었는데 손목 윗부분에다 자기 상처를 대려고 했다. 얼마나 소름이 끼쳤는지 악 하고 소리를 지를 뻔했다. 다행히 앞에 앉은 장로가 잽싸게 그의 옷을 끌어 당겨 끌고 나가 20달러를 주어 보냈다. 그 뒤부터는 신경이 많이 쓰였다.

"이정근 목사 에이즈 걸렸다."

그런 소문이 나면 목회도 망치고, 교회도 망치고, 가정도 망치고, 자녀도 망치고, 내 인생 전부가 파산선고를 하게 된다. 그리고 예수님 겉옷에 먹물을 뿌리게도 된다. 그 때에는 에이즈가 그토록 무서운 질병이었다. 그래서 잠복 기간이 얼마인가도 알아보았다. 하지만 20년이 훨씬 지난 지금까지 아무 일 없다. 다만 목사직이나 교회는 간단한 일 하나로도 무너져 내릴 수 있다는 걸 뼈저린 교훈으로 얻었다.

무서운 여자들도 있다

사탄은 신비주의나 이단사이비들의 모습으로 나타나 교회를 싸움터로 만든다. 30이 넘은 나이 든 처녀 하나가 등록을 해서 몇 주일째 교회를 나왔다. 무척 얌전하고 자기 신상을 잘 노출시키지 않았다. 그 때는 장년신자가 70명 정도 주일예배에 모이던 때였다.

그런데 한 번은 낮에 그 여신도에게서 전화가 왔다. 담임목사를 꼭 그것도 급히 만나야 하겠다는 것이다. 어디냐고 물으니 다운타운 어느 조그만 모텔이라 했다. 그래서 다른 일 미뤄 두고 그 모텔 커피 하우스에서 만났다. 손에 대학노트 세 권을 들고 있었다.

"목사님, 제가 하나님의 음성을 듣고 받아 쓴 글들입니다. 그런데 이 글이 곧 노벨문학상을 받게 된다는 환상을 보았습니다. 다만 한국의 유명한 여류문인에게 감수를 받으라고 하나님께서 말씀하셨습니다. 오고가는 비행기 값은 담임목사님에게 말씀 드리면 마련해 주신다고도 했습니다."

그래서 우선 조금 읽어 볼 수 있겠느냐고 물었다. 좋다고 동의해서 서너 쪽을 단숨에 읽었다. 내용이 도무지 앞뒤가 맞지 않고 문장은 더욱더 엉망이었다. 그 자매의 정신이 건강하지 않다는 사실만 발견했다.

"나도 글을 열심히 쓰지만 이것으로 노벨상은 좀 어렵겠네요. 내용도 그렇고…"

"그러니까 문장의 수정을 거친다고 했지 않습니까. 여비만 약속해 주세요."

"아니오. 자매께서 노벨상을 너무 우습게 아네요. 그리고 이것으로 노벨상 탄다 해도 하나님께 무슨 영광이 되겠나요?"

그 때는 담임목사도 40대 초반이라 상대편 입장을 편하도록 배려하는 것이 부족했다. 그랬더니 독 오른 뱀처럼 파르르 떨었다.

"어찌 하나님의 종이라면서 그토록 목이 뻣뻣해서 하나님 말씀을 거역합니까?"

필자는 다른 말 하지 않고 커피 값만 계산한 채 떠나왔다. 그 후에 전화가 오면 끊었더니 편지를 열불 나도록 보내왔다. 하나님 말씀에 순종하지 않으면 코에 암 덩어리가 생겨 고꾸라져 죽는다는 저주도 했다.

"하나님, 암으로 죽게 하실 작정이더라도 코 암만은 걸리지 않게 하여 주시옵소서."

그런 기도까지 드렸다. 하여튼 그 자매는 그런 저주의 편지를 계속하여 보내왔다. 그걸 한 동안 보관했는데 20여 통이 넘었다. 더 나쁜 소문을 만들면 법정자료로 사용할 계획이었다. 그 자매의 이름도 지금까지 생생하게 기억하고 있다.

"차라리 오갈 곳이 없어 그러니 도와 달라 했으면 우리 형편이 아무리 어려워도 절반이라도 후원했을 터인데요. 참 불쌍한 영혼입니다."

필자는 당회에 이 사실을 보고하면서 그런 말을 남겼다.

넓은 성전을 마련한 뒤에 새벽기도회를 주 6일 모였다. 기도의 불이 붙었던 시절이다. 성도들 가운데 특별기도를 담임목사에게 받고 싶거든 주저하지 말고 연락해 달라고 해놓았더니 기도 받는 신자들도 많아졌다. 그러던 어느 날 젊은 여집사 하나가 기도해 달라는 요청을 했다. 믿음이 얼마나 좋은지 아이들이 아프면 병원 가기 전에 새벽기도회에 데리고 와서 기도 받고 가는 여자집사였다. 오히려 목사 가운데는 자녀 병원 데리고 가느라고 새벽기도 빠지는 이도 더러 있는데 말이다.

"기도 제목이 무엇입니까?"

"좀 말씀 드리기 어려운 건데요…."

"무엇이나 다 비밀 지킬 터이니 염려 말고 말해 주세요."

"목사님, 아무개 부목사 내보내시면 목사님 아들을 하나님께서 불러 가신다고 제게 계시를 주셨어요. 그것도 일 년 안에요."

그러고는 흐느껴 울었다. 좀 열심과 신비를 좋아하는 집사인 건 알지만 그런 계시를 받았다니 꽤 괴로웠을 것이라는 짐작이 갔다.

"걱정 말아요. 하나님의 뜻대로 이루어지도록 기도할게요."

그런 다음 기도했다. 하나님의 뜻이면 그대로 이루어 주시도록, 그러나 혹시 마귀의 음성이면 시험에 들지 않도록 기도했다.

필자는 그 부목사와 젊은 여집사가 어떤 음모를 꾸미는 것으로 의심하지 않았다. 그만큼 가정에도 충실한 성도였다. 다만 그 부목사는 신비한 것을 강조했고, 사역은 좋은 평가를 받지 못했다. 그래서 약정임기가 끝나면서 재임용을 하지 않았다. 계속 그런 식으로 사역하면 교회가 분열될 것인데 그런 일로 하나님께서 자신의 아들을 일 년 안에 죽이신다면 목회를 그만 두겠다고 하나님께 배수진을 쳤다. 교회는 손상을 입어도 부목사는 살려야 된다는 것을 원하는 하나님이라면 그런 하나님을 위하여 충성할 이유가 전혀 없기 때문이다. 그러나 일 년이라는 시한부로 말씀하셨다니까 앞으로 일 년을 지내보면 판정이 날 것이었다.

"하나님, 그 아이가 어렸을 때 죽을 것을 하나님이 살려 주셨는데 제가 계속하여 목회하는 것을 기뻐하시면 일 년은 더 살게 하여 주시옵소서."

그런 기도도 드렸다. 그로부터 10년이 더 지났다. 아들은 물리학자이면서 그의 소속 교회에서는 중고등학생들을 지도하는 전도사 사역도 했고, 온 가족을 이끌고 미얀마에 가서 선교사로 두 해 동안 헌신했고, 이어서 대학캠퍼스 사역에 자비량으로 참여하고 있다. 그리고 그 여집사는 일 년이 지나면서 다른 교회로 옮겼다. 그래서 비밀유지기간이 넘었다 생각되어 익명으로 유니온교회 행전에 포함시켰다.

담임목회를 어렵게 하는 것은 사실 교역자인 경우가 많다. 그러나 신앙성향이 맞지 않는 사람들도 걸림돌이다. 게다가 이 두 가지가 짝을 이루면 더 큰 힘으로 교회를 싸움판으로 만들려 한다.

그러나 다른 요인들도 있다. 당회가 분열되면 교회가 분열되는 경우가 많다. 그래서 당회가 하나 되는 것이 교회의 화합과 화해를 위하여 매우 중요하다. 혹은 이민교회 특히 규모가 작은 이민교회는 가족 그룹 사이에 갈등도 분열의 원인이 되고 있다. 그런 경우 담임목사는 제3자 입장에서 조정 화해 역을 해야 한다. 그럴 경우 가장 중요한 원칙은 3W 전략이다. 이편도 이기고(winning), 저편도 이기고, 무엇보다도 하나님이 이기시도록 하는 화해 조정이라야 한다.

이단들이 침투하여 교회 분열을 조장하기도 한다. 구원파, 통일교, 천부교, 신천지, 신사도운동, 시한부 종말론을 외친 다미선교회….우리 모두가 익히 알고 있는 것들이다. 그래서 담임목사는 '이단은 제비족' 혹은 '이단은 꽃뱀'이라며 이단들과의 싸움 최전선에 나섰다.

신학적 차이가 분열의 씨앗이 된 적도 있다. 진보적 신학대학을 졸업한 장로가 있었는데 그에게 구역강사를 맡겼다. 한국의 보수와 진보는 실상 큰 차이가 있는 것도 아니어서 별 문제가 없으려니 했다. 그런데 그 구역에서 말썽이 생겼다. 예수님이 물 위로 걸어오신 것이 아니고 물가를 걸으셨는데 보는 각도에 따라 물 위로 걸으신 것처럼 보였다고 그 장로가 가르쳤다. 그랬더니 다른 집사와 구역원들이 앞으로 그렇게 가르치려면 구역예배에 오지 말라고 했다는 보고였다. 그는 몇 가정 데리고 나가려고 공작을 했지만 한 가정만 끌고 나갔다. 어디에서인가 목사안수를 받고 교회를 시작했지만 그 함께 나간 가정도 참여하지 않았다.

유니온교회는 분열을 가장 큰 죄악으로 여긴다. 이름이 유니온 곧 하나되기를 뜻하기 때문에, 그리고 사랑나라 건설을 사명으로 선언했기 때문이다. 하지만 성경에도 분열과 갈등이 많다. 제일 악명 높은 교회가 바로 고린도 교회였다. 베드로 파, 바울 파, 아볼로 파, 그리스도 파로 나뉘어 싸웠다. 그렇게 되니 모든 문제가 다 싸움의 재료였다.

"그리스도께서 어찌 나뉘었느뇨?"(고전 1:13)

그래서 나온 성경말씀 아닌가. 그러나 잊지 말아야 한다. 갈등은 어느 교회에나 어느 사회에나, 그리고 어느 가족에게나 모두 있다는 사실 말이다. 다만 이 갈등을 통하여 하나님께서 더 큰 사역을 하시도록 기회를 만드는 목회전략이 있어야 한다. 행여 마귀가 뛰놀 수 있는 기회로 제공해서는 결코 안 된다.

"마귀에게 틈을 주지 말라."(엡 4:27)

그러나 이 말씀은 '하나님에게 틈을 드리라'로 뒤집어 번역할 수 있다. 그렇다. 하나님은 갈등이 있는 것을 원하지는 않으시나 이왕에 있는 갈등은 사역의 기회로 활용하시는 분이시다. 필자가 미국 유학 중 교회갈등관리론을 전문적 수준으로 공부한 것이 큰 도움이 되었다. 그래서 교회갈등관리에 대한 글들도 여러 군데 썼다. (논문집 III. 112-129)

시작은 성령, 마지막은 육체

자체성전을 마련한다는 것은 유니온교회가 '생산능력이 있는 자립교회' 단계로 접어들었다는 것을 뜻한다. 따라서 이때부터 지교회를 설립하고 선교사를 파송하는 일을 시작했다. 개척 초기부터 선교사를 파송하는 교회도 있고, 교회가 자립이 안 되어도 지교회를 개척하는 교회도 있다. 그것이 교회의 자립을 촉진시킬 수 있다. 그러나 유니온교회는 어떤 면에서는 '합리적 신앙'(reasonable faith)을 선호하고 있다. 균형 잡힌 신앙을 강조한 것은 그런 연유도 있다.

하나님은 베드로를 불러 동족선교의 대표적 지도자가 되게 하셨다. 물론 베드로도 고넬료 같은 이방사람 전도에 가담하였고 사마리아 전도에도 나섰다. 하지만 이방인 선교라면 바울을 불러 그에게 더 큰 사명을 주셨다.

"베드로에게 역사하사 그를 할례자의 사도로 삼으신 이가 또한 내게 역사하사 나를 이방인의 사도로 삼으셨느니라."(갈 2:8)

동족 전도로부터 구원사역을 시작하신 예수님께서는 이를 이방인 선교로 확대하셨다. 그래서 동족 선교는 이방인 선교의 첫 번 단계가 된다. 가까운 데서 먼 데로의 사역활동 확장이다. 백부장, 가나안 여자 등 이방인의 믿음을 크게 칭찬하셨다. 두로, 시돈, 데가볼리 등 이방지역에서도 전도하셨다. 특히 혼혈종 사마리아 사람들의 영혼을 구원하시는 일에 모든 비난을 무릅쓰고 적극 투신하셨다. 우물가의 사마리아 여인에게서 시작하여 "그 동네 중에 많은 사마리아인이 예수를 믿었고… 예수의 말씀으로 말미암아 믿는 자가 더욱 많아졌다."(요 4:39-41) 이렇게 하여 복음의 말씀은 인종, 문화, 종교, 국경을 넘어서게 되었다. '이방의 갈릴리' (마 4:15)와 사마리아를 넘어 다른 종족과 국가에도 선교를 하게 되었다.

-아버지께서 나를 보내신 것 같이 나도 너희를 보내노라.(요 20:21) -너희는 가서 모든 민족으로 제자를 삼으라.(마 28:19) -오직 성령이 너희에게 임하시면 너희가 권능을 받고 예루살렘과 온 유대와 사마리아와 땅 끝까지 이르러 내 증인이 되리라.(행 1:8)

유니온교회는 이런 말씀에 의지하여 '주님 하신 일을 우리도 하겠습니다.' 하는 결단으로 선교사역을 시작했다. 그러나 그것은 시작부터 그리 간단한 일이 아니었다.

하루는 갑자기 어떤 집사 내외가 필자의 집을 찾아왔다. 집에 들어오기 전에 울음을 터뜨려서 무슨 큰 사고를 당한 줄 알고 깜짝 놀랐다.

"목사님, 어째서 어린 딸을 유혹해서 선교를 보낸단 말입니까? 그게 그 아이를 죽음으로 몰아넣는 것인데요. 제발 취소해 주세요."

갑작스러운 일이라 무척 당황했다. 알고 보니 청년여름수양회에 갔던 그 딸이 해외선교사가 되겠다고 결단을 했다는 말을 듣고 충격을 크게 받아서 달려왔다. 우선 지도목사에게 전말을 알아보았다. 수양회 마지막 시간에 참석자 모두가 지도교역자의 인도를 따라 결단의 시간을 가졌는데 각자 촛불을 켜들고 십자가에 있는 못에 꽂으며 헌신을 다짐했다고 한다. 그런데 미술대학에 다니는 그들의 딸은 선교사가 되겠다고 헌신했다. 외항선을 타고 30개월 동안 머물며 선교한다는 것이다.

그런데 그 해에 바로 '미션'이라는 영화가 크게 인기를 끌었다. 선교사들이 당하는 고생은 물론이지만 순교당하는 모습까지 영화에 담았다. 그 부모들도 그 영화를 보았는데 갑자기 그 딸이 선교사 되기로 결심했다고 부모에게 말하니까 큰 충격을 받아 울고불고 난리를 치다가 담임목사 집으로 몰려 왔던 것이다.

"선교사라고 다 죽나요? 자동차 사고로 운전사가 죽는다고 운전 모두 안하는 것은 아니지요? 특수한 경우에나 순교하게 되지요. 하나님이 부르신 것이면 말릴 수는 없네요."

진땀을 흘리며 그렇게 대답했다. 그랬더니 더 큰 소리로 항의를 했다.

"그래, 목사님 딸이 선교사 나간다면 말리지 않겠어요? 그러니 긴 말씀 말고 못 가게 해 주세요."

필자는 아무 대답 않고 있다가 그들의 감정이 조금 가라앉기를 기다렸다. 그러나 마음속으로는 난처했다. 입장을 바꿔보면 역시 상대편을 더 이해하게 된다. 그리고 그 가족은 여러 명이 유니온교회에 출석하고 있었다. 잘못 다루면 한 뭉텅이가 빠져 나갈 것이고 그러면 모처럼 상승세를 타던 교회 성장세가 한 풀 꺾이게 된다.

"제가 담당교역자와 자세히 알아보고 또 따님과도 상담해서 부모님 근심을 덜어드리라고 권고해 보겠습니다."

그 말을 듣고는 조금은 안심이 되는 모양이었다. 너무 흥분하여 말씀드려 미안하다는 인사까지 했다. 그러나 담임목사 마음속에는 '목사님 딸이 선교사 나간다면….' 하는 말이 맴을 돌았다.

그 딸은 하나님 앞에서 결정한 일이라 번복할 수 없다고 했다. 그리고 부모를 잘 이해시켜 외항선 선교는 절대로 위험한 것이 아니라는 걸 말씀드려 일단 설득을 했다. 그리고 외항선 선교를 다녀온 뒤에는 어떤 신학대학원으로 진학했다.

그러나 어쩐 일인지 선교의 열매를 맺지 못했다. 부르심 받을 때에는 "아무든지 나를 따라오려거든 자기를 부인하고 날마다 자기 십자가를 지고 나를 따를 것이니라."(눅 9:23)는 말씀에 큰 은혜를 받았다고 간증했다.(1987년 6월 7일 주보) 그러나 신학공부 하는 동안 '자기를 부인하고'가 그만 '자기를 시인하고'로 바뀌었다는 것이 선교사역을 포기하게 된 이유였다. 필자는 자신의 기도가 부족한 탓이라 생각하고 괴로워했다.

그러나 유니온교회는 선교사를 직접 파송하기 전에도 여러 형태로 선교활동을 지원했다. 특히 국제오엠에스선교회(성결교회의 모체)에 선교비 지원을 했다. 서울신학대학교에서 선교사로 활동하는 민지은(Carol Mitchell) 선교사를 백합선교헌금으로 상당기간 지원했다. 그리고 기독교 모범 구호기관인 월드비전(World Vision)에도 여러 차례 지원하였다.

선교 이야기는 더 있다. 그로부터 10여년이 지나서 필자의 큰 딸이 우즈베키스탄으로 3개월간 선교사로 떠나기로 했다며 기도해 달라는 요청을 해왔다. 공산정권이 무너진 지 얼마 안 되고 또 이슬람권이어서 아직도 위험이 많은 지역이었다. 아직 보스턴에 있는 웰즐리여자대학 4학년인데 선교사로 간다 생각하니 눈물이 확 쏟아졌다.

"음, 내 딸이 …. 장하다, 하나님의 능력의 손이 함께 하실 것이다."

그 아이는 그 후 일본선교도 6개월 동안 다녀왔다. 하나님께서 하시는 일이다. 그래서 '당신의 딸이라 ….' 했던 그 집사 부부에게 내 딸도 선교지에 보냈노라고 당당히 대답할 수 있게 되었다.

작은 딸 역시 오키나와에 단기선교를 다녀왔다. 그리고 그 훨씬 뒤에는 물리학 박사인 아들은 미얀마 선교사로 온 가족이 두 해를 헌신했다. 중학생 시절 학부모 면담 때 나에게, "목사라고 하지 말라"던 바로 그 아들이 41세에 좋은 직장 다 포기하고 열악한 곳에서 선교사역을 하고 있다.

아무튼 유니온교회 선교는 이처럼 산고를 겪으며 시작되었다. 그 뒤에 케냐에 주진국 선교사를 전담으로 파송했다. 교회를 설립하는 것이 최선의 선교인 만큼 케냐성결교회를 개척하고 교단으로 발전시킬 것을 선교사 협정서에 밝혀 적었고 그는 충실히 이행했다. 그렇게 해서 케냐성결교단이 탄생했다.

유니온 가족들이 몽골단기선교도 몇 차례 다녀왔다. 여름성경학교를 특히 후원했다. 아리조나 주에 있는 왈라파이 인디안 마을에도 여름성경학교를 중심으로 여러 해 선교했다.

슈라이옥 선교사는 서 아프리카에서 성경번역 선교에 참여하고 있고, 곽여경 선교사는 카메룬에서 신학교육으로 현지 지도자들을 길러내는 사역에 헌신하고 있다. 그리고 이승용 선교사 부부를 인도에 파송했다. 자녀들을 많이 희생시켜가며 선교사역에 헌신하는 모습을 보며 기도가 저절로 나온다.

그러나 유니온교회는 멕시코를 주선교국으로 결정하고 이 일에 오래도록 힘을 기울여 왔다. 멕시코선교의 대모인 황예행 선교사와 협력하기도 했고, 김규식 선교사도 지원했다. 그러나 가장 큰 선교사업은 민우석 선교사가 담당하고 있는 유니온멕시코선교센터이다. 그 선교센터를 미국과의 국경도시인 티화나에 건립하기로 결정했었다. 온 교우가 기도했고 특별헌금도 했다. 선교센터가 건축되기 전에 멕시코 선교팀이 자주 내려가 현지인들에게 전도를 했다. 청년회원들도 참여했고 중고등학생과 심지어 초등학생들도 현지 또래들과 줄넘기를 하며 선교에 나섰다.

그렇게 몇 년을 해서 선교센터 대지를 구입했다. 그러나 건물 지으려면 또 상당한 재정과 시간이 있어야 했다. 그런데 새로 등록한 유니온가족이 선친 이름으로 상당액을 선교센터 건축헌금으로 드렸다. 생각하지도 못했던 일이라 '여호와 이레' 하나님이심을 또 한 번 확인하게 되었다.

그리하여 한인교회와 선교사가 설립한 현지인교회로는 이 티화나유니온교회가 가장 회원수가 많은 교회로 자리 잡았다. '멕시코 1억의 영혼을 우리에게 주시옵소서.' 하고 매달려 기도한 것이 빠른 속도로 이루어지고 있다.

그러나 유니온교회의 해외선교사역은 큰 성공으로 평가받기는 어렵다. 파송된 선교사의 숫자나 그 선교의 열매로 보아서 그렇다. 더 할 수도 있었는데 그 정도에 그친 것은 필자가 타문화/타인종 선교에 불타는 소명을 갖지 않은 것이 중요 원인이었다. 필자는 멕시코 외에는 선교현장을 직접 방문한 적이 없었다. 또 소명에 따라 연구와 글쓰기에 우선하였고 동시에 신학대학원에서 강의하는 일에도 관심을 두었기에 선교현장을 다닐 여력이 상당부분 제한되어 있었다.

어떤 말씀을 지켰느뇨

예수님은 하늘나라로 올라가시기 전에 우리에게 선교대명을 주셨다. 그 대명의 끝부분이 무엇인가. "내가 너희에게 분부한 모든 것을 가르쳐 지키게 하라."(마 28:20)이다. 그러므로 주님의 교회 곧 우리들 유니온 가족들은 마지막 심판대에 설 때 주님의 심문을 받을 것이 예상된다. 어떤 질문들일까. 너는 몇 사람에게나 내가 분부한 말씀들을 지키게 하였는가? 어떤 말씀들을 지키게 하였는가. 그리고 특히 너는 어떤 말씀을 지켰는가. 그런 질문들 아닐까. 참으로 두렵고 떨리는 일이다.

이런 심문들 앞에 특히 담임목사는 책임을 져야 한다. 유니온 함생체로 하여금 어떤 말씀을 지키도록 목회했는가 하고 물으실 때 무어라 대답할 것인가. 그 대답을 항상 준비해야 한다.(벧전 3:15)

비록 구약성경이 강조하고 있는 율법언약 시대에 우리가 살고 있지 않고 은혜언약 시대에 살기는 하지만 그것은 의롭다 함을 받고 거듭나는 과정일 뿐이다. 일단 구원받아 하나님의 자녀가 된 뒤부터는 당연히 하나님의 말씀을 지켜 행하는 성화의 삶 곧 '온전한 구원, 거룩한 생활'에 전심력을 기울여야 한다. 그래서 유니온교회가 주님의 말씀을 지킨 목회 프로그램들을 간증해 보겠다. 목회계획을 세울 때에는 언제나 성경말씀의 근거가 무엇인가를 찾았으며 그것을 예수 그리스도의 삶과 가르침에 비추어 그 뜻을 바로 정립해 왔다.

윤리를 잃으면 모두를 잃는다

유니온교회를 개척할 즈음에 어떤 집사 가정 다섯 부부가 만나자고 요청해 왔다. 자신들이 섬기던 교회에서 무슨 일로 나오게 되었는데 함께 교회를 시작하자는 제안을 했다. 신앙, 학력, 인격, 재력 모든 점에서 탐나는 가정들이었다. 창립회원으로는 더할 나위 없이 좋은 조건을 갖추었다.

"아, 하나님께서 이런 분들까지 예비하여 보내 주셨네."

처음에는 무릎을 탁치며 기뻐했다. 그러나 문제는 전에 목회했던 코비나교회와 가깝고, 또 그들이 떠나온 교회와도 가까운 지역에서 시작하자는 것이 그들의 요구였다. 한 사흘 동안 기도한 뒤에 주님으로부터 '아니다' 하는 응답을 받았다. 다른 사람들이 닦아놓은 터위에 냉큼 건축하는 것은 목회 윤리에 어긋나기 때문이다.(롬 15:20) 예수님께서 이런 목회 윤리의 모범이 되셨다. 세례 요한과의 경쟁관계를 피하시기 위하여 그에게 세례를 받으셨고, 세례 요한보다 인기가 더 높다는 것을 아시고 그런 마찰을 피하셨다.(마 3:15, 요 4:1-3) 그래서 생긴 말이 무엇인가. "기독교는 윤리를 잃으면 모두를 잃느니라." 바로 그것이다.

-한 사람이면 패하겠거니와 두 사람이면 맞설 수 있나니 세 겹줄은 쉽게 끊어지지 아니하느니라.(전 4:12) -모든 것이 가하나 모든 것이 유익한 것이 아니라.(고전 10:23)

기독교 2천년 역사가 웅변으로 말한다. 아니, 목회자는 세상의 빛이 되는 일에 앞장서야 한다. 그래서 그 선한 행실을 보고 세상 사람들도 하나님께 영광 돌리게 해야 한다.(마 5:14-16) 그런 뜻을 말하니 그 다섯 가족들은 교회개척이 하나님의 뜻이 아님을 알고 더 추진하지 않았다. 나중에 그 다섯 가운데 두 가정만 유니온교회의 회원이 되었다.

하지만 그런 일로 세상 사람들이나 성도들로부터 찬사를 들은 일은 없다. 오히려 '주는 떡도 못 먹는 덜 떨어진 목사'라는 핀잔만 들었다. 그 말을 들으며 십자가를 지는 보람을 조금이라도 느껴 보았다.

그 후 하나님께서는 '목회자 윤리강령' 7개 항목을 초안하는 일을 필자에게 맡기셨다. 이것이 남가주기독교교회협의회 공식 결의문으로 채택되어 목회자들이 세상의 빛이 되도록 촉구하는 표준문서가 되었음은 앞서 말했다. 그 강령 제2항은 다음과 같다.

"(공동목회) 우리는 모든 개체교회가 하나님의 나라에 그 모습이 감추어진 전체교회의 한 부분임을 믿는 까닭에 개체교회 사이에 소모적 경쟁을 즉각 중지하고 오히려 이웃교회끼리 서로 사랑하고 협력하여 공동목회를 실현하도록 협력한다."

그러나 그게 생각만큼 쉬운 일은 아니었다. 교회성장을 강조하는 어떤 미국신학대학원에서는, "양 도둑질(sheep stealing)은 도둑질이 아니다. 그건 잃어버리는 목자가 더 큰 책임을 져야한다"고 가르칠 때였다. 그래서 총동원주일이라는 이름 아래 다른 교회 신자들을 마구잡이로 끌어오기도 했다. 교계신문에, "총동원 주일인가, 총도둑 주일인가"는 제목으로 글을 쓴 건 바로 그런 비윤리적 관행을 고치려는 목적이었다. 그 글을 쓴 이후로 미주지역 한인교회에서는 총동원 주일이 사라지고 새생명 축제 등으로 바뀌게 되었다.

또 특별새벽기도회 행사를 하며 언론광고에 많은 돈을 쏟아 붓는 교회들이 있었다. 대개 큰 교회들이다. 새벽기도는 자기 신자들이나 모두 출석하면 될 일인데 무슨 양 도둑질을 하려고 그처럼 야단법석을 떠는가. 그래서 쓴 글이 바로 '새벽에 벌어지는 신자쟁탈전'이었다. 그 글도 상당한 효과는 있었지만 신자 새벽도둑질은 아직도 근절되지 않고 있다.

'교회이기주의'를 벗어나기도 어려웠다. 교회를 개척한 지 얼마 안 되어 어느 교회가 합동을 제의하여 왔다. 그러나 그 교회는 신자는 담임목사 부부뿐이었고 헌금이나 교회 재산은 아무 것도 없었다. 그러자 유니온교회 중직들이 반대하고 나섰다. 실속 없는 합동에 찬성할 수 없다는 것이다. 그 뒤 일 년쯤 지나 또 다른 교회가 합동을 제의하여 왔다. 그 교회 담임목사의 은퇴가 가까우므로 두 교회가 합동하면 원로목사와 담임목사로 역할분담을 하고 협력사역을 할 수 있다는 제안이었다. 신자도 40여명이 되었고 재산도 다소 있었다. 그래서 '합동추진위원회'를 조직했다. 여러 차례 회합을 거쳐 거의 합동의 문턱까지 이르렀다. 합동추진전권위원회를 개최했는데 저 쪽에서 누군가가, '그 쪽에서만 꿩 먹고 알 먹으면 되느냐'고 조금 언성을 높였다. 이 말이 빌미가 되어 합동은 물 건너가고 말았다. 집단이기주의와 감정주의가 십자가의 사랑보다 더 큰 힘을 발휘했다.

장년이 8백 명 넘게 모인다는 교회에서 청년부부 네 가족이 유니온교회로 이적해 온 일이 있었다. 그러자 그 교회에서 어떤 집사가 필자를 심하게 비방하는 편지를 보내왔다. 아주 야만인이라는 것이다. 물론 그 편지를 쓴 집사의 이름과 주소는 기록되지 않았다.

유니온교회가 코리아타운 동부로 이전한 다음 다른 교회 신자들이 꽤 몰려왔다. 그런 때에 전화 한 통을 받았다. 험악한 목소리였다.

"이 목사님도 도망병 집합소 교회 하십니까?"

"누구신가요? 그리고 무슨 일이신가요?"

"지난주일 우리 교회 집사 부부가 유니온교회로 도망갔습니다. 돌려보내 주세요. 유니온교회는 그 가정 없어도 별 문제 없지만 우리같이 작은 교회에는 큰 타격입니다."

"그러겠습니다."

필자는 선선히 대답했다. 그래서 자세히 알아보고 그 집사 내외에게 전화를 걸었다. 우리 교회는 회원으로 받지 않겠다는 것과 떠나온 교회로 다시 돌아가라고 자상하게 권고했다. 알겠다고는 대답했지만 그들은 제3의 교회로 가버렸다. 그런 뒤에 그 지역 교역자 기도회가 있어 참석했더니 어떤 동역자가 이런 말을 했다.

"여기 스트레스 주는 목사님이 오셨네."

그 말 듣고 얼마나 수치스러웠는지 모른다. 이왕 신자이동문제가 화제가 된 바에야 해결점을 모색하자고 제안했다. 그런 결과, '다른 교회 양들을 도적질하는 일은 적극 삼가되 신자가 이미 이동하여 왔거든 돌아가라는 말은 하지 말자'는 합의가 있었다. 아예 '수평이동 신자'는 받지 말자는 강경파도 있었지만 그러면 그 영혼은 지옥 가라는 말이냐는 항변에 막혔다.

그리고 목회자들의 비리가 여기저기에서 터진 적이 있었다. 영주권 사기, 성추행, 헌금 도적질, 담임목사와 부목사의 싸움, 교회 안의 폭력….그런 것들이 연속적으로 주요 교포 언론에 터졌다. 그때 남가주기독교교회협의회에서는 〈교회공신력향상특별위원회〉를 조직했다. 필자도 그 위원의 하나였다.

그런데 문제는 위원장을 선출해야 하는데 모두가 극구 사양했다. 결코 겸손해서 그런 것이 아니었다. 위원장이 되었다 하면 언론들이 나서서 구석구석 확대경을 들이댈 것이 뻔한데 누가 그 일을 맡겠는가. 그래서 후보를 정하지 않고 무기명 투표를 했다. 선출되면 하나님의 선택으로 이해하자고 합의했다. 그런데 바로 필자가 대부분의 표를 얻어 추천되었다.

"이 목사님은 성결교회이니까 성결하고, 또 언론인 출신이니까 언론에서 좀 봐 줄 것 아니오."

나이 제일 많은 위원의 말씀이었다. 그러나 집에 돌아오자마자 어떤 주간신문의 전화를 받았다. 폭로를 전문으로 하는 '황색신문'이었다.

"얼마나 깨끗한지 두고 보겠습니다."

"네, 두고 보세요."

십자가를 지는 것이 하나님의 뜻이라고 확인된 순간부터 마음이 평안했다. 얼마 뒤 그 신문이, '이정근 목사는 친북세력이라는 의혹이 있다'고 보도했으나 일체 대꾸를 하지 않았다. 그리고 2년간 그 직분을 맡아 교회공신력향상에 작은 몫이라도 감당했다. 교회에 흠결이 되는 사건을 보도할 때에는 언론기관에서 필자의 견해를 물어왔다. 언론도 이제 일방적 보도만 일삼는 관행에서 벗어난 셈이다. 그리고 교회문제와 종교문제에는 보도에 신중을 기했다. 물론 목회자들도 윤리의식을 높이자는 결단이 소리 없이 강화되었다.

그러나 외형적으로는 그런 열매가 있지만 내면적으로는 그렇지 못했다. 다른 교회 다니던 신자들이 유니온교회로 몰려오면 내색은 잘 안하지만 기분이 매우 상쾌했다. '떠돌이 신자' 혹은 '철새신자'들일지라도 다른 교회로 떠날 때에는 많이 섭섭했다.

"처음부터 오지나 말지."

그런 생각이 들었지만 그래도 축복기도를 해서 보냈다. 그랬더니 얼마 뒤에 되돌아오는 가정들도 꽤 되었다. 그래서 얻은 결론이 하나 있었다. 떠나는 신자들이 다시 돌아올 수 있는 길을 넓게 열어 놓아야 한다는 것이다.

힘쓰고 애써 더욱 간절히

성경을 읽으면 예수님과 세례자 요한 사이에 기도경쟁이 있었던 것처럼 보인다. 바리새인들이 예수님에게, 왜 세례자 요한의 제자들은 자주 금식하고 기도하는데 예수님의 제자들은 기도는 안 하고 먹고 마시는 일에만 분주하냐고 비판성 질문을 했다.(눅 5:33) 그리고 예수님의 제자들조차 다음과 같이 요청했다.

"주여, 요한이 자기 제자들에게 기도를 가르친 것과 같이 우리에게도 가르쳐 주옵소서."(눅 11:1)

세례자 요한은 이미 기도에 관하여 제자교육을 했다는 뜻이다. 그 교육내용이 성경에 기록되었더라면 하는 아쉬움이 크지만 하여튼 두 분 사이에 기도경쟁이라도 있었던 것처럼 보인다. 그러나 자세히 살펴보면 두 분은 모든 일에 협력관계를 이루려고 무던히 애를 쓰셨는데도 주변 사람들이 싸움을 붙였을 뿐이다.

성경에 나오는 위대한 인물들은 모두 위대한 기도의 사람들이다. 아브라함, 요셉, 모세, 여호수아, 다윗, 다니엘, 베드로, 바울 … 누구를 더 들 필요가 있을까? 그러나 그 가운데 기도의 왕이시라면 단연 예수님이시다. 제일 많이 기도하셨고, 기도에 관하여 핵심을 가르쳐 주셨고, 십자가 지고 목숨 건 기도를 하셨다.

그런데 실상 예수님은 기도하시지 않아도 되는 분 아닌가. 마음만 잡수시면 그분 자신이 무엇이나 하실 수 있는 분인데 어찌 기도가 필요하실까. 기도는 근본적으로 자신의 힘으로 할 수 없는 것이 있어서 드리는 것 아닌가. 그런데 예수님은 자기한계를 자유로 넘나드실 수 있는 분 아닌가?

그분은 유니온교회가 기도센터가 되도록 하시려고 기도의 모범을 보여주셨다. 그러므로 예수 믿는다는 것은 곧 기도의 사람으로 변화된다는 것을 의미한다. 그래서 유니온교회는 기도의 노래를 지어 자주 불렀다.

"기도의 사람 되게 하소서/ 기도의 사람 되게 하소서/ 예수님 따라 사는 기도의 등불 되게 하소서/ 힘쓰고 애써 더욱 간절히/ 땀 흘려 피 흘려 더욱 간절히/ 예수님 따라 사는 기도의 등불 되게 하소서."

유니온교회는 어느 교회나 그렇듯이 기도로 시작했다. 교회개척 준비 가운데 가장 중요한 준비목록은 바로 기도였다. 개척할 것인가 말 것인가부터 시작해서 한 단계 한 단계가 모두 기도의 단계였다.

교회가 문을 열면서 기도생활이 더욱더 상승곡선을 타게 되었다. 예배 순서의 기도가 형식적이 되지 않고 성경인물들의 모범을 따르도록 가르쳤다. 설교만큼이나 대표기도를 강조했다.

"기도는 설교보다 더 어렵습니다. 설교는 사람을 향하여 말하지만 기도는 하나님께 드리는 말씀이기 때문입니다. 그러므로 철저히 준비하셔야 합니다."

직분자 특히 장로훈련을 할 때 담임목사의 강조점이다.

한밤중기도회를 한 달에 한 번씩은 꼭 가졌다. 교회당에서도 했고, 자동차로 한 시간 거리인 팜데일기도원으로 여러 번 갔었다. 사순절, 아픔주일, 성금요일 같은 절기나 혹은 교회건축 등 특별한 일을 앞에 둔 때에도 금식기도와 한밤중 기도회를 가졌다.

"돼지는 하나님께 기도할 줄 모릅니다. 그러니까 기도 없이 사는 사람은 영적 돼지입니다."

그런 설교도 있었다.

"기도를 어렵게 생각하지 마십시오. 기도는 하나님과의 대화라고 하지요. 하나님께 전화거는 게 기도입니다."

그런 가르침도 있었다. 예수 처음 믿으면 기도가 잘 나오지 않는다. 기도문이 활짝 열리는 체험을 해야 신앙생활이 한 등급 올라간다. 그러나 어떤 분들은 기도는 배워서 하는 것이 아니고 기도의 영이신 성령의 충만을 받으면 저절로 된다는 간증을 한다. 그렇다. 그것도 사실이다.

하지만 제자들이 예수님에게 기도를 가르쳐달라고 했을 때 예수님께서 거절하지 않으셨다. 우선 기도할 내용을 가르쳐주셨다. 그리고 기도의 필요성, 기도의 방법, 예수사람들의 기도의 독특성도 가르치셨다. 예수님의 일생이 기도의 일생인 것을 삶으로 보여주셨다. 그러니까 기도는 교육과 훈련을 통하여 바르게 되고 개선 향상될 수도 있다는 뜻이다.

그래서 시작된 것이 바로 〈유니온기도학교〉였다. 학교모형의 사역을 선호하는 유니온교회이니까 당연히 있음직한 일이다. 기도의 불이 꺼지면 영혼이 죽는다며 기도학교를 운영해 나갔다. 새벽기도 10일간을 기도학교 형태로 했다. 두 달 동안의 수요일이나 금요일 저녁에, 혹은 일주일 저녁시간을 기도학교로도 했다. 강사로는 담임목사, 부목사, 특별강사 등이 맡았다. 기도학교의 목적은 항상 "예수님처럼 기도의 사람이 된다"는 것으로 했다. 그러나 교육내용은 공통부분도 있고 강사마다 다른 부분도 있었다. 다만 어떤 경우이든지 학교모형 사역이므로 교재를 만들어 사용했다. 참석자들의 기도응답 간증도 포함시켰다.

그 교재는 다음의 내용들을 담고 있다.

1)기도란 무엇인가, 2)왜 기도해야만 하는가, 3)왜 기도하지 않는가, 4)성경에 나오는 위대한 기도용사들, 5)예수님의 기도생활, 6)성령님과 기도, 7)주기도문 연구, 8)기도와 영성성장, 9)은혜의 도구란 무엇인가, 10)응답받는 기도와 응답받지 못하는 기도, 11)교회역사에 있어서 기도의 위대한 인물들. 12)구약성경이 가르치는 기도, 13)신약성경이 가르치는 기도, 14)나의 기도는 이렇게 응답되었다, 15)기도의 다섯 단계와 다섯 가지 응답… 그 밖에도 기도와 가정생활, 기도와 인격 형성….

기도사역의 하나로 가정에 '기도실 두기 운동'도 전개했다. 집이 크면 물론 방 하나를 기도실로 쓰는 성도도 있었지만 쪽방 아파트에 사는 성도들은 부엌이나 심지어 화장실에 기도실을 만들기도 했다. 그러나 대부분은 미국식 옷장(closet)이 기도실이었다. 그 곳에 성경을 올려놓은 조그만 탁자가 마련되어 있다. 예수님께서, "너희는 골방에 들어가 문을 닫고….기도하라"(마 6:6)고 가르치신 그 골방이 바로 클러짓이다.

2000년 8월 매년 열리는 성결교회 교역자세미나가 있었다. 2천 년대 사역을 준비하기 위한 연구모임이었다. 필자도 참석해서 함께 배웠고 또 주제발표자의 한 사람이었다. 그 모임을 마치고 교회로 돌아오려면 자동차를 타고 3시간 정도 걸렸다. 찬송가를 흥얼거리기도 하고 말썽 피는 성도들을 위한 기도도 하면서 혼자서 운전했다. 특히 2000년대 목회의 획기적 방안을 마련해 보려고 이 생각 저 생각을 하고 있는데 신비한 음성이 들려왔다.

"너는 육군제2훈련소 하사관 교관으로 군대생활 했잖아?"

"그렇습니다. 그런데 그 얘기는 왜 꺼내세요?"

"유니온교회를 기도훈련센터로 만들란 말이야."

자기와의 대화라고 할 수도 있다. 하지만 영적으로는 주님의 음성으로 이해되었다. 이 말씀에 흥분해 피스모 비치 해변에 있는 공원에 자동차를 세우고 의자에 두세 시간쯤 앉아 있었다. 처음에는 드넓은 태평양 바다와 드높은 하늘만 번갈아 올려다보며 그 말씀의 뜻을 되새기고 있었다. 시간이 지나면서 가끔 옆에 놓인 성경을 찾아 읽기도 했다. 우선 예수님의 기도라면 겟세마네 동산을 연상하게 되었기에 그 부분을 찾아 몇 번 읽었다. 다음의 말씀이 우렁차게 가슴을 울렸다.

"예수께서 힘쓰고 애써 더욱 간절히 기도하시니 땀이 땅에 떨어지는 핏방울 같이 되더라."(눅 22:44)

이 말씀이 갑자기 큰 충격으로 다가왔다. 평소에는 예수님께서 겟세마네 동산에서 피땀 흘려 기도하셨다는 정도로만 이해하고 있었는데 '힘쓰고 애써 더욱 간절히 기도하시니'라는 말씀이 그 곳에 있었다.

"주님, 교회 안에 '더욱 간절히 기도훈련센터'를 설치하겠습니다. 그리고 겟세마네 동산에서 보여주신 예수님의 기도를 재현시키겠습니다."

그런 결심을 하고서야 일어섰다. 교회에 돌아와 성도들 앞에 이 일을 간증하고 주님이 시작하신 일이매 반드시 성공할 것이라며 협력기도를 부탁했다. 이어 상세한 계획을 만들고 당회와 사무총회의 승인을 얻었고 예산도 확보했다. 표어도 "힘쓰고 애써 더욱 간절히"로 정했으며 전담 디렉터도 청빙했다. 앞서 소개한 '기도의 사람 되게 하소서'의 주제찬송도 제정했다.

'더욱간절히기도훈련센터'는 우선 2박 3일간에 실시할 특별기도훈련 프로그램을 마련했다. 그 즈음에 많이 유행하면서도 이단시비가 끊임없던 '뜨레스 디아스'의 매뉴얼을 분석했다. 그 틀에다가 이단적 요소를 제거하고 새로운 이벤트들로 채웠다. 목적은 성도들로 하여금 기도생활을 통하여 '확실한 회개, 확실한 중생, 확실한 성령충만, 구원의 확신, 확실한 헌신의 사람'이 되도록 한다는 것이었다. 그래서 '파가기도세미나'라고 이름 붙였다. 히브리 말로 '회복된다'는 뜻이 있다. 그리고 'Pray at Gethsemane again'(겟세마네 동산에서 다시 한 번 기도하자)의 약자(PAGA)를 따서 만든 낱말이기도 하다.

파가기도세미나는 성경공부, 은사집회, 강의, 개인기도, 합심기도, 금식기도, 십자가 대행진, 성찬예식, 세족식, 자아장례식, 친교식사, 간증, 그룹별 신앙촌극, 성경말씀 요절 암송, 결단의 기도 등으로 프로그램이 조직되어 있다. 그리고 끝나고 한두 주 안에 다시 만남(reunion) 행사도 갖고 헌신을 재다짐 한다. 1회에 평균 25명이 참가하여 이 프로그램을 수료한 사람이 2010년 말까지 300명 안팎이다. 이들을 300기도용사라고 부른다.

이 파가기도세미나로 인하여 간증도 많고 기적도 많이 일어났다. 그러나 제일 큰 기적이라면 바로 참가자와 섬김자들이 '예수님처럼 바르게 기도하고 평생토록 기도하는 사람'으로 변화되었다는 사실이다. 이들이 유니온교회의 중추가 되었기에 유니온교회가 미주에서는 '건강한 교회'의 모범사례로 평가 받을 수 있었다.

그 때에 면회 왔었느냐

예수님께서 하라고 하신 일은 되도록 모두 해보자는 결단이 늘 마음에 흐르고 있었다. 그런데 마태복음 25장에는 마지막 심판 장면을 그분께서 비유로 말씀하여주셨다. 모든 민족을 그 앞에 모으시고 목자가 양과 염소를 구별하는 것처럼 양들은 오른 편에, 염소들은 왼편에 두겠다는 말씀이다. '창세로부터 우리를 위하여 예비된 하나님의 나라를 상속받으려면' 다음의 일들을 열심히 해야 한다는 심판적 기준을 제시하셨다.(마 25:31-46)

(1)주린 자들에게 먹을 것을 주어야 한다. (2)목마른 자들에게 마실 것을 주어야 한다. (3)헐벗은 자들에게 옷을 입혀주어야 한다. (4)병든 자들을 보살펴 주어야 한다. (5)감옥에 갇혔을 때에 돌보아 주어야 한다.

이 다섯 가지가 무척이나 강조되어 있는 말씀이었다. 그래서 유니온교회는 이를 실천해 보기로 작정했다. 이 말씀의 기본 뜻은 강한 자는 약한 자를 위하여, 넉넉한 자는 가난한 자를 위하여, 건강한 자는 병든 자를 위하여, 부자는 가난한 자를 위하여, 다스리는 자는 다스림을 받는 자를 위하여, 교육을 많이 받은 자는 교육받지 못한 자를 위하여, 신앙이 성숙한 자는 처음 믿는 자를 위하여 존재한다는 '너만주의' (human being for others) 사상 곧 함생사상의 핵심이었다. 그래서 굶주린 자들에게는 먹을 것을 많이 공급했다. 교회에 와서 구걸하는 사람, 혹인 자매교회를 통하여 가난한 동네에 음식 배달했다. 북한의 어린이들을 위하여 식량을 보급하는 단체를 여러 번 도왔다. 백합선교회는 금식한 음식 값을 헌금하여 여러 곳에 그리스도의 사랑을 심었고, 샬롬장애인센터는 20여년 넘은 지금도 함생선교를 계속하고 있으며, 한밤중선교회에 옷을 매년 1천점 이상 제공, 캔음식과 음료를 모아서 필요한 사람들에게 공급했다. 병든 사람들에게는 헌혈을 해서 생명을 많이 살렸다. 미주한인단체 가운데 미국 적십자사에 단체헌혈을 했던 최초의 교회가 되었다.

그리고 교도소에도 사랑을 보냈다. 로스앤젤레스 카운티 교도소였다. 재소자 가운데는 한국말을 하는 이들도 있으므로 유니온교회 남전도회 사업으로 한영성경을 우선 50권 보냈다. 거기에 기증교회 이름과 주소를 고무도장으로 찍었다. 그것을 보고 코리아타운 항구횟집 살인사건의 범인이 회개하고 구원받았다. 유니온교회 교도소선교 열매가 되어 지금은 교역자로 헌신하고 있다.

그리하여 정규적으로 교도소 사역을 돕는 일을 했다. 치노 힐 여성교도소에는 한국전에서 상이용사 된 미국인이 교도소 채플린으로 사역하고 있었다. 그분의 초청으로 담임목사는 설교를 했고 사모는 간증을 했다. 그런데 그 가운데 한국여성이 하나 있었다. 사모가 남편 유학생활과 미국 이민생활에 지치고 낙심될 때마다 예수님의 십자가를 생각하면 새로운 활력을 얻는다는 내용의 간증을 듣고 감동받아 거듭난 여성이 한 명 있었다. 유니온교회는 그를 위하여 많은 도움을 베풀었다. 살인죄로 무기징역을 선고받은 여성이었다. 그가 억울한 누명을 쓰고 있다는 것을 듣고 석방 되도록 재심을 청구하는 등 백방으로 노력했다. 그리고 가석방 되도록 필자가 편지를 쓴 것만도 열 번이 넘었다. 마침내 그 열매가 맺었다.

1983년 12월 초에 유니온교회는 찬양대를 LA 카운티 교도소에 파송하여 크리스마스 캐롤을 불렀다. 8천 명의 재소자가 있는 곳에 그 이후 5번 이상 방문했다. 교도소의 안전을 위하여 외부 찬양대 방문이 제한되기까지 유니온교회가 교포교회로는 제일 처음 교도소에 기쁜 소식을 전했다. 한국의 교도소 선교기관인 담안선교회(이정찬 목사)와 오네시모선교회(박상구 목사)도 후원했다.

교도소 수감자 가운데 미주한인들을 한국에 이송하는 제도를 추진하는 단체(이수민 목사)에도 적극 참여하여 그 실현을 보았다. 한국에서 해당 검사가 파송되어 장시간 이수민 목사와 필자의 의견을 들었다. 그래서 마침내 한미간에 협정이 이루어졌고 그 첫 번으로 항구횟집 살인범과 이석연 자매가 혜택을 보게 되었다. 그들은 한국 땅에 도착하여 얼마 후에 바로 석방되었으며 2010년도에 인천과 하남에서 함께 만났다. 한 사람은 목회자가 되었고 이석연 자매는 신실한 그리스도인이 되었다.

무엇보다도 주님께서 하라고 하신 일들을 온 교회가 기도와 섬김과 협력으로 해낸 것이 마음이 후련하고 기뻤다. 비록 그들이 〈천로역정〉을 쓴 존 번연처럼 위대한 일을 한 것은 아니지만 미국 교도소에서 만난 예수님을 간증하는 일에 십자가를 지고 산다는 것은 하나님에게 크게 칭찬받을 일이 아닌가. 이 두 분을 생각할 때마다, "죄가 더한 곳에 은혜가 더욱 넘친다"(롬 5:20)는 말씀이 새롭게 다가온다.

예수님의 발자취를 따라

가정심방사역은 예수님께서 자주 모범을 보이신 목회전략이다. 베드로의 집에 들어가셔서 장모의 열병을 고치셨고 음식을 함께 나누셨다. 마태의 집에 심방하셨고 함께 식사하셨다. 베다니 마르다의 집에 자주 심방하셨다. 가나 결혼 잔치 집에도 심방하셔서 어려운 문제를 해결하셨으며, 여리고의 삭개오 세무서장 가정도 심방하셨다.

그러므로 심방 목회는 좀 고전적이지만 여전히 중요한 목회전략에 속한다. 아직도 목회자에게는 책방, 골방, 심방을 '삼방'이라 할 만하다. 심방목회를 잘 해서 좋은 성과를 내는 목회자도 있고 심방은 일체 안하기로 방침을 세운 사람도 건실한 목회를 하고는 있다.

하지만 유니온교회는 개척 초기부터 심방목회를 중요한 전략으로 선택했다. 적어도 담임목사가 매 가정을 일 년에 한 번씩은 꼭 방문할 수 있도록 했다. 그래서 연말쯤 되면 이런 광고를 한다.

"지난 한 해 동안 담임목사가 가정이나 직장과 사업체에 심방한 일이 한 번도 없었으면 꼭 연락해 주시기 바랍니다. 우선적으로 심방하도록 하겠습니다."

심방에는 우선순위가 있다. 임종예배가 최우선이다. 수술환자가 그 다음이다. 장례식을 준비하는 가정이 그 다음이고 그리고 일반 환자이다. 그런 다음에는 새 가족, 새로 개업한 사업, 그리고 결혼식이나 회갑 등 특별한 일들이 있는 가정이다.

심방에 대한 평가는 성도마다 다르다. 어떤 가정에서는 간절히 희망하고 심방에 소홀하면 다른 교회로 교적을 옮기기도 한다. 어떤 가정은 오면 좋고 안 와도 그만인 수준이다. 어떤 가정은 오히려 구차스럽게 생각하기도 한다. 그런 태도에 따라서 심방목사가 환대를 받기도 하고 냉대를 받기도 한다. 특히 심방하는 목사에게 '대접 받기 위하여' 뻰질나게 드나든다는 비판을 듣는 것은 실로 참기 어려운 모욕이다. 그래서 심방 때 받은 교통비나 접대비 등은 다 모아서 어려운 성도를 돕거나 교회 모든 직원들과 함께 친교회식을 한다.

유니온교회는 30년 동안 춘기 대심방이나 추기 대심방 같은 것을 별로 하지 않았다. 어떤 철이라고 해서 더 자주 심방해야 할 이유가 없는 것이 이민생활이다. 그러나 신년 초부터 '사업과 직장 축복심방'은 아주 열심히 했다. 축복심방 마다하는 성도는 별로 없다. 특히 축복심방에서는 꼭 기도해야 하는 내용 몇이 있다.

1)시작은 미약해도 나중에는 창대하게 하시옵소서. 2)복 위에 복을 더 하시고 지경을 넓혀 주시옵소서. 3)믿음 자라는 만큼 사업도 자라고, 사업이 자라는 만큼 믿음도 자라게 하시옵소서. 4)불경기를 만나더라도 불길경기가 되게 하시옵소서. 5)이삭의 농사가 일백 배 이상 잘 된 것처럼 그렇게 되도록 축복하시옵소서. 6)'내가 반드시 너에게 복주고 복주며 너를 번성하게 하고 번성하게 하리라'는 말씀이 반드시 이루어지게 하시옵소서. 7)네 영혼이 잘 됨 같이 범사에 잘 되고 강건하게 하시옵소서. 8)주님께서 이 가정과 사업을 지켜주셔서 사탄이 얼씬도 못하게 하시옵소서.

그런 내용들이다. 그리고 그런 기도가 놀랍게도 속히 이루어지는 일이 많았다. 결혼한지 5년이 넘도록 아기가 없었는데 기도 받은 그 때부터 임신하게 된 가정도 있다. 희귀병 앓던 여성도가 감쪽같이 치료받은 일들도 있다. 사업체와 직장을 주신 일, 자녀를 원하는 학교에 진급시켜 주신 일 등은 너무 많아서 일일이 기록하기 어렵다. 하여간 기도는 어떤 형태이건 간증으로 열매를 맺는다.

물론 기도해도 아무 효험이 없는 경우도 있다. 불치병 환자를 그토록 열심히 심방해서 기도했는데도 결국 죽음을 맞은 성도들이 어찌 없을까. 오히려 심방하기 전보다 질병이 더 악화되었다는 보고도 있다. 그러나 대부분은 기도를 받은 환자들은 회복도 더 빠르다는 간증들이 많다. 하나님은 의사 중의 의사이시고 명의 중의 명의이시다.

심방을 하면 그 가정의 교회 정착 비율이 매우 높다. 신자들을 겉으로만 알다가 심방해서 가정 사항을 파악하면 심장과 심장으로 부딪쳐 알게 되기 때문이다. 그러나 더러는 자기 사생활이 폭로되었다며 다른 교회로 이적하기도 한다.

필자는 심방지침서를 만들어 심방의 효과는 극대화시키고 부작용을 극소화시키는 일에 주의를 기울여 왔다. 가령 아이들 하나하나 머리 위에 손을 얹고 축복기도 하면 싫다는 부모는 아무도 없다. 혼자 사는 여성 가정에는 목사 부부 혹은 부목사 등 반드시 몇 명이 함께 심방 가는 것은 상식이 되었다.

가정심방은 어떻게 보면 수공업 시대의 목회방식이다. 그래서 교회가 대형규모로 성장하려면 담임목사는 심방목회를 포기하거나 특별한 경우에만 하도록 방침을 정한 목회자들도 많이 있다. 그러나 반면에 철저한 심방목회를 무기로 큰 교회로 성장시킨 사례도 얼마나 많은가. 정말 대량생산 시대에 수공업적 방법을 끈질기게 붙드는 것이 지혜가 모자라는 미련한 종의 방침일 수 있다. 그러나 목회는 한 영혼 한 가정을 사랑하는 것이 모든 영혼과 모든 가정을 사랑하는 것이라는 교훈을 우리는 교회의 주인이신 예수 그리스도에게서 배운다. 그래서 심방목회는 예수님의 발자취를 따르는(벧전 2:21) 포기할 수 없는 목회전략임을 확신한다. 심방한 가정에서, "유니온교회 머리이신 예수님께서 아무개 성도의 가정을 심방하시려고 먼저 도착하신 줄 믿습니다." 그렇게 기도하면 아멘 소리가 더욱 은혜로운 것을 수 없이 경험했다. "아유, 두 분만 오셨어요?" 심방받는 가정에서 그렇게 영접하면, "아닙니다. 예수님도 모시고 왔습니다." 그렇게 대답하는 지혜도 주셨다.

잃은 양 하나를 찾으면

심방을 하면 자연히 상담과 연결된다. 그 가정의 기도제목을 물어보기 때문이다. 그런데 상담도 늘 부작용이 없도록 하는 것에 신경이 많이 쓰인다. 심리적 상담도 있지만 생활 상담이 많다. 가령 교회에 같은 업종으로 사업하는 사람들을 소개하면 경쟁관계가 되기도 하고 혹은 거래가 부드럽지 않아서 한 가정은 교회를 떠나게 된다. 그러면 그 말을 들은 다른 가정도 결국 교회를 떠나기도 한다. 또 사업 상 돈을 주고받는 일은 대부분 서로 손해를 보았다고 주장한다.

심방해서 성도들의 이야기를 직접 듣는 것은 유익이 많다. 우선 성도들의 언어를 발견해서 설교에 반영하기도 하고, 교회 개선안을 얻기도 한다. 담임목사 설교에 대한 은혜를 나누면 설교자도 힘을 얻게 되고 또 설교 준비에 많은 도움이 된다.

'질투심은 늙지도 않아요,' '제 인생이 앞도 막히고 뒤도 막혔어요,' '하나님은 이민국에도 계셨어요,' '이유 여하를 막론하고 부딪치면 무조건 손해지요,' '신앙명문가가 되겠습니다,' '약은 네가 먹어야 병이 낫는 것처럼 네가 기도해야 소원이 성취되지.'

그런 표현은 심방이나 상담 때 성도들이 제공해 준 것들이다. 그래서 심방상담은 담임목사에게도 좋은 은혜 받는 기회이다.

심방을 가게 되면 그 가정에 구원받지 못한 분들에게 전도하는 것이 목회의 중요한 부분이다. 얼굴과 얼굴을 마주 대하여 전도하기도 하고, 설교를 통하여서도 전도한다.

한 번은 어떤 권사가 남편을 전도해 달라며 간청을 했다. 이제 나이가 80이 넘었으니 언제 돌아가실 지 알 수 없기 때문이다. 시간을 넉넉히 내서 개인전도시간을 가졌다. 그분의 살아온 인생 역정 이야기를 인내하고 들었다. 그러다가 적절한 기회에 이런 말을 건넸다.

"교회에 꼭 좀 나오시지요. 어른께서 교회 오시도록 기도하는 사람들이 몇 있어요."

"교회는 왜 가? 할 일이 그렇게도 없나? 우리 집이 서울에 있을 때 교회 담벼락을 끼고 있었지. 그 목사가 만날 때마다 예수 믿으라고 해도 안 믿었어. 그것뿐이 아니야, 우리 큰 딸이 이화대학엘 다니는데 부모가 모두 예수 믿는다는 증명을 해와야 장학금을 준다고 했어. 그래도 교회 안 갔어. 내가 사업해서 학교 돈 댔지."

"어른께서 혹시 돌아가시면 영혼이 어디로 가게 되나요?"

"글쎄, 그걸 누가 아나. 아무도 모르지."

"미국으로 이민 오신 뒤에 서울 좀 다녀오셨어요?"

"얼마 전에 한 번 다녀왔어. 부모님 성묘하러 갔지. 그런데 그걸 왜 물어?"

"그 비행기가 서울로 가는 건지 뉴욕으로 가는 건지 어떻게 알고 타셨어요?"

"그야 안내원이 서울 가려면 그 비행기 타라고 말해주니까 알지."

"저도 영혼 안내원이어요. 예수 믿고 돌아가시면 영혼이 하늘나라에 가서 행복하게 살게 되고 안 믿으시면 지옥으로 떨어져 고생 하시게 되지요. 그걸 안내하는 사람입니다."

"영혼 안내원이라….그 말 처음 들어 보네. 그러면 나도 다음 주일부터 교회 나갈게."

이렇게 해서 그 분이 남은 생애 신앙생활 열심히 하고 평화롭게 숨을 거두었다. 세례 받은 날에는 아내 권사가 큰 잔치를 베풀었는데 '잃은 양 찾은 잔치'라고 했다. 그래서 필자도, "그 잃은 것을 찾아내기까지 찾아다니지 않겠느냐."(눅 15:4)는 말씀을 지켰다는 보고를 선한 목자이신 주님에게 드릴 수 있었다.

지혜로운 청지기가 되어

예수님은 열두 제자를 뽑는 일에 매우 고심을 많이 하셨다. 오래도록 숙고하셨고 최종적으로 선택하실 때에는 산에 올라가셔서 밤이 새도록 하나님께 기도하셨다.(눅 6:12-16)

그 열두 명이 처음에는 제자 곧 학생들이었지만 점차 성숙해지면서 사도로 명칭이 바뀌게 된다. 그리고 예수님의 사역의 조력자 역할을 하게 된다. 그 가운데 베드로가 뛰어났고 또 가룟 유다도 어깨에 힘줄 수 있는 역할을 맡았다.

그런데 공교롭게도 열두 제자 가운데 사탄의 올무에 빠진 것은 이 두 사람이었다. 베드로에게는 '사탄아 내 뒤로 물러가라, 너는 나를 넘어지게 하는 자로다' 하시며 호통을 치셨다. 그리고 유다에게는 "네가 하는 일을 속히 하라"(요13:27)고 하셨다. "마귀가 벌써 시몬의 아들 가룟 유다의 마음에 예수를 팔려는 생각을 넣었더라"(요13:2)고 성경에 기록된 유다이다.

팀목회가 힘은 들지만

담임목사는 누구나 부목사와 팀목회(team ministry)를 한다. 그러면서도 부목사를 매우 경계하기도 한다. 부목사는 2년 이내에는 담임목사로 청빙될 수 없다는 교단법 조항은 그래서 생겼다. 부목사를 부담임목사라고 호칭하지 않는 이유도 거기에 있고, 안수 받은 목사보다는 평신도 간사로 참모진을 구성하는 것도 그런 이유가 있다.

유니온교회에도 못된 생각을 품은 부목사들이 없던 것은 아니다. 이 유니온교회 행전 여기저기에서 간헐적으로 언급했기에 반복하지 않는다. 그러나 대부분의 부목사들은 선량하고 신실하다. 그들은 배우기 위하여 열심을 다하고 담임목사를 존경하고 잘 순종한다.

“부목사 여러분이 훌륭하게 지도력을 키우는 것이 유니온교회 사역의 중요부분의 하나입니다. 여러분도 자라고 교회도 성장하도록 사역해 주기를 바랍니다.”

일주일에 한 번씩 있는 교역자회의에서 자주 언급한 내용이다. 특히 미국에 유학 와서 학위과정을 이수하는 목사들은 편의도 많이 제공했다. 시험기간이나 논문 쓰는 때에는 새벽기도 나오는 부담도 줄였다. 유니온교회에서 사역하다가 공부를 위하여 떠나거나 교수로 부임하거나 담임목사로 청빙 받으면 유니온교회가 아무리 손실이 커도 환송하여 보냈다.

이렇게 되니까 유니온교회에서 부목사 경력을 쌓으려고 줄을 설 정도였다. 어떤 사람은 3개월이나 그냥 출석한 뒤에 성경공부 한 과목 맡기도 하고 어떤 경우에는 1년을 소속목사로만 있다가 파트타임 사역을 맡기도 했다.

“담임목사님은 공부를 열심히 하시면서도 목회를 규모 있게 하시기 때문에 우리 유학생들은 바로 그걸 배우려고 합니다.”

그런 의견도 있었다. 목회를 하면서도 끊임없이 공부하고 여러 신학대학원에서 가르치고 대학원장이나 총장으로 행정사역도 하는 것이 그들 눈에 아름답게 보였던가. 곧 ‘신학 있는 목회, 목회 있는 신학’이라는 표어 말이다.

“좋은 기독교 지도자가 되려면 다음의 다섯 가지 기초가 튼튼해야 합니다. 1)영성, 2)지성, 3)도덕성, 4)지도력, 5)전문성입니다.”

그런 지침을 반복 강조한 것도 도움이 되었다고 했다.

“남편만 공부하고 한국에 가면 안 돼요. 남편이 박사학위 했으면 아내는 석사학위라도 꼭 하세요. 그래야 부부가 더 보람 있게 살게 돼요.”

그런 말도 도전이 되었다고 했다.

이렇게 해서 30년 동안 훌륭하게 여러 모양으로 사역하는 분들이 많다. 우선 목회에 좋은 업적을 남긴 부목사 출신들이 많이 있다. 유니온교회 평신도로 섬기던 분들 가운데도 좋은 목회자들이 있다. 신학대학원 교수로서 이름을 날리는 분들도 여럿이다. 미국 육군 군목으로 사역하기도 하고, 선교사로서 모범을 보이는 이들도 있다. 무숙자들을 사랑하여 그들을 육신도 먹이고 영혼의 양식도 먹이는 박수 받을 만한 사역자도 있고 영어세대를 사역하는 지도자도 있다. 마음 든든한 일이다. 그리고 유니온교회가 이들의 지도력 훈련을 도왔다는 점에서 뜻 깊은 사역으로 평가 받을 만하다.

열한 사도가 가룟 유다의 직분을 채울 사람을 선택할 때에 이런 기도를 했다.

"유다는 이 직무를 버리고 제 곳으로 갔나이다."(행 1:25)

그러나 유니온교회 출신 부목사들은 끝까지 그 직무에 충성했다. 예수님의 발자취를 따라 십자가를 지고 충성했다. 유니온교회는 그런 인물을 길러 하나님의 나라 곧 사랑나라를 튼튼히 세워 나갔다.

팀목회는 목회자 만에 국한되지 않는다. 개신교회의 큰 자산인 '만인제사장' 이론은 만인목회자로도 해석된다. 그래서 평신도 전원을 목회에 참여시켜야 한다. 결코 평신도는 구경꾼이어야 하거나 혹은 목회의 대상만으로 취급해서는 안 된다. 교회들 가운데는 평신도들을 목회에 참여시키는 동기가 재정적 절약이라는 오해도 낳는 것은 정당한 일이 아니다. 장로와 안수집사들로 교구장을 맡기고 권사와 집사들로 구역장/사랑팀장을 맡겼다. 그리고 정기적으로 훈련시켰다. 그리고 특히 재정이나 재산관리는 평신도들이 대체로 전담하고 교역자는 보고를 받거나 감독한다.

그런 사역이 유니온교회만의 특징은 아니다. 하지만 유니온교회는 목회 원칙 가운데 중요한 것이 하나 있다. "교회사역은 목회자가 주도하되 평신도의 협력을 적극적으로 얻어야 한다." 바로 그것이다.

조직목회는 함생목회의 근간

유니온교회는 개척한 지 넉 달이 지나서야 비로소 청년회를 조직했다. 그 때 청년이라고는 세 사람뿐이었다. 그것도 한 사람은 찔끔찔끔 교회에 나왔으니 실상 두 명인 셈이다. 그래도 그 두 사람을 불러 청년회를 조직하자고 설득했다.

담임목사 자신이 38세인데 청년회가 없다는 것은 하나님 앞에 큰 부끄러움이었다. 예수님의 제자들이 모두 청년이었고, 아니, 무엇보다도 예수님 자신이 청년이셨다. 그런데 두 청년은 일제히 반대했다. 조금 더 모이면 조직하자는 것이다. 게다가 그들도 아직 믿음이란 게 별로 없던 초등 신자들이었다.

"조직해야 늘어갑니다. 예수님 제자와 초대교회 성도의 수가 3, 12, 70…, 5,000명 이상으로 늘어가게 된 것은 조직의 힘도 있습니다."

그런 설득이 약효가 있었는지 마침내 창립총회를 하게 되었다. 그래서 둘이 모여서는 한 사람은 회장, 다른 사람은 총무, 그 날 결석한 여자청년을 회계로 뽑았다.

"앞으로 이 세 사람은 청년회가 30배, 60배, 100배로 늘어가도록 기도할 책임이 있습니다. 한 알의 밀만 죽어도 많은 열매를 맺게 되는데 하물며 밀이 세 개나 되지 않습니까."

담임목사는 그렇게 격려하고 기도해서 보냈다.

그 때부터 청년신자들이 모여들기 시작했다. 청년만을 위한 성경공부반을 열었다. 더 많이 모여들었다. 그리고 10달 뒤에는 청년수양회를 2박 3일 동안 가졌다. 23명이 참가했다. 담임목사가 직접 주강사가 되어 신앙의 도리를 가르쳤고 유니온교회 장래를 짊어지고 나가도록 결단을 촉구했다. 그래서 임원과 부장들이 모두 선출되었고, 협동총무도 두 사람일 정도로 조직이 커졌다.

그 때 임원 가운데서 뒷날 목사도 나오고 선교사도 나왔다. 여자목사도 배출되었고 장로로서 교회를 잘 섬기는 이들이 되었다. 그래서 얻은 교훈이 무엇일까? 조직은 무서운 힘이 있다는 사실이다. 아니, 특별히 교회조직이 무서운 힘이 있다고 해야 한다. 그 조직에는 하나님 그것도 삼위일체 하나님이 함께 계시기 때문이다.

"두세 사람이 내 이름으로 모인 곳에는 나도 그들 중에 있느니라."(마 18:20)

그래서 예수님도 제자들을 '둘씩 짝을 지어'(눅 10:1) 전도팀을 파송하셨다. 엠마오로 도망가던 제자 두 사람 사이에 끼어들어 말씀을 풀어주시기도 했다.(눅 24:13-35) 그렇게 생각하면 두 사람은 결코 적은 숫자가 아니다. 그래서 부부가 중요한 것 아닌가. 남자 하나는 남편으로 여자 하나는 아내 곧 여편으로 부부팀을 조직하신 하나님의 뜻을 헤아려야 한다. 그 둘이 한 몸이 되니까 아기들이 쏟아져 나온다. 그래서 가정이라는 조직으로 확대된다. 하나님은 바로 이 가정이라는 조직을 통하여 엄청난 일을 이루셨다. 아브라함과 모세의 가정이 그 견본들이다. 그래서 교회를 바로 '하나님의 가족'(family of God)이라고 이해한다.

18세기 영국을 대표하는 대중전도자 두 사람이 있었다. 조지 휫필드와 존 웨슬리이다. 당대의 인기는 휫필드가 더 높았지만 영향력은 웨슬리가 훨씬 오래 갔다. 웨슬리는 속회를 만들고 연회를 조직했다. 그래서 지금도 성결교회, 감리교회, 구세군, 나사렛교회 등이 엄청난 일들을 해나가고 있다. 그래서 늦게 깨달은 휫필드는 죽기 전에 이런 말을 남겼다.

"두 사람 모두 새끼를 꼬았다면 나 휫필드는 모래로 꼬았고 웨슬리는 쇠로 꼬아놓았다."

여러 해가 지나 유니온교회 청년회는 한국어청년교회와 영어청년교회로 확대 발전되었다. 영어청년교회는 Union Restoration Chapel이라 이름 했고 한국어청년교회는 Union Life Chapel이라고 했다.

조직은 함생목회의 근간이 될 만큼 중요하다. 목회에는 소나 양을 자유롭게 놓아먹이는 방목도 있고 한 마리 한 마리를 가두어 키우는 축목도 있다. 그리고 목자가 양떼를 이끌고 다니며 보살피는 유목도 있다. 축목처럼 지나친 조직화도 부작용이 있고 개인 개인이 자기 좋은 대로 생활하는 방목도 단점이 없지 않다. 그래도 제일 효과적인 것은 예수님이 말씀하신 유목정신이 이상적일 것 같다.

어떻든 조직은 조직원 플러스 알파의 힘을 발휘한다는 걸 잊지 말아야 한다. 행정에는 진실로 지혜, 세상 사람들의 지혜까지 열심히 귀 기울여 들어야 한다.(눅 16:8)

교회는 민주주의 발상지

교회에 다니게 되면 여러 가지 조직생활을 하게 된다. 이를 통하여 리더십을 기르게 되고 그래서 교회 다니는 사람들이 정치를 비롯한 모든 분야의 리더들로 진출한다. 회의를 해서 의사결정을 하고, 선거를 하고, 임원회를 조직하고, 계획을 세우고, 예산을 마련하고, 사업을 추진하고, 조직을 확장하고…….이런 것들이 모두 지도력 훈련의 기회가 된다.

그러나 조직은 때때로 교회를 죽이는 역할도 한다. 어떤 교회는 공조직보다 더 큰 힘을 가진 사조직이 있어 교회발전에 큰 장애가 되기도 했다. 유니온교회에서도 '사조직을 해체하라'는 정책을 시행한 일도 있다. 사조직의 대표적인 것이 바로 계(契)이다. 계는 교회에 순기능보다 역기능이 훨씬 많다.

교회개척 초기에 남전도회장을 선출했는데 그 당사자가 교회를 안 나오겠다고 고집을 부렸다. 이유를 알고 보니 한 표 차이로 당선이 되어 수치스럽다는 것이다. 필자는 그 집을 심방하여 설득했다.

"미국의회는 한 표 차로도 중대한 국사를 결정짓습니다. 회의나 투표는 하나님의 뜻이 무엇인지 공동으로 찾는 과정인데 한 표 차이로도 하나님의 뜻이 나타난 것으로 받아들이셔야 합니다."

그리고 한 마디 더 덧붙였다. 사람 체면 때문에 하나님의 체면을 손상하면 하나님께 꾸중 듣게 된다는 그 사실이다. 그는 매우 충성스럽게 남전도회장 임기를 마쳤다.

교회 조직 가운데 관리가 제일 힘든 것은 물론 당회이다. 찬양대라는 사람도 있지만 찬양대보다 당회가 훨씬 어렵다. 당회가 갈등이 생기면 교회도 갈등이 생긴다. 당회가 쪼개지면 교회도 쪼개진다. 성결교회 당회는 담임목사와 시무장로로 조직되어 있는 실질적인 최고 의결기관이기 때문이다.

그런데 유니온교회 당회는 미주성결교단과 남가주지역에 모범당회로 평가받아 왔다. 그냥 칭찬이 아니다. 미주에서 가장 큰 장로교회 당회 세미나를 유니온교회 담임목사가 두 차례나 인도했다는 사실이 이를 증명한다. 이처럼 좋은 열매를 맺게 된 것은 기본적으로 계속적인 장로 훈련, 당회운영규정 제정, 담임목사의 함생목회 방침, 균형 있게 성장하는 믿음 강조 등의 효과로 평가된다. 당회원 숫자가 제일 많은 때는 담임목사를 포함하여 장로 14명이었다. 필자는 당회원 장로로 교회를 섬겨 본 경험이 있기 때문에 장로 입장에 서서 원만하게 당회를 운영했다. '당회원 통신'을 필요한 때마다 발행해서 당회원들이 교회

사정을 속속들이 알게 했고 회중들보다 먼저 알도록 했다. 합의결정을 통한 단독결정을 선호한 것도 갈등을 화해로 바꾸는 좋은 방법이다.

그래도 당회운영에서 아쉬운 점도 있다. 기밀을 지키지 못하는 것이 고질병이었다. 그 발언은 누가 했느니 혹은 담임목사가 비밀로 해달라는 말까지 새어나간다. 부부가 너무 가까워서 그런 것 같다. 남편은 꼭 비밀 지켜 달라고 했지만 아내의 입은 그 나름의 자유를 구가하고 있었다.

유니온교회의 최고결정권은 사무총회가 갖는다. 회원총회를 성결교회는 사무총회라고 부른다. 최고 결정권도 있고 또 회원 수도 많으니까 자칫하면 우중회의(愚衆會議)가 되기 쉽다. 그러나 기도를 많이 하고, 준비를 철저히 하면 은혜롭게 마치게 된다. 그런 것에는 특히 유니온교회가 넉넉히 시범사례가 될 만했다. 투표가 있다 해도 30분을 크게 넘기지 않았다.

무엇보다도 모든 회의는 '하나님의 뜻을 함께 찾는 과정'이라는 원칙을 잘 지켜나갔다. 하나님의 뜻은 이것이라고 담임목사 혼자서 결정할 수도 있다. 그러나 두 세 사람이 예수님 이름으로 모인 곳에 그분이 계시겠다는 것 곧 교회는 함생체라는 것 때문에 큰일은 물론 작은 일까지도 합의하여 하나님의 뜻을 찾게 되었다. 작은 조직은 힘을 합하여 더 큰 조직이 힘차게 활동할 수 있도록 돕는 것에도 사명이 있다. 그리고 큰 조직은 작은 조직을 키우고 돌보는 것이 기대되는 중요역할의 하나이다. 그리하여 함생의 큰 원칙인 '하나는 여럿을 위하여, 여럿은 하나를 위하여'가 실현되어간다.

그리고 회의과정이 바로 신앙교육을 핵심으로 하여 인간을 종합적으로 교육하는 기회로 기획했다. 발언하는 방법, 남의 의견을 존중하는 방법, 규칙을 따르는 방법, 규칙을 개정하는 방법, 다른 회원의 마음을 파악하는 방법 등등이다.

"하나님, 이 회의 때문에 하나님의 일이 계획하시는 대로 이루어지게 하시옵소서. 성삼위 하나님께서 가장 기뻐하시는 회의가 되게 하시옵소서."

회의 때마다 하는 필자의 기도이다. 신학대학원에서 교회론을 배울 때 자주 듣는 말이 있다. 교회는 조직이나 제도(organization or institute)가 아니라 공동체(community)요 생체(organism)라는 이론이다. 유니온교회는 '교회는 함생체'(body of combiosis)라고 이해한다. 성삼위 하나님과 하나님의 자녀들의 함생체요, 영원한 생명을 얻은 사람들의 함생체이다. 공동운명체란 말이 쉽지만 그 이상의 뜻을 갖는다.

그런데 로마 가톨릭교회가 '가르치는 계급' 곧 사제단과, '배우는 계급' 곧 평신도를 구별하여 차이를 두지만 개신교회는 목사도 평신도 곧 하나님의 백성(라오스)의 하나라는 만인제사장론의 전통을 가지고 있다. 특히 필자는 4.19민주혁명 세대라는 소명의식을 가지고 있어 교회를 되도록 민주적으로 운영했다. 여론조사도 자주 하고, 모든 회의 결정도 다수

결에 따랐다. 안수 받은 목사는 권모술수를 가지지 말고 참다운 영적 권위를 갖는 지도자가 되도록 유의하고 노력하도록 했다. 그래서 교역자회의도 되도록 모든 회원의 의견을 수렴했다. 그래도 독재한다는 비판을 적지 않게 받았다.

여론조사 사례 한 가지 더 소개한다. 2007년 12월 9일에 실시한 여론조사에는 179명이 응답지를 제출했다. 이 가운데 '구원받은 것을 확신한다'는 응답이 170명으로 95%가 되었다. 유니온교회가 구원론 중심의 사역을 해온 결과이다. 그러나 필자는 오히려 그 구원받았는지 자신감이 없다는 9명 때문에 더 마음이 아팠다. 이 여론조사에서는 또 유니온교회 신앙생활 만족도를 묻기도 했다. '매우 만족'과 '만족'을 합하여 88%가 그렇다고 응답했다. 그리고 자유로운 건의사항 항목에는 '여론에 따라 목회하지 마세요' 그런 응답도 있고, 유니온교회가 '외화내빈'이라는 질책도 있었다.

민주주의는 원시공동체에도 그 모습이 있었다고 한다. 그러나 근대 민주주의를 고도로 발전시킨 나라는 영국이다. 그리고 영국민주주의는 교회에서 시작된 것을 역사가 밝혀 준다. 그래서 한국민주주의도 교회에서 모범적 모습을 보여 주었으면 하는 기도가 필자에게 있다.

아무튼 교회함생체는 조직만이어서는 안 되나 조직을 필요로 한다. 조직은 하나님을 위하여 사용되어야 할 그릇이다. 그런데 때때로 조직은 사람과 사탄을 위하여 사용될 때가 있으므로 지도자들은 영적 분별력을 가지고 조직을 관리해야 한다. 순리로 쓰는 것과 역리(逆理)로 쓰는 것을 구별해 내야 한다. 성경에서는 바리새파와 사두개파가 서로 적대관계였고, 빌라도와 헤롯이 서로 앙숙이었지만 예수님을 십자가에 처형하는 일에는 야합했다. 유니온교회는 모든 조직이 하나님을 돕고, 사람 특히 그 영혼을 살리고, 교회를 살리고, 나라를 살리고, 심지어 동식물과 무생물까지 살리는 것을 사명 삼도록 방향을 잡았다.

지도하는 사람이 있으매 (행 8장 에디오피아 내시)

담임목사직은 어쩔 수 없이 지도자의 역할을 요구한다. 심지어 섬기는 자 곧 노예가 된다 할지라도 그건 겸손한 자세를 뜻하는 것일 뿐 여전히 섬김의 지도자(servant leader)의 역할이 요구된다. 그래서 담임목사도 지도력에 대하여 특히 목회지도력에 대하여 학과목도 몇 개 이수했고 책도 여러 권 읽었다. 성경인물 연구를 통하여 성경적 지도력을 배웠고 특히 예수님의 지도력에 관한 연구들에 큰 관심을 가져왔다.

지도력(leadership)은 일반적으로 집단의 목적을 달성하기 위하여 추종자들에게 행사되는 영향력으로 정의한다. 여기에는 일단 네 가지 요소가 있다. **1.지도자, 2.집단, 3.목적, 4.영향력**이 그것들이다. 지도력은 이 네 가지 요소가 서로 복잡한 관계를 이루어 산출된다.

이런 배경에서 예수 그리스도의 지도력을 기본 축으로 삼고 다른 여러 지도력 이론들을 보조 축으로 삼아 자신의 지도력을 형성해 나아갔다. 그런데 예수 그리스도의 지도력 가운데는 우리들 인간이 본받을 수 있는 것이 있고 또 본받을 수 없는 것들이 있다. 우선 그분의 온전하신 하나님으로서의 지도력은 도저히 따라갈 수 없는 '저 너머'의 것이다. 기적을 자유자재로 행사하신 일, 인간의 마음속에 있는 것들에 대한 투시, 인간의 장래 운명에 대한 예고, 인간을 구원하시기 위한 대속의 죽음, 변화산에서의 변형된 모습, 악령들을 쫓아내신 일 등은 우리가 본받기 어렵거나 불가능한 일들이다.

그럼에도 불구하고 인간으로서의 예수님 지도력은 어느 정도 닮으려고 무척 많은 노력을 기울였다. 다른 누구보다도 지도력을 배우는 일에 있어서는 예수 그리스도께서 제일의 멘토(mentor)이셨다. 그것들을 중요한 항목으로 정리하면 다음과 같다.

1.지도력의 기초가 되는 영성, 지성, 도덕성, 전문성을 철저히 익혔다. 예수님은 그런 요소들이 그 지도력에 균형 있게 녹아져 있으시다. 2.예수님의 지도력에서 목적 달성 지향적/미래지향적이며, 비전을 뚜렷하게 제시하시고, 그 비전을 이룩하시려고 목숨을 던지신 것을 배웠다. 그분은 마침내 십자가 위에서 '다 이루었다'고 선언하셨다. 그 분의 비전은 영혼구원, 하나님 나라 선포, 그리고 그 실현에 있는 것으로 파악했다. 3.사람들을 설득하고 감동시키는 기술을 그분에게서 익혔다. 그 분은 청중의 언어로 말씀하셨고 그들의 인간 전체를 새롭게 변화시키셨다. 4.집단을 조직하고 그 조직을 관리하는 힘을 그분에게서 벤치마킹(bench marking) 했다. 세 제자, 열두 제자, 70제자, 120제자… 5.그분에게서 현상유지형이 아니라 개발확장형 지도력을 배웠다. 그분은 겨자씨처럼 매우 작은 데서 일을 시작하시지만 인간역사 전체를 변화시키시고 전우주적인 사건을 만들어 내셨다. 6.십자가 지고 섬기는 지도력이다. 머슴 목회를 하기에 힘썼다. 7.그 지도력/영향력이 시간과 공간의 제약을 넘어 오래 지속되도록 하신 것을 배웠다. 유니온교회 사역도 따라서 땅끝까지 그리고 영원토록 계속되도록 유의했다.

이러한 지도력은 예수님을 닮은 인간이 되는 것을 기초로 한다. 예수 그리스도를 심장과 뇌수로 삼고 있는 기독교는 다음과 같은 인간으로 변화되도록 인간교육에 현저하게 공헌한다는 사실에 근거한다.

1.인간이 죄인, 피조물, 육신과 영혼으로 구성되었으며 특히 하나님의 형상을 지닌 존재라는 자아성(identity)이 확고하다. 2.창의적 인간이 된다. 3.목적 지향적/목적 성취적 인생을 산다. 4.죽음의 문제를 해결하고 영원한 삶을 누린다. 5.교육을 중요시하며 평생토록 자신을 교육한다. 6.하나님이 주신 소명을 가지고 살아간다. 7.가정, 사회, 직업에 대한 책임적 존재로 살아간다. 8.다른 사람의 입장을 배려하는 고매한 인품이 있다. 9.불가능에 대한 도전 정신이 강하다. 10.용서와 사랑의 인간관계를 증진시킨다.

그러나 기독교 신앙 안에서 살아간다는 것은 지도력 형성에 있어서 피할 수 없는 한계를 제공한다. 편협적이고 독선적인 성향이 강하여 보편적 지도자 되기가 어렵다는 것이 우선 눈에 띈다. 삶의 스타일이 다르기 때문에 종종 인간관계에 갈등을 가져온다. 특히 금주, 금연, 도박성 오락 금지, 제사 거부 등에서 그렇다.

그럼에도 불구하고 기독교 신앙이 지도력 형성에 막강한 힘을 제공한다는 것은 전 세계에서 공인된 사실이다. 그것은 기독교신앙체계 전체가 지도력 훈련의 묘판이요 태반이라는 걸 입증해 준다.

요람에서 무덤까지의 목회

유니온교회는 9월 넷째 주일 교회창립기념주일을 맞을 때마다 케이크 자르기 행사를 갖는다. 3부 혹은 4부로 예배드리게 되므로 그 주일에는 3번 혹은 4번 자르는 행사를 갖는다. 그럴 때에 자르는 대표로는 담임목사, 대표장로, 창립멤버 대표, 그 때 출석한 최고령 어른, 그리고 가장 어린 나이의 아기가 참여한다. 아기는 부모가 안고 오기도 하고 어떤 때는 임산부가 부른 배를 안고 나와 참여하기도 한다. 유니온교회는 '요람에서부터 무덤까지'(from womb to tomb)의 모든 연령층을 대상으로 사역하기 때문이다.

영원한 담임목회자이신 예수님께로 돌아가 보자. 그분은 어린 아이들을 환영하시고, 안으시고, 안수하여 축복해 주셨으며, 그들의 구원을 선포하셨다. 그리고 어린 생명 하나를 실족시키는 사람에게 그 책임을 엄중히 물으셨다.(마 18:1-14, 막 10:13-16) 그리고 노인의 대표라 할 수 있는 어머니 마리아에게 극진한 효성을 보여 주셨다. 십자가 위에서 어머니의 남은 생애를 제자 요한에게 간곡히 부탁하셨다.(요 19:26-27)

교육에서는 벌써 오래 전부터 평생교육(life-long education)을 강조하여 왔다. 학교형 목회를 주도해온 필자 역시 평생목회(life-long ministry)를 염두에 두었다. 아기가 없는 부부를 위하여 특별기도를 베풀었다. 그래서 그 기도의 응답으로 자녀를 두게 된 가정이 몇 있었다. 물론 부부에게도 낙심하지 말고 끈질기게 기도할 것을 가르쳤다.(눅 18:1)

아기가 있는 임산부들에게는 서양식으로 베이비 샤워(baby-shower)를 하는 대신 〈출산기도회〉라는 프로그램을 마련해서 실시했다. 백일이나 돌찬치를 뜻 있게 차리도록 권고했다. 특히 돌잡이 행사 곧 그 주인공 어린이의 재능을 발견하는 행사를 장려했다. 교육적 신앙적 의미가 크기 때문이다. 어린이 행사에서는 특별한 경우가 아니면 설교 본문은, "아기(예수)가 자라며, 강하여지고, 지혜가 충만하며 하나님의 은혜가 그의 위에 있더라." 그리고, "예수는 지혜와 키가 자라가며 하나님과 사람에게 더욱 사랑스러워 가시더라."(눅 2:40, 51)는 말씀을 풀었다. 예수님의 이력서가 우리 모두의 이력서가 되어야 하고, 예수님의 이력서가 온 인류의 역사서가 되어야 한다는 신념에서였다. 이 말씀과 관련된 여러 가지 간증들이 많았다.

이렇게 해서 초등부, 중등부, 고등부, 대학청년부, 영어교회, 청년회, 그리고 연령층에 따른 전도회, 노인들을 위한 상록대학을 조직하고 운영했다. 결혼식만큼이나 장례식을 뜻있게 치렀더니 장례식 참석하고 은혜 받은 이들이 많고, 또 자녀들의 결혼식이나 자신의 장례식을 예약해놓은 유니온가족들도 꽤 되었다.

"내 집은 만민이 기도하는 집이다."(막 11:17) 예수님께서 그렇게 선언하셨다. 성경에서는 그것이 하나님 아버지의 집이다. 성전의 주인이신 예수님의 집이고 또 예루살렘 성전이다. 그러나 이 집은 우리들에게는 유니온교회이다. '만민'은 그 원뜻이 모든 피조물이다. 특히 모든 민족, 곧 유대인이나 사마리아인이나 이방인을 뜻한다. 그리고 모태 속에 있는 아이부터 무덤 안에서 부활을 기다리는 육신까지를 포함한다. 그래서 유니온교회는 교회묘지도 아름다운 동산에 마련했고, 조상합동추모예식도 미국 메모리얼 데이 (현충일)가 있는 6월 첫 주에 가졌다. 그 예식에 꽤 많은 이들이 참여했다.

무익한 종이로소이다

예수님을 겸손하신 분이라고 하면 반발하는 사람들도 적지 않다. 예수님 시대부터 사뭇 까무러친 사람들이 있었다. "나와 아버지는 하나이니라."(요 10:30)라고 선언하셨을 때 유대인들이 돌로 쳐 죽이려고 했다. "신성모독으로 인함이니 네가 사람이 되어 자칭 하나님이라 함이로라."(요 10:33) 예수께서 십자가에 못 박히셨을 때 빌라도 총독이, "나사렛 예수 유대인의 왕"이라는 죄패를 붙였다. 유대인의 대제사장들이 빌라도에게 몰려가서 그 죄패를 "자칭 유대인의 왕"이라고 고치라고 강력히 요구였다. 그러니 그들 눈에 예수께서 어찌 겸손한 인물로 비치겠는가. 하나님과 동등됨을 참칭하는 교만한 자로만 보였으리라. 그것이 그분을 십자가에 처형한 이유이기도 했다.

그러나 예수님은 겸손하신 분이셨다. 우선 스스로 그런 의식을 강하게 가지고 계셨다. "나는 마음이 온유하고 겸손하니 나의 멍에를 메고 내게 배우라."(마 11:29)고 하셨다. 예루살렘에 왕으로서 입성하실 때에도 성경은 그 분이 겸손하여 나귀 가운데서도 새끼를 타셨다고 증거한다.(마 21:5) 아니 무엇보다도 자신은 섬기기 위하여 이 세상에 오셨다고 선언하셨다.(막 10:45) 섬긴다는 말은 종노릇한다는 뜻이지만 예수께서는 한 걸음 더 나아가, "자기 목숨을 많은 사람의 대속물로 주려 함이라."고 덧붙여 선언하셨다.(막 10:45) 그러나 예수님의 겸손은 더 심오한 뜻을 가졌다. 그것을 제자들의 발을 씻기시는 행동으로 표현하셨다. 발 씻기는 것은 당연히 종들이 하는 몫이었다.(요 13:1-17) 그것보다도 더 심오한 뜻이 있다. "사람의 모양으로 나타나사 자기를 낮추시고 죽기까지 복종하셨으니 곧 십자가에 죽으심이라."고 했다. 즉 예수님의 이력서는 단 두 마디로 풀 수 있으니 하나는 '내려오심'(humiliation)이요 또 하나는 '올리워지심'(exaltation)이라는 해석이다.(빌 2:6-11) 초대교회의 신앙고백서이거나 찬송가 가사였을 것으로 알려진 말씀이다. 그분이 죄인의 몸을 입으시고 이 땅 위에 오신 도성인신과 이방인 흉악범을 처형하는 도구인 십자가 위에서 죽으신 일은 하나님 우편이라는 가장 높은 지위에서 지옥까지 내려가심과 다시 하나님 보좌 우편으로 올라가심을 선명하게 보여준다.

필자는 예수 믿기 전에는 별로 자신을 죄인이라고 느끼지 않았다. 가끔 부모님께 꾸중을 들을 때에도 억울하다는 생각을 했다. 학교에서 선생님들에게 벌을 설 때에도 마찬가지였다. 꼭 한 번 다른 아이의 시험지를 힐끗 보고 쓴 것이 딱 걸렸는데 그 때에는 진정 잘못했다고 용서를 빌었다.

그런데 교회에 처음 발을 들여 놓고 6개월이 지나 학습을 받을 준비를 했다. 그 때 목사님께서 이런 말씀을 하셨다. 옛날 사람들은 거울이 나오기까지는 자기 얼굴이 어떻게 생겼는지 잘 몰랐다는 것이다. 그런데 거울이 나오니까 자기 얼굴이 둥근 달인지 길쭉한지 혹은 떡판 같은지 알게 되었다. 앞으로 영혼을 비추어 보는 거울이 생기면 사람 속에 있는 죄가 무엇인지 밝히 알게 되는 날이 온다는 것이다. 그런데 그 거울이 성경이라고 했다. 그래서 성경은 거룩한 거울 곧 성경(聖鏡)이라고 하셨다. 그 설명이 참 명쾌했다. 그래서 부모를 공경하지 못한 죄, 형제를 사랑하지 못한 죄, 남에게 대접받기를 원하는 대로 남을 대접하지 못한 죄, 제 눈의 들보는 보지 못하고 남의 눈의 티를 먼저 지적한 죄… 그런 것들을 낱낱이 회개하고 학습을 받았다. 그랬더니 세례문답 때에는 아무 것도 묻지 않으시고 세례를 베풀어 주셨다. 학습 때에 회개한 것 가지고 충분하다고 하셨다.

성경을 점점 더 연구하고, 교회생활에 깊이 들어가고, 또 신학을 배우고, 신학을 가르치고, 목회목사가 되어 설교를 자주 하고, 부흥회나 신앙강좌를 인도하게 되면서 초점이 예수 그리스도 그분에게 모아졌다. 이제는 예수 그리스도 나의 구원주가 내 영혼의 거울이 되셨다. 그분에게 비추어 보니 내 죄가 얼마나 심각하고 뿌리 깊은 것인지를 절절히 깨달았다.

예수 그리스도라는 거울에 내 영혼을 비춰 보니 가장 대표적인 죄는 '나만주의'(egocentrism)였다. '너만주의'로 살지 못할망정 '너도주의'로는 살아야 하는데 그것이 실상 그리도 힘겨웠다. 표면적으로만 보면 나는 선량한 사람으로 평가받을 만하다. 목회를 하다 보니 이런 저런 소문들이 떠돌기도 하지만 그러나 사람 앞에서나 혹은 하나님 앞에서는(coram Deo) 다른 목회자들과 비교할 때 도덕적 흠결은 비교적 없다고 자부한다. 학교 다닐 때 여러 번 여러 가지 상을 받은 '우등생 신자' 수준이다. 그러나 예수님 앞에서는 할 말이 전혀 없다. 그분을 얼마나 닮았느냐, 그분께서 맡기신 일을 얼마나 성취했느냐, 그분의 빛을 얼마나 세상에 비추었느냐고 물으면, 부득불이라도 자랑할 것이 없다.(참조:고후 11:30) "그러나 여전히 저 자신이 이기주의의 포로가 되어 있는 초라한 인간일 뿐입니다. 아주 쭉정이까지는 아니지만 튼실한 알곡이라기에는 너무도 부끄럽습니다."(30년사,435) 자기 영웅화에 분주했고, 신자들을 깔보는 교만이 내 마음에서 떠나지 않았다. 자기 합리화의 명수였으며, 밖으로는 무슨 일이든지 최선을 다한다고 하면서도 그러나 내심으로는 적당히 적당히 해치운 적도 많았다. 자신도 믿지 않으면서 신자들에게 무조건 믿으라고 강요한 일도 있는 위선자였다. 예수님께서 바리새파와 지도자들을 향하여 '화 있을진저' 하신 경고가 나와는 상관없는 것처럼 살았다. 특히 설교한 그대로 살지 못했기에 설행불일치(說行不一致)의 흉악범이 된 적도 많았다.

> "명한 대로 하였다고 종에게 감사하겠느냐? 이와 같이 너희도 명령 받은 것을 다 행한 후에 이르기를 우리는 무익한 종이라 우리가 하여야 할 일을 한 것뿐이라 할지니라."(눅 17:10)

이 말씀 앞에 다시 한 번 무릎을 꿇을 뿐이다. 더욱 충성되고, 더욱 지혜로웠어야 하는데… (마 24:45)

자라고, 강하여지고, 가득하니라

목회인간학적 자서전

성경을 읽을 때마다 예수님에 관한 더 많은 자료가 남겨졌으면 하는 아쉬움이 얼마나 큰지 모른다. 성경 전체가 우리의 구원을 위하여 충분한 기록이라는 걸 전통적 교리 그대로 믿지만 그래도 예수님에 관한 것이라면 시시콜콜한 것까지 기록에 남았다면 얼마나 은혜가 되겠는가. 특히 탄생 이후 30세 되시기 전까지의 생애 자료가 너무나 희귀하다. 정경 외의 자료들도 별반 없다.

그런 가운데서도 누가복음에 12세 때 뛰넘절 절기를 지키기 위하여 예루살렘에 올라가셨던 일이 기록에 남아 있어 다소 해갈을 하게 된다. 그리고 그와 관련하여 예수님에 관한 기록이 매우 단편적이지만 다음 두 절이 있어 정말 다행스럽다.

> –아기가 자라며 강하여지고 지혜가 충만하며 하나님의 은혜가 그의 위에 있더라.(눅 2:40) –예수는 지혜와 키가 자라가며 하나님과 사람에게 더욱 사랑스러워 가시더라.(눅 2:51)

그런데 이 말씀을 읽으면서 어느 한 순간 놀라운 사실을 발견했다. 예수님은 마지막 아담이신데(고전 15:45) 어찌하여 첫 사람 아담처럼 완제품으로 창조하지 않으셨는가. 그렇게 하셨으면 십대 미혼모에게 잉태되어 하마터면 돌무덤에 묻혀 죽을 번할 위험도 없으시고, 헤롯군대의 칼에 목이 잘려질 위기도 없으셨을 것 아닌가. 그런데 왜 그토록 모진 인생을 사시도록 그런 출생과정을 겪게 하셨을까.

그래서 받은 은혜가 엄청나게 컸다. "사람이 어머니 뱃속에 생겨날 때부터 신앙교육을 하도록 한 하나님의 지혜니라." 그런 대답을 얻었기 때문이다. 그런 이래 누가복음 2장 40절은 필자 목회 생애에서 가장 많은 설교 본문이 되었다. 임신과 출산을 위한 기도모임, 백일, 돌, 가정심방, 교회학교 설교 등등 그 수를 헤아릴 수 없다. 그 한두 절 말씀 안에 인간의 교육목표가 또렷하게 제시되었고 교육방법이 충분히 암시되어 있기 때문이다.

그런데 설교는 언제나 남에게 감동을 끼치기 전에 설교자 자신이 은혜를 받는다. 또 받아야 한다. 그래서 나 자신이 자라고, 강하여지고, 지혜가 충만하고, 하나님의 사랑과 은혜가 항상 있어야 한다고 결심하고, 또 결심하고, 반복하여 결심하고, 계속하여 결심해 왔다. 실로, 이 말씀 하나로도 성경은 온 인류에게 주신 하나님의 위대한 선물로 평가된다.

여기에 정리한 필자의 자서전은 이미 여러 책자에 단편적으로 혹은 체계적으로 소개되었던 것들과 중복된다. 그러나 새로운 시각에서 다시 정리했다. 목회인간학적 시각이다. 나의 하나님께서, "내가 너를 모태에 짓기 전에 알았고, 네가 배에서 나오기 전에 너를 성별하였고, 너를 여러 나라의 선지자로 세웠노라."(렘 1:5)고 말씀하셨고, 그분 말씀 그대로 양무리를 먹이고 이끄는 목사가 되어 헌신했기 때문이다. 아무쪼록 필자의 목회인간학적 자서전이 읽는 사람을 자라게 하고, 강하게 만들고, 지혜, 은혜, 사랑으로 가득 차게 만드는데 양약이 되기를 기도한다.

시대, 환경, 가정, 그리고 초등교육

사람은 누구나 일정한 시간과 공간이라는 환경에서 태어난다. 나도 1941년 1월 21일에 태어났다. 그리고 호적에는 1942년 4월 3일자로 등재되었다. 경기도 수원군 음덕면 남양리 119번지였다. 지금은 행정구역이 경기도 화성시가 된다. 내가 자랄 때에는 수원군에서 화성군으로 바뀌었고 흔히 남양읍이라고 했다. '수원 남양 사람은 발가벗겨도 삼십리 간다'(조선 평양. 조선말 대사전,1992)는 그 남양이었다.

사람은 누구나 가족의 일원으로 태어난다. 아버님께서 33세, 어머님은 32세 되시던 해였다. 위로는 형님이 넷이고 누님이 한 분이었다.

탄생 10개월 전쯤 아버님과 어머님께서 한 몸이 되셨고 그래서 아버님의 생씨와 어머님의 생알이 하나로 결합되어 내 생명이 생겨났다. 결코 저절로 태어난 것이 아니었다. 그리고 그분들의 생명과 몸은 물론 하나님께서 만드셨고 그 생씨와 생알도 하나님이 창조하신 생명이었다. 말하자면 원료는 하나님이 창조하셨고 제품은 사람을 통하여 생산된다. 그러나 하나님은 때때로 제품 생산에도 손을 쓰신다. 아무튼 창조주 하나님과 부모님이 함생적 작업을 통하여 나의 생명이 태어났다.

태어난 동리 이름은 성주골(聖住谷)이라고 했다. 성인이 거주했던 계곡이라는 전설이 있었다. 그러나 남양읍사무소에서 1킬로미터 정도 떨어진 좁은 골짜기였고, 고개를 넘어 십리쯤 가면 황해 바다였다. 그리고 성주골에는 다섯 가구가 살았는데 네 집은 전(田) 씨 네였고 우리 가정만 이(李) 씨였다. 그래도 전 씨네 하고는 먼 사돈이었다. 나는 그런 자연환경과 사회문화환경 가운데 던져진 셈이다.

시대는 험악했다. 세계제2차대전이 한창이었다. 한반도가 일본의 강점통치 아래 있어서 농산물을 대부분 강제공출해야 했다. 그래서 식량이 너무 귀했다. 굶주림이 모든 사람들을 위협했다. 어머님은 내 생명을 품고 계실 때 만주 콩깻묵과 양조장에서 나온 술 찌꺼기를 잡수셨다며 나더러, '술을 지고는 못 가도 마시고는 갈 거'라고 하셨다. 부엌 바닥을 파고 쌀 한 가마니 감추었다가 일본경찰에게 발각되어 아버님께서 심한 구타를 당하셨다. 아버님은 그래도 굴복하지 않으시고 초저녁에 어디론가 가셔서 한 밤중에 쌀 몇 말을 등짐에 지고 오셨다. 사람은 먹어야 사는 존재라는 뜻도 있고, 특히 자녀를 기르는 데 부모는 누구나 동물적 애정을 발휘한다.

전쟁은 그토록 생명 파괴적 죄악이었다. 만 네 살 몇 달이 되어 초등학교 운동장에서 해방 축제로 여러 팀이 두레를 노는데 그 북소리와 징소리에 낮잠을 깨어 엄마에게 달려가 꼭 안겼던 일이 나의 첫 기억이었다. "엄마 무서워, 무서워" 하면서 돌진해 들어갔다. "얘야, 해방이 되었단다." 그 말씀을 지금도 어머니 음성과 함께 평생을 기억한다. 경험은 그만큼 중요했다.

남양초등학교에 처음 입학한 것은 다른 아이들보다 두세 달 늦은 때였다. 그래도 학교에 가서 공부하기를 열망했다. 그게 늦게나마 이루어졌다. 사람은 사람 사이에서만 사람다운 사람이 된다든지 혹은 인간은 가장 연약한 동물로 태어나고 자립하기까지 제일 오랜 시간이 걸리는 동물이지만 교육을 받기만 하면 모든 동물을 지배할 수 있는 존재라는 건 대학에 가서야 터득했다. 가소성(plasticity) 곧 교육될 수 있는 가능성을 뜻한다. 하지만 그 때는 단순히 친구들 모두가 학교에 다니는데 나만 못 간다는 것이 그토록 억울했을 뿐이다. 또래의 영향을 받기 시작했던가. 그래서 배움에 대한 굶주림이 대단했다.

한글자모는 두 형님에게서 배워서 글자를 겨우 읽을 수준은 되었다. 사람이 언어를 가진 존재 그리고 글자를 가진 유일한 동물이라는 것이 얼마나 큰 특권인가는 후일 대학에서 국어교육을 전공하면서 체계적으로 깨달은 사실이었다. 동물들도 그 나름의 신호체계를 가지고 있지만 인간과는 경쟁대상이 전혀 아니다. 그래서 후일 국어는 물론 신학영어, 한문, 신약성경헬라어를 가르치는 일까지 맡게 된다. 언어에 대한 은사도 주셨지만 또 그만큼 언어를 배우려는 동기가 강했다.

첫 학기에는 석차가 중간에서 훨씬 아래였다. 그러나 둘째 학기에는 우등상을 받았다.

인간은 어쩔 수 없이 치열하고 냉혹한 경쟁에 뛰어들어야 한다는 걸 깨닫기 시작했다. 공부를 잘하게 되자 분단장에도 뽑혔는데 그것이 지도력 훈련의 시작이다.

나는 소작농의 아들로 태어났다. 가을에 쌀 열 가마니를 추수를 하면 네 가마니는 지주가 가져갔다. 때때로 인심을 써서 세 가마니를 가져가기도 했다. 그래도 어렸을 때에는 그게 당연한 줄 알았다. 따라서 나도 자라면 농사꾼이 될 거라는 데 추호의 의심도 없었다. 사람은 누구나 직업을 가져야 하는 존재 아닌가.

그러면서도 아버님과 어머님은 족보와 가문에 대한 자부심이 대단하셨다. 내가 태종대왕의 아들 경녕군의 18대 손이라고 반복해서 가르치셨다. 말하자면 세종대왕이 18대 큰할아버지였다. 정치적 음모 때문에 낙향해서 살지만 '뼈 있는 집' 아들이란 뜻이다. 이승만 대통령과는 38촌이었다. 어머님도 왕비를 많이 낸 파평 윤씨 집안이시다. 가문의 전통과 자부심이 인간성장에 매우 중요한 교육재료가 된다. 후일 목회학박사학위 논문이 "전통화 모형 기독교교육의 한국상황에 적응방안 연구"의 씨앗이 그 때 뿌려졌다고 할까.

전쟁, 죽음의 공포, 교회 입문

죽음을 체험한 것은 그 뒤에 우리 집에 불이 나서 타죽을 뻔했던 사건이었다. 그리고 6.25 한국전쟁은 그야말로 초등학교 3학년이었던 소년에게 죽는다는 것이 얼마나 무서운 것인가를 뼈저리게 느끼게 했다. 총소리, 포성, 폭탄 터지는 소리, 전투기에서 쏘는 기관총 소리, 굶어죽는 사람들, 얼어 죽은 시체들… 특히 전쟁 통에 내 옆자리에 앉아 있던 친구도 죽었다. 그리고 나도 생사의 갈림길에 서 본 것이 여러 번이었다. 목숨은 하나뿐이라는 것, 그리고 그것이 죽으면 인생은 모든 것이 끝난다는 걸 한국전쟁을 통하여 소름 끼치게 깨달았다. 그래서 죽음에 대하여는 매우 예민한 사람이 되었다.

하지만 그 전쟁을 통하여 서양 군인들만 아니라 중공군도 만날 수 있었던 것은 어린 소년의 안목을 크게 넓혀주는 획기적인 사건들이었다. 게다가 북조선식 교육도 3개월이나 받았기에 '사상의 차이'가 무엇인지 심각하게 느끼기 시작했다.

집안이 너무 가난해서 초등학교 졸업으로 공교육은 끝이라고 생각했다. 그런데 시골에도 중학교 고등학교가 설립되어 공부할 기회를 얻게 되었다. 여러 차례 반장도 했고 고등학교 2학년 2학기에는 원하지 않았는데도 학생회장에 선출되었다. 사람이 둘 이상 모이면 한 사람은 리더(leader)가 되고 다른 사람은 추종자가 된다는 걸 깨닫고 적극적으로 지도력을 키워 갔다.

전쟁의 상처는 우리 가정에도 너무 컸다. 초등학교 교사를 하던 큰 형님이 인공시절 청년단 간부를 하더니 유엔군의 인천상륙작전 성공과 함께 행방불명이 되었다. 그로 인한 가족 연좌제의 독소가 나 자신에게도 너무 컸다. 무엇보다도 아버님께서 투옥되어 고문을 받으셨고 그 후유증으로 몇 년 앓으시고는 돌아가셨다. 그 연좌제 때문에 정치인, 고급 공무원, 군인 장교가 되는 기회는 의도적으로 외면했다.

그러나 위기는 위험한 기회이지만 동시에 위대한 기회였다. 우리 가정이 아버님 병환이 낫게 되기를 바라고 예배당에 처음 나가게 되었다. 약으로도 차도가 없으시고, 큰무당 불러다 굿을 해도 소용없었다. 절에 시주를 했어도 헛일이었다. 그래서 어머님께서 어느 분의 전도를 받고 교회에 나가게 되었다. 수요저녁 기도회 참석이 첫 발걸음이었는데 어머님께서 동생을 업으시고 나는 등불을 들고 함께 갔다. 중학교 2학년 말이었다. 아버님은 쟁기질을 하실 정도로 신기하게 건강이 회복되셨고 세례도 받으셨다.

그런데 동네 사람들과 집안 어른들이 예수 믿지 못하게 방해공작을 했다. 동네가 망하고 집안이 망한다는 논리였다. 그러나 어머님은 굳게 버티셨다. "오직 나와 내 집은 여호와를 섬기겠노라"(수 24:15)는 말씀 그대로였다. 종교 문제가 얼마나 큰 영향을 발휘하게 되는지 그 때부터 깨닫기 시작했다.

나는 남양감리교회에 처음 발을 들여 놓으면서 새로운 세계에 접어들었다. 기독교에 관한 것이라고는 예수가 4대 성인의 한 사람이고 또 크리스마스가 있다는 것만 아는 정도였다. 그런데 교회에 가니 모든 것이 낯설고 모든 것이 새로웠다. 다행인 것은 나를 무척 아껴주셨던 여자 국어선생님께서 권사로 계셨다. 또 중고등부에도 아는 얼굴이 있었는데 그 사실이 그토록 사람을 안심시켰다. 지금까지는 삶의 공동체가 가족, 친인척, 동네사람, 학교뿐이었는데 이제 교회가 추가된 셈이다.

몇 달이 지나니까 교회에서 춘기심령대부흥회라는 걸 한다며 화요일 저녁부터 주일까지 열심히 참석하라는 광고가 있었다. 첫 날 저녁에 예배당에 들어가니 강단 십자가가 뒤에 큰 현수막이 걸려 있었다. "알곡이냐, 쭉정이냐"였다. 그걸 읽는 순간 가슴에 신비한 생각이 불어 닥쳤다. 아하, 예수 믿으면 알곡이 되어야 하는 것이구나, 그런 생각이 내 머리와 가슴을 흔들어 놓았다.

그 때 실력으로는 그것이 성경에 있는 말씀인 줄도 몰랐다. 강사님의 설교를 듣고서야 조금씩 짐작을 했다. 그러나 농사꾼의 아들이니까 알곡이 무엇인지 그리고 쭉정이가 무엇인지는 잘 알고 있었다. 알곡의 운명과 쭉정이의 운명이 어떻게 다른 것도 너무나 잘 알고 있었다.

"오냐, 내가 알곡이 되리라. 내 꼭 알곡 인생을 살리라."

그런 결심이 중학교 3학년 학생의 가슴 속에서 진주처럼 단단하고 값진 열매를 맺고 있었다. 나는 그 때 거듭남의 체험을 했다고 늘 간증한다. 특히 나중에 신학대학원에서 성경 원문을 헬라말로 공부하면서 한국말 성경에는 없는 부분을 발견했다. 알곡 앞에는 '그의'가 있었다. 곧 예수님의 알곡이다. 그러나 쭉정이에는 그것이 없다.

회심체험이라지만 죄에 대한 절실한 회개는 그 때 없었다. 그 때까지 쭉정이처럼 살아온 것이 미련하기 짝이 없었다는 유감 정도였다. 오히려 예수 믿고 이 말씀 하나로 득도(得道)했다는 절절한 감사가 엄청나게 컸다. 그 때 그 은혜는 험악한 인생을 살아가야 하는 나에게 '흔들리지 않는 푯대'가 되었다. 그리고 인간은 육체와 함께 영혼이 있다는 걸 성경말씀을 통하여 명료하게 깨달았다. 게다가 육체보다는 영혼 중심으로 살아야 한다는 것을 담임목사의 가르침과 부흥집회를 통하여 확고히 결심하게 되었다. 아울러 인간은 누구나 죄인이라는 것, 그러나 회개하면 그 죄를 용서받게 된다는 것도 절절히 마음속에 각인시켰다. 병균은 육신을 병들게 하거나 죽이고, 사탄은 사람으로 하여금 범죄 하도록 유혹하여 영혼을 병들게 하거나 죽이게 된다는 단순한 진리, 그리고 그 사탄과는 하나님께서 주신 은혜와 그에 응답하는 믿음으로 싸워 이기게 된다는 것도 그 때 배운 진리들이었다.

동맹휴학을 주도한 학생회장

고등학교 2학년 때 중고등학교 전체의 학생회장으로 당선되었다. 원하는 것은 아니라도 일단 맡으면 해내는 성품을 가진 나는 그것도 하나님의 일을 하는 기회라고 생각했다. 그런데 문제는 학교가 무척 시끄러웠다. 학교에는 교복, 교과서, 앨범, 졸업여행, 운동회 등과 관련하여 여러 가지 뒷거래가 있는데 거기에서 나오는 돈을 교장이 독식하는데 대한 불평이 교사들 사이에서 거세게 흘러나왔다. 그때는 전쟁이 끝난 지 얼마 안 되는 때라 누구든지 의식주에 목을 맬 때였다. 그런 불만이 학교 교실에서 공공연히 터져 나왔다. "요즈음 귀신들이 그 교장 안 잡아먹고 무얼 먹고 산담." 그러는 교사들도 있었다. 그 교장이 정치에 뜻이 많아서 국회의원 출마하기 위한 정치자금을 모으는 중이라는 소문까지 파다했다.

게다가 학생들은 태반이 제때 수업료를 못 냈다. 그런데 중간고사나 학기말 고사 때 교장이 수업료 미납학생 명부를 가지고 다니면서 시험시간에 이름을 불러 집으로 돌려보냈다. 물론 나도 그런 학생 가운데 하나가 되었다. 책가방을 둘러메고 소매로 눈물을 훔치며 집으로 돌아갔다.

나는 학생회장으로서 고민을 많이 했다. 동맹휴학을 하자는 여론이 이 시골 중고등학교에서 폭풍처럼 일어났다. 하지만 스승에게는 절대 복종과 무조건적 존경심을 가져야 한다는 것이 그 때의 풍조였다. 게다가 더 큰 문제가 있었다. 그 교장이 내가 다니는 교회의 남자권사였다. 소속은 원래 수원에 있는 어느 교회라고 했는데 가끔 남양감리교회에서 예배를 드렸다. 정말 난감했다.

"그 교장은 쭉정이니라."

이런 음성이 들렸다. 나는 마침내 동맹휴학을 주도하기로 결심했다. 그래서 일주일 동안

학교는 텅 비었다. 동맹휴학 첫 날 두 시간도 안 되어 나는 수원경찰서에서 나온 형사 두 사람 사이에 앉아 경찰백차를 타고 연행되었다. 하루 저녁은 유치장에서 잤다. 깡패를 다루는 형사계가 아니라 사상범을 다루는 사찰계에서 예리한 심문을 여러 시간 받았다. 6월 26일에 동맹휴학 사건이 터졌으므로 수사당국이 북조선 소행일 것으로 예단했다.

"학생의 정의감을 높이 평가한다. 앞으로 큰 인물 되거라. 누가 너를 협박하면 내게 즉각 연락해라. 내가 힘이 자라는 데까지 도와줄게."

사찰계장이라는 분이 명함을 내게 건네주며 한 말이다. 고동학교 교장선생님보다도 그 사찰계장이 훨씬 훌륭해 보였다. 그의 격려가 평생토록 작동하는 담력이 되었기 때문이다. 아무래도 그가 예수 잘 믿는 사람 같기는 한데 그 때는 그걸 물어볼 수 있는 경황이 아니었다.

그러나 집에 돌아오니 퇴학 통지서가 와 있었다. 신문기자들도 만나자고 했고, 여당과 야당 정치인 사무실에서도 연락이 왔다. 내가 정치계에 입문할 수 있는 기회였다. 하지만 제일 마음 아픈 것은 어머님의 눈물 어린 기도였다. 기껏 어렵사리 공부시켜 놓은 큰 아들을 사상인가 무엇인가 때문에 잃고, 가슴에 묻어 놓고 사시는데… 이런 일이 또 벌어졌으니 그 아픔이 얼마나 크셨을까. 기도하는 어머니야말로 가정의 가장 튼튼한 버팀목이었다.

위기는 위대한 기회

그래서 검정고시를 거쳐 대학에 진학하겠다는 생각을 했다. 그 때 형편으로는 대학진학을 한다는 건 꿈도 못 꿀 일이었다. 가난했기 때문이다. 하지만 알곡학생이 되겠다는 단단한 결심이 있었다. 퇴학 기간에는 집안 농사일을 도우면서 밤이면 등잔불을 켜 놓고 집에서 독학을 했다. 주경야독(晝耕夜讀) 그 말 그대로였다. 그런데 정치인들의 권고로 그 교장은 나를 12월 초에 가서야 복교를 시켰다. "학생의 장래를 생각해서 복교 조치한 거야. 학생, 인생 바르게 판단하고 살아야 돼." 매섭게 차가운 목소리였다. 하지만 나는 그 권사 교장을 원망하지 않았다. 오히려 내가 더 단단한 사람이 되어 인생을 자립하여 걸어가도록 돕는 '역풍의 사람'으로 이해했다. 사람에게는 지지하는 사람만이 유익한 것은 결코 아니다. 오히려 반대하고 방해하는 사람이 더 잘 돕는 경우도 많다.

그래서 서울대학교 사범대학에 입학원서를 낼 수 있었다. 입학시험을 보았다. 수험생들은 전국 일류학교 출신들이 대부분이었다. 마지막 날에는 면접시험을 보게 되었는데 대기실에서 다른 수험생들 이야기를 들으니 존경하는 인물이 누구냐는 질문이 자주 나온다고 했다. 그 전 해에 어떤 수험생이 '김일성'이라고 했다가 낙방했다는 소문도 있었다. 그런데 존경하는 인물 곧 롤 모델(role model)이라면 나는 당연히 예수님이라고 대답해야 한다. 하지만 예수님은 단순한 사람만은 아니지 않은가. 그래서 세종대왕을 생각했다. 그런데 또 문제가 생겼다. 왜 세종대왕을 존경하느냐고 하면 무어라 할까. 국어교육과 교수님들이 세종대왕에 대하여는 자세하게 아실 것 아닌가. 그래서 미국의 링컨 대통령이라 대답하기로 마음먹었다. 하지만 내게는 그런 질문은 없었다. 아무튼 입학시험 결과는 합격이었다. 8:1쯤 되었던가, 그런데도 합격의 기쁨을 누렸다. 대한민국에서 제일 좋은 대학교의 학생이 되었다. 가슴이 얼마나 부풀어 올랐는지, 터질 것 같은 기쁨이 가슴을 꽉 채웠다.

그런데 그것이 내 실력으로 된 것 같지 않았다. 시골 고등학교 출신, 교과서는 절반 정도 배우고 끝내는 학교, 언제나 성적이 일등이라 경쟁자도 없고, 과외공부가 무엇인지도 모르고, 농사일 돕는 것에 많은 시간을 쏟아야 하고, 교회 일에도 항상 분주했었는데, 그리고 고등학교 3학년 1학기 후반부터 2학기를 통째로 놀았는데 어찌 그것이 내 실력으로 되었을까. 정말 기적 가운데 기적이었다. 그 때부터 나는 '막판 뒤집기'의 하나님, 그리고 '숨통만은 열어 놓으시는 하나님'이 나를 도우셨다는 간증을 수도 없이 해왔다. 아니, 위기는 위대한 기회라는 교훈도 그 때 얻었다.

그러면서도 기독교 신자로서 어리둥절하게 생각하는 면이 있었다. 내가 합격함은 내게 그토록 값진 축복이지만 나 때문에 다른 사람이 불합격하게 된 것은 어쩌나 하는 생각이었다. 특히 대학 4년 동안 출석했던 경동교회 강원용 목사도 그런 주제를 다룬 적이 있었다. 그러나 경쟁(competition)과 협력(cooperation)은 하나님께서 인간을 통치하시는 방식이라고 생각했다. 작은 틀에서는 격심한 경쟁을 해야 하지만 큰 틀에서는 적극적 협력을 하는 것이 개인이나 인간문명 전체가 살아남는 길이 된다는 뜻이다.

아무튼 하나님께서 나의 대학생활을 통하여 무엇을 원하실까 많이 생각했다. 서울대학교 사범대학 국어교육과에서 수학하는 동안에는 그래서 세 가지 목표를 세웠다. 첫째로는 무슨 수가 있어도 졸업을 해야 한다는 것, 둘째로는 알곡 학생이 되어야 한다는 것, 셋째로는 기독학생회 활동에 열심히 참여한다는 것이었다. 그래서 무척 불우한 환경이었지만 마침내 졸업을 했다. 마지막 학기 등록금을 납부하고서는 감사해서 눈물을 훔쳤다. 시골 고교 출신인데도 선출직인 40명 학생의 학년 대표를 2년 동안 역임했다. 대학생 수준을 넘는 논문도 발표했다. 전국대학생 정치토론대회에 나가서는 서울대학교 총장상을 받았다. 성적도 좋아서 경쟁이 심한 서울특별시의 고등학교 교사로 배정 받았다. 그리고 학교에서는 기독학생과 소속이라든가 혹은 목사라는 별명이 붙어 다녔다. 사범대학 학생회가 발행하는 교지 〈청량원〉에는 무신론과 유신론 사이의 논쟁에서 유신론 옹호 논객이 되기도 했다.

입학식이 지난 몇 주 뒤에 4.19 학생혁명이 터졌다. 그것은 나 개인에게도 커다란 혁명이었다. 그날 데모대 앞줄에 서서 '부정선거 다시 하라'고 목이 터져라 외치며 국회의사당, 중앙청을 거쳐 대통령 관저인 경무대로 가다가 벼락같은 총탄 세례를 받았다. 옆의 동료들이 퍽퍽 쓰러졌다. 피를 철철 흘리기도 하고 그 자리에서 죽기도 했다. 나는 반사적으로 뛰어가 경복궁 담벼락에 납작 기대고 한참 기다렸다. 얼마 뒤에 총소리가 멎었다. 거기에서 사범대학의 학생 두 명이 순식간에 살해되었다. 부상자는 여럿이었다. 그 때부터 자유민주주의에 대한 신념이 내 심장과 뇌수를 가득 채웠다. 보편적 양심과 합의적 표준에 부합하는 것이 바로 정의(正義 justice)라고 이해했다. 성경적으로는 하나님의 표준에 부합하는 일이기에, "너희는 먼저 그의 나라와 그의 정의를 구하라"는 말씀에 특별한 관심을 갖게 되었다. 특히 나의 이름에 바를 정(正)자가 들어있다는 것에 감격했다. 내가 소작농 가정에서 가난하게 자란 무산계급인 것만으로는, 그리고 어떤 큰 부자 자녀의 가정교사로서 그 오만방자한 모습에 분노했던 경험으로는 당연히 마르크스 레닌 주의자가 되었어야 했다. 자유보다는 평등에 우선 가치를 둔다는 뜻이다. 그러나 기독교 신앙이 그걸 막았다. 그런 점에서는 공산당의 주장처럼 종교는 혁명정신을 마비시키는 '아편'일 것도 같다. 그러나 기독교 신앙에서 보면 무신론적 유물론은 신앙을 마비시키는 마약일 뿐이다.

신앙생활은 인간수업의 길

나는 캠퍼스 써클활동으로 기독학생회만 했다. 수요아침기도회 모임에 되도록 빠짐없이 참석했다. 김석목 지도교수께서 경동교회 장로이셨고 일반사회과 소속교수였다. 그리고 윤리학을 가르치셨다. 매우 근엄하신 분이었지만 아버지 결손가정에서 자란 나에게는 존경스러운 대부였다. 평소에는 조용조용 차근차근 말씀하시는 분이신데 어떤 순간에는 폭탄을 던지듯 열화같이 책망하시기도 했다.

"뭐야, 너희들이 그래 예수 믿는 것들이야? 어떤 인간머리가 되어가나 어디 두고 보자."

여름 수양회에서 거룩한 분노가 폭발하신 적이 있었다. 사뭇 우리를 노려보시며 벽력같이 하셨던 말씀이 내 가슴에 평생의 교훈으로 남아 있다. 예수 믿으면 인격이 새로워져야 한다는 교훈이다. 윤리성이 바닥난 당시 기독교계 지도자들을 향하신 예언자적 질책이셨다. 그리고 앞으로 한국 교육계를 주도할 우리 젊은 학생들을 향한 경고였다. 신앙생활은 곧 인간수업의 과정이라는 선언이었다. 아무튼 나는 그 말씀 한 마디 배운 것만으로도 평생토록 감사할 선물을 받은 셈이다. 예수님께서는 자주 '귀 있는 자는 들을 지어다' 혹은 '들을 귀 있는 자는 들을지어다' 하고 말씀하셨는데 성령께서 나에게 들을 귀를 열어 주셨다. 서울대학교에서 좋은 스승들을 여럿 만난 것이 얼마나 큰 축복일까. 영성이라는 이름 아래 지성과 윤리성이 완전히 쓰레기 취급을 당해서는 결코 안 된다. 그분의 영향을 받은 나는 그 후 영성, 지성, 도덕윤리성, 지도력, 전문성 이 다섯 가지가 균형을 이룬 인물이라야 기독교의 이상적 지도자라고 종합해서 설파했다.

졸업식을 치르기도 전에 군대에 입영해야 했다. 사병으로 육군 제2훈련소에 입대했다.

군대 생활은 또 하나의 자기와의 싸움이었다. 명문대 졸업생이라는 것 때문에 죽도록 두들겨 맞는 일이 툭하면 일어났다. 그래도 십자가를 생각하며 참고 또 참았다. 사병들을 아무런 이유 없이 괴롭히는 것은 전투력 증강에 대한 반역행위 아닌가 하고 따져 물었다가 철봉파이프로 엉덩이가 부스러지도록 맞았다. 그때 탈영까지 심각하게 생각했었다.

그러나 제2훈련소 하사관교관과정을 마쳤는데 각 연대에서 180명의 우수 사병들이 경쟁했지만 내가 종합성적에서 최우수상을 받았다. 그래서 훈련소장 표창도 받았고 특별 휴가도 다녀왔다. 군대생활에서도 알곡군인이 되겠다는 결단의 열매였다. 사범대학 졸업생이라 시범강의를 뛰어나게 했던 것도 원인이었다. 그러나 그것 때문에 월남전에 우선적으로 징발될 것이라는 소문도 있었다. 그래도 '내가 죽으면 죽으리이다'(에스더4:16)의 믿음이 있었다. 하나님은 인류구원을 위하여 필요하시면 전쟁과 군인들도 적극 사용하시는 분으로 이해했다. 나에게도 이런 경험들이 후일 육해공삼군본부교회에서 특별집회를 인도할 수 있게 했고, 국방부가 발행하여 모든 군인들이 필독하는 〈마음의 양식〉의 필진으로 두 번이나 선발되었다.

병력자원이 남아서 나의 동갑내기들 가운데는 병역면제자들이 꽤 있지만 나는 지금도 육군사병생활 한 것을 하나님께 감사하며 살고 있다. 이상적으로는 전쟁 절대반대주의 혹은 절대적 평화주의가 인류의 최고 목표가 되어야 한다. 그러나 그 목표로 가는 과정에서 전쟁이 터지면 그 전쟁에 대하여 응전을 피해서는 안 된다. 더 많은 인간생명이 소모되는 경우가 많기 때문이다. 홀로코스트(유대인 대학살)에서 6백만 명이 죽고, 공산당 혁명과정에서 1억 명 넘는 인명이 살해되었다는 통계가 무얼 말하는가. 크메르 루즈의 대학살 사건이 무엇을 말하는가. 전쟁을 막기 위한 전쟁, 평화를 확보하기 위한 전쟁은 불가피하게 필요하다는 입장이다.

제대하자마자 김포공항 가까이 있는 공항고등학교의 교사로 부임했다. 스물네 살 나이에 국어교사가 되었다. 어떤 친구의 소개로 동아전수학관의 전임강사로 초청을 받았으나 거절했다. 고등학교 교사 월급의 네 배를 보장하고 수강생이 많으면 그 비례로 더 지불한다는 조건이어서 고민을 많이 했지만 그냥 고등학교에 남기로 했다. 학원 강사는 지식기술자이지만 정규학교 교사는 교육하는 스승이라는 자부심 때문이었다. 그것이 위대한 스승 예수 그리스도를 더 잘 따르는 일이라고 확신했다. 예수님은 지식을 가르치는 것을 목적 삼지 않으시고 오히려 인간을 변화시키는 스승(랍비)으로서의 삶을 선택하신 분으로 이해했다.

글쓰는 목사가 되어라

다시 몇 년 전으로 거슬러 올라가자. 고등학교 3학년 2학기 학교에서 퇴학처분을 받고 검정고시 준비를 하던 때 남양장로교회 유장은 담임목사님께서 1959년 11월 말쯤에 나를 부르셨다. 감리교회가 분열되어 우리 가정은 기독교장로회 소속이 되었다. 내가 한국신학대학에 갔으면 좋겠다는 말씀이었다. 믿음도 좋고, 가정도 어려운데, 신학대학으로 진학하면 서울에 있는 교회에서 학생전도사를 하며 졸업하도록 보살펴 줄 수 있을 것 같다고 하셨다. 나는 그 자리에서 '아니라'고 명확하게 말씀을 드렸다. 목사 될 소명이 전혀 없었다. 그리고 서울대학교에 가서 입학시험을 보겠다는 말씀도 드렸다. 혹시 떨어지면 한 번 생각해 보겠다고 했더니 별 말씀이 없으셨다. 지금도 소명 없이 목사 된 이들 때문에 교회와 평신도들이 얼마나 멍이 많이 드는지, 무거운 십자가를 지시고 우리보다 앞서 가시는 예수님께서 얼마나 가슴을 치시며 통곡하시는지… 목회자가 받은 소명을 평생토록 불태워야 교회가 살아남게 되고, 목회자 아닌 사람들의 직업적 소명이 불타올라야 사회가 건실하고 번영하게 된다는 걸 역사가 밝혀주고 있지 않은가.

고등학교 교사로 부임하면서 첫 예배를 드려야 되는데 효창공원 근처가 집이라 언덕 위에 십자가가 높이 달린 교회로 갔다. 만리현성결교회였다. 감리교회, 장로교회에는 익숙했지만 성결교회는 낯이 설었다. 따라서 그 날 예배만 드리고 다음 주에는 다른 교회를 찾겠다는 것이 그만 열성신자들에게 붙들려 그 때부터 성결교회 신자가 되었다. 두 달 뒤에는 청년회장으로 선출되고 또 집사 임직을 받았다. 축구선수가 어느 팀에도 소속되지 않으면 축구선수가 아닌 것처럼 기독교 신자도 반드시 소속팀이 있어야 하는데 그것이 교회요 그것이 교단이다. 소속욕구(need of belongingness)는 인간의 기본욕구의 하나라는 심리학자 매슬로우의 이론은 주목할 대목이다. 하여튼 만리현교회 청년회장이 되면서 성결교단의 교역자 양성기관인 서울신학대학교의 조종남 총장님을 도와드리는 행정보좌의 직분을 감당하도록 일이 굴러갔다.

그러면서 모교의 국어교육과 석사과정에 입학했다. 입학성적이 대학원 수석이 되자 몇 가지 좋은 제안들을 받았다. 우선 장학금을 받았다. 그리고 청와대 채용의 제안이 있었으나 신원조회 결과 '불온하다'는 평가로 좌절되었다. 서울신학대학의 교양과정부 시간강사 발령을 받았다. 하지만 제일 고무적인 것은 모교의 지도교수였던 국어학자 김형규 박사님으로부터 유급 조교 제의를 받은 것이다. 그냥 단순한 조교가 아니라 앞으로 그분이 은퇴한 교수 자리를 잇게 될 것을 약속 받았다. 그 때에는 은퇴하는 분이 추천하면 별 큰 문제가 없는 한 그냥 후계 교수가 되던 시절이었다. 얼마나 큰 기쁨이었는지, 그 모든 것이 하나님의 크신 축복으로 이해되었다.

그런데 확답을 드리기 전에 서울신학대학교에서는 매년 정기적으로 열리는 전교 영성집회가 서울 도봉산 수양관에서 있었다. 바로 그 집회가 열리는 첫 날 저녁에 나는 우레 같은 하나님의 음성을 듣게 되었다.

"정근아, 정근아, 내가 너를 목사 되라고 불렀는데 네가 어딜 그토록 어정거리며 돌아다녀?"

그런 책망이었다. 나는 의자에서 내려 무릎 꿇고 앉았다. 무서워서 아무 말도 못하고 있다가 간신히 모기소리로 몇 말씀 드렸다.

"하나님, 저는 글 써서 밥 먹고 살 사람인데요, 목사가 되면 어떻게 합니까?"

모교의 이응백 지도교수님께서 우리 반 학생 40명이 백일장처럼 즉석에서 써낸 글을 읽고 각각 평가를 하셨는데 내가 쓴 글을 보시고는, "이 사람 봐, 글 써서 밥 먹고 살겠네." 라고 하신 적이 있었다.

"그래, 그거야. 내가 네 글을 사용하려고 목사로 부르는 거야."

그런 말씀이셨다. 나는 그 때 성결 곧 성령 충만의 체험도 했고 동시에 뜨거운 소명도 부여받았다. 그래서 그 날 저녁에 모든 학생과 교직원들 앞에서 공개간증을 했다. 예수쟁이들을 박해하다가 극적으로 주님이 부르시는 음성을 들은 사울의 체험을 인용했다. 내 인생길의 일대 전환이었다. 지금까지 무엇이든지 자기중심으로 살기에 바빴던 내가 이제부터 하나님의 부르심에 따라 살아가야 하는 인생개벽 수준의 사건이었다. 일컬어 '도봉산 회심사건'이랄까.

그 때가 결혼한 지 한 달 반이 지난 때였다. 아내는 서울사대 후배였고 영어교사였다. 신앙적으로는 고등학교 때 천주교회에서 세례를 받았지만 서로 사귈 때에는 신앙에 큰 관심이 없었다. 한 때 수녀가 될 생각도 했었다지만 내가 결혼신청을 했을 때에는 거절했다. 이유는 나의 신앙이 너무 좋기 때문이란다. 그러나 어떤 계기에 교회 나가겠다기에 집 가까이 있는 동부성결교회에 소개해서 차근차근 배워가고 세례도 다시 받았다. 그리고 결혼식을 올렸다.

그런데 수양회를 다녀오더니 갑자기 남편이 목사로 부르심을 받았다며 서울사대 조교로 가는 꿈을 접었다는 것이다. 그런데도 아내는 크게 놀라지 않았다. "하나님께서 부르셨으면 그대로 하셔야지요." 그런 간단한 대답이다. 목사직은 목사 자신보다 아내의 고통이 더 크고, 아내보다 자녀들의 고통이 더 큰 법이다. 그런데도 아내는 지금까지 무슨 큰일을 결정하고 양해를 구하면 일관된 대답이었다. "하나님 앞에서 결정하셨으면 그대로 하셔야지요." 50대 초반에 집을 팔아 전액 교회당건축헌금을 할 때도 마찬가지였다. 그 사람이 평생 직장생활을 해서 마련한 집이었다. 그리고 아이들 셋도 아직 공부가 끝나지 않은 때였다. '돕는 배필'의 좋은 모범이었다. 우리는 '함생부부'요, 자녀들과 함께 함생가정을 이루어 왔고, 함생교회가 되도록 이끌 만한 기본자격을 가졌다고 감히 말할 수 있게 되었다.

그리고 그 주간에 김형규 박사님을 찾아뵙고 조교 직책을 수락하지 못하겠다는 말씀을 드렸다. 그런 다음 큰 절을 올렸다.

"이해할 수 있겠네. 성직은 아무나 하는 것이 아니니까. 그런데 많이 허전하네."

그러시면서 쓸쓸한 표정을 지으셨다. 그분에게 한 번 전도한 일이 있지만 조물주가 계시다는 걸 부정하지는 않는다는 수준의 대답을 주셨다. 김 박사님의 아들이 같은 대학의 동기생이어서 김 박사님께는 지금도 아버님께 드리는 존경을 잊지 않고 있다.

아무튼 사람 앞에는 언제 어느 때나 항상 몇 갈래의 길이 놓여 있게 된다. 그 가운데서 바른 길 좋은 길을 선택하는 능력을 길러 주는 것이 교육이 지닌 본질적 기능의 하나이다. 그런데 하나님의 자녀들이라면 어떤 길을 선택할까? 최소한 '나만주의'의 길은 아니어야 한다. 최소한 너도주의의 길은 되어야 한다. 그리고 너만주의의 길이면 숭고한 일이다. 손해를 보더라도 하나님께서 부르시는 길로 가야 한다. 그것이 십자가에 목숨을 거는 길이지만 그러나 영원한 생명으로 가는 길이기 때문이다.

목회자의 길, 신학교육자의 길

사범대학에서는 '평생교육'을 강조했다. 우선 교사될 사람들이 먼저 시범이 되어야 한다. 워낙 배우는 것에 몰두하는 체질인 나는 그런 자세로 일관되게 살아왔다. 대학원을 졸업하면서 서울신학대학교의 교양학부 전임강사로 초빙되었다. 그러면서 바로 유학시험 준비를 했다. 특히 영어공부에 몰두했다. 마침 아내가 영어교사이고 또 선교사들과의 접촉으로 본토영어를 배울 수 있는 좋은 환경이었다. 그 밖에도 외국말을 여럿 배워야 했다. 그런 결과 미국 켄터키주 소재 애즈베리신학대학원 입학허가를 받았고 한국정부가 요구하는 유학생 국가고시에도 거뜬히 합격했다. 1972년 8월 처음으로 비행기를 탔고 처음으로 외국에 나오게 되었다. 9월 학기부터 공부를 시작했고 기독교교육학을 전공했다. 그 후 웨스턴복음신학대학원에서 목회학석사학위, 그리고 클레어몬트신학대학원에서 목회학박사학위도 취득했다. 같은 학교 철학박사과정에서 기독교교육신학을 전공하여 과목이수, 외국어시험, 종합시험까지 마쳤으나 학위는 취득하지 않았다. 목회에 전심하기 위하여 과정이수를 중단했다. 그 어간에 풀러신학대학원과 남침례회신학대학원에서도 수학했다. 그러나 공부하는 일에는 지금까지 평생토록 열심에 열심을 더 해왔다. 자기주도학습(self-directed learning)과 평생학습(lifetime learning)이 생존경쟁의 효과적 무기요 생존협력의 좋은 도구였다.

그리고 무엇보다도 교회를 개척하여 미주이민목회에 31년간 헌신했다. 그 기간 동안 미주성결대, 월드미션대, 아주사퍼시픽 신학대학원, 그리고 풀러신학대학원에서 강의했다. 행정직으로는 서울신학대학교 학장행정보좌, 사무처장 등을 역임했고, 월드미션대 대학원장, 그리고 미주성결대학교 초대총장의 직분을 수행했다.

대학에서 가르친 학과목도 좀 다양했다. 대학한문을 시작으로 교양국어, 문장론, 신학

영어, 신약성경 헬라어, 기독교교육학 및 교육학과 관련과목들, 로마서 연구, 조직신학, 설교학, 목회학, 실천신학개론, 목회현장론, 성결교회 교의신학, 웨슬리신학과 칼뱅신학, 기독교교육과 영성사역에 대한 목회학박사 논문지도 등이었다. 그러나 최종 전공과목은 기독교교육신학으로 정리했다.

교회연합활동에도 적극적으로 나섰다. 목회와 학업에 분주했지만 담임목회자로서는 빼어놓을 수 없는 것이 바로 교회연합운동이다. 남가주교회협의회 총무와 회장으로 섬겼다. 그 단체와 관련된 이단사이비대책위원장, 신학연구위원장, 특히 교회공신력향상특별위원장으로 맹렬하게 사역한 것은 기록할 만한 일이다. 한흑친선협의회의 임원으로도 활동했으며, 미주아시안교회협의회 조직은 시도는 했으나 열매는 없었다. 이밖에도 세계한인기독언론인협의회 조직을 주도하여 초대회장을 역임했으며, 서울대동문목회자협의회(울목회)도 조직했다. 이단과의 투쟁에도 몸을 아끼지 않았다.

글목회에 관한 것을 빼어 놓을 수는 없다. 학교를 좀 늦게 들어간 까닭에 글을 배워야 한다는 목마름이 있었다. 그 때에는 학교에 가면 한문서당에 대한 전이해가 있어서 글을 배우는 것이 가장 중요한 것으로 생각했다. 그래서 글공부를 열심히 했다. 6.25사변 와중에서 국군장병들에게 위문편지 쓰는 일이 초등학교 4학년 때부터 있었다. 그런데 내가 쓴 글이 가장 훌륭한 모범편지로 담당선생님에게 칭찬을 들었다. 그 때부터 다른 아이들의 위문문을 대필해 주어야 했다. 고등학교 1학년 때에는 교내 문예작품 모집에서 내 소설 〈들국화〉가 당선작이 되었다. 남양중고등학교 첫 번 교지에 게재되었는데 내 글이 인쇄된 최초의 것이었다. 서울사대 국어교육과에 지원해서 합격했다. 대학의 국어작문론 시간에 즉석에서 쓴 '가을이 오면'이라는 글에 대하여 앞서 말한 대로 담당 이응백 교수님은, "이 사람 봐, 글 써서 밥 먹고 살겠네." 그런 평가를 해 주셨다. 그것이 대단한 격려가 되었다. 그래서 서울대학교 발행 〈대학신문〉의 수필 공모전에 응모한 〈길〉이라는 글이 최종 3편에 올랐으나 당선작이 되지는 못했다.

대학시절에는 논문을 쓰느라고 문예작품 쓰는 일에는 노력을 기울이지 못했다. 군대 사병생활을 할 때 동아일보에 투고하여 두 글이 게재되었다. 〈남성코너〉 난에 실린 "뭐 군인이 꽃을 다 좋아 해"와 "남의 아내에게 쓴 편지"였다. 서울신학대학에서 전임강사로 있을 때 조선일보 〈일사일언〉 난에 여러 편을 썼고 〈젊은이의 발언〉의 필자이기도 했다. 그 때의 글들로 인하여 군사정부시절 중앙정보부의 '경고'를 들었다.

이미 소개했지만 목사가 되라는 부르심을 받을 때 "네 글을 내가 사용해야 되겠다"는 하나님의 말씀에 순종했다. 칼럼을 〈조각글〉로 번역했고 또 주로 신문에 글을 썼다. 설교도 특별한 경우가 아니면 조각글에 담았다. 그런 조각글 때문에 보수측의 비판, 이단들의 위협을 빈번하게 받았다. 흥미로운 것 한 가지가 있다. 내가 글을 잘 쓴다는 칭찬을 가장 크게 받은 것은 뜻밖에도 평양에서였다. 나와 김의환 목사의 안내를 담당한 '리영희 평양외대 교수'가 이런 말을 했다.

"리 목사님, 글 참 재미있게 쓰시드만요. 이번에 조국을 보시고 좋은 글 많이 써 주시오."

그 말을 듣는 순간 나는 등뼈가 오싹했다. 김일성과 김정일을 비판하는 글들도 겁 없이 썼는데 이 친구가 그걸 모두 파악하고 있구나 하는 섬뜩한 생각이 들었다. 그래도 내색하지 않고 이렇게 대꾸했다.

"글 칭찬을 해 주시니 감사합니다. 그러나 아직 역사에 남을 글은 못 썼네요. 그러니까 많이 보여 주세요. 목사는 본 대로 느낀 대로 써야 하는 사람이니까요."

미국에 돌아와서 본 대로 느낀 대로 글을 썼다. 그런 글이 한국 언론에도 게재되었다. 그랬더니 어느 날 왼손 글씨의 협박장을 받았다. 붓을 꺾지 않으면 온 가족을 살해하겠다는 무서운 협박이 포함되어 있었다. 그처럼 십자가에 목숨을 걸어놓고 하는 것이 바로 글목회였다.

글은 주로 조각글이 많았다. 그러나 조각설교, 한조각 인생론, 청년예수 방랑기, 학술논문, 설교, 추모사 등이었다. 시에는 은사가 별로 없었다. 이런 것들을 모아 출판한 책이 20권을 넘는다. 그렇다고 글목회를 통하여 원고료 수입이 있는 것은 아니었다. 오히려 대부분 자비출판이었다. 지금 책이 잘 읽히지 않는 시대가 시시각각으로 닥 오는 것이 몹시 안타깝게 느껴진다. 그래도 어떤 방송에서는 나의 글을 낭독하는 시간까지 마련했다고 알려왔다. 조각글 한 편 읽고 인생의 방향을 확 바꾸었다는 간증을 들으면 저절로 신이 나기도 한다. 그런데 내가 쓴 모든 글의 내용은 실상 함생주의를 근간으로 한다는 사실이 경이로울 뿐이다. 하나님과의 수직적 함생, 다른 사람들과의 수평적 함생 곧 십자가가 그 주축이다.

언론사역자로서도 활동했다. 집사 시절에 〈미주동아일보〉 기자로 있었다. 〈기독교사상〉 편집위원도 지냈다. 〈재미간호신보〉 편집고문으로도 활동했다. 〈한미신보〉 편집국장, 〈크리스천 헤럴드〉 주필 등을 역임했고, 〈세계한인기독언론협회〉 창설회장으로도 섬겼다. 그래서 교회 주보도 언론사역 입장에서 만들었다. 단순한 예배순서 중심이 아니라 모든 유니온교회 가족들의 의사소통 통로로 주간신문처럼 만들었다. 교회를 함생체로 만드는 작업의 하나였다.

남북통일을 향하여서도 적극 활동했다. 세계 제2차대전 와중에 태어나서 남북분단시대 특히 6.25사변을 겪으며 어떻게든 살아남아야 한다고 이를 악물어야 했던 까닭에 통일문제는 곧 나 자신의 문제였다. 그래서 통일을 희망하는 글을 많이 썼다. 〈기독교평양복음화대회〉가 불발되기는 했지만 그 준비위원회 총무로서 김의환 목사와 함께 평양을 난생 처음

방문했다. 김일성종합대학교에서 기독교교육학 강사로 초청받았으나 그것도 실현되지 못했다. 게다가 북조선을 배신했다는 이유로 온 가족 살해협박을 받기도 했다. 그래도 남가주기독교교회협의회장 시절에는 〈남북통일선언문〉을 서울시교회협의회와 공동으로 발표했는데 그 초안을 맡았다. 통일을 위한 정책제안도 했다. 휴전선교회 설립, 남북에 다국적 유엔군 주둔, 기독교 말살정책 폐지 등이었다. 일본이 한국에 대한 박해를 말살하는 조치를 취하는 역사왜곡 행위에 항의하여 일본총영사관을 방문하여 교회협의회의 의견을 전달했다. 그리고 일본어 신문에 광고를 냈다. 제목은 "일본이여, 한국의 좋은 이웃이 되라." 였다.

여기까지 인도하시니

이정근 목사의 자기 이해를 특히 목회인간학적 지혜에 조명하여 여기까지 기술했다. 〈유니온교회 30년사〉에는 개척담임목사였던 나에 대하여 소개하고 있는데 참고가 될 만하다고 판단해서 여기 큰 제목만 소개한다. 그 글은 본래 필자 자신이 정리한 내용인데 독자들의 편의를 위하여 편집진에서 재편집했다. '당신은 당신 자신에 대하여 누구라고 하느냐'는 질문에 대한 여러 대답이다.

> (1)학생이다. (2)예수쟁이이다. (3)교회를 개척한 목회목사이다. (4)여러 단체장으로도 섬겼다. (5)교수와 설립총장을 역임한 기독교교육가이다. (6)언론인이다. (7)조각글 작가이다. (8)대중전도자이다. (9)인권과 통일운동에도 적극 참여했다. (10)원수사랑운동가이다. (11)함생주의 신학자이다. (12)자신의 한계와 실패를 알고 있다. (유니온교회 30년사, 431-435)

교회를 개척하여 목회에 전심하는 동시에 신학교육과 신학연구에 헌신하도록 하신 하나님께 감사드린다. 목회자나 신학교육자로서 지금까지 걸어온 길에 대하여는 이 책에 몇 곳에 언급했기에 여기서는 생략한다. 특히 함생주의에 관하여는 이 책 전체가 그 내용을 소개하고 있다. 하나님은 나를 함생주의자로 지명하셨고, 보내주셨고, 훈련시키셨다. 그리고 함생전도사로 목회하게 하셨다. 뒤늦게 받은 선물이지만 지금까지 나의 걸어온 길을 함생주의의 망원경, 안경, 현미경을 쓰고 재해석해 가고 있는 바 중간보고를 드리면 그 핵심 생각을 이렇게 정리할 수 있다.

함생체 하나님은 나에게 여러 가지 극적 상황에 몰아넣으심으로 '생명제일주의 삶'을 깨닫게 하셨다. 부모님의 함생을 통하여 내 생명이 태어나게 하셨다. 사람과 사람이 함생을 체험하도록 가족의 한 사람이 되게 하셨다. 교사와 학생과 교과서의 역동적 함생을 통하여 나를 교육하시었다. 함생과정을 통하여 성삼위 하나님을 알게 하시고 믿게 하셨으며 함생체인 교회가 나의 삶의 좋은 마당이 되게 하셨다. 군인생활은 전쟁의 파괴성과 함생성을 동시에 경험하는 기회였다. 교육 받는 학생이면서 동시에 교육하는 사람으로 평생을 살게 하셨고, 교회를 개척하여 목회자가 됨으로써 성삼위 하나님과 다양한 사람들이 함생의 삶 복판에서 함께 살아남는 지혜를 터득하게 하셨다.

내 삶을 함생원리에 따라 주도적으로 영위하게 하셨다. 교단목회와 교회연합활동을 통하여서도 함생주의 사역을 열매 맺게 하셨다. 대한민국 국적, 미국 국적, 북조선 방문, 세계여행, 매스미디어들을 통하여 함생인으로 나를 육성하셨고, 여러 개의 외국말을 배움으로, 그리고 다양한 학문분야의 지식을 쌓게 하심으로 생명 중심의 삶, 성삼위 하나님과 함께 삶, 이웃 심지어 원수까지와도 함께 살아가는 '하나님의 나라'를 확장하는 일에 효율적으로 헌신하게 하셨다.

무엇보다도 성경을 '함생의 책'으로 읽게 하셨다. 나의 뇌수에는 보수와 진보가 함생하고 있으며, 감리교회, 장로교회, 성결교회, 침례교회가 함생하고 있기도 하다. 한국에서 태어나고 자라나서 미국에서 유학하고 사역해온 까닭에 '코메리칸'이라는 함생적 인간이 되기도 했다. '태극기는 우리나라 깃발입니다'와 함께 '성조기도 우리나라 깃발입니다'라고 가끔 노래 부른다. 정반합의 변증법 논리를 즐겨 사용하고 양극이 서로 만나는 중용철학, 모순이 공존하는 역설의 논리를 선호한다. 원수를 친구로 만드는 원수사랑운동은 함생신앙의 절정으로 파악하고 있으며 무엇보다도 예수 그리스도를 '함생의 패러다임' 혹은 '함생의 사람 원형'으로 이해하고 있다. 목회 은퇴 이후에는 신학이 있는 목회와 목회 있는 신학에 집중하여 목회실천과 신학이론을 함생시키는 마지막 힘을 쏟고 있다.

그러나 나 자신의 한계와 특히 아직도 죄의 본질인 '나만주의'의 포로로 잡혀 있는 까닭에 성삼위 하나님의 기대만큼 못한 일들이 너무 많다. 그래서, "보라, 심판주가 문밖에 서 계시니라." (약 5:9)는 말씀 앞에 항상 벌벌 떨며 살아왔다. 그럼에도 불구하고, "나의 나 된 것은 하나님의 은혜"일 뿐이다.(고전 15:10) (참조: 뭐야, 예수 믿는다구?…)

15

요약과 결론

목회자의 최고 표준 예수 그리스도

우리는 알파와 오메가의 하나님을 믿는다. 처음이요 마지막이신 삼위일체 하나님을 믿는다.(계 21:6) 그래서 시작이 있고 중간이 있고 끝이 있다. 그래서 논문이나 논설문들도 서론, 본론, 결론으로 구성해야 한다.

이제 이 책이 결론 부분에 이르렀다. 따라서 전체를 요약하는 일과 함생목회론의 결론을 맺는 일, 특히 미래의 목회를 예견하고 방향을 설정하는 일이 남아 있다. 한 가지 특이한 일은 목회금언을 부록으로 첨가해 놓았다. 이는 남의 것을 모은 것이 아니고 대부분 필자가 목회현장에서 생산해낸 것들이다.

함생목회 모형론 (이 책의 요약)

함생주의(咸生主義, combiosism)는 본 필자의 사상이요 신학이다. 그리고 목회 제일원리이다. 따라서 이 책의 부제목을 "함생목회론을 말한다"라고 했다. 함생주의 사상에 대하여는 이 책 제1부에서 그 기본 이해를 전개했다. 제2부에서는 예수 그리스도께서는 담임목회자의 최고표준이라고 전제했다. 그래서 목회 각 분야에 걸쳐 그분의 사역을 함생주의 시각에서 성경적 근거를 정리했다. 이어서 필자의 목회체험과 생각들을 정리했고 함생목회적 시각에서 그 뜻을 고찰했다. 제3부에서는 필자가 개척하여 은퇴하기까지 30년간 목회했던 유니온교회 행전을 간증형식으로 기록했다. 이제 그에 기초하여 앞서 개진한 내용들을 '함생목회 모형론'이라는 제목 아래 중요부분을 재정리하고 요약해 보겠다.

함생목회론의 기초

함생주의 사상의 핵심은 다음의 다섯 가지로 요약된다. 1)절대자 하나님은 생명을 그 본질로 한다. 2)생명 특히 사람의 생명을 보존하는 것과 증진시키는 것을 최우선 가치로 삼는다. 3)인간은 철저히 개인인 동시에 철저히 사회적 존재이기에 사회적 개인(social individual)이요 개인적 사회인으로 이해한다.'하나는 모두를 위하여, 모두는 하나를 위하여(one for all, all for one)가 동시적으로 이루어져야 한다. 4)기독교의 삼위일체 혹은 일체삼위 신관은 그 절대자가 본질적으로 함생적 존재임을 계시한다. 5)인간과 만물은 창조주 하나님과 함께 살아야만 하는 수직적 함생의 대상이며 또한 이웃이나 원수와도 함께 사랑해야 하는 수평적 함생의 사명을 부여받았다. 그것이 바로 '하나님의 형상'(imago Dei,창1:26)의 핵심적 내용이다.

좀 반복되는 느낌이지만 이렇게 요약할 수도 있다. 함생주의(combiosism, 咸生主義)는 생명을 최우선 가치로 삼고, 함께 살고, 서로 살리며, 생명을 증진시킨다는 뜻이다. 생명의 창조주이신 성삼위 하나님과 인간을 대표로 하는 피조물이 함께 생명가치를 향상시키는 수직적 함생, 사람과 사람, 피조물과 피조물이 함께 생명을 증진시키는 수평적 함생을 뜻한다. 이 수직과 수평이 합하여 십자가에서 죽으시고 다시 살아나신 예수 그리스도에게서 온전한 함생을 이룬다.

그런데 지구 안에 있는 생명체들은 그 존재 전체가 앞으로 살아남느냐 아니면 죽어 없어지느냐는 절박한 위기에 직면해 있다. 그런 점에서는 인간의 영적인 생명체, 육체적 생명체, 동식물의 생명체가 모두 마찬가지이다. 따라서 문명의 방향을 죽음으로 치닫는 것에서부터 혁명적 전환을 해야 한다.'최대한'을 살린다는 정도를 넘어서 '모두'를 살리는 문명을 건설해 나아가야 한다. 기독교는 그 같은 방향전환의 기수가 되어야 한다. 그것이 함생목회론을 절규하는 이유이다.

기독교는 그 같은 기수가 될 수 있는 요인을 모두 갖추고 있다. 무엇보다도 하나님의 삼위일체성 그리고 일체삼위성이 가장 확고한 기반이다. 생명을 창조하시고 그 생명이 지탱하여 갈 수 있도록 필요한 것을 공급하시는 하나님, 죄악으로 말미암아 죽을 수밖에 없는 인간을 살리시려고 친히 십자가에서 제물이 되심으로 영원한 구원의 길을 마련해 놓으신 성자 하나님, 생명구원을 직접 집행하시는 성령 하나님이 바로 우리가 믿는 하나님이시다.

그러므로 하나님의 계시인 성경은 바로 함생목회의 최고 표준이 된다. 성자 예수 그리스도는 스스로 '선한 목자'이심을 선언하시고 최고표준의 목회자가 되셨다. 그리고 지금도 그 같은 함생목회를 계속하고 계시다. 신적인 존재인 천사들도 함생목회의 보조자들이며 타락한 천사들인 사탄의 무리들은 그들 자신도 함생체가 되어 예수 그리스도의 함생목회를 방해한다. 하지만 큰 틀에서 보면 그들도 함생 증진자들의 역할을 하지 않을까.

하나님은 인간에게 하나님의 형상을 부어 넣으심으로 말미암아 하나님과 함께 살아야 하는 함생적 존재로 창조하셨다. 그리고 인간끼리도 함생하게 하셨으니 그것이 바로 인간을 사회적 동물이라 부르는 이유이다. 특히 인간은 가소성(plasticity)과 잠재능력이 어떤 피조물보다도 크지만 그것이 개인 혼자만 있다면 전혀 개발될 수 없다. 즉 교육은 최소한 인간끼리 만이라도 함생할 때에만 가능해지게 되고 그래서 인간의 생명이 질적으로 증진된다. 그런 까닭에 개인은 죽어도 사회는 종말까지 지속된다.

인간의 영혼이 구원받는 것도 마찬가지 원리이다. 인간은 아무도 제 스스로를 구원하여 영원한 생명을 누릴 수는 없다. 하나님께서 직접 구원하시는 길이 아니라면 사람이 영원한 생명을 얻는 것은 반드시 다른 사람에게 전도를 받아야 하고 성령께서 역사하셔서 그 은혜로 인하여 믿음으로 말미암아 이루어진다. 함생작용이 육신적 생명 유지는 물론 영원한 구원을 이루는 필수적 통로가 된다.

따라서 교회를 공동체라고 해왔지만 이제는 함생체라고 이름해야 한다. 교회는 믿는자들의 함생체이고 성삼위 하나님과 구원받은 하나님의 자녀의 함생체이다. 그리고 아직 영원한 생명권에 들어오지 않은 '우리 안에 들지 않은 다른 양'(요 10:16)들도 이 함생체의 잠재적 지체로 간주한다.

교회에는 하나님의 나라의 형상이 있다. 사람이 하나님의 형상을 가진 것처럼 교회는 하나님 나라의 형상을 지니고 있는 함생체이다. 하나님의 '나라'는 하나님의 '다스리심'이 그 본래의 뜻이다. 이 하나님의 나라는 어떤 계약에 의한 조직체를 넘어서 생명이 핵심인 유기적 조직체 곧 함생체이다. 이 땅 위에서의 개인의 종말은 구원받은 자에게는 하나님과의 직접적 함생의 출발점이 되는 것과 같이 역사의 종말은 하나님 나라의 완성을 뜻한다. 그 하나님의 나라는 성삼위 하나님께서 직접 통치하시는 나라, 완성된 하나님의 나라이다. 하나님은 되도록 온 인류 모두가 한 사람도 빠짐없이 이 하나님의 나라의 백성이 되기를 원하신다. 그러므로 성삼위 하나님께서는 시편 23편의 말씀처럼 어린 양들인 우리의 목회자가 되신다. 특히 사람의 몸을 입고 이 땅 위에서 삶을 누리신 예수 그리스도께서는 모든 담임목회자의 최고표준이 되신다. 성령님께서도 이 목회사역에 신비하게 협력하시고 참여하시고 어떤 경우에는 주도하신다.

그분이 담임목회자이시기에

교회목회에는 여러 분야가 있다. 그런 분야는 목회의 대상이 누구 혹은 무엇이냐에 따라 다음과 같이 분류할 수 있다.

1.하나님을 향한 목회. 2.하나님의 백성들을 향한 목회. 3.믿지 않는 사람들을 향한 목회. 4.가난한 사람들을 향한 목회. 5.하나님의 적대자들에 대한 목회. 6.문화와 문명을 향한 목회. 7.생태환경을 향한 목회.

이 같은 분야들은 또 목회 방법이나 대상의 성격에 따라 또 여러 가지로 나눌 수 있다. 가령 하나님을 향한 목회는 예배, 기도, 찬양, 성전관리 등의 목회분야가 있다. 하나님의 백성을 향한 목회는 성례전, 교육, 상담 등이 있고, 믿지 않는 사람들을 향한 목회에는 전도, 선교, 봉사 등이 있다. 이런 모든 목회활동의 제일원리는 함생이어야 한다는 것이 이 책의 핵심이다. 함생주의의 뜻은 앞에서 다섯 가지로 요약했다.

예수 그리스도는 목회자의 최고표준이시다. 이 사실을 성경이 확실하게 선언하고 있다. 예수 그리스도께서는 최고표준의 선지자이시고(히 1:1-4), 최고표준의 대제사장이시고(히 5:1-10), 최고 표준의 왕이시다(계 19:16). 그런 모든 목회자와 하나님의 백성들은 예수 그리스도를 언제 어디서나 영원토록 담임목회자의 최고표준으로 모셔야 하고 그 분을 닮아가야 한다. 예수 그리스도 그분이야말로 우리 담임목회자들의 목회를 평가하는 유일한 기준이 되신다.

그런데 예수 그리스도의 목회는 함생사역을 본질로 한다. 예수님 자신이 그걸 철저히 의식하셨고, 그렇게 가르치셨고, 그런 시범을 보이셨다. 하나님을 향한 목회인 예배, 성전예배, 회당예배, 안식일의 정신, 설교 목회, 기도 목회, 주기도문의 정신, 찬양 목회, 십자가 목회 등을 통하여 함생목회 모범을 확연하게 제시하셨다. 이와 같은 목회는 하나님을 가치롭게 해드리고, 영광을 드리며, 그분을 섬기는 목회이지만 동시에 피조물 특히 사람들의 생명을 구원하고 증진시키는 일임을 확연하게 보여주셨다. 개인예배도 함생적이지만 공동예배는 더욱 함생적이다. 예배는 하나님께 드리는 것이지만 하나님은 우리에게 더 좋은 것을 주신다는 것을 철저히 체험하는 것이 함생예배 정신이다. 목숨을 걸고 대담한 행동으로 보여주신 성전 성결화 사건(막11:15-18)만 해도 하나님의 집이 인간의 이익을 챙기는 곳에서 "만민(모든 피조물)이 기도하는" 하나님의 집으로 원상복구되도록 하는 목회 모범이었다.

하나님의 백성을 향한 사역에서도 함생적 모형을 제시하셨다. 세례, 성찬, 세족, 교육, 결혼식, 장례식, 심방, 상담 등등의 모든 목회 사건들은 그 기본토대가 함생적이다. '하나님(성부, 성자, 성령 중 한 분)과 나'의 함생작용이기도 하고, '성삼위 하나님과 우리와 심지어 그들'과의 함생적 목회이기도 하다.

믿지 않는 사람들을 향한 목회에는 그리스도인들의 현존(presence), 전도, 선교들이 있다. 성자 예수 그리스도는 성부 하나님, 성령 하나님과 함께 개인과도 함생하시고, 동시에 '우리들' 가운데서도 실존하신다. 그리고 전도나 선교도 그 기본구조는 하나님과 나, 하나님과 우리가 합력하여 너와 너희를 하나님과 함께 살도록 안내하고 설득하는 사역이다.

핍절한 사람들에 대한 사역은 성삼위 하나님께서 일찍부터 강조하시고 모범을 보여 오셨다. 하나님 자신이 자기 백성을 "종 되었던 집에서 인도하여 낸 네 하나님 여호와라."(신 5:6)를 강조하시고 그것이 의도적이셨음을 확인하셨다. 따라서 예수 그리스도 자신도 '섬기는 자' (마 20:27-28)가 되셨고 그 분의 제자가 된다는 것은 곧 섬기는 자가 되는 것을 뜻했다.

이런 섬김은 원수에게까지 확장되었다. 예수 그리스도의 '원수사랑' 목회는 온 인류의 문명과 함께 개인의 인생관과 세계관도 완전히 해체하고 새로 건설하겠다는 혁명적 선언이다. 실로 교회에 그리고 그리스도인 한 사람 한 사람에게 이 같은 엄숙한 목회 사명을 주셨고 이를 몸소 목숨을 걸고 실천하여 함생목회의 절정을 이루셨다.

함생목회는 문명 혹은 문화의 영역으로 확장되어야 한다. 문화나 문명은 인간이 자연을 가공하여 만들어낸 것을 뜻한다. 그것이 작게는 숟가락이나 젓가락일 수도 있고 크게는 비행기나 고층건물일 수도 있다. 그런데 그것이 당초 생명을 보존하고 보호하며 증진시키는 도구로 만들어진 것인데 지금은 핵무기에서 보는 것처럼 온 인류의 생명을 한 순간에 새까만 시체로 만들 수도 있게 되었다. 정말 위험천만한 일이다.

이런 때에 죽음의 문명을 삶의 문명으로 방향 전환시켜야 할 책임이 있는 종교들이 그런 문제 해결을 외면하고 있어 큰일이다. 아니 오히려 종교 간의 충돌과 적개심이 인류멸망을 부채질하고 앞장서서 촉진시키고 있으니 얼마나 위태로운 일인가. 이처럼 도착된 문명관을 말끔히 해소시켜줄 수 있는 목회자가 바로 예수 그리스도이시다. "안식일이 사람을 위하여 있는 것이요 사람이 안식일을 위하여 있는 것이 아니니 그러므로 인자는 안식일에도 주인이니라."(막 2:27-28)고 선언하셨다. 실로 인류문명의 살인적 독소를 말끔하게 해결해 줄 수 있는 만통열쇠 아닌가. 인류의 모든 문명과 문화는 생명 특히 사람의 생명을 살리는 도구여야만 한다. 결코 사람의 생명을 멸절시키는 도구가 되어서는 안 된다.

문명목회론과 생태 목회론에 대하여는 별도로 상세히 기술하지 못했기에 조금 더 덧붙여 설명한다. 교회성장학이나 선교학에서는 '문화 위임'(the cultural mandate)과 '선교사 위임' (the missionary mandate)를 구별하여 이론을 전개한다. 선교사 위임은 선교대명(마 28:18-20)으로 대표되는 개념이다. 거기에 반하여 문화 위임은, "생육하고 번성하여 땅에 충만하라. 땅을 정복하라. 바다의 물고기와 하늘의 새와 땅에 움직이는 모든 생물을 다스리라."(창 1:28)는 말씀으로 대표된다. 그 뒤에 이어 나오는 '땅을 경작'하는'(창

2:15) 사역, 결혼제도 창설(창 2:24), 각 생물들의 이름 짓기(창 2:18-20), 안식일과 절기제도 창설(출 20:8) 등으로 이어진다. 문명과 문화를 바로 세우기 위한 목회는 하나님께서 교회 곧 하나님의 백성에게 위임하신 함생목회의 한 축이다. 생태 목회에 대한 관심은 예수님께서 마구간에서 태어나 구유에 누이신 일(눅 2:7), 광야에서 사탄에게 시험받으실 때에 "들짐승과 함께 계셨다."(막 1:13)는 말씀, "너희는 온 천하에 다니며 만민에게 복음을 전파하라."(막 16:15)는 말씀에서 '만민'(파세 테 크티세이)은 헬라어로 '모든 피조물'이라는 것, 하나님은 "만물을 살게 하시는" 분 (딤전 6:13)이라는 것 등이 삼위일체 하나님의 생태 목회의 근거와 모범을 보여 주시는 대목들이다.

유니온교회 행전

유니온교회는 1980년 9월 28일 첫 개척예배를 드렸다. 〈기독교미주성결교회〉에 소속된 교회였다. 이 교회가 문을 열게 된 것은 오로지 "하나님이 모든 것을 합하여 선을 이루신"(롬 8:28) 열매였다.

유니온교회처럼 지역교회 혹은 보이는 교회를 구성하는 가장 근간적 요소들이 일곱 가지 있다. 1)성삼위 하나님께서 함께 하셔야 한다. 2)하나님의 형상을 넣어 만드셨던 피조물의 대표 사람들이 있어야 한다. 3)하나님의 말씀인 성경이 있어야 한다. 4)예배드리는 일과 여러 목회활동을 할 수 있는 시설, 그리고 운영할 수 있는 재정이 있어야 한다. 5)특별한 부르심을 받고 자격을 충분히 갖춘 지도자들이 있어야 한다. 6)목회의 궁극적 목표 혹은 사명이 성경말씀에 부합되는 것이어야 한다. 7)교회 회중 개인적으로나 단체적으로나 특히 목회 지도자들은 사람의 육신을 입으시고 친히 선한 목자가 되신 예수 그리스도를 철저히 본받겠다는 강렬한 의지가 있어야 한다.

위의 일곱 가지 가운데 여섯 가지는 어느 교회에나 필연적으로 있어야 하는 요소이다. 그러나 일곱 번째 사항 때문에 이 책을 쓰게 되었다. 유니온교회가 아시아에 있는 빌라델비아교회를 평가하신 예수 그리스도의, "네가 작은 능력을 가지고서도 내 말을 지키며 내 이름을 배반하지 아니하였도다."(계 3:8)하신 칭찬을 모범 삼으려고 혼신의 힘을 기울였다는 이야기를 담았다. 그것을 총칭하는 이름이 곧 함생목회론이다.

특히 〈유니온교회 행전〉은 사도행전 29장을 기록하는 정신으로 정리했다. 성삼위 하나님께서 주도하시고 하나님의 가족들이 협력하여 예수 그리스도를 최고표준의 담임목회자로 모시고 믿지 않는 사람들에게도 감동이 되는 사역을 실험해 보았다는 기록이다. 실패와 흠집들은 꼭꼭 감추고 잘한 것은 과대포장하는 '양의 가죽을 쓴 이리'가 되면 안 된다는 기도를 자주 했다.

목회 칼럼 삼위일체 신론과 함생 목회론

하나님의 삼위일체성 혹은 일체삼위성은 논쟁도 많았고 그것과 다른 이단, 이설도 많았다. 또 앞으로 삼위일체 신론은 단일신론의 이슬람과의 첨예한 대립으로 대량학살이 일어날 수도 있는 논제일 것 같다. 그런데 삼위일체 신론은 지금까지 신학적 논쟁과 목회현장에서의 삼위일체 목회론이 유기적으로 접목되지 못한 점이 있다. 그리고 아직도 신비에 가려진 면이 훨씬 많다.

소방차, 경찰차, 구급차

미국에는 교회당이 몰려 있는 것을 자주 본다. 침례교회 옆에 성공회가 있고 또 그 옆에 장로교회나 루터교회가 있다. 그리고 길 건너에는 감리교회나 나사렛교회가 있기도 하고, 조금 내려가면 가톨릭성당도 웅장하게 서 있다. 가끔은 몰몬교, 크리스찬 사이언스, 유니테리언 등 이단종파 교회당도 끼어 있다. 한국과는 매우 다른 풍경이다. 어디 서울이나 시골에서 장로교회와 통일교회가 나란히 서 있는 걸 구경할 수 있을까. 같은 개신교회끼리라도 서로 가까이 있는 것을 기피하지 않던가. 그런데 왜 그런 현상이 생겼을까. 미국교회들은 경쟁심보다는 협동심이 더 강한 데 반하여 한국교회들은 협동심보다는 경쟁심이 더 강한 데서 오는 것은 아닐까.

회당들이 여럿 있는 교회타운은 대체로 교통요지에 있다. 기차역이나 지하철역이 멀지 않고, 버스 노선들이 대부분 통과하는 지점이다. 그리고 시민들의 편의시설도 많이 있다.

"헌데, 문제는 소방차, 경찰차, 구급차가 자주 앵앵거리는 것입니다. 시도 때도 없이 요란한 소리를 내니까 집회에 여간 방해가 되는 게 아니지요. 그 근처에 소방서, 경찰서, 그리고 대형 병원이 있거든요."

어느 미국 목회자의 말이다. 그래서 한 때는 그 소방차, 경찰차, 구급차가 '우는 사자들'과 같은 사탄들이라고 생각했단다. 예배를 너무 심하게 방해하기 때문이었다. 특히 로스앤젤레스 지역에는 기후가 따뜻하고 또 지진피해를 줄이려고 교회당도 허술하게 지어놓아 그 사이렌 소리가 얼마나 더 요란스러운지 모른다.

"그러다가 갑자기 기도하는 중에 깨달았어요. 그것들이 바로 천하보다 더 값진 사람의 생명을 구원하는 작전을 수행하고 있다는 사실 말입니다. 그러고 보니 그 소방차, 경찰차, 구급차가 바로 삼위일체 하나님께서 보낸 세 천사라는 걸 깨닫게 되었지요. 그 시끄러운 소리들도 천사의 합창으로 들렸고요."

그는 파안대소를 하며, "예배 중에 왱왱거릴 때 신자들에게 소방차, 경찰차, 구급차는 삼위일체 하나님의 모형(vestigium trinitatis)"이라고 재치 있게 설교했던 것도 소개했다. 물론 '경세적 삼위일체론' 곧 목회적 삼위일체론을 말한다. 그걸 깨달은 뒤부터 그 목사는 한 생명을 구원하기 위하여서는 세 생명을 보내야 하는 원리를 사역에 도입했단다.

목회가 무엇이냐고 물으면

삼십 년 넘게 목회를 했어도 목회가 무엇이냐고 물으면 금방 대답이 나오지 않는다. 정말 갈수록 아리송하다. 목회자들은 목회 현장을 정신없이 뛰어다니다가도 갑자기 자기 자신에게 질문하는 일들이 생긴다. "이게 정말 목회인가?" 그런 물음이다.

목회세미나를 인도할 때 목회가 무엇인지 '한 마디'로 대답해 줄 수 있겠느냐는 참석자의 질문을 받은 적이 있다. 그의 얼굴표정을 보니 전혀 몰라서 묻는 것만은 아니었다. 대답을 가슴에 품은 채 묻고 있었다.

"글쎄요, 목회를 해볼수록 그것이 무엇인지 아리송하네요. 그래서 저도 선한 목자이신 주님께 여러 번 여쭈어 보았답니다. 복음서를 읽으며 질문 드렸고, 기도하면서 그리고 설교 준비하면서 물음표를 드렸습니다. 그런데 아직도 주님께서 뜸을 드리고 계신가 봐요. 별 신통한 대답은 못 얻었어요."

참석자들이 큰 웃음소리가 터져 나왔다. 잠시 뒤 조용해지자 이렇게 덧붙였다.

"주님께서 침묵하실 때에는 저에게 맡긴다는 뜻일 것 같아요. 그래서 고심 끝에 이렇게 목회의 뜻을 정리했답니다. '예수 그리스도께서 하신 모든 말씀과 행동을 우선순위에 따라 실천해 가는 것'이라고요."

조금 더 덧붙였다. 예수 그리스도의 말씀과 행동 전모가 성경에 기록된 것이 아니므로 현대인의 삶을 모두 포괄하는 목회원리를 다 마련할 수 없는 경우도 있다는 점, 하지만 사도행전 이하에 있는 복음서 외의 책들, 구약성경, 교회사, 자연계시, 이성적 사고, 체험적 간증들을 통하여 보완시켜 나간다는 점 말이다.

그렇다. 예수 그리스도의 사역은 모든 사역의 표준틀 곧 패러다임(paradigm)이라는 확고한 신념이 있어야 한다. 어느 교회가 목회에 성공했다면 그것을 무반성적으로 직수입하는 것은 자칫 비성경적 사역으로 변질될 수도 있다. 그런 사례는 얼마든지 있지 않은가. 특히 미국에서 유명하다는 목사들의 사역 패턴을 직수입했다가 참패한 목회자들 말이다.

여기에서 예수 그리스도가 사역의 표준틀이라 함은 단순히 기독론 중심적 사역이 아니라 '삼위일체적 기독론 중심'의 사역을 뜻한다. 곧 성부적 기독론, 성령적 기독론이 종합되어야 한다. 삼위일체론을 그 동안 철학적 논리 위에서 교리화하는 일에 교회는 많은 노력과 시간을 사용했다. 그러나 근래에 이르러 예배에서의 삼위일체 신론, 목회실천에서의 삼위일체 신론, 선교현장에서의 삼위일체 신론이 활발히 전개되고 있는 것은 크게 주목할 일이다.

이런 삼위일체 신론에 기초한 목회를 필자는 함생목회론(combiosis ministry)으로 정리하고 있다. '함생'(咸生)은 필자가 고안하여 사용하는 용어이므로 한국말 사전에도 영어사전에도 없는 생소한 말이다. 비슷한 말로 '상생'(symbiosis) 목회라는 말이 있지만 상생은 '누이 좋고, 매부 좋고'라는 제한성이 있다. 함생목회는 누이와 매부 외에 다른 사람들도 좋고, 특히 하나님께서도 기뻐하신다는 점을 포함한다. 또 인간과 인간, 인간과 자연의 관계는 수평적 함생, 성삼위 하나님이 우리 안에, 그리고 우리가 하나님 안에 사는 관계는 수직적 함생으로 정리했다.

함생목회의 기본 틀

삼위일체 하나님 가운데 성부 하나님이나 성령 하나님보다 성자 하나님의 사역이 표준 패러다임이 되는 필연성이 있다. 구약성경에 기록된 것처럼 성부 하나님도 사역에 관여하시고, 사도행전 이하에 기록된 것처럼 성령 하나님도 사역에 관여하신다. 그러나 목회는 아무래도 성자 하나님이 주도하셨고 또 하셔야 한다. 그 필연성이 무엇일까. 성자 하나님 되시는 예수 그리스도께서만 몸을 가진 사람이 되셨기 때문이다. 그래서 목회의 핵심대상이 되는 사람들은 그 분을 '귀로 들었고, 눈으로 자세히 보았고, 손으로 만지기도 했다.'(요일 1:1) 그에 반하여 성부 하나님이나 성령 하나님은 몸을 가지지 아니하시므로 우리 인간이 직접 체험하지 못한다.

또 있다. 십자가 사건이다. 모든 목회는 구원사역이어야 하고 구원사역은 십자가 사건 없으면 그 근거를 찾을 수 없다. 그런데 성령 하나님께서 십자가를 직접 지신 것은 아니다. 성령은 육체가 없으므로 십자가를 질 수 없다. 성부 하나님께서도 십자가 고난에 동참하셨다는 이해는 좋은 것이나 역시 생명을 십자가 제단에 불살라 다른 생명을 구원하신 분은 바로 예수 그리스도 곧 성자 하나님뿐이시다. 예수 그리스도께서는 '십자가에 달려 죽으심으로 생명을 바쳐 생명을 구원하는 선한 목자'가 되셨다.

그렇다고 예수 그리스도의 사역이 결코 단독 플레이는 아니라는 것이 정통적 삼위일체론 아닌가. 과거에는 교회의 공인된 신앙고백에서 경세적 삼위일체론만 강조했었지만 현대에 오면서 내재적 삼위일체론에 관한 관심이 크게 늘었다. 아직도 그 이론들이 복잡한 논리에 갇혀 있지만 그래도 목회현장에서 성부, 성자, 성령 하나님 사이의 '내적 교류'에 대한 연구는 목회적 삼위일체론을 더욱 풍성하게 만들고 있다. 그것을 표현하는 헬라어가 바로 "페리코레시스"(perichoresis)이다. 상호통재(interpenetration)가 좋은 번역이지만 그것보다는 함생(mutual indwelling)이 목회현장에서는 더 적합하다는 생각이다. 그래서 함생목회론을 말할 수 있게 되었다.

이런 눈을 가지고 성경 전체 특히 네 복음서에 기록된 예수 그리스도의 사역을 재검토하게 되었다. 놀랍게도 예수 그리스도께서는 모든 사역을 함생의 시각에서 전개하셨다는 것이 확실하게 보였다. 예수 그리스도의 함생목회는 네 가지 핵심적 특징을 가진다. 1)생명의 구원을 위하여 자신의 생명을 제물로 바치는 것을 목회의 최고 목표로 삼으셨다. 2) 그 생명의 구원이 개인적 차원 (영적 생명과 육신적 생명 포함), 사회적 차원, 심지어 모든 피조물에게까지 온전히 이루어져야 한다는 목표 곧 하나님 나라 건설에 지금도 매진하고 계신다. 3)이를 위하여 항상 성부 하나님, 성령 하나님과 함께 사역하신다. 4) 제자들을 비롯하여 수많은 사람들, 지지자, 무관심자, 심지어 반대자들과도 함께 목회하셨다.

지금 전 세계 교회들은 성장운동을 넘어 건강운동으로 달려가고 있다. "평안하여 든든히 서 가고 주를 경외함과 성령의 위로로 진행하여 수가 더 많아지는 교회"(행 9:31)가 되어야 한다. 그렇다면 건강한 교회를 판별하는 표준은 무엇일까.

교회, 하나님 나라의 형상

교회의 분열과 싸움들이 얼마나 많은 사람들을 죽이고 전도의 문을 막았으며 결국 교회 자체를 파괴했는지 교회사가 밝히 증언하고 있다. 교회일치라는 성경적인 명령조차도 에큐메니칼과 에반젤리칼이라는 칼과 칼이 되어 서로 찌르는 분쟁의 재료가 되고 말았다. '교회는 싸우지만 않아도 전도는 저절로 된다'는 현장의 아우성을 언제까지 외면할 수 있을까. 이슬람교처럼 최대 살인집단으로 전락하는 종교들과의 관계는 어떻게 해야 하나. 더 있다. 지구는 모든 생명의 멸종을 가져올 정도로 위험 만재가 되고 있어 생명 구원이 너무 절실한 과제가 되었다.

그러나 우리는 믿는다. 굳게 믿는다. 구원은 하나님 곧 삼위일체 하나님에게서만 온다는 사실 말이다. 어디, 성부 하나님, 성자 하나님, 성령 하나님이 서로 다투셨던가. 본질적으로는 역동적 사랑의 관계를 가지신 함생체이셨고, 기능적으로는 사역의 협력적 역할분담의 기본틀을 보여주시지 않았는가. 이 같은 목회 패러다임을 보여주신 분이 바로 예수 그리스도이시다. 그분은 항상 아버지 하나님, 성령 하나님과 함께 사역을 하셨기 때문에 삼위일체적 사역목표와 전략을 명확하게 제시하셨다. 그것이 무엇인가. 개인적으로는 '삼위일체 하나님 형상의 온전한 회복'이요 집단적으로는 '삼위일체 하나님께서 통치하시는 그 하나님 나라 형상의 온전한 회복'이다. '하나님 나라의 모형'이란 기본적으로 교회를 뜻한다. 그러나 제도권 교회만으로 한정된 것은 아니다.

개인적 차원에서는 구원을 하나님의 형상 (imago Dei)의 회복과정이라는 이해에 누구나 동의한다. 그런데 지구 위에 있어왔던 교회들은 지난 2천년 동안 '참 교회는 바로 삼위일체 하나님 나라의 형상(image of Triune God's kingdom)'이라는 점을 철저하게 인식하는데 실패했다. 교회는 성부 하나님의 가족 혹은 백성이라는 점, 성자 하나님의 몸과 신부라는 점, 성령 하나님의 집이라는 점을 종합적으로 그리고 균형 있게 풀어내지 못했다. 그래서 성령파 교회의 성도가 던진 말처럼, "성부 하나님과 성자 하나님은 우리 교회에서는 장기휴가를 떠나신 줄 알았다"는 경우가 되고 말았다.

교회가 하나님 나라 혹은 통치의 형상이라면 교회 사역이 어떻게 새로워질 수 있을까. 아니, 아담과 하와가 범죄하기 이전의 '그 교회'로 원형화 된다는 것이 무슨 뜻일까. 그리고 개인에게 있는 하나님의 형상이 한 순간에 온전히 회복되면서도 평생토록 완성되어가는 것이라는 역설의 진리는 하나님 나라의 형상이 온전히 회복되도록 하는 함생목회에 어떻게 적용 될까.

연구과제가 하나 둘이 아니다. 이종성 박사는 그의 역저 〈삼위일체론〉(1991)에서 '삼위일체 하나님을 바로 이해할 때에만 하나님이 참으로 예배될 수 있고, 말씀이 바르게 선포될 수 있다'고 천명했다.(삼위일체론, 712-715) 삼위일체 하나님의 외적 관계가 목회적 삼위일체라면 그 내적 관계는 바로 사랑, 십자가의 사건에서 계시된 바로 그 사랑이기 때문이다. 따라서 교회의 5대 사역인 예배는 하나님과의 수직적 함생이요, 제자화 교육은 하나님의 형상이 인간 안에서 온전히 회복되어가는 함생과정이다. 전도와 선교는 믿지 않는 사람들을 하나님과 함생하도록 하는 사역이요, 친교는 하나님의 백성들 사이의 함생이다. 봉사는 믿는 자와 믿지 않는 자를 구별하지 않고 필요한 사람에게 십자가 사랑을 공급하는 함생생활이 된다. 따라서 삼위일체 신론의 내적 교류와 외적 사역이 여기에서 종합된다. 이것이 바로 하나님 나라의 형상이 온전히 회복되어 가는 '교회 온전화 운동'의 핵심이다.

함생목회는 때가 이르면 제2의 종교개혁을 가져올 수도 있다. 행위구원에서 믿음구원으로의 중심추 이동이 제일의 개혁이라면 이 두 가지를 창의적으로 종합하여 한 차원 더 상승시킨 사랑구원론이 그 다음이 된다. 이 사랑구원론은 현대와 미래의 세계가 우리 기독교에 세차게 강요하고 있는 것을 더 이상 외면할 수가 없게 한다. 아니, 온 인류를 구원하시려는 삼위일체 하나님의 목회대명(the greatest mission imperative)으로 읽어야 한다. (월간목회 2013년 12월호)

미래형 담임목회자론

멕시코인들은 한국인들에 비하여 낙천적인 성품을 가졌다. 그래서 닷새 동안 일해서 주급을 타게 되면 주말에 왕창 써버리는 이들이 많기도 하다. 다시 말하면 저축하려 하지 않는다. 그래서 한국인 고용주가 그 이유를 물었다. 그랬더니, '내일 일을 위하여 염려하지 말라'는 성경구절(마 6:34)로 대답했다. 그러면서 자신들이 코리안들보다 성경말씀을 더 잘 지킨다고 했다.

그러나 그건 성경말씀의 오해요 악용이다. 염려하지 말라고 했지 계획 세우지 말라거나 발전과 행복증진의 대책을 마련하지 말라는 것이 아니다. 개미들도 겨울양식을 준비하는 등 미래에 대한 대책을 세우지만 곤충들에게는 발전개념이 전혀 없다. 하나님과 인간만이 미래를 발전과 변화의 비전으로 설계한다. 특히 하나님은 성경 첫 책에서 창조 목회를 하셨고 마지막 책에서는 하나님 나라의 완성의 비전을 제시하셨다. 그런 점에서 미래 목회 아니 정확한 언어로는 장래 목회는 하나님의 형상을 가진 그 백성들이 당연히 계획하고 추진해 가야 할 하나님의 사역이다.

교회 사역의 장래를 말하려면 두 가지 관점에서 유의해야 한다. 하나는 전망이고 다른 하나는 방향이다. 전망은 예측이라 할 수 있고 방향은 의도적 목표라고 할 수 있다. 이런 두 가지 관점에서 개체교회 사역의 장래를 말해 보기로 한다.

예수 그리스도의 장래사역 원리

기독교는 근본적으로 장래 지향적이다. 그것은 재림신앙이 중요한 축을 이루고 있기 때문이다. 그런 점에서 목회는 자동차 운전에 비교된다. 자동차 운전을 하려면 가끔 뒤비침 거울을 보아야 한다. 그리고 옆비침 거울이나 옆을 확인해야 한다. 그러나 대부분의 시간은 앞을 보고 달려야 한다. 인생도 그렇게 사는 것이 성경적인 것처럼 사역도 마찬가지이다. 그렇다면 예수 그리스도께서는 이 점에 대하여 어떤 원리를 제시하셨을까.

1. 예수 그리스도는 그 자신이 알파와 오메가가 되셔서 역사를 이끌어 가시는 주체가 되신다. 주 하나님께서 알파와 오메가요 처음과 마지막이 되신 것처럼(계 1:8, 21:6) 예수 그리스도께서도 같으신 분이시다.

–나는 알파와 오메가요 처음과 마지막이요, 시작과 마침이라.(계 22:13)

2. 그 분은 목회자들의 목회를 평가하여 상 줄 자에게 상을 주시고 벌 줄 자에게 벌을 주신다.

–보라, 내가 속히 오리니 내가 줄 상이 내게 있어 각 사람에게 그가 행한 대로 갚아 주리라.(계 22:12, 참조. 마 16:27, 히 11:6)

3. 그러나 주님께서 다시 오셔서 천년왕국을 세우시기까지는 여전히 교회사역이 중요함을 강조하셨다. 그것은 요한계시록의 일곱교회 사역으로 증명된다. (계 1,2,3 장).

–네가 보는 것을 두루마리에 써서 에베소, 서머나, 버가모, 두아디라, 사데, 빌라델비아, 라오디게아 등 일곱 교회에 보내라.(계 1:11)

4. 예수 그리스도께서는 자신과 교회의 관계를 자주 신랑과 신부로 비유하심으로 마지막에 있을 결혼예식을 위하여 교회는 더욱 더 거룩한 모습이 되어야 할 것을 가르치셨다.

–우리가 즐거워하고 크게 기뻐하며 그에게 영광을 돌리세. 어린 양의 혼인 기약이 이르렀고 그의 아내

가 자신을 준비하였으므로 그에게 빛나고 깨끗한 세마포 옷을 입도록 허락하셨으니 이 세마포 옷은 성도들의 옳은 행실이로다.(계 19:7-8)

-이리 오라. 내가 신부 곧 어린 양의 아내를 네게 보이리라 하고....하나님께로부터 하늘에서 내려오는 거룩한 성 예루살렘을 보이니.(계 21:9-10)

5. 예수 그리스도께서는 종말에 가까이 이르게 될수록 선과 악의 싸움이 더욱 더욱 격렬하게 될 것을 가르치셨다.

-그 때에 많은 사람이 실족하게 되어 서로 잡아 주고 서로 미워하겠으며, 거짓 선지자가 많이 일어나 많은 사람을 미혹하겠으며, 불법이 성하므로 많은 사람의 사랑이 식어지리라.(마 24:10-12) -그 날에는 사람들이 죽기를 구하여도 죽지 못하고 죽고 싶으나 죽음이 그들을 피하리로다.(계 9:6)

6. 이 같은 예수 그리스도의 장래적 사역계획은 사도들에게로 이어졌다. 예수 그리스도는 마지막에 목자장(아르키포이멘)으로 나타나셔서 목양한 결과에 따라 상과 벌을 베푸실 것을 베드로 사도는 예고했다.

-모이기를 폐하는 어떤 사람들의 습관과 같이 하지 말고, 오직 권하여 그 날이 가까움을 볼수록 더욱 그리하자.(히 10:25)

-너희 중에 있는 하나님의 양 무리를 치되 억지로 하지 말고 하나님의 뜻을 따라 자원함으로 하며, 더러운 이득을 위하여 하지 말고 기꺼이 하며, 맡은 자들에게 주장하는 자세를 하지 말고, 양 무리의 본이 되라. 그리하면 목자장이 나타나실 때에 시들지 아니하는 영광의 관을 얻으리라.(벧전 5:2-4)

7. 사도들은 신랑 되시는 예수 그리스도께서 교회를 계속하여 사랑하시고, 깨끗하고 거룩하게 하시고, 보호하시고, 양육하실 것을 가르쳤다.

-남편들아, 아내 사랑하기를 그리스도께서 교회를 사랑하시고 그 교회를 위하여 자신을 주심 같이 하라. 이는 곧 물로 씻어 말씀으로 깨끗하게 하사 거룩하게 하시고, 자기 앞에 영광스러운 교회로 세우사 티나 주름 잡힌 것이나 이런 것들이 없이 거룩하고 흠이 없게 하려 하심이라.(엡 5:25-27)

인류문명의 변화 방향

인류문명이 예수 그리스도 지상사역 시대부터 2천 년이 지난 지금까지 시간적 공간적으로 어떻게 변화되어 왔는지 이미 이 책 제1부에서 고찰한 일이 있다. 문명의 변화방향이 무엇인가도 중요한 부분에 대하여 언급했다. 인류문명은 변화되는 것 같으나 불변하고, 불변하는 것 같으나 급속히 변화되는 속성을 가지고 있다. 여기에서는 개체교회 담임목회론과 관련한 문제들을 간략하게 다루어 보기로 한다. 마침 미래학(futurology)적 연구업적들이 있어 참고가 되고 있다. 그렇다면 인류문명의 변화방향의 큰 흐름은 무엇일까. 그런 질문에 전원합의가 있는 것은 아니고 서로 상반되는 의견도 많이 있다. 그리고 또 그런 예측들이 모두 적중률이 높은 것도 아니다.

인류문명의 미래는 여섯 가지 특징이 있다는 주장도 참고가 된다. 1)빨라지고(fast), 2)도시화하고(urban), 3)폭력적 족벌주의화하고 (tribal), 4)보편화하고(universal), 5)격렬화하고(radical), 6)윤리적(ethical)인 방향으로 변화되어 간다는 주장이다. (Dixon. Futurewise Six Faces of Global Change). 언뜻 보기에 족벌주의화와 보편화가 모순되고 격렬화와 윤리화가 모순되지만 그런 대립기간을 거쳐서 새로운 변화를 성취해가게 된다는 뜻이다.

인류문명의 미래를 말하면 많은 사람들은 '정말 인류의 장래가 있을까?'라고 묻는다. 인류의 장래가 없다는 비관주의 그것 자체도 미래학적 과제이다. 그러나 여기에서는 일단 인류문명은 계속 존속할 것이라는 전제 아래 몇 가지 특징, 특히 목회의 장래와 관련된 특징을 정리해 보기로 한다.

1. 민주화가 대세

인간에게 가장 큰 영향을 끼치는 것은 아무래도 정치이다. 그런데 앞으로의 정치는 어떻게 변화될 것이냐고 물으면 단연 민주정치로 갈 것이라고 답할 수 있다. 그것은 인류문명이 시작된 이래 독재 혹은 통치자 중심 사회에서 피통치자 곧 국민 중심의 정치로 변화되어 왔기 때문이다. 민주정치도 여러 형태가 있으므로 '자유민주주의'로 옮겨 간다고 말해야 한다. 21세기 초 현재 이 지구 위에 있는 악독한 독재국가들도 겉으로는 민주주의를 표방하는 것을 보면 적어도 민주주의가 인류가 성취해 가야 할 가장 가치 있는 정치제도라는 것을 입증하는 셈이다.

민주주의를 지향한다는 것은 여러 가지 중요한 것들을 포함한다. 무엇보다도 각 개인의 생명과 권리를 보장해 주는 인권존중사상이 더욱 더 높아질 것이다. (이정근. "인권사상의 성경적 기초" 논문집 III. 130f) 자유의 폭이 넓어지는 동시에 평등의 가치도 향상되어 갈 것이다. 그리고 '다양한 일치'를 추구하는 성향이 보편화되어 갈 것이다. "진리가 너희를 자유롭게 하리라"(요 8:32)는 말씀이 점점 각광을 받게 된다.

이 같은 추세를 감안할 때 교회도 민주화의 방향을 거스를 수는 없다. 가톨릭교회나 정교회 그리고 감독교회 등 교회정치체제가 중앙집권적인 교단이라 할지라도 민주화의 대세를 거스르기는 어렵다. 오히려 그 대세에 맞추어 가는 것이 더 바람직할 것이다.

2. 사회주의가 가미된 자본주의 경제

경제는 먹고 입고 생명을 건강하게 해야 하는 절실한 필요에서 시작된다. 그런 필요를 채워주기 위하여 경제활동이 생겨난다. 그런데 어떤 학자들은 정치보다 경제가 인간을 움직이게 하는 더 큰 동기라고 주장하기도 한다. 세계의 대부분의 전쟁은 실상 경제상의 '이득'이 더 큰 동인이라는 뜻이다.

앞으로의 경제에 대하여도 비관론과 낙관론이 함께 공존한다. 인구폭발, 기후변화, 자연오염, 물 부족 등으로 인간의 먹고 사는 문제가 근본적으로 위협을 받게 된다는 주장도 수그러들지 않는다. 그러나 과학과 기술의 발전, 그리고 전쟁에 의한 파괴만 멈춘다면 경제는 낙관적이라는 견해가 더 많다.

하지만 경제에서는 가장 큰 문제가 자유와 평등 어느 것에 더 가치를 두어야 하느냐의 문제가 계속 대두된다. 자유시장을 기본으로 하는 자본주의로 말미암아 부익부 빈익빈의 현상이 앞으로 더욱 더 커질 것이라는 전망, 특히 지역적으로는 지구 남반부와 북반부의 격차가 더욱 더 벌어질 것이 예상된다. 그러나 경제정의와 분배평등을 강조하는 주장들이 거세게 일고 있다. 이 같은 주장이 자유민주주의와 민주사회주의의 정치체제로도 나타난다. 그러나 인류역사의 방향은 결국 공정한 분배를 강조하는 사회주의가 가미된 자본주의를 경제체제로 한 자유민주주의로 나아가게 될 것으로 전망된다. 너무 배불러서 하나님을 잊어서도 안 되고, 너무 가난해서 도둑질을 하게 되어도 안 되는 날이 점차 다가와야 하고 또 다가오고 있다고 본다.(잠 30:7-9) 교회도 재정이 없이는 그 기능을 충분히 발휘할 수 없다는 점에서도 그렇고 경제정의 실천이라는 목회적 과제의 실현을 위하여서도 경제의 동향에 민감해야 한다.

3. 지구 사회화

인류문명은 지구화(globalization)를 위하여 달려왔으며 특히 최근에는 무서운 속도로 달려가고 있다. 지역주의(localism)에서 지구화로, 민족주의에서 지구화로, 인종주의에서 지구화로, 국가주의에서 지구단일정부 국가화로, 지역언어에서 국제언어화로 변화되어 가고 있다. 유엔의 기능이 강화되면서 국경이 낮아지고, 세계정부시대가 재빠르게 도래하고 있다.

이런 지구문명화는 과학기술, 특히 인터넷 등 통신망과 지상, 해상, 항공 교통망의 발달이 큰 몫을 담당하고 있다. 그러나 원초적으로는 '모든 민족에게 땅끝까지 이르러 열정적으로 복음을 전파해온 기독교'가 지구화 문명시대를 여는 촉매제가 되었다. 그리고 제1, 2차 세계대전의 참화도 지구화를 촉진하는 단서를 제공했다.

그러나 지구문명권 건설로 가는 길이 그리 순탄한 것은 아니다. 엄청난 저항과 부작용들이 거세게 터져 나오고 있다. 그런 문명권 간의 충돌이 가장 심한 것이 종교권이라는 데 심각한 문제와 고민이 있다. 지구화 문명 건설에 기여해온 기독교는 그래서 어떻게 하면 '이리와 어린 양이 평화롭게 함께 사는 지구'를 만들 수 있을까에 큰 관심을 가져야 한다.(사 11:6)

4. 문화와 사상의 상대주의화

포스트모더니즘의 확산으로 문화 특히 종교문화를 포함한 모든 문화와 사상이 상대화하여 간다. 종래에 절대화 혹은 우대화를 받던 가치관, 사상, 이데올로기, 문화양식들이 모두 평준화되어 갈 것이며 특히 세계 모든 지역적 문화들이 서로 섞여 새로운 문화와 이즘/이데올로기를 탄생시키게 된다. 이에 따라 종교적 절대 진리들도 심각한 도전을 받게 되고 평준화 상대화되는 영역이 늘어갈 것이다. 이에 수반하여 문화적 사상적 종교적 혼합주의(syncretism)가 각광을 받게 된다.

5. 인구지형의 변화

지구 전체의 인구폭발과 그의 부작용에 대한 우려는 별로 크지 않다. 이는 출산을 조절할 수 있기 때문이다. 그러나 세계인구의 지형은 격변이 예상된다. 우선 아프리카계, 이슬람계, 아시아계 인구가 크게 늘어가는 반면 유럽과 미국의 백인 인구가 현저히 줄어가는 인구지형 변화가 벌써부터 부각되어 왔다. 남미의 백인 인구증가율도 둔화되어 가고 있다. 그런 추세 때문에 기독교 인구는 현저히 줄어들 수도 있을 것이 예상된다.

인간의 수명연장으로 노인인구가 많아지는 현저한 경향이 이미 시작되었다. 이에 따라 여러 정치적 경제적 종교적 변화가 예상된다.

지구단일국가화와 함께 다인종 가정의 출현이 더욱 극심해질 것이다. 복수언어 사용의 확산도 이미 예고한 바와 같다.

6. 대량정보전달

과학과 기술의 발달에 힘입어 매스미디어의 기능이 놀랍고 신기할 정도로 발전을 이루고 있다. 인쇄매체를 뛰어넘어 전파매체, 영상매체, 이것들의 종합인 매체들이 속속 개발되고 있다. 이제는 정말 정보의 바다 혹은 정보의 홍수에 떠내려갈 정도가 되었다. 그 속에서 어떻게 하면 생존할 수 있을까의 문제를 온 인류에게 던져주고 있다. 이것도 교회를 향한 무서운 도전인 동시에 오히려 교회가 교회기능을 확장할 수 있는 좋은 기회를 제공하기도 한다. '많은 사람이 빨리 왕래하며 지식이 더하리라'(단 12:4)는 말씀 그대로다.

7. 인류의 생명을 위협하는 요인들

인류의 전멸이나 혹은 치명적인 생명파괴를 가져오는 위험한 일들이 점점 늘어갈 수도 있다. 대량학살의 위험요인들은 대체로 다음과 같다.

1)핵무기의 확산, 2)식량부족, 3)물부족, 4)공기오염, 5)자연파괴, 6)지진, 화산, 폭풍 등으로 인한 자연재해, 7)기독교, 이슬람교, 힌두교 등에 의한 종교적 문명충돌과 전쟁, 8)무정부상태와 인종청소적 내란, 9)지구 온난화 혹은 냉각화, 10)치료불가능한 치명적 질병의 확산, 11)외계생물체와의 전쟁, 12)기타.

8. 인류의 이상적 사회 건설노력

지구는 위험만재한 비행기나 여객선과 같다. 비행기가 추락하면 탑승자 전원이 몰사하기 쉽고 여객선이 침몰하면 역시 전원 몰사하기 쉽다. 오늘의 지구는 그처럼 온 인류를 죽일 수 있는 위험한 물건들을 싣고 다니는 비행기나 배처럼 보인다.

그러나 인류 전체가 자폭하려 하지 않는 한 지구의 위험은 극복될 수도 있다. 아니, 7년 대환난이 지금 온다고 하더라도 '밤나무 상수리나무가 베임을 당하여도 그 그루터기는 남아 있는 것'(사 6:13)처럼 될 것이다.

인류가 보편적으로 추구하는 이상적 지구사회 건설을 위한 방향은 무엇일까. 사람에 따라 시대에 따라 혹은 우선순위에 따라 다르기는 하겠지만 일단은 아래와 같이 정리했다. (논문집 III. 138f)

1)의식주의 기본욕구가 충족되고 건강증진의 제도를 갖춘 사회, 2)인간생명이 존중되고 안전이 보장된 사회, 3)자유가 보장된 사회, 4)민주주의가 실천되는 사회, 5)평등정신이 구현된 사회, 6)양질의 교육을 베푸는 사회, 7)구성원 모두가 선량한 마음을 가진 사회, 8)창의적이고 개성적으로 살 수 있는 사회, 9)희망과 사명, 꿈과 비전을 실천해 갈 수 있는 사회, 10)다양한 일치가 구현되는 사회, 11)보편적 가치를 공유한 사회, 12)초월적 존재를 인정하고 경외하는 사회.

담임목회의 장래적 방향

목회는 하나님의 나라를 확장하는 일이라고도 할 수 있다. 그런데 종말론적으로 말하면 하나님의 나라는 '이미(already)와 아직 아닌(not yet)' 사이에 있다. 이런 구도를 목회적 시각에서 보완한다면 '이미~지금~아직 아닌' 곧 'already ~now~not yet'의 구도여야 한다는 것이 필자의 주장이다. 하나님의 나라는 곧 예수 그리스도의 성육신 사역으로 시작되었고, 그 때부터 줄곧 현재진행형으로 이어왔으며, 아직 완성된 것은 아니다.

그렇다면 이제 무섭게 변화되어 가는 시대의 흐름 속에서 담임목회는 앞으로 어떤 형태가 되어 갈 것인가. 이것은 예언성이 없는 것은 아니지만 그러나 이 세상 역사의 방향에서 보는 예견이요 예측일 뿐이다. 역사의 운행자는 성삼위 하나님이시므로 그분의 계획에 달려 있지만, 예수께서 말씀하신 것처럼 '천지의 기상을 분간하듯 이 시대를 분간하는' 정도는 될 것 같다.(눅 12:54-56)

거듭 언급하거니와 기독교의 진리는 변화되는 것도 있고 변화되지 않고 영구히 지속되는 것도 있다. 성삼위 하나님의 사역의 궁극적 목표는 불변이지만 수단적 목표 혹은 전략과 방법은 얼마든지 변화될 수 있고 또 변화시켜 상황에 적응해야 한다. 그런 점에서 예수님이시라면 장래에 변화되는 상황에 어떻게 대처하여 사역하실 것인가의 시각에서 담임목회의 장래 방향을 논의해 보기로 한다. (이성희, 미래사회와 미래교회라는 저서에서 저자는 미래교회 메가트렌드로 '개교회주의 퇴조' 등 11가지를 예시하고 있다)

1. 신앙의 정통성 유지

정치적으로 민주화, 자유화, 평등화가 이루어지고, 사상적으로는 절대화의 영역이 축소 혹은 부정되고 모든 것이 상대화되며, 세계적 종교들이 치열한 각축을 벌일 것이 예상되는 미래에는 종교적으로는 다양한 의견과 종파(sect)들이 출현하게 된다. 특히 열광주의의 발호와 이단들의 도전이 만만치 않을 것이 예상된다. 따라서 교회의 담임목회는 기독교의 정통성 강화, 자아성(identity) 확립, 변증신학적 논리개발 등이 담임목회에 강요될 것이며 그런 점에서는 오히려 적극 선제공세를 펴가는 사역을 해야 한다.

2. 평신도사역의 강화

루터와 칼뱅 등 교회개혁자들이 외쳐온 만인제사장 시대가 민주화 조류를 타고 더욱 더 구체적으로 나타나는 목회구조가 될 것을 예상하고 동시에 그런 방향으로 사역을 해나가야 한다. 만인설교자론, 만인성찬집례론, 만인예배인도자론, 만인선교사론이 구체화되어야 하고 심지어 평신도들도 세례예식 집례를 할 수 있는 목회구조로 바뀌어 갈 것이다. '너희는 가서… 세례를 주고'(마 28:19-20)의 말씀에서 '너희는'이 성경이 기록될 당시에는 열한 제자였지만 이제는 모든 그리스도인들이 되도록 해야 한다. 특히 자비량 목회의 발전으로 '고비용 저효율' 목회에서 '저비용 고효율' 목회로 전환되어 갈 것도 예상되며 이미 실험단계를 거쳐 가고 있다. 평신도들의 교육수준이 매우 향상되어가기 때문에 간략한 교육과 훈련만으로 사역을 할 수 있도록 하는 신학교육도 예상되고 또 추진되고 있다. 이는 특히 전문목회자 지원자 수가 현저히 줄어들면서 발 빠르게 내세워야 할 대안이 된다. 이미 몰몬교회와 같은 기독교 이단종파들이 평신도중심 목회에서 부작용도 있지만 대체로 좋은 결과를 드러내고 있는 것도 참고가 된다.

3.다인종/다문화 교회시대

지구마을이 단일공용어를 사용하는 단일사회로 변모해 가면서 교회 목회도 다인종 다문화 체제로 변화되어 가고 있는 것은 특히 미국교회에서 매우 두드러지고 있다. 미주한인교회들만 해도 우선 한국어 회중과 영어회중으로 나뉘어 있으며 스페인어 회중을 수용하여가고 있다. 적어도 한인교회의 시설을 다른 인종교회와 함께 쓰는 일은 점점 더 성행하고 있다. 유니온교회만 해도 이미 영어권 사역이 점차 더 중요한 부분을 이루어가고 있으며, 스페인어교회를 창설하기도 했으며, 중국인교회, 심지어 '짚시교회'와도 시설을 함께 사용했다. 이런 점에서 다인종 다문화가 비교적 평화롭게 함생하고 있는 미국교회는 전 세계교회의 장래 모습을 예시하는 것으로 평가된다.

그러나 이런 다인종 다문화 교회가 된다는 것이 그리 단순한 것만은 아니다. 많은 갈등과 충돌, 오해와 편견, 우월감과 열등감 등이 노출되어 문제를 야기하고 있다.

4. 교파적 특색의 평준화

미주한인교회는 교파들이 현저히 평준화되어가고 있다. 어느 교회나 감리교회, 성결교회, 장로교회, 오순절교회, 침례교회의 신앙적 뿌리를 가진 성도들이 모여드는 무지개

교회가 되고 있기 때문이다. 그런 점에서 우선 교리적 평준화가 이루어진다. 가령 설교에서 극단적인 특색들 곧 장로교회의 이중예정교리, 오순절교회들의 방언은사론, 침례교회의 침례가 온건하게 받아들여지고 있으며, 안수집사와 장로제도의 동시허용, 안식일 예배와 주일예배 등이 자연스럽게 이루어지고 있다. 이런 현상은 앞으로 더욱 더 뚜렷해질 것이 예상된다. 특히 예배형태에 있어서 높은 교회/낮은교회 스타일 (high church/low church style)의 경계가 무너진 지 오래 되며 그것이 중간교회(middle church) 스타일로 바뀌어가고 있다. 성찬예식의 수찬자들이 반드시 세례 받고 하나님의 자녀가 된 사람들만 아니라 전도의 효용을 염두에 두고 믿지 않는 사람들에게도 베풀자는 주장과 실천이 설득력을 얻어가고 있기도 하다.

5. 새로운 종교전쟁과 화해 사역의 강화

인류역사의 초기부터 모든 전쟁은 실상 '신들의 전쟁'이었다. 전쟁에 나갈 때 신상을 앞장 세웠다는 것이 그런 전쟁성격을 웅변으로 말한다. 그런 점에서는 기독교도 예외가 아니다. 성막을 앞장세워 여리고성을 돌다가 함성을 일제히 지름으로 성벽이 무너진 사건이나 콘스탄티누스 황제가 십자가 깃발을 앞세워 정권탈취를 한 것, 그리고 무엇보다도 중세의 이슬람과의 십자군 전쟁, 개신교회와 가톨릭교회의 종교전쟁, 유태인을 학살한 히틀러 전쟁, 그리고 무신론 공산주의와 유신론 자본주의가 싸운 한국전쟁..... 지금도 그 같은 신들의 전쟁이 격렬하게 계속되고 있으며 기독교 신자들이 가장 많이 살상되고 있다. 앞에서도 지적했지만 종교전쟁은 인류멸망의 매우 중요한 뇌관이 되기도 한다.

이런 절박한 시대를 맞아 기독교 교회는 영적 전쟁에 대비한 영적 훈련을 철저히 강화해 가야 한다. 그러면서도 기독교가 사랑의 종교, 화해의 종교라는 점에서 개체교회 목회가 화해목회를 강화시켜 가야 할 것이 더욱 절실해지고 있다. 로스앤젤레스 코리아타운에는 한인교회들이 밀집되어 있지만 동시에 이슬람 사원도 있다. 이슬람도 종교화해주의 혹은 종교 에큐메니즘으로 가야 한다는 근거가 쿠란에 있고 또 그런 지도자들이 점차 늘어가고 있지만 지금 극렬주의자들이 기독교 신자들을 참혹한 방법으로 살해해 가고 있는 것이 두 종교의 전쟁 도화선이 될 우려가 높기 때문에 '화해의 사역' 곧 다른 사람을 위한 나, 다른 종교를 위한 기독교가 되어야 하는 지혜와 믿음이 매우 절실하다. 이는 힌두교, 불교, 유교, 도교 등의 다른 종교와도 똑같이 관련된 문제들이다.

6. 구심력 전도의 강화

이슬람이나 힌두교/불교권이 요구하는 것은 기독교가 '개종전도'를 포기하라는 압박이다. 개인 스스로 선택하는 것은 어쩔 수 없지만 타종교 신자들을 '호객'하는 행위를 포기하라는 도전이다. 이것은 기독교가 강력한 전도/선교 사명을 본질적인 신앙행위로 실천해 왔고 선교를 '대명'(the great commission)으로 선언하고 있기 때문에 쉽사리 포기할 수 있는 것이 결코 아니다. 그리고 십자가 상징의 공개적 사용도 금지해야 한다는 요구도 있다. 그러나 그런 도전에 응전할 수 있는 지혜로운 방안을 찾을 것이 강요되고 있다.

그런 점에서는 기독교도 다른 종교 특히 이슬람과 다른 종교에 요구할 수 있는 것들이 있다. 샤리아법에 의한 종교국가제도, 가족개종자의 명예살인제도, 공개기도시간 참여 강요, 불교국가들의 부처상의 건물 안으로의 이전 등을 요구할 수 있겠다.

그런 한 편 교회도 내부적 준비를 갖추어야 한다. 원심력 전도를 온건화 하되 구심력 전도를 더 강화시키는 전략이 요구된다. 교회나 성도들 개인 그리고 기독교적 가치 등이 다른 종교인이나 무종교인들을 끌어당길 낚싯밥 곧 유인(誘因, incentive)이 되도록 해야 한다. 그런 점에서는 기독교가 결코 비관적이지 않다. 십자가의 사랑이라는 강력한 유인이 있기 때문이며, 교육을 충분히 받은 세대일수록 비교적 입장에서 볼 때 기독교를 선호하기 때문이다.

7. 종교일치운동의 적극 전개

종교간의 대충돌로 인하여 인류의 인명이 손상된다는 것은 종교의 근본 목적인 생명구원에 정면으로 역행하는 일이요 따라서 그 종교 자체의 자살행위가 된다. 그런 점에서 종교에큐메니즘 운동은 긴급하고도 매우 중요하며 기독교가 적극적으로 주도할 필요가 있다. 특히 종교 간의 적대관계가 가장 심각한 종교인 대량학살의 참상을 빚어내는 것은 이슬람교와 기독교라는 점에서 기독교가 피해자라 하더라도 결코 외면할 수 없는 지구적 과제가 되었다. 기독교가 그들의 가르침에 동의하기 때문이 아니라 사람의 생명 하나하나를 천하보다도 귀중하게 여기기 때문이다.

마침 이슬람권에서도 대체로는 기독교와 화해 공존을 이루는 것을 지지하는 입장이다. 코란에도 “종교는 강요되어서는 아니 되니라.”(2:257)고 선언하고 있으며 이는 이슬람 포교를 위하여 결코 무력을 사용해서는 안 된다는 뜻이라고 해설하고 있다.(한글번역본 코란 97쪽) 특히 한국말 코란에 신의 명칭으로 ‘알라’ 대신에 ‘하나님’을 사용하는 것은 신명칭 쟁탈전도 예상하지만 이슬람과 기독교가 화해할 수 있는 접촉점이 될 수도 있지 않을까.

종교들이 적대관계를 청산하는 단계, 평화적 공존(peaceful presence)의 단계, 온 인류를 위한 상호협력적 함생단계(mutually cooperative relationship for serving all people)로 점차 옮겨 가려면 개체교회 담임목회에서부터 이런 운동이 전개되어야 한다.

여기에서 그렇다면 목회현장에서는 ‘다른 종교를 어떻게 볼 것인가’의 문제가 대두된다. 몇 가지 견해가 있지만 그걸 정리하면, 1)다른 종교에도 구원이 있다는 입장(포괄론),

2)다른 종교는 사탄숭배일 뿐이므로 지옥으로 가는 길이라는 입장(배타론), 3)다른 종교에 구원이 있는지는 알 수 없다는 입장(불가지론), 4)다른 종교도 구원의 길인지는 하나님의 손에 달렸다는 주장(신결정론), 5)예수 그리스도만이 '하늘 가는 밝은 길'임을 확신한다는 주장(복음주의)이 있다.

종교 에큐메니즘은 위의 견해 가운데 넷째와 다섯째를 지지할 때 적극적으로 참여할 수 있다. 그러나 그것이 사탄의 길이요 멸망의 길이라 하더라도 이 땅 위에 사는 동안 교회는 '모든 피조물을 구원하시려는 우주적 그리스도'를 믿기 때문에(골 1:17) 기독교는 다른 종교와의 평화공존과 화해에 적극 나서야 한다. (Moltmann. Jesus Christ for Today's World. Chap. VI, the Cosmic Christ).

8.교회조직의 다변화

전통적인 교회조직이 심하면 붕괴되고 그 정도는 아니더라도 큰 변혁이 일어날 것이라는 예측들이 많이 있다. 어떤 이들은 대형교회가 퇴조하고 소그룹운동이 활발해질 것이라고도 하고, 통신망의 발달로 주일예배 출석인구가 현저히 줄어들 것이라고도 한다. 또 앞서도 언급했지만 목회자 1인체제가 붕괴될 것이라는 예측도 있다. 그런 주장에 대한 반론도 만만치 않다. 가령 대형교회가 퇴조하고 소그룹교회들이 출현한다는 논리는 지구사회 전체의 흐름은 아닐 수도 있다. 가령 공산주의 국가였던 중국 같은 나라와 남미 혹은 아프리카에서는 대형교회 출현이 한 동안 계속될 것도 예상할 수 있다. 개신교회에서는 일찍부터 새로운 문화에 접근한다는 이유로 열린 예배가 한 동안 유행이었으나 로마 가톨릭교회는 오히려 전통적인 예배문화를 강화시킴으로써 더 많은 신자들을 확보하는 결과를 가져왔다. 이런 점에서 교회는 섣불리 조직과 프로그램을 한 가지 유형으로 바꿀 것이 아니라 다양한 유형의 실험목회가 끊임없이 시도되어야 한다. 변화의 속도가 빠르기 때문에 물 흐르듯 적응해가면서도 오히려 문화와 문명의 변화를 주도하는 주체세력의 역할을 할 것도 요청된다.

그렇더라도 몇 가지 원리는 유의해야 할 것 같다. 좋은 뜻의 세속화로 모든 사람들에게 다가가는 동시에 거룩함을 유지하는 기독교 본연을 잃지 말아야 한다. 소그룹이 활성화된 대형교회 곧 '모이는 교회와 흩어지는 교회'가 역동적으로 함께 굴러가야 한다. 교회의 전통성과 현대지향성이 함생해야 한다(model of continuity and change). 은퇴세대를 향한 사역에도 자라나는 세대 사역만큼 관심을 쏟아야 한다. 한 지붕 아래 여러 인종, 여러 언어 회중이 함께 살아가는 인종적 함생목회를 지향해야 한다.

9. 목회기능의 확장

변화하는 세계는 목회의 기능을 확장할 것을 강요하고 있다. 교회당은 오랜 동안 예배실만으로 유지되어 오다가 점차 교육시설이 생겨났고, 거기에 선교/전도센터가 첨가되었다. 그러나 지금은 매스미디어 설비가 필수적이 되었다. 교육시설만 해도 베이비 시팅부터 노인들 주거시설까지로 확장되었다.
이 같은 교회시설의 확장은 곧 목회기능의 확장을 뜻한다. 음악연습실, 상담실, 체육시설, 도서관, 봉사센터, 놀이터, 카페, 특히 주차장 등이 매우 중요하게 되었다. 대형문화센터를 건립하여 음악회, 각종 모임, 전시회 등을 개최할 수 있도록 해야 하고, 방송국(라디오/텔레비전)도 있어야 한다. 24시간 상담전화도 필요하고, 예배실은 물론 각급 교실과 회의실에도 영상시설을 갖추어야 한다. 특히 식당을 잘 경영하여 교회회원이 아닌 사람들에게도 좋은 음식을 제공할 수 있어야 하며, 건강증진을 위한 각종 시설을 확장해야 한다. 반기독교적 행사가 아니라면 무슨 모임이든지 가질 수 있는 시설을 마련해야 한다. 교회는 속히 더 많은 기능을 수행할 수 있는 종합타운으로 확장되어야 한다. 그래야 교회 문턱이 낮아지고 믿지 않던 사람들이 교회에 연착륙을 하게 된다. 그리고 새로운 형태의 교회(emerging church)의 출현을 독려하는 뜻에서 성도들에게 여러 편의제공을 하도록 격려해야 한다.

10. 인간의 실존적 생명가치 드높이기

문명이 어떻게 변화하든지 불변할 수 없는 것은 생명의 가치와 그 생명의 구원 곧 영원한 보존이다. 신학자들이 생명의 구원이라는 말을 화해, 해방, 인간화, 회복, 치유 등의 여러 현대적 언어로 사용하지만 결국 생명의 원상복구와 영원한 보존이 구원의 내용이다. 교회는 문명이 발전할수록 소홀해지기 쉬운 인간의 실존적 생명가치 곧 구체적 인간의 생명가치를 드높이는 일에 전력투구해야 한다. 그것이 성부 하나님, 성자 하나님, 성령 하나님 곧 삼위일체 하나님께서 영원토록 하시는 사역의 핵심이기 때문이다. 특히 예수 그리스도께서 자신의 생명을 희생시켜 구체적 인간 한 사람 한 사람의 생명을 구원하신 그분의 목회를 이어받고 확장시켜 나가야 한다. 예수 그리스도를 해당 교회의 담임목회자로 모시고 그분의 제자목회자가 되어 헌신해야 한다. 이 거룩한 사역에는 시대가 다르고 환경이 다르고 방법과 전략과 지혜는 다를 수 있어도 궁극적 목적에는 전혀 흔들림이 없다. 이 같은 미래사역 방향의 기초 건설이 바로 사랑구원론이라는 제안이다.

미주한인교회의 어제와 오늘, 그리고 내일
(A Historical And Critical View On Korean-American Churches)

이 글은 12장의 '건강한 목회자, 건강한 교회'와 상당부분 중복되고 또 모순되기도 한다. 두 글을 정리할 때의 장황, 글의 예상되는 독자층, 글을 게재한 책의 성격이 달랐기 때문에 강조점의 차이가 생겼다. 이미 출판된 글이기에 원문대로 게재한다.

시작하는 말

본 집필자는 서울신학대학교의 교수로 재직할 때 〈기독교 사상〉의 편집위원의 직책을 맡은 일이 있었다. 신학대학의 교수였지만 교회 집사였다. 그리고 〈조선일보〉에는 '일사일언'이라는 칼럼이나 오피니언 난의 집필자였다. 1970년 초 미국 유학을 오게 되었고 1977년에는 〈미주동아일보〉 기자로도 활동했다. 그 때 〈크리스천 헤럴드〉의 창간 발행인이었던 오은철 목사가 신문발행에 관한 자문을 요청해서 몇 가지 의견을 제공한 일이 있었다. 그 후 이 신문의 주필로 사역할 때 '미주한인교회 연감' 출판에 대한 최초의 계획을 초안했었다. 그 씨앗이 움이 트고 자라나서 해외 한인교회 100년사로도 열매를 맺게 되었고 이제 연감도 발행하게 되니 하나님께서 주도하시는 일이 매우 감격스럽다.

그 후 필자는 남가주지역을 주요활동무대로 삼고 대체로 다섯 가지 사역에 몰두해 왔다. 1)교회 담임목회, 2)신학교육 사역, 3)부흥집회 사역, 4)조각글, 시론, 신학논평을 주로 쓰는 글목회와 언론사역, 5)교단과 연합기관 사역이 그것들이다. 비록 정년이 되어 개체교회 목회사역의 현장은 떠났지만 이 다섯 가지 사역은 하나님의 부르심을 받고 이 세상을 떠나는 날까지 계속될 것이다.

이런 사역경험과 신학연구를 종합하여 함생주의(咸生主義, combiosism)라 이름했다. 이것을 다시 실천편으로 말하면 함생목회론이 되고 이론편으로 하면 함생신학론이 된다. 그리고 기독교 울타리를 뛰어넘으면 함생사상론이 된다.

이 함생주의의 기초적이며 특징적 핵심을 요약하면 다음과 같다: 첫째, 생명의 절대적 가치, 둘째, 생명의 창조주와 피조물이 함께 도우며 살아감. 셋째, 피조물의 생명들이 무조건적으로 함께 살아야 함. 넷째, 인간은 개인이면서 동시에 사회적 존재임. 다섯째, 인류문명은 이 같은 함생사상을 기축으로 변형되고 재편성되어야 한다.

이런 시각에서 이제 110년을 넘어가는 미주한인교회의 어제와 오늘을 회고하고 분석하며 내일을 전망해 보려 한다. 역사(歷史, history, Geschichte)라는 용어가 여러 가지 뜻을 내포하고 있지만 여기에서는 오늘의 삶의 정황에서 지나온 길을 회고하고, 장래의 방향을 이끌어내는 '해석으로서의 역사'란 뜻으로 이해한다. 개괄적으로 쓴 글이기에 각주나 참고문헌도 생략했다. 이 짧은 논설문은 미주한인교회를 대상으로 하지만 이 용어에서 '교회'는 하나님과 사람이 함께 작용, 반작용, 합작용 하는 넓은 뜻으로 사용했다. 가령 '기독실업인회' 같은 기독교 단체들도 교회의 범주 안에 포함시켰다. 그리고 교회는 '하나님 나라의 형상'이라는 시각에서 사용했다는 점도 밝혀 둔다. 구원받은 하나님의 자녀들 개인 개인 안에 하나님의 형상이 회복되어 있듯이 교회는 '하나님 나라의 형상'이 회복되어 있어야 참 교회가 된다는 이해이다. 넓게는 구원사(Heilsgeschichte, history of salvation)라는 시각에서 미주한인교회사를 조명했다.

기독교 안에도 우파와 좌파, 보수파와 진보파, 그리고 중도파가 있다. 필자는 '열린 보수파' 혹은 '온건한 보수파,' 신학적 용어로는 복음주의의 입장을 견지하고 있다. 그러나 극보수와 극진보까지 전체를 보는 '균형 잡힌 시각'을 유지하도록 노력했다. 양극을 조화시키는 중용의 신학(中庸的 神學)이다.

오늘의 시각에서 본 어제

역사는 '과거에 대한 현재적 해석'으로 이해된다. 그런 점에서 미주한인교회들이 지난 110여 년 동안 걸어온 자취들을 분석하고 조명할 때 항상 오늘의 시각에서 그리고 성경적 시각, 성경을 바르게 해석한 신학적 시각에서 이 글을 정리했다.

교회의 본질에 대하여서는 여러 가지 주장이 있다. 그 가운데 하나님 중심으로 이해하는 것이 보편적이다. 따라서 교회는 '하나님께서 통치하시는 나라'의 보이는 모형이라 할 수 있다. 이것을 하나님의 삼위일체성으로 풀면, 1)하나님의 가족과 백성, 2)예수 그리스도의 몸과 신부, 3)성령이 임재하시는 집이 된다. 이것이 사도신경에 고백하는 '거룩한 공 교회'이다. 고전적 신학으로는 '하나의(una), 거룩한(sancta), 보편적(catholica), 사도적 교회(apostolica)'여야 한다. 그리고 교회의 사명은 말씀/성례전/기도/찬양을 주요 요소로 하는 예배, 선교, 교육, 봉사, 사랑, 치유, 말씀 보존 등이 그 핵심이다. 이 같은 기본이해에 기초하여 미주한인교회의 비교적 건강한 모습과 취약한 모습들을 분석하고 종합해 보겠다.

1. 건강한 모습

1) 미주한인교회는 하나님께 예배드리는 열심에 있어서는 매우 좋은 평가를 받을 만하다. 한인교회들은 하와이 첫 이민교회로부터 지금까지 '모이는 교회'에 있어서는 가히 타인종교회의 모범이 될 만했다. 주일예배는 물론 새벽기도회, 수요/금요 집회, 철야기도회, 구역예배, 각종 소그룹 활동에서도 그렇다. 이민생활의 고달픔에도 불구하고 모국교회보다도 더 열심히 모여 예배드리고 있다. 교적 신자 수 대 주일예배 참석 신자 비율이 미국인교회보다 훨씬 높은 것은 통계를 제시하지 않아도 된다. 게다가 예배의 열기가 얼마나 대단한가. 또 기도의 뜨거움과 간절함, 찬양과 수많은 음악행사들, 헌신과 재정 특히 건축헌금은 미국 어느 인종교회보다도 모범이다.

2) 한인교포들을 향한 사역도 매우 활발하다. 전도는 광적이라 할 만큼 열심들이다. 그런 극성스러운 전도 때문에 신자쟁탈전이라는 부작용도 있지만 그래도 그 열매는 미주한인들의 신자비율이 70%를 넘는다는 통계 (가톨릭교회를 포함)이다. 첫 이민선을 탔던

미주한인들부터 기독교 신자가 많았다는 연구도 있지만 교회에 적을 두지 않으면 살아남기 어렵다는 말이 있을 정도로 동족을 위한 전도에 열심이었다. 교회는 실로 미주한인들의 영혼의 고향이고, 위로센터였으며, 특히 이민생활을 성공적으로 할 수 있는 정보 제공처였다. 목회자 입장에서도 이민목회는 아파트 얻어주는 일, 자녀 학교 정착, 운전면허증 취득, 직업안내 등 생활 전반을 돌보아야 하는 토털 서비스(total service)여야 했다. 그런 점에서도 미주한인교회에는 박수를 보낼 만했다. 게다가 종교를 묻지 않고 2세들에게 한국어와 한국문화 교육을 베풀었으며 시민권 준비교육 같은 미국문화 적응능력도 향상시켰다.

3) 미주한인교회는 모국을 돕는 일에 큰 사명을 가져왔으며 눈물겨울 정도로 적극적으로 협력해 왔다. 이민 초기부터 한국이 일본으로부터 독립하기 위한 여러 운동에 있는 힘을 다하여 지원했으며 세계 제2차 대전 때에는 미군으로 자원입대하는 한인청년들이 여럿 있었다. 이승만, 안창호, 서재필, 박용만 등 애국지사 대표들을 지원했다. 한국의 남북전쟁과 정전 이후의 복구를 위하여 하와이에서부터 뉴욕까지 교회를 중심하여 한인사회가 눈물겹도록 후원에 나섰다. 한국의 군사독재 시절에는 민주화 운동에 적극 나서기도 했으며, 북조선 김 씨 공산독재정권에는 맹렬하게 반대하면서도 굶주리는 북한 동포들을 돕는 일에는 '우리민족 서로 돕기' 사례처럼 흔쾌히 나서기도 했다. 요즈음에는 한국의 생활수준이 높아지면서 재난 의연금 행사가 줄었지만 지난 1세기에 걸쳐 모국에서 태풍이나 홍수 등으로 자연재해가 생기면 거의 자동적으로 모금을 해서 보냈다. 겉으로는 한인회나 언론기관이 중심이 되어 모금행사를 가졌지만 실제로는 교회들이 가장 많이 이 일에 참여해 왔다. 통일운동에 있어서는 보수진영과 진보진영이 크게 갈려 미주한인사회의 갈등의 요인이 되었다. 그러나 교회는 대체로 보수적이고 또 북조선 공산정권이 교회를 잔인하게 탄압하고 있는 까닭에 대한민국 정부를 지원하는 성향이 매우 강했다. 1989년에 시도된 남북과 미주 교회 연합의 '기독교평양복음화대회'도 무산되기는 했으나 미주한인교회가 주도했다. 미주한인교회가 한국의 지도자를 육성하는 일에 큰 역할을 했던 것도 교회의 창설자이신 성삼위 하나님의 칭찬받을 일이었다. 미주에서 유학한 사람들이 한국 각계각층의 지도자가 되었는데 그 유학생들을 교회가 여러 형태로 뒷바라지했기 때문이다. 게다가 미주한인교회는 한국교회 목회지도자들의 보급기지 역할도 했다. 지금 한국의 대형교회 목회자 가운데 상당수가 미주한인교회 출신들이라는 것이 이를 증명한다. 이런 헌신을 통하여 한국교회의 성장에 큰 동력을 제공했다.

4) 활발한 언론 사역이 미주한인교회의 건강한 모습을 여실히 보여 준다. 다른 종교단체에 비교하면 기독교 그 가운데서도 개신교회의 언론사역은 타의 추종을 불허할 정도로 활발하고 건강한 수준으로 평가된다. 일찍이 〈크리스천 헤럴드〉가 창간되어 미주 전

역에서 발행 보급되는 기독교 신문들의 효시가 되었다. 그리고 일간신문들의 종교난도 교회와 관련된 기사로 채워져 있으며 기독교 신문들보다 더 큰 영향력을 발휘하고 있다. 미주복음방송은 기독교 전용 라디오 방송이 되었으며 시설도 잘 갖추었고 프로그램도 매우 다양하다. 기독교 TV 방송도 1970년대에 시작되었으며 지금은 한국의 주요매체들도 미국 전역에 송출되고 있다. 책이나 신앙잡지의 출판과 보급도 매우 활발한 편이다. 그리고 지금은 인터넷, 전화기 등 온라인 미디어들이 석권하고 있는데 교회 역시 이런 매체들을 앞장서서 적극적으로 활용해가고 있다. 필자는, "언론은 하나님의 활동무대를 제공하는 것"이라고 오래 전부터 반복하여 외쳐 왔는데 이런 점에서는 미주한인교회가 큰 모범을 보이고 있다. 기독교는 원래 그 경전인 성경도 그렇고, 예수 그리스도의 지상 사역 자체가 언론 사역이었으며, 또 교회마다 매 주일 '주보'(The Weekly)를 발행하고 있어 그 본질 상 언론체제인데 그런 점이 미주한인교회에서 건강하게 드러나고 있다. 〈크리스찬 투데이〉와 〈미주크리스찬신문〉에서 해외한인교회 전화주소록을 매년 출판해 온 것도 박수를 보낼 일이다. 기독교 언론의 성취업적이고 또 의사소통을 대량으로 할 수 있는 기반구축작업(infrastructure)이기 때문이다.

5) 기독교의 장래는 목회지도자 육성에 달려 있다. 그것은 길게 설명할 필요도 없이 교회의 머리이신 예수 그리스도께서 소수의 지도자 육성에 그 사역의 초점을 두신 것만으로도 넉넉히 확인된다. 그런 점에서 미주한인교회가 목회지도자교육 곧 신학교육 발전에 큰 공적을 남겼다는 점은 충분히 교회 건강의 적극적 지표가 된다. 우선 미국의 전통 있는 신학대학원의 재학생을 인종별로 분류하면 몇 십 년 전부터 한인학생들의 수가 백인 학생 다음으로 많았다. 특히 박사과정 재학생 수에서는 더욱 두드러진다. 항간에 미국의 신학대학원들이 재정적으로 한국학생들 때문에 버텨 나간다는 말이 생길 정도이다. 이 같은 교회지도자 지망생들 가운데는 한국에서 유학 온 학생도 있고 남미, 중국, 러시아 등지에서 온 유학생도 있지만 미주한인교회 출신들이 점점 더 많아진다. 아니, 그런 유학생들도 미주한인교회들이 여러 형태로 뒷받침하고 있다. 그리고 그 같은 미국의 신학대학원들의 교수단에 한인들의 숫자가 현저하게 늘어가고 있다는 점도 주목해야 한다. 또 한 가지는 미주한인교회 자체가 설립하여 운영하는 신학교육기관의 발전이다. 아직도 부실한 교육기관이 없지는 않지만 안정된 주요 교단들이 설립 운영하는 신학대학원들이 ATS를 비롯한 미국의 여러 인증기관으로부터 좋은 평가를 받고 있다는 점에서 미주한인교회의 건강한 모습을 드러내기에 충분하다.

6) 미주한인교회의 글로벌 선교사역 열기와 그 실적이 하나님 나라의 형상으로서의 교회 건강을 확인할 수 있는 좋은 평가의 기준이 된다. 필자는 해외선교사 파송 숫자에 있어서 신자 비율로 계산할 때 한국교회가 첫 번째라는 의견을 낸 일이 일찍부터 있었다. 절

대 숫자로는 미국이 첫 번째임에도 불구하고 한국교회의 신자 수, 경제적 수준 등을 감안하면 이건 정말 기적이라고 할 수 있다. 한국교회가 시작된 지 1세기만에 이런 기적을 창출해 낸 것 아닌가. 그런데 그 파송된 선교사 가운데 정확한 통계를 가지고 있지 않지만 상당수가 미주한인교회 출신이고 또 후원을 받고 있다. 현재 가장 선교가 어렵다는 북한, 이스라엘, 이슬람 종교권에도 미주출신 선교사들이 십자가 수난의 길을 늠름하게 걸어가고 있지 않은가.

2. 병든 모습

교회가 병들어 있는 모습은 성경에도 여러 형태로 나타나 있다. 우선 아담과 하와 부부가 첫 번 교회라고 한다면 그들은 하나님의 절대명령을 깨뜨림으로 그들 속에 있는 혹은 그들 관계 속에 있는 하나님의 형상을 파괴한 결과를 가져왔다. 방주에 타고 있어 전멸을 면한 노아의 가족들과 바벨탑을 쌓은 그 후손들에게서도 하나님 나라의 형상 파괴가 확인된다. 구약성경에 예시된 교회의 여러 형태를 보면 그 병적 상태가 만천하에 속속 드러나고 있다. 다윗왕의 범죄행위, 이스라엘과 유대국가의 역대 왕들이 그런 것을 보여 준다. 그리고 신약성경 교회들도 이런 점에서는 마찬가지이다. 사도행전교회에 기록된 예루살렘교회의 내분, 고린도교회의 비참한 모습, 그리고 요한계시록의 '아시아 일곱 교회'의 병리들이 모두 교회의 병든 모습을 낱낱이 드러내고 있다. 우리는 그것을 '보이는 교회' 혹은 '땅 위의 교회'의 한계라고 설명해 왔다. 이 세상 어느 교회도 그런 한계에서 자유로울 수가 없다. 기독교의 역사는 그것이 하나님의 선교(missio Dei)라는 차원에서는 승리의 기록이지만 인간사회 차원에서는 '기독교 죄악사'로도 보인다. 그런 시각에서 미주한인교회의 병든 모습들을 정리해 보자.

1) 미주한인교회에는 이단과 사이비가 어지럽게 춤을 추어 왔다. 한국에서의 이단 사이비 종파들은 결사적으로 미주교포들을 대상으로 하여 포교에 모든 것을 쏟아 부었다. 이단종파들이 미국이 국제무대라는 점에서 자신들의 주장을 정당화하고 세력을 확장한다는 상징적 효과를 목표로 한 것이다. 그래서 한국의 이단 사이비들은 거의 대부분 미주 특히 로스앤젤레스와 뉴욕에 근거지를 확보했다. 천부교, 통일교, 다락방, 신천지, 레마, 베뢰아, 기쁜소식, 무료신학교, 휴거파, 신유집회파, 베리 칩 반대파, 안식일 우상화파, 구원파… 그리고 이런 사이비 종파들이 또 상당한 추종자를 확보한 것도 사실이었다. 이단으로 정죄 받지는 않았어도 불건전한 신앙의 씨를 확산시키는 단체들도 있어왔다. 신사도운동, 비니야드사역, 토론토 블레싱 등이 그런 것들이다. 이에 대하여 남가주 지역에서는 여러 모로 대처해 왔다. 〈이단판별지침〉을 발표하여 신자들에게 주지시키기도 하고, 피켓을 들고 나가 그들 집회에 맞불을 놓기도 했다. 그러나 근년에 이르러 이단들에 대한 투쟁이 둔화되었고 신사도운동 같은 것들이 대표적이지만 이단들의 침투가

교회분열의 씨앗이 되기도 했다. 귀신 쫓는다는 퇴마사역을 하다가 심지어 살인을 한 일도 있었다. 그러나 '신천지' 같은 이단들의 침투를 보면 이단들이 쏟아 부은 막강한 노력이나 재정만큼 소득이 큰 것은 아니었다.

2) 이단이나 사이비들을 '믿음에 대한 반역행위'라고 한다면 그것보다 더 죄질이 나쁜 것은 교회분열이라고 신학자들은 경고한다. 교회의 내적 분열은 바로 '사랑에 대한 배신'이기 때문이다. 사랑으로 하나 되라는 주님의 대명을 정면으로 거부하는 행위란 뜻이다. 그런데 이런 내분과 갈등이 미주한인교회에는 유난스럽게 많았고 싸움의 양상도 가히 '광명의 가면을 쓴 사탄들의 수준'(고후 11:14)이었다. 작은 교회는 작은 교회대로 내분, 갈등, 분열이 있었고 큰 교회는 큰 교회대로 서로를 향하여 증오의 총을 쏘아댔다. 경찰이 싸움을 말리려고 40번 가까이 출동했던 기록도 있고, 법원에는 한인교회 분쟁소송이 항상 40건 내외가 걸려 있다는 통계도 있다. 어떤 담임목사는 법원에 제출하는 문서에 서명한 것만도 150번이 넘었다는 부끄러운 일도 있다. 언론사에는 한인교회 신자들이 보내오는 교회 비리, 목사 비리 고발문서가 쉴 새 없이 배달된다. 이런 분열과 갈등은 전도의 문을 꽉꽉 막는 반역행위가 되었고 성경말씀처럼 "그들의 마지막은 그 행위대로" 되었을 뿐이다.(고후 11:15) 성령으로 시작한 교회가 결국은 육체로 마쳤고(갈 3:3), 예수 그리스도의 정결한 신부로서의 교회를 창녀로 전락시키는 범죄행위였다. 나누어져야 할 일이 있다면 서로를 위하여 기도하며 사랑으로 합의하여 평화적으로 분립시키지 못한 죄도 무척 크지 않은가.

3) 미주한인교회는 에큐메니컬 운동이 제 수준에 도달하지 못했다. 한 하나님, 한 주님, 한 성령을 믿는다면 성경적 에큐메니컬 운동은 필연적으로 성취되어야 한다. 사도신경에는 "거룩한 공교회" (The Holy Catholic Church)를 믿는다는 구절이 포함되어 있다. 여러 가지 뜻을 함유하고 있지만 기본적인 뜻은 '하늘에 있는 보이지 않는 교회가 하나인 것처럼 온 천하(에큐메네)에 있는 교회도 하나를 지향해야 한다'는 것으로 이해한다. 교회의 머리이신 예수 그리스도께서는 그 간절한 기도에서 몇 번에 걸쳐, "우리와 같이 그들도 하나가 되게 하옵소서." 하고 호소하셨다.(요 17:11, 21-23) 사도 바울을 통하여 주신 계시도 이것을 본질적으로 강조하고 있다.(엡 4:1-6) 하지만 미주한인교회는 개체교회도 분열과 갈등의 몸살을 앓아 왔지만 연합운동은 하나님 앞에(coram Deo) 더욱 더 부끄러운 수준이었다. 같은 '예수교 장로회'라는 간판을 달고 있지만 합동, 통합, 연합, 개혁 등등으로 지리멸렬하게 갈려져 싸운다. 감리교회도 '연합감리교회'가 있고 '기독교감리교회'도 있다. 성결교회도 기독교성결교회와 예수교성결교회의 두 산맥이 있다. 이것은 모두 한국교회와 줄을 대고 있는 데서 생겨났다.

교파가 다르다는 것은 장점도 있다. 서로 선교하는 일에 선의의 경쟁을 할 수 있기 때문이다. 교회에서는 경쟁(competition)은 협력(cooperation)의 큰 틀 안에서 이루어져야 한다. 한국교회에나 미주한인교회에나 협력은 간 곳이 없고 무모한 경쟁만 난무했다는 데에 깊은 질병이 있다. 〈남가주기독교교회협의회〉 운영에 여러 형태로 참여해온 필자이지만 하나가 되어 전체 교회를 건강하게 만들기보다는 오히려 전도와 선교의 문을 막는 일이 더 많았다는 자책을 하게 된다. 특히 섬기겠다는 사명으로 하지 않고 자신의 명예회복을 하는 도구로 연합기관을 악용하는 것이 항상 큰 문제였다. 이단 사이비에 대한 대처에도 허점이 많았고, 아시안교회협의회 구성이나 미국교회와의 지역협의회 참가에도 별로 열매를 생산해 내지 못한 것이 바로 에큐메니컬 운동의 실패를 말해 준다.

4) 교회성장학자들은 교회성장의 승패는 그 90%가 담임목사에게 달렸다고 주장한다. 좀 과장된 느낌은 있다. 교회성장의 상당부분이 당회원 장로들이나 성도들에게도 달려 있기 때문이다. 리더십(leadership)과 함께 팔로워십(followership)도 교회 건강화라는 목표 달성에 공동책임을 져야 한다. 그것이 함생목회론의 원리이다. 그렇더라도 담임목사의 중요성이 절감되는 것은 결코 아니다. 그런데 미주한인교회 지도자 특히 담임목사들 가운데 올리브나무/무화과나무/포도나무처럼 그 사명에 충성스러운 목사들이 많다. 하지만 가시나무처럼 소명이 전혀 잘못된 폭군적 지도자들 때문에 교계가 매우 어지럽다.(참조:삿 9장) '악화가 양화를 차버린다'는 경제 원리가 교회에서도 횡행하는 셈이다. 참다운 지도자란 무릇 영성, 지성, 도덕적 인격성, 지도력, 전문성 이 다섯 가지가 균형 있게 조화를 이루어야 한다. 허지만 영주권 신청을 위하여 소명도 없고, 기초적 교육도 없이, 정당한 절차도 밟지 않고 목회자를 자칭하는 이들 때문에 미주한인교회가 입은 피해는 그 규모를 알 수 없을 정도로 크다. 그래서 그 대책으로 발표된 것이 바로 〈목회자 윤리강령〉이었다.

5) 미주한인교회에는 재정 비리들이 횡행해 왔다. 교회들이 그 세세한 사건들을 감추고 지나가서 그렇지 재정 비리의 독버섯은 대수롭지도 않은 화제일 만큼 널리 널리 퍼져 있다. 그리스도 예수님을 팔아 은 30을 챙긴 가룟 유다는 지금도 미주한인교회에서 활개를 치고 다닌다. 100만 불짜리 계가 깨지는 바람에 곤욕을 치른 교회, 재정부서나 담임목사의 헌금 횡령, 교회재산의 사유화, 교회부동산 매매나 혹은 건축과정에서의 뒷거래… 만약 "네 은과 네가 함께 망할지어다"(행 8:20)는 말씀대로 된다면 망해야 할 사람들이 교회 안에 너무 많지 않은가. 교회의 싸움 뒤에는 대부분 돈 싸움이 있다는 말이 상당한 이유가 있어 왔다.

6) 이민생활이 안정되면서 미주한인교회가 점차 속세화의 길을 걸어가고 있다. 전문학자들 사이에는 세속화와 속세화를 구별하여 사용한다. 세속화는 교회가 세상 문화로 성육신되어야 한다는 전도의 한 방법으로 주장하고, 속세화는 교회가 세상문화에게 점령

당하는 것으로 뜻매김한다. 아무튼 교회가 하나님께서 통치하시는 것이 아니라 인간의 죄악적 욕심이 교회를 이끌어가는 속세화가 도를 넘어선 것 아닐까. 이민 초기에는 순수하던 열정적 믿음이 미국에 정착하면서 사업규모가 커지고, 좋은 저택을 구입하고, 은행계좌에 돈이 쌓여 가면 하나님을 잊어버리게 되는 모양이다.(잠 30:8-9) 교회직분을 얻기 위한 격렬한 다툼으로 표현되는 것이 미주한인교회가 속세화된 증거이다. 장로직분이나 권사직분을 얻는 것이 봉사와 헌신이 동기가 아니라 권력욕을 채우고, 가문을 빛내려는 속세적 동기라는 점에 있다. 이민사회에서는 한국에서와 달리 권력욕이나 명예욕을 채울 곳이 교회나 한인회나 동문회 등으로 제한되기 때문이다.

7) 믿음과 생활의 이원화가 미주한인교회의 건강을 좀먹는 또 하나의 심각한 질병이다. 신자들이나 교회지도자들이나 말로는 잘 믿고, 마음으로도 꽤 믿는데 생활과는 관계없고 인격과는 더욱 분리된 생활을 한다. 믿는 단계에는 쉽게 접어들고, 믿음이 매우 뜨겁고, 신비한 체험도 많이 하고, 간증도 열심히 하는데 행동은 전혀 변화되지 않고, 가치관도 바뀌지 않으며, 특히 성경적 세계관에 도달하지 못한다. 신자들만 신행일치(信行一致)가 안 되는 것이 아니라 목회자들도 설행일치(說行一致)와는 거리가 매우 멀다. '설교 따로 생활 따로'라는 뜻이다. 세간에 떠도는 말, 미주한인사회에는 '교회도 많고 술집도 많다'는 것이 이를 단적으로 드러낸다. 교회가 많으면 술집들이 폐업을 해야 되는 것 아닌가.

앞으로 나가야 할 방향

위에서는 미주한인교회의 110년 역사와 오늘의 현주소를 비판적으로 정리해 보았다. 인생의 삶이나 목회는 자동차 운전과 같은 면이 있다. 운전할 때에는 뒤비침거울도 보아야 하고 옆비침거울도 보아야 한다. 그러나 대부분의 시간은 앞을 보아야 한다. 개인 인생도 그렇고 교회목회도 그렇다. 그리고 역사를 보는 눈도 마찬가지이다. 이제 위와 같은 어제와 오늘을 분석해 본 것에 기초하여 미주한인교회가 앞으로 나아가야 할 방향을 몇 가지 정리해 보자.

1. 교회 본질이 회복되어야 한다

귀가 닳도록 들어온 주장이다. 그리고 원론적 선언이다. 교회는 하나님의 가족이 되어야 한다. 하나님의 백성이 되어야 한다. 예수 그리스도의 몸이 되어야 한다. 예수 그리스도의 신부가 되어야 한다. 성령의 집이 되어야 한다. 종합적으로 말한다면 개인 한 사람 한 사람에게는 '하나님의 형상'을 극대화시켜야 하고, 집합적으로 말한다면 '하나님의 나라'라는 형상을 극대화시켜야 한다. 여기에서 '나라'라는 말은 '통치'(ruling)을 뜻한다. 하나님으로 하여금 다스리시게 해야 그것이 바로 교회로 하여금 참 교회 되게 하는 길이다. (Let churches be the church). 그런 점에서 제사장 중심에서 탈피하여 삼위일체 하나님 중심이어야 하고, 그것이 회중 중심의 교회로 연장되어야 한다.

하나님은 영원불변하시고(약 1:17), 예수 그리스도는 어제나 오늘이나 영원토록 동일하시다(히 13:8)는 말씀은 성삼위 하나님의 '궁극적 목적'(the ultimate goal)에는 변함이 없으시다는 뜻이다. 교회의 궁극적 목적인 예배, 교육, 선교, 봉사, 사랑, 치유, 말씀 보존의 사명은 결단코 변질되어서는 안 된다. 교회에 따라 시대에 따라 그 강조점이 다를 수는 있다. 그러나 그것 가운데 하나라도 무효화시켜서는 안 된다. 미주한인교회는 바로 이런 본질과 그 본질적 사명을 활발하게 회복시킴으로 건강한 교회, 능력 있는 교회, 티나 흠이나 주름 잡힘이 없는 거룩한 교회가 되고 성삼위 하나님께 칭찬받는 교회가 되어야 한다.

2. 전략은 시대와 문화에 맞추어야 한다

교회의 머리이신 예수 그리스도께서는, "새 포도주는 새 부대에 넣어야 둘 다 보존되느니라."(마 9:17)는 말씀을 크게 강조하셨다. 특히 그분 자신이 '새 언약'(렘 31:31)을 체결하신다고 하셨고 성만찬에서 이 언약을 피 흘려 체결하셨다.(눅 22:20) 그런 점에서 교회는 새로운 일을 끊임없이 추진해 나가야 한다. 하나님은 만물을 새롭게 하시겠다고 선언하셨다.(계 21:5) 따라서 교회는 '개혁된 교회'여야 하지만 그것보다도 '항상 개혁해가는 교회'여야 한다.

성삼위 하나님은 그 본질과 사역의 궁극적 목적에 있어서는 영원토록 불변하신다. 그러나 그 목적들을 달성하는 방법, 전략, 과정, 도구에 있어서는 항상 새로운 것을 사용하신다. 그러므로 교회도 교회의 궁극적 목적을 이루는 전략에 있어서는 언제나 주저하지 말고 가장 효과적인 것들을 사용해 가야 한다.

가령, 예수님 시대에는 전파 매체나 영상 매체는 없었다. 지금은 인터넷이 있고 여러 형태의 사회적 미디어들이 한 시간이 멀다 하고 새롭게 개발된다. 따라서 복음전도의 새로운 방법과 전략과 도구를 사용해야 한다. 구약시대에는 제사장 중심의 교회였다. 지금은 왕정시대가 아니고 민주주의 시대여서 평신도 중심의 교회(목사도 평신도이다)로 바뀌어야 한다. 지금은 글로벌 시대가 되어 다중언어가 사용된다. 미주한인교회들도 다중언어 예배를 드리도록 외부문화로부터 강요받고 있다. 미주한인교회는 남북통일 문제에 있어서도 남한편이나 북조선편으로만 일방적으로 기울지 말고 하나님께서 기뻐하시는 통일을 성취하는 역할에 힘써야 한다. 글로벌 시대가 되었으므로 세계 모든 교회와 협력하고 새롭게 하는 에큐메니컬 운동도 이를 주도하는 인물들이 영어권 교회지도자들 가운데서 배출되도록 해야 한다. 포스트모더니즘의 독소적 요소는 제거해야 하지만 그 장점도 선교와 목회 전략에 활용하는 지혜도 있어야 한다.

특히 미국 전체와 글로벌 마을 전체에로 미주한인교회 선교영토가 확장되어야 한다. 더 많은 선교사를 적극적으로 파송해야 한다. 아니, 미주에 사는 성도는 누구나 선교사가 되어야 한다. 〈성시화운동〉이 그런 가능성을 제시했고 자마(JAMA) 집회가 그런 사역의 선두주자가 되었다. 음악에 은사가 많은 코리언들인 까닭에 언어를 뛰어넘는 음악을 도구로 하여 한인들만 대상으로 한 음악행사가 아니라 모든 인종을 동원할 수 있는 이벤트가 되도록 해야 한다. 빌리 그래함 목사를 잇는 대중전도 지도자도 코리안 가운데서 나오도록 미주한인교회가 앞장서야 한다.

이런 것들을 모두 다 여기에 적시할 수는 없다. 몇 가지 사례만 들었을 뿐이다. 그래도 한 마디 덧붙일 것은 로마 가톨릭교회는 변하지 않으시는 하나님에 너무 치우치고, 반면 개신교회는 새 포도주를 새 부대에 넣는 일에 너무 치우칠 때가 있다. 양 측 모두 균형을 맞출 필요가 있겠다.

끝맺는 말

미주한인교회의 실상을 볼 때 우리는 교회의 머리이신 예수 그리스도의 경고 앞에 벌벌 떨어야 한다. "회개하지 아니하면… 네 촛대를 그 자리에서 옮기리라."(계 2:5)는 그 경고이다. 비록 미주한인교회가 여러 가지 질병을 가지고 있지만 그것들이 죽음에 이르는 정도는 아니어야 한다. 질병도 죄와 마찬가지로 죽음에 이르는 질병이 있고, 죽음에는 이르지 않는 질병도 있지 않은가.(참고:요일 5:16) 성삼위 하나님께서 인류 구원의 도구로 계속 사용하실 수 있는 건강한 교회로 회복시키려면 미주한인교회들은 회개하여 다시 한 번 거듭나야 하고, 주님 지신 십자가를 끝까지 지고 앞으로 전진하여 나가야 한다. (2014년 크리스천 헤럴드 발행 미주한인교회 연감)

부 록

나의 목회금언 모음

함생목회를 위한 지혜

나의 목회금언 모음

함생목회를 위한 지혜

어느 해에는 성경을 책별로 설교한 일이 있었다. 66권의 각 권을 주일설교와 새벽기도 등에서 설교했다. 그런데 잠언을 설교하면서 '전천후믿음의 책'이라는 말로 풀었다. 솔로몬이 지혜학교를 설립하고 그 교과서로 편찬했을 것이라는 잠언은 하나님의 백성들 모두에게 무슨 상황에서나 지혜를 얻을 수 있는 책이었다.

그 뒤에 미주복음방송(GBC)에서 '짧은 글 긴 여운'이라는 제목을 붙여 내가 쓴 조각글에서 뽑아 낭독하는 프로그램을 마련했다. 꽤 많은 청취자를 끌어 모았다는 평가를 받은 프로였다. 그 때 '이정근 잠언'이라는 말을 생각해 냈다. 내 지혜가 감히 솔로몬에 미치지 못하나 부분적으로는 솔로몬보다 칭찬받을 일들도 몇 가지 있다는 자부심이 있었다. 그래도 성경의 '잠언'을 참칭한다는 비난을 받지 않도록 '금언'이라고 바꿨다.

촌철살인(寸鐵殺人)이라는 네 글자 숙어가 있다. '짧은 경구로 사람의 마음을 찔러 감동시킨다'는 뜻이다. 단도직입(單刀直入)도 비슷한 뜻이다. 다미선교회에서 주님 재림 날짜를 못 박아 예언하면서 교계를 혼란시킨 일이 있었다. 그 때 나는 '그 날에는 주님께서 오시려고 계획하셨더라도 취소하시거나 연기하실 것입니다. 성경에 확실하게 "그 날과 그 때는 아무도 모르는데, 천사도 심지어 아들도 모르고 오직 아버지만 아신다"(마 24:36)라고 선언했기 때문입니다.' 그렇게 말로도 단언했고 글로도 썼다. 그것이 촌철살인 성구로서의 매우 큰 효과가 있었다. 이와 같이 몇 마디 말로 표현된 지혜가 복잡한 문제들을 한 칼에 베어내듯이 해결할 수 있는 힘을 가진 것이 바로 잠언이요, 금언이요, 속담이요, 긴 여운이 있는 짧은 말이요, 좌우명이요, 격언이요, 지혜 아닌가. '실패는 성공의 출발점일 뿐이다'는 촌철살인의 언어가 얼마나 많은 열매를 맺었던가.

목회금언 작성 원칙

1. 나의 외침인 '신학 있는 목회, 목회 있는 신학'의 열매이다.
2. 다른 사람이 말한 것들을 인용한 것은 내가 아는 한 거의 없고 나 자신이 생각해낸 것들, 글로 쓴 것들, 설교에서 외친 어록(語錄)들만 정리했다. 설혹 내용은 다른 사람이 말했더라도 표현은 다르다.
3. 가끔 내가 먼저 말한 것인데 다른 사람들이 차용한 것들도 있다. '한국은 약소국이 아니라 강소국이다,' '시퍼렇게 살아계신 하나님,' '유월절은 뛰넘절로 번역해야 한다,' 사도신경에 '거룩한 공교회를 믿사오며,'와 '순네 마리아에게서 나시고' 등이 그 같은 사례이다.
4. 함생 목회론, 함생 신학론, 함생 문명론을 기초로 한 것들이 많이 있다.
5. 이 같은 목회금언들은 어쩌면 이 책 전체에서 목회자에게는 가장 많이 활용될 수 있는 부분이 될 것으로 예상한다. 그리고 이 책을 읽는 목회자들로 하여금 자신의 목회금언집을 만들어 보겠다는 도전을 느끼게 하면 더 좋겠다.
6. 이 목회금언을 읽으면 함생목회론의 성격이 다분히 실험목회, 창의적 목회라는 사실을 발견할 것이다.
7. 이런 목회금언들을 물론 절대적 진리라고 오해해서는 안 된다. 인간의 지혜는 언제나 상대적 진리일 뿐이다. 가령 '목회의 가장 중요한 핵심은 사람 모으기와 돈 모으기이다'라는 금언을 읽으면 분노하는 사람들도 있을 것이다. 그러나 이 어록도 상당부분 목회현장에서는 실제적 효과가 있음에랴. 교회재정이 넉넉해서 부목사 한 사람을 청빙할 수도 있다. 그러나 자신이 자기 사례비 이상을 벌어들일 수 있는 그런 유능한 부목사를 골라야 한다는 것이 경영의 지혜일지언정 결코 사탄의 생각은 아니다.
8. 이 목회금언들이 성경말씀 한 부분과 어긋나는 것들도 있을 것이고, 또 금언 자체들과 서로 모순되는 것처럼 오해될 소지도 있다. 가령 '목사의 손과 마음은 항상 따뜻해야 한다'는 목회금언은, '네가 차든지 뜨겁든지 하라'(계 3:15)는 말씀과 어긋나지만 목회현장에서는 매우 효과적인 금언인 것과 같다. 서구교회에서는 목사의 손이 죽은 생선 만지는 것처럼 차디차거든 목회를 그만두라는 격언까지 있다.
9. 목회자를 대상으로 한 금언이기에 가끔 평신도에게는 오해될 수도 있음직하다. 그러나 만인목회자라는 개신교회 교회론에 기초하여 정리했다.
10. 이 목회금언집이 한국교회와 세계교회를 이끌어갈 충성스러운 종들에게 좋은 지혜와 영적 자산이 되기를 기도한다. 이 책에서도 이미 언급했지만 이성봉 목사의 '말로 못하면 죽음으로 하리라' 같은 목회금언은 온 세계 기독교 2천년 역사에 찬연히 빛나는 목회금언 아닌가.
11.출처를 일일이 밝히지 못한 것에 대한 독자들의 양해를 바란다. 다만 성구는 필요한 경우에는 더러 근거를 밝혔다.
12. 독자의 편의를 위하여 첫 말의 가나다 순으로 정리했다. 그로 인하여 전체 문장이 물 흐르듯 매끄럽지 못한 경우가 있는 것에 양해를 구한다.

금언 목차

I. 함생목회자

- 함생주의의 이상적 모습은 오케스트라에서 그 속살을 볼 수 있다.
- 함생주의자는 작은 틀에서는 경쟁(competition)하고 큰 틀에서는 협력(cooperation)한다.
- 함생주의는, 1)성삼위 하나님의 본질에서 생명성을 강조한다. 2)생명을 최우선 가치로 삼는다, 3)성삼위 하나님과 함께 산다, 4)모든 인간과 함께 산다, 5)모든 피조물과 함께 산다는 이 다섯 가지를 기축사상(cardinal doctrine)으로 한다.
- '너 죽고 나 죽자'는 함사문명(咸死文明)을 어떻게 하면 '너도 살고 나도 살자'는 함생문명으로 바꿀 수 있을까.

목사

- 목사님들, 예수 잘 믿으세요'라고 한경직 목사가 말씀했다며 그런 제목의 책이 출판되었는데, 그분이 자기만 성자연하고 다른 사람들에게만 책망하는 말씀을 했을 것 같지 않고, 아무래도 '목사님들, 우리 모두 예수 잘 믿으십세다' 하고 권유형이었을 것 같다.
- 목양일념'이란 목각패를 책상 앞에서 떼어내 보이지 않는 깊숙한 곳에 감춘 일도 있었는데 그 패는 수석장로가 선물해 준 것이었다.
- 목사님, 십자가가 목사님 얼굴 중앙에 자리 잡고 있는 것 아셨어요?"
- 나그네 목사가 되지 말고 주인 목사가 되라.
- 당신은 하나님의 사람인가(딤전 6:11), 사탄의 사람인가(요 13:2), 둘 중의 하나를 결정하라.
- 당신을 만난 사람 가운데 누군가로부터 예수님을 만난 느낌이었다는 반응을 들어보았는가.
- 대쪽 같은 목사도 필요하고 칡넝쿨 같은 목사도 있어야 한다.
- 더러운 욕망이나 마약이나 술이나 색성을 통제할 능력이 없는 목사는 조속히 목회직을 떠나야 자신에게도 좋고 교회에도 유익하다.
- 도박, 마약, 색성, 술, 폭력 등에 중독된 사람은 목사 될 생각을 전혀 하지 말라.
- 도박중독으로 인생을 파멸시킨 목사가 목회에는 도박자의 용기를 발휘하지 못하고 발발 떠는 모습이 가련해 보인다.
- 마귀를 쫓는다고 구타기도를 하다가 사람을 죽인 목사가 있다니 그가 바로 마귀 아닌가.
- 만점짜리 목사가 영점짜리 남편이나 낙제점짜리 아빠가 되는 것은 별로 이상한 일이 아니다.
- 목목 장장 권권 집집, 목사는 목사답고, 장로는 장로답고, 권사는 권사답고, 집사는 집사다워야 튼튼한 교회이다.
- 목사 가운데 '악한 싸움 다 싸우고, 달려갈 길 못 마치고, 믿음을 팔아먹었으니'라고 디모데후서 4장 7절 말씀을 변조한 이들이 어찌 이리도 많던가.
- 목사 가운데는 '오지마 목사'도 있고 '가지마 목사'도 있다는데 둘을 합치면 '오도 가도 못하는 목사'가 된다.
- 목사 가운데는 일직선 목사, 평행선 목사, 세모꼴 목사, 네모꼴 목사, 동그라미 목사, 포물선 목사, 역포물선 목사 등 다양하다.
- 목사 독재, 장로독재, 평신도 독재, 그래서 독재로 망한 교회도 있다.
- 목사 모두가 복수언어로 설교해야 하는 시대가 무섭게 다가오고 있다.
- 목사 부인은 동네북이 된 것을 행복하게 생각해야 한다.
- 목사 부인의 가장 큰 무기는, '나 이혼하면 당신 목회는 끝장이야'이다.
- 목사 속을 제일 많이 썩이는 여집사가 하는 말, '목사님, 오직 하나님 눈치만 보세요.'
- 목사 아내가 설교와 목회에 대한 가장 혹독한 비판적 지지자여야 한다.
- 목사 안수가 목회의 필수 요건이 아닌 것은 칼뱅, 무디, 스펄전 세 사람만 보아도 확실하게 증명된다.
- 목사 안수식은 십자가 처형식이다.
- 목사지망생 가운데는 최악의 살인마들인 요셉 스탈린과 히틀러도 있었다니 이게 웬 말인가.
- 목사 혼자서만 바쁘게 뛰어다니지 말고 모든 임직자들과 신자들을 바쁘게 만들라.
- 목사가 가는 곳에 교회가 세워지고, 목사가 가는 곳에 교회가 부서진다.
- 목사가 교회를 우습게 여기면 주님도 목사를 우습게 여기신다.(고전 3:16-17).
- 목사가 굶어서 죽어도 사람들은 배 터져 죽는 줄로 안다.
- 목사가 날로 새로워지기를 거부하면 그것은 직무태만죄에 해당된다.
- 목사가 신자에게는 왕 대접, 불신자에게는 거지 취급을 받는다고 목회선배들이 말하지만 요즈음 추세는 그 반대다.
- 목사가 양떼를 흩어지게 하면 저주를 받아야 한다는 성경말씀 앞에서 어찌 간이 서늘해지지 않을 수 있을까.(렘 23:1)
- 목사가 자기 이야기를 많이 하는 것은 신자의 입장에 서 있지 않다는 증거이다.
- 박한 직업 곧 천직(賤職)으로 타락시킨 범죄자가 된다.
- 목사가 자기 이익만을 위하여 목회를 하면 그것은 하나님이 주신 직분 곧 천직(天職)을 천박한 직업 곧 천직(賤職)으로 타락시킨 범죄자가 된다.
- 목사가 하나님 노릇하려는 질병을 무슨 약으로 고칠 수 있을까.
- 목사는 '걸어 다니는 교회'이다.
- 목사는 '걸어 다니는 성경'이 되어야 한다.
- 목사는 '멍든 치료사'(The Wounded Healer)이신 예수님을 본받는 일이라는 헨리 나우엔의 표현만 들어도 목사 가슴에 시퍼렇게 든 멍들이 치료되는 것을 느낀다.
- 목사는 1천 번제 1만 번제를 넘어 온 몸과 생명을 제단에

드려야 한다.
- 목사는 가난해도 넉넉하고 넉넉해도 가난하다.
- 목사는 결코 관료주의자가 되지 말아야 한다.
- 목사는 관 속에 성도들의 많은 비밀을 함께 넣어가지고 묻힌다.
- 목사는 귀가 둘, 눈도 둘임을 잊지 말아 공정하게 판단해야 한다.
- 목사는 낙관주의자도 되고 비관주의자도 되어야 하고, 낙관적 비관주의자나 비관적 낙관주의자도 되어야 한다.
- 목사는 누구나 오뚝이처럼 넘어지고 또 넘어져도 다시 오뚝 일어서야 한다.
- 목사는 누구보다도 하늘을 많이, 그리고 자주 쳐다보아야 한다.
- 목사는 다른 것 다 실패해도 말 설교와 인격설교에 성공하면 살아남는다.
- 목사는 대인관계가 원만해야 한다는 선배 목회자들의 조언을 뼈에 새겨야 한다.
- 목사는 두들겨 맞을수록 팽팽 돌아가는 팽이이다.
- 목사는 떨어질수록 많이 올라가는 그네이다.
- 목사는 멍든 치료사(the wounded healer)가 되어야 하는데 오히려 성도들의 상처를 더 크게 찢어 놓으면 어느 신자가 붙어 있을까.
- 목사는 목양일념이기 이전에 목기일념(자기를 목회하는 일에 집중시킴)에 힘쓰도록 예수님은 제자들을 양육하셨다.
- 목사는 반드시 모범인간이어야 한다.
- 목사는 밥 먹는 것도 옷 입는 것도 잠자는 것도 모두 목회일 뿐이다.
- 목사는 뼈를 한 곳에만 묻겠다고 약속하지 말 것은 하나님의 자유를 제한하기 때문이다.
- 목사는 세상 사람들에게도 존경을 받아야 한다.
- 목사는 신자들과 함부로 형님, 동생, 누님, 누이동생이라 호칭하지 말라.
- 목사는 신자들의 다른 신자 비난을 들으면 다음과 같은 대처응답들을 사용하라: '좋은 뜻으로 한 것이겠지요,' '그 사람의 개성인데 장점도 되고 단점도 될 것 같으네요,' '너무 심했네요,' ' 그런 약점이 강점으로 바뀌도록 기도해야 되겠네요,' '어머 저걸 어째, 믿기지 않네요' 등이다.
- 목사는 아내가 타락하거나 도망가면 목회는 그것으로 끝난다는 걸 알고 아내를 매우 귀중히 여기라.
- 목사는 어느 모로 보나 모범인간이어야 한다.
- 목사는 얻어먹기만 하지 말고 가끔 평신도들에게 커피 한 잔이라도 살 줄 알아야 한다.
- 목사는 없어졌으면 좋을 목사, 있어도 그만 없어도 그만인 목사, 그리고 없어지면 교회가 큰 일 날 목사의 세 종류가 있지 않을까.
- 목사는 연약한 사람들을 더 귀중하게 섬기심으로 스스로 사소주의자(사대주의자의 반대)가 되신 예수님처럼 살아야 한다.
- 목사는 영혼과 의사 아닌가.
- 목사는 영혼치료에서 시작하여 육신치료로 향하고 의사는 육신치료에서 시작하여 영혼치료로 향한다.
- 목사는 예레미야처럼(렘1:5) 뱃속에서부터 선택을 받고 태어날 수 있지만 결코 완제품이 아니기 때문에 계속 만들어져 가야 한다.
- 목사는 예수님의 얼굴을 가장 많이 보여 줄 책임이 있다.
- 목사는 예수님의 이름으로 귀신 쫓아내고 병만 고쳐도 밥을 굶지는 않는다.
- 목사는 온전한 십의 십조를 드려야 한다.
- 목사는 자기 선전원이 아니라 하나님 선전원이 되어야 한다.
- 목사는 자기혁명가여야 하는데 그것도 끊임없이 자기를 뒤집어엎는 혁명가여야 한다.
- 목사는 자신은 웃지 않아야 청중을 웃기는 희극배우와 자신이 울어야만 청중을 울리는 비극배우 모두에게서 설교기법을 배워야 한다.
- 목사는 자주 연예기획사 사장이 되어야 한다.
- 목사는 정죄를 잘한다 하여 배심원에 부적격이고, 용서를 잘 한다 하여 배심원에 또 부적격이다.
- 목사는 좀 어벙하고, 허점이 있고, 어수룩하고, 모자라는 듯해야 평신도들이 편하게 느낀다.
- 목사는 죽을 죄인이 새 생명으로 거듭 태어나도록 최선을 다하여 도와주는 산파이다.
- 목사는 차운전도 잘 하고, 돈 운전, 말 운전, 사람운전, 교회 운전도 잘해야 한다.
- 목사는 최소한 하나님의 음성인지 마귀 음성인지를 구별할 줄 알아야 한다.
- 목사는 축구구경을 하면서도 수비목회를 할 것이냐 공격목회를 할 것이냐를 배워야 한다.
- 목사는 평생에 몇 번이라도, '그 목사를 보면 예수 믿고 싶어진다'는 간증의 대상이 되어야 한다.
- 목사는 평신도들과 공중목욕탕이나 찜질방에 함께 가지 말라.
- 목사는 하나님의 인정받는 일꾼이 되겠다는 의지가 철석 같아야 한다. (딤후2:15).
- 목사는 항상 서른 살에서 서른 세 살의 예수님 나이로 살아야 한다.
- 목사는 항상 평신도들의 세찬 도전을 받고 있다.
- 목사는 헌금하는 일에 모범이고 돈 쓰는 일에서 성도들의 존경을 받아야 한다.
- 목사님, 칼 바르트가 어떻고 틸리히가 어떻고 하시지 말고 제발 성경 말씀에는 이렇고 예수님의 말씀에는 저렇고 해 주세요.
- 목사들이여, '나는 걸레다, 나는 죄악을 말끔히 닦아주는 걸레다' 하고 자주 외치라.
- 목사라는 나무는 아무리 커도 그늘은 작거나 없어야 한다.
- 목사란 이름이 너무 더러워져서 세탁을 해야 되는데…
- 목사에게는 개미구멍 하나가 둑을 무너뜨린다는 속담이

빈번한 일이다.
- 목사에게는 실패한 설교가 회중들에게는 성공한 설교일 수도 있다.
- 목사에게는 양들은 누구나 그리고 무슨 말이나 마음 놓고 해도 된다오.
- 목사에게는 인기(人氣)보다 신기(神氣)가 훨씬 더 중요하다.
- 목사와 같은 최고경영자는 절 반 넘는 시간을 미래를 위하여 사용해야 한다는 권고를 기억하라.
- 목사와 독사는 글자 획 하나 차이일 뿐이다.
- 목사의 가슴은 뜨거운 불이 항상 활활 타오르는 용광로여야 한다.
- 목사의 과도한 품위유지비가 그 목사를 시궁창으로 굴러 떨어뜨린 사건이 있었다.
- 목사의 목을 비틀어 죽여서 흥한 나라가 없다는 것을 평양당국은 똑똑히 알아야 한다.
- 목사의 몸은 사랑 항아리여야 한다.
- 목사의 믿음이 평신도들의 평균믿음만큼도 안 된다면 목회 그만 두어야 한다.
- 목사의 병은 의사가 고치고 의사의 병은 목사가 고친다.
- 목사의 사생활을 지나치게 공개하는 것을 삼가도록 하라.
- 목사의 생활수준은 평신도들의 평균보다 약간 상위가 가장 바람직하다.
- 목사의 얼굴은 하나님의 얼굴이어야 하는데 사탄의 얼굴일 때가 많아서 큰일이다.
- 목사의 지도력은 위기 극복에서 위력을 발휘한다.
- 목사의 질병은 의사가 고치고 의사의 질병은 목사가 고친다.
- 목사이든 누구이든 지도자는 특히 가까운 사람을 항상 조심해야 한다.
- 목사인 당신의 삶의 어떤 모습들이 예수님을 현저히 닮았는지 일곱 가지라도 주저하지 않고 말할 수 있을까.
- 목사인 당신의 얼굴에서 예수님의 모습을 보았다는 사람들이 몇이나 있는가.
- 목사조차 예수 결사대원이 되기를 포기한다면 그 교회는 망하는 것만 남았다.
- 목사직에서 불명예제대를 하면 해 먹을 수 있는 직업이 없어서 굶어죽기 십상이다.
- 무엇엔가 미쳐야 큰일을 한다는데 목사는 무엇에 미쳐야 할까.
- 물먹은 바위가 더 단단하듯 물을 많이 먹은 목사가 더 튼실하다.
- 박사학위를 취득한 뒤에 목회에 실패한 이들이 꽤 많다.
- 은퇴 뒤에 남은 인생을 무엇을 하며 보람 있고 은혜롭게 보낼 것인가가 정말 중요한 시대가 되었다.
- 은퇴 목사는 설 자리도 앉을 자리도 없으니 묘지 자리에 빨리 눕는 것이 최선의 길이라는 비감이 든다.
- 은퇴는 그 교회 담임목회의 은퇴일 뿐 오히려 다른 목회의 새로운 시작이 되어야 한다.
- 은퇴담임목사는 후임목사가 목회에 성공할 수 있는 입지와 공간을 소리 없이 만들어 놓는다.
- 은퇴를 하고 나니 자신의 손발 외에는 사용할 수 있는 손발이 아무 것도 없다는 것이 상당한 충격이다.
- 은퇴목사들은 삼손처럼 자살특공대의 결단(삿16:23-27)으로 마지막에 더 큰 일을 해야 한다.
- 은퇴한 목사와 장로들을 조심할 것은 봉사와 헌신의 열매는 없고 말만 무성하기 때문이다.
- 천국과 지옥이 없다는 목사는 임종기도나 장례식을 집례할 자격이 없다.

목회자 · 목회

- 목숨을 건 사람에게는 무서울 것이 없다.
- 목양을 게을리 한 목자들에게 주신 경고(겔34:1-6)를 읽고도 단잠을 자는 목사가 몇이나 될까.
- 목자는 영혼의 고통스러운 울부짖음을 항상 민감하게 들어야 한다.
- 목회 전반에 걸쳐 한 해에 한 번씩은 회중들의 여론조사를 하라.
- 목회 프로그램을 일단 시작했으면 끝까지 밀고 나가라.
- 목회 현장에서 경쟁의 방법을 쓰려면 협력의 큰 틀 아래서 해야 한다.
- 목회가 근거 없이 조작된 유언비어 한 마디에 폭삭 주저앉을 수도 있다.
- 목회가 최소한 일 백년 앞을 내어다보는 것은 되어야 하지 않을까.
- 목회는 1년 365일, 하루 24시간을 해야 하는데, 그것은 잠자는 것도 목회, 밥 먹는 것도 목회이기 때문이다.
- 목회는 28장으로 된 사도행전 29장을 쓰는 일인데 요즈음 목회가 과연 그럴까.
- 목회는 개인적으로는 목회자 자신의 성화과정이요 완전지향적 자기수련과정이다.
- 목회는 관 뚜껑이 닫힌 다음에 평가되는 것이 진짜 평가이다.
- 목회는 단거리 경주로 시작해서 마라톤으로 끝맺는 것이 이상적이다.
- 목회는 먹회, 목사는 먹사라는 조롱은 목사에게는 무엇이나 잘 먹는다는 영광의 훈장 아닐까.
- 목회는 목회자 자신으로 변장한 사탄과의 싸움이다 (고후11:14-15).
- 목회는 사람 모으기와 돈 모으기가 성패의 열쇠라고 하면 그것도 말이 될까.
- 목회는 성경을 기본으로 하고 전통, 이성, 경험을 도구로 하여 인간의 문제들을 해결해 가는 과정이다.
- 목회는 성삼위 하나님께서 일으키시는 연속적 사건에 목숨 걸고 참여하는 일이다.
- 목회는 성적순이 아니라지만 그렇다고 무식순서도 아니다.
- 목회는 수인사 대천명(修人事 待天命, 사람이 할 일을 다 하고 하늘의 뜻을 기다린다)이 아니라 먼저 '대천명'

하고 다음에 '수인사' 해야 한다.

- 목회는 아내나 남편 후보를 정하는 데서부터 그 성패가 결정된다.
- 목회는 안수 받은 목사가 주도하되 평신도의 협력을 얻어야 한다.
- 목회는 예수님을 표준으로 삼고 그를 닮아가려는 인간수업의 길이다.
- 목회는 예수님의 보폭에 맞추어 인생을 걸어가는 일이다.
- 목회는 요강 같은 더러운 인간머리들을 말끔하게 씻어서 밥그릇으로 바꿔 놓는 것 아닐까.
- 목회는 창조주 하나님을 따라서 창의적, 실험적으로 하라.
- 목회는 출퇴근하는 담임목사 가지고 성공하기는 어렵다.
- 목회는 항상 실험 목회요, 설교는 항상 실험설교이다.
- 목회는 화장실 청소다.
- 목회란 예수 그리스도께서 하셨던 일을 성령의 도우심을 받으며 최선을 다하여 계속하여 성취하는 일이다.
- 목회를 그만 둘 결심이더라도 화를 벌컥 내서는 안 된다.
- 목회를 마친 뒤에 33년 역사를 쓸 수도 있지만 처음부터 역사를 쓰기 위한 목회를 할 수도 있다.
- 목회에 만병통치약은 없으나 있다고 하면 '예수' 그 한 마디뿐이 아닐까.
- 목회에 실패했거든, 특히 색성 스캔들로 실패했거든, 기도원 사역으로 전향해서 평생토록 회개기도를 하는 것이 제격이다.
- 목회에 지쳐 탈진하거든 언제든지 첫 번 부르심 받은 체험을 되살리라.
- 목회에는 강물목회도 있고 바다목회도 있다.
- 목회에는 바람목회도 있고 바위목회도 있다.
- 목회에는 앉은뱅이 목회, 선뱅이 목회, 뛈뱅이 목회, 날음뱅이 목회도 있다.
- 목회에는 장님인 신학자도 있고 신학에는 귀머거리인 목회자도 있다는 것은 불행한 일 아닌가.
- 목회에는 출근시간과 퇴근시간이 없다.
- 목회에는 폭풍목회도 있고 햇볕목회도 있다.
- 목회영웅들의 말로가 어찌 이토록 비참하다는 말인가.
- 목회의 5대 뜨거운 감자는 당회 관리, 임직자 선정, 성전구입, 재정집행, 찬양대 관리이다.
- 목회의 궁극적 목적을 잃으면 목회의 모든 것을 잃는다.
- 목회의 끝을 더 좋게 만들기 위하여서라도 되도록 작게 시작하라.
- 목회의 마지막이 나쁘면 전체가 실패작으로 결론이 난다.
- 목회의 마지막이 좋으면 처음이나 중간 실패도 아름답게 평가된다.
- 목회의 성공도는 교회 회중의 크기, 지교회 개척, 선교사 파송, 건물의 웅장함, 재정규모, 교회의 영향력, 인물 육성, 담임목회자의 존경도, 성도들의 자존감 등으로도 측정하지만 목회자의 자녀 육성도 뺄 수 없는 항목의 하나이다.
- 목회의 실패를 성공의 징검다리로 만들라.
- 목회의 어떤 프로그램이나 또 어떤 국면에서나 그 목표를 명료화하고 또 그 목표의 달성도를 항상 점검하라.
- 목회의 제일 큰 걸림돌은 목사 되려다가 그만 둔 이무기들이라는 이야기도 있지만 예외도 많다.
- 목회의 좋은 열매를 추수하기 위하여서는 낚싯밥이 좋아야 하고, 그물이 찢겨지지 않아야 한다.
- 목회자 명문가가 되게 하소서.
- 목회자 청빙이라는 제목의 광고이지만 실상은 청빙보다는 지원자 모집이어서 교회의 공신력을 떨어뜨리지 않을까.
- 목회자 특히 설교자는 감동적인 간증생산자여야 하고 유능한 간증발견자여야 한다.
- 목회자가 섬기는 머슴이 된다고 해서 성도들이 목사를 종부리듯 하지는 안는다.
- 목회자가 신자들에게는 대쪽 자녀들에게는 무쪽이 되면 엘리제사장의 길을 걷는다는 걸 명심하라.
- 목회자는 '아니 땐 굴뚝에도 연기난다'는 사실을 얼마든지 체험하는 직종이다.
- 목회자는 거지나 강도들과도 함께 식사하고 장군이나 황제와도 함께 식사한다.
- 목회자는 넉넉해도 가난하고 가난해도 넉넉하다.
- 목회자는 되도록 문제제조자(trouble maker)가 되지 말고 문제해결자(trouble solver)가 되어야 한다.
- 목회자는 무슨 일을 하든지 하나님과, 목회 대상이 되는 사람들과, 자기 자신의 입장을 함께 따져서 결정해야 한다.
- 목회자는 문제가 많을수록 목회할 맛이 더 나야 예수님 닮은 목사 아닌가.
- 목회자는 부흥강사가 될 수 있어도 전문 부흥사는 목회자가 되기 어렵다.
- 목회자는 설교 준비, 짐 쌀 준비, 죽을 준비의 세 가지 준비가 항상 있어야 한다지만 무엇보다도 예수님을 나타낼 준비가 제일 중요하지 않을까.
- 목회자는 성도들과 불신자들의 잔소리를 단소리(달콤한 소리)로 들어야 한다.
- 목회자는 소탐대실(작은 것을 탐내다가 큰 것을 잃음)을 소실대탐으로 바꾸어 놓아야 한다.
- 목회자는 의도적으로라도 파란 만장의 삶을 살아가야 지도력이 튼튼해진다.
- 목회자는 자주 '아니 땐 굴뚝에도 연기난다'처럼 속담을 뒤집어엎어라.
- 목회자는 죽어도 목회는 더욱 힘차게 계속되어야 한다.
- 목회자는 항상 '예수님이시라면 이런 경우에 어떻게 하실까' 하고 묻고 또 물어서 확실한 대답을 얻어야 한다.
- 목회자는 회의에서 단독결정만 하거나 합의결정만 하기보다는 단독적 합의결정이나 합의적 단독결정을 하는 것이 바람직하다.
- 목회자들도 축구에서처럼 골 결정력을 키워야 한다.

- 목회자들에게 따뜻한 손을 선물로 주시옵소서.
- 목회자들이여, 교회의 일백년 앞을 내어다 보시오.
- 목회자의 결정적 간증은 목회에 큰 동력이 된다.
- 목회자의 기본자격은 1)영성, 2)지성, 3)도덕성, 4)지도력, 5)전문성이 균형 있게 개발되어야 한다.
- 목회자의 비행이 허위나 과장인데도 언론에 일단 보도되면 나중에 정정보도를 했더라도 그건 목회의 치명상이 된다.
- 목회자의 삶은 처음부터 죽을 때까지 십자가 연속행진이다.
- 목회지도력을 잘 기르면 모세, 다윗, 예수님처럼 좋은 정치를 몸에 익힐 수 있다.(마 2:6)
- 목회지에 새로 부임하면 우선은 자신을 그 교회에 적응시키고 그 다음 단계로 그 교회를 자신에게 맞추도록 해야 부드러운 착륙을 하게 된다.
- 목회철학이라니, 목회를 철학으로 하는가.
- 목회활동은 그것이 무엇이든 항상 실험목회라 생각하고 다양한 실험을 계속하며 보완해 나가야 만물을 새롭게 하시는 하나님의 뜻에 맞는다.(계 21:5)
- 무당도 귀신 쫓고 병 고쳐서 밥 먹고 사는데 목사가 그래 무당만도 못하대서야 말이 되는가.
- 사역자(minister)라는 말은 그 본뜻(디아코노스)이 식당 웨이터 곧 머슴이나 하인임을 잊지 말라.
- 새해 결단(new year's resolution)을 목회에 활용하라.
- 생각의 여과과정을 겪어 순종하기로 결단한 사람은 무조건 순종한 사람보다 오래도록 순종한다.
- 생각이 바뀌면 말이 바뀌지만 말이 바뀌면 생각이 바뀌기도 한다.
- 생각하는 사람들에게는 신앙이란 곧 예수님이 누구시냐(마 21:10)는 질문에 대한 대답을 추구하는 과정이다.
- 선교사라면 처가댁 선교사도 있고 시댁 선교사도 있다.
- 세례 요한의 목회는 공의의 목회인데 반하여 예수 그리스도의 목회는 '정의가 있는 사랑의 목회'였다.
- 세상에 죄인들이 전혀 없게 되는 날은 목사가 백수건달이 되는 날이다.
- 세습목회는 가하나 이 시대에는 유익한 것은 아니다.(고전 6:12)
- 세습목회는 그 자체가 나쁜 것이 아니라 부친의 영향력으로 결정된다는 절차의 불공정성이 문제이다.
- 세습목회는 세습 시키는 아버지도 문제이거니와 세습을 받는 자녀가 더 큰 문제 아닌가.
- 소명이 분명하지 않은 목사는 당장 그만 두어라.
- 손도 따뜻하고 눈도 따뜻하고, 마음도 따뜻하고 영혼도 따뜻한 그런 목사가 될 수는 없을까.
- 안식 휴가에는 반드시 예수님의 장기로 이식수술을 받으라.
- 안식휴가는 목사에게 자기 자신을 재정비하는 기간이다.
- 어둠에서 빛을 발견하듯이 사탄에게서도 하나님의 뜻을 보아낼 수 있어야 한다.
- 위기는 위대한 기회인데 특히 목회에 있어서 그렇다.
- 위대한 일을 하는 사람들은 어느 한 부분이 미쳐 있다.
- 유행가 목회도 있고 고전음악 목회도 있다.
- 일 중심(task-oriented) 목회보다 사람 중심(people-oriented) 목회, 그러나 가장 좋은 것은 성삼위 하나님 중심(The Triune God Oriented) 목회 아닌가.
- 자비량 정신으로 목회할 채비를 항상 갖추라.
- 정치목사이건 경제목사이건 혹은 골프목사이건 예수님과 함께 하는 목회이면 아무런 문제가 없다.
- 주특기 목회로 시작하고 부특기 목회로 보완하라.
- 책방, 골방, 심방에다 뛰어다니며 전도하는 사면팔방을 더 해라.
- 포스트모더니즘은 모든 것을 상대화시키는 독약이지만 목회에서는 양약일 때가 있다.
- 하나만 안다는 것은 하나조차 모른다'는 뜻이라는 금언은 상당부분 목회와 신학에도 적용된다.
- 한 교회를 통하여 온 세계를 목회하라.
- 한꺼번에 두 가지 세 가지 일을 해내는 습관을 기르라.
- 현재의 사역은 다음 단계로 도약하는 발판이다.

말 · 언어생활

- 감사합니다'를 퉁명스런 음성으로 말하지 말라.
- 강단 위에서는 목사가 말을 독점했으므로 강단 아래서는 성도들로 말하게 할 차례 아닌가.
- 강단 위에서는 사자처럼 울부짖고 강단 아래에서는 어린 양처럼 온유하라.
- 강단 위의 외침만큼이나 강단 아래 생활도 거룩하다면 만점 목사 아닐까.
- 댓글에는 악댓글, 선댓글 외에 은댓글도 있어야 한다.
- 더럽고 야비한 욕설을 입에 담으면 제 입이 먼저 더러워지는 것을 알아야 한다.
- 독설가가 예수 믿으면 애설가(愛舌家)가 된다.
- 말 곧 언어를 잘 관리하면 인격의 절반 이상을 잘 관리하는 것이 된다.
- 말 많은 건 예수쟁이'라는 핀잔을 자주 듣지만 예수쟁이들이 말이 많기 때문에 무슨 일에나 앞서 가게 된다.
- 말로 못하면 죽음으로 하리라'는 이성봉 목사의 외침은 2천년 교회사에 찬연히 기록될 명언이다.
- 말설교와 글설교는 내용은 같아도 표현은 매우 달라야 한다.
- 말씀 한 마디로 우주 만물을 만드신 하나님은 교회를 창설하시는 데는 아들의 생명을 투자하셨다.
- 말에는 엄밀히 말한다면 '쓸 데 없는 말'이란 없다.
- 말은 신의 이름 '엘로아'와 '알라,' '하나님'과 '하느님'에서처럼 '아' 다르고 '어' 다르다.
- 말을 많이 하는 것과 말을 잘 하는 것은 전혀 다르다.
- 말을 못하도록 침묵을 강요하는 것은 고문이다.
- 말을 실수했거든 즉각 '아이고야, 저도 실수할 줄을 다 아네요' 같이 유머로 처리하라.

- 말을 한다는 것 자체가 자기 울분을 털어내는 치료법이다.
- 말을 할 수 있다는 것이 하나님과 인간의 가장 큰 공통점 아닐까.
- 목사는 언어가 직무수행의 최대의 무기인데도 신학교육에서 언어경영학을 가르치지 않는다.
- 목사의 말은 보증수표여야 한다.
- 무언이나 침묵이 어떤 때는 더 강력한 언어가 된다.
- 바벨탑이 혼잡된 언어로 인하여 무너져 내린 사건(창 11:1-9)은 함생을 위한 의사소통이 얼마나 중요한가를 입증한다.
- 반말은 그 이름을 '고른 말'로 고쳐야 한다.
- 부딪치면 손해라는 것을 언제나 기억하라.
- 악담도 있고 덕담도 있지만 예수 믿는 사람들은 선담보다 더 높은 은담(은혜가 있는 말)을 해야 한다.
- 야한 말을 쓸 때에는 "이건 좀 야한 표현입니다만"이라고 덧붙이면 덜 야해 진다.
- 억울한 유언비어의 피해를 입었거든 구구하게 변명하지 말고 한 마디로 격파하라.
- 언론은 하나님의 활동무대이다.
- 언론이 가장 강세인 종교는 단연 기독교 개신교파인데 매 주일 발행하는 주보가 이를 웅변한다.
- 언어구조 바꿔쓰기운동, 가령 남녀는 여남, 남녀평등은 여남평등, 영호남은 호영남, 부자지간은 자부지간, 부모는 모부, 좌우는 우좌, 대소는 소대, 관민은 민관, 어른 아이는 아이 어른, 형제는 제형, 자매는 매자, 강약은 약강, 흑백은 백흑… 그리고 이북에서는 북남을 남북으로 바꾸고 이남에서는 남북을 북남으로 바꾸어 쓰는 운동은 교회가 주도해야 한다.
- 역설(逆說, paradox)은 억설이 아니라 하나님의 논리이다.
- 유머는 시치미를 뚝 떼고 무표정하게 말하라.
- 유머를 말할 때에는 '유머 하나 하겠다'고 예고하지 말라.
- 유머의 천재 채플린은 무대 위에서 한 번도 웃어본 적이 없다고 한다.
- 이름대로 살지 못한 인물들이 성경에도 꽤 있는데 그 대표적 사례로는 압살롬(평화의 아버지)나 가룟 사람 유다(찬송) 아닐까.
- 입 냄새의 지독함이 전도현장에서는 사탄이 즐겨 쓰는 권총 아닐까.
- 입술의 10초는 가슴에는 10년'이라지만 그것이 인생길에는 평생토록 영향을 끼칠 수도 있다.
- 좋은 표어는 은쟁반의 금사과이다.
- 최소의 표현으로 최대의 효과를 거두는 언어의 경제원리를 잘 활용하는 목사가 되어야 한다.
- 폭행 한 번이나 폭언 한 마디에 목회를 접어야 했던 이들이 꽤 있다.
- 표어는 하나님이 모세에게 준 지팡이와 같다.
- 하루 24시간만이라도 침묵 곧 말하기 금식을 해 본 일이 있는가.
- 혀에 재갈을 단단하게 물려주시옵소서'(약 1:26)라며 기도 때마다 부르짖는 사람이 몹쓸 말을 가장 자주 내뱉는 것은 정말 알다가도 모를 일이다.

인격

- 교만은 자기 스스로를 하나님으로 삼는 일이다.
- 기차에 4등석이 없어서 3등석을 타고 왔다는 슈바이처 박사의 훌륭함이여.
- 담배 한 모금은 독개스 한 모금.
- 도덕성의 뒷받침이 없는 영성은 미신일 뿐이다.
- 도덕성의 뒷받침이 없는 지성은 강도의 손에 들린 칼일 뿐이다.
- 도덕성이 무너지면 목사의 평생이 무너진다.
- 도덕적 인간, 부도덕한 사회'라는 레인홀드 니부어의 유명한 책 이름은 '도덕적 신자, 부도덕한 교회'라는 뜻으로도 들린다.
- 무쇠 성격을 버리고 부드러운 강철이 되라.
- 무슨 일이든지 돈 벌고 돈 쓰는 일만큼 신경을 쓰고 정확성을 기하라.
- 무슨 일에나 절정에 오르거든 내려올 채비를 재빨리 차리라.
- 무엇엔가 미쳐야 큰일을 한다는데 목사는 무엇에 미쳐야 할까.
- 미모는 십년, 인품은 평생, 신앙은 영원.
- 색성(sex)에 관하여는 여성의 속옷 끝만 보여주는 정도로 표현하라.
- 색성 관리에 실패하면 목회에서는 재기 불능이다.
- 색성은 출산과 정당한 사랑을 위하여 사용하면 양약이지만 간통과 음란을 위하여 사용하면 독약이 된다.
- 성격을 회개하기가 얼마나 어려운지.
- 질투심은 늙지도 않는다.
- 질투심이라는 재료를 사용하여 열심을 생산해내는 목회여야 한다.
- 품위유지비를 너무 많이 받아 챙겼다 해서 품위가 형편없이 떨어진 목사도 있었다.

담임목사

- 담임목사 교체기간에 2년 정도라도 신구 목사 공동목회 기간을 갖도록 회중을 설득하라.
- 담임목사 교체는 경착륙(rough landing)보다 연착륙(soft landing)시켜라.
- 담임목사 사모의 책상을 교회 어디엔가 마련해 놓으라.
- 담임목사 이름을 하나님, 예수님, 성령님의 첫 글자를 따서 '하예성'이라 공포하고 주보에 기록한 교회가 있다는데 행여 그 교회가 망하면 어떻게 하나 걱정이 앞서는 것은 믿음이 적은 까닭일까.
- 담임목사 한 사람만 십자가를 진다면 결코 교회는 망하지 않는다.
- 담임목사가 새로 부임하여 목회의 입지를 굳히려면 집회 인원의 획기적 증가, 재정규모나 시설의 확장, 독특한 목

회 프로그램 개발 등 또렷한 업적이 있어야 한다.
- 담임목사나 부목사나 모두 자기 밥벌이는 할 수 있는 사람이어야 한다.
- 담임목사는 24시간 근무해야 하는데 출퇴근하는 목사로 목회가 제대로 되겠는가?
- 담임목사는 그 교회에서 제일 미련한 사람이 되어야 한다.
- 담임목사는 떠나더라도 교회는 흔들림이 없이 든든하게 서 가는 목회라면 목자장께서 얼마나 기뻐하시랴.
- 담임목사는 사모를 더도 말고 덜도 말고 꼭 여전도회장만큼 예우하면 적정수준 아닐까.
- 담임목사는 아무래도 원만한 인품의 외유내강형이 여전히 환영받는다.
- 담임목사는 언제 어디서나 그리고 누구보다도 저격수(sniper) 사탄의 제일 표적물이다.
- 담임목사로 가룟 사람 유다를 모신 교회들이 꽤 많다.
- 담임목사를 선택할 때 가장 큰 비중을 두는 것이 설교 아닌가.
- 담임목사인 자신 때문에 교회가 죽어간다면 자리를 비켜주는 결단을 하는 것이 마지막 양심일 것 같다.
- 담임목사조차 예수 결사대가 되지 않는다면 누가 되겠는가.
- 담임목사직에 훌륭한 인물을 청빙하려는 것보다는 잠재능력이 있는 인물을 골라서 좋은 목회지도자로 육성하는 교회가 격조가 한 단계 더 높다.
- 저주가 있을지어다, 회칠한 무덤 같은 사기꾼 목사들이여.

부목사 · 부사역자
- 부목사나 교회직원들을 심부름꾼으로만 취급하지 말고 후계자처럼 육성하라.
- 부목사들이 무서운 경쟁자인 것을 잊지 말라.
- 부목사는 담임목사의 단점을 보완하라.
- 부목사들이여, 현재의 사역이 다음 단계 사역으로 비약할 도약대임을 기억하라.

목회자 관리
- '오늘도 무사히' 목회보다는 '오늘도 유사히' 목회를 하라.
- 감독이란 직분 이름을 상머슴이라고 하면 어떨까.
- 개 같이 충직한 목사가 되라.
- 거듭나지 않으면 목회지에 들어갈 수 없느니라.
- 경험은 눈을 뜨게도 하지만 멀게도 한다.
- 고난은 예방주사와 같다.
- 고집불통인 목사들이여, 변화무쌍 무궁무진의 전략을 가진 제갈량에게 가서 배우라.
- 관리집사가 좋은 교회 좋은 목사라고 평가하면 그건 정말 좋은 교회 좋은 목사이다.
- 교회에서 제일 말 많은 사람은 바로 목사 자신임을 잊지 말라.
- 약속은 무엇이든지 하나님과 한 것으로 알고 꼭 지켜라.
- 옛 것을 버리지 말고 새로운 것을 외면하지 말라.(마 13:52)
- 옛날 것은 무조건 나쁘다든가 혹은 새 것은 무엇이든지 위험하다는 편견을 버리라.
- 오락을 철저히 삼가야 할 것은 도박이나 바둑으로 목회 망친 사람이 한둘 아니기 때문이다.
- 오해는 변명하려고 진땀 빼지 말고 한두 마디의 유머로 풀어야 한다.
- 오해와 이해의 비율은 5:2이다.
- 외모를 꾸미는 만큼이나 내모도 꾸민다면 얼마나 좋으랴.
- 전도사에서 목사로, 집사에서 장로로 한 계급 강등되었다.
- 전문적으로 공부한 후에 상식으로 목회하라.
- 정보기관의 권력이 막강한 것은 정확한 정보가 곧 힘이기 때문인데 그래서 목사도 하나님과 사람과 우주 만물에 대한 정확한 정보, 최신의 정보를 되도록 많이 확보해야 한다.

건강한 목회자
- 가정목회에 실패한 목사가 교회 목회에는 성공하는 경우도 있는 걸 보면 집에서 새는 바가지가 교회에서는 새지 않는 경우도 있지 않은가.
- 간호사와 비행기 승무원에게서도 목회의 귀중한 지혜를 배우라.
- 거울에 얼굴을 비춰보는 것만큼이나 자주 성경이라는 거울에 영혼을 비추어 보아야 한다.
- 계속교육(continuing education)을 받지 않는 의사는 면허증이 무효화된다는 점을 타산지석으로 삼으라.
- 교양 없는 목사들 때문에 평신도들의 신음소리가 얼마나 큰가.
- 교양은 인격이라는 꽃의 향기와 같다.
- 교양은 남의 입장에서 행동하는 삶의 자세이다.
- 구관이 명관이란 말은 신참이 해야 감동이 있고, 늙어도 준치 목사라는 말은 젊은 목사가 해야 신선감이 있다.

가정
- 목사는 아내를 더도 덜도 말고 여전도회장만큼 귀중하게 여기라.
- 목사의 가정에는 가족이 오붓하게 함께 지낼 주말이 없다.
- 목사의 가정은 교육환경이 상대적으로 열악하다.
- 목사의 가정을 너무 개방하면 존경도가 떨어진다.
- 혼자는 외롭고, 둘이면 괴롭고, 셋이면 무거운 가정생활.

목사사모
- 사모(목부)의 유형에는 사령관형, 동역자형, 비서형, 주부형, 하녀형이 있는데 모두 장점이 있고 동시에 단점이

있다.
- 사모들은 자신을 보편적인 틀에 가두지 말고 개성과 은사를 충분히 살려라.
- 사모들이 흔히 하는 말 '그 남자와 결혼한 것이지 목사와 결혼한 것이 아니다'는 것은 상식이지만 결혼하면 한 몸이 된다는 성경적 가르침은 아니다.

자녀
- 목사 자녀들이 굶어 죽는다면 하나님께서 엄청나게 손해 보실 것 같다.
- 목사 자녀들이 모범생이면 오히려 이상스럽게 생각하는 신자들이 있다.
- 목사의 자녀는 그냥 아이들이지 결코 작은 목사가 아니다.
- 자녀가 용돈을 절약하여 십일조를 자원하여 드리게 되면 그 아이의 장래는 염려 안 해도 된다.
- 자녀들 등가방(back-pack)에 기도와 말씀도 담아서 보내라.

II. 함생목회

- 살아도 유니온교회, 죽어도 유니온교회.
- 유니온교회 대표 표어: 예수님처럼 꼭 예수님처럼 (Like Jesus, Just Like Jesus).
- 유니온교회가 자체의 인사법을 '주님 함께'로 결정하고 시행하는 것을 도입하라.
- 유니온교회가 우리에게는 가장 거룩한 성지이다.
- 내 탓 목회가 네 탓 목회보다 훨씬 효과적이다.
- 다리 저는 짐승은 제물로 드리지 말라는 말씀(신15:21) 때문에 교회에서 배척당했다는 '다리 저는 목사' 소식을 듣고, '주님께서 목사님의 다리가 되어 주실 것'이라고 자문했더니 엉엉 우는 소리가 전화로 들려왔다.
- 다른 목사들을 평신도들 앞에서 비난하는 것은 제 얼굴에 침 뱉기일 뿐이다.
- 미치지 않고서는 목회사명을 감당할 수 없다.

함생 예배목회론

-예배
- 열린 예배가 유행이라지만 언제는 예배가 닫혀 있었던가.
- 예배 때에 찬송은 누구나 언제나 무슨 찬송이거나 특별찬송 순서를 맡은 정신으로 드려야 한다.
- 예배 때에 특별찬송 순서가 있다는 것은 나머지는 보통찬송 순서라는 뜻인데 이는 바른 예배정신이 아니다.
- 예배 양식을 매 년 조금씩 바꾸어 가라.
- 예배는 이삭의 제단, 겟세마네 동산, 예수님의 십자가가 서 있던 해골언덕에서 드려야 한다.
- 예배는 전도 출정식이고 선교출정식이다.
- 예배는 하나님께 무엇인가를 드리고 하나님은 예배자들에게 더 좋은 것을 주시는 사랑행사이다.
- 예배드릴 때마다 그 예배가 성삼위 하나님께 최고상을 받을 수 있는 예배 되도록 철저히 준비하고 정성을 다하여야 한다.
- 예배를 통하여 성부 하나님께 영광을 드리고, 성자 하나님이신 예수 그리스도의 말씀을 듣고, 성령 하나님을 모시고 험악한 세상으로 다시 출발한다.
- 예배석의 3분의 2가 차거든 성전확장공사를 계획하라.
- 예배순서에서 광고와 헌금기도는 담임목사가 직접 담당하기를 권고한다.
- 예배에서 제일 말썽 많은 순서는 광고이다.
- 예배자들은 예배를 통하여 하나님으로부터 기도의 응답을 받고, 생명의 말씀을 받고, 지혜를 받고, 악한 마귀와 싸워 이길 능력을 받고, 무엇보다도 하나님의 자녀로서 확인을 받는다.
- 예배자들은 하나님께 찬송을 드리고, 기도를 드리고, 몸을 산 제물로 드리고, 재산을 드리고 충성을 드리는데 종합적으로 말한다면 영광을 드린다.
- 축도 순서를 맡은 목사가 축도 전에 기도하는 것은 죄는 아니나 예배 질서에는 어긋난다.
- 축도 하는 것 보면 목사의 함량이 미달인지 초과인지 가늠할 수 있겠다.
- 축도형식의 통일은 남북통일만큼이나 어려운 것 같다.

-기도 목회론
- 눈 뜨고 하는 기도가 예수님의 기도임을 기억하라.
- 새벽기도는 무슨 수가 있어도 한 시간을 해야 한다는 주장이 성경적 근거는 있으나 (마 26:40) 그것을 율법화하는 것은 '주님께서 가르쳐주신 기도'가 불과 2분을 넘지 않는다는 것을 모르기 때문 아닌가.
- 새벽에 드린 기도이기 때문에 하나님이 더 잘 응답하시는 것이 아니라 기도자의 정성을 보아서 더 잘 응답하시는 것 아닐까.
- 새벽에 일어난 성경적 5대 사건은 1)홍해가 갈라져 하나님의 백성 구원이 완성되었고, 2)일용할 양식 만나를 새벽에 받았고, 3)새벽에 여리고성이 무너졌고, 4)새벽에 요단강을 육지처럼 건넜고, 5)예수 그리스도께서 새벽에 탄생하셨고, 6)예수님께서 기도하시던 시간이었고, 7)예수 그리스도께서 새벽에 부활하셨다.

-설교 목회론
- 간증설교, 인물설교, 강해설교, 찬송가 설교 등은 실패할 확률이 비교적 적다.
- 간증이 인기 벌이가 되고 돈 벌이가 된다니까 짝퉁 간증들이 상당히 횡행한다.
- 간증이라고 해서 꼭 성공 스토리만이어서는 안 되고 실패로 끝난 일이 더욱 감동적인 간증일 때가 있다.
- 간증자들이 간증을 길게 해야 효과가 더 클 것으로 오산하는 경우가 많다.
- 강단에 서면 모든 설교를 마지막 설교하듯 비장한 각오로

하라.

- 강해설교만이 참된 설교라고 고집하는 목사에게 예수님의 모든 설교가 다 강해설교였더냐고 물었다.
- 겨자씨 한 알과 밀 한 톨에서 우주와 인생의 진리를 캐어내시는 것만으로도 그분은 하나님의 아들 자격이 충분하시다.
- 결정적 간증은 목회 성공의 열쇠의 하나이다.
- 교육수준이 낮은 신자들은 명령형 설교가 더 효과적이지만 교육수준이 높은 사람들에게는 '권고형' 설교가 더 효과적이다.
- 돈 내라는 설교를 감동적으로 할 수 있을 때까지 자신을 훈련시키라.
- 목사가 설교한 대로 살지 않으면서도 양심에 일말의 가책도 없다면 그는 자기 영혼의 사기꾼이다.
- 설교 시간에 고문을 당했다는 말이 들려서 될까.
- 설교 시간이나 기도시간에 잠자는 신자들을 책망하지 말 것은 '여호와께서 그 사랑하는 자에게는 잠을 주시기' 때문이다.(시 127:2)
- 설교 준비에 얼마나 시간을 쏟느냐는 질문을 받고, '결혼준비가 모태에서부터 시작되어 평생토록 땀 흘리는 것과 같다'고 했다.
- 설교 준비에 얼마나 시간을 쏟아 붓느냐기에 평생토록이라고 대답했다.
- 설교가 1)잠에서 깨어 눈동자를 움직이게 하고, 2)머리를 움직여 생각이 바뀌게 하고, 3)마음을 움직여 감동을 받게 하고, 4)몸을 움직여 전도와 봉사를 하게 하고, 5)돈지갑을 열어 '큰 손 헌금자'로 바뀌면 가히 명설교라 할 수 있지 않을까.
- 설교가 과도한 수식어로 장식되면 천연미와 단순미를 손상시키게 된다.
- 설교가 길어지면 설교자도 그만큼 늙었다는 뜻이다.
- 설교가 잔소리 수준으로 전락되면 목회자의 수명이 끝나간다는 빨강불로 파악하라.
- 설교가 잔소리처럼 들리게 하지 말고 굵은 소리처럼 들리게 하라.
- 설교가 제대로 준비 안 되면 설교자가 목청을 높이게 되는데 이는 빈 깡통이 요란하다는 속담과 통한다.
- 설교가 횡설수설, 재탕 삼탕, 중언부언이면 신학이 모자라는 줄 알라.
- 설교녹화를 보면서 새롭게 개선하지 않는 목사는 거울 안 보는 것을 자랑하는 여성과 같다.
- 설교는 성경번역이다.
- 설교는 영혼 성장탕이어야 한다.
- 설교는 최소한 듣는 이들의 썩은 동태눈을 반짝반짝하고 초롱초롱한 눈동자로 바꿀 수 있어야 한다.
- 설교는 하늘의 뉴스를 전하는 일이다.
- 설교라는 말을 언제인가는 '은담'(은혜로운 말), 성담(거룩한 말, 혹은 성경말씀), 신담(하나님의 말씀) 등으로 바꾸어야 할 때가 올지도 모른다.
- 설교란 사람의 생명을 구원할 목적으로 하나님의 말씀을 인간 언어와 행동으로 나타내는 일이다.
- 설교를 똑같은 것을 한 자리에서 들었는데도 어떤 성도는 눈물 흘리며 은혜를 받고 어떤 성도는 입에 거품을 물고 항의를 한다.
- 설교를 쉽게 하기가 더 어렵다.
- 설교를 신문의 사설이나, 철학개론이나, 논리학 교과서처럼 만들지 말고, 그림이나 시나 음악이나 소설 같은 예술작품으로 만들라.
- 설교를 위한 기도 가운데 제일 절실한 것은 '이 설교 때문에 상처 입는 성도가 한 사람도 없게 하여 주시옵소서' 아닐까.
- 설교를 잘 해야 은퇴한 뒤에도 목회가 길다.
- 설교를 짧게도 하고 길게도 할 수 있도록 예수님의 설교에서 배우고 연습하라.
- 설교를 처음부터 끝까지 질문만으로 할 수도 있다.
- 설교시간에 꾸벅꾸벅 조는 사람이 보이거든 설교를 끝낼 때가 되었던가 아니면 그것이 '졸린 설교'이기 때문으로 평가하라.
- 설교에 간증이라는 미명 아래 자기 이야기를 너무 많이 섞지 말라.
- 설교에 왜 그리 '뻥튀기'가 많으냐는 비판을 들은 목사는 한국 사람들이 뻥튀기를 무지무지하게 좋아하기 때문이라고 둘러댔다.
- 설교에는 원고를 읽는 문어체 설교도 있고 일상 대화처럼 하는 구어체 설교도 있다.
- 설교에서 받은 은혜 회의에서 까먹는다.
- 설교에서 자기 간증을 할 때에는 바울처럼 일인칭과 함께 삼인칭 기법(고후 12:1-5)도 활용하라.
- 설교에서는 꾸중과 책망보다는 사랑과 격려를 더 많이 하라.
- 설교에서는 명령형보다는 권고형을 많이 쓰라.
- 설교에서는 부정적 언어보다 긍정적 언어를 많이 사용하라.
- 설교에서는 성도들의 사생활, 설교자 자신의 이야기, 욕설과 폭언, 특히 색성(sex) 그 가운데서도 성애장면 묘사 등은 일단은 금기목록에 올려놓아야 한다.
- 설교에서는 알아듣지 못하는 어려운 말을 가끔씩 쓰고 설명하라.
- 설교와 기도를 '하나님'으로 시작하는 것은 아름다운 습관 아닐까.
- 설교와 기도할 때 그 음성에 눈물을 섞도록 하라.
- 설교와 새벽기도만 없다면 목회는 할 만하다.
- 설교의 99%가 은혜롭다 해도 단 한 마디 말실수로 산산조각 나는 사례를 많이 보았다.
- 설교의 가장 냉혹한 비판자는 사모여야 함을 알면 '다음 주일부터 네가 설교해' 하고 윽박지르며 부부싸움을 하는 일은 없을 것이다.
- 설교의 모든 내용에서 논문처럼 인용출처를 모두 밝혀야 한다면 감성적 결단이 요구되는 설교의 효과가 크게 떨어진다는데 고민이 있다.

- 설교의 모든 내용에서 논문처럼 인용출처를 모두 밝혀야 한다면 감성적 결단이 요구되는 설교의 효과가 크게 떨어진다는데 고민이 있다.
- 설교의 목적이 도렷하지 않으면 설교가 횡설수설, 중언부언, 전후모순, 그리고 만담조가 되기 쉽다.
- 설교의 예화는 되도록 성경 안에서 찾아서 사용하라.
- 설교의 전체를 회중들이 기억하는 것이 아니라 기껏해야 한 문장이나 혹은 한 구절을 기억할 뿐이다.
- 설교의 효과를 높이려면 설교자와 청중과 서로 쉽게 알아들을 수 있는 공통되는 언어를 사용해야 한다.(고전 14:8-9)
- 설교자가 강단 위에서는 항상 십자가를 지고 설교한다는 걸 기억하라.
- 설교자가 남의 설교를 너무 많이 들으면 설교할 용기를 잃게 되고 너무 외면하면 자기가 가장 훌륭한 설교자라고 착각하게 된다.
- 설교자가 무엇을 말했느냐보다는 그 설교를 들은 회중이 어떻게 새롭게 변화되었느냐가 훨씬 더 중요하다.
- 설교자가 자기 이야기를 많이 하면 회중들도 자기 이야기만 하려고 한다.
- 설교자가 자기 이야기를 성경말씀보다 더 신나게 하면 주님께서는 '너 그만 하고 내려가' 하시지 않을까.
- 설교자는 말씀 요리사 아닌가.
- 설교자는 이 설교가 마지막 설교라는 정신으로 설교하라.
- 설교자의 잇몸에 고춧가루가 끼어 있으면 설교의 값이 절반으로 떨어진다.
- 설교준비가 덜 되면 설교가 길어진다.
- 설교할 때 '내가 내가' 하고 일인칭을 남발하는 것은 예수님을 가혹하게 고문하는 일 아닐까.
- 설교할 때 가끔은 성삼위 하나님께서, '그건 내 말하고는 틀린다네' 하시는 평가음성에 민감하라.
- 설교할 때 종이원고를 보기보다는 예수님처럼 사람 얼굴에 쓰여 있는 원고를 보도록 하라.
- 설교할 때마다 달성하려는 명확하고 구체적인 목표를 가지라.
- 신비하게 들은 말씀들이 정말로 하나님의 음성인지 성경말씀에 비추어 재삼 따져 보아야 한다.
- 예화는 발견하기도 하고 개정하기도 하고, 만들기도 하라.
- 욕심이 잉태하면 죄를 낳지만(약 1:15) 의욕이 말씀을 만나면 선행을 이룬다.
- 재탕 삼탕 설교가 첫탕 설교보다 더 은혜가 있다는 평가를 받으면 그는 괜찮은 설교자이다.
- 전도의 간증이 많을수록 목사의 설교가 풍부하고 감화력이 있다.
- 할머니 할아버지들과 어린 아이들이 모두 흥미진진하게 듣는 그런 설교를 하라.
- 회중들은 설교를 있는 그대로 받아들이는 것이 아니라 각자가 설교를 각각 해석하여 받아들인다.
- 회중들을 설교 소비자로만 취급하지 말고 공동설교자가 되도록 참여시키라.
- 회중들이 설교에서 받은 은혜를 장광설 광고가 작살내지 않던가.
- 회중의 눈높이와 귀 높이에 맞추어 설교하라.

-찬양 목회론

- 찬송가 가사 "세상 즐거움 다 버리고"는 "세상 즐거움 반만 버려도"로 고쳐 불러야 할 형편 아닌가.
- 찬송가 "부름 받아 나선 이 몸 어디든지 가오리다"라고 입으로는 부르지만 심장 속에서는 '골라가며 가오리다'라는 소리로 울려온다.
- 찬송가 "험하고 높은 이 길을 싸우며 나아갑니다"를 부르며 눈물 흘리지 않은 목사들이 있을까.
- 찬송가 가사에 '먹보다도 더 검은 죄로 물든 이 마음'은 흑인들을 위하여서라도 고쳐야 한다.
- 찬송가 '샤론의 꽃 예수'는 한국 찬송가에서는 '무궁화꽃 예수님'으로 바뀌어야 한다.
- 찬양은 천사들의 몫이기에 악마나 사탄들이 찬양했다는 기록을 성경에서 찾기가 어렵다.
- 찬양대원의 가장 큰 비극은 천사처럼 찬양하면서 악마처럼 생활하는 경우이다.
- 찬양대원만 대접하지 말고 보이지 않는 곳에서 일하는 교회학교 교사도 똑같이 격려하라.

함생 교육목회

- 교육목회는 가르치는 목회를 뜻하고 교육적 목회는 모든 목회를 교육적 전략으로 수행하는 것을 뜻한다.
- 교육은 그것이 무엇이든지 넓은 뜻의 말(입말, 글말, 기호, 상징)을 배우기는 일이다.
- 교육은 문제해결능력을 갖추는 과정으로 이해되지만 문제를 만드는 능력도 포함된다.
- 노동은 하나님께서 아담의 범죄행위에 대한 형벌로 주셨지만 그러나 파괴적 처벌이 아니라 건설적 훈련이었다.
- 누구를 만나든지 함께 일할 사람을 만들면 좋겠다.
- 단거리 목회보다는 마라톤 목회를 해야 한다.
- 단일 메뉴 목회로 시작하여 백화점 목회로 틀을 바꾸어 가는 것이 좋다.
- 두 날개 양육프로그램은 두 날개만 있지 머리가 없는 새라는 점에서 결정적으로 함량미달이다.
- 사역의 세계는 무한대로 넓어져가고 있다.
- 순종하지 않으면 교육은 전혀 이루어지지 않고 불순종하게 되면 구원의 길로 전혀 들어설 수 없다.
- 어떤 한 분야의 목회에는 세미나 강사를 할 정도로 자신 있는 전문가가 되라.

-신학교육 목회론

- 신학교수는 전공이 무엇이든지 반드시 목회신학을 가르칠 수 있어야 하고 목회자는 은사가 무엇이든지 반드시 신학목회에 헌신해야 한다.

- 신학 논문은 명사와 동사를 주로 사용하고 설교에서는 그 위에 형용사, 부사, 감탄사를 보태야 한다.
- '신학이 목회하나' 하는 목사들에게는 그러면 목회가 신학하느냐고 물어야 한다.
- 신학이 잘못되면 목회를 죽이는 독약이 된다.
- '신학이 있는 목회, 목회가 있는 신학'이 되어 신학과 목회, 목회와 신학이 함생해야 건강한 목회이다.
- 신학은 설교를 생산해 내는 태반과 같다.
- 신학을 하나님학이라고 바꾸어 쓰면 더 좋을 것 같다.
- 신학적 사고능력을 키우는 것이 목회자 교육의 중요한 부분이다.
- 신학자는 '이것이냐, 저것이냐'를 말하지만 목회자는 '이것도 좋고, 저것은 더 좋다'고 말한다.
- 신학자는 단순한 진리를 너무 복잡하게 말하고 설교자는 심오한 진리를 너무 얄팍하게 말한다.
- 신학자는 서평을 하고 목회자는 독후감을 쓴다.
- 신학자라면 으뜸복음과 변두리복음, 뿌리복음과 줄기복음과 가지복음이 각각 어떤 것인지 또 그런 근거가 무엇인지는 구별할 줄 알아야 한다.
- 요셉에게는 억울하게 들어갔던 감옥이 바로 총리자격 훈련센터였다.
- 첫 아담은 청년의 몸 곧 완제품으로 만드셨으나 마지막 아담 예수님은 모태에 잉태되어 아기로 태어나게 하신 것은 인간은 교육의 과정을 거쳐 참다운 인간이 되도록 설계하셨다는 뜻이다.

- 영성 목회론

- 앞도 막히고 뒤도 막히고 또 옆도 막혔지만 위쪽 곧 하늘이 열린 것을 기억하라.
- 영성에는 덧셈 영성 곧 성경을 읽고 기도를 하는 등 무엇인가를 해서 영성을 강화시키는 방법과 뺄셈 영성 곧 침묵, 홀로 있기, 단순한 생활 등 무엇을 하지 않음으로 영성을 강화시키는 방법이 있다니까 영성의 사람이 되려면 지성개발의 효과적 도구인 수학도 잘 배워야 한다.
- 영성에는 성령 영성도 있고 악령 영성도 있다.
- 영성운동이 에스겔 골짜기 마른 뼈들을 하나님의 군대로 부활시키는 큰 열매를 맺게 하소서(겔37:1-10).
- 영성의 뒷받침이 없는 도덕성은 위선일 뿐이다.
- 영성의 뒷받침이 없는 지성은 말라빠진 뼈다귀일 뿐이다.
- 영성의 뒷받침이 없는 지성은 잘 생긴 마네킹의 얼굴일 뿐이다.
- 영성파들의 도덕적 파산이 성령성을 악령성으로 변질시킨다.

함생 전도 · 선교목회

- 복음화보다는 예수화가 더 성경적인 말이다.
- 성시화운동은 마음을 거룩하게 하는 성심화운동에서 시작되어야 한다.
- '세계는 나의 교구'라는 웨슬리 목사의 명언은 '지구는 나의 목장'이라는 현대말로 번역해야 한다.
- 전도할 때 제일 효과적인 질문은, "몸이 죽은 다음에 당신의 영혼은 어디로 가는지 아시나요?"였다.
- 전도를 막으려는 사탄은 입에서 나는 악취언어로 변장한다.
- 전도를 제일 열심히 한 때는 교회가 두 패로 나뉘어 죽기살기로 싸울 때였다.
- 전도 못하면 아기라도 낳아라가 아니라 아기 못 낳으면 전도라도 해라로 시대가 바뀌고 있다.
- 전도 전문가들의 통계로는 아는 사람이 아는 사람을 직접 전도하는 것이 가장 성공률이 높기 때문에 '친구가 친구에게'라는 빌리 그래함 전도전략을 벤치마킹(bench marking) 해야 한다.
- 전도지를 건네받은 젊은 여성이 화를 버럭 내면서, '그 놈의 예수귀신이 태평양에 빠져죽지도 않고 미국까지 이민왔느냐'고 항의하며, 그 전도지를 갈기갈기 찢어버린 체험이 큰 은혜가 되었다.

- 대중집회(부흥회) 목회론

- 부흥강사가 되려면 성구 1천 절은 암송해야 한다.
- 부흥강사로 진출하려거든 자신의 강단에서 1일 부흥회 스타일로 설교하라.
- 부흥집회 강사 초청이 대형교회와 소형교회에서 동시에 왔을 때 소형교회를 선택할 용단이 있어야 한다.
- 부흥집회를 인도할 때 소형집회도 대형집회처럼 하라.
- 부흥강사들이 예수 그리스도와는 아무 관계가 없는 존재들이 되어가는 것이 매우 서글프다.
- 부흥강사로 초청받으면 그 교회 '부흥담당 부목사'로서 특정 기간 사역하는 것이기 때문에 시작 전에 담임목사의 축복기도를 받는 것이 집회효과를 높이고 부작용을 줄인다.
- 부흥집회에서 안수기도를 할 때에는 담임목사와 함께 손을 얹도록 하라.
- 부흥집회가 참된 민중운동이다.
- 부흥집회 이름을 '한 영혼 살리기 말씀축제'로 했다.

함생 가정목회

- 가정 같은 교회, 교회 같은 가정.
- 가정 찬송과 가훈성구를 정하도록 격려하라.
- 가정 밖에 낙원 없다, 잘 가꾸어 행복 찾자 (가정주간 표어 당선작).
- 가정세미나 강사가 남편과 이혼하고, 웃음치료전문가가 우울증으로 자살에 이르고, 최대교회목사가 최악의 목사로 전락하는 것들이 우리를 무척 슬프게 한다.
- 공자는 자기 한계를 잘 알고 있는 훌륭한 인물이었으니 특히 '삶이 무엇인지도 잘 모르는데 죽음을 어찌 알겠는가'(未知生焉知死)라는 말에서 입증된다.
- 교회 화장실 화장지의 길이와 집의 화장실 화장지의 길이를 용변 볼 때마다 똑같이 사용한다면 그는 우등생 신자로 평가할 수 있다.

- 교회 떠돌이병 중증환자들이 너무 많다.
- 교회에서는 천사, 가정에서는 악마 같은 목사들도 숫자가 적은 편이 아니다.
- 동성결혼 합법화 시대 곧 남자 아내와 남자 남편, 여자 남편과 여자 아내의 시대가 온 모양이니 자식은 어떻게 낳을 것인가.
- 동성결혼자들은 자식들도 동성결혼자 되기를 원할까.
- 동성결혼이 유전적인 것이라 해도 정당화할 수 없는 것은 살인성향이 있다고 해서 살인죄를 면제할 수 없는 것과 같다.
- 동성결혼을 온 세상 사람들이 하게 되면 인류는 100년 조금 넘으면 전멸할 수도 있지 않은가.
- 동성결혼을 법으로 막지 못하게 되었기에 교회의 할 일이 더 많아졌다고 보면 된다.
- 방주교회 담임목사 노아는 950년을 살면서도 달랑 아들 셋만 낳았다니 산아제한의 비법이 무엇이었을까.
- 사생활과 관련된 광고는 사전에 양해를 구하라.
- 이혼할 용기가 있다면 그 용기로 사랑하고 합치는 것이 훨씬 많이 남는 장사 아닌가.
- 이혼은 자녀들의 뇌수와 심장을 갈기갈기 찢어놓는 학살사건이다.
- 이혼과 재혼한 사람들이 같은 경력을 가진 목사들에게서 평안하게 신앙생활을 한다면 동성결혼자들의 신앙생활을 위하여 동성결혼자 목사도 있어야 할 것 같은데… 고민이다.

- 심방 목회론

- 심방 때에 '목사님 혼자 오셨어요?'라고 물으면 '둘이 왔어요, 주님과 함께'라고 하는 것이 은담이다.
- 심방하고 떠날 때에는 심방 받는 성도들과 마지막 인사를 은혜롭게 하도록 유의하라.
- 심방 때에는 그 심방 대상자의 이름을 정확하게 기억하고 그 이름을 부르며 기도하라.
- 심방하는 가정의 가족이름, 가정찬송, 가정 성구, 우선순위로 정리된 기도제목 등이 기록된 양식을 미리 지참하라.
- 심방 때에 돈 봉투를 주거든 교회헌금 곧 공금인지 아니면 개인 목회 후원비인지 반드시 확인하라.
- 심방 받는 가정에 젊은 여성 (여성목사의 경우 젊은 남성)이 혼자 있는데 목사도 혼자이면 심방 기도를 문 앞에서 공개적으로 하라.

함생 치유목회

- 병고침, 상담 목회론, 표적 목회론

- 무슨 문제 무슨 사건이든지 원인은 단 하나라는 단인율(單因律)로 생각하지 말고 여럿이라는 다인율(多因律)로 예상하고 원인분석과 그에 따른 해결대안을 마련하라.
- 문제가 많아야 인생은 살맛이 나게 된다.
- 문제해결 방법이 단 한 가지밖에 없다고 처방하는 사람은 지성을 더 개발해야 한다.
- 문제해결의 방식은 항상 여러 가지이므로 그 가운데 최선안을 선택하도록 하라.
- 치료목회만큼이나 예방목회에 적극 나서야 한다.

함생 섬김목회

- 머슴 목회는 예수님 몫이고, 황제 목회는 대형교회 목사들의 몫이었나.
- 머슴 목사, 하녀 사모가 가장 예수님을 닮은 것 아닐까.
- 백부장이 일백 분의 일인 한 사람의 부하를 사랑했던 일(마 8:5-13)에서 성도들에 대한 사랑의 목회법을 배워야 한다.
- '선한 목자는 양들을 위하여 목숨을 버린다'는 말씀 한 마디에 생명을 건다면 목회는 결코 실패하지 않는다.

- 성찬 예식론

- 성찬예식에서 빵과 포도주를 받은 후 병고침 받은 간증이 꽤 많다.
- 성찬예식 때 포도주를 병아리 오줌만큼 주지 말고 한 사발 달라는 성도도 있었기에 다시 생각해 보니 그것이 원형의 재현에 가깝지 않은가.
- 성찬을 구원받지 못한 사람들에게도 은혜를 베푸는 도구로 사용되어야 한다는 주장에 이해가 간다.
- 음식을 먹을 때마다 예수님의 살점을 떼어서 먹고, 물을 마실 때마다 예수님의 피를 마시는 체험을 하는 것이 성찬예식의 기본교훈이다.

- 결혼식 목회론

- 결혼식을 장례식장에서 올리는 이들에게도 박수를 보낼 만한데 그것은 신부 신랑이 서로를 죽여 땅에 묻고 한 몸으로 부활한다는 뜻이 있기 때문이다.
- 결혼은 알몸으로 하라는 것이 하나님의 설계 아닌가.
- 결혼은 알몸으로 해야 한다는 것이 성경의 가르침이다.(창 2:25)
- 결혼식 주례자는 신랑신부에게 결혼교육을 충분히 시킬 책임이 있다.
- 결혼식 주례자는 예수 그리스도를 대행하여 결혼주례를 한다는 것을 그 의식 속에 가득 채워야 한다.
- 결혼식에 대하여는 신랑 신부는 물론 주혼가 가족, 신랑 신부 친구, 주례자 등의 각각 다른 의견이 백출하는 것을 조정해야 하는데 일단 성경말씀과 교회전통에서 원칙을 찾고, 다음으로 신랑신부 중심으로 정리하고, 그 다음 양가 부모들의 의견을 참작하라.

- 장례식 목회론

- 이름을 정확하게 기억하는 은사가 목회자에게는 꼭 있어야 하는데 특히 장례식에서 고인의 이름과 결혼식에서 신랑신부의 이름은 반드시 정확하게 불러야 한다.
- 장례식 집례 때에는 조금이라도 실수를 해서는 안 된다.
- 장례식 설교에서는 고인이 굳이 구원받지 못한 사람이라 안타깝다고 하지 말고 최종적 구원은 하나님의 손에 달려

있다고 말하라.

- 장례식 설교에서 고인을 너무 과찬하지 말고 대표적인 간증 하나를 소개하는 정도에 그치라.
- 장례식 집례는 전도의 좋은 기회이지만 원색적 전도보다는 상황에 맞는 성육신 전도가 더 효과적임을 기억하라.
- 장례식 집례한 뒤에, '저의 장례식도 꼭 목사님이 집례해 주세요'라는 성도들이나 '목사님 장례식 집례하시는 걸 보니 어서 죽고 싶어요'라는 반응이 있다면 얼마나 좋을까.

함생 조직목회

- 조직적 목회는 쇠로 새끼줄을 꼬는 것이고 비조직적 목회는 모래로 새끼를 꼬는 것과 같다는 말은 값진 교훈이다.
- 조직은 만들기도 어렵지만 해체하기는 더욱 어렵다.
- 조직해 놓으면 '플러스 알파'의 힘이 생긴다.
- 회중들이 자주 군중심리에 휘말려들을 수 있음 유의하라.
- 회의에서 제기되는 반대의견은 논의사항에 대한 반대로 이해하고 당회장에 대한 배신으로 곡해하지 말라.
- 회의 의장이 좌우명으로 삼아야 하는 대표적 성경말씀이 있다면, '오직 강하고 극히 담대하여… 그 법규를 다 지켜 행하고, 좌로나 우로나 치우치지 말라. 그리하면 어디로 가든지 (무엇을 하든지) 형통하리라' (수 1:7)가 아닐까 (이만섭 국회의장에게 추천한 성경말씀).
- 혈연, 지연, 학연 외에 종연(宗緣)도 있다.

-소그룹 목회론

- 이름을 붙이면 개념이 더욱 분명해 지는 것을 목회에 활용하라(가령 그냥 '집사모임'보다는 남자들은 '스데반집사 모임,' 여자들은 '루디아집사 모임').

-임직 목회론

- 임직식 특히 임직 안수식은 십자가 처형식이다.

-은사 목회론

- 만인목회자 시대가 무섭게 닥아 오고 있다.
- 은사란 아무 것도 받지 못했다고 생각해서는 안 되는데 하나님은 굼벵이에게도 데굴데굴 구르는 은사를 주셨기 때문이다.
- 은사가 아무 것도 없다고 하면 하나님을 모욕하는 일이다.
- 은사를 하나님께서 주셨다는 점에서는 누구에게나 똑같으나 그 은사의 종류와 내용과 분량은 사람마다 천차만별이다.
- 은사를 받고도 쓰지 않으면 한 달란트 받은 사람처럼 '악하고 게으른 종'(마 25:26)의 낙인이 찍힌다.
- 은사를 흔히 영적 은사, 타고난 자연적 은사, 학습된 은사로 나누는 분류법에 따르면 외국말을 배우는 것은 학습된 방언의 은사로 이해하여야 한다.

-갈등관리(징계) 목회론

- 목사가 장로와 싸워서 이기기가 어렵다.
- 목사가 평생 쌓은 고매한 인격이 결정적 실수 한 방으로 산산이 깨어지곤 한다.
- 목사가 평신도와 싸우면 이겨도 진다.
- 목회자가 평신도와 다투면 이겨도 진 것임을 기억하라.
- 비판 받을 것을 각오한 다음에 비판하라.
- 비판적 지지자들을 귀중하게 여기고 귀를 기울이라.
- 비판은 일방적 비난이어서는 안 된다.
- 비판을 두 가지 하려면 세 가지 칭찬을 먼저 해야 좋은 평가자가 된다.
- 비판은 목회현장에서는 되도록 삼가는 것이 덕이 된다.
- 뱀이란 놈이 정말 별종은 별종이야, 사탄으로 변장하기도 하고(계 12:9), 예수님 역할도 하지 않던가.(요 3:14)
- 뱀을 잡으려면 머리를 으깨 놓아야 하는 걸 뻔히 아시는 하나님께서(창 3:15) 모세에게는 뱀의 꼬리를 잡으라고 하셨으니(출 4:4) 이것은 모세의 믿음을 측정함이 아닐까.
- 뱀 (장대 위에 달린 놋뱀, 민 21:4-9)을 쳐다보는 자마다 살리라는 하나님의 말씀을 현대인이 듣는다면 무어라 할까: '산 뱀에 물려 죽는 자가 어찌 죽은 뱀 쳐다보고 낫겠소?' 아닐까.
- 시간이 약이라고 했던가, 어떤 문제들은 시간이 가면 저절로 해결되는 경우도 있다.
- 실패한 일에서 더 큰 것을 배우라.
- 실패하고도 아무런 교훈을 얻지 못한다면 그것이야 말로 완전실패이다.
- 실패는 성공으로 가는 필수과정이다.

-재정 관리론

- '돈과 네가 함께 망할지어다'(행전 8:20)라는 간담이 서늘한 경고를 들어야 할 목사들이 없어야 하는데…
- 경제적 신앙생활 곧 최소의 노력으로 최대의 효과를 거두려는 신앙생활을 하려는 깍쟁이 신자들이 너무 많다.
- 경제적 신앙생활을 예수 그리스도께서 원하셨다면 십자가에서 처형되시는 바보의 짓을 무엇 때문에 하실까.
- 놀고도 잘 먹는 사람들이 많은 반면 열심히 일하고도 굶주리는 사람이 많은 사회가 있다면 그것은 사탄의 나라일 뿐이다.
- 돈 내라는 설교를 감동적으로 할 수 있을 때까지 자신을 훈련시키라.
- 돈 벌레도 있고 책 벌레도 있다니까 예수 믿는 이들은 성경벌레가 되어야 한다.
- 돈에도 검은 돈은 나쁜 돈이고 거짓말에도 하얀 거짓말은 괜찮은 거짓말일 정도로 인종차별이 심하다.
- 돈은 사탄의 사람 유다에게는 목적이 되고 예수님에게는 목적을 이루기 위한 수단이 된다.
- 돈을 얹어주면 신문기사가 더 커지고 텔레비전 방영시간이 길어진다는 걸 보면서 누가 돈을 우습게 여기는가.

- 돈을 잃으면 사람도 잃고 영력도 잃고 교회도 잃게 된다.
- 무소유가 아니라 기독교는 공동소유, 곧 하나님과의 공동소유, 따라서 이웃과의 공동소유를 이상적으로 평가한다.
- 무소유란 '필요한 것만을 소유하는 것'이라는 설명은 일종의 언어적 사기행각처럼 들리는데, 그렇다면 '필요소유'라고 했어야 한다.
- 사례비를 받는 만큼이라도 헌신하는 삯꾼 목자라면 그건 괜찮은 편이라는 해석도 있다.
- 십일조는 열 손가락 중 하나 잃은 것을 보지 말고 남아 있는 아홉을 볼 수 있는 믿음을 기르라는 가르침이다.
- 십일조를 십자가로 풀어라.
- 재정관리에 문제가 생기면 돈 잃고, 사람 잃고, 믿음 잃고, 영혼 잃는다.
- 헌금을 많이 내라고 아우성한다고 해서 장기적으로 볼 때 헌금이 늘어나는 것은 아니다.
- 헌금을 제일 열심히 한 때는 교회가 두 패로 나뉘어 싸울 때 변호사비를 많이 내야 싸움에서 이긴다고 할 때였다.
- 헌금할 때 새 돈을 드리든지 혹은 구겨진 돈을 대림질해서 드리는 것이 아름다운 믿음이다.
- 헌금함에 헌금한 것만 봉헌하면 처음에는 헌금액수가 적지만 합산하여 평균을 내면 더 많게 되는데 그만큼 신자들이 늘기 때문이기도 하다.
- 헌금함을 설치하더라도 헌금자 명부는 주보에 기록하는 것이 부정방지를 위하여서도 필요하다.
- 헌금함을 설치해 놓으면 돈 설교를 자유롭게 해도 부작용이 크지 않다.

- 노인목회

- 노인목회는 젊은 목사가 담당해야 하고 장애인 목회는 건강한 목사가 담당하는 것이 더 좋다.
- 늙은 신자들을 결단코 쓰레기 취급을 해서는 안 될 것은 그들이 하나님 나라 입구에서 제일 가까이 있는 분들이기 때문이다.

함생 사회목회

-교회 일치 목회론

- 희망, 마지막 희망은 그래도 교회에 걸려 있는데 그것도 참된 교회에만 걸려 있다.
- 큰 교회는 크게 망하고 작은 교회는 작게 망한다.
- 큰 교회일수록 좋은 교회가 된다면 얼마나 좋을까.

-민족 목회론

- 대통령을 상징하는 동물로 용(dragon)을 사용하는 것을 한국 기독교가 바꾸도록 추진하면 좋겠다.
- 동방예의지국이라던 한국이 이제는 동방무례지국으로 아니 세계무례지국으로 바뀌어 가는 것이 무척 서글프다.
- 백인들이 좋아하는 한국의 시조 한 수가 있으니, '가마귀 싸우는 골에 백로야 가지 마라. 성낸 가마귀 흰 빛을 새오나니, 청파에 조이 씻은 몸 더럽힐까 하노라.' 아닐까.
- 번영신학(prosperity theology)의 주장대로라면 김일성은 남한의 어느 대통령보다도 더 큰 축복을 받은 인물로 평가된다.
- 북한에서는 미제(미제국주의)는 철천지 원쑤이지만 미제(미국제품)는 매우 즐긴다.
- 북한 사람들이 김일성을 모시듯이 예수님을 정성껏 모시는 날이 어서 어서 와야 한다.
- 북한에서 '우리 식대로 살자'는 구호를 많이 보았는데 그것이 '우리 식대로 죽자'는 뜻으로 들리는 것은 무엇 때문일까.
- 삼일운동은 불교, 천도교, 힌두교, 이슬람교, 기독교 등 모든 종교가 인간의 생명보존과 증진을 위하여 함께 일할 수 있다는 종교에큐메니즘을 온 세계에 퍼뜨린 위대한 운동이었다.
- 우리는 코리안 하얀 무궁화, 한강 대동강 거기가 내 고향, 떨어져도 떨어져도 다시 피어나 어두운 세상 온 세상 새 희망을 심네. (코리안의 노래 첫 절 가사)
- 우리는 코리안 붉은 진달래, 백두산 한라산 거기가 내 고향, 잘려져도 잘려져도 다시 피어나, 메마른 세상 온 세상 새 사랑을 심네. (코리안의 노래 둘째 절 가사).
- 우리는 코리안 노란 민들레, 삼천리 반도땅 거기가 내 고향, 짓밟혀도 짓밟혀도 다시 피어나, 사나운 세상 온 세상 새 평화를 심네. (코리안의 노래 셋째 절 가사)
- 이순신 장군의 충성과 지도력에서 목사는 많은 것을 배워야 한다.
- 이순신 장군이 한국 최초의 기독교 신자였다는 추측이 근거 없는 주장만은 아니다.
- 한국경제가 재벌주도로 큰 폭 성장하기도 했지만 재벌중심인 것이 한계이었듯이 한국교회가 재벌교회 주도로 크게 성장했지만 재벌교회 목사들 때문에 심히 저질화된 것을 주목해야 한다.
- 한국교회는 예수와 그리스도가 싸우고 (예수교와 기독교), 하나님과 하느님이 적수이고, 여호와와 야훼가 서로 총을 겨누고, 성경과 성서가 적대관계이고, 교회당과 성당이 눈을 흘기고, 갈릴리와 갈릴레아가 서로 우쭐대는 참으로 해괴한 교회가 되었다.
- 한국교회는 버터냄새 나는 미제 예수를 된장 냄새 나는 국산 예수로 바꾸는 작업을 진행시켜야 한다.
- 한국문화에서는 말씀을 차근차근 풀어주는 선비목사, 묵상과 기도원 운동에 푹 빠진 스님목사, 병 잘 고치고 귀신 많이 쫓아내는 무당목사가 각광을 받는다.
- 한국역사에서 예수 믿었으면 모범신자가 될 사람들이 몇 있는데 대표적 인물들은 정몽주, 세종대왕, 성삼문, 성춘향, 이순신 등이 아닐까.
- 한국역사의 삼국시대에는 신라가 당나라 군사 끌어다가 형제국인 백제, 고구려를 까부쉈지만 영국의 삼국시대에는 세 나라가 서로를 위하여 십자가를 지자며 국기 '유니온 잭'을 만들어 협력체제를 강화시킴으로 해지는 날이

없는 대영제국을 건설했다.
- 한국교회는 신자비율로 보아 선교사 파송을 전 세계에서 제일 많이 한 나라가 되었다.
- 한국인들의 지나친 종교적 열정은 양약도 되고 독약도 된다.
- 한국의 달력에서 3,4,5,6월은 새빨간 피로 물들어 있다.
- 한국이 종교강국인데도 여전히 매춘업이 성행하고 심지어 매춘수출강국이 되어가는 이 치욕을 정말 어떻게 막을 수 있을까.
- 한국이나 일본이나 어느 나라든지 상품 수출만큼이나 사랑 수출국이 되어야 한다.
- 한반도에 '영세평화국'을 건설해야 한다 (남북통일선언문).

함생 이민목회

- 뉴욕에서 목회하는 한인목사들보다 로스앤젤레스에서 목회하는 한인목사들이 한국에 있는 교회로 훨씬 더 많이 담임목사로 청빙 받는 것은 그만큼 로스앤젤레스 목사들이 적게 미국화 되었기 때문이다.
- 뉴욕에 있는 '자유의 여신상'(Liberty Lightening the World 통칭 The Statue of Liberty)은 원문대로 '자유의 횃불'로 번역되어야 그것을 세운 정신에 알맞고 또 기독교신자들도 가벼운 마음으로 역사탐방을 할 수 있게 된다.
- 미주성결대학교 교훈을 "너 하나님의 사람아"(딤전6:11)로 하라는 감동을 받았다.
- 미주이민사회에는 교회가 제일 많고 술집이 그 다음 많다니까 혹시 교회 다니는 사람들이 술집에도 자주 드나든다는 건 아닐까.
- 이민교회 신자 1명은 한국교회 신자 10 명으로 계산하라.
- 이민교회는 신학이 있어야 할 자리에 '꿩 잡는 것이 매'라는 실용주의 철학을 모셔 놓았습니다.
- 이민교회는 불가피하게 도망병 집합소라는 측면이 있다.
- 이민교회 담임목사가 한국에 가 보니 그곳에는 굴러다니는 것이 한국 사람들이었다.
- 이민교회 목회는 한국에서 온 대형교회 목사들에 비교하면 '소꿉 목회'라기 조차 어렵다.
- 미국교회들은 함께 가까이 있는 교회타운을 선호하고 한국인교회들은 서로 떨어져 있으려 한다
- 야곱의 아들 요셉 덕택에 이민생활에 성공한 성도들이 얼마나 많은가.
- 연말 연초가 되면 미주한인교회들은 '신자 대이동기간'을 맞는데 그것은 철새신자들이 많기 때문이다.
- 우리 한국민족의 드높은 종교성은 매우 값진 자산 아닌가.

III. 신학과 교리

신학교육

- 과정신학(process theology)의 약점은 과정목회로 성공한 대표적 사례가 없다는 데 있다 (과정신학의 대표적 주도자인 John B. Cobb, Jr. 박사 발제에 대한 목회적 시각에서의 논평에서)
- 신학교수는 전공이 무엇이든지 반드시 목회신학을 가르칠 수 있어야 하고 목회자는 은사가 무엇이든지 반드시 신학목회에 헌신해야 한다.
- 신학 논문은 명사와 동사를 주로 사용하고 설교에서는 그 위에 형용사, 부사, 감탄사를 보태야 한다.
- '신학이 목회하나' 하는 목사들에게는 그러면 목회가 신학하느냐고 물어야 한다.
- 신학이 잘못되면 목회를 죽이는 독약이 된다.
- '신학이 있는 목회, 목회가 있는 신학'이 되어 신학과 목회, 목회와 신학이 함생해야 건강한 목회이다.
- 신학은 설교를 생산해 내는 태반과 같다.
- 신학을 하나님학이라고 바꾸어 쓰면 더 좋을 것 같다.
- 신학적 사고능력을 키우는 것이 목회자 교육의 중요한 부분이다.
- 신학자는 '이것이냐, 저것이냐'를 말하지만 목회자는 '이것도 좋고, 저것은 더 좋다'고 말한다.
- 신학자는 단순한 진리를 너무 복잡하게 말하고 설교자는 심오한 진리를 너무 얄팍하게 말한다.
- 신학자는 서평을 하고 목회자는 독후감을 쓴다.
- 신학자라면 으뜸복음과 변두리복음, 뿌리복음과 줄기복음과 가지복음이 각각 어떤 것인지 또 그런 근거가 무엇인지는 구별할 줄 알아야 한다.
- 존재의 유비, 신앙의 유비 같은 어려운 신학적 용어들을 잘 이해하는 것은 예배, 설교, 교육, 전도 등 목회 전반에 걸쳐 큰 유익이 된다.
- 짧을수록 명 설교, 길수록 꼬리곰탕 설교.
- 채찍설교보다는 당근설교를 많이 하라.

교리

- 가나안 복지는 멀리 있는 것이 아니라 바로 네 심장 속에 있어야 한다.
- 가톨릭교회에서 사용하는 신부(神父, 하나님 아버지)란 이름은 신부(信父. 믿음의 아버지)나 혹은 신노(神奴, 하나님의 종)으로 바꾸는 것이 가톨릭교회를 위하는 길이라고 본다.
- 교리는 목회의 골격이다.
- 무교회는 무조직교회일 뿐이다.
- 무교회주의 운동은 참교회주의 운동이 되어야만 살아남는다.
- 믿음과 고집은 공통되는 점이 있으나 자기 고집을 믿음으로 포장해서는 안 된다.
- 믿음구원론과 선행구원론을 통합하여 예수님은 사랑구원론을 설교하신 것 아닐까.

- 믿음은 '안 되면 네 탓, 잘 되면 내 덕'에서 '안 되면 내 탓, 잘 되면 하나님 은혜'로 바뀌는 분기점을 만든다.
- 믿음은 교양수준을 높인다.
- 믿음은 문제가 없어야 좋은 인생을 문제가 많아서 더 행복한 인생으로 바꾸어 놓는다.
- 믿음은 비가 오나 눈이 오나, 따뜻하거나 춥거나, 성공하거나 실패하거나 항상 흔들리지 않는 '전천후 믿음'이라야 한다.
- 믿음은 정신질병을 고치는 특효약이다.
- 믿음은 차거나 뜨거워야 한다(계 3:15-16)는 말씀은 죄에 대하여 냉정히 거절하고 주님 사랑에 대하여는 뜨거워야 한다는 해석이 제일 좋을 것 같다.
- *믿음은 하나이지만 그 속도로 보면 빨리빨리 믿음도 있고 차근차근 믿음도 있다.
- 믿음이 성숙해지면 무슨 설교를 듣든지 항상 '그렇게 성경을 풀어도 은혜가 되네요' 하는 말을 입에 달고 다니게 된다.
- 믿음이란 '예수님의 뇌수'라는 약을 복용하는 일이다.
- 믿음이란 예수님의 간, 심장, 콩팥, 그리고 무엇보다도 그분의 피로 이식받는 일이다.
- 사도신경에 '거룩한 공회'를 '거룩한 공 교회'로 바꾸는 일을 성령께서 도와주셨다.
- 사도신경에 '동정녀'는 언제인가 '순네' 혹은 '순정녀'로 바꾸어야 한다.
- 사도신경에 '삼위 하나님'은 있으나 '일체 하나님'은 없는 셈이다.
- 사도신경에 '하나님의 나라'라는 용어가 없다는 것은 매우 큰 결함이다.
- 사탄과의 싸움은 결국 자기와의 싸움이다.
- 사탄도 허점이 많은 걸 보면 멍청한 사탄들도 꽤 있는 것 같다.
- 사탄은 가정이나 교회가 깨어질 때 가장 큰 행복을 누린다.
- 성결, 성화, 성결화, 그리스도인의 온전 등은 인간의 편에서 보면 신앙 성숙과정이고 하나님 편에서 보면 죄인이 하나님에게 더 가까이 가는 과정이다.
- 은혜 받은 찬송가를 소개하고, 간증하고, 함께 부르는 집회에 이슬비 은혜가 흘러내렸다.
- 은혜 치고는 벼랑 끝 은혜가 더 짜릿한 맛이 있다.
- 은혜나 은사는 똑같이 성삼위 하나님께서 주시는 선물이라는 점에서는 같으나 전문적 용어로는 은혜는 구원을 위하여 마련해 주신 선물이고 은사는 헌신을 위하여 마련해 주신 선물이다.
- 은혜는 많은데 성경지식이 얄팍해서 은혜의 뿌리가 깊지 못해 걱정이다.
- 은혜를 받아 구원받는다는 원리는 누구에게나 똑같으나 그 같은 은혜를 받는 방식과 체험은 개인 개인에 따라 천차만별이다.
- 은혜에는 우는 은혜도 있고 웃는 은혜도 있다.
- 죄 가운데 가장 큰 죄란 자기 자신이 죄인이라는 것을 결코 인정하지 않는 것이다.
- 죄가 얼마나 집요한지 교회 화장실의 화장지를 아무렇지도 않게 집의 화장지 길이의 두 배를 쓰곤 한다.
- 죄는 오줌이나 똥과 같은 노폐물이어서 밖으로 쏟아내지 않으면 몸이 병들거나 죽게 되는 것과 같다.
- 죄란 생명 특히 인간의 생명을 파괴하는 생각과 행동이다.
- 죄란 인간생명을 보호하지 않거나 증진시키지 않는 것이다.
- 죄란 자기 자신만 목적으로 삼고 다른 모든 것은 자기를 위한 수단으로 취급하는 것을 뜻한다.
- 죄란 자기만 살겠다는 이기주의에 그치지 않고 다른 사람을 마구잡이로 손해 끼치고 심지어 죽이는 해타주의(害他主義)라는 독소가 더 큰 문제이다.
- 죄란 창조주 하나님을 피조물로 취급하는 일이다.
- 죄란 피조물이 창조주 행세를 하는 일이다.
- 죄에는 사랑하지 않은 죄도 있고 잘못 사랑한 죄도 있다.
- 지옥 보내려고 목사 되었나.
- 지옥 없다는 목사는 밥줄 끊어진다.
- 지옥(게헨나)은 공동묘지가 그 뿌리뜻인데 죽은 육신이 공동묘지에 묻히듯 죽은 영혼은 지옥에 갇힐 수밖에 없다.
- 지옥은 하나님의 쓰레기통이고 천국은 하나님의 창고이다.
- 지옥이 어디 있느냐고 박박 우기는 사람은 유치장이나 감옥 혹은 관 속에 3일 정도라도 집어넣으면 좋겠다.
- 하늘나라 역사기록실에 나에 관하여는 어떤 기록들이 남았는지 중간에 열람하는 길은 없을까.
- 회개는 평생토록 해야 하고 또 순간순간 해야 한다.
- 회개에도 이성적 회개, 감성적 회개, 의지적 회개, 영적 회개가 있지만 이것이 전인적 회개로 종합되어야 한다.
- 회심은 인생의 천지개벽 사건이다.

삼위일체

-성부 · 하나님

- "하나님은 이렇게 말씀하셨습니다"로 설교의 첫 마디를 삼으면 어떨까.
- 노아의 가족만 살려 두신 것은 남은 자들로 새로 시작하시겠다는 하나님의 계획 아닐까.
- 당신이 창조주라면 당신 자신처럼 그렇게 정교하고 오묘하게 만들 수 있었겠나.
- 하나님 곧 하늘 아버지의 교회니까 그 자녀인 나의 교회라는 주인의식이 더욱 철저해야 한다.
- 하나님께 용서 받기보다는 사람에게 용서받기가 훨씬 어렵다.
- 하나님께는 최상급의 최고 명품을 우선적으로 드려야 한다.
- 하나님께서 그래 지능지수(IQ)가 모자라셔서 자기 아들을 죽여 나 같은 죄인을 살려내시는 미련한 전략을 쓰셨을까.

- 하나님께서 범죄한 조상 아담과 하와에게 주신 벌은 그 자체가 은혜의 선물이기도 했다.
- 하나님께서 사람 몸속에서 음식이 자동적으로 생산되도록 하셨더라면 세상이 어떻게 달라졌을까.
- 하나님께서 자신의 얼굴에 십자가를 하나씩 그려서 주셨다는 사실을 깨달으면 믿음이 한 차원 더 도약하게 된다.
- 하나님께서 함께 하시면 모세처럼 지팡이 하나 가지고도 위대한 일을 행할 수 있다.
- 하나님께서는 과거를 묻지 않으시겠다는 데 무슨 이유로 남의 아픈 과거를 꼬치꼬치 캐는 사람들이 그리도 많을까.
- 하나님께서는 벌써 2천 년 전에 저절로 열리는 자동문을 베드로에게 선물로 주셨다.(행 12:10)
- 하나님께서는 자신을 이 세상 사람들의 눈높이에 맞추시려고 그 외아들을 사람의 모양으로 보내셨다.
- 하나님도 '질투하신다' (출 20:5)고 하셨으니 목회자에게도 질투심이 있어야 하는데 곧 '선한 질투심'이다.
- 하나님은 '찢으셨으나 도로 낫게 하신다'(호 6:1)는 말씀에서 기쁨을 발견하는 사람이 있다면 그 사람이야말로 진짜 하나님의 자녀이다.
- 하나님은 결단코 늙지 않으신다는 사실을 기억하고 싱싱하게 목회하라.
- 하나님은 그냥 '살아계신 분'이 아니라 '시퍼렇게 살아계신 분'이시다.(참조:마 16:16)
- 하나님은 극적으로 마지막에 뒤집어 주시는 '막판 뒤집기'의 하나님이시다.
- 하나님은 멀고 돈은 가깝다.
- 하나님은 멀고 돈은 가깝다고 생각하기 때문에 범죄자가 된다.
- 하나님은 미국 국세청(IRS)과 이민국(INS)에는 계시지 않는다는 속설이 있지만 '이민국에서 만난 하나님'에 대한 간증이 얼마나 많은가.
- 하나님은 사람 눈에는 미련하게 보이는 방법으로도 사역하신다.
- 하나님은 사람이 되실 수 있으나 사람은 하나님이 될 수가 전혀 없는데도 하나님 노릇하는 사람들이 심심치 않게 많이 있다.
- 하나님은 성전과 교회의 모형인 방주와 성막의 설계도를 직접 작성하여 하사하셨다.
- 하나님은 시퍼렇게 살아계셔서 똥그랗게 눈을 뜨시고 나의 일거수일투족을 정밀하게 확인하시고, 인도하시고, 또 지켜주신다.
- 하나님은 실패한 자, 성공한 자, 성공 실패자, 실패 성공자, 그리고 무실패 무성공자도 불러 자기의 일꾼으로 삼으신다.
- 하나님은 온 인류의 기도를 들으시느라고 얼마나 바쁘실까를 생각하고 정말 중요한 것만 요청하라.
- 하나님은 왜 인간이 태어날 때 짐승 털처럼 평생의 의복을 입혀 보내시지 않고 나중에야 짐승이 피를 흘리고 죽어서 만든 가죽옷을 지어 입히셨을까(창3:21).
- 하나님은 요나의 숨통만은 열어 놓으셨다.
- 하나님은 우주 만물의 전원(배터리)이시다.
- 하나님은 인간이 기껏해야 부분적으로 이해하는 것이므로 우리가 하나님 그 전모를 아는 것은 아니다.
- 하나님은 인간이 한 몸에 여성과 남성 곧 양성을 지니도록 만드실 수도 있었지만 그러나 독립인격체로 만들 것을 최종결정하여 실행하셨다.
- 하나님은 자주 '벼랑끝 은혜'를 베푸신다.
- 하나님은 전능하시지 않다는 어떤 자유주의 신학자이며 미주한인교회 담임목사에게, 그래 사도신경을 외울 때, '무능하사 교통사고도 막지 못하시는 하나님 아버지를 내가 믿사오며'라고 바꾸었느냐고 물었다.
- 하나님은 죽었다며 미친 듯이 외쳤던 니체는 의신증 환자일 뿐이다.
- 하나님은 칠풍칠흉에도 이집트 우상숭배자들을 먹이셨고 예수님은 배신할 것을 아시면서도 가룟 유다를 먹이셨다.
- 하나님은 하나님의 나라보다 더 크시므로 하나님의 나라를 기독교가 독점할 수 있는 것은 아니지만 예수 그리스도를 믿고 사랑하는 일이 영원한 생명을 얻는 가장 확실한 길이라는 사실에 전혀 의심이 없다.
- 하나님은 한 사람 한 사람을 구원하신다는 목표는 하나이지만 획일적 방법을 사용하시기보다는 개인 개인에 따라 천차만별의 방법을 쓰신다.
- 하나님을 법정에 세워 온갖 모욕을 다 퍼붓고도 목회에 승리했다고 자화자찬하는 자들을 하나님은 왜 그냥 두실까.
- 하나님을 영어(God)로 거꾸로 읽으면 개(dog)가 된다.
- 하나님을 잘 몰라서도 그렇지만 자주 사람을 잘 몰라서 목회에 실패한다.
- 하나님의 나라가 '이미 왔으나 아직 온전히 오지 않았다'(already~not yet)는 신학적 이해는 '이미 왔고, 지금도 오고 있고, 앞으로도 온전히 임할 것이다'(already~now coming~not yet)로 보완되어야 한다.
- 하나님의 일을 놓고 결단코 세상법정에서 다투지 말 것은 재판에 승소해도 참패한 것이기 때문이다.
- 하나님의 자유하심을 제약하지 말라.
- 하나님이 남녀의 육체적 사랑을 통하여서 새 생명이 태어나게 창조하신 것은 사람이 혼자서 살아서는 안 된다는 함생의 교훈이다.
- 하나님이 사람을 만든 것이 아니라 사람이 하나님을 만들었다는 포이에르바하의 주장이 신학자들을 더욱 분발하게 한다.
- 하나님이 시퍼렇게 살아계신 것을 깨닫는데 시간이 많이 걸리는 것은 조금도 이상할 것이 없는데 이는 자기 자신이 있다는 것을 아는 것보다 더 어렵기 때문이다.
- 하나님이 죽었다고 선언했던 니체는 죽었지만 하나님은 지금도 시퍼렇게 살아계시다.
- 하나님이라고 부르나 하느님이라고 부르나 하나님은 모

두 잘 알아들으신다.

- 하나님이라고 써야지 하느님이라고 쓰는 것은 범신주의적 우상숭배라고 몰아쳤던 목사가 정작 기도할 때에는 하나님도 하느님도 아닌 '하누님 아부지'라고 했다.
- 하느님은 오히려 보수파가 부르는 이름이 되고 하나님은 오히려 진보파가 부르는 명칭이 되어야 한다 (하느님은 원래 한국말에 있는 이름이고 하나님은 신조어이기 때문이다).

– 성자 예수, 그리스도

- 무지개는 예수님의 얼굴이요 그래서 그의 몸인 교회의 얼굴이다.
- 예수 그리스도 그 이름이 인생, 역사, 우주의 비밀을 열 수 있는 만통열쇠(master key)이다.
- 예수 그리스도 외에 다른 인물이나 사상이나 체험이 목회를 주도한다면 그건 이단이다.
- 예수 믿는 남편들은 자기 아내를 여왕으로 모시며, 아내들은 자기 남편을 황제처럼 모신다는 소문이 되도록 널리 널리 퍼져나가야 한다.
- 예수 믿는 사람도 어쩔 수 없이 늙어가기는 하나 결코 낡아빠지지는 않는다.
- 예수 믿는 사람이라면 당연히 자기는 헐고 남은 자랑해야 하는데 그게 정말 쉽지 않다.
- 예수 믿는다는 것은 그분만을 주인으로 모신 예수주의자가 된다는 뜻이다.
- 예수 믿으면 '그의 알곡'이 되는 것인데 한국말 성경에는 그냥 '알곡'이라고 번역하는 과오를 범하고 있다.(마 3:12).
- 예수 믿으면 사람이 '이타적 이기주의자'로 변화될 뿐이다.
- 예수 믿으면 악질도 선질(善質)로 바뀐다.
- 예수 믿으면 자기 팔자를 싹 뜯어 고치게 된다.
- 예수 믿으면 탐욕의 탱크가 사랑의 탱크로 인격혁명이 일어나야 한다.
- 예수 믿으면, 1)건강하게 오래 살고, 2)넉넉하게 살고, 3)가정이 행복하고 자녀가 훌륭히 자라고, 4)위기는 위대한 기회가 되고, 5)마음에 평안과 기쁨과 감사가 가득하고, 6)인격이 고매한 지도자가 되고, 7)무엇보다도 영원한 생명을 얻는다.
- 예수 잘 믿는 국민들이 거렁뱅이처럼 사는 것 보았나요?
- 예수 잘 믿으면서 거지 노릇하는 사람을 만나본 적이 있는가.
- 예수 점쟁이, 성령 점쟁이, 기도 점쟁이들이 횡행하는 걸 보니 예언 장사가 괜찮은 모양이다.
- 예수가 밥 먹여 주느냐며 아내를 교회에 못 가게 했던 남편에게, '그래 우리가 밥도 못 먹여주는 예수를 믿는 줄 아느냐, 예수 믿다가 굶어죽은 사람 있으면 데리고 오라' 고 일러 주었다.
- 예수님 지셨던 십자가를 고난의 길 현장에서 억지로 대신 졌던 유일한 사람 구레네 시몬의 가정은 그 아내로 보나 자녀들로 보나 모범신앙가정이었으니 이것이 십자가 효과 아닌가.
- 예수님 탄생 때 황금, 유향, 몰약을 가지고 베들레헴을 찾아갔던 이방인의 대표들이 한국에서 갔을 것 같은 예감이 든다 (영국 그리니치 천문대에서 이상한 별 나타난 기록이 한국고문서에 있다는 연구를 듣고).
- 예수님께서 결혼하셨다고 해도 충격 받을 일이 아닌 것은 그분이 목수라는 직업을 가지셨다는 것처럼 당연한 일이기 때문이다.
- 예수님께서 결혼하셨다면 십중구구 자녀도 두셨을 것인데 2천년이 되어가는 지금까지 아직 예수님의 자손이라는 이들이 나타나지 않고 있다.
- 예수님께서 나면서부터 눈 먼 청년에게 침과 흙을 섞어서 눈에 바르실 때 만약 그 청년이 믿음이 없었으면, '예수님, 먼 눈 뜨기는커녕 뜬 눈도 멀게 하겠어요'라고 항의하지 않았을까.(요 9장)
- 예수님께서 막달라 마리아와 결혼했다고 해도 아무 문제 될 것이 없지만 문제는 '비밀결혼'이라고 우기는 데 있다.
- 예수님께서 만약 결혼하셔서 남편이 되셨다면 어떻게 남편노릇을 하셨을까.
- 예수님께서 성찬설교를 하신 뒤에 제자들이 듣고 대부분 도망쳤으니 말하자면 참패한 설교였으나 그것이 핵심설교였고 나중에는 가장 값진 설교가 되었다 (요6:66).
- 예수님께서 성찬설교를 하신 뒤에 제자들이 듣고 대부분 도망쳤으니 말하자면 참패한 설교*예수님께서 오늘날에 태어나셨으면 그분의 설교와 생활 동영상을 직접 보고 들을 수 있었을 터인데…
- 예수님께서 자신의 목숨을 대속물로 바쳐 우리를 구원하심은 우리의 목숨을 자신의 목숨보다 더 귀중하게 여기셨다는 뜻이 아닌가.
- 예수님께서 재림하실 것이라고 예언된 날짜에는 설혹 주님께서 정하셨던 때라 해도 취소하시거나 연기하시므로 결코 그 날 오시지는 않으신다는 성경적 근거를 기억하라. (마 24:36)
- 예수님께서 지옥과 관련된 일에는 폭언 수준의 거친 말을 사용하신 것은 결단코 지옥에 가서는 안 된다는 강력한 경고이다.
- 예수님께서 한국에서 태어나셨더라면 보신탕을 즐겨 잡수시지 않으셨을까.
- 예수님께서 한국에서 태어나셨더라면 성찬예식 때 무엇을 음식과 음료로 사용하셨을까.
- 예수님께서, '먼저 네 눈의 들보를 빼어라'(마 7:5)는 말씀은 목수 일의 체험에서 발견해내신 하나님의 말씀이다.
- 예수님도 30세에 가출하셨는데 세상에서는 '출가'라고 뒤집어 말한다.
- 예수님도 진수성찬, 산해진미를 배가 터지도록 잡수신 일이 있으실까.
- 예수님에 관하여 지금까지 수많은 사람들이 수많은 시각에서 말해 왔지만 아직도 예수님이 누구이신지 말해내지 못한 진실이 훨씬 더 많을 것 같다.

- 예수님에게 던져진 사탄의 세 가지 유혹은 한 결 같이 십자가 고난 없이 인간을 구원할 수도 있다는 '십자가 무효화 음모'였다.
- 예수님은 '너 자신을 알라'는 소크라테스의 명언을 '하나님을 알고 너 자신을 알라'고 개정하시지 않을까.
- 예수님은 가방끈이 매우 짧으셨으나 학력의 부족을 독학으로 극복하셨다.
- 예수님은 검둥이는 검어서 사랑하시고, 흰둥이는 희어서 사랑하셨으며, 병든 자는 병들었기에 사랑하셨고, 건강한 사람은 건강하기 때문에 사랑하셨으며, 가난한 자는 가난해서 사랑하셨고, 부자는 많이 가진 사람이라 사랑하셨다.
- 예수님은 귀납법적 성향이 강하셨고 바울은 연역법적 성향이 더 강했다.
- 예수님은 그네와 같이 많이 떨어질수록 많이 올라가는 인생을 사셨다.(빌 2:5-11)
- 예수님은 그분을 따르는 모든 예수쟁이들을 양자와 양녀로 삼으셨다.
- 예수님은 기도하실 필요가 전혀 없는 분이신데 성경 인물 가운데 가장 많이, 가장 자주, 가장 열심히, 가장 바르게, 가장 다양하게, 가장 뜨겁게, 그리고 하나밖에 없는 목숨을 걸고 기도하셨다.
- 예수님은 내 인생과 온 인류 역사의 전원(배터리)이시다.
- 예수님은 농자천하지대본(農者天下之大本, 농사짓는 일이 천하의 큰 근본)을 신자천하지대본(信者天下之大本)으로 바꾸신 분이시다.
- 예수님은 맞을수록 팽팽 돌아가는 팽이 인생을 사셨다.
- 예수님은 몇 만 명 앞에서 설교하시는 것과 야곱 우물가의 사마리아 여인 한 사람에게 설교하시는 것에 똑같은 무게를 두셨다.
- 예수님은 모든 인종의 피부색을 가지셨다는 뜻에서도 무지개와 같다는 글을 썼더니 무지개는 동성애자들의 상징으로 쓰인다는 항의를 받았다.
- 예수님은 목수, 베드로는 어부, 바울은 천막기술자였다는 것은 사람은 누구나 생존의 수단(survival tool)을 갖추어야 한다는 교훈을 안겨 준다.
- 예수님은 목자(양치는 놈)이신데 우리들은 목사(목회하는 스승)라 하고 있으니 오히려 바꿔 쓰면 좋겠다.
- 예수님은 무의미한 습관적 대화, 정보제공적 대화, 의견제시적 대화보다는 공감적 대화, 문제 해결적 대화, 변화성장적 대화, 그러나 무엇보다도 구원인도적 대화법을 사용하셨다.
- 예수님은 미쳐도 구제불능일 정도라는 비판을 받으셨다.(요 10:20)
- 예수님은 배구공처럼 우악스러운 주먹으로 두들겨 맞으셨고, 축구공처럼 수없이 발길질 당하셨고, 야구공처럼 수 없이 난타당하셨지만 모든 선수들에게 돈을 벌게 해 주셨고 관중들에게 기쁨을 선사하셨을 뿐 아무런 보상을 전혀 받지 못하셨다.
- 예수님은 뱀으로 가장한 사탄을 정복하시기 위하여 스스로 뱀이 되셨다.(요 3:14-15)
- 예수님은 보수주의자도 되시고 진보주의자도 되시고, 보수적 진보주의자 혹은 진보적 보수주의자도 되시지만 보수, 진보, 중도를 초월하신 분도 되신다.
- 예수님은 부활하신 뒤에 사형을 주도한 가야바, 사형을 선고한 빌라도, 사형을 집행한 백부장 등 더 많은 사람들을 만나신 것은 아닐까.
- 예수님은 빵집 동네(베들레헴)에서 태어나신 빵이셨다.
- 예수님은 설교와 교육에서 귀납법, 연역법, 변증법, 역설법 등을 두루 활용하셨다.
- 예수님은 성경에 '왕의 왕'이라 하고 로마 가톨릭교회 최고직은 교황이라 하는데 오히려 예수님은 황제 중의 황제라 부르고 교황은 교종(敎宗)이라 번역하는 것이 맞는다.
- 예수님은 성전 청소부이시다.
- 예수님은 스스롤 뱀이 되셔서(요 3:14-15) 뱀으로 변장한 사탄과의 싸움에서 통쾌하게 승리하셨다.
- 예수님은 신라 박혁거세 53년, 고구려 유리왕 15년, 백제 온조왕 14년경에 태어나셨다고 한국민족에게 설교해야 한다.
- 예수님은 십자가 위에서 새 생명을 출산하는 고통을 치루셨다.
- 예수님은 십자가 위에서 해산의 고통(요 16:21)을 겪으셨다.
- 예수님은 온 인류에게 구원의 도리를 가르치시기 위하여 자신의 생명을 교육비로 사용하셨다.
- 예수님은 온 인류에게 넘어져도 넘어져도 다시 일어나는 그래서 항상 최후를 승리로 끝맺는 오뚜기 인생을 보여주셨다.
- 예수님은 이 세상에 오셔서 많은 것을 둘러 엎으셨는데 가장 중요한 것은 나의 운명을 둘러엎으신 일이다.
- 예수님은 제자들을 선택하실 때 핀둥핀둥 먹고 노는 사람이 아니라 직업에 성실한 이들 가운데서 뽑으셨다.
- 예수님은 죽으신 뒤에 자신의 시체에서 악취가 나지 않도록 향유 바르는 일에도 유의하셨다.
- 예수님은 지옥으로 떨어지셨다가 하늘로 올라가시는 길을 선택하셨고 사탄은 하늘까지 높아졌다가 지옥으로 떨어지는 길을 선택했다.
- 예수님은 평양에서도 계속 머물고 계시며, 목회하시며, 십자가에 처형되신다.
- 예수님은 하늘나라에 우리가 있을 집을 지어주시기 위하여 목수가 되셨다.
- 예수님은 하늘나라에서 이 땅으로 이민 오셨고 다시 하늘나라로 역이민 가셨으며, 또 다시 제3차 이민을 오시겠다고 약속하셨다.
- 예수님은 해골언덕 극장에서 일류 최대의 악역배역을 완벽하게 수행하셨다.
- 예수님을 100점짜리 표준인간으로 놓는다면 당신은 몇 점짜리가 될까.
- 예수님을 따르려는 자는 먼저 자기를 작살내야 한다.(눅 9:23)

- 예수님을 무시하는 사람들이 그토록 많았으나 예수님은 결코 무시당하지 않으셨다.
- 예수님을 잊어버릴 정도로 바빠서는 안 된다.
- 예수님을 자신의 구원주로 믿는다는 말은 곧 자신의 몸의 장기 하나라도 예수님의 것으로 이식수술 받는다는 것을 뜻한다.
- 예수님을 팔아넘긴 가룟 유다에 비하면 다니엘과 함께 있었던 사자들은 성자 반열에 올라야 한다.
- 예수님의 간곡하신 부탁, '내 양을 먹이라'(요 21:17)가 '내 양을 먹으라'로 뒤집혀져 가고 있는 것이 통탄스럽다.
- 예수님의 기도는 짧은 기도도 있고 (주기도) 긴 긴 기도(40일간 금식기도)도 있다.
- 예수님의 뇌수로 내 뇌수를 잘라낸 자리를 가득 채워 주소서.
- 예수님의 박사학위 모자는 가시관이었다.
- 예수님의 분신이 되기로 했다는 사람이 실상은 사탄의 분신이었다.
- 예수님의 설교는 귀납법(inductive method)을 주로 활용하셨지만 연역법(deductive method)을 쓰레기통에 버리신 것은 아니다.
- 예수님의 위대하심은 체포되실 때에 전혀 도피하시거나 방어자세를 취하지 않으셨다는 데서도 발견된다.
- 예수님의 이력서를 도형으로 그린다면 알파벳의 V자 형인데 이는 하늘에서 지옥까지 떨어지셨다가 다시 하늘로 올라가셨기 때문이다.(빌 2:6-11)
- 예수님의 장기로 이식수술 받는 것이 믿음인데 가장 이식하기 어려운 장기는 단연 제 멋대로 지껄이는 바로 그 입이 아닐까.
- 예수님의 정확한 탄생일자가 전해 내려오지 않는 것은 유대문화에서는 생일잔치를 중요하게 여기지 않은 까닭 아닐까.
- 예수님이 누구시냐는 질문에 대하여는 모든 사람들이 부분적으로 대답을 가지고 있으면서도 아무도 완전한 대답을 가지고 있지 않다.
- 예수님이 메시아 혹은 하나님의 아들인 것을 사탄이 먼저 알고 있다.(막 1:24)
- 예수님이 우리의 목자장이심을 결코 결코 잊지 말라.(벧전 5:4)
- 예수님이 통일가 중의 통일가이신 것을 성경은 확증해 주고 있다.(엡 1:10)
- 예수님처럼 갈수록 좋은 포도주를 내어 놓는 목회여야 한다.
- 예수성과 유다성의 격렬한 내적 싸움을 가장 처절하게 체험하라.

-성령 하나님

- '성령을 받으라'(요 20:22)는 '성령님을 모시라'로 번역했으면 좋겠다.
- 성령 출원론의 차이가 로마 가톨릭교회와 희랍정교회의 1054년 대분열의 주원인이었는데 영어로 표현하면 'and from'이냐 'through'냐 그것이었다니 그런 정도라면 교회는 천 번도 만 번도 더 갈라질 것 아닐까.
- 성령님께서 신경에까지 충만하시도록 기도해야 신경질이 없어진다.
- 성령님은 내 영혼의 전원(배터리)이시다.
- 성령님은 어머니와 같아서 천지를 낳고, 성경을 낳고, 아기 예수를 낳고, 교회를 낳고, 내 영혼을 거듭 낳게 했다.
- 성령님을 물로 표현한다면 이슬비도 되고, 소낙비도 되고, 폭우도 된다.
- 성령님을 바람으로 표현한다면 숨결도 되고, 잔잔한 미풍도 되고, 폭풍도 되고, 토네이도도 된다.
- 성령님을 불로 표현한다면 촛불도 되고, 화톳불도 되고, 화산도 된다.
- 성령운동이 잘못되면 징역 45년을 선고받는다는 사실이 미국 텔레비전 부흥사 짐 백커가 받은 유죄판결로 명확하게 입증되었다.
- 성령으로 시작했다가 육체로 마치는 못된 사람들이 어찌 저리도 많은가.(갈 3:3)
- 성령충만한 목사이면 그만이지 무슨 학위가 필요하냐는 주장을 듣고, 예수님은 왜 제자들을 신중히 선발해서 3년간 교육하셨는가를 물었다.
- 조직신학의 분야 중에서 성령론이 제일 다양한 것은 성령께서는 바람, 물, 불같아서 변화무쌍하시기 때문이다.

성경

- 성경공부도 억지로 시키지 말고 자기주도학습(self-directed learning)으로 하게 하라.
- 성경공부의 목적에는 1)구원받기 위하여, 2)믿음 자라기 위하여, 3)시험에 이기기 위하여, 4)전도하고 가르치기 위하여, 5)예수님처럼 살기 위하여의 다섯 가지이다.
- 성경과 신문방송을 함께 읽고 듣보아야 현대인에게 주시는 하나님의 말씀이 잘 파악된다.
- 성경구절을 자신의 말로 번역하는 연습을 자주 하는 것이 설교에 큰 도움이 된다 (가령 유월절을 뛰넘절).
- 성경말씀 가운데 한국인 신자들이 죽어도 못 지킬 구절이 하나 있으니 곧 '거룩하게 입맞춤으로 서로 문안하라'(롬 16:16)는 것이다.
- 성경말씀에 자기 이름을 대입시켜, '여호와는 이정근의 목자시니' 식으로 읽으면 얼마나 큰 은혜가 되던가.
- 성경말씀은 다이아몬드와 같아서 어느 방향에서 보든지 오색영롱한 진리의 빛을 발견할 수 있다.
- 성경말씀을 뒤집어서 풀어도 은혜가 되는데, 가령, '회개하라, 천국이 가까웠느니라'를 '회개하지 말라, 온 세상 사람들이 모두 다 회개할지라도 너만은 회개하지 말라, 지옥이 가까웠느니라'가 그 사례이다.
- 성경말씀을 푸는 설교는 백탕 천탕을 해도 좋으나 예화 사용은 재탕이나 삼탕을 해서는 안 된다.
- 성경말씀이 더 많은 생명을 살리는 열매를 맺기는커녕 반대로 더 많은 생명을 학대하고 죽이는 일에 사용된다면 그건 성경에 대한 반역행위이다.

- 성경번역이 '성경반역'이 된 경우들도 없지 않기 때문에 되도록 최초 언어로 읽어야 한다.
- 성경보다 세상의 일들이 더 재미있거든 목회를 그만두라.
- 성경에 기록된 수많은 기적이 똑같은 것의 반복이 하나도 없다는 것을 보면서 어찌 하나님의 창조성을 의심하겠는가.
- 성경에 기록될 줄 알았더라면 가룟 유다나 압살롬 같은 악한들이 조금 더 선량하게 살려고 하지 않았을까.
- 성경에 나오는 모든 인물을 예수님을 100점으로 기준하여 평가하면 은혜가 매우 크다.
- 성경에는 선교대명(마 28:19-20:행 1:8)을 비롯하여 교육대명(신 6:4-9), 성결대명(레 19:2), 사랑대명(마 22:37-40), 영광대명(고전 10:31)도 있다.
- 성경영감론이 성경 기록자는 물론 번역자, 읽는 자, 전달자, 듣는 자에게까지 연장되지 않으면 성경영감의 효과가 충분하지 않다.
- 성경은 '표준하는 표준'이고 사도신경이나 모든 교회법이나 신학적 해석들은 '표준 되어진 표준'이라는 점을 기억하라.
- 성경은 '핍박'과 같은 과거/현재적 언어보다는 '박해'와 같은 현재/미래적 언어로 번역되어야 한다.
- 성경은 교도소에서 사용해야 할 가장 좋은 교과서이다.
- 성경은 마치 피 한 방울 속에 몸 전체가 들어 있는 것처럼 한 절 말씀이 성경 전체를 가지고 있다.
- 성경은 문자 그대로 해석해야 할 부분도 있고, 최초언어를 연구해서 해석해야 할 부분도 있고, 기록될 당시의 역사문화적 맥락에서 풀어야 할 부분도 있고, 읽는 사람의 입장에서 해석해야 할 부분도 있고, 시간과 공간을 넘어선 진리를 발견하려는 해석도 있다.
- 성경은 부분과 부분을 비교하고 대조하여 읽으라.
- 성경은 생명을 걸고 썼고 또 목숨을 걸고 책을 보존했다는 점에서 피로 써 놓은 혈서(血書)로 이해하여야 한다.
- 성경은 여러 번역본을 비교대조하여 읽으면 그만큼 진리를 더 발견하게 된다.
- 성경은 여러 형태의 전쟁에서 싸워 이기게 하는 작전교과서이다.
- 성경은 최초의 미래학 교과서요 가장 확실한 미래학 교과서이다.
- 성경은 하나님의 완전한 말씀이지만 동시에 인간의 불완전한 언어에 담겨 있다는 걸 잊지 말라.
- 성경은 현미경을 통하여 연구하고 망원경을 통하여서도 연구해야 한다.
- 성경을 100번 통독하지 않고 축도하는 목사는 영적 사기꾼이라던데, 몇 번 읽었느냐는 것 보다는 어떻게 바르게 읽느냐가 훨씬 더 중요하다.
- 성경을 가지고 다니는 것이 아니라 모시고 다녀야 하는데 그것은 성경 안에 하나님이 계시기 때문이다. (성경 우상화라는 비판을 받을 수도 있지만).
- 성경을 가지고 다니는 것이 아니라 성경 안에 계신 하나님을 모시고 다녀야 한다.
- 성경을 바르게 해석할 줄 모르면 목회라는 자동차의 기아를 후진에다 놓고 전진하려는 것과 같다.
- 성경을 여러 외국말로 읽으면 그만큼 은혜가 더 많다.
- 성경을 적어도 두 가지 언어로만 읽는다 해도 그릇된 해석을 상당히 줄일 수 있다.
- 성경이 만약 없었더라면 지금쯤 이 세상 사람들은 모두 영적 야만인이 되어 사막을 헤매는 형국이었으리라.
- 성경이 말하는 죄는 '안하무인, 안상무신(眼下無人 眼上無神)'으로 요약된다.
- 성경이 허용하지 않는 것을 안 하는 것보다 성경이 금지하지 않은 것은 무엇이나 하겠다는 것이 더 좋은 목회지침이다.
- 성경인물 가운데 가장 억울한 여자가 있다면 바로 하갈이 아닐까.
- 성경인물 가운데 간이 제일 컸던 사람은 다윗 왕을 향하여, '당신이 바로 그 범죄자요'라고 면전에서 직언한 대언자 나단이었다.
- 성경인물 가운데 위대한 사람 치고 부자 집 자식으로 태어나서 잘 먹고 잘 살다가 평안하게 죽었다는 사람 있으면 찾아 내 보시오.
- 성경일제고사를 일 년에 두 차례씩 실시해서 시상했는데 일제고사라면 지긋지긋하다며 다른 교회로 교적을 옮긴 이도 있었다.
- 성경적 기초가 튼튼해야 가정도 튼튼하고 교회도 탄탄하다.
- 성경적 세계관이란 성경으로 만든 안경을 쓰고 사는 일이다.
- 성경적 치맛바람의 원조는 단연 하와였지만 결국 남편을 비롯하여 모든 후손을 죽이는 치마폭풍일 뿐이었다.
- 웨슬리 목사가 '한 책의 사람(homo unius libri) 곧 성경의 사람이 되어야 한다고 가르친 것은 오직 성경만 읽고 다른 책에 눈을 팔지 말라는 뜻이 아니라 무슨 책을 읽든지 성경적 기초에서 해석하라는 뜻이다.
- 큐티(QT, Quite Time)를 '말씀들음시간'으로 번역하는 것이 '말씀묵상'보다 더 좋겠다.
- 킹 제임스판 성경파들이 그 성경 외에 다른 성경 사용자들을 말씀 변개자들로 정죄하는 것은 자신들이 킹제임스 성경 우상파들임을 스스로 입증한 셈이다.

기독교

- 구원과정에 있어서 하나님의 은혜와 인간 결단의 작용양식을 획일적 단일원리로 설명하려니까 무리수와 억지논리가 생기는 것이므로 그것보다는, '하나님은 개인 개인에 따라 구원과정이 다르도록 은혜와 책임의 분량을 정하셨다'는 원리를 적용해야 한다.
- 구원받는다는 사실은 똑같으나 그 과정은 개인마다 다른데 이것은 누가복음 15장에 기록된 예수님의 세 가지 비유 곧 잃은 양, 잃은 돈, 잃은 아들의 구원과정에서 명확하게 입증된다.

- 구원받았을 것 같지 않은 교인의 장례식을 집례할 때의 목회자의 영적 고통을 누가 알랴.
- 구원받은 하나님의 자녀라는 것을 당신은 성경 무슨 책 몇 장 몇 절의 성경말씀으로 확실하게 증거 할 수 있는가.
- 구원으로 들어가는 영원한 생명의 문이 만약 기독교에 없다면 성경과 교회와 목사들은 인류 최대 사기꾼으로 엄중한 심판을 받아야 한다.
- 구원의 확신을 받았다면 그 사실을 성경말씀을 근거로 하여 설명할 수 있을 때에 그 확신이 더욱 확실해진다.
- 기독교 정당을 만드는 것이 정말 정당한 일이 아닌 것은 부작용이 더 많기 때문이다.
- 기독교가 한 물 가면 한국에는 어떤 종교가 들불처럼 타오를 것인가, 생각만 해도 끔찍하다.
- 기독교는 그 본질이 죽는 종교인데도 죽이는 종교노릇도 많이 했다.
- 기독교는 그리스도교이지 성령교가 아니다.
- 기독교는 뜻 있는 고난과 죽음이라면 그것들이 결코 흉악한 일이 아니라 오히려 축복이라고 가르친다.
- 기독교는 무소유가 아니라 하나님과의 공동소유라고 가르쳐야 한다.
- 기독교는 비기독교적 언어나 반기독교적 언어를 친기독교적 언어로 변용시켜 사용하는 막강한 힘이 있으니 신(神, 귀신 신), 데오스(theos, 신), 그리스도인, 예수쟁이, 프로테스탄트, 기도, 설교, 제사 등이 그 증거들이다.
- 기독교는 삶의 바른 목표를 또렷하게 발견하게 하는 것만으로도 믿을 만한 가치가 넉넉하다.
- 기독교는 책의 종교 가운데 영원한 생명을 담은 책의 종교이다.
- 기독교를 무너뜨리는 방법은, 하나님은 없다, 예수님은 실존인물이 아니다, 성경은 엉터리 책이다, 사람은 아무도 죄인이 아니다, 사람에게는 영혼이 없다, 죽으면 그것으로 그만이다와 같은 생각을 널리 퍼뜨리는 일들이다.
- 기독교야 말로 참된 기복종교인데, 만약 그렇지 않다면 '복을 빈다/빌라'는 수 많은 말씀을 모두 폐기처분해야 한다.
- 기독교와 이슬람은 한 뿌리인데 원수가 되고 가톨릭과 불교는 다른 뿌리인데 가깝다.
- 기독교의 근본은 예수주의 사상과 운동이다.
- 기독교의 최대의 적은 기독교 안에 있지 밖에 있는 것이 아니다.

십자가

- 십자가 지는 것을 반대하면 사탄이 최고로 가득하고 십자가를 스스로 지는 사람은 성령이 최고로 충만하다.(마 16:23)
- 십자가 지는 순교의 사람이 가장 성결한 사람이다.
- 십자가(공공시설에 있는 십자가)를 십자가에 못 박아 죽이라는 아우성들이 세계 도처에서 들린다.
- 십자가가 점점 믿을 수 없는 상표로 퇴색해 가는 것이 너무도 안타깝다.
- 십자가는 십자로에 서서 어디로 가야할지 모르는 인생에게 바른 길을 제시한다.
- 십자가는 인생의 종착점이면서 영원한 생명의 출발점이다.
- 십자가는 최악의 실패를 최선의 성공으로 바꾼다.
- 십자가를 지면 처음에는 마이너스가 되지만 끝에 가서는 반드시 플러스가 되는데 이는 십자가는 플러스 기호(+)라는 것이 증명해 준다.
- 십자가를 지지 않으면 맹탕신앙.
- 십자가를 최초의 한국어성경인 존 로스 번역에는 '십자틀'로 했는데 그것이 더 한국말 구조에 맞는다.
- 십자가를 포개서 삼국이 한 나라가 된 영국(국기 유니온잭)은 세계를 제패했으나 당 나라 군사 불러다가 백제와 고구려를 작살내 통일한 신라는 삼천리 반도 안에 스스로를 가두고 말았다.
- 십자가에서 행복을 찾아낼 수 있는 사람만 행복한 목회를 할 수 있다.

종교

- 네 이웃을 네 몸처럼 사랑하라는 말씀을 '네 이웃 종교를 네 몸처럼 사랑하라'로 확대해석하여도 괜찮을까.
- 다른 종교를 아는 것이 기독교를 더 잘 아는 길이니 이는 다른 사람을 공부하는 것이 곧 자기를 공부하는 것과 같은 이치이다.
- 불교는 자력구원 종교이고 기독교는 타력구원 종교인 것은 맞지만 자동차는 자력으로 굴러가기 때문에 자동차라고 이름 붙였어도 반드시 개솔린이나 전지를 넣어야 움직이는 타동차라는 걸 알아야 한다.
- 원수를 박살내라는 종교와 원수까지도 사랑하라는 종교와 어느 것이 더 영원한 진리일까.
- 유교는 기독교가 왜 가까이 해도 되고, 불교는 왜 멀리 해야 할까.
- 유대교가 1중대, 로마 가톨릭이 2중대, 동방정교회가 3중대, 개신교회가 4중대, 이슬람교가 5중대인 시대가 올지도 모른다.
- 이름은 문선명인데 어찌하여 선명하지 못한 일이 그리도 많은가.
- 이름은 통일교인데 가는 곳마다 분열을 일으키는 건 또 뭔가.
- 종교들과의 사랑경쟁이라면 단연 기독교가 우승 트로피를 들어 올릴 수 있다.
- 종교(宗敎)란 큰 가르침이라는 뜻인데 종교인들은 너무 작은 가르침에만 신경을 쓴다.
- 종교와 정치권력이 야합하면 인간생명을 파괴하는 무서운 폭력으로 변질되기 쉽다.
- 종교들의 전쟁에서 죽이는 종교와 죽는 종교가 싸우면 어느 종교가 이길까 물으면 기독교의 대답은 죽는 종교, 이슬람교의 대답은 죽이는 종교 아닐까.

- 종교개혁(Reformation)이라는 말은 '교회개혁'으로 고쳐야 한다.
- 종교가 어떤 음식을 금지하고 어떤 옷을 꼭 입게 하거나 금지시키는 것은 그들이 믿는 신을 너무 속 좁은 존재로 만드는 것이 아닐까.
- 종교는 아편이라고 선언한 유물론자 마르크스의 진단은 긍정적인 면도 없지 않지만 믿음은 근본적으로 양약일 뿐이다.
- 종교의 가면을 쓴 탐욕자들의 잔혹한 폭력이여, 어서 썩 물러갈지어다.
- 정통신앙이라고 침이 마르도록 강조하면 이단이라는 의심을 받을 수 있다.

IV. 교인관리

인간이해

- 끔찍한 범죄들이 연속 터지는 걸 보면 가롯 유다는 오히려 경범죄 수준 아닐까.
- 나도 나면서부터 영적 맹인이었다.
- 나라는 존재가 지금 여기 이렇게 살아 있다는 것처럼 큰 기적이 또 있을까.
- 사람 가운데는 다스리기를 좋아하는 지도자 형도 있고 다스림 받기를 좋아하는 추종자 형도 있다.
- 사람 가운데는 다스리기를 좋아하는 지도자 형도 있고 다스림 받기를 좋아하는 추종자 형도 있다.
- 사람 속은 성령으로 채워져 있거나 악령으로 채워져 있거나 혹은 성령과 악령이 함께 있어 투쟁중이기도 하다.
- 사람들이 싸움 구경에 구름 떼처럼 모여드는 걸 보면 사람은 싸우기를 즐겨하는 존재 아닐까.
- 사람만이 자기를 속일 줄 안다.
- 사람만이 자살할 줄 알지만 자살해서는 결코 안 된다는 사실을 모르는 미련한 사람들이 너무 많다.
- 사람에 따라 변화하려는 욕구와 변화되지 않으려는 욕구의 정도가 서로 다르다.
- 사람에게 고통이나 죽음을 가져오는 것이 전혀 없다면 공포에 떨 필요가 전혀 없다.
- 사람에게 무엇인가 문제가 된다면 이는 그것이 생명을 파괴하는 일에 직접 혹은 간접 원인이 되기 때문이다.
- 사람에게 체격이 있고 인격이 있으며 나라에는 국격이 있는 것처럼 교회도 고상한 교격이 있어야 한다.
- 사람에게는 남을 감쪽같이 속였을 때에 느끼는 쾌감이 있다.
- 사람에게서 삶의 의지를 쏙 뽑아버리면 마네킹에 불과하다.
- 사람은 공연히 원수 맺고 그들과 격렬히 싸우는 데서 삶의 보람을 느끼는 이들도 있다.
- 사람은 공자의 어록처럼 아침에 진리를 깨달으면 저녁에 죽어도 좋을 만큼(朝聞道 夕死可矣) 진리를 사랑한다.
- 사람은 과거 경험에 의하여 현재를 해석한다.
- 사람은 과거지향적, 현재지향적, 미래지향적에 따라 같은 설교라도 다르게 이해한다.
- 사람은 누구나 가치관을 가지고 있으니 설혹 탈가치를 선호한다는 사람도 그것이 바로 가치체계 아닌가.
- 사람은 누구나 사랑 생산자에 속하든지 혹은 사랑 소비자에 속한다.
- 사람은 누구나 열등의식과 우월의식을 함께 지니고 산다.
- 사람은 누구나 이기적 존재라는 한계를 벗어 날 수 없다.
- 사람은 누구나 자식에 대하여서는 동물적 보호본능을 십분 발휘하는 사나운 암탉이 된다.
- 사람은 누구나 자식에게 대하여는 동물적으로 껌뻑 죽는다.
- 사람은 누구나 처음부터 사랑의 씨앗으로 태어났는데 그것도 온몸사랑의 씨앗이었다.
- 사람은 누구나 하나님의 심부름꾼으로 이 세상에 태어났다.
- 사람은 다른 사람을 흉볼 줄 아는 유일한 동물이요 그것도 흉보면서 즐길 줄 아는 유일한 동물이다.
- 사람은 대변 소변을 보아 더러운 쓰레기들을 배설해 내야만 살아남듯이 영적 오물들도 속히 배설해서 버려야 영혼이 살게 된다.
- 사람은 대신관계, 대자관계(자기 자신과의 관계), 대타인관계, 대문명관계, 대물관계(대환경관계)를 바르게 가져야 하는 윤리적인 존재이다.
- 사람은 동물 중에 유일하게 도구를 만드는 존재(homo fabrica)라는 것이 창조주 하나님의 형상을 드러낸다.
- 사람은 동물 중에서 태어날 때에는 가장 무능하고 연약하나 교육과 훈련을 거친 뒤에는 가장 위대한 능력을 가진 동물이 된다.
- 사람은 돼지와 달리 책을 읽을 수 있고 특히 성경책을 읽을 수 있다.
- 사람은 무엇인가로 바뀔 수 있는 가소성(plasticity) 곧 변화될 수 있는 폭이 매우 크다는 점에서는 어느 동물과도 비교할 수 없다.
- 사람은 무엇인가를 되도록 오래 그리고 많은 사람들에게 남기고 싶어 한다.
- 사람은 배설할 때 시원함을 느끼게 되므로 눈물 콧물을 흘리고 죄를 깨끗이 씻어내는 설교에 영혼이 시원함을 느낀다.
- 사람은 배우도록 창조되었기 때문에 배우려 하지 않는 것은 하나님에 대한 반역이다.
- 사람은 보는 것, 듣는 것, 생각하는 것을 통하여 주로 배운다.
- 사람은 부분적으로 아는 것인데도 전체를 아는 것처럼 행동한다.
- 사람은 사람 가운데서만 사람이 된다.
- 사람은 싸워서 이기는 데서 무한한 행복을 체험한다.
- 사람은 아름다운 것을 흠모하고 아름답게 보이기를 희망하기 때문에 성전과 그 주변도 환경미화가 잘 되어야 한

다.
- 사람은 아름다움을 흠모하는 존재로 만들어졌다.
- 사람은 안다는 것을 아는 존재이다.
- 사람은 은혜와 믿음으로 인하여 증오생산공장에서 사랑생산공장으로 거듭나게 된다.
- 사람은 이 세상을 넓은 감옥으로 느낄 때에만 영원한 자유를 갈구한다.
- 사람은 잉태될 때부터 활동무대를 점점 그리고 무섭게 넓혀가게 되다가 어느 시점에 가면 점점 좁혀가게 되고, 마지막에는 좁은 관 속에서 꼼짝도 못하게 된다.
- 사람은 자기에게는 자기가 항상 제일 위대해 보인다.
- 사람은 증거를 보면 쉽게 믿는다.
- 사람은 질문하는 존재이고 동시에 그 해답을 찾아가는 존재이다.(눅 2:46-47)
- 사람은 창조주 하나님과 모든 피조물 사이의 연결고리인 것은 사람 자신 안에 신성, 동물성, 무생물성을 모두 갖추고 있기 때문에 가능하다.
- 사람은 채찍과 벌로 다스림을 받기를 좋아하기도 하고(구약성경), 상급과 당근으로 다스림 받기를 좋아하는(신약성경) 두 부류가 있다.
- 사람은 파괴에서 희열을 느끼기도 한다.
- 사람은 평화와 평안 누리기를 갈급해 한다.
- 사람은 하나님이 될 수 없지만 하나님은 사람이 되셨다.
- 사람은 하나님이 만드실 때 남자는 흙으로 만든 질그릇, 여자는 남자 뼈로 만든 본차이나(뼈그릇)였기에 여자가 남자보다 더 단단한 것은 당연하다.
- 사람은 하도 변덕스러워서 사람 알기가 하나님 알기보다 더 어렵다.
- 사람은 혼자 살 수는 없다.
- 사람을 죽이면 살인범이 되고 교회를 죽이면 살교범이 된다.
- 사람의 과거는 지우려고 애쓴다고 해서 말끔히 지워지는 것이 아니다.
- 사람의 나이도 청년, 장년, 노년으로만 하지 말고 장년, 중년, 숙년, 열년, 혜년, 노년으로 재편성하면 좋겠다.
- 사람의 눈이 앞에만 두 개가 있는 것은 항상 미래지향적으로 살아가라는 뜻 아닐까.
- 사람의 몸에서 음식이 자동생산 되면 먹지 않고도 살게 되는 것인데 하나님께서 어찌하여 인간을 새참이나 군것질까지 즐기도록 지으셨을까.
- 사람의 열등의식과 우월의식, 가학성(sadism)과 피학성(masochism), 의처증과 의부증 같은 심리적 질병들을 치료하는 데는 십자가 믿음이 특효약이다.
- 사람의 인간관계를 가장 잘 배울 수 있는 환경은 교회생활과 신앙생활이다.
- 사람의 일생은 말 배우기이다.
- 사람의 지문, 족문, 유전자 체계(DNA), 음성구조가 모두 다른 것을 보면서 어찌 창조주 하나님이 없다고 하는가.
- 사람의 행동 원인 가운데 제일 중요한 것은 '인식된 자기이익'이다.
- 사람이 가면을 쓰게 되면 별 못된 짓을 다하면서 쾌감을 느낀다.
- 사람이 늙을수록 말이 짧아지면 젊음을 잘 유지한다는 확실한 증거이다.
- 사람이 무엇인가를 완성했을 때에 느끼는 큰 희열에서 창조주 하나님의 형상을 확인할 수 있다.
- 사람이 아는 것은 매우 부정확한 정도인데도 완벽하게 아는 것처럼 오산한다.
- 사람이 어느 날 어느 시에 죽을 것을 미리 안다면 어거스틴의 젊은 시절처럼 방탕한 생활을 하다가 죽음에 임박해서야 예수 믿으려는 자들도 있으리라.
- 사람이 얼마나 죄에 염색이 되었는지 아내나 남편과 성교를 하면서도 다른 여자 다른 남자와 성행위를 하는 것으로 가정하고 더 신나게 즐길 정도가 되었다.
- 사람이 육신을 위하여 음식을 매일 몇 번씩 먹도록 창조된 것은 영혼을 위하여서도 그만큼 양식을 먹으라는 말씀이다.
- 사람이 이성적 존재(homo sapiens)라고 하는 것은 돈을 셀 줄 안다는 데서 확인된다.
- 사람이 자라기를 멈추면 그 때부터는 죽어가는 과정에 접어든다.
- 사람이 태어나면서부터 혼자 살면 동물 수준을 면하지 못하게 되는데 그것은 교육은 필연적으로 다른 사람에게서 배우는 것이기 때문이다.
- 사랑은 주고받는 것이지만 주기만 하는 사랑이 한 차원 더 높다.
- 성자와 흉악범의 차이는 단 한 가지인데, 성자는 창조주 하나님을 두려워하나 흉악범은 자기를 하나님으로 삼는다는 사실이다.
- 세상 즐거움 다 버리고'라는 찬송가 가사가 있는데 '세상 즐거움 반만 버려도' 모범신자 아닐까.
- 열매를 많이 먹은 만큼이나 좋은 열매를 많이 맺는 것이 신자의 도리 아닌가.
- 열심있는 신자가 되어야 하지만 열광주의적 신자가 되어서는 안 된다.
- 영국 국민들은 본래 해적 출신들인데도 예수 믿으니까 국제신사로 평가받는 민족이 되었다.
- 영혼이 텅 빈 사람일수록 겉을 사치롭게 장식한다.
- 온 인류를 나만주의자, 너도주의자, 너만주의자의 세 부류로 나눌 수 있다.
- 인간 몸의 모든 구멍에서 더러운 것을 쏟아내야 몸이 건강하듯이 더러운 죄를 씻어내야 영혼이 건강하게 된다.
- 인간에게는 숨기는 기쁨도 있고 드러내는 기쁨도 있다.
- 인간은 값비싼 옷을 결사적으로 입으려는 이들과 될 수 있으면 벗기를 원하는 이들로 나눌 수 있을 것 같다.
- 인간은 권태와 싫증을 느끼는 존재임을 기억하고 적절하게 변화를 주라.
- 인간은 누구나 무거운 짐을 지고 가파른 언덕을 올라간다는 점에서 달팽이 같은 존재이다.

- 인간은 누구나 삶과 죽음으로 경계 드리워진 골짜기를 걸어간다.
- 인간은 누구나 열 개의 구멍을 가지고 있는데 그 구멍에서 한결같이 더러운 것이 계속 나오는 걸 보면 인간 누구나가 더러운 죄인인 걸 변명할 길이 없다.
- 인간은 누구나 태어날 때부터 영토 확장을 위한 싸움에 목숨을 걸지만 죽으면 관 속 넓이의 영토만 차지하게 되지 않는가.
- 인간은 누구든지 '주시옵소서'의 기도가 가장 긴급하고 많은 걸 보면 거지 근성이 조금씩이라도 다 있는 셈이다.
- 인간은 신성과 동물성과 식물성과 무생물성을 다 함께 가지고 있으면서도 동시에 인간성을 가진 존재다.
- 인간은 연약한 갈대이지만 생각하는 갈대라서 위대한 존재라는 빠스칼의 명언은 신앙인에게는 창조주를 믿는 피조물이기 때문에 위대한 존재라고 번역될 수 있다.
- 인간은 자기만의 비밀이 있을 때에 남모르는 행복감에 겨워하기도 하면서도 비밀을 공개하고 싶은 마음에 안달하기도 한다.
- 인간을 온실에서 기르려고 작정하셨다면 하나님은 모든 질병과 재난들의 씨를 말리셨을 것 아닌가.
- 인간을 한두 마디로 성격규정을 해버리는 것은 특히 목회지도자에게는 위험천만한 일인데 그것은 인간이 한두 마디로 규정하기에는 너무 복잡하고 다기한 존재이기 때문이다.
- 인간이 무엇인지 한 마디로 말하는 사람은 정말 인간을 모르는 사람이다.
- 인간이 밥상에서 공동음식 먼저 먹고 자기에게 배당된 음식은 나중 먹는 것만 보아도 죄인이라는 것을 스스로 증명한다.
- 인간이 여성과 남성으로 창조되지 않고 단성으로 만들어졌다면 소설이나 영화를 만들 소재들이 별로 없을 정도로 심심했을 것 아닌가.
- 인간이 저토록 전쟁영화를 즐기는 걸 보면 인간은 본질적으로 싸움을 좋아하는 존재 아닌가.
- 인격, 생활, 표정, 사랑으로 하는 설교가 언어설교보다 더 큰 감동이 있다.
- 인권목사가 되기 전에 신권목사가 되라.
- 인기보다는 신기가 높아야 한다.
- 인류문명의 발전 역사는 역설적으로 인류의 생명파괴 대량화의 역사이다.
- 인생 특히 목사의 인생은 두들겨 맞을수록 팽팽 돌아가는 팽이와 같다.
- 인생길을 주님과 함께 떠나는 신앙여행으로 바꾸라.
- 인생은 일회용 반창고일 뿐이다.
- 인종차별은 차별하는 사람도 큰 문제이지만 차별 받는다고 불평하는 사람에게도 상당한 문제가 있다.
- 인종차별을 치료하는 최고의 명약은 성경말씀이다.

인간관계

- '과거가 있는 여자'란 표현이 부정한 여자라는 뜻인 걸 보면 한국사람들은 지난날의 것은 모두 허물로 이해하는 것 같다.
- '과거를 묻지 마세요'라는 유행가처럼 과거는 묻지 말아야 한다지만 예수쟁이들은 철저히 자신의 과거를 묻고 회개하는 사람들이다.
- 가까우면 원수가 되고 멀면 친구가 된다.
- 가룟 유다 같은 인간머리는 굶겨 죽여도 좋았을 터인데 하나님은 무엇 때문에 자살할 때까지 먹여주시고 입혀주셨을까.
- 가룟 유다가 예수님과 한 집안인 걸 생각하면 가까우면 원수가 되고 멀면 친구가 되기 쉽다는 사실이 또다시 확인된다.
- 개보다도 사람을 더 조심하라.
- 걸레목회를 해서 더러운 영혼을 말끔하게 닦아주라고 걸레가 생활필수품이 되게 하신 것 아닐까.
- 걸림돌을 디딤돌로 바꾸는 목사도 있고 디딤돌을 걸림돌로 만드는 목사도 있다.
- 겨우 한 조각 살고 가는 인생인데 뭘 그렇게 지지고 볶고 야단들인가.
- 고액헌금자들이 교회를 쉽게 옮기는 것은 어느 교회에 가든지 환영받는다는 자신감 때문 아닐까.
- 고참우대문화가 교회를 망친다.
- 골고다 언덕 예수님 우편에서 십자가에 달린 강도는 막차타고 와서 '간신히 구원받은 턱걸이 신자' 아닌가.
- 예수쟁이라는 세상 사람들의 모욕적 언어는 그 뿌리를 캐어보면 '예수 전문가'라는 뜻이다.
- 요강도 깨끗이 씻어내면 냉면 그릇이 될 수 있다.

리더

- 너 하나님의 사람아, 성경의 사람, 성결의 사람, 기도의 사람, 전도의 사람이 되라.(미주성결대 교훈)
- 당신 하나 없어졌다고 하늘과 땅과 세상이 눈 하나라도 깜짝할 정도는 되는가.
- 도박으로 딴 돈을 선량한 일에 쓴 사람들이 몇이나 있을까.
- 독사에 물린 사람들 가운데 장대 위에 달린 불뱀을 쳐다보지 않았다면(민 21:4-9) 그것은 산 독사에 물렸는데 죽은 뱀 쳐다보고 낫겠느냐는 논리적 불신앙 때문이었다.
- 독재자를 향하여 외치는 말, "국가권력이 어디 너의 것이더냐, 하나님의 것이고 백성들의 것이지."
- 뛰자, 또 뛰자, 한 번 더 뛰자.
- 링컨 대통령은 믿음이 수레가 되어서 오막살이 통나무집에서 웅장한 백악관으로 이사 갈 수 있게 되었다.
- 바쁠수록 조용한 시간을 많이 가지라.
- 바울 사도가 가말리엘 같은 좋은 스승 둔 것에 자부심을 가졌던 것을 참고하라 (행5:34;22:3).
- 바지 지퍼가 열린 것도 모르고 겅중겅중 강단 위에서 뛰어다니다가 크게 창피를 당한 부흥강사는, '앞으로 자동지퍼를 만드는 사람은 큰 돈 벌 것이라'는 예언을 남겼다.
- 반대하는 사람의 반대하는 용기를 귀중히 여기라.

- 밥 먹는 데는 계급이 없어야 하고, 굳이 있어야 한다면 아랫사람들을 더 잘 먹여야 한다.
- 밥값을 자진하여 잘 내는 사람이 지도자가 된다.
- 배우는 데 열심 있는 지도자와 경쟁해서 이길 수 있을까.
- 범죄행위를 수수방관하거나 혹은 회개를 권유하지 않는 것도 공범자가 되는 길이다.
- 베드로는 언제 어디에서 어떤 체험을 통하여 거듭나게 되었는지 잘 모르는 점진적 회심과정(gradual process of conversion)을 겪었고 바울은 대조적으로 언제, 어디에서, 어떤 과정을 통하여 거듭났는지 영적 생일을 또렷하게 아는 급진적 회심과정(sudden process of conversion)을 겪은 대표적 인물이다.
- 베스트셀러가 베스트 북이 아닌 것은 미국 수정교회 로버트 슐러 목사의 책과 한국의 어느 대형교회 목사의 책이 쓰레기통에 쏟아져 들어가는 것으로 확인된다.
- 보통 사람이면서 특종 인간이 되라.
- 빼앗긴 자와 빼앗은 자의 싸움에서 빼앗긴 자가 반드시 이길 것이라는 예언이 간증이 되었다.
- 사랑 중의 최고의 사랑은 바로 예수님의 십자가에 걸려 있다.
- 사랑은 흔히 나만 사랑, 너도 사랑, 너만 사랑의 세 가지로 나누지만 하나 더 있는데 아무도 사랑하지 않는 사랑이 그것이다.
- 사랑이 많이 필요한 성도에게는 많이 사랑하고 적게 필요한 성도에게는 적게 사랑하는 것이 공평한 사랑이다.
- 사랑하기가 증오하기보다 훨씬 쉽고 기분 좋은데도 사람들은 증오의 저주 퍼붓기에 더욱 앞장선다.
- 사랑해선 안 될 사람'(유행가의 일절)이면 결단코 사랑하지 않는 것이 기독교 윤리 아닌가.
- 사치에 지나치게 신경 써서도 안 되고 과도하게 남루해도 안 된다.
- 삼국지에 나오는 장비는 용장, 관우는 지장, 유비는 덕장이라던데 그렇다면 다윗은 영장(靈將) 아닐까.
- 삼손은 하나님의 지엄하신 말씀을 버리고 아내 들릴라의 애교와 강짜에서 헤어나지 못한 결과 두 눈이 빠지고 연자맷돌을 돌리는 비참한 인생으로 전락했으니 삼손의 가슴 속에서 하나님의 말씀이 들릴라의 애교에 참패당한 셈이다.
- 새끼들에게 자신의 몸을 먹이로 주는 연어 생선을 먹을 자격이 당신에게 있는가.
- 새로운 것은 무엇이나 나쁘다든가 혹은 무조건 좋다는 편견을 버리라.
- 생긴대로 논다'는 비아냥은 창조주 하나님에 대한 반역인데 그것은 사람은 생긴 대로 사는 것이 하나님의 뜻이기 때문이다.
- 속담 '잘 되면 내 덕, 안 되면 네 탓'도 기독교가 뒤집어 놓아야 한다.
- 솔로몬 왕과 백제 의자왕은 여러 가지 공통점이 많이 있는데 특히 처첩들이 무지무지하게 많았다는 점에서 그렇다.
- 솔로몬이 치매 곧 영적 치매의 대표적 인물일 것 같다.
- 스스로 멍텅구리가 되는 사람만 목회의 행복을 맛 볼 수 있다.
- 쓴 소리 하는 성도들을 목회의 귀중한 자산으로 생각할 수 있어야 한다.
- 아니 땐 굴뚝에 연기 나는 일도 없지 않다.
- 연합집회 강사가 되었거든 말도 둥글게, 생각도 둥글게 하고 결코 특정인을 비판하지 말라.
- 자기 자신과 자주 대화하라.
- 자신은 자기에게 가장 위대한 스승이지만 최악의 교사도 된다.

기도생활

- 배고픔을 처절히 체험한 사람은 '오늘 우리에게 일용할 양식을 주시옵고'가 들어 있는 주님의 기도를 외우며 목이 메고 눈물을 흘리게 된다.
- 아는 병은 아는 가운데 고쳐 주시고 모르는 병은 모르는 가운데 감쪽같이 낫게 하옵소서 기도했더니 아멘 소리가 더욱 절실하고 우렁찼다.
- 아담과 하와가 만약 기도하는 부부였다면 뱀의 유혹을 너끈히 물리쳤을 것을 마지막 아담이신 예수님께서 확인해 주셨다.(막 9:29)
- 안수기도는 '손얹기도'로 쉽게 번역해서 써야 한다.
- 앞도 막히고 뒤도 막히고 옆도 막혔다고 절망한 신자들에게는 위쪽 곧 하늘 쪽이 열려져 있다는 걸 깨우쳐 주면서 '숨통만은 열어 놓으시는 하나님'을 소개하면 어떨까.
- 예언을 함부로 하는 이들이 너무 많아져서 '싸구려 예언'이 되고 말았다.
- 예언은 성경 번역에서 '대언'으로 바꾸기를 추천한다.
- 예언기도라며 요즈음 횡행하는 것들이 성경적 대언이 아니라 '점괘기도' 아닌가.
- 중보기도자는 예수 그리스도 한 분뿐이라는 점에서(딤전 2:5) 교회에서 빈번히 사용하는 '중보기도'를 협력기도, 응원기도, 함생기도 가운데 하나로 바꾸거나 복수로 쓰면 좋겠다.
- 중얼중얼하거나 우물쭈물 말하지 말고 되도록 상대편이 잘 알아듣도록 또박 또박 말하라.
- 철야기도회 혹은 심야기도회는 '한 밤중기도회'로 바꾸는 것이 어떨까.
- 축복을 위한 안수기도를 사진에다 했어도 효험이 있음이여.
- 금식기도도 좋고, 절식기도도 좋고, 포식기도도 좋으니 제발 기도생활만 열심히 해 다오.
- 금식기도를 강조한 나머지 절식기도나 포식기도를 정죄하는 것은 옳지 않다.
- 긍정적 사고는 좋은 것이지만 부정적 사고를 뛰어넘은 긍정적 사고라야 더 좋다.
- 기도로 말씀을 뜨겁게 구워라.
- 기도는 짧은 문장으로 끊어서 하라.
- 기도에는 되도록 성경말씀을 인용해서 하라.

- 기도의 층계에는 입으로 하는 '구하라 기도,' 심장으로 하는 '통곡기도,' 금식기도, 피땀기도, 십자가 기도의 다섯 층계가 있다.
- 기도 약속은 되도록 즉석에서 실행하고 꼭 실천하라.
- 기도를 길게 하느냐 짧게 하느냐가 문제가 아니고 무슨 기도를 하든지 하나님께서 기뻐 들으실만한 기도를 해야 한다.
- 기도는 그것이 어떤 형태이든지 '열려라, 참깨' 하면 바위문도 열렸다는 옛날얘기를 '열려라, 예수'로 바꾼 것 아닐까.(마 7:7)
- 기도는 하나님에게 전화 거는 일이다.
- 기도는 하나님과의 은밀한 내통이다.
- 기도는 하나님과의 사랑의 밀어이다.
- 기도할 때 하나님께 무엇을 달라고만 하면 그건 하나님의 자녀기도가 아니고 거지 기도에 해당된다.
- 특별새벽기도 행사를 언론에 크게 광고하는 것은 마치 신자쟁탈전 선전포고처럼 보인다.

신앙 · 모태신앙

- 머리를 잘라 가발장수에게 팔아서 건축헌금을 하셨던 어머님을 모신 자녀들의 행복이 얼마나 큰가.
- 모태적 신앙이 자랑스러운 일이라면 모태적 불신앙인데도 신자가 된 것은 더 자랑스럽지 않은가.
- 모태신앙은 '못해 신앙'일 때도 많은데 기도도 못 해, 헌금도 못 해, 전도도 못 해… 허지만 그런 것이 중요하다는 건 잘 알고 있다.
- 묵도할 때 예배실에 들어오는 신자도 있고 축도할 때 헐레벌떡 들어오는 신자도 있는데 아무래도 묵도신자보다 축도신자가 더 믿음이 좋은 것 같다.
- 문맹환자도 있고 색맹환자도 있으며 경맹환자(성경을 읽어도 깨닫지 못하는 사람)도 있고 영맹환자도 많다.
- 믿는 사람 많아도 믿을 사람 별로 없다.
- '네 믿은 대로 될지어다'(마 8:13)는 말씀의 효과는 심리학에서 '위약효과' (placebo effect)로도 입증된다.
- 범사에 감사하라(살전 5:18)는 성경말씀을 '범사에 신경질 내라'로 뒤집어서 풀면 더 은혜가 된다.
- 신앙명문가가 되게 하소서.
- 신앙미가 있어야 한다.
- 신앙연령이 몇 살인가 하는 것도 중요하지만 더 중요한 것은 지금 믿음이 자라가고 있느냐의 여부이다.
- 신앙생활을 점검하는 다섯 가지 기본 질문이 있으니, 1)영원한 생명을 얻은 하나님의 자녀인가, 2)하나님을 항상 경외하고 사랑하는가, 3)예수 그리스도를 닮아가도록 최선을 다하는가, 4)성령의 도움을 받아 성경말씀을 다른 사람들에게 전달하고 가르치는가, 5)예수 그리스도의 몸인 교회에 충성하는가, 그것들이다.
- 신앙전력화라는 표어 아래 군인선교에 크게 기여한 박정희 대통령을 한국판 고레스왕이라 할 수 있을까.
- 신앙생활은 가치관 혁명과정이다.
- 약을 대신 먹어줄 수 없는 것처럼 아내의 믿음 때문에 남편이 구원받을 수는 없다.
- '영적 전투 윷놀이'처럼 교회의 모든 행사에 신앙생활의 의미를 부여하라.
- 영화 배우나 연극 배우는 그 맡은 인물로 화학변화를 일으켜야 수준 높은 연기를 하게 되듯이 목사나 신자들도 예수님과 더불어 물리적 변화가 아닌 화학적 변화를 일으켜야 한다.
- 인형처럼 예쁜 아기인데 자라지 않는다는 의사의 진단을 받은 부모가 얼마나 낙심천만해 하는지… 하나님도 그 자녀인 우리들의 믿음이 자라지 않으면 얼마나 안타까우실까.
- 자수성가도 있고 타수성가도 있지만 그리스도인들은 누구나 '예수성가'의 은복을 받는다.

교인관리

- 그리스도인은 자기 힘으로 사는 것이 아니라 하나님의 힘을 렌트(임대)하여 산다.
- 그리스도인은 모두 순교자인데 다만 점진적 순교이냐 순간적 순교이냐의 차이만 있을 뿐이다.
- 그의 직분이 집사인지 권사인지 모르면 권사라고 불러라.
- 나그네 신자를 만들지 말고 주인의식을 강화시켜 주인신자가 되게 하라.
- 모범신자와 몹쓸신자 30가지를 정리했으니, 1)일꾼형~말꾼형, 2)참여형~구경꾼형, 3)창의적 순종형~맹목적 복종형, 4)건설형~훼방형, 5)뒤밀이형~뒷총질형, 6)은밀봉사형~생색내기형, 7)솔선수범형~허드렛일기피형, 8)책임자담형~책임전가형, 9)유종의미형~중도포기형, 10)앞충뒷충형~앞충뒷배형, 11)스펀지형~톡톡튀는형, 12)조산원형~텃세형, 13)안상유인형~안하무인형, 14)팀플레이형~독불장군형, 15)돈마련형~돈타령형, 16)차근차근형~허둥지둥형, 17)고집변통형~고집불통형, 18)감사감사형~투덜투덜형, 19)성장지향형~왜소지향형, 20)마음예수형~마음콩밭형, 21)시원시원형~미적미적형, 22)꾸준꾸준형~최후후닥닥형, 23)어깨동무형~저돌횡행형, 24)철저신실형~처삼촌벌초형, 25)머슴형~십장형, 26)사나죽으나형~도망궁리형, 27)참여희생형~될대로되라형, 28)공로넘겨주기형~공로가로채기형, 29)십자가지기형~치고빠지기형, 30)격려칭찬형~남깎아내리기형.
- 모태적 골초는 아니었지만 나는 모태적 주정뱅이였는데 그것은 일제강점기 때 어머니가 나를 임신하고 먹을 것이 없어서 양조장에서 값싸게 파는 술지게미를 여러 번 잡수셨기 때문이다 .
- 무조건적 충성파보다는 비판적 지지자가 많은 교회가 건강하다.
- 성도들의 이름을 정확하게 기억하라.(요 10:3)
- 성도들은 누구나 걸어 다니는 성전이다.
- 성도들의 이름이 명부에서 빠지면 하늘나라 생명책에서 이름 빠진 것처럼 상처를 받는다.
- 성도들의 이름을 기억하지 못하기 시작하면 교회를 분립

개척할 준비를 시작하라.
- 성도들을 모두 공평하게 대하되 필요의 정도를 가늠해서 하라.
- 신자는 걸어 다니는 성경이 되어야 한다.
- 신자들의 소속감을 높여 주라.
- 신자증명서만 첨부하면 은행이 다른 것 묻지 않고 10만 불쯤 즉석대부해 주는 시대가 와야 한다.
- 신자들이 자존감(self-esteem)을 높일 수 있는 교회를 만들라.
- 신자들을 기계적 맹종자로 만들지 말고 창의적 순종자가 되도록 격려하라.

가정 · 신자
- 가정 같은 교회, 교회 같은 가정.
- 가정 찬송과 가훈성구를 정하도록 격려하라.
- 가정 밖에 낙원 없다, 잘 가꾸어 행복 찾자 (가정주간 표어 당선작).
- 가정세미나 강사가 남편과 이혼하고, 웃음치료전문가가 우울증으로 자살에 이르고, 최대교회목사가 최악의 목사로 전락하는 것들이 우리를 무척 슬프게 한다.
- 공자는 자기 한계를 잘 알고 있는 훌륭한 인물이었으니 특히 '삶이 무엇인지도 잘 모르는데 죽음을 어찌 알겠는가'(未知生焉知死)라는 말에서 입증된다.
- 교회 화장실 화장지의 길이와 집의 화장실 화장지의 길이를 용변 볼 때마다 똑같이 사용한다면 그는 우등생 신자로 평가할 수 있다.
- 교회 떠돌이병 중증환자들이 너무 많다.
- 교회에서는 천사, 가정에서는 악마 같은 목사들도 숫자가 적은 편이 아니다.

부부
- 남편의 바람기는 사람으로서는 당사자와 그 아내만이 막을 수 있다.
- 부부는 무촌인데 사랑하면 한 몸이 되고 헤어지면 남남이 된다.
- 부부와 교회는 갈라서기는 매우 쉽고 합하기는 너무 어렵다.
- 부부싸움은 칼로 물 베기가 아니라 칼로 살 베기여야 다시는 안 싸울 것 같다.
- 부부가 한 몸이기는 해도 아내가 아플 때 남편이 대신 약을 먹어줄 수는 없다.
- 부부는 서로 다르기 때문에 함께 사는 재미가 있다.
- 의처증과 의부증은 '의심할 것은 상대방이 아니고 바로 자기 자신'이라는 걸 깨달을 때에만 고칠 수 있다.
- 의처증, 의부증보다도 더 무서운 것은 의신증, 의예증, 그리고 의목증 아닐까.

지도자 · 지도력 · 직분자
- 장로 24명이 버티고 있는 천국에는 결코 갈 생각이 없다는 목사도 있었다.
- 장로가 목사와 싸워 이기면 이기고도 두 다리 뻗고 자기 어렵다.
- 장로교회의 이중예정론은 쉽게 말한다면 '예수 믿을 팔자'라는 뜻인데 이것이 운명론이 강한 한국인 전도에 크게 공헌했다.
- 장로와 목사는 영적 자녀들을 잘 키우기 위해서라도 좋은 부부관계처럼 되어야 한다.
- 장로직분까지 거쳐서 목사로 안수 받으면 평신도들의 입장을 훨씬 잘 이해하는 장점이 있다.
- 정치 좀 하려면 집사로는 안 되고 장로 한 자리 따야 한다는 것이 세상 풍조다.
- 중요한 일에는 이중점검(cross-checking)을 하라.
- 지도력은 위기관리능력에서 판정난다.
- 지도자는 과거보다는 현재를 현재보다는 미래에 더 많은 관심을 기울여야 한다.
- 지도자는 끌고 가기도 하고 끌려가기도 한다.
- 지도자는 누구나 입장 바꾸기(易地思之)가 몸에 배어야 한다.
- 지도자는 운전사처럼 옆 거울이나 뒷거울을 잠시 살피고 대부분은 앞을 보고 달려가듯이 과거와 현재보다는 주로 미래를 향하여 회중을 이끌고 나아가야 한다.
- 지도자는 추종자들에게 꾸중보다는 칭찬을 더 많이 하라.
- 지성의 뒷받침이 없는 영성은 무당의 점괘에 불과하다.
- 지성인의 특징은 1)전체를 파악하고, 2)창의적으로 생각하고, 3)올바르게 판단하고, 4)아는 것과 사는 것이 일치하고, 5)자기 자신을 잘 다스리고, 6)다른 사람들에게 좋은 영향력을 끼치고, 7)평생토록 무엇인가를 열심히 배운다.
- 지식을 조직하고 체계화하는 것은 조직된 지식은 쉬운 전화번호 같아서 학습효과가 매우 높기 때문이다.
- 직분 안수는 자아 장례식이다.
- 직분자를 마구잡이로 세우면 마구잡이 교회가 된다.
- 집사는 성경 원말로 웨이터/웨이트레스라는 뜻인데 팁을 하나님께 드리면 더 많은 팁을 받는 웨이터이다.
- 최후의 심판대에서 '충성되고 지혜 있는 종' (마24:45)이라는 칭찬을 들었으면 여한이 없겠는데 어쩐 일인지 자꾸 '게으르고 미련한 종'이라는 소리만 들려온다.
- 큰 일 낼 사람이 되지 말고 큰 일 할 사람이 되라.
- 키는 작아도 사람은 큰 것을 보면 예수 믿는 사람인 것 같다.
- 평신도가 목사보다 더 큰 상을 받게 될 것인데 이는 평신도는 돈을 내고 예수 믿고 목사는 돈을 받고 예수 믿기 때문이다.
- 평신도들도 '왕 같은 제사장'이 되어 세례와 성찬을 집례할 수 있게 하는 것이 예수님의 의도 아닐까. (벧전2:9).
- 함께 일하는 것이 설령 더디더라도 혼자 해치우는 것보다 그 열매가 더 좋다.
- 현상 유지형 지도자인가, 발전 확장형 지도자인가.
- 혼자서만 북 치고 장구 치려 하지 말고 오케스트라에서처럼 여러 사람에게 할 일을 나누어 주라.

Ⅴ. 교회

교회 · 교단

- 감리교회는 감독과 관리를 잘 하는 기독교 교단으로 알려졌는데 최근에는 감독과 감리사직이 두통거리인 것을 보면 순리로 쓸 것을 역리(逆理)로 쓰는 것 같다 (롬1:26).
- 강대국이 있으면 강소국도 있는 것처럼 강대형교회가 있으면 강소형교회도 있고 약대형교회도 있다.
- 개신교회와 천주교회가 한 기독교가 되려면 우선 사용하는 용어 곧 하나님 대 하느님, 교회당 대 성당, 예배 대 미사, 목사 대 신부 등을 통일하는 것에서 시작되어야 한다.
- 결정적인 때(카이로스)를 찾아 교회의 문제들을 해결하도록 하라.
- 고향교회 방문의 날 행사를 통하여 떠나간 성도들과 함께 친교하는 것도 유익한 목회프로그램이다.
- 교단 이름이 통합, 합동, 연합인데 서로 갈라져 싸우고 있으니 그건 성경의 진리성을 허위성으로 바꾸는 하나님 반역행위 아닌가.
- 교단연합신학교가 미국에서는 잘 되는데 한국에서는 매우 저조한 걸 보면 한국교회에서는 '헤치면 살고, 뭉치면 죽는다'가 제격일 것 같다.
- 교회 구좌에 돈이 넉넉하면 분쟁이 생기는 것은 시체가 있는 곳에 독수리가 모여드는 것과 같다.(눅 17:37)
- 교회 안에 일꾼은 별로 없고 말꾼만 득실거린다.
- 교회 안에는 계나 향우회 같은 사조직을 되도록 해체하라.
- 교회 안의 분쟁은 결국에는 재산 싸움으로 간다.
- 교회 안팎에 문제 덩어리, 문제투성이들이 많은 것을 감사하라.
- 교회 이름을 너무 거룩한 것이나 최상급의 것으로 짓지 말아야 할 것은 그 교회가 망하면 그 거룩한 이름에도 먹칠을 하게 되기 때문이다.
- 교회가 두 명만으로도 성립된다는 것은 곧 하나님을 경외하는 부부가 바로 교회, 그것도 가장 작은 수이지만 가장 좋은 모범교회라는 뜻이다.
- 교회가 예수 그리스도를 십자가에 가장 자주 못 박아 죽이는 것 아닐까.
- 교회가 작을수록 담임목사는 큼직해야 그 교회에 희망이 있다.
- 교회가 재정통계에서는 몇 센트까지 따질 정도로 정확하면서도 신자 수 통계에는 융통성과 과장이 많은 것은 비록 믿음셈법이 수학셈법과 다르다고 해도 당연시해서는 안 된다.
- 교회공신력향상특별위원회를 구성하여 활동해야 할 정도로 교회공신력이 땅에 떨어진 것에 분통이 터진다.
- 교회나 담임목회자의 신선한 이미지를 떠오르게 하는 산뜻한 대표상징을 만들라.
- 교회는 '스스로 존립하시는 하나님'을 모셨기에 어느 경우에도 '미자립교회'란 없고, 있다면 다만 재정미자립교회가 있을 뿐이다.
- 교회는 감옥, 가정은 지옥이라는 자녀들의 말에 귀를 기울이라.
- 교회는 개척하여 성장시키려면 수십 년이 걸리고 망치는 데는 몇 달이 안 걸린다.
- 교회는 고통, 기쁨, 아픔을 함께 분담하는 십자가 함생체이다.
- 교회는 국가발전 경제개발의 앞잡이다.(김일성종합대학교 교수들에게 평양에서 한 말)
- 교회는 그 이름대로 운영되어야 하는데 가끔은 이름은 상도동교회인데 실상은 하도동교회로 타락하기도 한다.
- 교회는 다섯 달란트 남기기 위하여 사업하는 거룩한 회사이다.
- 교회는 말씀, 기도, 세례, 성찬, 친교, 묵상 등 모든 은혜의 도구를 함께 지니고 있는 은혜의 종합센터이다.
- 교회는 모였다가 흩어지고 흩어졌다고 모이지만 모이지도 않으면 흩어질 수가 없다.
- 교회는 믿음이 좋은 사람들에게는 죽으러 오는 곳이다.
- 교회는 사탄의 통치 아래 있는 영혼들을 구출하고 보호하기 위한 전투 본부다.
- 교회는 성삼위 하나님께서 기뻐하시는 그 무엇을 생산하는 능력이 떨어지기 시작하면 망하는 일만 남았다.
- 교회는 양을 먹이고 양육하는 목장이다.
- 교회는 영혼 세탁소이다.
- 교회는 영혼 주유소이다.
- 교회는 영혼을 튼튼하도록 좋은 음식을 먹이는 급식소다.
- 교회는 영혼의 파수꾼이다.
- 교회는 예수 그리스도라는 옷을 만들어 공급하는 바느질 공장이다.(롬 13:14)
- 교회는 예수 그리스도의 피를 함께 나눈 가족이다.
- 교회는 질병은 무엇이든지 고쳐내는 병원이다.
- 교회는 최소한 두 명의 하나님 자녀로 구성된다.(마 18:19)
- 교회는 하늘의 진리를 가르치는 학교이다.
- 교회는 한 생명이라도 구원했다면 그 비용과 노력이 얼마가 들었든지 제 몫을 해낸 셈이다.
- 교회를 개척할 때에는 창립회원은 되도록 담임목사 부부만으로 하라.
- 교회를 둘 이상 문 닫게 한 목사가 있다면 다른 부임지를 찾지 말라.
- 교회를 살리라고 직분을 주셨는데 감독직 쟁탈전 때문에 감리교회가 난장판이 되는 것은 하나님에 대한 반역행위이다.
- 교회를 하나님 나라의 지점이 되게 하라.
- 교회를 하나님 나라의 형상이라고 이해하는 것은 구원받은 사람에게 하나님의 형상이 있음과 같다.
- 교회에는 국영교회도 있고 민영교회도 있고 반관반민교회도 있다.
- 교회에도 무엇이든 재미가 있어야 한다.

- 교회에서 새는 바가지는 밖에서도 샌다.
- 교회에서 지옥 맛을 보게 해서는 결코 안 된다.
- 교회에서 천국 맛을 보도록 세심하게 배려하라.
- 교회에서는 그 마을 어느 식당에서보다도 더 맛 좋은 음식을 제공하는 것이 좋다.
- 교회에서는 십자가 지는 자가 왕으로 평가되는 풍조여야 한다.
- 교회운영계획서를 매년 만들라.
- 교회의 5대 구성요소는 1)성삼위 하나님, 2)성경, 3)목회지도자, 4)믿는 사람들, 5)시설과 재정일 것 같다.
- 교회의 각 종 회의를 시작할 때는 '주님이 의장 되시고 주님의 뜻을 이루는 지도자가 되게 하소서' 기도했는데 회의가 끝나면 자기 뜻대로 안 되었다는 불평이 웬 말인가.
- 교회의 노래를 제정하여 자주 사용하면 교회성도들의 일체감을 높인다.
- 교회의 두통거리는 쓸데없이 증폭시키지 말고 되도록 작게 만들라.
- 교회의 모든 회의는 전도전략회의여야 한다.
- 교회의 모든 회의는 하나님의 바른 뜻을 함께 찾아가는 과정이다.
- 교회의 사조직이 공조직보다 강하게 되면 그건 정상적 교회가 아니다.
- 교회의 새 가족 환영회는 나그네 신자가 주인신자로 호적하는 날이다.
- 교회의 성장이 멈추면 그 때부터는 죽음의 길로 접어든다.
- 교회일치운동은 요한 웨슬리 목사의, 1)본질적인 일에는 일치, 2)비본질적인 일에는 관용, 3)모든 일에 사랑으로 하라는 원칙 위에서 해야 한다.
- 교회주식회사라는 말도 유행한다.
- 그리스도의 몸인 교회를 갈기갈기 찢어 놓으면 하나님은 그 사람을 갈기갈기 찢어 놓으신다.
- 끼리끼리 모이게 해야 교회성장에 도움이 된다지만 끼리끼리만 계속 모이는 것은 교회성장에 장해가 된다.
- 당신이 평신도라면 당신 교회에 왜 갈까 곧 낚싯밥(incentive)이 무엇인지를 분석해 보라.
- 당회 때문에 담임목사들이 가장 많이 멍든다는 것을 장로들은 기억해야 한다.
- 당회가 갈라서면 교회가 갈라진다.
- 성결교회 초기 대표적 지도자 이명직 목사는 양극단을 배제하면서도 통합하는 중용신학(中庸神學)의 시각에서 재평가해야 한다.
- 성결교회가 강조하는 사중복음(중생, 성결, 신유, 재림)은 전인적이며 통전적 구원론의 핵심이다.
- 성결교회까지 만약 불결해지면 모든 교회는 세상에 대하여 아무리 좋은 복음을 외쳐도 설득력이 없게 된다.
- 성결교회는 '기독교 개신교 웨슬리언 사중복음주의'로 특징지어진다.
- 성결교회는 구원론 중심의 신앙을 핵심으로 한다.
- 성결교회의 구원론은 웨슬리언 신학과 사중복음을 통합한 '온전한 구원, 거룩한 생활'(미주성결교단 대표표어로 저자 제안)로 요약된다.
- 성전 안에 들어오면 성도들이 하늘나라에 들어온 느낌을 갖도록 배려하라.
- 성전보다 자기 집을 더 호화롭게 꾸미고 살면서 어찌 하나님을 경외한다고 하겠는가.
- 성전은 교회를 담은 그릇이어서 성전보다는 교회가 훨씬 더 중요한 것은 사실이지만 그릇이 없으면 물이나 음식을 제대로 보존할 수 없다는 사실을 기억해야 한다.
- 성전은 불경기에 사야 불길 경기를 만난다.
- 예수교회에 예수 없고 기독교회에 그리스도 없다 (요즈음에는 이 말이 많이 유행한다).

교회개척

- 개척교회 목사는 무거운 짐을 지고 시멘트 바닥을 느릿느릿 걸어가는 달팽이에게서 자신의 모습을 본다.
- 개척교회 일차 목표는 단골손님 50집을 확보하는 일이다.
- 교회개척은 목사의 가슴 속 깊은 심장에서 시작된다.
- 속담 '여자가 셋이 모이면 나무접시도 깨진다'를 '여자가 셋이 모이면 교회 하나가 세워진다'처럼 기독교 정신으로 재생시켜라.
- 시작은 창대하나 마지막은 미약한 교회들이 얼마나 많은가.(참조:욥 8:7)
- 장로교회가 한국에서 현저히 발전하고 확장된 것은 장로와 경로사상의 만남, 이중예정론과 운명론의 만남, 율법주의와 유교와의 만남, 우수한 선교사들의 활약 등에 크게 힘입은 것 아닐까.
- 초교파교회라는 건 허울 좋은 명칭이고 실상은 무교파교회일 뿐이다.

교회성장 · 갈등 · 치리

- 교회 갈등 조정에는 '함께 이기기 원칙'이 핵심인데 그것은 곧 너도 이기고, 나도 이기고, 누구보다도 하나님께서 이기게 해드리는 전략이다.(윈윈윈 전략)
- 교회 싸움은 마지막에는 재산싸움이기 때문에 결국 법정에서 끝난다.
- 교회가 종교주식회사 그것도 주주총회나 이사회는 형식뿐이고 담임목사 혼자서 전횡하는 그런 종교주식회사가 되어 가고 있지 않은가.
- 교회경영은 식당경영, 회사경영, 가정경영, 국가경영에서 많은 것을 배워야 한다.
- 교회를 모조리 박살내던 사울이라는 청년은 다메섹 가는 길에서 마침내 자기가 박살났고 그래서 바울 사도로 거듭났다.
- 교회분쟁으로 인한 소송은 결국 성 삼위 하나님을 법정 심판대에 세우는 범죄행위일 뿐이다.
- 교회에도 7대 비리가 있으니 1)구원사역의 사명 결핍, 2)목사들의 저질적 행동, 2)패거리 싸움과 법정 소송, 4)헌금 강요, 5)세습목회와 족벌주의, 6)재정 비리, 7)

신자쟁탈전인데 이것들이 교회성장 방해의 7적들 아닐까.
- 교회에서는 났다 하면 사람 사고이다.
- 교회재산을 부당하게 축내는 도둑들이 꽤 있는데, 그들의 3대 자손들이 어떻게 되나 살펴보라.
- 교회총회 장소에서 소리를 버럭 지르고, 삿대질 하고, 눈을 부라리고, 욕설을 퍼붓고, 몸싸움을 벌이는 목사와 장로 대의원들의 그 얼굴과 행동을 동영상 찍어 그 소속 교회 회중에게 상영한다면 그 못된 버릇이 고쳐지려나.
- 교회타운을 건설할 계획이 있다면 믿지 않는 자들이나 다른 종교인들까지라도 부담 없이 참석할 수 있는 음악당, 예술센터, 스포츠센터도 포함시키라.
- 교회통치에서는 민주주의와 신주주의를 아름답게 배합하라.
- 다른 교회 목회 프로그램이나 아이디어는 상황에 맞게 조정해서 사용하라.
- 바람 목회도 있고 바위 목회도 있지 않은가.
- 비전이 없으면 목회가 망한다. –전도 목회론*빨리빨리로 성공한 토끼 목회도 있고 느릿느릿으로 성공한 거북 목회도 있다.
- 싸움박질을 예배당 가서 해야지 왜 시장바닥에서 하는 거야?
- 섰다 하면 예배당'이라는 시대와 '사라졌다 하면 교회당'이라는 시대가 반복된다.

VI. 기타

방언

- 방언은 대체로 하나님이 주신 은사이지만 사탄의 선물일 수도 있으니 그 열매로 판단할 일이다.
- 방언을 제일 처음에 한 것은 바로 사람의 말을 했던 뱀이었다는 점에 유의하라.
- 방언의 은사가 전혀 없는 목사의 집회에서도 방언을 처음 체험한 사람들이 있다는 것은 아무런 이상한 일이 아니다.
- 방언을 주시려거든 '영어 방언, 독일어 방언, 히브리어 방언, 희랍어 방언을 주시옵소서.' 하고 기도한 신학도가 여럿이다.
- 방언으로 바벨탑을 무너뜨린 혼잡된 언어(창 11장)가 오순절 성령강림 때의 방언으로(행 2장) 통일되었다는 해석은 큰 은혜가 된다.

이단

- 구원파 (세월호 침몰의 집단공범자)에 구원 없다.
- 기미독립선언문에는, '아아, 신천지가 안전에 전개되도다.'라는 성경구절(계 21:1)이 들어 있는데 그것을 신천지 이단종파들이 자신들의 홍보용으로 교활하게 사용하는 것을 보면 마지막 날에 '불법이 성할 것'(마 24:12)이라는 예언이 이루어지는 것 아닐까.
- 무신론이란 신이 없다고 부정하는 것이 아니라 '무신론'이라는 이름의 신을 믿는 일일 뿐이다.
- 문선명이 원리강론에서 한국말이 세계언어(lingua franca)가 될 것이라고 예언했는데 희망사항일 뿐 실현될 가능성은 거의 없다.
- 이단은 독버섯처럼 먹음직스럽게 생겼지만 먹었다 하면 죽게 된다.
- 이단은 제비족이요, 꽃뱀이요, 청부살인범이다.
- 이단은 영적 치매자들인데 그것은 치매를 '딴 소리 병'으로 이해할 때 더욱 그렇다.
- 이단종파들로부터 목회자가 필수적으로 배워야 할 점들이 엄청나게 많다.
- 이단이라는 비판을 받은 마르틴 루터가, '나는 교황에 대하여 이단이지만 교황은 하나님에 대하여 이단이오'라고 목숨 걸고 외쳤던 그 위대한 용기에 기립박수를 보낸다.
- 이단이라는 정죄는 매우 신중을 기하여야 하는데 이는 그리스도교도 '나사렛 이단'(행 24:5)이라는 누명을 쓴 적이 있기 때문이다.
- 이단신앙이냐 정통신앙이냐의 이분법보다는 '불건전신앙'이라는 카테고리를 그 사이에 두어야 지혜롭지 않을까.
- 이단신앙은 영혼을 죽음으로 몰아넣는 범죄행위이지만 불건전신앙은 범죄적 요소가 있기는 해도 영혼이 죽음에 이르지는 않는 신앙을 뜻한다.
- 통일교는 문선명 교주가 죽은 뒤부터라야 그것이 진리인가 아닌가가 밝혀져 갈 것이다.

북한 · 공산주의

- 공산주의는 초대교회와 반대로, '생산에는 무계급, 분배에는 유계급'으로 인하여 망했다.
- 공산주의가 폭삭 망한 것을 보면서 어찌 하나님을 대적하고 살아남기를 바랄 수 있을까.
- 공산주의가 폭력혁명을 필수적 수단으로 선택한 것이 자살행위였다.
- 공산주의 정권의 멸망으로 종교가 아편이라던 주장은 쓰레기통에 버려진 휴지가 되고 말았다.
- 공산주의는 인간을 종교적 존재라고 인정하지 않은 것이 결정적 허점이었다.
- 공산주의자들에게서 선전선동술을 배워야 한다.
- 공산주의자들은 인간의 가치를 제대로 인정하지 않았다.
- 공산주의 정권의 멸망, 이북 김씨 세습정권의 폭정과 경제개발 실패가 오히려 한국의 자유민주주의 발전과 기독교 인구의 폭발을 돕는 결과를 가져왔다.
- 공산주의 정권과 이데올로기는 1억명 이상의 생명을 죽인 인류역사 최대 최악의 살인범이다.
- 김일성과 문선명은 나쁜 점에서나 좋은 점에서나 공통성이 많으므로 언제인가는 합작하게 될 것이라는 예언이 적중했다.
- 남북분단으로 인하여 우리 민족에게는 비극과 참극이 절대적으로 많았지만 희극과 축복도 없지 않다.
- 남북/북남의 통일은 기득권 세력들 때문에 지금까지 지체

되어 왔다.

- 남북/북남의 통일은 4.19혁명과 같은 민중통일운동으로 성취될 개연성이 가장 높다.
- 남북/북남이 지금까지 교환한 증오의 언어들을 모아 분단 박물관에 보관해서 후일의 민족교육 자료로 써야 한다.
- 남북/북남을 갈라놓은 책임은 일본과 강대국들이 져야 하지만 통일하지 못한 책임은 우리 민족 스스로가 져야 한다는 함석헌 선생의 말은 백 번 옳다.
- 남북/북남이 통일되면 그 국호를 〈대한조선민주공화국〉으로 하면 어떨까.
- 남북통일을 위하여 저토록 열심히 기도하는 한국교회가 왜 자기들끼리는 사분오열되는지 부끄러울 뿐이다.
- 남북전쟁(6.25한국동란)은 칼 마르크스와 예수라는 두 유대인의 싸움 아닌가.
- 남북통일에는 백약이 무효인 것 같은데 그것은 양쪽 집권자들과 이익집단들이 분단의 재미에 푹 빠져 있기 때문이다.
- 남북이 함께 부를 수 있는 노래들이 몇 개나마 있다는 것이 분단의 한을 조금 덜어 준다.
- 유월 이십오일 한국전쟁 발발일을 '원수사랑의 날'로 만들어야 한다.
- 윤봉길 의사가 폭탄을 던지며 했다는 말, '백천대장의 목숨은 내가 맡았다'는 '일본사람 선교는 한국교회가 맡았다'로 번역되어야 한다.
- 주체, 주체 하며 주체가 주체할 수 없이 많은 북한인데 언제인가는 '하나님만이 주체이십니다'하는 날이 오지 않을까.
- 통일을 위하여 우리 시대에 아무 것도 하지 않거나 통일을 방해하는 것은 일본강점시대에 친일파가 되는 것과 같지 않은가.
- 통일 통일 하는데 진짜 통일은 하나님께서 기뻐하시는 통일이라야 한다.
- 평양을 한 때 아시아의 예루살렘이라 했는데 이제는 하나님이 조롱당하는 소돔성이 되지 않았는가.
- 평양은 먹이 주는 손을 물지 말고 사랑과 감사를 더 철저히 배워야 한다.
- 홍익인간(弘益人間, 인간을 널리 이롭게 한다)은 단군조선의 통치이념으로 알려져 있는데 성삼위 하나님의 아가페 통치의 흔적(vestigium)처럼 보인다.
- 휴전선 안에 남북평화교회를 설립하여 남북이 함께 모여 주일마다 예배드릴 날이 속히 오게 하소서.

기타

- 감옥이 지옥의 지점인데 어찌 지옥이 없다고 말하는가.
- 공립학교에서도 종교를 가르칠 수 있도록 요구할 권리가 모든 종교인들에게 있는데 그것은 납세자이기 때문이다.
- 관속에 누워 10분만 기도하면 인생관이 확 바뀐다.
- 도적놈들이 자식에게는 도적질을 안 시키고 살인범들이 자식에게는 살인을 안 시킨다니 그것이 인간에게는 지울 수 없는 양심이 있다는 증거 아닌가.
- 도적놈이 도적맞은 사람보다 잠시 동안은 더 잘 살 수 있으나 오래도록 잘 살지는 못한다.
- 돼지는 미래에 대비할 생각을 전혀 못한다는 걸 잘 알면서도 왜 교회들이 미래에 대한 계획을 세우지 않는지 참으로 이상하다.
- 돼지는 신에게 기도하지 않는다.
- 돼지들의 자살사건도 성경에 기록되어 있다.(막 5:13)
- 되는 것은 되고 안 되는 것은 안 되지만 예수 믿으면 안 되는 것도 되는 것을 수 없이 체험하게 된다.
- 땅을 보면 땅이 꺼질 듯이 한숨이 나오지만 하늘을 보면 무한대의 하늘을 영혼이 훨훨 날아다니는 신비한 기쁨이 터져 나온다.
- 뜨거운 물을 마실 때마다 뜨거운 사랑의 탱크가 되도록 기도하고 차거운 물을 마실 때마다 죄의 유혹에 대하여 냉혹하게 거부하는 믿음을 키워야 한다*마리아라는 목사부인이 마태라는 남편 목사를 총으로 쏘아 죽인 사건도 있었다.
- 마약은 이름 그대로 마귀가 주는 약일뿐이다.
- 마약이 크게 번져가면서 술과 담배는 기독교의 주적 목록에서 제외되어 가는 중이다.
- 메시아라는 히브리 말은 그리스도라는 헬라말로 번역해서 사용하는데 그걸 한국말로 번역하면 '기름사람'이라고 해야 한다.
- 모르면 병이고 아는 것이 약이 되는 경우가 훨씬 많다.
- 복제 복제 하다가 하나님도 복제하겠다는 자들이 나오겠지만 하나님은 처음부터 스스로를 복제하셔서 언제나 어디에나 동시에 존재하셨던 분 아니신가.
- 본전도 못 뽑은 본처들이 너무 많다.
- 부작용(side effect)이 일을 망치지 않도록 항상 유의해야 한다.
- 붉은 악마'라는 응원단 이름이 신난다고들 하는데, 그들은 자기 자식에게 악마라고 이름 짓고 기뻐서 박수치는 모양이다.
- 사일구 데모 때 경무대 경호원들이 하늘을 향하여 공포탄을 쏘는 걸 보면서 한 말, "저 놈들이 하나님부터 죽인 다음 우리들을 죽이려는가 보다."
- 삭개오야, 내려오너라' 주님이 부르셨을 때 삭개오는 '너 자칭 깨끗하고 의롭다는 놈아, 어서 속히 내려와' 그렇게 들었으리라 (삭개오는 깨끗하다, 의롭다는 뜻).
- 산 뱀 보고 입맛 다시는 이는 물어볼 것도 없이 한국사람이다.
- 살인을 줄이려는 불가피한 살인만 허용되어야 한다.
- 생명의 절대 존중이라는 대 명제 앞에 이 세상 모든 종교와 문명이 합의해야 한다.
- 생명적 존재 곧 살아 있는 존재들은 필연적으로 1) 자라고(grow), 2)재생산하고(reproduce), 3)활동하고(act), 4)변화되고(change), 5)환경에 적응(environmental adaptation)하는 특징을 가졌다 (첫 글자를 합하면 grace 곧 은혜가 된다).
- 서울 상도동은 '하늘로 가는 밝은 길 동네'란 뜻인데 상도

동 사람들의 잘못으로 그만 '하도동'(下道洞)이 된 것은 아닐까 (상도동 소재 교회에서 집회할 때).
• 서울대학교 동문목회자회 이름을 울목회라 한 것은 서울의 두 번째 글자를 사용한 것이기도 하지만 무엇보다도 '울면서 목회하자'는 뜻을 담았다.
• 성탄절이 요란한 밤, 시끄러운 밤, 더러운 밤, 술취한 밤, 죄독에 빠진 밤이 된 지 퍽 오래다.
• 세종대왕이 창제한 한글로 성경을 기록하여 보급했는데도 만약 그분이 예수님을 믿지 않아서 지옥으로 갔다면 자신도 지옥으로 즐겨 가겠다고 주장하는 사람을 어떻게 볼까.
• 소금과 빛'이 성경에 적힌 바른 순서인데 왜 '빛과 소금'이 귀에 익을 정도로 사용되는가, 혹시 성경변조죄라면 지나칠까.
• 소돔성을 탈출하는 롯의 아내에게 눈 두 개를 더 만들어 뒤통수에 붙여주실 수 있는 하나님이신데 왜 그 여인을 끝내 소금기둥이 되게 하셨을까.
• 소련공산당 정권이 70년 만에 몰락함으로 하나님을 죽이려 드는 자는 유다처럼 결국 자기 자신의 자살행위로 끝나게 된다는 역사적 교훈을 남겼다.
• 손가락은 약하나 주먹은 강하다.
• 수비 위주의 목회냐, 공격 위주의 목회냐, 그것도 아니면 공수 재빠른 전환의 목회냐.
• 술 한 잔은 독 한잔.
• 술주정뱅이 남편이라도 아내를 술집 여자만큼이라도 대접해 주면 위로가 되겠다는 여성도 있었다.
• 시간과 함께 뛰어가면 더 많은 일을 할 수 있다.
• 시간은 사람의 생명을 무섭게 해체한다.
• 시간은 하나님이 주신 값진 선물인 동시에 생명을 파괴하는 무서운 선물이기도 하다.
• 시체를 화장하는 것은 절대로 안 된다는 목사는 상대적 진리를 절대화했기 때문에 이단적 성향을 가진 것으로 판정해도 된다.
• 시퍼렇게 살아 있으신 하나님을 잠시도 잊지 말라.
• 신비주의는 경계해야 되지만 신비한 체험은 신앙을 매우 건강하게 만든다.
• 신성, 인성, 여성, 남성에 기준하면 영성이라는 말이 좋고, 체격, 인격, 성격, 신격에 기준하면 영격이라는 말이 좋다.
• 신성모독죄로 처형하는 것은 예수님 한 분으로 끝나야 한다.
• 신중심은 인간중심을 포함하지만 인간중심은 신중심을 배제한다.
• 실존주의자들이 주장하는 대로 인간은 자기 의지와 관계없이 던져진 존재 곧 피투자(被投者, the thrown)이지만 그러나 자기 생명을 던질 수 있는 존재로 성장하도록 설계되었다.
• 십계명에서 '살인하지 말라'는 부정적 명령을 '목숨을 걸고 다른 사람의 생명을 보호하라'처럼 적극적으로 풀면 그 뜻이 더 잘 드러난다.
• 싸움박질로 폭삭 망한 교회가 관광명소로 부활했다는 소식.
• 아담과 하와 같은 멍청한 조상을 둔 그 후예들의 고생이 이만 저만이 아니다.
• 아담과 하와가 제대로 살았다면 예수님은 십자가 고통을 겪지 않으셔도 되는 것인데도 조상에 대한 원망이 전혀 없으신 그분 아닌가.
• 아들 예수가 십자가에 달렸을 때 아버지도 같은 아픔을 겪었을 뿐만 아니라 아들이 죽으면 아버지라는 이름도 쓸 수 없게 된다는 점에서 아버지도 죽은 것과 같다는 것이 차라리 '사신신학자들'의 주장이면 좋겠다.
• 아브라함이 이삭을 죽여 제물로 드리라는 하나님의 음성을 듣고 무어라 말하고 싶었을까: '주실 때는 언제고…저는 아버지 직분 사표 냅니다….하나님 손으로 죽여 쓰세요…'
• 아빠의 반대말은 엄마인데 왜 아빠와 엄마가 죽자살자 좋아하는 거냐는 어떤 소녀의 질문 속에는 철학자 헤겔의 변증법의 씨앗이 들어 있다.
• 안 되면 네 탓, 잘 되면 내 덕'이라는 속담이 예수 믿으면 '안 되면 내 탓, 잘 되면 네 덕'으로 뒤집어지게 된다.
• 앉아서 먹이를 기다리는 개구리가 되지 말고 먹이를 찾아 돌아다니는 도마뱀이 되라.
• 앉은뱅이를 선뱅이로 바꿀 수 있는 것이 은혜와 믿음이다.(행 3:1-10)
• 알곡에는 '알' 곧 생명 그리고 예수님(요일 5:12)이 있고 쭉정이에는 알이 없다.
• 앞에서 과도하게 충성을 서약하는 사람이 배신할 가능성이 더 높다.
• 약점은 감추려 하지 말고 강점으로 바꾸라.
• 엄마 아빠도 투표로 뽑으면 좋겠다'는 아들에게 '너희 같은 망나니들의 부모가 되려고 입후보할 사람이 있겠느냐'고 대꾸했다.
• 에덴동산의 뱀이 아직도 맹활약을 하는가, 능구렁이 목사들을 자주 만나게 된다.
• 에스더의 십자가가 세워진 골고다(해골) 언덕은 바로 왕궁이었다.
• 여성도들의 달거리와 갱년기 등 생리현상도 목회를 좌우한다는 점에서 유의 깊게 살피라.
• 여성신학이 득세하는 날부터 남성신학이 눈을 비비고 일어나 나올 것 같다.
• 여성의 목사안수가 잘 된 결정인지는 여성 담임목회의 성공 여부 곧 그 열매에 달렸다.
• 여전도회관은 있는데 남전도회관이 없는 걸 보면 기독교는 한국여성의 평등화와 해방에 결정적 공헌을 했다는 걸 웅변으로 증명하지 않는가.
• 여행해방운동의 선각자는 단연 와스디였다.(에 1:9이하)
• 역발상을 활용하신 목자장 예수님을 본 받아야 한다.
• 역사는 뒷날 한반도 일제강점시대와 연이은 남북전쟁시대를 가리켜 '멍텅구리들의 대행진'이었다고 평가하지 않을까.

- 열쇠 자물쇠가 점점 많아지고 정교하게 개발되는 걸 보면 이 세상은 더욱 험악하게 타락해 가고 있다는 증거 아닌가.
- 왕(王)의 한자는 '하늘과 땅 사이의 십자가 진 사람'을 뜻하고 이(李)의 한자는 십자가를 지고 계신 인자(人子 곧 예수님)를 뜻한다는 사실을 이씨조선의 임금들이 알았더라면 정치가 확 달라졌을 것이다.
- 요나가 큰 물고기 뱃속에 들어갔다가 살아나왔다는 것뿐 아니라 멸치 뱃속에 들어갔다 살아나왔다고 해도 하나님의 전능성을 믿는 한 아무 의심할 것이 없다.
- 요나단은 매형 다윗에게 왕위를 양보한 성경판 양녕대군 아닌가.
- 우물 밖 개구리가 되라.
- 우익(오른쪽 날개. 보수파)과 좌익(왼쪽 날개. 진보파) 모두가 몸통에 붙어 있어야 한다는 사실을 반드시 기억하라.
- 원죄는 영혼의 유전병이다.
- 원칙적으로 원칙주의자가 되라.
- 유다, 아간, 아나니아와 삽비라의 참혹한 죽음을 알고도 교회 재산을 도적질하는 사람들은 정말 얼마나 간덩어리가 클까.
- 유목, 방목, 축목(살찌게 하려고 가두어 먹임) 외에 도목(도둑질 목회)도 있다.
- 유월절을 '뛰넘절'로 번역하면 뜻이 더 분명해진다.
- 음주운전으로 사람을 갈려 죽인 이가 법정에서 '주범은 제가 아니라 바로 술입니다'라고 해서 또 한 번 책임전가의 죄를 덧보탰으니 죄는 죄를 낳는 법이다.
- 의롭다는 말은 하나님께서 정하신 표준에 부합되게 산다는 뜻이다.
- 인터넷으로 세례를 베풀고 인터넷으로 성찬예식을 집례할 수 있는 시대가 올까.
- 자기 속에 계신 성자 하나님, 성령 하나님과 자주 대화하라.
- 자동차는 비행기처럼 날아다니는 은사가 없기 때문에 땅 위에서만 굴러 간다.
- 자동차를 너무 값비싼 것을 목사가 타면 목회사고가 자주 난다.
- 자본주의가 다른 사람을 먹여 살리려는 목적으로 돈을 번다면 그건 곧 먼저 잘 먹고 건강해야 아기에게 젖을 줄 수 있는 어머니의 역할이 된다.
- 자본주의가 분배의 정의라는 기독교윤리를 내버린 까닭에 소외된 자들을 더욱 학대하는 폭력으로 변질되었다.
- 자살할 용기가 있다면 그 용기 가지고 세상을 신나게 살아갈 수 있다.
- 잠자는 것은 죽는 연습, 깨어나는 것은 부활의 체험, 밥 먹는 것은 생명의 양식 준비 연습 아닌가.
- 잡종의 전성시대가 무섭게 닥아 오고 있다.
- 장래 지향적으로 살아야 한다며 하나님은 두 눈을 뒤통수가 아니라 얼굴에만 붙여 주셨다.
- 장미전쟁에서는 한 쪽은 흰 장미, 다른 쪽은 붉은 장미를 상징으로 사용하면서 많은 사람을 서로 죽였다는데… 어찌하여 희거나 붉거나 모두 장미라는 데 합의하지 못했을까.
- 장점과 단점은 저절로 드러난다.
- 장점이 단점도 되지만 단점도 장점이 된다.
- 전이해(前理解)가 후이해(後理解)를 상당부분 결정한다.
- 절대 권력이 절대 부패하듯이 절대영성은 절대 부패한다.
- 절대 진리에 대하여 충실하되 상대적 진리에 대하여는 융통성을 가지라.
- 정말이라는 말을 많이 사용할수록 그 내용이 허위에 가까운 것 아닐까.
- 정몽주 선생이 예수 믿었으면 '주님 향한 일편단심 변할 줄이 있으랴' 하고 시조를 읊었을 것이다.
- 정의는 구원의 필요조건이지만 사랑은 그 충분조건이다.
- 정의와 사랑은 서로 대립적이지만 성경 안에서는 동전의 양 면과 같이 함생한다.
- 정충(精蟲)과 난자가 결합하여 사람이 태어나게 되는 까닭에 '버러지 같은 놈들'이 그토록 지천이던가.
- 정충과 난자는 그 한국말 이름을 생씨와 생알로 바꾸어야 한다.
- 제비뽑기제도를 부활시킨다는 것은 해볼 만한 일이지만, 만통열쇠가 되어서는 안 되고, 상황에 맞게 조절하여 사용해야 한다.
- 좋은 소문은 걸어 다니고 나쁜 소문은 전파를 타고 날아다닌다.
- 주님, 평양에도 계셨네요.(1989년 12월 북한방문기의 책 제목)
- 주일(Sunday)을 죄일(sinday)로 만드는 죄를 범해서는 안 된다.
- 주일을 토요일이 아닌 일요일로 지키는 것은 하나님의 창조가 시작된 주간 첫 날이라는 것과 예수 그리스도께서 부활하신 날이기 때문이지만 토요일이나 일요일 등을 우상화해서는 안 된다.
- 죽으면 천사처럼 된다는 말씀(마 22:30)이 죽음을 앞 둔 사람들에게 얼마나 큰 은혜였던가.
- 죽은 놈 간 빼 먹을 정도로 악한 세상이라는 것도 옛 말이고, 지금은 산 놈의 간도 빼 먹는 세상이 되었고, 미래에는 낳지도 않은 아기 간도 빼먹는 세상이 될 것이다.
- 죽음아, 네가 이제야 오느냐 하고 호통 칠 정도의 믿음이 될 수는 없을까.
- 죽음은 하늘 고향으로 돌아가는 여행길의 시작이다.(히 11:14-16)
- 죽음은 하늘나라로 이민 떠나는 일이다.
- 죽음을 바르게 이해할 때에만 참다운 행복은 시작된다.
- 지진은 술취한 영혼을 흔들어 깨우시는 주님의 문 두드리심이다.
- 진리발견에서 오는 무한한 기쁨을 아는 사람만이 성경공부에 몰입할 수 있다.
- 진선미는 온 인류의 최고 가치인데 그것을 '진선미애성'

(眞善美愛聖)으로 보완해야 한다.

- 진화는 하나님의 창조사역이 계속되는 것 아닐까.
- 참다운 군인은 적을 죽이기 전에 자기를 죽인다. (국방부 발행 마음의 양식 제74집)
- 철학연구소라는 이름이 점쟁이 촌에 제일 많은 걸 보니 철학도 어지간히 타락한 모양이다.
- 철학자는 인간을 회의주의자가 되게 하고 신학자는 인간을 겁먹게 위협한다.
- 첫 단추가 잘못 끼워지면 둘째 단추부터라도 고쳐서 끼워라.
- 총 들고 혁명한 사람이라 예수님 말씀대로 총에 맞아 죽었던가.(마 26:52)
- 총동원주일이라는 이름 아래 신자총도둑주일 행사로 변질되어가고 있지 않은가.
- 축복'이란 용어를 은복이라고 바꾸자는 제안에 박수를 보낸다.
- 축제(Festival)라는 말이 바알신과 연관된다며 교회에서 사용을 금지시켜야 한다는 주장은 언어학적으로나 신학적으로 볼 때 억설이다.
- 칼을 가지는 자는 칼로 망한다는 말씀(마26:52)이 '핵을 가지는 자는 핵으로 망한다'는 말씀으로 어떻게 이루어지는지 지켜보겠다.
- 편견 때문에 편 가르기가 생긴다.
- 포도주가 없는 한국에서 예수님이 태어나셨다면 성만찬 때는 인절미와 막걸리를 쓰셨을 것이라는 당연한 주장이 미주한인교계에서 그토록 험악한 폭풍을 불러일으킬 줄은 몰랐다.
- 피는 물보다 짙다지만 사탄의 자식들에게는 자기이익은 피보다 더 짙다.
- 피는 물보다 짙다지만 하나님의 자녀에게는 참 사랑이 피보다 더 짙다.
- 하갈처럼 억울한 여자가 또 있을까.
- 하늘에는 영광, 평양에는 평화.
- 하와와 아담이 한국 사람이었으면 뱀이 지레 겁먹고 걸음아 날 살려라 도망가지 않았을까.
- 학교는 감옥, 가정은 지옥이라는 아우성이 목사인 나의 자녀들의 외침이었다.
- 헌혈을 해 보아야 예수님 피 값을 조금이라도 짐작한다. (유니온교회가 미국 적십자사에 집단헌혈을 최초로 했던 한인단체가 된 때에).
- 현대는 잡종의 전성시대가 되었는데 그것이 바로 포스트모더니즘의 영향 아닌가.
- 현대문명은 날이 갈수록 여성의 옷 벗겨내기에 미쳐가고 있다.
- 현대문명의 범죄성을 준엄하게 꾸짖는 세례 요한의 사역이 긴급히 필요하다.
- 현대인 가운데는 약아빠진 사람들은 지천으로 많으나 지혜인을 찾아내기는 쉽지 않다.
- 혼합주의(syncretism)도 전면부정만 할 것이 아니라 상대적 진리의 한계 안에서 수용할 수 있는 아량과 지혜가 기독교에도 있어야 한다.
- 흑인노예해방을 반대하는 교회와 찬성하는 교회가 미국 남북전쟁에서 싸웠다는 걸 보면 믿음이 피부색을 넘어 가기가 얼마나 어려운가.
- 흑인들이 가장 감동받는 한국의 시조는, "겉이야 검다마는 속조차 검을 소냐, 겉 희고 속 검은 이는 너 뿐인가 하노라"일 것이다.

참고 문헌

A. 성경 (Bibles)

관주성경전서 (국한문).
대조성경: 개역개정판/새번역.
흐레마 헬라어/한국어/영어 대조성경.
해설 관주 성경전서 (독일성서공회판).
Analytical Key to the Old Testament Vols. 1-4.
CEB Reference Bible.
Chinese English Bible. Disciple's Study Bible.
Chronological Study Bible.
Hebrew-Greek Key Word Study Bible.
King James Study Bible.
Life Application Bible.
Nelson's NKJV Study Bible.
Spirit Filled Life Bible.
The Bible from 26 Translations.
The Greek New Testament (4th revised (Ed.).).
The Maxwell Leadership Bible. The New Open Bible.
The NIV Thematic Reference Bible.
The Septuagint with Apocrypha.
The Thompson Chain –Reference Bible.
The Wesley Bible. Zondervan NIV Study Bible.
The Life With God Bible.

B. 성경주석 (Bible Commentaries)

Buttrick, George Arthur. *The Interpreter's Bible.* Nashville: Abingdon, 1954.

Hubbard, David A. ed. *Word Biblical Commentary.* Dallas: Word, 1989.

Keener, Craig S. *The IVP Bible Background Commentary: New Testament.* Ill. InterVarsity, 1993.

Osborne, Grant. ed. *Life Application Bible Commentary.* Wheaton: Tyndale, 1996.

C. 사전(Dictionaries)

개혁주의신행협회. *신학사전.* 1993.
정장복 외. *예배학 사전.* 예배와 설교 아카데미. 2000.
최형락. 편. *천주교 용어사전.* 작은예수, 1996.

Anthony, Machael J. (Ed.). *Evangelical Dictionary of Christian Education.* Grand Rapids: Baker, 2001.

Atkins, David J. & David H. Field, *New Dictionary of Christian Ethics & Pastoral Theology.* Downers Grove, IL: . InterVarsity, 1995.

Benner, David G. (Ed.). *Baker Encyclopedia of Psychology.* Grand Rapids: Baker, 1985.

Bullock, Alan. & Stephen Trombley. *The Norton Dictionary of Modern Thought.* New York: Norton, 1999.

Bowden, John. *Encyclopedia of Christianity.* Oxford Univ. 2005.

Bowker, John. *The Oxford Dictionary of World Religions.* Oxford: Oxford Univ. 1997.

Broderick, Robert C. *The Catholic Encyclopedia,* revised. Nashville: Thomas Nelson, 1986.

Burgess, Stanley M. (Ed.). *The New International Dictionary of Pentecostal Charismatic Movement.* Grand Rapids: Zondervan, 2002.

Coggins, R. J. & J. L. Houlden. (Ed.). *A Dictionary of Biblical Interpretation.* Philadelphia: Trinity, 1990.

Cully, Kendig Brubaker. *The Westminster Dictionary of Christian Education,* 1963.

Cully, Iris V. & Kendig Brubaker Cully. *Harper's Encyclopedia of Religious Education.* S.F. Harper & Row, 1971.

Davies, J. G. *The Westminster Dictionary of Worship.* Philadelphia: Westminster, 1972.

Douglas, J. D. (Ed.). *New 20th-Century Encyclopedia of Religious Knowledge.* Grand Rapids: Baker, 1991.

Dyrness, William A. & Veli-Matti Karkkainen. *Global Dictionary of Theology.* Downers Grove, IL: . IVP Academic, 2008.

Evans, Craig A. *Dictionary of New Testament Background.* Downers Grove, IL: . InterVarsity, 2000.

Elwell, Walter A. (Ed.). *Evangelical Dictionary of Theology.* 2nd (Ed.). Grand Rapids: Baker, 2001.

_______, (Ed.). *Evangelical Dictionary of Biblical Theology.* Grand Rapids: Baker, 1996.

Freedman, David Noel. (Ed.). The Anchor Bible Dictionary. New York: Doubleday, 1992.

Geisler, Norman L. Baker Encyclopedia of Christian Apologetics. Grand Rapids: Baker, 1999.

Green, Joel B. et al. (Ed.). Dictionary of Jesus and the Gospels. Downers Grove, IL: . InterVarsity, 1992.

George, Leonardo. *The Encyclopedia of Heresies and Heretics.* Robson, 1995.

Hardon, John. *Modern Catholic Dictionary.* New York: Doubleday, 1980.

Hunter, Rodney J. (Ed.). *Dictionary of Pastoral Care and Counseling.* Nashville: Abingdon, 1990.

McKim, Donald K. *The Westminster Dictionary of Theological Terms.* rev. Louisville: Westminster, 2014.

Moreau, A. Scott. (Ed.). *Evangelical Dictionary of World Mission*. Grand Rapids: Baker, 2000.
Patte, Daniel. (Ed.). *The Cambridge Dictionary of Christianity.* Cambridge: Cambridge Univ. 2010.
Richardson, Alan & John Bowden. *The Westminster Dictionary of Christian Theology.* Philadelphia: Westminster, 1983.
Shaldrake, Philip. *The New Westminster Dictionary of Christian Spirituality.* Louisville: Westminster, 2005.
Strang, Stephen E. (Ed.). *Solving the Ministry's Toughest Problems.* FL: Strang Communications, 1984.
Tenney, Merrill C. (Ed.). *The Zondervan Pictorial Encyclopedia of the Bible.* Grand Rapids: Regency, 1976.
The Encyclopedia Americana. International (Ed.). 1993.
Turnbull, Ralph G. *Baker's Dictionary Of Practical Theology.* Grand Rapids: Baker. 1967 (번역판: 실천신학사전).
Vanhoozer, Kevin J. (Ed.). *Dictionary for Theological Interpretation of the Bible.* Grand Rapids: Baker, 2005.

D. 정기간행물

월간목회, 중앙일보, 크리스천 위클리, 크리스천 저널, 크리스천 헤럴드, 한국일보, 활천.

E. 일반서적 (General Books)

군선교신학회. *군선교신학* 1-11권. 쿰란 (마지막 책, 2013)
계지영. *이 시대를 향한 설교학*. 한국장로교, 2014.
고용수 외. *기독교교육개론* 상, 하. 한국장로교, 2002.
권택조. *기독교 영성신학*. 기독교문서선교회, 2009.
기독교대한성결교회. *예배와 예식서*. 2010.
김균진. *기독교조직신학*. VI. 연세대, 1993.
김성원. *21세기를 움직이는 신학 포인트*. 대한기독교서회, 2012.
김정복. *예수님의 기도 제자들의 기도*. 보이스, 2005.
김찬희. *회의진행규칙과 용례*. 탁사, 2001.
김학주. *공자의 생애와 사상*. 태양문화사. 1981.
남궁달화. *현대도덕교육론*. 교육과학사, 2011.
대한기독교서회. *신약성서개론:한국인을 위한 최신연구*. 2002.
류재하 편저. *성결교회 기독교교육*. 청파, 1993.
명성훈. *뒷문을 막아라*. 크래도, 1995.
______, *교회개척의 원리와 전략*. 국민일보, 1997.
문선명. *평화를 사랑하는 세계인으로*. 김영사, 2012.
박근원. 편. *목회와 교회예식*. 진흥. 1997.
______, *오늘의 목사상*. 대한기독교서회, 1980.
박봉랑. *교의학 방법론 I, II*. 대한기독교출판사, 1987.
배영기. *인간: 인간학의 역사적 탐색*. 한국학술정보, 2006.
복음주의실천신학회 편. *복음주의실천신학개론*. 세복, 1999.
서울말씀사. *최신판 성구사전*. 1999.
서울신학대학교. *기독교교육개론*. 기성, 1994.
________, *성결교회 21세기 목회 매뉴얼*. 2007.
설은주. *가정사역론*. 개정판. 예영. 2004.
성균관대 응용심리연구소. *인간의 마음과 행동*. 2009.
세계기독교통일신령협회, *원리강론*. 성화사, 1985.
슈바이처, A. 김정진 역. *슈바이처의 생애와 사상*. 삼중당, 1993.
에드워드 투르나이젠. 박근원 역. *목회학 원론*. 한국신학연구소, 1975.
염필형. *실천신학*. 성서연구사, 1995.
오성춘, *영성과 목회*. 장로회신학대학. 1989.
______, *영성훈련의 실제*. 성지, 1997.
오인탁 외. *기독교교육론*. 대한기독교교육협회, 1997.
요아힘 예레미아스. *예수시대의 예루살렘*. 한국신학연구소, 1988.
월간목회사. *나의 목회는 이렇다*. 1988.
유니온교회. *유니온교회 30년사*. 2012.
윤석길. *예수 그리스도와 제자도*. 그리심, 2011.
윤철호. *예수 그리스도 상, 하*
이만재. *교회 가기 싫은 77가지 이유*. 규장, 1997.
이상운. *목회학*. 한국장로교출판사. 1992.
이성희. *미래목회 대예언*, 규장, 1998.
______, 밀레니엄 목회 리포트. 규장, 1999.
______, 미래 사회와 미래 교회, 대한기독교서회, 1996.
이순자. *무궁화 사랑으로 삼천리를 수놓은 남궁억*. 한국독립운동사연구소. 2012.
이용원. *21세기 목회학*. 소망사. 2009.
이정근. *기독교교육연구논문집* 상(2000), 중(2002), 하(2007). 교육목회@교육선교원.
______. *뭐야, 예수 믿는다구? 어떤 인간머리가 되어가나 두고 보자*. 쿰란. 2010.
이장식. *기독교 신조사, I, II*. 컨콜디아사. 1979.
이종성. *삼위일체론*. 대한기독교출판사, 1992.
______. *그리스도론*. 대한기독교출판사, 1985.
______. *교회론 I, II*. 대한기독교출판사, 1989.
이중표. *교회발전을 위한 의식개발*. 쿰란. 1992.
______. *교회발전을 위한 인격개발*. 쿰란, 1990.
______. *교회발전을 위한 영성개발*. 쿰란, 1991.
______. *교회발전을 위한 설교개발*. 쿰란, 1989.
이훈구, 김범준. *사람 이해하기*. 법문사, 2002.
전정재. *21세기에 살 우리 아이들 어떻게 기를까*. 시공사, 1996.
정범모. *인간의 자아실현*. 나남, 1997.
정석규. *구약성서로 읽는 갈등과 화해*. 한들, 2010.
정성구. *실천신학개론*. 총신대학, 1980.
정인교 외. *2012 성결교회 설교 핸드북*. 기독교대한성결교회, 2011.

정일웅. *21세기를 향한 한국교회와 실천신학*. 여수룬. 1999
조용기. *나는 이렇게 설교한다*. 서울말씀사, 1996.
조종남. *요한 웨슬레의 신학*. 개정판. 대한기독교출판사, 2000.
______. *기독교신학개론*. 선교횃불. 2012.
진교훈. *철학적 인간학 연구*. vol. I,II, 경문사, 1982.
천정웅. *교사이신 예수님*. 말씀의 집, 1986.
크리스웰, W.A. *목회자 지침서*. 김경신 역. 엠마오. 1984
한상범, *인권*. 교육과학사, 1991.
한상신. *한영예식서*. 바울. 2007.
한영태. *웨슬레의 조직신학*. 성광. 1993.
허호익. *예수 그리스도 바로 보기*. 한들. 2003.
헬프리, 제임스 C. 편. *나는 이렇게 거듭났다*. 신망애 총서. 1984.
홍성철, *회심*. 세복. 1994.
황의영. *교회의 직임과 리더십*. 생명의 말씀사, 1993.
Adams, Jay E. *Preaching with Purpose*,.Zondervan, 1982.
_______, *A Theology of Christian Counseling*. Grand Rapids: Zondervan, 1979.
Anderson, Ray S. *The Shape of Practical Theology. Downers Grove, IL:* . InterVarsity, 2001.
Anderson, Keith R. *Spiritual Mentoring*. *Downers Grove, IL:* . InterVarsity, 1999.
Anderson, Robert C. *The Effective Pastor*. Chicago: Moody, 1985.
Asa야, Muhammed A. *Islam & Christianity: Conflict or Conciliation?* San Jose: Writers Club, 2001.
Ballard, Paul & John Pritchard. *Practical Theology in Action*. London: Ashford Colour Press. 1996.
Barclay, William. *Jesus as They Saw Him*. Grand Rapids: Eerdmans. 1962.
_______, *The Mind of Jesus*. New York: Harper & Brothers, 1960.
Baylis, John. et al. *The Globalization of World Politics*. Oxford, 2011.
Benson, Clarence H. *The Christian Teacher*. Chicago: Moody, 1950.
Berkley, James D. (Ed.). *Leadership Handbooks of Practical Theology. I-III*. Grand Rapids: Baker.
Bisagno, John R. *Letters to Timothy: A Handbook for Pastors*. Nashville: Broadman & Holman,2001.
Bock, Darell L. *Jesus according to Scripture*. Grand Rapids: Baker, 2002.
Breisch, Jr., Francis, *The Ministry of Christ*. Christian Schools International, Grand Rapids, 1962.
Bridston, Keith R. & Dwight W. Culver. (Ed.). *The Making of Ministers*. Minneapolis: Augsburg, 1964.
Briner, Bob. *The Management Methods of Jesus*. Nashville: Thomas Nelson, 1996.
Browning, Don S. A Fundamental Practical Theology. Minneapolis: Fortress, 1991.
Browning, Robert L. (Ed.). *The Pastor As Religious Educator*. Birmingham: Religious Education. 1989.
Bryant, James W. & Mac Brunnson. *The New Guidebook for Pastors*. Nashville: B&H, 2007.
Callahan, Kennon L. *Effective Church Finances*. San Francisco: Jossey Bass. 1992.
Carlson, Gregory C. Rock. *Solid Teacher*. CA: Gospel Light, 2006.
Carpenter, Eric. (Ed.). *Simple Church: Unity within Diversity*. Dallas: Redeeming, 2014.
Cetuk, Virginia Samuel. *What to Expect in Seminary*. Nashville: Abingdon, 1998.
Chapman, Thomas W. *A Practical Handbook for Ministry*, Louisville: Westminster, 1992.
Cohen, William A. *The New Art of the Leader*. NJ. Prentice Hall. 2000.
Cole, *Organic Church: Growing Faith Where Life*. Happens, San Francisco: Jossey-Bass, 2005.
Collins, Kenneth J. (Ed.). *Exploring Christian Spirituality*. Grand Rapids: Baker, 2000.
Cornish, Edward, (Ed.). *Futuring : The Exploration of the Future*. Maryland; World Future Society. 2004.
Crossan, John Dominic. *Jesus: A Revolutionary Biography*. San Francisco: Harper. 1989.
_______, *The Historical Jesus*. San Francisco: Harper, 1991.
Delnay, Robert G. *Teach as He Taught*. Chicago: Moody, 1987.
Dever, Mark. Nine. *Marks Of A Healthy Church*. Wheaton. Crossway. 2000
The Discipline of the Wesleyan Church 2000. Ind: Wesleyan.
Dixon, Patrick. *Futurewise Six Faces of Global Change*. Lodon: Profile, 2007.
Duewel, Wesley L. *Touch the World through Prayer*. Ind. OMS, 1986.
Edersheim, Alfred. *The Life and Tkmes of Jesus* The Messiah. Hendrickson, 1993.
Engstrom, Ted W. & Edward R. Dayton. *The Art of Management for Christian* Leaders. Waco: Word, 1976.
Fernando, Ajith. *Jesus Driven Ministry*. Wheaton: Crossway, 2002.
Foltz, Nancy T. *Handbook oof Adult Religious Education*. Birmingham: Religious Education, 1986.
Ford, Kevin Graham, *Jesus for New Generation*. Downers Grove, IL: . InterVasity, 1995.
Foster, Richard J. *Celebration of Discipline*. HarperOne,

1998.
______, *Life with God*. Harper One. 2008.
Freire, Paulo. *Pedagogy of the Oppressed*. New York: Seabury, 1970.
Friedeman, Matt. *The Master Plan of Teaching*. Victor, 1990.
Friedman, George. *The Next 100 Years*. New York: Anchor, 2009.
Frye, John W. *Jesus the Pastor*. Grand Rapids: Zondervan, 2000.
Gangel, Kenneth O. *Team Leadership in Christian Ministry*. Chicago: Moody. 1997.
_______, *Church Education Handbook*. Wheaton: Victor, 1985.
_______, *Feeding & Leading*. Victor, 1989.
_______, & James C. Wilhoit. *The Christian Educator's Handbook on Family Life Education*. Grand Rapids: Baker, 1996.
George, Carl F. *The Coming Church Revolution*. Grand Rapids: Fleming H. Revell, 1994.
Gibbs, Eddie & Ryan K. Bolger. *Emerging Churches*. Grand Rapids: Baker, 2005.
Goldworthy, Graeme. *Gospel-Centered Hermeneutics: Foundations and Principles of Evangelical Biblical Interpretation*. Downers Grove, IL: IVP Acacemic, 2006.
Goodwin, Everett C. *The New Hiscox Guide for Baptist Churches*. PA: Judson, 1995.
Grenz, Stanley J. *The Theology for the Community of God*. Grand Rapids: Eerdmans, 1994.
Hamilton, Donald L. *Homiletical Handbook*. Nashville: Broadman, 1992.
Hampton, David A. *Narrative Theology As A Hermeneutic Approach*. Lulu. 2009.
Harbugh, Crary L. *Pastor as person*. Minneapolis: Asburg, 1984.
Halverstadt, Hugh F. *Managing Church Conflict*. Louisville: Westminster, 1991.
Hart, D.G. & R. Albert Mohler, Jr. *Theological Education in the Evangelical Tradition*. Grand Rapids: Baker, 1996.
Hesselbein, Frances. et al. (Ed.). *The Leader of the Future*. San Francisco: Jossey-Bass. 1996.
Hiltner, Seward. *Preface to Pastoral Theology*. Nashville: Abingdon, 1958.
Holifield, E. Brooks. *A History of Pastoral Care in America*. Nashville: Abingdon, 1983.
Holt, Bradley P. *Thirsty for God: A Brief History of Christian Spirituality*. Minneapolis: Fortress, 2005.
Horne, Herman. H. *Jesus the Teacher*. Grand Rapids: Kregel, 1998.
Huntington, Samuel P. *The Clash of Civilizations and the Remaking of World Order*. New York: Touchstone. 1997.
Hyles, Jack. *The Hyles Church Manual*. Tenn. Sword of the Lord. 1968.
Johnson, Paul. *Jesus*. Penguin, 2010.
Johnstone, Patrick & Jason Mandryk. *Operation World: 21st Century Education*. WEC, 2001.
Jones, E. Stanley. *Conversion*. Nashville: Abingdon, 1959.
Kahn, Herman. et al. *The Next 200 Years*. New York: Quill, 1976.
Kent, Homer A. *The Pastor and His Work*. Chicago: Moody, 1963.
Kereszty, Roch A. *Jesus Christ: Fundamentals of Christology*. rivision.(Ed.). St. Pauls. 2002.
Kettler, Christian D. et al. (Ed.). *Incarnational Ministry*. Colorado Springs: Helmers & Howard, 1990.
Kim, Paul K. S. Team Jesus: *Planting Churches the Master's* Way. Xulon, 2009.
Kruse, Colin G. *New Testament Models for Ministry*. Nashville, Thomas Nelson,1983.
Kung, Hans. *Theology for the Third Millennium: An Ecumenical View*. trans. Peter Heinegg. New York, 1988.
Large, James. *Titles & Symbols of Christ: 280 Clear and Powerful Images of Christ Revealed in the Scriptures*. World, 1994.
Lee, Mark W. *The Minister and His Ministry*. Grand Rapids: Zondervan, 1960.
Lewis, Ralph L. & Gregg. *Learning to Preach Like Jesus*. Wheaton, IL. Crossway, 1989.
Lindgren, Alvin. *Foundations for Purposeful Church Administration*. Nashville: Abingdon, 1965.
Lockyer, Herbert. *All the Prayers of the Bible*. Grand Rapids: Zondervan, 1973.
Logan, Robert E. *Beyond Church Growth*. Grand Rapids: Fleming H. Revell. 1989.
Lucado, Max. *Just Like Jesus*. Nashville: Thomas Nelson, 2003.
Luther, Martin. *Small Catechism*. St. Louis: Concordia, 1943.
The Lutheran Handbook for Pastors. Minneapolis: Augsburg Fortress. 2006.
MacArthur, John et al. *Pastoral Ministry: How To Shepherd Biblically*. Nashville: Thomas Nelson. 2005.
Macchia, Stephen A. *Becoming A Healthy Church: 10 Characteristics*. Grand Rapids: 1999.
Macquarrie, John. *Jesus Christ in Modern Thought*. London: Trinity, 1990.
Mancari, Lou. *Autopsy of a Dead Church*. Xulon, 2006.

Marshall, I. Howard, *Jesus the Savior.* Downers Grove, IL: InterVarsity,1990.
Manual 2001-2005: Church of the Nazarene. Kansas City: Nazarene.
McClure, John S. *Preaching Words.* Louisville: Westminster, 2007.
McGavran, Donald A. *Understanding Church Growth.* rev. by C. Peter Wagner. Grand Rapids: Eerdmans, 1970.
McGrath, Alister E. (Ed.). *The Blackwell Encyclopedia of Modern Christian Thought.* Oxford: Blackwell, 1993.
McKim, Donald K. *The Bible in Theology & Preaching.* Nashville: Abingdon, 1985.
Middendorf, Jesse C. *The Church Rituals Handbook.* Kansas City: Beacon Hill, 1997.
Moltman, Jurgen. *Jesus Christ for Today's World.* trans. Margaret Kohl. Minneapolis: Fortress, 1994.
Moore, Mark E. *The Chronological Life of Christ.* vol. I & II. Mo: College, 1996.
Murphy, Debra Dean. *Teaching That Transforms.* Grand Rapids: Brazos, 2004.
Naisbitt, John & Particia Aburdene. *Mega Trends 2000.* New York: William Morrow, 1990.
Nelson, C. Ellis. *How Faith Matures.* Louisville: Westminster, 1989.
Niebuhr, H. Richard, Williams, Daniel D. *The Ministry in Historical Perspectives.* New York, 1956. Harper & Brothers.
________, *Christ and Culture.* New York: Harper & Row, 1951.
Oates, Wayne. *The Christian Pastor.* Philadelphia: Westminster, 1982.
Oden, Thomas C. *Pastoral Theology.* San Francisco, Harper & Row, 1983.
_______, *Classical Pastoral Care. Vol. I-VI.* Grand Rapids: Baker, 1987.
Osmer, Richard Robert. *The Teaching Ministry of Congregations.* Louisville: Westminster, 2005.
Ott, Craig & Gene Wilson. *Global Church Planting: Biblical Principles and Best Practices for Multiplication.* Grand Rapids: Baker, 2011.
Payne, J. D. *Discovering Church Planting.* IL. IVP. 2009.
Pentecost, J. Dwight. *The Words 7 Works of Jesus Christ.* Grand Rapids: Zondervan, 1981.
Peterson, Eugene H. *The Jesus Way.* Grand Rapids: Eerdmans, 2007.
________. *Christ Plays in Ten Thousand Places.* Grand Rapids: Eerdman, 2005.
Pittman, Don A. et al. *Ministry and Theology in Global Perspective.* Grand Rapids: Eerdmans, 1996.
Poling, James N. & Donald E. Miller. *Foundations for a Practical Theology of Ministry.* Nashville: Abingdon, 1985.
The Presbyterian Handbook for Pastors. Louisville: Geneva. 2008.
Powell, Mark Allan. *Jesus as a Figure in History.* Louisville: Westminster, 1998.
Pritchard, G. A. *Willow Creek Seeker Service.* Grand Rapids: Baker, 1996.
Prime, Derek & Begg, Alistair. *On Being a Pastor.* Moody, 2004
Pugh, Edwin. *Jesus, the Master Teacher.* Ind. AuthorHouse, 2005.
Purkiser, W. T. *The New Testament Image of the Ministry.* Grand Rapids: Baker, 1969.
Rainer, Thomas S. *The Book of Church Growth.* Nashville: Broadman & Holman, 1993.
Rambo, Lewis R. *Understanding Religious Conversion.* Yale, 1993.
Richey, Russell E. (Ed.). *Ecumenical & Interreligious Perspectives:* Globalization in Theological Education. Nashville: QR, 1992.
Robbins, Vernon K. *Jesus the Teacher.* Philadelphia: Fortress, 1984.
Robinson, Haddon & Craig Brian Larson. (Ed.). *The Art & Craft Biblical Preaching. Zondervan,* 2005.
Roehlkepartain, Eugene C. *The Teaching Church.* Nashville: Abingdon, 1993.
Sachs, Jeffrey D. *The Price of Civilization.* New York: Random, 2012.
Schwarz, Christian A. *Natural Church Development.* Church Smart Resources, 1999.
Seamands, Stephen. *Ministry in the Image of God: The Trinitarian Shape of Christian Service.* Downers Grove, IL: . IVP, 2005.
Singer, Peter. *One World: the Ethics of Globalization.* Yale Univ. 2002.
Snyder, Howard A. *Models of the Kingdom.* Nashville: Abingdon, 1991.
Stark, Rodney, & William Sims Bainbridge. *The Future of Religion,* Berkeley: UC, 1985.
Stott, John. *Between Two World.* Grand Rapids: Eerdman, 1982.
______, *The Cross of Christ.* Downers Grove, IL: . InterVarsity, 1986.
Swidler, Leonard. (Ed.). *Toward a Universal Theology of Religion.* Maryknoll: Orbis, 1988.
Thompson, William M. *The Jesus Debate.* New York: Paulist, 1985.
Thurneysen, Eduard. *A Theology of Pastoral Care.* trans. Jack A. Worthigton et al. Richmond: John Knox, 1962.

Toynbee, Arnold J. Half the World: *The History and Culture of China and Japan.* Austin, TX: Holt, Rinehart & Winston

United Methodist Church. *The Book of Discipline.* 1988.

Vanhoozer, Kevin J. (Ed.). *The Cambridge Companion to Postmodern Theology.* Cambridge University, 2003.

Viola, Frank. *Finding Organic Church.* Colorado Springs: David C. Cook, 2009.

Wagner, Pete C. *Strategies for Church Growth.* Calif. Regal. 1987.

_______, *The Healthy Church.* Calif. Regal. 1996.

Wacker, Grant. *America's Pastor: Billy Graham and the Shaping of a Nation.* MA: The Belknap, 2014.

Ward, Charles G. *The Billy Graham Christian Worker's Handbook.* Minneapolis: World Wide, 2001.

Warren, Rick. *The Purpose Driven Life.* Grand Rapids: Zondervan, 2002.

Wesley, John. *Explanatory Notes upon the New Testament. vol. I-II.* Grand Rapids: Baker, 1983.

Wicks Robert J. (Ed.). *Handbook of Spirituality for Ministers. vol. I, II.* New York: Paulist, 1995.

Wilkes, C. Gene. *Jesus On Leadership.* Wheaton: Tindale, 1998.

Willimon, William H. *Pastor: The Theology and Practice of Ordained Ministry.* Nashville: Abingdon, 2002.

Woodbridge, John D. *Great Leaders of the Christian Church.* Chicago: Moody Press, 1988.

Yount, William R. (Ed.). *The Teaching Ministry of the Church. 2nd (Ed.).* Nashville: Academic, 2008.

Zuck, Roy B. *Teaching as Jesus Taught.* Grand Rapids: Baker, 1995.

Zuck, Roy B. *Teaching as Paul Taught.* Grand Rapids: Baker. 1998.

성경 색인

구약성경

신약성경

마태복음

마가복음

누가복음

로마서

고린도전서

함생목회론을 말한다
목회자의 최고표준
예수그리스도

초판 1쇄 발행 2016년 6월 25일

지 은 이 이정근
펴 낸 이 김금실
디 자 인 이지선
펴 낸 곳 북앤미(Book&Me)
출판등록 2010년 10월 19일 제321-2010-000212호
주　　소 서울시 서초구 동산로 6길 2, 602호
대표전화 070-7766-9500
이 메 일 book9500@naver.com

ISBN 978-89-966060-5-5 03230

책값은 뒤표지에 있습니다.
잘못된 책은 구입하신 곳에서 바꿔드립니다.